DIE RÖMISCHE FLOTTE

H.D.L. Viereck

DIE RÖMISCHE FLOTTE
Classis Romana

Die Rekonstruktionsskizzen, Zeichnungen
und Kartenskizzen wurden nach Vorzeichnungen
bzw. Vorarbeiten des Verfassers von Frau E. Barufke
und den Herren W. Clemens, G. Prochnow
und D. Schulz angefertigt.
Vor- und Nachsatzblatt wurden von Herrn T.S. Viereck gezeichnet.

Genehmigte Lizenzausgabe 1996 für
Nikol Verlagsvertretungen GmbH, Hamburg
© Koehlers Verlagsgesellschaft mbH, Hamburg
Alle Rechte vorbehalten
Umschlaggestaltung: Bine Cordes, Weyarn
Umschlagabbildung: Archiv für Kunst und Geschichte, Berlin
Printed in Italy
ISBN 3-930656-33-7

Den auf See Gebliebenen

Der Nordsee Woge klopft hell an die Planken
In Rom blühen Kirschen
Als der Nebel heraufzieht schreien Vögel
Augen suchen die Spur des entgleitenden Schiffes
Dunkel senkt sich der Himmel herab
Nicht nur an Frieslands Küsten auch über Rom
Sturmmöwenschrei zerteilt Gefühle in Furcht
Römische Flotten mit Kurs auf den Nordschein.

(Zum Flottenvorstoß bis Kap Skagen im Jahre 5)

Inhaltsverzeichnis

	Seite
Statt eines Vorwortes	11
Einleitung	13
Kriegsschiffe – Hilfskriegsschiffe – Flottentransporter	19
Bewaffnung	92
Frachter und Transporter	121
Seestrategie	157
Seekriegstaktik	161
Chronik der Marineoperationen	168
Dienstgrade und Dienstzweige der Flotte	237
Gliederung der Seestreitkräfte	249
Einzelflotten – Flottenstützpunkte – Schiffsnamen	252
Hafenanlagen	260
Erklärung der seemännischen Ausdrücke	274
Literatur	282
Erklärung der Bildwerke mit Fotonachweis	286
Bildteil	289
Danksagung	309
Skizze 49	Tafel 1
Skizze 50	Tafel 2
Skizze 58	Tafel 3
Skizze 59	Tafel 4

In memoriam

Meinem Vater

Hans Diedrich Friedrich Viereck

(1896–1948),

dessen Sachkenntnis und Liebe

zur See ich so viel verdanke

Römisches As mit Globus und Steuerruder
(aus dem Jahre 6)

Statt eines Vorwortes

»Schon lange sehen wir jenes unermeßliche Meer, von dessen Brausen nicht nur die Seewege, sondern auch die Städte und die Heerstraßen erdröhnten, dank der Tapferkeit des Pompeius vom Ozean bis zum äußersten Pontus so wie einen sicheren und geschlossenen Hafen im Besitz des römischen Volkes...«

Cicero 56 v. u. Z.

»Da die Römer sich so völlig dem Kriege widmeten und ihn als die einzige Kunst ansahen, verwandten sie all ihren Geist und ihr ganzes Nachdenken darauf, ihn zu vervollkommnen.
Sie waren der Ansicht, daß man den Soldaten Angriffs- und Verteidigungswaffen geben müßte, die stärker und schwerer waren als die jedes anderen Volkes.
Wenn irgendeine Nation von Natur aus oder aufgrund ihrer Einrichtungen einen besonderen Vorteil besaß, so machten sie davon sogleich Gebrauch. Sie ließen nichts unversucht, um Pferde aus Numidien, Bogenschützen aus Kreta, Schleuderer von den Balearen und Schiffe aus Rhodos zu bekommen.«

Montesquieu 1734

»Die von Rom ausgeübte Seeherrschaft zwang Hannibal zu dem langen, gefährlichen Marsch durch Gallien, wo er mehr als die Hälfte seiner Veteranen verlor. Sie gab dem älteren Scipio die Möglichkeit, seine Armee von der Rhône nach Spanien zu schicken, Hannibals Verbindungen abzuschneiden und sich dem Eindringling an der Trebia entgegenzustellen. Den ganzen Krieg hindurch legten die Legionen unbehelligt und ohne Verluste den Weg zwischen Spanien und Italien auf dem Meer zurück. Und der Ausgang der entscheidenden Schlacht am Metaurus, der davon abhing, daß die römischen Armeen sich auf der inneren Linie bewegten gegenüber den Streitkräften Hasdrubals und Hannibals, war wesentlich der Tatsache zu verdanken, daß der jüngere Bruder seine Verstärkungen nicht über See, sondern nur auf dem Landwege durch Gallien heranbringen konnte. So waren im entscheidenden Augenblick die beiden karthagischen Armeen durch die ganze Länge Italiens getrennt.«

»Der tiefe, entscheidende Einfluß maritimer Stärke auf große Unternehmungen wurde so dauernd übersehen.«

Mahan 1890

»Seemacht ist ohne eine Grundlage an Landbesitz und ohne ein gewisses Maß an Landkampfmitteln nicht zu denken. Die Ziele ihres politischen Wollens liegen letzten Endes immer auf dem Land.«

»Die Gedanken der Römer über die militärische Bedeutung der See sind nicht überliefert. Sie benutzten ihre Flotten mit Geschick, um ihr Herrschaftsgebiet auszudehnen, im Bürgerkrieg auch gegeneinander, und sie sicherten die Seewege durch rücksichtslosen Kampf gegen die Seeräuber. Die Seemachtsgleichung lösten sie dadurch, daß sie alle Küsten des Mittelmeeres unter ihre Herrschaft brachten, so daß der Wert ›Position‹ = ›unendlich‹ wurde. Sie vernachlässigten auch dann die Seerüstung nicht, sondern hielten in der Kaiserzeit mehrere starke Flotten in Dienst, um den umfangreichen und für das Imperium lebenswichtigen Seeverkehr zu sichern.«

Ruge 1968

Einleitung

Dieses Buch ist der Flotte Roms gewidmet. Nicht für den Fachgelehrten, sondern für den großen Kreis der historisch, technisch und maritim Interessierten sind diese Seiten geschrieben und gezeichnet worden. Mögen sie dem nach Information strebenden Seeoffizier ebenso nützlich sein wie dem shiplover.

Der Verfasser hat sich bemüht, im Rahmen dieser Übersicht ein detailliertes Bild dieser für Jahrhunderte bedeutendsten Seemacht unseres Erdteils zu zeichnen. Eine erschöpfende historische Darstellung war nicht beabsichtigt. Unzulänglichkeiten wurden bewußt in Kauf genommen, um einmal den Gesamtkomplex behandeln zu können. Es gibt bis zum gegenwärtigen Zeitpunkt kein Werk von Fachgelehrten, das alle interessierenden Gebiete der römischen Flotte zusammenfassend behandelt. Der nach Vertiefung Strebende wird Literaturhinweise finden, die ihn an die Quellen unseres Wissens führen.

In weiten Kreisen der am Seewesen Interessierten blieb die Seerüstung des Römischen Reiches unbekannt. Die Römer prägten durch ihre militärische Disziplin, die gedankliche Durchdringung der Technik, die Perfektionierung der Hafenbaukunst und insbesondere durch ihr Organisationstalent, basierend auf Logik und Klarheit, und ihre bewußt ordnende politische Begabung den gesamten Mittelmeerraum und große Teile Europas für mehr als ein halbes Jahrtausend. Den Anteil der römischen Flotte an der Errichtung des Imperiums bezeichnete der Marinehistoriker Kapitän z. S. Busch treffend mit den Worten: »Es ist deshalb wohl nicht zuviel gesagt, wenn man behauptet, daß Rom über die Enterbrücken von Mylae in sein Weltreich marschiert ist.«

Der »römische Genius, der für die methodische Eroberung und Bewahrung der realen Welt geschaffen war« *(Heurgon)*, stellte sich als Lebensimpuls eines ursprünglich reinen Agrarvolkes dar. Der jungen bäuerlichen Nation blieb zu dieser Zeit das Meer fremd. Sie überließ die See den Etruskern, Karthagern und Griechen. Erst nach der Befreiung von etruskischer Herrschaft und Überwindung der schweren Niederlage, die Rom zu Beginn des 4. Jahrhunderts v. u. Z.* durch die Gallier hinnehmen mußte, konnte es im Jahre 326/25 v. u. Z. mit der Griechenstadt Neapel ein Bündnis schließen. Rom gewann den ersten socius navalis, also einen Bundesgenossen, der eine Flotte sein eigen nannte. 311 v. u. Z., zur Zeit der Samniterkriege, errichteten die Römer eine Behörde, die für den Bau und die Ausrüstung von Kriegsschiffen zuständig war. Die erste maritime staatliche Einrichtung mit zwei Flottenherren, duoviri navales genannt, an der Spitze, trat auf den Plan, nachdem die Herrschaft Roms bis zu beiden Küsten Italiens reichte. Etruriens Seewesen, dessen Querverbindungen zur griechischen Welt nie abrissen, stellte die Basis der römischen Marine dar.

Von einer eigenen römischen **Flotte** konnte in dieser Zeit aber noch keine Rede sein. Rom bediente sich für maritime Unternehmungen bis zum Ersten Punischen Krieg vornehmlich der Flotten der küstenstädtischen Bundesgenossen mit ihrer seetüchtigen und seegewohnten Bevölkerung. Die römische Herrschaftsausdehnung in Italien erfolgte – im Gegensatz zum politischen System der Griechen, das von der Polis, dem Stadtstaat, ausging – durch die Gewinnung neuer Bundesgenossen, die sich als Territorial- oder Stadtstaaten föderalistisch mit dem römischen Staat verbanden. Das Bundessystem der Römer, basierend auf gleichen Rechten und Pflichten, kennen wir in der griechischen Geschichte nur als einmalige Erscheinung im attischen Seebund. Für die spätere imperiale Politik Roms war diese Herrschafts- und Organisationsform von entscheidender Bedeutung, da eine Stadt allein niemals in der Lage gewesen wäre, die benötigten Menschen, die wirtschaftlichen und technischen Hilfsmittel, eine gewisse Weite des Raumes und nicht zuletzt die Mittel zur Beherrschung der See zu stellen. Ohne Erringung der Seeherrschaft wäre die Errichtung des römischen Imperiums nicht gelungen.

Wer das Meer beherrscht, kann mit Hilfe einer starken Flotte zu jeder Zeit, an jedem Punkt der gegnerischen Küste angreifen. Für ihn ist die See nicht Hindernis, sondern Straße. Die Landmacht wird immer unterliegen, da sie nie in der Lage ist, ihre Küsten gleichmäßig stark zu schützen. In allen Kriegen der Vergangenheit siegte, sofern sich Land- und Seemacht gegenüberstanden, die Seemacht, wenn sie die ihr eigenen Mittel einsetzte. Diese Regel kennt bis in die jüngste Geschichte, wenn man die Gegebenheiten gründlich studiert, keine Ausnahme. Im Ersten Weltkrieg brachte Englands Blockade, die ja nur möglich war, weil dieses Land die Seeherrschaft besaß und behielt, Deutschlands Niederlage. Das Wilhelminische Kaiserreich hatte zu Lande Sieg auf Sieg errungen und das gewaltige Reich der Russen durch Begünstigung der Revolution aus der Phalanx der Feinde herausgebrochen. Doch blieben diese Ereignisse ohne Bedeutung für den Ausgang des Krieges. Die Seemächte England und Amerika siegten.

Auch der Zweite Weltkrieg 1939 bis 1945, als Ausdruck des imperialen Strebens des Großdeutschen Reiches begonnen, mußte mit einer Niederlage enden, da unsere Gegner die Meere beherrschten. Der Krieg, von kontinental denkenden Politikern ausgelöst, zeigte eine Großmacht, die nicht in der Lage war, Seeherrschaft auszuüben oder zu erringen. Auch als die deutschen Armeen die Westküste des Kontinents be-

---

* v. u. Z. = vor unserer Zeitrechnung.

herrschten, fehlte eine Flotte, die der ihrer Feinde ebenbürtig war. Als Japan in der Schlacht bei Midway seine Trägerflotte einbüßte und nicht wieder ersetzen konnte, war der Krieg für Nippon verloren. Die nunmehr unangefochtene Seeherrschaft Amerikas hätte auch ohne Atombomben das Reich der aufgehenden Sonne zur Kapitulation gezwungen.

Der römische Ackerbürger hat ganz sicherlich das Meer nie geliebt. Das Abenteuer der Seefahrt, für Phönizier und Griechen neben allen materiellen Beweggründen mitbestimmend, die Planken eines Schiffes zu betreten, gab dem Bürger Roms keinen Anreiz zu maritimen Taten. »Es ist«, wie Wachsmuth schreibt, »ziemlich unmöglich, sich eine römische ›Argo‹ vorzustellen.« Auch auf ihren Kriegsflotten sind die Römer keine »Seebären« geworden. Während Starr an der These von der maritimen Untüchtigkeit und Seefremdheit der Römer, also am herkömmlichen Pauschalurteil festhält, hat Thiel bereits versucht, die summarischen Negationen hinsichtlich der Meeresfremdheit der Römer zu nuancieren und damit zu korrigieren. Er hält die Feststellung, daß die Römer geborene »Landratten« gewesen seien, nur für die halbe Wahrheit. Thiel gibt einer differenzierten Interpretation geschichtlicher Fakten den Vorzug. Er stellt fest, daß es nicht seine Absicht ist, die Landbezogenheit der Römer im engeren Sinne in Frage zu stellen. Doch wendet er sich gegen jede verallgemeinernde Qualifizierung eines Volkes, wie: »Die Holländer sind Seebären«, oder: »Die Römer sind Landratten.« Er stellt fest, daß jedes Seefahrervolk gleichzeitig seefahrende, dem Meer zugewandte Bevölkerungsteile aufweist und solche, die nicht seebezogen, sondern dem Lande zugewandt sind und dort ihrer Arbeit nachgehen. Das gleiche gilt für ein bäuerliches Volk, das an den Küsten eines Meeres seinen Wohnsitz hat. Auch bei diesem Volk wird ein Teil der Bevölkerung zumindest den Fischfang auf See betreiben. Jede Nation, die an das Meer grenzt, besitzt einen gemischten Charakter. Das Kriterium stellt nach Thiel die Frage dar, ob der überwiegende Teil eines solchen Volkes, quantitativ und qualitativ, starke Bindungen zur See hat und familiäre Vertrautheit mit dem Meer zeigt und ob in Verbindung mit diesen Tendenzen die See ihr Siegel auf die Geschichte dieser Nation gedrückt oder weite Schichten der Nation mit dem Meer verbunden hat. Betreibt ein Volk nur widerstrebend, durch wirtschaftliche Notwendigkeiten bedingt, die Seefahrt, so wird man nicht von einem Seefahrervolk sprechen können.

Das Verhältnis der Griechen zum Meer war, von Wachsmuth überzeugend nachgewiesen, ambivalent, es war von Lust und Angst geprägt. Der Römer war nicht aus Lust Seefahrer, sondern aus Notwendigkeit. Sein Verhältnis zum Meer wird gekennzeichnet von Pflicht und Angst. Das eherne »navigare necesse, vivere non necesse« wurde von einem Römer gesprochen und war für Römer bestimmt. Auch die Beziehung des Römers zur See war ambivalent. Der römische Seemann überwand die Angst vor der See durch ausgeprägtes Pflichtbewußtsein. Dieses jedoch war ausreichend gefestigt, um die »Meeresfremdheit« zu überwinden und römische Seemacht und Seegeltung für Jahrhunderte zu begründen.

Doch stellt Thiel die wichtige Frage: »Was verstehen wir unter den Römern?« Wenn wir von der römischen Flotte sprechen, ganz sicherlich nicht das kleine Landvolk auf und um die sieben Hügel, die später einmal die Hauptstadt der Welt trugen, sondern die Einwohner des romanisierten Italiens und im weiteren Verlauf der Geschichte die des Imperiums.

Der Historiker Michael Freund schrieb: »Das Bild des Geschichtsschreibers ist nicht das eines Fotografen, sondern das eines Malers. Wenn hundert Maler einen Menschen dargestellt haben, so ist es hundertmal dasselbe Gesicht und hundertmal ein verschiedenes Gesicht.« Dies gilt auch für die Darstellung eines Teilgebietes der römischen Geschichte. Als See-Enthusiasten kann man die Römer sicher nicht bezeichnen, doch sie waren nüchterne Realpolitiker und sich als solche durch rein rationale Überlegungen der Bedeutung der Seeschiffahrt und ihres Schutzes durch Seestreitkräfte bewußt. Selbst der Eroberungsdrang ihrer Landbefehlshaber richtete sich bis an die Gestade der Ozeane, deren Benutzung als Handelswege sich als Folge ergab. Im Kampf gegen Antiochos III. von Syrien rief der römische Feldherr M. Acilius Glabrio seinen Legionären vor der Schlacht an den Thermopylen 191 v. u. Z. zu, daß ein römischer Sieg den Weg nach Asia, Syrien und zu allen Königreichen bis zum Sonnenaufgang öffnen werde. »Was fehlt denn daran, daß wir von Gades (Cadiz) bis zum Roten Meer unsere Grenzen am Ozean finden, der den Erdkreis umfängt...« *(Livius 36,17)*.

Der römische Bürger selbst sah im Dienst auf Kriegsschiffen häufig eine Strafe. Er hatte, wie es bei Livius heißt, »keine Lust zum Flottendienst...«. Bei anderen Völkern, z. B. den Briten des 18. oder 19. Jahrhunderts, war es aber nicht anders. Auch die venezianischen, spanischen und französischen Galeeren in den Jahrhunderten davor konnten nicht mit Freiwilligen der eigenen Völker besetzt werden. Es spricht also nicht gegen die Qualität der römischen Flotte, wenn sie zu allen Zeiten nicht mit römischen Bürgern, sondern mit socii navales, bis 89 v. u. Z. aus Italien, danach vornehmlich aus dem Osten des Reiches, bemannt wurde. Anders als die Handelsflotte Roms, deren Kapitäne zumeist Peregrine, also Fremde, sehr häufig mit Sklavenstatus, waren, wurde die stehende römische Kriegsflotte der Kaiserzeit seit Vespasian (69–79) nur von Kapitänen befehligt, die das römische Bürgerrecht besaßen.

Auch ein vom Ursprung her terrestrisch orientiertes Volk kann sehr wohl in einem verhältnismäßig kurzen geschichtlichen Zeitraum mit der See vertraut werden. Die Wandalen waren noch zu Beginn der Völkerwanderung ein Reitervolk, beherrschten aber 200 Jahre später das Mittelmeer mit ihren Flotten. Noch bis weit nach dem Zweiten Weltkrieg sagte man dem Russen nach, daß er das Meer nicht liebe. Heute ist die Sowjetunion zu einer Seemacht ersten Ranges herangewachsen, die auf allen Weltmeeren ihre Flagge zeigt. Ihre Politik ist seit dem Jahre 1968 mehr denn je von strategischen Erwägungen einer konventionellen Großmacht bestimmt. Sie tritt in den Seegebieten des Mittelmeeres und des Indischen Ozeans in die Spuren der abgedankten Seegroßmacht England. Während die Briten ihre Flotte reduzieren, haben die Russen die Bedeutung und die Aufgabenstellung einer Seemacht neu entdeckt. Die traditionellen Ziele russischer Großmachtpolitik im Mittelmeer, im Persischen Golf und Indischen Ozean konnte auch die Sowjetunion nie aus dem Auge verlieren. Die Modalitäten des russischen Flottenbaues zeigen, daß der Roten Flotte eine strategische Aufgabe übertragen worden ist. Auch die Sowjetunion hat die Hoffnung, daß Rußland »ein drittes Rom« sein wird, nicht aufgegeben. Dieser Exkurs zeigt, daß kontinentale Völker lernen können, maritim zu denken. Doch nun zurück zur römischen Flottenpolitik.

Die Tatsache, daß die Römer sich zunächst, und später neben der eigenen Flotte, auf die Seestreitkräfte der Bundesgenossen stützten, war durch die Besonderheit ihres politischen Systems bedingt und sagt nichts gegen ihren Herrschaftswillen zur See aus; ebensowenig wie die Tatsache, daß etruskische, karthagische und griechische Schiffbaukunst Pate bei ihren eigenen Schiffskonstruktionen gestanden hat. Die Völker dieser Erde haben zu allen Zeiten voneinander gelernt. Gerade die Völker, die sich Erfahrungen und Erkenntnisse anderer nicht aneigneten und nutzbar machten, blieben auf einer niedrigen Kultur- und Zivilisationsstufe stehen.

Japan, seiner ganzen Lage nach zur Seemacht prädestiniert, betrieb bereits seit den frühesten Zeiten Schiffahrt. Das Seewesen findet schon in den ältesten japanischen Urkunden Erwähnung. Auch unternahm Nippon im 16. Jahrhundert »maritime Operationen bis hin zum hinterindischen und malayischen Seegebiet«, doch wurde die überseeische Expansion zu Beginn des 17. Jahrhunderts wieder abgebrochen. Die dann folgende selbst gewählte Isolation bestimmte für zweieinhalb Jahrhunderte den Umfang und die Bedeutung seines Seewesens. Japan war dann bis zum Jahre 1853 ein mittelalterlicher Feudalstaat, von der Außenwelt abgeschlossen, ohne Kriegsflotte und nur gewohnt, Landkriege mit Ritterheeren zu führen. Nach der erzwungenen Öffnung des Inselreiches kauften die Japaner zunächst moderne Waffen und Kriegsschiffe in Europa, eigneten sich die europäische Technik aber in verblüffend kurzer Zeit an und gingen zu eigenen Konstruktionen über. Ein halbes Jahrhundert später (1904/05) schlug das Reich der aufgehenden Sonne mit seehaft denkenden Offizieren, die Technik beherrschenden Besatzungen und einer modernen Flotte Rußland vor Port Arthur und in der Seeschlacht bei Tsushima. Im Zweiten Weltkrieg baute Japan die größten Schlachtschiffe der Welt und nach dem Kriege Tankergiganten mit Abmessungen, die man lange Zeit technisch nicht für möglich hielt. Annähernd 100 Jahre nach der Untersuchung eines angekauften europäischen Kriegsschiffes produzierten Japans Werften schon über 50% der Welthandelsschifftonnage.

Durch nichts wurden die Römer im Zweiten Punischen Krieg so sehr in Gefahr gebracht wie durch den Umstand, daß Hannibal seine Soldaten nach römischer Art bewaffnete. Die Griechen unter Philipp V. wechselten im Makedonischen Krieg weder ihre Bewaffnung noch ihre Kampfesweise. Sie waren nicht geneigt, Gewohnheiten aufzugeben, mit denen sie einstmals so große Dinge verrichtet hatten. Die Übernahme von Schiff, Waffe und Kampfesweise des Gegners, wenn sich diese als überlegen erwiesen, muß als Stärke, nicht als Schwäche eines Volkes gesehen werden.

Rom übernahm das iberische Schwert, nachdem sich herausgestellt hatte, daß es besser als das römische war, die Römer benutzten die Schiffe der italischen Etrusker und Griechen, bevor sie eigene erbauten. Sie erbauten eigene, nachdem eine punische Pentere an ihren Küsten strandete, nach deren Vorbild und siegten mit der Erfindung einer speziellen Enterbrücke (corvus) in der Entscheidungsschlacht vor Mylae, in der sie die Seeherrschaft der karthagischen Flotte in Frage stellten. Der Untergang Karthagos war seit dem Jahre 260 v. u. Z. nur noch eine Frage der Zeit.

Der Erfinder und Wegbereiter der ersten echten Unterwasserkriegsschiffe, Hellmuth Walter, ließ sich bei der Konstruktion dieses neuartigen Seekampfmittels der deutschen Marine unmittelbar von der bei Mylae von den Römern erstmalig schlachtentscheidend eingesetzten Enterbrücke inspirieren. Er schrieb in einem Brief vom 27. Juli 1933 an den Präsidenten eines elektro-chemischen Werkes:

»Eine weitere wichtige Aufgabe, die der Lösung harrt und die ich jetzt in Angriff nehmen möchte, ist die Entwicklung eines Unterwasserschiffantriebes durch Verbrennungskraftmaschine. Die Marineleitung hat bereits einen entsprechenden Versuchsvorschlag in Händen.

Es ist eine bekannte Tatsache, daß die Verwendbarkeit von Unterseebooten in aktiver Zusammenarbeit mit großen Überwasserschiffen, etwa in dem Sinne von Torpedobooten, infolge der geringen Unterwassergeschwindigkeit der ersteren stark beschränkt ist. Weiterhin ist es bekannt, daß es schnellfahrenden, mit modernen Horchgeräten ausgerüsteten Fahrzeugen ein leichtes ist, ein unter Wasser befindliches, langsam fahrendes Boot einzupeilen und mit Wasserbomben anzugreifen, so daß es fast nur dem Zufall überlassen bleibt, ob das U-Boot vernichtet wird oder nicht. Zweck meiner Vorschläge ist es, durch Steigerung der Unterwassergeschwindigkeit auf etwa 25 bis 30 Kn die gegenüber Kriegsschiffen bisher stark passiven Eigenschaften der Unterseebootwaffe abzuschwächen und sie darüber hinaus zu einer Angriffswaffe erster Ordnung zu machen.

Ich möchte nicht verfehlen, zum Schluß auf ein grandioses Beispiel aus der antiken Geschichte hinzuweisen, wie es den Römern gelang, durch die Anwendung absolut gleichartiger Mittel sich die Seeherrschaft zu erkämpfen. Vor der Schlacht bei Mylae wurde der Seekrieg durchaus in ›klassischen‹ Formen geführt. Es kämpfte genau wie jetzt Schiff gegen Schiff, bis dann die Römer diese Form durch die Erfindung der Enterbrücke umwarfen, den Kampfgeist ihrer Infanterie in der Seeschlacht zum Tragen brachten und von der Schlacht bei Mylae ab fast alle Seegefechte gewannen. Wir stehen jetzt vor der gleichen Möglichkeit.«

Diese wurde jedoch in Deutschland nicht rechtzeitig genutzt, um den Seekrieg zu revolutionieren und eine starke Unterwasserflotte aufzubauen; das neue Seekampfmittel war bis zum Ende des Krieges noch nicht zum massiven Einsatz ausgereift.

Rom hatte bereits im Ersten Punischen Krieg die Bedeutung der Seeherrschaft erkannt und handelte entsprechend. Die Unterhaltung starker Flotten war seit der Kaiserzeit nicht Randerscheinung römischer Militärpolitik, sondern eminenter Bestandteil.

Als der Schwerpunkt römischer Seemacht sich seit dem 5. Jahrhundert nach Byzanz verlagerte, lag Italien dem gotischen und wandalischen Zugriff offen. Nicht römische, sondern germanische Flotten beherrschten von Beginn bis in die Mitte des 5. Jahrhunderts das Mittelmeer bis an die Küsten Griechenlands und Ägyptens. Um Rom zu plündern, segelte Geiserich mit der wandalischen Flotte direkt vom neuerstandenen Karthago bis in die Tibermündung. Nach dem Verlust der Seeherrschaft an die Wandalen war die Eroberung Roms ein leichtes.

Das alte punische Karthago hatte es verstanden – so Zechlin –, überseeische Kolonien anzulegen, die nicht nur Handelsplätze, sondern auch militärische Machtpositionen waren. Auf Sizilien, Korsika, Sardinien, den Balearen und an der spanischen Küste entstanden solche Kolonien unter dem Kommando von Militärbefehlshabern, die, wenn auch als »eine Art Fremdkörper für den Gesamtzuschnitt des Karthagischen Reiches« *(Heuss)*, einen geschlossenen Herrschaftsbezirk darstellten. Für Rom stand ohnehin nicht das Verkehrs- und Handelssystem, wie bei den Puniern, im Vordergrund, sondern die Errichtung eines politischen Machtgefüges mit absolutem Herrschaftsanspruch. Die Punier wollten vornehmlich Handel treiben und nur insoweit Machtkonsolidierung, wie es für die händlerische See-Expansion erforderlich schien. Die Römer wünschten die generelle Herrschaft und als Nebenprodukt die Übernahme der punischen Handelsmonopole in den eroberten Räumen.

Zu Beginn der Auseinandersetzung zwischen der römischen Landmacht und dem meerbeherrschenden Karthago konnte ein Punier noch den Ausspruch tun, »die Römer könnten es nicht einmal wagen, ihre Hände im Meer zu waschen, wenn sie Karthago die Freundschaft aufkündigten« *(Diodor 23,2)*. Doch dank des Gefüges des italischen Bundessystems waren die Bundesgenossen nicht nur Bollwerk, so Cicero *(de lege agr. 2,73)*, sondern auch, und hier insbesondere die unteritalischen Seestädte, maritime Speerspitze der Römer, die es ihnen erlaubte, den Kampf mit der Seemacht Karthago aufzunehmen und die Seeherrschaft im westlichen Mittelmeer zu erringen.

Bei Mylae (260 v. u. Z.) besiegte die numerisch zwar leicht überlegene, doch kampfunerprobte erste römische Flotte die seemännisch und qualitativ weit überlegenen Seestreitkräfte Karthagos. Nach einem weiteren Seesieg vor dem Vorgebirge Ecnomus an der Südküste Siziliens konnte die römische Flotte im Jahre 256 v. u. Z. in Afrika eine Invasionsarmee von 140 000 Mann landen. Wenn die Expedition auch letztlich durch die Landkämpfe unglücklich endete, so war sie doch ein eindeutiger Beweis dafür, daß Karthago mit seiner Flotte selbst Landungen in unmittelbarer Nähe der Hauptstadt nicht mehr verhindern konnte. Um die von Hamilkar Barkas verteidigten punischen Seefestungen Lilybaeum (Marsala) und Drepanum (Trapani) durch ein Zusammenwirken von Land- und Seestreitkräften zu bezwingen, bauten die Römer erneut eine große Flotte. Es war dies eine um so größere Leistung, als die römischen Seestreitkräfte schon bei dem Rückzug aus Afrika, bei Überfällen auf punische Küstenstädte und dem Truppentransport von Rom nach Sizilien durch Wind und Wetter beträchtliche Verluste hinnehmen mußten.

Als 241 v. u. Z. eine große karthagische Flotte die römische Blockade Westsiziliens zu durchbrechen suchte, kam es bei den Ägatischen Inseln zur letzten Schlacht des Ersten Punischen Krieges. Der Seesieg des römischen Admirals C. Lutatius Catulus beendete das 22jährige Ringen. Karthago mußte in dem noch im gleichen Jahr geschlossenen Frieden Sizilien aufgeben. Rom gewann durch eine Seeschlacht die erste Provinz, der 238 v. u. Z. die Besetzung Sardiniens und Korsikas folgte. Damit beherrschte die römische Marine das Tyrrhenische Meer. Karthagos Vormachtstellung zur See war unwiderruflich dahin.

Im folgenden Jahrzehnt wandten sich die Römer nach Osten und errichteten mit einem Expeditionskorps auf einer Flotte von 200 Schiffen ihr Protektorat in Illyrien, das auch die Adria zum mare nostrum der Römer machte (229 v. u. Z.).

Die Ausdehnung des karthagischen Machtbereiches in Spanien führte zum Zweiten Punischen Krieg. Rom befürchtete die Bedrohung seiner neuen Provinzen und eine machtpolitische Intensivierung des alten karthagischen Anspruchs auf das westliche Mittelmeer. Die Einnahme der Stadt Saguntum (Sagunto) durch Hannibal war der Anlaß für die römische Kriegserklärung. Es ist interessant zu erfahren, daß zu Beginn des Zweiten Punischen Krieges Karthago über ausgezeichnete Landstreitkräfte, aber über keine nennenswerten Seestreitkräfte mehr verfügte, während Rom sogleich eine große Flotte von Quinqueremen, den Schlachtschiffen der damaligen Zeit, bereitstellen konnte.

Die Karthager sind von der Geschichtsschreibung wegen der Vernachlässigung der Seerüstung häufig getadelt worden. Man vergaß jedoch, daß eine Geringschätzung der Seeherrschaft den Puniern nach ihrer langen Geschichte als Seemacht nicht vorgeworfen werden konnte, sondern daß offensichtlich Unvermögen vorlag. Nachdem es den Römern schon im Ersten Punischen Krieg gelungen war, die Vorherrschaft zur See zu erkämpfen, war Hannibal gezwungen, das Schwergewicht auf den Landkrieg zu verlegen. Im Verlaufe des Krieges wurde die neuerbaute punische Flotte weitgehend zur Deckung der Seeflanke des Heeres und zu dessen Versorgung herangezogen. Allein es gelang ihr nicht, der römischen Flotte die Seeherrschaft zu entreißen. Alle Seeschlachten des Zweiten Punischen Krieges zwischen Karthago und Rom endeten mit römischen Siegen. Nur der Stadt Tarent gelang es im Jahre 210 v. u. Z., ein römisches Auxiliargeschwader zu vernichten. Hannibals langer Marsch über die Alpen war eine Notlösung, da seinem Heer der Weg nach Italien über das Mittelmeer durch Roms Flotte versperrt blieb. Als Hannibal nach der Landschlacht bei Cannae 216 v. u. Z. versuchte, in der Adria die Seeherrschaft zu erringen, gelang ihm dies trotz eines Bündnisvertrages mit König Philipp von Makedonien, der über 200 Kriegsschiffe verfügte, nicht.

Das Eingreifen römischer Seestreitkräfte, die in Brundisium (Brindisi) stationiert waren, zwang den Makedonierkönig, bei Apollonia (nahe Fier, Albanien) die Kriegsschiffe zu verbrennen und seine Truppen über Land zu retten. Die makedonische Flotte war nicht einmal in der Lage, die im Vertrag mit Karthago zugesprochenen römischen Besitzungen an der Küste Illyriens zu halten, geschweige denn offensiv gegen Rom und seine Bundesgenossen vorzugehen (Zechlin).

Das Unvermögen Karthagos und seiner Bundesgenossen, im Osten und Westen Italiens Seesperren zu errichten, machte den Weg für eine römische Invasion Spaniens und Afrikas frei. Dank der römischen Flotte konnte bei Zama, im Herzland des Gegners, 202 v. u. Z. die Entscheidungsschlacht durch den jüngeren Scipio geschlagen und gewonnen werden. Dies war das Ende Karthagos als mittelmeerische Großmacht. Der Friede beließ den Puniern nur eine Flotte von zehn Trieren. Rom gewann Spanien und war damit unumschränkter Herrscher des westlichen Mittelmeeres.

Im Dritten Punischen Krieg, 149 bis 146 v. u. Z., zog Rom durch seine Flotte, die die Landung der beiden Expeditionsarmeen bei Utica ermöglichte und die Einschließung Karthagos von der Seeseite vollendete, den endgültigen Schlußstrich. Das punische Karthago wurde ausgelöscht.

Die Römer waren als Landmacht im Ersten Punischen Krieg gezwungen worden, auf die See zu gehen, da sie ohne Flotte die damals beherrschende Seemacht Karthago nicht besiegen konnten. Der römische Flottenbau war eine vom Feind erzwungene Notwendigkeit. Nachdem Rom sich auf das Meer gewagt hatte, lernte es bald, die strategischen und taktischen Probleme des Seekrieges zu meistern. Zunächst versuchten die Römer, wesentliche Elemente der Landtaktik auf die Seekriegführung zu übertragen. Dies kommt in dem von ihnen geführten Enterkampf mit der von ihnen erfundenen Enterbrücke zum Ausdruck.

Die punische Flotte war auf die damals übliche Seekriegstaktik, in der das Schiff als Ganzes mit seinen Manövern den Gegner ausschalten sollte, eingestellt. Der Rammstoß, nach erfolgter Durchfahrt und Umfahrt, bildete für die Karthager das Nonplusultra des Seekrieges. Der in älteren Epochen im Vordergrund stehende Enterkampf gehörte für punische Flottenbefehlshaber offenbar der Vergangenheit an und wurde nur noch als sekundäre Kampfmaßnahme betrachtet. Die römische Flottenführung mußte demgegenüber mit noch nicht voll eingefahrenen Schiffen eines nachgebauten punischen Typs, seemännisch unerfahrenen Besatzungen und Befehlshabern, einer nur im Landkrieg erfahrenen Kampfbesatzung und auf der Gegenseite mit maritim hochqualifizierten Gegnern rechnen. In dieser Situation nahmen die Römer das zu Lande Bewährte und übertrugen es auf den Seekrieg. Die disziplinierten, schwerbewaffneten, im Kampf Mann gegen Mann erprobten Legionäre, die die Decks der Kriegsschiffe füllten, konnten nur im Enterkampf ihre Überlegenheit zur Geltung bringen. Diese Seekriegstaktik stellte für die punischen Befehlshaber eine echte Überraschung dar und brachte Rom den ersten Sieg zur See.

Es wiederholte sich auch später in der Geschichte, daß eine als veraltet angesehene Kampftaktik demjenigen, der sie plötzlich wieder anwendet, durch das Überraschungsmoment den Sieg bringt. 1866 siegte Österreichs Flotte vor Lissa über die italienischen Panzerschiffe, weil Tegetthoff sie einfach rammen ließ. Eine Taktik, die die Italiener für veraltet hielten und der sie, plötzlich angewandt, unvorbereitet ausgeliefert waren.

Allerdings kann eine veraltete Taktik auf die Dauer keinen Erfolg haben. Auch die römische, vom Landkrieg übernommene Seetaktik mußte geändert werden. Man war gezwungen, sich den von der Natur vorgegebenen Bedingungen der Seekriegführung anzupassen. Wenn die Karthager zur Schlacht von Mylae angesichts der nautischen Unerfahrenheit der Römer noch ohne feste Schlachtordnung ausfahren zu können glaubten, so sollte sich zwei Jahrzehnte später in der Schlacht vor den Ägatischen Inseln, die den Zweiten Punischen Krieg beendete, zeigen, daß die römische Flottenführung nun auch zu manövrieren verstand und die Taktik der Durchfahrt, der Umfahrt und des Rammstoßes beherrschte (Zechlin). Seit spätestens diesem Zeitpunkt ist Rom als vollwertige Seemacht in die Geschichte eingetreten.

Anfechtbar ist daher die immer noch vertretene Ansicht, der römische Seebefehlshaber sei eine »Landratte« geblieben. Rom hat in zwei mit großer Erbitterung geführten Kriegen die stärkste und traditionsreichste Seemacht des Mittelmeeres niedergezwungen und Karthago die Seeherrschaft entrissen. Seit diesen Tagen gab es für Rom keine gleichwertigen gegnerischen Flotten mehr. Der Ostteil des Mittelmeeres

17

kannte zwar qualitativ gute, doch kleinere Flotten. Den gegnerischen Staaten fehlte dort die ausgebreitete territoriale Basis des römischen Staatsverbandes, ohne welchen eine dauerhafte Seeherrschaft, wie die Geschichte zeigt, nicht möglich ist. Überdies operierte die römische Diplomatie so geschickt, daß auch bedeutende Seehandelsstädte und Staaten, wie Rhodos und Pergamon, die eine ständige Kriegsmarine unterhielten, sehr bald socii navales der Römer wurden. Rhodische Schiffe und karische Seeleute waren in der römischen Flotte gesucht und geschätzt.

Rom verstand es, bis zur Eroberung aller Anliegerstaaten des Mittelmeeres die Bildung größerer gegnerischer Flotten mit den Mitteln der Politik zu verhindern.

Nachdem Cn. Pompeius, von dem Cicero im Jahre 49 v. u. Z. schrieb: »Er glaubt nämlich, daß wer die See beherrscht, den Krieg gewinnt« und »die Flottenrüstung war stets seine vornehmste Sorge«, im Jahre 67 v. u. Z. in 40 Tagen das westliche und in knapp 50 Tagen das östliche Mittelmeer von Piraten gesäubert hatte, war Roms Seemacht im Mittelmeer etabliert und das Meer zum mare internum, zum römischen Binnenmeer, geworden.

Sein überragendes Organisationstalent bewies Pompeius nicht nur im Kriege, sondern als für die Getreideversorgung Verantwortlicher auch im Frieden. Als gegen Ende des Jahres 57 v. u. Z. eine Lebensmittelteuerung und hierdurch verursachte Hungerrevolten Rom erschütterten, war es wiederum Pompeius, der gerufen wurde. Durch Konsulargesetz erhielt er für fünf Jahre ein prokonsulares Imperium mit der Vollmacht, als curator annonae über die Getreidevorräte Italiens und der Provinzen zu verfügen. Zusammen mit 15 Legaten und den bedeutenden vom Senat bewilligten Geldern stellte er die Getreideversorgung Roms auf dem Seewege sicher. An die unbemittelte Bevölkerung der Metropole ließ er das Getreide unentgeltlich verteilen.

Von Cn. Pompeius, dessen Neigung zum Meer als »eigentlich unrömisch« *(Zechlin)* bezeichnet worden ist, stammt der uns von Plutarch in seiner Pompeiusbiographie im 50. Kap. überlieferte Ausspruch: »Für mich ist es notwendig in See zu gehen, aber nicht notwendig zu leben.«

Ein zweiter großer, die Bedeutung der See klar erkennender Römer war der Seeorganisator und Seestratege M. Vipsanius Agrippa, Admiral Octavians (Augustus). Er bewahrte in den Seeschlachten vor Naulochus 36 v. u. Z. durch seine Siege über Sextus Pompeius und vor Actium 31 v. u. Z. über Antonius die Reichseinheit. Agrippa war Reformer der römischen Flotte. »Er beschäftigte sich intensiv mit dem Schiff- und Hafenbau und organisierte durch Verbesserung der Waffentechnik die römische Flotte neu. Er übernahm seetaktische Erfahrungen von seinen Gegnern, die als Piraten über jahrhundertealte Geheimnisse von Kampfmethoden und Navigation verfügten und als echte Seeleute die nautische Überlegenheit von Schiff und Geschwader zur Geltung zu bringen wußten« *(Zechlin)*. Er erfuhr die seltene Ehrung, für seine Erfolge als Feldherr mit der goldenen Mauerkrone und als siegreicher Admiral mit der Schiffskrone ausgezeichnet zu werden. Neben seinen kriegerischen Taten ließ Agrippa eine Reichsvermessung vornehmen und eine neue Weltkarte zeichnen.

Kaiser Augustus hatte im Zusammenhang mit den Erfahrungen, die er im Bürgerkrieg sammelte, die Notwendigkeit einer starken Seemacht erkannt und danach gehandelt. Durch den Aufbau von zwei strategischen Hauptflotten in den neuerbauten Kriegshäfen Misenum am Golf von Neapel und Ravenna an der Adria schützte er die Küsten des Imperiums. Das Mittelmeer mit seinen Handelswegen ermöglichte den Güteraustausch in steigendem Maße. Die Flotte wurde zur Klammer, die die wirtschaftliche und politische Einheit des Reiches sicherte und über die pax maritima wachte.

An der Peripherie des Reiches setzten sich die Marineoperationen über den Zeitraum von Jahrhunderten fort. Roms Flotte operierte im Atlantischen Ozean, im Ärmelkanal, in der Irischen und in der Nordsee bis zu den Orkneyinseln und Kap Skagen. Römische Seestreitkräfte kämpften sowohl im Schwarzen Meer als auch auf Euphrat und Tigris bis hin zum Persischen Golf. Sie standen im Roten Meer und wahrscheinlich sogar im Indischen Ozean. Sie kämpften in den Jahrhunderten der Kaiserzeit immer wieder das Mittelmeer und die großen Grenzströme Rhein und Donau frei, bis das Imperium Romanum dem Ansturm jüngerer Völker erlag.

Abend in Misenum

Leuchtende Glut – die Sonne versinkt im Meer hinter
Aenaria
Der weiße Marmor des Caesars verglüht auf den
Klippen
Sattblaue Fluten des Inneren Meeres verheißen
Göttern und Menschen Erfüllung –
Als Du zum Ufer tratest, wußte ich, wer Du warst
Brechende Woge des Lebens findet am Strande die
Ruhe
Längst verschüttet Geglaubtes bricht wieder auf –
Seit ich Dein Angesicht sah – Göttin des Schicksals –
Moira.

(Zum Fall Roms im Jahre 410)

Kriegsschiffe – Hilfskriegsschiffe – Flottentransporter

Römische Kriegsschiffe wurden im Gegensatz zu den breitbäuchigen Handelsschiffen, die als runde Schiffe bezeichnet wurden, lange Schiffe (naves longae) genannt. Die Differenzierung zwischen diesen beiden Grundtypen kannten schon Phönizier und Griechen. Noch zur Zeit der Wikinger war die Bezeichnung Langschiff immer mit Kriegsschiff gleichzusetzen.

Die ersten uns bekannten Kämpfe, bei denen das Schiff vielleicht schon als Transportmittel für die Krieger in Erscheinung trat, fanden offenbar im späten 4. oder frühen 3. Jahrtausend v. u. Z. auf dem Nil statt. Im Pariser Louvre wird ein Feuersteinmesser mit geschnitztem Elfenbeingriff aus der Gerzeh-Kultur (3100–2800 v. u. Z.) verwahrt, das man in Oberägypten fand. Im oberen Teil des Griffes werden an Land Kämpfende dargestellt. Darunter sieht man Schiffe mit hohem Vor- und Achtersteven, vielleicht mesopotamischer Bauart, und typisch ägyptische, sichelförmig ausgebildete Nilbarken. Zwischen den beiden dargestellten Schiffstypen liegen die Leichen gefallener Krieger.

Die ersten Schiffsdarstellungen aus der Ägäis entdeckte man auf den Kykladen und auf Kreta. Diese Schiffe aus dem 3. Jahrtausend v. u. Z. gehören zu einer Geschichtsperiode, die durch rege überseeische Beziehungen geprägt wurde. Eine bei Dorak in Nordwestanatolien gefundene silberne Schwertklinge der frühbronzezeitlichen Yortan-Kultur, aus der zweiten Hälfte des 3. Jahrtausends v. u. Z., zeigt uns Abbildungen von neun Schiffen. Schwert und Schiff dieses Kulturkreises treten hier erstmalig, beziehungsreich verflochten, bildlich auf. Die Skizze 0 gibt drei dieser bereits mit einem Segel, Riemen und Steuerruder versehenen Fahrzeuge wieder.

Skizze 0

Die Ausgrabungen bei Akrotiri auf der Kykladeninsel Thera (Santorin) brachten im Herbst 1972 Fresken aus dem 16. und 15. Jahrhundert v. u. Z. zutage, die aufschlußreiche Erkenntnisse über das Seewesen der spätminoischen und frühmykenischen Epoche vermitteln. Ein mehr als 5 m langer, aber nur 0,60 m hoher Fries, in einem großzügig gebauten Privathaus als erzählendes Bild in Freskotechnik ausgeführt, zeigt uns in vier ineinander übergehenden Abschnitten viele Phasen eines Geschehens. »Den Hauptteil bildet eine Seeschlacht. Eine ägäische Flotte scheint libysche Schiffe besiegt zu haben. Die braunen Körper der Schiffbrüchigen schwimmen im Meer, einige sind wie tauchend dargestellt, andere treiben leblos neben sorgfältig gezeichneten Felsenriffen. Genau wie der griechische Historiker Herodot sie beschrieben hat, tragen die Krieger des schwarzen Erdteils auf der Brust einen Schutz aus verflochtenen Straußenfedern; und auch ihre Frisur – an den Seiten rasiert und zur Kopfmitte in starre Locken gedreht – entspricht der Beschreibung des antiken Historikers.

An Land sind zwei gegenüberliegende Städte dargestellt. Um die eine Stadt wurde anscheinend zur See gekämpft, und nun ist sie erobert worden. Offenbar wird geplündert. Stiere, Schafe und Ziegen werden fortgeführt. Die Landschaft ringsum ist von tropischer Üppigkeit, palmenbestanden. Von oben her zieht das blaue Band eines Flusses hinein. Jenseits von ihm ändert sich das Bild – das Land wird hügelig; deutlich sind Eichen und zapfentragende Nadelbäume zu unterscheiden. Die Stadt zur anderen Seite scheint vom Kampf nicht berührt, sie gehört offenbar zur siegenden Partei. Sie zieht sich an einem Hafen entlang, aus dem kleine Schiffe auslaufen, um die siegreiche Flotte zu begrüßen.

Ein Schiff der Kriegsflotte ist girlandengeschmückt vor allen anderen ausgezeichnet und scheint den Anführer der Expedition, den ›Admiral‹, an Bord zu haben. Dieses Schiff könnte ein theräisches sein« (Jantzen).

Aus der späteren Literatur sind uns die engen Beziehungen zwischen der Insel Thera und der afrikanischen Küste, insbesondere zu Libyen, bekannt. Kyrene soll eine theräische Gründung gewesen sein. Vermutlich wird es mehrere von Thera gegründete oder mit dieser ägäischen Insel befreundete und Handel treibende Städte in Libyen gegeben haben. Man nimmt an, daß der Anlaß für die dargestellte Seeschlacht ein über das Meer von feindlichen Libyern vorgetragener Angriff auf eine dieser Städte gewesen ist, den die zur Hilfe gerufene theräische Flotte siegreich abschlug. Vielleicht ließ der Flottenführer diesen denkwürdigen Seesieg in seinem Hause auf Thera von einem bedeutenden Künstler in einem Wandgemälde festhalten.

In der Sieges(?)-Prozession wird das am besten erhaltene Schiff an jeder Seite mit 21 Paddeln fortbewegt und von nur einem Rudergänger gelenkt, der einen Steuerriemen handhabt. Marinatos berechnete die Gesamtlänge dieser Schiffe auf 33,75 m. Kleinere Fahrzeuge und wahrscheinlich auch die im Gefecht befindlichen werden mit Riemen bewegt. Der sensationelle Fund aus dem 16. Jahrhundert v. u. Z., einer Zeit, aus der es keine schriftliche Überlieferung aus diesem Kulturkreis gibt, ist der bislang früheste Beleg für eine stattgefundene Seeschlacht. Die Gefechtsdarstellung zeigt große Schiffsspeere sowohl an Bord als auch an Land in den Händen der mykenischen

Krieger. Auf dem Wasser schwimmen zwischen den gefallenen Libyern Enterhaken und Schilde.

Das mit Kriegern besetzte und von diesen fortbewegte Kriegsschiff war noch in Homerischer Zeit als reines Transportfahrzeug anzusprechen. Erst mit der Einführung des Rammspornes, etwa gegen Ende des 9. Jahrhunderts v. u. Z., wurde das Schiff selbst eine Waffe des Seekrieges und im engeren Sinne ein Kriegsschiff.

Überreste griechischer und römischer Kriegsschiffe aus der Zeit der Republik sind bis heute noch nicht geborgen worden. Doch entdeckte die bekannte Archäologin Honor Frost vor Marsala, dem alten Lilybaeum auf Sizilien, das erste gut erhaltene karthagische Kriegsschiff. Nach Pressemeldungen soll es aus der Zeit um 242 v. u. Z. stammen und etwa 30 m lang und 5,5 m breit sein. Auch besitzen wir durch die Hebung der beiden Nemisee-Schiffe im Jahre 1932 eine recht genaue Kenntnis vom Kriegsschiffbau der römischen Kaiserzeit. Eines der gehobenen Schiffe wies sich durch einen Rammsporn als ausgesprochene Kriegsschiffkonstruktion aus. Für die griechische und römisch-republikanische Epoche sind die schriftlichen Überlieferungen für die meisten Kriegsschifftypen zu spärlich, um daraus mehr als allgemeine Vorstellungen ableiten zu können. Die Quellen sind über das Aussehen und den Bau von Schiffen sehr verschwiegen. Je weiter wir in der Zeit zurückgehen, desto seltener finden wir Hinweise, die uns mehr als gerade die Bezeichnung für das Schiff selbst geben. Lehrbücher über die antike Schiffbaukunst sind uns nicht bekannt. Vermutlich hat es sie auch nicht gegeben, da noch bis in das 17. Jahrhundert hinein der Schiffbau als Erfahrungskunst galt, die vom Meister auf den Lehrling übertragen wurde. Somit ist das Bild unsere wesentlichste Quelle für Aussehen und Ausgestaltung antiker Kriegsschiffe. Solche Bilder sind nun glücklicherweise in großer Zahl auf uns überkommen. Man muß jedoch diese Bilder zu lesen verstehen. Sie sollen selten oder nie eine genaue Abbildung des Gegenstandes sein. Das Schiff ist häufig nur zufälliges Ornament oder Bestandteil einer bildlich wiedergegebenen Geschichte oder Begebenheit, die der Künstler auch damals schon äußerst frei gestaltete. Schiffe wurden zumeist nur im Grundtyp angedeutet, eben soweit, wie es für die Darstellung einer Begebenheit zweckmäßig erschien. Selbst dort, wo ein Künstler sich detaillierter mit dem Schiff befaßte, werden bei der Wiedergabe nur die wichtigsten Teile ausgeführt. Das nicht unmittelbar zu Betrachtende fehlt. Die Triumphsäulen der römischen Kaiser enttäuschen uns im Hinblick auf die Genauigkeit der Schiffsdarstellungen. Die Reliefs verzichten zumeist auf die Wiedergabe von Einzelheiten zugunsten der Hervorhebung der Taten des Kaisers als Feldherr. Was nicht unmittelbar diesem Ziel diente, wurde nur insoweit ausgeführt, als es der Zweck der Darstellung erforderte. Trotzdem soll hier der Versuch gemacht werden, durch Abstimmung und Ausschöpfung der vorhandenen Quellen, also aus schriftlicher Überlieferung, bildlicher und plastischer Darstellung, der archäologischen Funde und unter Zugrundelegung der technischen Möglichkeiten der damaligen Zeit, eine dem Wissen unserer Zeit gemäße Rekonstruktion römischer Kriegsschiffe zu wagen.

Die römischen Kriegsschiffe und die von anderen Völkern erbeuteten und von der römischen Marine in Dienst gehaltenen oder nachgebauten Typen kann man zunächst in solche mit Rammsporn (naves rostratae) und solche ohne diese Waffe unterteilen. Im weiteren kennen wir offene (naves apertae) und gedeckte Kriegsschiffe (naves constratae). Die offenen Kriegsschiffe waren entweder ganz ohne Deck oder nur mit einem Halbdeck im Vor- und Achterschiff oder mit Verbindungsdecks zwischen den Halbdecks erbaut. Typische offene Schiffe stellten z. B. der lembus, die camara und die actuaria dar. Alle gedeckten Einheiten, von der Trireme bis zu den größten Schlachtschiffen, besaßen ein vollständig geschlossenes Kampfdeck, das gleichzeitig als Wetterdeck diente und unter dem die Rojer, geschützt gegen Feindeinwirkung und Wetter, ihren Platz fanden.

Ferner unterschied man bei den Kriegsschiffen solche mit einer Riemenreihe (Moneren) und mehreren Riemenreihen, die übereinander gestaffelt aus Bordwand und Riemenkasten ragten (Polyeren). Der griechische Wortbestandteil »mon« bedeutet soviel wie »allein« im Sinne von einer alleinigen horizontal verlaufenden Riemenreihe, während die Bezeichnung der Mehrreiher nach dem griechischen Wortbestandteil »poly« = viel im Sinne von mehreren Riemenreihen gewählt wurde.

Die römischen Schlachtschiffe, von der Quadrireme bis zur Hexere, waren, wenn man von den verschiedenen Riemensystemen absieht, überwiegend alle nach einem äußeren Schema gebaut. Sie unterschieden sich lediglich durch Größe und Bewaffnung voneinander. Bei den Großkampfschiffen, von der Septireme bis zur Decemreme, gab es solche mit Hauptrammsporn und solche ohne diese Waffe. Die größeren Einheiten operierten, wie heute auch, grundsätzlich im Verband, dem eine ausreichende Zahl an leichten Seestreitkräften zugeteilt wurde.

Leichte und mittlere Kampfeinheiten konnten im allgemeinen nur bei geringem Seegang und leidlich gutem Wetter operieren. Sie hielten sich in Küstennähe, um bei aufkommendem Sturm landen zu können. Bis zur Trireme einschließlich konnten römische Kriegsschiffe in einem Sturm nicht beiliegen, d. h. den Bug gegen den Wind stellen. Es bestand bei den relativ leicht gebauten Schiffen selbst dann die Gefahr, quergeschlagen zu werden, wenn sie das wesentlich höhere Heck in den Wind legten. Die leichte Bauart dieser Kriegsschiffe erlaubte es andererseits aber, sie über Land zu ziehen. Dies erfolgte beispielsweise im Jahre 48 v. u. Z. beim Angriff von Cn. Pompeius auf das von Caesar verteidigte Oricum und im ganzen Altertum auf der Landenge von Korinth, deren Breite etwa 5 km beträgt.

Großkampfschiffe waren zumeist gepanzert. War dies

der Fall, so wurden sie auch als Panzerschiffe (naves aeratae) bezeichnet. Die Panzerung konnte aus Bronzeplatten (Bronze = aes) bestehen, die auf den Schiffskörper, das Schanzkleid und verschiedentlich auf die Kampftürme aufgebolzt waren *(z. B. Caesar, Bell. Civ. 2,3)*.

Schon die Kriegsschiffe Athens waren seit dem 4. Jahrhundert v. u. Z. mit besonderen Segeltuch- oder Lederplanen ausgerüstet, mit denen man die Schiffe gegen feindliche Geschosse abdecken konnte. Diese von den Griechen pararrhymata genannten Schutzdecken gehörten auch zur Ausrüstung der römischen Flotte. Caesar berichtet *(Bell. Civ. 3,15)*, daß im Jahre 48 v. u. Z. die Blockadeflotte seiner Gegner vor Oricum gezwungen war, den nächtlichen Tau in diesen Lederdecken aufzufangen, da er den Schiffsbesatzungen den Zutritt zum Land und somit die Trinkwasserversorgung verwehrte.

Römische Kriegsschiffe wurden grundsätzlich schwerer und breiter gebaut als die der Karthager und Griechen. Sie hatten einen Groß-, einen Dolon- und einen Vormast. Groß- und Dolonmast waren auswechselbar und wurden, wie später noch gezeigt wird, bei verschiedenen Gelegenheiten benutzt. Erstere wurden bei den mit einem Hauptsporn versehenen Einheiten immer, der spierenartige Vormast von Fall zu Fall vor der Seeschlacht niedergelegt, da bei einem Rammstoß durch den scharfen Ruck Stage und Wanten nicht standgehalten hätten. Der Mast des rammenden Schiffes wäre über Bord gegangen. Schon bei der Eisfahrt eines modernen Motorschiffes vibriert das Schiff federnd, sobald der Bug gegen große Schollen trifft. Wanten und Stage beginnen zu schwingen. Überdies hätten Mast, Takelage und Segel die Wirkung der feindlichen Brandgeschosse nur unnötig erhöht. Auch ließ man, wenn ein Schiffslager errichtet und nur mit Gefechten unter der Küste zu rechnen war, die Großsegel an Land zurück. So konnten nach Thukydides die Syrakusaner während der sizilischen Expedition (415–413 v. u. Z.) 40 Segel attischer Schiffe bei der Rückeroberung der Halbinsel Plemmyrion (südlich von Syrakus) erbeuten (413 v. u. Z.), während die Athener mit ihrer Flotte in der Bucht vor der Stadt mit den Seestreitkräften von Syrakus kämpften. Auch vor der Seeschlacht von Actium (31 v. u. Z.) wollten nach Plutarch (um 46 bis um 120) die Steuerleute der Flotte des Antonius ihre Großsegel an Land zurücklassen. Antonius befahl jedoch die Mitnahme, um, wie er sagte, im Falle eines Sieges die Seestreitkräfte Octavians besser verfolgen zu können oder, wie er zu sagen unterließ, bei ungünstigem Ausgang der Schlacht unter Segel abzulaufen.

Wenn uns die Quellen berichten, daß sich Schiffe und Flotten in Landnähe hielten, so handelte es sich zumeist um Kriegsschiffe. Diese waren, wie heute auch, so konstruiert, daß der Kampfwert im Vordergrund stand. Hieraus ergab sich eine große räumliche Enge an Bord. Um die Leistungsfähigkeit der Besatzungen aufrechtzuerhalten, ging man gewöhnlich bei Anbruch der Nacht zu Anker oder zog die Schiffe auf den Strand. Hier konnte die Besatzung ihre Zelte aufschlagen und abkochen. An Bord beanspruchten die Rojer und die Bewaffnung so viel Platz, daß die Besatzung ihr Ruhebedürfnis nur unvollkommen befriedigen konnte. Eine Kombüse im heutigen Sinne gab es auf Kriegsschiffen nicht. Sollte ein Smutje für das leibliche Wohl gesorgt haben, so konnte er allenfalls für die Achtergäste das Essen zubereiten. Die Mannschaft hatte selbst für die Zubereitung ihrer Mahlzeiten zu sorgen. Das mitgeführte Getreide wurde mit Handmühlen zu Mehl vermahlen. An Bord konnten ohnehin wegen des beschränkten Raumes keine warmen Mahlzeiten eingenommen werden. Kriegsschiffbesatzungen kochten nur an Land ab. Uns ist überliefert, daß eine griechische Triere sechs Töpfe, sechs Mischkrüge, sechs Bratspieße, sechs Backtröge und weitere Küchengeräte an Bord hatte, aus denen auf eine Einteilung der Besatzung in sechs Backschaften geschlossen werden kann. Eine Backschaft bereitete sich vermutlich aus ihren Rationen gemeinsam die Mahlzeiten. Die ausgegebene Verpflegung bestand in der Regel aus Gerstenkorn oder Mehl, Zwieback (panis nauticus), Öl, Rauch- oder Pökelfleisch, gesalzenem Fisch, Käse, Knoblauch und Zwiebeln. Die an Bord mitgeführten Lebensmittel waren zumeist für wenige Seetage bemessen. Auf kleineren Kriegsschiffen war der Stauraum für Verpflegung minimal. Schlachtschiffe von der Quadrireme aufwärts waren jedoch in der Lage, größere Vorräte zu stauen. Livius überlieferte uns, daß an Bord größerer Einheiten gebackenes Brot für 30 Tage und Getreide für einen Kriegsmarsch bis zu 45 Tagen vorhanden waren. Für den gleichen Zeitraum führte man Trinkwasser mit. Wein wurde nur bei außergewöhnlichen Gelegenheiten ausgegeben.

Am Hauptmast (malus oder arbor) (1), von dem wir nicht wissen, ob Kriegsschiffe einen Pfahlmast oder einen Kompositmast fuhren, befand sich eine Rah (antemna oder antemnae) (2). Die Pluralbezeichnung wurde gewählt, weil die Rah zumeist aus zwei Teilen zusammengelascht war.

Griechische Kriegsschiffe führten seit dem 5. Jahrhundert v. u. Z. zwei Hauptmasten an Bord mit sich: den normalen Großmast und einen kürzeren Akateionmast. Letzterer wurde jedoch bei Bedarf an der gleichen Stelle wie der Großmast gefahren. Der nach vorn geneigte Akateionmast oder seine Rah erhielten spezielle hölzerne Stützen, griechisch parastatai, lateinisch parastatae genannt *(Cato d. Ä., inc. lib. fr. 18)*. Der Großmast wurde gelegentlich vor der Seeschlacht von Bord gegeben, der Akateionmast, seit dem 4. Jahrhundert v. u. Z. Dolonmast (dolo) genannt, blieb als Verfolgungs- oder Fluchtrigg ständig in Bereitschaft. Lediglich im letzten Drittel des 4. Jahrhunderts v. u. Z. wich die Marine Athens von diesem Kriegsschiffrigg ab. Für einen relativ kurzen Zeitraum wurde nur ein Hauptmast mit einer Rah, aber zwei verschiedenen Segeln, einem schweren und einem leichten, gefahren. Doch im 3. Jahrhundert v. u. Z. kehrte man zum alten Rigg zurück, da sich zwei ver-

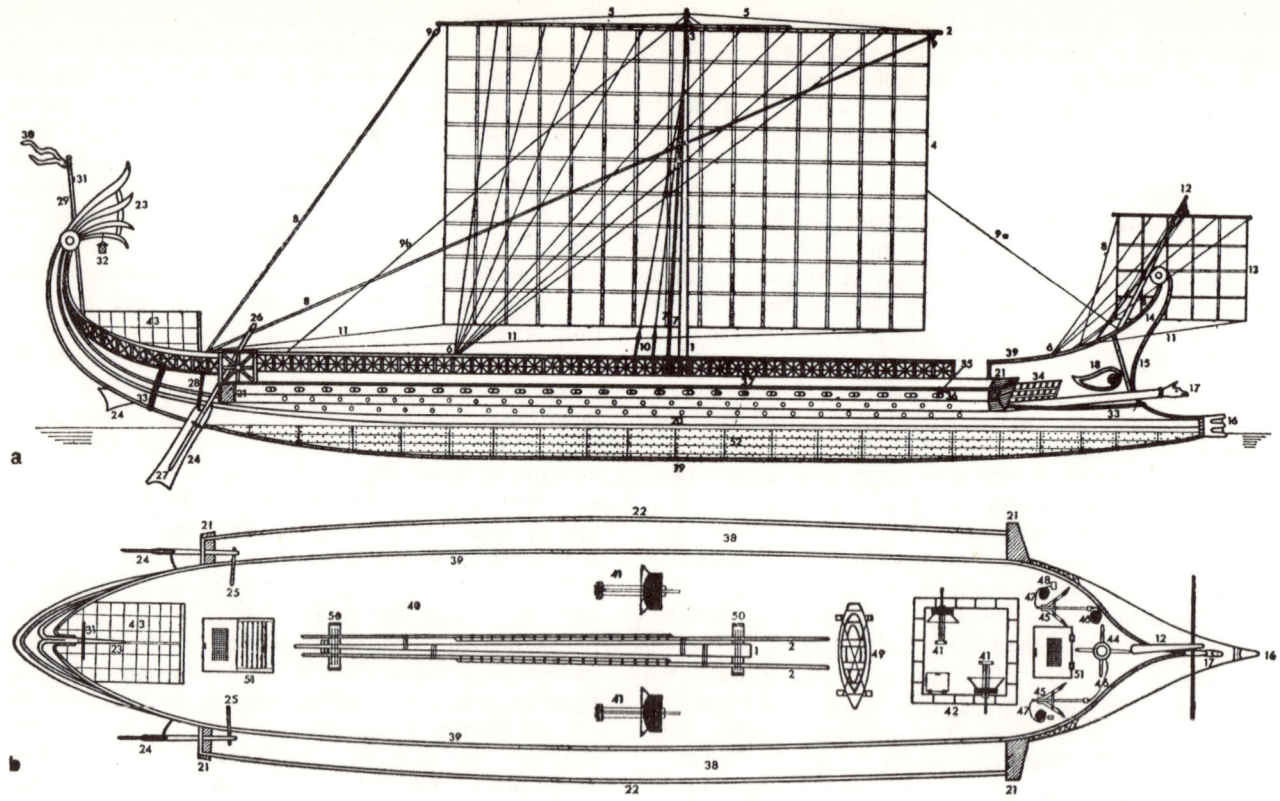

Skizze 1:
a) Seiten- und b) Decksriß eines römischen Kriegsschiffes aus dem 1. Jahrhundert v. u. Z. [a) unter Segel, b) klar zum Gefecht]

schiedene Hauptmasten und Rahen mit zwei bereits fertig angeschlagenen Segeln unterschiedlicher Größe und Schwere schneller auswechseln ließen.

Zu den beiden Masten gehörte also je eine Rah mit bereits angeschlagenen Segeln, die hier aus Gründen der Übersichtlichkeit beim Decksriß fortgelassen wurden. Der Dolonmast ist unter dem Großmast gestaut worden. Auch die römische Marine behielt diese Segelausrüstung bei. Bild 9 beweist, daß der Dolonmast in der Kaiserzeit auf Kriegsschiffen gefahren wurde. Plinius, im 1. Jahrhundert Präfekt der Misenischen Hauptflotte, überlieferte uns, daß zur Ausrüstung römischer Kriegsschiffe zwei Hauptsegelsätze gehörten: ein aus grobem Leinen oder Hanf gewebtes Großsegel und ein Dolonsegel aus feinerem Tuch. Noch die byzantinische Marine des 6. Jahrhunderts kannte zwei Segelsätze, von denen der eine das Großsegel, der andere aber ein Dolonsegel enthielt (Prokop, Bell. Vand. 1,17).

Die Rah war in der Mitte durch ein Taurack (3) mit dem Mast und um diesen schwenkbar verbunden. Das angeschlagene Rahsegel (velum) (4), bei gewöhnlichen Kriegsschiffen weiß, auf Flaggschiffen gelegentlich purpurfarben, hing an der Rah und diese an zwei kräftigen Toppnanten (ceruchi) (5). Im Gegensatz zu den Frachtern kannte man auf Kriegsschiffen keine Toppsegel (sipara). Das Segel konnte schon durch Buggordings (rudentes) (6) gerefft und an der Rah festgezurrt werden. Den auf der Vorderseite der

Segel laufenden Gordings waren oft streifenförmige Tuch- oder zumeist Lederdoppelungen zur Verhinderung des Schamfielens unterlegt. Das Tuch wurde durch diese Doppelungen optisch in Quadrate unterteilt. Wurde das Segel nicht benutzt, so konnte man die Rah mit einem doppelten Rahfall (anquina) (7) wegfieren. Von den Rahnocken (cornua) fuhren Brassen (8) zum Drehen des Segels nach achtern. Das laufende Gut lief durch Taljen und Blöcke (trochlea) (9). Der Hauptmast war nach vorn (9a) und achtern (9b) abgestagt und besaß seitlich bereits Wanten (10). Da der Mast vor dem Gefecht ausgehoben wurde, konnte man keine fest eingebauten Wanten benutzen. Diese mußten also durch Taljen laufen, um sie lösen oder festsetzen zu können. Diese Möglichkeit erlaubte im weiteren, die Wanten am Mast unterhalb des Topps anzuschlagen. Die Schoten (pedes) (11) eines Hauptsegels fuhren nach achtern, die des Vorsegels zur Back. Beim Kreuzen konnte die Schot (pes) als Halse (propes) benutzt und nach vorn geführt werden (Plinius, NH 2,128). Es ist bemerkenswert, daß römische Kriegsschiffe im Masttopp (carchesium) keinen Mars fuhren. Dies stellt einen Rückschritt gegenüber älteren Epochen dar. Ägyptische Kriegsschiffe besaßen, wie die der Seevölker, bereits um 1200 v. u. Z. dieses für Ausguck und Kampf wichtige Konstruktionsmerkmal. Auch im 8. und 7. Jahrhundert v. u. Z. findet man noch auf griechischen, phönizischen und etruskischen Schiffen einen Mars. Die jüngeren Griechen haben ihn, soweit wir feststellen können, nicht übernommen. Auch die Römer verzichteten auf dieses wichtige Detail. Der Vormast (12) (Bild 6, 11, 22, 27 und 33) ist auf römischen Schiffen in Spierenform ausgebildet. Er trug als kleines Vorsegel das Artemonsegel (artemo) (13), dessen Rah an einem Fallblock hing. Dieses Segel diente vornehmlich als Steuerhilfe und konnte gelegentlich beim Freisegeln von Nutzen sein.

Für die Vorstevenzier (14) (griechisch: akrostolion) ist uns weder die lateinische Benennung noch das griechische Fremdwort im Lateinischen überliefert worden. Die Ausbildung der Vorstevenzier haben die Römer sowohl von den Etruskern als auch von den Griechen übernommen. Rundschilde bildeten die typisch etruskische Stevenendigung (vergleiche Bild 36). Bei römischen Kriegsschiffen endete der Vorsteven von den ältesten Schiffsdarstellungen bis in die Kaiserzeit hinein zumeist entweder in einem Rundschild, einer Rundung mit oder ohne bildliche Darstellung (Bild 10, 14, 15, 17, 20, 21, 22, 23, 25, 31 und 32) oder in einer nach innen gerollten Volute (Bild 8, 18 und 19). Dieses Ornament sehen wir schon auf einer Münze des Königs von Makedonien, Antigonos II. Gonatas (283–239 v. u. Z.). Erst zu Beginn des 1. Jahrhunderts lernen wir römische Schiffe ohne oder mit ganz niedrigem Stevenschmuck kennen (Bild 6, 11, 12 und 13).

Das Vorschiff (prora) war mit seinem Steven (15) bei römischen Schiffen nach griechischem Vorbild fast immer s-förmig ausgebildet (Bild 8, 15, 18, 19, 21, 22 und 23). Erst zur Zeit Kaiser Trajans (98–117) findet man auch den geraden Vorsteven (Bild 11, 12 und 13). Am Vorsteven befand sich bei den naves rostratae, den Rammschiffen, der Sporn, auch Schiffsschnabel genannt (rostrum) (16). Diese Hauptwaffe römischer Kriegsschiffe war an der Spitze in der Regel mit einer Kappe aus Erz oder Eisen versehen (Bild 18, 19, 21 und 47).

Der Obersporn (17), von den Griechen proembolion benannt, befand sich über dem Rammsporn. Er hatte die Aufgabe, das Oberwerk eines gegnerischen Schiffes zu zerstören und gleichzeitig ein zu tiefes Eindringen des Rammsporns in den Schiffskörper des Gegners zu verhindern. Den Abschluß des Obersporns bildete zumeist ein eherner Tierkopf. Krokodil-, Widder-, Eber-, Wolf- und Löwenhäupter sind uns auf bildlichen Darstellungen überliefert (Bild 15, 21, 22, 31 und 47).

Das bei römischen Kriegsschiffen häufig zu beobachtende Auge (oculus) (18), außen am Vorschiff, Steuerbord und Backbord aufgemalt oder eingesetzt (Bild 5, 11, 15, 17, 20 und 40), war lediglich ein apotropäisches Zeichen, das schon auf den allerältesten griechischen Schiffsabbildungen vorhanden ist und bis auf den heutigen Tag an den Fischerfahrzeugen des Mittelmeeres beobachtet werden kann. In römischer Zeit findet man es jedoch fast nie auf Handelsschiffdarstellungen, sondern nur bei Kriegsschiffen. Das Auge befand sich gewöhnlich vor dem Riemenkasten und der Höhe nach über dem proembolion. Hatte der Rammsporn eines Schiffes oder der Obersporn Tiergestalt, so übernahmen anscheinend häufig die Augen der nachgebildeten Tiere die Aufgabe der besonders eingesetzten oder aufgemalten oculi. Diese Übung scheint in der Kaiserzeit generell in Gebrauch gekommen zu sein. Das Schlachtschiff auf dem Relief des Fortuna-Tempels zu Praeneste zeigt als Obersporn ein nachgebildetes Krokodil. Bei den Kriegsschiffen der Trajanssäule ist der Rammsporn als Eberkopf ausgebildet (Bild 11 und 22).

Der Kiel (carina) (19), gewöhnlich aus Eichenholz, gelegentlich aus Buche, wurde fast völlig eben gebaut. Nur nach vorn zu war er ganz wenig in die Höhe gezogen, so daß sein vorderes, den Rammsporn tragendes Ende noch eben unter der Wasserlinie blieb. Nach achtern hin ging die Kiellinie in den hoch emporschwingenden Achtersteven über. Zusammen mit dem Kiel und an diesen angesetzt, bildeten die Spanten (costae oder statumina) das Schiffsgerippe. Während das Spant als Ganzes mit costa oder statumen bezeichnet wurde, war für einen Spantteil auch der Ausdruck stamen gebräuchlich. Die Spanten gaben der einzelnen, durch Zapfen (subscus) und Zapfenloch verbundenen Planke (tabula) und den Plankengängen (tabulae) des Schiffsrumpfes die nötige Versteifung und Festigkeit. Der Schiffsboden war vermutlich ganz mit einer Bleihaut beschlagen (Bild 29). Er beschrieb im Querschnitt in der Regel einen äußerst flachen Bogen. Durch diese Bauart wiesen alle römischen Kriegsschiffe einen geringen Tiefgang auf. Die Germanen schleppten, wie uns Tacitus berichtet, im Jahre 70 eine erbeutete römische Trireme, das Flaggschiff der Rheinflotte, die Lippe, einen verhältnismäßig flachen Nebenfluß, hinauf. Auch der Tiefgang antiker Schlacht- und Großkampfschiffe war grundsätzlich gering. Die Nemisee-Schiffe hatten beide einen Tiefgang von 1,90 m (vergleiche Skizze 50 und 59). Schriftliche Zeugnisse beweisen, daß diese Schiffe keine Ausnahmen darstellten. Schon die Penteren Alexander d. Gr., der von 336 bis 323 v. u. Z. herrschte, konnten den Euphrat bis Thapsakos (Dibsé, Syrien) und eine Hekkaidekere, ein von den Römern erbeutetes Schiff, den damals wie heute nicht sehr tiefen Tiber bis Rom hinauflaufen. Vermutlich wurden diese flachgehenden Kriegsschiffe neben dem Hauptkiel noch mit zwei Schlingerkielen versehen (vergleiche Bild 29 und Skizze 78), so daß ein aufgesliptes Kriegsschiff völlig eben auf der Slipbahn lag. Im Inneren des Schiffskörpers war über der Kielkonstruktion die Bauchdielung eingezogen. Der darunter liegende Raum, die Bilge (sentina), enthielt eingedrungenes Seewasser, das Bilgewasser (nautea), und den bei Kriegsschiffen notwendigen Ballast (saburra). Zur Entleerung dieses Raumes besaß der Schiffsboden der Triremen und leichteren Fahrzeuge verschließbare Löcher, aus denen das Wasser nach dem Aufslipen abgelassen werden konnte. Größere Einheiten hatten ausreichend Lenzpumpen an Bord (Skizze 119 bis 122).

Zur Verstärkung der karweelgebauten Schiffswände und der Längsverbände dienten die außenbords angebrachten Barg- oder Berghölzer (20). Römische Kriegsschiffe hatten häufig einen höheren Freibord und höher liegende Rojepforten als gleichrangige griechische Fahrzeuge. Diese Bauart erlaubte den römischen Kriegsschiffen noch in See zu stehen, wenn Einheiten anderer Völker bereits gezwungen waren, den schützenden Hafen aufzusuchen.

Als epotis (21) bezeichneten die Griechen ein durch besondere Streben im Schiffsinneren abgesteiftes Vierkantholz, das knapp vor den Riemenauslegern quer durch den Schiffskörper zur Verstärkung des Vorschiffes und zum Schutz der Riemenkästen gezogen war und beidseitig aus der Bordwand herausragte. Erstmalig wird diese Einrichtung für das Jahr 413 v. u. Z. auf korinthischen Kriegsschiffen erwähnt. Später wurde ein solches Vierkantholz als Parierbalken auch im Achterschiff quer durch den Schiffskörper zum Schutze des Riemenwerkes gegen Angriffe von achtern eingezogen. Die Abschlußbeschläge der epotides waren teilweise mit figürlichen Metallarbeiten geschmückt (vergleiche Bild 19 und 22).

Zum weiteren Schutz der Riemenkästen, wie die Riemenausleger auch genannt werden, verbanden die Römer bei einigen Konstruktionen die beiden Querepotides vorn und achtern an Back- und Steuerbord mit einer Langepotis (22). Ihr Vorhandensein läßt sich vom 1. Jahrhundert v. u. Z. bis in die späte Kaiserzeit auf den verschiedensten Kriegsschifftypen verfolgen. Dieser verstärkte Schutz des Riemenwerkes (Bild 18 und 19) war offenbar eine römische Erfindung, da wir sie auf griechischen Schiffsdarstellungen nicht entdecken können. Die Einführung der Langepotis machte es notwendig, daß auf Hochsee-Einheiten nicht nur im Vorschiff, sondern auch im Achterschiff eine Querepotis als Abschluß der Langepotides eingebaut war. Auf größeren Einheiten befanden sich gelegentlich an beiden Seiten der Querepotis des Vorschiffes eiserne Ringe, an denen vielleicht Anker festgelascht wurden (siehe Bild 22).

Die über das Achterdeck (puppis) zwei- bis fünfteilig hereingebogene Heckzier (23) (vergleiche Bild 5, 8, 9, 12, 13, 17, 18, 19, 21, 23, 24 und 27), bei den Griechen aphlaston, bei den Römern aplustre oder aplustria genannt, war bei beiden Völkern verschieden geformt. Die Spaltungen des Achterstevenschmuckes »wuchsen« bei den Römern nach etruskischem Vorbild aus einem Rundschild heraus, während bei den Griechen dieser Rundschild unbekannt war. Findet man später bei griechischen Schiffen ein aphlaston mit Rundschild, so wurde diese Heckzierform von den Römern übernommen. Von bildlichen Darstellungen sind uns auch römische Kriegsschiffe mit sehr weit hereingebogenem, hornartigem aplustria bekannt (vergleiche Bild 9). Im Altertum war neben dem Rammsporn, auch Schiffsschnabel genannt, die Heckzier des gegnerischen Kriegsschiffes die begehrteste Trophäe im Seekrieg. Auf Siegesdarstellungen, z. B. auf den Triumphbogen in Pola und Orange, finden wir wiederholt aplustriae.

Mit dem überhängend geschwungenen Heck legten sich Schlacht- und Großkampfschiffe bei schwerem Wetter in die See. Nicht der Bug, sondern das Heck wurde von einem Beilieger in den Wind gedreht. So konnte das Schiff überkommende Brecher, ja sogar Interferenzseen ohne größeren Schaden überstehen. Seeschlachten wurden jedoch, wie Vitruv schreibt, nur bei ruhiger See geschlagen. Durch Stürme gingen mehr römische Kriegsschiffe als durch Feindeinwirkung verloren (»graviora pelago damna quam bello«). Römische Schiffe liefen grundsätzlich beim Landen mit dem Achtersteven auf den Strand, da der Rammsporn eine bugseitige Landung erschwerte.

Schon in Homerischer Zeit wurden die Schiffe mit dem Heck zum Land festgemacht. Die Leinen heißen griechisch prymnesia – von prymne = Heck. Wenn Homer schrieb: »Und sie brachten ihre Leinen zum Land«, so bedeutet dies stets, das Heck des Schiffes wurde an Land festgebunden. Andere Leinen als Heckleinen waren in der Zeit Homers zum Festmachen nicht bekannt. Im Vorschiff gab es damals nur ein Ankerkabel, in der Odyssee (13,77) peisma genannt. Seit dem 4. Jahrhundert v. u. Z. sind uns im griechischen Bereich eine ganze Anzahl spezieller Bezeichnungen für die verschiedenen Leinen bekannt. In der römischen Marine nur zwei. Die Ankerkabel hießen ancoralia (46) (z. B. Livius 22,19 und Plinius, NH 16,34) und die vom Heck zum Land laufenden Festmacherleinen orae (Livius 37,30). Die Poller an Land zum Festmachen der Schiffe wurden tonsillae genannt (Festus 538,28). Die beiden Steuerruder (gubernaculi) (24) mit Ruderpinne (clavus) (25), Ruderschaft (26) und Ruderblatt (27) konnten mit einer Leine (funis) (28) angehievt werden. Auch im Hafen wurden Kriegsschiffe grundsätzlich mit dem Heck vertäut. Der Bug zeigte immer zum Fahrwasser, um gegebenenfalls schneller auslaufen zu können. Diese antike Übung, Schiffe festzubinden, hat sich bis heute im Mittelmeer erhalten. Vom alten Hafen in Marseille bis nach Piräus und Alexandria finden wir Kriegs- und Handelsschiffe mit dem Heck am Kai. Die Gangway führt noch heute, wie in römischer Zeit, über das Achterschiff zum Land.

Durch die Heckzier hindurch führte häufig der Flaggstock (29), griechisch stylis genannt, mit einem einfachen oder Doppelstander (taenia?) (30). Der Stock stützte gleichzeitig den nach vorn überworfenen Heckausläufer und gab dem Zierat Halt. Die stylis stand zumeist senkrecht oder schräg. Häufig war sie mit einem Querholz versehen, auf dem ein rechteckiges Schild befestigt wurde (31), das eine auf die Schutzgottheit des Schiffes (tutela navis) bezügliche Inschrift oder deren Zeichen trug. Auf einigen Schiffsbildern finden wir zwei Flaggstöcke (vergleiche Bild 9, 23 und 24). Dabei stützte der eine das Aphlaston, während der andere Stock als Kultstandarte der tutela navis diente. Schon die Trieren Athens führten ein vergoldetes Palladion der Stadt- und Marinegottheit

24

Athene am Bug. Neben oder an der stylis wurden auf römischen Kriegsschiffen auch die Kommandowimpel gesetzt. Die mitgeführten Feldzeichen fanden ebenfalls im Achterschiff ihren Platz (Bild 75). Das vexillum des Prätorialschiffes wurde jedoch auf dem Kriegsmarsch häufig auch am Masttopp vorgeheißt.
An der Heckzier leuchtete nachts die Schiffslaterne (lantera) (32) (Bild 75 und 24). Im Zweiten Punischen Krieg führte nach Livius *(29,25)* ein römisches Flaggschiff (praetoria navis) drei, jedes andere Kriegsschiff eine und Transporter zwei Laternen. Noch Don Juan de Austria setzte auf seinem Flaggschiff drei übereinander hängende Laternen, bevor er nach Lepanto versegelte, um dort die letzte Galeerenschlacht von weltgeschichtlicher Bedeutung am 7. Oktober 1571 siegreich zu schlagen. Bei den Römern gab es eine festliegende Ordnung für die Laternenführung aber nicht. Ein Prätorialschiff führte z. B. in der zweiten Hälfte des 1. Jahrhunderts v. u. Z. nur eine Laterne, wie uns Appian *(Bell. Civ. 2,89)* überlieferte. Nach der Schlacht bei Pharsalus (48 v. u. Z.) verfolgte der Sieger den nach Ägypten fliehenden Cn. Pompeius. Zunächst segelte Caesar nach Rhodos und von dort unverzüglich mit einem Triremengeschwader weiter nach Ägypten. Bei der Abfahrt von Rhodos »ging er gegen Abend unter Segel, indem er den übrigen Steuermännern nach der auf seinem Schiff befindlichen Laterne und am Tage nach dem Feldherrenzeichen (vexillum) sich zu richten hieß . . .«.
Römische Kriegsschiffe waren mit zum Teil sichtbaren, zum Teil im Schiffsinneren, wie bei Handelsseglern, laufenden Verbandstauen, von den Griechen hypozomata genannt, ausgerüstet. Das Hypozom- oder Verbandstau (tormentum funis?) (33) hatte die Aufgabe, den Längsverband des Schiffes zu verstärken. Nach den attischen Seeurkunden waren griechische Trieren mit bis zu vier solcher Hypozomtrossen ausgerüstet. Bei römischen Triremen erkennen wir zwei dieser straffgespannten Längsgürtungstaue, die achtern am Heck in Zurrings, also Kabelschlingen, ausliefen. Diese Zurrings umfaßten das überhängende Achterschiff (Bild 17). Auf einigen Schiffsdarstellungen wird auch das Vorschiff von außen mit einem Hypozomtau umfaßt (Bild 12, 13 und 17). Zumeist liefen die Hypozome, besonders in späterer Zeit, auf römischen Schiffen jedoch unter Deck und faßten im Inneren des Schiffskörpers an. Bei hochgehender See war der Kiel leichter und mittlerer Einheiten, die relativ schmal gebaut waren, Biegungsspannungen ausgesetzt, die dadurch entstehen, daß eine Welle die Schiffsmitte hebt und die Schiffsenden dann frei schweben. Im Wellental wird jedoch die Schiffsmitte entgegengesetzt beansprucht. Sie läuft hohl, während die Enden des Fahrzeuges von den Wellen gehoben werden.
Die Hypozomgürtung diente somit der Verhütung eines Kielbruches. Schon bei den Ägyptern bildeten starke Trossen und Taugürtel Längsverbände des Schiffes. Vorn und achtern, in Kabelschlingen das Schiff umfassend, lief bei ägyptischen Seeschiffen seit

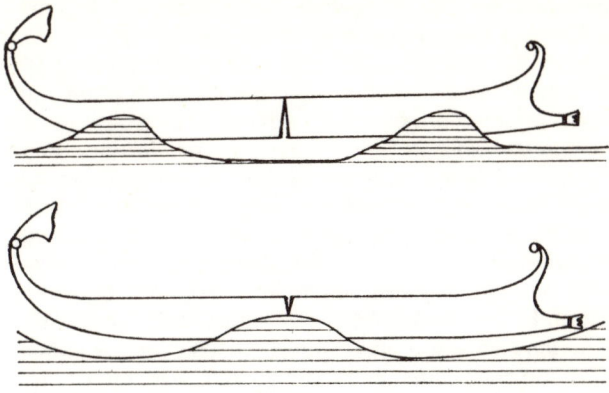

Schematische Skizze 2

der frühesten Zeit ein Sprengtau mit einer Spannvorrichtung über hohe Gabelstützen oder Stempelhölzer an Deck von vorn nach achtern. Im 3. Jahrtausend v. u. Z. waren weitere zwei Gürteltrossen in Deckshöhe um den Schiffsrumpf gelegt, die durch Spritzwasser auf Spannung gehalten wurden. Eine gleichartige Konstruktion finden wir noch auf römischen Kriegsschiffen (vergleiche Bild 5 und Skizze 3).
Die Hypozomtaue waren jedoch bei römischen Schiffen nicht die einzige Längsgürtungskonstruktion. Schon auf den älteren römischen Relief- und Münzbildern erkennt man fest eingebaute Längsversteifungen. Das sogenannte Sprengwerk bestand aus Balkenzügen, die über eine Reihe von senkrechten Stützen an beiden Seiten des Schiffes von der Back zum Heck eingezogen waren (vergleiche Bild 14 und 15).
Ein von innen abdichtbares Gitter (34) diente bei ruhiger See zur Durchlüftung der Rojerräume. Dieses Gitter am Bug ist auf Bild 22 besonders gut zu erkennen.
Die Rojerbänke (transtra) waren entweder fest eingebaut oder bestanden aus Schemeln. Ein Sitzkissen hatte bereits in den griechischen Flotten jeder Rojer.
Im Riemenwerk (remigium) lag die Antriebskraft antiker Kriegsschiffe im Gefecht. Bei Triremen und kleineren Einheiten saß an jedem Riemen (remus) ein Rojer (remex) auf seiner Ducht (transtrum, seit dem 5. Jahrhundert auch selma genannt). Der antike Riemen lag mit einem Lederstropp befestigt an einem einzigen Dollpflock (scalmus) (35) oder war durch eine Rojepforte (36) geführt, die bei den unteren Reihen mit einer an die Bordwand genagelten ledernen Manschette oder Stulpe gegen eindringendes Seewasser abgedichtet wurde. Auf Bild 22 sind diese Riemenstulpen deutlich in den beiden unteren Rojerrängen erkennbar.
Jeder Rojer mußte in einem bestimmten Abstand vom Vordermann sitzen, um in seinen Bewegungen beim Pullen nicht behindert zu werden. Diesen von den Gegebenheiten des menschlichen Körpers abhängigen horizontalen Abstand von einem Dollpflock zum anderen nennt man Interscalmium. Der Ingenieur Vitruv

gibt das bei der römischen Flotte übliche Interscalmium, auf Meter umgerechnet, mit 0,925 m an.

Waren die größten griechischen Kriegsschiffe vor dem 5. Jahrhundert v. u. Z. an den Seiten noch offen (lat. apertus), also ungeschützte oder aphrakte Schiffe, so wurde der an den Seiten offene Rojerraum seit dem 5. Jahrhundert v. u. Z. im Gefecht durch grobtüchige oder lederne Schutzdecken gegen Feindeinwirkung geschützt. Kriegsschiffe, bei denen diese Einrichtung vorhanden war und die ein Deck besaßen, werden von einigen Autoren schon als geschützt oder kataphrakt (lat. tectus oder constratus) bezeichnet. Ein Kriegsschiff ohne vollständig geschlossenes Deck, z. B. mit Halb- oder Verbindungsdeck, war immer eine aperta navis, ein offenes Schiff. Auf römischen Darstellungen finden wir in der Regel an den Seiten geschlossene, also eindeutig kataphrakte Schiffe, auf denen die Rojer durch den völlig dicht geplankten Schiffskörper oder das Schanzkleid gegen die Einwirkung leichter Waffen geschützt wurden. Graser macht in diesem Zusammenhang zwischen Kriegsschiffen, die als naves tectae und naves constratae bezeichnet werden, einen bedeutsamen Unterschied. Bei den naves tectae habe die Rojerbesatzung der obersten Riemenreihe lediglich hinter einer senkrechten Seitendeckung, einem Schanzkleid, gegen feindliche Geschosse Schutz gefunden, während bei den naves constratae alle Rojer unter dem durchlaufenden Wetterdeck gesessen hätten.

Der Riemenkasten oder Ausleger (37), von den Griechen parexeiresia genannt, war bei den Hochsee-Einheiten der Römer oben und zumeist auch unten völlig geschlossen. Der obere Teil des Auslegers (38) diente bei römischen Schlachtschiffen (vergleiche Bild 22) gleichzeitig als Laufgang außerhalb des Schanzkleides (39).

Das Deck (constratum) (40) römischer Kriegsschiffe war zugleich Kampf- und Wetterdeck. Es gab jedoch bis in die Zeit Caesars Kriegsschiffe, deren Halbdecks im Vor- und Achterschiff durch über das Rojerdeck laufende Verbindungsdecks (tectae longae), auf denen die Kampfbesatzung stand, verbunden waren. Caesar versegelte am 4. Januar des Jahres 48 v. u. Z. mit sieben eingeschifften Legionen von Brundisium (Brindisi) nach Epirus und bemerkte ausdrücklich, daß der Geleitschutz seiner Transportflotte aus zwölf Kriegsschiffen bestand, von denen lediglich vier mit einem Deck (gemeint ist hier das Volldeck) versehen waren. Auch scheint es bei Auswertung von Schiffsdarstellungen bis weit in die Kaiserzeit hinein, als leichte und mittlere Einheiten offene Schiffe (naves apertae) mit Halb- und Verbindungsdecks neben Schiffstypen der gleichen Größe mit durchlaufenden, also Volldecks (naves tectae oder naves constratae) gegeben zu haben. Bei Einheiten von der Quadrireme aufwärts dürfte seit dem 3. Jahrhundert, spätestens seit dem 2. Jahrhundert v. u. Z., das gerade durchgehende Kampfdeck ohne Unterbrechung und Sprung, nur auf der Back und im Achterschiff ganz schwach aufbiegend, die Regel geworden sein.

Römische Schiffe fuhren mit großer Wahrscheinlichkeit bereits in der Schlacht bei Mylae (260 v. u. Z.) nicht nur Enterbrücken, sondern auch Geschütze (tormenta) (41) an Deck. Für den Einsatz dieser Waffen und als Kampfplattform starker Marineinfanterieverbände war ein festes Volldeck notwendig. Bei größeren Einheiten dürfte, auch aus Gründen der Schiffsstabilität und Seetüchtigkeit, eine solche Konstruktion unerläßlich gewesen sein.

Im Vergleich zu modernen Kriegsschiffen besaßen römische Fahrzeuge nur wenige Deckaufbauten. Die Kampftürme (falae) (42) der Schiffe waren aus Holz. Im allgemeinen war der Turm, auch turris genannt, leicht konstruiert und zerlegbar. Letzteres erfolgte auf dem Marsch oder wenn schweres Wetter aufkam und mit einem Gefecht nicht gerechnet wurde. Als sich in der Seeschlacht bei Naulochus (36 v. u. Z.) die Flotte des Sex. Pompeius zur Flucht anschickte, wurden nach Appian zuvor die Türme in Eile niedergelegt. Auf der Flotte des Antonius bei Actium (31 v. u. Z.) setzten die Besatzungen Segel, als sie die Flucht ihres Befehlshabers bemerkten, und warfen, wie Cassius Dio berichtet, die Kampftürme über Bord. Diese waren häufig farbig gestrichen. Im Bürgerkrieg, als römische Schiffe gegeneinander kämpften, war es Agrippa in der Schlacht bei Naulochus nur durch den unterschiedlichen Anstrich der Kampftürme möglich, seine Einheiten von denen des Sex. Pompeius zu unterscheiden. Ein römisches Kriegsschiff war nicht in der Lage, mit errichteten Kampftürmen einen Sturm abzuwettern. Schlachtschiffe besaßen häufig an Deck noch eine zusätzliche Verschanzung (propugnaculum), in der Geschütze gefahren werden konnten (vergleiche Skizze 65).

Polybios erwähnt den Gebrauch von Kampftürmen auf Kriegsschiffen erstmalig bei der Schilderung der Seeschlacht von Chios im Jahre 201 v. u. Z. Auch das Flaggschiff des Admirals Eudamos, Befehlshaber des rhodischen Kontingents im Kampf gegen die Flotte Hannibals, der im Syrischen Krieg (192–188 v. u. Z.) auf seiten von Antiochos III. focht, fuhr bereits im Jahre 190 v. u. Z. nach Livius Kampftürme an Deck. Ein von Thukydides anläßlich der Kämpfe des Jahres 413 v. u. Z. im Hafen von Syrakus erwähnter, mit Holztürmen und Brustwehren versehener Riesenkahn, der von den Athenern herangeführt wurde, um die von Booten aus und mit Hilfe von Tauchern (urinatores) vorgenommene Beseitigung einer Pfahlsperre zu decken, kann als frühester Beleg für das Vorhandensein von Kampftürmen auf Schiffen wohl kaum herangezogen werden. Die hier erwähnten Brustwehren und Türme waren keine speziellen Seekriegswaffen, sondern dürften unter dem Begriff des schwimmenden Belagerungsgerätes einzuordnen sein.

Auf dem Achterdeck (puppis) befand sich als Deckaufbau seit dem letzten Drittel des 1. Jahrhunderts v. u. Z. die Hütte (43) für den Kommandanten (Bild 9, 10, 12, 13, 21, 24, 27 und 33). Auf Schlachtschiffen war sie entsprechend groß und konnte auch den Stab mit aufnehmen. Ein Ankerspill (44), das auch zum Aufrichten des Mastes benutzt wurde, war im Vorschiff eingebaut (vergleiche Bild 17).

Der Anker (ancora) (45) lag zumeist, wie die römischen Kriegsschiffdarstellungen beweisen, mit seinem Ankerkabel (ancorale oder funis ancoraria) (46) an Deck. Bei phönizischen Kriegsschiffen könnten die Anker, wie in der Neuzeit, zu beiden Seiten des Bugs gehangen haben, doch läßt die Textstelle *(Appian, Syr. 27)* auch die Auslegung zu, daß sie vorn auf der Back lagen. Bei einem Rammstoß fiel ein Anker des gerammten Kriegsschiffes auf das Wetterdeck des rammenden Gegners. Vorn am Ankerstock war eine Leine (funis) (47) angesteckt, an deren Ende sich eine Ankerboje aus Kork (48) befand *(Plinius, NH 16,34 und Polyaen 6,11)*. Römische Triremen besaßen vermutlich, wie ihre griechischen Schwestern, nur zwei eiserne Anker mit bleiernen Stöcken. Das Gewicht des griechischen Trierenankers ohne Stock betrug bis zu 22,7 kg. Der Ankerstock aus Blei wog zusätzlich etwa 38 kg. Größere Kriegsschiffe benutzten natürlich schwerere Anker. So sind im griechischen Bereich Kriegsschiffankerstöcke von 109 bis 113,5 kg nachgewiesen. Wie bei den Kriegsschiffen waren auch bei den Handelsschiffen Ankerketten nicht gebräuchlich (Bild 66). Die Ankerkabel wurden vor der Kaiserzeit, wie das gesamte Tauwerk, aus spanischem Pfriemengras (spartum) gedreht. Auch lieferte Spanien einen großen Teil der eisernen Schiffsgeräte und sonstigen Ausrüstungsgegenstände (armamenta) für den Kriegsschiffbau. Eiserne Ankerketten benutzten bereits die Makedonier im Jahre 332 v. u. Z. *(Arrian, Anab. 2,21)* und Anker aus Eisen die mit den Römern verbündeten Rhodier im Syrischen Krieg 192 bis 188 v. u. Z. Neben eisernen (vergleiche Skizze 128 und 129) war die römische Flotte auch mit hölzernen Ankern mit Bleibeschlägen und sehr schweren bleiernen Ankerstöcken ausgerüstet (vergleiche Skizze 125 und 127).

An Deck hielt man auch ständig mehrere Bootshaken (conti) zum Abhalten und Abstoßen bereit. Schon auf den attischen Trieren gehörten drei Staken dieser Art von verschiedener Länge zur Schiffsausrüstung.

Während auf griechischen Schiffen die Landungsleiter noch sichtbar im Achterschiff gestaut wurde (vergleiche Bild 35 und Skizze 26), finden wir auf Darstellungen römischer Kriegsschiffe diese nicht. Doch auch die Römer kannten die Landungsleiter (scala) und eine Gangway (pons). Vermutlich wurden beide unter Deck gestaut.

Bootsbarringe auf dem Oberdeck nahmen die Schiffsboote (scaphae) (49) auf. Zumeist besaßen römische Kriegsschiffe mehrere Boote, die vermutlich ineinandergesetzt und festgezurrt wurden, um Platz zu sparen. Als Rettungsgeräte befanden sich neben den Schiffsbooten Korkbojen an Bord *(Lukian, Toxaris 20)*. Ferner wird es an Deck Mastböcke oder Klampen (50) zur sicheren Lagerung der vor dem Kampf niedergelegten Masten und Rahen gegeben haben. Auf einem Kriegsschiff der Trajanssäule ruht die Rah mit Segel in Gabelstützen (Bild 11). Vermutlich führten zwei durch Klappdeckel mit Grätingen schließbare Niedergänge (51) in das Zwischendeck (forus). Sie dienten auch mit den Lufteinlässen am Bug zur Belüftung der Rojerräume.

Der Name des Kriegsschiffes war im allgemeinen vorn an der oberen Bordwand des Vorschiffes (prora) oder beiderseits der Vorstevenzier angebracht. Er war auf einem Namensbrett ausgeschrieben und wurde zusätzlich durch ein besonderes Bild, Symbol oder Zeichen (insigne), das eingeschnitten, aufgemalt oder plastisch angebracht war, dargestellt. Das Namensbildnis des Schiffes konnte mit der Schutzgottheit (tutela navis) des Fahrzeuges identisch sein. Auf Bild 19 und Bild 22 sehen wir zum einen ein Medusenhaupt und zum anderen einen weiblichen Kopf. Bild 18 zeigt das Füllhorn Fortunas. Somit dürfte das Kriegsschiff auf Bild 19 den Namen »Medusa« und das Schiff auf Bild 18 den Namen »Fortuna« getragen haben.

Sowohl die Kriegs- als auch die Handelsschiffe wurden aus Tannen, Kiefern, Lärchen, Ulmen, Zedern, Pinien, Eichen, Eschen, Buchen und Cypressen erbaut. Man verwendete praktisch alle vorhandenen Holzarten nach den örtlichen Gegebenheiten. Im einzelnen verarbeitete man im Kriegsschiffbau u. a. Steineiche für den Kiel, schwarze Akazie oder Esche für die Inhölzer, erstere speziell für die Spanten *(Plinius, NH 13,63)*, Linde und Rotbuche für die Planken und Tannen-, Kiefern-, Lärchen- und Cypressenholz für Masten und Riemen. Letztere wurden aber auch aus Oliven- und Pinienholz gefertigt.

Über den Anstrich römischer Kriegsschiffe hat uns Plinius *(NH 35,149)* berichtet. Zu seiner Zeit (in den Jahren 23–79) wurde der Anstrich mit eingebrannten Wachsfarben (enkaustische Maltechnik) wesentlich verbessert. Man trug am Feuer geschmolzene Wachsfarben mit dem Pinsel auf. Diese Art des Schiffsanstrichs konnte weder durch Sonnenlicht noch durch Wind oder Salzwasser zerstört werden. Die verwendeten Farben waren Weiß, Blau, Gelb, Braun, Grün, Rot und Purpur. Schwarz fand als Teerfarbe Anwendung. Purpur, Rot oder Blau wurden zumeist zu dekorativen Zwecken verwendet, während man Schwarz und Braun für den Rumpfanstrich benutzte. Aufklärungs- und Piratenfahrzeuge waren häufig blau oder blaugrau gestrichen *(Philostratus, Imagines 1,19)*. Nach Plinius *(NH 35,49)* wurden im 1. Jahrhundert enkaustische Farben zunehmend auch für den Anstrich der Handelsschiffe verwendet.

Die Bauzeit der Kriegsschiffe war im Altertum außerordentlich kurz. Schon im 3. Jahrhundert v. u. Z. benötigten die Römer für eine Quinquereme, also ein Schlachtschiff des Duilius oder Scipio, von der Kiellegung bis zur Indienststellung nicht mehr als 40 bis 60 Tage. Caesar ließ im 1. Jahrhundert v. u. Z. für die Blockade von Massilia (Marseille) (49 v. u. Z.) bei Arelate (Arles) zwölf Kriegsschiffe, vermutlich leichte Einheiten, äußerstenfalls Triremen, in 30 Tagen erbauen. Es wird ausdrücklich erwähnt, daß diese Zeitspanne vom Fällen der Bäume bis zum Auslaufen der kampfbereiten Schiffe zu rechnen ist. Constantius II. begann im Jahre 351, eine neue große Flotte zu bauen, die nach einer Bauzeit von zehn Monaten in Dienst stellte. Genau die gleiche Zeit benötigte Julian im Jahre 359, um die britannische Getreidetransportflotte um 400 Einheiten zu vergrößern. Alle hier genannten Bauzeiten beziehen sich auf Kriegs- oder Krisenzeiten. Im Frieden wird auch damals der Bau von Kriegsschiffen etwas länger gedauert haben.

Nach der Untersuchung mehrerer römischer Handelsschiffwracks im Mittelmeer und der Ausgrabung der Nemisee-Schiffe können wir heute feststellen, daß römische Kriegs- und Handelsschiffe eine hohe Lebensdauer besaßen. Noch vor wenigen Jahrzehnten als Ausnahme abgetan, erscheint uns nach neueren Forschungen der Bericht des Livius über eine 80 Jahre alte Quadrireme, die nochmals in See ging, durchaus glaubwürdig. Für voll kampfkräftige Quinqueremen wurde offenbar eine durchschnittliche Dienstzeit von 25 Jahren als normal angesehen. Die beim Ausbruch des Zweiten Punischen Krieges 218 v. u. Z. in Dienst stehenden 200 Quinqueremen waren nach Thiel mit den 242 v. u. Z. erbauten römischen Einheiten und punischen Beuteschiffen des gleichen Typs aus den Jahren 242/241 v. u. Z. identisch. Zu Beginn des Syrischen Krieges im Jahre 192 v. u. Z. besaß die römische Flotte mindestens 115 Einheiten, die nach Thiel größtenteils aus dem Bauprogramm der Jahre 217 und 214 v. u. Z. stammten. Das Alter dieser Schiffe lag also zwischen 22 und 25 Jahren. Auch während des Bürgerkrieges wurden im Jahre 49 v. u. Z. von den Republikanern zehn Kriegsschiffe, vermutlich Triremen, vielleicht auch größere Einheiten, die seit dem Ende des Seeräuberkrieges (67 v. u. Z.) in Utica auflagen, neu ausgerüstet und nach 18 Jahren wieder in Dienst gestellt (Caesar, Bell. Civ. 2,23).

In normalen Zeiten zu bauende Schiffe wurden natürlich auch von den römischen Werften aus gut ausgetrocknetem Holz auf Stapel gelegt. Da alle mittleren und größeren Kriegsschiffe zumindest im Unterwasserteil mit teergetränkter Wollbespannung und einer Bleihaut (52) überzogen waren und leichte Einheiten im Winter aufgeslipt und konserviert wurden, ergibt sich bereits aus diesen Tatsachen eine größere Langlebigkeit als gemeinhin bei Holzschiffen üblich. Wir können heute mit Sicherheit davon ausgehen, daß die Lebensdauer römischer Kriegsschiffe die des Mittelalters und der beginnenden Neuzeit weit übertraf. Auch die Römer benutzten offenbar, wie die Griechen und Karthager, Schiffshäuser (vergleiche Bild 41) für die Überholung ihrer Kriegsschiffe. Mosaikbilder, Gemälde und Münzen mit Darstellungen von römischen Schiffshäusern sind bekannt, Funde dagegen rar. Lediglich in Tarentum (Taranto) wurden Anlagen dieser Art ausgegraben. In Karthago erlitten mit der Zerstörung im Jahre 146 v. u. Z. auch die 200 Schiffshäuser des Kriegshafens das Schicksal der Stadt. Im späteren römischen Carthago errichtete man auf den Fundamenten der punischen Schiffshäuser Kaianlagen.

Die Geschwindigkeit der Kriegsschiffe war nicht sehr hoch, wenn sie mit Riemenkraft fortbewegt wurden. Ihre Höchstgeschwindigkeit dürfte für leichte Einheiten bei 4 bis 5 Kn, für Triremen bei 3 bis 4 Kn und für schwere Kampfschiffe bei 2 bis 3 Kn gelegen haben. Dabei ist zu berücksichtigen, daß diese Geschwindigkeiten nur bei ruhiger See erreicht wurden; denn nach Polybios unterließ man in der stürmischen Jahreszeit zumeist Unternehmungen mit Riemenkriegsschiffen.

Die normale Marschgeschwindigkeit von unter Segel laufenden Verbänden lag bei günstigem Wind zwischen 2 bis 3 Kn und bei ungünstigem Wetter zwischen 1 bis 1$^1/_2$ Kn. So liefen z. B. Seestreitkräfte Caesars von Lilybaeum (Marsala) bis nach Ruspina (b. El Monastir, Tunesien) 1,7 Kn in der Stunde (Bell. Afr. 34) und die Invasionsflotte des Scipio von Lilybaeum zur nächstgelegenen afrikanischen Küste, dem Kap Bon, bei einer Überfahrt, die als besonders schnell geschildert wurde, 2,7 Kn in der Stunde (Livius 29,27). Unter Segel marschierende Flottenverbände konnten bei günstigem Wind auf über 7 Kn kommen. Wertet man Livius aus (45,41), so durchlief ein römisches Geschwader die Strecke von Brundisium (Brindisi) nach Corcyra (Korfu) unter Aemilius Paulus mit ca. 7,8 Kn in der Stunde. Diese Geschwindigkeit scheint jedoch nur bei außerordentlich günstigem Wind erreicht worden zu sein. Nach Appian (Bell. Civ. 2,89) durchsegelte Caesar mit einem nur aus Triremen bestehenden Geschwader bei der Verfolgung des fliehenden Cn. Pompeius die Strecke von Rhodos nach Alexandria, etwa 325 Seemeilen, in drei Tagen. Das nur unter Segel laufende Geschwader kam somit bei diesem Kriegsmarsch auf eine Geschwindigkeit von etwa 4,5 Kn.

Nach dem vorhandenen Bild- und Schriftmaterial ist es nicht möglich, eine chronologische Entwicklung des römischen Kriegs- und Transportschiffes durch die Jahrhunderte aufzuzeichnen. Zweifellos gab es Wandlungen im nautisch-technischen Bereich. Dies gilt insbesondere für den Riemenantrieb und die benutzten Systeme. Wir können hier nur versuchen, im Sinne einer Systematik verschiedene Schiffstypen darzustellen, wie sie in der römischen Marine im Verlauf verschiedener Jahrhunderte in Gebrauch gewesen sein könnten. Es wird ganz sicherlich nicht nur einen Typ der Trireme oder Quinquereme, um hier zwei Beispiele zu nennen, gegeben haben, sondern mehrere, besonders im Riemensystem voneinander abweichende Typen dieser und anderer Schiffsklassen.

Doch dürfen wir uns die Entwicklung des Kriegsschiffbaues nicht so vorstellen wie in unserem Jahrhundert. Das Entwicklungstempo war wesentlich langsamer. Man baute Jahrhunderte hindurch die gleichen Schiffstypen mit zum Teil unwesentlichen Veränderungen.

Die Abmessungen römischer Kriegsschiffe sind schriftlich nicht überliefert. Wir können die Schiffsgrößen nur nach den mehr oder minder detaillierten Besatzungsangaben rekonstruieren.

Im Mittelmeer wurden zahlreiche Wracks römischer Handelsschiffe gefunden und untersucht. Es ist aber noch nicht ein einziges gesunkenes römisches Kriegs-

Die Geschwindigkeit von Kriegsflotten auf dem Marsch unter Segel hat Casson in seiner Tafel 6 in Beispielen differenziert dargestellt.

Marschroute		Entfernung in Seemeilen	Marschdauer in Tagen	Durchschnittsgeschwindigkeit in Kn	Windverhältnisse
Rhodos (Das Geschwader bestand nur aus Triremen)	– Alexandria	325	3	4,5	nicht nachzuweisen; wahrscheinlich günstig
Große Syrte (Das Geschwader bestand nur aus Lemben)	– Heraclea Minoa (an der Südküste Siziliens nahe Kap Bianco)	475	4½	4,4	günstig
Sason an der Aousmündung (Vijosëmündung, Albanien)	– Insel Cephallenia (Kefallenia, Griechenland)	160	1¾	4,0	nicht nachzuweisen; wahrscheinlich günstig
Troja	– Alexandria	550	7	3,3	günstig
Caralis (Cagliari auf Sardinien)	– afrikanische Küste (westlich von Kap Bougaroun, Algerien)	200	2½	3,3	nicht nachzuweisen; wahrscheinlich günstig
Lilybaeum (Marsala auf Sizilien)	– Prom. Mercurii (Kap Bon in Tunis)	65	1	2,7	überwiegend günstig
Straße von Messina	– Cephallenia	250	4½	2,3	nicht nachzuweisen; wahrscheinlich günstig
Pisa (entlang der ligurischen Küste)	– Marseille	240	4½	2,2	günstig bis ungünstig
Utica (bei Karthago)	– Caralis	160	3	2,2	wahrscheinlich ungünstig
Lilybaeum	– Ruspina	140	3½	1,7	günstig
Lilybaeum (?)	– Anquillaria (am Kap Bon)	90	2½	1,5	nicht nachzuweisen
Syrakus	– Kap Bon	220	6	1,5	wahrscheinlich ungünstig
Euripos Meerenge (Chalkisstraße zwischen der Insel Euboia und dem griech. Festland)	– Phaleron (war vor dem Ausbau von Piräus der Hafen von Athen)	96	3	1,3	wechselnder Wind
Zakynthos (Insel im Ionischen Meer)	– Kap Pachynos (das Südkap von Sizilien)	340	12½	1,1	sehr leichte Brise
Lilybaeum	– Afrika (bei Utica)	85	3½	1,0	ungünstig
Zakynthos	– Etna (der Vulkan auf Sizilien)	320	15½	0,9	sehr leichte Brise

schiff entdeckt worden. Wir sind somit für die Rekonstruktion der Kriegsschiffe auf die bildliche und schriftliche Überlieferung angewiesen. Lediglich in den Schiffswracks aus dem Nemisee dürfen wir, soweit es den Unterwasserteil anbelangt, echte Kriegsschiffkonstruktionen sehen. Diese Schiffe, mögen sie für Schaukämpfe oder als Prunkbarken erbaut worden sein, dienten nicht dem Gütertransport, sondern wiesen im Unterwasserteil die Konstruktionsmerkmale von Kriegsschiffen auf. Sie sind mit an Sicherheit grenzender Wahrscheinlichkeit von Konstrukteuren der Marine entworfen und von Werftingenieuren und Schiffszimmerern der Flotte erbaut worden.

Da wir bis zum heutigen Tage unzulänglich über die verschiedenen Antriebssysteme der römischen Kriegsschiffe unterrichtet sind, haben wir bei den Schiffsskizzen die Riemen nicht eingezeichnet, sondern nur Rojepforten angedeutet, wie sie bei einigen Typen nach der schriftlichen und bildlichen Überlieferung identifizierbar sind. Alle Schiffsskizzen sollen als Übersicht verstanden werden. Die Seiten- und Decksrisse sind gegißte Zeichnungen.

Bei der Festlegung von Schiffsgröße, Kampfkraft und taktischem Gefechtseinsatz wurde hier der Begriff der »Rangigkeit« neu entwickelt und nicht mehr der der »Reihigkeit« verwendet. Die echte Bireme, mit einem Mann an je einem Riemen, ist nicht nur ein zweireihiges, sondern zugleich ein zweirangiges Kriegsschiff. Wir kennen aus der Kaiserzeit zweireihige Schlachtschiffe, z. B. Hexeren, deren Riemen von je drei Mann gehandhabt wurden. Diesen Schiffstyp als Bireme zu bezeichnen gibt Anlaß zu Irrtümern. Hier Abhilfe zu schaffen war der Grund für die Einführung des neuen Begriffes der »Rangigkeit«. Der Rang eines Kriegsschiffes ist bedeutsam für den seetaktischen Einsatz, nicht die Anzahl der Riemenreihen. Man kannte im 18. Jahrhundert Linienschiffe vom I. bis zum IV. Rang. Die Rangigkeit wurde damals von der Anzahl der mitgeführten Kanonen, also von der Kampfkraft bestimmt. Im Seekrieg der Römer war die Anzahl der eingeschifften Seesoldaten bestimmendes Merkmal der Kampfstärke eines Kriegsschiffes. Die Gleichung zahlreiche Seesoldaten = zahlreiche Rojer war für den taktischen Einsatz der römischen Flotte kennzeichnend. Der Rang eines Kampffahrzeuges wurde daher von der Zahl der Rojer, die in einer Vertikalsektion an den Riemen tätig waren, bestimmt. Danach stellte die Trireme ein dreireihiges und dreirangiges Kriegsschiff dar, während eine Quinquereme trierischer Bauart als dreireihige, aber fünfrangige Flotteneinheit anzusprechen war. Die eigentliche Liburne mit zwei Riemen in der Vertikalsektion, von je einem Rojer bedient, war sowohl ein zweireihiges als auch zweirangiges Schiff. Eine zweireihige hexeris navis liburnischer Bauart, mit je drei Rojern an zwei Riemen, stellte dagegen ein sechsrangiges Schlachtschiff dar.

Das größte uns bekannt gewordene Kriegsschiff im Dienst der römischen Flotte war die erbeutete Hekkaidekere, ein sechzehnrangiges überschweres Großkampfschiff, mit dem nach Livius der Sieger von Pydna (168 v. u. Z.), L. Aemilius Paullus, im Jahre 167 v. u. Z. den Tiber aufwärts bis Rom gelangte. Mit diesem Typ abschließend, ist mit allen Vorbehalten eine systematische Einteilung der ausgesprochenen Kampfschiffe gewagt worden, wie sie vielleicht einmal in den Flottenlisten der römischen Admiralität verzeichnet gewesen sind.

Systematische Übersicht der Kampfschifftypen

Lateinische Bezeichnungen	Griechische Bezeichnungen verdeutscht und (griechisch)	Rang	Der Typ entspricht etwa folgendem Kriegsschiff der Neuzeit im Kampfeinsatz
moneris (Sammelbezeichnung für jedes Schiff mit einer Riemenreihe)	**Monere (moneres)**	(1)	Sofern ein Riemen auch von einem Rojer bedient wurde. So verstand man z. B. unter der griechischen Bezeichnung monokrotoi leichte Flotteneinheiten unterschiedlicher Typen, die auch noch nach der Schlacht bei Actium in der römischen Flotte nachzuweisen sind. Ein monokrotos besaß eine Riemenreihe mit je einem Rojer an einem Riemen.
(Sammelbezeichnung für Schiffe mit mehreren Riemenreihen übereinander)	**Polyeren (polyereis)**		
biremis* oder dicrotum* und bicrota*** und liburna***	Diere (dieres*, dikrotos*, dikroton*)	(2)	Kreuzer oder großer Zerstörer
trieris*** oder triremis	Triere (trieres)	(3)	Schlachtkreuzer
quadrieris*** oder quadriremis oder tetreris	Tetrere (tetreres)	(4)	Schlachtschiff

Lateinische Bezeichnungen	Griechische Bezeichnungen verdeutscht und (griechisch)	Rang	Der Typ entspricht etwa folgendem Kriegsschiff der Neuzeit im Kampfeinsatz
penteris*** oder quinqueres oder quinqueremis	Pentere (penteres)	(5)	Schlachtschiff
hexeris***	Hexere (hexeres)	(6)	Schlachtschiff
septiremis oder hepteris	Heptere (hepteres)	(7)	Großkampfschiff
octeris	Oktere (okteres)	(8)	Großkampfschiff
enneris	Ennere (enneres)	(9)	Großkampfschiff
decemremis oder deceris	Dekere (dekeres)	(10)	Großkampfschiff
undecimremis	Hendekere (hendekeres)	(11)	Überschweres Großkampfschiff griechischer Bauart
duodecimremis**	Dodekere (dodekeres)	(12)	Überschweres Großkampfschiff griechischer Bauart
tredecimremis**	Triskaidekere (triskaidekeres)	(13)	Überschweres Großkampfschiff griechischer Bauart
quindecimremis**	Pentekaidekere (pentekaidekeres)	(15)	Überschweres Großkampfschiff griechischer Bauart
sedecimremis**	Hekkaidekere (hekkaidekeres)	(16)	Überschweres Großkampfschiff griechischer Bauart
	Moneren im 4. Jahrhundert		
triaconteris	Triakontore (triakonteres)	(1)	Kreuzer
penteconteris	Pentekontore (pentekonteres)	(1)	Schlachtkreuzer
	Moneren im 6. Jahrhundert		
dromo	Leichte Dromone (dromon)	(vermutl. 2) (im Gefecht 1)	Kreuzer
dromo	Schwere Dromone (dromon)	(vermutl. 3) (im Gefecht 2)	Schlachtkreuzer
	Byzantinische Kriegsschiffe im 10. Jahrhundert		
	Moneren		
	Galee (galea) oder Monere (moneres) im engeren Sinne	(1)	Zerstörer oder Spähkreuzer
	Biremen		
	Dromonie (dromonion) kleine Dromone	(2)	Wachboot und Geleiter
	Unter dem Oberbegriff Dromonen (dromones) oder Schelander (chelandia) wurden folgende drei Typen zusammengefaßt:		
	Ousiake (ousiakos) leichte Dromone	(2) (im Gefecht 1)	Kreuzer
	Pamphyle (pamphylos) mittlere Dromone	(2 oder 3) (im Gefecht 1 oder 2)	Schlachtkreuzer
	Dromone (dromon) im engeren Sinne schwere Dromone	(3 oder 4) (im Gefecht 2 oder 3)	Schlachtschiff

* Der Terminus wird im Sinne einer Sammelbezeichnung für leichte zweireihige und zweirangige Kriegsschiffe unterschiedlicher Typen verwendet.

** Die Bezeichnung ist nicht überliefert, sondern gebildet worden.

*** Dies sind inschriftlich überlieferte offizielle Termini.

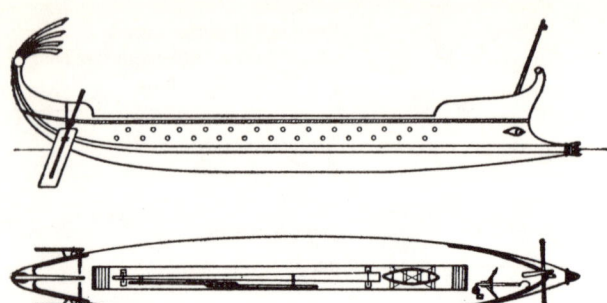

Skizze 3: Seiten- und Decksriß
BICROTA
(Bireme, leichtes, zweirangiges Kampffahrzeug)
um 149 v. u. Z.

Ein Fahrzeug mit zwei Riemenreihen übereinander, also zwei Riemen in der Vertikalsektion, nannten die Römer biremis, bicrota oder dicrotum. Der lateinische Wortbestandteil »bi-« bedeutet »doppel-« und steht für ein Schiff mit einer doppelten Riemenreihe. Einen speziellen Typ biremis oder dicrotum gab es jedoch nicht. Die Termini fanden als Sammelbezeichnungen für leichte zweireihige und zweirangige Kriegsschiffe Anwendung. Die Bezeichnung bicrota finden wir dagegen nur auf einer lateinischen Inschrift. Es ist möglich, daß in diesem Fall ein bestimmter Typ gemeint ist. Kriegsschiffe biremischer Bauart finden wir bereits im letzten Viertel des 8. Jahrhunderts v. u. Z. Die Griechen nannten Schiffe mit zwei Riemenreihen dikrotoi. Sie konnten verschiedenen Typen angehören. Man kannte z. B. nicht nur Triakonteren (30 Rojer) und Pentekonteren (50 Rojer) monerischer Bauart, sondern auch mit zwei Riemenreihen übereinander.
Ein römisches Relief von einem Fries des Palazzo Spada, jetzt Museo Nazionale, Neapel, bei dem leider die Rammsporne abgebrochen sind (Bild 5), und ein römisches Grabsteinrelief aus dem Britischen Museum, London (Bild 6), dienten für die Rekonstruktionsskizze als Vorlage.
Die hier skizzierte leichte römische Bireme, als offenes Schiff mit zwei Verbindungsdecks (tectae longae) gezeichnet, besitzt nur auf der Back und im Achterschiff ein kurzes Schanzkleid. Das Deck mit den kampfbereiten Seesoldaten zeigt mittschiffs keine Reling. Der Mast wurde bereits beim Signal »Klar Schiff zum Gefecht« niedergelegt. Bemerkenswert ist ein als Gurttau um den Schiffsrumpf gelegtes Hypozom, das durch Spritzwasser und überkommende Seen feucht blieb und sich so selbsttätig auf Spannung hielt. Deutlich erkennbar sind die kultischen Schiffsaugen (oculi) und die typisch römische Heckzier (aplustria). Auch die leichte Bireme der römischen Flotte war mit zwei Steuerrudern versehen, besaß aber offenbar bei bestimmten Typen keinen Riemenkasten. Das Schiff auf der linken Seite des Frieses zeigt 12 Riemen in der oberen und 13 Riemen in der unteren Reihe. Bei dem Fahrzeug rechts zählen wir oben 14 und unten 12 Riemen. Diese wenig überzeugende Riemeneinteilung dürfte einer gewissen künstlerischen Freiheit in der Gestaltung des Bildwerkes zuzuschreiben sein. Wir haben in der Skizze 13 Riemen pro Reihe angenommen, so daß wir auf 26 Riemen an der Steuerbord- und 26 Riemen an der Backbordseite, also insgesamt auf 52 Rojer kommen. Bei einem Interscalmium von 0,925 m ist die Schiffslänge mit 21 m und die Breite mit 3 m bei einem Tiefgang von 0,80 m angenommen worden. Der Längenbreitenindex beträgt 7 : 1 wie bei einer griechischen Triere des 5. und 4. Jahrhunderts v. u. Z.
Auf der Decksskizze ist ein in der Mitte unterbrochenes Kampfdeck gezeigt. In der Versenkung sind der ausgehobene Mast, die Rah und das Schiffsboot (scapha) gestaut. Auch konnten die Seesoldaten in diesem Durchgang gegen Feindbeschuß Deckung finden.
Die homerische Pentekontere, eine Monere ohne Deck mit insgesamt 50 Rojern, hatte bei einer Länge von 30 bis 32 m bereits die Grenze des damaligen Schiffbaues erreicht. Bei dieser Monere lag der Riemen auf dem Dollbord an einem Dollpflock mit einem Lederstropp befestigt. Die Rojer saßen in einer Horizontalebene, je ein Mann an einem Riemen, auf ihren Duchten. Da die Ducht griechisch zygos (eigentlich zeugos = Verbindung im Sinne des deutschen Wortes Joch) benannt wird, erhielten die »Urrojer« später die Bezeichnung Zygiten (gr. zygioi)*. Um sie im Gefecht besser zu schützen, erhöhte man in späterer Zeit den Freibord des Schiffes um einen Plankengang und schnitt in die Bordwand kreisrunde Öffnungen als Rojepforten.
Gegen Ende (735–700 v. u. Z.) der sogenannten geometrischen Epoche (1000–700 v. u. Z.) stellen wir bei den griechischen Kriegsflotten die ersten Zweireiher fest (Bild 2 und 3). Man war also schon in sehr früher Zeit dazu übergegangen, die Geschwindigkeit der Kriegsfahrzeuge durch die Vermehrung der Rojer zu erhöhen. Die leichte Bauart der damaligen Kriegsschiffe ließ es nicht geraten erscheinen, diesem Ziel durch Verlängerung des Schiffskörpers näherzukommen, da sich leichte Fahrzeuge bei zu großer Länge der Gefahr aussetzen, bei schwerer See »den Rücken zu brechen« (vergleiche auch Skizze 2).
Wenn man von dem kleinen und geschichtlich unbedeutenden Volk der Erythräer, das nach Damastes von Sigeion Schiffe mit doppeltem Deck erfunden haben soll, einmal absieht, so fanden die Griechen offenbar als erste den Weg, die Zahl der Rojer ohne Verlängerung des Fahrzeuges zu erhöhen, indem sie zum Bau von zweireihigen und zweirangigen Schiffen übergingen.
Um eine zweite Riemenreihe hinzufügen zu können, ohne das Schiff zu verlängern, zog man im letzten Viertel des 8. Jahrhunderts v. u. Z. **über** die Köpfe der Zygiten ein vermutlich fast den ganzen Schiffsraum in der Länge und Breite überdachendes Deck ein und plazierte dort eine zweite Rojerreihe, die Thraniten

---

* Zygioi tritt erstmalig als Bezeichnung in der byzantinischen Marine auf.

(gr. thranitai)**. Das griechische Wort thranos bedeutet Bank, Schemel oder (Dach-)Balken. Die Bezeichnung für diese oberste Rojergruppe konnte nicht bezeichnender gewählt werden. Sie handhabte ihre Riemen von einem Schemel aus, der auf dem von den Decksbalken getragenen Deck seinen Platz fand. Da das Oberdeck aber zugleich als Kampfdeck diente, besaß diese Rojeranordnung einen schwerwiegenden Nachteil. Während des Gefechtes konnten die obersten Riemen nicht bedient werden, da die Thraniten zur Herstellung der Gefechtsbereitschaft ihre Schemel verstauen, zu den Waffen greifen und den Schiffsantrieb den Zygiten überlassen mußten. Das griechische Kriegsschiff war zu dieser Zeit also nur auf dem Marsch eine Bireme, während es in der Seeschlacht wieder auf die Antriebsleistung einer Monere zurückfiel. Diese Lösung konnte nicht befriedigen, zumal die Seekriegstaktik sich entwickelt hatte und verstärkt das Schiff selbst als Mittel des Seekampfes in den Vordergrund rückte. Seine Beweglichkeit, Schnelligkeit und Rammintensität mußten gesteigert werden. Um dies zu erreichen, bedurfte man im Seegefecht aller Rojer.

Offenbar gelang den Phöniziern zuerst der technische Durchbruch in Verfolgung dieser Ziele. Auf einem Relief aus Ninive, das sich heute im Britischen Museum, London, befindet und aus dem Palast des assyrischen Herrschers Sanherib (704–681 v. u. Z.) stammt, ist eine phönizische Kriegsbireme mit Rammsporn und schildgeschütztem Kampfdeck dargestellt, die in ihrer Konstruktion den Nachteil der griechischen Fahrzeuge vermied und die erste uns bekannte echte Kampfbireme wiedergibt.

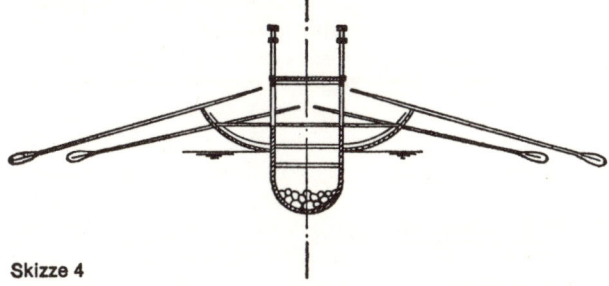

Skizze 4

Es ist das Verdienst Landströms, diesen Schiffstyp in seinem Riemenwerk mit großer Wahrscheinlichkeit richtig rekonstruiert zu haben (Skizze 4). Bei der Bireme handhabten die Rojer der oberen Reihe ihre gegenüber der unteren Reihe 2 bis 3 Handbreiten nach vorn versetzten Riemen offenbar auf einem seitlich halb geschlossenen Ausleger, da die Arme außerhalb der Decksstützen sichtbar sind. Der Ausleger ist durch eine gerundete Einkerbung im Relief angedeutet. Das sehr hoch gelegte, durch Schanzkleid und Schilde geschützte Kampfdeck, unter dem die Rojer der unteren Reihe zur Kielebene hingerückt sitzen, verläuft von vorn nach achtern nur über dem eigentlichen Schiffskörper.

** Von Polybios (16,3) verwendete Bezeichnung.

Vor oder neben diesem fortgeschrittenen Schiffstyp gab es nach den bildlichen Darstellungen aus dem Palast des Sanherib jedoch noch einen weiteren phönizisch-assyrischen Biremtyp, bei dem die Rojer der oberen Reihe nicht auf Auslegern, sondern übereinander im Schiffskörper, unter einem Kampfdeck sitzend, ihre Riemen auf dem Dollbord leicht versetzt nach außen führten. Das Relief zeigt phönizische Schiffe, die Luli I., König von Sidon und Tyros, nach seiner Niederlage durch Sanherib im Jahre 701 v. u. Z. mit seinem Gefolge nach Cypern brachten. Auch die zwischen den Kriegsschiffen dargestellten Flottentransporter sind von biremischer Bauart. Nach den bildlichen Darstellungen gelangten somit die Phönizier zu einer von den Griechen abweichenden Konstruktion des Zweireihers. Sie plazierten **unter** der ursprünglichen eine zweite Riemenreihe.

Der griechische Schiffbau wählte bei Auswertung der bildlichen Darstellungen einen anderen konstruktiven Weg in der Weiterentwicklung der Bireme. Das fast die ganze Schiffsbreite und -länge überspannende Deck des geometrischen Zeitalters, das relativ hoch über der Wasserlinie lag und so eine gewisse Topplastigkeit der Fahrzeuge bewirkte, verschwand. Der Bord des Schiffes wurde nochmals erhöht, und man verlegte die Thranitenriemen, ebenfalls um 2 bis 3 Handbreiten nach achtern versetzt, über die Zygitenriemen. Von entsprechend höher eingebauten Duchten handhabten die Thraniten dicht an die Bordwand gerückt ihre Riemen, während die Zygiten etwa um Mannesbreite weiter zur Kielebene hinrückten. Dabei wird man vermutlich die Breite der Kriegsschiffe durch relingartige Ausleger etwas vergrößert haben. Man reduzierte jedoch das Kampfdeck beträchtlich und legte es wesentlich tiefer als bei den Phöniziern.

Aus der Wende vom 6. zum 5. Jahrhundert v. u. Z. stammt ein schwarzfiguriges etruskisches Krugbild im Britischen Museum, London (Bild 4), das eine Kriegsbireme mit fast übereinander liegenden Riemen zeigt. Sie ist im Prinzip ähnlich konstruiert wie die griechischen Fahrzeuge dieser Zeit.

Während bei den Dieren der Griechen auf den geometrischen Darstellungen des ausgehenden 8. Jahrhunderts v. u. Z. die Zygiten unter und die Thraniten auf dem Kampfdeck saßen, verlief dieses beim phönizischen Zweireiher des 8. und 7. Jahrhunderts v. u. Z. gleichfalls hoch über den Köpfen der Zygiten in Kielrichtung. Doch waren die Thraniten beim fortgeschrittenen Biremtyp seitlich auf oben offene Ausleger ausgewichen und überließen das Oberdeck der Kampfmannschaft des Schiffes. Die griechischen Kriegsbiremen des 6. Jahrhunderts v. u. Z. und die der Etrusker des 6. und 5. Jahrhunderts v. u. Z. besaßen nur noch ein zwischen Vor- und Achterschiff hoch über dem Kiel eingezogenes Verbindungsdeck. Auf der griechischen Darstellung sehen wir zwischen den Köpfen der Thraniten dieses Deck, während die Zygiten unsichtbar bleiben. Einen sehr deutlichen Hinweis für die Richtigkeit dieser Annahme gibt uns die etruskische Biremendarstellung. Die Riemen der Zygiten sind durch die Bordwand geführt, während die Thranitenriemen auf dem Dollbord an den Dollpflöcken liegen. Die oberen und unteren Riemen befinden sich nahezu übereinander. Diese Anordnung läßt den Schluß zu, daß der Freibord gegenüber den Schiffen früherer Epochen durch einen weiteren Plankengang erhöht wurde, so daß genügend Raum im Schiffsinneren vorhanden war, zwei Rojerreihen übereinander zu plazieren. Wir sehen die Back als erhöhtes Halbdeck ausgebildet, das vermutlich als Kampfplattform die ganze Schiffsbreite einnahm. Wäre es auch nur ein stegartiges Verbindungsdeck aus einigen Plankengängen gewesen, so hätte die nach vorn stürmende Kampfbesatzung wohl schwerlich noch einen Platz auf der Back gefunden. Auch die zahlreichen sichtbaren Verstrebungen wären bei einem Verbindungssteg nicht erforderlich gewesen. Es handelt sich also offenbar um Decksstützen. Die vom Achterschiff zur Back eilenden Krieger benutzten dagegen ein tiefer gelegenes, zwischen den Rojern der Steuer- und Backbordseite verlaufendes Verbindungsdeck.

Die Ausdeutung findet bei Beachtung der um 500 v. u. Z. weiter vervollkommneten Seekriegstaktik, die das Schiff mit seinem Rammsporn als Hauptwaffe des Seekrieges verstand, Unterstützung. Nicht die zahlreichen Krieger der geometrischen Zeit auf den großen Kampfdecks entschieden die Schlacht, sondern der überlegt und geschickt manövrierende Schiffsführer. Dieser aber benötigte für den Seekampf Zygiten und Thraniten zugleich an den Riemen, um alle Gefechtsmanöver exakt ausführen und letztlich dem Gegner den Sporn in die Schiffsseite rammen zu können. Nicht die Bekämpfung der gegnerischen Krieger oder die Enterung des Fahrzeuges, wie in der geometrischen Epoche, stand im Vordergrund der Kampfbemühungen, sondern die Versenkung des feindlichen Schiffes mit seiner Besatzung. In Verfolgung dieses Zieles glaubte man, auf ein großes Kampfdeck verzichten zu können. Erst die Römer führten auch bei leichten Einheiten wieder geräumige, seitlich oder über dem Kiel verlaufende Verbindungsdecks ein. So sehen wir bei der römischen Bireme des 2. Jahrhunderts v. u. Z. wiederum ein mit Seesoldaten besetztes, nur in der Mitte offenes Kampfdeck, unter dem die Zygiten und Thraniten, nunmehr auch seitlich durch den Schiffskörper völlig gedeckt, ihre Riemen bewegen. Auch diese Entwicklung ergab sich logisch aus der wiederum geänderten Kampftaktik, da römische Seestreitkräfte den Enterkampf suchten.

»Nach Abfahrt der Liburnen aus Illyricum landete Marcus Octavius mit seinem Geschwader in Salonae.« Mit diesen Worten macht Caesar uns in seinem Bericht über den Bürgerkrieg (Bell. Civ. 3,9) anläßlich der Schilderung von Ereignissen im Januar des Jahres 48 v. u. Z. erstmalig mit einem Schiffstyp bekannt, der später in der römischen Flotte einen legendären Ruf erlangen sollte. Der ursprüngliche Typname liburna wurde dann in der Kaiserzeit zur allgemeinen Bezeichnung für ein Kriegsschiff.

Die Liburne, schon Jahrhunderte zuvor vom Volks-

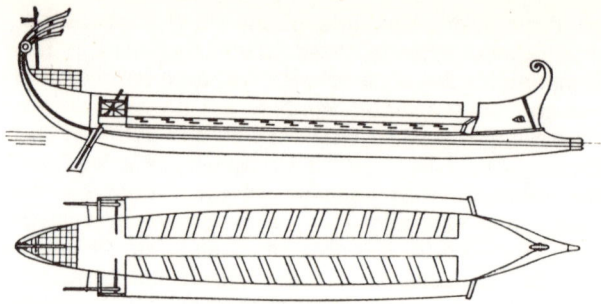

Skizze 5: Seiten und Decksriß
LIBURNA
(Bireme, leichtes, zweirangiges Kampfschiff)
um 31 v. u. Z.

stamm der Liburner in Illyrien, dem späteren Illyricum/Dalmatia der Römer, entwickelt, war ursprünglich ein Seeräuberschiff. Im heutigen Jugoslawien, an der Adriaküste von Rijeka bis Obrovac und auf den vorgelagerten Inseln, lagen einstmals die Schlupfwinkel dieser gefürchteten Piraten, deren Nachkommen noch in der österreichisch-ungarischen Marine als hervorragende Seeleute galten.

Die eigentliche Liburne, auch liburnica genannt, war eine echte Bireme, also ein zweirangiges Schiff mit zwei Riemenreihen übereinander. An jedem Riemen saß ein Rojer. Schon aus der Zeit zwischen 200 bis 180 v. u. Z. kennen wir das Vorschiff (prora) eines Kriegsfahrzeuges mit zwei Riemenreihen übereinander und leicht versetzten Rojepforten. Diese sogenannte Prora von Samothrake wurde auf der gleichnamigen griechischen Insel, in Stein gehauen, mit der Siegesgöttin Nike (Victoria) auf der Back, gefunden und befindet sich heute im Louvre, Paris. Sie schmückte ursprünglich eine monumentale Brunnenanlage und stellt nach Casson eine rhodische Tetrere (Quadrireme) dar, bei der die beiden Riemen einer Sektion von je zwei Mann gehandhabt wurden. Andere sind der Meinung, daß es sich um ein echtes zweirangiges Schiff mit je einem Rojer an einem Riemen handelt. Vermutlich war diese Riemenanordnung sowohl für zwei- als auch für höherrangige Kriegsschiffe in Gebrauch.

Die sehr sorgfältig ausgeführte Arbeit ist einstmals als rhodische Weihgabe von einem unbekannten Künstler gestaltet worden. Während bei der römischen Bireme die beiden Riemenreihen unmittelbar aus der Bordwand ragen, zeigt die Diere von Samothrake elegant geformte Riemenkästen, in die man 36,1 cm lange und 9,4 cm hohe Rojepforten, die in der Mitte durch einen Dollpflock geteilt sind, eingeschnitten hat (Bild 7). Die versetzten oberen Rojepforten liegen höher und achterlicher als die unteren. Bei den abgerundeten Pfortenschmalseiten ist die hintere nach außen und die vordere nach innen schalenförmig ausgehöhlt, damit sich der Riemen beim Herausziehen des Dollpflockes an die Wand des Riemenkastens anschmiegte. Der Riemen konnte also geschleppt werden. Dieses Manöver wurde zur Abwehr eines gegnerischen Angriffs, der auf die Zerstörung der Riemen einer Bordseite gerichtet war, erforderlich. Die Konstruktion des Riemenwerkes dieser Diere entsprach den Erfordernissen einer fortgeschrittenen Seekriegstaktik.

Das Schiff ist im weiteren scharf, leicht und niedrig mit Sporn und Kampfdeck erbaut und weist einen geringen Tiefgang auf. Man kann sich gut vorstellen, daß dieser Schiffstyp mit einem einzigen Schlag seiner Riemen eine Strecke zurücklegte, die der Schiffslänge entsprach. Die hier aufgezeigten Konstruktionsmerkmale und Eigenschaften werden in der schriftlichen Überlieferung aber auch der Liburne zugeschrieben. Im weiteren wissen wir, daß sich König Philipp V. von Makedonien im Zweiten Punischen Krieg als Verbündeter Karthagos im Jahre 216 v. u. Z. 100 Kriegsschiffe nach illyrischem Vorbild erbauen ließ, um in der Adria gegen die Römer zu operieren. Diese Schiffe werden in den Quellen zwar als lemboi, also Lemben, bezeichnet, doch andererseits wird ausdrücklich hervorgehoben, daß es sich um Dieren handelte, die abweichend von den gewöhnlichen Lemben, die nur eine Riemenreihe besaßen (Moneren), als Zweireiher gebaut wurden (vergleiche auch unter lembus). Vielleicht hatten die Lemben dieses Typs bei genauer Betrachtung mit der Liburne mehr Ähnlichkeit als mit der eigentlichen griechischen Lembe, die auch leicht und schnell war. Leichte Bauart und hohe Geschwindigkeit mögen die Makedonier veranlaßt haben, den völlig anders konstruierten illyrischen Schiffstyp der Liburne mit der Bezeichnung Lembe zu versehen. Wir wissen es nicht. Polybios hat uns aber durch seine Mitteilung überliefert, daß bereits im 3. Jahrhundert v. u. Z. schnelle, leichte Kampffahrzeuge illyrischer Konstruktion im griechisch-makedonischen Raum gebaut wurden. Es ist durchaus möglich, daß schon die Diere von Samothrake unter dem Einfluß des illyrischen Schiffsbaues entstanden ist. Vergleicht man die römischen Liburnen des 1. Jahrhunderts v. u. Z. und des 1. Jahrhunderts mit dem Schiff von Samothrake, so gelangt man zu dem Schluß, hier Entwicklungen des gleichen Schiffstyps vor sich zu haben (vergleiche Bild 8 und 10).

Die eigentliche Hochseeliburne ist nach den uns bekannt gewordenen Schiffsdarstellungen vermutlich in mindestens drei Größenklassen gebaut worden. In Analogie zu den Grundtypen des Kreuzers der Neuzeit zeigen die drei Rekonstruktionsskizzen eine leichte, eine mittlere und eine schwere Liburne.

Die leichte Liburne ist wie alle Liburnen ohne Volldeck rekonstruiert worden, da von Appian (3,3) römische Liburnen als schnelle, offene Schiffe geschildert werden; sie besaßen also kein voll geschlossenes Kampfdeck. Über den schräg zum Kiel eingebauten Rojerbänken verläuft in Kielrichtung vom vorderen zum achteren Halbdeck ein Verbindungsdeck (tecta longa). Ein niedriges Schanzkleid schützt die Rojer gegen seitlichen Beschuß. Die Länge über Alles ist mit 23 m, die größte Breite mit 4,30 m (davon an jeder Seite je 0,60 m für die Riemenkästen) und der Tiefgang

mit 0,75 m angenommen worden. Der Längenbreitenindex beträgt ca. 5,4 : 1.

Die Besatzung dieser leichten Liburne könnte neben 52 Rojern aus fünf Matrosen als Deckspersonal und 30 Seesoldaten bestanden haben. Die Gesamtbemannung betrug somit ohne die erforderlichen Vorgesetzten 87 Marinesoldaten.

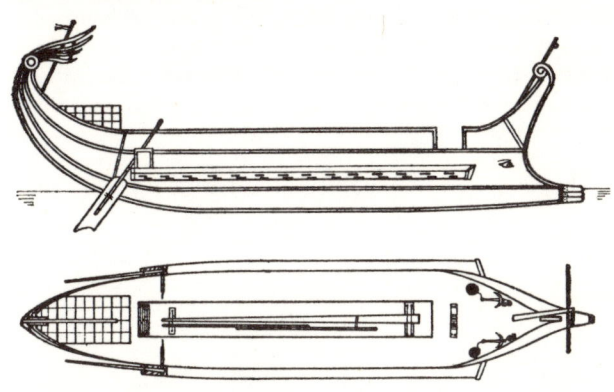

Skizze 6: Seiten- und Decksriß
LIBURNA
(mittlere Hochseeliburne)
um das Jahr 15

Die Liburne ist breiter und schwerer gebaut als das Samothrakeschiff. Bug und Heckzier, die nach einer Karneolgemme (vergleiche Graser, a.a.O., Abb. 81) gezeichnet wurden, entsprechen der römischen Manier. Das Kampfdeck ist in der Mitte des Schiffskörpers unterbrochen. Zwei Riemenkästen dienen den beiden Riemenreihen als Ausleger.

Nach einem Mosaik (Bild 8) haben wir bei der Rekonstruktion die Zahl der Rojer mit 56 angenommen. Auf jeder Seite ragen 28 Riemen aus dem Riemenkasten. Da der Künstler die Riemenversetzung nach achtern und in der Höhe sichtbar gemacht hat, ist jeder einzelne Riemen erkennbar. Die Schiffslänge wurde mit 24 m, die größte Breite mit 4,80 m, der Freibord ohne Schanzkleid mit 1,60 m und der Tiefgang mit 0,90 m angenommen. Der Längenbreitenindex beträgt 5 : 1.

Die Hochseeliburne zeigt uns auf den bildlichen Darstellungen einen langen, in der Wasserlinie liegenden Rammsporn, jedoch sehr selten einen Obersporn. Auch fehlt oft der spierenartige Vormast. Wir wissen jedoch aus der schriftlichen Überlieferung, daß die Liburne einen niederlegbaren Hauptmast mit Rahsegel besaß (vergleiche auch Bild 11).

Das Fehlen eines Artemonsegels auf den meisten bildlichen Darstellungen von Hochseeliburnen darf uns noch nicht dazu verleiten, für diesen Schiffstyp grundsätzlich nur ein Hauptsegel anzunehmen. Auch auf zahlreichen Darstellungen von Triremen fehlt der spierenartige Vormast. Wir kennen ein Grabsteinrelief mit dem Vorschiff einer Bireme, auf deren Back man Vormast und Artemonsegel deutlich erkennen kann (Bild 6). Auch eine Bireme der Trajanssäule zeigt den Spierenvormast mit Artemonsegel. Dieses Schiff besitzt über dem Rammsporn zwei Obersporne. Wir neigen daher zu der Annahme, daß sowohl bei den

Liburnen als auch bei den Triremen zur Herstellung der Gefechtsbereitschaft nicht nur der Hauptmast niedergelegt, sondern oft auch der Vormast ausgehoben wurde.

Wie die Rojer einer Liburne im Schiffsinneren saßen, wissen wir nicht. Es ist möglich, daß ein Rojer höher plaziert war als der andere und mit seinem Schemel um mehrere Handbreiten vorrückte. Viel wahrscheinlicher ist es jedoch, daß beide Rojer einer Sektion auf einer schräg zum Kiel fest eingebauten Ducht auf einer Ebene die beiden Riemen handhabten.

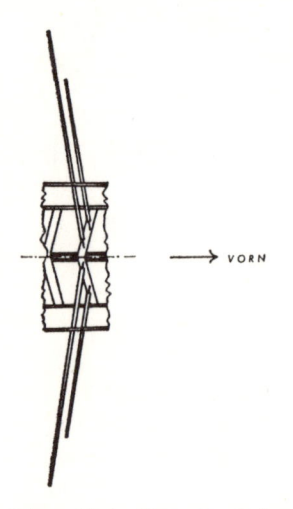

Schematische Skizze 7: Rojersektion von oben
(nach Landström)

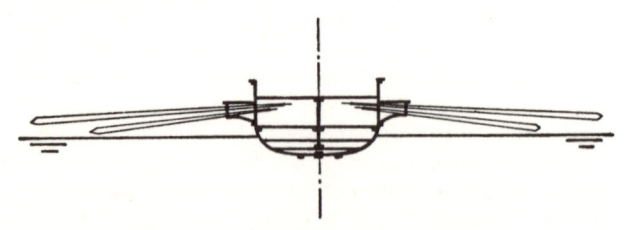

Schematische Skizze 8: Rojersektion im Querschnitt
(nach Landström)

Die hier gezeigte Anordnung der Rojersektion hat den Vorteil, mit einem niedrigeren Freibord auskommen zu können, als es bei in der Höhe abgestuft eingebauten Rojerbänken der Fall gewesen wäre. Alle Quellen überliefern uns als spezielles Merkmal des liburnischen Schiffstyps die niedrige Bauart. Diese wird durch die vorgeschlagene Rojeranordnung maximal gewährleistet.

Neben den 56 Rojern dürfte eine Liburne der hier skizzierten Größe noch sechs Matrosen zur Bedienung der Besegelung und 60 Seesoldaten an Bord gehabt haben. Die Gesamtbesatzung stellte sich somit ohne die an Bord befindlichen Vorgesetzten auf 122 Mann.

Eine Weiterentwicklung der Liburne stellte die venezianische Zenzilegaleere des Mittelalters dar. Sie hatte ebenfalls querschiffs schräg gegen die Kielrichtung gestellte Duchten, auf denen bis zu fünf Rojer in einer Ebene je einen Riemen handhaben (vergleiche Skizze 47). Während die Liburne als echte Bireme zwei Riemenreihen besaß, fanden bei den monerisch gebauten Zenzilegaleeren alle Riemen ihren Unterstützungspunkt in einer horizontalen Höhe auf der mit der Längsachse des Schiffes parallel laufenden, seitlich etwas hinausgeschobenen Leiste, dem ausgeriggten Dollbord.

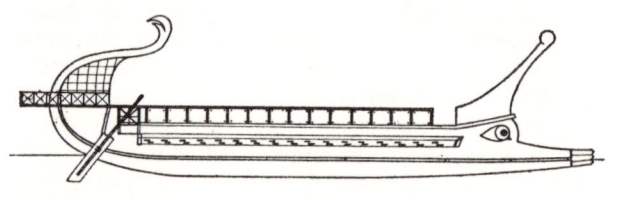

Skizze 9: Seitenriß
LIBURNA
(schwere Hochseeliburne)
um das Jahr 50

Die Rekonstruktionsskizze dieser Liburne wurde nach den Schiffsdarstellungen auf pompejanischen Wandgemälden des 1. Jahrhunderts gefertigt (Bild 10). Alle Fahrzeuge sind gefechtsbereit und haben die Masten niedergelegt. Sie scheinen größer gebaut zu sein als die Liburne auf Bild 8. Wir haben bei der Rekonstruktionsskizze 30 m Länge, 5 m Breite, 1,80 m Freibordhöhe und 1 m Tiefgang angenommen. Der Längenbreitenindex beträgt bei diesen Fahrzeugen ca. 6 : 1. Eine Liburne mit den hier skizzierten Abmessungen könnte etwa 68 Rojer, neun Matrosen und 75 Seesoldaten, also ohne Vorgesetzte eine Besatzung von 152 Mann, an Bord gehabt haben.

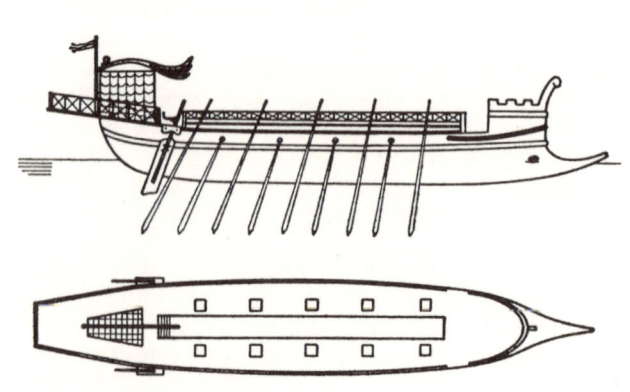

Skizze 10: Seiten- und Decksriß
FLUSSLIBURNE
um das Jahr 100

Eine von den Liburnen der Hochseeflotten abweichende Bauart zeigen uns die Flußliburnen der römischen Flotte (Bild 11, 12, 13 und 75). Sie waren weder mit Riemenkästen noch mit epotides versehen. Die Riemen der oberen Reihe wurden durch die Kreuzverstrebung der Reling, die der unteren Reihe durch Rojepforten im Schiffsrumpf geführt. Bei dieser Riemenanordnung mußten die Rojer der oberen Reihe an

Deck sitzen. Ein Sporn ragte stoßzahnförmig gebogen über die Wasserlinie. Der kaum gerundete, steil aufragende Vorsteven trug, von zwei Ausnahmen abgesehen (Bild 11 zeigt eine Ausnahme), keinen Obersporn. Das Vorschiff war kastellartig ausgebaut und die Bugzier relativ klein und steil gehalten. Die schmale, nur leicht gebogene und in der Gesamtlinie fast waagerecht verlaufende Heckzier war weit über das Schiff hereingeschwungen und überragte noch die Hütte des Kommandanten in der Länge. Die bei anderen Schiffstypen vier- und fünfgeteilte Heckzier lief bei der Flußliburne vom sehr klein gehaltenen Rundschild an nur dreigeteilt aus. Auf einigen Darstellungen (Bild 12, 13 und 75) sehen wir eine bei Kriegsschiffen ungewöhnliche Besonderheit. Gleich nach dem Ansatz der Heckzier findet sich der sonst nur bei Handelsschiffen zu beobachtende Gänsekopf mit nach achtern geschwungenem Hals als weiteres Ornament. Zwei Darstellungen zeigen deutlich die um das Vorschiff laufende Hypozomtrosse (Bild 12 und 13). Ein anderes Reliefbild mit Schiffen gleicher Bauart macht uns mit der Stauung der abgeschlagenen Rah in Gabelstützen bekannt (Bild 11).

Reliefs der Trajanssäule zeigen Triremen und Liburnen der Donauflotten zu Beginn des 2. Jahrhunderts. Doch dürfte diese Bauart bereits im 1. Jahrhundert üblich gewesen sein, da Schiffe dieser Typen bereits im Ersten Dakerkrieg (101/102) eingesetzt worden waren. Die größte zählbare Riemenzahl stellt sich pro Schiffsseite auf elf. Wir haben in der Skizze für die geringen Tiefgang weisen uns die Reliefs der Travon 22 Rojern fortbewegte Flußliburne eine Länge ü. A. von 21 m bei einer Breite von 3,30 m und einem Tiefgang von 0,70 m angenommen. Auf diesen sehr janssäulen unmittelbar hin. Wir sehen dort vollbemannte Flußtriremen und Liburnen die Sava/Save, den slavonischen Nebenfluß der Donau, hinauflaufen. Bei den Flußliburnen dürfte der Freibord mittschiffs etwa 0,90 m (ohne Reling) betragen haben. Der Längenbreitenindex stellt sich auf 6,4 : 1.

Sicherlich wird es auch größere Schiffe dieses Typs oder gleich große Einheiten mit mehr Rojern gegeben haben, da im 1. und 2. Jahrhundert die Flußflotten auf Rhein und Donau hauptsächlich zum Transport größerer Truppenverbände herangezogen wurden. Bei den Feldzügen des Germanicus und in den beiden Dakerkriegen Trajans liefen die Truppentransporte auf den Flüssen über große Entfernungen.

Ein Papyrus aus dem 3. Jahrhundert weist auch für Ägypten nach, daß eine Liburne für den Gütertransport auf dem Nil eingesetzt wurde.

Die im Mosaikbild (Bild 8) gezeigte Liburne stellt kein ausgesprochenes Flußkampfschiff dar, sondern war eine Einheit, die für Operationen auf dem Meer und auf Flüssen geeignet war, da der Einsatzbereich der Ägyptischen Flotte sowohl den Nil als auch das Rote Meer und den südöstlichen Teil des Mittelmeeres umfaßte.

Die antike Kriegsschiffentwicklung von der Monere zur Bireme blieb im Hinblick auf Schiffsgeschwindigkeit und Wucht des Rammstoßes von außerordentlicher Bedeutung. Doch war die einmal gefundene Lösung des Mehrreihers noch keineswegs ausgeschöpft. Den nächsten Schritt stellte die Konstruktion eines Kampffahrzeuges mit drei Riemenreihen übereinander dar. Der Weg von der ersten Trireme bis zum hier skizzier-

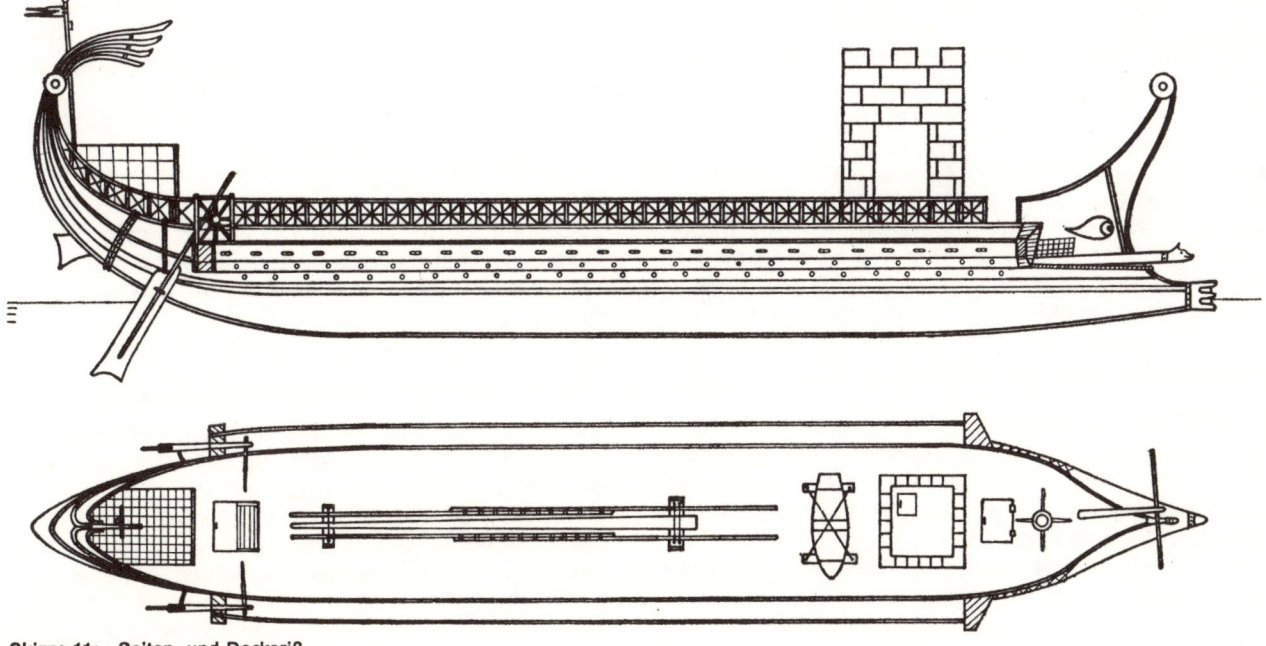

Skizze 11: Seiten- und Decksriß
TRIERIS
(Trireme, mittelschweres, dreirangiges Kampffahrzeug)
um 36 v. u. Z.

37

ten, seitlich geschlossenen und mit einem Volldeck versehenen römischen Kampffahrzeug war weit und durchlief mehrere Jahrhunderte.

Die Länge des Kriegsschiffes ist mit 34 m, die Breite ü. A. mit 5,60 m (wobei 4,40 m auf den eigentlichen Schiffskörper und je 0,60 m auf die Riemenausleger entfallen) und der Tiefgang mit 1 m angenommen worden. Der Längenbreitenindex stellt sich auf ca. 6 : 1. Triremen der römischen Marine waren grundsätzlich breiter und schwerer gebaut als die der griechischen Flotten, und die unterste Riemenreihe lag höher über dem Wasserspiegel. Auch erkennen wir auf allen römischen Darstellungen die gleiche Riemenzahl in allen Reihen (Bild 17, 18 und 19). Wir haben daher mit Assmann an der Steuerbord- und Backbordseite je 25 Riemen pro Reihe, also 75 Riemen an jeder Schiffsseite = 150 insgesamt, angenommen. Die Rojepforten der oberen Reihe im Ausleger sind nach dem Vorbild der Prora von Samothrake länglichrund, um das Schleppen der Riemen zu ermöglichen, und die der mittleren und unteren Reihe kreisrund eingezeichnet, da diese Riemen, ließ man sie schleppen, durch die vordere und achtere Epotis geschützt waren. Achtern sind zwei Hypozomata als Trossengürtel und vorn eine Hypozomtrosse nach der calenischen Schale (Bild 17) eingezeichnet worden, die dort, wo sie auf der Skizze nicht sichtbar sind, auf der Spanteninnenseite verlaufen (vergleiche Querschnittsskizze 21, Triere nach Landström). Vermutlich nagelte man auch bei römischen Triremen, wie bei den Schlachtschiffen, um die unteren runden Rojepforten schlauchartige Ledermanschetten, die von den Griechen askomata genannt wurden (vergleiche Bild 22). Das äußere Ende dieser Manschette (lat. folliculare) legte sich um den Riemenschaft, so daß einerseits der Riemen gut bewegt werden, andererseits aber bei Seegang kein Wasser eindringen konnte.

Die Besatzung dieser Trireme könnte neben den 150 Rojern (remiges) aus 12 Matrosen, 80 bis 90 Seesoldaten (manipularii bzw. epibatae) und den Männern der Schiffsführung bestanden haben. Die Transportaufnahmefähigkeit einer römischen Trireme dürfte nach Kromayer bei 200 bis 250 Legionären gelegen haben.

Für die Rekonstruktion wurden die römischen Triremendarstellungen auf der calenischen Schale, die man in das späte 2. Jahrhundert v. u. Z. datiert (Bild 17), vier Triremen auf einem Wandfries der Thermen an der Porta Stabiana, Pompeji, aus dem 1. Jahrhundert *(vergleiche Moll, »Römische Wandbilder«, B/XI a 41)* sowie auch die bei Moll auf Tafel E/IV c, d, e, f und die bei Graser wiedergegebenen Münzbilder und Gemmen herangezogen.

Die Auswertung von bildlichen Darstellungen, zwischen denen 1 bis 1½ Jahrhunderte liegen, für **eine** Schiffsrekonstruktion ist beim römischen Triremenbau möglich, da sich in diesem Zeitraum einschneidende äußerliche Veränderungen nicht feststellen lassen.

Wo wurden nun erstmalig Kriegsschiffe erbaut, von denen der römische Dichter Vergil (70–19 v. u. Z.) im 5. Gesang seiner Aeneis anläßlich der Schilderung einer Regatta schrieb: »terno consurgunt ordine remi«, d. h. »in dreimaliger Reihe aufsteigen die Riemen«? Nach den Forschungen von Basch gelang den Phöniziern wahrscheinlich in Sidon zu Beginn des 7. Jahrhunderts v. u. Z. zuerst der technische Durchbruch zum Dreireiher. Spätere Berichte, nach denen die Karthager die Mehrreiher erfunden hätten, deuten auch in diese Richtung. Die Mutterstadt Karthagos war Tyros in Phönizien. Was man in der phönizischen Heimat an technischen Neuerungen im Schiffbau vorfand, wurde im punischen Karthago sogleich übernommen. Doch die Phönizier verzichteten offensichtlich bei ihren Dreireihern auf einen Ausleger, den sie bereits für einen fortgeschrittenen Zweireihertyp entwickelt hatten.

Nach den neuesten Forschungen von Lloyd sollen nicht in Phönizien, sondern in Griechenland die ersten Trieren erbaut worden sein. Dem Ausgang der wissenschaftlichen Diskussion über diese Frage darf man gespannt entgegensehen.

Als bedeutende Industrie- und Handelsstadt pflegte Korinth bereits im 8. Jahrhundert v. u. Z. mit der Levante, Unteritalien, Sizilien und den Häfen am Schwarzen Meer rege Handelsbeziehungen. Zum Schutze dieses Seehandels hatte sich die Stadt frühzeitig eine selbständige Seemacht geschaffen. Wir erfahren durch Thukydides *(1,13)*, der von etwa 455 bis nach 399 v. u. Z. lebte, daß Korinth als erster von allen griechischen Staaten in der ersten Hälfte des 7. Jahrhunderts v. u. Z. den Schiffstyp der Triere entwickelte und nach Lloyd um die Mitte des Jahrhunderts einführte, bei der die Rojer in dreifacher Reihe übereinander drei Riemen handhabten. Um diese Anordnung technisch zu meistern, erhöhte man den Freibord nochmals und setzte nunmehr unter die Zygiten eine dritte Rojerreihe. Diese Rojer saßen sehr tief im Inneren des Schiffes. Die Griechen nannten das Loch, die Höhle, das Bodenlager, den Boden und in Weiterentwicklung des Begriffes den Schiffsraum thalamos. Die in diesem Raum sitzenden Rojer erhielten die Bezeichnung thalamioi*. Die Thalamiten, deren griechische Bezeichnung auch von Rojepforten = thalamiá abgeleitet werden kann, handhabten also immer die Riemen der untersten Reihe.

Da das Konstruktionsprinzip der Bireme nach Ansicht der Griechen seine Grenze erreicht hatte, standen in diesem Stadium des Kriegsschiffbaues die Marinetechniker vor der Frage, entweder die Höhe oder die Länge der Fahrzeuge beträchtlich zu vergrößern oder eine neue Riemenanordnung zu finden.

Man wählte schließlich, ob sogleich oder erst im Laufe der Entwicklung bleibt offen, den Weg, die Riemen der Thraniten über Ausleger zu führen, die man etwa um 60 cm über die Bordwand hinausschob. Wie dieser Ausleger im Detail beschaffen war und wie die

---
* Die Bezeichnung tritt erstmalig im byzantinischen Sprachgebrauch auf.

Rojer in einer solchen Triere saßen, wissen wir nicht mit Bestimmtheit. Wir wissen jedoch von der griechischen Triere des 5. Jahrhunderts v. u. Z. immerhin so viel über die Sitzordnung der Rojer, daß der bei den phönizischen Kriegsschiffen nach achtern gerückte Thalamit mit dem untersten Riemen bei den Griechen nach vorn gerückt war und dem Vorschiff näher saß als der Zygit am mittleren Riemen. Auch ist uns vom Sitz des Thraniten, der den obersten Riemen handhabte, bekannt, daß er am höchsten und dem Heck und der Bordwand am nächsten saß. Ein derber Dialog aus einer griechischen Komödie *(Aristophanes, ran. 1074)* läßt den Schluß zu, daß sich Thalamit und Zygit unterhalten konnten. Dies setzt voraus, daß sich zwischen ihnen kein Deck befand. Griechischen Marinetechnikern gelang es, durch den Einbau eines Riemenauslegers die Höhe, Länge und Breite dieser Schiffe in vertretbaren Grenzen zu halten und durch drei Riemenreihen übereinander Kriegsschiffe zu bauen, die mit großer Wucht Rammstöße ausführen und mit ihrem Riemenwerk relativ schnell Manöver in der Seeschlacht durchführen konnten.

Die Beschäftigung mit den technischen Problemen des dreireihigen Kampfschiffes dürfte sich jedoch über einen längeren Zeitraum erstreckt haben. Es hat den Anschein, daß vom Experimentalstadium in der ersten Hälfte oder um die Mitte des 7. Jahrhunderts v. u. Z. bis zur Erfindung des Auslegers (griech. parexeiresia) vielleicht sogar zwei Jahrhunderte vergingen.

Lloyd ist nicht nur der Meinung, daß es sich bei den von dem korinthischen Schiffbaumeister Ameinokles (um 654 v. u. Z.) in der zweiten Hälfte des 7. Jahrhunderts v. u. Z. auf Samos erbauten vier Schiffen um Trieren handelte *(Thukydides 1,13)*, man also das technische Wissen der Korinther exportierte, sondern insbesondere auch, daß es Griechen waren, die zu Beginn des 6. Jahrhunderts v. u. Z. ihr Wissen weiter nach Phönizien und Ägypten trugen. Der von Herodot *(Historien 2,159)* erwähnte ägyptische Bau von Trieren unter Pharao Necho II. (609–594 v. u. Z.) war nicht das Werk phönizischer, sondern griechischer Schiffbaumeister. Die Schiffbauer im phönizischen Sidon wurden nach Lloyd von Griechen im Bau ihrer Dreireiher unterwiesen.

Doch ist es möglich, daß diese frühen Trieren noch keine Riemenausleger besaßen. Ein in Ägypten gefundenes Terrakottamodell stellt nach Basch eine phönizische Triere dar, die man zur Zeit in das 4. oder 3. Jahrhundert v. u. Z. datiert. Das Modell zeigt ein Fahrzeug ohne Ausleger, das im toten Werk hoch aufragt. Dieser aphrakt gebaute Dreireiher führte alle drei Riemenreihen übereinander, nach achtern leicht versetzt, der Form des Schiffskörpers folgend, an den Dollpflöcken. Die oberste Reihe wurde vom schildgeschützten Kampfdeck, das die ganze Schiffsbreite einnahm, gehandhabt. Eine solche Bauart brachte ein verhältnismäßig hoch aus dem Wasser ragendes Kriegsschiff hervor. Ob so die von Ägyptern und Phöniziern (wenn man den Siegel- und Münzdarstellungen trauen darf) vielleicht nicht weiterentwickelten frühen griechischen Trieren ausgesehen haben? Plutarch (um 50 bis nach 120) erwähnt für die Zeit der Perserkriege (490–448 v. u. Z.) verschiedene Trierentypen. In der Seeschlacht bei Salamis (480 v. u. Z.) operierten im Verband der persischen Flotte u. a. Dreireiher der Ägypter, Phönizier, der Inselgriechen und der kleinasiatischen Griechen. All diese Trierentypen werden als schwerfällig, mit hoch über der Wasserlinie liegenden Kampfdecks geschildert. Demgegenüber hebt man ausdrücklich hervor, daß die Trieren Athens infolge ihrer niedrigeren und flacheren Bauart manövrierfähiger waren als die Trieren der persischen Flotte. Die Dreireiher der Athener besaßen einen geringeren Freibord. Wagt man aus diesen Details Schlußfolgerungen zu ziehen, so wäre es immerhin möglich, daß der griechische Schiffbau und hier vor allem der attische erst zu Beginn des 5. Jahrhunderts v. u. Z. den Riemenausleger entwickelte. Damit war der wichtigste technische Durchbruch, der auch die Endform des Dreireihers bestimmte, gelungen. Vielleicht fand erst zu dieser Zeit eine zweihundertjährige Entwicklung ihren wesentlichen Abschluß. Die ersten Darstellungen von Trieren mit Auslegern stammen jedenfalls erst aus dem 5. Jahrhundert v. u. Z.

Ganze Forschergenerationen haben sich bemüht, den Riemenantrieb und die Rojersitzordnung griechischer Trieren zu rekonstruieren. Philologen, Techniker und Schiffbauer haben versucht, nach der schriftlichen und bildlichen Überlieferung und dem technisch Möglichen Rekonstruktionen des Schiffsantriebes zu erarbeiten. Die Unsicherheit der antiken Terminologie und die häufig stilisierende Manie antiker Künstler bei der bildlichen Darstellung von Trieren und Triremen ließen und lassen alle Interpretations- und Rekonstruktionsversuche des Riemenwerkes und der Rojersitzordnung nicht über Hypothesen hinaus gedeihen, da eine zusammenhängende Beschreibung dieses Schiffstyps nicht auf uns überkommen ist. Vielleicht werden neue Funde zu Lande oder Ausgrabungen der Unterwasserarchäologie uns eines Tages die fehlenden Fakten liefern. Wir müssen hier eine heute noch nicht zu beantwortende Frage auch weiterhin offenlassen und wollen den vorhandenen Lösungsvorschlägen keine weiteren hinzufügen.

Eine Auswahl bekannter Rekonstruktionen wird hier kommentarlos in Querschnittsskizzen wiedergegeben.

Skizzen 12 bis 21:

Trieren nach:
Graser
Jal
Lemaitre
Dupuy de Lôme
(Konstrukteur der »Gloire«; 1859 die erste Panzerfregatte der Welt)
Tenne
Haack
Kopecky
Busley (Modell im Deutschen Museum, München)
Köster
Landström

Skizze 12

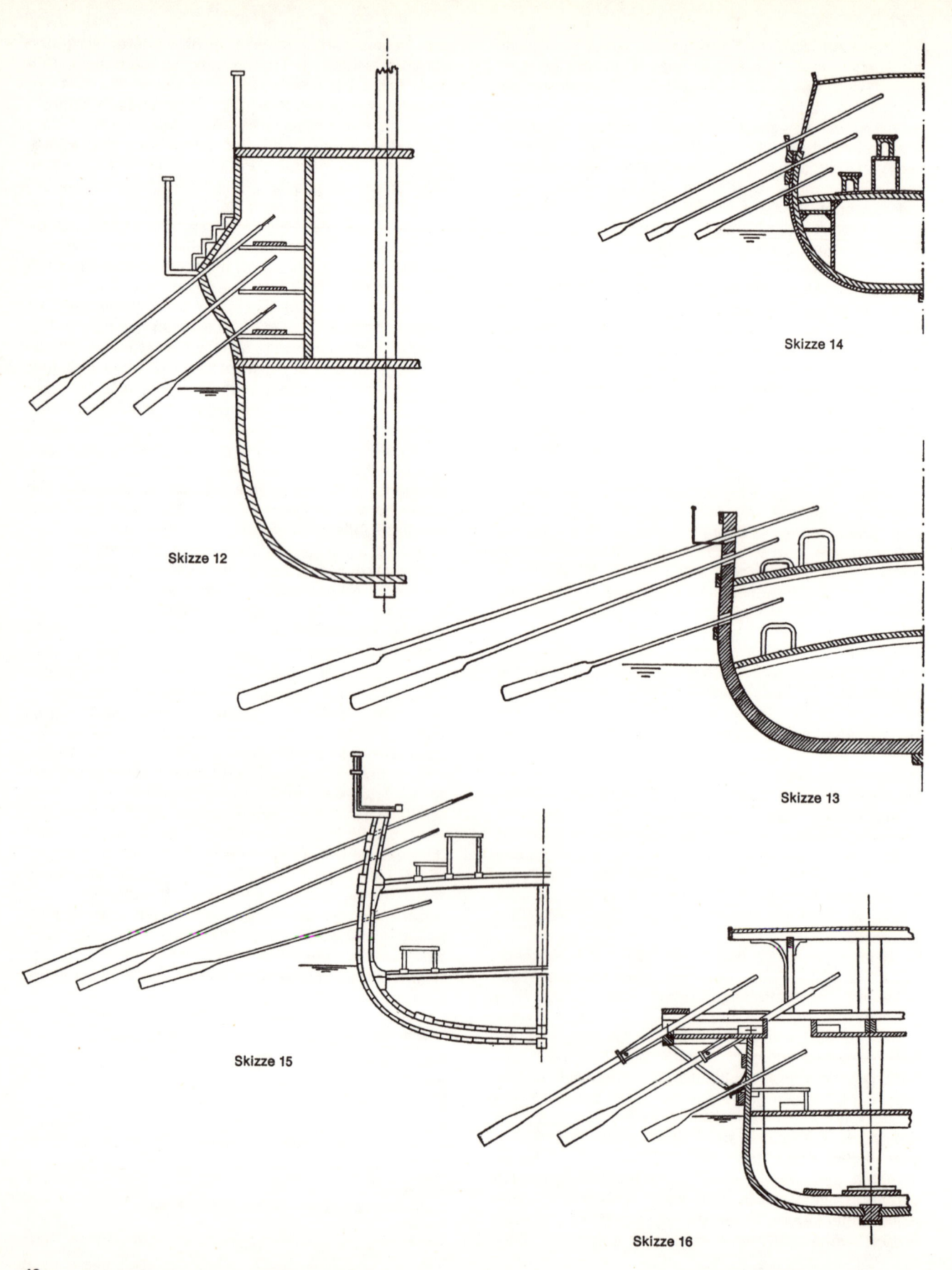

Skizze 14

Skizze 13

Skizze 15

Skizze 16

Skizze 17

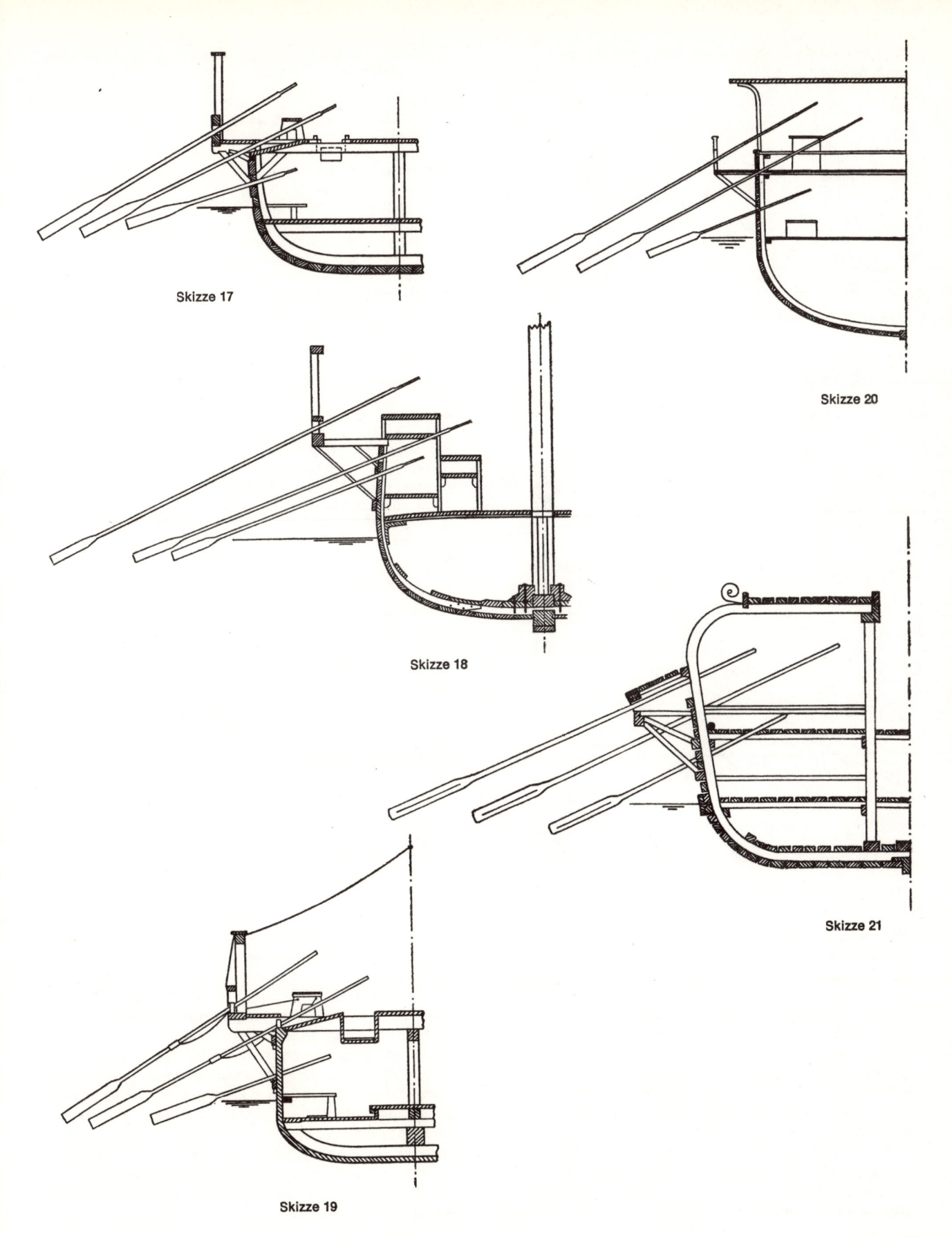

Skizze 18

Skizze 19

Skizze 20

Skizze 21

41

Ein Schema des griechischen Kriegsschiffbaues nach Assmann

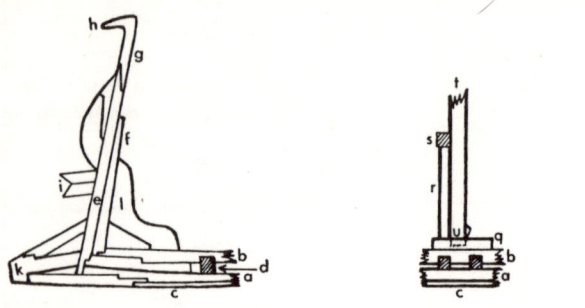

Skizze 22: Vorschiffkonstruktion

Skizze 23: Mastsektion

Skizze 24: Achterschiffkonstruktion

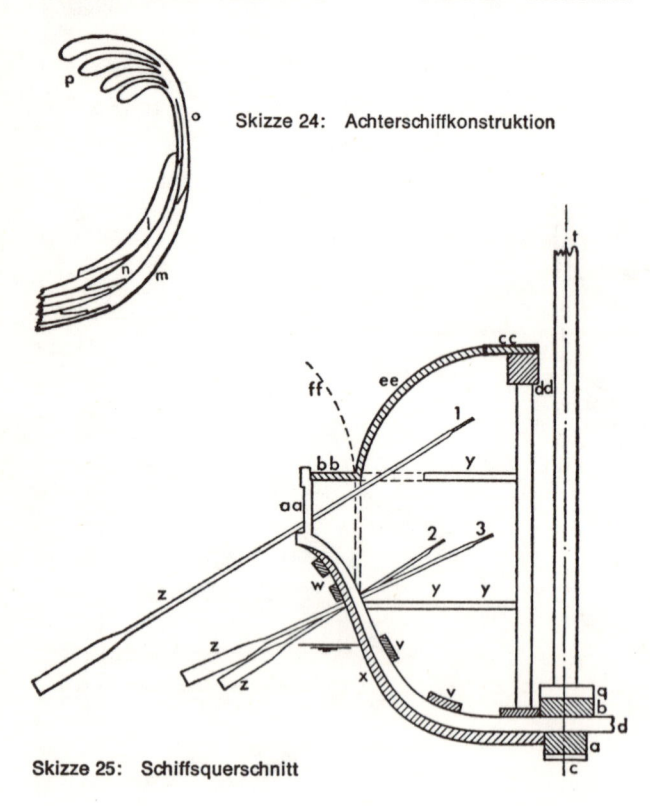

Skizze 25: Schiffsquerschnitt

Erklärung zum Schema des griechischen Kriegsschiffbaues
(nach Assmann)

a) Kiel (tropis)
b) Kielschwein (deutera tropis)
c) Loskiel (chelysma)
d) Spant (enkoilion)
e) Vorsteven (steira)
f) Binnenvorsteven (phalkes)
g) Vorstevenoberteil (stolos)
h) Vorstevenzier (akrostolion)
i) Holzkern des Obersporns (proembolion)
k) Aufklotzung des Rammsporns (embolon)
   (nach Casson: embolos oder embole)
l) Stevenknie (rhinoteria)
m) Achtersteven (asandion)
n) Achterbinnensteven (enthemion)
o) Achterstevenoberteil (episeion)
   (nach Casson: Wimpel)
p) Heckzier (aphlaston)
q) Mastspur (trapeza)
r) Balkenträger (histopede)
   (nach Casson: Mastbock)
s) Segelducht (mesodme? zygon?)
   (nach Casson: mesodme)
t) Mast (histos)
u) Mastfuß (pterna)
v) Weger (tropos?)
   (nach Casson: Balken)
w) Barg- oder Gürtelhölzer (zosteres)
   Barg- oder Gürtelholz (zoster)
x) Außenplanken (sanides)
   Außenplanke oder Plankengang (sanis)
y) Rojerbank (zygon)
   (nach Casson: auch zygos)
z) Riemen (kope)

aa) Riemenkasten (parexeiresia)
bb) obere Abdeckung des Riemenkastens
    als Umgang benutzt (parodos)
cc) Längsgang (diabasis)
dd) Sprengwerk (zygoma?)
ee) mutmaßlicher Galgen vom Spantenkopf zur diabasis
ff) mutmaßliche Sonnendachstütze

1) Thranitenriemen
2) Zygitenriemen
3) Thalamitenriemen

Die nach neuesten Forschungen wahrscheinlichste Rekonstruktion einer attischen Triere des ausgehenden 5. Jahrhunderts, nach Morrison und Williams, ist als Seitenriß (Skizze 26) und in zwei Querschnittsskizzen mit eingetauchten (Skizze 27) und mit ausgehobenen Riemen (Skizze 28) gezeichnet worden.
Die in Piräus gefundenen athenischen Schiffshäuser der Kriegshäfen Zea und Munichia sind zuverlässige Anhaltspunkte für die Abmessungen der Trieren des Stadtstaates Athen. Die einzelnen Abteile für je eine aufgeslipte Triere maßen in der Länge etwa 37 m und in der Breite etwas weniger als 6 m. Diese Maße kann also eine attische Triere nicht überschritten haben. Da um das Schiff herum Platz für Konservierungsarbeiten bleiben mußte, ist die in der Skizze wiedergegebene Triere mit 35 m Länge und 5 m Breite angenommen worden. Der Längenbreitenindex beträgt genau 7 : 1. Die hier zugrunde gelegte Längenabmessung ergibt sich überdies aus einer weiteren Überlegung. Wir wissen aus den attischen Seeurkunden, daß die Rojerbesatzung einer griechischen Triere an jeder Seite aus 31 Mann in der Thranitenreihe und je 27 Mann in der Zygiten- und Thalamitenreihe bestand. Bei einer nach Vitruv mit 0,925 m berechneten Interscalmiumgröße, also dem horizontalen Abstand von einem Dollpflock zum nächsten, ergibt sich eine für die Thranitenreihe benötigte Länge von 28,67 m. Zählt man für das riemenfreie Vor- und Achterschiff noch 6,33 m hinzu, so ist auch auf diesem Wege eine Trierenlänge von 35 m zu errechnen.

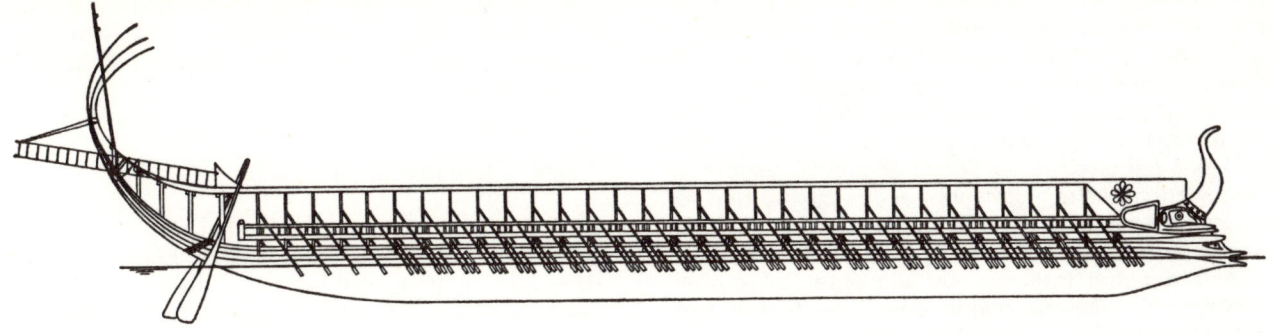

Skizze 26

Skizzen 26 bis 28:
Griechische Triere
5. Jahrhundert v. u. Z.

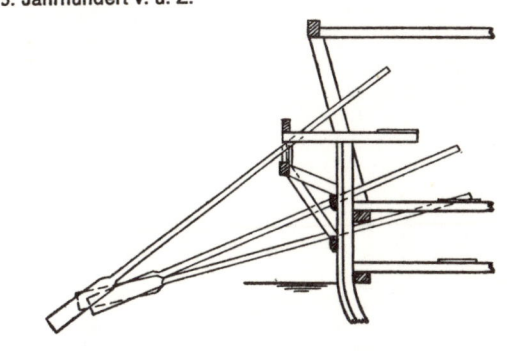

Skizze 27

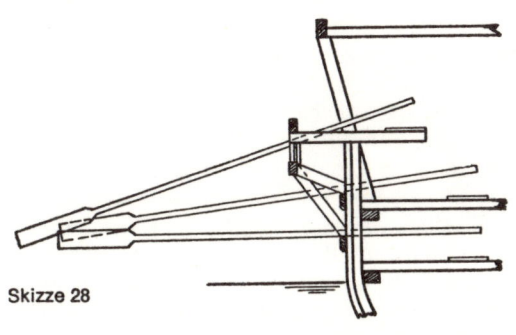

Skizze 28

Neben der normalen Riemenausstattung führte eine griechische Triere noch 30 große Riemen mit sich, die vom Heck, von der Back oder dem Kampfdeck aus in Notfällen gehandhabt werden konnten. Nur von diesen 30 Riemen ist uns in den attischen Seeurkunden die genaue Länge überliefert worden. Sie maßen »9 Ellen oder 9 Ellen und eine Spanne«. Dies entspricht etwa 4 bis 4,24 m. Auch der Thranitenriemen dürfte in etwa diese Abmessung gehabt haben. Morrison und Williams rekonstruierten die Riemen aller drei Reihen mit einer gleichen Länge von 13 engl. ft, 10 in = 4,2 m.

Jeder Riemenausleger an Back- und Steuerbord war etwa 61 cm breit. Der eigentliche Schiffsrumpf, von Schandeckel zu Schandeckel an der breitesten Stelle gemessen, dürfte etwa eine Breite von 3,87 m gehabt haben. Der flache Schiffsboden wird etwa 3 m breit gewesen sein, da die steinerne Slipbahn diese Abmessung aufwies. Die Höhe des Kampfdecks über der Wasserlinie ist in der Zeichnung mit 2,44 m und der Tiefgang mit ca. 0,94 m angenommen worden.

Das Kriegsschiff wurde nach dem reinen Hochpolyerensystem, bei dem sich alle Rojerreihen übereinander befinden, rekonstruiert.

Die Besatzung dieser Triere könnte neben den Vorgesetzten aus 170 Rojern (62 Thraniten, 54 Zygiten und 54 Thalamiten), 10 bis 12 Matrosen und 12 bis 18 Seesoldaten bestanden haben. (Casson nimmt für das späte 5. Jahrhundert v. u. Z. für Vorgesetzte, Matrosen und Seesoldaten als Pauschalzahl 30 Mann, davon die Hälfte als Kampfbesatzung an.)

Das Schiffsvorderteil wurde nach einem Münzbild des 4. Jahrhunderts v. u. Z. aus Kios in Bithynien, das Heck nach einem Vasenbild aus dem 5. Jahrhundert v. u. Z. und die Rojersektionen nach einem Akropolis-Reliefbild des 5. Jahrhunderts v. u. Z. gezeichnet. Hinzugefügt wurden der Flaggstock und Hypozomtaue, die uns von anderen Darstellungen her bekannt sind. Die Landungsleiter ist an Bord eingezeichnet worden.

Das dreirangige antike Riemenkriegsschiff bildete über 1 000 Jahre den Kern der griechischen, karthagischen und römischen Flotten. Die letzte Seeschlacht mit Triremengeschwadern wurde im Jahre 324 am Westausgang der Dardanellen geschlagen und verloren. Modernere Tria- und Pentekontoren (Moneren) des späteren Kaisers Constantin d. Gr. versetzten einer Kriegsschiffgattung, die den antiken Seekrieg einstmals revolutionierte, den Todesstoß in der direktesten Bedeutung des Wortes. Wenn auch der ostgotische Herrscher Theoderich d. Gr. noch im 6. Jahrhundert neben 1 000 Dromonen (Biremen) wieder Trieren auf Stapel legen ließ – wobei angezweifelt werden darf, ob mit den Worten »trireme vehiculum« wirklich eine echte Triere gemeint war –, so haben diese Schiffe doch im Seekrieg keine Rolle mehr gespielt. Der beabsichtigte Angriff gegen das Wandalenreich in Nordafrika wurde durch den Tod Theoderichs im Jahre 526 nicht vom weströmischen Reich germanischer Herrscher, sondern von Ostrom geführt. In der oströmischen Marine gab es seit dem 4. Jahrhundert keine Trieren mehr.

Der Schiffstyp hat im Verlaufe der Jahrhunderte natürlich verschiedene Veränderungen erfahren. Wenn bei Rekonstruktionen versucht wird, alle bildlichen und schriftlichen Zeugnisse durch die Jahrhunderte auf einen einzigen Triremetyp zu beziehen, so ähneln diese Bemühungen dem Versuch eines Gelehrten im Jahre 2500, aus Beschreibungen und Bildern vom 8. Jahrhundert bis zum 18. Jahrhundert den Typ des mittelschweren Kriegsschiffes zu rekonstruieren. Phönizische, karthagische, griechische und römische Marinetechniker sind bei dem Bau von Trieren verschiedene Wege gegangen. Das äußere Bild des Schiffstyps und insbesondere die unterschiedlichen Systeme des Riemenwerkes wiesen nicht nur Verschiedenartigkeiten von Volk zu Volk auf, sondern sie sind auch im Laufe der Jahrhunderte geändert worden. Eine von Herodot (etwa 484–425 v. u. Z.) erwähnte Triere war mit an Sicherheit grenzender Wahrscheinlichkeit nach einem anderen System erbaut und von anderem Aussehen als ein Trierentyp, der den Angaben Kaiser Leons VI. (886–912) zugrunde lag.

Auf der Trajanssäule erkennen wir römische Triremen des beginnenden 2. Jahrhunderts ohne Riemenkästen auf einem Kriegsmarsch die Save aufwärts. Dieser Typ ist vermutlich speziell für die Flußflotten konstruiert worden, da er sich, abgesehen von den drei Riemenreihen, äußerlich kaum von der Flußliburne unterscheidet (Bild 11).

Nach den Schiffsdarstellungen muß man annehmen, daß bei den Trieren eines Staates zur gleichen Zeit verschiedene Riemensysteme nebeneinander in Gebrauch waren. Doch ist es heute anders? Das Riemenwerk bildete den Kampfantrieb des Schiffes wie heute die Maschine. Im Jahre 1975 gibt es Unterseeboote mit Nuklear-, Walter-, Diesel- und Elektroantrieb sowie Kombinationen aus zwei Antriebsarten als Regelfall. Es gibt Zerstörer und Fregatten von sehr unterschiedlichem äußeren Aussehen bei der Marine eines Staates. Die Maschinen dieser Schiffe werden mit Kernenergie, Öl und Dampf angetrieben. Antriebskombinationen aus Dieselmotor und Gasturbine sind üblich. Die Vielzahl der verwendeten Maschinenanlagen mit Detailabweichungen ist kaum zu übersehen.

Wir haben uns hier darauf beschränkt, zwei Trierentypen, die verschiedenen Jahrhunderten angehören, in Skizzen wiederzugeben. Die römische Marine hat nach den bildlichen Zeugnissen bis in die Kaiserzeit hinein neben Triremen, bei denen alle Rojer unter Deck saßen, auch einen Typ gebaut, bei dem die Thraniten ungeschützt vom Oberdeck aus ihre Riemen handhaben (vergleiche Bild 18 und 19). Die beiden unterschiedlichen Typen werden auch in der Literatur bezeugt. So weist Caesar im 2. Buch seines Berichtes über den Bürgerkrieg (de bello civili) im 23. Kap. anläßlich der Schilderung von Ereignissen in Afrika bei Hadrumetum ausdrücklich darauf hin, daß im Jahre 49 v. u. Z. eine gedeckte Triere benutzt wurde. Die Stelle »trireme constrata« mit »Dreiruderer, der ein Deck hatte«, zu übersetzen ist nicht zwingend. Es könnte hier auch mit der Kennzeichnung des Schiffstyps eine voll gedeckte Triere gemeint sein, bei der im Gegensatz zur Trireme mit den Thraniten **auf** dem Oberdeck alle Rojer **unter** Deck saßen. Ein Wetterdeck wird im 1. Jahrhundert v. u. Z. jede Trireme gehabt haben und ein Hinweis hierauf überflüssig gewesen sein.

Schlacht- und Großkampfschiffe

Es ist bis zum heutigen Tage keine bildliche Darstellung eines römischen Kriegsschiffes bekannt geworden, das uns mehr als vier Riemen in einer Sektion übereinander zeigt. Auf Gemälden, Reliefs, Münzen, Gemmen, Vasenbildern und Gebrauchsgegenständen sind, von zwei Ausnahmen abgesehen (vielleicht könnte man auch in Bild 20 als dritte Ausnahme ein vierreihiges Fahrzeug erblicken), nur Kriegsschiffe mit maximal drei Riemen übereinander dargestellt. Lediglich eine sehr schematisch gehaltene Münze des Kaisers Gordian aus dem 4. oder 5. Jahrzehnt des 3. Jahrhunderts und das Relief des Fortuna-Tempels

Skizze 29: Zeichnung des Münzbildes ohne Menschen (nach Assmann)

zu Praeneste (um 30 v. u. Z.) zeigen Schiffe, bei denen vier Riemen in einer Rojersektion zu erkennen sind, wobei aller Wahrscheinlichkeit nach, wie noch erörtert wird, die Rojer der beiden obersten Riemen auf schräg eingebauten Duchten in einer Ebene saßen (Bild 22).

Der beim Praeneste-Relief als Riemenkasten angesprochene Ausbau muß eine relativ große Breite besessen haben, da auf ihm zwei kampfbereite Seesoldaten stehen bzw. gehen. Würde es sich um eine Langepotis handeln, so wäre diese nicht durch tiefeingeschnittenen »Zierat« unterbrochen worden, der die Konstruktion nur geschwächt hätte. Schiffsdarstellungen, bei denen der Ausbau eine Langepotis und keinen Riemenkasten darstellt, zeigen grundsätzlich glatte Außenflächen (vergleiche Bild 9, 18 und 19). Betrachtet und betastet man den »Zierat« genauer, so wird man feststellen, daß die Formgebung der der Riemenblätter der unteren Reihen ähnelt. Es dürfte sich daher mit großer Wahrscheinlichkeit um einen Riemenkasten mit eingezogenen Riemen handeln, deren Anzahl doppelt so groß ist wie die der beiden Riemenreihen darunter.

Die Quellen kennen unabhängig von der Schiffsgröße nur drei Rojergruppen. Die Rojer der obersten Ebene wurden auch bei den Schlacht- und Großkampfschiffen als thranitai, die der mittleren als zygioi und die der untersten als thalamioi bezeichnet. Hätte es noch mehr Rojergruppen **übereinander** gegeben, so wären

44

die Rojer sicherlich mit gesonderten Bezeichnungen versehen worden. Allein aus Gründen der klaren Befehlserteilung sollte dies auf Kriegsschiffen erforderlich gewesen sein. Auf römischen Handelsschiffen hatte jedes Segel seine besondere Bezeichnung. Mit der fortschreitenden Differenzierung der Besegelung erhielt jedes neu eingeführte Segel bis auf den heutigen Tag einen eigenen Namen. Wie könnte sonst auch ein Matrose wissen, welches Segel an- oder abgeschlagen, steifgesetzt oder weggefiert werden soll. Für umständliche Umschreibungen blieb und bleibt an Bord eines Schiffes keine Zeit. Hätte es also auf römischen Kriegsschiffen außer den Thraniten, Zygiten und Thalamiten weitere Funktionen im schiffstechnischen Dienst für den unmittelbaren Kampfantrieb gegeben, so wären uns diese Unterlaufbahngruppen des Dienstzweiges der remiges, der Rojer, überliefert worden. Wir können also davon ausgehen, daß römische Kriegsschiffe maximal drei Duchten (transtra) übereinander besaßen. Dabei könnte es allerdings eine Riemenanordnung gegeben haben, bei der von der Thranitenbank aus zwei Riemen gehandhabt wurden. Die Riemenanordnung des Kriegsschiffes von Samothrake, mit schräg eingebauten Duchten rekonstruiert, ist hier für die Thranitengruppe der römischen Schlacht- und Großkampfschiffe als eine Möglichkeit angenommen worden (vergleiche Bild 7).

Für die Rojeranordnung in drei Ebenen übereinander mit drei leicht versetzten Rojerbänken spricht auch die Höhe des Freibordes. Es ist überliefert, daß die Decemreme, also ein zehnrangiges Schiff des Antonius in der Schlacht bei Actium (31 v. u. Z.), eine Freibordhöhe von zehn röm. Fuß* = 3 m besaß (*Orosius 6,19,9:* »decem pedum altitudine a mari aberant«). Schon hieraus wird oft abgeleitet, daß es unmöglich war, bei einem solchen Freibord zehn Rojer übereinander an je einen Riemen zu setzen.

Eine befriedigende Lösung des Schiffsantriebes der Schlacht- und Großkampfschiffe erfolgte dann ebenso einfach wie zwingend durch die Verbreiterung des Schiffskörpers (Breitpolyere). Den Bau von brauchbaren Hochseeholzschiffen von über 100 m Länge verboten die instabil werdenden Schiffslängsverbände. Es hat sich bis in die Neuzeit hinein erwiesen, daß Holz als Schiffbaumaterial von einer bestimmten Konstruktionslänge an den Belastungen des Seeganges nicht mehr gewachsen ist und das Schiff auseinanderbricht. Römische Marinekonstrukteure gingen, wie die Schiffe aus dem Nemisee beweisen, spätestens in der Kaiserzeit, vermutlich jedoch schon zu Beginn des 1. Jahrhunderts v. u. Z., dazu über, die Großkampfschiffe mit Überbreite zu konstruieren. Eng gesetzte Spanten, zahlreiche Stringer und Gürtelhölzer gaben diesen Schiffen eine ausreichende Stabilität. Das mit einem Rammsporn versehene Nemisee-Schiff wies eine Länge von 71,30 m bei 20 m Breite ü. A. (Längenbreitenindex ca. 3,6 : 1) und 1,90 m Tiefgang auf. Das zweite Fahrzeug besaß keinen Rammsporn, aber über den Rumpf an beiden Seiten weit herausragende Riemenausleger. Die Länge dieses Schiffes betrug 73 m, die Breite des eigentlichen Schiffskörpers 24 m (Längenbreitenindex ca. 3 : 1), und über die Ausleger maß es sogar 29 m (Längenbreitenindex ca. 2,5 : 1). Der Tiefgang betrug, wie beim ersten Schiff, 1,90 m. Diese Schiffe konnten die hohe See halten. Es waren durchaus seetüchtige Fahrzeuge, die überdies in ihren Abmessungen von der oben aufgezeigten Grenze noch weit entfernt blieben. Sie gaben gute und verhältnismäßig ruhig liegende Kampfplattformen ab, auf denen eine außerordentlich große Anzahl Seesoldaten, großdimensionierte Gefechtstürme und Geschütze Platz finden konnten (Bild 28 und 30 und Skizze 49 bis 62).

Unter Berücksichtigung der Schiffsbreite fällt es nicht schwer, jeden Riemen mit mehreren Rojern zu besetzen. So kommen die jüngsten Rekonstruktionen zu dem Schluß, daß nur bei den Kriegsschiffen bis zur Trireme ein Riemen auch von einem Rojer gehandhabt wurde. Bei der Größe und Schwere der Schlacht- und Großkampfschiffe ist es kaum möglich gewesen, die oberen und mittleren Riemen mit nur einem Rojer zu besetzen. Die Länge und Schwere dieser Riemen bedingte geradezu, mehrere Männer zum Pullen einzusetzen. Die Quellen sprechen zwar von fünf- und sechzehnreihigen römischen Schiffen, doch ist der Begriff »reihig«, wie später noch gezeigt werden wird, durchaus nicht wörtlich zu nehmen, sondern läßt ver-

Skizzen 30-32: Schematische Zeichnungen
1 = Thraniten, 2 = Zygiten, 3 = Thalamiten

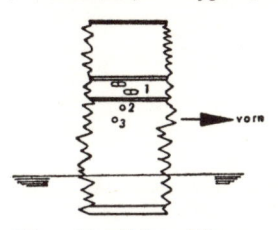

Skizze 30: Rojersektion von der Seite gesehen

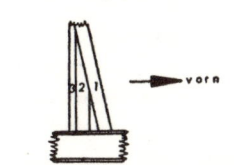

Skizze 31: Rojersektion von oben gesehen

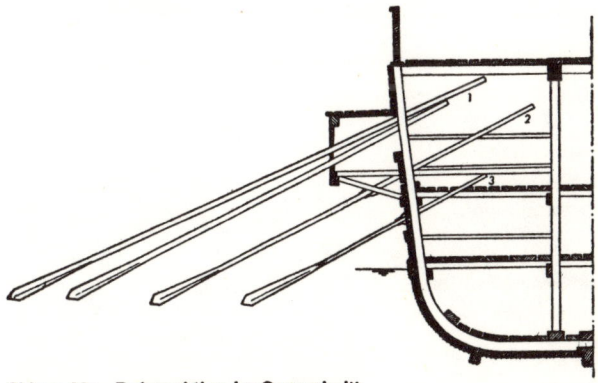

Skizze 32: Rojersektion im Querschnitt

* 1 röm. Fuß = 0,296 m.

schiedene Deutungen zu. So gehen viele Rekonstruktionen mit guten Gründen davon aus, daß bei diesen Schiffen an einem Riemen mehrere Rojer saßen.

Danach könnte die Gefechtsstation der remiges auf Schlacht- und Großkampfschiffen wie folgt ausgesehen haben:

	Thraniten	Zygiten	Thalamiten
Schlachtschiffe:			
Quadrireme (vierrangiges Schiff = 4 Rojer in einer Sektion) (quadriremis)	2 Rojer an 2 Riemen	1 Rojer an 1 Riemen	1 Rojer an 1 Riemen
Quinquereme (fünfrangiges Schiff = 5 Rojer in einer Sektion) (quinqueremis)	3 Rojer an 2 Riemen	1 Rojer an 1 Riemen	1 Rojer an 1 Riemen
Hexere (sechsrangiges Schiff = 6 Rojer in einer Sektion) (hexeris)	4 Rojer an 2 Riemen	1 Rojer an 1 Riemen	1 Rojer an 1 Riemen
Großkampfschiffe:			
Septireme (siebenrangiges Schiff = 7 Rojer in einer Sektion) (septiremis)	4 Rojer an 2 Riemen	2 Rojer an 1 Riemen	1 Rojer an 1 Riemen
Oktere (achtrangiges Schiff = 8 Rojer in einer Sektion) (octeris)	4 Rojer an 2 Riemen	2 Rojer an 1 Riemen	2 Rojer an 1 Riemen
Ennere (neunrangiges Schiff = 9 Rojer in einer Sektion) (enneris)	5 Rojer an 2 Riemen	2 Rojer an 1 Riemen	2 Rojer an 1 Riemen
Decemreme (zehnrangiges Schiff = 10 Rojer in einer Sektion) (decemremis)	6 Rojer an 2 Riemen	2 Rojer an 1 Riemen	2 Rojer an 1 Riemen

Bei der oben angeführten Einteilung der Rojer geht man von vier Riemen in einer Sektion aus. Man konnte bei Schrägstellung der Thranitenducht, wenn ihre Enden zum Kiel und an der Bordseite etwa 6 bis 7° weiter nach hinten bzw. nach vorn eingebaut wurden, auf einer Ebene zwei Riemen von einer Bank aus an die Dollen legen. Die abgestuft darunter liegende Zygitenbank konnte ebenso wie die wiederum darunter abgestuft liegende Thalamitenbank rechtwinklig zum Kiel und zur Bordwand eingebaut worden sein.

Die weitaus größte Zahl römischer Schiffsdarstellungen, in denen wir zweifelsfrei Polyeren erkennen können, zeigen uns aber Kriegsschiffe verschiedener Größe mit **drei Riemenreihen** übereinander. Sofern es sich um Schlacht- oder Großkampfschiffe handelt, bezeichnen wir sie hier als von trierischer Bauart.
Bei den in drei Ebenen übereinander mit mehreren Rojern an einem Riemen arbeitenden Schlacht- und Großkampfschiffen könnte die Gefechtsstation der Rojer wie folgt ausgesehen haben:

	Thraniten	Zygiten	Thalamiten
Schlachtschiffe:			
Quadrireme	2 Rojer an 1 Riemen	1 Rojer an 1 Riemen	1 Rojer an 1 Riemen
Quinquereme	2 Rojer an 1 Riemen	2 Rojer an 1 Riemen	1 Rojer an 1 Riemen
Hexere	2 Rojer an 1 Riemen	2 Rojer an 1 Riemen	2 Rojer an 1 Riemen
Großkampfschiffe:			
Septireme	3 Rojer an 1 Riemen	2 Rojer an 1 Riemen	2 Rojer an 1 Riemen
Octere	3 Rojer an 1 Riemen	3 Rojer an 1 Riemen	2 Rojer an 1 Riemen
Ennere	3 Rojer an 1 Riemen	3 Rojer an 1 Riemen	3 Rojer an 1 Riemen
Decemreme	4 Rojer an 1 Riemen	3 Rojer an 1 Riemen	3 Rojer an 1 Riemen

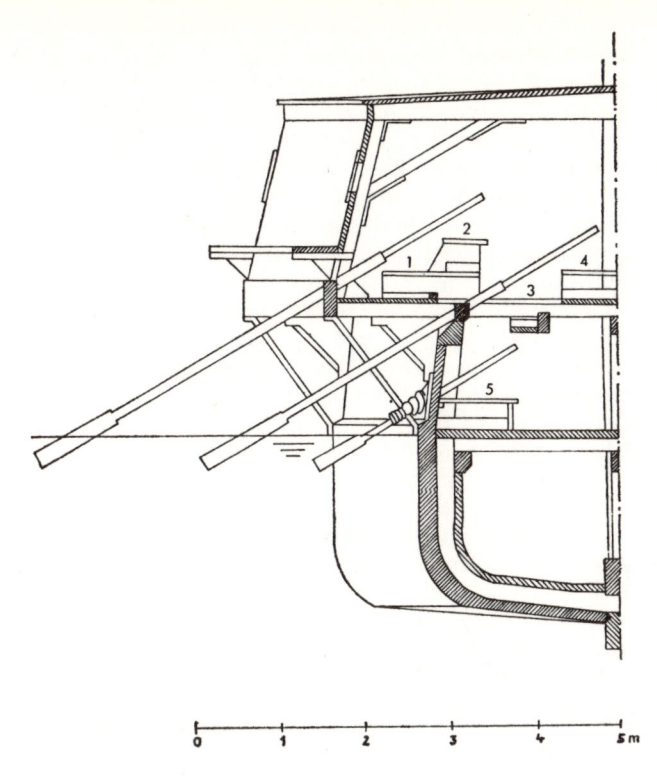

Skizze 33: Achterschiff-Querschnitt einer Quinquereme um 260 v. u. Z.
(nach Tenne)
1 + 2 = Thraniten
3 + 4 = Zygiten
    5 = Thalamit

Großkampfschiffe von noch größeren Abmessungen wurden, soweit uns bekannt ist, von den Römern nicht auf Stapel gelegt. Lediglich als Kriegsbeute der römischen Seestreitkräfte lernen wir höherrangige griechische Typen kennen. Ein sechzehnrangiges Kriegsschiff, das im Jahre 167 v. u. Z. den Tiber aufwärts bis Rom lief, war ein solches Fahrzeug.
Wir wissen, daß griechische Polyeren häufig eine größere Länge besaßen als römische Kriegsschiffe. Für das am Schwarzen Meer in Heraklea Pontika (Eregli, Türkei) um 280 v. u. Z. erbaute achtrangige *(Memnon, frg. 13)* griechische Kriegsschiff des Lysimachos, die »Leontophoros«, wurde von Miltner bei herkömmlicher Bauart eine Länge von 115 m errechnet. Über die Breite können wir keine Angaben machen. Bei der überlieferten Einteilung der Rojermannschaft in die Gruppen Thraniten, Zygiten und Thalamiten, die mit je einem Riemen das Fahrzeug fortbewegten, soll das Schiff 100 Rojersektionen mit vermutlich je drei Riemen übereinander an jeder Schiffsseite gehabt haben. Bei einem angenommenen vitruvschen Interscalmium von 0,925 m wäre der Riemenkasten 92,50 m lang gewesen. Das riemenfreie Vor- und Achterschiff hätte eine Länge von insgesamt 19,50 m aufgewiesen. An einem Thranitenriemen könnten je drei Rojer, an einem Zygitenriemen je drei Rojer und an einem Thalamitenriemen je zwei Rojer Platz gefunden haben. Die Rojersektion wäre mit acht Mann (Oktere) besetzt gewesen. Bei 100 Sektionen arbeiteten somit 800 Rojer an der Backbord- und 800 Rojer an der Steuerbordseite. Und in der Tat ist uns die Gesamtzahl der Rojer der »Leontophoros« mit genau 1 600 Mann überliefert worden. Ferner gehörten zur Besatzung dieses Admiralschiffes noch 1 200 Seesoldaten (Epibaten). Eine so große Kampfbesatzung könnte durchaus Platz gefunden haben, wenn man die Decksbreite mit 20 m, wie bei dem Nemisee-Schiff mit Rammsporn, oder mit 24 m, wie die des Nemisee-Schiffes ohne Rammsporn, annehmen würde.

Nach der Quelleninterpretation von Casson soll dieses Schiff jedoch kein acht-, sondern ein sechzehnrangiges, doppelrumpfiges Großkampfschiff gewesen sein. Lysimachos war ein erbitterter Feind des Demetrios. Die »Leontophoros« und fünf weitere noch größere Kampfschiffe stellten die Antwort auf eine Pentekaidekere (fünfzehnrangiges Schiff) und eine Hekkaidekere (sechzehnrangiges Schiff) des Demetrios dar. Der Texthinweis auf zwei Rudergänger, die ungewöhnlich große Zahl der Rojer und insbesondere der Seesoldaten auf der »Leontophoros« veranlaßt Casson zu der Annahme, daß dieses Schiff als Katamaran erbaut worden ist, bei dem zwei Schiffe durch ein gemeinsames Kampfdeck zu einem einzigen Fahrzeug vereinigt wurden. Jeder Einzelrumpf soll entgegen der sonstigen Übung nur ein Ruder mit einem Rudergänger besessen haben.

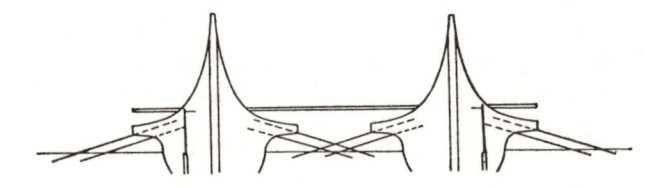

Skizze 34: Schematische Skizze

Da in den beiden Einzelrümpfen die Rojer auf jeder Seite in zwei Reihen je 50 vierhändige Riemen bedient haben sollen, ergibt auch diese Rojeranordnung genau die 1 600 überlieferten Männer an den Riemen der »Leontophoros«. Es muß zugegeben werden, daß das überbreite Deck dieses Katamarangroßkampfschiffes sehr geeignet war, 1 200 Seesoldaten einen Kampfplatz zu bieten, doch auch das Großkampfschiff der üblichen Bauart war, wie oben gezeigt, hierzu in der Lage. Die Riemen einer einrumpfigen Hekkaidekere trierischer Bauart hätte man bei den Thraniten mit sechs Mann, bei den Zygiten gleichfalls mit sechs Mann und bei den Thalamiten mit vier Mann besetzen können. Bei der von Casson vorgeschlagenen Bauart konnte jedoch die Schiffslänge auf eine Abmessung begrenzt werden, die sich innerhalb der Toleranzgrenze des damaligen Holzschiffbaues hielt. Auch sprechen nach Casson weitere Quellenhinweise für die Möglichkeit eines Katamarankriegsschiffes in der

Antike. Polyaen *(1,47; 3,11; 5,22)* gibt uns drei Beispiele aus dem 5. und 4. Jahrhundert v. u. Z., in denen Kriegsschiffe paarweise zusammengelascht wurden. Um den Feind zu täuschen, setzten griechische Flottenbefehlshaber nur auf einem der beiden im »Päckchen« fahrenden Schiffe Segel. Der Gegner sollte durch diese Kriegslist zu der Annahme verleitet werden, daß die ihm gegenüberstehenden Seestreitkräfte nur die Hälfte ihrer wirklichen Stärke besäßen. Bei der Belagerung von Syrakus im Zweiten Punischen Krieg befehligte der Konsul M. Claudius Marcellus die römische Blockadeflotte. Er setzte im Jahre 213 v. u. Z. auf zusammengelaschte Quinqueremen Belagerungsmaschinen und griff damit von der Seeseite die Mauern der Stadt an.

Da wir bei dieser Gelegenheit eine von Schlachtschiffen gegen Landbefestigungen eingesetzte Waffe kennenlernen können, soll hier der Polybiosbericht des 8. Buches, Kap. 6 zitiert werden: »Marcus aber fuhr mit sechzig Quinqueremen gegen Achradina heran, jedes Schiff stark besetzt mit Bogenschützen, Schleuderern und Speerwerfern, die die Verteidiger von den Brustwehren verjagen sollten. Zugleich führten sie auf acht Quinqueremen, die paarweise aneinandergebunden waren – die inneren Riemen waren entfernt, nur mit den äußeren wurden sie fortbewegt –, die sogenannten Sambyken an die Mauer heran. Diese Maschinen sind folgendermaßen konstruiert. Eine Leiter, vier Fuß breit und so lang, daß sie gerade die Höhe der Mauer erreicht, auf beiden Seiten mit einem Geländer versehen, auf dem zum Schutz hohe Brustwehren angebracht sind, wird quer über die aneinanderstoßenden Wände der zusammengekoppelten Schiffe gelegt, so daß sie weit über die Schiffsschnäbel vorragt. Am oberen Teil der Masten sind Rollen mit Tauen befestigt. Wenn man sich nun der Stelle nähert, wo der Angriff stattfinden soll, dann zieht eine Mannschaft am Heck die Leiter mit den an ihrer Spitze angebundenen, über die Rollen laufenden Tauen hoch, während andere am Bug sie mit Stangen stützen, damit sie sicher in die Höhe kommt. Dann bewegen sie die Schiffe mit den Riemen auf beiden Seiten gegen das Land und versuchen, die Maschine an die Mauer anzulegen. An der Spitze der Leiter ist ein durch Flechtwerk an drei Seiten geschütztes Gerüst, auf dem vier Mann Platz haben, die die Besatzung der Mauer, wenn sie das Anlegen der Sambyke von den Zinnen aus zu hindern versucht, zu bekämpfen haben. Wenn das Anlegen gelungen ist und sie dadurch über der Mauer zu stehen kommen, entfernen sie das Flechtwerk an den Seiten und steigen auf die Brustwehr oder die Türme. Den ersteren folgen weitere auf der Sambyke, die, von den Tauen gehalten, fest auf den Schiffen ruht. Diese Maschine hat mit Recht ihren Namen erhalten. Wenn sie aufgerichtet ist, bilden das Schiff und die Leiter zusammen eine Figur, die dem Musikinstrument Sambyke ähnlich ist.«

Nach Casson entwickelten sich die antiken Kriegsschiffe in drei Etappen. Das erste Stadium von der dreirangigen Triere bis zur sechsrangigen Hexere legt er in die erste Hälfte des 4. Jahrhunderts v. u. Z., wobei die Entwicklung von der vierrangigen bis zur sechsrangigen Einheit vielleicht ein halbes Jahrhundert beansprucht. Zwischen den Jahren 315 bis 288 v. u. Z. folgte die zweite Etappe, in der man bis zur sechzehnrangigen Hekkaidekere gelangte. In diesem Entwicklungsabschnitt wird man ein Vierteljahrhundert benötigt haben, um von der Hexere zur Heptere zu kommen. Demetrios, der Sohn von Antigonos I., der als Nachfolger Alexanders d. Gr. über Makedonien herrschte, legte erstmalig um das Jahr 315 v. u. Z. siebenrangige Kriegsschiffe auf Stapel.

Die zuvor von Alexander d. Gr. (336–323 v. u. Z.) bei Thapsakos auf dem Euphrat eingesetzten Kriegsschiffe waren nach Arrian *(Anab. 7,19)* auf dem Landwege dorthin verbrachte auseinandergenommene phönizische Triakontoren, Trieren (zwölf), Tetreren (drei) und Penteren (zwei), aber keine Hepteren, wie Strabo *(16,741)* und Curtius *(10,1)* fälschlich behaupteten.

In der Schlacht bei Salamis auf Zypern (306 v u. Z) kämpften in der makedonischen Flotte nach Diodor bereits zehn Hexeren und sieben Hepteren, während die gegnerische ägyptische Flotte des Ptolemaios I. als größte Einheiten nur Penteren in die Schlacht führen konnte. Bereits im Jahre 315 v. u. Z. hatte nach Diodor Makedonien drei Enneren und zehn Dekeren auf Stapel gelegt. Vermutlich hielt man es nicht für nötig, diese Großkampfschiffe bei Salamis einzusetzen, da die ägyptische Flotte nur über Penteren verfügte. Das Flaggschiff des Demetrios war jedenfalls nur ein siebenrangiges Kriegsschiff *(Diodor 20,50 und 20,51)*. Wir wissen jedoch, daß bereits vor dem Jahre 301 v. u. Z. acht-, neun-, zehn-, elf- und dreizehnrangige Kriegsschiffe in der makedonischen Flotte in Dienst gehalten wurden.

In der letzten Entwicklungsstufe zwischen 288 bis 246 v. u. Z. erreichte der Kampfpolyerenbau im östlichen Mittelmeerraum seinen Höhepunkt. Dabei dürfte in einem Zeitraum von etwa 25 Jahren durch Demetrios die Entwicklung von der dreizehnrangigen Triskaidekere über die fünfzehnrangige Pentekaidekere bis zur sechzehnrangigen Hekkaidekere vorangetrieben worden sein. Ptolemaios II. Philadelphos, von 285 bis 246 König von Ägypten, ließ ein zwanzigrangiges und zwei dreißigrangige Kriegsschiffe bauen.

Die berühmte, in Alexandria erbaute, vierzigrangige Polyere des Ptolemaios IV. Philopator (221–203 v. u. Z.) bildete dann den übersteigerten Endpunkt des Baues von überschweren Großkampfschiffen, die in diesem Exemplar zum reinen Schaustück herabsanken *(Plutarch, Dem. 43)*. Die Tesserakontere maß 280 Ellen in der Länge und 38 Ellen in der Breite. Casson legt die römische Elle (cubitus), die mit der griechischen (pechys) übereinstimmt, mit 0,444 m zugrunde. Danach war das Schiff 124,32 m lang und 16,87 m breit. Die Höhe des Fahrzeuges, von der Wasserlinie bis zum Topp der Bugzier (akrostolion) gemessen, betrug 48 Ellen = 21,31 m. Das achtere Stevenende mit der Heckzier (aphlaston) ragte 53 Ellen = 23,53 m über der Wasserlinie empor. Es wird berichtet, daß das Schiff mit vier Steuerrudern von je 30 Ellen = 13,32 m ausgerüstet war und die längsten Riemen an Bord von den Thraniten bedient wurden. Durch schwere Metalleingüsse im binnenbordigen Riementeil soll der Thranitenriemen, dessen Länge mit 38 Ellen = 16,87 m angegeben wird, leicht zu bedienen gewesen sein. Das Schiff besaß ein Dock von nur 4 Ellen = 1,77 m Tiefe. Danach dürfen wir den Tiefgang des Fahrzeuges, wenn Vorräte und Bewaffnung von Bord gegeben und nur die zum Eindocken erforderliche Besatzung an Bord geblieben wäre, mit 1,60 m annehmen. Das voll bemannte und ausgerüstete Schiff hat nach den Berechnungen von Assmann einen Tiefgang von etwa 1,90 bis 2,00 m, nach denen von Casson etwa 12 engl. Fuß = 3,65 m gehabt. Die Tesserakontere besaß sieben Rammsporne, darunter einen Hauptsporn. Einige der Nebensporne waren an den Auslegern angebracht. Das Schiff hatte einen doppelten Bug und ein doppeltes Heck.

Während der Probefahrt befanden sich 4 000 Rojer, 400 weitere Besatzungsmitglieder (Offiziere, andere Dienstgrade und Matrosen) und 2 850 Seesoldaten an Bord.

Da Ptolemaios IV. Philopator, der Erbauer des Schiffes, in der hellenistischen Epoche König von Ägypten war, legte Köster bei seinen Berechnungen die große königliche, in Ägypten gebräuchliche Elle von 0,525 m zugrunde. Er errechnete eine Schiffslänge von 147 m bei 19,95 m Breite und für alle anderen Abmessungen entsprechend größere Daten.

Dieses Schiff überschritt unabhängig davon, welchen Umrechnungsmodus und welche Bauweise man zugrunde legt, beträchtlich die Leistungsfähigkeit des verwendeten Materials. Längsverbände aus Holz sind bei diesen Abmessungen auch dann überfordert, wenn das Fahrzeug, wie berichtet wird, 12 Hypozome, also Gurttaue, jedes 600 Ellen = 266,40 m lang, besessen hat, die zur Verstärkung der Längsverbände eingezogen und mittels Taljen auf Spannung gehalten werden konnten.

So dürfte diese Tesserakontere auch wohl nicht dazu bestimmt gewesen sein, die hohe See zu halten, sondern war lediglich aus Prestigegründen auf Stapel gelegt worden. Es war ein Demonstrationsschiff und stellte nicht einmal ein Versuchsschiff der Kriegsflotte dar, das sich nicht bewährte und bald wieder aufgelegt wurde.

Legt man für dieses wohl einmalige antike Schiff im Riemensystem die übliche antike Konstruktion des Einrumpfschiffes zugrunde, so macht auch eine solche Rekonstruktion keine Schwierigkeiten, ein Antriebssystem für diesen Giganten als Möglichkeit vorzuschlagen, wenn man es wagt, die Organisation der Rojermannschaft so zu verändern, daß an einem Riemen die Hälfte der Rojer auf Zug und die andere Hälfte auf Druck, wie ein venezianischer Gondoliere, arbeitete. So ausgebildete Riemen wurden (wieder?) bei den venezianischen Galeassen, den schwerbestückten und vollgedeckten Großkampfschiffen des 16. Jahrhunderts, benutzt. In der Seeschlacht von Lepanto verdankte Don Juan de Austria seinen Sieg über die Türken nicht zuletzt jenen sechs vor den Galeerengeschwadern laufenden Galeassen, die im Gefecht ihr Riemenwerk durch doppelte Einwirkung bewegten. Die etwa 15 m langen, mit Griffleisten versehenen Riemen wurden auf der einen Seite von den Rojern an sich gezogen, während die ihnen gegenübersitzenden sie von sich stießen. Nach Pantera, der zu Beginn des 17. Jahrhunderts schrieb, sollte eine Galeasse **nicht weniger** als acht Mann zum Bewegen eines Riemens einsetzen. Im französischen Marinemuseum in Paris befindet sich das Modell einer venezianischen Galeasse (fälschlich als französisch bezeichnet), deren Riemen von je 17 Rojern bedient wurden. Je acht Mann saßen sich gegenüber, während ein Rojer an der verjüngten Riemennock anfaßte.

Man kann auch bei der Tesserakontere drei solcher Riemen übereinander in einer Sektion vorschlagen. Selbst wenn die Rojer unter einem Kampfdeck gestanden hätten, wäre man mit einer Freibordhöhe von etwa 4,50 m ausgekommen. Die Durchschnittsgröße von Römern und Griechen betrug zu dieser Zeit etwa 1,50 m. Bei einem Tiefgang von 1,90 m und 4,50 m Freibord könnte die Höhe des Schiffsrumpfes vom Kiel bis zum Ansatz des Schanzkleides 6,40 m betragen haben. Die Rudergänger besaßen bei einem so großen Schiff mit extrem hoher Bugzier ganz sicherlich einen erhöhten Standort, unseren Brückennocken vergleichbar. Hieraus könnte man auch die Länge der Steuerruder von 13,32 m erklären.

Es boten sich drei Möglichkeiten an, die vier Steuerruder einzubauen. Durch die Zweiteilung des Hecks konnten achtern vier Ruder nebeneinander eingebaut werden oder nur an den beiden äußeren Bordwänden je zwei Ruder hintereinander wie bei den altägyptischen Schiffen des 3. Jahrtausends v. u. Z., die bis zu drei Ruder an der Back- und Steuerbordseite des Achterschiffes führten, oder das Schiff besaß, wie die römische actuaria, zwei Ruder vorn und zwei Ruder achtern an den äußeren Borden.

Es ist uns überliefert, daß 4 000 Rojer den schiffstechnischen Dienst versahen. Im 16. Jahrhundert führte nach Masson eine Standardgaleere der französischen Flotte insgesamt 48 Riemen, also an jeder Seite 24 mit drei Rojern pro Riemen. In der ersten Hälfte des 17. Jahrhunderts erhöhte man dann bei gleicher Riemenzahl die Anzahl der Rojer pro Riemen auf fünf. In der letzten Hälfte des Jahrhunderts wurde eine französische Galeere des Standardtyps von 52 Riemen mit je fünf Mann angetrieben. Flaggschiffe erreichten die Zahl von 66 mit sieben Rojern pro Riemen. Die Riemen waren mit Griffleisten versehen, und alle Rojer arbeiteten auf Zug. Die Länge eines Riemens aus dieser Zeit, der von sieben Mann gehandhabt wurde, betrug 13,83 m.

Sollte man bei der Tesserakontere den Weg gewählt haben, an jeden Riemen die doppelte Zahl von Ro-

Skizze 35:
Schematische Skizze eines siebenhändigen Galeerenriemens
(Für sechs Rojer waren am Riemen Griffleisten angebracht. Der dem Kiel am nächsten sitzende Rojer faßte an der verjüngten Riemennock an.)

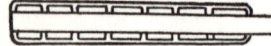

Skizze 36: Schematische Skizze eines Riemens für 14 Rojer

jern zu setzen oder zu stellen, wobei dann sieben Mann auf Zug und sieben Mann auf Druck gearbeitet hätten, so wäre der Thranitenriemen mit 14, der Zygitenriemen mit 14 und der Thalamitenriemen mit 12 Mann, an jeder Riemenseite also mit sechs Rojern, besetzt gewesen. In einer Rojersektion hätten somit 40 Rojer ihren Dienst versehen können. Die hier als Möglichkeit aufgezeigte Organisation hätte ein von Vitruv (0,925 m) abweichendes Interscalmium erforderlich gemacht. Nimmt man jedoch ein Interscalmium von der zweifachen üblichen Größe, also 1,85 m, an, so könnten auf Zug und Druck arbeitende Rojer genügend Bewegungsfreiheit besessen haben.

Skizze 36a:
Darstellung der Handhabung eines für Druck und Zug eingerichteten Riemens
(Skizze von E. Pâris)

Das Interscalmium war auch bei anderen Völkern, z. B. den Wikingern, durchaus nicht immer gleich. Das Gokstadschiff weist ein solches von ca. 1 m, das Skuldelevschiff V von ca. 0,92 m und das Skuldelevschiff II ein solches von ca. 0,70 m auf. Eine französische Galeasse des 17. Jahrhunderts, deren Riemen von acht Mann bedient wurden, hatte nach Jal zwischen den Dollpflöcken einen Abstand von 1,75 m.
Bei dem hier angenommenen Interscalmium könnten in den überlieferten 50 Rojersektionen mit je 40 Rojern = 2 000 Rojer an jeder Schiffsseite, also insgesamt 4 000 Rojer, untergebracht werden. Bei einem Interscalmium von 1,85 m wären 92,50 m des Schiffsrumpfes mit dem Riemenantrieb versehen gewesen. Für das riemenfreie Achter- und Vorschiff mit den Rammspornen verblieben somit insgesamt 31,82 m,

eine durchaus akzeptable Berechnungsgröße, wenn man die Gesamtschiffslänge mit 124,32 m berücksichtigt.
Casson schließt aus dem Quellenhinweis, die Tesserakontere habe einen zweifachen Bug und ein zweifaches Heck besessen, zwingend auf eine Katamaranbauweise. Zwei lediglich durch ein Deck verbundene vollständige Schiffsrümpfe seien von drei Riemenreihen zu je 50 Riemen fortbewegt worden. An den obersten Riemen hätten möglicherweise je acht Thraniten, an den mittleren je sieben Zygiten und an den unteren je fünf Thalamiten gesessen. Die Distanz zwischen den Einzelrümpfen sei so groß gewesen, daß auch zwischen den beiden Rümpfen alle Riemen gehandhabt werden konnten.

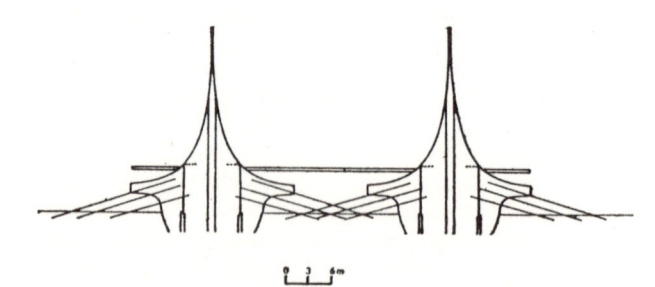

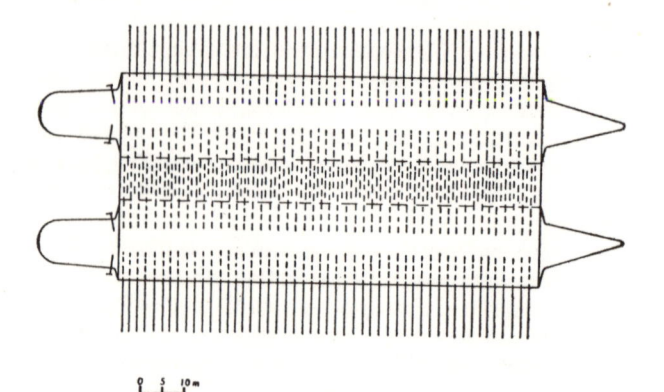

Skizze 37: Skizze der Tesserakontere
von achtern
(nach Casson)
Decksriß
(nach Casson)

Nach Casson verteilten sich die überlieferten 4000 Rojer wie folgt. In jedem Rumpf saßen 2000 Männer an den Riemen, so daß an beiden Seiten der beiden Rümpfe je 1000 Rojer, unterteilt in je 50 Sektionen zu je 20 Mann, die Riemen bedienten.

Für die Rekonstruktion der Tesserakontere als Katamarangroßkampfschiff sprechen zweifellos viele Details der Überlieferung, doch die Tatsache, daß in der Quelle nur von einem Hauptrammsporn die Rede ist, weist auch diese Rekonstruktion als Hypothese aus. Bei zwei vollständigen, relativ weit auseinanderliegenden Rümpfen hätte es aus schiffbaulichen Erwägungen auch zwei Hauptrammsporne geben müssen, da der Mittelteil des Katamarans weder die Stabilität noch die konstruktive Möglichkeit zum Einbau eines Hauptrammspornes bot.

Ptolemaios IV. Philopator ließ auch noch ein Nilschiff erbauen, dessen doppelter Bug und dessen doppeltes Heck vom Beschreiber Kallixeinos aus Rhodos ausdrücklich hervorgehoben wird. Athenaios überliefert die Beschreibung wie folgt: »Philopator baute auch ein Flußschiff, die sogenannte Thalamegos, deren Länge ein halbes Stadion und deren größte Breite 30 Ellen betrug; ihre Höhe einschließlich der des Kajütenaufbaues blieb wenig unter 40 Ellen. In ihrer Gestalt glich sie weder den Kriegs- noch den Kauffahrteischiffen, sondern war etwas abgeändert sowohl mit Rücksicht auf den Gebrauch als auch auf die (geringe) Tiefe des Flusses:

Unten war sie flachgehend und breit, mit dem toten Werk dagegen ragte sie hoch empor. Ihre Enden, vor allem der Bug, luden um ein Beträchtliches aus, indem sie dabei eine schön gezeichnete Krümmung beschrieben. Sie hatte ferner doppelten Bug und doppeltes Heck und erhob sich deswegen in die Höhe, weil die Wellen auf dem Strom oft äußerst hoch gehen. In der Mitte ihres Schiffsrumpfes waren die Speisesäle, Schlafsäle und die übrigen zu Wohnzwecken dienenden Räume untergebracht. Um das Schiff herum liefen auf drei Seiten doppelstöckige Wandelbahnen. Deren Umfang betrug nicht weniger als fünf Plethren; in seiner Anlage war das Erdgeschoß einem Säulenumgang ganz ähnlich, der Oberstock jedoch einer auf allen Seiten von Scherwänden mit Fenstern umschlossenen Krypta.«

Das Lustschiff des Königs auf dem Nil hatte also auch Bug und Heck in doppelter Ausführung. Es wird aber ausdrücklich erwähnt, daß die Mitte des Schiffsrumpfes der Thalamegos palastartige Aufbauten von außerordentlichen Abmessungen trug. So hat denn auch Caspari dieses Schiff schon aus statischen Gründen prahmartig rekonstruiert (vergleiche noch im 1. Jahrhundert v. u. Z. das viereckig gebaute ägyptische Nilschiff links oben auf Bild 8).

Auch die Tesserakontere könnte als Prahm mit doppeltem Bug- und Heckausläufer konstruiert worden sein. Bei dieser Bauart war es möglich, zwischen den beiden Bugaufläufern einen starken Hauptrammsporn anzubringen. Die Kampfbesatzung von 2850 Mann und die übrigen 400 nicht zu den Rojern zählenden Besatzungsmitglieder hätten auf dem Deck Platz gefunden, wenn man eine Schiffsbreite von 29 m, wie bei Wrack II aus dem Nemisee, annehmen würde.

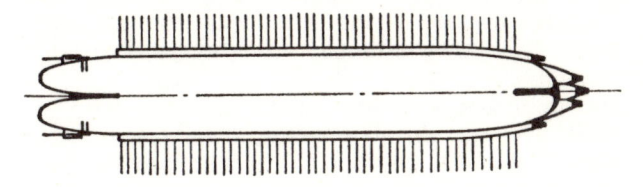

Skizze 38: Schematische Skizze eines Decksrisses (nach Rodgers)

Ein Katamaran von der Bauart der Cassonschen Rekonstruktion wäre vermutlich schon auseinandergebrochen, wenn man den Rojetakt der beiden Schiffsrümpfe nicht äußerst genau aufeinander abgestimmt hätte. Dies scheint bei der großen Rojerzahl mit den Mitteln der damaligen Zeit kaum möglich gewesen zu sein. Bei der Ausführung von Rammstößen wäre die Konstruktion vollends auseinandergebrochen, insbesondere dann, wenn nur ein Rumpf mit seinen Rammen den Gegner getroffen hätte. Bei einer prahmartigen Bauart wurden diese Nachteile vermieden.

Die hier aufgezeigten Lösungsmöglichkeiten und Rekonstruktionsversuche des Riemensystems antiker Polyeren, die im Rang über die Trireme hinausgehen, scheinen jedoch drei zeitlich sehr weit auseinanderliegende Zeugnisse der schriftlichen Überlieferung unberücksichtigt zu lassen. Der Grieche Thukydides (um 455 bis nach 399 v. u. Z.) berichtet uns ebenso wie Polyainos (162 v. u. Z.) übereinstimmend mit dem oströmischen Kaiser Leon VI. (886–912), daß auf den Kriegsschiffen jeder Riemen nur von einem Mann gehandhabt wurde. Der Grieche Thukydides war nicht nur ein sorgfältig prüfender Historiker, sondern zugleich als attischer Feldherr und Flottenführer ein Fachmann. Ebenso verhält es sich mit Kaiser Leon VI. Doch das Zeugnis dieser Männer beweist für die Riemensysteme der Großpolyeren nichts. Als Thukydides schrieb, gab es nur Trieren, aber keine darüber hinausgehenden Vielreiher, Polyainos, auch Polyaen genannt, schrieb nur über Triakonteren, also Moneren, die von 30 Rojern an je einem Riemen fortbewegt wurden, und Kaiser Leon VI. berichtet uns, daß die damals gebräuchlichen Kriegsschiffe Dromonen genannt, nur zwei Riemen in einer Sektion übereinander führten und jeder Riemen nur von einem Rojer gehandhabt wurde. Bei diesen echten Biremen war man zu einem Riemensystem zurückgekehrt, das 1500 Jahre zuvor bereits in Gebrauch war. Vielrangige Polyeren gab es in seiner Epoche schon längst nicht mehr, die »Dinosaurier« der früheren Zeiten waren Jahrhunderte vorher ausgestorben.

Ende des 19. Jahrhunderts hat Ernst Assmann, dessen Theorie jahrzehntelang herrschend in der deutschen Wissenschaft war, versucht, das Riemensystem der Vielreiher zu rekonstruieren. Sein Lösungsvor-

51

schlag, der vom Verfasser als unhaltbar betrachtet wird, da **jeder** bildliche und schriftliche Beweis fehlt, soll hier doch aus Gründen der Übersicht wiedergegeben werden: denn zwei Quellen, Cicero (106 bis 43 v. u. Z.) und Cassius Dio (um 229), bezeugen immerhin, daß Schlacht- und Großkampfschiffe die leichteren Einheiten wie Burgen oder Felseninseln überragten.

Da nirgendwo geschrieben steht, daß es in jeder Rojer**sektion** nur einen Thraniten, einen Zygiten und einen Thalamiten gegeben hat, spricht nach Assmann eine große Wahrscheinlichkeit dafür, daß sich diese Einteilung bei den höherrangigen Kriegsschiffen in einer Sektion ein- oder mehrmals wiederholte. Um eine zu große Freibordhöhe des Schiffes zu vermeiden, hatte man die Rojersitze zur Schiffsmitte hin schräg abgestuft eingerückt. Die Rojer bildeten also Gruppen, in denen es in der Tat nur je einen Thraniten, Zygiten und Thalamiten gab, die bei den höherrangigen Polyeren nicht nur vor- oder hintereinander, sondern auch übereinander zur Schiffsmitte hin abgestuft saßen. Man hatte danach von der Quadrireme aufwärts senkrecht über die erste Dreierrojergruppe, die für eine Trireme ausreichte, weitere Dreierrojergruppen mit einer Höhendifferenz von etwa 0,80 m gesetzt. Nach dieser von Assmann als abgestuftes

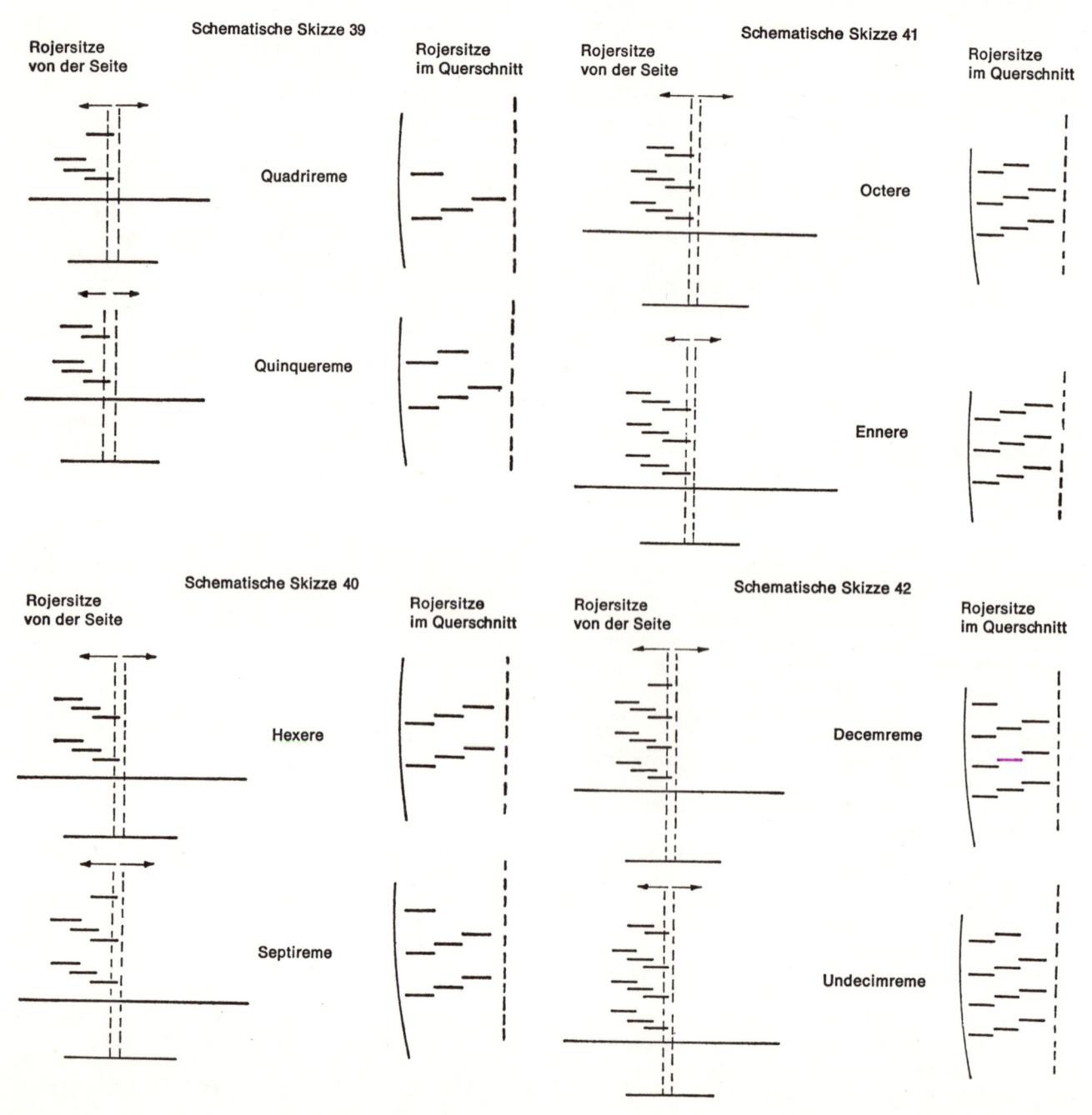

Schematische Skizze 39
Rojersitze von der Seite — Rojersitze im Querschnitt
Quadrireme
Quinquereme

Schematische Skizze 41
Rojersitze von der Seite — Rojersitze im Querschnitt
Octere
Ennere

Schematische Skizze 40
Rojersitze von der Seite — Rojersitze im Querschnitt
Hexere
Septireme

Schematische Skizze 42
Rojersitze von der Seite — Rojersitze im Querschnitt
Decemreme
Undecimreme

Schematische Skizze 43

Rojersitze von der Seite | Rojersitze im Querschnitt

Duodecimreme

Tredecimreme

Schematische Skizze 44

Rojersitze von der Seite | Rojersitze im Querschnitt

Quindecimreme

Schematische Skizze 45

Rojersitze von der Seite | Rojersitze im Querschnitt

Sedecimreme

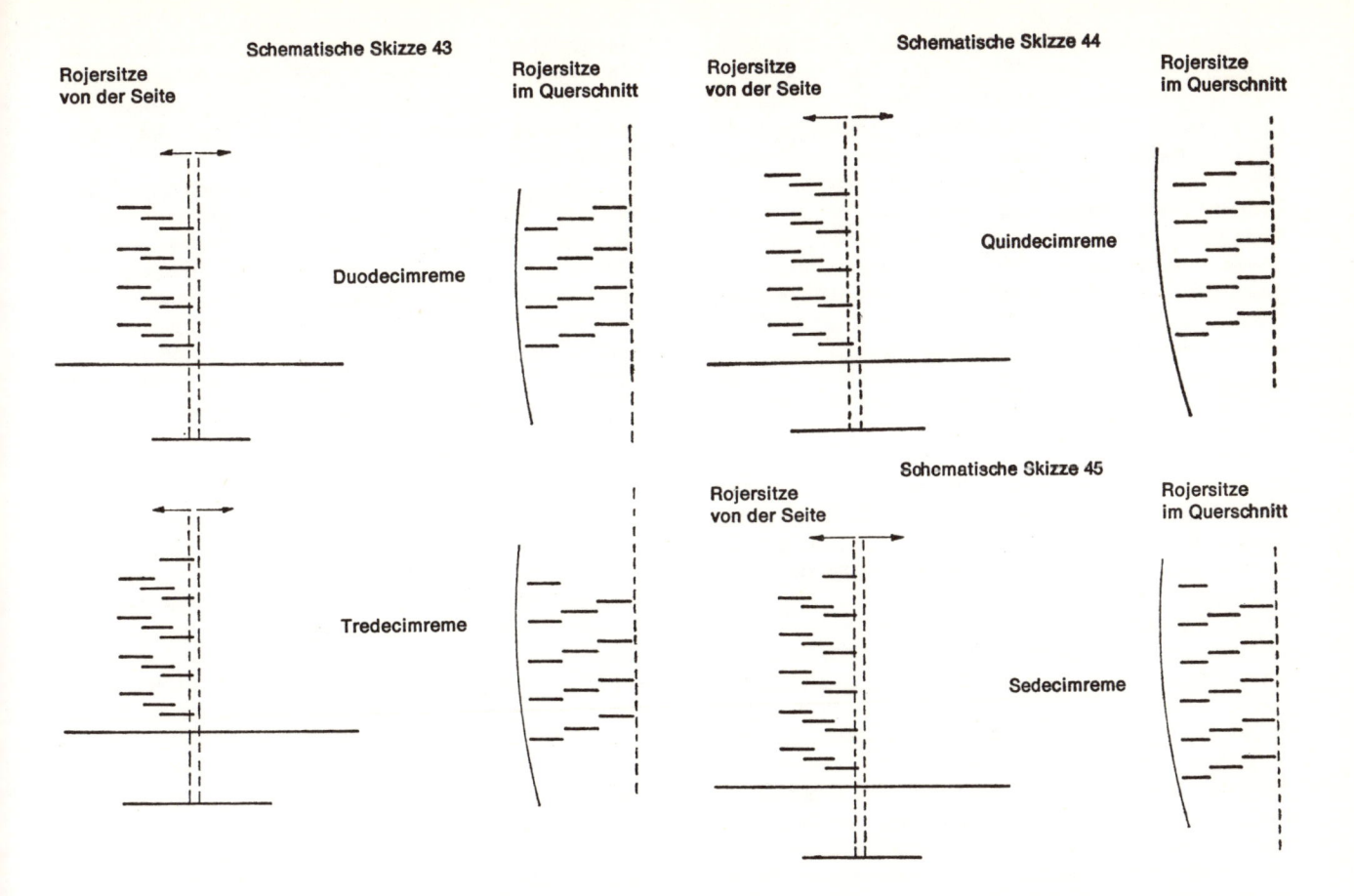

Breitpolyerensystem bezeichneten Anordnung der Rojerbänke würde jedoch bei einer Decemreme der von Orosius überlieferte Freibord von 3 m nicht ausgereicht haben, alle Rojergruppen unterzubringen.

Wie erklärt nun aber Assmann die fehlende bildliche Darstellung von Vielreihern? Wir sehen nur vier, zumeist jedoch drei Riemen übereinander, oder die Riemen sind so undeutlich angedeutet wie die schwirrenden Flügel eines Insektes (Bild 10).

Da nach der Theorie von Assmann mehrere Rojergruppen genau übereinander saßen, habe der Künstler nur drei oder vier Schlagreihen, die die anderen verdeckten, herausarbeiten können. Ob diese Erklärung befriedigt, mag dahingestellt bleiben. Sicherlich ist es nicht leicht, eine Großpolyere in der Seitenansicht darzustellen. Das Bild eines **genau** auf den Betrachter zulaufenden Schlachtschiffes konnte bis zum heutigen Tage noch nicht aufgefunden werden. Die Theorie von Assmann ist äußerstenfalls bis zum zehnrangigen Schiff durchführbar. Darüber hinausgehende Polyeren wären topplastig und als Kriegsschiffe nur bedingt brauchbar gewesen.

Die schematischen Skizzen 39–45 geben nach der Polyeren-Theorie von Assmann die Rojereinteilung von der Quadrireme, einem vierrangigen Schiff, bis zur von Livius erwähnten sechzehnrangigen Großpolyere wieder, die bei der Anwendung dieses Systems eine Freibordhöhe von 5 bis 6 m gehabt haben müßte. Bei dieser Höhe wäre es nicht möglich gewesen, einen einhändigen Riemen zu handhaben.

Das von L. Aemilius Paullus im Jahre 167 v. u. Z. im Triumph nach Rom gebrachte Kriegsschiff war Perseus, dem König von Makedonien (179–168 v. u. Z.), abgenommen worden. Dieses Großkampfschiff war wohl der langlebigste Veteran in der antiken Marinegeschichte. Das Fahrzeug konnte bei der Übergabe im Jahre 168 v. u. Z. auf annähernd 120 Dienstjahre zurückblicken. Es war die einst von Demetrios I. um 288 v. u. Z. gebaute Hekkaidekere. Im Zweiten Makedonischen Krieg (200–197 v. u. Z.) diente sie unter Philipp V. Nach dem Friedensschluß im Jahre 197 v. u. Z. gehörte sie zu den sechs Einheiten, die Rom dem makedonischen König beließ. Erst als im Dritten Makedonischen Krieg (171–168 v. u. Z.) die Schlacht bei Pydna (168 v. u. Z.) das Ende des makedonischen Königtums brachte, führten die römischen Sieger das hochbetagte Kriegsschiff nach Italien.

Über diese besondere Kriegsbeute berichten uns drei Historiker. Livius (59 v. u. Z. bis 17), Cassius Dio (schrieb seine römische Geschichte nach 229) und Eutrop (364–378).

Die drei Schriftsteller lebten also nicht zur Zeit der Begebenheit, sondern schöpften aus älteren Quellen. Dem Ereignis steht Livius zeitlich am nächsten. Er übernimmt von seiner uns nicht erhaltenen Quelle ein sechzehnreihiges Schiff: »(navis), quam sedecim versus remorum agebant«, d. h. »das Schiff, welches sechzehn Reihen von Riemen vorwärts bewegten«. Eutrop, zeitlich der jüngste Historiker, übernimmt von Livius nur eine weitere berichtete Einzelheit, nämlich die ungeheure Größe des Fahrzeuges. Die Riemen- und Rojerreihen oder die Riemenzahl erwähnt er mit keinem Wort. Sollte das Schiff wirklich sechzehn **Riemen**reihen übereinander gehabt haben, so wäre diese Außergewöhnlichkeit sicherlich erwähnenswert gewesen, zumal die Römer selbst nur Kriegsschiffe bis zur Größe der Decemreme (zehnrangiges Schiff) gebaut haben. Auch von Livius werden die sechzehn »Reihen« als technische Einzelheit seltsam unbeeindruckt und fast als die geringste Besonderheit berichtet.

Hier hilft aber die griechische Quelle weiter. Wenn Cassius Dio dieselben Quellen wie Livius benutzte, dann übernimmt er hieraus detailliertere Angaben. Sein Bericht lautet: »Ein Schiff ..., großartig und die gewohnten Maße übersteigend, wobei er die ›eiresiai‹ in sechzehn Reihen anordnete.«

Das griechische Wort eiresia läßt mehrere Auslegungen zu. Das englische Lexikon von Liddel-Scott, auf dem Gebiet der antiken Seefahrt wohl das zuverlässigste, gibt für eiresia an: 1. rowing, oarage = Riemenwerk; 2. (in a collective sense:) rowers, oarsmen = Rojermannschaft; 3. rowers' benches. Bei der letzten Übersetzungsmöglichkeit beruft sich das Lexikon auf Polybios, der Zeitgenosse und vielleicht ein Augenzeuge der berichteten Triumphfahrt nach Rom war und, wie wir wissen, von Cassius Dio als Quelle benutzt worden ist. Die Übersetzung des Begriffes »eiresia« im Sinne von Polybios als rowers' benches = Rojerbänke ist jedoch zu eng und keineswegs zwingend. Statt Rojerbänke kann man ohne Sinnentstellung genausogut Riemenplätze, Rojersitze oder Rojerschemel für »eiresiai« einfügen. Polybios berichtet im 1. Buch, Kap. 21 seiner »Geschichte« über das Einexerzieren der römischen Rojer zu Beginn des Ersten Punischen Krieges wie folgt: »Die mit dem Schiffbau Beauftragten waren also mit der Herstellung der Fahrzeuge beschäftigt, andere brachten die Rojermannschaften zusammen und lehrten sie zu Lande auf folgende Weise das Pullen: Sie setzten die Leute am Lande auf ›eiresiai‹ in derselben Anordnung, wie es bei den Sitzen auf den Schiffen selbst der Fall ist, stellten den Rojermeister in die Mitte und gewöhnten sie, sich alle zugleich zurückzulegen und die Hände an sich zu ziehen, dann wieder sich vorzubeugen und die Arme auszustrecken und mit den Bewegungen nach dem Takt des Rojermeisters zu beginnen und aufzuhören.«

Für den »Sechzehnreiher« müssen wir somit weder 16 Riemenreihen übereinander noch 16 Rojerbänke übereinander als überliefert akzeptieren, sondern wir können bei diesem Schiff auch 16 Riemenplätze in einer Sektion als Möglichkeit in Betracht ziehen. Wenn aber 16 Rojersitze in einer Sektion vorhanden waren, so bedeutet dies nicht, daß jeder Rojer einen Riemen handhabte. Es könnten auch bei dem sechzehnrangigen Großkampfschiff mehrere Rojer an einem Riemen gesessen haben. Dabei hätten 16 Rojer in einer Vertikalsektion ihre Rojersitze eingenommen (sechs Thraniten, fünf Zygiten und fünf Thalamiten an je einem Riemen).

Die Breite der Großpolyeren dürfte jedoch ohne Rücksicht auf die Rojeranordnung beträchtlich gewesen sein, weil diese Schiffe nur einen relativ geringen Tiefgang aufwiesen. Wir schätzen den Tiefgang eines sechzehnrangigen Schiffes auf nur 1,80 bis 2 m, da es den Tiber aufwärts bis Rom lief. Ohne ausreichende Breite hätte ein solches Großkampfschiff mit Geschützen und Seesoldaten an Deck bei einem relativ hohen Freibord und einem Tiefgang von maximal 2 m auf dem Meer jedoch nicht operieren können.

In der Schlacht bei Actium (31 v. u. Z.) setzte Antonius hochbordige Großkampfschiffe letztmalig in großer Zahl ein. Orosius, der allerdings seine »Weltgeschichte« erst zu Beginn des 5. Jahrhunderts schrieb, aber aus älteren Quellen schöpfte, erwähnt ausdrücklich, daß Octavians Schlachtschiffe an Höhe von denen des Antonius bedeutend überragt wurden.

Müssen wir aus diesem auf uns überkommenen Bericht aber nicht auch den Umkehrschluß beachten, daß die von Agrippa konstruierten schweren Einheiten Octavians weniger Freibordhöhe aufwiesen als die des Antonius? Der Höhenvergleich war nur sinnvoll zwischen vergleichbaren Kriegsschiffen anzustellen. Es wäre sinnlos gewesen, einer Liburne (Kreuzer) Octavians eine Hexere (Schlachtschiff) des Antonius gegenüberzustellen.

Der römische Schlachtschiffbau könnte bei Auswertung der bildlichen Darstellungen gegen Ende des 1. Jahrhunderts v. u. Z. oder früher eine einschneidende Zäsur auf dem Gebiet des Schiffsantriebes erfahren haben. Die Polyere mit drei oder vier Riemen in der Sektion scheint, von Ausnahmen abgesehen, um diese Zeit endgültig von einem Schlachtschiff mit zwei Riemenreihen abgelöst worden zu sein. Wir sehen auf Reliefs und Gemälden der Kaiserzeit Kriegsschiffe von offenbar beträchtlicher Größe, die lediglich zwei Riemenreihen übereinander zeigen (Bild 24).

Die beiden Riemen einer Rojersektion sind nach vorn und achtern und in der Höhe zueinander leicht versetzt wie bei dem Kriegsschiff von Samothrake. Sie wurden bei diesen Schlachtschiffen vermutlich von zwei schräg zum Kiel eingebauten Duchten gehandhabt. Bei einer solchen Modifikation des Riemenantriebes hätten jedoch an einem Riemen mehrere Rojer gesessen. Mit großer Wahrscheinlichkeit wird man die Riemenanordnung der eigentlichen Liburne, die ja eine Bireme war und vermutlich ursprünglich Rojepforten von der Art des Schiffes von Samothrake besaß, auf die Schlachtschiffe übertragen haben. Sollte dies der Fall gewesen sein, so können wir von Schlachtschiffen liburnischer Bauart sprechen, deren Konstruktionsfreiborde natürlich wesentlich niedriger waren als die der Hochpolyeren. Setzte man an die beiden Riemen je zwei Rojer, also insgesamt vier in der Sektion, so stellte das Fahrzeug eine Quadrireme;

54

bei zwei Rojern an dem unteren Riemen und drei Rojern an dem oberen Riemen eine Quinquereme und bei je drei Rojern an den beiden Riemen eine Hexere dar. Und in der Tat wurden nach der Schlacht von Actium höherrangige Kampffahrzeuge nicht mehr auf Stapel gelegt. Aus der Kaiserzeit sind uns nur Schlachtschiffe bis zum Typ der hexeris navis namentlich überliefert worden. Die erbeuteten Hochpolyeren der Flotte des Antonius wurden nach Forum Julii (Fréjus/Frankreich) überführt, dort aufgelegt und nie wieder in Dienst gestellt. Der Schiffstyp der Hochpolyere scheint das Schicksal der Schlachtschiffe nach dem Zweiten Weltkrieg geteilt zu haben. Vermutlich hatten nicht nur die eigentlichen Liburnen, die Kreuzer Octavians, so entscheidend zum Ausgang der Schlacht beigetragen, sondern seine Schlachtschiffe liburnischer Bauart, deren größte Einheiten Hexeren waren, als neuer Schiffstyp im gleichen Maße.

Doch waren die Grundzüge dieser Bauart, nämlich zwei Riemen in einer Sektion, wirklich so neu und erst gegen Ende des 1. Jahrhunderts v. u. Z. entwickelt worden? Es gibt gute Gründe, dies zu bezweifeln. Bereits im Ersten Punischen Krieg (264–241 v. u. Z.) war nach Polybios *(1,47 und 59)* eine Pentere besonderer Bauart als erfolgreicher Blockadebrecher vor Lilybaeum (Marsala) unter einem Kapitän Hannibal mit dem Beinamen »der Rhodier« im Jahre 250 v. u. Z. in Erscheinung getreten. Dieses »ausgezeichnet gebaute« fünfrangige Schiff rhodischer Bauart (»Er setzte sein eigenes Schiff instand«, *Polybios 1,46*) muß einen geringeren Tiefgang besessen haben als die römischen Einheiten der Blockadeflotte. Es gelang jenem rhodischen Kapitän in punischen Diensten wiederholt, die Untiefen vor der Hafeneinfahrt von Lilybaeum ausnutzend, die römische Blockade zu durchbrechen und mit hoher Fahrt wieder abzulaufen. Nach Livius besaß dieser rhodisch-punische Kriegsschifftyp auch einen geringeren Freibord als die vergleichbaren römischen Schiffe. Als es den Römern nach Polybios *(1,47)* schließlich gelang, eine karthagische Tetrere von offenbar ähnlicher Bauart zu erbeuten und damit den Rhodier Hannibal mit seinem Blockadebrecher aufzubringen, begannen sie im Jahre 242 v. u. Z., nach dem Muster der rhodischen Pentere *(Polybios 1,59)* 200 Quinqueremen (Penteren) auf Stapel zu legen.

Geringerer Tiefgang und niedrigerer Freibord als die römischen Schiffe gleichen Ranges sind uns für rhodische Penteren und punische Tetreren überliefert. Auch wissen wir, daß diese Schiffstypen eine überlegene Geschwindigkeit entwickelten. Aus diesen Fakten kann man durchaus den Schluß ziehen, daß solche Fahrzeuge statt mehrerer nur zwei Riemenreihen besessen haben. Bei entsprechender Breite der Kriegsschiffe konnten mehrere Rojer an einem Riemen sitzen.

Morrison hat überdies festgestellt, daß der Riemensatz einer griechischen Triere des 5. Jahrhunderts v. u. Z. seinerzeit 1 000 Drachmen kostete. Demgegenüber waren – bei gesunkenem Geldwert – um das Jahr 325 v. u. Z. für den Riemensatz einer griechischen Tetrere nur noch 665 Drachmen aufzuwenden. Danach könnte ein vierrangiges Schiff eine geringere Riemenzahl besessen haben als eine dreirangige Triere. Wenn aber ein höherrangiges Kriegsschiff weniger Riemen besaß als das im Rang darunter stehende Fahrzeug, so müßte man die Zahl der Riemenreihen vermindert haben.

Es ist also immerhin möglich, daß die römische Flotte bereits im 3. Jahrhundert v. u. Z. Quadriremen (Tetreren) und Quinqueremen (Penteren) mit zwei Riemen in der Sektion in Dienst stellte.

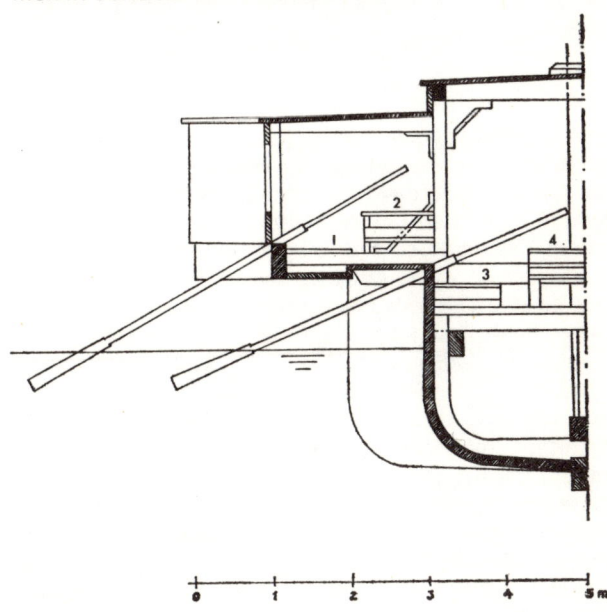

Skizze 46:
Achterschiff-Querschnitt einer Quadrireme punischer oder rhodischer Bauart um 250 v. u. Z.
(nach Tenne)
1 + 2 = Thraniten   3 + 4 = Zygiten

Andere Riemensysteme blieben jedoch weiter in Gebrauch, wie wir von bildlichen Darstellungen her wissen. Die kleine eigentliche Liburne wurde dann erst in der zweiten Hälfte des 1. Jahrhundert v. u. Z. in größerer Zahl bei den römischen Kampfverbänden eingeführt. Das liburnische Riemensystem, bei dem der unterste Rojerraum mit den Thalamiten fehlte, könnte jedoch auf dem Umweg über den griechischen und karthagischen Schiffbau schon wesentlich früher bei der römischen Flotte in Schlachtschiffkonstruktionen Eingang gefunden haben. Die Rojersitzordnung ergäbe sich wie in Tabelle auf S. 56.

Die generelle Einführung der liburnischen Bauart in der Kaiserzeit wird durch die Tatsache unterstrichen, daß Kaiser Caligula (37–41) wieder Dekeren (Decemremen), allerdings nur für den Schiffsschaukampf (naumachia), nicht für den echten Kampfeinsatz, auf Stapel legen ließ, die ausdrücklich als deceres liburnicae, also als Dekeren liburnischer Bauart, bezeichnet wurden. Bei diesem Typ haben wahrscheinlich an

	Thraniten	Zygiten
Schlachtschiffe		
Quadrireme	2 Rojer an 1 Riemen	2 Rojer an 1 Riemen
Quinquereme	3 Rojer an 1 Riemen	2 Rojer an 1 Riemen
Hexere	3 Rojer an 1 Riemen	3 Rojer an 1 Riemen
Großkampfschiffe		
Septireme	4 Rojer an 1 Riemen	3 Rojer an 1 Riemen
Octere	4 Rojer an 1 Riemen	4 Rojer an 1 Riemen
Ennere	5 Rojer an 1 Riemen	4 Rojer an 1 Riemen
Decemreme	5 Rojer an 1 Riemen	5 Rojer an 1 Riemen

den beiden Riemen einer Sektion zehn Rojer, also an einem Riemen fünf Mann, gesessen. Überdies fand das Wort »liburna« als Bezeichnung für »Kriegsschiff« ohne Berücksichtigung des besonderen Typs in der Kaiserzeit so sehr Eingang in die Sprache, daß man geneigt ist, hieraus zu schließen, alle Schlachtschiffe seien liburnischer Bauart gewesen.
Schriftliche Zeugnisse über die Riemensysteme der römischen Kaiserzeit fehlen völlig, wenn man davon absieht, daß Zosimos, der im 5. Jahrhundert schrieb, uns mitteilte, daß zu seiner Zeit schon längst keine Triremen mehr gebaut wurden. Es wäre immerhin möglich – wir kennen auf vielen Gebieten eine ähnliche Entwicklung –, daß die Flotte Roms bereits den mehrhändigen Riemen (remo di scaloccio), der seit der Wende vom 15. zum 16. Jahrhundert auf Galeeren benutzt wurde, vorwegnahm, wenn auch nur bei den Einsatzschiffen bis zu drei Rojern und in Ausnahmefällen, wie bei den deceres liburnicae des Caligula, bis zu fünf Mann an einem Riemen. Die französische Réale des 17. und 18. Jahrhunderts, ein Admiralsschiff, ging bis zu sieben Mann an einem Riemen und war überdies eine Monere mit nur einer Riemenreihe, während die römischen Schiffe liburnischer Bauart zwei Riemenreihen übereinander besaßen.
Während römische Triremen und größere Einheiten bis zum Ende des 1. Jahrhunderts v. u. Z. in der Regel Riemenkästen als Ausleger besaßen (vergleiche Bild 17, 19, 22 und 23), findet man im 1. Jahrhundert auch Darstellungen dieser Typen ohne Ausleger, bei denen die Riemen direkt durch in den Schiffsrumpf eingeschnittene Rojepforten geführt wurden (vergleiche Bild 18 und Skizze 67). Auch findet man von der Mitte des 1. Jahrhunderts an immer häufiger Kriegsschiffdarstellungen, bei denen der Riemenkasten durch eine Auskragung, vermutlich eine verstärkte Langepotis, ersetzt wurde und die Riemenreihen darunter hervortraten (vergleiche Bild 10 und 20). Doch der Ausleger blieb weiterhin in Gebrauch. Das in den Jahren 37 bis 41 gebaute Nemiseeschiff ohne Rammsporn, von der Größe einer Decemreme, besaß einen Ausleger von beträchtlichen Abmessungen (vergleiche Bild 28 und Skizze 49 und 51). Auch ein Reliefbild aus dem 2. Jahrhundert zeigt uns ein Schlachtschiff, vermutlich eine Hexere, bei der die beiden Riemenreihen aus einem Riemenkasten ragen (Bild 24).
Für die Wandlungen im Riemensystem könnten sich folgende Möglichkeiten ergeben haben. Die Schlacht- und Großkampfschiffe der römischen Flotte mit drei, bei Ausnahmen mit vier Riemen in der Sektion wurden von Schiffen abgelöst, die pro Rojersektion nur zwei Riemen führten. War dies der Fall, so sprach man von Kriegsschiffen liburnischer Bauart. Bei den Polyeren der republikanischen Zeit von zumeist trierischer Bauart setzte man zum Teil einen, zum Teil mehrere Rojer an einen Riemen (vergleiche Übersichten), und die liburnisch gebauten Schlachtschiffe der Kaiserzeit, deren größter Typ die Hexere war, brachten an zwei Riemen mehrere Rojer zum Einsatz.
Es könnte jedoch seit dem späten 1. Jahrhundert v. u. Z. auch schon Schlachtschiffe mit nur einer Riemenreihe (Moneren) gegeben haben, wenn wir den Münzdarstellungen trauen dürfen (vergleiche z. B. Bild 21). Casson nimmt eine solche Entwicklung nach der Auswertung von Münzbildern als gesichert an. Bei einer Quadrireme monerischer Bauart wäre dann jeder Riemen mit vier Mann, bei einer Quinquereme mit fünf Mann und bei einer Hexere mit sechs Mann besetzt gewesen. Bedauerlicherweise sind aber die römischen Münzprägungen von sehr unterschiedlicher Qualität, und jeder Prägestockschneider besaß eine andere Meinung darüber, was darstellenswert war und was vereinfacht werden konnte. Bei Schiffsdarstellungen auf römischen Münzen ist den Riemen nur in den seltensten Fällen die nötige Aufmerksamkeit geschenkt worden. Hier einige negative Beispiele: Ein Kriegsschiff aus dem 2. Jahrhundert v. u. Z. (Bild 14) hätte danach lediglich fünf Riemen an jeder Seite geführt. Ein Denar des Marc Anton aus den Jahren 32 bis 31 v. u. Z. (Bild 21) zeigt bei einer offenbar schweren Kampfeinheit nur sieben Riemen an jeder Seite, und ein As Kaiser Hadrians (117–138) bringt die Abbildung eines Kriegsschiffes mit beidseitig je acht Riemen (Bild 27). Als positives Beispiel kann hier die Münze des Sex. Pompeius aus den Jahren 38 bis 36 v. u. Z. gebracht werden (Bild 23). Beim Schneiden des Prägestockes hatte man sich immerhin die Mühe gemacht, soviel Riemen wie möglich darzustellen. Auch die Rückseite dieser Münze zeigt das hohe Können des Künstlers und seinen Sinn für bestimmte Details. Diese Motivauffassung ist aber bei Schiffsdarstellungen auf römischen Münzen eine Ausnahme. Es ist daher nur sehr selten zulässig, aus der Zahl der auf Münzen dargestellten Riemen und deren Anordnung Schlüsse auf die gebräuchlichen Riemensysteme zu ziehen.
Wir wissen nun weiter, daß die Entwicklung des Kriegsschiffes zur Triakontore und Pentekontore des 4. Jahrhunderts führte. Diese Schiffstypen werden als Moneren bezeichnet. Triakontoren und Pentekontoren gab es aber schon in frühgriechischer Zeit. Man griff also wieder auf ein Riemensystem zurück, das damals weit über 1 500 Jahre alt war. Die Entwicklung

Skizze 47: Zenzile-Galeere des 16. Jahrhunderts
(Ucelli, Fig. 295)

zum kleineren Schlachtschiff setzte sich fort. Wenn in den Jahren 263 bis 100 v. u. Z. von Schlacht- oder Großkampfschiffen die Rede war, konnte es sich um Fahrzeuge vom vier- bis zum sechzehnrangigen Kriegsschiff handeln. Im weiteren Verlauf der republikanischen Zeit bis zum Jahre 31 v. u. Z. wurden vier- bis zehnrangige Schlacht- und Großkampfschiffe gebaut. Die römische Flotte der Kaiserzeit kannte vier- bis sechsrangige Schlachtschiffe liburnischer Bauart mit zwei Riemen je Sektion, und die kaiserliche Flotte des beginnenden 4. Jahrhunderts ist zu noch kleineren Schiffen monerischer Bauart übergegangen, bei denen 30 Rojer an 30 Riemen (Triakontore) und 50 Rojer an 50 Riemen (Pentekontore) gesessen haben (Bild 31). Im 6. Jahrhundert erhöhte man bei der Einführung der Dromonen wahrscheinlich die Zahl der Rojer auf zwei pro Riemen. Jedoch blieb die frühe Dromone (dromo) eine Monere. Erst die Dromone der byzantinischen Marine des 9. oder 10. Jahrhunderts war wieder eine Bireme mit bis zu drei oder vier Rojern an einem Riemen.

Die venezianische Zenzile-Galeere des 13. bis 16. Jahrhunderts kehrte zu dem Prinzip ein Rojer an einem Riemen zurück, vermehrte jedoch die Zahl der Riemen, die auf **einem** Dollbord (der Apostis) auflagen, von eins auf zwei (dieser Typ wurde Fusta genannt), auf drei (als Galia sottil bezeichnet) bis ausnahmsweise fünf, die, wie bei der Liburne, wieder auf einer Ebene von querschiffs schräg gegen die Kielrichtung eingebauten Rojerbänken gehandhabt wurden. Die Zenzile-Galeeren waren Moneren wie die Tria- und Pentekontoren des 4. Jahrhunderts, jedoch mit einem wiederum abgewandelten Riemensystem (remo a zenzile oder auch a terzaruolo genannt). Skizze 47 *(Ucelli, Fig. 295)* zeigt eine venezianische Zenzile-Galeere des 16. Jahrhunderts vom Typ Galia sottil, der in Venedig auch mit dem antiken Ausdruck Trireme bezeichnet wurde.

Die letzten Seegefechte, an denen Galeeren teilnahmen, waren die Seeschlacht des Jahres 1704 bei Malaga im Spanischen Erbfolgekrieg, in der 25 riemengetriebene Kriegsfahrzeuge, der französischen und spanischen Flotte zugeteilt, glücklos gegen britische und holländische Segelkriegsschiffe fochten, und das Treffen des Jahres 1717 bei Kap Matapan. Die letzten Einheiten der französischen Galeerenkampfflotte stellten im 18. Jahrhundert außer Dienst. Die im 19. Jahrhundert erbauten Galeeren dienten lediglich der Repräsentation. Bei diesen Galeeren wurde ein Riemen in der Sektion von mehreren Rojern gehandhabt. Der Bucentaurus (ital. Bucintoro), die Prunkgaleere des venezianischen Dogen, besaß als letztes Großschiff dieses Riemensystem (remo di scaloccio) mit fünf Mann an einem Riemen. Das Schiff wurde zu Beginn des 19. Jahrhunderts auf Befehl Napoleons verbrannt, um aus dem reichvergoldeten Zierat einige Kilo Gold zu gewinnen.

Nachdem die verschiedenen Möglichkeiten des Schiffsantriebes antiker Schlacht- und Großkampfschiffe erörtert worden sind, ohne Gewißheit über die in der römischen Flotte gebräuchlichen Riemensysteme zu erhalten, muß noch eine bislang wenig beachtete Besonderheit bei einem Teil der größten römischen Kampfschiffe Erwähnung finden. Sie besaßen keinen Hauptrammsporn.

Glücklicherweise sind uns zwei Gemmenbilder, davon eines in mehreren variierten Exemplaren, erhalten geblieben, die ganz eindeutig römische Großkampfschiffe aus spätrepublikanischer und der frühen Kaiserzeit darstellen (Bild 25 und 26).

Auf beiden Gemmen erkennen wir ein gefechtsbereites Großkampfschiff. Ein Fahrzeug zeigt als Vorstevenzier die typisch römische Volute, das andere Schiff ein Pferd oder einen Stier. Auf beiden Kriegsschiffen sind je sieben Kampftürme an Deck errichtet. Die beiden achteren Türme, durch Kuppeln nach oben abgeschlossen, werden jeweils durch eine Brücke verbunden. Der schwere offene Turm auf der Back zeigt die üblichen Zinnen römischer Kampftürme. Mittschiffs befinden sich auf beiden Darstellungen vier kleinere kuppelgedeckte Türme, von denen auf dem Volutenschiff nur drei sichtbar sind, da der Backbordturm vom Steuerbordturm neben dem Mast verdeckt ist. Furtwängler hat in seinem Buch »Die antiken Gemmen« noch ein weiteres Großkampfschiff abgebildet *(Tafel 46, Fig. 51)*, das uns ebenfalls sieben Türme zeigt. Die Vorstevenzier dieses Schiffes scheint einen Löwen darzustellen. Doch war schon Furtwängler der Aufbewahrungsort dieser Gemme unbekannt. So mußte hier auf eine Abbildung verzichtet werden.

Perssons Vermutung, alle drei* Gemmenbildnisse sollten lediglich ein bestimmtes Schiff, nämlich Hierons Dreidecker, die »Syrakosia«/»Alexandris« (um 240 v. u. Z.) darstellen, ist nicht zu beweisen. Dieser größte Getreidefrachter der Antike trug als Verteidigungsanlage gegen Seeräuber nicht sieben, sondern acht Türme von der gleichen Höhe wie die sonstigen Decksaufbauten. Je zwei Türme waren auf dem Vor- und Achterschiff, die restlichen vier mittschiffs errichtet. Jeder Turm besaß zwei baumartige hölzerne Ablaufrillen für Steine, die man auf feindliche Schiffe herabfallen lassen konnte. Der Großmast trug drei bronzene Kampfmarse, Fock- und Kreuzmast zwei bzw. einen Mars. Das Schiff besaß also nicht einen, sondern drei Masten. Die Gemmen zeigen aber einen einzigen Mast ohne Mars, wie bei griechischen und römischen Kriegsschiffen üblich. Die Gemmenschneider haben bei äußerlich ähnlichen Schiffsformen, aber völlig verschiedenen Galionsfiguren immer nur sieben Türme mit sehr ähnlichen Abmessungen, aber verschiedenen Aufstellungen mittschiffs und jeweils einen Mast mit durch Gordings aufgegeiten Segeln geschnitten. Die Wahrscheinlichkeit, daß verschiedene Schiffe als Vorlage für die geschnittenen Steine dienten, ist daher groß. Kennen wir aber verschiedene Einzelschiffe mit genau gleicher Turm- und Mastzahl, so dürfte es sich um einen bestimmten Typ gehandelt haben. Es ist im weiteren die Datierung der Gemmen zu beachten. Sie wurden alle etwa zwei Jahrhunderte nach dem Stapellauf der »Syrakosia« (lat. »Syracusia«) in römischer Zeit geschnitten. Die Kunsthandwerker wären somit nur auf die schriftliche Überlieferung angewiesen gewesen. Wenn sie schon einzelne

---
* Die Gemme F 3401 (vergleiche Bild 26) ist in acht Variationen, darunter eine (Persson, Abb. 14) mit der Turmaufstellung der Gemme F 7095 (vergleiche Bild 25), bekannt (vergleiche Persson, a.a.O., Tafel II, Abb. 7—14).

Delphine, Leinen und Toppnanten in den Stein schnitten, wie geschehen, um wieviel wichtiger wären die bekannten Merkmale wie drei Masten mit Marsen und die acht Türme gewesen. Antike Großbauten sind zumeist auf Münzen oder Gemmen wiedergegeben worden. Wir kennen z. B. solche mit der Darstellung des Leuchtturmes von Alexandria in mindestens 118 Prägungen ebenso wie Münzen Kaiser Neros mit dem Portus Romae. Das Superschiff Hierons suchen wir vergebens auf seinen Münzen. Es auf 200 Jahre später geschnittenen römischen Gemmen erblicken zu sollen fällt schwer, zumal die auch damals bekannten wichtigen Details fehlen. In den Darstellungen mit Graser (a.a.O.) bewaffnete römische Handelsfahrer zu sehen findet in der schriftlichen Überlieferung keine Stütze. Römische Handelssegler mit einer so starken Armierung sind unbekannt. Eine solche war zur Zeit der späten Republik oder frühen Kaiserzeit auch kaum noch nötig, da bereits Cn. Pompeius die Seeräuberflotten niedergekämpft hatte. Somit gewinnt die hier aufgezeigte Deutung an Wahrscheinlichkeit.

Die bedeutsamste Aussage beider Gemmenbilder liegt in dem fehlenden herkömmlichen Rammsporn und dem nicht gelegten Mast, der sich mit seiner Rah und dem aufgegeiten Segel, das in Buchten herabhängt, über den Kampftürmen erhebt. Der Künstler hat es sich nicht nehmen lassen, sogar die einzelnen Gordings, mit denen die Segel aufgegeit werden, in den Stein zu schneiden. Auch die bei Furtwängler abgebildete Gemme zeigt diese Besonderheit.

Bei allen römischen Kriegsschiffen mit Rammsporn

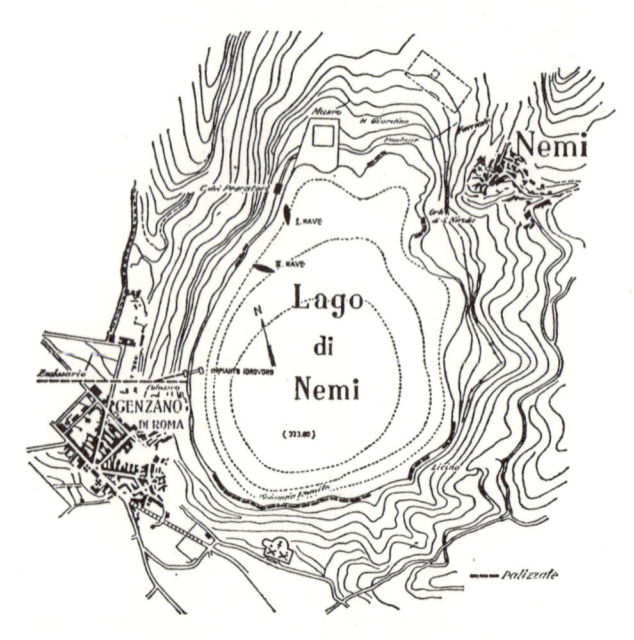

Skizze 48: Fundorte der Schiffe im Nemisee:
I. Schiff (NAVE) mit Rammsporn und dem Aussehen eines Kriegsschiffes
II. Schiff ohne Rammsporn
palizzate = Palisaden-Uferbefestigung aus römischer Zeit
(Ucelli, Fig. 132)

Skizzen 49 bis 57 (Skizzen 49 und 50 s. Tafel 1 und 2):
Skizzen des Schiffes ohne Rammsporn (Wrack II),
erbaut zwischen den Jahren 37 bis 41
(Ucelli, Tafel VI und VIII, Fig. 184, 185, 188, 189, 196, 197 und 292)
ad Tafel VIII, Ucelli:

Fasciame	=	Beplankung
Feltro	=	Filzbespannung
Piombo	=	Bleihaut
Vista Longitudinale	=	Längsansicht
Vista Trasversale	=	Queransicht
Sezione Longitudinale	=	Längssektion
Sezione Trasversale	=	Querschnittssektion

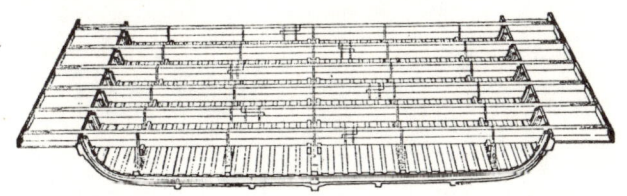

Skizze 51:
Rekonstruktion einer Teilsektion des Schiffsrumpfes mit Decksbalken und seitlichen Ausbauten des Schiffes ohne Rammsporn (Wrack II)
(Ucelli, Fig. 184)

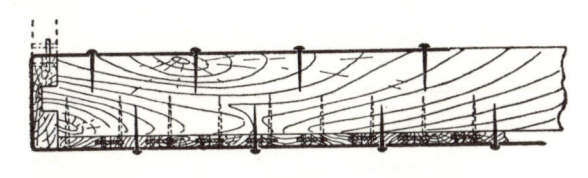

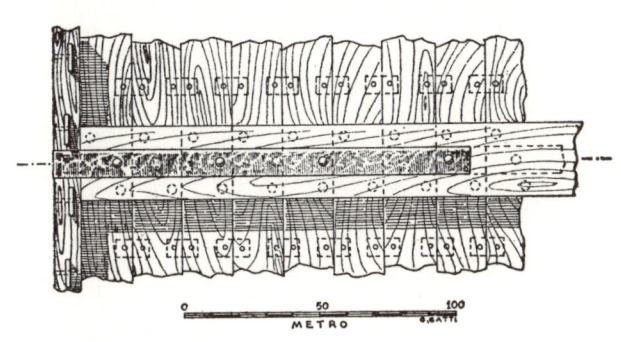

Skizze 52:
Verdübelung der Planken und Befestigung derselben an den Spanten
(Ucelli, Fig. 185)

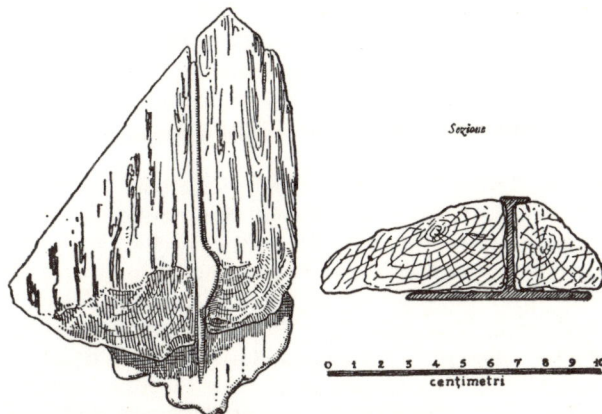

Skizze 53: Konstruktionsteile aus Holz und Eisen
(Ucelli, Fig. 188)

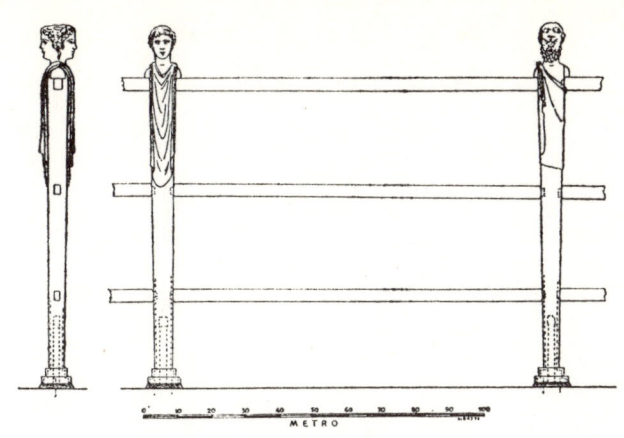

Skizze 54: Teile einer Reling aus Bronze
(Ucelli, Fig. 189)

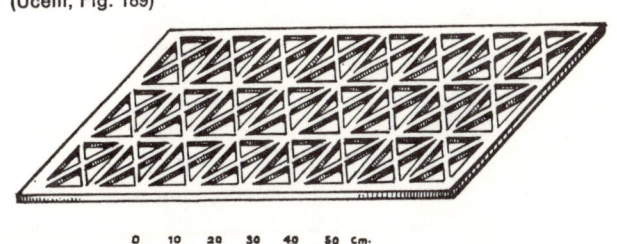

Skizze 55: Skylight (?) aus Bronze
(Ucelli, Fig. 196)

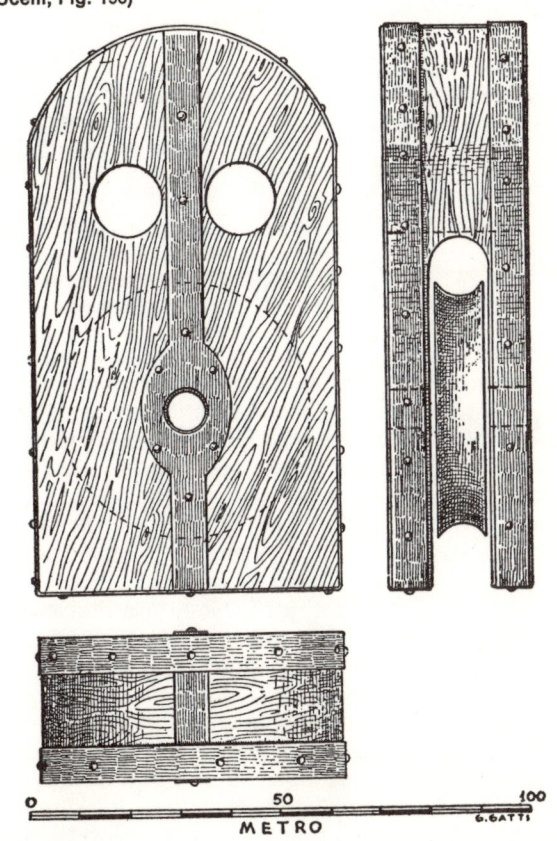

Skizze 56:
Einscheibiger Block mit zwei Gaten am Kopfende für das Durchscheren der Stroppen, Seilscheibe, festem Bügel und Beschlägen
(Ucelli, Fig. 197)

59

Skizze 57:
Rekonstruktion des seitlichen Ausbaues und eines Ruders des Schiffes ohne Rammsporn
(Wrack II)
(Ucelli, Fig. 292)

wurde der Mast vor dem Gefecht gelegt, um den Gefahren eines Mastbruches beim Rammstoß für Schiff und Besatzung zu entgehen. Wenn aber ein Schiff keinen Sporn besaß, so erübrigte sich ein Legen des Mastes. Die Gemmen beweisen, daß es römische Großkampfschiffe gab, die auf die Hauptwaffe des antiken Seekrieges, den unter, in oder über der Wasserlinie liegenden Schiffsschnabel, zugunsten einer starken Geschützbewaffnung verzichteten.

Die Größe und Stabilität der Schiffe, ihre Panzerung und die relativ große Wendigkeit, bedingt durch den geringen Tiefgang, machten einen Rammstoß gegen kleinere Einheiten überflüssig, da diese gegebenenfalls überlaufen wurden. Einem ebenbürtigen Gegner, dem feindlichen Großkampfschiff, trat man zunächst im Geschützkampf entgegen. Da dieser in der Antike zumeist keine Entscheidung herbeiführte, suchten die Befehlshaber unter Aussparung des Rammstoßes den Enterkampf. Römische Großkampfschiffe waren nicht für den seetaktischen »Bewegungskrieg«, sondern als schwere »Artillerieträger« für den Rückhalt der Flotte konstruiert. Es waren in der Tat »schwimmende Burgen«, in deren Schutz sich die leichteren Einheiten zurückziehen konnten, wenn sie in Bedrängnis gerieten.

Die wenigen erhaltenen Darstellungen römischer Großkampfschiffe lehren uns, daß ein bestimmter Schiffstyp nicht konstruiert worden ist, um durch Rammen den Sieg zu erkämpfen, sondern mit zahlreichen Fernwaffen zu versuchen, seine Gegner zu dezimieren, um im Enterkampf die Entscheidung zu erzwingen.

Unter Berücksichtigung dieser Feststellungen glauben wir, daß auch das im Nemisee gefundene Schiff ohne Rammsporn die Konstruktionsmerkmale eines Großkampfschiffes aufweist. Die Überreste zeigen ein sehr breit und stark gebautes Fahrzeug mit Riemenauslegern. Mag auch das Überwasserschiff oberhalb dieser Ausleger für die besonderen Zwecke des Kaisers als schwimmender Palast erbaut worden sein, so dürfte doch der eigentliche Schiffskörper dem der Großkampfschiffe entsprochen haben.

Skizze 58 bis 62 (Skizzen 58 und 59 s. Tafel 3 und 4)
Skizzen des Rammschiffes aus dem Nemisee (Wrack I),
erbaut zwischen den Jahren 37 bis 41
(Ucelli, Tafel II und V, Fig. 151, 159 und 179)

Das im Nemisee ausgegrabene römische Schiff mit Rammsporn (Wrack I) war durchaus seetüchtig und entsprach in seiner schiffbaulichen Grundkonzeption einem römischen Schlachtschiff des größten Typs. Weitere Indizien für diese Annahme bilden die sehr eng gesetzten Spanten und Bodenwrangen. Zahlreiche eng eingebaute Längsstringer zur Erhöhung der Längssteifigkeit zeigen besonders sorgfältig ausgeführte Schiffslängsverbände (vergleiche Bild 30 und Skizze 58). Die Querfestigkeit und Längsstabilität des Fahrzeuges dürfte so groß gewesen sein, daß es trotz des geringen Tiefganges die hohe See nicht nur halten konnte, sondern durchaus in der Lage gewesen ist, ohne Schaden schweres Wetter zu überstehen. Durch die große Breite wird es auch beim Drehen, wenn das Schiff kurze Zeit quer zur See lag, kaum gekrängt haben.

Die Planken waren teils miteinander verpinnt, teils an die Spanten genagelt. Zudem war das Schiff im Unterwasserteil vollständig mit Blei belegt (Bild 29). Diese 1 bis 2 mm starke Bleiverkleidung lag auf einem Untergrund von Holzkitt oder -harz und teergetränktem Wollstoff auf. Die zur Befestigung der Bleihaut dienenden Flachkopfnägel (Bild 29) waren an der Kopfunterseite gezahnt, so daß sie sich im Blei festbeißen konnten. Neben dem Hauptkiel besaß das Schiff zur Verminderung der Schlingerbewegungen auch Seitenkiele. Am Schiffsboden fand man noch Stapelkeile angespiekert; ein Beweis dafür, daß dieses Schiff schon auf die gleiche Weise zu Wasser gelassen wurde, wie es noch heute üblich ist.

Das vorgefundene Schiffsgerippe und die Bleibeplattung waren für eine Verwendung des Fahrzeuges auf einem Süßwasserbinnensee überflüssig. Im Nemisee gab es keine Schiffsbohrwürmer, die das Holz angreifen konnten, und Stürme wirkten sich auf dem verhältnismäßig kleinen, von Bergen umgebenen Kratersee kaum aus. Die Bauart des Schiffes läßt somit nur den Schluß zu, daß man Marineingenieure von den Werften am Mittelmeer heranzog, um direkt am

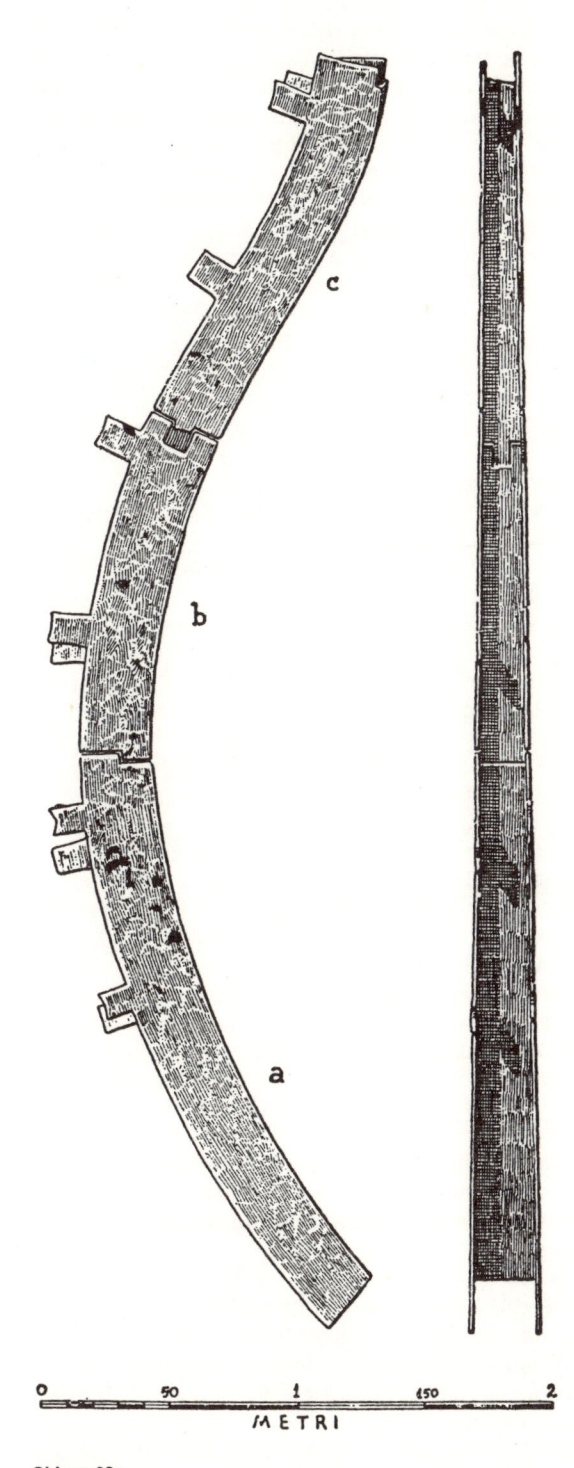

Skizze 60:
Aus drei Teilen (a, b, c) bestehender Bugbeschlag (Wrack I)
(Ucelli, Fig. 151)

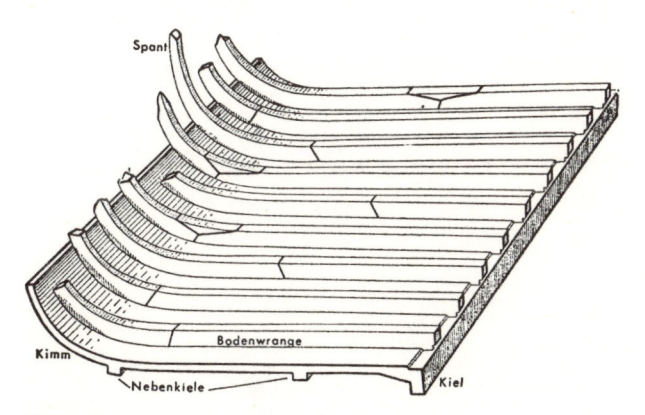

Skizze 61:
Teilrekonstruktion des Schiffsbodens mit Spanten, Bodenwrangen, Kielen und Planken (Wrack I)
(Ucelli, Fig. 159)

61

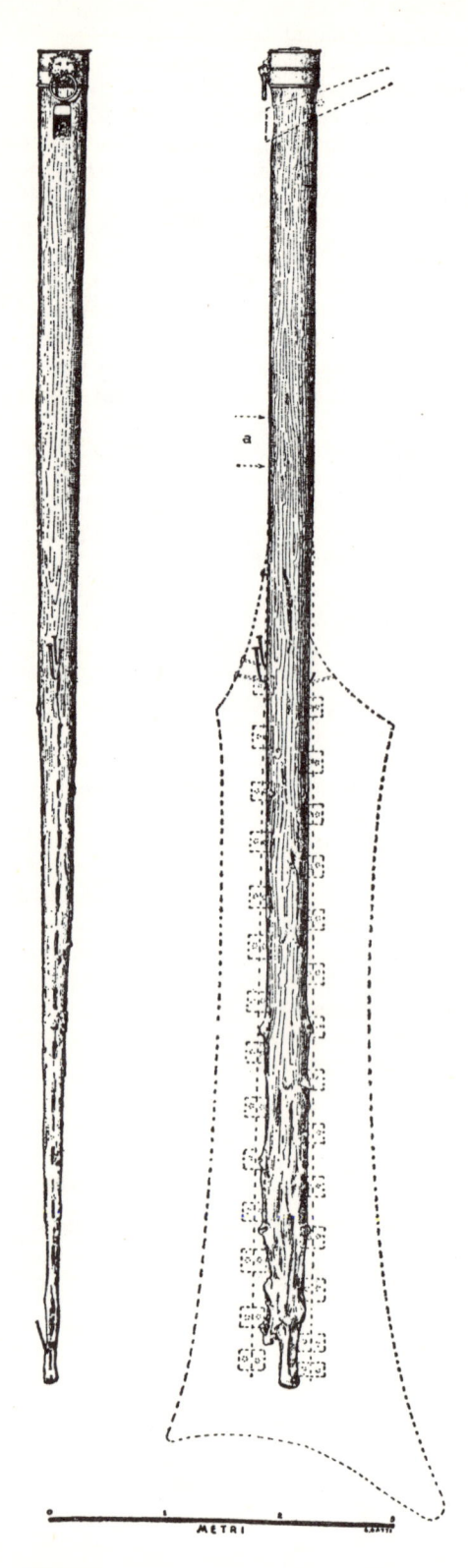

Skizze 62:
Steuerruderschaft mit vermuteter Form des Ruderblattes (Wrack I)
(Ucelli, Fig. 179)

Nemisee Schiffe für eine Naumachie, für Lustfahrten oder als Hausboote des kaiserlichen Hofes zu erbauen. Die Werftingenieure aber bauten nach bewährtem Schema zumindest in den Abmessungen und im Unterwasserteil Hochseeschiffe, wie sie bei der Flotte Verwendung fanden.

Das Deck der Nemisee-Schiffe bestand aus Eichenholz, das bei dem Rammschiff (Wrack I) eine Ziegelbeplattung aufwies. Unter diesem Deck waren die Decksbalken und -stützen mit eisernen Bügeln befestigt und abgestützt. Erstere waren allgemein auf Nut und Feder verlascht, während man letztere im Mittelschiff vermehrt eingebaut hatte. Die Wracks besaßen Decksstringer und eine Wegerung mit eisernen Spantenverstärkungen. Die Gesamtkonstruktion der Schiffskörper war auf dem System von Nut und Feder aufgebaut. Es wurden abwechselnd Nägel aus Kupfer und Eisen verwendet. Die Eisennägel schlug man durch einen längsdurchbohrten Holznagel, den man so auftrieb und versperrte.

Die gehobenen Schiffe wurden im Zweiten Weltkrieg durch Feuer zerstört. Heute sind in den Schiffshäusern am Nemisee wieder 14 m lange, von der italienischen Kriegsmarine gefertigte Modelle ausgestellt.

Für die Rekonstruktion einer römischen Quadrireme, lateinisch quadrieris, quadriremis oder tetreris genannt, wurde die Riemenanordnung des Reliefs aus Praeneste (Bild 22) herangezogen. Wir sehen mit Köster in dieser Darstellung ein Kriegsschiff mit vier Riemenreihen, von denen zwei in den Riemenkasten eingezogen sind. Diese Thranitenriemen wurden vermutlich auf einer Ebene von schräg zum Kiel eingebauten Duchten gehandhabt. Ihre Rojepforten sind mit 36 cm Länge und 10 cm Höhe angenommen worden. Zwei Riemen lagen auf demselben Dollbord, zueinander leicht versetzt. Der obere Riemen lag 5 cm höher als der untere, so daß zwei Thraniten auf einer Rojerbank tätig werden konnten. Der am höchsten ausgelegte Riemen wurde von einem dem Kiel am nächsten sitzenden Rojer bedient. In der Vertikalsektion saßen somit zwei Thraniten, ein Zygit und ein Thalamit an je einem Riemen. Die Thranitenplätze waren nach dem Breitpolyerensystem, alle vier Riemen**reihen** aber nach dem Hochpolyerensystem, nämlich übereinander, angeordnet.

Die Quadrireme, nach einem modifizierten Hochpolyerensystem rekonstruiert, ist in Skizze 63 mit 38 m Länge und 7 m Breite ü. A. bei 1,15 m Tiefgang angenommen worden. Der Längenbreitenindex beträgt ca. 5,4 : 1.

Griechische Tetreren und Penteren überschritten die Breite der Trieren nicht, sie waren jedoch länger. Die nach Casson für diese Schiffstypen erbauten Schiffshäuser geben uns verläßliche Anhaltspunkte für deren Abmessungen.

Während die in Zea und Munichia, den Kriegshäfen Athens, für Trieren erbauten Schiffshäuser eine Länge von 37 m bei einer Breite von etwas weniger als 6 m aufwiesen, kennen wir aus Apollonia, dem Hafen von

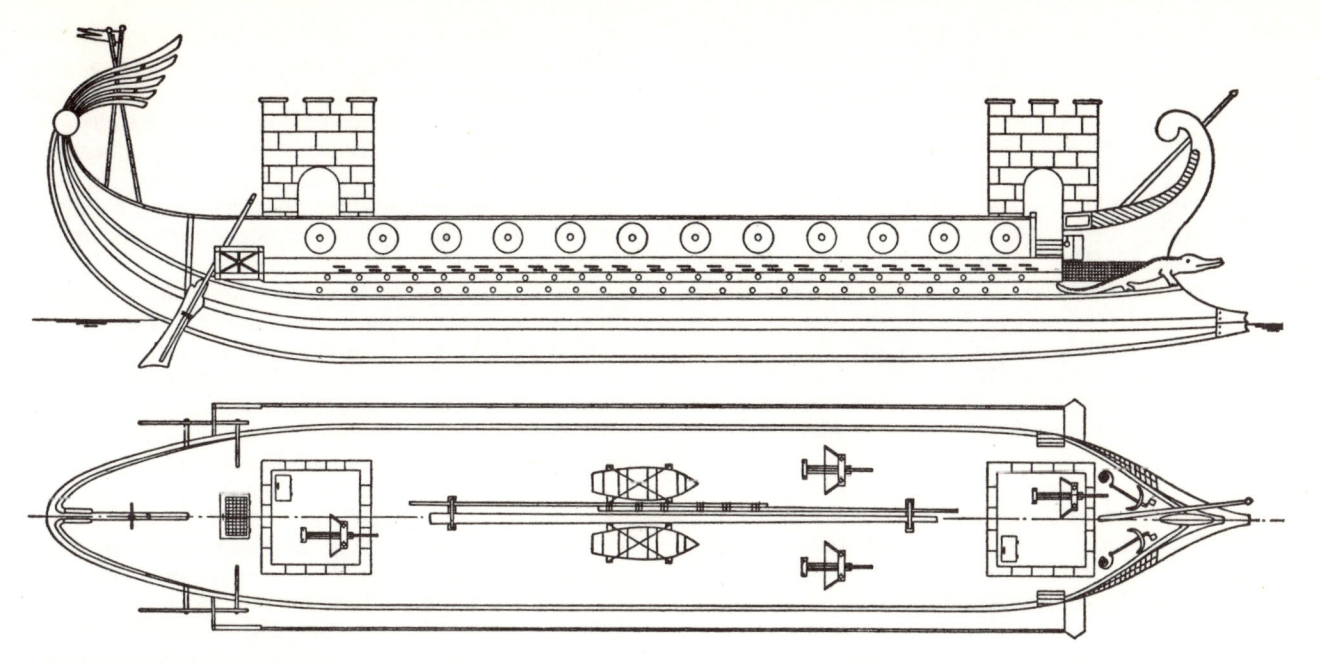

Skizze 63: Seiten- und Decksriß
QUADRIERIS
(Quadrireme, schweres, vierrangiges Kampffahrzeug)
um 38 v. u. Z.

Kyrene in Afrika, solche, deren Länge etwas unter 40 m blieb und deren Breite von annähernd 6 m der der Schiffshäuser von Zea und Munichia entsprach.
In den Schiffshäusern wurden Reparaturen und Konservierungen ausgeführt. Es mußte also ein wenig Platz bleiben, um seitlich und auch vorn und achtern an den aufgeslipten Kriegsschiffen arbeiten zu können. Danach dürfte die Länge griechischer Tetreren bei 38 m und die Breite bei 5 m gelegen haben. Da römische Kriegsschiffe zumeist eine größere Breite als griechische Einheiten besaßen, wurde unter Beibehaltung der Länge die Schiffsbreite mit 7 m angenommen.
Miltner, der in dem praenestinischen Relief eine Bireme zu erkennen glaubt, deutet den Riemenkasten als Langepotis und die eingezogenen Riemen als Zierat. Er geht bei der Errechnung der Abmessungen davon aus, daß der Künstler eine technisch exakte Darstellung eines Kriegsschiffes beabsichtigt und erreicht hat. Dieser Ansicht wird hier nicht gefolgt, da fast alle Details des Praenestereliefs, angefangen bei den dargestellten Personen und aufgehört bei der Riemenstärke und den Turmabmessungen, in den Relationen nicht zueinander passen, also verzeichnet sind. Dies ist aber bei allen römischen Reliefs der Fall. Warum sollte gerade das praenestinische eine Ausnahme darstellen?
Zu dem auf der Back des Praenesteschiffes sichtbaren Kampfturm wurde ein zweiter im Achterschiff eingezeichnet. Der Hauptmast ist niedergelegt und die Rah abgeschlagen. Die Schnauzen der als Obersporne gedeuteten Krokodile (an Steuerbord und Backbord je eines) dürften länger gewesen sein als auf dem Relief dargestellt und die Vorstevenzier nach vorn überragt haben.
Die 25 in jeder Reihe eingezeichneten Riemenpforten ergeben eine Rojerbesatzung von 200 Mann. Neben den Vorgesetzten dürften etwa 15 Matrosen die Schiffsbesatzung ergänzt haben. 90 bis 100 Seesoldaten sind uns als Kampfbesatzung für eine Quadrireme überliefert.
Vierrangige Kriegsschiffe besaß nach Plinius, der sich auf Aristoteles beruft, zuerst Karthago. Auch Clemens Alexandrinus schrieb, daß die Karthager die ersten waren, die ein vierrangiges Kriegsschiff auf Stapel legten. Unter Dionysios I. von Syrakus (405–367 v. u. Z.) erbauten die Griechen auf Sizilien im Jahre 399 oder 398 v. u. Z. vier- und fünfrangige Einheiten, Tetreren und Penteren, die erstmalig mit Geschützen ausgerüstet wurden, während das griechische Mutterland noch beim dreirangigen Fahrzeug, bei der Triere, stehenblieb. Erst 70 Jahre später können wir den attischen Seeurkunden entnehmen, daß Athen um 330 v. u. Z. neben 492 Trieren 18 Tetreren, aber keine Penteren besaß. Erst sechs Jahre später verzeichnen die Urkunden 43 Tetreren und sieben Penteren. Schon im Jahre 332 v. u. Z. nahmen bei Alexanders Belagerung von Tyros vier- und fünfrangige Kriegsschiffe an den Kämpfen teil. Auch in seiner späteren Euphratflotte waren solche Einheiten vertreten. Für das Jahr 351 v. u. Z. sind Tetreren in der Flotte der phönizischen Stadt Sidon nachgewiesen.
Die erste Tetrere, eine rhodische Konstruktion, erbeuteten die Römer nach Polybios (1,47) im Jahre 250 v. u. Z. vor Lilybaeum. Das vierrangige Schlachtschiff fand in der römischen Flotte bis weit in die Kai-

serzeit hinein Verwendung. Die Riemenanordnung wird bei diesem Schiffstyp nicht einheitlich gewesen sein und überdies im Verlaufe der Jahrhunderte bedeutende Änderungen erfahren haben. Es ist durchaus möglich, daß es Quadriremen mit nur einer oder zwei Riemenreihen gegeben hat, bei denen vier bzw. zwei Rojer je einen Riemen handhabten. Die Quadrireme monerischer Bauart wird von Tarn, Starr, Thiel und Casson als Regel angenommen, da sie mit wenigen qualifizierten Rojern auskommen konnte. An jedem Riemen benötigte man bei diesem Typ nur einen ausgebildeten Rojer, der Schlag halten konnte, während die restlichen drei Männer lediglich ihre Muskelkraft einzusetzen hatten. Doch Gewißheit über die Konstruktion von Quadriremen haben wir bis heute nicht erlangen können.

Das fünfrangige Schlachtschiff der ersten römischen Flotte, nach dem Vorbild einer punischen Pentere konstruiert, wurde quinqueremis, quinqueres oder mit der lateinisierten griechischen Bezeichnung penteris benannt. Die im Jahre 260 v. u. Z. erbaute Schlachtflotte bestand aus 100 Einheiten dieses Typs. Man geht wohl nicht fehl in der Annahme, daß die an der Säule des C. Duilius, des Siegers von Mylae (260 v. u. Z.), angebrachten Vorschiffe (prorae) karthagische Penteren darstellen (Bild 48). Nach der Ausbildung der Vorstevenzier dürfen wir die beiden mittleren Fahrzeuge als den Typ ansprechen, der vermutlich von den Römern nachgebaut worden war. Das Akrostolion dieser Schiffe deutet auf griechische Einflüsse hin. Bei der Verherrlichung von Seesiegen oder bei Weihgaben neigte man dazu, in Schiffsdarstellungen stets die größten Einheiten plastisch oder bildlich wiederzugeben. So könnte, wie schon erwähnt, auch die sogenannte Prora von Samothrake (Bild 7) kein leichtes griechisches Kriegsschiff, sondern eine rhodische Tetrere liburnischer Bauart darstellen. Zur Zeit der Errichtung dieses Monumentes wurde die Tetrere in der Marine von Rhodos als Standardschlachtschiff gefahren.

Die in Skizze 64 rekonstruierte römische Quinquereme, deren Vorschiff nach der Duiliussäule und deren Heckzier nach dem Triumphbogen in Orange skizziert wurden, zeigt uns ein Schiff trierischer Bauart, bei dem die drei Riemen einer Sektion von zwei Thraniten, zwei Zygiten und einem Thalamiten gehandhabt wurden. Wir wissen aus der Überlieferung, daß es Quinqueremen mit 30 Riemen in einer Reihe gegeben hat. Bei der hier angenommenen Kombination des Hoch- und Breitpolyerensystems saßen an jeder Seite 150 Mann an den Riemen. Die gesamte Rojerbesatzung betrug danach 300 Rojer. Diese Zahl ist uns von Polybios *(1,26)* für die Zeit des Ersten Punischen Krieges überliefert worden. Hinzu kamen neben den Vorgesetzten vermutlich etwa 18 Matrosen für den Decksdienst und nach Polybios *(1,26)* 120 Seesoldaten als Kampfbesatzung. Die Transportaufnahmefähigkeit lag nach Livius *(27,32)* bei 200, nach Kromayer bei 240 bis 300 Legionären.

Griechische Schiffshäuser des alten Oiniadai in Akarnanien, an der Westküste Griechenlands, die mit großer Wahrscheinlichkeit für die Aufnahme von Penteren erbaut worden waren, wiesen eine Länge von

Skizze 64: Seiten- und Decksriß
PENTERIS
(Quinquereme, schweres, fünfrangiges Kampffahrzeug)
um 260 v. u. Z.

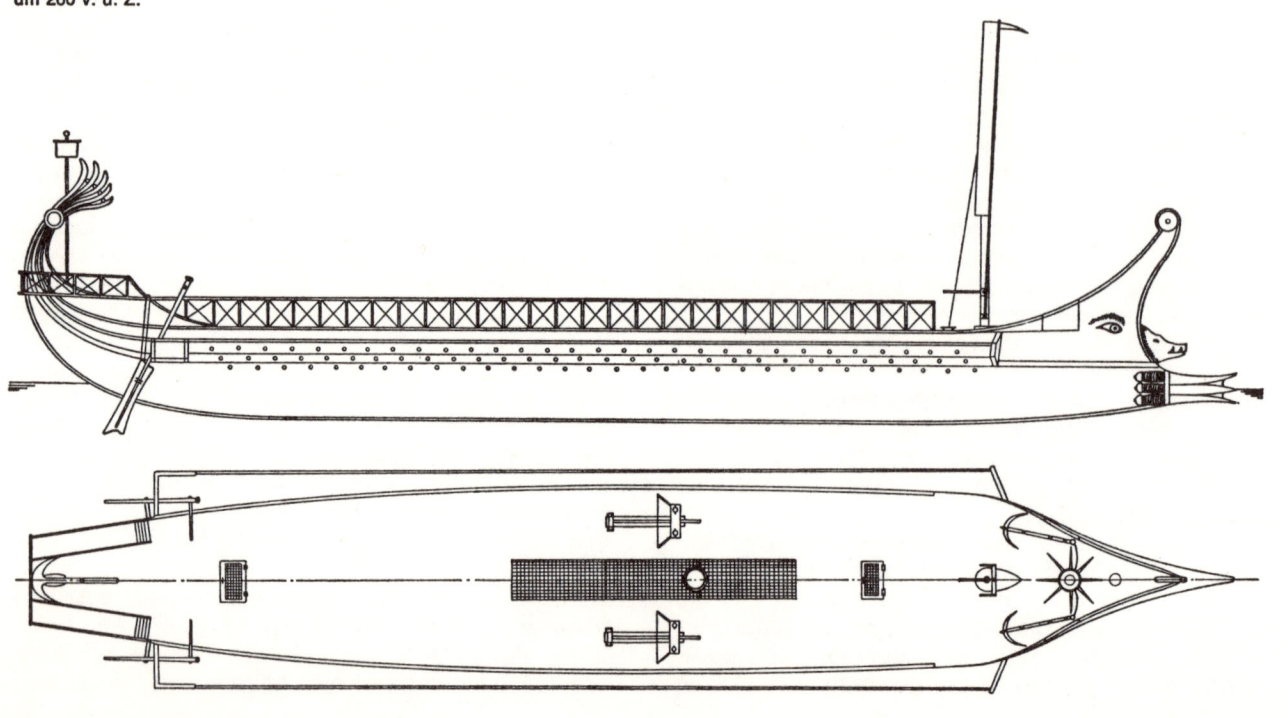

47 m bei nicht ganz 6 m Breite auf. Nach dieser Längsabmessung ist die Länge des Schlachtschiffes mit 45 m, die Breite, aber unter Berücksichtigung der römischen Bauart, mit 8 m bei einem Tiefgang von 1,30 m angenommen worden.

Das mit der Enterbrücke (corvus) auf der Back gezeichnete Schlachtschiff wird auch im Jahre 260 v. u. Z. schon eine Geschützbewaffnung besessen haben, wenn hierüber auch die Quellen schweigen. Als Dionysios I. im 4. Jahrhundert v. u. Z. zum Bau von vier- und fünfrangigen Kriegsschiffen überging, geschah dies nicht zuletzt wegen der damals aufkommenden Torsionsgeschütze. Diese benötigten als Kampfplattform relativ breite und ruhig in der See liegende Kriegsschiffe. Die griechische Triere mit einem Längenbreitenindex von 7 : 1 war zu rank gebaut, um ein Zielfeuer der Geschütze zu ermöglichen. Da die Geschütztechnik schon vor dem Ersten Punischen Krieg ihren Höhepunkt erreicht hatte, werden auch die Römer auf ihren Schlachtschiffen (angenommener Längenbreitenindex ca. 5,6 : 1) Geschütze an Deck gefahren haben.

Basierend auf den Forschungsergebnissen von Basch, der die phönizischen Tetreren und Penteren des 4. Jahrhunderts v. u. Z. als Moneren mit je vier bzw. fünf Rojern an einem Riemen rekonstruierte, nehmen Tarn, Starr, Thiel und Casson auch für die Quinqueremen der ersten römischen Flotte diese Bauart an. Die kurze Zeitspanne, in der die Schiffe erbaut werden mußten, und die ungeübten Rojerbesatzungen hätten eine monerische Konstruktion erforderlich und wahrscheinlich gemacht. Dies ist möglich, doch wenn die beiden mittleren Schiffsproren an der Säule des Duilius Quinqueremen wiedergeben, die denen der ersten römischen Flotte im Aussehen und in der Konstruktion nahekommen, so hätten diese Schiffe für Moneren einen viel zu großen Freibord. Sie zeigen überdies einen relativ hoch angesetzten Riemenkasten, der auf eine trierische Bauart schließen läßt. Demgegenüber setzt die einzige Riemenreihe eines phönizischen Kriegsschiffes, das Basch als Pentere bezeichnet, auf einer sidonischen Oktadrachme aus der Zeit um 373 v. u. Z. sehr tief an. Die römische Kampftaktik erforderte schwer gebaute und hochbordige Schiffe, damit die Seesoldaten mit dem corvus im Enterkampf den Vorteil der überhöhten Stellung ausnutzen konnten.

In den römischen Flotten der republikanischen Zeit, wie übrigens auch in der punischen Flotte, spielte die Quinquereme als Schlachtschiff eine überragende Rolle. Sowohl im Ersten (seit 260–241 v. u. Z.) als auch im Zweiten Punischen Krieg (218–201 v. u. Z.) bestand die Schlachtflotte Roms ganz überwiegend aus Quinqueremen. Das Gros der römischen Flotte bildeten im Zweiten Makedonischen Krieg (200–197 v. u. Z.) wie auch im Syrischen Krieg (192–188 v. u. Z.) und noch im Dritten Makedonischen Krieg (171–168 v. u. Z.) die schweren Quinqueremen. Der Schiffstyp des fünfrangigen Schlachtschiffes wurde modifiziert in der Kaiserzeit weitergebaut. Plinius berichtete, daß die Quinqueremen des Kaisers Caligula (37–41) von 400 Rojern fortbewegt wurden. Da man im 1. Jahrhundert wohl generell zum liburnischen Breitpolyerensystem übergegangen war, kann die Abmessung einer solchen Quinquereme mit einer gewissen Wahrscheinlichkeit rekonstruiert werden. Kennzeichnend für die liburnische Bauart waren zwei Riemen in einer Sektion. Bei einem fünfrangigen Kriegsschiff saßen vermutlich drei Rojer am oberen und zwei Rojer am unteren Riemen. Alle fünf Rojer benutzten auf einer Ebene eine schräg zum Kiel eingebaute Ducht. Bei einer Gesamttrojerbesatzung von 400 Mann saßen je 200 Männer an der Back- und Steuerbordseite. Bei fünf Rojern an je zwei Riemen in der Sektion ergeben sich an jeder Schiffsseite 40 Riemenpaare = 80 Riemen. Bei der liburnischen Riemenanordnung lag der obere Riemen etwa 5 cm höher als der untere. Beide Riemen wiesen in der Horizontalebene einen Abstand von etwa 20 cm auf. Das Riemenwerk nahm bei dem üblichen Interscalmium von 0,925 m unter Berücksichtigung der Versetzung etwa 38 m ein. Berechnet man für das riemenfreie Vor- und Achterschiff etwa 16 m, so ergibt sich eine Gesamtlänge für diesen Quinqueremtyp von 54 m. Die größte Breite dürfte unter Zugrundelegung eines Längenbreitenindexes von 6:1 9 m, ohne Riemenkästen 7,80 m und der Tiefgang 1,45 m betragen haben.

Kaiser Nero (54–68), der sich auch innenpolitisch sehr auf die Flotte stützte, hatte den Plan, vom Avernersee, dem alten Kriegshafen Agrippas, bis Ostia einen Küstenseitenkanal anzulegen, mit dessen Bau auch begonnen wurde. Der Kanal, so wird berichtet, sollte für Quinqueremen in beiden Richtungen zugleich befahrbar sein, um zwischen dem Hauptflottenstützpunkt in Misenum und der Hauptstadt des Reiches einen gefahrlosen Wasserweg zu schaffen. Vielleicht ist die Sturmkatastrophe des Jahres 64, bei der ein Teil der Misenischen Flotte verlorenging, das auslösende Moment für dieses Kanalprojekt gewesen. Die Heranziehung der Quinqueremen bei der Bemessung der Kanalbreite und -tiefe zeigt uns, daß dieser Schiffstyp noch unter Nero als Standardschlachtschiff der römischen Flotte bezeichnet werden konnte.

Für das sechsrangige Schlachtschiff haben die Römer keine eigene Bezeichnung entwickelt. Sie lateinisierten lediglich die dafür gebräuliche griechische Benennung Hexere und nannten diesen Typ hexeris navis oder einfach hexeris.

Schon im Ersten Punischen Krieg besaß die römische Marine diesen schweren Schlachtschifftyp. Als die Flotte mit ihren eingeschifften Landungstruppen im Jahre 256 v. u. Z. zur Invasion Afrikas auslief, hatten sich die beiden Konsuln auf zwei Hexeren als Prätorialschiffe eingeschifft. Die Flottenflaggschiffe bildeten in der Seeschlacht bei Ecnomus die Spitze des ersten und zweiten römischen Geschwaders und somit die Keilspitze ihrer Schlachtordnung. Vermutlich waren die damaligen Hexeren trierischer Bauart, d. h., drei Riemen wurden in einer Sektion von sechs Rojern

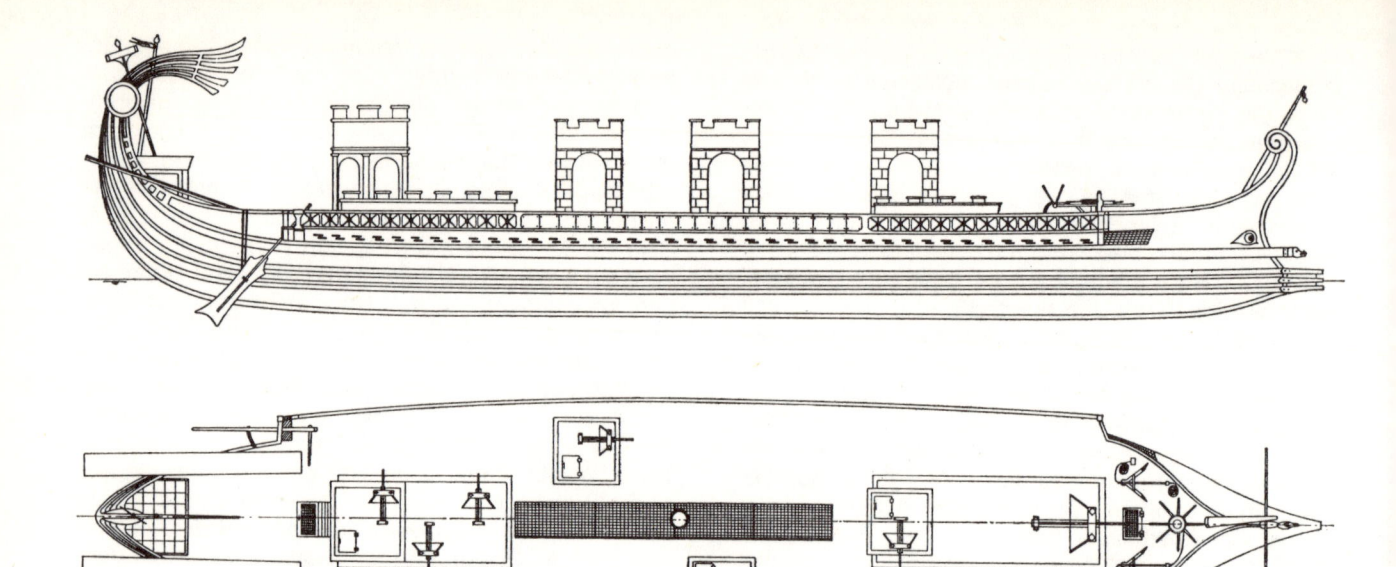

Skizze 65: Seiten- und Decksriß
HEXERIS
(Hexere, schweres, sechsrangiges Kampffahrzeug)
um das Jahr 117

gehandhabt, ein Prinzip, das hier auch für die Quinquereme mit der Abweichung angenommen worden ist, daß bei der Quinquereme der Thalamitenriemen nur von einem Mann bedient wurde. Hexeren des 3. Jahrhunderts v. u. Z. waren wahrscheinlich etwas breiter als die damaligen Quinqueremen.

Dionysios II. von Syrakus (Tyrann von 367 bis 344 v. u. Z.) ließ vermutlich die ersten Hexeren auf Stapel legen. Er soll eine Flotte von 400 fünf- und sechsrangigen Kriegsschiffen besessen haben. Ob seine Gegner, die Karthager, diese Schlachtschifftypen bereits vor ihm erbauten, wissen wir nicht, da schriftliche punische Zeugnisse fehlen. Im östlichen Mittelmeer tritt die Hexere erstmalig in der Seeschlacht bei Salamis/Zypern (306 v. u. Z.) auf. Der spätere Demetrios I. Poliorketes (294–283 v. u. Z.), Sohn des Antigonos I., eines Feldherrn Alexanders d. Gr., der über Makedonien und zeitweise über Kleinasien und Syrien herrschte, besiegte in diesem Seetreffen den ersten ägyptischen König der griechischen Epoche, Ptolemaios I. Soter (323–285 v. u. Z.). Die Seeschlacht war Teil der sogenannten Diadochenkämpfe, der Auseinandersetzungen zwischen den Feldherren Alexanders d. Gr. um seine Nachfolge (323 bis 280 v. u. Z.).

Das schwere sechsrangige Schlachtschiff stellte in den Punischen Kriegen die schwerste Einheit der römischen Flotte dar. Erst wesentlich später ging man zum Bau von Großkampfschiffen über, die nach der Schlacht von Actium (31 v. u. Z.) dann endgültig außer Dienst gestellt wurden. In der Seeschlacht waren die größten Schiffe des Antonius, wie uns Plutarch (Ant. 61) berichtet, Decemremen und die größten Fahrzeuge Octavians Hexeren. Auch die Seestreitkräfte des Sex. Pompeius kannten als größten Schlachtschifftyp nur die hexeris. Plutarch (Ant. 32) berichtet, daß Sex. Pompeius auf seinem Flaggschiff, einer Hexere, zu einer Zusammenkunft mit Octavian, Lepidus und Antonius, den Männern des Zweiten Triumvirats, erschien. Die Bedeutung des Anlasses hatte ihn bewogen, sich auf der eindrucksvollsten Einheit seiner Flotte einzuschiffen. Vom Aussehen einer hexeris des Sex. Pompeius haben wir durch ein Münzbild recht genaue Kenntnis (vergleiche Bild 23). Der auf dem vorderen Kampfturm sichtbare Adler (aquila) weist das dargestellte Fahrzeug als Prätorialschiff aus. Es ist mit zahlreichen Riemen ausgerüstet, die übereinander aus Riemenkasten und Bordwand ragen. Bei genauer Untersuchung des Münzbildes kann man eine hexeris navis triremischer Bauart, also drei Riemenreihen übereinander, erkennen. In der Kaiserzeit war die Hexere der schwerste Schlachtschifftyp der stehenden römischen Flotten.

Die Rekonstruktionsskizze 65 zeigt eine hexeris navis des 2. Jahrhunderts. Achterschiff und Riemenwerk wurden nach einem aus der Kaiserzeit stammenden Relief des Palazzo Spada, Rom (Bild 24), rekonstruiert. Das dargestellte Kriegsschiff ist offenbar eine schwere Einheit der Flotte, bei der die Riemen nach dem liburnischen System angeordnet sind. Wir sehen in der Sektion zwei schwere Riemen, die leicht nach vorn und in der Höhe versetzt bei einer Hexere von je drei Rojern gehandhabt wurden. Die Größe des Schiffes wird durch eine hinter der Reling befindliche Verschanzung und das massige Deckshaus auf dem Achterschiff unterstrichen. Die gewaltige Heckzier überragt den achteren Kampfturm beträchtlich. Das mit vier Türmen ausgerüstete Kriegsschiff ist auf der Back mit einem besonders schweren Geschütz versehen worden, mit dem der in der Seeschlacht von Naulochus (36 v. u. Z.) erstmalig verwendete Schleuderenterhaken (harpax) verschossen werden konnte. Angaben über die Zahl der Rojer einer Hexere, aus denen man auf die Schiffslänge schließen könnte, sind nicht überliefert. Wir wissen lediglich, daß ein griechisches Flaggschiff dieses Typs 500 Männer an Bord hatte. Doch können wir unter Berücksichtigung der uns überlieferten Rojerzahl einer Quinquereme der Kaiserzeit in etwa die Hexere dieses Zeitalters rekonstruieren. Die Quinquereme liburnischer Bauart hatten wir mit 54 m Länge und 9 m Breite errechnet. Wir glauben, daß eine Hexere etwas länger und breiter gebaut wurde, da statt fünf Mann an zwei Riemen bei diesem Schiff sechs Rojer an zwei Riemen in einer Sektion saßen. Danach könnte eine Hexere liburnischer Bauart die gleiche Riemenzahl wie eine Quinquereme besessen haben. Jedoch hätte die Rojerbesatzung nicht aus 400, sondern aus 480 Mann bestanden, weil jeder Riemen mit drei Rojern besetzt wurde. Eine Hexere dieses Typs könnte mit einer Länge von 56 m, einer Breite von 11 m und einem Tiefgang von 1,50 m ausgekommen sein, wenn neben den Vorgesetzten noch etwa 20 Matrosen und 170 Seesoldaten die Besatzung komplettiert hätten.

Der nächstgrößere Schlachtschifftyp, die Septireme oder Heptere, wird im Prinzip ähnlich wie die Hexere, jedoch mit größerem Deplacement konstruiert gewesen sein. Das erste siebenrangige Großkampfschiff, in der römischen Flotte septiremis oder hepteris genannt, erbeuteten die Römer bereits in der Seeschlacht bei Mylae (260 v. u. Z.). Das Flaggschiff des punischen Admirals Hannibal war eine griechische Heptere, die die Karthager nach Polybios *(1,23)* dem König Pyrrhos von Epeiros abgenommen hatten. Auf der Säule des römischen Siegers Duilius ist dieses Kriegsschiff neben den erbeuteten Penteren und Trieren ausdrücklich erwähnt worden.

Das skizzierte römische Großkampfschiff (Skizze 66) wurde nach einer Gemmendarstellung (vergleiche F 3401, Bild 26) als neunrangige Ennere (lat. enneris) rekonstruiert. Enneren nahmen in der Flotte des Antonius an der Seeschlacht bei Actium (31 v. u. Z.) teil. Es war der letzte Einsatz dieses sehr schweren Kampfschifftyps.

Das Kriegsschiff besitzt keinen Rammsporn. Da es gegebenenfalls versuchte, seinen Gegner zu überlaufen, wurde der Mast keiner sehr starken Erschütterung ausgesetzt und vor dem Gefecht nicht gelegt. Das tote Werk des Vorschiffes bis zur vorderen Querepotis und das Schanzkleid sind mit Bronzeplatten gepanzert (navis aerata). Die Galionsfigur wurde als Pferd (vergleiche auch Bild 31) in der Haltung der Levade (vergleiche Bild 26) ausgedeutet. Die an kräftigen Toppnanten hängende Rah ist nicht gestrichen (vergleiche auch Bild 25). Das Großsegel, mittels Gordings aufgeigt, hängt in Buchten herab. Sofern ein Vormast vorhanden war, ist dieser ausgehoben.

Folgende Abmessungen liegen der Rekonstruktionszeichnung zugrunde: Länge ü. A. 66 m; größte Breite 19 m (der Längenbreitenindex von 3,5 : 1 entspricht annähernd dem des Wracks I aus dem Nemisee); Tiefgang 1,80 m (Wrack I: 1,90 m); Freibord ohne Schanzkleid 3 m *(Orosius 6,19);* gepanzertes Schanzkleid 1 m; Masthöhe vom Kiel bis zum Topp 32,50 m und Länge der Rah (2¼ der Schiffsbreite) 42,70 m.

Das Schiff besitzt wegen der großen Breite keinen Riemenkasten, aber vorn und achtern Querepotides als Parierbalken zum Schutze der dreireihig nach griechischem Schema (vergleiche Skizze 26) angeordneten Riemen, von denen 35 in jeder Reihe, also an jeder Seite 105 und insgesamt 210, dem Gefechtsantrieb dienten. Jeder Riemen wurde von drei Rojern gehandhabt, so daß sich die Rojerbesatzung auf 630 Mann stellte. Die Kampfbesatzung könnte bei etwa 400 Seesoldaten gelegen haben. Neben den Vorgesetzten könnten 20 bis 30 Matrosen zur Bedienung der Besegelung und für sonstigen Decksdienst an Bord gewesen sein.

Zwei Steilfeuergeschütze, an Deck auf drehbaren Plattformen lafettiert, und zwölf Flachbahngeschütze in und auf den sieben Kampftürmen könnten dem Fernkampf gedient haben. Die beiden achteren Türme sind durch eine Brücke miteinander verbunden (vergleiche Bild 25 und 26).

Ein zehnrangiges Großkampfschiff wurde von den Römern als decemremis oder mit der lateinisierten griechischen Benennung deceris angesprochen. Letztere Bezeichnung findet sich in der Literatur noch für die Zeit Kaiser Caligulas (37–41), der letztmalig zehnrangige Großkampfschiffe für den Schiffsschaukampf (naumachia) erbauen ließ. Diese als deceres liburnicae bezeichneten Fahrzeuge besaßen zwei Riemenreihen. Jeder Riemen wurde von 5 Rojern gehandhabt. Die Rojersektion war also mit 10 Mann besetzt. Bei der in Skizze 67 wiedergegebenen Decemreme sind an jeder Seite 35 Riemen in der oberen und 35 in der unteren Reihe angenommen worden. Für das von insgesamt 140 Riemen zu je fünf Rojern angetriebene Großkampfschiff errechnet sich eine Gesamtrojerbesatzung von 700 Mann. Neben den Vorgesetzten könnten zur Besatzung eines solchen Schiffes etwa 35 Matrosen und 510 Seesoldaten gehört haben. Die Kampfbesatzung entspräche der Stärke der zweiten Kohorte einer Legion zu Beginn der Kaiserzeit (vergleiche »Gliederung der Seestreitkräfte«). Die Transportkapazität der hier skizzierten Decemreme hätte jedoch für 1 000 Seesoldaten, entsprechend der Stärke der ersten Kohorte einer Legion, ausgereicht.

Die Zahl, Größe, Formgebung und Aufstellung der Kampftürme wurde nach einem Gemmenbild aus der Zeit der späten Republik (Bild 25) rekonstruiert. Wenn auch der vordere Turm sehr mächtig wirkt, so würde doch seine Größe die Trimmlage des Schiffes nicht beeinträchtigen. Die vier kleinen Türme stehen genau

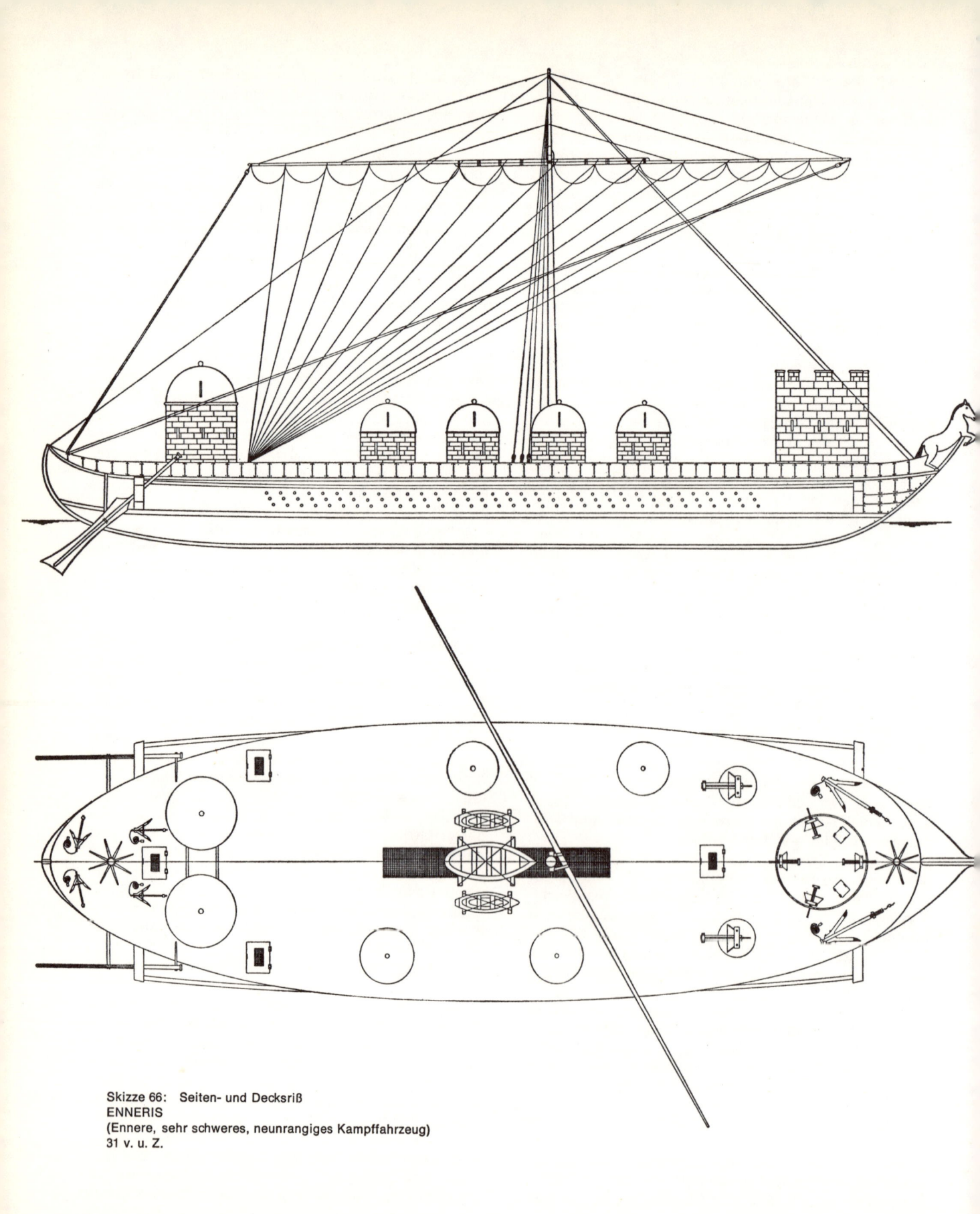

Skizze 66: Seiten- und Decksriß
ENNERIS
(Ennere, sehr schweres, neunrangiges Kampffahrzeug)
31 v. u. Z.

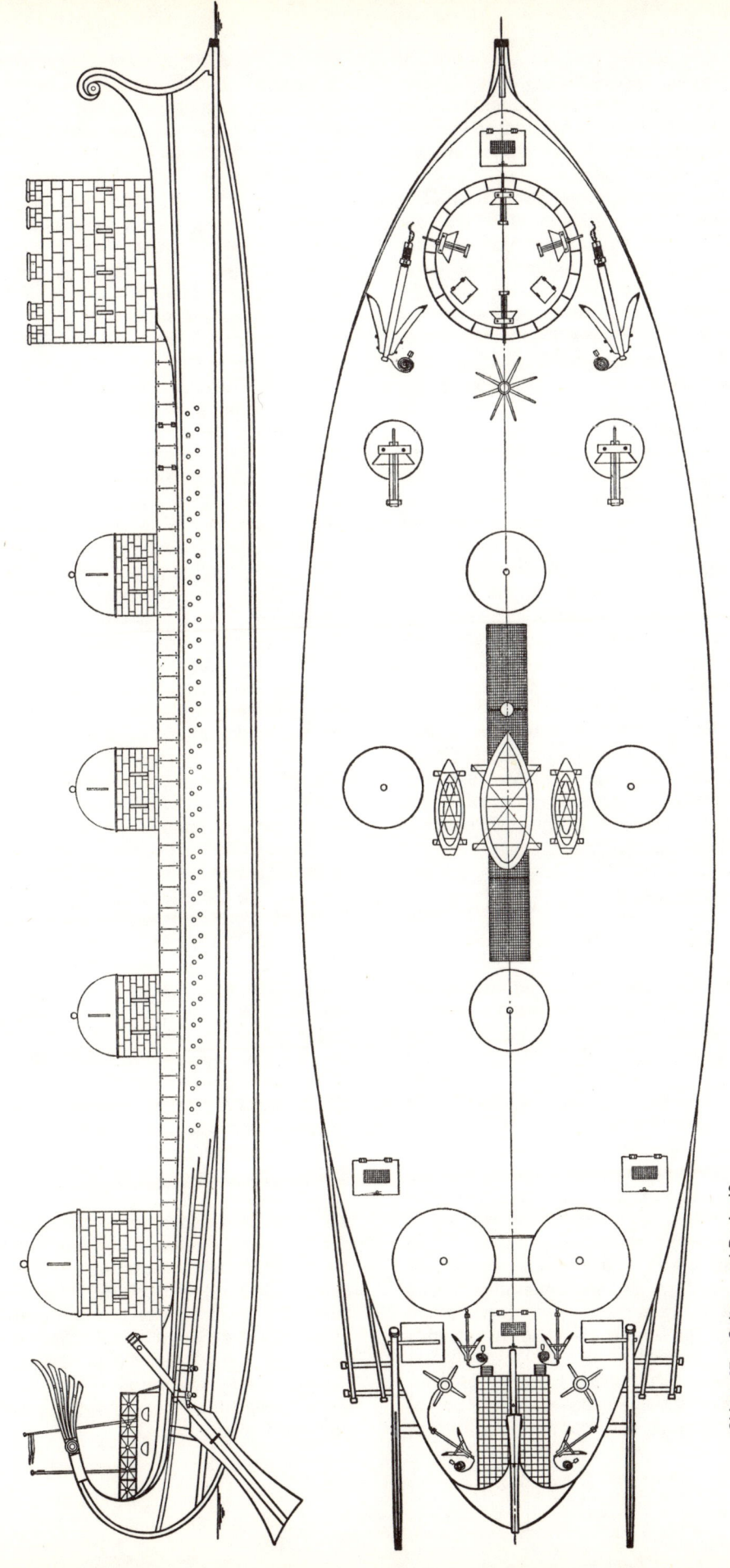

Skizze 67: Seiten- und Deckriß
DECEMREMIS
(Decemreme, sehr schweres, zehnrangiges Kampffahrzeug)
um das Jahr 41

69

mittschiffs, haben also auf die Trimmlage keinen Einfluß. Der große Turm auf der Back weist einen Durchmesser von 7,60 m bei einer Höhe (mit Zinnen) von 7 m über Deck auf; während die beiden achteren verbundenen Türme bei einem Durchmesser von je 5 m eine Höhe (mit Kuppeln) von je 7 m aufweisen. Bei allen Türmen wurde, wie in der Regel bei den Römern üblich, von einer Holzbauweise mit Steinimitationsbemalung ausgegangen. Berechnet man das Volumen der beiden achteren Türme und des vorderen Turmes und leitet hieraus Gewichtsgrößen ab, so wiegt der vordere Turm bei gleicher Holzstärke etwa drei Siebtel weniger als die beiden verbundenen achteren Türme. Die Vorderkante des Turmes auf der Back erhebt sich mit 5 m hinter dem Vorsteven. Die Hinterkante der Türme in dem Achterschiff wurde 10,50 m vor dem Heck eingezeichnet. Dabei ist insbesondere zu beachten, daß der achtere Überhang von 2,50 m bei der Trimmlage berücksichtigt werden muß, da dieser Überhang nicht mitträgt. Der tragende Teil des Achterschiffes beträgt bis zu den Turmhinterkanten nur 8 m. Somit dürfte das Schiff richtig getrimmt sein. Vom schiffbaulichen Standpunkt sind die eingezeichneten Turmabmessungen und Plazierungen in Übereinstimmung mit der Gemmendarstellung vertretbar. Überdies ist berücksichtigt worden, daß die Geschütze zum Bedienen und Schießen einen nicht unterschreitbaren Minimalraum benötigen. Da alle Türme aus Holz gefertigt waren, konnten diese unschwer auf- und abgebaut werden. In der Schlacht bei Actium (31 v. u. Z.) warf die Flotte des Antonius bei der Flucht sowohl die Kampftürme als auch die Geschütze einfach über Bord. Römische Schiffe waren nicht in der Lage, mit errichteten Kampftürmen einen Sturm abzuwettern. Erst bei Herstellung der Gefechtsbereitschaft baute man die an Deck gezurrten Turmteile zusammen *(vergleiche auch Polybios 16,3)*.

Die Geschützbewaffnung wurde analog der der Legionen angenommen. Das Verhältnis von Steilfeuer- zu Flachbahngeschützen betrug dort 1 : 6. Die beiden Steilfeuergeschütze befinden sich in der Skizze mit ihrer Lafettierung auf drehbaren Plattformen (vergleiche Skizze 103 und 104), während die Flachbahngeschütze in den Türmen plaziert sind. Der große vordere Turm trägt vier, die kleinen Türme mittschiffs tragen je ein und die verbundenen mittleren Türme im Achterschiff je zwei Pfeilgeschütze.

Bei dem in der Skizze wiedergegebenen Großkampfschiff wurden der Unterwasserteil und die Abmessungen des im Lacus Nemorensis (Nemisee) gefundenen Wracks I zugrunde gelegt. Das Wrack (vergleiche Bild 30 und Skizze 58–62) wies eine Länge ü. A. von 71,30 m, eine größte Breite von 20 m und einen Tiefgang von 1,90 m auf. Der Längenbreitenindex betrug ca. 3,6 : 1. Dieses Fahrzeug wies sich durch einen Rammsporn und in der Bauart als ausgesprochenes Kriegsschiff aus.

Die Abmessungen des Schiffes und insbesondere der Längenbreitenindex erscheinen uns nicht mehr so abnorm, wenn wir beachten, daß moderne Eisbrecher, also für einen besonderen Zweck sehr breit ausgelegte Schiffe, heute zu ähnlichen Indexzahlen kommen. Der Längenbreitenindex des modernsten deutschen Eisbrechers, der »Hanse«, beträgt ca. 4,3 : 1 und der Längenbreitenindex eines 1933 gebauten Eisbrechers, der »Stettin«, ca. 3,8 : 1. Eisbrecher werden so breit ausgelegt, um eine möglichst geräumige Fahrrinne für die Schiffahrt durch das Eis zu brechen und um besser manövrieren zu können. Ein Eisbrecher kann »wie auf dem Teller drehen«. Letztere Eigenschaft war auch bei römischen Großkampfschiffen im Gefecht von außerordentlicher Bedeutung. Im antiken Seekrieg spielte nicht die Geschwindigkeit, sondern die Manövrierfähigkeit die bedeutsamste Rolle. So erwähnte Plutarch auch ausdrücklich, daß sich römische Großkampfschiffe in der Schlacht bei Actium durch große Wendigkeit auszeichneten.

Die Überbreite erlaubte diesen Großkampfschiffen, mehrere Kampftürme und zahlreiche Geschütze zu fahren. Die Fahrzeuge boten darüber hinaus Platz für starke Kontingente der Marineinfanterie und wurden trotzdem nicht topplastig. Bei hölzernen Schiffen von 71 m Länge konnten die Längsverbände den Beanspruchungen der See besser standhalten, wenn die Länge des Fahrzeuges durch eine Überbreite ausgeglichen wurde. Auch mußte man im Gefecht damit rechnen, daß nur an der Steuerbord- oder Backbordseite gekämpft wurde. Um die unvermeidliche Krängung in tragbaren Grenzen zu halten, mußte ein römisches Großkampfschiff wegen des geringen Tiefganges sehr breit ausgelegt sein, da etwa 500 Mann Marineinfanterie an Deck kämpfen konnten.

Die hier rekonstruierte Decemreme biremischer Bauart ist ohne Riemenkästen skizziert worden. Der Freibord (einschließlich gepanzertem Schanzkleid) wurde in der Skizze mit 3 m angenommen, da Orosius *(6,19)* und andere Schriftsteller die Bordhöhe der Großkampfschiffe des Antonius in der Seeschlacht von Actium mit 10 röm. Fuß = ca. 3 m angeben. Das Flottenflaggschiff (navis praetoria) des Antonius, der vier- bis zehnrangige Schlacht- und Großkampfschiffe ins Gefecht führte, soll eine Decemreme gewesen sein.

Die in der Skizze wiedergegebenen beiden Anker auf der Back entsprechen in Form und Abmessung dem im Nemisee gefundenen Holzanker (Skizze 127), dessen Länge ca. 5,60 m und dessen Ankerarme einen Abstand von ca. 2,30 m aufweisen. Der bleierne Ankerstock maß ca. 2,30 m. Im Achterschiff sind vier kleinere Anker eingezeichnet worden. Der Mast wurde bei Herstellung der Gefechtsbereitschaft gelegt und nach Herausnahme der Grätings zusammen mit der Rah und dem beschlagenen Segel unter Deck gestaut. Schiffsboote (scaphae), die kleineren ineinandergesetzt, sind an Deck auf ihren Bootsklampen gezurrt. Vier Niedergänge führen unter Deck. Bug (vergleiche Skizze 59 und 60) und Steuerruder (vergleiche Skizze 59 und 62) der Decemreme wurden in Anlehnung an die Funde und die Rekonstruktion des Nemisee-Rammschiffes gezeichnet. Heckzier, Ankerspille und Hütte sind gegißt.

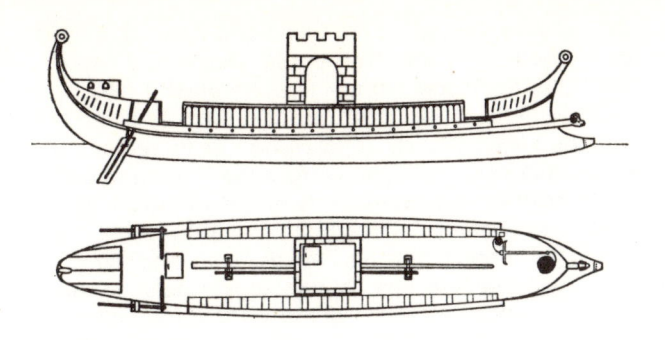

Skizze 68: Seiten- und Decksriß
TRIACONTERIS
(Triakontore, mittelschwere Kampfmonere)
um das Jahr 323

Zu Beginn des 4. Jahrhunderts ging die römische Flotte generell zum Bau kleiner Kampffahrzeuge monerischer Bauart, d. h. mit nur einer Riemenreihe, über. Ob Carausius als Befehlshaber der Britannischen Flotte diesen Fahrzeugtyp bereits gegen Ende des 3. Jahrhunderts für seine Kämpfe gegen Sachsen, Friesen und Franken, die mit ihren einreihigen, offenen Riemenkriegsschiffen germanischer Bauart angriffen, entwickelte, wissen wir nicht. Die wendigen germanischen Moneren vom Typ des Nydamschiffes waren jedoch den bis dahin gebräuchlichen römischen Typen bei Kommandoeinsätzen, und aus solchen bestand die Kriegführung in der Nordsee und im Kanal vornehmlich, überlegen.

Die Manövrierfähigkeit und Seetüchtigkeit sind zu allen Zeiten für Kriegsschiffe wichtige Eigenschaften gewesen. Im 4. Jahrhundert waren bei der in den nördlichen Meeren auf Kommandounternehmen ausgerichteten Seekriegstaktik Beweglichkeit und Geschwindigkeit ausschlaggebende Faktoren. So wurden Schiffstypen, die letztere Eigenschaften nicht besaßen oder eingebüßt hatten, durch neue Konstruktionen ersetzt. Es ist somit durchaus möglich, daß die Entwicklung monerischer Kampffahrzeuge mit relativ geringen Abmessungen die Antwort der römischen Marine auf gleichartige Schiffskonstruktionen der Germanen darstellte.

Die Vorteile kleiner und schneller Kampffahrzeuge wurden auch sehr bald für den Bereich des Mittelmeeres erkannt. Der spätere Kaiser Constantin I. (geb. um 285, gest. 337), dessen Vater Constantius in seinem Britannienfeldzug 296/297 vermutlich die von Carausius entwickelten Moneren kennengelernt hatte, ging seit etwa 321 dazu über, den Flottenbau energisch voranzutreiben. Nach dem Ausbau von Thessalonice (Thessalonike, Griechenland) als Kriegshafen begann er, 200 Triakontoren und etliche Pentekontoren auf Stapel zu legen. Die Triakontore wurde von insgesamt 30 Rojern fortbewegt. An jeder Seite gab es also nur je 15 Riemen. Auch das germanische Nydamschiff aus der zweiten Hälfte des 4. Jahrhunderts bot auf jeder Seite Platz für 15 Riemen, die von je einem Mann bedient wurden. Die Abmessungen dieses uns erhalten gebliebenen Schiffes stellen sich auf eine größte Länge von 22,84 m und 3,26 m Breite. Bei einer Belastung mit einer Gesamtbesatzung von 45 Mann, den dazu notwendigen Ausrüstungsgegenständen, Waffen und Proviant weist das sogenannte Nydamschiff einen Tiefgang von 0,507 m auf.

Wir glauben, daß die römische Triakontore etwas schwerer gebaut war, da sie vermutlich ein Teildeck besaß, und nehmen nach der Rojerzahl eine Schiffslänge von 24,50 m und eine Breite von 4,30 m bei einem Tiefgang von 0,80 m an.

Die Rekonstruktionsskizze 68 wurde nach der rechten oberen Schiffsdarstellung eines Reliefbildes aus der Kaiserzeit (Bild 31), das Moneren im Seegefecht zeigt, und einem Münzbild (Follis Kaiser Constantins, Bild 32) aus dem Jahre 327 gefertigt. Ein Schiff gleicher Bauart finden wir noch auf einer Miniatur in der Bibel Karls des Kahlen aus dem Jahre 850, die die Fahrt des heiligen Hieronymus nach Jerusalem darstellen soll (vergleiche Moll, Miniaturen G 14, Bild a 9).

PENTECONTERIS
(Pentekontore, schwere Kampfmonere)
um das Jahr 324

Auch das Schlachtschiff dieser Epoche besaß im Verhältnis zu früheren Zeiten geringe Abmessungen. Die Rojermannschaft bestand insgesamt aus 50 Mann. Somit war dieses einreihige Fahrzeug an jeder Seite mit nur 25 Riemen ausgerüstet. Unter Berücksichtigung des üblichen römischen Interscalmiums (0,925 m) dürften die Schiffe eine Länge von 32 m und eine Breite von 4,50 m bei 1 m Tiefgang kaum überschritten haben.

Constantins Weg zur Alleinherrschaft (325–337) führte im Jahre 324 über eine Seeschlacht gegen Licinius am Südwestausgang der Dardanellen. Seinen Sieg verdankte Constantin nicht zuletzt den neuen wendigen Kampffahrzeugen. Die veralteten Triremengeschwader des Licinius wurden von den taktisch überlegenen Tria- und Pentekontoren geschlagen. Am Tage nach der Schlacht gingen 130 Triremen in einem Südsturm unter. Die Reste der Flotte des Licinius konnten den Seestreitkräften Constantins den Weg nach Byzanz nicht mehr versperren.

Tria- und Pentekontoren gehörten später noch lange Zeit zu den in der oströmischen Flotte gebräulichen Kriegsschifftypen. Die Triakontore war im kampftaktischen Einsatz die Nachfolgerin der Trireme, die nach Zosimos zu Beginn des 5. Jahrhunderts längst nicht mehr gebaut wurde. Die Pentekontore ersetzte die Quinquereme, deren Endzeit wohl schon in das 3. Jahrhundert gelegt werden muß.

Schon Ende des 5. Jahrhunderts verkehrte an der Po-Mündung ein kleines Fahrzeug, das man dromo nannte. Diese Benennung übertrug man auf die Kampfschiffe der west- und oströmischen Flotten. Sie wurden seit dem Anfang des 6. Jahrhunderts als Dromonen (dromones) bezeichnet (Prokop, Bell. Vand. 1,11,

71

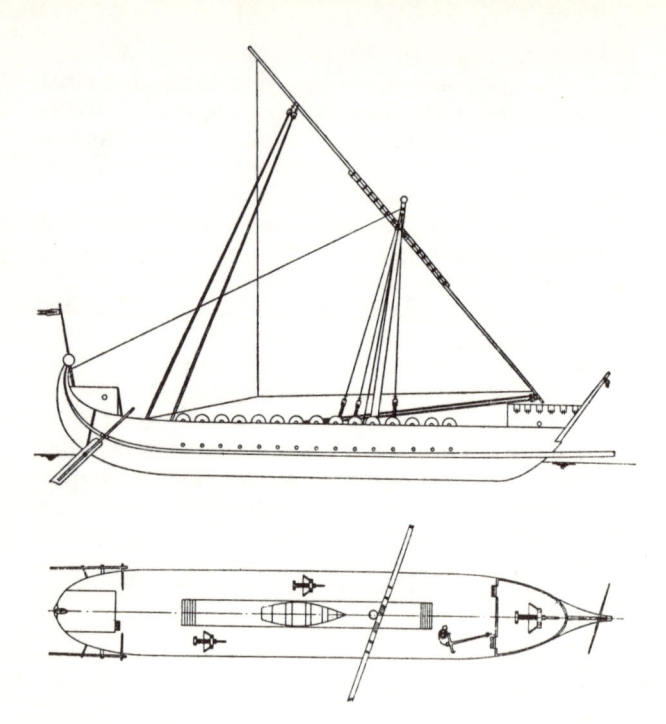

Skizze 69: Seiten- und Decksriß
DROMO
(Dromone, leichtes, zweirangiges Kampffahrzeug)
um das Jahr 533

und Cassiodor, Varia 5,16). Das griechische Wort dromon bedeutet soviel wie »Schnelläufer« oder »Renner«. Die Kriegsschiffe dieser Zeit müssen sich also durch Schnelligkeit ausgezeichnet haben.
Am Anfang des 4. Jahrhunderts war man zur ausschließlich monerischen Bauart der Kampfschiffe übergegangen. Bei den verhältnismäßig kleinen Tria- und Pentekontoren dieser Zeit mit einer Riemenreihe handhabte je ein Rojer einen Riemen. Die Kriegsschiffe erhielten ihre Benennung nach der Riemenzahl, die bei der Triakontore insgesamt 30 und bei der Pentekontore 50 betrug. Eine Bezeichnungsänderung wird Veränderungen im Riemenantrieb, in der Besegelung und der Bauart vorausgesetzt haben. Prokop *(Bell. Vand. 1,11,15–16)* beschreibt den anläßlich der Expedition gegen die Wandalen im Jahre 533 eingesetzten Fahrzeugtyp als Monere, also ein Kriegsschiff mit einer Riemen**reihe** »und darüber Decks besitzend, damit diejenigen, die dieses Fahrzeug pullen, von seiten der Feinde möglichst wenig getroffen würden«. Diese Schiffe wurden seinerzeit Dromonen genannt; denn sie seien in der Lage gewesen, sehr schnell zu fahren.
Ein Graffito aus Malaga/Spanien, das vielleicht aus dem 6. Jahrhundert datiert (Bild 33), würde dieser Beschreibung entsprechen. Wir zählen an der Backbordseite genau 15 Rojepforten wie bei einer Triakontore. Die Riemen sind in unregelmäßigen Intervallen angedeutet. Das Schiff zeigt noch als Heckzier den römischen Rundschild mit Flaggstock und Wimpel.

Am Achterschiff neben der Hütte des Kommandanten ist ein herkömmliches Backbordsteuerruder zu erkennen. Das Fahrzeug führt eine Riemenreihe (Monere) und ein großes, häufig zu zweidrittel rot eingefärbtes Lateinersegel. Dieses Segel, schon in früheren Jahrhunderten nachgewiesen (vergleiche Bild 58 und 59), hatte sich nach seiner Leistung, insbesondere durch optimale Windausnutzung und beim Kreuzen, dem Rahsegel gegenüber als überlegen erwiesen. Die Rute, wie die Rah des Lateinersegels genannt wird, wurde bei den Dromonen aus zwei Teilen zusammengelascht, am leicht nach vorn geneigten Mast, um diesen schwenkbar, befestigt. Mit Hilfe zweier Halsbrassen und Taljen, die an der unteren Rutennock befestigt waren, ließ sich die Rute so weit heranholen, bis sie steil, ja fast parallel zum Mast stand, oder wegfieren, bis sie den günstigsten Anstellwinkel gefunden hatte. Die Rute wurde im weiteren durch zwei im oberen Viertel angesetzte Oberbrassen in ihrer Stellung gehalten. Von dem einzigen Schothorn führte eine einfache oder doppelte Schot in das Achterschiff. Für riemengetriebene Kriegsschiffe besaß das Lateinerrigg beträchtliche Vorteile. Der gegenüber dem Rahsegler um etwa ein Drittel verkürzte Mast war bei der Ausführung von Rammstößen widerstandsfähiger und brauchte nicht mehr gelegt zu werden. Andererseits konnte das gesetzte Lateinersegel den leisesten Windhauch einfangen und vom Deck aus kontrolliert und bedient werden. Kein Matrose brauchte mehr aufzuentern. Die Segelwirkung war in aerodynamischer Hinsicht für die damalige Zeit optimal. Dieser Kriegsschifftyp verdankte seine Bezeichnung als »Renner« (dromon) nicht zuletzt der Lateinerbesegelung.
Ein spierenartiger Vormast und ein über der Wasserlinie liegender, vermutlich vorn stumpfer Rammsporn sind angedeutet. Ein ganz vorn, unmittelbar hinter dem Vorsteven, auf der Back errichteter oder vermutlich schon fest eingebauter niedriger Kampfturm, den man jetzt besser als Vorderkastell bezeichnet, ließ es geraten erscheinen, die Bugzier wegfallen zu lassen. Die Schilde der Kampfbesatzung wurden innerhalb des Schanzkleides eingesteckt. Backbordwanten, das Backstag – ein Vorstag konnte beim Lateinerrigg nicht benutzt werden – und die Halsbrasse sind ebenso zu erkennen wie der durch eine Kugel gekrönte Masttopp.
Eine Dromone dieser Bauart stellt die direkte Weiterentwicklung der Triakontore dar. Die Dromone besaß im 6. Jahrhundert nur eine Rojerbank in der Sektion, auf der aber vermutlich die Zahl der Rojer gegenüber dem Vorläufertyp auf je zwei Mann pro Riemen erhöht worden war. Die Prokopstelle *(Bell. Vand. 1,11,15–16)* »Dromonen nennen die heute lebenden Menschen diese Schiffe; denn (segeln) fahren können sie in höchster Geschwindigkeit«, läßt beide Übersetzungsmöglichkeiten bei der Beschreibung der Fortbewegung zu. Die hier gewählte Übersetzung »fahren« führt zu dem Schluß, daß eine Dromone nicht nur mit ihrer Lateinerbesegelung, sondern auch mit ihrem Riemenantrieb eine hohe Geschwindigkeit erreichte.

Zeichnete sich die mit 30 Rojern besetzte Triakontore besonders durch ihre Wendigkeit aus, so konnte man bei gleicher Riemenzahl, aber doppelter Riemenbesetzung die Geschwindigkeit nicht unbeträchtlich erhöhen. Prokop könnte mit den Worten »fahren können sie in höchster Geschwindigkeit« zum Ausdruck bringen wollen, daß die Dromonen sowohl unter Segel als auch mit ihrem Riemenwerk hohe Fahrt laufen konnten. In diese Richtung weist auch die veränderte Bauart des Vorschiffes und insbesondere die des Vorstevens. Der in der Wasserlinie liegende Rammsporn scheint verschwunden und einem scharf gebauten, zurückspringenden Vorsteven gewichen zu sein. Der Sporn war über die Wasserlinie in Höhe des früheren Obersporns verlegt worden. Auf eine Vorstevenzier verzichtete man, da sie die Kampfbesatzung auf dem niedrigen, in die Schiffskonstruktion mit einbezogenen Vorderkastell nur behindert hätte. Die Bauart der frühen Dromone (lat. dromo) erlaubte somit für den Vorsteven eine Formgebung, deren Schnittigkeit die Effektivität des jeweiligen Antriebes unterstützte. Gegenüber ihrem Vorläufer, der Triakontore, war diese monerisch gebaute Dromone in der Tat ein »Renner«, dessen Rojerbesatzung mit 60 Mann an insgesamt 30 Riemen hier angenommen wurde.

Es ist denkbar, daß die 30 Riemen auf dem Kriegsmarsch mit insgesamt 60 Rojern, im Gefecht jedoch mit nur 30 Mann besetzt wurden. Eine Hälfte der Besatzung könnte, wie bei der Ousiake des 10. Jahrhunderts, die Kampfbesatzung gestellt haben.

Basierend auf den Abmessungen der rekonstruierten Triakontore, jedoch etwas länger und mit gering vergrößertem Tiefgang, wurden die Daten der leichten Dromone des 6. Jahrhunderts wie folgt angenommen: Länge (einschl. Sporn) 28 m; Breite 4,30 m; Tiefgang 0,90 m.

Ein solches Kriegsschiff könnte neben den Vorgesetzten noch etwa sechs Matrosen des Decksdienstes an Bord gehabt haben.

Auch aus der Pentekontore des 4. Jahrhunderts dürfte sich im Laufe des 5. Jahrhunderts ein Dromonentyp herausgebildet haben, der wie die Pentekontore 25 Riemen an jeder Seite, also insgesamt 50 Riemen fuhr. Bei dieser seinerzeit schweren Dromone monerischer Bauart wurden vermutlich an jeden Riemen drei Rojer gesetzt.

König Theoderich, germanischer Herrscher des Weströmischen Reiches, ordnete in den Jahren 525/526 den Bau einer Flotte von 1 000 Dromonen an *(Cassiodor, Varia 5,16)*. Dieser Typ wird mit den Worten »trireme vehiculum« als ein trierisches Fahrzeug beschrieben *(Cassiodor, Varia 5,17)*. Um klassische dreireihige Triremen wird es sich nicht gehandelt haben, da uns Zosimos *(Hist. 5,20,4)* berichtet, daß die Trierenkonstruktion um das Jahr 400 »bereits seit vielen Jahren vergessen« war. Es wurden seit der Mitte des 4. Jahrhunderts mit Sicherheit keine Trieren mehr gebaut. Somit deutet vieles darauf hin, daß schwere weströmische Dromonen zu Beginn des 6. Jahrhunderts mit einer Riemenreihe auf Stapel gelegt wurden, bei denen je drei Rojer einen Riemen bewegten. Es hätte sich somit um einreihige, aber dreirangige Kampfschiffe gehandelt. Dies würde gut erklären, warum Cassiodor das Wort »triremis« vermied, aber die Worte »trireme vehiculum« wählte.

Schwere Dromonen des 6. Jahrhunderts dürften bei ähnlichem Aussehen länger und breiter gewesen sein als die hier skizzierte leichte Dromone. Dolley sieht in der aus der Pentekontore des 4. Jahrhunderts entwickelten oströmischen Dromone des 6. Jahrhunderts den Prototyp für die spätere Ousiake der byzantinischen Marine, die aber, als echte Bireme gebaut, zwei Riemenreihen besaß. Schon zur Zeit Kaiser Justinians I. (527–565) trugen vermutlich die größeren oströmischen Dromonen zwei Masten mit Lateinerrigg wie die spätere Ousiake und Pamphyle. Die leichten Dromonen besaßen nach der Ausdeutung der Felsritzzeichnung (Bild 33) ein gemischtes Rigg; vorn den Vormast, der nur ein rahgetakeltes Vorsegel getragen haben konnte, und vorlicher als mittschiffs den Großmast mit Lateinersegel. Von einer bestimmten Größe an mußte ein Schiff mit Lateinerrigg, wie Dolley überzeugend nachweist, zwei Lateinersegel an zwei Masten fahren. Einmastige Dromonen von 35 bis 40 m Länge hätten ein so großes Segel benötigt, daß es nicht mehr zu handhaben gewesen wäre. Außerdem benötigen Schiffe dieser Größe einen zweiten Mast mit Segel, um zu verhindern, daß das Vorschiff vom Wind abfällt. Schon bei der kleineren hier skizzierten Dromone diente der Vormast mit seinem Segel diesem Zweck.

Die byzantinische Marine des 10. Jahrhunderts hielt sowohl Kriegsschiffe mit einer Riemenreihe (Moneren) als auch solche mit zwei Riemenreihen (Biremen) in Dienst.

Mit einer Riemenreihe waren die leichten, sehr schnellen und beweglichen galeai und die als monereis (Moneren im engeren Sinne) bezeichneten Kriegsschiffe ausgerüstet. Sie wurden für Erkundungsvorstöße und andere Aufgaben eingesetzt, die eine hohe Geschwindigkeit erforderten *(Leon, peri thalassomachias 10)*. Im Seekriegseinsatz können galea und moneres – die Begriffe wurden synonym verwendet – mit modernen Zerstörern oder Spähkreuzern verglichen werden. Nach Dolley hatten sie eine Besatzung von etwa 70 Mann. Dieser Kriegsschifftyp stellte die unmittelbare Weiterentwicklung der leichten Kampfmonere des 4. Jahrhunderts dar. Er war im Prinzip die alte Triakontore und besaß vermutlich ähnliche Abmessungen.

Eine biremisch gebaute kleine Dromone des 10. Jahrhunderts, die man griechisch dromonion nannte, wurde zur Überwachung der Küsten und Flußmündungen eingesetzt. Dieses kleine Kriegsschiff dürfte nach Casson die Größe eines acatus besessen haben. Die arabische Flotte des 8. Jahrhunderts setzte einen nach Casson identischen Typ, den man dromonarion nannte, zur Überwachung der Nilmündungen ein. Nach der Aufgabenstellung kann die Dromonie/Dromonarie (dromonion/dromonarion) als Wachboot und Geleiter,

73

letzteres im Sinne moderner Fregatten, angesprochen werden. Kaiser Leon VI. (886–912) verfügte ausdrücklich, daß der Typ dromonion in der regulären Seeschlacht nicht gegen die Sarazenen eingesetzt werden durfte. Dolley vermutet das Einsatzgebiet dieses Schiffstyps im Schwarzen Meer. Dort sollen diese kleinen Dromonen als »Wikingerjäger« eingesetzt worden sein. Sie waren gut geeignet, die relativ klein und leicht gebauten Wikingerschiffe zu jagen, die aus den russischen Flußmündungen heraus operierten und im 10. Jahrhundert ihre Raubzüge über das Schwarze Meer hinweg bis an die Küsten des Byzantinischen Reiches ausdehnten.

Unter dem Oberbegriff Dromone (dromon) oder dem Synonym Schelander (chelandion) faßte man drei Kampfschifftypen mit zwei Riemenreihen zusammen. Die Ousiake (ousiakos), Pamphyle (pamphylos) und die Dromone (dromon) im engeren Sinne wurden mit ähnlichen Abmessungen, aber für einen unterschiedlichen Kampfeinsatz als Polyeren biremischer Bauart mit Rammsporn konstruiert.

Die Ousiake kann als leichte Dromone mit den Aufgaben eines Kreuzers, die Pamphyle als mittlere Dromone mit den Kampfaufgaben eines Schlachtkreuzers und die Dromone im engeren Sinne als schweres Kampffahrzeug mit den Aufgaben eines Schlachtschiffes eingeordnet werden. Köster gibt die Länge der Dromone mit 30 bis 36 m an, während Dolley für alle drei Dromonentypen gleiche Abmessungen errechnet, die bei etwa 40 m Länge, 5,20 bis 5,50 m Breite und 1,50 bis 1,80 m Tiefgang gelegen haben sollen. Demgegenüber wird hier jedoch mit Casson angenommen, daß die Dromone im engeren Sinne, das Schlachtschiff, größere Abmessungen besessen hat, da die sehr starke Kampfbesatzung mehr Platz an Deck benötigte als bei der Pamphyle oder Ousiake.

Die mit zwei Riemenreihen erbauten Dromonen, ousiakos, pamphylos und dromon, führten an jeder Seite in einer Riemenreihe mindestens 25 Riemen (Leon, peri thal. 8), also insgesamt 100.

Auf den oberen und unteren 25 Rojerbänken bedienten bei der Ousiake 50 Rojer je einen Riemen der Back- und Steuerbordseite, so daß sich die Gesamtrojerbesatzung auf 100 Mann belief (Leon, peri thal. 8). Es wird ausdrücklich erwähnt, daß die Rojer am Kampf teilnahmen, also gleichzeitig die Aufgaben der Seesoldaten zu erfüllen hatten (Leon, peri thal. 8). Da sich die Gesamtbesatzung der Ousiake auf eine ousia = 108 bis 110 Mann stellte (Constantinus Porphyrogenitus, de caerimoniis 2,45), werden neben den Vorgesetzten noch Matrosen für die Bedienung der Besegelung und sonstigen Decksdienst an Bord gewesen sein.

Bei der Pamphyle, einer mittleren Dromone, bestand die Gesamtbesatzung ursprünglich aus etwa 162 bis 165 Mann = 1½ ousiai. Für das Jahr 906 sind uns Pamphylen mit einer Gesamtbesatzung zwischen 130 bis 160 Mann überliefert, die vermutlich ebenso wie bei der leichten Dromone, der Ousiake, sowohl im Rojerdienst als auch im Kampf eingesetzt wurden.

Für Pamphylen aus dem Jahr 949 werden Besatzungszahlen von 120 und 150 Mann genannt (Constantinus Porphyrogenitus, de caerim. 2,44 und 2,45). Danach könnten die 50 Riemen der unteren Reihe (an jeder Seite 25) mit je einem Rojer und die der oberen Reihe, gleichfalls 50 Riemen, mit je ein bis zwei Rojern besetzt gewesen sein.

Dolley zieht aus der Tatsache, daß die Gesamtbesatzung einer Pamphyle von 130 bis 160 Mann auf 120 bis 150 Mann reduziert wurde, den Schluß, daß ursprünglich bei diesem Schiffstyp die Riemen der oberen Reihe mit zwei Rojern besetzt wurden, wie hier bei den monerisch gebauten leichten Dromonen des 6. Jahrhunderts als Regel angenommen worden ist.

Eine Pamphyle konnte bei einer Gesamtbesatzung von 120 bis 130 Mann, da nach Kaiser Leon VI. jede Dromone **mindestens** 100 Riemen besaß (peri thal. 8), nur je einen Riemen mit einem Rojer besetzen. Die Pamphyle könnte jedoch statt 100 in zwei Reihen angeordneter Riemen 120 oder 128 mit je einem Rojer besetzt gefahren haben. Legt man die Minimalriemenzahl von 100 zugrunde, so könnten die restlichen 20 bis 30 Besatzungsmitglieder die Kampfbesatzung oder die Matrosen des Decksdienstes nebst Schiffsführung gestellt haben. War letzteres der Fall, oder stellten sie nicht die volle Kampfbesatzung, sondern nur einen Teil derselben, so spricht vieles dafür, daß auch bei der Pamphyle, wie bei der Ousiake, die oberste Rojerreihe im Gefecht zu den Waffen griff und der Schiffsantrieb der unteren Riemenreihe überlassen blieb. In Fortführung dieses Gedankens wird eine Pamphyle mit einer Besatzung von 150 bis 160 Mann entweder mehr als 100 Riemen besessen haben, oder sie konnte auf dem Kriegsmarsch die oberen Riemen mit je zwei Mann besetzt halten. Im Gefecht war es möglich, sich für den Antrieb auf die untere Riemenreihe zu beschränken oder die obere Riemenreihe mit nur einem Rojer je Riemen besetzt zu halten und die frei gewordenen 50 Soldaten in den Kampf zu schicken. Die restliche Besatzung von zehn Mann wird zum Decksdienst oder zur Schiffsführung gehört haben. Die Pamphylen des Jahres 949 besaßen lediglich eine um zehn Mann reduzierte Besatzung. Auf eine Veränderung der Riemen**besetzung** kann, wie leicht zu errechnen ist, diese Besatzungsverringerung keinen Einfluß gehabt haben. Eine Reduzierung der Riemenzahl gegenüber dem Jahre 906 lag bei den größeren Pamphylen jedoch im Bereich der Möglichkeit.

Aus der Pamphyle entwickelte sich der größte und schwerste Dromonentyp, das Schlachtschiff der byzantinischen Flotte. Dieses im engeren Sinne Dromone (dromon) genannte schwere Kampfschiff hatte eine Minimalbesatzung von 200 Mann. Davon handhabten 50 Mann je einen Riemen der unteren Reihe an Back- und Steuerbord (Leon, peri thal. 9). Von den übrigen 150 Soldaten bedienten bei dieser Variante nach Casson vermutlich 100 Mann die Riemen der oberen Reihe, so daß bei je 25 Riemen an Back- und Steuerbord jeder mit zwei Rojern besetzt werden konnte. Die restliche Besatzung von 50 Mann soll den

Dienst der Seesoldaten versehen, also die Kampfbesatzung gestellt haben.

Auch eine von Dolley angenommene Riemenbesetzung wäre möglich gewesen. Auf dem Kriegsmarsch saßen vielleicht drei Rojer an jedem Riemen der oberen Reihe. Im Gefecht bedienten dann nur noch ein oder zwei Mann den oberen Riemen, während der jeweils zweite und dritte Mann als Marineinfanterist kämpfte. Weiter läßt die Textstelle *(Leon, peri thal. 9)* die Möglichkeit offen, nur den 50 Rojern der unteren Riemenreihe den Gefechtsantrieb zu überlassen und alle an Deck stationierten 150 Mann in den Kampf zu schicken.

Die größte überlieferte Riemenzahl einer schweren Dromone betrug insgesamt 120 *(Constantinus Porphyrogenitus, de caerim. 2,45)*. Jede der beiden Reihen dieser Schlachtschiffvariante wies 30 Riemen an Back- und Steuerbord auf. Die Besatzung bestand aus zwei ousiai zu je 110 Soldaten = 220 Mann.

Der größte uns bekannte schwere Dromonentyp hatte eine Besatzung von 230 Rojern und 70 Seesoldaten *(Constantinus Porphyrogenitus, de caerim. 2,44)*. Einzelheiten über die Riemenbesetzung dieser mit einer Gesamtbesatzung von 300 Mann operierenden Dromone sind nicht überliefert.

Alle drei Dromonentypen der byzantinischen Marine wurden im 10. Jahrhundert aphrakt, d. h. als offene Schiffe gebaut. Vorn und achtern besaßen sie ein Halbdeck. Beide Halbdecks waren mit hinter dem Schanzkleid an Back- und Steuerbord verlaufenden Verbindungsdecks verbunden. Diese Konstruktion ist hier schon für die leichte Dromone des 6. Jahrhunderts angenommen worden, da sowohl die bicrota des 2. Jahrhunderts v. u. Z. als auch die Liburnen des 1. und 2. Jahrhunderts in dieser Bauart rekonstruiert wurden.

Während bei der monerisch gebauten Dromone des 6. Jahrhunderts über den Rojern Decks vorhanden waren (»darüber Decks besitzend«), die sie gegen Feindbeschuß schützten *(Prokop, Bell. Vand. 1,11)*, fanden bei den Dromonen des 10. Jahrhunderts nur die Rojer der unteren Reihe durch die Verbindungsdecks Schutz gegen feindliche Geschosse. Die zweite Rojerreihe saß auf diesen Decks. Sie war lediglich seitlich durch das Schanzkleid, castellum genannt, und die dort vor Beginn des Kampfes eingesteckten Schilde abgedeckt. Die Back wurde von einem Vorderkastell zumeist ganz ausgefüllt. Aus diesem Kastell ragte seit dem 7. Jahrhundert ein Feuerrohr, der Siphon, mit dem das »Griechische Feuer« auf den Gegner geschleudert wurde *(Leon, peri thal. 6)*. Dieser Flammenwerfer war unmittelbar über dem Vorsteven eingebaut. Die furchtbare Wirkung des verspritzten »Seefeuers« und die Wirkungsweise des Siphons wird im Kapitel »Bewaffnung« behandelt.

Auch die Dromone war im Unterwasserteil mit Blei beschlagen, wie ihre klassischen Vorläufer, doch verwendete die byzantinische Marine neben Bronze- auch Eisennägel. Man hatte die in der römischen Flotte bekannte Tatsache, daß Eisen auf Blei im Salzwasser stark korrodiert, vergessen. Das Überwasserschiff wurde durch aufgenagelte nasse oder naßgehaltene Häute gegen Feuer und leichte Projektile geschützt.

Der über dem Kiel vorhandene offene Schiffsraum, in dem auch die Schiffsboote gestaut werden konnten, war bei schweren Dromonen mittschiffs häufig durch ein zweites, das Schanzkleid seitlich etwas überragendes Kastell unterbrochen *(Leon, peri thal. 7)*. Achtern befand sich ursprünglich das Deckshaus der Schiffsführung, das im 10. Jahrhundert bei den Schlachtschiffen zum Achterkastell mit Poopdeck ausgebaut worden war.

Die größten Schlachtschiffe besaßen drei Flammenwerfer (siphones) *(Constantinus Porphyrogenitus, de caerim. 2,48)*, von denen nach Dolley je eine Waffe vom Vorderkastell, vom Kastell mittschiffs und vom Achterkastell aus eingesetzt werden konnte. Auf Kastellen und hinter dem Schanzkleid wurden bis zu 20 leichte Pfeilgeschütze, bei den schweren Dromonen auch schwere Pfeil- und Wurfgeschütze, plaziert.

Alle Dromonen des 10. Jahrhunderts fuhren zwei bis drei relativ kurze, fest eingebaute Masten mit Lateinerbesegelung. Da die Masten auch im Kampf nicht gelegt wurden, ist es nicht sicher, ob die Dromone des 10. Jahrhunderts noch einen Hauptrammsporn in der Wasserlinie besaß, wie Dolley aus einem von Kaiser Leon VI. beschriebenen *(peri thal. 69)* Manöver folgert. Zwar erlaubte das Lateinersegel einen gegenüber dem Rahsegel um $1/3$ bis $1/2$ verkürzten Mast, der der Erschütterung des Rammstoßes besser widerstehen konnte als der relativ hohe Mast der klassischen Zeit, doch zeigt uns die Dromone des 6. Jahrhunderts (Bild 33) ebenso wie die Dromone des 12. Jahrhunderts – bildliche Darstellungen aus der Zwischenzeit fehlen völlig – nur einen Sporn über der Wasserlinie. Aus diesem Überwassersporn, der vermutlich vorn stumpf war, um nachhaltiger das tote Werk des gegnerischen Schiffes zertrümmern zu können, soll sich nach Casson bei den größeren Dromonen im 10. Jahrhundert eine feste Enterbrücke entwickelt haben.

Von den Dromonen fuhren vor dem Großmast die Ousiaken (ousiakoi) und Pamphylen (pamphyloi) einen Fockmast. Die Dromonen (dromones) im engeren Sinne waren Dreimaster. Bei diesen Schlachtschiffen kam achtern noch der Besanmast hinzu. Alle zwei oder drei Masten trugen je ein Lateinersegel an einer langen Rute. Der spierenartige Vormast war endgültig verschwunden. Riemenausleger gab es bei den Dromonen nicht mehr. Beide Riemenreihen wurden durch Rojepforten in der Bordwand geführt.

Die navis lusoria als leichteste Kampfeinheit der römischen Marine ist in Skizze 70 mit 9,50 m Länge und 2,50 m Breite bei einer vom Kiel bis zum Dollbord reichenden Raumtiefe von 1 m gezeichnet worden. Fahrzeuge dieses Typs ersetzten im 4. Jahrhundert bei den Flußflotten und Seeflottillen die bis dahin gebräuchlichen Flußliburnen. Das neue Schiffsmaterial war als Monere konstruiert, d. h., es gab nur eine Rie-

75

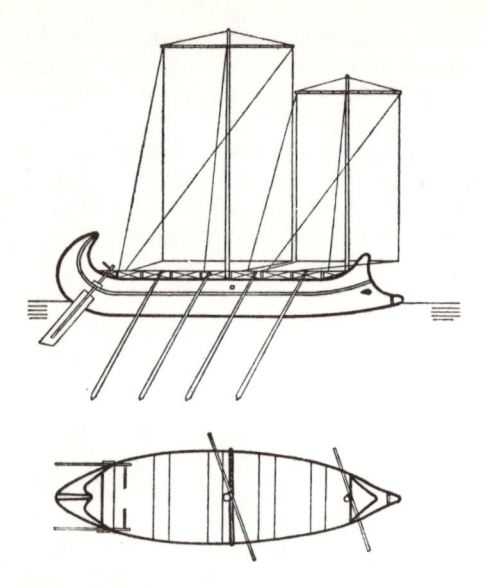

Skizze 70: Seiten- und Decksriß
NAVIS LUSORIA
(leichtes Flußkampfschiff)
4. Jahrhundert

menreihe. Offen gebaut, besaß der neue Typ kein Deck.
Gelegentlich wurden die Fahrzeuge der See- und Flußflotten auch einfach als barcae, also Barken, bezeichnet. Es handelte sich alsdann nicht um einen bestimmten, feststellbaren Schiffstyp, sondern man verwendete das Wort barca als Sammelbezeichnung im Sinne von Schiff oder Boot.
Wir wissen, daß im Jahre 359 Kaiser Julian im Kampf gegen Germanen auf dem Rhein 40 naves lusoriae mit 300 Soldaten bemannte. Aus diesen Zahlen ergibt sich eine Kampfbesatzung von sieben bis acht Mann, die natürlich bei einem kleinen Kriegsfahrzeug auch zugleich die Rojerfunktionen mit übernahm. Rechnet man einen Schiffsführer (ductor), der zugleich Rudergänger war, und einen Matrosen für die Instandhaltung der Besegelung als Stammbesatzung hinzu, so dürfte die Gesamtbesatzung zehn Mann nicht überschritten haben. Die navis lusoria wurde also von einem Flottenmanipel bemannt, wobei an jeder Seite vier Rojer saßen. Bei Ralswiek auf Rügen fand man jetzt ein wendisches Fahrzeug aus dem 11. Jahrhundert, das einmal mit acht bis zehn Riemen und Besegelung ausgerüstet war. Es wurde mit 9,50 m Länge bei 2,50 m Breite vermessen. Eine entsprechende Größe dürfte auch die römische navis lusoria gehabt haben.
Da das leichte Flußkampfschiff schnell und wendig im Überraschungsangriff und bei Kommandounternehmen sein sollte, wird man die navis lusoria auch mit Segeln versehen haben. Schon auf der Darstellung einer griechischen Pentekontore, einem Kriegsschiff der Frühzeit mit insgesamt 50 Rojern, findet man zwei völlig gleiche mittschiffs senkrecht stehende Masten mit Rahsegeln. Auch ein römischer Handelssegler zeigt auf einer Münze des Kaisers Commodus um 190 diese Besegelung. Doch im 4. Jahrhundert entwickelten sich Schiffe mit einem echten Fockmast. Dieser, weit vorn, senkrecht vor dem Hauptmast stehend, war in engen Gewässern für Segelmanöver geeigneter als der bei bei der Flußliburne bugsprietartig vorragende Vormast mit dem Artemonsegel. Das neue leichte Flußkampfschiff wurde nicht zuletzt deswegen eingeführt, um auch die kleinen Nebenflüsse von Rhein, Donau, Seine und Rhône ohne Behinderung befahren zu können. Auf einer Münze des Kaisers Maximian aus dem Jahre 306 sehen wir ein offensichtlich kleines Fahrzeug, da es keine Toppsegel und nur vier bzw. zwei Toppnanten führt, mit dieser neuartigen Besegelung (vergleiche auch Bild 43).
Wohl alle Flußliburnen besaßen, obgleich vorwiegend bei amphibischen Operationen eingesetzt, einen Rammsporn. Man wird auch bei der navis lusoria nicht auf diese bewährte Waffe verzichtet haben, da neben Landungsmanövern an feindlich besetzten Ufern auch immer mit Flußgefechten gerechnet werden mußte.
Ein sehr kleines römisches Kriegsschiff, das fünf Riemen und ein riemenartiges Steuerruder an der Backbordseite zeigt, befindet sich als sogenanntes Bernsteinschiff im Römisch-Germanischen Museum zu Köln (Bild 39). Die Arbeit soll aus dem 3. Jahrhundert stammen. Auch dieses Fahrzeug ist vom Künstler mit einem Segel und einem sehr ausgeprägten Rammsporn versehen worden.
Das Heck war sicherlich, wie bei allen römischen Kriegsschiffen, nach vorn überworfen. Diese Bauart können wir nicht nur bei Hochsee-, sondern auch bei vielen römischen Flußfahrzeugen beobachten. Das eben zitierte Bernsteinschiff zeigt dieses Konstruktionsmerkmal ebenso wie das getreidelte Schiff auf dem Relief der Igeler Säule und die sogenannten Oberländer Rheinkähne, die noch im vorigen Jahrhundert im Kölner Rheinhafen festmachten. Sie waren ganz offensichtlich in ihrer Bauart römisch beeinflußt.

NAVIS AGRARIENSIS und NAVIS IUDICIARIA

Neben dem leichten Flußkampfschiff, der navis lusoria, wurden die Flußflotten im 4. Jahrhundert mit zwei weiteren neuen Typen, der navis agrariensis und der navis iudiciaria, ausgerüstet.
Wir wissen über diese beiden Schiffstypen wenig. Die naves agrarienses sollen leichte Wachschiffe und die naves iudiciariae könnten Bereisungs- oder Verbindungsfahrzeuge gewesen sein. Das Verhältnis der einzelnen Schiffstypen zueinander spricht sehr für diese Ausdeutung der Typenbezeichnungen.
Auf 100 naves lusoriae, als Sollstärke der Moesischen Flotte, kamen im Jahre 412 zehn naves agrarienses und vier naves iudiciariae. Im gleichen Jahr war das Zahlenverhältnis dieser Schiffstypen zueinander bei der Skytischen Flotte ebenso. Die Sollstärke wurde

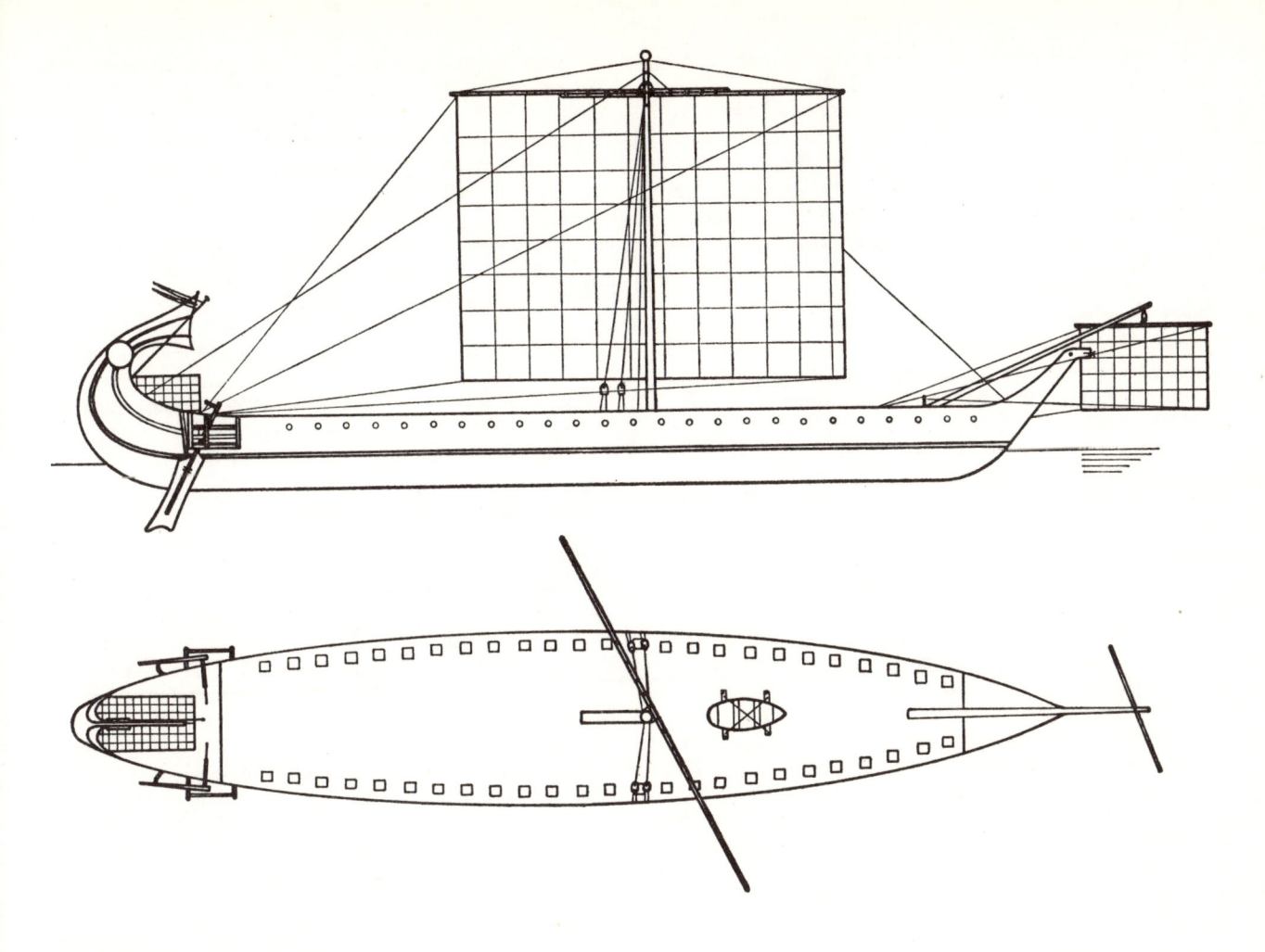

Skizze 71: Seiten- und Decksriß
LEMBUS
(Aviso, Spähkreuzer [navis speculatoria], Geleiter und leichtes Kampffahrzeug)
3. und 2. Jahrhundert v. u. Z.

auf 125 naves lusoriae, zwölf naves agrarienses und fünf naves iudiciariae festgesetzt.

Das hier in Skizze 71 gezeigte Schiff könnte eine Lembe der römischen Marine aus der Zeit des Ersten Illyrischen Krieges (229–228 v. u. Z.) darstellen. Es gelang den Römern nach Polybios *(2,11)* erstmalig im Jahre 229 v. u. Z., 20 illyrische Lemben zu kapern.

Die bei den Illyrern und Römern mit einer Riemenreihe (Monere), bei den griechisch-makedonischen Seestreitkräften auch mit zwei Riemenreihen (Bireme) versehene Lembe hat sich mit großer Wahrscheinlichkeit aus dem homerischen pentekontoros des 12. Jahrhunderts v. u. Z. entwickelt. Strabo *(2,99)* beschreibt das von Eudoxos gegen Ende des 2. Jahrhunderts v. u. Z. gebaute Schiff, mit dem er seinen Versuch, Afrika zu umsegeln, fortsetzen wollte, als »ein lembos ... das Äquivalent von einem pentekontoros«. Homer schildert uns den pentekontoros als ein offenes Schiff *(Odyssee 12,410 f.)* mit 50 Rojern, das damals nur ein Transportmittel für die Krieger darstellte, die auch selbst die Riemen führten. Der Schiffstyp entstand bereits in vorhellenischen Zeiten, er besaß je ein Halbdeck vorn *(12,230)* und achtern *(12,414)* und setzte bei günstigem Wind ein Segel.

Auch die auf scharfem Bug gebauten lembi der römischen Flotte führten neben der Besegelung, die vermutlich aus einem Groß- und einem Vorsegel bestand, an jeder Bordseite nach illyrischem Vorbild 25 Riemen. Die gegenüber der Zeit des Trojanischen Krieges unveränderte Besatzungszahl von 50 Mann ist uns sowohl für die Zeit des Ersten Punischen Krieges von Polybios als auch für die spätere Zeit von Strabo überliefert worden. Aus der Anzahl der Rojer können wir bei der größten Lembe auf eine Schiffslänge von 30 m bei einer Breite von 5 m schließen.

77

Der Längenbreitenindex von 6 : 1 kennzeichnet für die damalige Zeit ein Schiff, das hohe Fahrt laufen konnte. Wie uns Livius *(44,28)* überliefert, war ein lembus in der Lage, zusätzlich zu seiner Besatzung noch 20 Gefangene und zwei Pferde aufzunehmen.

Ein lembus der Flotte wird uns zu allen Zeiten als ein schnell segelndes, offenes Schiff mit und ohne Rammsporn beschrieben. Der Fahrzeugtyp dürfte einer der wenigen sein, der sich in seiner Grundkonzeption über 1 000 Jahre kaum veränderte.

Die Schnelligkeit der Lemben machte sie besonders geeignet, als Spähkreuzer und Aviso bei der Flotte Dienst zu tun. Bei der Sicherung von Geleitzügen und in der Seeschlacht übernahmen sie dank ihrer Geschwindigkeit die Aufgabe der Zerstörer des Ersten Weltkrieges und der heutigen Fregatten. Im antiken Seegefecht griffen lembi in geschlossenen Verbänden schwere feindliche Einheiten mit dem Ziel an, sie bewegungsunfähig zu machen. Die Angriffe der Lemben richteten sich also vornehmlich gegen den Schiffsantrieb. Die Zerstörung der gegnerischen Riemen war Einsatzziel und Kampfauftrag.

Polybios *(2,10)* schildert uns sehr detailliert eine besondere Taktik, die Lembenverbände der Illyrer im Kampf gegen Schlachtschiffe zur Anwendung brachten: »Die Illyrer dagegen banden ihre Lemben zu je vier (der Länge nach) aneinander und griffen die Feinde an, und ohne Rücksicht auf die Sicherheit der eigenen Fahrzeuge boten sie den Gegnern ihre Breitseite dar und erleichterten ihnen dadurch absichtlich den Rammstoß. Wenn aber die feindlichen Schiffe diesen ausgeführt, das gegnerische Fahrzeug beschädigt, sich an ihm beim Stoß festgefahren und die Bewegungsfreiheit verloren hatten, dann sprangen sie von ihren zusammengebundenen Lemben, die sich ringsherum eng um die Schnäbel der feindlichen Schiffe gelegt hatten, auf das Vordeck der achäischen Schiffe und überwältigten die Besatzung durch die Überzahl ihrer Seesoldaten. Auf diese Weise bekamen sie vier Tetreren in ihre Gewalt und versenkten eine Pentere mitsamt der Bemannung.«

Es ist selbstverständlich, daß nicht alle lembi die gleiche Größe besaßen. So wissen wir aus den Friedensbedingungen, die der Römer T. Flaminius im Jahre 195 v. u. Z. dem Tyrannen Nabis von Sparta auferlegte, daß es auch Lemben mit nicht mehr als 16 Riemen gab. Doch ist es heute anders? Der US-Zerstörer »Bainbridge« verdrängt bis zu 8 430 t und der schwedische Zerstörer »Uppland« bis zu 2 400 t. Die US-Geleitfregatte »Knox« ist auf 4 100 t und die russische Geleitfregatte »Gangutec« auf 1 200 t ausgelegt. Wenn in den Quellen die Größenangabe über die Kriegslembe variiert, so sind dies keine widersprüchlichen Aussagen der antiken Schriftsteller, sondern sie beweisen nur, daß es wie heute Zerstörer und Geleitfregatten, so damals Lemben, verschiedener Größe gab.

Auch die kleineren Lemben dürften Nachfahren der homerischen Eikoseren, also der frühen Moneren, gewesen sein, die in der Odyssee mit 20 Riemen, zehn an jeder Seite, für Handelszwecke und als Transportschiffe für die griechischen Krieger in Gebrauch waren.

Wenn gelegentlich Frachter, Hafen-, Fluß- und Fischereifahrzeuge und Boote lembi oder lembuli genannt werden, so haben diese Fahrzeuge vermutlich ihre Bezeichnung der besonderen lembenmäßigen Bauart zu verdanken. Sie waren im Bug spitz und scharf konstruiert. Ein Nachen mit spitzem Vorderteil wurde von den Griechen lembos genannt.

Auch heute gibt es Handelsschiffe und kleine Boote mit Kreuzerheck. Sie haben ihre Heckform von dem Kreuzer der Kriegsflotten übernommen. Vermutlich hat die Lembe der Kriegsflotten ihre besondere Bauart von den lemboi der Handelsmarine entlehnt. Die als lemboi bezeichneten zivilen Wasserfahrzeuge der Antike hatten sicherlich mit dem Kriegsschifftyp nur Konstruktionsdetails gemeinsam.

Lemben operierten im Zweiten Punischen Krieg unter Philipp V. von Makedonien gegen die Römer. Dieser Typ wurde jedoch nicht als Kampffahrzeug von den Makedonen auf Stapel gelegt, sondern für den Truppentransport. Polybios *(5,109)* berichtet: »In der Winterruhe wurde Philipp klar, daß er für seine Unternehmungen eine Flotte mit ausgebildeter Bemannung brauche, und zwar nicht, um mit ihr Seeschlachten zu schlagen – er gab sich nicht der Illusion hin, jemals den Römern zur See gewachsen zu sein –, sondern mit bescheidenerem Ziel, nur zum Transport der Truppen, um sie schnell an einen bestimmten Ort werfen und dort den Feind überraschen zu können. Da er für diesen Zweck den illyrischen Schiffstyp für den geeignetsten hielt, ließ er 100 Fahrzeuge dieser Art bauen, fast als erster unter den makedonischen Königen.«

Im Jahre 214 v. u. Z. griff König Philipp V. mit 120 Lemben die Stadt Apollonia an. Livius *(24,40)* bezeichnet diese Lemben als »lembis biremibus«, d. h. als einen Typ, der statt einer zwei Riemenreihen führte.

Ein besonderer Lembentyp wurde nach Polybios von illyrischen Seeräubern eingesetzt und nach Livius *(31,45; 32,21; 42,48)* später in die römische Flotte übernommen. Dieser Lembentyp besaß mit großer Wahrscheinlichkeit keinen Rammsporn. Wir wissen, daß im Jahre 231 v. u. Z., kurz vor der Errichtung des römischen Protektorates in Illyrien (229 v. u. Z.), 100 Lemben der Illyrer 5 000 Mann an Bord nehmen konnten *(Polybios 2,3)*. Danach hatte ein lembus dieser Bauart eine Besatzung von 50 Mann.

Makedonische Lemben fuhren im Kampf gegen rhodische Schiffe in der Seeschlacht von Chios einen Rammsporn. Die Polybiosstelle *(16,4)*, aus der man diesen Schluß ziehen kann, lautet: »Die Lemben aber waren für die Rhodier in vieler Hinsicht ein ernstes Hindernis im Kampf. Denn gleich beim ersten Zusammenstoß kam die Schlachtreihe aus der ursprünglichen Ordnung, Feind und Freund, alles war wie in einem Knäuel miteinander verwickelt, so daß die Rhodier weder durch die feindliche Linie leicht hindurchstoßen noch dann wieder wenden, das heißt ihre taktische Überlegenheit überhaupt nicht ausnutzen konnten, während die Lemben teils gegen die Riemen anrannten und ihren Gebrauch behinderten oder bald von vorn, bald von hinten angriffen, so daß die Steuerleute und die Rojer in ihrer Arbeit gehemmt waren. Beim Zusammenstoß Bug gegen Bug aber wandten sie einen Kunstgriff an. Indem sie nämlich ihre Schiffe vorn herunterdrückten, empfingen sie selbst die Rammstöße oberhalb des Wassers, den Feinden brachten sie das Leck unter Wasser bei, wo es gegen die Beschädigung keine Abhilfe gibt. Indessen ließen sie sich nur selten auf einen Rammstoß ein, sondern vermieden im allgemeinen die unmittelbare Berührung mit den feindlichen Schiffen, da sich die Makedonen vom Verdeck aus tapfer zur Wehr setzten. Vielmehr versuchten sie, meist im Hindurchfahren, den feindlichen Schiffen die Riemen abzustreifen und sie dadurch bewegungsunfähig zu machen. Dann wendeten sie wieder, umkreisten die feindlichen Schiffe und griffen sie von hinten, von der Seite oder während sie noch in der Drehung begriffen waren an und suchten ihnen ein Leck beizubringen oder irgendeinen Teil ihrer Kampfausrüstung zu beschädigen. Durch diese Kampfesweise gelang es ihnen, einen beträchtlichen Teil der feindlichen Schiffe zu zerstören.«

Für den in der römischen Flotte dienenden illyrischen Lembentyp fehlen in der Literatur Belege für das Vorhandensein eines Rammsporns. Die oben zitierte Lembenkampftaktik der Illyrer *(Polybios 2,10)* deutet auf das Fehlen dieser Waffe hin.

Die Skizze wurde nach einer Terracotta-Dachverkleidung aus Augusteischer Zeit, genannt »Schiff des Odysseus«, jetzt Louvre, Paris *(vergleiche Moll, B V, Bild 45)*, und im Achtersteven nach einer vermutlich aus der Zeit um 200 v. u. Z. stammenden Skulptur, dem Hagesandrosschiff in Lindos auf der Insel Rhodos, gefertigt (Bild 34).

PRISTIS
(Geleiter und leichtes Kampffahrzeug)
3. und 2. Jahrhundert v. u. Z.

Der Schiffstyp pristis, auch pistris genannt, trat bereits in den ersten beiden Punischen Kriegen als spezielles Geleitfahrzeug bei der Sicherung von Konvois in Erscheinung. Er dürfte in der Aufgabenstellung den früheren Torpedobooten und unseren heutigen Geleitfregatten und Korvetten entsprochen haben. Da pristes zusammen mit den Iembi zum Geleitschutz eingesetzt wurden, werden sie ähnlich konstruiert und besegelt gewesen sein. Auch bei den pristes handelte es sich um schnelle Fahrzeuge, von deren Aussehen wir jedoch nicht ausreichend unterrichtet sind. Schiffsform und Namen sollen die Pristen nach einer »marina belua« (Meeresuntier), vermutlich einem Haifisch, erhalten haben.

Die pristen nahmen nachweislich wie die lembi in der Flotte Philipps V. von Makedonien an der Seeschlacht als leichte Einheiten mit eigenem Aufgabenbereich teil. Auch von diesem Schiffstyp wissen wir, daß er mit einem Rammsporn versehen werden konnte. Vermutlich wird auch die römische Flotte erbeutete Fahrzeuge dieses Typs in Dienst gestellt haben, da König Philipp beim Friedensschluß, der im Jahre 197 v. u. Z. den Zweiten Makedonischen Krieg beendete, alle Kriegsschiffe bis auf sechs ausliefern mußte. Auch sein Sohn Perseus wurde nach dem Dritten Makedonischen Krieg (171–168 v. u. Z.) gezwungen, seine Flotte, zu der zahlreiche Pristen gehörten, an Rom auszuliefern. Zuvor hatten die Römer vermutlich schon im Jahre 195 v. u. Z. spartanische Pristen als Kriegsbeute erhalten. Livius *(35,26)* überliefert uns, daß auch Nabis, der Tyrann von Sparta, im Jahre seiner Ermordung (192 v. u. Z.) Pristen besaß. Er versammelte eine Flottille, die aus »drei Kriegsschiffen mit Deck und aus Lemben und Pristen« bestand.

HEMIOLIA
(leichtes, eineinhalbrangiges Kampfschiff und Schnelltransporter)
6. bis 2. Jahrhundert v. u. Z.

Eine attische schwarzfigurige Vase aus der zweiten Hälfte des 6. Jahrhunderts v. u. Z. zeigt ein griechisches Kriegsschiff mit Segel und Rammsporn, das sich anschickt, ein Entermanöver zu fahren, um bei einem Handelssegler längsseits zu gehen. Vier Besatzungsmitglieder beschäftigen sich mit der Besegelung, um das angeordnete Manöver auszuführen (Bild 35). Es handelt sich offenbar um ein Piratenfahrzeug. Dieses Schiff weist als Besonderheit in der oberen, auf dem Dollbord liegenden Backbordriemenreihe sechs Riemen und darunter, durch Rojepforten gesteckt, in einer zweiten Reihe zwölf Riemen auf. Das leichte Kampfschiff mit je einem Mann an einem Riemen stellt somit eine eineinhalbrangige Einheit dar; es ist nach Casson eine hemiolia. Diese Bezeichnung bedeutet im Griechischen »eineinhalb«.

Betrachtet man den Kriegsschifftyp genauer, so stellt man fest, daß die hemiolia nicht nur mit eineinhalb Riemenreihen, sondern auch als echte Bireme fortbewegt werden konnte, indem an jeder Seite achtern sechs Riemen zusätzlich auf dem Dollbord ausgelegt wurden. Das Schiff besaß außerdem eine gute Besegelung. Die Rah des einzigen Segels scheint etwa dreiviertel so lang wie das ganze Schiff gewesen zu sein.

Der Konstrukteur eines Piratenfahrzeuges mußte damals wie noch in jüngerer Vergangenheit Besonderheiten des »Gewerbes« berücksichtigen. Zunächst war es erforderlich, unter Segel eine höhere Geschwindigkeit zu erreichen als das Opfer. Trat Windstille ein, so benötigte man eine ausreichend starke Rojermannschaft, um stilliegende oder wenig Fahrt machende Handelssegler auszumachen und sich ihnen schnell zu nähern. Stand nun jedoch in beiden Fällen die Enterung bevor, so waren für das Piratenfahrzeug alle Eigenschaften eines Kriegsschiffes nützlich. Die hemiolia stellte den Typ dar, der die zu fordernden Eigenschaften aufwies. Sie konnte schnell heransegeln, sodann mit 12 Mann die Segel bergen, während sich 36 Mann (12 in der oberen und 24 in der unteren Reihe) an die Riemen setzten und das Entermanöver fuhren. Wurde aber bei Windstille das Schiff gepullt, so war man in der Lage, die Geschwindigkeit oder die Wirkung des Rammstoßes durch 12 zusätzliche Rojer in der oberen Reihe beträchtlich zu erhöhen.

Die antiken Kriegsflotten zeigten für dieses Piratenfahrzeug reges Interesse. Alexander d. Gr. setzte hemioliai auf den Flüssen Hydaspes (Jihlam/Pakistan) und Indus (Sindh/Pakistan) ein. Auch die ptolemäische Flotte Ägyptens ebenso wie die makedonische Flotte unter Philipp V. besaßen Kriegsschiffe vom Typ hemiolia. Besonders die Marine von Rhodos unterhielt zahlreiche Einheiten vom 2. bis zum 1. Jahrhundert v. u. Z. unter einem besonderen »Commodore der hemioliai«. Die römische Marine setzte nach Appian *(Pun. 75)* im Dritten Punischen Krieg (149–146 v. u. Z.) Schiffe dieses Typs als Schnelltransporter ein, um im Jahre 149 v. u. Z. von Sizilien nach Utica laufende Truppentransporte durchzuführen.

TRIEMIOLIA
(leichtes, zweieinhalbrangiges Kampfschiff)
4. bis 1. Jahrhundert v. u. Z. (1. Jahrhundert)

Erstmalig erfahren wir von der Existenz dieses sehr schnellen, eine Kreuzung zwischen Triere und Hemiolie darstellenden Kriegsschiffes durch Diodor *(20,93)*, der uns berichtet, daß der rhodische Kaperkapitän Menedemos während des Krieges gegen Antigonos I. von Makedonien mit drei triemioliai im Jahre 304 v. u. Z. Frachter kaperte, verbrannte und sogar eine makedonische Tetrere des Demetrios aufbrachte.

Die triemiolia war ein auf Rhodos entwickelter neuer Schiffstyp, der die Vorteile der hemiolia – schnell unter Segel, wendig im Gefecht – mit denen der Triere – längere, höhere, massivere Bauart und zur Aufnahme von stärkeren Epibatenkontingenten geeignet – miteinander verband. Sie war, obgleich aphrakt, vermutlich nur mit Verbindungsdecks gebaut, an Größe und Kampfkraft der Hemiolie überlegen, konnte jedoch wie diese die obere Riemenreihe mit halber Rojerbesatzung fahren. Im Gefecht wurden vermutlich die Thalamiten- und Zygitenriemen voll und die Thranitenriemen zur Hälfte besetzt. Somit konnte die Triemiolie gegenüber der Triere mit einer geringeren Rojerbesatzung auskommen. Während des Kriegsmarsches wird man jedoch die obere Riemenreihe auch achtern voll besetzt haben, um die Geschwindigkeit zu erhöhen.

Triemiolien wurden von allen bedeutenden griechischen Flotten als Standardeinheiten auf Stapel gelegt. Nicht nur die Flotte Athens, sondern auch die ägyptische Flotte hielt in der griechischen Epoche Fahrzeuge dieser Bauart in Dienst. Als Verbündete der Römer kämpften Schiffe dieses Typs in der rhodischen Marine schon in der Seeschlacht bei Chios (201 v. u. Z.) gegen die makedonischen Seestreitkräfte. Das Flaggschiff Philipps V., eine Dekere, rammte eine Triemiolie mittschiffs unterhalb der Thranitenreihe, kam aber nicht wieder frei und wurde sodann von zwei rhodischen Penteren »mit seiner Besatzung, unter der sich auch Philipps Admiral Demokrates befand« *(Polybios 16,3)*, versenkt.

Nach dem Jahre 42 v. u. Z., als römische Flottenmacht unter C. Cassius die lange traditionsreiche Geschichte der rhodischen Marine beendet hatte, wurde dieser Schiffstyp nur noch vereinzelt gebaut. Es ist möglich, daß erbeutete Triemiolien noch einige Jahre in der römischen Flotte Dienst taten, doch die von den Römern bevorzugte Liburne trat bald ganz an deren Stelle.

Als man den Rhodiern unter römischer Besatzung später wieder erlaubte, für Polizeiaufgaben einige Kriegsschiffe in Dienst zu halten, griff man erneut auf diesen »Lieblingstyp« zurück, achtete aber sorgfältig darauf, den Schiffen Namen zu geben, die der römischen Manie entsprachen. So kennen wir z. B. rhodische triemioliai aus einer Inschrift des Jahres 23 mit den Namen Euandria (gr.) = Virtus (lat.) und Eirena (gr.) = Pax (lat.). Auch in späterer Zeit finden wir Namen wie Euandria Sebasta (gr.) = Virtus Augusta (lat.) und Eirena Sebasta (gr.) = Pax Augusta (lat.)

Die in der römischen Kaiserzeit gebauten rhodischen triemioliai müssen jedoch eine sehr kleine Version dieses Typs dargestellt haben. Nach Blinkenberg hatten sie eine Besatzung von 48 Mann, die Offiziere und den Kommandanten, archon genannt, mit eingeschlossen. Ein Fahrzeug dieser Größe war in der Tat nur für seepolizeiliche Aufgaben geeignet.

NAVES SPECULATORIAE oder CATASCOPII
(Spähschiffe, Aufklärungseinheiten und Avisos)
3. Jahrhundert v. u. Z. bis in die Kaiserzeit

Für die Aufklärung zur See verwendeten schon die griechischen Flotten im 5. Jahrhundert v. u. Z. spezielle Einheiten. Ihre Segel, das stehende und laufende Gut und der Schiffsrumpf waren aus Gründen der Tarnung blau wie das Mittelmeer eingefärbt und gestrichen. Die griechische Funktionsbezeichnung für ein Schiff mit dieser Aufgabenstellung war kataskopos (naus); wortgetreu: Späher, Beobachter.

Auch die römische Marine hielt besonders konstruierte, schnelle, leichte Spähschiffe, die auch als Aviso und Verbindungsfahrzeug zur Befehlsübermittlung eingesetzt wurden, in Dienst. Das navis speculatoria, auch catascopus, catascopium oder catascopiscus (Bild 49, Nr. 5) genannt, war kein bestimmter Schiffstyp, sondern nach der Aufgabenstellung eine Späh- oder Aufklärungseinheit, die wiederum den verschiedensten Schiffstypen angehören konnte.

Als Spähschiffe, Fühlunghalter und Befehlsübermittler, die grundsätzlich ohne Rammsporn erbaut waren *(Livius 36,42)*, wurden von der Flotte Handelssegler mit Riemen, u. a. die geseoreta und prosumia (Bild 49, Nr. 12), eingesetzt. Vorwiegend als Verbindungsschiffe der Befehlsübermittlung dienend (Avisos), sind uns die cursoriae und tesserariae (Bild 49,

Nr. 7 und 8) bekannt. Einzelheiten über all diese Schiffstypen sind nicht oder unzureichend überliefert. Vegetius, der um 400 lebte, berichtete *(de Re Mil.)*, daß den schweren Liburnen der Britannischen Flotte der Römer Aufklärungsfahrzeuge einheimischer Bauart zugeteilt wurden, die man in Britannien pictae nannte. Diese Bezeichnung läßt darauf schließen, daß es sich um Konstruktionen der schottischen Picten handelte. Die Fahrzeuge führten an jeder Seite 20 Riemen. Sie waren über alles, einschließlich Segel und Takelage, seegrün gestrichen. Sogar die Kleidung der Besatzung war in diesem Farbton eingefärbt.

Weitere, hier näher beschriebene, u. a. auch als naves speculatoriae eingesetzte Hilfskriegsschifftypen waren: lembus, acatus, celox, myoparo, camara und als Vorpostenboote eingesetzte Küstensegler (orariae naves), die wiederum verschiedenen Schiffstypen angehörten. Von dem zu den orariae zählenden Typen wurden der musculus häufiger, die horia, auch oria genannt, und die horiola oder oriola vereinzelt als Spähschiffe eingesetzt.

ACATUS
(Aviso und Spähschiff [navis speculatoria])
5. Jahrhundert v. u. Z. bis 8. Jahrhundert

Zu den leichten Einheiten der Flotte, die als Avisos, Spähschiffe und für Kommandounternehmen eingesetzt wurden, gehörten die kleinen, schnell segelnden acati. Dieser scharf auf den Bug und leicht gebaute Fahrzeugtyp dürfte auch große Ähnlichkeit mit der Lembe besessen haben. Mit Riemen und Segel ausgerüstet, hatte ein acatus, auch acatium genannt, zur Zeit des Strabo eine Besatzung von höchstens 30 Mann. Das Schiff soll eine geringe Breite besessen haben und war eine Monere, d. h. es besaß nur eine Riemenreihe an jedem Bord.

Schon als größere Ausführung in den griechischen und persischen Kriegsflotten mit über 50 Mann an Bord und bei Piraten gebräuchlich, wird es ein offenes Schiff (navis aperta) gewesen sein. Thukydides *(7,59)* erwähnt für das Jahr 413 v. u. Z. akatoi als Sperrfahrzeuge in der Hafeneinfahrt von Syrakus.

Mit den ebenfalls acati genannten kleinen Booten, bei denen z. T. zwei Riemen von einem Bootsknecht gehandhabt wurden, darf man die acati der Kriegsflotten nicht verwechseln. Erstere wurden für den Güterumschlag vom Frachter zum Land oder für die Weiterbeförderung von Waren und Personen über Flüsse verwendet. So wird z. B. auch der Nachen des Charon, der als Fährmann der Unterwelt die Seelen der Verstorbenen übersetzt, als acatus bezeichnet. Die Bedeutung des Wortes acatus kann nur aus dem Zusammenhang entnommen werden. Einmal ist es ein Boot oder Nachen, ein anderes Mal eine leichte Einheit der Kriegsmarine. Auch in unserer Zeit bezeichnen wir zwei grundverschiedene Schiffstypen mit dem gleichen Wort. Unter einem Linienschiff versteht man zum einen das Fracht- oder Passagierschiff, das eine bestimmte Linie mit festen Abfahrtzeiten befährt, und zum anderen ein Großkampfschiff der Kriegsflotten. Doch wurde auch ein sehr großes Frachtschiff, z. B. ein Obeliskentransporter, als acatus bezeichnet. In diesem Fall darf man annehmen, daß der Begriff im Sinne einer Sammelbezeichnung gebraucht wurde. Das deutsche Wort »Kahn« umfaßt Wasserfahrzeuge vom Ruderboot bis zum über 80 m langen Donau-, Elbe- und Rheinkahn.

CELOX
(Schnelltransporter, Aviso, Späh- und Flottenhilfsschiff)
4. bis 1. Jahrhundert v. u. Z.

Eine celox oder celes (von griech. keles) war ein kleines, schnelles, wahrscheinlich nicht sehr breit gebautes, mit einer Riemenreihe (Monere) und verhältnismäßig wenig Riemen ausgerüstetes Schiff. Die Griechen nannten ein sehr kleines Schiff dieses Typs keletion (vergleiche Bild 49, Nr. 9 und 21).

Ebenso wie der lembus wurde auch eine celox ursprünglich für den Transport von Frachten und Passagieren im Hafen, über See und auf Binnengewässern benutzt. Während ein lembos um 259 v. u. Z. etwa 25 t tragen konnte, wissen wir aus dem gleichen Dokument *(P. Cairo Zen. 59015)*, daß zu dieser Zeit eine celox etwa 13 t trug.

Schon bei den griechischen Flotten dienten celoces als Depeschenboote *(Herodot 8,94)* und Admiralitätsyachten *(Thukydides 8,38)*. Auch von Seeräubern wurde dieser Typ zur Ausübung ihres Gewerbes geschätzt *(Livius 37,27)*.

Im Jahre 218 v. u. Z. bestand nach Livius *(21,17)* die römische Flotte aus 220 Quinqueremen und 20 celoces. Diese vornehmlich mit Riemenkraft bewegten Schiffe besaßen, wenn auch die Quellen hierüber schweigen, nach Casson mit Sicherheit zumindest ein Großsegel. Flottenceloces der Römer lernen wir in der schriftlichen Überlieferung vor allem als Avisos und Admiralitätsyachten (vielleicht Bild 40) kennen. So erfahren wir durch Appian *(Mithr. 33)*, daß der römische Feldherr Lucullus von Athen nach Alexandria 87/86 v. u. Z. versegelte. Sein Schiff wird keletion genannt. Auch Caesar versuchte während des Bürgerkrieges mitten im Winter die Überfahrt in der Adria mit einem Schiff, das von Appian *(Bel. Civ. 2,56)* als keletion identifiziert wurde.

Vergleicht man die als celes und celox bezeichneten Boote auf dem Mosaikbild von Althiburus (Bild 49) mit dem Relief von Avezzano (Bild 70), so wird man Casson zustimmen müssen. Das Relief zeigt uns eine celox auf einem Binnensee. An jeder Seite ragen 13 Riemen unter einem Ausbau aus der Bordwand. Vor der Hütte handhabt der Schiffsführer die Steuerruder. Über dem Achtersteven schwingt ein schmaler, hoch hereingebogener Gänsehals aus. Zwei Flaggstöcke mit Wimpeln (taeniae) überragen beiderseits der Hütte die Heckzier (cheniscus) um ein beträchtliches. Die einfache Bugzier springt weit vor und läuft in einem leicht geschwungenen Bogen zum nahezu geraden Vorsteven hin aus.

Isidor von Sevilla (gestorben im Jahre 636) hat uns in seiner Realenzyklopädie »Etymologien«, 10. Buch, 1. Kap. (de navibus), überliefert, daß noch im 7. Jahrhundert celoces, auch celecra genannt (lat. celer = schnell), bei der Flotte in Dienst standen. Eine celox dieses Jahrhunderts konnte neben der Besegelung sogar zwei oder drei Rojer an einen Riemen setzen (celoces ... id est, veloces biremes, vel triremes agiles, et ad ministerium classis aptae ... = celoces ..., d. h. schnelle Biremen oder bewegliche Triremen zum Flottendienst geeignet [ausgerüstet]). Echte Trieren, also Schiffe mit drei Riemenreihen übereinander, gab es im 7. Jahrhundert nicht mehr. Wenn Isidor zu dieser Zeit die Termini triremis und biremis benutzt, so sind aller Wahrscheinlichkeit nach zwei- und dreirangige celoces monerischer, allenfalls biremischer Bauart gemeint. Ersteres dürfte zutreffen, da eine celox schon vom 4. bis 1. Jahrhundert v. u. Z. mit nur einer Riemenreihe gebaut wurde. Nach dem 1. Jahrhundert v. u. Z. wurden celoces in antiken Schriften nicht mehr erwähnt.

MYOPARO
(Aviso, Geleit-, Späh- und Flottenhilfsschiff)
6. bis 1. Jahrhundert v. u. Z.

Der speziell in der ägäischen Inselwelt beheimatete Fahrzeugtyp myoparo leitet seinen Namen von der Maus her (wortgetreu übersetzt: Mäuseboot). Das myoparo, mit Segel und einer Riemenreihe (Monere) versehen, war ursprünglich Piratenschiff und später in der Flotte eine leichte Einheit. Es wurde für die Nachrichtenübermittlung und als Hilfsschiff bei größeren Flottenverbänden ebenso eingesetzt wie im Geleit- und Sicherungsdienst.

Das schmal gebaute, offene Fahrzeug diente auch in den griechischen Flotten, bei den Karthagern und den römischen Seestreitkräften als schnelle und seetüchtige Einheit den verschiedensten Zwecken. Das myoparo war vermutlich nur wenig kleiner als die hemiolia oder gleich groß, denn Appian *(Mithr. 92)* schreibt, daß die auf seiten des pontischen Königs Mithradates VI. (122–63 v. u. Z.) kämpfenden Piraten »zuerst myoparones und hemioliai, dann Biremen (dikrotoi) und Triremen« benutzten.

Im Dritten Punischen Krieg kämpften nach Appian *(Pun. 121)* im Jahre 147 v. u. Z. in der punischen Flotte myoparones bei der Verteidigung Karthagos gegen die römischen Blockadegeschwader. Diese Seestreitkräfte stellten das »letzte Aufgebot« der einst meerbeherrschenden Stadt dar.

Das myoparo war für den Kampf auf See gegen schwere Kriegsschiffe ungeeignet. Die Römer setzten diesen Schiffstyp, soweit wir wissen, auch nur für Aufgaben ein, die üblicherweise den leichtesten Flotteneinheiten vorbehalten blieben. Als der damalige Quästor L. Licinius Lucullus im Ersten Mithradatischen Krieg im Auftrage Sullas aus Ägypten und der Cyrenaica Kriegsschiffe beschaffen sollte, trat er die Reise von Griechenland aus mit »drei griechischen myoparones«

(Plutarch, Luc. 2) und drei leichten rhodischen Einheiten an. Im Jahre 83 v. u. Z. ließ die römische Admiralität nach Cicero *(Verres 2,1)* in Miletus (Milet b. Akköy, Türkei) zehn Schiffe bauen, von denen zumindest eines zum Typ myoparo gehörte. In den Seekämpfen des Bürgerkrieges wurde im Jahre 47 v. u. Z. vor der illyrischen Küste die Quadrireme, das Flaggschiff eines Admirals des Pompejus, versenkt. Der Admiral rettete sich mit einem Schiffsboot. Als dieses auch versenkt wurde, erreichte er schwimmend »sein (suum) myoparo« *(Bell. Alex. 46)*. Offenbar gehörte zum Flottenflaggschiff ein myoparo als Aviso oder Geleiter. Im Jahre 37 v. u. Z. überstellte Antonius an Octavian ein Kontingent, von dem Plutarch *(Ant. 35)* schreibt, es habe sich um 20 myoparones gehandelt, während Appian *(5,95)* berichtet, es seien zehn phaseli überstellt worden.

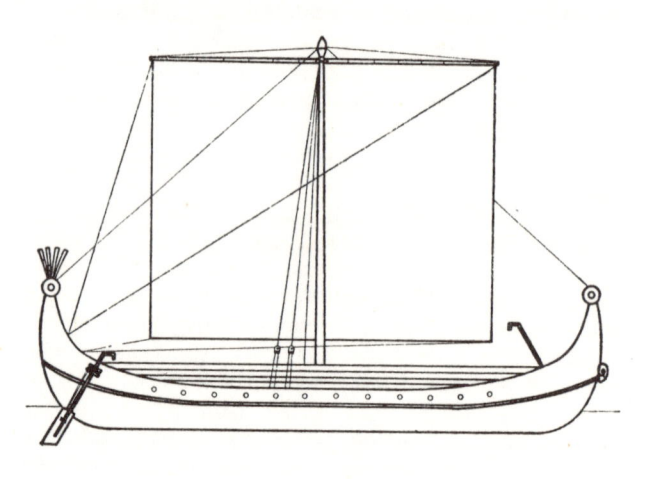

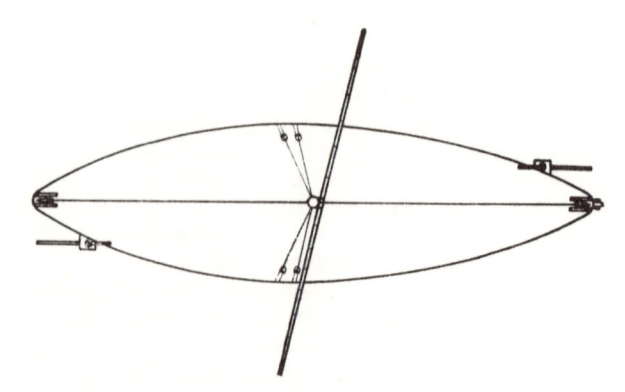

Skizze 72: Seiten- und Decksriß
CAMARA
(Aviso und Spähschiff [navis speculatoria])
1. Jahrhundert v. u. Z. bis 4. Jahrhundert (?)

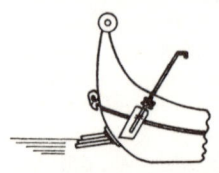

Skizze 73: Detailskizze einer camara mit Rammsporn (von der Backbordseite gesehen)

Die Camare war ursprünglich ein Handels- und Seeräuberschiff, das an den Gestaden des Schwarzen Meeres als besonderer Schiffstyp entwickelt wurde und auch in der römischen Marine als Aviso und Spähschiff Verwendung fand.

Nach Tacitus *(Hist. 3,47)* hatten die Camaren sich nach oben verengende, den starken Spring des Decks mitverursachende Bordwände (arta latera), so Miltner, und ein gleichgeformtes Vor- und Achterschiff (par utrimque prora). Sie besaßen »einen bauchigen Schiffskörper (lata alvus), der ohne eherne oder eiserne Verstrebungen zusammengefügt« war. Ging »die See hoch«, so erhöhte man den Bord durch einen Setzbord aus Brettern, »bis sich diese wie zu einem Dach« zusammenschlossen. Im weiteren erfahren wir durch Tacitus, daß dieser Schiffstyp sowohl vom Achter- als auch vom Vorschiff aus gesteuert werden konnte. Das Schiff besaß also am Bug und am Heck Steuerruder, deren Benutzung man erforderlichenfalls umwechselte. Dieses »mutabile remigium« findet man im Mittelmeerraum erstmalig auf den Kriegsschiffen der Etrusker (Bild 36). Die von Tacitus (ca. 55 bis 120) und Strabo (64 v. u. Z. bis 19) geschilderten Schiffe besaßen große Ähnlichkeit mit diesen Fahrzeugen, die uns von Reliefbildern kistenartiger Ascheurnen her bekannt sind *(vergleiche Miltner, »Ethnische Elemente antiker Schiffsformen«, Tafel V, Abb. 1).*

Die dort in Hochreliefs gezeigten Etruskerschiffe scheinen starke, auf Kiel gebaute Fahrzeuge mit einem sehr bauchigen Schiffskörper darzustellen. Die Schiffe besaßen einen in der Wasserlinie liegenden kurzen Rammsporn. Der Obersporn war in Form eines Widderkopfes ausgebildet und auf die Berghölzer aufgebolzt. Vor- und Achtersteven mit ganz geringen freien Überhängen steigen hoch auf und sind nahezu gleich gerundet. Folgt man der Bordlinie zum Bug und Heck, so stellt man eine sehr starke Durchbiegung fest. Das Deck dürfte einen entsprechend großen Sprung gehabt haben. Ein offenbar starker Mast trug eine aus einem Stück gefertigte Rah, an der ein schweres Segel beschlagen war. Die Etruskerschiffe zeigen weder Vormast noch Vorsegel.

Strabo *(11,2)* überliefert uns, daß eine Camare als Besatzung 25 Mann an Bord hatte. Aus der Zahl 25 kann man entnehmen, daß die camara dem Typ nach ein Segelschiff mit Hilfsriemen und kein Riemenschiff mit Hilfsbesegelung gewesen ist, da die antiken Schriftsteller bei Riemenkriegsschiffen immer gerade Besatzungszahlen angeben und die Rudergänger nicht mitzählen. Wir wissen jedoch, daß die camara auch gepullt werden konnte. Sie wird somit an jeder Seite 12 Riemen, also insgesamt 24 Riemen, gehabt haben.

Die Riemen der Etruskerschiffe wurden durch runde Rojepforten in der Bordwand geführt. Diese Öffnungen besaßen kurze Ledertüllen, die auf den Riemenschäften aufsaßen und sowohl an den Riemen als auch an der Bordwand befestigt werden konnten, um bei grobem Seegang das Schiffsinnere gegen eindringendes Wasser abzudichten.

Doppelte Scheiben in der Form von je zwei Rundschilden bildeten auf den Stevenendigungen achtern und vorn die Bug- und Heckzier (Bild 36). Achtern befand sich über den Rundschilden ein vierteiliges, nach achtern und vorn ausgeschwungenes, kurzes, fächerförmiges aplustria als Abschluß der Heckzier. Auf einem Relief kann man sehr deutlich erkennen, daß eine offenbar das Vorstag darstellende Leine zwischen den beiden Rundschilden belegt ist (Bild 36).

Die Etruskerschiffe besaßen außenbords vorn und achtern je ein Steuerruder, dessen Schaft durch eine aus der Bordwand herausragende Holzkonstruktion, bestehend aus zwei Klötzen, so geführt war, daß man den schräg nach achtern führenden Ruderschaft bis zum Anschlag des Ruderblattes mit einer Leine, die unter dem unteren Klotz in das Schiffsinnere führte und am Oberteil des Ruderblattes befestigt war, anhieven konnte. Das Ruderblatt lag alsdann über der Wasserlinie. An jedem Ruderschaft befand sich eine hakenförmige Pinne. Auch die Beplankung der Etruskerschiffe weist die typisch karweele Bauart aller Schiffe des Altertums auf.

Nach dem derzeitigen Stand der Forschung sollen die Etrusker aus Kleinasien stammen. Die vergleichende Schiffsforschung kommt zu dem Schluß, daß zwischen den bildlich überlieferten Etruskerschiffen und den schriftlich überlieferten Camaren eine auffallende Übereinstimmung hinsichtlich bedeutender Details der Schiffskonstruktion vorliegt. Diese Übereinstimmung kann kein Zufall sein, zumal einige Historiker die Urheimat der Etrusker an die kleinasiatische Küste des Schwarzen Meeres legen, des Meeres also, das auch als Heimat der Camaren überliefert ist.

Etruskerschiffe und Camaren wiesen sich übereinstimmend durch ihre Bauart, durch eine Beplankung, die steil mit den beiden aufstrebenden Steven hochzog, durch geringe Überhänge achtern und vorn und durch die Tatsache, daß die Schiffe ursprünglich als reine Segelschiffe konzipiert worden waren, als ausgesprochen gute Seeschiffe und Segler aus, die auch, ähnlich wie die späteren Schiffe der Wikinger, einen Sturm abreiten konnten, ohne zu sehr zu leiden. Die Camaren konnten nach Tacitus durch Setzborde das ganze Wetterdeck abschirmen.

Diese seetüchtigen, auf Festigkeit gebauten Fahrzeuge waren gut geeignet, als Alleinfahrer Aufklärungsdienst für die römische Flotte zu leisten, da sie bei jedem Wetter in See stehen konnten. Auch dürften die frühromischen Kriegsschiffe (5. Jahrhundert v. u. Z.) ein ähnliches Aussehen gehabt haben wie die 500 Jahre später für Sonderzwecke benutzte camara (Skizzen 72 und 73).

Unter Berücksichtigung der uns überlieferten Besatzungsstärke und Beschreibung sowie der etruskischen Reliefs ist die Länge der camara mit 16,50 m, die Breite mit 4,50 m, der Freibord mittschiffs mit 1,20 m und der Tiefgang mit 0,70 m angenommen worden.

Eine Sarkophagreliefplatte (Bild 37) befindet sich im Museo Archeologico, Venedig. Die dort dargestellten Schiffsachtersteven zeigen die typisch etruskische

Heckzier. Das Relief soll aus dem 2. Jahrhundert v. u. Z. stammen. Es dürfte sich bei den Schiffen um Camaren handeln. Auch auf der Säule des Theodosius in Konstantinopel finden wir eine Schiffsdarstellung aus dem Jahre 386, die mit dem hier geschilderten Schiffsbild einer camara eine auffallende Übereinstimmung aufweist. Das Schiff hat vorn und achtern gleiche Stevenendigungen, es hat an den Steven steil hochgezogene Verplankung, nur einen Mast, zwei schwere umlaufende Gurtbalken und scheint sehr stark gebaut zu sein (Bild 38). Ein römischer Kleinfund aus der Nähe Dijons zeigt ebenfalls ein Schiff gleichen Typs, das, wie die Schiffe der Etrusker, mit einem Rammsporn versehen ist. Auch dieses Schiff könnte eine camara darstellen *(vergleiche Moll, »Römische Kleinfunde«, B IX, Bild 13).*

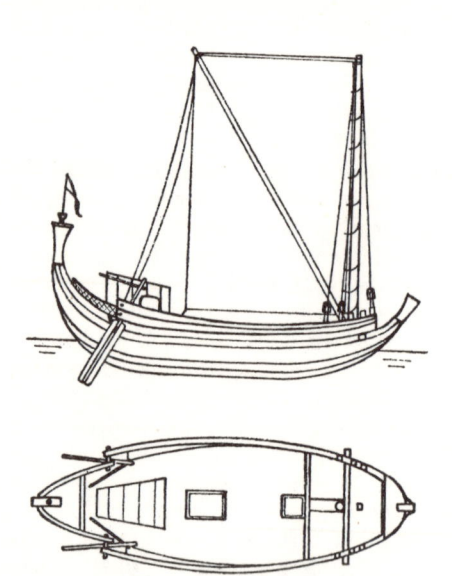

Skizze 74: Seiten- und Decksriß
ORARIA NAVIS
Typ: caudicaria?
(Küstensegler und Vorpostenfahrzeug)
2. bis 3. Jahrhundert

Ursprünglich als Fischereifahrzeuge und Küstenfahrrer (orariae naves) der Typen caudicaria, musculus (Bild 49, Nr. 10), prosumia (Bild 49, Nr. 12) und cydarum (Bild 49, Nr. 19) erbaute kleine Schiffe wurden schon von den Römern im Kriege wie noch in unserem Jahrhundert zu Vorposten- oder Hafenschutzflottillen zusammengefaßt und von der Marine übernommen.
Ein römisches Sarkophagbild aus dem 3. Jahrhundert bildet die Vorlage für die hier gebrachte Skizze 74. Eine caudicaria mit Sprietsegel, bei der die Länge des Schiffes nach Landström mit 10 m und die Breite mit 3,50 m angenommen wurde (Längenbreitenindex ca. 3:1), trägt einen Mast mit Baum. Das Fall ist gleichzeitig Vorstag. Ganz vorn auf der Back erkennt man deutlich an jeder Seite drei Betinge und darunter, aus der Bordwand ragend, einen Kranbalken. Hinter der letzten Beting fassen die Wanten an. Auch dieses kleine Küstenschiff besaß zwei Steuerruder mit Pinnen. Eine kleine Hütte bot Schutz gegen Wind, Regen und überkommende Seen (Bild 56).

Das Sprietsegel, auch in Form des doppelten Sprietsegels, war schon den Griechen bekannt. Ein griechisches Relief von der Insel Thasos zeigt bereits im 2. Jahrhundert v. u. Z. ein Schiff mit Sprietsegel (Bild 53), das wir auf weiteren Reliefs (Bild 54 und 55) bis in das 3. Jahrhundert verfolgen können. Aus dem 1. oder 2. Jahrhundert erhalten wir erstmalig Kunde von einem doppelten Sprietsegel (Bild 57).

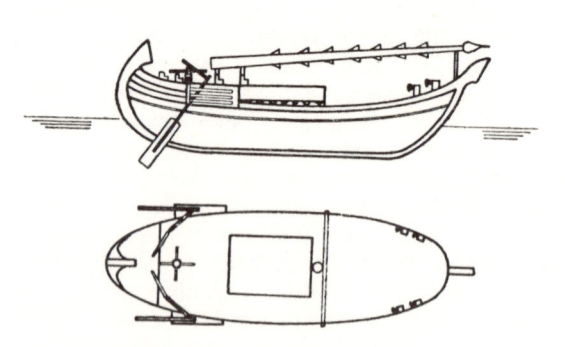

Skizze 75: Seiten- und Decksriß
ORARIA NAVIS
Typ: musculus
(Küstensegler und Vorpostenfahrzeug)
1. Jahrhundert v. u. Z. bis 5. Jahrhundert

Die für das 5. Jahrhundert nachgewiesene Hafenschutzflottille Massilia (Marseille) war ein Verband, der nur aus musculi bestand. Schon in den Jahrhunderten zuvor haben diese kleinen Schiffe in den Seekriegen Vorpostendienst versehen und den Hafenschutz übernommen. Vor Massilia wurden 49 v. u. Z. im Bürgerkrieg musculi gegen die Seestreitkräfte Caesars eingesetzt.
Das bereits zitierte Mosaik von Althiburus zeigt unter anderen Schiffen auch einen Typ, der mit musculus bezeichnet wird. Isidor von Sevilla beschreibt in seiner lateinischen Realenzyklopädie den Schiffstyp musculus als »curtum navigium«, als kurzes Schiff, im Gegensatz zur »longa navis«, dem ausgesprochenen Lang- oder Kriegsschiff. Die Sprachforschung leitet den Schiffstyp musculus über Maus (mus) und den Muskel (musculus) vom Muskelballen des Daumens, den wir ja Maus nennen, ab. Nach dieser »Maus« erhielt ein kleiner, leichter, kurzer und sehr rundlicher, wie eine Muschel gewölbter Schiffstyp, ein Küstenfahrer, seinen Namen.
Die Skizze 75 zeigt nach einem aus dem 3. oder 4. Jahrhundert stammenden Flachrelief (Bild 51) in der Kathedrale von Salerno und einem Mosaikbild aus Ostia einen musculus mit ausgehobenem Mast, der in einer Mastschere ruht. Ucelli hat die Länge dieses Schiffes mit 10 m, die Breite mit 3 m und den Freibord mit

0,88 m berechnet. Besonders bemerkenswert ist ein auf dem Achterdeck eingebautes Gangspill mit zwei übereinander angebrachten Reihen Einstecklöcher für die Spillspaken und die als Klampen geformten Holzklötze zum Aufentern an beiden Seiten des Mastes. Das Schiff ist ein Rahsegler ohne Vorsegel. Schiffe des gleichen Typs, aber mit eingesetztem Mast, finden wir auf einem anderen Mosaikbild des Piazzale delle Corporazioni in Ostia (Bild 52), auf einem Fresko aus Ostia und einem Relief im Museo Nazionale, Rom.

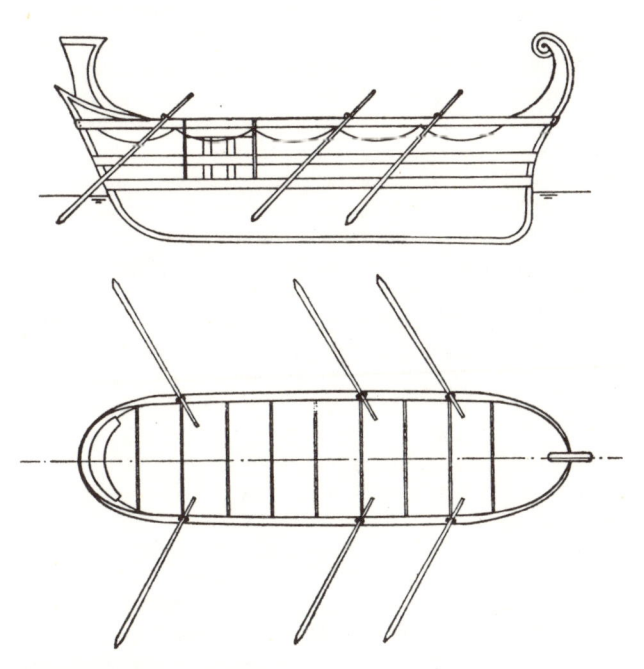

Skizze 76: Seiten- und Decksriß
HIPPAGUS
(kleiner Pferdetransporter)
3. Jahrhundert

Das Aussehen des auf den Transport von Pferden spezialisierten Transportschiffes der römischen Marine, auch hippagogus oder hippago genannt, ist uns nur von einem als hippago bezeichneten Mosaikbild in Althiburus (Henchîr Medeina, Tunesien) aus dem 3. Jahrhundert bekannt (Bild 49, Nr. 6). Die Rekonstruktionsskizze wurde nach dieser Darstellung und der schriftlichen Überlieferung gefertigt.
Der Schiffstyp war ein Vorläufer der Pfortenschiffe (franz. huissièrs, ital. uscieri) der Kreuzzüge. Ein kleiner hippagus konnte vermutlich acht Pferde oder 40 Mann laden und wurde nach Polybios über See geschleppt. Die sechs Riemen dienten lediglich zum Kurshalten und zum Fortbewegen des Schiffes, vom Loswerfen der Schlepptrossen bis zum Auflaufen auf den Strand oder zum Bewegen oder Anlegen des Transporters im Hafen.
Die Länge des Schiffes ist unter Berücksichtigung der Ladung von acht Pferden und ihrer Reiter mit 12 m, die Breite mit 3,50 m, der Freibord ohne Schanzkleid mit 1,40 m, das Schanzkleid mit 0,70 m und der Tiefgang mit 1,20 m angenommen worden. Der Längenbreitenindex beträgt 3,5 : 1. Unter Berücksichtigung der damaligen Pferdegröße benötigte man pro Pferd etwa 0,75 m in der Breite. Jal hat nach dem Studium Marseiller Akten noch für das Mittelalter nachgewiesen, daß man einem Pferd drei Palmen = 0,73 m in der Breite zubilligte. Die moderne Logistik rechnet auf Transportschiffen 1,20 m pro Pferd. Die Tiere wurden auf großen Transportern schon im Altertum mittels Traggurten unter dem Oberdeck quer zur Schiffslänge so aufgehängt, daß die Beine gerade noch das Zwischendeck berührten. Diese Maßnahme wurde getroffen, damit die Pferde bei stürmischem Wetter nicht ausrutschten und sich die Fesseln brachen.
Bei der ersten Invasion Britanniens, die von Caesar mit zwei Legionen im Jahre 55 v. u. Z. erfolgte, transportierten die Römer auf 18 Transportern etwa 600 Pferde, da zu jeder Legion etwa 300 Kavalleristen gehörten. Jedes Schiff lud also 33 bis 34 Reiter mit ihren Tieren. Sollte man einen bestimmten Transportertyp benutzt haben, von dem wir wissen, daß sich für die Rückfahrt von Britannien nach Gallien auf einem Fahrzeug 150 Legionäre einschifften, so kommen wir zu ähnlichen Zahlen. In der modernen Logistik rechnet man für sechs Infanteristen ein Pferd mit Reiter, also für fünf Infanteristen ein Pferd. Danach hätte jeder dieser Transporter für 30 Kavalleristen mit ihren Reittieren ausreichend Transportraum geboten.
Die eingesetzten Fahrzeuge waren aber keine römischen Pferdetransporter, sondern gallische Transportschiffe mit wesentlich größerem Deplacement.
Auch die Griechen besaßen noch keine speziellen Pferdetransporter. Sie transportierten erstmalig im Jahre 430 v. u. Z. mit besonders hergerichteten Trieren ihre Kavallerie. Eine griechische Triere, die zum Pferdetransporter umgebaut worden war, wurde hippagogos oder hippegos genannt und konnte 30 Pferde laden. Die Zahl der Rojer dieser Schiffe wurde auf 60 Mann reduziert.
Natürlich transportierten auch die Römer ihre Kavallerie auf Marinetransportern, z. B. actuariae, so bei der zweiten Britannieninvasion im Jahre 54 v. u. Z., und Allzwecktransportschiffen (onerariae), wenn spezielle Pferdetransporter nicht zur Verfügung standen. Neben dem hier rekonstruierten kleinen Pferdetransporter wird die römische Flotte auch Schiffe dieses Typs mit größerem Deplacement und entsprechend höherer Ladefähigkeit in Dienst gehalten haben. Überliefert uns doch Livius *(44,28),* daß während des Dritten Makedonischen Krieges im Jahre 168 v. u. Z. das mit Rom verbündete Königreich Pergamon in Elaia, seinem Hauptflottenstützpunkt, über 1 000 Kavalleristen mit ihren Tieren auf 35 Pferdetransportern einschiffte. Der Transport war für das in Thessalien kämpfende römische Heer bestimmt. Danach konnte ein hippagogos der pergamenischen Marine etwa 29 Pferde mit ihren Reitern laden. Doch sind uns bildliche Darstellungen großer Pferdetransporter bis heute nicht bekannt geworden.

Im Mittelalter konnte eines dieser Spezialschiffe, eine für Frankreich 1268 in Venedig gebaute usciere des größten Typs, bis zu 100 Pferde laden. Sie besaß folgende Abmessungen: Länge ü. A. 25,75 m, Kiellänge 17,37 m, Breite 6,10 m, Seitenhöhe 6,25 m.

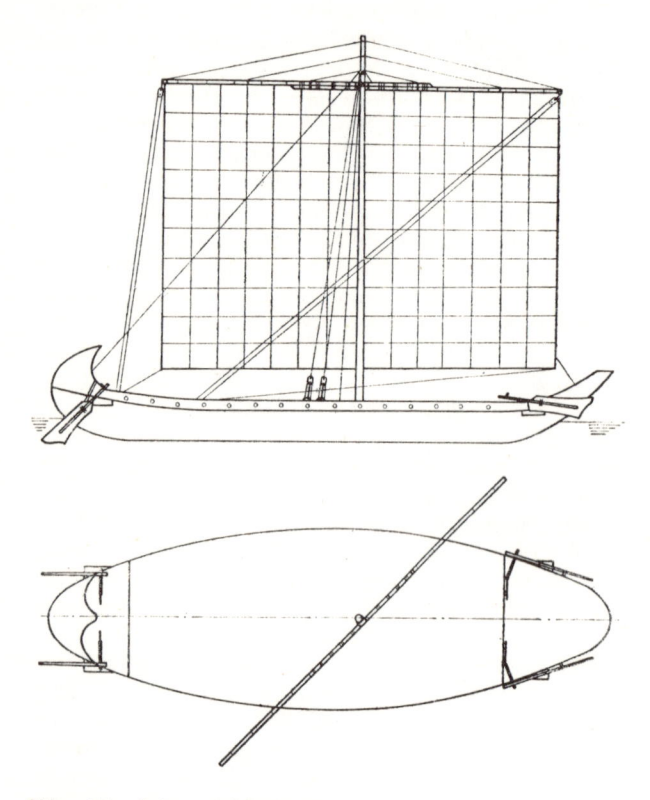

Skizze 77: Seiten- und Decksriß
ACTUARIA
(Marinetransporter)
1. Jahrhundert v. u. Z.

Ein spezieller Marinetransporter der römischen Flotte, die actuaria, ist unter Berücksichtigung der Schiffsform des als »actuaria« bezeichneten Mosaikbildes von Althiburus (Bild 49, Nr. 13) unter Weglassung des dort vorhandenen Rammstevens rekonstruiert worden.
Schon Livius (25,30) berichtet in seiner Schilderung der Eroberung von Syrakus im Jahre 212 v. u. Z., daß Truppen auf actuariae transportiert wurden.
Erstmalig erwähnt Caesar die actuaria als speziellen Marinetransporter. Im Jahre 54 v. u. Z. ließ er für seine zweite Britannienexpedition 600 actuariae (Bell. Gall. 5,1–2) in Gallien erbauen. Er hebt ausdrücklich hervor, daß beim Bau dieser Schiffe von der Normalkonstruktion abgewichen wurde. Die für die Invasion auf Stapel gelegten actuariae besaßen zwar auch einen geringen Freibord, doch waren sie breiter ausgelegt als die auf anderen Meeren operierenden Marinetransporter, um die Pferdetransportkapazität zu erhöhen und mehr Nachschub tragen zu können.
Ursprünglich war die Bezeichnung actuaria ein genereller Terminus für ein mit Riemen fortbewegtes Handelsfahrzeug, das als Hilfsbesegelung nur ein Großsegel trug. Gellius (10,25) stellte fest, daß »actuariae Schiffe sind, die die Griechen histiokopoi oder epaktrides nennen«. Ein histiokopos aber war nur die allgemeine Bezeichnung für ein mit Riemen und Segel fortbewegtes Schiff und epaktris ursprünglich die allgemeine Bezeichnung für ein Fischereifahrzeug.
Aus den Worten Caesars geht jedoch hervor, daß actuaria auch als Bezeichnung für einen speziellen Marinetransporter der römischen Flotte Verwendung fand, der wahrscheinlich schon seit dem Ende des 3., spätestens jedoch in der ersten Hälfte des 1. Jahrhunderts v. u. Z. im Mittelmeer eingesetzt wurde.
Der auf Bild 49, Nr. 13, vorhandene Rammsteven ist nicht typisch für die acturaria. Wir wissen aus dem Bericht über den »Alexandrinischen Krieg« (bellum Alexandrinum), daß man Marinetransporter durch die Anbringung eines Sporns in Kampfschiffe verwandelte (Bell. Alex. 44). Aus dieser Mitteilung geht hervor, daß die actuaria normalerweise keinen Sporn besaß.
Im römischen Recht (Dig. 49,15,2) wird ausdrücklich festgestellt, daß sich die actuariae von den Kriegsschiffen und Handelsseglern unterschieden. Der Marinetransporter hatte nach Isidorus eine Reihe Riemen (Monere) und Besegelung. Das mit mäßig hohem Freibord und flach gebaute Schiff besaß achtern und vorn Steuerruder. Es konnte so auf jeden Strand auflaufen, entladen und ohne später zu wenden wieder ablaufen.
Tacitus (Ann. 2,6) schildert uns die im Jahre 16 auf Befehl des Germanicus durch Silius, Anteius und Caecina am Rhein erbaute Flotte von 1 000 Schiffen, die zum größten Teil aus Marinetransportern bestand, da die Germanen keine Flotte besaßen und man daher nur wenige ausgesprochene Kampfschiffe benötigte, detailliert. Danach waren die Fahrzeuge kurz, mit schmalem Vor- und Achterschiff und mittschiffs weitbäuchig gebaut. Sie hatten flache (platte) Kiele (vergleiche Skizze 78), um ohne Beschädigung auf Grund laufen zu können. Sie waren mit Steuerrudern vorn und achtern ausgerüstet, um mit Bug oder Heck landen zu können. Sie eigneten sich auch für den Transport der Pferde und des gesamten Nachschubs. Sie waren mit leicht zu handhabendem Segelwerk und mit schnell beweglichen Riemen ausgerüstet.
Die hier geschilderten Schiffe trugen alle wesentlichen Merkmale der actuaria, wie sie schon von Caesar geschildert worden waren.
Germanicus transportierte auf seinen 1 000 Schiffen, darunter auch ausgesprochene Kriegsschiffe, acht Legionen mit Reiterei, Kriegsmaterial und Verpflegung.
Caesar setzte mit 540 Marinetransportern und 86 größeren gallischen Transportschiffen, die jeweils 150 Mann an Bord nahmen, und 174 weiteren Schiffen, also insgesamt 800 Fahrzeugen, fünf Legionen und 2 000 Reiter im Jahre 54 v. u. Z. nach Britannien über.
Unter Berücksichtigung dieser Zahlen ist die actuaria mit 21 m Länge ü. A. und 6,50 m als größte Breite angenommen worden. Es gab auch actuariae mit klei-

neren und evtl. größeren Abmessungen. Der Tiefgang muß nach Tacitus gering gewesen sein. Unter Berücksichtigung der Schiffsabmessungen wurden in der Skizze 0,80 m zugrunde gelegt. Da uns aus Caesars zweitem Britannienfeldzug (54 v. u. Z.) bekannt ist, daß damals Schiffe mit niedrigem Freibord gebaut wurden, ist dieser hier mit 0,90 m angenommen worden. Die Zahl der Riemen ist uns von Livius *(37,38)* mit maximal 30, also an jeder Seite 15, überliefert. Die hier skizzierte actuaria mit einem Segel war, wie Tacitus schrieb, ein Schiff »mit leicht zu handhabendem Segelwerk«. Der Längenbreitenindex beträgt ca. 3,2 : 1.

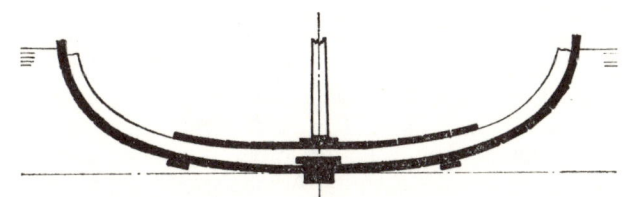

Skizze 78: Unterwasserteil des Rumpfes im Querschnitt

Zumeist waren die actuariae nicht bewaffnet. Doch wissen wir durch Tacitus *(Ann. 2,6)*, daß die Schiffe des Jahres 16 zum Teil Überbauten *(pontes)* besaßen, auf denen Geschütze gefahren werden konnten. Die ausdrückliche Erwähnung läßt den Schluß zu, daß eine Bewaffnung mit leichten Geschützen für die actuaria eine Ausnahme darstellte.

Der Schiffstyp ist nicht nur unter dem Namen actuaria, sondern auch unter den Bezeichnungen navis actuarius oder actuariola bekannt. Die actuariola war jedoch nach Cicero *(Att. 16,3)* nur mit zehn Riemen an jeder Seite (= 20) ausgerüstet und dürfte wesentlich kleiner gewesen sein als die actuaria. Die Marinetransporter waren offene Schiffe *(naves apertae)*, bei denen Back und Schanz vermutlich mit einem Halbdeck versehen waren, um die Stabilität der Schiffsverbände zu erhöhen.

Neben den Marinetransportern wurden auch riemengetriebene Handelsfahrer und Piratenfahrzeuge als actuariae bezeichnet. Bei diesen Schiffen scheint der Begriff ein weiter oder wechselnder gewesen zu sein.

Die Lateinerbesegelung des hier skizzierten Marinetransporters wird nicht mehr als Anachronimus bezeichnet werden, wenn man einen griechischen Grabstein aus dem 2. Jahrhundert genau betrachtet. Das Segel ist dreieckig geschnitten, der Mast leicht nach vorn geneigt. Die Rute reicht bis zum Vorsteven (Bild 58). In dieser Darstellung ein Luggersegel erkennen zu wollen, wie es bisweilen geschieht, fällt schwer. Der Mast des viereckigen Luggersegels steht im allgemeinen viel weiter vorn im Schiff. Der Rahteil eines Luggersegels vor dem Mast ist ganz kurz, wenn ein solches Schiff hart am Wind segelt oder das Segel von der Seite dargestellt wird, wie auf dem Grabstein.

Nach Betrachtung der Grabstele kommt man zu dem Schluß, daß schon in der Antike Lateinersegel bekannt waren und benutzt wurden (vergleiche auch Bild 59), deren erstes Erscheinen man bislang in das 9. Jahrhundert verwies. Es liegt nahe, eine actuaria der römischen Marine des 5. Jahrhunderts mit einem solchen Segel zu zeichnen. Ganz sicherlich wird es auch zu dieser Zeit noch Marinetransporter mit Rahsegel gegeben haben, wie es das Mosaikbild von Althiburus zeigt, doch bietet das Lateinersegel für einen schnellen Marinetransporter beträchtliche Vorteile. Das Schiff konnte mit einer geringen Besatzung auskommen und besser kreuzen als ein Rahsegler, da man mit dem Lateinersegel stärker anluven, also härter an den Wind gehen konnte. Die Vorwärtsneigung des Mastes machte ein Vorstag überflüssig. Das Fall diente gleichzeitig als Backstag. Mittels zweier Halsbrassen, die an der unteren Nock der Rute anfaßten, und zweier Oberbrassen, die im oberen Viertel angeschlagen waren, ließ sich die Rutenstellung leicht korrigieren.

Außer der actuaria wird es sicher noch weitere Schiffstypen gegeben haben, die von den Streitkräften als riemengetriebene Transporter in Dienst gehalten wurden.

Das sogenannte Moselschiff aus Neumagen (Bild 71) zeigt uns vermutlich ein Fahrzeug, das einmal als Versorger der römischen Rheinflotte erbaut worden war und später in zivile Hände gelangte. Rammsporn, oculus und die als Stevenzier verwendeten Raubtierköpfe sind Indizien dafür, daß es sich um einen Schiffstyp der römischen Kriegsflotte handeln könnte. Dieses Schiff aus dem 3. Jahrhundert scheint wesentlich größer zu sein als eine actuaria. Wir zählen an jeder Seite 22 Riemen und können somit auf 44 Rojer schließen. Da die Einheiten der Germanischen Flotte der Römer nicht nur auf dem Rhein und seinen Nebenflüssen, sondern auch in den Gewässern der Nordsee operierten und Versorgungsmärsche unter-

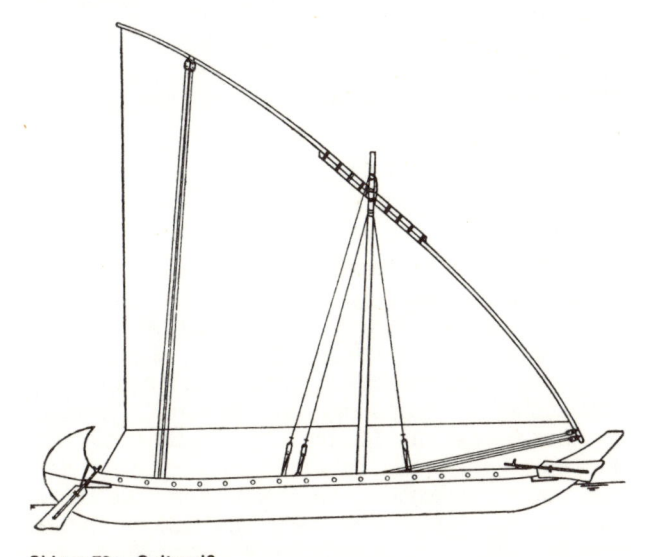

Skizze 79: Seitenriß Marinetransporter des 5. Jahrhunderts

87

nahmen, waren Schiffstypen erforderlich, deren Konstruktion die See- und Wetterverhältnisse des Einsatzgebietes berücksichtigten. Für die Größe des Fahrzeuges spricht auch das durchlaufende Deck, auf dem sich die erkennbaren Personen befinden. Sie wenden ihren Rücken dem Achtersteven zu. Somit sind die dargestellten Männer keine Rojer, sondern vermutlich Matrosen, deren Aufgabe offensichtlich darin bestand, die Stauung der aus Fässern bestehenden Deckslast zu überwachen. Der Matrose auf der Back zeigt dies deutlich. Die Rojer des Schiffes saßen unter Deck und sind nicht sichtbar. Sie mußten ihren Rücken dem Vorsteven zuwenden, um die Riemen handhaben zu können.

PHASELUS
(Truppentransporter und Hilfskriegsschiff)
1. Jahrhundert v. u. Z. bis 1. Jahrhundert

Der Schiffstyp phaselus, nach Casson ursprünglich wohl ein leichtgebautes, flachgehendes Nilfahrzeug, hatte sich im 1. Jahrhundert zu einem Personentransporter entwickelt, der nicht nur das Mittelmeer, sondern auch die angrenzenden Seegebiete befuhr. Insbesondere im Schwarzen Meer *(Catull, Carmina 4)* und im Roten Meer *(Strabo 16,780)* ist dieser von Riemen und einem Großsegel angetriebene Schiffstyp bezeugt. Ein phaselus wurde mit sehr unterschiedlichen Abmessungen gebaut. Die größten Fahrzeuge waren nach Sallust *(Hist. 3,8)* in der Lage, eine ganze Kohorte, damals mit einer Sollstärke von 600 Legionären, einzuschiffen. Die kleinsten Fahrzeuge des Typs wurden griechisch phaselion genannt. Sie sind auf dem Nil im 3. Jahrhundert v. u. Z. bezeugt und konnten etwa 5 t Fracht tragen.

Als im Jahre 25 v. u. Z. Aelius Gallus, Prokonsul der Provinz Ägypten, seine Expedition in das Sabäerreich vorbereitete, beabsichtigte er, am Roten Meer eine Flotte von 80 Schiffen bauen zu lassen. Vorgesehen waren Triremen, leichte Biremen und phaseli. Bei dieser Flottenzusammensetzung dachte Aelius Gallus vermutlich an einen Kriegsmarsch durch die ganze Länge des Roten Meeres bis zur Südspitze Arabiens. Als dieses Seeunternehmen zugunsten einer Truppenüberführung vom westlichen zum östlichen Ufer des Roten Meeres aufgegeben wurde, ließen die Römer statt der 80 oben erwähnten Schiffe 130 Transporter bauen *(Strabo 16,780)*, mit denen sie ihre Truppen nach Leucecome (nahe Al Wajh, Saudi-Arabien) verschifften. Der lange Marsch zum Sabäerreich führte durch die Wüste bis zur Stadt Mariaba (Marib, Yemen). Von dort traten die Römer 24 v. u. Z. den Rückmarsch an. Das Ziel ihres Vorstoßes, Arabia Felix, die Südostküste Arabiens, erreichten sie auf dem Landwege nicht, sondern erst Jahrzehnte später zur Zeit Kaiser Neros (54–68) auf dem Seewege.

Phaseli waren, wenn sie auch zumeist segelten, durch ihren Riemenantrieb auf einem Kriegsmarsch besser in der Lage, im Flottenverband zu operieren, als reine Frachtsegler. Letztere machten bei Windstille keine Fahrt und mußten von den Kriegsschiffen geschleppt werden. Sie waren also für einen Verband, der mit Seegefechten rechnete, gegebenenfalls eine Belastung.

Der phaselus wurde jedoch nicht nur als spezieller Truppentransporter eingesetzt, sondern auch zum Hilfskriegsschiff umgerüstet. Im Jahre 37 v. u. Z. ließ nach Appian *(5,95)* Octavia ein Geschwader von zehn phaseli »triremenmäßig« ausrüsten und machte diese Schiffe ihrem Bruder zum Geschenk. Die triremenmäßige Ausrüstung bezog sich nicht auf das Riemenwerk. Statt einer Riemenreihe wurden nicht etwa deren drei gefahren, sondern die Schiffe erhielten nach Casson lediglich Rammsporne, Türme und die bei Kriegsschiffen üblichen Verschanzungen oder Schutzvorrichtungen. Da Plutarch *(Ant. 35)* überliefert, es habe sich bei dem Geschenk der Octavia an Octavian um 20 myoparones (statt zehn phaseli) gehandelt, liegt der Schluß nahe, daß die Schiffstypen phaselus und myoparo Ähnlichkeiten in der Bauart aufwiesen. Phaseli wurden jedoch mit Abmessungen erbaut, die myoparones nie erreichten. Wenn wir auch über das genaue Aussehen des Typs phaselus nicht unterrichtet sind, so deutet doch seine von Catull (ca. 87–54 v. u. Z.) überlieferte *(Carmina 4)* Geschwindigkeit als Passagierschiff und seine Verwendung als Truppentransporter und Hilfskriegsschiff auf eine schnittige Formgebung hin.

Wir dürfen annehmen, daß ein Teil der von den Römern in der Bucht von Quiberon 56 v. u. Z. erbeuteten Veneterschiffe zusammen mit den römischen Seestreitkräften im Atlantik von Venetae (Vannes in der Bretagne) und Condivincum (Nantes an der Loire) nach Portus Itius (Boulogne am Kanal) verlegt wurden. Gallische Transporter nahmen an der Invasion Britanniens im Jahre 55 v. u. Z. teil.

Die Rekonstruktion der Veneterschiffe wurde von Chreston nach sorgfältiger Forschung, unter Berücksichtigung der damaligen Möglichkeiten des Schiffbaues, des Einsatzgebietes und der schriftlichen Überlieferung gewagt.

Für Skizze 80 sind hier folgende Abmessungen zugrunde gelegt:

Länge:	35 m
Breite:	9 m
Längenbreitenindex:	ca. 4 : 1
Freibord mittschiffs:	3 m
Tiefgang:	2 m

Die Bauart der Fahrzeuge beschreibt Caesar im Detail: »Die Kiele waren wesentlich flacher als bei unseren Schiffen, damit ihnen die Untiefe und die Ebbe um so weniger schaden könnten. Vor- und Achterschiff entsprachen in ihrer Höhe dem hohen Wellengang und der Gewalt der Stürme. Die Schiffe bestanden ganz aus Eichenholz und waren so jeder Art Wetter und Unbill gewachsen. Die Querbalken (des Decks oder die Spanten?) waren 1 Fuß (ca. 0,30 m) starkes Langholz und mit daumendicken eisernen Nägeln befestigt. Die Anker hingen nicht an Kabeln, sondern an

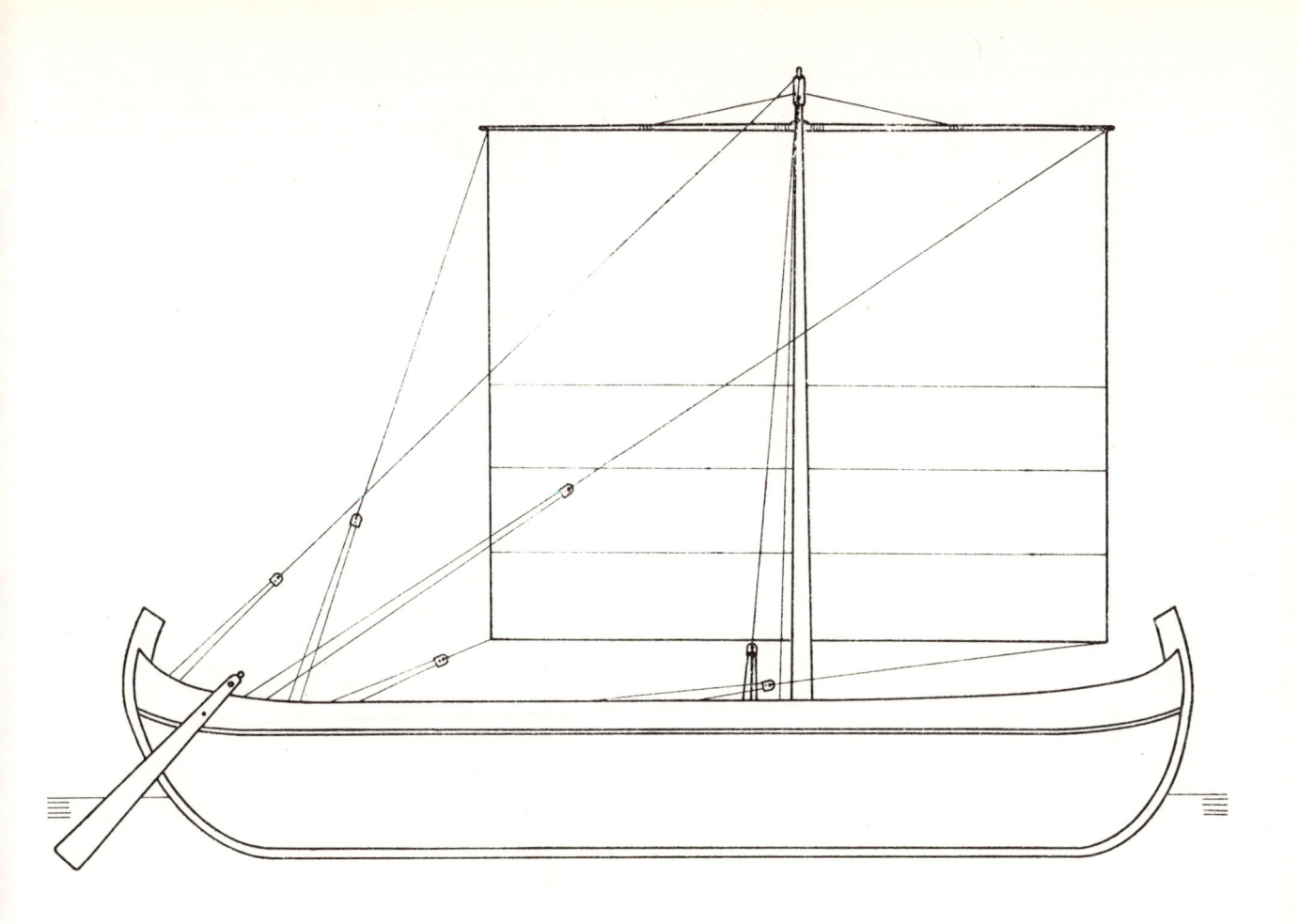

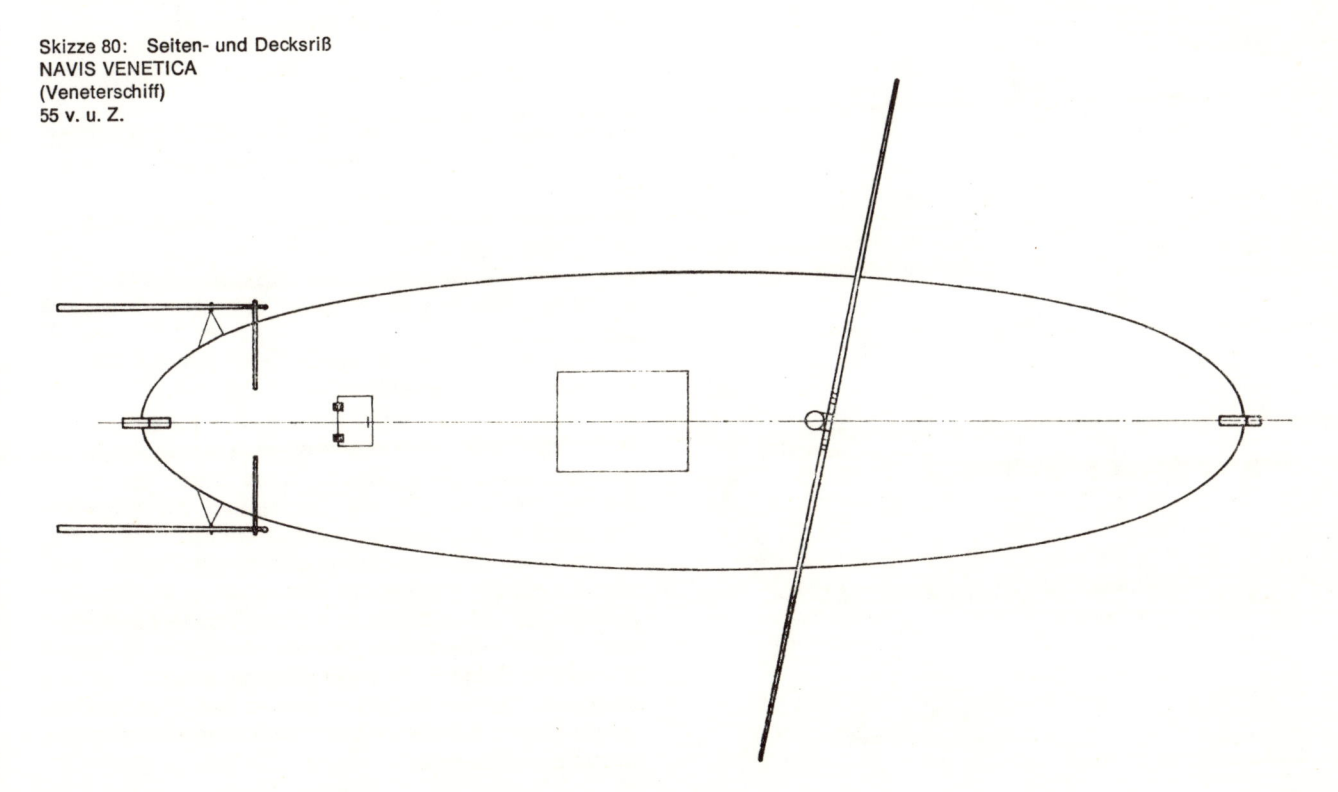

Skizze 80: Seiten- und Decksriß
NAVIS VENETICA
(Veneterschiff)
55 v. u. Z.

eisernen Ketten. Statt leinener Segel verwendeten die Veneter Felle und weiches Alaunleder« *(Caesar, Bell. Gall. 3,13).*

Strabos Bemerkung *(4,195),* daß die Veneterschiffe zwischen den Plankengängen Fugen besäßen, die mit Seetang kalfatert waren, deutet bereits auf eine Bauweise hin, die dann seit dem Mittelalter in ganz Europa üblich wurde. Sie wich von der Bauweise des Mittelmeerraumes, bei der man Planke auf Planke durch Nut und Zapfen verband, extrem ab. Die Veneter setzten wahrscheinlich nach dem Strecken des Kieles und dem Einbau von Vor- und Achtersteven zunächst die Spanten, auf die man dann die Plankengänge der Außenhaut in karweeler Bauweise nagelte oder nietete. Daumendicke eiserne Nägel und eiserne Ankerketten wurden ebenso als Besonderheiten geschildert, wie man die Tatsache hervorhob, daß die venetischen Schwerwetterschiffe den Atlantik unter Segel befuhren, deren Kleider aus Fellen oder weichem Alaunleder bestanden. Caesar bezeichnete diese riemenlosen, nur mit Segel als Antrieb versehenen Fahrzeuge ausdrücklich als »schwer« oder »riesig«. Ihr Achterschiff soll noch die Kampftürme der römischen Kriegsschiffe überragt haben, und ihre Bauart wird als so stabil geschildert, daß die Rammsporne der Römer wirkungslos blieben.

Die Daten dieser Schiffe sind mit 30 bis 35 m Länge, 8,50 bis 9 m Breite, einem Freibord mittschiffs von 2,50 bis 3 m und einem Tiefgang von 1,80 bis 2 m von Chreston rekonstruiert worden. Hinsichtlich der Besegelung werden drei Möglichkeiten angeboten, da Einzelheiten nicht überliefert sind:

1. Großmast und Kreuzmast mit je einem Rahsegel,
2. Großmast und Fockmast mit je einem Rahsegel,
3. Großmast mit Rahsegel zum Reffen.

Die hier wiedergegebene Gesamtskizze nimmt für das Schiff die dritte angebotene Möglichkeit, den einmastigen Segler, an, da Jahrhunderte später noch Iren und Wikinger mit nur einem Segel die schweren Seen des Atlantischen Ozeans hielten und überdies Caesar Zweimaster nicht erwähnt.

Die Veneterschiffe bewährten sich übrigens bei der ersten Landung in Britannien nicht. Der Tiefgang der Schiffe erforderte das Einlaufen in Häfen. Für die Römer stellten, wie heute für moderne Flotten, bei Landungsunternehmen flache Strände kein Hindernis dar. Caesar ließ deshalb für die zweite Invasion im Jahre 54 v. u. Z. zusätzlich 600 flachgehende römische Marinetransporter (actuariae) neu erbauen.

Detailskizzen (nach Chreston)

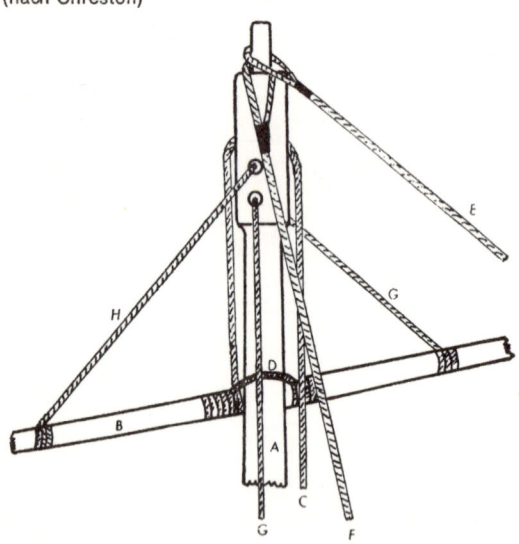

Skizze 81:
A) Mast
B) Rah
C) Rahfall
D) Rack
E) Backstag
F) Backbord-Want
G) Steuerbord-Toppnante
H) Backbord-Toppnante

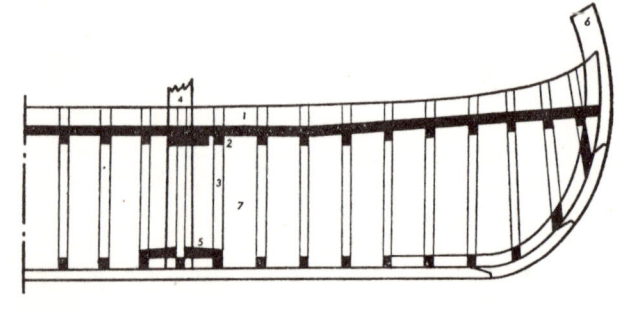

Skizze 82:
1) Deck
2) Decksbalken
3) Spanten
4) Mast
5) Kielschwein mit Mastspur
6) Vorsteven
7) Last (Laderaum)

SCHIFFSBRÜCKENFAHRZEUGE

Kähne und kahnartige Fahrzeuge, wie wir sie auf der Trajansäule in Rom sehen können (Bild 42), waren bei den Flußflotten schon seit dem 1. Jahrhundert v. u. Z. als Brückenpontons in Gebrauch. Monoxyli (Einbäume), lintres, ratiariae und rates (Bild 49, Nr. 14) zählten zu den Typen, die für den Schiffsbrückenbau herangezogen wurden. Auch eine Flottenstation an der Donau hieß Ratiaria (Arcar, Bulgarien). Vielleicht erhielt sie ihren Namen von einer Schiffsbrücke, die einmal aus ratiariae errichtet worden war.

Eine Pontonbrücke von beträchtlicher Länge ermöglichte im Ersten Markomannenkrieg sechs Legionen den Donauübergang. Kaiser Marc Aurel ließ diese Brücke im Jahre 172 vor Carnuntum (b. Petronell, Österreich), nahe dem heutigen Deutsch-Altenburg, bauen. Der Flußübergang mit den eingefahrenen Pontons ist auf den Reliefs der Marcussäule in Rom dargestellt. Schon während der Dakerkriege zu Beginn des 2. Jahrhunderts benutzte Kaiser Trajan für seine Donauübergänge Fahrzeuge gleicher Bauart. Der den einzelnen Ponton an den vorgesehenen Platz einfahrende Soldat wurde in den römischen Streitkräften utricularius genannt.

Die längste bekanntgewordene massive Römerbrücke erbaute man im Jahre 103 nach dem Ersten Dakerkrieg (101–102) auf Befehl Kaiser Trajans. Die hölzern verspannte, auf 30 m hohen Steinpfeilern ruhende, 1,2 km lange Brücke verband das rechte mösische Donauufer mit dem links des Stromes in der späteren Provinz Dacia (seit 107) liegenden Castrum Drobeta, dem heutigen Turnu Severin in Rumänien. Etwa 15 Stromkilometer südöstlich des Eisernen Tores sind noch heute Teile der steinernen Brückenkonstruktion erhalten. Apollodorus aus Damaskus war der Baumeister dieser Jochbrücke. Nach Cassius Dio besaß sie 20 Pfeiler aus Quadersteinen, die durch Bogen miteinander verbunden waren. Der Abstand von Pfeiler zu Pfeiler betrug 51 m (170 röm. Fuß). Die Breite der Brücke ist mit 18 m (60 röm. Fuß) überliefert.

Die im Jahre 310 von Kaiser Constantin vollendete Rheinbrücke überwand eine Strombreite von 356 m. Die hölzerne Bockbrücke ruhte auf 19 Steinpfeilern, deren Fundamente wiederum auf eigenen Pfahlrosten gegründet waren.

Die Brücke verband Colonia Claudia Ara Agrippinensium (Köln) mit dem Brückenkopfkastell Divitia (Deutz) (Bild 43). In den Jahren 1894 bis 1897 wurden bei Rheinregulierungsarbeiten bedeutende Reste dieses Bauwerkes gefunden.

Bewaffnung

Da die eingeschiffte Marineinfanterie in der römischen Flotte eine überragende Bedeutung besaß, soll hier zunächst deren Bewaffnung geschildert werden. Die Seesoldaten stellten die Kampfmannschaft auf den Decks der Kriegsschiffe. Sie führten den Enterkampf nach den modifizierten Regeln des Landkrieges und bedienten Enterhaken, Enterbrücke, Feuerkampfmittel und Geschütze. Der Marineinfanterist war im wesentlichen jeweils so bewaffnet wie der Legionär für den Landkampf. Sind auch die zahlreichen Heeresreformen im Verlaufe der Jahrhunderte im Detail nicht ohne Einfluß auf die Bewaffnung des Seesoldaten geblieben, so veränderte sich doch seine Grundausrüstung kaum. Die wechselnde Bewaffnung des römischen Einzelkämpfers in ältester Zeit und vor dem Ersten Punischen Krieg (264–241 v. u. Z.) kann hier ohnehin unberücksichtigt bleiben, da in dieser Zeit eine römische Flotte noch nicht existierte.

Ein Vergleich der Angaben über die Bewaffnung im Ersten Punischen Krieg, die uns der griechische Historiker Polybios überlieferte, mit denjenigen der späteren Schriftsteller ergibt, daß die wesentlichsten Schutz- und Angriffswaffen auch noch in der Kaiserzeit weiter Verwendung fanden. Die charakteristische Ausrüstung des schwerbewaffneten Marineinfanteristen, des Hopliten, bestand bis zum Ende des römischen Reiches aus Helm, Panzer, Schild, Wurfspeer und Schwert. Letzteres seit dem Zweiten Punischen Krieg in der Form des iberischen Schwertes (gladius hispaniensis), da sich dieses der bis dahin benutzten römischen Waffe als überlegen erwies. Das zweischneidige römische Schwert war eine grausame, aber wirkungsvolle Waffe in der Hand des schwerbewaffneten Seesoldaten (hoplites). In der Kaiserzeit ergänzten der Dolch und eine Anzahl von Wurfpfeilen, die an der Innenseite des Schildes getragen wurden, die Standardbewaffnung des Hopliten.

Die Schutzwaffen des Marineinfanteristen waren der Metallhelm, der Panzer aus Leder, Metallbändern, Platten oder Eisenringen und der Schild (Bild 44).

Der Metallhelm, cassis genannt, hatte als Schutzwaffe in der Kaiserzeit keine Ähnlichkeit mehr mit den halbkugel- und kegelförmigen, mittelalterlichen Pickelhauben ähnelnden ehernen Kampfhelmen der italischen Frühzeit. Im republikanischen Zeitalter und unter den Kaisern war die charakteristische Form des römischen Helmes mit Stirnband und Wangenbändern (bucculae) von griechischen Vorbildern beeinflußt. Der typische Helm der Römer war gewölbt und hatte eine steil abfallende Rückseite, woran sich im stumpfen Winkel ein breiter Nackenschirm anschloß. Die Kopfbedeckung besaß zwei in Scharnieren hängende Wangenbänder. Bogenförmige Ausschnitte befanden sich über den Ohren. Sie waren durch stark vortretende Beschläge gedeckt. Zum Schutz gegen Schwerthiebe von oben herab diente häufig ein etwas nach oben gerichteter Stirnschild, welcher in der Schläfengegend an den Helm genietet war. Jedoch gab es neben dieser typischen Helmform auch Visier- und Maskenhelme und Helme mit Spangengerippe und abgeflachtem Oberteil. Teilweise trug man auf dem Helm drei rote oder schwarze Federn, einen von vorn nach hinten auf einen Kamm aufgesetzten Federkranz, die crista, die auch aus einem kurzgeschnittenen Busch von Pferdehaaren bestehen konnte, oder einfach einen Metallring zum Aufhängen der Kopfbedeckung. In der Kaiserzeit schmückte ein über dem Helm angebrachter halbbogenförmiger Federkranz oder häufiger ein ebenso geformter Helmbusch aus Pferdehaaren, die transversa et argentata crista, den Zenturionenhelm. Die Helme waren, dem Range des Besitzers entsprechend, zum Teil durch metallene Reliefarbeiten reich verziert und mit Ornamenten geschmückt. Wie der Schild, so wurde auch der Helm auf dem Marsch in einem Überzug getragen, jener auf dem Rücken, dieser auf der Brust hängend.

Der Panzer, die lorica, bestand in seiner einfachsten Form aus starkem Leder (Bild 44), bei dem das Herz zusätzlich durch eine Eisenplatte geschützt werden konnte. Durch aufgesetzte, gleichfalls aus starkem Leder bestehende Schulterstücke (humeralia) in Form von Kappen unterschied sich diese Kampfbekleidung von einem gewöhnlichen Lederwams. Unter der lorica trug der Soldat in der Kaiserzeit kurze, bis an die Knie reichende Hosen (bracae) aus Leder, die nach unten zu streifenartig geschlitzt waren. Die Füße sind in der Rekonstruktion mit den üblichen Soldatensandalen bekleidet. Der Soldatenschuh (caliga) bestand aus einer dreifachen, unten benagelten Sohle, aus deren Mittelstück das Bändersystem geschnitten war, das teils auf dem Rist, teils um die Fessel zusammengeknüpft wurde. Die weiteren uns bekannten Arten des römischen Panzers bestanden zumeist aus Metall, vornehmlich gehärtetem Eisen. Der Ketten- oder Ringpanzer (lorica hamata) war aus ehernen oder eisernen, ineinander hängenden vernieteten Ringen hergestellt. Bis weit in das Mittelalter hinein wurde diese Kampfbekleidung in der Form des Kettenhemdes in Variationen weiter verwendet. Der Kettenpanzer wurde von den Römern unter oder über einem Lederwams getragen. Der enganliegende Schuppenpanzer, lorica squamata oder lorica plumata genannt, bestand aus Metallplatten, die sich fischschuppenartig überdeckten. Ketten- und Schuppenpanzer (Bild 42) gewährten dem Soldaten gegenüber einem starren Panzer, wie er von Offizieren oft als Brustharnisch (thorax) im Kampf getragen wurde (Bild 22), größere Bewegungsfreiheit, verbunden mit einem wirksameren Schutz als dem des einfachen Lederpanzers. Der Bandpanzer (lorica segmentata) schützte Brust und Rücken durch zwei breite Panzerteile, die aus je fünf oder sechs Bändern bestanden. Ebenso geformte Bänder (Bild 42) deckten die Schultern. Der Bandpanzer konnte sowohl aus starken Lederriemen als auch aus einem eisernen Schienenwerk gefertigt werden. Letzteres war die Regel.

Der Marineinfanterist trug, wie der Legionär, über seinem Panzer einen Gürtel (cingulum) als Wehrgehenk. Der Gürtel war in vielfältiger Form mit Beschlägen aus Metall, zuweilen auch aus Edelmetall verziert. Vorn lief vom Wehrgehenk abwärts ein schurzartiges Riemenwerk, das aus vier bis acht Lederstreifen bestand, die, wie der Gürtel selbst, mit Scheiben oder Metallplättchen besetzt waren.

Lange vor dem Ersten Punischen Krieg wurden die römischen Streitkräfte von dem bisher benutzten Rundschild (clipeus) auf den hölzernen, mit Metall beschlagenen Langschild, das scutum (Bild 44), umgerüstet. Bestimmte Truppenteile, so die Prätorianer, leichtbewaffnete Auxiliartruppen, und die Stabswache eines Feldherrn oder Admirals hielten jedoch an abweichenden, oft älteren Schildformen fest.

Die Leibwache eines Admirals war als Elitetruppe zumeist mit ehernen Rundschilden ausgerüstet. Der schwerbewaffnete Marineinfanterist benutzte an Bord bis weit in die Kaiserzeit hinein zumeist den ovalen und den rechteckigen Langschild (scutum). Ersterer (Bild 22) schalenförmig, letzterer zylindrisch gewölbt, bestand der Schild aus zwei aufeinander geleimten Holzlagen. Die äußere Fläche des Schildes wurde zunächst mit Leinwand, darüber mit Kalbfell überzogen. Man versah den Schild mit Metallrand, aufgenietetem Beschlag und Schildbuckel (umbo). Der gebogene Langschild besitzt in der Rekonstruktion (Bild 44) eine Höhe von 0,83 m. Auch findet man auf Säulen und Grabsteinen aus der Kaiserzeit scuta, die eine flache ovale oder runde Schildform aufweisen. Metallrand, Beschlag und Schildbuckel waren jedoch bei diesen ebenso vorhanden wie bei den gebogenen rechteckigen Langschilden.

Beinschienen (ocreae), in älterer Zeit zu Lande häufig in Gebrauch, wurden von den Mannschaften der römischen Marineinfanterie, wie aus Reliefdarstellungen ersichtlich, offenbar nicht getragen.

Die Angriffswaffen der Seesoldaten waren für den Fern- und Nahkampf geeignet. Der schwerbewaffnete Marineinfanterist besaß bereits im Ersten Punischen Krieg als wirkungsvolle Fernwaffe statt der hasta, dem ältesten Speer der Römer, den Wurfspeer, das pilum. Es gab leichte und schwere Pilen. Schaft und Speereisen besaßen zumeist gleiche Länge. Der Eisenteil der Waffe bestand aus einer schlanken Stange, die in einem Widerhaken oder in einer runden oder dreikantigen und vierkantigen Speerspitze auslief. Das untere Ende des Metallteiles der Waffe war entweder in den Schaft eingelassen oder mit einer Tülle versehen, über denselben geschoben und stark vernietet. In der Rekonstruktion (Bild 44) ist diese Waffe 2,20 m lang und besteht nach der gehärteten Spitze in ihrem oberen Teil aus weichem Eisen, das in einen hölzernen Schaft, der in der Mitte eine stämpfelartige Verstärkung aufweist, eingelassen ist. Versuche ergaben, daß diese Waffe auf eine Entfernung bis zu 30 m Tannenbretter von 3 cm Dicke durchschlägt. Wurde das pilum gegen einen Gegner geschleudert und von diesem mit dem Schild aufgefangen, so bog sich häufig der obere Eisenteil der Waffe nach unten. Der verbogene Wurfspeer behinderte den Gegner im Kampf. Sein Gewicht zog zudem den gegnerischen Schild nach unten und beraubte den Schildträger seiner Deckung. Die gestählte Spitze des Pilums war so geformt, daß sie ein Herausziehen der Waffe aus dem Schild erschwerte. Auch waren Eisenteile und Schaft oft so lose zusammengefügt, daß sie sich nach dem Aufprall gegeneinander verschoben und nicht zurückgeschleudert werden konnten. In der Kaiserzeit benutzte man auch das sogenannte Kappenpilum, bei dem die Verbindung zwischen Eisenteil und Schaft nicht nur durch die gewöhnliche Einfügung einer Zunge des Eisens in den Kopf des Schaftes, sondern außerdem noch durch eine über den Schaftkopf gestülpte Eisenkappe hergestellt war. In dieser Zeit trat dann allmählich die hasta amentata, auch lancea genannt, ein Wurfspeer mit etwa 22 cm langer Speerspitze, an die Stelle des Pilums. Zur Zeit Kaiser Hadrians (117–138) wurde die eine Hälfte der Legion mit dem pilum, die andere mit der lancea ausgerüstet. Letztere war ein Wurfspeer, der etwa in der Mitte des Schaftes einen Wurfriemen (amentum) besaß. Dieser Riemen wurde vor dem Wurf um den Speerschaft gewickelt, so daß die Waffe beim Wurf einen Drall zur besseren Führung und leichteren Überwindung des Luftwiderstandes erhielt. Versuche mit Rekonstruktionen ergaben eine Wurfweite bis zu 80 m. Die lancea erwies sich als wirkungsvolle Fernwaffe für Legionär und Seesoldat. In der späten Kaiserzeit wurden dann spiculum und vericulum, Wurflanzen mit dreikantiger Spitze, eingeführt.

Die an der Innenseite des Schildes zuweilen befestigten Wurfpfeile, plumbati oder martiobarbuli genannt, besaßen eine kurze mit Widerhaken versehene Spitze, unter der um den Schaft der Waffe, zur Verstärkung des Wurfes, ein Bleigewicht befestigt war. Das Schaftende war wie ein Pfeil gefiedert. Die Länge dieser Wurfpfeile dürfte 80 cm selten überschritten haben, da sie sonst, an der Innenseite des Schildes verwahrt, im Kampf nur behindert hätten.

Für den Nahkampf benutzte die römische Marineinfanterie Schwert und Dolch. Das Schwert, gladius genannt, in der älteren Form vermutlich von den Kelten übernommen, wich im Zweiten Punischen Krieg dem iberischen Kurzschwert (gladius hispaniensis). Als zweischneidiges, gerades, sehr handliches Stoßschwert von den Iberern entwickelt, diente es auch nach der Einführung bei den römischen Streitkräften vornehmlich zum Stechen. Die Nachbildung dieser Waffe (Bild 44) hat eine Länge von 0,80 m. Die breite, an der Spitze verstärkte, sehr scharfe Klinge ist mit einem kräftigen Griff versehen. Unter dem runden Knauf befindet sich die mit vier Rippen versehene

93

Hilze zum Umfassen der Waffe. Der Griff ist aus Holz gefertigt. Doch waren auch Schwertgriffe in Gebrauch, die aus Knochen, Elfenbein, Metall oder gar Edelmetall bestanden. Der Rang des Schwertträgers war für das verwendete Material natürlich von Bedeutung. Der einfache Marineinfanterist hatte sich wohl zumeist mit einer schlichten Ausführung des Schwertes zu begnügen. Die Scheide, vagina genannt, setzte sich aus den vier Teilen Vorderseite, Rückseite, Mundstück und Endbeschlag zusammen. Vorder- und Rückseite bestanden gewöhnlich aus Holz und waren mit Leder überzogen. Die Außenlinien der Scheide folgten der Form der Klinge. Die beiden Scheidenhälften wurden durch zum Teil reichverzierte Metallbeschläge zusammengehalten. Auch das von oben über die Wandungen geschobene Mundstück und der Endbeschlag, das Ortband, waren in der Regel aus Metall, zumeist aus Eisen, gefertigt. Vier Metallringe, an um die Scheide gelegte Querbänder oder direkt an die Scheide genietet, dienten der Aufhängung der Waffe. Das Schwert, an einem über die linke Schulter laufenden Lederriemen, dem balteus, hängend, wurde von dem Marineinfanteristen zumeist auf der rechten Seite getragen, damit der auf der linken Seite geführte Schild den Kämpfer beim Herausziehen der Waffe aus der Scheide nicht behinderte. Mit Silber und Gold beschlagen, verlieh man den balteus als Auszeichnung. Auch wurde er vom Signumträger als Trageriemen für das Zeichen benutzt. Feldherren, Offiziere und Signumträger, soweit sie keinen Schild führten, trugen das Schwert links, an einem zweiten, das cingulum kreuzenden Gürtel. Dieser Gürtel, das cinctorium, wurde von den Feldherren und höheren Offizieren auch häufig als alleiniges Wehrgehenk und zugleich als Rangabzeichen getragen. In der späten Kaiserzeit führte man im Landheer neben dem Kurzschwert (gladius) das Langschwert, spatha genannt, als Hiebwaffe ein. Ob das Langschwert auch in der Flotte Verwendung fand, wissen wir nicht.

An seinem metallbeschlagenen Gürtel, dem cingulum, trug der Seesoldat auf der linken Seite den Dolch, pugio genannt. Feldherren, Offiziere und Signumträger führten den Dolch rechts, da sie zumeist das Schwert links trugen. Der Dolch war im Prinzip ähnlich konstruiert wie das Schwert, nur kürzer. In der Rekonstruktion (Bild 44) hat der pugio eine Länge von 0,43 m. Diese Waffe wurde in Schmuck und Form, im Material von Griff und Scheide vielfältig variiert, gefertigt.

Leichtbewaffnete Seesoldaten im Sinne der Veliten des Landheeres gab es in der Flotte nicht, da die velites im Landheer als Plänkler, ausgerüstet mit leichten Wurflanzen und Schwert, vor der Eröffnung des eigentlichen Kampfes Verwendung fanden. Ein solcher Einsatz wäre vom Deck eines Kriegsschiffes aus wenig sinnvoll gewesen. Die Leichtbewaffneten der Flotte, als Bogenschützen (sagittarii) und Schleuderer (funditores) zumeist von den Holztürmen der Kriegsschiffe aus kämpfend, setzten ihre Fernwaffen, Bogen (arcus) und Pfeil (sagitta) sowie die Schleuder (funda), mit großer Zielgenauigkeit ein. Sie dürften, wie die Veliten des Heeres, den Lederhelm (galea) getragen haben. Neben ihrer Hauptwaffe führten auch Bogenschützen und Schleuderer rechts das Schwert und links den Dolch. Sofern die Leichtbewaffneten der Marineinfanterie überhaupt Schilde führten, bedienten sie sich eines aus dem älteren Rundschild (clipeus) entwickelten, aber kleineren hölzernen, mit Leder bezogenen Rundschildes, der parma.

Als Bogenschützen waren die Kreter bis in das zweite Jahrhundert wegen ihrer Treffsicherheit in der Flotte geschätzt. Sie verschossen neben normalen Pfeilen auch den sogenannten malleolus, einen Brandpfeil, der gerade im Seegefecht eine besondere Bedeutung besaß, da alle Schiffe aus Holz erbaut waren. Gegen Ende des zweiten Jahrhunderts lösten Syrer und Armenier die bis dahin bevorzugten kretischen Bogenschützen ab, da erstere einen neuartigen Konvexbogen aus Eibenholz mit größerer Reichweite und Durchschlagskraft benutzten. Die Pfeile der syrischen und armenischen Schützen waren in der Lage, zwei ungepanzerte Gegner mit einem Schuß zu durchschlagen.

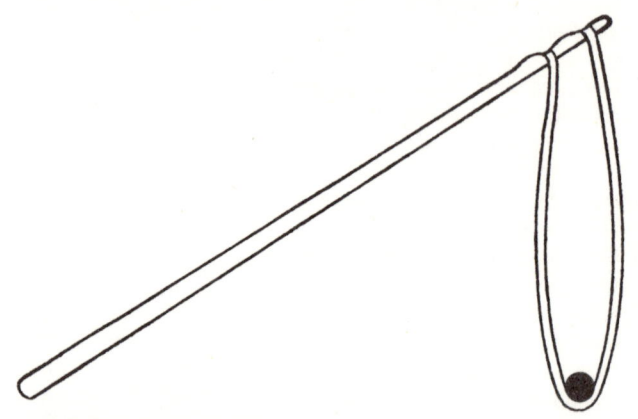

Skizze 83: Stabschleuder
(schematische Zeichnung nach Lindenschmit)

Die balearischen Schleuderer, nach dem Zweiten Punischen Krieg in der Flotte bevorzugt, verwendeten eine Stab- oder Bandschleuder. Erstere (vergleiche Skizze 83) bestand aus einem hölzernen Stock, an dem die eigentliche Schleuder in Form eines Hanf- oder Lederbandes, welches zwei Ösen hatte, mit einer Öse befestigt war, während die zweite Öse nur lose über das geglättete obere Ende des Stabes geschoben wurde. Der untere Teil diente als Schleudergriff. Beim Wurf zog das in der Schleuder befindliche Geschoß infolge der Zentrifugalkraft die obere Öse selbsttätig vom Stab ab und gab das Geschoß frei. Es wurden Stein- oder Bleigeschosse (glandes) geworfen. Letztere hatten, wie aus Funden ersichtlich, eine Länge von etwa 72 mm. Die Bandschleuder bestand ganz aus Leder. Das handtellergroße lederne Mittelstück, zur Aufnahme des Geschosses, lief in zwei lange, teils geflochtene Lederstreifen als Schleudervorrichtung aus.

Zu den speziellen Waffen des Seekrieges, die noch von einem Seesoldaten gehandhabt werden konnten, zählte vor allem die Enterpike oder Schiffslanze (hasta navalis). Schon in frühgriechischer Zeit gebräuchlich, standen solche Schiffslanzen, durch einen Eisenring gebündelt, auf der Back oder im Heck eines Schiffes griffbereit. In der römischen Marine fanden diese Waffen vermutlich nur noch auf den kleinsten Einheiten Verwendung. Liburnen führten bereits den größeren Enterhaken, manus ferrea, also »eiserne Hand« genannt, an Bord mit sich. Er bestand aus einer Holzstange mit Eisenhaken und wurde, wie die Enterpike, von einem Seesoldaten zum Verholen des feindlichen Schiffes an die eigene Bordwand benutzt. Auch dieser Enterhaken war bereits bei den Griechen im 5. Jahrhundert v. u. Z. in Gebrauch.

Die Weiterentwicklung des Enterhakens, zumeist von mehreren Seesoldaten bedient, stellte der harpago dar. Von Livius als eine lange Stange, vorn mit eisernem Haken, der an einer Kette hing, beschrieben, erleichterte diese Konstruktion das Festhalten des feindlichen Schiffes. Die harpagones verhakten sich in der gegnerischen Bordwand, dem Schanzkleid oder hinter dem Dollbord. Der einfache Enterhaken (manus ferrea) wurde den Seesoldaten häufig bereits beim Krängen der Schiffe aus den Händen gerissen oder hinter der Eisenspitze im Holzteil gekappt. Der harpago konnte mit seinem Kettenteil bei bewegter See die Bewegungen der Schiffe besser ausgleichen. Man war durch die Kette in der Lage, zu fieren und steif zu setzen, bis man den Gegner längsseit zur Enterung verholt hatte. Auch war das Kappen einer Eisenkette ungleich schwerer als das Zerschlagen einer Holzstange.

Im Oktober des Jahres 36 v. u. Z. fand in der Seeschlacht bei Naulochus erstmalig ein Schleuderenterhaken, harpax genannt, Verwendung. Der harpax, von M. Vipsanius Agrippa auf der Flotte Octavians eingeführt, bestand aus einem fünf Ellen langen Balken (c) (eine römische Elle entsprach 0,444 m), der mit Eisen beschlagen und mit einem eisernen Ring an jedem Ende versehen war. In dem einen Ring (b) befand sich ein Haken (a), in dem anderen (d) waren mehrere Leinen (e) befestigt, mit denen der harpax, den ein großes Pfeilgeschütz gegen das feindliche Schiff schoß, von Hand oder mittels einer Winsch angezogen werden konnte. Die Beschreibung des Schleuderenterhakens läßt viele Deutungen zu. Versucht man aber, eine Lösung zu finden, die dem Einsatzzweck der Waffe als Fernkampfenterhaken gerecht wird, und dabei die Gegebenheiten des Seekampfes zu berücksichtigen, so kommt man zu dem Schluß, daß der harpax in seiner Technik ähnlich wie eine Harpune funktionierte. Der an einer eisernen Spitze angebrachte Haken (a) kann aus vier ausklappbaren Teilen (aa) bestanden haben, die durch den vorderen Ring (b) beim Abschuß eingeklappt gehalten wurden. Die vier Teile des Hakens befanden sich somit in dem vorderen Ring. Durchschlug nun der geschoßartig geschleuderte harpax die gegnerische Bordwand oder

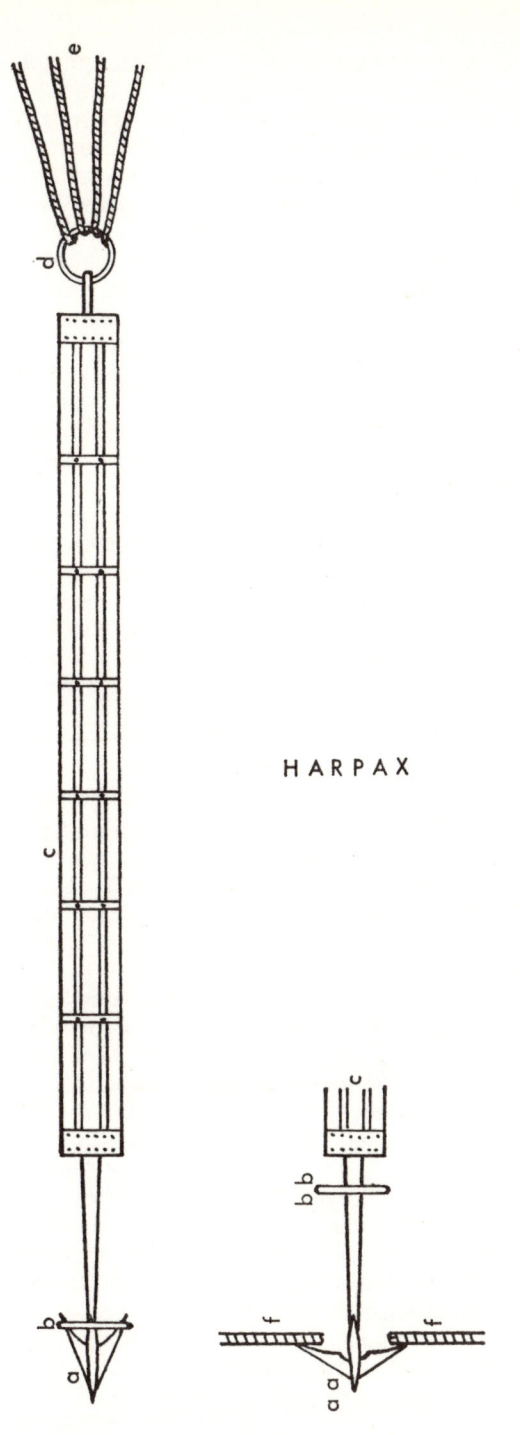

HARPAX

Skizze 84:
Schleuderenterhaken (harpax)
a vierteiliger Harpunenhaken beim Abschuß
aa Harpunenhaken nach dem Einschlag
b vorderer Ring beim Abschuß
bb vorderer Ring nach dem Einschlag
c mit Eisenbändern beschlagener Holzbalken von 2,25 m Länge
d hinterer Ring
e Leinen
f Schiffshaut oder Deck nach dem Einschlag

das Deck, so wurde der Ring zurückgeschoben (bb) und gab die vier Teile des Hakens frei, die ausklappten (aa) und sich als Widerhaken gegen das Holz (f) an der Einschlagstelle preßten. Die in den hinteren Ring (d) eingebundenen Leinen (e) wurden steif gesetzt und das gegnerische Schiff an die eigene Bordwand verholt *(Appian. Bell. Civ. 5,118).*

Geschütze, die in der Lage waren, diesen schweren Schleuderenterhaken zu verschießen, setzten eine bestimmte Schiffsgröße voraus. Der harpax konnte nur von Schlachtschiffen eingesetzt werden. Diese über größerer Entfernung wirksame Enterwaffe stellte in der römischen Marine die vollkommenste und wirksamste Konstruktion dieser Art dar und bildete den Endpunkt einer langen Entwicklungsreihe, die wir über die Enterpike oder Schiffslanze (hasta navalis), den einfachen Enterhaken (manus ferrea), den an Ketten fierbaren Enterhaken (harpago) bis zum Schleuderenterhaken (harpax) verfolgen können. Selbstverständlich blieben auch nach der Erfindung des harpax einfache und Kettenenterhaken weiter in Gebrauch, weil kleinere Einheiten auf diese Enterwaffen angewiesen blieben, da die schweren Pfeilgeschütze, mit denen der harpax verschossen wurde, von leichten Fahrzeugen nicht gefahren werden konnten.

Für den Kampf mit Segelkriegsschiffen, die sich den Römern erstmalig im Jahre 56 v. u. Z. entgegenstellten, entwickelte die römische Marine analog dem einfachen Enterhaken eine Spezialwaffe, Sichelmesser an langen Stangen (falces), mit denen die Seesoldaten im Vorüberpullen Takelage und Segel der Veneterschiffe zerschnitten. Caesar schildert die Anwendung dieser Waffe *(Bell. Gall. 3,14):*

»Wenn man nun aber auch unsererseits auf den Schiffen Türme errichtet hatte, so ragte das Achterdeck der Barbarenschiffe doch noch über sie empor, so daß wir sie von unserem niedrigeren Standort aus nicht wirksam genug beschießen konnten, während die Geschosse der Gallier mit größerer Wucht einschlugen. Nur eine Vorrichtung, die sich unsere Leute zurechtgemacht hatten, leistete gute Dienste. Das waren vorn zugespitzte Sicheln, die in lange Stangen eingelassen und daran befestigt waren, nicht unähnlich unseren Mauersicheln. Wenn man damit das Gut, das die Rahen mit dem Mast verband, faßte und anzog und dann rasch weiterpullte, so wurde es abgerissen. Dann mußten die Rahen herabfallen, und da die gallischen Schiffe lediglich Segelschiffe waren, wurden sie auf der Stelle unverwendbar, wenn man ihnen die Takelage wegriß.« (Die Mauersicheln der Römer dienten zum Herabreißen der Steine einer Stadtmauer.)

Die berühmteste Nahkampfwaffe der Flotte, die Enterbrücke (lat. corvus = Rabe genannt), erstmalig von C. Duilius bei Mylae 260 v. u. Z. entscheidend eingesetzt, war nicht dazu bestimmt, ein feindliches Schiff an die eigene Bordwand zu verholen, wie die oben geschilderten Enterwaffen, sondern diente in erster Linie dazu, eine feste Verbindung und Angriffsplattform zwischen den gegnerischen Schiffen herzustellen. Nach Polybios, dem wir die einzige überlieferte Beschreibung dieser Angriffswaffe verdanken, war sie wie folgt konstruiert *(1,22):*

»Auf dem Vorderdeck stand ein runder Balken von vier Klafter Länge, drei Hand breit im Druchmesser. Dieser hatte seinerseits am oberen Ende eine Rolle, um ihn herum aber war eine Leiter gelegt, die querüber mit Brettern benagelt war, vier Fuß breit und sechs Klafter lang. Das Loch des Bretterwerks war länglich und ging um den Balken gleich nach den beiden ersten Klaftern der Leiter herum. Diese aber hatte an ihren beiden Längsseiten noch je eine Seitenwand, die bis zur Höhe der Knie reichte. Am Ende der Leiter war eine Art von Hacke, vorn zugespitzt, angebracht, die am oberen Ende einen Ring trug, so daß das Ganze einer Troghacke, wie sie die Bäcker gebrauchen, ähnlich sah. An dem Ring war ein Seil befestigt, mit welchem man beim Rammstoß der Schiffe die Raben vermittels der am Balken befindlichen Rolle aufzog und auf das Verdeck des fremden Schiffes niederfallen ließ, bald auf das Vorderdeck, bald auch durch eine Drehung der Maschine gegen die von der Seite kommenden Rammstöße. Sobald nun die Raben in die Bretter des Verdecks einschlugen und die Schiffe aneinandergebunden hatten, sprangen sie, wenn sich die Schiffe mit den Breitseiten aneinanderlegten, von überallher auf das feindliche Schiff hinüber, wenn sie dagegen mit dem Bug aufeinandergestoßen waren, gingen sie auf dem Raben selbst in dicht geschlossener Reihe zu zweien hinüber, und zwar schützten die ersten die Vorderseite durch Vorhalten ihrer Schilde, die Nachfolgenden sicherten die Seiten, indem sie den Rand ihrer Schilde auf die Seitenwand aufsetzten.«

Der Pfahl über Deck, 4 Klafter hoch, stand vermutlich sehr weit vorn auf der Back. Da 1 Klafter (orgyiā) 1,776 m entspricht, ergibt sich eine Höhe von 7,104 m. Der Durchmesser wird mit »drei Hand breit« angegeben. Dies dürfte in etwa 30 cm entsprechen. Am Topp des Pfahles befand sich eine Rolle in einem eisernen Bügel; an seinem Fuß eine 6 Klafter = 10,656 m lange und 4 Fuß = 1,184 m breite Brücke (1 Fuß = 0,296 m), die sich mit dem Pfahl nach allen Seiten drehen ließ. Die Brücke, in der Breite ausreichend, um von zwei Marineinfanteristen gleichzeitig in voller Bewaffnung nebeneinander passiert werden zu können, bestand wahrscheinlich aus vier langen, durchlaufenden Balken, zwei äußeren und zwei inneren, die durch Querhölzer so verbunden waren, daß sie eine leiterförmige Konstruktion darstellten. Die Balken, mit Querbrettern benagelt, bildeten einen Bretterboden, über den hinweg der Angriff der Marineinfanterie erfolgte. Der fierbare Teil des corvus war die eigentliche Enterbrücke. Sie besaß in ihrem über die Bordwand hinausreichenden Teil kniehohe Seitenwände aus Holz oder Flechtwerk, die zusammen mit den Schilden der angreifenden Seesoldaten diese schützen sollten. In der Skizze ist die Kniehöhe mit 50 cm angenommen worden. Die eigentliche Enterbrücke, als Fallbrücke konstruiert, besaß in der Mitte einen 2 Klafter = 3,552 m langen Einschnitt im Bretterboden von etwas über 0,30 m Breite, um die Brücke möglichst hoch, in ihrem unteren Teil den Pfahl umfassend, anhieven zu können. Die Verbindung zwischen der eigentlichen Enterbrücke und dem senkrecht stehenden Pfahl war scharnierartig ausgebildet. Dieses Scharniergelenk könnte sich etwa 2 Fuß = 0,592 m über dem Deck befunden haben. Die Anbringung eines Scharniers ganz unten am Pfahl war technisch unmöglich, da die weggefierte und mit dem gegnerischen Schiff verbundene Enterbrücke beim Überholen der Schiffe den Pfahl aus dem Lager gehoben hätte. Mit Krängungen der Schiffe mußte immer gerechnet werden. Zwei Fuß Höhe über Deck war andererseits auch von einem schwerbewaffneten Marineinfanteristen ohne große Anstrengung in einem Sprung zu nehmen. Da der Pfahl nur einen Durchmesser von ca. 0,30 m hatte, verbot sich, selbst wenn er aus Hartholz bestand, jede Durchbohrung. Ein Pfahl dieser Stärke durfte nicht weiter geschwächt werden, wenn er in der Lage bleiben sollte, die 10,656 m × 1,184 m messende, stark gebaute und mit dem eisernen Stachel sehr schwere Enterbrücke im Kampf und bei schwerem Wetter zu tragen. Alle Rekonstruktionen, die eine wie immer geartete Durchbohrung des Pfahles annehmen, sind nicht haltbar. Sie berücksichtigen weder die Naturgewalt des Meeres noch die Gegebenheiten des Seekampfes. Eine Durchbohrung des im Durchmesser ohnehin schwach gehaltenen Pfahles hätte diesen vollends für seine Aufgabe unbrauchbar gemacht. Die nötige Befestigung der Scharnierbolzen am Pfahl erfolgte vermutlich mittels einer starken Eisenmanschette. Wenn die beiden Scharnierbolzen und die Eisenmanschette in einem Stück geschmiedet wurden, so erreichte man eine hohe Festigkeit und erweckte bei einem technisch wenig versierten Betrachter wohl auch den Eindruck, als ginge der Scharnierbolzen durch den Pfahl hindurch. Tatsächlich war dies, wie eben gezeigt, aus Festigkeitsgründen nicht möglich. Die eingerollten eisernen Ösen, in die die Scharnierbolzen gesteckt wurden, befanden sich an der eigentlichen Enterbrücke. Je höher die Brücke angehievt werden konnte, je größer war die Wucht des Falles beim Wegfieren. Die unter dem vorderen Teil der eigentlichen Brücke in einem eisernen Ring angesteckte Leine fuhr über die Rolle im Topp des Pfahles und wurde an Deck belegt. Da der Einschnitt im Bretterboden nur 3,552 m lang war, also etwa halb so lang wie der Pfahl mit seinen 7,104 m, war ein weiteres Anhieven nicht möglich und die Schrägstellung der eigentlichen Enterbrücke vor dem Angriff bedingt.

Hatte man sich dem gegnerischen Schiff so weit genähert, daß es sich im Wirkungsbereich der Enterbrücke befand, so fierte man schlagartig weg. Unter dem äußersten Ende der Brücke, vermutlich an doppelten Querbalken befestigt, befand sich ein langer, oben breit, unten schnabelartig geformter schwerer eiserner Stachel, dem Schnabel eines Raben ähnlich, nach dem – pars pro toto – die Gesamtkonstruktion »Rabe« (corvus) genannt wurde. Beim Wegfieren bohrte sich dieses geschärfte Eisen der Enterbrücke, durch Fall und Gewicht bedingt, mit großer Wucht in das Deck des feindlichen Schiffes und stellte eine schwer zu lösende Verbindung zwischen den gegnerischen Einheiten her, zumal der Angriff der Seesoldaten augenblicklich erfolgte und der Enterkampf der Schwerbewaffneten begann. Der oben zum Fieren der eigentlichen Enterbrücke erwähnte Eisenring war in den oberen Teil des eisernen Stachels eingelassen, also nicht mit dem Holzteil der Brücke vernietet, sondern befand sich am Kopf des »Schnabels«. Das große Gewicht der eigentlichen Enterbrücke und ihre Konstruktion als Fallbrücke bedingten, daß der Pfahl, an dem sie hing, durch das Kampfdeck hindurch in einem eisernen Zapfen auf dem Kiel des Schiffes aufsaß und im Inneren des Schiffskörpers Abstützungen besaß. Zapfen und Abstützungen waren erforderlich, da die Enterbrücke mit dem Pfahl nach vorn und nach Backbord und Steuerbord schwenkbar sein mußte, um ihren maximalen Einsatz zu gewährleisten. Die größte Wirksamkeit dieser Waffe ergab sich überdies, wenn man sie möglichst weit vorn auf der Back einbaute, da diese Position ihre Reichweite ausdehnte. Vermutlich war der Pfahl der Enterbrücke in Brusthöhe so konstruiert wie das Gangspill eines Segelschiffs und konnte durch Einstecken von Handspaken in die gewünschte Richtung gedreht werden. Der »Spillkopf«, hier besser als Kranz bezeichnet, dürfte jedoch höchstens drei Spakenlöcher für je eine Handspake besessen haben, da diese für das Drehen der Enterbrücke ausreichten und die Seite des Pfahles, an der sich die eigentliche Enterbrücke befand, frei bleiben mußte. Eine Durchbohrung des Pfahles für die Einführung eines festen Querholzes oder Eisens, das an beiden Seiten in gleicher Länge herausragte, wie einige Historiker annehmen, verbot sich aus den oben bereits dargelegten konstruktiven Gründen.

Es ist nicht einzusehen, weshalb die Römer feste Querhölzer, die an Deck auf dem Kriegsmarsch nur hinderlich gewesen wären, eingebaut haben sollen, wenn sie zum Geschützspannen nachweislich zum Teil einsteckbare Handspeichen benutzten. Für den Einsatz der Enterbrücke war es erforderlich, in ihrem Wirkungsbereich vor dem Gefecht die Reling oder das Schanzkleid niederzulegen. Gleiches geschieht auch auf den modernen Kriegsschiffen unserer Zeit bei Herstellung der Gefechtsbereitschaft, um bestimmte Waffen einsetzen zu können.

Der vornehmlich für den Frontalangriff konstruierte corvus wurde erstmalig in der Seeschlacht von Mylae (260 v. u. Z.) und letztmalig vor Ecnomus (256 v. u. Z) eingesetzt. Enterbrücken, nicht zu verwechseln mit Enterleitern, die noch in späterer Zeit die Enterung feindlicher Schiffe erleichterten, wurden nach diesem Seetreffen in der Literatur nicht mehr erwähnt. In den Schilderungen der Seeschlacht von Drepanum (249 v. u. Z.) sucht man den corvus vergeblich. Vermutlich waren die Sturmkatastrophen der Jahre 255 und 253 v. u. Z. für die Abschaffung dieser Waffe von entscheidender Bedeutung. Die mit der Enterbrücke ausgerüsteten Schlachtschiffe wurden bei Sturm durch

Skizze 85

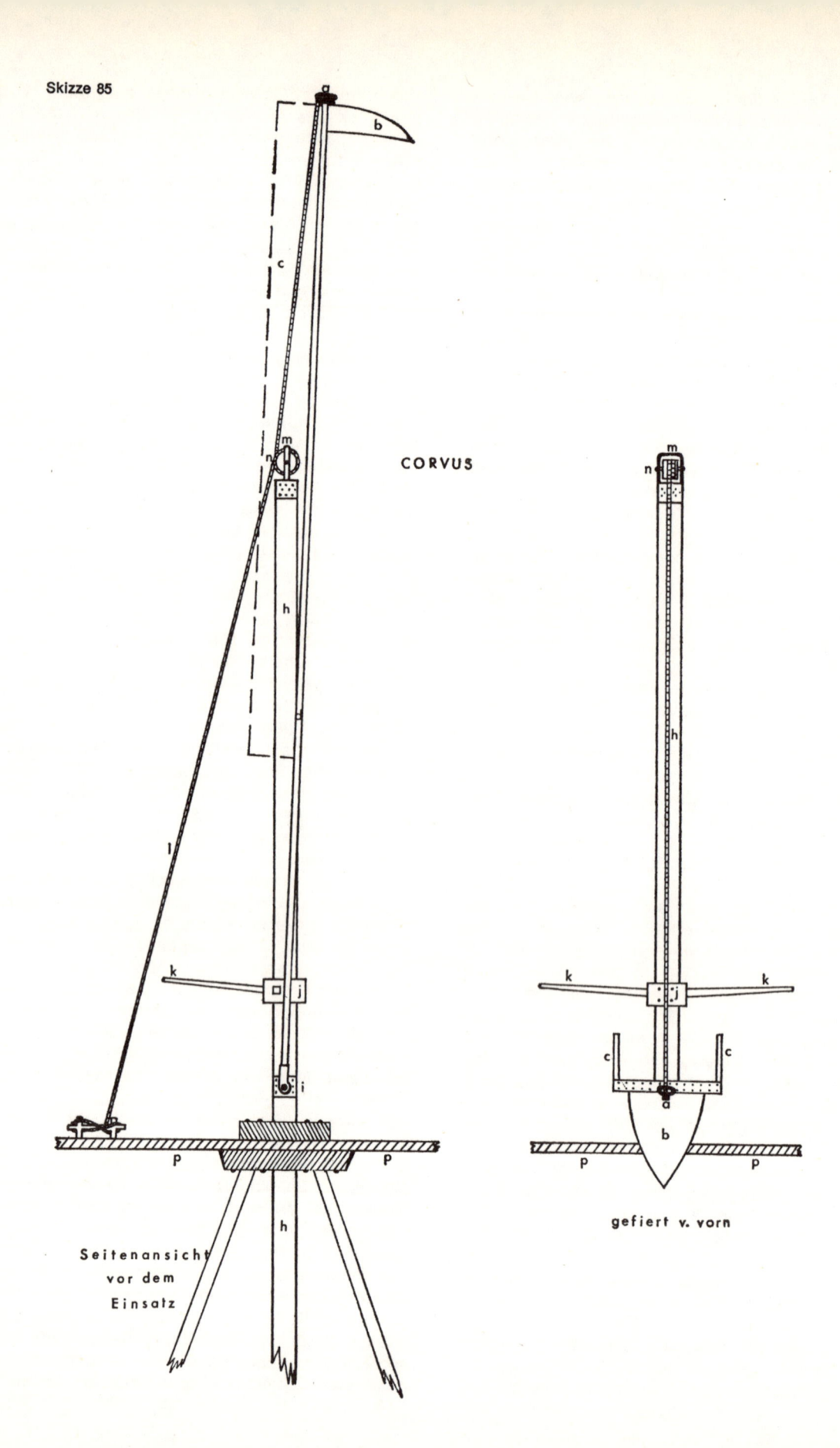

CORVUS

Seitenansicht
vor dem
Einsatz

gefiert v. vorn

98

Skizze 86

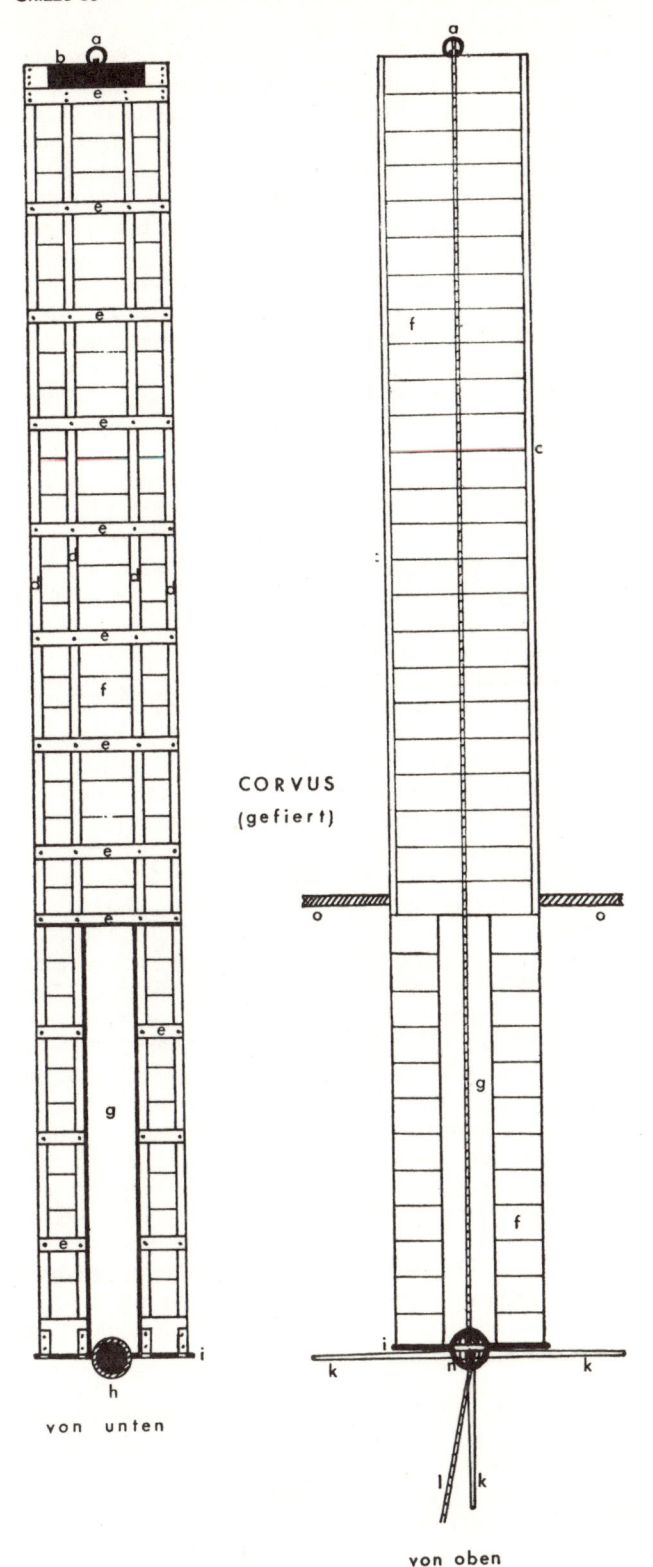

CORVUS
(gefiert)

von unten

von oben

Zu den Skizzen 85 und 86:
Enterbrücke (corvus)

Länge der eigentlichen Enterbrücke 10,656 m (vom Scharnier gemessen); Breite 1,184 m
Höhe des Pfahles über Deck 7,104 m
Durchmesser des Pfahles ca. 0,30 m
Die eigentliche Brücke umfaßte vom Scharnier aus in einer Länge von 3,552 m den Pfahl
Stachellänge ca. 1 m
Höhe der Seitenwand 0,50 m
Länge der Handspaken 1,20 m
Handspaken über Deck 1,10 m
Scharniergelenke über Deck 0,60 m
a eiserner Ring
b eiserner Stachel oder Schnabel
c Seitenwand aus Holz oder Flechtwerk
d Längsbalken
e Querbalken
f Bretterboden
g Einschnitt
h Pfahl
i Scharniergelenk
j Holzkranz mit drei Spakenlöchern für die Handspaken um den Pfahl gelegt
k Handspaken
l Leine
m Bügel
n Rolle
o Schiffsbord
p Deck

den corvus zusätzlich gefährdet. Sie waren weniger seetüchtig und mit der hoch aufragenden Enterbrücke nicht in der Lage, einen Sturm abzuwettern. Die großen römischen Schiffsverluste könnten durchaus vom corvus mitverursacht worden sein.

Die Römer übernahmen die Geschützkonstruktionen der Griechen fast ohne Änderungen. Der römische Ingenieur Vitruvius Pollio beschrieb die Geschütze (tormenta) in Augusteischer Zeit. Er gibt nicht nur sachlich, sondern zum Teil wörtlich die Beschreibung griechischer Autoren wieder, so daß wir uns auch unmittelbar auf diese stützen können. Es dürfte jedoch kaum zweifelhaft sein, daß die Römer Geschütze der Griechen weiterentwickelten bzw. nicht verwirklichte Entwürfe ausführten. Schrieb doch schon Cicero: »Alles ist entweder von den Unsrigen verständiger als von den Griechen erfunden oder, wenn es von diesen übernommen ist, verbessert worden«, wenigstens soweit sie gewisse Gebiete für würdig befanden, auf ihnen weiterzuarbeiten. Eines dieser Gebiete war für die Römer ganz sicherlich der Geschützbau.

Bereits in den Komödien des Dichters T. Maccius Plautus (geb. um 254 v. u. Z.) finden römische Geschütze mit großer Selbstverständlichkeit Erwähnung. Wir müssen daher davon ausgehen, daß bereits zur Bewaffnung der ersten römischen Flotte im Jahre 260 v. u. Z. Geschütze zählten.

Nach dem Konstruktionsprinzip gab es zwei verschiedene Typengruppen. Bei den Bauchspann- und Bogenschützen, die als leichte Waffen nach dem Prinzip der Armbrust und des Bogens konstruiert waren, lag die zum Schuß benötigte Kraft in den elastischen Bogenarmen selbst. Hierbei ist noch erwähnenswert, daß bei den Römern die Armbrust selbst ausschließlich als Jagdwaffe, aber nicht in militärischer Verwendung bekannt war. Als zweite, viel wirksamere Typengruppe kannte man die Drehkraft- oder Torsionsgeschütze, die auch Hebelgeschütze genannt wurden. Bereits um 400 v. u. Z. erfunden, lag ihre Triebkraft in der Elastizität der zwischen zwei festen Holz- oder Eisenständern eingezogenen, aus Tiersehnen, Frauen- oder Roßhaar, Seidengarn oder zumeist aus Hanfseilen zusammengedrehten Stränge, den Spannsehnenbündeln, deren Spannung durch Hebelarme bewirkt wurde. Durch das Anziehen der Geschützarme, die bei den Torsionsgeschützen (von torquere = drehen) unelastisch waren, setzte man die Spannsehnenbündel in Drehung und die einzelnen Schläge des Bündels in Spannung. Die Leistungen dieser Geschütze, die bereits im 3. Jahrhundert v. u. Z. ihren technischen Höchststand erreichten, wurden nach einem fortschreitenden Verfall erst wieder im 15. Jahrhundert durch die Pulvergeschütze übertroffen. Das Konstruktionsprinzip der Drehkraft- oder Torsionsgeschütze ist von ihrer Einführung bis zu ihrer Verdrängung durch Pulvergeschütze stets das gleiche geblieben.

Der Grieche Heron, mit großem technischen Sachverstand begabt, schildert die Fertigung eines einfachen Torsionsgeschützes wie folgt: »Man zimmerte aus vier starken Hölzern einen Rahmen ... mit Zapfen an den senkrechten Ständern ... Um die Schwellen ... schlang man einen Strang aus Sehnen, die man mit der Maschine aus einzelnen Strähnen zu einem starken Strang zusammengeflochten hatte, und nachdem er umgelegt war, zog man ihn als ersten Schlag mit aller Kraft an; daneben legte man den zweiten Schlag, schlug ihn mit dem Hammer dicht an den ersten und legte weitere Schläge um, bis der ganze Strang aufgebraucht war; das letzte Ende zog man fest unter allen Schlägen hindurch. Nun schob man durch die Mitte der Spannsehnen einen der Arme und legte ferner unter die Schläge auf den Schwellen ... eiserne Bolzen; wenn man diese dann umdrehte, wurden die Spannsehnen zugleich angezogen, und der Arm wurde durch diese Drehung von den Sehnen ganz fest gehalten.«

Die unter die Spannsehnenbündel direkt auf die Schwellen gelegten eisernen Bolzen verursachten eine starke Reibung, die das Andrehen derselben erschwerte. Als Verbesserung durchbohrte man die Schwellen und legte auf die Durchbohrungen reibungsvermindernde Buchsen aus Metall oder eisenbeschlagenem Holz. Auf die Buchsen legte man sodann die Spannbolzen, und über diese hinweg wurden dann die Spannsehnenbügel gezogen.

Weder bei den Griechen Heron und Philon, noch bei dem Römer Vitruv finden sich Angaben über Vorrichtungen zum Feststellen der Buchsen, um ein Zurückdrehen derselben zu verhindern. Solche Vorrichtungen waren auch nicht nötig, wenn bronzene oder mit Eisen beschlagene hölzerne Buchsen auf Holz liefen, da der Reibungskoeffizient so groß war, daß ein selbsttätiges Zurückdrehen der Buchsen nie stattfand. Es gab jedoch auch leichte Geschütze, bei denen nicht nur die Buchsen und deren Unterlagen, sondern auch die Peritreten oder der ganze Spannrahmen aus Metall gefertigt waren. Bei diesen Modellen erwies sich der Reibungswiderstand als nicht groß genug, um ein selbsttätiges Zurückdrehen der Buchsen nach dem Spannen zu verhindern. Es ergab sich somit die Notwendigkeit, eine Vorrichtung zum Feststellen der Buchsen einzubauen. Man durchbohrte die Buchsen und deren Unterlagen und verwendete Vorstecker, die ein selbsttätiges Zurückdrehen der Buchsen unmöglich machten (vergleiche Detailzeichnung in Skizze 101). Die Maße der Geschütze wurden in Kaliber = Bohrungsdurchmesser der Spannlöcher ausgedrückt. Das Kaliber eines Pfeilgeschützes war gleich dem neunten Teil der Länge des zu verschießenden Pfeiles. Zum Beispiel aus der Pfeillänge von 88,72 cm ergibt sich ein Kaliber von 9,858 cm oder rund 9,9 cm als Durchmesser der Spannlöcher.

Man unterschied in der römischen Marine bei den Torsionsgeschützen, die die schweren Fernkampfwaffen darstellten, zwischen Schleuder- oder besser Pfeilgeschützen und Wurfgeschützen. Erstere waren Flachbahngeschütze mit horizontaler Schußlinie, die, direkt gerichtet, in erster Linie lebende Ziele beschossen. Letztere konnten als Steilfeuergeschütze gedeckt eingebaut werden und im Bogenschuß gedeckte Ziele beschießen. Hier ist für die mit steiler Flugbahn schießenden Geschütze die Bezeichnung Wurfgeschütze gewählt worden, da wir auch in der modernen Waffentechnik für bestimmte Steilfeuerwaffen die Bezeichnung Granatwerfer oder Werfer kennen.

Die Flachbahngeschütze verschossen Pfeile, Pfeillanzen und Lanzen. Die Steilfeuergeschütze warfen unter einem Winkel von 30 oder 45° Steinkugeln. Die Treffsicherheit der Wurfgeschütze ließ zu wünschen übrig. Auf geringe Gefechtsentfernung war die Durchschlagskraft schwerer Steingeschosse groß. Infolge der geringen Endgeschwindigkeit konnten jedoch selbst großkalibrige runde Steingeschosse nur selten das Deck oder die Planken von Schlachtschiffen auf größere Distanz durchschlagen. Der Einsatz der schweren Wurfgeschütze zielte auf größere Entfernung in erster Linie auf die Lockerung der Schiffslängs- und Querverbände, sowie auf das Außergefechtsetzen der gedeckt plazierten und mit Schutzdächern versehenen gegnerischen Fernkampfwaffen und der Kampftürme.

Die Errichtung von Kampftürmen auf den Decks der Kriegsschiffe ergab sich aus der militärischen Forderung der überhöhenden Stellung. Diese gewährleistete bei Angriff und Verteidigung gute Übersicht und Überlegenheit der eigenen Waffenwirkung bei Beeinträchtigung der Waffenwirkung des Gegners. Eine Brustwehr deckte die Kampfbesatzung der Türme gegen feindliche Angriffsmittel.

Die gebräuchlichsten drei Typen der Pfeilgeschütze verschossen Pfeile von 44,36, 66,54 und 88,72 cm sowie normale Pfeillanzen von 177,44 cm Länge und

Brandlanzen. Die Brandlanze (falarica) erhielt ihren Namen nach den hölzernen Gefechtstürmen (falae) der Kriegsschiffe, auf denen auch leichte Pfeilgeschütze plaziert wurden. Die Brandlanze bestand aus einem runden, nur an seinem oberen Ende mit einem viereckigen Ansatz versehenen Schaft und einer in diesen eingelassenen drei Fuß (90 cm) langen Eisenspitze. Sie hatte demnach die Form des leichten Pilums. Der Ansatz war mit Schwefel, Harz, Erdpech oder ölgetränktem Werg umwickelt. Die Brennstoffe entzündete man kurz vor dem Abschuß der Brandlanze. In der Seeschlacht bei Actium (31 v. u. Z.) wurden Brandgeschosse schlachtentscheidend eingesetzt. Große Pfeilgeschütze, die an Deck standen, setzte man auch zum Verschießen des Schleuderenterhakens (harpax) ein (vergleiche Skizze 84).

Die Geschosse der größeren Wurfgeschütze wogen zwischen 4,3 und 26,2 kg. Diese Waffen konnten nur vom Deck aus eingesetzt werden.

M. Vipsanius Agrippa soll versenkbare Geschütztürme entwickelt haben, über deren Konstruktion wir jedoch nichts wissen.

In der Bewaffnung der Schlachtschiffe stellte sich das Verhältnis der Pfeilgeschütze zu den Wurfgeschützen vermutlich auf etwa 6:1, wenn wir die Verteilung bei den Legionen analog heranziehen. Wir können ohnehin mit großer Wahrscheinlichkeit davon ausgehen, daß nur die größten Kampfschiffe mit einem Wurfgeschütz ausgerüstet waren, da diese Geschützart viel Platz an Deck benötigte. Ein Steilfeuergeschütz, das Steinkugeln von etwa 10 kg mit einem Durchmesser von 20 cm verschoß, war etwa 5 m lang und 1,40 m breit. Dabei war dies noch nicht einmal das größte bekannte Kaliber.

Wenn hier die Pfeilgeschütze mit dem Sammelnamen catapultae und die Steinwerfer oder Wurfgeschütze zum Unterschied dazu als ballistae bezeichnet werden, so bedarf es des Hinweises, daß diese Unterscheidung in den Quellen nicht gemacht wird. Die antiken Schriftsteller hielten sich an kein Schema. Die Bezeichnungen waren oft willkürlich und wechselten überdies im Laufe der Jahrhunderte. Um welche Geschützart es sich handelte, konnte nur aus dem Zusammenhang entnommen werden. Caesar bezeichnete wiederholt verschiedene Geschütztypen einheitlich mit dem Wort scorpiones.

Die Flachbahngeschütze waren vornehmlich auf Treffgenauigkeit und Durchschlagskraft, die Steilfeuergeschütze auf große Wurfleistung und Wurfgewichte hin konstruiert. Erstere erreichten in der Rekonstruktion eine Schußweite von maximal 369,50 m, während letztere wohl ähnliche Ergebnisse erzielten.

Jedenfalls überliefert uns Flavius Josephus für das Jahr 70 annähernd gleiche Schußweiten für Wurfgeschütze: »Es wurden Steine im Gewicht von einem Talent (26,2 kg) geworfen, die dann ein oder zwei oder noch mehr Stadien weit flogen ...« Ein stadium war verschieden lang. Z. B. ein attisches Stadion zu 600 griech. Fuß maß 184,30 m, ein pythisches (delphisches) Stadion = 177,35 m und ein olympisches Stadion = 192,25 m. Die durchschnittliche Gefechtsentfernung dürfte jedoch, da die Treffgenauigkeit der römischen Geschütze auf weite Entfernung gering war, etwa 150 m betragen haben. Bei der erfolglosen Belagerung von Rhodos (305/304 v. u. Z.), als sich die griechische Geschütztechnik auf ihrem Höhepunkt befand, lagen die Geschützstellungen der Belagerer 160 bis 170 m vor der Stadtmauer.

Die Bordgeschütze feuerten zumeist gedeckt durch hölzerne Verschläge, die die Bedienungsmannschaft zwar selten gegen das gegnerische Geschützwirkungsfeuer, aber doch ausreichend gegen Geschosse der Bogenschützen und Schleuderer abdeckten. Gegen Brandgeschosse schützte man sich durch Metallbeschläge, nasses Leder, nasse ungegerbte Felle und ähnliche Mittel.

Die Leistungen gleich konstruierter und gleichkalibriger Geschütze waren damals keineswegs gleich. Die Güte der Herstellung, insbesondere das für die Spannsehnenbündel verwendete Material führte zu sehr unterschiedlichen Schußleistungen. Um größere Schußweiten zu erreichen, verfeuerte man häufig leichtere Munition als zum Geschütz gehörte. Aus all dem erklären sich die zum Teil sehr voneinander abweichenden Angaben der antiken Schriftsteller über die Durchschlagskraft, Schußweite und Geschoßgeschwindigkeit der Pfeil- und Wurfgeschütze. Hier werden im allgemeinen die Schußleistungen der von E. Schramm beschriebenen und rekonstruierten Geschütze zugrunde gelegt, da anzunehmen ist, daß die mit großer Sorgfalt erfolgten Rekonstruktionen, die sich heute in dem wiedererrichteten Kastell Saalburg befinden, annähernd die gleichen Schußweiten erreichten wie die römischen Originale ehemals.

catapultae

Das in Skizze 87 gezeigte leichte Geschütz, mit dem man nur aufgelegt schießen konnte, wurde Bauchspanner genannt, weil das Spannen der Bogensehne mit Hilfe des Spannholzes (q) den Bauch als Widerlager erforderte.

Die Entwicklung dieser Konstruktion aus der Armbrust und dem Kampfbogen (arcus) ist unverkennbar. Die Römer kannten, wie die Griechen, den einfach gekrümmten (Skizze 88) und den doppelt gekrümmten (Skizze 89) Handbogen.

Der Bauchspanner konnte nicht mehr einfach mit der Hand gespannt werden. Die Stärke der metallenen Bogenarme (a) bedurfte des Drucks des ganzen Körpers zum Spannen. An dem Bogen des Geschützes war in der Mitte eine Pfeife (b) befestigt, welche auf der oberen Seite eine im Querschnitt schwalbenschwanzförmige Nut (e) besaß, in der sich der Schieber (c) mit seiner Feder hin und her bewegte. Der Schieber hatte in seiner ganzen Länge auf der oberen Seite eine Pfeilrinne (d). An seinem hinteren Teil waren oben zwei Zapfenlager (i) angebracht, welche eine Klaue (f), Finger oder Hand genannt, festhielten.

Skizze 87 (nach Schramm):
Maßstab 1:10
Detailzeichnungen 1:5
Bauchspanner
(Gastraphetes nach Heron)
1 Ansicht von oben
2 Seitenansicht
3 Querschnitt durch Pfeife und Schieber mit Pfeilrinne
4 Detailzeichnung zu 1
5 Detailzeichnung zu 2

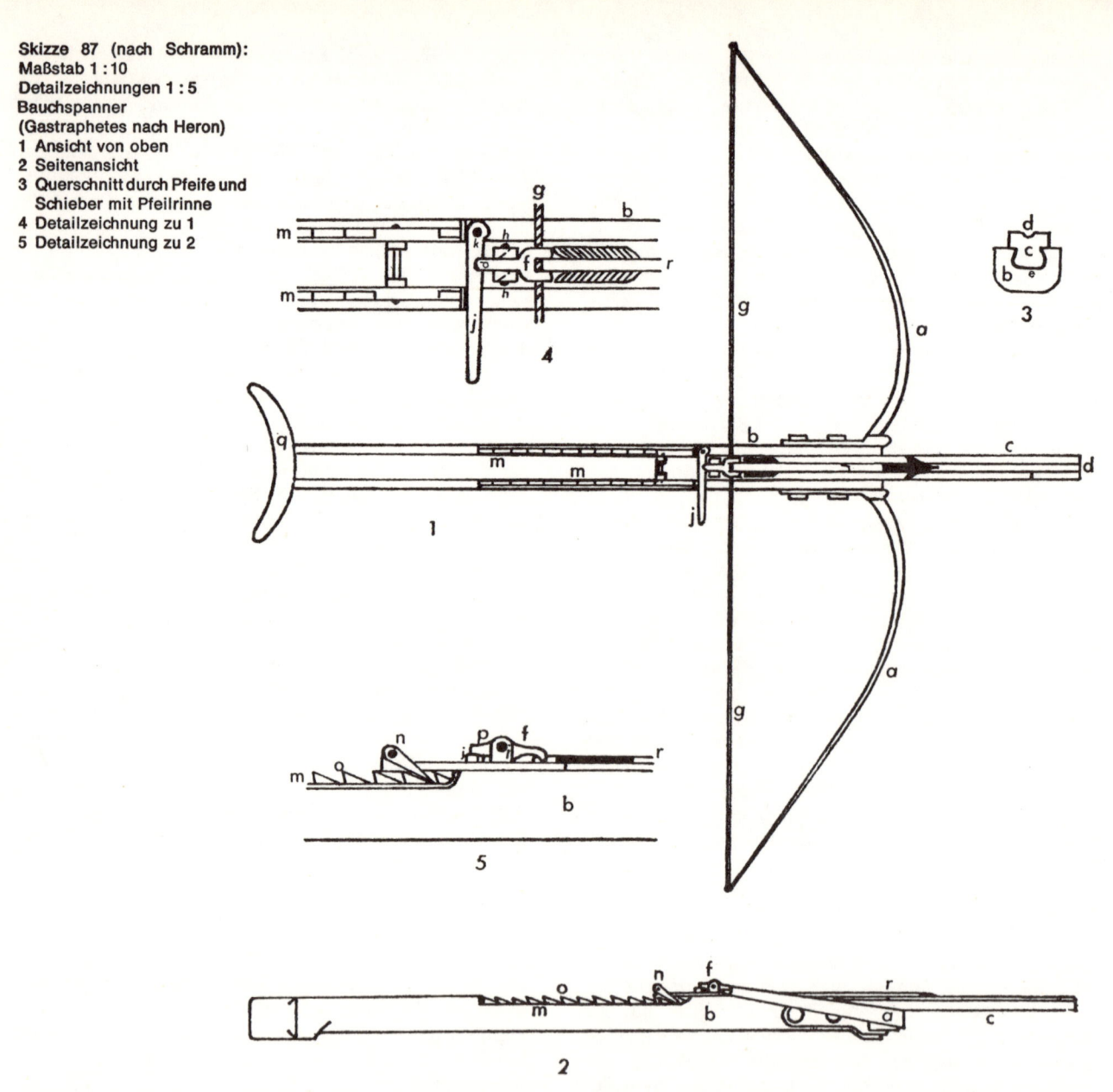

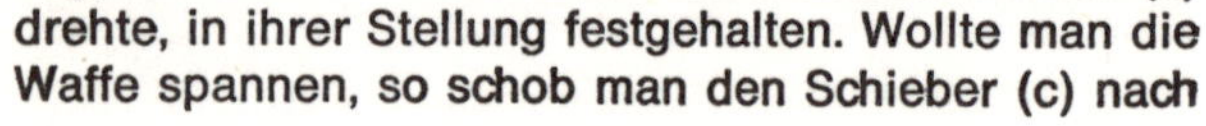

Skizze 88 (Schema)

Skizze 89 (Schema)

Die Klaue, vorn gespalten, hielt gleichzeitig die Sehne (g) und den in ihren Spalt geschobenen Pfeil (r) in der Rinne (d) fest. Die in der Mitte durchbohrte Klaue (f) war mittels eines Bolzens (h) drehbar mit den Zapfenlagern (i) verbunden. Die Klaue wurde mit einem hinteren Ansatz (p) durch einen Riegel (j), den Abzug, welcher sich um einen senkrechten Bolzen (k) drehte, in ihrer Stellung festgehalten. Wollte man die Waffe spannen, so schob man den Schieber (c) nach vorn, bis die Klaue, sich vorn aufrichtend, die Sehne ergriff, und drückte alsdann den Abzug (j) unter das hintere Ende der Klaue. Sodann stemmte man das vordere Ende des Schiebers gegen einen festen Widerstand, hielt mit den Händen die Enden des Spann- oder Querholzes (q) fest, drückte den Bauch in die dafür vorgesehene Ausbuchtung des Spannholzes, stieß mit dem Körpergewicht den Schieber zurück und spannte so die Sehne, durch die sich die eisernen Arme (a) des Bauchspanners bogen. Zum Festhalten des Schiebers war auf beiden Seiten der Pfeife je eine Zahnstange (m) angebracht. Am hinteren Ende des Schiebers befanden sich Sperrklinken (n), die in die Zähne (o) eingriffen. Die Zahnstangen (m) auf der Pfeife hielten also in Gemeinschaft mit den Sperrklinken am Schieber diesen in der gewünschten Spannstellung fest. War genügend Spannung erreicht, so

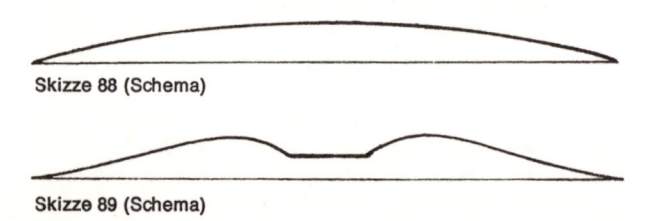

Skizze 90 (nach Schramm):
Maßstab 1 : 20
Bogen- oder Blitzgeschütz
leichtes Pfeilgeschütz
Übergangsgeschütz nach Heron
Ansicht von der Seite und von oben

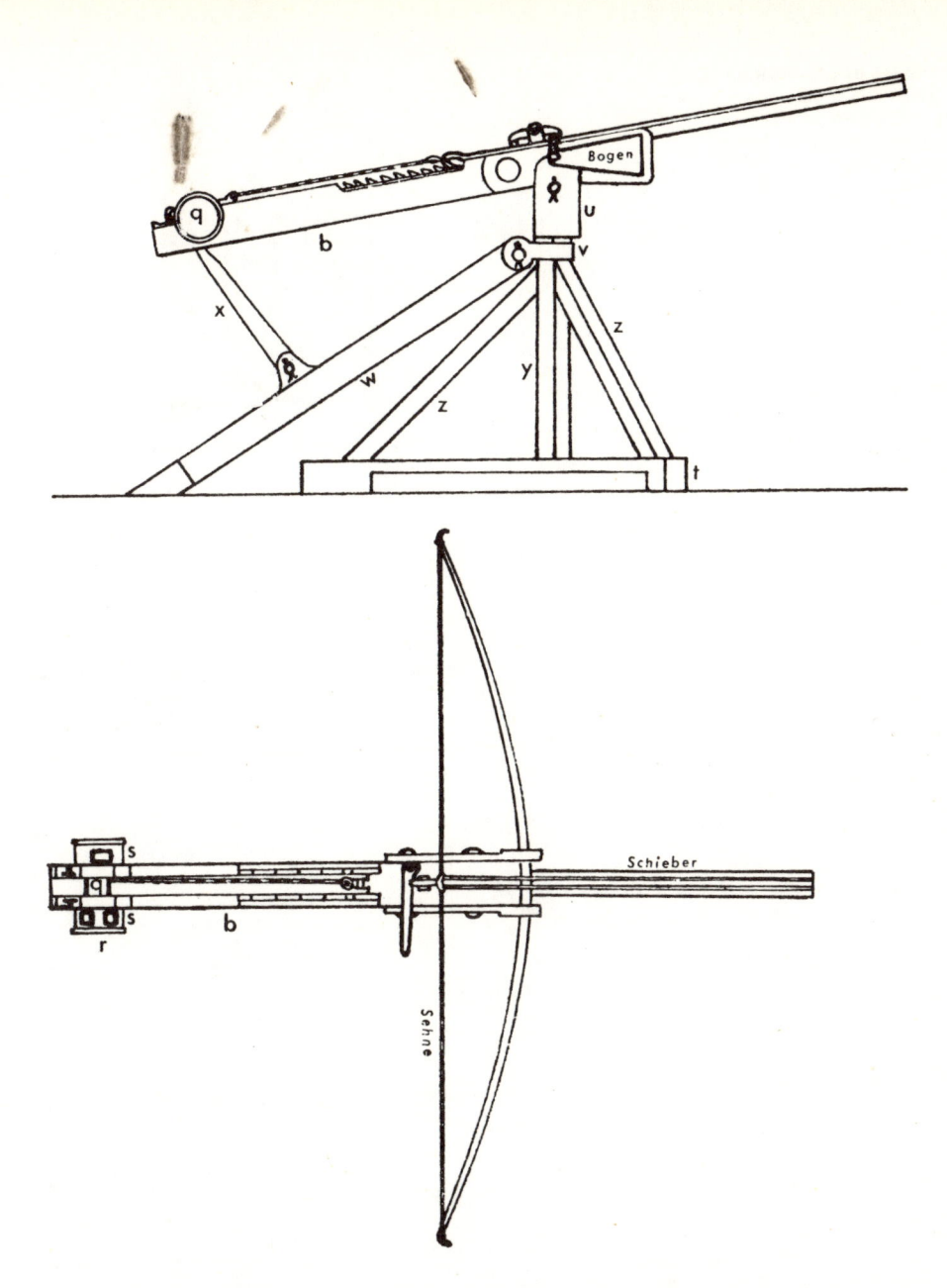

legte man das Geschoß (r) in die Pfeilrinne (d), zielte und zog den Abzug zurück. Da die Klaue in ihrer Stellung durch den Abzug festgehalten wurde, gab sie nunmehr die Sehne frei, die dann das Geschoß fortschleuderte. Das Geschütz wurde von einem Mann bedient.

Das Geschütz in Skizze 90 (Übergangsgeschütz) verdankte seine Konstruktion dem Bestreben, gegenüber dem Bauchspanner Geschoßgröße und Schußweite durch Verstärkung der Geschützbogenarme zu vergrößern. Das Geschütz wurde mit einfach (siehe Skizze 88) und doppelt gekrümmtem Bogen (siehe Skizze 89) gefertigt. Da der Druck des menschlichen Körpers nicht mehr ausreiche, es zu spannen, ließ man das Spannholz weg und brachte am hinteren Ende der Pfeife (b) eine Spannwelle (q) mit Haspeln (r) und Einstecklöchern (s) für Handspeichen an. Das Geschütz erhielt als Auflage ein Schießgestell, bestehend aus Basis (t), Drehkopf (u), Schelle (v), Strebe (w), Stütze (x), Ständer (y) und Dreifuß (z). Das erste Geschütz mit Lafette war entwickelt. Im übrigen wie der Bauchspanner konstruiert und funktionierend, konnten Übergangsgeschütze dieser Bauart so gefertigt werden, daß man mit ihnen auch zwei Pfeile gleichzeitig oder auch Steingeschosse in horizontaler Fluglinie verschießen konnte. Zur Bedienung des Geschützes waren ein bis zwei Mann erforderlich. Es ist wenig wahrscheinlich, daß der Bauchspanner und das Bogengeschütz noch nach dem 3. Jahrhundert v. u. Z. in der Flotte Verwendung fanden.

Da die beiden Geschütze in Skizze 91 und 92 sich nur in den verschieden geformten Spannrahmen unter-

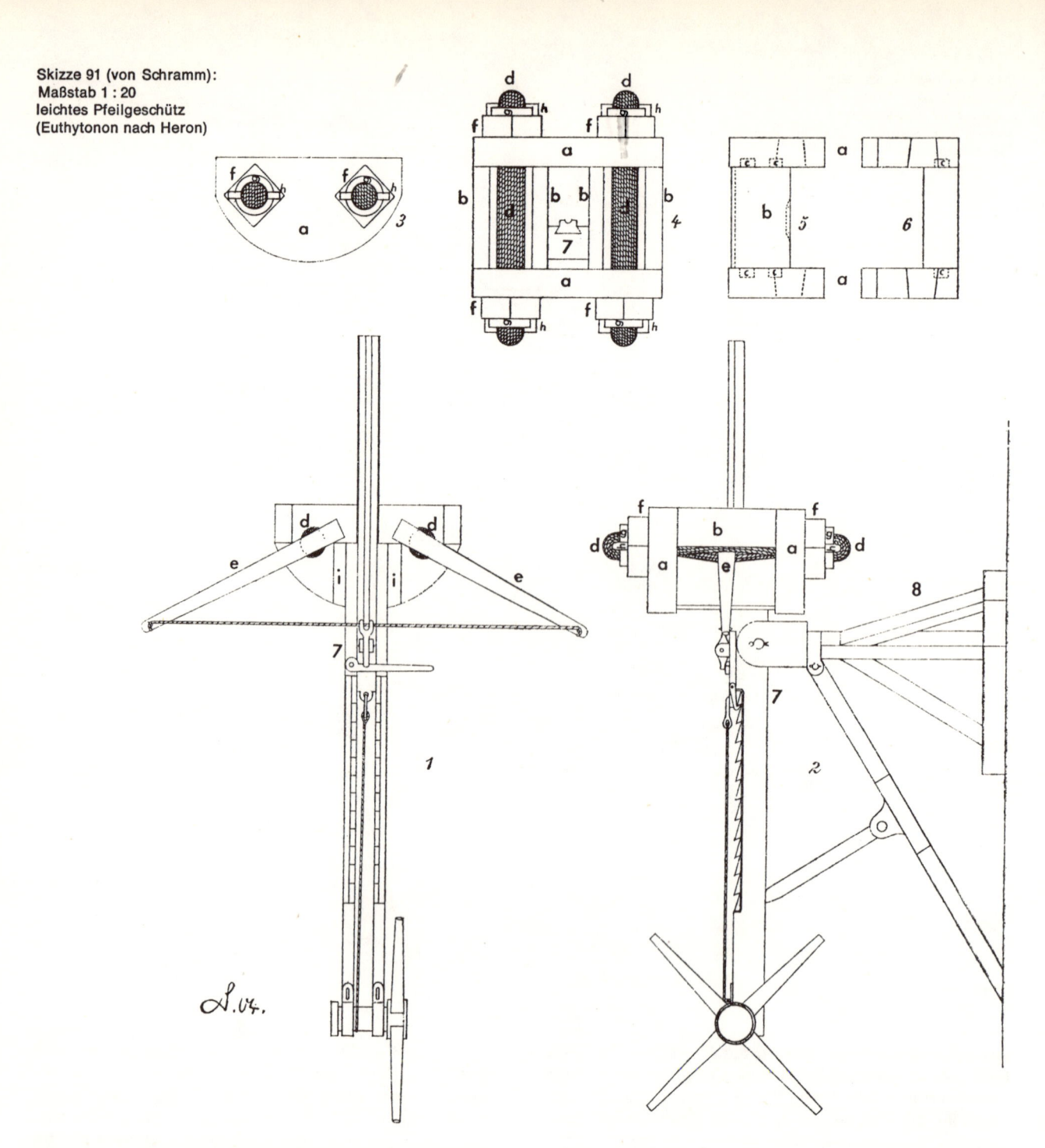

Skizze 91 (von Schramm):
Maßstab 1 : 20
leichtes Pfeilgeschütz
(Euthytonon nach Heron)

schieden, gilt die nachfolgende Beschreibung für beide Versionen (1 von oben gesehen, 2 von der Seite).
Die Geschützkonstruktion bestand aus drei Hauptteilen, dem Spannrahmen (3 von oben, 4 von vorn, 5 und 6 Schnitte durch den Spannrahmen), der Pfeife (7) und dem Schießgestell (8). Der Spannrahmen wiederum bestand aus zwei horizontalen, durchbohrten hölzernen Schwellen, den Peritreten (a) mit vier senkrechten Ständern (b), zwei äußeren und zwei inneren, die durch Zapfen (c) mit den Peritreten (a) verbunden waren. Das so entstandene innere Fach diente zur Auf-

nahme der Pfeife (7) und die beiden äußeren Fächer zur Aufnahme der Sehnenbündel (d) und der Geschützarme (e). Die Buchsen (f) waren viereckig und bestanden aus eisenbeschlagenem Holz. Andere Geschütztypen besaßen jedoch auch runde erzene Buchsen. Die Buchsen hatten ringförmige Zapfen (g), die in entsprechende Nuten der Peritreten eingriffen. Quer über jeder Buchse lag der eiserne Spannbolzen (h).
In der Mitte des über die Buchsen gespannten Sehnenbündels (d) wurde der Geschützarm (e) so weit durchgeschlagen, daß er sich mit seinem dicken Ende

Skizze 92 (nach Schramm):
Maßstab 1 : 20
leichtes Pfeilgeschütz
(Euthytonon nach Philon)
Ansicht von oben und
von der Seite

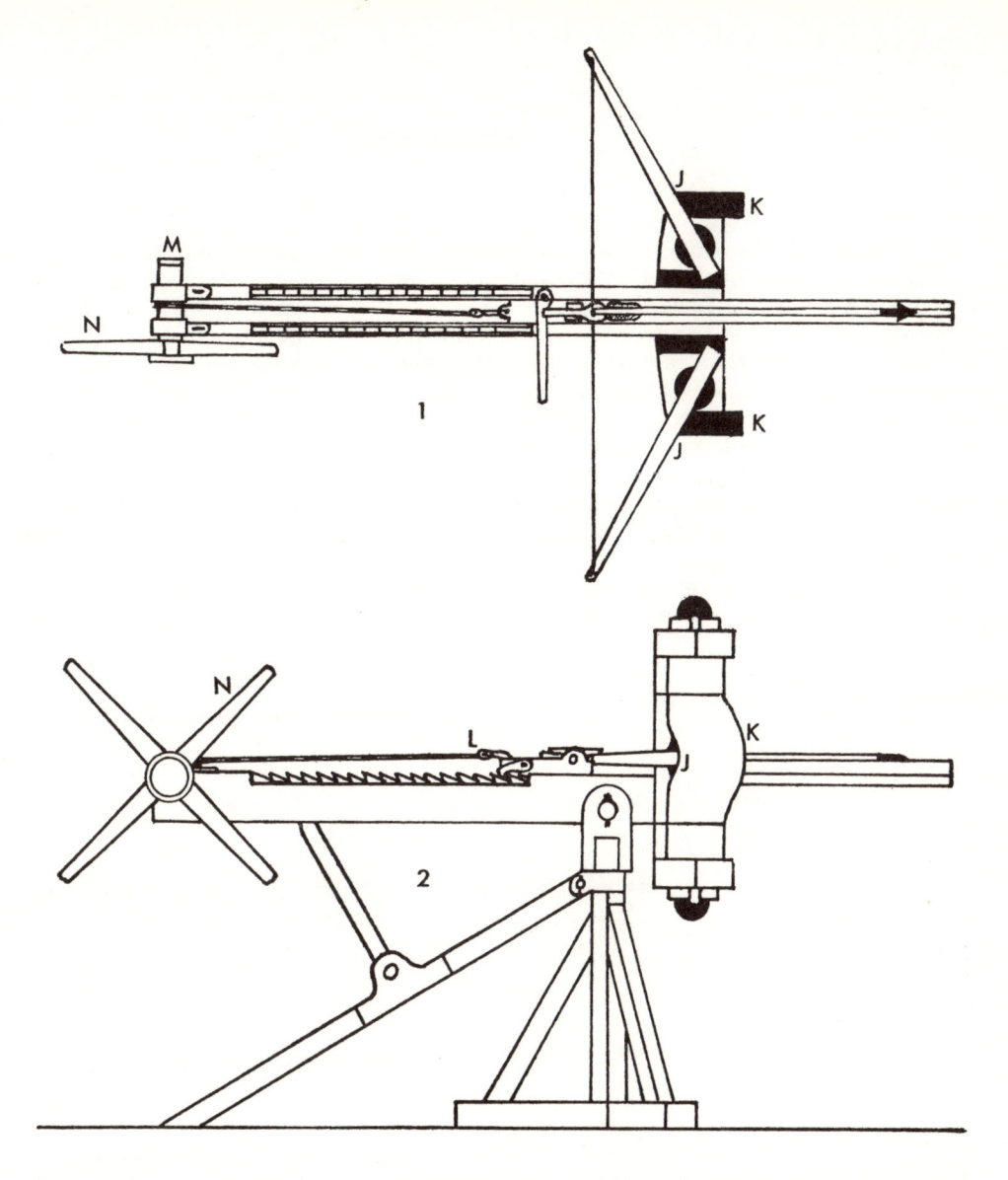

an die Anlage des inneren Ständers (i) anlegte. Damit der Geschützarm zwischen Ruhe- und Spannlage die erforderliche Bewegungsfreiheit von 30° erhalten konnte, war der Außenständer des in Skizze 92 gezeigten Geschützes mit einem Ausschnitt (J) versehen. Um diese Schwächung des Außenständers wieder auszugleichen, hatte er an der äußeren Vorderseite eine entsprechende Ausbiegung (K). Die Geschützsehne verband die beiden Enden der Geschützarme. Pfeife, Schieber, Klaue mit Lager und der Abzug sowie die Zahnstangen und Sperrklinken entsprachen, wenn auch mit stärkeren Abmessungen, den gleichen Teilen des Bauchspanners und des Bogen- oder Blitzgeschützes. Am hinteren Ende des Schiebers war eine Öse angebracht, in der mit einem Haken eine Leine befestigt wurde (L), die um einen am hinteren Ende der Pfeife befestigten Haspel (M) geschlungen war, mit dem man das Geschütz mittels Handspeichen (N) spannte. Die catapulta ruhte auf einer Lafette. Diese bestand aus der Säule, auf der ein Drehkopf aufsaß, der mittels eines Drehbolzens die Pfeife trug und der sich selbst um einen senkrechten Zapfen der Säule drehte. Die Säule stand in einem Dreifuß. Das Geschütz wurde durch direktes Visieren über den eingelegten Pfeil gerichtet. Am oberen Ende, unter dem Zapfen, war um die Säule eine drehbare Schelle mit Scharnier angebracht, welche eine schräge Strebe trug, die sich mit ihrem unteren Ende gegen den Bo-

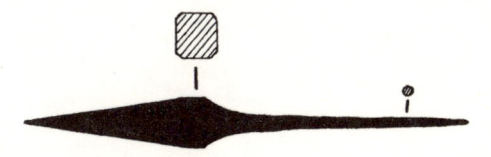

Skizze 93 (nach Baatz):
Maßstab 1 : 2
Kleine eiserne Geschoßspitze
Oberhalb der Geschoßspitze sind zwei Querschnitte eingezeichnet

Skizze 94 (nach Baatz):
Maßstab 1 : 4
Geschützpfeil
Oberhalb des Geschützpfeiles sind zwei Querschnitte eingezeichnet.

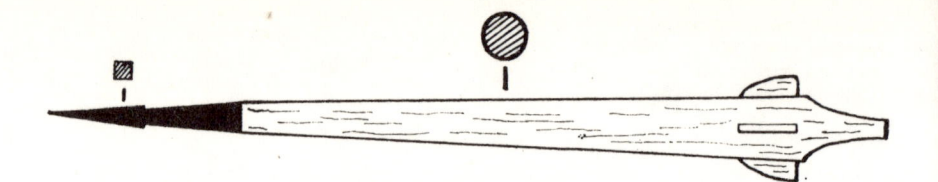

den stemmte. In der Mitte dieser Strebe war, nach der Säule zu umklappbar, eine Stütze angebracht, die die Pfeife während des Spannens stützte.

Zum Bespannen des Rahmens benutzte man eine Spannleiter. Sie bestand aus zwei Längsschwellen, vier Querschwellen und zwei Spannwellen. Die Spannwellen wurden mit Hebebäumen gedreht. Man verfuhr wie folgt: »Der Rahmen wird auf die Leiter gelegt, mit Keilen auf den Querschwellen derselben befestigt und dann über die Bohrlöcher des Rahmens die Buchsen und auf diese die Spannbolzen gelegt. Nun wird das mit einer Öse versehene eine Ende der Spannsehne an dem einen Bolzen befestigt, das andere Ende wird durch beide Buchsen bis nach der gegenüberliegenden Spannwelle durchgezogen, um diese gewickelt und mit Hilfe der Hebebäume so stark angezogen, daß sich ihre Dicke um ein Drittel vermindert und daß sie einen bestimmten Ton von sich gibt, der mit der Stimmgabel gemessen wird. Dann keilt man die Spannsehne mit einer Klammer in der Buchse fest, wickelt die Spannsehne vom Haspel ab und zieht ihr Ende durch die Löcher beider Buchsen bis zur anderen Spannwelle. Hier wird erneut die Spannsehne aufgewickelt, wiederum bis auf ein Drittel ihrer Dicke angereckt und festgekeilt. Das Anziehen der Spannsehne, abwechselnd mit beiden Spannwellen, geschieht so lange, bis sie völlig aufgespannt ist. Das Ende wird nach Anwendung von Pfriemen mit einer Nadel durch

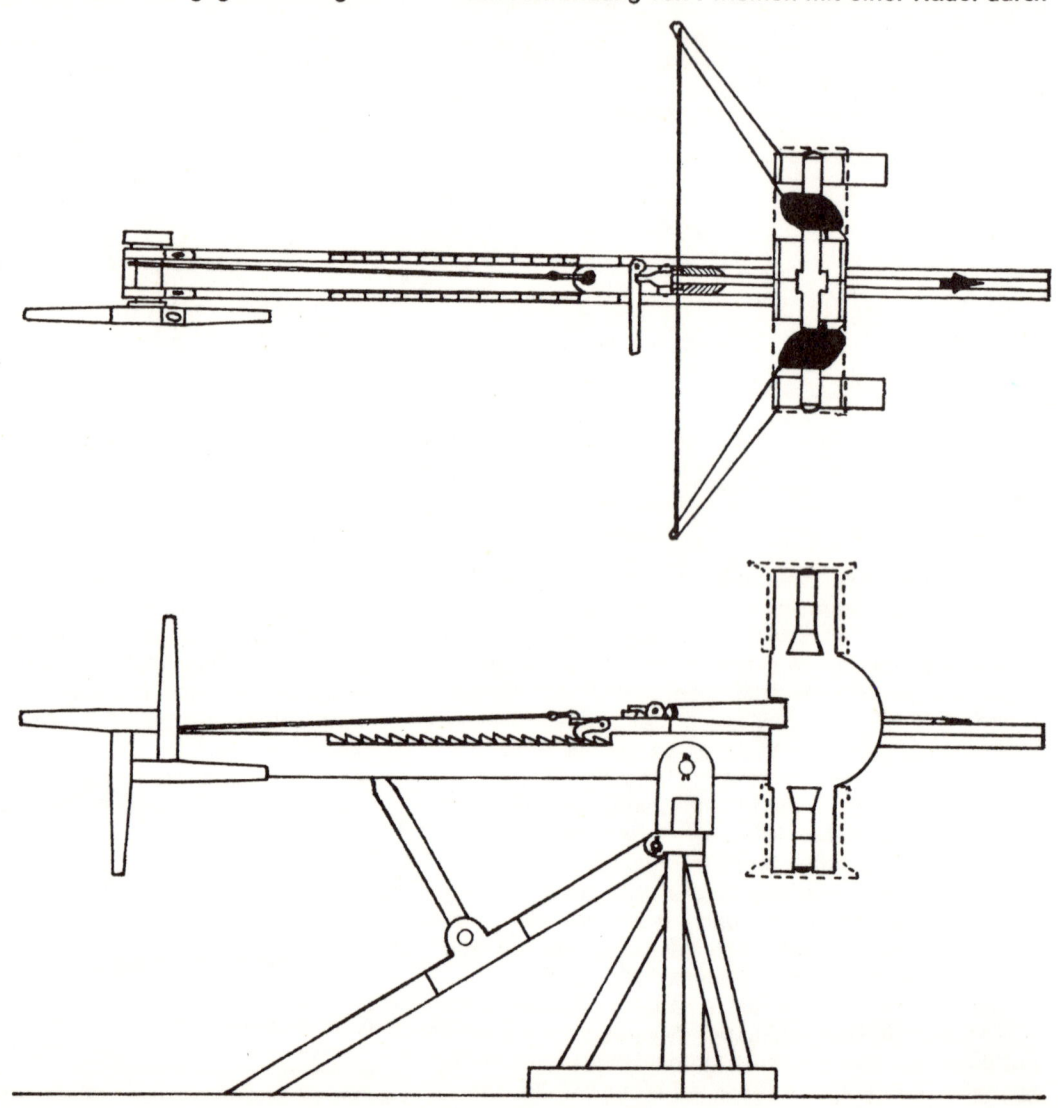

Skizze 95
(nach Schramm):
Maßstab 1 : 20
Keilspanngeschütz
(leichtes Pfeilgeschütz nach Philon)
Ansicht von oben und von der Seite

die ziemlich ausgefüllten Spannlöcher durchgefädelt, erneut angereckt und schließlich der letzte Rest mit dem Spannsehnenbündel verflochten« (nach Kromayer/Veith).
Die Geschütze wurden häufig nach jedem Schießen, also unter Umständen täglich neu bespannt.
Die beiden Spannsehnenbündel eines Geschützes erforderten gleiche Spannung, da sonst das Geschoß seitlich geschleudert wurde. Um eine ungleiche Spannung zu regulieren oder die Spannkraft zu verstärken, konnten die Geschütze mit einem Spannschlüssel nachgespannt werden. Die Spannsehnenbündel besaßen zumeist reich verzierte eiserne Schutzschilde (vergleiche Skizze 98), um sie gegen Feindeinwirkung abzudecken.
Die Rekonstruktion des Pfeilgeschützes (Skizze 92) durchschlug neu bespannt auf zwanzig Schritt einen eisenbeschlagenen 30 mm starken Schild so weit, daß der verschossene Pfeil 44 cm durchdrang. Ein Schildträger wäre getötet oder verwundet worden.
Die größte im Kastell Saalburg gefundene Geschoßspitze des in Skizze 93 gezeigten Typs ist 31 cm lang und wiegt 210 g.
Der lange Dorn war usprünglich in einen Holzschaft eingelassen. Geschoßspitzen dieser Größe konnten nicht mit dem Handbogen, sondern nur von Pfeilgeschützen verschossen oder als Speerspitze geworfen werden.
Vollständige Handbogenpfeile wogen höchstens 50 g. Das Gewicht der eisernen Spitze dürfte bei einem solchen Pfeil etwa 30 g betragen haben. Im allgemeinen lag jedoch das Gewicht vollständiger Pfeile für Handbogen zwischen 15 und 30 g.
Der in Skizze 94 gezeigte Geschützpfeil mit Holzschäftung wurde in Dura-Europus (am Euphrat) gefunden und stammt aus der Mitte des 3. Jahrhunderts.

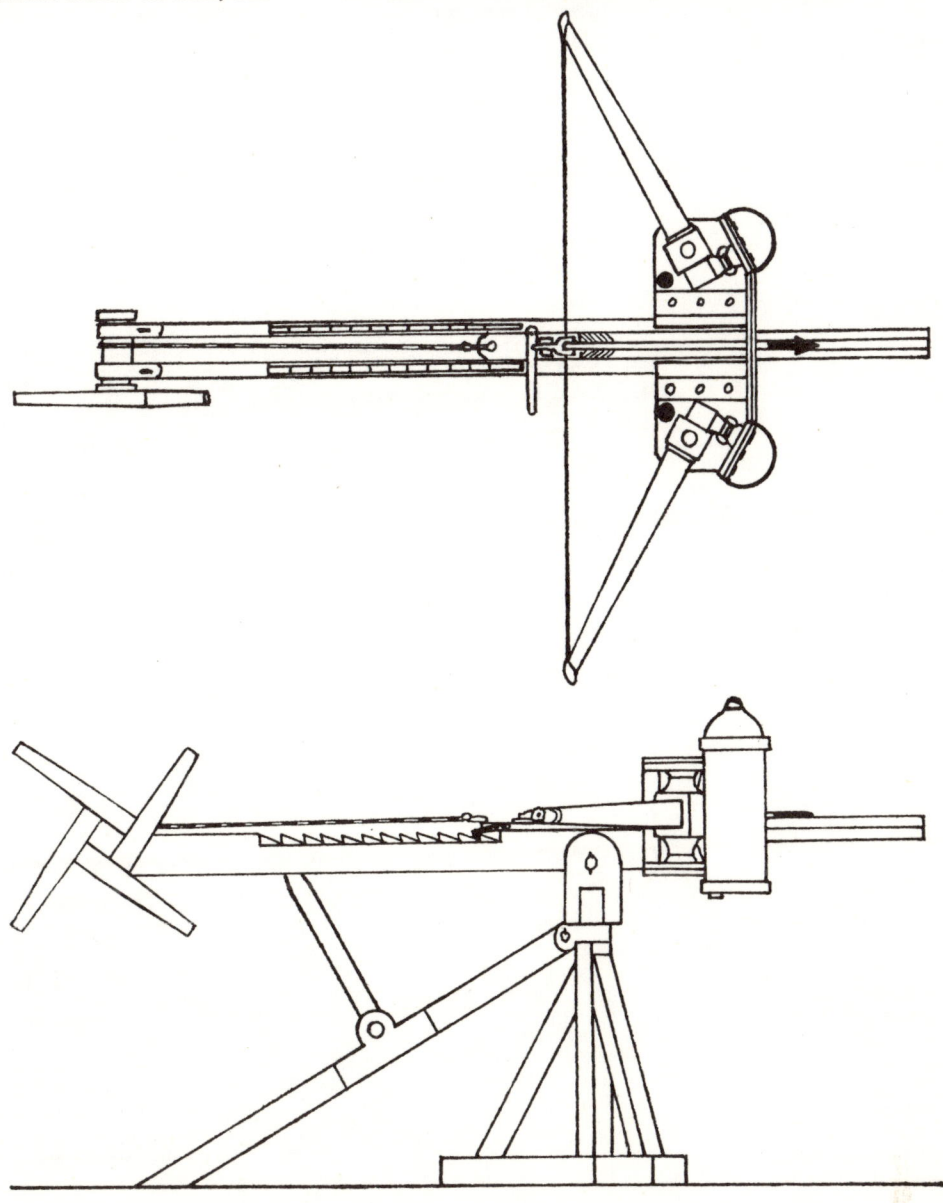

Skizze 96 (nach Schramm):
Maßstab 1 : 20
Erzspanngeschütz
leichtes Pfeilgeschütz
(Chalkotonon nach Philon)
Ansicht von oben und
von der Seite

Ob die in den Skizzen 95, 96 und 97 gezeigten Geschütze in griechischer Zeit Frontreife erlangten, wissen wir nicht. Der Grieche Philon warf den Geschützbauern seiner Zeit vor, daß ihre Konstruktionen nur eine geringe Lebensdauer besäßen, daß das Spannen zuviel Zeit in Anspruch nähme und ohne das Hilfsmittel der Spannleiter nicht möglich gewesen wäre. Es ist daher möglich, daß die Römer Keilspanngeschütze, Erzspanngeschütze und Schnellfeuer- oder Mehrladegeschütze bei der Kriegsmarine einführten, da diese drei Geschützarten eine relativ kurze Spannzeit benötigten und daher den in Skizze 91 und 92 gezeigten Pfeilgeschützen überlegen waren. Im Seekrieg spielt und spielte die Feuergeschwindigkeit eine große Rolle, da zumeist auf sich bewegende Ziele nur kurze Zeit eingewirkt werden konnte. Entweder lief der Gegner mit Höchstfahrt ab und befand sich bald außerhalb der Reichweite der schweren Waffen, oder er näherte sich schnell, den Enterkampf suchend. In beiden Fällen blieb der Zeitraum für das Zielfeuer kurz.

Die Flotte war also an Geschützen mit hoher Schußfolge noch mehr interessiert als das Heer.
Beim Keilspanngeschütz (Skizze 95) fielen Buchsen und Spannbolzen weg. An ihre Stelle traten zwei eiserne Unterspannbolzen, auf denen steineichene doppelkeilförmige obere Spannbolzen lagen. Die Spannsehnen wurden mit je einem Ende durch die Löcher der oberen Spannbolzen gesteckt und mit Knoten befestigt. Die Stränge waren um beide Spannbolzen straff herumgelegt. Sodann wurden die Geschützarme durch die Spannsehnenbündel gestoßen, die Geschützsehne befestigt und vier eichene Keile zwischen Ober- und Unterspannbolzen eingetrieben. Hatte man die volle Spannung erreicht, so funktionierte das Keilspanngeschütz im weiteren wie die oben beschriebenen Geschütze. Die Verkleidung diente dem Zweck, Keile und Spannsehnenbündel zu verdecken, und wie Philon ausdrücklich schreibt, dem »schönen Aussehen«. Ein Grieche konnte also selbst im Geschützbau nicht auf Ästhetik verzichten.

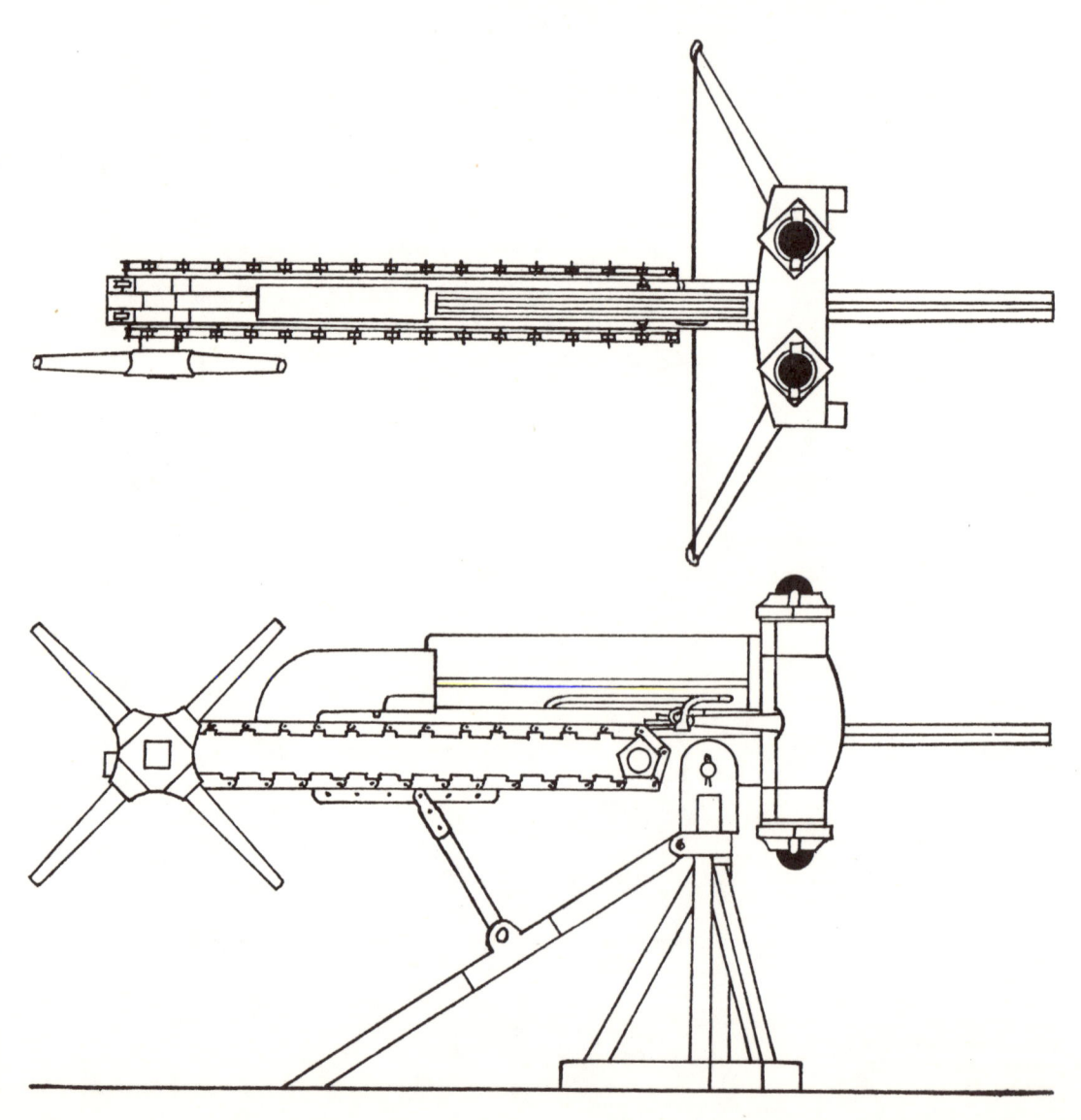

Skizze 97
(nach Schramm):
Maßstab 1 : 20
Schnellfeuer- oder Mehrladegeschütz
leichtes
Pfeilgeschütz
(Polybolon nach Philon)
Ansicht von oben und von der Seite

Der Erzspanner (Skizze 96) besaß, wie der Name sagt, keine Spannsehnenbündel mehr. Ihre Kraft wurde durch federnde Schienen aus gehärtetem Eisen, gegen die sich die Fersen, d. h. die kurzen Hebelarme der Geschützarme, legten, ersetzt. Alle anderen Teile, bis auf die Kammern, waren so konstruiert wie bei den schon beschriebenen Pfeilgeschützen. Das Aussehen der Kammern selbst wurde von Philon nicht beschrieben. Da sie jedoch einen starken seitlichen Druck der gespannten Federn auszuhalten hatten, waren sie vermutlich aus Eisen. Dieses Material wählte man auch bei der Rekonstruktion. Die Geschützarme besaßen bronzene Schildzapfenringe mit Schildzapfen, deren eiserne Lager in den Kammern die Form eines Efeublattes hatten. Zum Schutze der Federn besitzt das Geschütz in der Rekonstruktion zwei Büchsen aus Metall.

Das in Skizze 97 gezeigte Geschütz stellte den Versuch dar, ein besonders leistungsfähiges Waffensystem zu konstruieren.

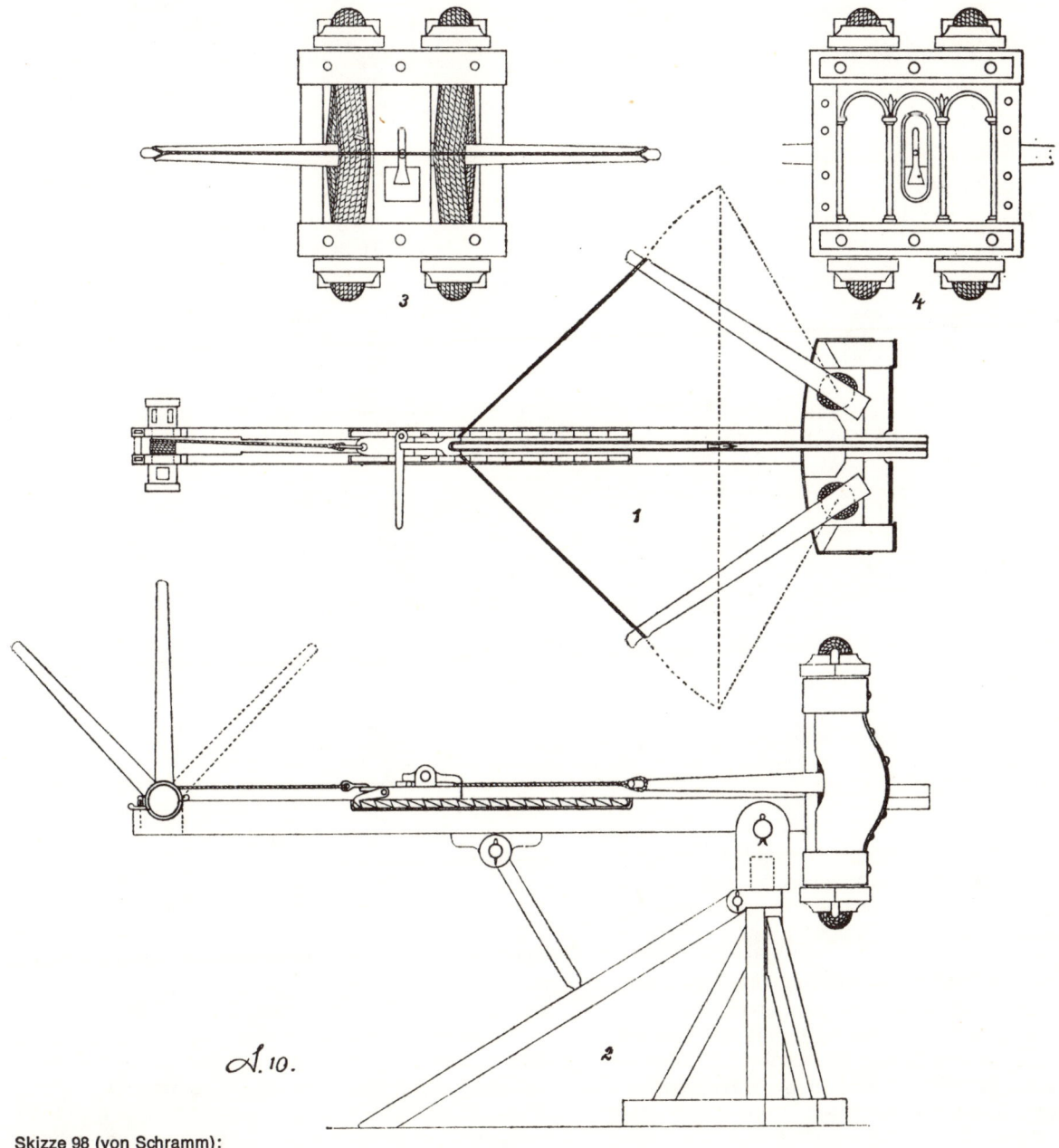

Skizze 98 (von Schramm):
Maßstab 1 : 20
leichtes Pfeilgeschütz gespannt
(catapulta nach Vitruvius)
Kaliber 9,9 cm, Pfeillänge 88,72 cm
Ansicht von oben (1), von der Seite (2), Spannrahmen von hinten (3), von vorn mit eisernem Schutzschild (4)

109

Skizze 99
(nach Schramm):
Maßstab 1 : 20
Detailzeichnung 1 : 10
(Bild 45)
leichtes Pfeilgeschütz
(catapulta von Ampurias)
Kaliber 7,9 cm,
Pfeillänge 66,54 cm
Ansicht von oben und von der Seite
Buchse mit Unterlage

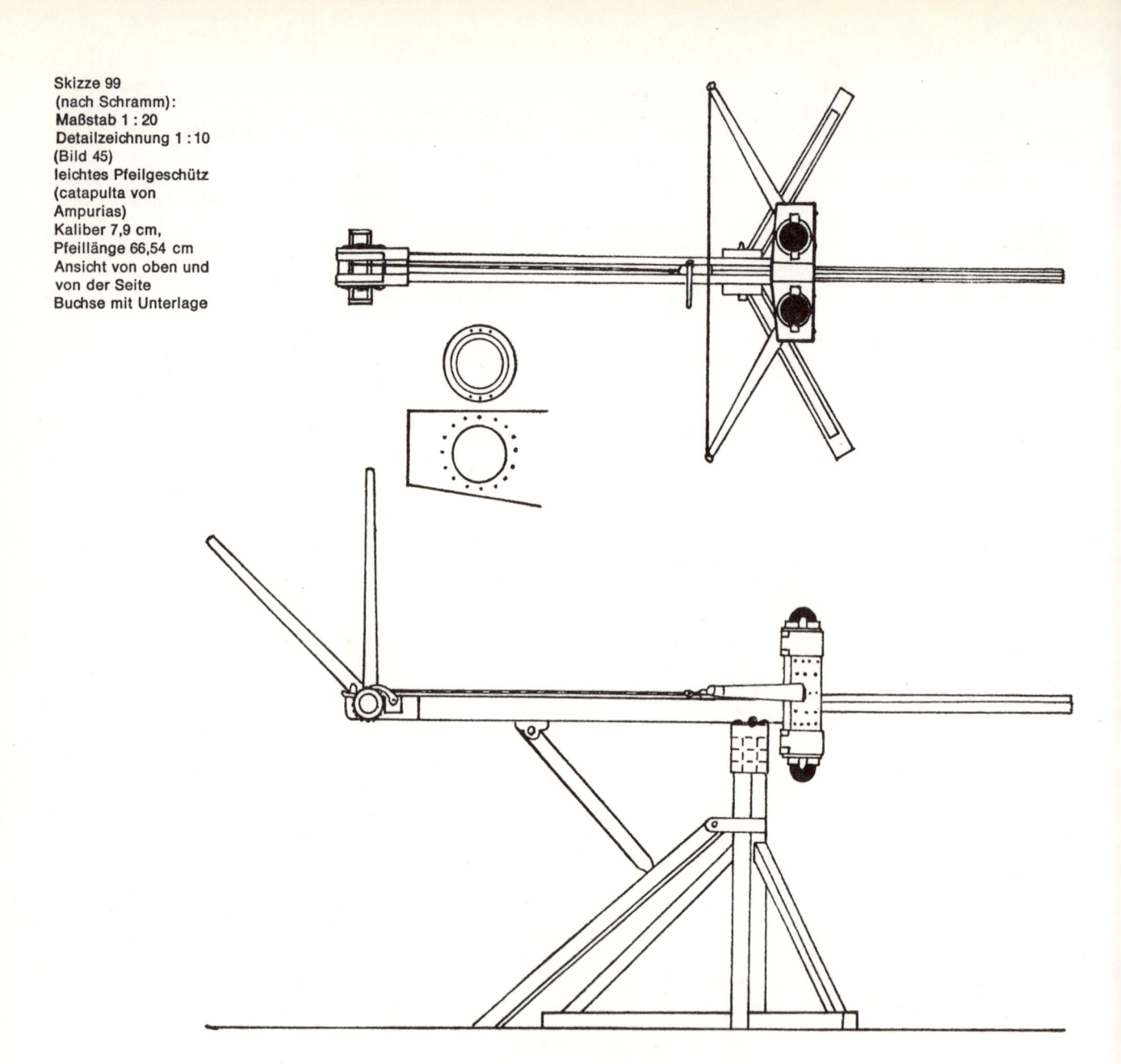

Legt man die Beschreibung der Pfeilgeschütze (Skizze 90, 91 und 92) zugrunde, so kamen bei dem Mehrladegeschütz die Zahnstangen und die Sperrklinken in Wegfall. Hinzu kam der aufgeschobene längliche Holztrichter für mehrere Pfeile mit vorderem und hinterem Halter, die Walze mit Pfeilrinne und schraubenförmiger Nut, der Stift auf dem Schieber, welcher in diese Nut eingriff, die beiden Stifte, die beim Anstoßen des Abzuges denselben drehten und die Spannketten mit den fünfeckigen Rädern (siehe Skizze 97).
Bei diesem Geschütz fielen aus dem Holztrichter nacheinander mehrere Pfeile in eine Nut der darunter liegenden Welle, die durch Bewegung der Kurbel gedreht wurde und dabei jeweils einen Pfeil in die Rinne fallen ließ. Spannung und Auslösung erfolgten automatisch beim Vor- und Zurückdrehen.

Beim Vorbringen des Schiebers durch die Kurbeldrehungen hob sich die Klaue mit ihrem vorderen Teil durch die Schrägung derselben selbsttätig über die Spannsehne hinweg. Unmittelbar danach stieß der nach links herausstehende Arm des Abzuges gegen den vorderen Stift, welcher ihn zwang, sich zu drehen und die Klaue zu verriegeln, so daß diese die Geschützsehne festhalten mußte. Beim Rückwärtskurbeln mußte auch die festgehaltene Sehne die Rückwärtsbewegung des Schiebers mitmachen. Durch einen Stift auf dem Schieber, welcher in den Schraubengang der Walze eingriff, wurde diese gezwungen, sich zu drehen. War die Geschützsehne fast ganz gespannt, so hatte sich die Walze so weit herumgedreht, daß der in der Pfeilrinne der Walze liegende Pfeil in die Pfeilrinne des Schiebers fiel. Unmittelbar danach

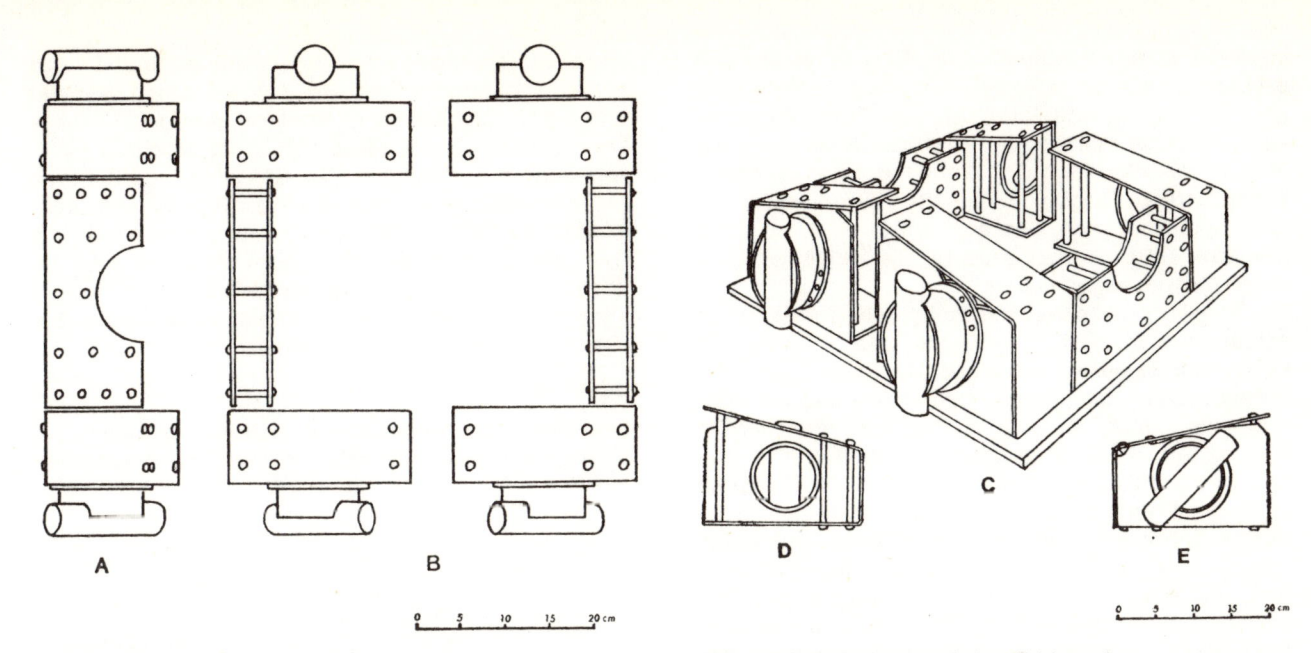

Skizze 100 (nach einer spanischen Zeichnung):
(A) Seiten- und (B) Vorderansicht des Spannrahmens aus Eisen

Skizze 101 (nach einer spanischen Zeichnung):
(C) der gesamte Spannrahmen, (D) von unten und (E) von oben.

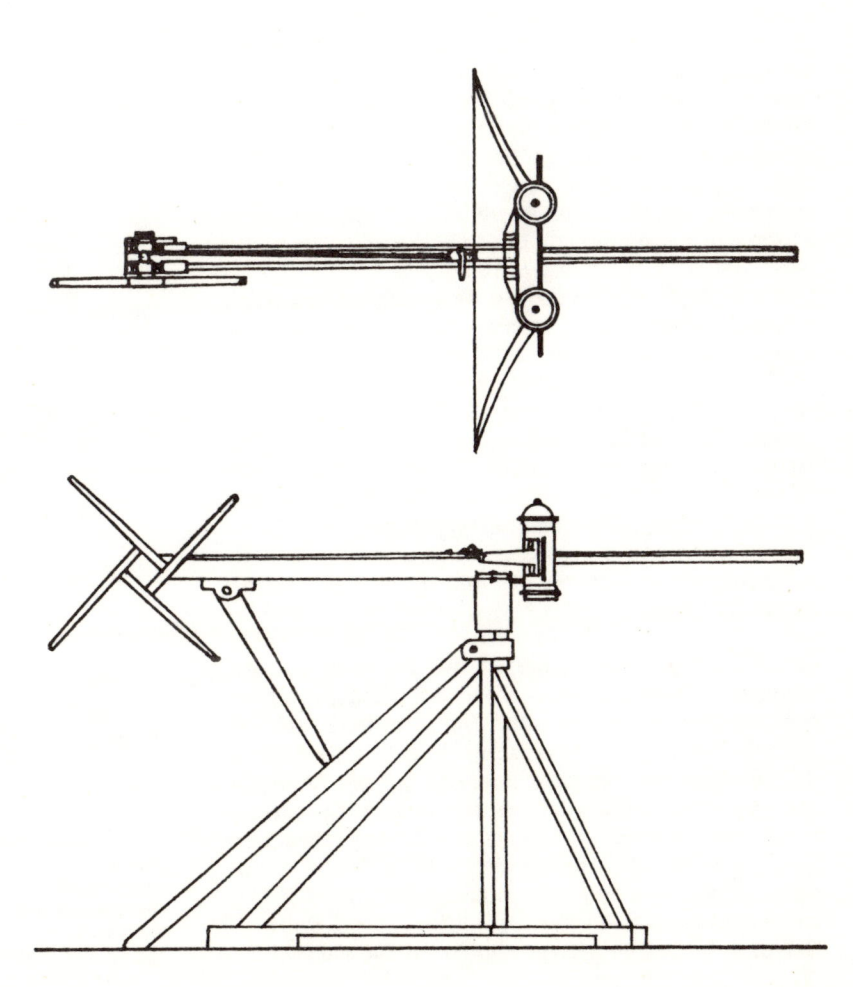

Skizze 102 (nach Schramm):
Maßstab 1 : 20
leichtes Pfeilgeschütz
(catapulta von der Trajanssäule)
Ansicht von oben und von der Seite

111

stieß der Abzug an den hinteren Stift. Er mußte sich drehen und die Klaue freigeben. Die Sehne löste sich, und der Pfeil wurde fortgeschnellt. Beim Vorwärtskurbeln drehte sich die Walze zurück. Es fiel ein neuer Pfeil in die Pfeilrinne der Walze, und das Spannen konnte erneut beginnen. Bei Schießversuchen mit dem rekonstruierten Geschütz wurde eine außerordentliche Treffsicherheit erreicht. Die Schußweite soll etwa 148 m betragen haben.

Das von Vitruv beschriebene Pfeilgeschütz in Skizze 98 entsprach etwa den in Skizze 91 und 92 gezeigten Versionen. Es besaß, wie diese, Peritreten (peritreti), Seitenständer (parastatae) und einen Mittelständer (parastas media), im Gegensatz zu den griechischen Geschützen, die zwei Mittelständer hatten. Die Seiten- und Mittelständer besaßen Zapfen (cardines) mit je einem Bohrloch (foramen). Der ganze Spannrahmen war ringsum mit Eisen beschlagen. Die Pfeife (canaliculus) hatte seitliche Führungslatten (bucculae); der Haspel (sucula) besaß Achslager (regulae) mit Verbindungsstück (scamillum oder loculamentum). Klaue (epitoxis), Zapfenlager (chelonium), Abzug (manucla), Schieber (canalis fundi), Buchsen (modioli) und Spannbolzen (cuneoli ferrei) entsprachen annähernd denen der griechischen Konstruktionen. Auf den drei Bodenschwellen, zusammen Basis genannt, erhob sich die Säule (columella) mit dem Drehzapfen (cardo). Abgestützt wurde die Säule durch drei Seitenstreben (capreoli). Auf der hinten zum Boden führenden Strebe (subjectio) saß die mittels eines Bolzenlagers (chelonium) mit den seitlichen Führungslatten verbundene Stütze (minor columna). Das Geschütz spannte man durch in Lager (carchesii) einsteckbare Handspeichen (scutulae). Der Geschützarm wurde brachium genannt. Ein Schutzschild deckte die Spannsehnenbündel nach vorn ab.

Wichtige Teile des in Skizze 99 gezeigten aus dem 2. Jahrhundert v. u. Z. stammenden römischen Geschützes wurden im Jahre 1912 in Ampurias, Spanien, nördlich von Barcelona, gefunden (siehe auch Skizze 100 und 101). Das Pfeilgeschütz ähnelte dem von Vitruv beschriebenen (Skizze 98) außerordentlich. Es besaß lediglich niedrigere Kammern, Vorstecker und längere Geschützarme. Eine Rekonstruktion erreichte gegen den Wind die Schußweite von 305 m.

Die Besonderheit dieses Geschütztyps gegenüber allen zuvor beschriebenen bestand darin, daß der gesamte Spannrahmen aus Metall gefertigt war und jede Buchse durch zwei Vorstecker festgestellt werden konnte, um ein Zurückdrehen der Buchsen zu verhindern. In jede Buchse waren sechs Löcher, für jeden Vorstecker drei, gebohrt. Die Unterlage, auf der sich die bronzene Buchse drehte, besaß 16 Löcher, so daß die Buchse nach dem Spannen mit den Vorsteckern beliebig festgesetzt werden und sich nicht zurückdrehen konnte. Während alle bisher gezeigten Geschützversionen viereckig geformte Buchsen besaßen, sind diese beim Ampuriasgeschütz rund (siehe Detailzeichnung in Skizze 99).

Bei dem in Skizze 102 gezeigten leichten Geschütz waren als Besonderheit die Spannsehnenbündel durch zylindrisch geformte metallene Schutzhüllen verdeckt und die Geschützarme in sich leicht gebogen.

Das Richten der Pfeilgeschütze erfolgte durch Visieren über das Geschoß. Die Geschütze wurden von Hand in horizontaler und vertikaler Richtung im Drehkopf bewegt. Die Stütze an der Strebe diente lediglich dem Zweck, dem Geschütz beim Spannen der Geschützsehne eine feste Lage zu geben.

Pfeilgeschütze erforderten je nach Kaliber eine Bedienung von drei bis sieben Mann.

ballistae

Die zweite große Gruppe der Drehkraft- oder Torsionsgeschütze bildeten die im Bogenschuß schießen-

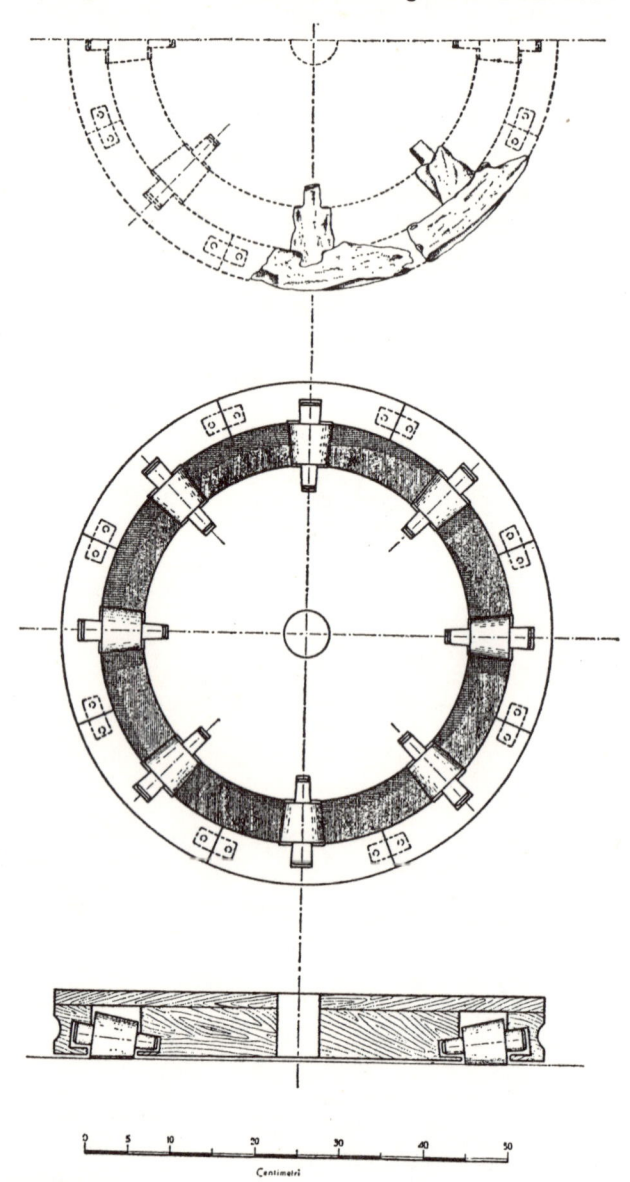

Skizze 103:
Rekonstruktion einer hölzernen Drehplattform mit konischen Rollen
(Ucelli, Fig. 213)

den Wurfgeschütze. Zwar auf dem gleichen Konstruktionsprinzip beruhend wie das Pfeilgeschütz, besaß das Wurfgeschütz (ballista) doch ein wesentlich anderes Aussehen. Da es Steinkugeln verschoß, wurde nach deren Gewicht in Minen oder Talente der einzelne Geschütztyp bezeichnet. Man sprach z. B. von einem zehnminigen oder einem eintalentigen Geschütz. Eine attische Mine entsprach 436 Gramm; ein Talent 26,196 kg.

Die schweren und schwersten Geschütze warfen nach den Angaben von Philon Steinkugeln im Gewicht von:

10	Minen	= 4,360 kg	50	Minen	= 21,800 kg
15	Minen	= 6,540 kg	1	Talent	= 26,196 kg
20	Minen	= 8,720 kg	2½	Talente	= 65,490 kg
30	Minen	= 13,080 kg	3	Talente	= 78,588 kg

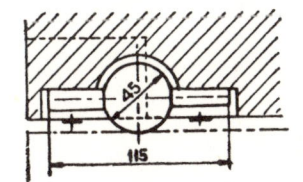

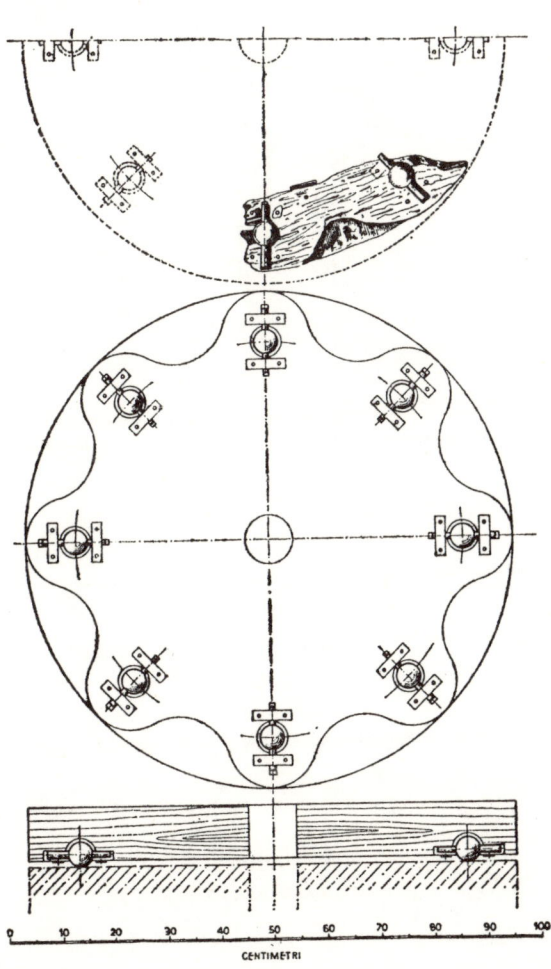

Skizze 104:
Rekonstruktion einer hölzernen Drehplattform mit Kugelrollenlagern
(Ucelli, Fig. 211)

Die Schiffswracks aus dem Nemisee vermittelten uns nicht nur grundlegende Erkenntnisse über den römischen Schiffbau, sondern viele Teilfunde gaben Einblicke in weitere technische Bereiche der Antike. So wurden auch Überreste von den in den Skizzen 103 und 104 gezeigten hölzernen Drehplattformen gefunden, die sehr geeignet waren, darauf an Bord Geschütze zu plazieren. Besonders die schweren Wurfgeschütze (ballistae) benötigten eine Drehplattform, um nach allen Seiten schießen zu können, weil der obere Teil dieser Waffen nicht drehbar, sondern mit der Lafette fest verbunden war.

Ob zweieinhalb- und dreitalentige Geschütze gebaut worden sind, wissen wir nicht. Es ist zumindest sehr unwahrscheinlich, da der Steinkugeldurchmesser bei einem eintalentigen Wurfgeschütz bereits etwa 28 cm betrug.

Während das Pfeilgeschütz einen gemeinschaftlichen Rahmen für beide Spannsehnenbündel besaß, hatte das Wurfgeschütz in Skizze 105 und 106 einen besonderen Rahmen für jedes Sehnenbündel. Beide Rahmen (a und b) wurden durch das aus oberen und unteren Riegeln bestehende Geschränke zusammengehalten und waren voneinander so weit entfernt, daß die Leiter (c), die an die Stelle der Pfeife (bei den Pfeilgeschützen) trat, zwischen ihnen Platz hatte. Jeder Halbrahmen bestand aus zwei Peritreten (d), einem Innen- (e) und einem Außenständer (f). Die Peritreten hatten die Gestalt eines Rhomboids mit gerundeten Längsseiten, dessen spitzer Winkel $63^{3}/_{4}°$ oder $65^{5}/_{11}°$ betrug (Skizze 107).

Das untere Geschränke besaß zwischen den beiden Halbrahmen Querriegel und auf diesen eine Täfelung. Diese Anordnung wurde Tisch genannt. Die hier bandförmige Geschützsehne hatte in der Mitte eine Öse, in die eine nicht gespaltene Klaue eingriff. Der Oberteil des Geschützes, bei kleineren Typen beweglich, war bei den großen Typen mit dem Schießgestell fest verbunden. Anders als bei den Pfeilgeschützen bestand das Gestell der Wurfgeschütze aus zwei Ständern (siehe Bild 46). Die Höhe des Gestells wuchs mit der Größe des Geschützes. Die Leiter bestand aus den Leiterbäumen und mehreren Sprossen. Oben waren längs der Leiterbäume die im Querschnitt dreieckigen Federn angebracht, welche den Schieber führten. Die Rinne des Schiebers entsprach der Geschoßkugeldicke. Die Verwendung von Zahnkränzen an der Haspelwelle, statt der Zahnstangen an der Pfeife oder Leiter, die Anwendung von Vorgelegen und von Flaschenzügen verschiedener Ausführung bei den größeren Geschützen kannte etliche Varianten, so daß sich auch äußerlich die Wurfgeschütze sehr voneinander unterschieden. Die Geschütze besaßen, um die Haltbarkeit zu erhöhen, viele Metallbeschläge und entsprechend der Übung bei den Pfeilgeschützen einen zum Teil reich verzierten Schild zum Schutz der Spannsehnenbündel.

Beide Spannsehnenbündel der Wurfgeschütze erforderten, wie bei den Pfeilgeschützen, genau die gleiche Spannung, da sonst das Geschoß von der vorge-

Skizze 105 (nach Schramm):
Maßstab 1 : 20
(Bild 46)
leichtes Wurfgeschütz in Ladestellung
(Palintonon oder ballista nach Heron, Philon und Vitruv)
Ansicht von oben und von der Seite

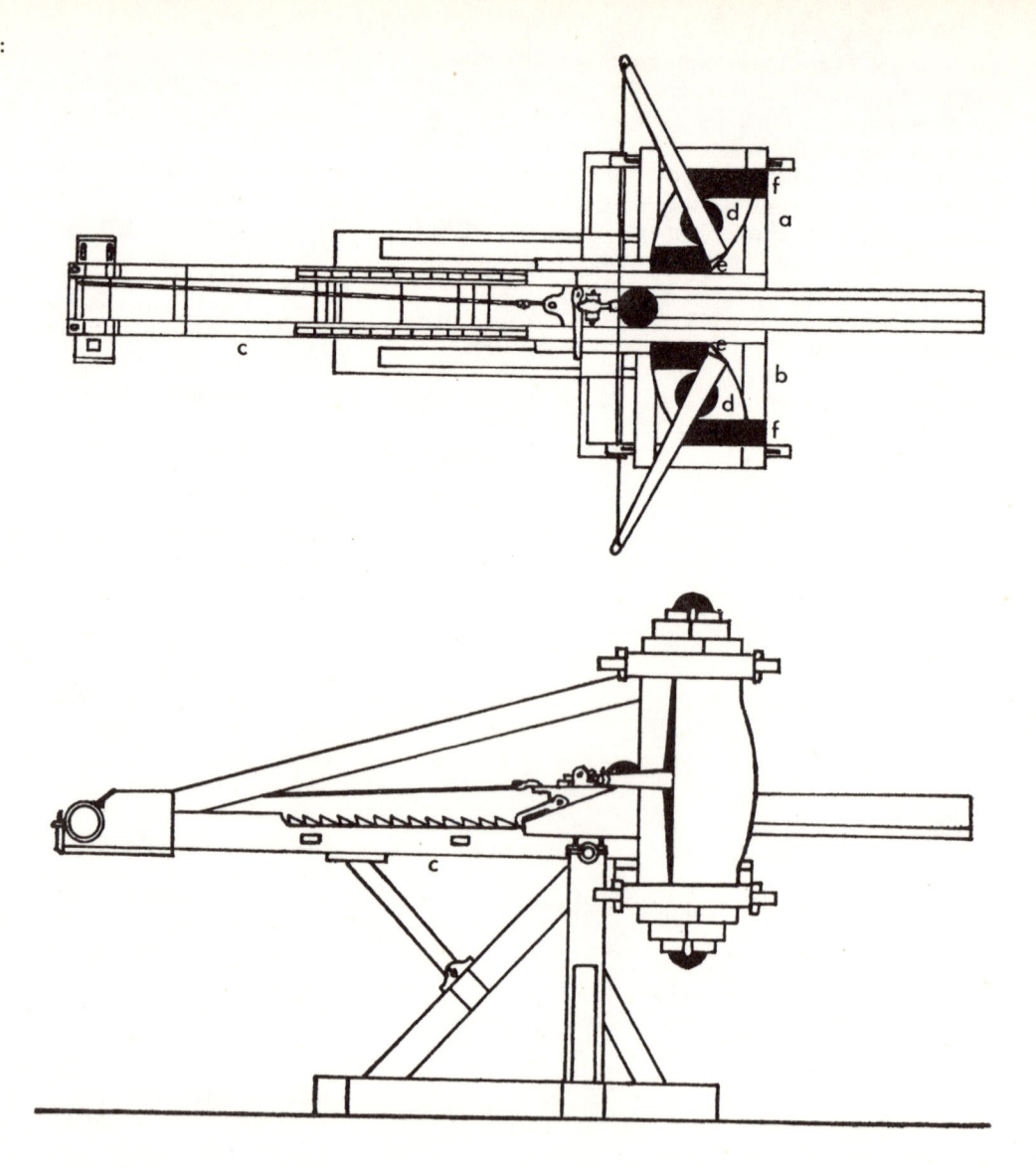

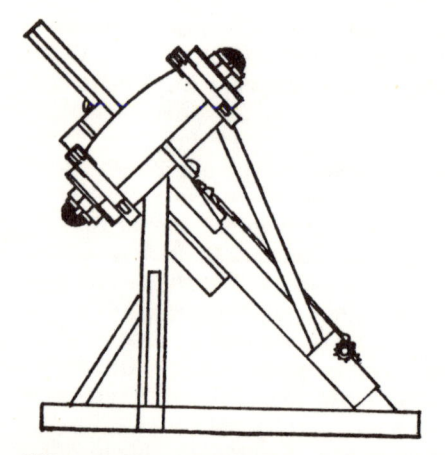

Skizze 106 (schematische Zeichnung nach Schramm):
Wurfgeschütz in Feuerstellung
Seitenansicht

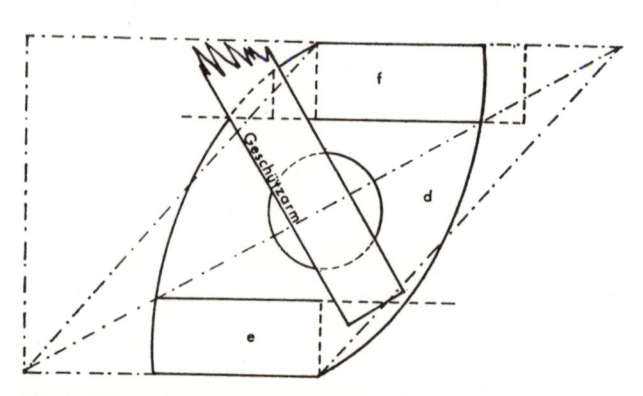

Skizze 107 (schematische Zeichnung nach Schramm)
Konstruktion der Peritreten nach Vitruv

114

sehenen Flugbahn seitlich abwich. Um eine ungleiche Spannung zu regulieren oder nachzuspannen, benutzte man auch bei dieser Geschützart Spannschlüssel. Zehn- bis fünfzigminige Wurfgeschütze erforderten eine Bedienung von vier bis sechs Mann; das eintalentige Steilfeuergeschütz eine solche von sechs bis zehn Mann.

Die Rekonstruktion des in Skizze 105 gezeigten Wurfgeschützes erreichte mit einer eineinhalbminigen (= 654 g) Steinkugel 184 m Schußweite.

Ob das Wurfgeschütz in Skizze 108, das in seiner Konstruktion einen Höhepunkt des antiken Geschützbaues darstellte, jemals gebaut wurde, wissen wir nicht. Immerhin wird es bereits von dem Griechen Philon so weit beschrieben, daß es den Römern nach dem Stand ihrer Technik möglich gewesen wäre, es zu fertigen. Das Geschütz funktionierte in der Rekonstruktion nach folgendem Prinzip. In zwei Zylindern befand sich je ein Kolben, der so angeordnet war, daß die kurzen Arme zweier zweiarmiger Hebel gegen die Kolben drückten, wenn man die langen Geschützarme mit der Geschützsehne zurückzog, also spannte. Die in den Zylindern befindliche Luft wurde zusammengepreßt. Beim Abziehen des Geschützes schnellte die Geschützsehne vor, weil die Kraft der zusammengedrückten Luft die Geschützarme in ihre vor dem Spannen eingenommene Stellung zurückdrückte. Die Geschützsehne schleuderte die Steinkugel (a) fort.

Für gute Schußleistungen dieses Geschützes war eine Luftpumpe erforderlich. Wir wissen zuverlässig, daß Griechen und Römer die Luftpumpe gekannt und angewendet haben. Ohne Anwendung dieser Pumpe war die Schußweite des Geschützes unzulänglich, und zwar aus folgenden Gründen. Der damaligen Technik war es nicht möglich, beide Zylinder und Kolben so anzufertigen, daß ihre Wirkung mathematisch genau gleich war. Durch Zupumpen von Luft ließ sich die Wirkung der Kolben so weit ausgleichen, daß die Zugkraft beider Geschützarme annähernd gleich wurde. Die Zylinder müssen also Luftventile besessen haben.

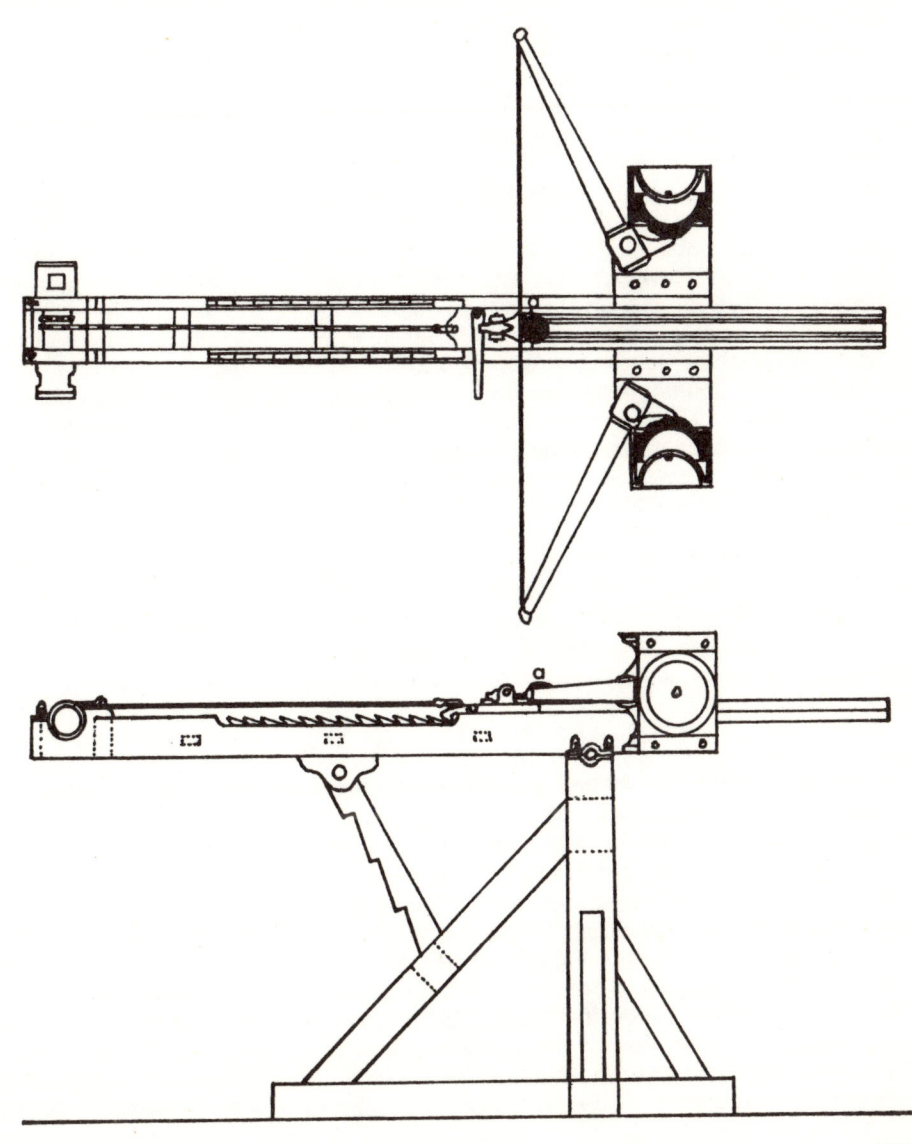

Skizze 108 (nach Schramm):
Maßstab 1 : 20
Luftspanngeschütz
leichtes Wurfgeschütz
(Aerotonon nach Philon)
Ansicht von oben und von der Seite

Hohes technisches Können erforderte das Einschleifen der Kolben in die Zylinder und deren Abdichtung. Auch die Konsistenz der Schmiermittel war für den wirkungsvollen Einsatz dieses Geschützes von großer Bedeutung. Das zur Reibungsverminderung der auf Hundertstel von Millimetern in die Zylinder eingepaßten Kolben benötigte Öl mußte in seiner Zusammensetzung bereits hohe Ansprüche befriedigen. Es durfte im Sommer nicht zu dünnflüssig und im Winter nicht zu zähflüssig werden. War es zu dünn, wurde die Schmierwirkung aufgehoben, und die zu starke Reibung verhinderte das schnelle Zurückkehren der Kolben in die ursprüngliche Lage. War das Schmiermittel zu zähflüssig, so trat das gleiche Ergebnis durch Verkleben der Kolben in den Zylindern ein.

Mit Hilfe einer Luftpumpe ließ sich nicht nur, wie oben erwähnt, die gleichmäßige Kraftentfaltung der Geschützarme regulieren, sondern auch der Druck in den Zylindern so sehr erhöhen, daß dieses in der damaligen Zeit technisch am weitesten fortgeschrittene Geschütz Schußleistungen erzielen konnte, die denen gleich großer Wurfgeschütze mit Spannsehnenbündeln weit überlegen waren.

Die römische Bezeichnung des in Skizze 109 gezeigten Wurfgeschützes als onager bedeutete im Soldatenwitz soviel wie Wildesel, weil dieser hinten ausschlägt.

Anders als bei allen bisher beschriebenen Pfeil- oder Wurfgeschützen, bei denen man die Spannsehnenbündel vertikal einbaute, lag das Bündel (a) beim Einarm horizontal. Zwei den Peritreten entsprechende Holzschwellen (b), die durch Riegel zu einem Rahmen zusammengefügt waren, nahmen in ihren Bohrungen ein einziges Sehnenbündel und die Buchsen (c) auf. An den Bohrungen waren die Schwellen buckelartig verstärkt. Das Geschütz besaß nur einen Wurfarm (daher Einarm) mit einer Bewegungsfreiheit von etwas über 30°, da dieser Winkel die maximale Wirkung des Spannsehnenbündels gewährleistete. Nach dem Abziehen des Geschützes schlug der Wurfarm (d) gegen ein Widerlager (e) in Bockform. Dieses Widerlager war mit einem spreugestopften Haartuchkissen (f) versehen, um den Anschlag des Wurfarmes federnd abzufangen. Das Geschoß, eine Steinkugel, befand sich in einer Hanfschleuder (g), die nach dem Prinzip der Stabschleuder (siehe Skizze 83) konstruiert war. Beim Wurfschuß zog auch beim Einarm der in die Schleuder gelegte Stein (h) die obere nur lose aufgeschobene Öse (i) infolge der Zentrifugalkraft selbsttätig vom Wurfarm ab. Das Geschoß flog sodann unter einem Winkel von 45°, je nach Gewicht, kürzer oder weiter. Der Geschützführer löste von einem erhöhten Standpunkt aus, da der als Riegel ausgebildete Abzug, der vor dem Wurfarm am Verbindungsstück zum Widerlager angebracht war, verhältnismäßig hoch lag, mit einem Hammerschlag den Schuß. Der Wurfarm wurde durch Seile (j) bis zu einem Riegel (k) mittels einer Welle (l) zum Aufwickeln der Seile mit einsteckbaren Handspeichen (m) gespannt. Die Holzschwellen (b) mit den Verbindungsbalken (n) fingen den Aufprall des Wurfarmes (d) gegen das Widerlager (e) mit Polster (f) auf. Der onager konnte mit und ohne Räder gefertigt werden. Die rekonstruierten großen onagri, deren Wurfarme zu einem Druck von 16 000 kg gespannt werden konnten, erreichten mit Steinkugeln von 2 kg Gewicht Schußweiten von 200 bis über 350 m.

Bei allen Pfeil- und Wurfgeschützen zeigte sich bei Versuchen mit Rekonstruktionen, daß die Anfangsspannung der Geschütze nicht zu groß gemacht werden durfte, da die Spannsehnenbündel sonst eine zu kurze Lebensdauer besaßen. Man darf daher annehmen, daß die Römer erst unmittelbar vor dem Gefecht die erforderliche Spannung durch entsprechendes Andrehen der Buchsen herstellten und nach dem Gefecht die Buchsen in ihre Ruhelage zurückdrehten.

Zusammenfassend kann über die Leistungen der Drehkraft- oder Torsionsgeschütze folgendes gesagt werden: Die Pfeilgeschütze waren nach der militärischen Forderung konstruiert worden, mit ihren Geschossen auf alle erreichbaren Gefechtsentfernungen einen schildgeschützten Kämpfer außer Gefecht setzen zu können. Die Treffsicherheit aller Kaliber war so groß, daß ein guter Richtschütze imstande war, einzelne Gegner auf 100 Schritt (ein passus = Schritt = ca. 1,5 m) zu treffen. Feindliche Gruppen konnten erfolgreich bis auf 200 Schritt unter Zielbeschuß genommen werden. Bei größeren Entfernungen ließ die Treffsicherheit und Durchschlagskraft so sehr nach, daß man auf den Einsatz der Geschütze verzichtete.

Auch die Wurfgeschütze erreichten mit 200 Schritt ihre Wirkungsgrenze. Selbst die am weitesten schießende eintalentige ballista eröffnete nur sehr selten den Beschuß auf größere Entfernung, da Treffsicherheit und Durchschlagskraft nicht ausreichten, um dem Gegner ernsthaft zu schaden.

Der Einarm oder onager zählte nicht zu den Präsisionsgeschützen. Seine Treffgenauigkeit galt als gering. Das zehnminige Wurfgeschütz erzielte die besten Trefferergebnisse. Der onager ist erst für das 4. Jahrhundert nachgewiesen. Wegen seiner schlechten Schußleistungen wird das Geschütz bei der Flotte nicht an Bord, sondern lediglich zur Hafenverteidigung eingesetzt worden sein.

Gegen Geschützpfeile und Kugeln boten schwache hölzerne Deckungen, Flechtwerk, Felle und ausgespannte Segel nur selten Schutz. Diese Deckungsmittel schützten allenfalls gegen die Geschosse der Handbogen und Handschleudern. Gegen Geschützbeschuß wurden daher die Kriegsschiffe mit verstärkten hölzernen Deckungen, mit doppeltem Rutengeflecht, mit nassen, spreugefüllten Häuten und ähnlichen Mitteln ausgerüstet. Den wirksamsten Schutz bot jedoch die auch in der römischen Flotte eingeführte Bronzeplattenpanzerung auf den schweren Einheiten.

Ein weiteres von Griechen und Römern im Seekrieg verwendetes Waffensystem stellten die speziellen Feuerkampfmittel dar.

Man kannte Feuerkörbe oder Pfannen, Feuerwerfer, Flammenwerfer und ein in der Spätantike erfundenes

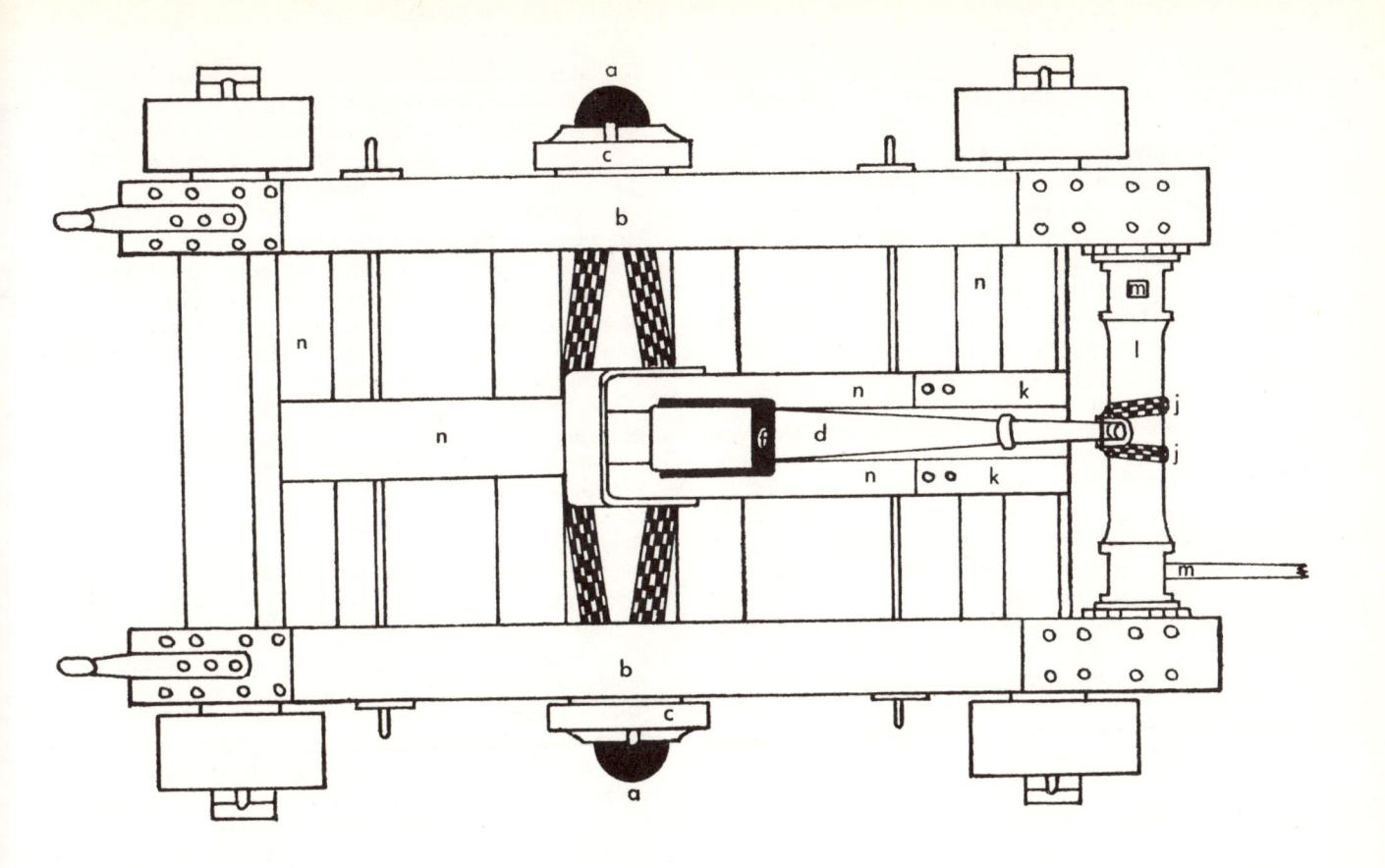

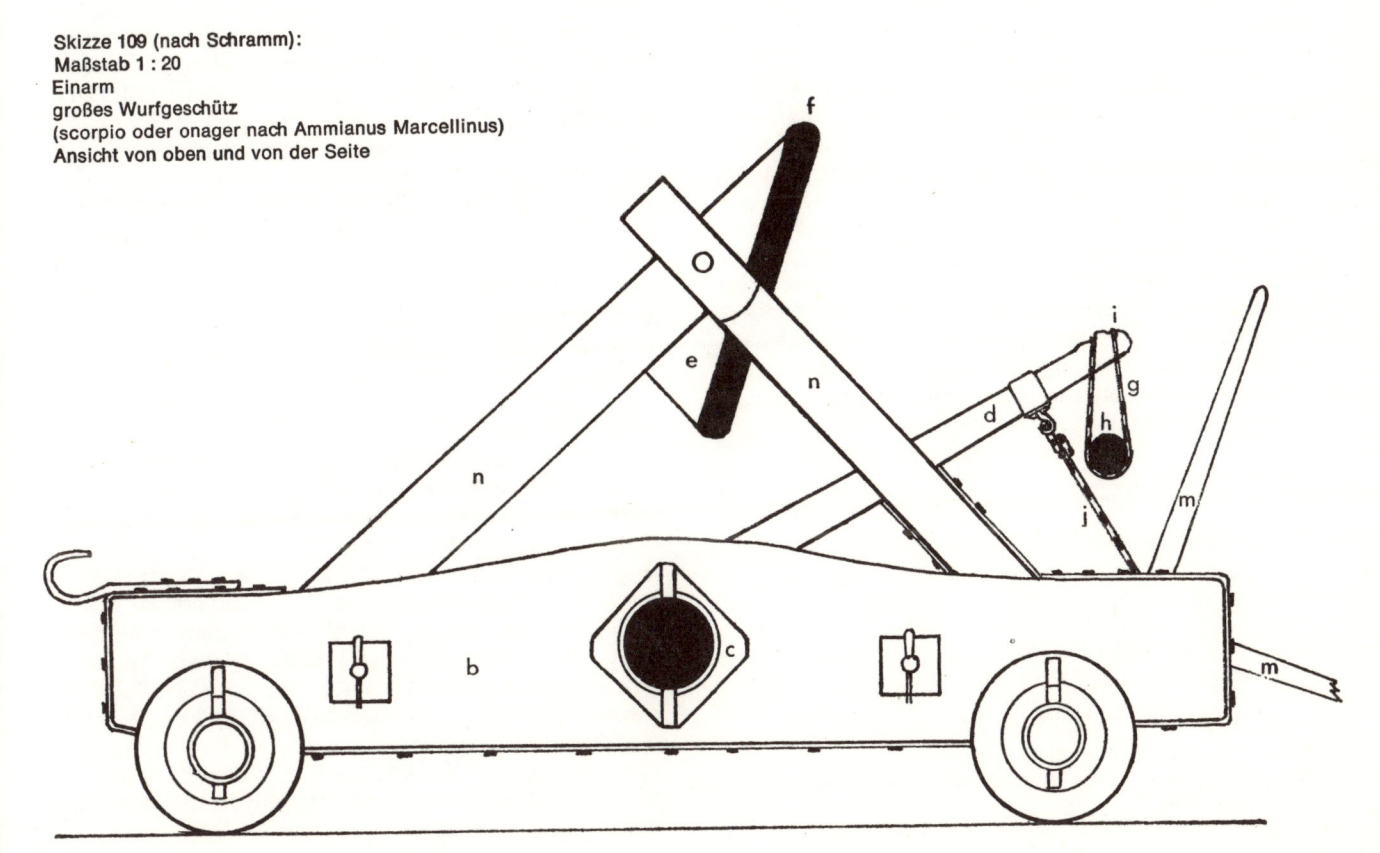

Skizze 109 (nach Schramm):
Maßstab 1 : 20
Einarm
großes Wurfgeschütz
(scorpio oder onager nach Ammianus Marcellinus)
Ansicht von oben und von der Seite

117

Seefeuer, das sogenannte »Griechische Feuer«. Letzteres gelangte erst gegen Ende des 7. Jahrhunderts zum Einsatz.

Zu Beginn des 2. Jahrhunderts v. u. Z., während des Syrischen Krieges (192–188 v. u. Z.), wurden römische Schlachtschiffe und Einheiten der verbündeten Flotten mit einem neuartigen Kampfmittel ausgerüstet, Feuerkorb oder Feuerpfanne genannt. Nach der Überlieferung war der rhodische Admiral Pausistratos Erfinder dieser Waffe. Als Befehlshaber der Seestreitkräfte von Rhodos, das mit Rom befreundet war, erhielt Pausistratos im Frühjahr 190 v. u. Z. von der römischen Seekriegsleitung den Auftrag, mit dem von ihm befehligten Flottenverband die im Hafen von Ephesos (nahe Kusadasi/Türkei) liegende gegnerische Hauptflotte des syrischen Königs Antiochos III. zu blockieren und ihre Bewegungen zu beobachten. Der rhodische Admiral war entschlossen, den Gegner sofort anzugreifen, sollte dieser mit der Hauptflotte auslaufen. Er sann auf ein Mittel, mit dem es ihm gelingen konnte, den numerisch überlegenen Gegner vollständig zu vernichten. Diesem Zweck sollten die von ihm damals erfundenen Feuerkörbe oder Pfannen dienen, mit denen er einen Teil seines Verbandes ausrüstete. Durch die neu ersonnene Seekriegswaffe gehörte Pausistratos neben C. Duilius (Enterbrücke/corvus) und M. Vipsanius Agrippa (Schleuderenterhaken/harpax) zu den großen Waffentechnikern des antiken Seekrieges.

Einer bei Alexandria gefundenen Grabwandzeichnung verdanken wir neben Beschreibungen von Polybios, Appian und Livius, daß man sich heute eine recht genaue Vorstellung dieser Waffe machen kann.

»Der Feuerbehälter, dessen sich der rhodische Admiral Pausistratos bediente«, so Polybios *(21,7)*, »war ein Korb« (korbförmiger Behälter), der nach Livius und Appian aus Eisen gefertigt wurde. Polybios fährt in seiner Beschreibung fort: »Auf beiden Seiten des Vorschiffes waren an den inneren Bordwänden geschlaufte Leinen befestigt, in die lange Stangen gesteckt waren, die mit ihren Enden weit über das Wasser hinausragten. An ihrer Spitze war an einer eisernen Kette der mit einer brennenden Masse angefüllte korbartige Behälter angelascht. Diese Masse ergoß sich, stieß man von vorn oder von der Seite zusammen, auf das feindliche Schiff, während der Korb vom eigenen Schiff infolge der schrägen Stellung der Stangen weit entfernt blieb.«

Skizze 110 (A. Schiff): Vorschiff mit Feuerkorb
(Aus einem Grab auf der früheren Pharos-Insel an der Anfuschi-Bucht/Alexandria)
(190 bis 180 v. u. Z.)

Die alexandrinische Wandzeichnung zeigt uns, daß diese Waffe auch auf einem Turm gefahren wurde.

Von einem auf der Back errichteten Kampfturm (a) oder direkt aus dem Vorschiff ragte eine lange Stange (b) über den Steven hinaus. Der vorn an der Stange befindliche kesselartige Feuerkorb (c) enthielt Brennstoffe, die man entzündete. Vermutlich verwendete man schwer löschbare chemische Zusammensetzungen wie bei der Brandlanze (falarica). Das mit dem Feuerkorb ausgerüstete Kriegsschiff, auch »Feuerschiff« genannt, lief mit hoher Fahrt auf den Gegner zu, um diesen zu rammen und im gleichen Moment durch eine Drehung der Stange den brennenden Inhalt des Feuerkorbes auf das gegnerische Schiff zu entleeren. Das mit diesem Feuerkampfmittel operierende Kriegsschiff mußte in der Lage sein, sich unverzüglich wieder vom Gegner zu lösen, weil sonst Brandgefahr für das eigene Schiff bestand. Um zu verhindern, daß der Rammsporn zu tief in die Schiffshaut des angegriffenen Fahrzeuges eindrang und beide Schiffe sich ineinander verbohrten, hatte man über dem eigentlichen Sporn statt des Obersporns einen oder zwei Stoßbalken mit einem vermutlich ehernen Knopf eingebaut (d). Somit konnte der Schiffssporn (e) nur bis zum Anschlag des Stoßbalkenknopfes eindringen. Ein Verbohren beider Schiffe ineinander wurde zumeist verhindert, und das mit dem Feuerkampfmittel angreifende Fahrzeug konnte sich durch Rückwärtspullen vom Gegner wieder freimachen.

Die neue Waffe bewährte sich erstmalig im Jahre 190 v. u. Z. in der Seeschlacht von Panhormos, die für Roms Waffenbrüder mit einer Niederlage endete. Die in Ephesos von den Rhodiern blockierte syrische Hauptflotte lief unter dem Kommando von Polyxenidas unerwartet aus und griff das über ihre Absichten getäuschte, im Hafen von Panhormos auf der Insel Samos liegende rhodische Geschwader an. Der rhodische Admiral Pausistratos fiel im Kampf. Er erlebte nicht mehr den Einsatz seiner neuen Waffe. Von den rhodischen Einheiten gelang es lediglich den sieben mit Feuerkampfmitteln ausgerüsteten Fahrzeugen zu entkommen. Livius *(37,11)* schrieb: »Durch den Schrecken der leuchtenden Flammen bahnten sie sich einen Weg durch die dichten Linien« des Gegners.

Als im September des Jahres 190 v. u. Z. eine römische Flotte unter L. Aemilius Regillus mit einem integrierten rhodischen Geschwader unter dem Kommando von Admiral Eudamos am Kap Myonnesos, unweit Ephesos, erneut der syrischen Flotte unter Polyxenidas gegenüberstand, verdankten Römer und Rhodier ihren Seesieg in erster Linie den mit Feuerkörben ausgerüsteten Einheiten, die auch das Gefecht eröffneten. Es war den Syrern nicht gelungen, seit dem ersten Auftreten der neuen Waffe geeignete Abwehrmittel zu entwickeln. So verlor die syrische Flotte in dieser Seeschlacht annähernd die Hälfte ihrer Kampfeinheiten *(Livius 37,28–30)*.

Nach Appian wurden die Feuerbehälter noch im Jahre 190 v. u. Z. von der Flotte als reguläre Waffe übernommen.

Ein weiteres bei der römischen Marine eingeführtes Feuerkampfmittel war der Siphon. Die engere Bedeutung dieser griechischen Bezeichnung, die von den Römern übernommen wurde, bedeutete Heber oder Saugheber.

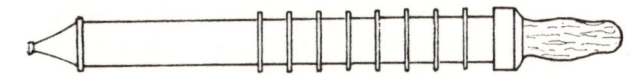

Skizze 111 (schematische Zeichnung nach Kromayer/Veith): Flammenwerfer
(Siphon nach Ktesibios)

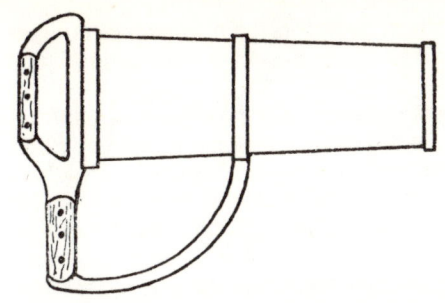

Skizze 112 (schematische Darstellung nach Kromayer/Veith): Feuerwerfer

Diese Waffe, auch als Ölspritze bezeichnet, wurde bereits im 3. Jahrhundert v. u. Z. von dem Griechen Ktesibios aus Alexandria erfunden. Der Siphon arbeitete nach dem Prinzip einer Handdruckspritze. Im Seegefecht verspritzte man gegen gegnerische Schiffe eine brennende flüssige Masse, die aus Leuchtöl oder zumeist aus Naphtha (assyrisch: naptu), also Erdöl mit verschiedenen Zusätzen, bestand. Ein Siphon entsprach somit in seiner Waffenwirkung dem Flammenwerfer.

Das zu Beginn der Agonie des Oströmischen Reiches eingesetzte »Griechische Feuer« war wohl das wirksamste Feuerkampfmittel der spätrömischen Flotte. Nach der Überlieferung von Kallinikos aus Heliopolis im Jahre 668 erfunden, soll dieser Brandsatz ein Gemisch aus Salpeter, Schwefel, Kohle, Pech, Harz, Kalk und Erdöl gewesen sein. Weitere Zusätze, die wir nicht kennen, vielleicht schon Phosphor, da sich das Seefeuer an der Luft entzündete, sollen es dem »Griechischen Feuer« ermöglicht haben, auch auf und unter Wasser weiterzubrennen.

Der sehr schwer, zumeist nur mit Sand löschbare Brandsatz wurde mit Hilfe eines auch Siphon genannten Feuerrohres oder Feuerwerfers oder auch in von Geschützen und von Hand geworfenen Töpfen gegen feindliche Schiffe eingesetzt. Die grauenvolle Wirkung des Seefeuers ist durch zahlreiche Berichte belegt. Auch zur Bewaffnung des einzelnen Seesoldaten gehörte im 10. Jahrhundert ein Handflammenwerfer, den man cheirosiphon nannte *(Leon, peri thal. 65)*. Die cheirosiphones funktionierten nach dem Prinzip einer Luftpumpe (vergleiche Skizze 111). Wie seit Jahrhunderten wurden auch auf den Kriegsschiffen des 10. Jahrhunderts Geschütze gefahren. Die Pfeil- und Wurfgeschütze fanden nach wie vor ihren Platz im Vor- und Achterschiff sowie mittschiffs auf beiden Seiten *(Leon, peri thal. 60)*. Sie verschossen neben Pfeilen und Steinkugeln die Töpfe mit dem Seefeuer (die erste C-Waffe) und solche, in die man Giftschlangen, Skorpione und andere giftige Tiere (die erste B-Waffe) gefüllt hatte *(Leon, peri thal. 64 und 61)*.

Folgt man der Beschreibung des oströmischen Kaisers Leon III. (717–741), der als Bestandteile des »Griechischen Feuers« nur Salpeter, Schwefel und Kohle angab, so muß es sich um Schießpulver gehandelt haben, und der Feuerwerfer, mit dem es verschossen wurde, war eine Art Kanone. Da jedoch andere Quellen angeben, daß es brennend auf dem Meer schwamm, nicht verlöschte, sondern explodierte, dürfte das Seefeuer noch weitere chemische Bestandteile besessen haben. Als Löschmittel wird neben Sand und Essig auch von Urin gesprochen. Die ammoniakalische Reaktion des letztgenannten Löschmittels könnte dem Chemiker vielleicht helfen, Rückschlüsse auf die Zusammensetzung des »Griechischen Feuers« zu ziehen.

Der Einsatz dieser »Wunderwaffe« durch die oströmische Marine zeitigte jedoch Kampferfolge von weltgeschichtlicher Bedeutung. Bei der Belagerung Konstantinopels durch die Araber in den Jahren 674 bis 678 und 717 bis 718 griffen die oströmischen Seestreitkräfte, letztmalig am 15. August 718, die arabische Flotte an und vernichteten sie durch den Einsatz des »Griechischen Feuers« völlig. Die Araber, nun ohne Seestreitkräfte, mußten die Belagerung von Konstantinopel aufgeben. Die oströmische Flotte konnte auch in den nachfolgenden Jahren Griechenland und Italien vor einer arabischen Invasion bewahren. Kaiser Leon III. hatte durch den Einsatz eines Feuerkampfmittels, das bei seinen Gegnern Entsetzen hervorrief und eine Panik verursachte, den Sieg seiner Flotte gesichert. Die Seeschlacht vor Konstantinopel war ein bedeutsames Ereignis für ganz Europa und der Wendepunkt eines achtzigjährigen Ringens zwischen Ostrom und den neuen Eroberern. Dem Seesieg der oströmischen Flotte ist die Rettung Europas vor dem Ansturm der Araber in diesem Teil der abendländischen Welt zu verdanken. Es sollte noch Jahrhunderte dauern, bis Stadt und Seefestung Konstantinopel im Jahre 1453 in die Hände einer anderen islamischen Macht, der Türken, fiel.

Eine vorwiegend von Transportschiffen gegen angreifende leichte gegnerische Einheiten eingesetzte Abwehrwaffe war der sogenannte »Delphin«. Wurden Frachter und Transporter in ein Seegefecht verwickelt, so heißten sie an der Rah *(Thukydides 7,41 und Diodor 13,78 und 79)* einen Fallklotz aus Stein oder Metall, um ihn in das feindliche Schiff fallen zu lassen. Schiffe ohne Deck, also offene Kriegsschiffe oder Piratenfahrzeuge, konnten von einem »Delphin« durchschlagen und versenkt werden.

Aus dem 10. Jahrhundert kennen wir delphinähnliche Kampfmittel als reguläre Waffen der byzantinischen Marine. Bei den schweren Dromonen warf man von der Kampfplattform des mittschiffs eingebauten Turmes Steine und eiserne Gewichte auf gegnerische Schiffe herab.

Ältestes und Jahrtausende überdauerndes Seekampfmittel war das zum Rammen besonders ausgebildete Vorschiff. Frühbronzezeitliche Schiffe (vergleiche Skizze 0) besaßen bereits in der zweiten Hälfte des 3. Jahrtausends v. u. Z. eine spornähnliche Verlängerung des Kiels über den Vorsteven hinaus, aber noch keinen Rammsporn als Angriffswaffe. Der eigentliche Rammsporn wurde vermutlich gegen Ende des 9. Jahrhunderts v. u. Z. als Kampfinstrument entwickelt. Die letzten Schiffe mit dieser speziellen Seekriegswaffe legte man zu Beginn unseres Jahrhunderts auf Stapel.

Die erste schriftliche Überlieferung von der schlachtentscheidenden Wirkung des Rammspornes verdanken wir Herodot *(Historien 1,166)*. Er schildert eine 535 v. u. Z. ausgetragene Seeschlacht im Seegebiet zwischen Alalia (Aleria auf Korsika) und der Tibermündung, die zwischen den verbündeten Karthagern und Etruskern und den auf Korsika siedelnden Griechen stattfand. Die Griechen blieben Sieger, doch wurden von ihren 60 Kriegsschiffen 40 Einheiten versenkt. Die restlichen 20 Schiffe gingen zwar seetüchtig, aber gefechtsunfähig aus dem Treffen hervor, weil ihre Schiffsschnäbel verbogen worden waren. Aus dem Gefechtsergebnis kann man entnehmen, daß Karthager und Etrusker bereits einen hohen Stand in der Rammtaktik erreicht hatten.

Der Rammsporn (rostrum) römischer Kriegsschiffe, zumeist eine konstruktive Kielverlängerung, bestand aus einer am Bug angebrachten, weit vorspringenden, mit einer Bronze- oder Eisenkappe überzogenen Ramme. Diese lief in einer, zwei oder zumeist drei mit Eisen oder Bronze beschlagenen Spitzen stumpf oder klingenartig scharf aus. Beim Vollmetallspornmantel war man zumeist bemüht, das Werkstück so zu schmieden oder zu gießen, daß es gleichfalls in drei Spitzen (Bild 14, 15, 17, 21, 47 und 48) auslief (rostrum tridens). Doch kennen wir auch aufgebogene, in zwei Spitzen auslaufende Sporne (Bild 27) und solche in Stoßzahnform (Bild 11 und 12). Die Stoßkraft der römischen Schlachtschiffe und leichten Einheiten vereinigte sich im Bug. Kiel, Vorsteven, Sprengwerksbalken und Gürtelhölzer bildeten einen Verband von außerordentlicher Festigkeit. Der damit durch Zapfen verbundene Rammsporn war in der Lage, den vernichtenden Stoß gegen die Planken des feindlichen Schiffes zu führen.

Der Sporn der kretischen, phönizischen und frühgriechischen Kriegsschiffe, zumeist aus Holz bestehend, lag unter der Wasserlinie. Seit dem 6. Jahrhundert v. u. Z. gingen die Griechen dazu über, den nunmehr ehernen Rammsporn in oder über die Wasserlinie zu legen. Diese Spornanordnung wurde jedoch keine allgemeine Übung. Noch aus dem 4. Jahrhundert v. u. Z. kennen wir griechische Münzdarstellungen, bei denen der Rammsporn unter der Wasserlinie liegt. Die Römer bauten ihre Kriegsschiffe mit unter, in und über der Wasserlinie liegenden Rammspornen bis zum Ende der Kaiserzeit (Bild 6, 8, 9, 10, 11, 12 und 20).

Erbeutete Rammsporne, auch Schiffsschnäbel genannt, wurden schon frühzeitig als Siegestrophäen geschätzt. So wurden 338 v. u. Z. die Schnäbel der in Antium erbeuteten Schiffe an der Rednertribüne auf dem römischen Forum angebracht. Den Sieger von Mylae (260 v. u. Z), C. Duilius, ehrte man durch die Errichtung einer mit Vorschiffen versehenen Säule (columna rostrata) (Bild 48). Auch die Fassade der von Kaiser Augustus monumental ausgebauten Rednertribüne (rostra) auf dem Forum in Rom war nicht mit feindlichen Waffen des Landkrieges, sondern mit erbeuteten Schiffsschnäbeln (rostra) geschmückt. Diese Tatsachen dürften denjenigen zu denken geben, die den Römern Geringschätzung der Seemacht vorwerfen.

Über dem Rammsporn, etwa in der Mitte der Vorstevenkrümmung, befand sich bei den mittleren und schweren Einheiten ein kürzerer Obersporn (Bild 14, 15, 18, 19, 21, 22, 23, 31, 47 und 48). Dieser Stoßbalken lief in einem zumeist aus Bronze gegossenen Tierkopf aus. Wir kennen Schiffe mit Widder- (Bild 31 und 36), Löwen- (Bild 48), Wolf- (Bild 15, 21, 47 und 48), Krokodil- (Bild 22) und Eberköpfen (Bild 48). Doch gab es auch stumpfe Stoßbalken mit einfachem Metallbeschlag oder nur aus Holz (Bild 18 und 19).

Während der Hauptrammsporn den Zweck hatte, das gegnerische Schiff leckzuschlagen, zertrümmerte der Obersporn beim Rammstoß das Oberwerk. Er verhinderte aber zugleich ein zu tiefes Eindringen des Rammsporns in die feindliche Schiffshaut. Erfolgte eine Verbohrung der Schiffe ineinander, so konnte dies für das eigene Fahrzeug verhängnisvolle Folgen haben, da ein erfolgreich gerammter Gegner sehr schnell sank. Trotz Vorhandenseins eines Obersporns kam es vor, daß der sinkende Gegner seinen Überwinder mit in die Tiefe riß.

Wir können nach Abschluß dieses Kapitels feststellen, daß das schwimmende Waffenarsenal der römischen Marine in seiner Vielfalt dem moderner Flotten in nichts nachstand. Es wurde auch damals eingesetzt, um die Forderung der politischen Führung zu erfüllen, Seeherrschaft zu erringen oder zu behaupten.

Frachter und Transporter

Von Beginn unseres Jahrhunderts, besonders seit dem Ende der vierziger Jahre, bis zum heutigen Tage sind vor den Küsten des Mittelmeeres einige hundert Wracks antiker Handelsschiffe gefunden und zum Teil untersucht worden, die die bildliche und schriftliche Überlieferung in wichtigen Details ergänzen oder berichtigen. Von Sporttauchern und Unterwasserarchäologen werden in jedem Jahr neue Funde gemacht. Allein 21 römische Wracks ruhen in den Tiefen rund um die spanische Insel Mallorca.

Aus Mesopotamien und dem prädynastischen Ägypten des 4. Jahrtausends stammen die ersten Abbildungen von gepaddelten Booten. Auch das älteste uns bisher bekannte, zum Segeln bestimmte Wasserfahrzeug wurde in diesem Jahrtausend um 3500 v. u. Z. aus Ton als Modell gefertigt. Man fand es in Eridu im Irak. Die Segeltechnik ist also viel älter, als man bislang annahm.

Schon auf altägyptischen Darstellungen des 3. Jahrtausends v. u. Z. finden wir Schiffbaubilder. Das im Werden begriffene Fahrzeug ist auf Unterlagen gesetzt, also richtig auf Stapel gelegt. Die Schiffbauer arbeiten mit Schlegel und Stemmeisen Nuten oder Löcher aus. Breitbeil und Dechsel, die eigentlichen Werkzeuge des Schiffszimmermanns, dienten schon damals zum Glätten der Werkstücke. Auch Säge und Bohrer erkennen wir auf den altägyptischen Reliefbildern. Die Planken waren durch Holzpflöcke, Zapfen oder stundenglasförmige Holzdübel auf Stutz gesetzt miteinander verbunden (Karweelbauweise). Die Steven baute man als besondere Paßstücke ein.

Die Nilschiffe der Ägypter, gleich welcher Größe, nannte man Barken. Von diesem ägyptischen Wort ist das lateinische barca oder baris als Sammelbegriff für Schiff und Boot abgeleitet worden.

Zunächst wurden in Ägypten die Schiffe aus der zumeist krumm wachsenden heimischen Akazie (Acacia nilotica), von den Ägyptern sunt genannt, erbaut. Aus diesem sehr harten, schwer zu bearbeitenden Bauholz konnten wegen des Baumwuchses nur kurze Bretter geschnitten werden, die eine Länge von 1 bis 2,40 m selten überschritten. Herodot *(Historien 2,96)* beschreibt diese Bauweise, die danach noch um 450 v. u. Z. die gleiche geblieben war, wie folgt: »Aus diesem Strauch hauen sie Planken von zwei Ellen Länge und legen sie wie Ziegel aneinander, so daß das Schiff auf folgende Weise zustande kommt. Man reiht die zwei Ellen langen Bretter um fest eingetriebene, lange Pflöcke herum. Auf das so hergestellte Fahrzeug legt man Querhölzer, braucht also keine Rippen. Innen werden die Fugen mit Papyros gedichtet.« Für Staats- und Kultschiffe holten die Ägypter sich die Libanonzeder (Cedrus libani) und Kilikische Fichte (Abies cilicia), aus denen lange Planken geschnitten werden konnten.

Eine im Frühjahr 1952 am Fuße der Cheopspyramide in ihrer luft- und wasserdichten unterirdischen Steinkammer entdeckte Königsbarke des Pharaos Cheops ist das älteste, nahezu völlig erhaltene Schiff der Welt. Man begann im Dezember 1955 mit der Bergung. Das Fahrzeug war bei der Auffindung in 407 Einzelteile zerlegt. Vor etwa 4500 Jahren (um 2530 v. u. Z.) wurde die 43,4 m lange und 5,9 m breite Barke größtenteils aus libanesischem Zedernholz erbaut. Die größten Zedernholzplanken messen 22,72 m in der Länge und 0,52 m in der Breite bei 13 bis 14 cm Stärke. Die einzelnen Plankengänge sind durch Holzzapfen, die man in einander gegenüberliegende Nuten getrieben und verleimt hatte, und durch Bindungen zusammengefügt. Die Barke hatte bereits **Spanten** und **Stringer**, doch keinen Kiel. Sie besaß ein auf Decksbalken ruhendes, in Sektionen abnehmbares Deck und ein 9,1 m langes Deckshaus.

Doch schon um das Jahr 2600 v. u. Z. gab es auf dem Nil Transporter, deren Länge ca. 45 m betrug. Ein anderes Schiff aus dieser Zeit wies sogar ca. 54 m Länge und 18 m Breite auf. Seegehende ägyptische Schiffe, die in der Bauart den Nilschiffen entsprechen, erblicken wir bereits auf einem sehr sorgfältig gearbeiteten Relief aus der Zeit um 2450 v. u. Z. Dort ist die Rückkehr einer Übersee-Expedition der ägyptischen Streitkräfte dargestellt. Ein einziges hohes, schmales Segel wurde an einem sogenannten Zweibein- oder Bockmast gefahren. Die Schiffe besaßen vorn und achtern große Überhänge und als Sprengwerk eine starke, über an Deck aufgestellte Gabelstützen in Kielrichtung laufende, spannbare Trosse, die achtern und vorn das Schiff mit Zurrings umfaßte. Diese Hypozomtrosse wurde durch eine Seitengürtung, die das ganze Schiff in Deckshöhe umlief, ergänzt. Die Schiffe, mit einem Volldeck erbaut, waren achtern mit sechs stechpaddelförmigen, spitz auslaufenden Steuerrudern, je drei an Back- und Steuerbord, versehen. Das Achterschiff besaß bereits ein erhöhtes Halbdeck mit Reling.

Aus dem 19. Jahrhundert v. u. Z. hören wir von einem schiffbrüchigen Seemann, dessen Schiff 54 m lang gewesen sein soll. Es war auf der Reise nach Punt im Roten Meer bei einem Sturm gesunken. Der Schiffbrüchige wurde nach vier Monaten durch ein anderes ägyptisches Schiff von einer einsamen Insel abgeborgen.

Zu welch großen Leistungen schon die altägyptische Schiffbaukunst fähig war, zeigt auch ein Obeliskentransportschiff, das der Schiffbaumeister Ineni für Pharao Thutmosis I. (1505–1490 v. u. Z.) erbaute. Es war 120 Ellen lang und 40 Ellen breit. Rechnet man die Elle zu 0,444 m, so ergeben sich als Abmessungen 53,3 × 17,7 m. Unter Zugrundelegung der großen königlichen ägyptischen Elle von 0,525 m würde das

121

Schiff 63 m Länge und 21 m Breite aufgewiesen haben. Auch der Obeliskentransporter der Königin Hatschepsut (1490–1468 v. u. Z.) wies ähnliche Abmessungen auf. Seine Länge betrug etwa 60 m, die Breite etwa 20 m und der Tiefgang etwa 2 m; Casson hat die Tragfähigkeit auf ca. 1 700 t berechnet. Die beiden von Assuan nach Karnak transportierten Obelisken wogen je 350 t. Der noch in Karnak stehende Monolith erreicht fast 30 m Höhe. 27 Schleppschiffe mit je 30 Rojern bugsierten den Transporter. Drei Lotsenboote fuhren voraus, um das Fahrwasser auszuloten. Die mit nach vorn unten gebogenen Pinnen versehenen vier Steuerruder des Großschiffes befanden sich paarweise an der Steuer- und Backbordseite des Achterschiffes. Die Steuerruderköpfe wurden an besonderen Bockpfosten, neben denen die Rudergänger standen, geführt.

Im 5. Kapitel des Großen Papyrus Harris erfahren wir, daß Pharao Ramses III. (1198–1167 v. u. Z.) eine dem Gott Ptah gewidmete Prunkbarke aus Zedernholz erbauen ließ, die 68,2 m lang war.

Der älteste im Mittelmeer gefundene Frachtsegler stammt aus der Zeit um 1200 v. u. Z., der sagenhaften Zeit des Odysseus, als der Trojanische Krieg stattfand und in Ägypten Pharao Ramses III. (ca. 1193 bis 1162 v. u. Z.) herrschte. Dieses Schiffswrack aus der Bronzezeit entdeckten türkische Schwammtaucher vor dem Kap Gelidonya an der kleinasiatischen Küste. Seit 1958 von amerikanischen Archäologen untersucht und 1960 in seinen Überresten und mit der Ladung geborgen, stellte dieses ursprünglich ca. 9 m lange und etwa 2 m breite, mit Kiel und Spanten karweel erbaute Fahrzeug eine archäologische Sensation dar. Obgleich nur Teile von Schiffsplanken erhalten geblieben sind, konnte man feststellen, daß die Zapfen des oberen Plankenganges genau in die gebohrten Löcher der darunter befindlichen Planken paßten. In der Bilge des Schiffsrumpfes fand man unter der Fracht, um diese trocken zu halten, Reisigbündel, wie Homer es in seiner Odyssee *(5,256–257)* beschrieben hatte. Gerade diese Stelle bereitete bei der Übersetzung und Interpretation Schwierigkeiten, da man sich einfach nicht vorstellen konnte, wozu man beim Bau eines Schiffes Reisig benötigte. Das Schiff hatte 1½ Tonnen Kupfer-, Zinn- und Bronzebarren, erstere (34 Stück) von je 20 kg Gewicht, und Gegenstände aus diesen Metallen sowie zusätzlich 115 kg Steinballast geladen. Es war ein phönizisches Fahrzeug auf dem Wege von Zypern entlang der kleinasiatischen Küste nach Westen.

Durch den Wrackfund von Kap Gelidonya dürfte der Beweis erbracht worden sein, daß die Phönizier, als Erben der Kreter, schon in der Zeit des Odysseus mit hochseetüchtigen Schiffen die Meere befuhren und Handel trieben. Doch die ersten Ansätze einer Hochseeschiffahrt im Mittelmeer reichen bis in das 10. Jahrtausend v. u. Z. zurück. Die Archäologen entdeckten auf den Inseln Skyros, Kephallenia und Zakynthos Spuren einer meso- und neolithischen Besiedelung, die eine Überquerung des Meeres mit Booten voraussetzte. Obsidian, ein vulkanisches Gestein, das von der Insel Melos stammte, entdeckte man, zu Werkzeugen verarbeitet, in der Franchthi-Höhle auf der Peloponnes. Die dort gefundenen Klingen stammen aus dem 8. Jahrtausend v. u. Z. Zypern wurde im 6. Jahrtausend, Kreta und die Kykladen im 5. Jahrtausend und Malta um die Mitte des 3. Jahrtausends v. u. Z. erreicht. Ägyptische Hochseeschiffe, die Zedernholz in Byblos im heutigen Libanon luden, sind uns urkundlich schon seit der 3. Dynastie (ca. 2700 bis 2650 v. u. Z.), bildlich seit der 5. Dynastie (ca. 2540 bis 2400 v. u. Z.) bekannt. Sie trugen ein einziges Rahsegel, konnten jedoch nicht nur vor dem Wind, sondern auch mit raumem, ja vielleicht schon mit halbem Wind segeln. Bieß wies nach, daß spätestens seit dem Neuen Reich (1550–1085 v. u. Z.) ägyptische Schiffe, wenn auch in engen Grenzen, gegen den Wind kreuzen konnten. Im ägäischen Kulturkreis treten die ersten Schiffsdarstellungen seit der Frühbronzezeit, dem Zeitalter der großen Expansion über See, auf. Das spätere kretische Seewesen hat sich sowohl Erfahrungen der kykladischen als auch der ägyptischen Schiffbauer, hier insbesondere bei der Besegelung, nutzbar gemacht. Von den minoischen Kretern wiederum lernten die ursprünglich seefremden mykenischen Griechen Schiffbau und Navigation. Griechen, Etrusker und Punier wurden annähernd 1 000 Jahre später die nautischen Lehrmeister der Römer.

Vermutlich um 240 v. u. Z. baute der mit Rom verbündete König Hieron II. von Syrakus bereits einen Frachter mit drei Masten und drei Decks (Oberdeck und zwei Zwischendecks). Er war mit vier Holz- und acht Eisenankern ausgerüstet. Zur Selbstverteidigung fuhr er acht Kampftürme auf dem Wetterdeck. Das Schiff soll nach Cassons Berechnungen eine Ladungstragfähigkeit zwischen etwa 1700 bis 1940 t (t = Tonne zu 1 000 kg) gehabt haben. Diesen Frachter machte Hieron II. dem König von Ägypten, Ptolemaios III., zum Geschenk. Die »Syrakosia« wurde in »Alexandris« umbenannt. Ihre einzige Reise führte von Syrakus nach Alexandria, wo man sie auflegte. Es war das größte Schiff der Epoche und, wie die »Great Eastern« im Jahre 1858 mit 18 914 BRT, ihrer Zeit weit voraus. Beide Schiffe bewährten sich nicht für den vorgesehenen Zweck und wurden kaum verwendet.

Während die größten normalen Handelsschiffe des hellenistischen Zeitalters und der republikanischen Zeit Roms 500 t Ladungstragfähigkeit nicht überschritten, war man unter Kaiser Augustus dazu übergegangen, Massengutfrachter von Abmessungen zu erbauen, die in der damaligen Zeit als außergewöhnlich galten. Diese, vorwiegend in der Getreidefahrt eingesetzten Schiffe stellten für die Vorstellungswelt des Altertums wahre Giganten des Meeres dar. Ähnlich wie gegen Ende der 60er Jahre unseres Jahrhunderts das Aufkommen der Großcontainerschiffe, der Supertanker und großdimensionierten Massengutfrachter den Zeitgenossen mit Staunen und Bewunderung für die Leistungen der Technik auf dem Gebiet des Schiffbaues erfüllte, standen die Völker des Mittelmeerraumes vor den Erzeugnissen der römischen Werften (textrina) in der Kaiserzeit.

Zu Beginn unserer Zeitrechnung lebten in der Hauptstadt des Reiches bereits über eine Million Menschen. Das Grundnahrungsmittel für die Einwohner Roms war damals wie heute Brot. Es ergab sich somit die Notwendigkeit, von den benötigten 500 000 bis 600 000 t Getreide 450 000 t jährlich aus den landwirtschaftlichen Überschußgebieten, den Provinzen Ägypten, Afrika, Cyrenaika, Sizilien und Spanien, über See heranzuschaffen. Etwa ein Drittel der importierten Getreidemenge (150 000 t) wurde allein aus Ägypten abgefahren.

Die Römer lösten auch diese Aufgabe umfassend. Der Bau einer großen Getreideflotte steht den Leistungen Roms auf dem Gebiet des Städte-, Hafen- und Straßenbaues in nichts nach.

Die von dem damals in Athen lebenden Satiriker Lukian aus Samosata (125–180) beschriebene »Isis« war einer jener antiken Massengutfrachter, der im 2. Jahrhundert auf der Rückreise von Alexandria nach Portus Romae, durch widrige Winde verschlagen, in Piraeus festgemacht hatte.

Das Schiff besaß, wie der Schiffszimmermann berichtete, eine Länge von 120 röm. Ellen (eine Elle = cubitus = ca. 0,45 m). Die Breite betrug mehr als ein Viertel der Länge, also über 30 Ellen, und die Raumtiefe vom Oberdeck bis zum tiefsten Punkt der Bilge 29 Ellen. Auf Meter umgerechnet, stellen sich die Abmessungen auf ca. 54 m Länge und ca. 14 m Breite, bei ca. 13 m Raumtiefe. Nach diesen Abmessungen dürfte die Ladungstragfähigkeit, so Casson, bei 1 228 t gelegen haben. Casson hat bei der Ermittlung dieser Zahl unter Heranziehung der vergleichenden Schiffsforschung eine Kiellänge von 114 engl. Fuß = ca. 34,8 m angenommen (vergleiche auch Skizze 143 und Bild 69).

Ein nur mit Segeln fortbewegter Hochseefrachter oder Transporter wurde von den Römern navis oneraria oder einfach oneraria genannt (Digesten 49,15,2). Von der Vielzahl der bildlich überlieferten Typen können wir nur zwei mit einiger Sicherheit identifizieren. Es ist dies der ponto (vergleiche Bild 49, Nr. 3, und 62), ein an der gallischen Mittelmeerküste gebauter Handelssegler (Caesar, Bell. Civ. 3,29 und 40), der aber vermutlich punische Einflüsse aufwies (vergleiche Text zu Skizze 134), und die corbita (vergleiche Bild 49, Nr. 1, 63, 64, 65, 68 und 69 und Skizzen 135, 139, 143). Letztere wurde mit sehr unterschiedlichem Deplacement erbaut. Es waren strongyla ploia = »runde Schiffe«, wie die Griechen neben der Bezeichnung holkades ihre Handelssegler nannten. Die römischen corbitae, zumeist große dickbäuchige, verhältnismäßig langsame Frachter, zeigten in der Seitenansicht das Aussehen eines Korbes (lat. corbis) (vergleiche Bild 49, Nr. 1), von dem sich ihr Name herleitet.

Getreidefrachter vom Typ corbita segelten in den ersten drei Jahrhunderten mit einem stetig wehenden Nordwind von der Tibermündung oder Puteoli im Konvoi in etwa zwei bis drei Wochen nach Alexandria. War die Jahreszeit fortgeschritten, so überwinterte die Getreideflotte dort und trat wahrscheinlich im April eines jeden Jahres schwer beladen die Rückreise an. Auf dieser Reise führte ein Kurs an Zypern vorbei entlang der kleinasiatischen Küste bis Rhodos. Dort gingen die Frachter auf Westkurs, passierten Kreta südlich und steuerten bei einer langen Reisezeit Malta oder Syrakus an, um Wasser und Proviant zu ergänzen. Bei einer schnellen Reise segelten sie ohne Zwischenaufenthalt durch die Messinastraße nach Puteoli oder Ostia. Der andere Kurs führte entlang der afrikanischen Küste bis Apollonia, dem Hafen von Cyrene, in der Cyrenaica und von dort durch die Messinastraße zum Bestimmungshafen, der im Mai oder Juni erreicht wurde. Wenn man auf der ganzen Route widrige Winde antraf, dauerte die Reise 30 bis 60, ja sogar 50 bis 70 Tage. So konnten konventionelle Getreidefrachter pro Sommer in der Regel lediglich eine Hin- und Rückreise nach Ägypten machen, da die Schiffahrt nur vom 27. Mai bis zum 13. September als »sicher« galt. In der Zeit vom 11. November bis zum 10. März ruhte die Handelsschiffahrt völlig. In den Zwischenzeiten wurde sie als »unsicher« bezeichnet (Vegetius 4,39). Mit dem Fest des navigium Isidis eröffnete man am 5. März eines jeden Jahres die Schiffahrtssaison.

Unter Berücksichtigung dieser Tatsachen dürften neben Wirtschaftlichkeitsüberlegungen auch Fragen der Seetüchtigkeit die Entscheidung für den Bau von Großmassengutfrachtern beeinflußt haben. Diese waren dank ihrer Abmessungen trotz widrigen Wetters in der Lage, auch in den Zwischenzeiten zu segeln. Sie konnten so bei günstigem Wind zwei Hin- und Rückreisen, ungünstigenfalls eineinhalb, pro Jahr machen.

Massengutsuperfrachter dieser Größe befuhren natürlich das ganze Mittelmeer, vor allem jedoch die Route Rom (Portus) – Alexandria – Rom. Um die jährlichen Getreideimporte aus Ägypten nach Italien zu verschiffen, benötigte man 60 bis 80 Frachter mit der Ladungstragfähigkeit der »Isis«. Frachtsegler, die über 1 200 t tragen konnten, wurden nach dem Zusammenbruch des Römischen Reiches erst wieder gegen Ende des 18. und zu Beginn des 19. Jahrhunderts in größerer Serie gebaut.

Doch nicht nur Getreidefrachter dieser Größe wurden in der Kaiserzeit auf Stapel gelegt, sondern auch Schiffe, die Stückgut und Passagiere beförderten. Der jüdische Historiker Flavius Josephus (37 bis um 100) erlitt Schiffbruch mit einem Fahrzeug, das sich auf der Reise von Palästina nach Rom befand und neben einer Ladung noch 600 Passagiere an Bord hatte.

Auch der vor Malta im Jahre 60 gescheiterte Handelssegler, mit dem der Apostel Paulus als Gefangener nach Rom gebracht werden sollte, muß ein Massengutfrachter von beträchtlichem Deplacement gewesen sein, da er sich im Oktober, also in einer Zeit, in der die Schiffahrt als »gefährlich« galt, auf der Reise befand. Er hatte Getreide geladen und 276 Menschen an Bord.

In römischer Zeit erreichten im Durchschnitt von vier ausgelaufenen Hochseehandelsschiffen nur etwa drei ihren Bestimmungshafen. Diese Verlustrate behielt noch für die Hanseschiffe des 13. und 14. Jahrhunderts Gültigkeit. In der Antike galt der Schiffbruch als nicht vermeidbares Ereignis. Seneca zählt ihn mit Krieg, Verbannung und Krankheit zu den Zwangsläufigkeiten des Lebens. Der Seefahrer wird als »Nachbar des Todes« (mortis est socius) bezeichnet. Als Flavius Josephus im Jahre 64 in der Adria Schiffbruch erlitt, wurden von den an Bord befindlichen 600 Passagieren nur 80 Menschen gerettet.

Das Schiff »Dioscuri« (= »Söhne des Zeus«. Gemeint sind die Zwillinge Castor und Pollux, die Söhne Iuppiters/Zeus. Sie galten als Schutzherren der Seefahrer, denen sie als Zwillingsgestirn den Weg wiesen) brachte den Apostel Paulus im Jahre 61 von Malta nach Italien. Es segelte von Rhegium (Reggio) nach Puteoli (Pozzuoli) mit Südwind in eineinhalb Tagen. Damit durchlief das Schiff die Strecke von 175 Sm mit etwa 5 Kn. Da die Segelfläche der Frachter nach den bildlichen Darstellungen beträchtlich war, darf man annehmen, daß die Frachtsegler bei leichter Brise 1 bis 2, bei schwachem Wind 3 bis 4, bei mäßig starkem Wind 5 und bei starkem Wind 6 Kn Fahrt erreichten.

Die Geschwindigkeit antiker Frachtsegler war, wie bei den Segelschiffen der Neuzeit, von Wind und Strömung abhängig. Es gab auf den gleichen Routen bei ungünstigem Wetter lange und bei günstigem Wind kurze Reisen. Generell kann man feststellen, daß antike Kauffahrteisegler bei sehr gutem und günstigem Wind in offenen Gewässern 4 bis 6 Kn liefen. Wurde ein Kurs unter der Küste oder zwischen Inseln gewählt, so war die Geschwindigkeit etwas niedriger. Mußten die Fahrzeuge aber bei widrigen Winden kreuzen, so kam man auf 2 bis 2,5 Kn. Von Casson (Tafel 1 bis 5) zusammengestellte Reisen und Routen geben eine gute Übersicht (siehe Tabelle auf S. 125).

Hanseschiffe des 16. Jahrhunderts waren ihren römischen »Schwestern«, die 1 500 Jahre zuvor die Meere befuhren, in der Geschwindigkeit keineswegs überlegen. So benötigte der lübsche Schiffer Hans Ballhorn einmal 94 Tage für die Reise von Travemünde nach Bergen. Das Schiff des Kapitäns Hans Helmeke durchsegelte diese Strecke im Jahre 1598 in 34 Tagen. Er hätte ganz sicherlich das »Blaue Band« ersegelt, wenn diese Trophäe damals schon vergeben worden wäre. Die durchschnittliche Reisedauer Travemünde – Bergen lag seinerzeit bei 50 Tagen. Als vorzügliche Leistung galten nicht nur auf dieser Strecke drei Reisen im Jahr, sondern auch zwischen Bremen und Bergen bzw. Bremen und Visby.

Die normalen Hochseefrachter hatten vom 5. Jahrhundert v. u. Z. bis zum 2. oder 3. Jahrhundert eine durchschnittliche Ladungstragfähigkeit, die zwischen 68 und 500 t lag. Vom 5. Jahrhundert v. u. Z. an waren Frachter, die 100 bis 150 t trugen, allgemein in Gebrauch und solche mit einer Ladungstragfähigkeit von 350 bis 500 t nicht als selten zu bezeichnen. Im griechischen Bereich ist uns für das 4. Jahrhundert v. u. Z. als Durchschnittsgröße der Frachter eine Tragfähigkeit von 3 000 Getreidemedimnen = 120 t durch Inschriften überliefert. Seit spätestens dem 3. Jahrhundert v. u. Z. wurden Hochseehandelsschiffe von weniger als 3 000 Talenten Tragfähigkeit = 78,6 t als unbedeutend angesehen. Frachter, die 5 000 Talente = 130,1 t tragen konnten, stellten im 3. Jahrhundert v. u. Z. die Durchschnittsgröße dar.

Wir besitzen, abgesehen von den Inschriften, durch zwei Dokumente sehr zuverlässige Nachrichten über die Ladungstragfähigkeit antiker Schiffe. Aus der zweiten Hälfte des 3. Jahrhunderts v. u. Z. ist uns in einem Fragment die Hafenordnung von Thasos (auf der gleichnamigen griechischen Insel) überliefert. Dort wird der Hafen in zwei Sektionen unterteilt. Der erste Sektor blieb den Seeschiffen vorbehalten, deren Ladungstragfähigkeit nicht unter 3 000 Talenten = 78,6 t lag, und im zweiten Sektor durften nur Schiffe festmachen, deren Ladungstragfähigkeit 5 000 Talente = 130,1 t nicht unterschritt. Hieraus geht hervor, daß ein 3 000-Talente-Frachter mit zu den kleinsten Hochseeseglern zählte. Das zweite Dokument sind die Digesten. Im dort niedergelegten römischen Recht schrieb der Jurist Scaevola gegen Ende des 2. Jahrhunderts *(Dig. 50,5,3)*, daß jene Schiffseigner von obligatorischen öffentlichen Dienstleistungen befreit sind, die für den römischen Regierungsgetreidetransportdienst a) ein seegehendes Schiff erbaut und ausgerüstet hatten, das nicht weniger als 50 000 modii Getreide = ca. 340 t, oder b) eine Anzahl von Fahrzeugen erbaut und ausgerüstet hatten, deren jedes nicht weniger als 10 000 modii Getreide = 68 t tragen konnte. Auch zur Zeit des Kaisers Claudius hielten die römischen Behörden im 1. Jahrhundert einen seegehenden Frachter von unter 68 t für unrentabel.

Das Standardhandelsschiff der römischen Kaiserzeit war im Durchschnitt für eine Ladungstragfähigkeit von 340 t ausgelegt.

Wenn man von den außergewöhnlich großen Schiffen der Hansezeit, z. B. dem »Peter von Danzig«, dem »Jesus von Lübeck« und dem »Adler von Lübeck« absieht, die im übrigen in erster Linie als Kriegsschiffe eingesetzt wurden, so können wir feststellen, daß römische Regelfrachter die Standardschiffe der Hanse an Größe übertrafen. Eine Schute, als kleinstes Bremer Frachtschiff, hatte nach dem Seebriefverzeichnis eine Ladungstragfähigkeit von 16 Lasten. Eine Last entsprach 2 000 kg. Somit trug dieser Frachter eine Ladung von 32 metrischen Tonnen. Ein Bremer »Flaggschiff«, als größter Regelfrachter, konnte 110 metrische Tonnen laden. Die 1962 im stadtbremischen Hafenbereich gefundene Hansekogge, immerhin ein Großschiff der Zeit um 1380, wurde mit maximal 23,5 m Länge und 7,5 m Breite vermessen. Man veranschlagt die Ladungstragfähigkeit auf 65 Lasten, also 130 metrische Tonnen, womit die Durchschnittsgröße dieses Schiffstyps schon ein wenig überschritten wurde.

Wandlungen im Bau von Frachtschiffen vollzogen sich in der Antike erst ganz allmählich, zumeist erst in Jahrhunderten. So waren die römischen Transporter

Aus antiken Quellen bekanntgewordene Reisen

Reise und Route	Entfernung in Seemeilen (Sm)	Dauer der Reise in Tagen	Durchschnitts-geschwindigkeit in Knoten (Kn)
a) bei günstigem Wind:			
Ostia–Afrika (Kap Bon)	270	2	6,0
Messina–Alexandria	830	6	5,8
Ostia–Gibraltar	935	7	5,6
Ostia–Spanien (Tarragona)	510	4	5,3
Ostia–Südfrankreich (Narbonne)	380	3	5,3
Messina–Alexandria	830	7	5,0
Puteoli (Pozzuoli)–Alexandria	1 000	9	4,6
Korinth–Puteoli	670	4 1/2	6,2
Abdera (in Griechenland)–Donaumündung	500	4	5,2
Rhegium (Reggio di Cal.)–Puteoli	175	1 1/2	5,0
Karthago–Gibraltar	820	7	4,9
Große Syrte–Alexandria	700 (angenommene Entfernung)	6 1/2	4,5
Alexandria–Ephesos (in der Türkei)	475	4 1/2	4,4
Karthago–Syrakus	260	2 1/2	4,3
Phycos (Ras-al-Razat in Libyen)–Alexandria	450	4 1/2	4,3
Puteoli–Tauromenium (Taormina auf Sizilien)	205	2 1/2	3,4
Ibiza–Gibraltar	400	3	5,5
Epidamnos (Durrës, Albanien)–Portus Romae	600	4 1/2	5,5
Prom. Samonium (Kap Sideron auf Kreta)–Ägypten	310	3 oder 4	4,3 oder 3,2
Rhodos–Alexandria	325	3 1/2	3,9
Maeotis (Asowsches Meer)–Rhodos	880	9 1/2	3,9
Byzanz (Istanbul)–Rhodos	445	5	3,7
Byzanz–Gaza (Ghaza, Palästina)	855	10	3,6
Thessalonike (in Griechenland) Askalon (Migdal Ashqelon, Israel)	800	12	2,8
b) bei ungünstigem Wind:			
Kyrene (Qurena, Libyen) – Kap Kriu Met (Krios, Südwestspitze von Kreta)	160	2	3,3
Askalon–Thessalonike	800	13	2,6
Rhodos–Gaza	410	7	2,4
Alexandria–Marseille	1 500	30	2,1
Puteoli–Ostia	120	2 1/2	2,0
Gaza–Byzanz	855	20	1,8
Rhodos–Byzanz	445	10	1,8
Caesarea (bei Hadera, Israel)–Rhodos	400	10	1,7
Alexandria–Zypern (Ostspitze)	250	6 1/2	1,6
Sidon (Saida, Libanon) – Chelidonische Inseln (kleine Inselgruppe an der Südküste der Türkei vor dem Kap Kirlangic)	350	9 1/2	1,5

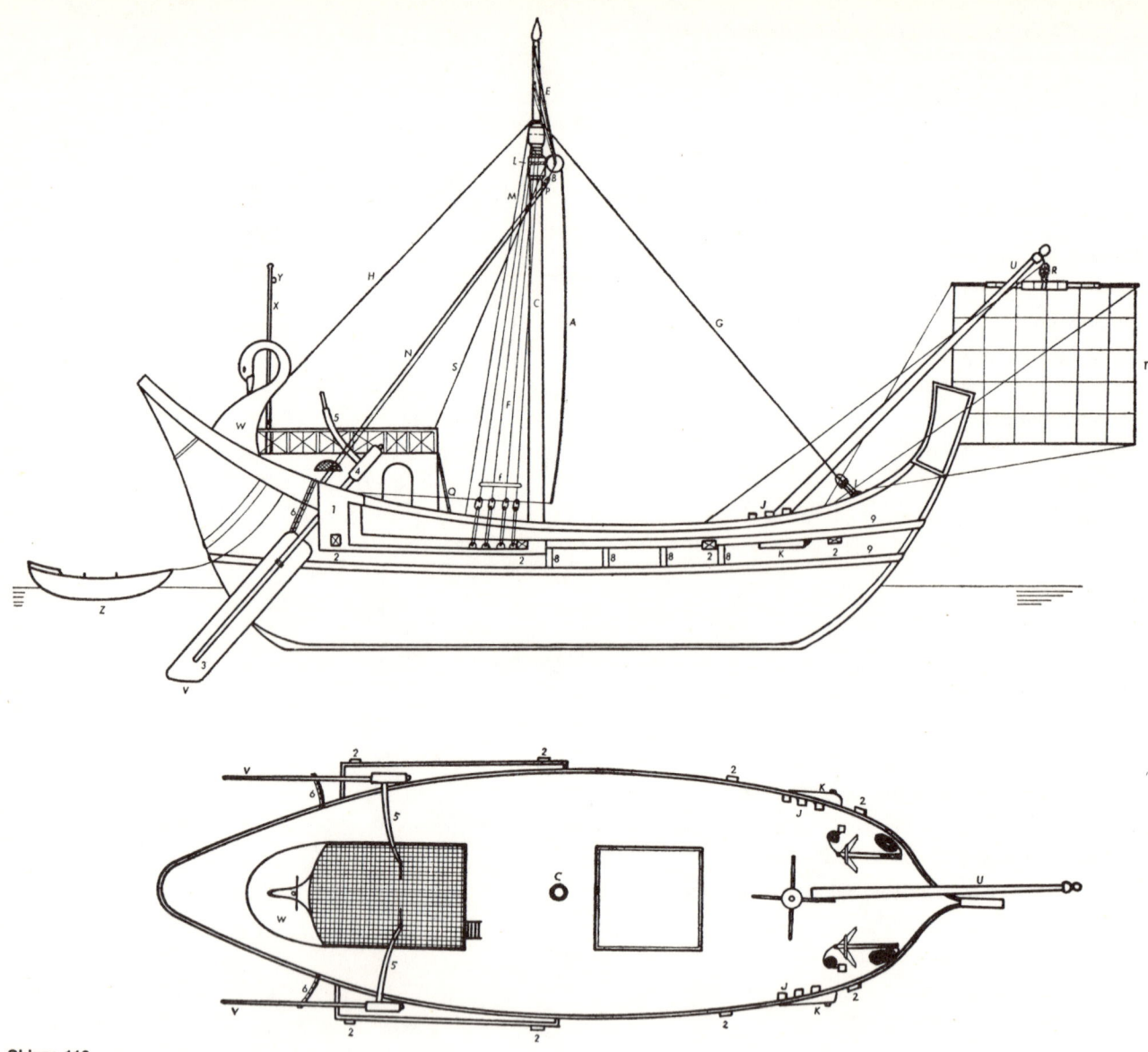

Skizze 113:
Decks- und Seitenriß eines römischen Frachters vom Typ corbita
Länge 25 m, Breite 7 m, Kiellänge 15,7 m,
Ladungstragfähigkeit ca. 130 t
(Takelung nach Ucelli)

des 3. und 2. Jahrhunderts v. u. Z. denen des 1. bis 3. Jahrhunderts wesentlich ähnlicher als die Handelsschiffe des 18. denen des 19. Jahrhunderts. Ein Hochseefrachtschiff des 3. und 2. Jahrhunderts v. u. Z. glich in der Konstruktion einem Fahrzeug des 2. und 3. Jahrhunderts so sehr, daß man lediglich im Detail Änderungen feststellen konnte.

Das Segel (velum) (A), gewöhnlich aus Leinen, seltener aus Hanf gewebt, bestand aus mehreren Kleidern, also zusammengenähten Tuchbahnen, die durch eine Liek, einen Kantensaum aus Leder oder dünnem Tauwerk, an den vier Außenkanten eingefaßt waren. Die meisten Abbildungen zeigen uns Segel, die fast ebenso hoch wie breit sind. Bei den großen Seglern finden wir waagerecht und senkrecht aufgenähte Rindlederstreifen, die das Segel verstärkten und es optisch in Quadrate oder Rechtecke unterteilten. Die Segel der Handelsfahrer waren gewöhnlich weiß. Sie wurden gelegentlich mit figürlichen Darstellungen, Initialen und Hinweisen auf eine Gottheit geschmückt (vergleiche Bild 65). Das viereckige Hauptsegel wurde an einer Rah (antemna oder antemnae) (B) des in der Regel zusammengesetzten (siehe die horizontalen Bänder auf Bild 63, 64 und 69), in Ausnahmefällen und bei kleineren Fahrzeugen (siehe Bild 51, 53, 55, 57 und 58) aus einem Stück bestehenden Hauptmastes (malus oder arbor) (C) gefahren. Diese Großrah bestand zumeist aus zwei gelaschten Spieren. Doch kennen wir bei Frachtern auch die Rah aus einem Stück und die teleskopartig (?) ausgebildete Rah (siehe Skizze 114), die lediglich bei Ucelli in seiner Rekonstruktion auftritt, durch Bildbelege aber nicht nachzuweisen ist. Über dem großen Hauptsegel wurden bei größeren Fahrzeugen dreieckige Toppsegel (sipara) (D), bei großen Fahrzeugen bis zu vier (Bild 65), zumindest jedoch zwei Einzelsegel gesetzt (Bild 63 und 69). Toppsegel färbte man gelegentlich rot ein. Zwei bis acht Toppnanten (ceruchi) (E) waren an der Rah angeschlagen. Die Toppnanten fuhren vom Masttopp (carchesium) zur Rah und zu den Rahnocken (cornua) (Bild 62 und 65). Die Takeler (restiones) hatten schon in römischer Zeit umfangreiches laufendes Gut bei der Auftakelung eines Schiffes anzubringen.

Wanten (F), mit Taljereeps und Jungfern angesetzt und mit je einer Spreelatte (f) versehen, stützten den Mast seitlich. Auch kannte man bereits Webeleinen. Auf diesen Strickleitern konnte der römische Matrose bis zum Masttopp aufentern (Bild 64 und 65). Hinsichtlich der Wantenführung darf eine Besonderheit nicht unerwähnt bleiben. Während üblicherweise die Wanten oben am Mast **über** dem Rack ansetzen (vergleiche Skizze 113, 114 und 139), kennen wir Darstellungen römischer Schiffe, bei denen die Wanten allem Anschein nach **unter** dem Rack angeschlagen waren (vergleiche Bild 64 und das rechte Schiff auf Bild 65). Eine solche Rah konnte nur bis zum Ansatz der Wanten gefiert werden. Wollte man bei dieser Takelung die Rah bis auf das Deck herabfieren, wie es gelegentlich im Hafen geschah, so war es erforderlich, das Rack abzuschlagen. In das Vorschiff (prora) führte ein Vorstag (G), das den Mast nach vorn abstützte, und auf das Achterdeck (puppis) das Backstag (H), mit dem der Mast nach achtern abgestützt wurde. Backstag und Vorstag konnten mittels Doodshoften (I) und Taljereeps steif gesetzt werden. Wir kennen Schiffe mit zwei Vorstagen und solche mit einem. In der Kaiserzeit ging man allgemein dazu über, ein sehr stark gehaltenes Vorstag zu benutzen (vergleiche Bild 63, 64 und 65). Im Vorschiff eines jeden Frachters waren an der Back- und Steuerbordseite je zwei bis vier Betinge (J) für das Belegen der Ankerkabel (an-

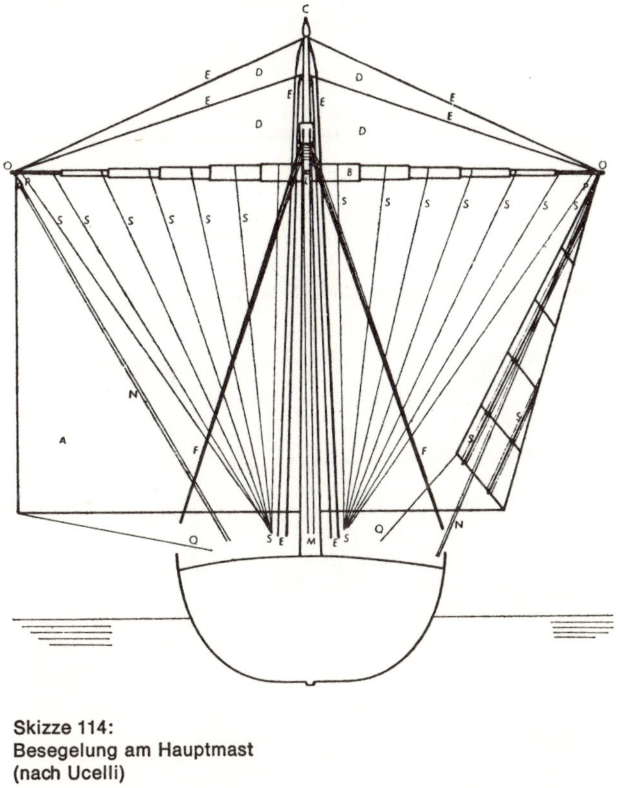

Skizze 114:
Besegelung am Hauptmast
(nach Ucelli)

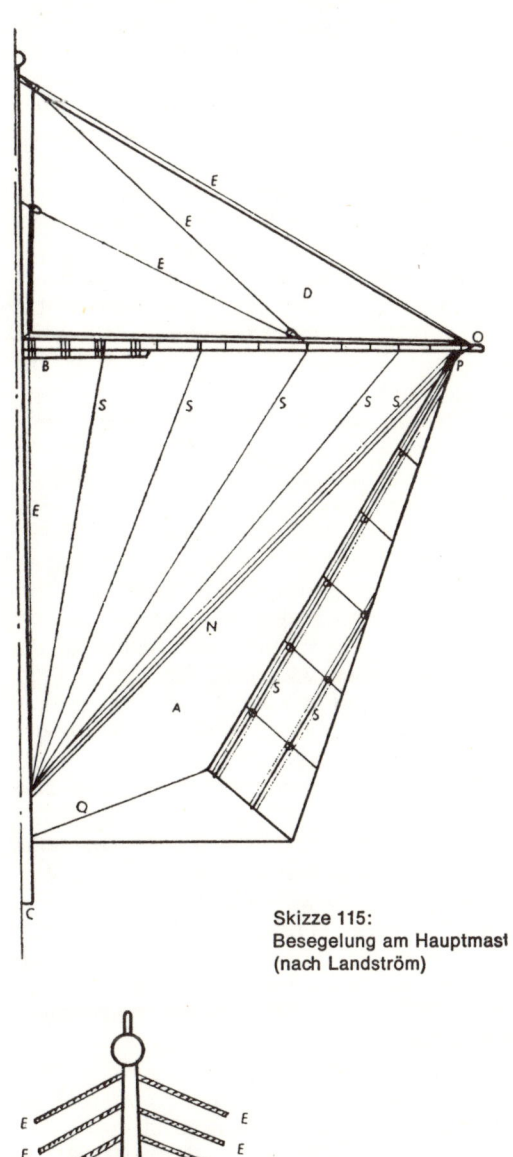

Skizze 115:
Besegelung am Hauptmast
(nach Landström)

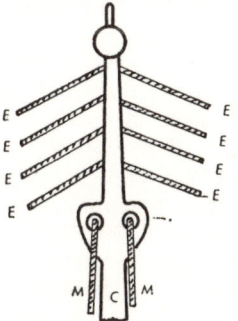

Skizze 116:
Doppeltes Rahfall und Toppnanten
(nach Chreston)

127

coralia) eingebaut, unter denen aus der Bordwand an jeder Seite ein Kranbalken (K) hervortrat. Quer zu den Plankengängen waren häufig Reibhölzer (8) zwischen den Barghölzern (9) eingebaut. Mit einem Taurack (L) war die Rah in der Mitte mit dem Mast und um diesen schwenkbar verbunden. Seit spätestens dem 6. Jahrhundert kannte man das rosenkranzartige Rack, dessen Holzkugeln, die Rackklotjen, maleoli genannt wurden. Mast und Rah wurden zumeist aus Fichten- oder Pinienholz gefertigt. Das Rahfall (anquina) bestand aus zwei Leinen (M). Zum Heißen und Fieren der Rah lief es durch zwei mit Augen versehene schwere Aufklotzungen oder entsprechend geformte bronzene Beschläge an beiden Seiten des Mastes (vergleiche Bild 65 das Schiff rechts) hinter diesem zum Deck. Zwei nicht oder einfach übersetzte Brassen (N), von jeder Rahnock (cornu) (O) durch Blöcke (trochlea) (P) laufend, wurden im Achterschiff belegt. An die unteren Segelenden, die Schothörner, faßten die beiden Schoten (pedes) an. Auch die Schot (pes) (Q) wurde im Achterschiff belegt. Bemerkenswert ist die Tatsache, daß die Schoten auch als Halsen (propedes) benutzt wurden. Sie liefen dann von den Schothörnern nach vorn. Mit Halsen konnte der Segler gegen den Wind aufkreuzen. Plinius *(NH 2,128)* beschreibt dieses Manöver als »in contrarium navigatur prolatis pedibus«.

Beim Kreuzen war es den römischen Rahseglern nicht möglich, dichter als 65° beim Wind zu segeln. Verkleinerte man den aus Kurs und Windrichtung gebildeten Winkel, so hörte die Vorwärtsbewegung auf, und das Schiff wurde seitwärts geschoben. Wollte man die Wirkung der Segel bei Gegenwind nutzen, so war man gezwungen, über einen Kreisbogen von 130° zu kreuzen. Das Unvermögen antiker Schiffe, hart am Wind zu segeln, erklärt die oftmals langen Reisezeiten. Die Segler brauchten für eine Entfernung, die vor dem Wind in wenigen Wochen zurückgelegt werden konnte, bei Gegenwind Monate, da der sich beim Kreuzen aus den einzelnen Schlägen ergebende Zickzackkurs einen weiten Umweg darstellte.

Zum Reffen (contrahere) benutzte man Buggordings als Gei- oder Refftaue (rudentes) (S), die an der Vorderseite des Segels durch Wegweiserklotjen oder Kauschen in Form von aufgenähten Bleiringen von der Unterliek, also vom unteren Segelrand, zur Rah hinaufliefen und von dort nicht etwa am Mast herab, sondern unmittelbar nach achtern fuhren (Bild 64) und dort belegt werden konnten. Das Segel wurde also von unten nach oben, wie eine Jalousie, verkleinert (Bild 64 und 66). Im Hafen machte man die Segel zumeist an der getoppten Rah fest (Bild 65 das Schiff rechts).

Das ebenfalls viereckige Vorsegel, von den Griechen artemon, lateinisch artemo (T) genannt, wurde zumeist an einem starken Spierenmast (U) (Bild 56, 60, 63 und 69), seltener an einem häufig leicht nach vorn geneigten Fockmast (Bild 62) gefahren. Die Rah des Artemonsegels hing an einem Fallblock (R). Das Vorsegel hatte wie das Großsegel Brassen, Buggordings und Schoten (Bild 63). Die Hauptaufgabe des Artemonsegels bestand darin, die Steuerruder (V) in ihrer Wirkung zu unterstützen. Das Vorsegel, gut durchgesetzt und so weit wie möglich angebraßt, bildete bei achterlichem Wind eine wichtige Segelhilfe für die Ruder, den rechten Kurs zu halten. Das zu Anker liegende, sich immer gegen den Wind stellende Schiff wurde ohne Vorsegel beim Aufnehmen der Anker nach achtern getrieben. Das Vorsegel aber zwang beim geringsten Windeinfall das Schiff zum Abfallen. So nahm der Segler Fahrt auf und gehorchte alsdann den Steuerrudern.

Die Länge der Großrah römischer Schiffe dürfte etwa Zweieinviertel der Schiffsbreite betragen haben. Die Rah des Vorsegels hatte zumeist ein Drittel der Länge der Großrah. Ein Schiff von 6 m Breite wird also eine Großrahlänge von 13,5 m und eine Artemonrahlänge von 4,5 m gehabt haben. Danach könnte die Segelfläche des Großsegels etwa 100 bis 110 qm und die des Vorsegels 40 bis 50 qm betragen haben, so daß sich bei fehlenden Toppsegeln die Gesamtsegelfläche auf 140 bis 160 qm gestellt hätte.

Der von Mosaikbildern (vergleiche Bild 62) überlieferte Dreimaster mit »Kinn«, dessen dritter Mast seinen Platz im Achterschiff fand, war ebenfalls an allen drei Masten rahgetakelt. Er tritt in der bildlichen Überlieferung aber selten auf. Schiffbaulich gesehen war dieser Typ der fortgeschrittenste. Das Segel am achteren Mast, heute Kreuzsegel am Kreuzmast genannt, war wichtig für die Manövrierfähigkeit des Fahrzeuges. Beim Freisegeln konnte es gute Dienste leisten. Auch der hier als »Kinn« bezeichnete Vorbau, einem Wammen- oder Rammbug nicht unähnlich, war entweder wirklich ein Rammbug, der im Notfall unter Hintansetzung des Schicksals des stehenden Gutes, das beim Rammstoß zumeist über Bord ging, gegen Seeräuberschiffe gerichtet werden konnte, oder er dürfte als Schiffskonstruktionsteil, wie der heutige

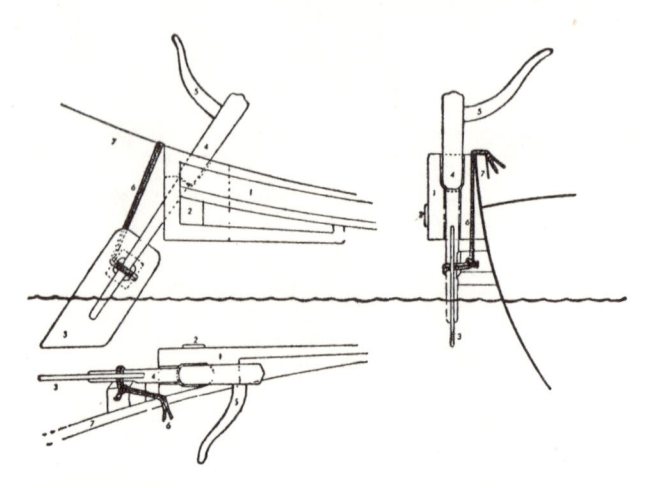

Skizze 117/118:
Befestigung des Steuerruders nach dem Torloniarelief (Ucelli, Fig. 357)

Wulstbug, so gebaut worden sein, um auf die Geschwindigkeit des Frachters Einfluß zu nehmen (vergleiche Schiffstyp ponto).

Alle größeren Handelsschiffe besaßen zwei Ruder, die achtern an Back- und Steuerbord in einem die Bordwand überragenden besonderen Ausbau (1) gelagert waren. Dieser Ausbau lag auf den aus der Schiffswand ragenden Deckbalken (2) auf. Ein Steuerruder (gubernaculum) bestand aus Ruderblatt (3), Ruderschaft (4) und der in den Schaft horizontal eingelassenen Ruderpinne (clavus) (5), die häufig noch einen Nagelpflock oder einen ringartigen Griff trug. Mit einem Stropp (stroppum oder einfach funis) (6) wurde das Ruder an der Bordwand (7) belegt. Beide Ruder waren mittels Leinen (funes) und Taljen oder bei kleinen Schiffen mit einer einfachen Leine (funiculus) heißbar, sie konnten also gegebenenfalls hochgezogen werden. Auf kleinen und mittleren Handelsseglern wurden bei ruhiger See beide Steuerruder mittels Pinnenauslegern (siehe Bild 51, 55 und 56) von einem Rudergänger bedient. Bei großen Fahrzeugen war dies jedoch nicht möglich.

Im Gegensatz zu den römischen Kriegsschiffen hatten die Handelsschiffe feste Aufbauten von zum Teil bedeutenden Dimensionen. Das achterliche Deckshaus mit der Kapitänskabine (diaeta magistri) diente dem Kapitän (magister navis) und seinem Obersteuermann (gubernator), und falls ein besonderer, für die Fracht verantwortlicher Ladungsinspektor, der Supercargo des Beladers, an Bord war, auch diesem als Unterkunft. Für den Dienst beim Supercargo wurde ein Maat der Schiffsbesatzung, der diaetarius, eingeteilt. War der Kapitän zugleich Eigner seines Schiffes, so nannte man ihn nicht magister navis, sondern dominus navis. Gegebenenfalls wurden in den Deckshäusern auch Passagiere (vectores), die erster Klasse reisten, untergebracht. Viele Seereisende kampierten auf dem Oberdeck. Sie konnten sich dort selbst oder mit Hilfe des Schiffszimmermannes (faber navalis) offene oder gedeckte provisorische Schutzhütten errichten, während die Zwischendeckspassagiere der Antike mit zum Teil sehr primitiven Unterkünften im stickigen Schiffsinneren zufrieden sein mußten.

Die Kombüse befand sich nicht weit vom Heck entfernt unter Deck. Die dort auf Wracks gefundenen Terrakottaziegel bedeckten häufig das Dach der Kombüse und stellten im übrigen die Ziegel dar, aus denen man die Herdstelle aufgemauert hatte.

Die Heckzier bestand bei römischen Handelsschiffen in den ersten Jahrhunderten der Kaiserzeit zumeist aus einem kunstvoll geschwungenen Gänsekopf mit Hals, dem cheniscus (von griech. chén = Gans) (W). Auf diese Endigung des Achterstevens verzichteten jedoch häufig kleinere Frachter (Bild 50, 51, 52, 54, 55, 57, 59 und 60). Bei mittleren und großen Handelsseglern wurde der Achtersteven von einer Heckgalerie umfaßt, auf der sich offenbar, wie auf den venezianischen Pilgerschiffen des 15. Jahrhunderts, eine überdachte Latrine (Bild 64 und 68) befand. Bei einigen Handelsseglern war auch um den Bug herum noch eine Galerie angebracht (Bild 64).

Die Besatzung mit ihrem unmittelbaren Vorgesetzten, dem Untersteuermann (proreta), logierte unter dem Wetterdeck (constratum) oder schlief auf den Decksplanken, den freien Himmel über sich. Das Wetter- oder Oberdeck der Frachter lief vom Vor- zum Achtersteven durch und deckte den Schiffsraum mit Ausnahme der Ladeluken voll ab. Größere Schiffe besaßen ein Zwischendeck (forus) und die größten Frachter deren zwei. Die römischen Handelssegler kannten kein Halbdeck im Vorschiff, jedoch auf der Hütte oder dem Deckshaus achtern ein Poopdeck, das im allgemeinen wohl schon der Schiffsführung vorbehalten blieb und auch zur Abhaltung von Dankopfern nach glücklich beendeter Reise diente (Bild 65). Zumeist war das Deckshaus geschlossen und besaß Tür- und Fensteröffnungen (Bild 56, 65 und 69). Gelegentlich erblicken wir aber auch eine allseits offene einfache Schutzhütte (Bild 68).

Die Matrosen der Handelsmarine, in der Mehrzahl Sklaven, waren zumeist völlig unbekleidet, während die Chargen an Bord – sie konnten einschließlich des Kapitäns auch Sklavenstatus besitzen – die übliche knielange Tunika trugen (Bild 58, 64 und 65). Im untersten Teil des Schiffskörpers, in der Bilge (sentina), war der Ballast (saburra), zumeist aus Sand oder Steinen bestehend, gestaut. Darunter sammelte sich die Schiffsjauche, das Bilgewasser (nautea). Die Bodenwrangen hatten Wasserlauflöcher, damit das Wasser sich nicht staute, sondern gleichmäßig in der Bilge verteilte. Auf Wrangen und Spanten waren die Bodenbretter des Laderaumes genagelt. Zum Lenzen verwendeten die Römer nicht nur den Eimer und das Ösfaß als einfache Pütz (sentinaculum), sondern neben nach heutigem Prinzip arbeitenden Pumpen bereits Schöpfpumpen in Paternosterform. Dem Lenzdienst wurde auf römischen Schiffen immer besondere Aufmerksamkeit gewidmet.

Auf sehr großen Schiffen installierte man auch eine sogenannte »Archimedische Schraube« als Lenzpumpe. Diese von Archimedes erfundene und erstmalig auf der »Syrakosia«/»Alexandris« um 240 v. u. Z. eingebaute Schraubenpumpe wurde von nur einem Matrosen bedient, der ein Tretrad antrieb.

In den Schiffsrumpf, der aus miteinander verdübelten, Kante an Kante gefügten Planken (tabulae) gezimmert war (karweelgeplankt), wurde das Spantengerüst (statumina), bestehend aus einzelnen Spanten, (costae) eingebaut (vergleiche Bild 61). Das einzelne Spant wurde statumen oder costa genannt. Doch schon in römischer Zeit war im Mittelmeerraum die moderne Schiffbaumethode, nach der zunächst der Kiel (carina) gestreckt, alsdann die Spanten gezimmert und darauf die Plankengänge (tabulae) genagelt wurden, nicht unbekannt. Römische Schiffbauer beherrschten und wandten beide Methoden an. Archäologische Untersuchungen haben uns hierüber Gewiß-

Skizzen römischer Pumpen
(Skizzen 119 bis 122)

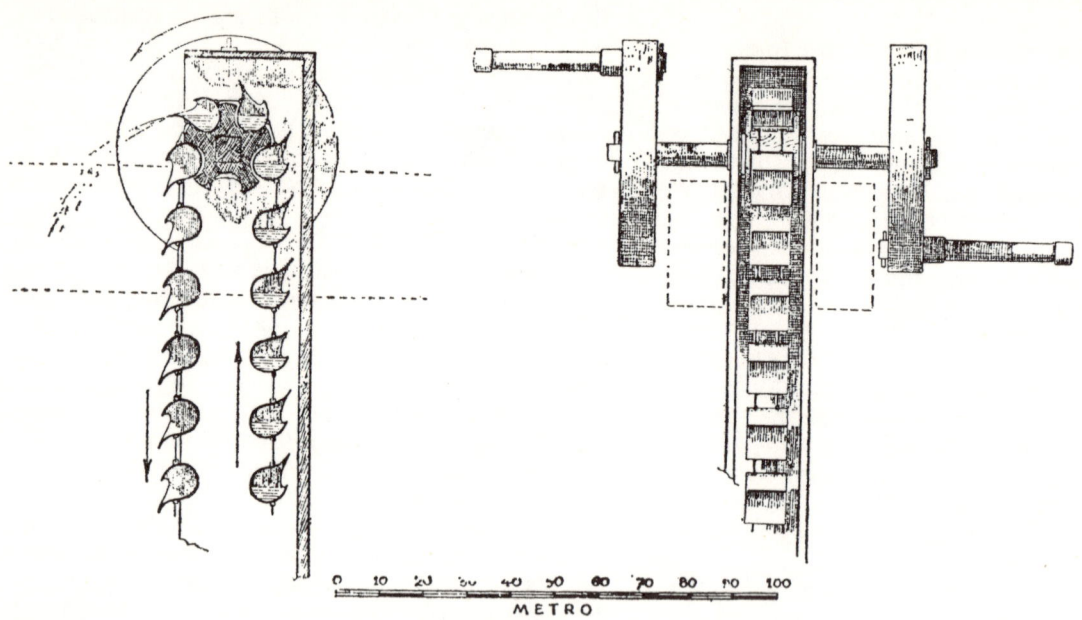

Skizze 119:
Römische Paternosterpumpe aus einem Nemisee-Schiff
(Ucelli, Fig. 199)

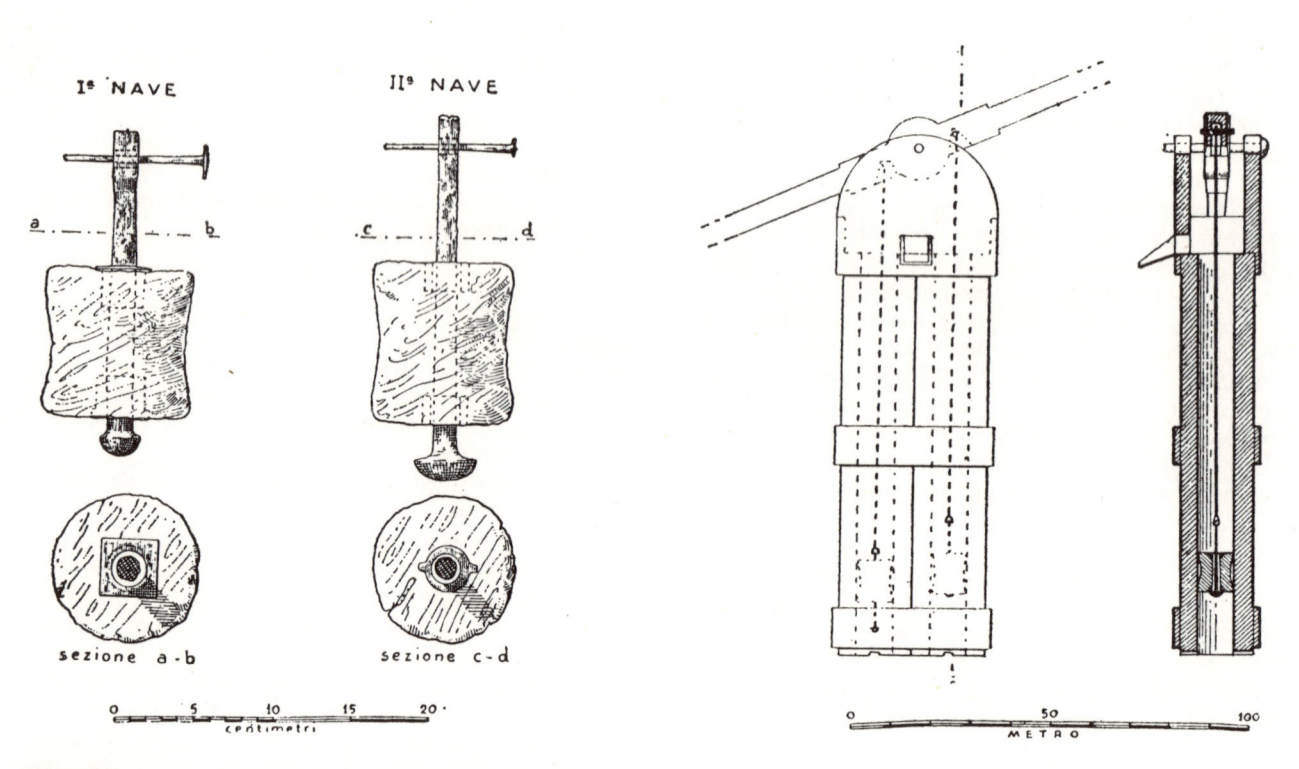

Skizze 120:
Fundelemente und Pumpenrekonstruktion der Nemisee-Schiffe
(Ucelli, Fig. 200)

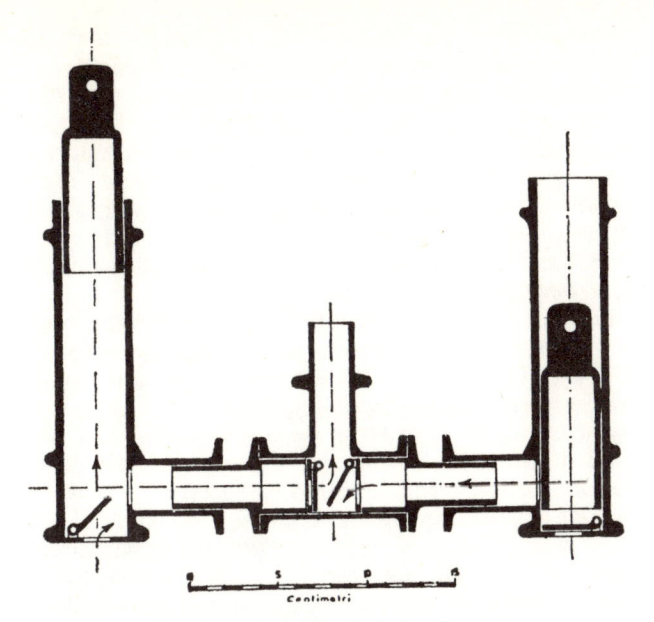

Skizze 121: Rekonstruktion einer römischen Pumpe (gefunden im Lago di Bolsena, Italien)
(Ucelli, Fig. 215)

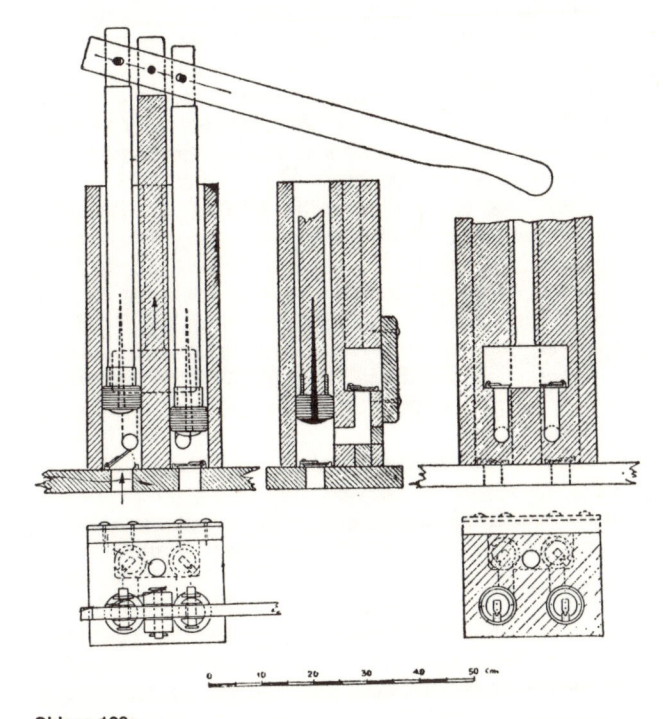

Skizze 122: Rekonstruierte hölzerne römische Pumpe vom Mentuccia-Hügel in Rom
(Ucelli, Fig. 216)

heit verschafft. Die meisten untersuchten römischen Schiffswracks waren jedoch, wie ein im Jahre 1970 untersuchter, vermutlich griechischer Handelssegler aus dem 5. Jahrhundert v. u. Z., der in der Straße von Messina vor Porticello sank, und ein weiterer griechischer Frachter, der 1967 vor Keryneia/Zypern gefunden wurde und aus dem 4. Jahrhundert v. u. Z. stammt, nach der zuerst genannten Methode erbaut. Der römische Kalfater (stuppator) benutzte zum Abdichten der Bordwände Werg (stuppa) und zur Konservierung des Holzes harzige und pechartige Substanzen. Es waren Destillate, die aus Pinie, Zeder, Kiefer, Fichte, Lärche und anderen Nadelhölzern gewonnen wurden. Auf den eigentlichen hölzernen Schiffsrumpf wurde bei den nicht aufslipbaren Schiffen ein mit Teer oder Pech getränkter Leinen- oder zumeist Wollbelag gelegt und darauf die Bleihaut genagelt oder genietet. Die älteste bisher nachgewiesene Bleiverkleidung besaß anscheinend das oben erwähnte Porticello-Wrack, ein Schiff von ursprünglich 20 bis 25 m Länge. Alle gefundenen Teile der Außenhaut des ursprünglich etwas über 15 m langen, ganz aus Pinienholz erbauten Keryneia-Wracks waren mit einer Bleiverkleidung versehen, die mit Kupferstiften auf den Planken befestigt war.

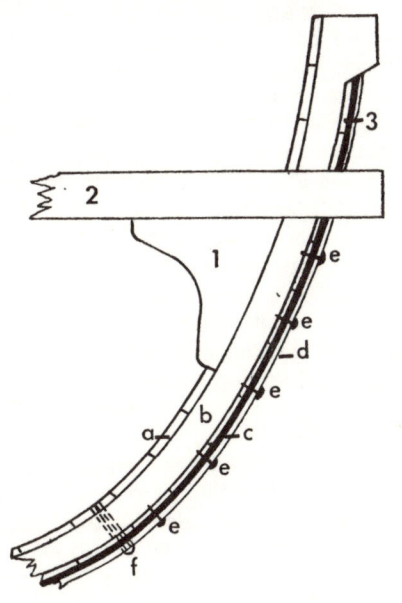

Skizze 123:
Schematische Querschnittsteilskizze des Schiffswracks von Albenga (1. Jahrhundert v. u. Z.)
1) Decksknie 2) Decksbalken 3) Planken
a) Eichenholz (Wegerung)
b) Pinienholz (Spanten)
c) Wollstoff mit Teer imprägniert
d) Bleihaut
e) Kupfernägel
f) Nägel durch Tannenholzbolzen

Wrackfunde haben gezeigt, daß die Planken der Schiffsrümpfe bei römischen Handelsseglern zumeist aus der Pinie, der Zypresse und der Zeder geschnitten worden waren. Gelegentlich verarbeitete man oberhalb der Wasserlinie auch Ulmenholz. Kiel und Spanten waren zumeist aus Eiche. Für Zapfen, Dübel und Holznägel bevorzugte man verschiedene Sumpfeichenarten und hartes Fruchtbaumholz, z. B. Olive und Pistazie. Bis zum 4. Jahrhundert wurden quadratische Rundkopfnägel, zumeist aus Kupfer, die häufig noch durch Hartholzdübel getrieben waren, verwendet. Mit einem Bleiüberzug versehene Kupfernägel hielten die Bleiverkleidung des Schiffsrumpfes. Zwar nicht im Unterwasserteil, aber im toten Werk verarbeitete man daneben Eisennägel. Seit dem 4. Jahrhundert wurden auch in die Planken des Unterwasserteils Eisennägel geschlagen.

Die mit einer Bleihaut versehenen Handelssegler besaßen zumeist nur einen Kiel und waren relativ scharf gebaut. Ihre Tragfähigkeit lag in der Regel über 150 t. Demgegenüber besaßen die ungeschützten Handelsschiffe alle einen flachen Schiffsboden und neben dem Hauptkiel zumeist Nebenkiele. Diese Bauart läßt darauf schließen, daß sie in der Regel aufgeslipt und somit Bleihäute entbehrt werden konnten. Die Tragfähigkeit von Schiffen dieser Bauart lag in der Regel unter 150 t.

Der Rumpf eines Schiffes konnte schon in der Antike nach zwei Methoden erbaut werden. Die alte ägyptische, phönizische und griechische Bauart, nach der zuerst die auf Nut und Zapfen verplankte Außenhaut gefertigt und hernach Bodenwrangen und Spanten eingebaut wurden, war ebenso gebräuchlich wie die modernere Methode, nach dem Strecken des Kieles und dem Einpassen von Vor- und Achtersteven zunächst die Wrangen und Spanten anzusetzen und sodann die karweele Verplankung vorzunehmen. Bei allen im Mittelmeerraum gefundenen römischen Wracks, gleichgültig ob man sie nach der Außenhaut-zuerst- oder nach der Spanten-zuerst-Methode erbaute, waren die Planken mit einer zumeist schwalbenschwanzförmigen, versetzt angeordneten Nut-Zapfen-Verbindung aneinandergefügt. Die Verbindung der Spanten mit den bis zu 10 cm dicken Planken erfolgte zumeist mittels Dübeln.

Um die Festigkeit des Schiffskörpers zu erhöhen, zimmerte man parallel zur Deckslinie um den Rumpf zumeist mehrere Plankengänge als Gürtel- oder Berghölzer (vergleiche Bild 56, 57, 60, 62 bis 66, 68, 69 und 70). Auch führte man die Decksbalkenköpfe bei den Handelsseglern zumeist durch die Plankengänge. Sie wurden mit den Seitenplanken so verzargt, daß sie gleichzeitig einen Querverband des Schiffes bildeten.

Das Vorhandensein einer Bleihaut oder Bleibeplattung des Schiffsrumpfes stellte man bei fast allen gefundenen römischen Hochseeschiffen von über 150 t Tragfähigkeit fest. Dieser Bleischutz, der zumeist nur bis zur Wasserlinie ging, bei einigen Wracks aber bis zum Schandeckel reichte, gab dem antiken Schiff eine wesentlich längere Lebensdauer als dem des Mittelalters, das diesen Schutz gegen den Schiffsbohrwurm nicht mehr besaß.

Das dem Namen des Schiffes entsprechende Zeichen (z. B. Zwillinge, Delphin etc.) war, wie heute noch der Schiffsname, an beiden Seiten des Vorschiffes (Bild 64 und 65) und eine figürliche Darstellung (Bild 65 und 68) häufig, wie besonders wieder im 17. und 18. Jahrhundert üblich, am Heck gemalt oder geschnitzt angebracht. In der achterlichen Kajüte befand sich in einer Nische der fest eingebaute oder transportable Schiffsaltar, als Opferstätte für die Schutz- und Meeresgottheiten. Das Achterschiff, zuweilen auch der Masttopp, wurde häufig mit dem Abbild der Schutzgottheit des Schiffes (tutela navis) geschmückt. Der auf dem Torloniarelief links befindliche Segler zeigt deutlich die Siegesgöttin Victoria, ihren Kranz über das Schiff haltend, gleich in zweimaliger Ausführung. Ein Standbild steht auf dem traditionellen Platz im Heck des Schiffes, und ein weiteres krönt den Masttopp (Bild 65).

Auch die Handelsschiffe führten an einem Flaggstock (X) Flaggen und Wimpel (taeniae) (vergleiche Bild 56, 57, 62, 64, 68, 69 und 70). Der Flaggstock war häufig durch die Heckzier hindurchgeführt und stützte sie gleichzeitig ab (Bild 68 und 69). Einige Frachter besaßen hinter der Latrine, am Ende der Heckgalerie, einen zweiten, etwas kürzeren Flaggstock. Die Flagge selbst hing häufig standartenförmig an einem Querrundholz (Y) wie das rote vexillum der Kriegsschiffe (Bild 64 und 68), nur war das Tuch der friedlichen Handelsfahrer zumeist weiß. Ob die Frieden erbittende Parlamentärflagge hier ihren Ursprung hat, wissen wir nicht (Bild 68).

Zur Identifizierung und Signalgebung führten die Segelschiffe schon damals Wimpel oder Stander im Masttopp (vergleiche Bild 62, 63 und 64), an den Rahnocken (Bild 63) oder am Heck. Auch führten Handelssegler vermutlich, wie die Kriegsschiffe, Laternen. In einem Wrack aus dem 1. Jahrhundert, das vor der Küste von Monaco entdeckt wurde, fand man eine Schiffslaterne aus Bronze.

Ebenso wie die Kriegsschiffe führten die Handelssegler mindestens ein Schiffsboot (scapha), letztere zumeist im Schlepp (vergleiche Bild 57, 65 und 68), mit sich. Größere Schiffe besaßen mehrere Schiffsboote, die, wie bei den Kriegsschiffen, an Bord genommen und auf dem Wetterdeck festgezurrt werden konnten. Die Boote besaßen häufig Masten und waren in der Lage, selbst Segel zu setzen (vergleiche Bild 57).

Römische Schiffe hatten stets zahlreiche Anker an Bord. Es waren in der gleichen Epoche sowohl hölzerne Anker mit Bleiteilen als auch eiserne Anker in Gebrauch. Vor der italienischen Insel Giannutri wurden aus einem Schiffswrack des 2. Jahrhunderts v. u. Z. insgesamt sieben Anker, vier Holzanker mit bleiernen Stöcken und drei eiserne Anker, geborgen. Auf und bei einem vor Yassi Ada an der türkischen Küste im 7. Jahrhundert gesunkenen byzantinischen Frachter, dessen Länge bei 19 m und dessen Breite bei 5,20 m lag, wurden elf Anker gefunden. Der Apostel Paulus schildert uns anläßlich seines Schiffbruches vor Malta, daß achtern vier und vorn weitere Anker ausgebracht wurden oder werden sollten. Römische Schiffe haben also mit Sicherheit weit über vier, zumeist die doppelte oder dreifache Zahl Anker mit sich geführt, die aber offenbar selten außenbords hingen (dem Verfasser ist nur eine Darstellung bekannt; Bild 66), sondern an oder unter Deck gestaut wurden. Beim Warpen wurde ein Anker (ancora) mit dem

132

Schiffsboot (auch neben scapha, scaphula oder einfach barca genannt) (Z) ausgebracht.
Die gefundenen Bleiteile eines Ankers sind häufig mehrere Zentner schwer. So wurden an der spanischen Costa Brava von einem zwischen den Jahren 70 bis 50 v. u. Z. gesunkenen Frachter bleierne Ankerstöcke im Gewicht von jeweils 70 bis 100 kg gehoben. Vor der Küste Siziliens bei Syrakus wurden Bleiankerstöcke von 67, 85, 199 und 270 kg und vor Acitrezza auf der antiken Reede solche zwischen 8 bis 300 kg gefunden. Bei Carthagena in Spanien hob man Bleiteile eines Ankers im Gewicht von 785 kg. Der schwerste bisher gefundene vollbleierne Ankerstock wiegt etwas über 800 kg. Es fällt nicht schwer, sich die Größe des Schiffes vorzustellen, das diesen Anker verlor. Vielleicht war es eine Decemreme, deren Länge 71 m und deren Breite 20 m betrug, vielleicht aber auch ein Massengutfrachter von der Größe der »Isis« (vergleiche Skizze 143) oder ein Schwergutfrachter wie Caligulas mirabilis navis (vergleiche Skizze 144), dessen Länge sich auf 95 bis 104 m und dessen Breite sich auf 20 bis 21 m belief. Die Ankerstöcke aus massivem Blei haben bei einem solchen Anker über 2 m Länge. Die Schaftlänge dürfte bei 5 m gelegen haben. Der längste und schwerste bisher gefundene Ankerstock mißt ca. 4,25 m. Er wurde in den Gewässern vor Malta bei Qawra gefunden. Der Stock besaß eine Holzseele mit Bleimantelung. Gerhard Kapitän berechnete sein Bleigewicht auf 1 852 kg. Hinzuzurechnen ist noch das Gewicht der Holzseele, die vergangen war. Das Gesamtgewicht allein des Ankerstockes dürfte über 2 000 kg gelegen haben.

Auch hölzerne Ankerstöcke mit Bleiseele waren in Gebrauch. Die Ankerstöcke der Typen B, C und D konnten nicht abgenommen werden (siehe Skizze 124). Abnehmbare Ankerstöcke waren vorteilhafter, da sie das Stauen mehrerer Anker unter Deck erlaubten.

Vorn am Ankerschaft, der sehr häufig ganz aus Holz bestand, war eine Leine (funis), das Bojereep, angesteckt, an deren Ende sich eine Ankerboje aus Kork befand, die über dem ausgebrachten Anker schwamm und so die Lage des geworfenen Ankers anzeigte. Diese Übung hat sich bis zum heutigen Tage in der Donauschiffahrt gehalten. Ein Ankerlieger auf der Donau bringt über seinem geworfenen Anker eine Boje mit rotem Wimpel aus.

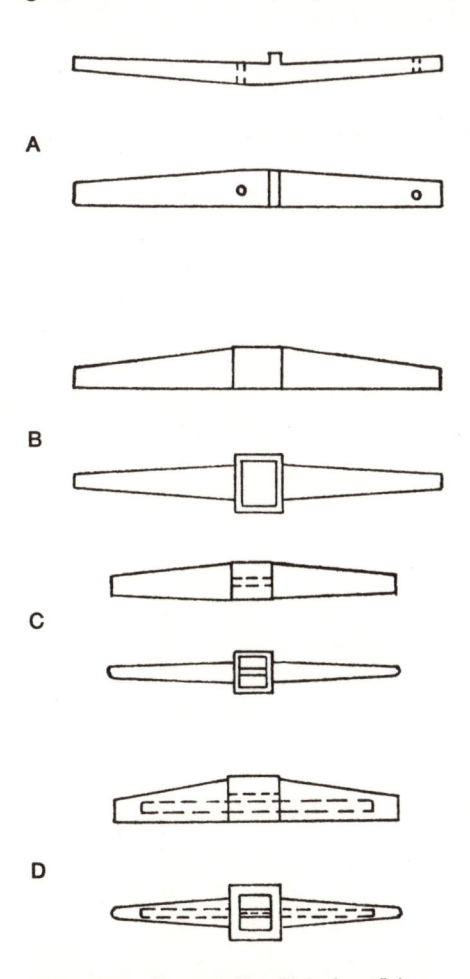

Skizze 124: Typen antiker Bleiankerstöcke
Seitenansicht und Draufsicht
(Schematische Zeichnungen nach Kapitän und Rackl)
A) durchsteckbarer Ankerstock mit Anschlagsteg
B) Ankerstock mit Mittelauge
C) Ankerstock mit Mittelauge und Mittelzapfen
D) Typ C mit Holzseele

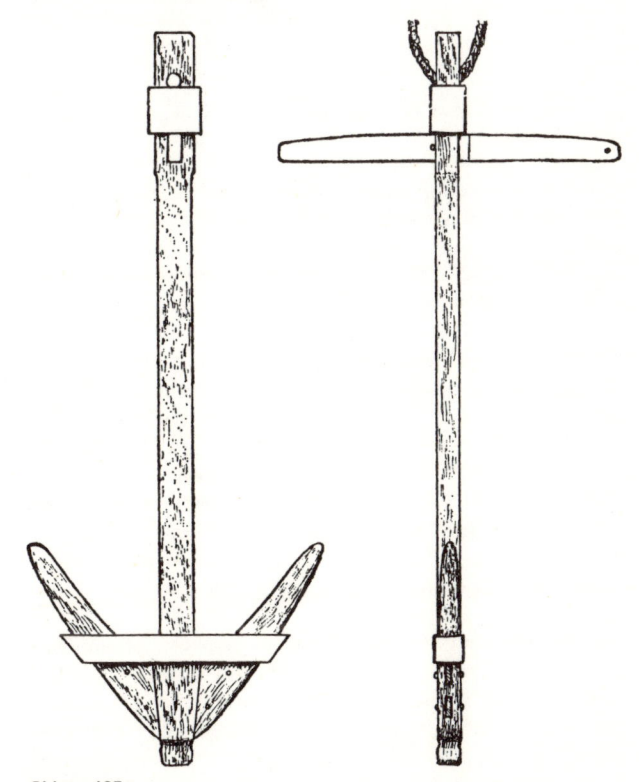

Skizze 125:
(G. Kapitän)
Rekonstruktion des bei der Isola Lunga (Sizilien) 1970 gefundenen Holzankers mit abnehmbarem Ankerstock (dieser wurde nicht mitgefunden, sondern hinzukonstruiert), der Bandage zwischen den Löchern im Schaft und einer Querverstrebung der Ankerarme aus Blei.

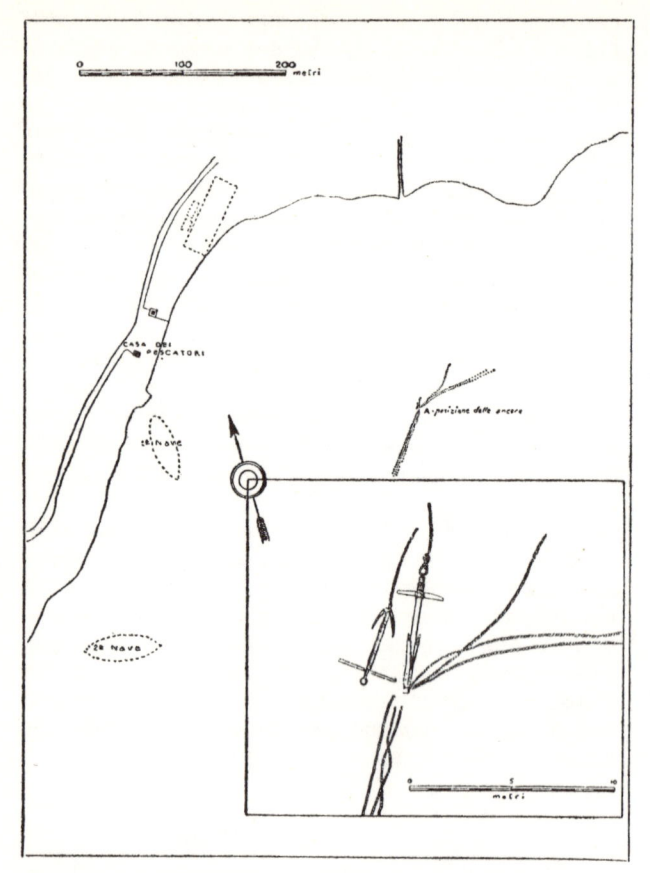

Skizze 126: Position der Anker bei der Ausgrabung im Nemisee (Ucelli, Fig. 268)

Die Anker wurden häufig schon mit einem Gangspill eingeholt, die Ankerkabel an Betingen belegt. Der Ankerstock, das Verbindungsstück, eine Kreuzverstrebung zwischen den Ankerarmen, sowie das Oberstück für das Anstecken des Ankerkabels bestanden bei Holzankern zumeist aus Blei.

Das feste, durchgehende, mit Reling und Schanzkleid versehene Deck des Hochseehandelsseglers besaß einen mehr oder weniger ausgeprägten Sprung. Die gebogene Deckslinie, vor dem Mast am tiefsten liegend, stieg zum Achter- und Vorsteven an. Sie verbesserte die Segeleigenschaften und verminderte gleichzeitig das Übernehmen von Wasser bei starkem Seegang. Wie schon die Frachter der Ägypter, Phönizier und Griechen, besaß auch das römische Handelsfahrzeug achtern und vorn Überhänge, d. h., Teile des Schiffskörpers lagen nicht im Wasser. Niederländische Schiffbauer nahmen 1671 als Überhänge ein Drittel der Kiellänge an. Im 18. Jahrhundert wurde bei der Schiffskonstruktion ein Achtel der Gesamtschiffslänge als Überhang gerechnet.

Das Handelsschiff des römischen Reeders oder Charterers (nauclerus oder navicularius, im römischen Recht auch exercitor navis genannt) besaß, soweit wir wissen, noch keine Ladebäume. Waren die Festmacherleinen (orae) zum Festbinden an Land gegeben, so bediente man sich zum Laden und Löschen einer Gangway (pons) (Bild 51, 52 und 65 rechts), mit der die Verbindung zum Kai hergestellt wurde. Gegebenenfalls wurde zunächst eine gefahrene Deckslagung, die mit Stauhölzern und unterlegtem Reisig einerseits gut gesichert, andererseits aber auch wieder federnd gelagert war, gelöscht. Alsdann öffnete man die Ladeluken. Die Besatzung des Seglers oder die Schauerleute und Stauer (saccarii) eines Hafens hatten das Schiff über diese Laufplanke zu be- und entladen. Einige Transportgüter wurden in Fässern (vergleiche Bild 71) und Säcken, z. B. Nüsse und Getreide (vergleiche Bild 51), die meisten Güter jedoch in Amphoren (Bild 52, 65 und 67) transportiert und gestaut. Die Behältnisse waren für 20 bis 30 Liter bzw. für 35 bis 55 kg ausgelegt, so daß sie von einem Stauer gehandhabt werden konnten. Die Amphore, nicht das Faß oder der Sack, stellte den typischen Transportbehälter des Altertums dar. Man füllte in

Zeichnungen der Anker aus dem Nemisee (Skizze 127 und 128)

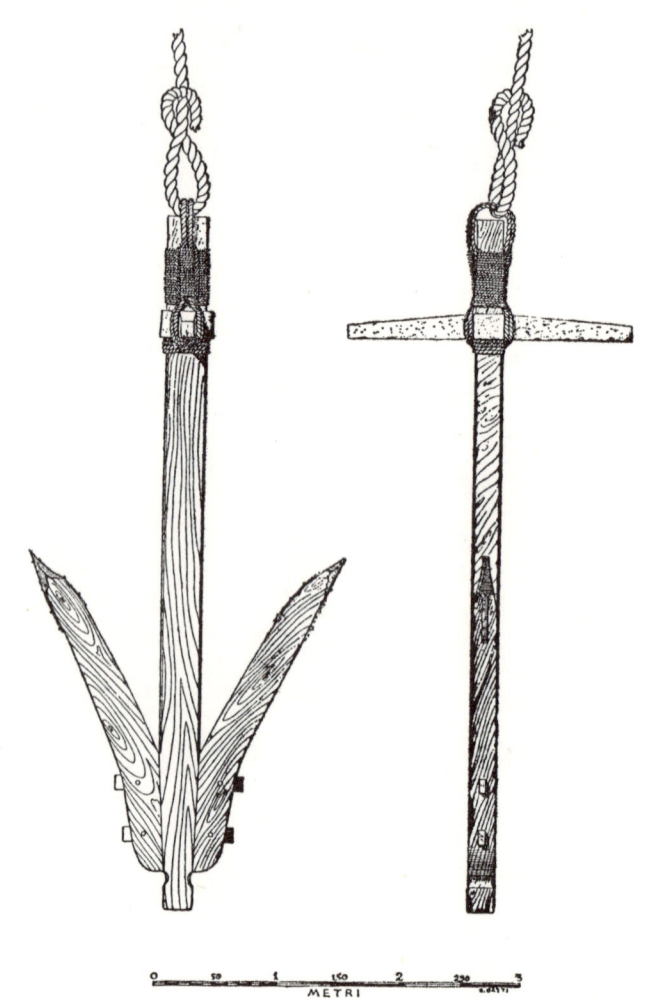

Skizze 127:
V-förmiger Holzanker mit festeingebundenem Stock aus Blei und spitzen Klauen
(Ucelli, Fig. 278)

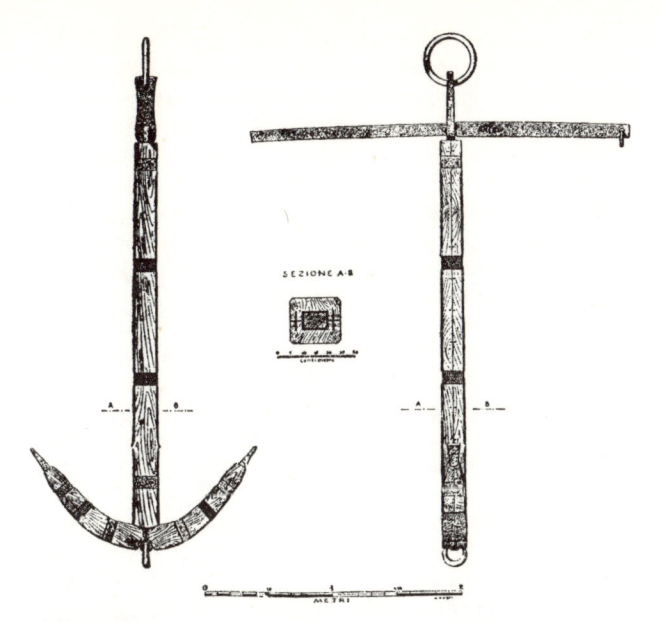

Skizze 128:
U-förmiger Eisenanker mit Holzmantelung, Scharrenklauen und abnehmbarem Ankerstock, ein sog. Admiralitätsanker.
(Ucelli, Fig. 270)
Dieser Ankertyp ist bereits in der ersten Hälfte des 1. Jahrtausends v. u. Z. entwickelt worden.

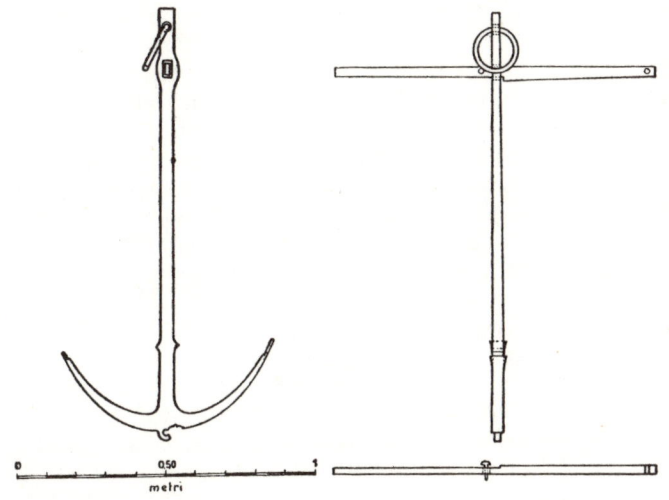

Skizze 129:
Kleiner eiserner Anker mit abnehmbarem Ankerstock (Admiralitätsanker)
gefunden 1857 bei Pompeji
(Ucelli, Fig. 272)

diese irdenen Krüge so ziemlich alles, was durch einen Amphorenhals hindurchging. Wein, Öl, Nüsse, Oliven, Pech, Fischkonserven und die damals viel verlangte Fischsauce, garum, sind in gefundenen und geborgenen Amphoren als Inhalt identifiziert worden. Großdimensionierte Stückgüter, z. B. Säulen, Säulentrommeln und Statuen, verlud man mit Kränen. Der Kranführer (professionarius de ciconiis) zählte in römischen Häfen zu den gehobenen Facharbeitern. Steinteile, Ziegel und Tonröhren wurden sehr sorgfältig gestaut und erstere gut festgezurrt, so daß die Ladung weder verrutschen noch zerbrechen konnte. Metalle wurden in Barren verschifft und Getreide nicht nur in Säcken, sondern auch in besonderen Behältern und als Schüttladung, wie bei einem heutigen Bulkfrachter (vergleiche Dig. 19,2,31).

In allen größeren Häfen des Reiches gab es in Gilden organisierte Taucher (urinatores), deren Aufgabe vornehmlich darin bestand, die beim Laden oder Löschen in das Wasser gefallenen Güter zu bergen. Im römischen Recht (Corpus iuris civilis) finden wir in den Digesten Normen für den Fall eines Schiffsunterganges, bei dem die Ladung durch Taucher geborgen wurde (Dig. 14,2,4,1). Aus einer Inschrift des Jahres 210 wissen wir, daß es in Portus Romae spezielle Sand- oder Ballasthändler (saburrarii) gab. Auch Sand wurde neben Steinen als Schiffsballast benötigt.

Flußschiffe mit ihren Bootsleuten (lyntrarii, scapharii und lenuncularii) brachten dann häufig die umgeschlagene Fracht, wie heute auch, über die Ströme weiter in das Binnenland. In flachen Lagunen benutzten sie zumeist weder Segel noch Riemen, sondern stakten ihren Kahn mit einer langen Bootsstange (contus). Frachter führten grundsätzlich eine ausreichende Zahl von Fendern (spira) aus Kork oder Tauwerk mit sich. Diese kurzen, senkrecht an der Bordwand herabhängenden Taugeflechte findet man noch heute im östlichen Mittelmeerraum an Booten und kleineren Fahrzeugen.

Die Römer kannten eine große Anzahl von kleinen offenen Fahrzeugen, die zumeist mit Riemen und teilweise mit einer Hilfsbesegelung fortbewegt wurden. Die cumba, einmal als genereller Begriff für Boot in Gebrauch, bezeichnete zum anderen, wie das cydarum (Bild 49, Nr. 19), ein kleines Fischerboot. Die Benennung scapha wurde sowohl für Boot schlechthin, als auch speziell für das Schiffsboot und die Hafenbarke verwendet. Der lembus war in seiner Großausführung ein Hilfskriegsschiff oder Frachter und in der Bootsausführung ein Hafen- und Fährfahrzeug. Als lenunculus (Skizze 130) diente das Boot sowohl der Hafen- und Flußschiffahrt als auch der Fischerei in Küstengewässern und auf der Adria. Auch horiola (oder oriola), horia (oder oria), placida, ratiaria, caupulus und vegeiia (oder vegella) waren Bezeichnungen für Boote auf Flüssen, im Hafen und in Küstennähe (vergleiche Bild 49). Als spezielle Flußschiffe kennen wir die stlatta, den linter und die lusoria. Stlattae wurden sowohl für Truppen- als auch Gütertransporte nachweislich auf der Garonne und ihrem Nebenfluß Tarn benutzt. Vermutlich waren es kleinere Flußboote, die man mit Riemen fortbewegte. Die lintres, mit Riemen und Segeln fortbewegt, fand man nicht nur auf dem Tiber und in den Häfen, sondern nach Caesar auch auf der Saône und Seine und nach Livius auf der Rhône. Vermutlich traf man den Typ auch auf Rhein und Donau an. Die lusoria konnte ursprünglich als Lustfahrzeug angesprochen werden. Vom 3. Jahrhundert an wurde die Bezeichnung auf gewöhnliche Frachtboote und im 4. Jahrhundert auf die Flußkampfschiffe ausgedehnt.

Der thalamegus, eine in Ägypten entwickelte Nilyacht von sehr unterschiedlicher Größe, wurde nicht nur als Lustfahrzeug, Jagd- und Hausboot (cubiculata) verwendet, sondern diente noch in römischer Zeit als Bereisungsschiff für Regierungsbeamte auf dem Nil und seinen Kanälen. Auf einem Kanal bei Alexandria waren die thalamegi stationiert, die den Verwaltungsbeamten und Offizieren für die Reise nach Oberägypten zur Verfügung standen. Die Schiffe hatten eine Besatzung von acht Mann. Die Bezeichnung thalamegus wurde jedoch auch für ganz gewöhnliche Nilfrachtschiffe nachgewiesen, deren Typenvielfalt kaum zu übersehen ist.

Flußschiffe konnten nur auf großen Strömen mit geringer Strömung stromauf segeln. Dies setzte jedoch zugleich guten achterlichen Wind voraus. Da Rahsegler schlecht kreuzen und große Schläge machen müssen, war auf strömungsstarken Flüssen mit Segeln nur voranzukommen, wenn das Schiff platt vor dem Wind lag und der Wind sich entfalten konnte. In engen Flußtälern, wie z. B. dem der Mosel, war dies selten der Fall. In der Bergfahrt wurden die Fahrzeuge daher getreidelt. Die alten Ägypter hatten bereits für die Talfahrt auf dem Nil eine besondere Vorrichtung erdacht, die noch auf dem Euphrat im 19. Jahrhundert Verwendung fand. Herodot *(Historien 2,96)* beschreibt sie wie folgt: »Man hat eine türartige Planke aus Tamariskenholz, mit einer Rohrmatte überflochten, und einen durchbohrten Stein von etwa zwei Talenten (= 52,4 kg) Gewicht. Diese Planke wird an eine Leine gebunden und dann vor dem Schiff in das Wasser gelassen, der Stein an einer anderen Leine hinter dem Schiff. Gegen die Planke drängt nun die Strömung und zieht dadurch in Eile die baris – so ist der Name des Fahrzeuges – hinter sich her, während der Stein in der Tiefe nachgezogen wird und das Fahrzeug auf Kurs hält.« Ob diese Driftvorrichtung auch auf anderen Strömen von den Römern übernommen wurde, wissen wir nicht, halten es aber für möglich.

In den römischen Seehäfen machten neben den Hochseeschiffen Fluß- und Küstenschiffe fest. Die angelandete Ladung wurde umgeschlagen und von den kleinen Einheiten – wie heute auch – über die schiffbaren Ströme in das Binnenland oder an kleine Küstenplätze weiter transportiert. Es gab jedoch spezielle Hafenfahrzeugtypen, die man als Dienstfahrzeuge und Leichter ansprechen könnte. In Portus Romae wurde nicht nur der Gütertransport vom Seeschiff zum Hafenschuppen, also der Leichterdienst, sondern auch der Schleppdienst von lenunculi versehen. Als Leichter fanden im weiteren scaphae und levamenta Verwendung, ihre Bootsleute hießen scapharii und levamentarii.

Römische Küstenfahrer (orariae naves) fuhren als kleine Schiffe von 10 bis 18 m Länge nur einen Mast (vergleiche Bild 51 bis 55), der zumeist mit einem Rahsegel getakelt war. Doch häufig waren die Küstenfahrer, da sie zahlreiche Häfen in verschiedenen Richtungen bedienten und nicht immer auf günstigen Wind warten konnten, gezwungen zu kreuzen. Für dieses Manöver erwies sich das Sprietsegel (vergleiche Bild 53 bis 56 und 72), das doppelte Sprietsegel (vergleiche Bild 57) und das Lateinersegel (vergleiche Bild 58 und 59) als geeigneter als das Rahsegel. Das älteste bisher bekannte Schiff, das bereits mit einem Sprietsegel ausgerüstet war, glaubt man in dem vor Keryneia gefundenen Segler aus dem 4. Jahrhundert v. u. Z. entdeckt zu haben. Doch mit Sicherheit waren seit dem 2. Jahrhundert v. u. Z. das Sprietsegel und seit dem 2. Jahrhundert das Lateinersegel in Gebrauch, während der große Hochseefrachter (oneraria navis) ausschließlich als Rahsegler (vergleiche Bild 62 bis 66, 68 und 69) auftritt.

Als spezielle Küstensegler konnten die caudicariae und prosumiae identifiziert werden. Doch gab es noch eine große Anzahl weiterer Typen. Auch die actuariolae und actuariae im weiteren Sinne, die celoces, cybaeae, acati und lembi fanden in der Küstenfahrt Verwendung.

Auf dem Nil unterhielten die Römer mit Depeschenbooten vom griechischen Typ halias einen Schnelldienst (cursus velox) für die Regierungspost. Haliades fand man jedoch auch in der Küstenfahrt. Sie wurden mit Riemen und Besegelung fortbewegt.

Römische Hochseefrachtsegler waren grundsätzlich nicht mit Riemen versehen, sondern besaßen als einzige Antriebskraft ihre Besegelung. Lediglich eine geringe Zahl von Hilfsriemen befand sich an Bord, um Hafenmanöver ausführen zu können. Für größere Frachter gab es bereits damals spezielle Schlepper. Ein Grabsteinrelief von der Isola Sacra bei Ostia zeigt ein solches Schleppschiff. Achtern ist deutlich die Schlepptrosse (remulcum) erkennbar. Der gerade Mast des Schiffes steht sehr weit vorn, unmittelbar hinter dem Bug. Wir können daraus schließen, daß der Schlepper neben den Riemen auch mit einem Sprietsegel fortbewegt werden konnte. Statt der sonst üblichen seitlichen Steuerruder ist im Heck ein einzelner Riemen zum Kurshalten eingelegt (Bild 72). Der einzelne Riemen fand bereits im alten Ägypten auf Nilbarken als Steuerruder Verwendung. Römische Flußfahrzeuge benutzten noch im 1. Jahrhundert diese Steuervorrichtung. Sie ist bis zum heutigen Tage auf unseren Flüssen und Seen in Gebrauch geblieben.

Frachtsegler wurden von der römischen Marine im Krieg und Frieden zur Versorgung der Legionen in allen Teilen des Reiches auch als Truppen- und Materialtransporter eingesetzt. Im Zweiten Punischen Krieg gehörten zur römischen Invasionsflotte des Jahres 204 v. u. Z. etwa 400 Transporter. Thiel schätzt die eingeschifften Truppen auf etwa 30 000 Mann. Wir wissen leider nicht, welche Ladekapazität damals ein einzelnes Transportschiff besaß und wie sich die Invasionsarmee auf die Schiffe verteilte. Aus späterer Zeit sind uns aber Einzelheiten über die Tragfähigkeit der Transporter überliefert worden. Kleine und mittlere Transportschiffe, so die naves onerariae Caesars, schifften 105 bis 220 Mann und große Truppentransporter, z. B. phaseli, eine ganze Kohorte (500 bis 600 Legionäre) ein.

Als Vermessungsart kannte man für Frachter nicht nur die Ladungstragfähigkeit, z. B. 10 000, 5 000, 3 000 und 2 000 Talente (ein Talent = 26,196 kg) und im ägyptischen Bereich die Gewichtseinheit Artab = ca. 25 kg, sondern auch die Vermessung nach dem Rauminhalt war gebräuchlich. Gerechnet wurde hierbei nach einem Raummaß, z. B. der kapitolinischen amphora. Diese faßte 26,196 Liter = 0,026196 cbm = 0,00925 registertons. Ein 2 000-Amphoren-Frachter hatte 18,5 Registertonnen (RT), ein 3 000-Amphoren-Frachter 27,8 RT und ein 10 000-Amphoren-Frachter 92,5 RT Rauminhalt unter dem Wetterdeck (1 registerton oder registered ton = 100 englische Kubikfuß = 2,8317 Kubikmeter). In Amphorenladefähigkeit wurde vor allem die Kapazität der Wein- und Ölfrachter angegeben. In der Praxis aber gab es unter den auf Wracks gefundenen Amphoren so große Unterschiede, daß die Anzahl der transportierten Behälter nur sehr ungenaue Anhaltspunkte für die Schiffsgröße gibt. Die im Wrack von Grand Congloué vorgefundenen Amphoren lagen brutto (d. h. das Volumen der Amphore selbst mitberechnet. Netto bezeichnet demgegenüber nur den Amphoreninhalt) zwischen 75 bis 115 l und jene auf dem Schiffswrack von Albenga zwischen 100 bis 128 l.

Die Größe der Getreidefrachter wurde regional verschieden, einmal mit einem Gewichtsmaß, z. B. in Ägypten nach Artabs, ein anderes Mal mit einem Hohlmaß, z. B. in Athen mit dem attischen Getreidemedimnos = 1 Scheffel zu 58,9 l = etwa 40 kg und in Rom nach modii, berechnet. Ein modius = 1 Scheffel zu 8,7 l = etwa 6,66 kg Getreide.

Bei den Römern muß auch schon eine Schiffsvermessungsordnung und ein Vermessungsbrief bekannt gewesen sein, erwähnt doch Cicero, daß es über die Begrenzung der Ladungstragfähigkeit gegen Ende der römischen Republik ein Gesetz gegeben hat.

Wenn in modernen Schiffslisten bei einem Frachter von der Tragfähigkeit gesprochen wird, so ist diese zumeist in Gewichtstonnen, tons deadweight (tdw) zu 1 016 kg (long ton), angegeben. Hier liegt der Gewichtstonne aber grundsätzlich die metrische Tonne zu 1 000 kg zugrunde. Ferner beziehen sich die Tonnenangaben nicht auf die Gesamttragfähigkeit (deadweight all told), worunter man bei einem Schiff die Tragfähigkeit für Ladung **und** Betriebslasten (z. B. Anker, Verpflegung, Wasser etc.) versteht, sondern immer nur auf die Tragfähigkeit allein für die Ladung, die man Ladungstragfähigkeit (cargo carrying capacity oder net carrying capacity) nennt. Nicht die Bruttotragfähigkeit = Gesamttragfähigkeit, sondern die Nettotragfähigkeit = Ladungstragfähigkeit ist bei den hier erwähnten antiken Frachtern mit dem Kürzel t angegeben worden.

Man unterschied die Frachtsegler auch schon nach ihrer speziellen Ladung. Massengut- und Schwergutfrachter waren ebenso bekannt wie überwiegend der Personenbeförderung dienende Schiffe. Eine navis frumentaria war ein Getreide- oder Lebensmitteltransporter. Naves vinariae transportierten Wein, naves oleariae Olivenöl und naves vectoriae Passagiere und Stückgut. Auch kannte man spezielle Depeschenboote, die tabellariae. Sie segelten den aufkommenden Getreideflotten nach Puteoli oder Portus Romae voraus, um deren baldige Ankunft zu melden.

Der seit dem Jahre 414 v. u. Z. bekannte Brander (ad incendium praeparata navis) war zumeist ein kleinerer Handelssegler, der für seine Aufgabe besonders vorbereitet wurde. Er war ein Hilfskriegsschiff.

Weitere mit Riemen und Segel fortbewegte Fahrzeuge der Handelsflotte, die auch in variierter Form von der römischen Kriegsflotte als leichte Einheiten oder für spezielle Zwecke in Dienst gehalten wurden, sind bereits als Hilfskriegsschiffe beschrieben worden. Actuaria und actuariola (Diminutivum), acatus = griech. akatos und akation (Diminutivum), celox = griech. keles und keletion (Diminutivum), lembus = griech. lembos und phaselus = griech. phaselos waren Schiffstypen der Handelsmarine, die dort ohne Rammsporn mit Riemen und einem Großsegel fuhren. Sie dienten der Fracht- und Personenbeförderung auf See und Binnengewässern. Der größte dieser Typen war der phaselus, gefolgt vom lembus. Ein acatus, von Casson mit der actuaria gleichgesetzt, war nur etwas kleiner, und die celox stellte das kleinste und schnellste dieser Fahrzeuge dar, das auch für den Transport von Eilpost eingesetzt wurde. Eine Variante der celox, vermutlich mit größerer Ladungstragfähigkeit, wurde griechisch epaktrokeles genannt.

Ausschließlich bei der Handelsmarine gefahrene, mit Riemen und Hilfsbesegelung angetriebene Typen waren der cercurus (griech. kerkouros) und die cybaea (griech. kybaia). Sie dienten der Fracht- und Personenbeförderung. Ihr Deplacement lag gewöhnlich wesentlich höher als das der vorgenannten Typen, mit Ausnahme der großen phaseli.

Der cercurus, ursprünglich ein assyrisches Flußfahrzeug (qurqurru) aus Mesopotamien, wurde zur Zeit der Seeschlacht von Salamis (480 v. u. Z.) in der persischen Flotte als Nachschubtransporter eingesetzt *(Herodot 7,97)*. Auch Alexander d. Gr. verschiffte seine schweren Lasten im Jahre 327 v. u. Z. auf dem Hydaspes (Chanab/Pakistan) mit kerkouroi *(Arrian, Anab. 6,2)*. In der römischen Flotte wird der cercurus erstmalig für die Zeit des Ersten Punischen Krieges (264–241 v. u. Z.) erwähnt *(Diodor 24,1)*. Der Schiffstyp ist später im gesamten Mittelmeerraum anzutreffen. Appian *(Pun. 75)* erwähnt ihn für die Zeit des Dritten Punischen Krieges (149–146 v. u. Z.) sowohl bei der römischen als auch bei der punischen Flotte. Livius *(33,19)* und Memnon *(fr. 37)* berichten über seine Verbreitung im östlichen Mittelmeer. Ersterer stellt ihn für das Jahr 197 v. u. Z. bei der syrischen, letzterer für das Jahr 74 v. u. Z. bei der mithradatischen Flotte fest. Im Jahre 215 v. u. Z. setzte die römische Flotte diesen Schiffstyp für die Verfolgung und Aufbringung eines punischen Schiffes ein, das eine Gesandtschaft an Bord hatte *(Livius 23,34).*

In den drei letzten Jahrhunderten v. u. Z. war der cercurus in der griechischen Epoche Ägyptens der Standardkornfrachter auf dem Nil. Griechische Papyri aus dieser Zeit geben uns detaillierte Daten dieses Schiffstyps. Im Jahre 171 v. u. Z. verschiffte man auf 22 Riemenfrachtern Getreide nilabwärts nach Alexandria. Der kleinste cercurus trug 225 t, der größte 450 t. Die meisten dieser Schiffe fuhren zwischen 250 und 275 t ab. Für das späte 3. Jahrhundert v. u. Z. und für die Zeit um 176 v. u. Z. sind zwei weitere Frachter dieses Typs mit einer Ladung von je 250 t nachgewiesen. Der kleinste uns bekannt gewordene cercurus trug um das Jahr 171 v. u. Z. 78,6 t. Schon die »Alexandris«, der Massengutsuperfrachter Hierons, führte ein solches Fahrzeug um 240 v. u. Z. als Beischiff mit sich, das ebenfalls 3 000 Talente = 78,6 t trug. Dieses Schiff konnte natürlich nicht an Bord genommen werden, wie gelegentlich behauptet wird, sondern es war ein autonomes Begleitfahrzeug.

Die eingeschätzte Ladungstragfähigkeit des Typs cercurus wurde im allgemeinen um 10%, gelegentlich bis 15% überschritten. Ein Dokument *(P. Oxy. 2415)* aus dem 3. Jahrhundert, daß sowohl das Gewicht der tatsächlichen Ladung als auch die Ladungstragfähigkeit angibt, beweist dies.

Ein anderes Dokument *(P. Cairo Zen. 59 053)* aus der Zeit um 257 v. u. Z. überliefert uns die Abmessungen eines kerkouros. Das Schiff wies eine Länge von ungefähr 45 Ellen (eine Elle = ein cubitus = 0,444 m) oder ca. 20 m bei einer Breite von 7 Ellen = 3,1 m auf. An jeder Seite wurde es von zehn Riemen bewegt. Es war also ein Schiff, das die Römer als decemscalmus bezeichneten. An einem Mast konnte ein Großsegel gefahren werden. Nach Casson könnte dieser cercurus mit seinen relativ bescheidenen Abmessungen und bei Annahme einer Laderaumtiefe von ca. 0,90 m etwa 35,6 t getragen haben, wenn man eine durchaus übliche Deckladung nicht mit berücksichtigt. Ein Schiff dieses Typs mit einer Ladungstragfähigkeit von 450 t könnte nach Casson etwa 50 m lang und bei einer Laderaumtiefe von 2 m 7,7 m breit gewesen sein. Diese Abmessungen müßten jedoch reduziert werden, wenn eine Deckladung zu berücksichtigen gewesen wäre. Für das 3. und 2. Jahrhundert v. u. Z. ist auch ein sehr kleiner Typ dieser Schiffsgattung, der Kerkouros-Skiff genannt wurde, auf dem Nil nachgewiesen. Die Tragfähigkeit eines solchen Fahrzeuges lag bei 5 t. Nach dem 1. Jahrhundert v. u. Z. scheint der Schiffstyp cercurus nicht mehr gebaut worden zu sein.

Auch die cybaea gehörte zu den mit Riemen fortbewegten Handelsfahrzeugen, die sowohl auf dem offenen Meer als auch auf Flüssen und Kanälen Ladung aller Art einschließlich Öl, Wein und Getreide beförderten. Die Länge einer cybaea, die ebenfalls in verschiedenen Größen gebaut wurde, entsprach der des Typs cercurus. Erstere war aber breiter gebaut als letzterer. Der Längenbreitenindex einer cybaea lag bei 5,5 : 1, der des cercurus bei 6,5 : 1. Während der cercurus eine normale Schiffsform mit spitzem Bug und gerundetem Heck aufwies, wurde die cybaea kastenförmig mit rechteckigem, leicht angehobenem Bug erbaut. Sie trug wie der cercurus einen Mast mit einem Großsegel (vergleiche Bild 8 oben links). Beide Typen besaßen im Achterschiff an Deck eine Schutzhütte, die zur Aufnahme von maximal fünf Betten geeignet war. Eine kleine Version der cybaea wurde im 3. Jahrhundert v. u. Z. griechisch kybaidion genannt. Nach dem 1. Jahrhundert v. u. Z. wird der Schiffstyp cybaea im Schrifttum nicht mehr erwähnt.

Weitere Transportschiffstypen der römischen Marine, von denen nur eine dürftige literarische, aber keine bildliche Überlieferung vorliegt, hießen ancyromacus und calo.

Zur Handelsflotte gehörten auch die folgenden Schiffs- und Bootstypen, über die uns Einzelheiten nicht oder nur sehr unvollkommen bekannt sind: celsa, cladivata, geseoreta, horeia, gandeia, trabaria, paro, vetutia und das in Gallien gebräuchliche Flußfahrzeug vehigelorum.

Ausländische Handels- und Transportschiffe wurden von römischen Streitkräften gegebenenfalls für Material- und Truppentransporte herangezogen. Die hippi, griechisch hippoi genannt, waren ursprünglich phönizische Transporter, zur Römerzeit in Gades (Cadiz, Spanien) gebräuchliche Fahrzeuge mit einem Pferdekopf als Galion *(vergleiche Moll C I, Bild 28, Sarkophagrelief aus dem Anfang des 3. Jahrhunderts).* Größer und fülliger gebaut waren die ebenfalls phönizischen gauli. Der griechisch gaulos genannte Frachtsegler stellte das Standardhandelsschiff der levantinischen Hafenstädte dar.

Während des Bürgerkrieges setzte Caesar im Jahre 49 v. u. Z. anläßlich der Kämpfe bei Ilerda (Lerida, Spanien) seine Truppen über den Sicoris-Fluß (Rio Segre). Für den Flußübergang ließ er Fahrzeuge erbauen, deren Kiele und Spanten aus leichtem Material hergestellt waren und deren Außenhaut aus fell- oder lederbekleidetem Weidenrutenflechtwerk bestand. Diesen leicht gebauten Bootstyp hatte er bei seinen Expeditionen (55 und 54 v. u. Z.) in Britannien kennengelernt. Die lateinische Bezeichnung lautete curucus, während der Typ in seiner Heimat curragh genannt wurde. Es gab Fahrzeuge dieser Bauart, die eine Länge von 24 englische Fuß = 7,31 m erreichten. In Irland sind noch heute curraghs bei Fischern in Gebrauch.

Im Gegensatz zur häufig geäußerten Meinung, es habe sich nicht um curraghs, sondern um britannische coracles gehandelt, weist Hornell überzeugend nach, daß dies nicht zutreffen kann. Das auf Flüssen noch in unserem Jahrhundert gebräuchliche coracle besitzt weder Kiel noch Spanten. Es stellt im Grunde nur einen mit geteerter Leinwand oder ursprünglich mit Häuten bespannten Korb mit einem Sitzbrett dar. Das Fahrzeug ist so leicht, daß jedermann es tragen kann. Caesar *(Bell. Civ. 1,54)* schreibt jedoch über seine mit Kielen und Spanten versehenen Fahrzeuge wie folgt:

»Diese ließ ich nach der Fertigstellung auf zusammengekoppelten Wagen in dunkler Nacht zweiundzwanzig Meilen (ca. 33 km) weit vom Lager forttransportieren, setzte auf diesen Schiffen die Soldaten über den Fluß und besetzte unbemerkt eine das Ufer berührende Anhöhe.« Zudem gelingt es keinem ungeübten Mann, einen coracle fortzubewegen, während ein curragh auch mit geringer Erfahrung in der Handhabung von Riemen gepullt werden kann.

Auf dem Euphrat waren Flußfrachter gebräuchlich, die 5 000 Talente, also 130,1 t, tragen konnten. Auch die oströmische Transportflotte Belisars bestand aus Schiffen der verschiedensten Typen. Die Expeditionsarmee gegen die Wandalen wurde im Jahre 533 auf 500 Transporter verladen, deren Tragfähigkeit nach Köster, Miltner und Assmann zwischen 3 000 und 50 000 Medimnen gelegen haben soll. Danach betrug die Ladungstragfähigkeit der Schiffe umgerechnet 120 bis 2 000 t. Nach Torr soll die Kapazität dieser Schiffe zwischen 300 und 5 000 Medimnen gelegen haben. Casson weist mit mehreren Textbelegen nach, daß Torrs Interpretation die wahrscheinlichere ist. Danach lag die Ladungstragfähigkeit der Transporter zwischen 12 und 200 t.

Die Kunst der Navigation hatte in römischer Zeit bereits einen bemerkenswert hohen Stand erreicht, obgleich für heutige Verhältnisse nur rudimentäre Hilfen vorhanden waren.

Setzte der gubernator seinen Kurs ab, so war er in der Navigation keineswegs von Landmarken und Leuchttürmen, die es damals schon in großer Zahl gab, abhängig. Römische Handelsschiffe legten weite Strecken ohne Landsicht über die offene See zurück. Sie benutzten für den Indien-Handel bereits die Monsun-Route, die Eudoxos, Gesandter seiner Heimatstadt Kyzikos in Ägypten, als Teilnehmer an einer von König Ptolemaios VIII. Euergetes II. (145–116 v. u. Z.) im Jahre 117 v. u. Z. ausgerüsteten Expedition und ein Jahr später erneut erkundete *(Strabo 2,98 ff.).* Römische Schiffe segelten von Adana (Aden) in einem 14tägigen Seetörn im Sommer mit dem Südwestmonsun den direkten Weg über den Indischen Ozean nach Muziris (Kannanur/Cannanore) an der Malabarküste Indiens und im Winter mit dem Nordostmonsun zurück. Zur Zeit Kaiser Augustus' befuhren bereits ca. 120 römische Schiffe im Jahr diese Route. Sie liefen neben Muziris auch Barygaza (Bharuch/Broach in Zentralindien) und Sigenus, einen Seeplatz nördlich von Bombay, an. Wie Strabo, der berühmte Geograph und Zeitgenosse des Kaisers Augustus, berichtete, wurden statt bisher 20 Schiffe in der Zeit von 30 v. u. Z. bis zum Jahre 14 schon »große Flotten bis nach Indien und an die äußerste Spitze von Äthiopien gesandt und von dort die wertvollen Waren nach Ägypten gebracht«. Römische Handelsschiffe segelten, wenn auch »noch selten, bis zum Ganges«, also in den Golf von Bengalen *(Strabo 2,118 und 17,798).* Plinius *(NH 12,84)* berichtete, daß im 1. Jahrhundert die Römer »nach geringster Schätzung ... aus Indien, China und Arabien jährlich für 100 Millionen Sesterzen« importierten. Auf der Insel Samos empfing Kaiser Augustus Gesandte indischer Fürsten.

Um das Jahr 100 dehnte sich der von Ägypten aus betriebene römische Handel an der ostafrikanischen Küste bis zu einem »Kap Prason« aus *(Ptolemaios, Geogr. 1,8 und 14),* das die meisten Forscher als jetziges Kap Delgado in Moçambique lokalisieren, da man nach dem Bericht vermutlich die Insel Madagaskar gesehen hatte. Wahrscheinlich wurde bereits in der ersten Hälfte des 1. Jahrhunderts das berühmte Segelhandbuch über den Indischen Ozean (Periplus Maris Erythraei) von einem griechischen Kaufmann verfaßt, der nicht nur über die Westküste Indiens, sondern auch über die Ostküste des Subkontinentes, Hinterindien und die Malakkahalbinsel berichtete. Erstmalig erhielten wir schriftliche Kunde von Thinai (China), das nördlich hinter Chryse (Malakka) läge. In der Regierungszeit des Kaisers Marc Aurel erreichte nach den Han-Annalen im Jahre 166 eine inoffizielle Gesandtschaft aus dem Römischen Reich das chinesische Han-Reich. »Das bedeutete die Eröffnung eines Seeverkehrs zwischen Rom und China« *(Zechlin),* der bis in das 3. Jahrhundert anhielt und erst dann langsam zurückging.

Neben guten geographischen, besaß der römische Steuermann astronomische Kenntnisse. Kompaß und Log waren unbekannt. Jedoch benutzte man bereits einen Peilstock (merga). Die Schiffsführung orientierte sich in Küstennähe nach Landmarken und Leuchtfeuern und auf dem offenen Meer am Tage nach der Sonne und nachts nach bestimmten Sternen. 600 v. u. Z. gab es bereits ein astronomisches Lehrbuch der Nautik, das Thales von Milet (geb. um 624 v. u. Z.) verfaßt haben soll. Anaximandros von Milet soll im 5. Jahrhundert v. u. Z. die Sonnenuhr im griechischen Raum eingeführt sowie eine Erdkarte und einen Himmelsglobus entworfen haben. Da sich das Mittelmeer im Sommer häufig durch sichtiges Wetter und sternklare Nächte auszeichnet, versagten die Hilfsmittel der Navigation selten. Bedeckte sich jedoch der Himmel, so wurde die Navigation problematisch. In nördlicheren Meeren verließ man sich auf einen Lotsen oder die Erfahrung. Die Art des Seeganges, der Flug der Vögel, die Richtung des Windes und die Bewegung der Wellen mußten helfen, den richtigen Kurs zu ermitteln. Im Winter wurden, von wenigen Ausnahmen abgesehen, die Kriegsschiffe außer Dienst gestellt und die Handelsschiffe aufgelegt. Der römische Nautiker besaß Segelhandbücher und kannte im allgemeinen die Lage seines Bestimmungshafens und die Entfernung zu ihm. In der Segelanweisung des Erythräischen Meeres, dem heutigen Indischen Ozean, aus dem 1. Jahrhundert heißt es (nach Köster):

»Der Busen bei Barygaza (am Golf von Cambay/Khambhat ni Khadi) ist schmal und von See her schwer zugänglich, denn die Schiffe geraten entweder nach der rechten oder nach der linken Seite, wo die Einfahrt immerhin noch am besten ist. Auf der rechten Seite nämlich erstreckt sich am Eingang des Busens bei dem Flecken Kammoni eine schroffe und felsige Landzunge, die Herone heißt, und auf der linken Seite liegt das Papike genannte Vorgebirge von Astakampra, das zum Landen ungeeignet ist wegen der Strömung, und weil die Anker in dem rauhen und felsigen Meerboden nicht halten. Und wenn nun jemand in den Busen eingefahren ist, so ist doch die Mündung des Flusses bei Barygaza schwer aufzufinden, weil das Uferland niedrig ist, und die Mündung selbst aus der Nähe nicht mit Sicherheit gesehen wird; wenn sie aber gefunden wird, so ist die Einfahrt schwierig wegen der seichten Stellen im Flusse. Deshalb fahren an der Einfahrtstelle einheimische königliche Lotsen mit großen Booten, Trappaga und Kotymba genannt, bis nach Syrastrene den ankommenden Schiffen entgegen, und von ihnen werden die Fahrzeuge bis nach Barygaza geleitet. Vom Eingange des Busens wenden sie sich sofort durch die seichten Stellen mit ihren Booten und ziehen die ins Schlepptau genommenen Fahrzeuge an die festgesetzten Stationen, indem sie mit dem Einsetzen der Flut absegeln, wenn diese aber nachläßt, an irgendwelchen Landungspunkten und Kythrinen anlegen. Diese Kythrinen sind die tieferen Stellen des Flusses bis nach Barygaza, das von der Mündung aufwärts am Flusse etwa 300 Stadien entfernt liegt.«

Weiter heißt es in diesem Segelhandbuch, dem Periplus Maris Erythraei: »Das ganze indische Land hat sehr viele Flüsse, sehr große Ebbe und Flut, die bei Neumond und Vollmond bis zu drei Tagen zunehmen und in den dazwischen liegenden Phasen geringer werden. Weit mehr findet das bei Barygaza statt, so daß plötzlich der Meeresgrund gesehen wird, und bald einige Teile des Landes Meer sind, bald aber trocken, während sie vor kurzem von Schiffen befahren wurden, und daß die Flüsse bei dem Eintreten der Flut, da das gesamte Meerwasser zusammengedrängt wird, heftiger aufwärts getrieben werden wider ihre natürliche Strömung auf viele Stadien hin. Deshalb sind die An- und Abfahrten der Schiffe für die Unerfahrenen und die zum ersten Male nach dem Handelsplatze Segelnden gefahrvoll. Denn wenn der bereits um die Zeit der Flut entstehende Wasserandrang nicht nachläßt, können die Anker nicht widerstehen, und die nach innen zu fortgerissenen und von der Heftigkeit der Strömung auf die Seite gelegten Fahrzeuge werden auf seichte Stellen geworfen ... Denn so gewaltige Kraftäußerungen finden bei dem Eindringen des Wassers statt, meistenteils während des Neumondes bei der nächtlichen Flut, daß, wenn schon die Einfahrt des Schiffes begonnen hat und die hohe See noch ruhig ist, an der Mündung des Flusses etwas gehört wird, das dem von fernher vernommenen Geschrei eines Heeres ähnlich ist, und sich in kurzer Zeit das Meer selbst mit Sausen auf die seichten Stellen stürzt.«

Ein Periplus für das Mittel- und Schwarze Meer wurde bereits etwa 225 v. u. Z. von einem gewissen Skylax vollendet. Vermutlich auf dieser Umfahrt-Beschreibung aufbauend, verfaßte im 2. Jahrhundert Arrian erneut ein Segelhandbuch des Schwarzen Meeres, und aus dem 3. Jahrhundert kennen wir einen Führer für Kaufleute, ein großes Segelhandbuch, Stadiasmus Maris Magni genannt, für das Mittelmeer, das Rote Meer, den Persischen Golf und den Seeweg nach Indien.

Winde und Strömungen waren dem Steuermann ebenso bekannt wie Ebbe und Flut. Im Atlantik und in der Nordsee hatte bereits Pytheas von Massalia um 330 v. u. Z. diese Naturerscheinung beobachtet und in seinem Reisewerk »Über das Weltmeer« beschrieben. Ob der Grieche Pytheas für seine Vaterstadt Massalia (Marseille) in handelspolitischer Mission zur Erforschung des Bernsteinlandes unterwegs war, wissen wir nicht. Er machte sich aber durch seine Reisen als Mathematiker, Geograph, Astronom und Seefahrer im Altertum einen Namen. Die Phönizier und Karthager beherrschten den Zinnhandel mit Britannien und trugen Sorge, daß seit 509 v. u. Z. kein griechisches Schiff die Meerenge von Gibraltar passieren konnte. Phönizische und punische Seefahrer befuhren schon vor Pytheas nördliche Meere, so der Karthager Himilko, der um 525 v. u. Z. das Zinnland (Cornwall, GB) und das Sumpfmeer (Wattenmeer vor Frieslands Küsten?) bereiste, doch Phönizier und Karthager zeichneten sich durch Verschwiegenheit über alle Entdeckungen aus. Ihre Aufzeichnungen wurden als Staatsgeheimnis behandelt. Sie sind uns nicht überliefert worden. Pytheas war wahrscheinlich gezwungen, den beschwerlichen Landweg durch Gallien zu wählen, um die Gestade des Atlantiks zu erreichen. Dort fand er dann die hochseetüchtigen Schiffe der Veneter und anderer Völkerschaften vor, mit denen er vermutlich seine Expeditionen unternahm. Er erreichte vielleicht die Orkney- und Shetlandinseln. Nach Stichtenoths Forschungen bereiste er den gesamten Ostseeraum. Danach ist das »Thule« seines Berichtes in Finnland zu lokalisieren. Er berichtete erstmalig den Bewohnern des Mittelmeerraumes vom Mare Cronium, von dem »geronnenen Meer«, im Bottnischen Meerbusen (?) und in der zugefrorenen Polarregion des Nordmeeres, das nördlich von Thule beginnt. Pytheas berichtete, sei es selbst erlebt oder von Bewohnern Nordeuropas in Erfahrung gebracht, von den Mittsommernächten, in denen die Sonne nur für zwei bis drei Stunden untergeht, von Nebelbänken im Wattenmeer, die er als eine Mischung von Meer, Land und Luft, als »Meerlunge«, bezeichnete, und von Bernsteinfunden entlang der Ostseeküste von Rügen bis Samland. Erstmalig erfuhren die Mittelmeervölker von germanischen Stämmen an der heutigen Deutschen Bucht, der Jütischen Halbinsel, an der Odermündung und dem übrigen Ostseeraum. Er beschrieb die Gezeiten und das Fehlen derselben in der Ostsee und wußte schon, welche Rolle der Mond bei Ebbe und Flut spielt. Die im englischen Kanal auftretenden Springfluten zur Zeit des Voll- und Neumondes beschrieb erst Caesar anläßlich seiner Britannienexpeditionen (55 und 54 v. u. Z.). Pytheas fand auf seiner Nordreise die Kugelgestalt der Erde, von Pythagoras im 6. Jahrhundert v. u. Z. erklärt, dadurch bestätigt, daß der Polarstern um so höher über dem Horizont aufstieg, je weiter sein Schiff nach Norden segelte. Pytheas fixierte nicht nur die Lage des Nordpoles genau und stellte als erster den Unterschied zwischen Polarstern und Himmelspol fest, sondern er begründete den Fundamentalsatz der Ortsbestimmung, wonach Polhöhe und geographische Breitenlage eines Punktes auf der Erdoberfläche einander gleichen, d. h., die Gradzahlen sind gleich.

Der Steuermann eines antiken Schiffes maß die Sonnenhöhe mit Hilfe eines Gnomons (groma). Dieser Sonnenstands- oder Schattenmesser war der Vorläufer der Sonnenuhr (solarium) und das wohl älteste astronomische Meßinstrument. Sein senkrecht stehender Stab wirft einen Schatten, aus dessen Länge sich der Höhenwinkel der Sonne über dem Horizont und damit auch die Mittagslinie bestimmen läßt.

Die Kugelgestalt der Erde war bereits von Pythagoras (um 580–500 v. u. Z.) und Parmenides aus Elea um 470 v. u. Z. behauptet und von Eudoxos aus Knidos (408–355 v. u. Z.) und Aristoteles (384–322 v. u. Z.) bewiesen worden. Seit dem 3. Jahrhundert v. u. Z. besaß man eine methodische Gradmessung. Der Vorsteher der Akademie und Bibliothek zu Alexandria, Eratosthenes (um 275–195 v. u. Z.) verarbeitete hinsichtlich der Länder des Nordens auf seiner Erdkarte (220 v. u. Z.) fast nur Material von Pytheas und ermittelte nach seiner Längen- und Breitengradberechnung den Erdumfang mit 40 000 km, ein Ergebnis, das dem wirklichen Umfang unseres Planeten sehr nahe kommt. Heute wissen wir, daß es genau 40 077 km sind. Somit irrte er sich vor 23 Jahrhunderten nur um 77 Kilometer. Eratosthenes zeichnete bereits Breitenparallelen und Meridiane als gerade Linien, die sich im rechten Winkel schnitten. Den ersten uns bekanntgewordenen Globus fertigte Krates aus Pergamon, der uns im übrigen auch das einzige wörtlich erhaltene Pytheaszitat überlieferte, etwa um 170 v. u. Z. an. Auf ihm waren der bekannte Teil der Erdoberfläche und drei weitere vermutete Erdteile, durch das Weltmeer voneinander getrennt, dargestellt. Diese Kenntnisse wurden im 2. Jahrhundert durch Klaudios Ptolemaios (um 100–178) erweitert. Seine geographischen Koordinaten, die Parallelen oder Breitenkreise und die Meridiane oder Längenkreise waren unentbehrlich zur Bestimmung der Schiffsposition auf dem offenen Meer. Das Weltbild des Ptolemaios behielt bis Kopernikus (1473–1543) Gültigkeit.

Im 1. Jahrhundert v. u. Z. waren jedoch schon wesentliche Entdeckungen des Pytheas wieder in Vergessenheit geraten. Sein damals noch erhaltener Bericht wurde von römischen Geographen für unglaubwürdig befunden.

Die Römer besaßen nur noch fragmentarische Kenntnisse vom Binnenmeer der Ostsee und den Ländermassen Skandinaviens, das Tacitus für eine Insel hielt. Die von Pytheas berichtete Erscheinung vom Aufhören der Gezeiten war den römischen Autoren unverständlich, da sie nicht wußten, daß es in Europa außer dem Mittelmeer noch ein zweites Nebenmeer des Ozeans ohne Ebbe und Flut gab, nämlich die von Pytheas bereiste Ostsee. Soweit römische Autoren über die Ostsee, das Eismeer, das »Träge Meer« und die Mittsommersonne berichten, basieren ihre Aussagen nicht auf römischen Quellen, sondern fast ausschließlich auf Pytheas von Massalia.

Der griechische und römische Nautiker benutzte bereits sehr komplizierte Bronzeinstrumente, die an Bord in einem Holzkasten verwahrt wurden. Sie dienten zur Messung der Gestirnhöhe, wurden also zur Positionsbestimmung verwendet. Ein solches Instrument fanden im Jahre 1901 Schwammtaucher auf einem antiken Schiffswrack unter dem Vorgebirge Glyphadia der griechischen Insel Antikythera, die zwischen Kreta und Kythera liegt. Das nautische Instrument, vom Athener Nationalmuseum soweit wie möglich zusammengesetzt, besteht aus beweglichen Zeigern, komplizierten Skalen und beschrifteten Metallplatten. Aufgrund der Inschrift neigt man dazu, die Herstellung des Gerätes auf das 1. Jahrhundert v. u. Z. festzulegen. Restauriert verfügt das Instrument über mehr als zwanzig Zahnräder, die mit großer Genauigkeit gearbeitet sind, über eine Art Differentialgetriebe und über ein Kronenrad. Die ineinandergreifenden Räder vereinigen sich zu einem System, das, von einer Welle oder Achse angetrieben, in Verbindung mit Zeigern steht, die es gestatten, auf drei Zifferblättern astronomische Angaben abzulesen. Durch das Drehen der Welle werden die Skalen mit unterschiedlicher Geschwindigkeit in Bewegung gesetzt. Die Zeiger des Instrumentes sind durch Klappen geschützt, auf denen sich Inschriften befinden, die u. a. auch die Wörter Gradmesser und Sonnenstrahl enthalten. Auf zwei weiteren, noch nicht restaurierten Zifferblättern wurden wahrscheinlich die Mond- und Planetenbewegungen und ihre Erscheinungszeiten registriert. Die Planeten Merkur, Venus, Mars, Jupiter und Saturn sind darauf verzeichnet.

Für besondere Zwecke befand sich an Bord römischer Schiffe eine Wasseruhr (clepsydra). Es war ein Gefäß, dessen Boden eine kleine Öffnung hatte, aus der Wasser gleichmäßig herausfloß. Da eine bestimmte Wassermenge zum Ausfließen eine bestimmte Zeit benötigte, konnte man so eine Zeitmenge abmessen.

Für die Schiffortsbestimmung verwendete man mit großer Wahrscheinlichkeit bereits im 2. Jahrhundert v. u. Z. das Astrolabium (deutsch: Sternfasser oder Sternnehmer). In der Mitte einer hölzernen Scheibe, die mit einer Gradeinteilung versehen war, befand sich ein beweglicher Zeiger. Der Steuermann peilte damit einen Stern an und konnte durch Ablesen des Winkels auf der Scheibe die Höhe des Himmelskörpers bestimmen und auf seinen Standort schließen. Die Erfindung des Astrolabiums schreibt man dem wohl größten griechischen Astronomen, Hipparchos aus Nikaia in Bithynien, zu. Er lebte etwa von 190 bis 120 v. u. Z. und stellte einen Katalog von mehr als 850 Sternen auf. Als erster wandte er systematisch die Trigonometrie an. Die Anwendung des Astrolabiums geriet in Europa in Vergessenheit. Erst auf dem

Umweg über die Araber wurde dieses fortgeschrittene antike Navigationsinstrument im Mittelalter dem Abendland zurückgegeben.

Zum Messen der Wassertiefe und zur Ortsbestimmung fand auch bereits das Lot (catapirates) Anwendung. Mehrere Exemplare wurden im Mittelmeer gefunden. Unten, in einem Hohlraum, mit einer Schicht Talg oder Fett versehen, war man in der Lage, mit dem Senkblei Grundproben heraufzuholen und daraus die Beschaffenheit des Meeresbodens zu erkennen. Wenn wir in den meisten antiken Segelhandbüchern auch noch nicht, wie heute, Angaben darüber finden, wie der Grund beschaffen war, so darf man doch annehmen, daß ein erfahrener römischer Steuermann wußte, wo er groben oder feinen Sand, Felsen oder Schlick, Muscheln oder Flußschlamm vorfand, und hieraus auf seine Position schloß. Nach Herorot wußte ein Steuermann damals genau, daß er noch eine Tagereise von Ägypten entfernt war, wenn sein Lot auf elf Klafter Tiefe (ein Klafter = 1,8 m) Nilschlamm vom Meeresboden heraufbrachte *(Historien 2,5)*. Auch wird der römische Nautiker Aufzeichnungen über die verschiedenen Untiefen besessen haben. Die Perser kannten bereits im 5. Jahrhundert v. u. Z. Seekarten. Es spricht viel für die Annahme, daß diese über die Griechen auf die Römer überkommen sind, wenn auch zur Stunde die Beweise noch fehlen. Selbst die Gewässer um Madeira und die Kanarischen Inseln waren römischen Kapitänen wohlbekannt, und sie segelten bereits im 1. Jahrhundert v. u. Z. nach dort *(Plutarch, Sert. 8)*. Äußerte doch schon der berühmte römische Jurist und Staatsmann Q. Sertorius im Jahre 81 v. u. Z. den Wunsch, sich auf diesen »Inseln der Seligen«, fern von Krieg und Tyrannei, niederzulassen *(Plutarch, Sert. 9)*.

SCHIFFSTYPEN DER FLUSS-, HAFEN- UND KÜSTENFAHRT

(oraria navis war der Oberbegriff für einen Küstensegler)

acatus	lenunculus
actuariola	levamentum
actuaria	linter
caupulus	lusoria
caudicaria	musculus
celox	myoparo
cercurus	monoxylus = Einbaum
cubiculata (Hausboot)	(wurde auch als Schiffs-
cumba	brückenfahrzeug verwendet)
cybaea	placida
cydarum	prosumia
gandeia	ratiaria
geseoreta	scapha
halias	stlatta
horia (oder oria)	thalamegus
horiola (oder oriola)	vegeiia (oder vegella)
lembus	

Das hier in der Skizze wiedergegebene Küsten-, Hafen- und Flußfahrzeug diente vor allem dem Weitertransport von Gütern, die in Portus Romae von Seeschiffen umgeschlagen wurden. Über den Trajanskanal

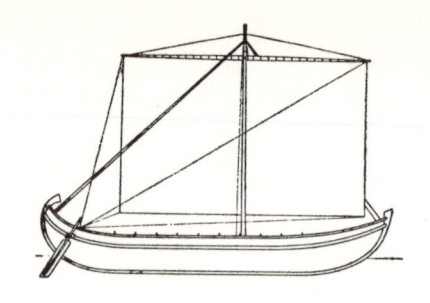

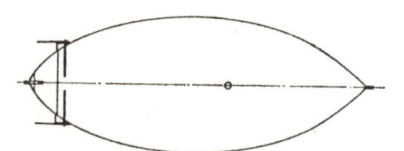

Skizze 130: Seiten- und Decksriß
ORARIA NAVIS
(Küsten-, Hafen- und Flußfrachter)
Typ: lenunculus
3. bis 5. Jahrhundert

(Fossa Traiana) und den Tiber brachten Binnenschiffe dieser Bauart ihre Fracht nach Rom. Sie waren vermutlich mit Riemen und Besegelung ausgerüstet. Schiffe ähnlicher Bauart erkennen wir auf einem Mosaikbild aus dem 6. Jahrhundert im Hafen und vor der Küste von Ravenna.

Die Daten der Skizze wurden wie folgt angenommen:
Länge ü. A.: 16,6 m
Breite ü. A.: 6,4 m
Längenbreitenindex: ca. 2,7 : 1
eingezeichneter Tiefgang: 0,8 m

Die Skizze wurde nach einer bei Fiumicino im früheren Claudiushafen von Portus Romae ausgegrabenen Hafenbarke, deren Abmessungen etwa 16,6 x 6,4 m betrugen, gefertigt (vergleiche Bild 50).

Während der Ausgrabungskampagne in den Jahren 1957 bis 1960 entdeckte und untersuchte man insgesamt sieben Schiffe aus dem 3. bis 5. Jahrhundert, vom Fischerboot bis zum Flußfrachter, deren Längen zwischen 5 und 18,7 m lagen. Das größte Fahrzeug wies eine Länge von 18,7 m bei einer Breite von 6,6 m auf. Auch in anderen Häfen und auf anderen Wasserstraßen des Römischen Reiches werden Schiffe ähnlicher Bauart in Gebrauch gewesen sein.

Drei Schiffe von ähnlichen Abmessungen wurden in England, eines vor Marseille und ein weiteres vor der Insel Elba gefunden.

Das Wrack auf Seite 143 wurde im Jahre 1910 beim Bau der County Hall am Südufer der Themse in London gefunden.

Der Wrackfund befindet sich jetzt im New London Museum. Dieses Schiff besaß sehr eng gesetzte Spanten und einen ausgesprochen flachen Schiffsboden mit geringem Tiefgang. Es war karweel aus nordeuropäischem Eichenholz gebaut und wies ursprünglich eine Länge von 18 bis 21 m und eine Breite von 4,50 bis 4,90 m auf. Die Raumtiefe betrug mittschiffs etwa 1,80 m. Das Schiff besaß ursprünglich ein Deck und

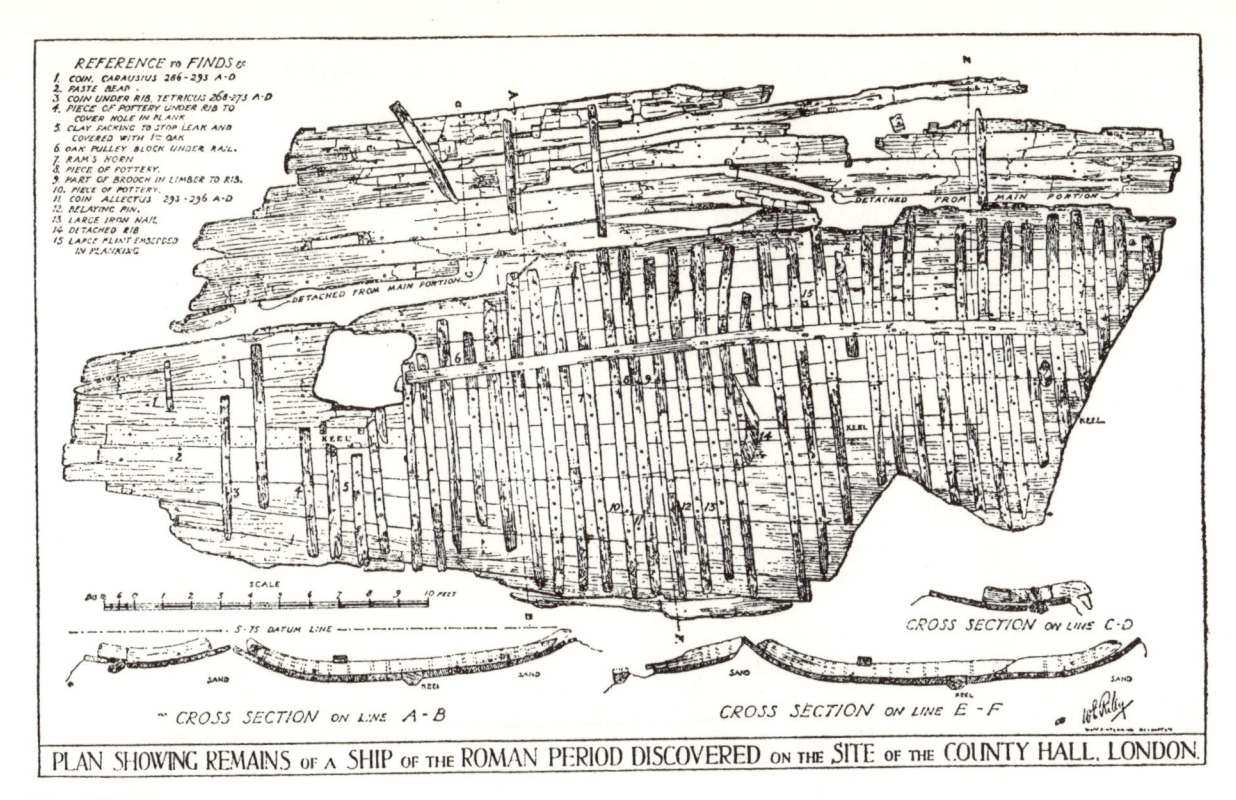

Skizze 132/133:
Überreste eines römischen Schiffes aus dem späten 3. oder frühen 4. Jahrhundert
(Ucelli, Fig. 283)

Besegelung. Fragmente des Mastes und eine Talje wurden in der Nähe des Fahrzeuges gefunden. In seitlich angebrachte Berghölzer waren die von Stützen getragenen Decksbalken eingelassen. Die unmittelbar am Kiel angesetzten Bodenplankengänge wiesen eine Stärke von 7,6 cm auf. Die Plankenstärke nahm nach oben bis auf 5 cm ab. Zwei parallellaufende Binnenkiele, die ursprünglich vorhanden waren, erhöhten die Längsfestigkeit des Schiffes. Die Tatsache, daß die Spanten nicht am Kiel ansetzten, beweist, daß bei diesem Schiff zunächst der Kiel gestreckt, sodann Vor- und Achtersteven eingepaßt und anschließend die Plankengänge durch die typisch römische schwalbenschwanzförmige Verbindung zusammengefügt wurden. Erst nachdem der Schiffsrumpf soweit fertiggestellt war, baute man die 11,5 cm breiten und 16,5 cm starken Spanten in einem Abstand von 42,5 cm ein, um die Querfestigkeit zu gewährleisten. Diese Art des römischen Schiffbaues zeigt auch Bild 61.

In der Themse entdeckte man im Jahre 1962 beim Bau einer neuen Kaimauer in der City von London, nahe Blackfriars ein weiteres Wrack aus römischer Zeit. Dieses Schiff, aus heimischer Eiche gebaut, besaß einen flachen Schiffsboden mit starken Bodenwrangen (30 cm Breite und 21 cm Stärke), doch keinen Kiel. Statt dessen fand man zwei Bodenplanken von 65 cm Breite und 7,5 cm Stärke. Auf verhältnismäßig leichte Spanten hatte man die 5 cm starken Planken genagelt, deren Fugen, bis zu 6 mm breit, mit Haselnußzweigen abgedichtet waren. Es handelt sich hier um eine Bauweise, die auf keltischer Schiffbautradition beruhte und schon im 1. Jahrhundert v. u. Z. bei den Venetern nachzuweisen ist. Die Planken des Wracks besaßen gebohrte Löcher von 2 cm Durchmesser, durch die Eichenpflöcke geschlagen worden waren. Durch diese wurden dann eiserne Nägel von bis zu 7,3 cm Länge in Wrangen und Spanten getrieben. Der mittlere Teil des Schiffes, wahrscheinlich der Laderaum, trug über den Bodenwrangen eine Wegerung von 2,5 cm Stärke. Wenn auch keine Decksbalken gefunden wurden, so läßt doch die ursprüngliche Seitenhöhe das Vorhandensein eines Decks vermuten. Bei einer ursprünglichen Länge von etwa 16,70 m und einer Breite von etwa 6,70 m lag die Seitenhöhe bei mehr als 2,10 m. Das in der Themse ausgegrabene Frachtschiff war für die Fluß- und Küstenfahrt bestimmt und durchaus seetüchtig. Für diese Annahme sprechen gefundene Säulentrommeln, Reste der Ladung, die man einstmals aus Kent die Themse aufwärts verschiffte. Der Kieselsandstein stammte aus den Steinbrüchen bei Maidstone am Medway-Fluß. Das Schiff diente also dem Schwerguttransport und ist im 2. Jahrhundert gesunken. Sein Holz war ungeschützt und vom Schiffsbohrwurm (Teredo navalis), der nur im Salzwasser vorkommt, zerfressen. Ein Beweis dafür, daß dieses Schiff auf dem Wege von den Steinbrüchen nach London an der

Themsemündung mit Salzwasser in Berührung gekommen war. Das Fahrzeug besaß nur einen Mast und vermutlich nur ein Rahsegel. Die rechteckige Mastspur befand sich mehr als zwei Drittel der Schiffslänge vom Heck entfernt in eine Bodenwrange eingeschnitten.

Im Jahre 1958 wurde in London das Wrack eines aus römischer Zeit stammenden flachgehenden Flußfahrzeuges in einem versandeten Bach der früheren Themse-Sümpfe nahe New Guy's House, Southwark, gefunden. Das Wrack stammte aus dem Ende des 2. Jahrhunderts und war, wie das Blackfriars-Wrack, aus nordeuropäischem Eichenholz erbaut. Ursprünglich dürften die Abmessungen etwa 12 m in der Länge und 4,20 m in der Breite betragen haben. Das Fahrzeug besaß vermutlich kein Deck, weil es mittschiffs nur etwa 1,20 m Seitenhöhe aufwies. Ob das Schiff einen Mast besaß, ist unbekannt, da die Ausgrabung nicht fortgeführt werden konnte. Der karweelgebaute Schiffskörper war nach keltischer Tradition, wie bei dem Wrack von Blackfriars beschrieben, erbaut worden.

Im Zusammenhang mit Erdbewegungsarbeiten für eine neue Uferstraße entdeckte man in einer Bucht des Neuenburger Sees (Schweiz) ein sehr gut erhaltenes römisches Schiffswrack aus dem 1. Jahrhundert. Der Schiffskörper mißt in der Länge 19,40 m und wiegt ca. 3,5 t. Die 7 cm dicken Planken bestehen aus heimischem Eichenholz. Die Ausgrabung ist noch nicht abgeschlossen.

Auch vor Marseille wurde ein Wrack von ähnlichen Abmessungen gefunden. Das aus der Zeit zwischen dem 3. und 5. Jahrhundert stammende Schiff wies ursprünglich eine Länge von mehr als 17 m auf. Demgegenüber könnte ein in der Bucht von Procchio vor Elba gefundenes Wrack, das in seinem sichtbaren Teil 16 bis 18 m lang und 7 m breit sein soll, nach der vollständigen Ausgrabung weit größere Abmessungen aufweisen.

Nicht nur im Kriegsschiffbau, sondern auch bei den Frachtseglern findet man seit dem 4. Jahrhundert eine deutliche Hinwendung zum Bau von Schiffen mit geringen Abmessungen. Das hier rekonstruierte kleine Schiff ist daher typisch für die Zeit vom 4. bis 7. Jahrhundert. Vermutlich geben die Transporter der oströmischen Flotte, mit deren Hilfe die Invasion in Nordafrika und die Niederringung des Wandalenreiches im Jahre 533 gelang, einen Hinweis auf die Tragfähigkeit von großen Frachtern der damaligen Zeit. Die Transporter konnten bis 200 t laden. In der Literatur des 6. und 7. Jahrhunderts trugen die größten dort erwähnten Schiffe maximal 300 t. Ein Wrack dieser Größe aus dem 4. oder 5. Jahrhundert wurde in der sumpfigen Küstenebene Pantano Longarini im Südosten von Sizilien von Gerhard Kapitän und Peter Throckmorton ausgegraben. Das Schiff hatte einen Kiel von mindestens 30 m Länge. Die gesamte Schiffslänge dürfte bei 40 m gelegen haben. Die Ausgrabung förderte ein Fahrzeug zutage, das 200 bis 300 t tragen konnte, also zu den größten seiner Zeit zu zählen ist.

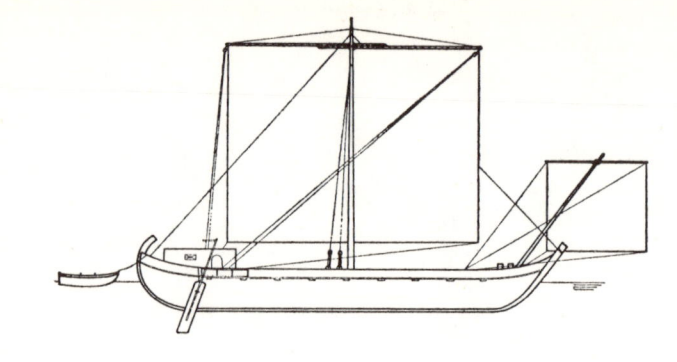

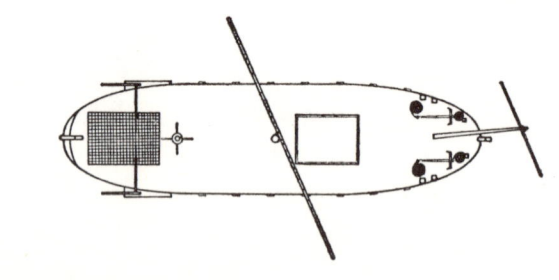

Skizze 131: Seiten- und Decksriß
ORARIA NAVIS
(Küstenfrachter)
4. Jahrhundert

Die Daten des in der Skizze dargestellten Küstenfrachters wurden wie folgt angenommen:

Länge ü. A.:	21 m
Länge in der Wasserlinie:	19 m
Breite ü. A.:	5,20 m
Längenbreitenindex:	4 : 1
eingezeichneter Tiefgang:	1,40 m

Die Skizze wurde nach einem Relief aus dem Dom zu Pisa (Bild 60), nach einer Schiffsdarstellung des Meeresmosaiks im Dom von Aquileia aus dem 4. Jahrhundert und die Vorstevengestaltung nach einer Miniatur aus der »Ilias Ambrosiana« aus dem 4. oder 5. Jahrhundert gefertigt.

Wracks von Schiffen aus dem 4. bis 6. Jahrhundert wurden ferner vor Marzamemi und Yassi Ada gefunden (vergleiche auch die Mosaikdarstellung mit drei Schiffen aus der Kirche Sant'Apollinare Nuovo in Classe, Ravenna, aus dem 6. Jahrhundert). Einen sehr ähnlich geformten Schiffskörper sehen wir bereits auf einem Relief aus Utica um das Jahr 200, das sich jetzt im Britischen Museum, London, befindet.

Vor Marzamemi an der Südostküste Siziliens wurden neben dem von Archäologen als Schiffswrack I bezeichneten Frachter aus dem 1. oder 2. Jahrhundert die Überreste eines weiteren, vermutlich byzantinischen Schiffes gefunden. Dieses wird zur Unterscheidung vom ersten Wrack als Schiffswrack II bezeichnet. Es war mit steinernen kirchlichen Architekturteilen beladen, die weder eine genauere zeitliche Bestimmung des Schiffbruches noch der Schiffsgröße zulassen. Man vermutet, daß das Wrack aus dem 6. Jahrhundert stammt und ca. 25 m lang war. Das Gewicht der Fracht betrug über 100 t; vielleicht erreichte es sogar 200 t. Es wurden Ziegel des Kombüsendaches und des Herdes gefunden.

Vor dem türkischen Städtchen Bodrum, dem antiken Halikarnassos, liegen 16 Meilen westlich die Karabagla Inseln. Einer dieser Inseln, Yassi genannt, ist ein Riff vorgelagert, das jetzt bis 1,80 m unter der Wasseroberfläche aufragt. Dieses Riff vor Yassi Ada (= Flache Insel) ist zahlreichen Schiffen aus vielen Zeitaltern zum Verhängnis geworden. Unter den von türkischen Schwammtauchern gefundenen Wracks befindet sich auch ein römischer, aus Zypressenholz mit einem Eichenkiel erbauter Frachter von ca. 19 m Länge und 6,6 m Breite, der in der zweiten Hälfte des 4. Jahrhunderts scheiterte. Nach van Doorninck stellte man folgende Detailabmessungen fest: Kielbreite 12,2 cm, Kielhöhe 22 cm, Plankenstärke 4,2 cm, Wegerungsstärke 3,8 cm, Bergholzstärke ca. 16 cm, Spantenstärke 12,5 cm und Spantenbreite 12 cm. Auch bei diesem römischen Handelsschiff fand man achtern, etwa 3 m vor dem Achtersteven, die Kombüse. Sie war jedoch nicht mit Ziegeln gedeckt. Der Schiffsherd bestand aus rohbehauenen Steinen. Das in 42 m Tiefe gefundene und 1958 untersuchte Schiffswrack hatte 1 100 Amphoren an Bord. Seine Erforschung durch amerikanische Archäologen wurde in der Ausgrabungskampagne Sommer 1967 bis Sommer 1969 abgeschlossen.

Die Skizze 134 ist nach einem Fußbodenmosaikbild (Mosaico di una Corporazione) vor dem Hause der Schiffer aus Sullecthum (nahe dem heutigen El Mahdia, Tunesien) im antiken Ostia (Bild 62) und einem Mosaikbild der Themetrathermen in Soûssa (Sousse), Tunesien, gefertigt worden.

Von den römischen Handelsseglern (onerariae naves) können wir mit Gewißheit nur zwei Grundtypen identifizieren. Es ist dies der ponto (vergleiche Bild 49, Nr. 3) und die corbita (vergleiche Bild 49, Nr. 1). Der Schiffstyp ponto war nach Caesar *(Bell. Civ. 3,29 und 40)* ein gallischer Schiffstyp, den er als Handelssegler (navis oneraria) bezeichnet. Ob dieser Typ, der nur im mittelmeerischen Gallien gefahren wurde, wirklich von dort stammt und Gallien seine Heimat war, darf nach dieser kurzen Mitteilung Caesars aus der zweiten Hälfte des 1. Jahrhunderts v. u. Z. nicht als gesichert angenommen werden. Es gibt ein Charakteristikum dieser Schiffe mit dem konkaven, wie ein Rammsporn endenden Vorsteven, das auf phönizisch-karthagische Einflüsse hindeutet. Wir kennen nach den bildlichen Darstellungen große und kleine Fahrzeuge dieses Typs (Bild 56 rechts und 62). Von zwei Ausnahmen abgesehen, tragen sie als Galion eine schnecken- oder spiralförmige Bugzier, vermutlich das Gehörn eines Widders symbolisierend. Auf einigen Darstellungen rollt sich die Spirale nach innen, auf anderen nach außen. Diese Bugzier finden wir noch heute, in Holz geschnitten, auf Booten im Hafen und auf dem großen Kanal von Basra, Irak, auf Euphrat und Tigris. Zwischen den Phöniziern am Mittelmeer und dem Zweistromland Mesopotamien bestanden uralte Verbindungen *(vergleiche auch Herodot, Historien 7,89)*. Die Phönizier, die sich selbst Kanaaniter nannten, waren einmal von dort nach Westen gezogen, und das phönizische Tyros war die Mutterstadt Karthagos.

Abschließend können wir über die Herkunft dieses eigenwillig gebauten Frachtseglers noch nichts sagen. Ebensowenig können wir Gewißheit über die Querschnittsformgebung des Vorstevens und den mit dieser Bauart verfolgten Zweck erlangen. Einige Forscher vermuten, daß die einem Rammsteven nicht unähnliche Ausformung Kiel und Vorsteven beim Auflaufen auf einen flachen Strand schützen sollte. Andere sind der Meinung, es handelte sich bei dem Kinnsteven wirklich um einen Rammsporn, der gegebenenfalls unter Hintansetzung des Schicksals des stehenden Gutes gegen Piratenschiffe gewendet werden konnte. Doch bei einem gezielten Rammstoß mußte man damit rechnen, die Takelage zu verlieren. Alsdann war das Schiff hilflos den Piraten ausgeliefert, die zumeist damals nicht nur mit **einem** Schiff angrif-

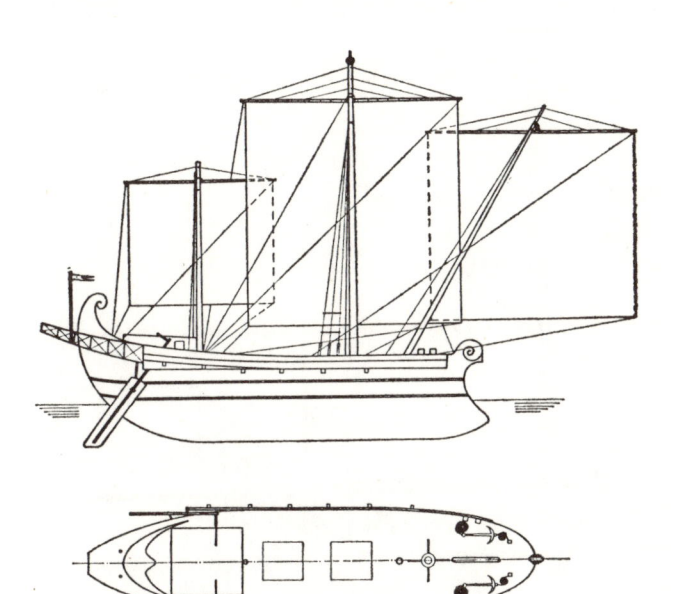

Skizze 134: Seiten- und Decksriß
ONERARIA NAVIS)
(Frachtsegler)
Typ: ponto,
2. Jahrhundert

Länge ü. A.:	20 m
Breite ü. A.:	5 m
Längenbreitenindex:	4 : 1
Raumtiefe (vom Kiel bis zum Wetterdeck):	3 m
eingezeichneter Tiefgang:	1,60 m

fen. Als weiteren Zweck dieser eigenwilligen Stevenformgebung könnte man in Erwägung ziehen, ob nicht schiffbauliche Gesichtspunkte allein maßgebend waren. Vielleicht sollte der Kinnsteven die Lage des Fahrzeuges in der See oder die Geschwindigkeit, wie heute der Wulststeven, günstig beeinflussen. Diese Möglichkeit ist bei der Skizze berücksichtigt worden.

Der Typ ponto wurde in vielen verschiedenen Größen gebaut. Vom Einmaster über den Zweimaster bis zum Dreimaster (Bild 62). Der in der Skizze wiedergegebene Dreimaster stellt, wenn wir von Hierons »Syrakosia« absehen, von der wir nur schriftliche Kunde haben, das erste klassische Vollschiff mit rahgetakeltem Vor-, Haupt- und Kreuzmast dar, dessen Aussehen uns überliefert wurde. Der achtere Mast wurde von den Griechen bei einem Dreimaster (griechisch: triarmenos) epidromos genannt. Die römische Bezeichnung ist nicht überliefert. Der Handelssegler mit »Kinn« und drei Masten ist ein aus dem 2. und 3. Jahrhundert bildlich überlieferter Frachtertyp, der mit großer Wahrscheinlichkeit schon in früheren Jahrhunderten in Afrika, auf Sardinien und Sizilien gebaut wurde. In der Kaiserzeit fuhren in den alexandrinischen Getreideflotten sehr große Dreimaster Korn nach Rom ab.

Einen Frachtsegler von 5 000 Talenten Ladungstragfähigkeit kannten schon die Griechen. Schiffe dieser Größe galten als Standardfrachter vom 5. bis in das 1. Jahrhundert v. u. Z. Doch baute man den Typ abgewandelt auch in den späteren Jahrhunderten weiter.
Die Daten in der Skizze 135 wurden wie folgt angenommen:

Länge ü. A.:	25 m
Breite ü. A.:	7 m
Längenbreitenindex:	ca. 3,5 : 1
Raumtiefe:	4,50 m
eingezeichneter Tiefgang:	3 m

Die Skizze ist nach einem Grabrelief des 1. Jahrhunderts aus Pompeji angefertigt worden (Bild 64). Der Unterwasserteil wurde nach einem pompejanischen Graffito aus dem 1. Jahrhundert v. u. Z. oder dem 1. Jahrhundert rekonstruiert.

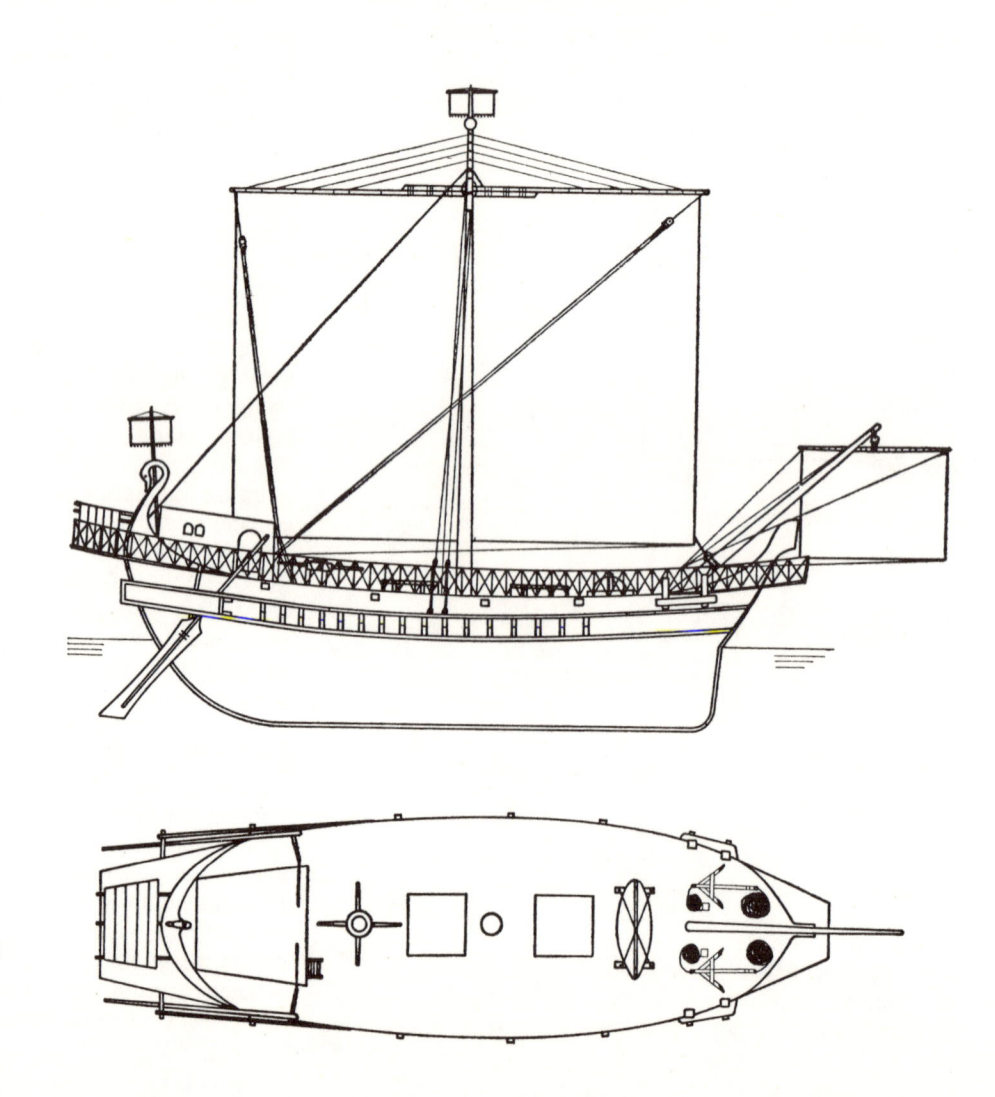

Skizze 135: Seiten- und Decksriß
ONERARIA NAVIS
(Frachter)
1. Jahrhundert v. u. Z.

Wracks von Schiffen ähnlicher Größe wurden vor La Chrétienne, dem Cap du Dramont, S. Antioco, dem Kap Taormina, bei der Ile du Levant und Grand Congloué gefunden.

Das sogenannte Chrétienne A-Wrack, gefunden an der französischen Mittelmeerküste vor La Chrétienne, stammte vermutlich aus der ersten Hälfte des 1. Jahrhunderts v. u. Z. Die ursprüngliche Länge lag vermutlich bei 24,50 m und die Breite bei 8 m.

Vor dem Cap du Dramont bei St. Raphael, Frankreich, wurde 1956 das Wrack eines römischen Frachters entdeckt, dessen Länge man mit ca. 25 m bei ca. 8 m Breite errechnete. Der Fund datiert aus dem Ende des 1. Jahrhunderts v. u. Z. Man schätzt, daß der Frachter annähernd 1 000 Amphoren trug und eine Raumtiefe von ca. 4,30 m aufwies.

Auf der Isola di S. Antioco an der Südwestküste von Sardinien lag das antike Sulci, schon in karthagischer Zeit eine Seefestung. Im ehemaligen Hafen von Sulci, der heutigen Stadt S. Antioco, fand man das Wrack eines römischen Frachters, dessen ursprüngliche Länge man auf 23 m und dessen Breite man auf 7 m schätzte.

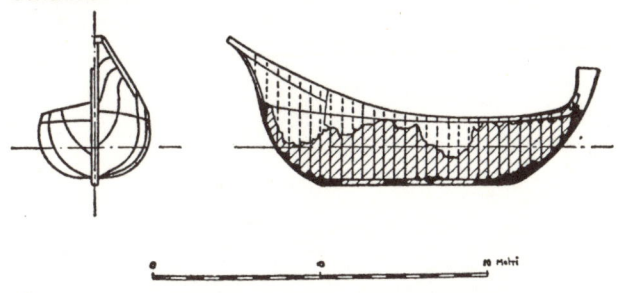

Skizze 136: Rekonstruktionsskizze des Schiffsrumpfes (Ucelli, Fig. 284)

Die Gesteinsfracht (Bauteile) des vor Kap Taormina (an der Ostküste Siziliens) gesunkenen Frachters aus dem 1. Jahrhundert v. u. Z. oder dem 1. Jahrhundert dürfte etwa 90 bis 100 t gewogen haben. Der größte Säulenschaft wiegt knapp 12 t. Das Gesamtvolumen der Ladung wurde mit ca. 30,21 m^3 berechnet. Die Schiffslänge dürfte zwischen 20 bis 30 m gelegen haben. Es wurde ein kupferner Schiffsnagel von 2,3 bis 2,6 cm Stärke und 71 cm Länge dort gefunden, wo sich vermutlich einmal der Kiel des Schiffes befand. Der Schiffsnagel, mit rundem Kopf und am entgegengesetzten Ende vernietet, wiegt 4,05 kg. Am unteren Ende befindet sich eine frei bewegliche, 1 cm starke quadratische Kupferplatte von 8,5 cm Seitenlänge, die als Schlagunterlage beim Vernieten des Nagelendes diente. Ferner wurde eine als Lot gedeutete Bleiglocke mit schrägstehender Schlaufe aus dickem Bronzedraht im Gewicht von 13,4 kg geborgen. Ähnliche Bleiteile fand man bei den antiken Wracks vor Grand Congloué, der Ile du Levant und vor Cagnes-sur-Mer.

Vor Cap Bénat und dem Hafenort Le Lavandou liegt an der französischen Rivieraküste die Ile du Levant. Im Jahre 1957 begann die Ausgrabung des dort 1948 vor dem Leuchtturm du Titan von einem Sporttaucher in 27 m Tiefe entdeckten antiken Wracks. Das römische Schiff hatte in mehr als 1 000 Amphoren etwa 50 bis 100 t Fischkonserven geladen. Es sank um die Mitte des 1. Jahrhunderts v. u. Z. oder in den ersten Jahren der Regierungszeit des Kaisers Augustus (30 v. u. Z. bis 14), also gegen Ende des 1. Jahrhunderts v. u. Z. Erstmalig wurde hier ein Frachter gefunden, dessen Kiel und Spanten fast vollständig erhalten geblieben waren. Das Schiff hatte eine Länge von ca. 25 m bei einer geschätzten Breite von ca. 8 m. Die Raumtiefe betrug etwa 4,3 m. Der Kiel war in einer Länge von ca. 20 m erhalten. Bei den beiden Plankenlagen überdeckten die äußeren Plankengänge die Fugen zwischen den inneren Planken. Das Schiff besaß einen sehr starken Binnenkiel (siehe Skizze 137).

Von Marseille etwa 16 km südlich liegen die Inseln Maire, Jarre, Calseraigne, Riou und Congloué. Durch eine schmale Passage wird Riou von Grand Congloué, der östlichsten dieser kleinen Inseln, getrennt. Dort fand man vor dem Nordwestkap in 42 m Wassertiefe 1950 ein mit Amphoren und Keramik beladenes römisches Schiffswrack aus der Zeit um 140 v. u. Z. Während der fünfjährigen Wrackausgrabung, die 1952 begann und mit Unterbrechungen bis 1960 andauerte, wurden 1 700 Weinamphoren und zahlreiche industriell gefertigte Keramikgegenstände aus Campanien geborgen. Das Gewicht der Ladung lag bei ca. 110 t. Man schätzt, daß der Frachter ursprünglich etwa 3 000 Amphoren geladen hatte.

Die amphora war die Kiste oder das Faß des Altertums, also ein profaner Warenbehälter für Transport und Lagerung. Die Amphorenöffnungen wurden mit einem Pfropfen aus Posillipotuff oder mit einem aus anderem vulkanischen Material bestehenden Naturzement verschlossen. Weinamphoren waren innen mit Harz ausgestrichen, um die porösen Tonwände abzudichten. Unter dem Posillipotuffpfropfen befand sich eine mit Harz versiegelte Korkisolierung. Eine der geborgenen Rotweinamphoren enthielt noch nach 2 200 Jahren trinkbaren Wein, wenn sich auch der Alkohol verflüchtigt hatte. Die größte bislang entdeckte Amphore hat einen Durchmesser von 2 m bei einer Höhe von 1,80 m. Sie wurde bei der Isola del Giglio (Toskana) 1970 gefunden.

Die Schiffslänge des Wracks von Grand Congloué betrug ursprünglich etwa 23 m, die Breite etwa 6,8 m. Es wurden eiserne und kupferne Beschlagnägel sowie bronzene, 20 cm lange Bolzen gefunden. Der Bleibeschlag des Schiffes, der sich übrigens nicht auf den Unterwasserteil beschränkte, sondern auch den Überwasserschiffskörper umschloß, war mit kurzen bronzenen Nietnägeln, die wiederum eine Bleikappe besaßen, auf den Holzrumpf aufgenietet. Den Schiffbauern der Antike waren also bereits die Auswirkungen der Kontaktkorrosion bei verschiedenen Metallen im Salzwasser bekannt, und sie trafen durch den Bleiüberzug der Kupfernieten eine geeignete Gegenmaßnahme, die den galvanischen Effekt verhinderte.

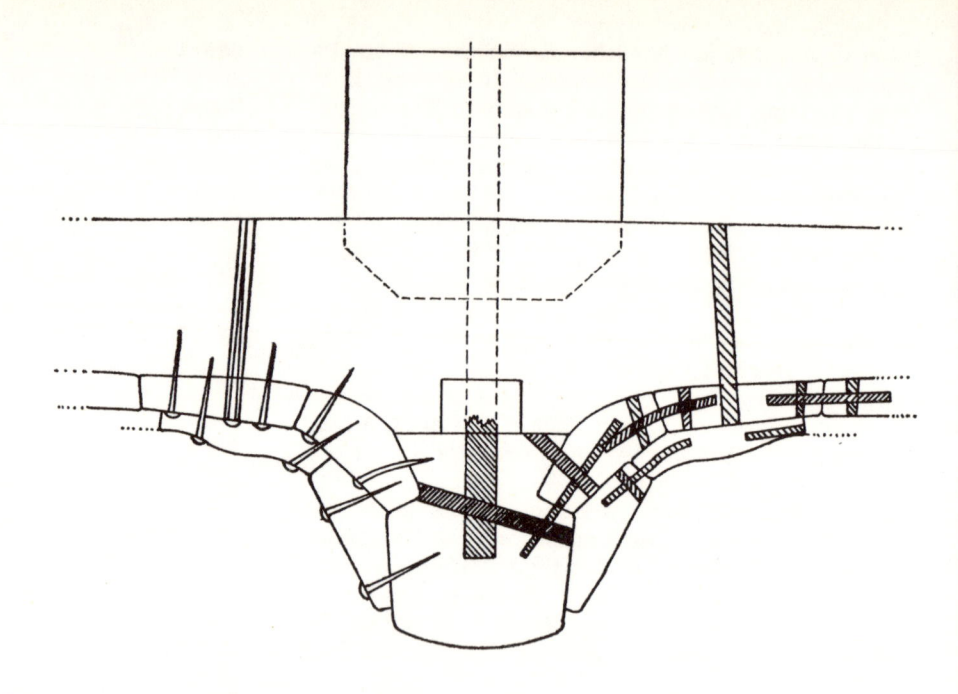

Skizze 137 (nach Ch. Lagrand):
Querschnittsskizze der Kielsektion
Maßstab 1 : 10

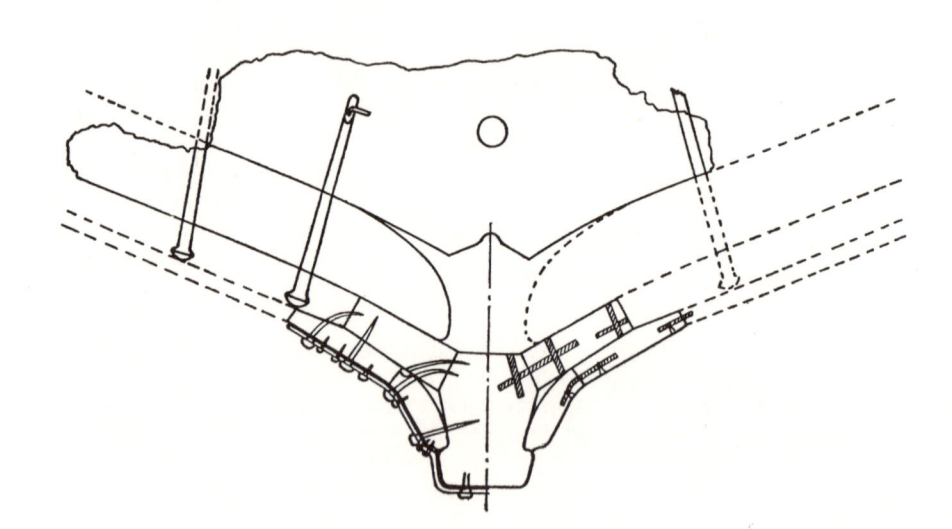

Skizze 138 (nach Ch. Lagrand):
Querschnittsskizze der Kielsektion
Maßstab 1 : 10

Die gefundenen Spanten, Kniestücke und Decksbalken sind aus Pinien-, Zedern- und Eichenholz gefertigt worden. Die Plankengänge aus Aleppokiefer waren durch Eichen- und Olivenholzzapfen miteinander verbunden. Der Schiffskiel bestand aus Eiche (siehe Skizze 138).

Auf dem Wrack wurden Bleirohre (fistulae) von beträchtlicher Länge entdeckt, die wahrscheinlich die Lenzpumpen im Achterschiff mit der Stauung und der Bilge verbanden. Die größte Besonderheit dieses versunkenen Schiffes stellt die Tatsache dar, daß wir vermutlich seinen Eigner kennen. Viele Amphoren auf dem Schiffswrack tragen die lateinischen Initialen »SES« mit dem Dreizack Neptuns oder einem Anker. In einem Hause des römischen Handelsviertels auf der griechischen Insel Delos wiederholen sich diese Zeichen mit den Buchstaben in abgewandelter Form als Mosaik. Der Römer Marcus Sestius aus Fregellae (Ceprano, Italien) hatte sich in Delos als Reeder niedergelassen. Wir wissen von einer griechischen Inschrift, daß Sestius Bürger von Delos wurde. In hellenisierter Form ist dort der Name Markos Sestios, Sohn des Markos Phregellanos (aus Fregellae), vermerkt.

Schiffe der in Skizze 139 gezeigten Größe waren die Standardfrachter der römischen Kaiserzeit. Ihre Ladungstragfähigkeit lag bei 50 000 modii Getreide = etwa 340 t. Handelssegler dieser Größe fuhren nicht nur Getreide ab, sondern auch Öl und Wein. Die Daten der Skizze wurden wie folgt angenommen:

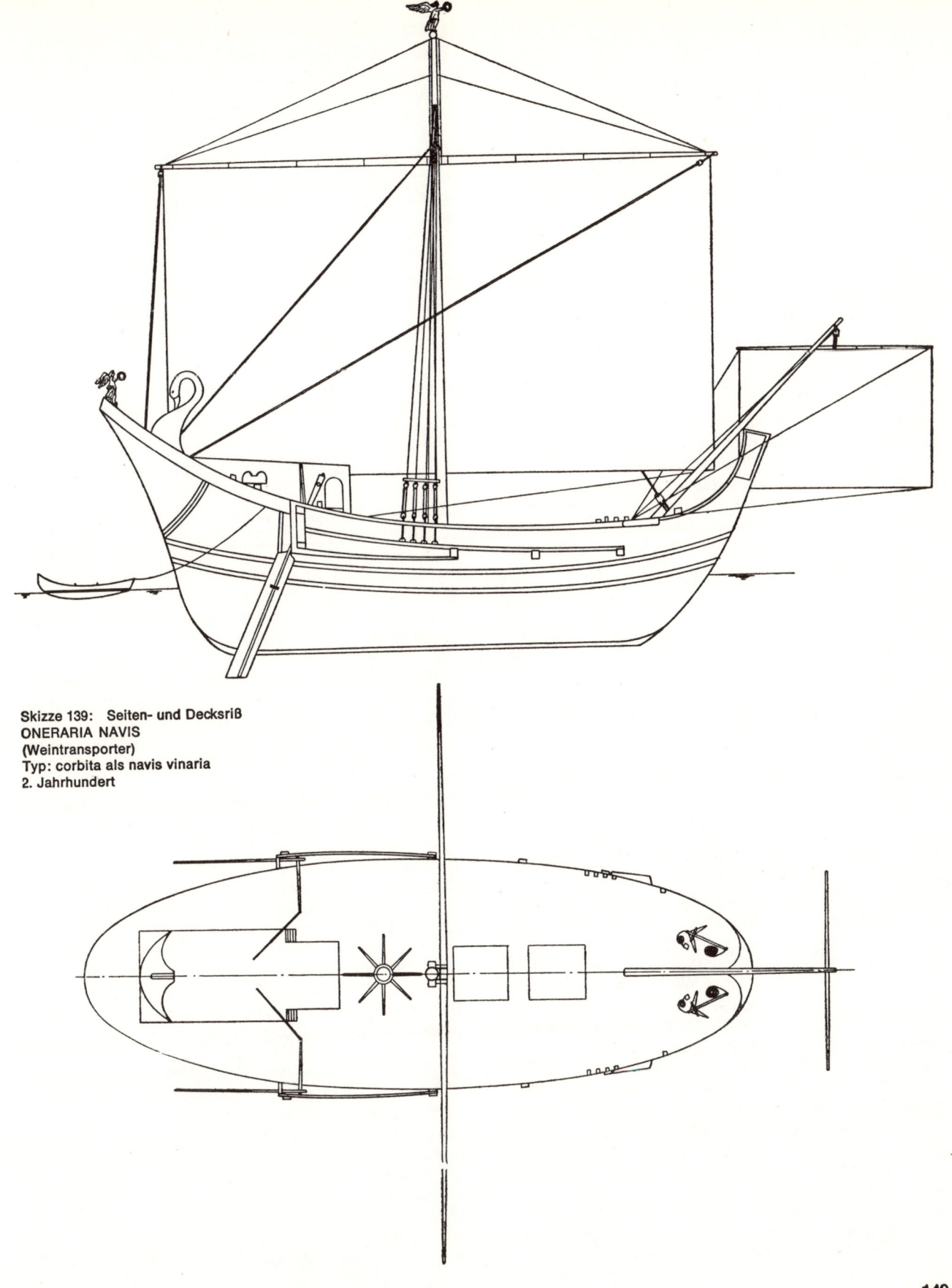

Skizze 139: Seiten- und Decksriß
ONERARIA NAVIS
(Weintransporter)
Typ: corbita als navis vinaria
2. Jahrhundert

149

Länge ü. A.: 30 m
Breite ü. A.: 10 m
Längenbreitenindex: 3 : 1
Raumtiefe: 5,25 m
eingezeichneter Tiefgang: 3 m

Die Skizze ist nach einem in Ostia gefundenen, heute im Museo Torlonia, Rom, aufbewahrten Marmorrelief aus der Zeit des Kaisers Septimius Severus (193–211) gefertigt worden (Bild 65).
Wracks von Schiffen mit ähnlichen Abmessungen wurden vor El Mahdia, bei der Isola di Spargi, beim Kap Ognina, vor St. Tropez, Marzamemi, vor der Insel Antikythera und Torre Sgarrata gefunden.
Italienische Sporttaucher entdeckten 1957 vor der Insel Spargi, westlich der Insel Maddalena, an der Bonifaciostraße zwischen Korsika und Sardinien in 18 m Tiefe einen römischen Frachter mit Amphorenladung, der zwischen 120 bis 100 v. u. Z. auf eine Klippe der Secca Corsara aufgelaufen und gesunken war. Die Ladung bestand aus campanischer Keramik, die im Vorschiff, und Öl- und Weinamphoren, die mittschiffs gestaut waren. Im Achterschiff fand man einen Schiffsaltar, dessen Altarstein aus Carraramarmor bestand. Auch das Geschirr der Schiffskombüse wurde am Heck gefunden und geborgen. Die Bordwände waren mit einer silberhaltigen Bleihaut überzogen. Die Länge des Frachters betrug 25 bis 30 m bei 8 bis 10 m Breite.
Auch Teile eines römischen Schiffswracks aus dem Ende des 2. oder der ersten Hälfte des 3. Jahrhunderts, die beim Kap Ognina, südlich von Syrakus gefunden wurden, gehörten zu einem Schiff, dessen ursprüngliche Länge auf etwa 30 m geschätzt wird.
El Mahdia liegt zwischen Soûssa (Sousse), dem alten Hadrumetum, und Qsoûr es Sâf (Sfax) an der tunesischen Küste. 4,7 km vom Ufer entfernt entdeckten Schwammtaucher 1907 ein antikes Schiffswrack in 39 m Tiefe, dessen Länge bei einem freigelegten Kiel von ca. 26 m einmal über 30 m und dessen Breite ca. 10 m betragen haben dürfte. Es war ein Handelsschiff aus der ersten Hälfte des 1. Jahrhunderts v. u. Z. Die Ladung bestand aus Säulen, Kunstgewerbe- und Kunstgegenständen und stammte vermutlich aus Athen. Sie hatte ein Gewicht von 230 bis 250 t. Es handelte sich um Beute- oder Handelsgut, mit dem der Frachter, vermutlich auf dem Wege von Athen nach Italien durch einen Grecale, den gefürchteten Nordoststurm, verschlagen, vor der afrikanischen Küste scheiterte. Das Schiff besaß ein Wetter- und ein Zwischendeck. Auf der Oberseite des Kieles wurde eine Harzschicht festgestellt, die zur Abdichtung und Konservierung diente. Beim Wrack wurden fünf Anker gefunden. Der größte, nicht geborgene, hatte eine Länge, die zwischen 3,3 bis 5,5 m gelegen haben dürfte. Sein Ankerstock aus Blei war 2,35 m lang und wog über 695 kg.
Vor St. Tropez wurde 1950 ein Schiffswrack entdeckt. Das Schiff beförderte einstmals eine Ladung carrarischen Marmors von rund 200 t und sank im 2. Jahrh.

Die Marmorfracht des als Schiffswrack I bezeichneten Frachters, der vor Marzamemi an der Südostküste Siziliens, nördlich des Kaps Passero entdeckt und untersucht wurde, besteht aus 15 grobbearbeiteten und verschieden geformten Marmorblöcken im Gesamtgewicht von 172 t (ursprünglich ca. 200 t). Der größte Block wiegt 40 t. Das Gesamtvolumen der Fracht beträgt 65,69 m^3 und dürfte, da die Fracht durch erhebliche Erosion des Gesteins im Meerwasser nicht mehr ihren früheren Umfang hat, ursprünglich 76 m^3 betragen haben. Die Mindestbreite des Schiffes schätzt man auf 7 bis 8 m und die Länge des Laderaumes auf etwa 10 m. Die Schiffslänge dürfte zwischen 21 und 32 m gelegen haben. Es wurden kupferne Schiffsnägel gefunden, die bis zu 41 cm Länge aufwiesen. Das Schiffswrack stammt wahrscheinlich aus dem 1. oder 2. Jahrhundert.
Unter dem Vorgebirge Glyphadia der zwischen Kreta und Kythera liegenden griechischen Insel Antikythera wurde 20 m vom Land entfernt im Jahre 1901 ein antikes Schiffswrack in etwa 50 m Tiefe von Schwammtauchern entdeckt. Die ursprüngliche Länge des Schiffes dürfte nach dem Wrackhügel etwa 30 m, die Breite etwa 10 m betragen haben. Es hatte griechische Kolossalstatuen und andere Kunstwerke geladen, die zum Teil aus dem 4. Jahrhundert v. u. Z. stammten. Unter anderem auch eine bronzene Götterstatue, geformt von Lysippos, dem Hofbildhauer Alexanders d. Gr. und zwei Statuetten aus dem Perikleischen Zeitalter. Nach den Gefäßfunden und insbesondere dem an Bord mitgeführten astronomischen Instrument konnte man für den Untergang des Schiffs das Jahr 80 v. u. Z. bestimmen. Vermutlich handelte es sich um ein römisches Schiff auf dem Wege von Piraeus nach Italien mit von Sulla in Griechenland requiriertem Beutegut. Die Ladung hatte vermutlich ein Gewicht von über 100 bis 200 t.
Das sogenannte Torre-Sgarrata-Wrack, östlich von Tarent vor der Küste gefunden, trug eine kleinasiatische Marmorladung von ca. 170 t. Das etwa 30 m lange Schiff sank im späten 2. Jahrhundert. Die Planken von etwa 10 cm Stärke waren ohne jede Kalfaterung miteinander verzapft worden. Italienische Schiffbauer zeigten sich erstaunt über die hervorragende handwerkliche Arbeit, die sie an den Wrackresten bewundern konnten.

Das schwere Frachtschiff griechischen Ursprungs, dort als myriagogos oder myriophoros bekannt, hatte eine Ladungstragfähigkeit von 10 000 Amphoren oder Medimnen. Der attische Getreidemedimnos enthielt 58,9 l = ca. 40 kg. Die Mindestladungstragfähigkeit dieses Typs lag bei über 400 t.
Die Daten in der Skizze 140 wurden wie folgt angenommen:

Länge ü. A.: 40 m
Breite ü. A.: 10 m
Längenbreitenindex: ca. 4 : 1
Raumtiefe: 5,3 m
eingezeichneter Tiefgang: 3,5 m

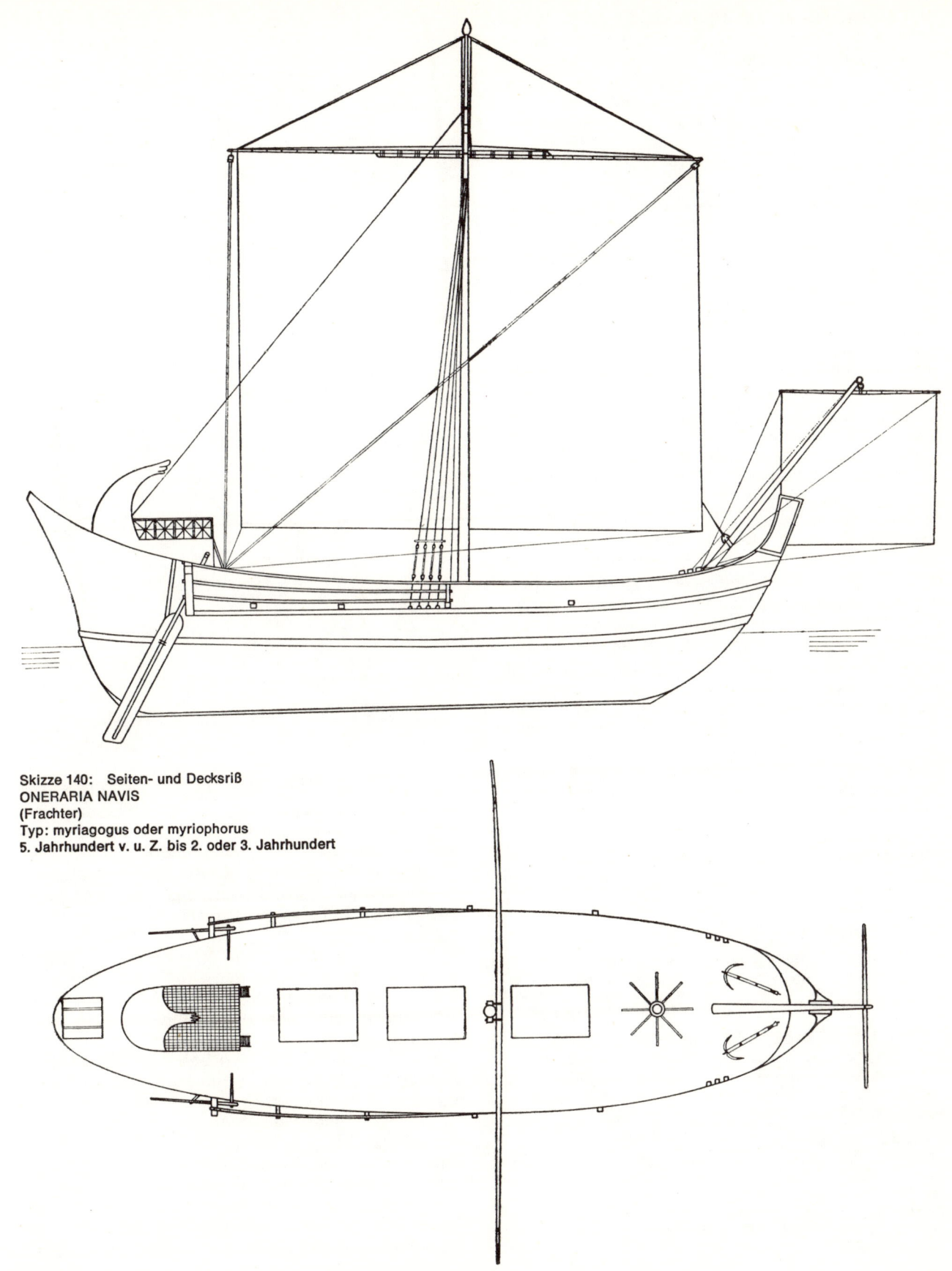

Skizze 140: Seiten- und Decksriß
ONERARIA NAVIS
(Frachter)
Typ: myriagogus oder myriophorus
5. Jahrhundert v. u. Z. bis 2. oder 3. Jahrhundert

Die Skizze ist in der Seitenansicht nach einem Schiffsmodell im Museo Navale Romano, Albenga, angefertigt worden. Schiffe mit ähnlichen Abmessungen wurden als Wracks vor der Isola delle Correnti, im Hafen von Syrakus und vor Albenga gefunden.

Die Marmorfracht des westlich der Isola delle Correnti und südlich der Punta delle Formiche (Südspitze Siziliens) gesunkenen Frachtschiffes wurde mit 350 t berechnet (ca. 40 Blöcke mit einem Gesamtvolumen von ca. 126,08 m³; der größte Block wiegt 28,5 t). Die Ladehöhe betrug etwa 1,75 m. Die Ladung befand sich entweder auf einem tief im Schiff befindlichen Zwischendeck oder im Kielraum eines breiten Schiffskörpers mit flachem Boden. Einen solchen Schiffsboden besaß auch das römische Handelsschiff, dessen Wrack bei der Ile du Levant gefunden wurde. Der Schiffskörper war also weder U- noch V-förmig, sondern vermutlich ähnlich konstruiert wie der der Schiffe aus dem Nemisee (vergleiche Skizze 141). Nach der gestauten Ladung und deren Gewicht rekonstruierte man die Abmessungen des Frachters mit 30 bis 40 m Länge und 10 bis 11 m Breite. Die Länge des Frachtraumes betrug mindestens 15 m. Ein vermutlich zur Schutzhaut der äußeren Unterwasserbeplankung gehörendes Bruchstück aus Bleiblech von 1,5 mm Stärke wurde zwischen der Ladung gefunden. Das Schiff stammte vielleicht aus dem 2. Jahrhundert.

Auch im großen Hafen von Syrakus auf Sizilien wurden mehrere Wracks gefunden. Darunter auch solche, deren Schiffslänge einmal bei über 40 m lag.

Zwischen Savona und Imperia liegt an der italienischen Rivieraküste die Stadt Albenga, in römischer Zeit Albingaunum genannt. Eine Seemeile vor der Küste entdeckten Fischer im Jahre 1925 auf 40 m Tiefe ein römisches Wrack, einen Frachter, der in seinen Amphoren neben Öl, Getreide und Wein auch Haselnüsse geladen hatte. Die Hälse dieser Amphoren waren lediglich mit Pinienzapfen verschlossen, da der Transport von Nüssen keinen luftdichten Verschluß erforderte. Die Fracht bestand aus ca. 10 000 Amphoren, die eine Fläche von über 30 m Länge und 8 bis 10 m Breite bedeckten. Eine Amphore wog leer etwa 17 bis 18 kg und konnte ca. 26 l fassen. Etwa 1 700 Amphoren konnten geborgen werden. Das Wrack wurde 1950 und 1957 erforscht und Teile des Schiffes und der Ladung gehoben. Nach der gefundenen Keramik und mit Hilfe des Karbon-14-Tests, auch Kohlenstoffanalyse genannt, konnte das Schiff auf den Zeitraum 80 bis 60 v. u. Z. datiert werden.

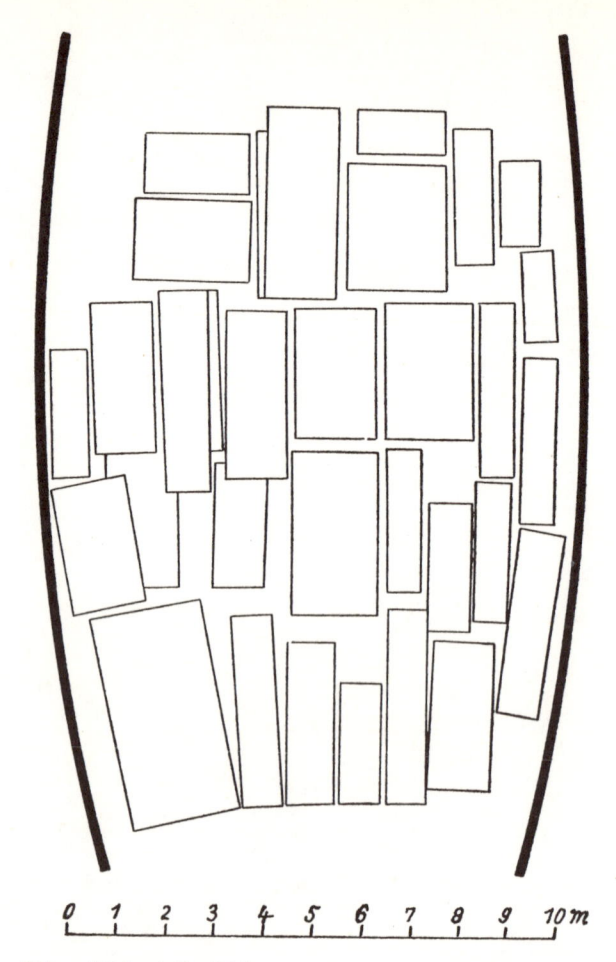

Skizze 142 (nach Kapitän):
Rekonstruktion der ursprünglichen Stauung der Marmorfracht

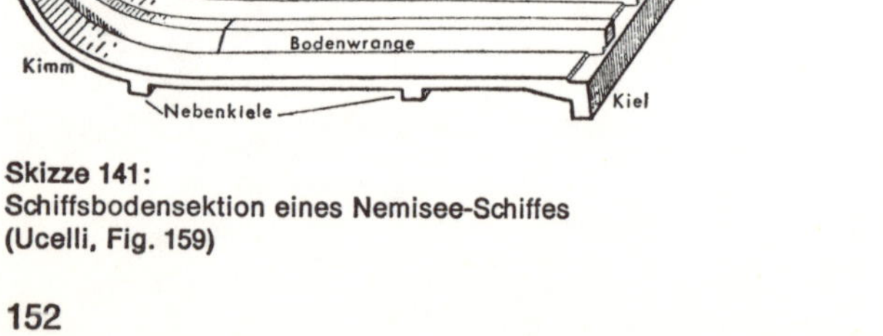

Der Rumpf des Wracks von Albenga war im Prinzip genauso gebaut wie der des Wracks von der Ile du Levant. Die Planken waren durch Nuten und Dübel miteinander verbunden (karweelgebaut) und durch Kupfernägel, die durch Tannenholzpflöcke geschlagen waren, an den Spanten befestigt. Die gesamte äußere Oberfläche des Schiffskörpers besaß eine Bleihaut. Darunter befand sich auf dem Rumpf eine mit Teer getränkte Wollbespannung.

Neben glasiertem Geschirr, Teilen der Schiffsausrüstung, Holz- und Bleibeplattungsresten wurden an Bord drei bronzene Helme gefunden, die denen der Legionäre des 1. Jahrhunderts v. u. Z. gleichen. Vielleicht war das Schiff ein Versorger der römischen Streitkräfte, dessen Lebensmittelladung von Soldaten

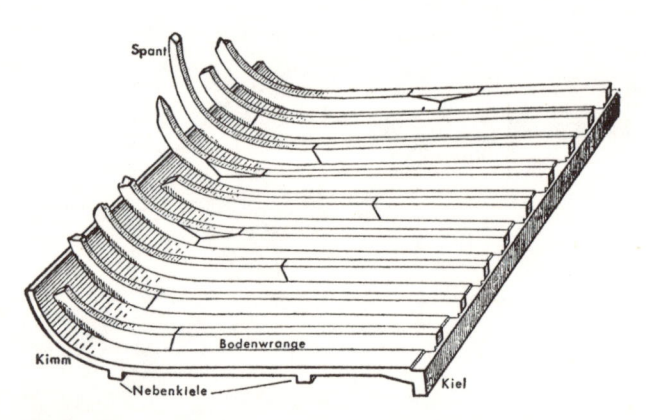

Skizze 141:
Schiffsbodensektion eines Nemisee-Schiffes
(Ucelli, Fig. 159)

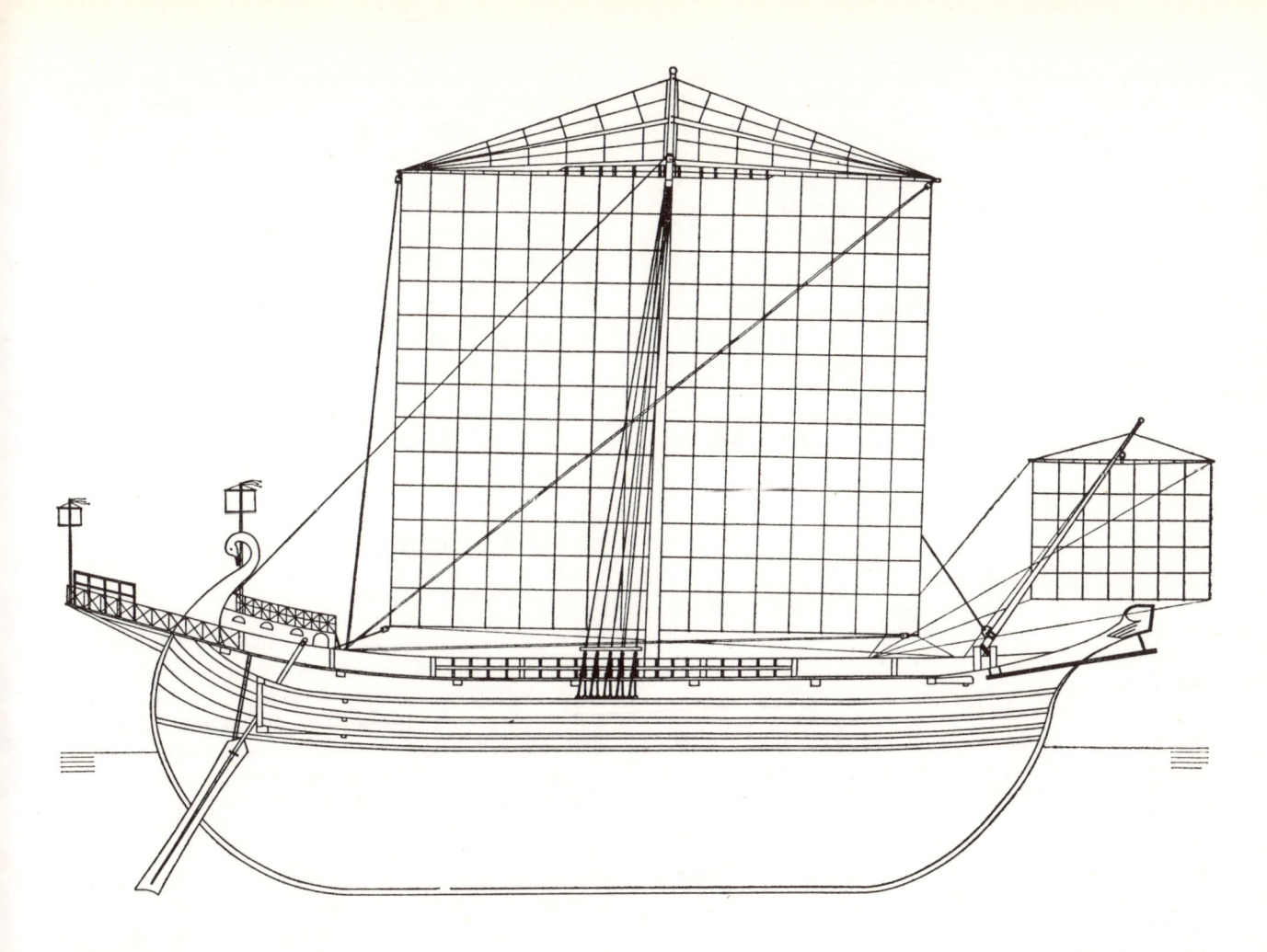

Skizze 143: Seiten- und Decksriß
ONERARIA NAVIS
(Massengutsuperfrachter)
Typ: corbita,
2. Jahrhundert

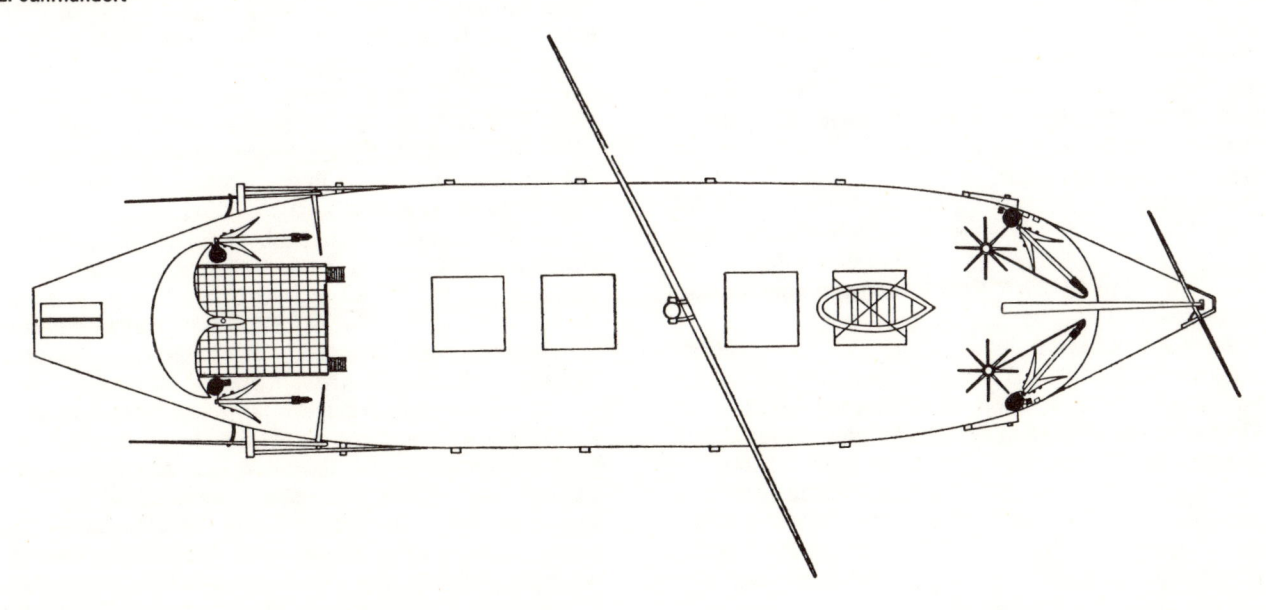

begleitet wurde. Man schätzt das Gewicht der Ladung auf ca. 450 t. Es war ein Transporter von 40 m Länge und 8 bis 10 m Breite, also ein Schiff des damals größten gebräuchlichen Typs. Die geborgenen Schiffs- und Ladungsteile, darunter 100 vollständig erhaltene Weinamphoren, befinden sich heute mit einer Modellrekonstruktion im Museo Navale Romano, Albenga (Bild 67).

Auch viele der in der Getreidefahrt eingesetzten Superfrachter gehörten zum Typ corbita. Von diesem gegen Ende des 1. Jahrhunderts v. u. Z. bis in das 3. Jahrhundert hinein gebauten Massengutfrachtertyp sind uns drei Abmessungen durch die von Lukian geschilderte »Isis« recht genau überliefert. Deren Länge betrug 54 m, die Breite über 13,5 m und die Raumtiefe etwa 13 m.
Hier wurden in Skizze 143 folgende Daten angenommen:

Länge ü. A.:	65 m
Länge ohne vorderen und achteren Ausbau:	54 m
Breite ü. A.:	14 m
Längenbreitenindex:	ca. 4 : 1
Raumtiefe:	13 m
eingezeichneter Tiefgang:	8,5 m

Die Skizze ist nach dem Basrelief eines Sarkophags aus Sidon (Bild 69) und einem Mosaikbild in Rom (Bild 68) angefertigt worden.

Der Superfrachter des Kaisers Caligula (37–41) ist in der ersten Hälfte des 1. Jahrhunderts als Schwergutfrachter erbaut worden. Das Schiff wird in der Literatur als außerordentlich bezeichnet und war es auch. Der Superfrachter stellte das größte uns bisher bekannt gewordene römische Schiff dar. Caligula verschiffte mit diesem Spezialtransporter um das Jahr 40 den heute auf dem Petersplatz in Rom aufgestellten, seinerzeit mit seinem Sockel 496 t wiegenden und 25,50 m hohen Obelisken von Ägypten nach Italien. Der Sockel bestand aus vier Basisblöcken im Gesamtgewicht von 174 t, die vermutlich im Laderaum gestaut waren, während der Obelisk auf seinem Schlitten als Deckladung gefahren wurde. Unter Kaiser Nero (54–68) fand der gewaltige Stein in der Hauptstadt des Reiches im Circus Maximus Aufstellung. Den 322 t schweren Monolithen aus rotem Assuangranit ließ sich einst Caius Cornelius Gallus (gest. im Jahre 26 v. u. Z.) als Prokurator von Ägypten setzen.
Bei diesem Sondertransport hatte der Superfrachter außerdem noch 130 000 Scheffel Linsen als Ballast geladen. Ein Scheffel (modius) entsprach 8,733 l. Die Linsenladung soll etwa 839 t und die Gesamtfracht (onus) des Schiffes ca. 1335 t gewogen haben. Die Ladungstragfähigkeit des Frachters dürfte aber größer gewesen sein; man berechnete sie auf 2500 t. Da er als Hauptfracht den Obelisken an Deck transportierte, übernahm er nur Ballastfracht, um eine Topplastigkeit auszugleichen.

Durch die Ausgrabungen der Jahre 1957 bis 1960 auf dem Gelände des alten Portus Romae, beim heutigen Fiumicino, wurde es möglich, die Abmessungen des »Wunderfrachters« zu rekonstruieren. Unter Kaiser Claudius (41–54) belud man das Fahrzeug in Puteoli mit vulkanischem Naturzement, der sogenannten Pozzuolana, und versenkte das Schiff, um die Betonfundamente des Leuchtturmes von Portus Romae in seinem Rumpf zu gründen. Dieses Fundament wurde ausgegraben, und O. Testaguzza ermittelte nach dessen Abmessungen die Schiffsgröße. Sie soll zwischen 95 bis 104 m Länge und 20,3 bis 21 m Breite gelegen haben.
Die Rekonstruktionsdaten wurden in Skizze 144 und 145 wie folgt angenommen:

Länge ü. A.:	95 m
Breite ü. A.:	21 m
Längenbreitenindex:	ca. 4,5 : 1
Raumtiefe:	7,5 m
eingezeichneter Tiefgang:	4,5 m

Über die Takelung wissen wir so viel, daß nur ein gewaltiger Großmast vorhanden war, für dessen Umfassung vier Männer benötigt wurden.
Schon Kaiser Augustus hatte auf einem Schwergutspezialfrachter von vielleicht ähnlichen Abmessungen den sogenannten Flaminischen Obelisken, der jetzt in Rom auf der Piazza del Popolo steht, von Ägypten nach Italien verschiffen lassen. Dieser dreiteilige Obeische Monolith mit seinen Sockelteilen.
Beide Schwergutsuperfrachter wurden nur einmalig eingesetzt. Sowohl Augustus als auch Caligula legten ihre Spezialschiffe in Puteoli zur Schaustellung auf, lisk wog etwa 440 t, also 50 t weniger als der Vatikanibis das jüngere dann für den Bau von Portus Romae seine letzte Reise antrat.
Ein hölzerner Frachtsegler dieser Länge wurde erst in unserem Jahrhundert wieder auf Stapel gelegt. Das größte und längste jemals aus Holz gezimmerte Schiff war der amerikanische Sechs-Mast-Schoner »Wyoming«. Bei Percy & Small, Bath, im Jahre 1909 für 160 000 $ erbaut, wurde dieser Handelssegler mit 3 730 BRT und 3 036 NRT vermessen. Seine Abmessungen betrugen 329,5 Fuß = 104,97 m Länge, 50,1 Fuß = 15,28 m Breite und 30,4 Fuß = 9,27 m Tiefgang. Die Gesamtsegelfläche von 12 000 Yards = 10 972 m² benötigte nur eine elfköpfige Besatzung.
Plinius d. Ä. (24–79) sagt zwar über Caligulas Schiff, daß es »das Außergewöhnlichste war, welches je auf dem Meer gesehen wurde«, doch spricht er an anderer Stelle (NH 36,1) von großen Schwerguttransportern, mit denen man seinerzeit die Marmorblöcke transportierte. Insoweit war vielleicht die Größe des Obeliskentransporters, nicht aber der Typ des Schwergutfrachters als solcher eine Außergewöhnlichkeit.
Von den hier erwähnten Wracks besaßen folgende einen flachen oder sogar platten Schiffsboden mit geringer Aufkimmung der Bodenplanken (vergleiche Skizze 132 u. 137) und keine Bleihaut: Marseille, Ile du

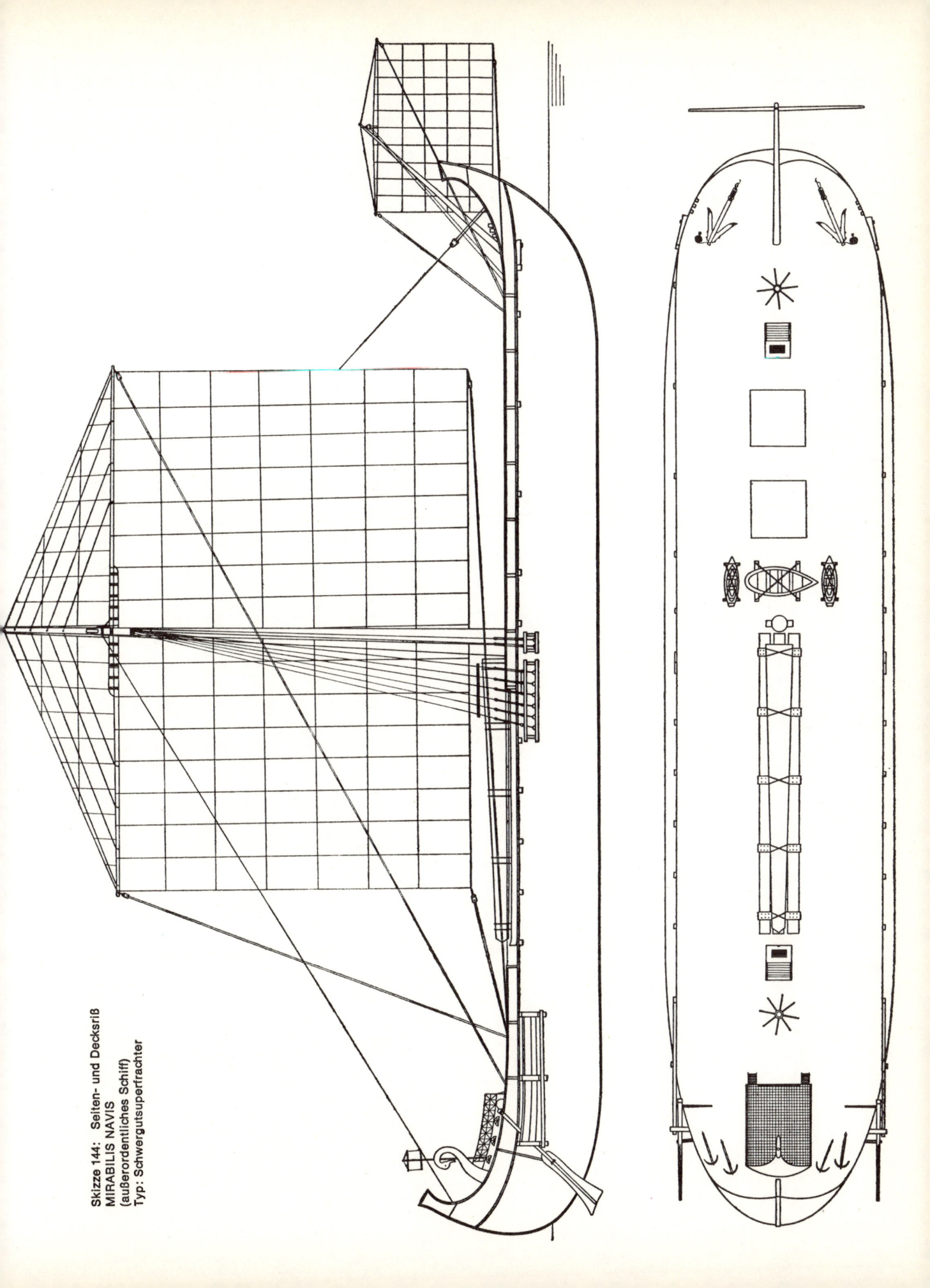

Skizze 144: Seiten- und Deckriß
MIRABILIS NAVIS
(außerordentliches Schiff)
Typ: Schwergutsupertrachter

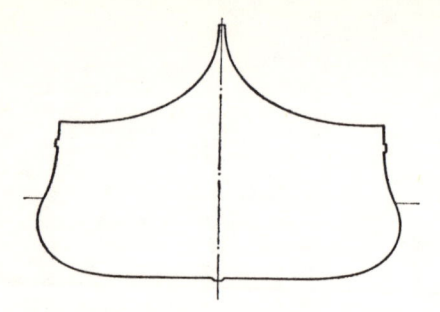

Skizze 145: Querschnittsskizze
(nach Testaguzza)

Levant, Dramont, Fiumicino Barken (Bild 50) und Yassi Ada. Einen scharf gebauten Schiffsrumpf (vergleiche Skizze 138) und eine Bleihaut (vergleiche Bild 29) wiesen die vor El Mahdia, Chrétienne und Grand Congloué gefundenen Schiffe auf.

Terrakottaziegel vom Schiffsherd und vom Dach der Kombüse wurden auf folgenden Wracks gefunden: El Mahdia, Ile du Levant, Grand Congloué, Albenga, Chrétienne, Antikythera und Yassi Ada.

Seestrategie

Die Volkskraft der Römer stellte die aller anderen mittelmeerischen Völker in den Schatten.

Rom etablierte seine Vormachtstellung auf der italienischen Halbinsel mit den Mitteln der Landmacht. Aus kleinen Anfängen emporgewachsen, war vor allem der unbändige Herrschafts- und Eroberungswille die Triebfeder allen Tuns. Als es sich anschickte, über das Meer ausgreifende Eroberungen, zunächst auf Sizilien, zu unternehmen, geriet es sofort in Konflikt mit der Seemacht Karthago. Der Flottenbau war für diesen Hegemonialkampf unabdingbar. Die einseitig für den Landkrieg aufgebauten Streitkräfte mußten durch Seestreitkräfte ergänzt werden. Dieses in steigendem Maße, je weiter Rom die Küsten des ganzen Mittelmeerbeckens zum Gegenstand seiner Eroberungskriege machte.

Es gelang den Römern, Eigenschaften ihrer Landheere auf die Flotte zu übertragen. Disziplinierte Soldaten, kühne Führung, systematische, einfallsreiche Rüstung und eine gute Nachschuborganisation zeichneten nicht nur die Legionen, sondern auch die Kriegsschiffgeschwader aus und machten sie letztlich allen Gegner überlegen.

Mögen die großen Landschlachten in unserem überlieferten Geschichtsbild auch im Vordergrund stehen, so darf nicht übersehen werden, daß folgenschwere Entscheidungen bei der Expansion römischer Macht auf dem Meer gefallen sind. Ohne Seeherrschaft war die Errichtung des Imperiums nicht möglich. Der maritimen Strategie war somit das Ziel vorgegeben.

Den römischen Seestrategen waren durch den damaligen Stand der Technik gegenüber modernen Verhältnissen Beschränkungen auferlegt, die sich insbesondere in der Seetüchtigkeit und Seeausdauer der Kriegsschiffe bemerkbar machten. Auch konnte das Deplacement des schwimmenden Materials nicht beliebig vergrößert werden, ohne die Festigkeit der Längs- und Querverbände und damit die Seetüchtigkeit in Frage zu stellen. Die Verwendung von Holz für den Schiffbau setzte technische Grenzen, die man ohne Gefährdung von Schiff und Besatzung nicht überschreiten durfte. Der in allen warmen Meeren besonders lästige Schiffsbohrwurm wurde zwar, wie wir von den im Nemisee, nahe Rom in den Albaner Bergen, gefundenen Fahrzeugen des Kaisers Caligula her wissen, erfolgreich abgewehrt, indem man das Unterwasserteil des Schiffes vollständig mit einer dünnen Bleihaut überzog, doch waren die römischen Fahrzeuge schweren Stürmen nur selten gewachsen, wie wir aus dem Verlust ganzer Flotten in einer Sturmnacht ersehen. Diese Katastrophen trafen zumeist Flottenverbände, die in Küstennähe marschierten. Daß dies die Regel war, ergab sich aus anderen Notwendigkeiten. Römische Flottenführer setzten den Kurs in Küstennähe ab, weil die Kriegsschiffe damals keine größeren Proviantmengen und Wasservorräte mit sich führen konnten. Der Platzmangel auf den Kriegsschiffen erlaubte es auch der Besatzung und den eingeschifften Seesoldaten nicht, die für ihre Leistungsfähigkeit erforderliche Ruhe an Bord zu finden. Bei länger andauernden Seeunternehmen mußte der Verbandsführer von Zeit zu Zeit die Küste anlaufen, um seine Besatzungen mit dem Notwendigsten zu versorgen. Diese starke Landabhängigkeit schränkte nicht nur ein strategisches Konzept, sondern generell die Bewegungsmöglichkeit der Flotten ein. Andererseits erklärte diese Beschränkung der Seekriegführung, warum die Nähe der Küste gesucht wurde und dadurch bei schwerem Wetter so manches Geschwader an den Klippen scheiterte. Durch Schiffbruch verloren die Römer mehr Einheiten als durch Feindeinwirkung.

Unterbrach man einen Kriegsmarsch, um den Besatzungen Ruhe zu gönnen und Gelegenheit zum Abkochen zu geben, so ankerten die Schiffe unter der Küste. Die leichten Fahrzeuge wurden an offenen Stränden über Heck an Land gezogen. Überraschungsangriffe des Gegners, von See oder Land her, gegen rastende Flottenverbände waren zumeist erfolgreich. Andererseits konnten leichte Einheiten auf unterlegten Walzen mittels Hebel über Land transportiert werden. Im Bürgerkrieg nutzte beispielsweise 48 v. u. Z. Cn. Pompeius d. J. diese Möglichkeit (Caesar, Bell. Civ. 3,40), als er bei seinem Angriff auf die von den Caesarianern verteidigte Stadt Oricum (Eriko) in Epirus vier Biremen über Land in den inneren Hafen der Stadt brachte und dann von zwei Seiten die dort vertäuten gegnerischen Kriegsschiffe erfolgreich angriff. Schon zur Blockade der von den Römern gehaltenen Burg von Tarent rollten die Tarentiner im Jahre 212 v. u. Z. ihre Kriegsschiffe über eine Straße aus dem Hafen zum offenen Meer, da die Burg die Hafeneinfahrt beherrschte (Polybios 8,36). Auch den Isthmus von Korinth überquerten die Römer mit Fahrzeugen von geringer Tonnage auf einer Kunststraße. Kaiser Nero beabsichtigte einen Kanaldurchstich. Die Spuren der begonnenen Arbeiten kann man in dem heutigen Kanal noch erkennen.

Für die römische Seestrategie war ferner die Möglichkeit bedeutsam, in verhältnismäßig kurzer Zeit an jedem See- oder Flußplatz, sofern genügend Holz zur Verfügung stand, neue Flotten zu erbauen. Der vorzüglichen Organisation des Imperiums machte es keine Schwierigkeiten, Schiffszimmerer und Werftingenieure in kurzer Zeit auch an entlegene Orte zu beordern, um dort Kriegsschiffe auf Stapel zu legen. Ein gutes Beispiel für diese Fähigkeit stellte die Erbauung einer Kriegsflotte in Westgallien dar, die 56 v. u. Z. gegen die Veneter zum Einsatz gelangte. Auch der Bau einer Flotte von 1 000 Schiffen am Rhein für die

Offensive Drusus' d. Ä. gegen das freie Germanien 12 v. u. Z. zeigte diese strategische Möglichkeit im gleichen Maße wie der Bau einer großen Euphratflotte unter Kaiser Julian, die 363 gegen die Perser operierte.

Die hier aufgezeigten Gegebenheiten waren von der römischen Seestrategie zu berücksichtigen. Gegenüber modernen Verhältnissen also nicht nur Beschränkungen, sondern auch Vorteile.

Die allgemein gültigen Regeln und großen Richtlinien seestrategischer Überlegungen waren auch den Römern bekannt und wurden praktisch angewendet. Schon Perikles hatte die griechische Trierenflotte als Mittel seiner Seemachtpolitik strategisch eingesetzt (443–429 v. u. Z.). Die Römer konnten aus der griechischen Geschichte Gesetze für ihre eigenen strategischen Pläne zur See analysieren und berücksichtigen. Der Mensch veränderte sich nicht, und die Seekampfmittel basierten zumeist auf punischen und griechischen Vorbildern. Die seit dem 7. Jahrhundert v. u. Z. von den Griechen gefahrenen und seit dem 5. Jahrhundert v. u. Z. nach einem Experimentalstadium voll durchkonstruierten Trieren stellten auch in den Weiterentwicklungen (Quadrireme, Quinquereme, Hexere etc.) bis zum Ende des 3. Jahrhunderts das Gros der römischen Flotten. Die schwereren Einheiten waren letztlich Variationen der römischen Trireme, die sich zwar nach Größe und Bewaffnung, doch nicht in der schiffbaulichen Grundkonzeption unterschieden. Erst zu Beginn des 4. Jahrhunderts baute man in großer Zahl Moneren, insbesondere Triakontoren und Pentekontoren, eines so sehr verbesserten Typs, daß man von einem technischen Fortschritt sprechen kann. Der Bau von Polyeren, auch der von Triremen, wurde eingestellt. Auf die Seestrategie hatte diese Entwicklung jedoch kaum Einfluß, da nach wie vor hölzerne Kriegsschiffe, im Gefecht von Menschenkraft bewegt, und auf den Decks Seesoldaten mit ihren Torsionsgeschützen den Seekampf führten.

Die römische Seekriegsleitung hatte somit im Verlaufe der Jahrhunderte mit ausgereiften hölzernen Riemenschiffen, deren Konstruktion im wesentlichen gleich blieb, als Waffe des Seekrieges in den eigenen und gegnerischen Flotten zu rechnen. Alle Hochseeschiffstypen der damaligen Zeit konnten daher sowohl im Geschwader als auch in Flotten bis zu 1 000 Schiffen, so Drusus 12 v. u. Z. und Germanicus in den Jahren 15 und 16, zusammen operieren. Auch die für Landungen verwendeten Marinetransportschiffe (actuariae) waren neben der Besegelung mit einer Reihe Riemen versehen und wurden bei operativen Landungen gepullt. Es ist hier auf die zweite Invasion Britanniens im Jahre 54 v. u. Z. hinzuweisen. Reine Segelkriegsschiffe, wie die von den Venetern 56 v. u. Z. eingesetzten, gab es in der römischen Flotte für Landungs- und Kampfaufgaben nicht.

Die Jahrhunderte karthagischer Seeherrschaft hatten den Römern die Grenzen einer reinen Landmacht – zuweilen schmerzlich – aufgezeigt. Ein wirksamer Küstenschutz war ohne Flotte nicht möglich, da jeder die Seeherrschaft ausübende Staat gegen Rom offensive Initiativen mit relativ geringen Kriegsmitteln ergreifen konnte. Unter dem Schutz seiner Flotte war es ihm möglich, an jedem beliebigen Punkt der römischen Küsten und jederzeit Landungen zu unternehmen oder Verwüstungen anzurichten. Auch Entfernungen wurden mit großen Lasten auf dem Meer zu dieser Zeit schneller zurückgelegt als auf dem Lande. Ein landgebundener Gegner konnte angreifende Flotten erst nach erfolgter Landung bekämpfen, die häufig dort vorgenommen wurde, wo man sie nicht erwartete. In dieser Situation befanden sich die Römer zu Beginn des Ersten Punischen Krieges; eine Landmacht ohne Flotte. Der Entschluß, Karthago niederzuringen, war daher zugleich ein Entschluß zum Flottenbau und ein Versuch, die Seeherrschaft in den bislang von karthagischen Geschwadern kontrollierten Seegebieten zu erkämpfen.

Die Eskalation der maritimen Politik Roms war die logische Fortsetzung des einmal eingeschlagenen Weges. So wandte sich die römische Seestrategie zunächst dem Bau einer der karthagischen ebenbürtigen Schlachtflotte zu, mit dem Ziel, in offener Seeschlacht das maritime Potential des Gegners zu vernichten, um mit einer eigenen ausreichend starken Flotte das entstandene Machtvakuum im westlichen Mittelmeer auszufüllen. Die Treffen bei Mylae (260 v. u. Z.), beim Hermäischen Vorgebirge (255 v. u. Z.) und den Ägatischen Inseln (241 v. u. Z.) zeigen uns Seeschlachten in Verfolgung dieser strategischen Absicht. Der Seesieg bei den Ägatischen Inseln war nicht nur entscheidend für den Ausgang des Ersten Punischen Krieges, sondern Rom errang nach diesem Seetreffen das Ziel seiner Strategie, die Seeherrschaft.

Die Bedeutung von Stützpunkten als Ausgangsbasis von Flottenoperationen und der Errichtung von Seesperren wurde frühzeitig erkannt. Die Eroberung von Messana (Messina) 264 v. u. Z., die Einnahme der wichtigen karthagischen Seefestung auf Sizilien, Panormus (Palermo), 254 v. u. Z. und die Besetzung von Lipara (Lipari) 252 v. u. Z. waren Stationen in der Verwirklichung dieser seestrategischen Planung. Der Friedensschluß und die wenige Jahre später eintretenden Ereignisse brachten praktisch ganz Sizilien, Korsika, Sardinien und Malta unter die Kontrolle Roms. Die römische Flotte verfügte nunmehr über gut geschützte Seeplätze in Italien und auf den größten Inseln im westlichen Mittelmeer. Aus den neugewonnenen Häfen erfolgten zumeist die Operationen der Seestreitkräfte im Zweiten Punischen Krieg. Erstes seestrategisches Ziel war die Vernichtung der schwimmenden Einheiten des Gegners und die Unterbindung der Überseeversorgung feindlicher Armeen. Beide Ziele wurden vollkommen erreicht. Karthagische Heere unternahmen beschwerliche, verlustreiche und zeitraubende Landmärsche, da ihnen der Transport über See von der römischen Flotte verwehrt wurde. Nach dem Friedensschluß besaß Karthago nicht einmal mehr Seegeltung. Wie sehr Rom in diesem und in späteren Kämpfen seestrategische Ziele verfolgte, zeigt die Tatsache, daß es Karthago nur ein Wachgeschwader von zehn Trieren, Philipp V. von Makedonien sechs und Antiochos III. von Syrien zehn Kriegsschiffe beließ. Die einstmals großen Flotten seiner Gegner hatten aufgehört zu bestehen.

Doch ein weiterer Aspekt römischer Strategie zeigte sich bereits im Ersten und Zweiten Punischen Krieg. Roms Flotte versetzte erst durch ihre Transportkapazität die Landstreitkräfte in die Lage, bedeutende Kampfaufträge durchzuführen. Die Sicherung des Nachschubs für die kämpfenden Legionen, durch Zusammenstellung von Geleitzügen, Gewähren von Geleitschutz, ja das Durchstehen von Geleitzugsschlachten, wie bei Ecnomus (256 v. u. Z.), waren nicht minder wichtig für den Ausgang des Ringens als das gemeinhin als erstes seestrategisches Ziel betrachtete Vernichten des gegnerischen Flottenpotentials.

Auch das Zurückholen geschlagener Heere vom feindlichen Territorium muß hier Erwähnung finden, da bei einem solchen Flotteneinsatz ganze Heeresgruppen, zumindest in ihrer Masse, dem Staat erhalten blieben. Nach der unglücklich verlaufenen Landschlacht bei Tunes gegen den im karthagischen Dienst stehenden spartanischen Söldnerführer Xanthippos wurden die Reste der römischen Legionen im Jahre 255 v. u. Z. von der Flotte aus Afrika evakuiert.

Römische Seestrategie hat stets dem Konvoiwesen und dem Geleitschutz besondere Aufmerksamkeit gewidmet. Auch wurde bereits im Zweiten Punischen Krieg die Landungsoperation in strategischer Absicht so vervollkommnet, daß Großlandungen in unmittelbarer Nähe feindlicher Seefestungen, so die 204 v. u. Z. bei Utica, die für den Sieg Roms entscheidend war, mit einer Routine abliefen, denen die Feinde Roms weder im Konzept noch in der praktischen Durchführung Gleichwertiges entgegenzusetzen vermochten. Die römische Seestrategie war bei lebensentscheidenden Kämpfen immer, bei Eroberungskriegen häufig vom Geist der Offensive gekennzeichnet, der für den Krieg zur See so unerläßlich ist. Obgleich der Angriff römischem Wesen mehr entsprach als die Verteidigung oder Belagerung, so wandte doch auch die Flottenmacht das seestrategische Mittel der Blockade an. Es erfreute sich bei den Römern sogar einer gewissen Beliebtheit. Vor der Aousmündung (214 v. u. Z.), vor Ephesos (191 v. u. Z.) und Carteia (46 v. u. Z.), um nur einige Plätze zu nennen, versuchten römische Flotten, durch Blockierung die feindlichen Geschwader auszuschalten. Auch blockierte man eingeschlossene Städte, so Syrakus im Jahre 214 v. u. Z., Karthago 147 v. u. Z. und Massilia 49 v. u. Z., um feindliche Lebensmittelkonvois abzufangen und die Versorgung der eingeschlossenen Seestädte zu unterbinden.

Das Mittel der Blockade führte allein jedoch nur selten zum Ziel. Hier besonders zeigte sich die Beschränkung, der die römische Strategie durch Unzulänglichkeiten bei den damaligen Seekampfmitteln unterworfen war. Die geringe Seeausdauer der Schiffe war auf die mangelhafte Bordversorgung der Besatzungen hinsichtlich Wasser und Verpflegung sowie ausreichende Befriedigung des Ruhebedürfnisses zurückzuführen. Auch konnte die dieserhalb notwendige Landnähe im Falle eines Sturmes für das Blockadegeschwader verhängnisvoll werden. Bei schlechten Sichtverhältnissen, besonders nachts, war die Blockade wenig effektiv. Die großen Blockadesprengungen vor Syrakus, Rhodos und Lilybaeum machten dies deutlich. Mit den technischen Mitteln der damaligen Zeit konnte man eine wirksame Blockade von längerer Dauer nicht aufrechterhalten.

Vor besondere Aufgaben waren die römischen Admiralstabsoffiziere dadurch gestellt, daß die Flotten sehr zahlreiches nautisch geschultes Personal für Decks- und Rojerdienst benötigten, wenn die volle Fahr- und Kampfbereitschaft sichergestellt bleiben sollte. Wie groß die Schwierigkeiten sein konnten, wenn diese Aufgabe nicht zufriedenstellend gelöst wurde, zeigte der Abfall der Britannischen Flotte unter Carausius. Zur Niederwerfung des Aufstandes mußte eine neue Flotte an den gallischen Flüssen gebaut und mit Binnenländern bemannt werden. Die Seeunerfahrenheit der Besatzungen ließ diese Flotte im ersten Sturm scheitern. So vereitelte mangelnde Seemannschaft das Erreichen eines strategischen Zieles.

Doch auch in römischer Zeit hörte der indirekte Einfluß der Seemacht nicht in kurzer Entfernung von der Küste auf, sondern wirkte weit in das Land hinein. Die Rheinflotte der Römer erwies sich von besonderer strategischer Bedeutung mit ihrer drohenden Stärke gegenüber den landgebundenen Germanen nach der Varus-Schlacht. Durch diese schwere Niederlage in dem Jahre 9 hätten damals auch die römischen Positionen auf dem linksrheinischen Ufer beeinträchtigt werden können, wenn nicht die Germanische Flotte Roms einerseits die Rheingrenze geschützt und andererseits durch die Möglichkeit von Landungen im freien Teil Germaniens die Gefahr einer Umfassung heraufbeschworen hätte. Friesen und Chauken verweigerten Armin dem Cherusker die Gefolgschaft aus Furcht vor der römischen Flotte, die in der Lage war, ihre Wohngebiete an der Nordsee, Ems, Weser und Elbe bis weit in das Land hinein zu verwüsten. Römische Geschwader konnten 150 bis 300 Flußkilometer auf diesen Strömen mühelos befahren. Ein klassisches Beispiel für die Ausübung politischen Drucks durch das Vorhandensein einer Flotte und deren Hineinwirken in das Landgebiet des Gegners.

Als Rom auf die weitere Expansion über den Rhein hinaus verzichtete, wurde der Einsatz seiner Germanischen Flotte bei verschiedenen Operationen durch Unentschlossenheit gekennzeichnet. Erst im 4. Jahrhundert machte die constantinische Flottenpolitik wieder aus der Germanischen Flotte, wie auch aus den anderen Flußflotten Roms, ein Instrument von strategischer Bedeutung, das ausgebaut und durch neue Schiffstypen modernisiert, in der Grenzverteidigung Bedeutendes leistete und oft entschlossen eingesetzt wurde.

Die römische Seestrategie hatte sehr frühzeitig den

Wert der Positionen erkannt. Die Gewinnung von Bundesgenossen, die über Flotten verfügten, war ein erklärtes Ziel römischer Politik. Die seestrategische Position des Römischen Reiches verbesserte sich mit jeder Eroberung. Der Erste Punische Krieg brachte Sizilien mit seinen leistungsfähigen Kriegshäfen als Beute ein. Im Jahre 238 v. u. Z. wurden Sardinien und Korsika besetzt, 228 v. u. Z. die illyrische Küste kontrolliert. Das Ende des Zweiten Punischen Krieges sah die Mittelmeerküsten Galliens und Spaniens in römischer Hand. Die nordwestliche Küste Afrikas stand unter der Kontrolle eines römischen Bundesgenossen. Die Hegemonialmacht in Griechenland wurde im Zweiten Makedonischen Krieg niedergekämpft. Seit 197 v. u. Z. kontrollierte Roms Flotte die Küsten von Hellas. Weiter nach Osten ausgreifend, war 188 v. u. Z. das Syrische Reich niedergerungen und Rom ohne maritim relevante Gegner im Mittelmeer. Die Zerstörung Karthagos im Jahre 146 v. u. Z. bildete das Schlußglied einer langen Kette, die alle Ufer dieses Meeres an Rom fesselte.

Die seestrategische Position der römischen Flotte wurde nunmehr treffend durch die lateinische Bezeichnung des Mittelmeeres – Mare Internum – das innere Meer – gekennzeichnet.

Die große Handelsflotte des Reiches, eminente Voraussetzung für Seegeltung und Seemacht, konnte sich seit 67 v. u. Z., gegen Piraten durch die Kriegsflotte geschützt, intensiv dem Erwerb widmen. Auch der römische Staat hatte erkannt, was Sir Walter Raleigh (1552–1618) später in die Worte faßte: »Wer auf der See herrscht, beherrscht den Handel. Wer den Handel beherrscht, beherrscht die Reichtümer der Welt und damit die Welt selbst.« Auch noch im 4. Jahrhundert zeigte sich die römische Flotte in der Lage, den Überseehandel, nach den Raubzügen der Goten und Heruler, die in den Jahren von 256 bis 277 die Seeherrschaft Roms schwer erschüttert hatten, wieder so weitgehend gegen Seeraub zu schützen, daß er sich merklich belebte.

Römische Strategie war darüber hinaus immer bemüht, Meerengen und die Zugänge der Randmeere der antiken Welt zu gewinnen oder zu sichern. Die Meerenge von Gibraltar wurde seit 206 v. u. Z., dem Jahr der Einnahme von Cadiz, die Dardanellen und der Bosporus seit dem Jahre 133 v. u. Z. von römischen Flotten kontrolliert. Im englischen Kanal dominierten nach der Eroberung Galliens, die 51 v. u. Z. abgeschlossen war, römische Seestreitkräfte. Kaiser Nero (54–68) erreichte mit seinen Flottenverbänden Aden am Ausgang des Roten Meeres und die Insel Socotra im Indischen Ocean. Im Jahre 92 setzten die Römer den Dariuskanal auf der Landenge von Suez wieder instand und besaßen eine durchgehende Wasserverbindung von Rom nach Indien. Weitergehenden Vorstößen, so bis Kap Skagen im Jahre 5 und in den Persischen Golf in den Jahren 117 und 197, blieben dauerhafte Erfolge versagt.

Von besonderer Bedeutung für die Errichtung des Imperiums war das von den Römern meisterhaft beherrschte Zusammenwirken von Land- und Seemacht, besonders in der amphibischen Kriegführung. Noch im 4. Jahrhundert finden wir strategische Planungen, die das Zusammenwirken von Heer und Flotte voraussetzen. Sehr deutlich zeichnete sich eine solche Konzipierung bei den Feldzügen Constantins in den Jahren 312 und 324 ab.

Im Verlaufe der Jahrhunderte kämpften die Flotten immer wieder Seewege frei, auf denen die Legionen zur Besetzung der gegnerischen Länder transportiert wurden, und sicherten den Nachschub auf dieser unzerstörbaren Straße.

Das römische Volk gehörte zu den wenigen Völkern dieser Erde, die im Verlaufe ihrer Geschichte gelernt hatten, mit klaren Zielsetzungen die See in ihrer Politik gebührend zu berücksichtigen und seestrategische Vorhaben größten Ausmaßes zu verwirklichen. In der Spätzeit römischer Seemacht fand das 6. Jahrhundert eine kaiserliche Flotte vor, der es gelang, das alte Imperium zu restaurieren. Der römische Staat war in der bisherigen Menschheitsgeschichte – bis zur Entstehung der beiden Giganten USA und UdSSR – als einziges organisiertes Gemeinwesen in der Lage, nicht nur eine gewaltige Landrüstung aufrechtzuerhalten, sondern über Jahrhunderte hinweg **gleichzeitig** effektiv Seemacht auszuüben.

Seekriegstaktik

Die Art und Weise, wie Flotten, Geschwader und einzelne Kriegsschiffe an dem von strategischen Überlegungen bestimmten Ort des Seekampfes eingesetzt wurden, um den Gegner zu vernichten, und die Maßnahmen, die den Gegner daran hinderten, sein Kampfpotential wirksam einzusetzen, bestimmte die Seekriegstaktik.

Auf dem westlichen Nilufer, gegenüber der heutigen Stadt Luxor befindet sich in Ägypten die Tempelanlage von Medinet Habu. Reliefabbildungen und Inschriften geben dort Kunde von einer Seeschlacht, in der Pharao Ramses III. 1176 v. u. Z. die Invasionsflotte der sogenannten »Seevölker« vernichtend schlug. Die Schiffe der Invasoren, noch ausschließlich Transporter für Landungstruppen, ohne Rammsporn, mit gleichartig ausgebildetem Vor- und Achtersteven und einem Mast mit Kampfmars und Rahsegel, wurden bei der Einfahrt in das Nildelta von den ägyptischen Geschwadern über See umfaßt und gegen die Küste gedrängt. Dieses Umfassungsmanöver war die erste uns überlieferte, geplant ausgeführte seetaktische Operation einer Flotte. Die Schiffe der Seevölker fielen, wie die ägyptische Inschrift es ausdrückt, »ins ausgespannte Netz«. Der Kampf vor der Nilmündung zeigt überdies alle Merkmale der Seekriegstaktik der Frühzeit. Bei der in Küstennähe ausgefochtenen Schlacht war nicht die Vernichtung des feindlichen Schiffes, sondern seiner Besatzung operatives Kampfziel. Das Ferngefecht wurde mit Schleuder, Bogen und Wurfspeer geführt, um anschließend den Nahkampf nach der Enterung des gegnerischen Fahrzeuges zu suchen. Erst die Einführung des eigentlichen Rammspornes, vermutlich gegen Ende des 9. Jahrhunderts v. u. Z., veränderte die antike Seekriegstaktik nachhaltig und machte das Schiff selbst zur Waffe. Von Griechen und Karthagern übernommen, die die Rammtaktik bereits zur Vollkommenheit entwickelt hatten, besaßen auch die römischen Kampfeinheiten als eine ihrer Hauptwaffen den Rammsporn (rostrum). Er war ein wesentliches konstruktives Merkmal des römischen Kriegsschiffes. Wendungen und Evolutionen für die Ausnutzung dieser Waffe wurden immer wieder geübt. Die Besatzung eines Rammschiffes hatte, um die Gefechtsbereitschaft herzustellen, zuvor, sofern man noch unter Segel lief, diese zu streichen und zu bergen, den Mast auszuheben und beides zu verstauen. Bei den während der Schlacht auszuführenden Gefechtsmanövern wäre die Segeleinrichtung des Kriegsschiffes nur hinderlich gewesen. Rammstöße waren ohnehin nur ohne Takelage auszuführen, da diese bei der Wucht des Aufpralles über Bord gegangen wäre. Um den Sporn anzuwenden, lief das mit ihm bewehrte Kampffahrzeug mit äußerster Kraft auf den entgegenkommenden Gegner zu. Man hatte dabei aber nicht die Absicht, seinen Bug zu rammen, sondern versuchte, das gegnerische Schiff zu passieren, dabei möglichst sein Riemenwerk zu zerstören, das Ruder hinter ihm hart zu legen und den Rammstoß seitlich anzubringen.

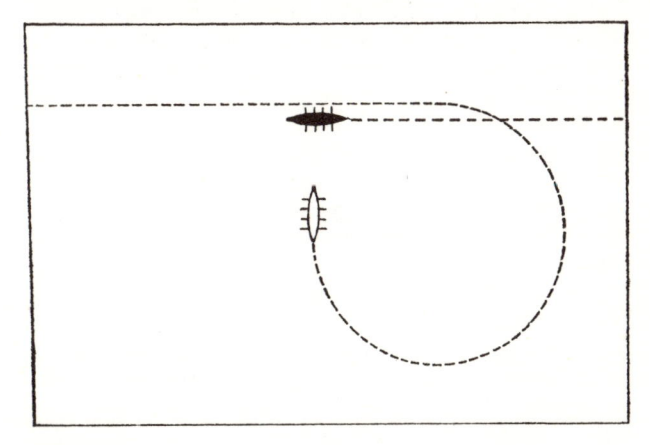

Skizze 146

Als wirksames Gegenmanöver befahl der Kommandant des angegriffenen Schiffes gleichfalls die Hartruderlage, jedoch zur entgegengesetzten Seite, so daß beide Schiffe nach Ausführung eines Kreises ihre Rammsporne wieder gegeneinander wendeten.

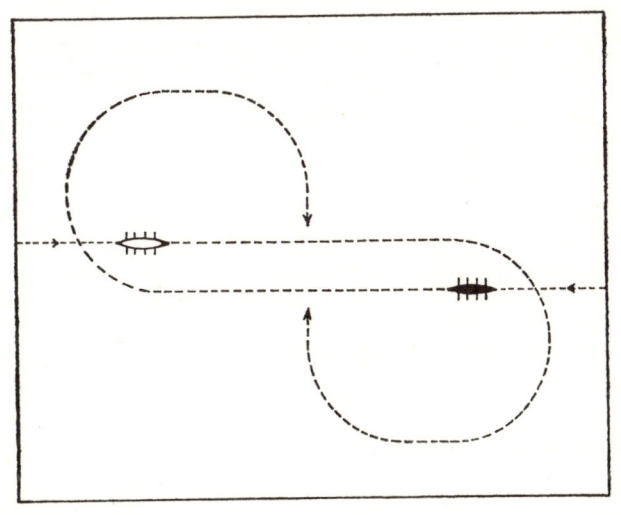

Skizze 147

Man konnte bei vollem Einsatz der Rojer und nicht zu grober See für kürzere Strecken 3 bis 5 Kn Fahrt machen. Durch die Wucht des Anpralles war man bestrebt, dem gegnerischen Schiff den Sporn in die Planken zu jagen und die Schiffshaut so aufzureißen, daß der Gegner in kurzer Zeit sank. Wurde dieser Erfolg durch Ausweichbewegungen des feindlichen Fahrzeuges verhindert, so versuchte man so zu manövrieren, daß zumindest der Gegner Beschädigungen, insbesondere an seinen Riemen, davontrug. Einen dann in der Bewegung behinderten Gegner versuchte man zu entern, indem sich Schiff an Schiff legte. Auf den Kampfdecks der römischen Kriegsschiffe standen in der Seeschlacht die schwerbewaffneten Seesoldaten bereit, auf das Deck des gegnerischen Schiffes zu springen und dessen Besatzung im Nahkampf niederzumachen.

Der Diekplus (= Durchfahrt) und der Periplus (= Umfahrt) waren Manöver (vergleiche Skizze 146), die von aus leichten und mittleren Einheiten bestehenden Flottenverbänden gefahren wurden. Bei dieser von Karthagern und Griechen ausgebildeten Manövriertaktik versuchte man, die Bewegungsmöglichkeit des Schiffes auszunutzen. Der Diekplus wurde gefahren, indem man, in Dwarslinie angreifend, nicht sofort versuchte, den Rumpf des gegnerischen Schiffes zu rammen oder den Enterkampf einzuleiten, sondern man hielt Kurs auf den Zwischenraum zwischen zwei feindlichen Fahrzeugen und versuchte, bei der Durchfahrt durch die gegnerische Dwarslinie so dicht an einem feindlichen Schiff entlang zu laufen, daß dessen Riemen geknickt oder abgestreift wurden. Bei mit Riemen fortbewegten Kriegsschiffen waren deren Seiten die schwächsten Stellen und die Riemen in der Seeschlacht die einzigen Antriebsmittel. Wurden sie zerstört, war das Schiff bewegungsunfähig. Bei der Durchfahrt wurden gleichzeitig vom Kampfdeck die Fernwaffen des Schiffes (Schleuder, Bogen, Geschütz) zur Anwendung gebracht und der Gegner unter Wirkungsfeuer genommen. War der Durchbruch durch die feindliche Formation und die Zerstörung des Schiffsantriebes auf einer Seite gelungen, so wendete man das eigene Fahrzeug, fuhr einen Bogen, Umfahrt oder Periplus genannt, und rammte den manövrierunfähigen Gegner seitlich. In Weiterentwicklung dieser Taktik fuhr man in Kiellinie, Schiff hinter Schiff, durch den Sporn des folgenden gedeckt, an der in Dwarslinie laufenden gegnerischen Flotte entlang, eine Art »crossing the T«-Formation der beiden Flotten zueinander herstellend.

Man forderte bei dieser Kampfformation einzelne Schiffe des Feindes geradezu heraus, die Dwarslinie zu verlassen und, vorprellend, ein Rammanöver gegen die Breitseite zu fahren. Geschah dies, so legte man das Ruder hart Back- oder Steuerbord und zeigte dem anlaufenden Gegner den spornbewehrten Bug, während das folgende Schiff versuchte, einen Rammstoß gegen die Seite des Angreifers zu führen. Dieses taktische Manöver erforderte gute Seemannschaft. Hielt der Feind seine Gefechtsformation diszipliniert ein und ließ sich nicht provozieren, so versuchte man, den Flügel der gegnerischen Dwarslinie zurückzudrängen, indem man forciert dort angriff. Sich daraus ergebende Wendungen der feindlichen Flotte nutzte man sofort zum Seitenangriff aus. Die volle Entfaltung der Bewegungstaktik setzte einen hohen Ausbildungsstand der nautischen Besatzung und nicht zu enge Gewässer, möglichst das offene Meer, voraus.

Taktische und konstruktive Gegenmaßnahmen gegen diese von Griechen und Karthagern meisterhaft beherrschten, für das gegnerische Schiff und seine Besatzung außerordentlich gefährliche Manöver wurden entwickelt. Die erste taktische Gegenmaßnahme bestand darin, zur Seeschlacht in doppelter Dwarslinie so aufzufahren, daß die einzelnen Schiffe genau hintereinander liefen.

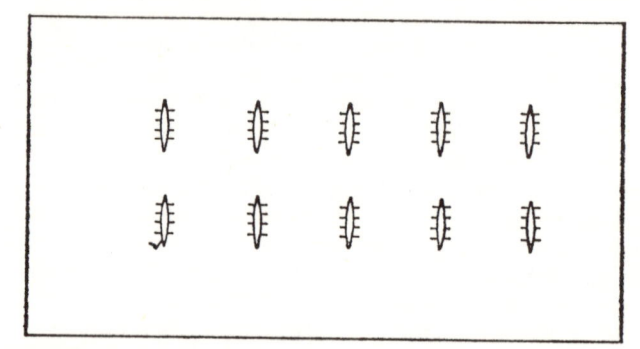

Skizze 149

Die Kampfaufgabe der zweiten Dwarslinie bestand darin, den Gegner nach der Durchfahrt durch die erste Linie in dem Moment zu rammen, in dem er nach der Wendung den Bogen fuhr und zum Rammstoß gegen die Schiffe der ersten Dwarslinie ansetzte. Bei der zweiten Abwehrmaßnahme gegen den Diekplus formierte sich die hintere Dwarslinie auf Lücke.

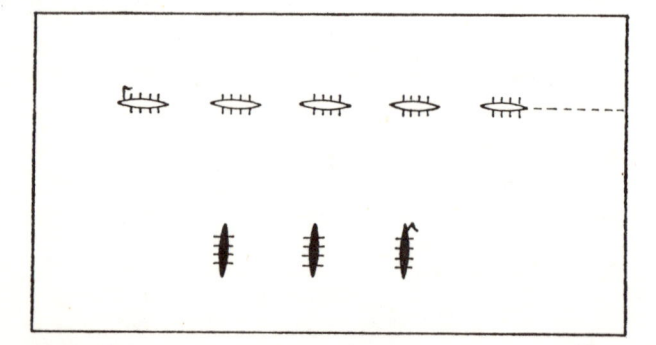

Skizze 148

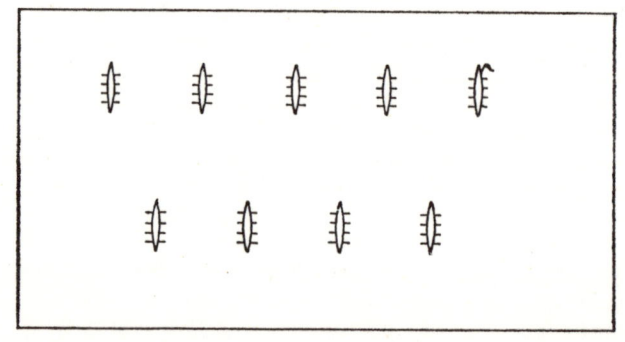

Skizze 150

Durch diese taktische Formation wurde die Durchfahrt praktisch unmöglich gemacht, da der Gegner sich einem frontalen Rammstoß der zweiten Dwarslinie aussetzte. Wenn man auch wegen der Maximalwirkung versuchte, grundsätzlich den Gegner genau seitlich oder zumindest unter einem schrägen Stoßwinkel zu rammen, so waren die römischen Schlachtschiffe doch im Vorschiff so konstruiert, daß sie auch Rammstöße frontal führen und auffangen konnten. Als weitere konstruktive Gegenmaßnahme verstärkte man Vorschiff und Seiten der Schlachtschiffe durch einen hölzernen Gürtelpanzer, der das taktische Manöver des Diekplus, gefahren von leichten Seestreitkräften gegen schwere Einheiten, zur Erfolglosigkeit verurteilte.

Der Dwarslinie als Kampfformation, in der Schiff neben Schiff lief, gab man häufig im Zentrum eine leicht konkave oder, wenn es für die taktische Absicht günstiger erschien, durch Zurücknahme der Flügel, konvexe Form. Diese wurde gefahren, um eine Umfassung zu erschweren. Die Kiellinie stellte die übliche Marschformation der Römer dar. Die Flotten liefen nicht nur in einfacher, sondern auch in zwei- bis vierfacher Kiellinie, marschierten also in mehreren Geschwadern nebeneinander. Durch Einschwenken konnte man aus diesen Marschformationen unschwer die Kampfformation der einfachen oder mehrfachen Dwarslinie herstellen. Vereinzelt wurde die Kiellinie, wie oben gezeigt, auch als Kampfformation gefahren.

Die Formierung eines vollen Kreises in Dwarslinie war eine seetaktische Defensivmaßnahme. Zum Schutze von Geleiten oder bei eigener Unterlegenheit in aussichtloser Lage fuhr man in »Igelstellung« auf, dem angreifenden Feind den Rammsporn zugewandt.

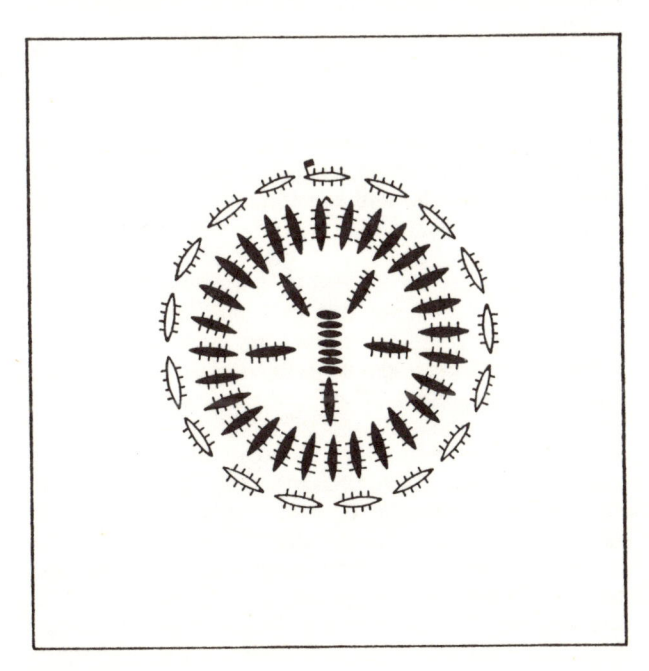

Skizze 151

Mit negativem Erfolg wurde diese Formation von korinthischen Seestreitkräften anläßlich eines Seetreffens im Golf von Rhion, Peloponnes (429 v. u. Z.), eingenommen. Die Athener griffen, den Gegner in Kiellinie umrundend, aus der Kreisformation an.

Die korinthischen Schiffe, das Geleit im Inneren des Kreises, lagen so dicht nebeneinander, mit dem Sporn nach außen, daß eine Durchbrechung der äußeren Kampflinie schwierig war. Für den Fall, daß der Durchbruch doch einzelnen Schiffen des Gegners gelingen würde, hatte man im Inneren des Kreises, die Transporter nochmals umgebend, fünf der kampfkräftigsten Einheiten plaziert. Ihre Aufgabe bestand darin, durchgebrochene Gegner zu vernichten, während sich der äußere Kreis wieder schloß. Der athenische Flottenverband umfuhr den Kreis eng aufgeschlossen, so daß jedes Schiff durch den Rammsporn des folgenden gedeckt war. Durch Scheinangriffe erreichte man ein Zurückweichen der Korinther. Der Radius ihres Verteidigungskreises verkleinerte sich zusehends und setzte die Bewegungsmöglichkeit der äußeren Einheiten so stark herab, daß sich die Schiffe gegenseitig behinderten. Als ihre Riemen nicht mehr klar kamen, griffen die Athener an. Die korinthischen Kommandanten konnten mit stilliegenden Fahrzeugen keine Manöver mehr ausführen und unterlagen.

Die Römer wandten bei ihrem ersten Auftreten als Seemacht, in der Schlacht bei Mylae, eine von der griechischen und kartagischen Bewegungstaktik extrem abweichende Seekriegstaktik an. Nicht das Rammanöver in der Modifikation des Diekplus eröffnete den Kampf, sondern die schweren Einheiten nahmen den Feind, wenn auch die Quellen hierüber schweigen, auf verhältnismäßig große Distanz unter Wirkungsfeuer, dessen Intensität besonders auf den gegnerischen Kampfdecks verspürt wurde. Die Schleudergeschütze eröffneten sicher auch hier den Fernkampf, da bereits von den Griechen Geschütze im Seekrieg eingesetzt wurden. Gleichzeitig liefen die römischen Geschwader in Dwarslinie mit hoher Fahrt auf den Gegner zu und versuchten, unter Verzicht auf den Diekplus, im ersten Anlauf zu rammen, oder, falls dies beim einmaligen Angriff mißlang, mit Hilfe der Enterbrücke (corvus) die feindlichen Schiffe zu nehmen. Der Spornangriff war taktisch in diesem Fall kein selbständiges Manöver, sondern stellte lediglich den Übergang vom Fernkampf zum Nahkampf dar. Dieser wurde nach den taktischen Prinzipien des Landkrieges von schwerbewaffneten Seesoldaten geführt. Das nachdrücklich verfolgte Ziel der Römer beim ersten Einsatz ihrer Flotte 260 v. u. Z. war die Erzwingung des Nahkampfes unter Ausschluß der Bewegungstaktik. Die Enterbrücke, deren nähere Beschreibung wir bei der Bewaffnung finden, war für diesen taktischen Einsatz der römischen Schiffe und den Sieg über die Karthager entscheidende Voraussetzung.

Rammstöße leichter oder mittlerer Einheiten gegen die durch Bronzeplatten, Planken- oder Balkengürtel geschützten Großkampfschiffe blieben zumeist ergebnislos. Der hohe Freibord dieser Einheiten erschwerte das Entern ebenso wie die große Zahl der Seesoldaten, die auf dem Kampfdeck standen. Dieses Oberdeck war nochmals durch Kampftürme überhöht, auf denen sich Schleuderer, Bogenschützen und leichte Katapultgeschütze befanden. Auch auf dem Kampfdeck selbst standen Wurf- und Schleudergeschütze, die den Fernkampf einleiteten. Die Geschütze »verfeuerten« nicht nur Steingeschosse, sondern auch brennende Pfeile, Lanzen, Feuerkörbe und Töpfe mit ungelöschtem Kalk. Die Art der »Munition«, die verschossen wurde, richtete sich nach der Entfernung, dem speziellen Ziel, der Zielzuweisung und dem an Bord vorhandenen »Munitionssortiment«. Hatte man sich dem Gegner so weit genähert, daß Schleuderer und Bogenschützen in den Kampf eingreifen konnten, so wurde zumeist das Wirkungsfeuer der schwersten Geschütze eingestellt. Diese bereiteten sich auf das Schleudern der harpagones, der erstmalig in der Seeschlacht bei Naulochus (36 v. u. Z.) eingesetzten Schleuderenterhaken, vor. Hatte der abgeschossene harpax gefaßt, so verholte man das gegnerische Schiff an die eigene Bordwand. War die Verbindung zwischen den Schiffen hergestellt, stürmten die Seesoldaten das Kampfdeck des Gegners.

Im Gegensatz zur Kampfweise der griechischen und karthagischen Flotten, deren Geschwader nicht nur nebeneinander, sondern auch in zweifacher oder mehrfacher Dwarslinie hintereinander kämpften, so auch die Ägypter 48 v. u. Z. gegen Caesar bei Alexandria, bevorzugten die Römer die einfache Dwarslinie, Geschwader neben Geschwader, um möglichst viele Geschütze im Fernkampf gleichzeitig einsetzen und im ersten Aufeinandertreffen das ganze Gewicht ihrer Flotte in den Enterkampf werfen zu können. In der Schlacht bei Ecnomus 256 v. u. Z. finden wir eine Ausnahme von dieser Regel, bei der jedoch die taktische Formation von der strategischen Absicht bestimmt wurde. Es handelte sich, wie bei den Flottenoperationen und der Strategie erwähnt, um eine Geleitzugsschlacht. Die römische Schlachtflotte war vom Flottenkommando eingesetzt worden, um einen Konvoi mit der eingeschifften Invasionsarmee sicher an die Küste des Gegners zu geleiten und die Großlandung im Herzland Karthagos abzusichern. Nicht die Vernichtung der karthagischen Flotte, sondern die Durchbringung dieses Geleitzuges war maßgeblich für die eingenommene taktische Formation. Die römischen Flottenbefehlshaber wählten, um das zu sichernde Geleit durch die in eingeschwenkter Dwarslinie entgegenlaufende karthagische Flotte zu bringen, mit ihrem 1. und 2. Geschwader die gestaffelte Keilformation. Das 3. Geschwader lief in einfacher Dwarslinie als Reserve hinter diesen beiden Geschwadern, so daß sich als Kampfformation in der Draufsicht ein gleichschenkliges Dreieck ergab. Die Einnahme der Keilformation mit einem Basisgeschwader zeigt, daß die Flottenführung den Durchbruch erzwingen wollte. Das hinter dem Reservegeschwader marschierende Transportgeschwader wurde im Rücken durch das gleichfalls in Dwarslinie folgende 4. Geschwader gedeckt. Die zum Teil geschleppten Transportschiffe waren vermutlich von dem 3. und 4. Geschwader in die Mitte genommen worden, um gegebenenfalls einen Verteidigungskreis bilden zu können.

Bei der Beurteilung der taktischen Überlegungen und der eingenommenen Formationen wurde bisher von Historikern die strategische Absicht der römischen Flottenführung zuwenig berücksichtigt. Der spezifische Charakter der Auseinandersetzung als Geleitzugsschlacht wurde nicht erkannt. Eingedenk der römischen Absichten war die gewählte taktische Formation zwar schwer zu fahren, doch durchaus sinnvoll. Außerdem zeigt der Verlauf dieser Seeschlacht, daß die Römer das Manöver der Durchfahrt beherrschen, sonst hätten sie wohl kaum ihre Taktik auf einen Durchbruch abgestimmt. Sie waren in der Lage, in großen geschlossenen Verbänden zu manövrieren, und beherrschten schwierige Gefechtsformationen. Im Kampf Mann gegen Mann war ohnehin der römische Seesoldat allen Gegnern durch seine Bewaffnung, Disziplin und Kampftechnik überlegen. Der römische Sieg vor Ecnomus war zunächst ein taktischer Sieg. Strategisch gesehen stellte die Schlacht für den Augenblick einen Rückschlag dar. Die Absicht der Römer war es, die karthagische Schlachtordnung zu durchbrechen und die Invasionsarmee in der Nähe Karthagos zu landen. Letzteres gelang nicht sogleich, sondern nach der siegreichen Schlacht lief die römische Invasionsflotte zunächst wieder nach Sizilien zurück, um Gefechtsschäden auszubessern und die in der Schlacht verlorengegangenen Fahrzeuge, Material und Mannschaften zu ersetzen. So hatten die Karthager etwas Zeit gewonnen, ihre Abwehrmaßnahmen zu verstärken. Die Großlandung konnte wenige Monate später jedoch von ihrer Flotte nicht verhindert werden, da die Verluste der vorangegangenen Seeschlacht noch nicht ersetzt worden waren. Insoweit hatte der Sieg der Römer letztlich entscheidende strategische Auswirkungen.

Das Seegefecht vor dem Hafen von Karthago im Dritten Punischen Krieg, im Jahre 146 v. u. Z., brachte erneut den Beweis, daß die römische Flottenführung das Schiff als Kampfinstrument seiner Eigenart gemäß einsetzen konnte und nicht nur der römische Seesoldat, sondern auch die nautische Besatzung, vom Schiffsführer über den Matrosen bis zum Rojer, ihr Handwerk verstanden. Nur eine gut eingeübte seemännische Besatzung war in der Lage, die in diesem Gefecht angewandte Schwärmtaktik erfolgreich anzuwenden. Die römischen Schiffe liefen mit äußerster Kraft bei jedem gegnerischen Schiff zugleich auf dessen Steuer- und Backbordseite zu. Die Kampfbesatzung wurde nicht zum Entern, sondern lediglich zur Beschädigung oder Zerstörung der Riemen oder anderer wichtiger Schiffsteile eingesetzt. War dies gelungen, so lief man sofort wieder mit hoher Fahrt ab, um sich den Fernwaffen des Gegners, die in diesem Fall auch von Land her eingesetzt werden konnten, zu entziehen.

Die römische Bewegungstaktik wurde besonders ausgeprägt in den Seeschlachten bei Naulochus (36 v. u. Z.) und Actium (31 v. u. Z.) angewandt. Der Einsatz leichterer Seestreitkräfte gegen Großkampfschiffe war nur mit der Schwärmtaktik möglich. Agrippa hatte nach der Schlacht bei Naulochus die Liburne in großer Zahl als neuen Schiffstyp in der römischen Flotte eingeführt und stieß bei Actium mit diesen schnellen Schiffen aus einer von beiden Parteien eingenommenen klassischen Gefechtsformation, der jeweils in drei Geschwader nebeneinander gegliederten Dwarslinie, gegen den Gegner vor. Das ägyptische Reservegeschwader der Kleopatra spielte in der Schlacht bekanntlich keine rühmliche Rolle. Jeweils mehrere Liburnen griffen ein schweres gegnerisches Schiff von beiden Seiten an. Sie zwangen so den Feind, seine Abwehrwaffen zugleich auf mehrere Ziele anzusetzen. Die Zielverteilung war mit den Mitteln der damaligen Befehlsübermittlung an Bord der Schlachtschiffe schwierig. So wurden häufig alle Abwehrwaffen auf einen Gegner gelenkt, während die übrigen angreifenden Einheiten bereits den Enterkampf einleiteten. Der von den leichten Einheiten mit großer Perfektion angewandten Schwärmtaktik verdankte Agrippa bei Actium den Sieg. Doch war diese Taktik für die römischen Flottenführer nicht neu, da sie bereits 115 Jahre vorher vor Karthago angewandt wurde. Auch die Römer wußten, daß es äußerst riskant ist, fremde Taktiken nachzuahmen, bevor man sich in Ruhe gründlich damit vertraut gemacht hatte. So wird auch die römische Flottenführung neben allen anderen Gefechtsbewegungen auf das Einüben des Diekplus und der Schwärmtaktik bereits vor dem Jahre 146 v. u. Z. Wert gelegt haben. Auch Caesars Flotte wandte im Gallischen Krieg in der Seeschlacht in der Bucht von Quiberon im Jahre 56 v. u. Z. die Schwärmtaktik an. Die hochbordigen Schwerwetterschiffe der Veneter, reine Segelkriegsschiffe, waren im Kampf ohne intakte Takelage und Segel hilflos. Er ließ sie beiderseits von seinen Riemenkriegsschiffen angreifen und im Vorüberpullen mit Sichelmessern, die an lange Stangen gebunden waren, Segel und Takelage zerschneiden, so daß sie manövrierunfähig wurden und geentert werden konnten.

Der Brander spielte in der römischen Seekriegstaktik eine bedeutende Rolle. Bereits von Karthagern und Griechen als Seekampfmittel entwickelt und erfolgreich eingesetzt, wurde ein kleineres Schiff mit Pech, Talg, Harz, Öl und anderen leichtentzündbaren Stoffen an Bord, die man in Brand setzte, so geschleppt, gesegelt oder mit der Strömung treiben gelassen, daß es auf feindliche Schiffe zulief und diese mit entzündete. Die Besatzung des Branders ging rechtzeitig in die scapha, das Schiffsboot, setzte zuvor die Ruder fest und ließ den Brander brennend auf den Gegner zutreiben. Vor allem gegen zu Anker oder im Hafen liegende Schiffe erzielten Brander, für die es keine spezielle Bezeichnung in der griechischen oder römischen Flotte gab, bedeutende Erfolge. Der erste uns überlieferte Branderangriff erfolgte im Jahre 413 v. u. Z. anläßlich der sizilischen Expedition der Athener gegen Syrakus (415–413 v. u. Z.). Die Flotte von Syrakus setzte einen Brander gegen 68 im Flottenlager der Athener liegende Schiffe, allerdings ohne Erfolg, ein. Die Römer machten erstmalig mit der Brandertaktik der Karthager im Dritten Punischen Krieg Bekanntschaft. Die vor Karthago liegende römische Flotte entging im Spätherbst des Jahres 149 v. u. Z. der Vernichtung durch einen karthagischen Branderangriff mit knapper Not. Seit der zweiten Hälfte des 1. Jahrhunderts v. u. Z. wurde der Brander verstärkt eingesetzt. Im Bürgerkrieg errangen die Pompejaner durch den Einsatz dieser Schiffe vor Messana (Messina) im Jahre 48 v. u. Z. und Vibo (Vibo Valentia) bedeutende Erfolge. In Messana wurden 35, vor Vibo fünf Kriegsschiffe Caesars durch Brander vernichtet. Im Jahre 45 v. u. Z. konnte die Flotte Caesars durch den Einsatz eines Branders bei Carteia 20 feindliche Einheiten versenken. Durch einen Branderangriff gelang es den Seestreitkräften des Sex. Pompeius, die in Brundisium (Brindisi) liegenden Einheiten Octavians im Jahre 42 v. u. Z. vollständig zu vernichten. Einer der größten Seesiege der Weltgeschichte wurde durch die Verwendung von Brandern errungen. Im Jahre 468 vernichteten die wandalischen Seestreitkräfte durch den Nachteinsatz dieser Spezialschiffe die halbe vor Kap Bon liegende römische Invasionsflotte von 1 100 bis 1 300 Schiffen mit 100 000 Mann an Bord. Die wandalischen Geschwader zählten 200 Einheiten.

Nahm man beim Brander als Angriffswaffe die Zerstörung eines eigenen Schiffes bewußt in Kauf, so war dies bei der Blockschiffssperre als Verteidigungsmaßnahme ebenso der Fall. Schon die Griechen versenkten mit Steinen beladene Frachtschiffe in der Hafeneinfahrt, um den Gegner am Einlaufen zu hindern. Die Römer errichteten auf den versenkten Schiffen, die als Fundament dienten, auch Verteidigungstürme. Als Beispiel mögen hier die von Caesar geschilderten Maßnahmen zur Sperrung des Hafens von Oricum im Jahre 48 v. u. Z. dienen, die der Legat M. Acilius Caninus traf *(Caesar, Bell. Civ. 3,39)*. »Den Eingang zum Hafen blockierte er durch ein versenktes Frachtschiff und verankerte an diesem ein zweites. Darüber errichtete er einen Verteidigungsturm, sperrte so die Hafeneinfahrt, besetzte den Turm mit Soldaten und übergab ihnen diesen zur Abwehr aller möglichen unvorhergesehenen Überraschungen.« Bei den Kämpfen in Alexandria (48/47 v. u. Z.) verdämmten die Ägypter die Einfahrt zum Eunostoshafen. Sie ließen lediglich eine schmale Öffnung zum Auslaufen ihrer Schiffe frei, die dann von Caesar durch Blockschiffe unpassierbar gemacht wurde. Auch der bei Pelusium mündende Nilarm wurde von den Ägyptern in den Kämpfen mit Caesar und seinen Verbündeten durch versenkte Schiffe gesperrt. Für den Hafenbau machten die Römer sich später diese als seekriegstaktische Maßnahme erprobte Methode nutzbar. Beim Bau des Portus Romae wurde ein sehr großes, mit Betonmasse in Puteoli gefülltes Schiff zur Tibermündung geschleppt und als Senkkasten verwendet. Dieses Fundament aus Pozzuolangußwerk trug den Leuchtturm des neuen Hafens.

Doch nicht nur der Verteidigung diente die Hafensperre, sondern auch der Blockierung der Einfahrt durch den Angreifer. Scipios Damm im Dritten Punischen Krieg bei der Belagerung Karthagos in den Jahren 147 und 146 v. u. Z. ist hierfür ein gutes Beispiel. Die Römer verwandten in diesem Fall keine versenkten Schiffe, um den Hafen Karthagos abzuriegeln. Da sie die Seeherrschaft besaßen und auch zu Lande das Terrain beherrschten, konnten sie in aller Ruhe einen Damm aufschütten und waren nicht gezwungen, wertvolle Schiffe zu opfern. Dies tat man nur, wenn die Zeit drängte. In den Kämpfen zwischen Caesar und Pompeius, letzterer war zur See überlegen, räumte aber Italien, während Caesar größere Machtmittel zu Lande besaß, erfolgte eine Verdämmung des wichtigen römischen Flottenstützpunktes Brundisium (Brindisi) durch die Landstreitkräfte Caesars, um diesen Hafen für die Kriegs- und Transportflotte Pompeius' zu sperren. Caesar selbst schreibt *(Caesar, Bell. Civ. 1,25):*

»Diese Absperrung wurde folgendermaßen vorgenommen: Wo die Hafeneinfahrten am engsten waren, ließ ich auf beiden Seiten des Strandes – das Meer war dort seicht – einen Damm aufwerfen. Weiter auf die Mitte zu, wo der Damm bei der größeren Meerestiefe keinen festen Halt mehr haben konnte, legte ich dem Damme gegenüber dreißig Fuß lange und breite Doppelflöße. Diese verankerte ich an den vier Ecken mit je vier Ankern, damit sie nicht durch die Flut abgetrieben würden. Nach ihrer Fertigstellung und Verankerung verband ich mit ihnen nacheinander andere gleich große Flöße. Ich ließ sie mit Schutt und Erde bewerfen, damit ein schnelles Anrücken zur Verteidigung möglich wurde. Auf der Vorderseite und auf beiden Seiten sicherte ich sie durch Faschinen- und Schirmwände. Auf jedem vierten Floß ließ ich Türme, zwei Stockwerke hoch, errichten, um sie desto bequemer gegen Schiffsangriffe und Feuer zu schützen.

Als Gegenmaßnahme richtete Pompeius große Frachtschiffe her, die er im Hafen von Brundisium gekapert hatte. Auf ihnen ließ er Türme mit je drei Stockwerken aufrichten, rüstete sie mit zahlreichen Geschützen und jeder Art von Angriffswaffen aus und ließ sie gegen meine Blockierungswerke vorstoßen, um die Flöße zu durchbrechen und die Dämme zu sprengen. So wurde täglich auf beiden Seiten von weitem mit Schleudern, Pfeilen und anderen Geschossen gekämpft.«

Auch Constantius ließ im Jahre 293 bei der Eroberung des Hauptstützpunktes der Britannischen Flotte den Hafen von Bononia/Gesoriacum (Boulogne) durch einen geschütteten Damm sperren. Er konnte den Seeplatz nach kurzer Belagerung nehmen.

Die taktischen Möglichkeiten zur Sperrung oder Sicherung von Hafeneinfahrten und Flußmündungen waren mit der Blockschiffssperre und dem geschütteten Damm keineswegs erschöpft. Die Römer kannten darüber hinaus Ketten-, Palisaden-, Pfahl- und schwimmende Sperren. Die meisten großen Kriegshäfen der mittelmeerischen Seemächte, so Athen, Karthago, Syrakus, Byzanz, Cyzicus u. a. m., waren im Altertum mit Kettensperren ausgerüstet. Aus starken Eisenketten bestehend, die quer zur Hafeneinfahrt gespannt waren, konnte die Kettensperre zumeist mittels Maschinen vom Lande aus bedient werden. Beim Einlaufen eigener Schiffe gefiert, wurde die Kette vor dem Gegner angeholt und steifgesetzt. Geschicktes Manövrieren erlaubte es dem Angreifer zumeist, wie die Erfahrung zeigte, durch Gegenlaufen schwerer und Überlaufen leichter Fahrzeuge das Hindernis zu überwinden.

Palisaden- oder Pfahlsperren setzten als feste Sperren mäßige Wassertiefe voraus. Für unterseeische Sperren dieser Art war das Mittelmeer besonders geeignet, da der Tidenhub dort gering ist. Dies gilt auch für die Ostsee. Im Jahre 1969 fand man in der Haderslebener Förde eine auf das 3. Jahrhundert datierte germanische Pfahlsperre. An der gallischen Atlantikküste wäre eine solche Unterwassersperre bei Ebbe trockengefallen und damit sofort vom Gegner entdeckt worden. Das Palisadenwerk wurde im Mittelmeer häufig aus Eisen, die Pfahlsperre aus Holz hergestellt.

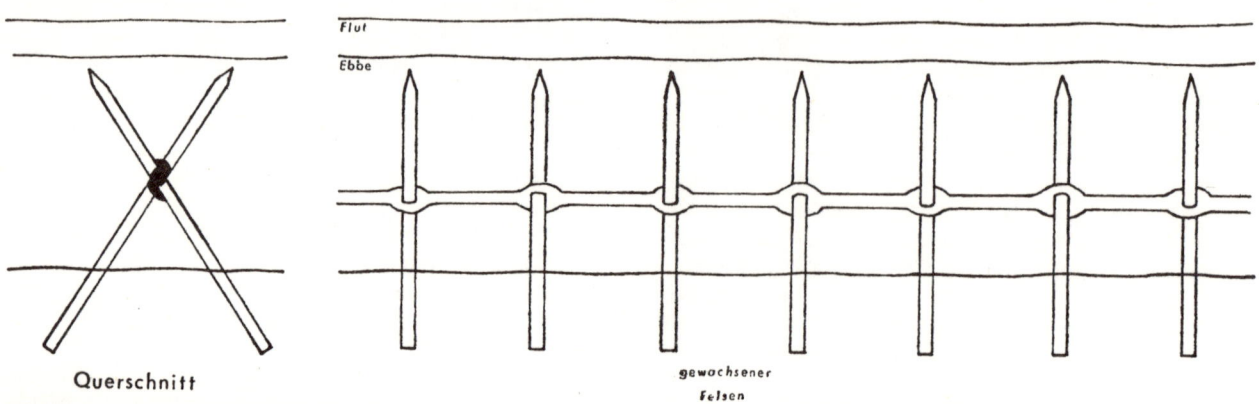

Skizze 152 (nach Kromayer/Veith):
Unterseeische eiserne Palisadensperre
(Schematische Zeichnung)

Die eiserne Unterwassersperre setzte felsigen Meeresboden voraus und war sehr wirksam, da der Schiffsrumpf des Gegners beim Auflaufen leckschlug. Pfahlsperren errichtete man vor allem zur Sicherung eines vor der Küste vor Anker liegenden Flottenverbandes, indem man Pfähle schräg einrammte und oben anspitzte. Diese Sperre konnte von Tauchern (urinatores), die auch damals schon als Kampfschwimmer Verwendung fanden, leicht durch Absägen beseitigt werden. Doch bildete die Pfahlsperre, solange nicht geortet, einen gewissen Schutz.

Die schwimmende Sperre bestand aus verankerten Schiffen oder Flößen. Eine taktische Anwendungsmöglichkeit der Floßsperre als Ergänzung der Verdämmung wurde bereits oben von Caesar geschildert. M. Antonius bediente sich solcher mit Türmen versehenen Flöße im Jahre 42 v. u. Z., um die Hafenausfahrt von Brundisium gegen die Blockadeflotte des L. Statius Murcus zu sichern.

Bei der Schiffssperre wurden die Schiffe zumeist in Dwarslinie, seltener in Kiellinie, verankert und untereinander durch Ketten, Balken und Leinen verbunden. Vor Syrakus (413 v. u. Z.) und Tyros (332 v. u. Z.) schon zur Verteidigung eingesetzt, finden wir die stärkste Sperre dieser Art im Zweiten Punischen Krieg vor dem römischen Lager (Castra Cornelia) bei Utica. Als die karthagische Flotte im Jahre 203 v. u. Z. das römische Invasionsheer angriff, ließ Scipio seine Schiffe in drei- bis vierfacher Dwarslinie auffahren und sie zur Schiffssperre verbinden. Den angreifenden Karthagern gelang es nicht, diese starke Sperre zu durchbrechen. Einbrüche in die erste Dwarslinie, zumeist durch den Einsatz von Enterhaken erzielt, scheiterten an der zweiten Dwarslinie, die aufzubrechen nicht gelang.

Da die Taktik ständig von der technischen Entwicklung der Kampfmittel beeinflußt wurde, waren die Römer immer bestrebt, für die jeweils in Frage kommenden Operationsgebiete die modernsten und geeignetsten Schiffstypen einzusetzen und diese weiterzuentwickeln. Sie wußten, daß technischer Rückstand im Seekrieg besonders schwere Folgen haben kann.

Bis zum Niedergang des Oströmischen Reiches nutzten römische Flotten die Möglichkeiten der See für Transport und Kampf. Der taktische Einsatz von Kriegsschiffen spielte in der militärischen Planung der Römer eine bedeutende Rolle. Während die Gegner Roms in der Seekriegstaktik das rasche und wendige Manövrieren ihrer Schiffe, die Umfahrt und Durchfahrt bevorzugten, suchte die römische Flotte, zumeist im Frontalangriff und anschließendem Nahkampf, rasch und vollständig die Entscheidung herbeizuführen. Bei den großen Seeschlachten setzten die Römer auf die Stoßkraft ihrer Seestreitkräfte und heißten den roten Stander vor. Er bedeutete schon damals: »Z vor und ran an den Feind, die Schlacht beginnt.«

Chronik der Marineoperationen

Wie schon einleitend erwähnt, ist Roms Marine aus der Etruriens erwachsen. Der römische Historiker Livius (59 v. u. Z. bis 17) überliefert uns *(4,34)*, daß bereits im Jahre **426 v. u. Z.** römische Schiffe in die Landkämpfe vor Fidenae (heute Castel Giubbileo) nördlich von Rom eingriffen und im Jahre **394 v. u. Z.** ein römisches Kriegsschiff mit einer Gesandtschaft auf der Reise nach Delphi von liparischen Schiffen gekapert wurde *(5,28)*, da man es nach der Bauart für ein etruskisches Piratenfahrzeug hielt. Nachdem der Irrtum erkannt worden war, geleiteten Kriegsschiffe der kleinen Insel Lipara das römische Schiff bis zum Bestimmungshafen und von dort zurück nach Rom.

Eine griechische Piratenflotte versuchte im Jahre **349 v. u. Z.**, Küstenplätze in Latium anzugreifen *(Livius 7,25 und 26)*. Sie konnte nur durch Landstreitkräfte an der Landung gehindert werden. Livius schreibt weiter *(7,27)*, daß Roms Ohnmacht zur See den Staat zwang, im Jahre **348 v. u. Z.** mit dem meerbeherrschenden Karthago, mit dem nach Polybios *(3,22)* schon im Jahre 508 v. u. Z. ein Vertrag geschlossen worden war, einen zweiten Vertrag abzuschließen, der einerseits den römischen Seehandel und die Kolonisation in bestimmten Grenzen tolerierte, aber andererseits auch auf bestimmte Gebiete beschränkte. Nordwestafrika, Libyen, Südspanien und Sardinien blieben den Römern verschlossen.

Die Eroberung der Seestadt Antium (Anzio) im Jahre **338 v. u. Z.** durch ein römisches Heer war sicherlich kein Meilenstein auf dem Wege zur Seemacht, obgleich Rom in Antium nach Rom (navalia) und Ostia einen dritten Flottenstützpunkt erhielt und mehrere Kriegsschiffe im Hafen der Stadt erbeutete, von denen man einen Teil den eigenen Seestreitkräften zuführte und die restlichen Schiffe verbrannte *(Livius 8,4)*. Antium erhielt keinen Föderatenstatus als socius navalis, der das Stellen von Kriegsschiffen implizierte, sondern wurde Küstenkolonie (colonia maritima) mit römischer Besatzung. Den Antiaten verbot Rom das Befahren der See.

Im Jahre **329 v. u. Z.** wurde die Seestadt Tarracina (Terracina) dem römischen Machtbereich einverleibt und gleichfalls in eine »colonia maritima civium Romanorum« umgewandelt *(Livius 8,21)*. Der Zusatz »maritima« hatte eine besondere Bedeutung und hing eng mit dem römischen Küstenverteidigungssystem der damaligen Zeit zusammen. Da Rom keine Flotte besaß, wurden Einwohner von Küstenkolonien nicht zu den Legionen eingezogen, sondern sie hatten sich zu Lande ständig für die Küstenverteidigung gegen Piraten oder Überfälle feindlicher Seestreitkräfte bereitzuhalten. Die erste römische Küstenkolonie war Ostia.

Nachdem Neapolis (Neapel) in den Jahren 327/326 v. u. Z. von einem römischen Heer belagert worden war, wurde dieser griechische Stadtstaat **326/325 v. u. Z.** der erste Bundesgenosse Roms, der über eine eigene Flotte verfügte (socius navalis).

Das Niederhalten der Piraterie in den eigenen Gewässern, die Maßregelung von rebellierenden Städten und Gebieten in Küstennähe und die Hegemonialbestrebungen im südlichen Teil der italischen Halbinsel sowie die Errichtung von latinischen Kolonien auf Inseln, so im Jahre **313 v. u. Z.** auf den Pontiae-Inseln (Isole Ponziane), machten eine Organisation für die schwachen Seestreitkräfte erforderlich.

Die Einrichtung der ersten Marinebehörde, für deren Leitung im Jahre **311 v. u. Z.** zwei Flottenherren bestellt wurden (»duoviri navales classis ornandae reficiendaeque causa«; *Livius 9,30*), zeigte, daß sich die römische Politik auf Gewinnung größerer Seegeltung einstellte. Jeder vom Volke zu wählende, einem Konsul unterstehende duumvir navalis, also Flottenherr, war für die Ausrüstung, die Unterhaltung und die Führung einer Flottille von zehn Kriegsschiffen verantwortlich *(Livius, perioch. 12; 40,18; 41,1)*. Die römische Marine verfügte somit gegen Ende des 4. Jahrhunderts v. u. Z. über zwei Küstenschutzflottillen mit – nach Thiel – insgesamt 20 Triremen. Vermutlich waren diese Triremen von griechisch-etruskischer Bauart, denn auch die Etrusker besaßen dreirangige Kriegsschiffe. Dies geht unmittelbar aus ihren Schicksalsbüchern hervor. Der Lorbeer galt als Glücksbringer. »Wenn zufällig ein solches Bäumchen auf dem Heck eines Dreiruderers wuchs, bedeutete dies einen Sieg zur See« *(Heurgon)*.

Im Jahre **310 v. u. Z.** führte eine römische Flottille unter dem Kommando des Duumvirn P. Cornelius *(Livius 9,38)* ein völlig fehlgeschlagenes Landungsunternehmen in Campanien nahe Pompeji durch, um die rebellierende Liga von Nuceria (Nocera) zur Räson zu bringen. Nuceria konnte erst zwei Jahre später von Landstreitkräften gemaßregelt werden.

Da Rom nach wie vor über keine Flotte verfügte, doch Seehandel trieb *(Polybios 3,22–24)*, war es weiterhin notwendig, das Wohlwollen der größten Seemacht des westlichen Mittelmeeres, Karthago, zu erhalten. Die Karthager andererseits überschätzten vielleicht nach der Aufstellung der beiden Küstenschutzflottillen und der Gewinnung Neapels als ersten socius navalis die maritimen Möglichkeiten der Römer. So wurde das 348 v. u. Z. geschlossene zweite Abkommen modifiziert als sogenannter dritter Vertrag im Jahre **306 v. u. Z.** erneuert *(Livius 9,43)*. Danach war den Römern u. a. jede militärische und politische Intervention in Sizilien und den Karthagern in Italien untersagt. Korsika blieb für beide Mächte offen. Die Insel sollte keiner Interessensphäre zugerechnet werden.

Etwa zwischen **303 und 301 v. u. Z.** erfolgte ein Vertragsschluß mit der griechischen Pflanzstadt Tarent *(Appian, Samn. 7)*. Er eröffnete der römischen Seefahrt neue Möglichkeiten, doch begrenzte sie auch – wie der Vertrag mit Karthago – auf bestimmte Seegebiete. Römischen Kriegsschiffen wurde untersagt, an der Südküste Italiens in Ostrichtung über das Promunturium Lacinion (Capo Colonne) hinauszusegeln. Tarent war daran interessiert, die politische und militärische Expansion Roms im Küstengebiet des Golfes zu unterbinden. Rom honorierte vermutlich die Neutralität des Stadtstaates im Zweiten Samnitenkrieg (326–304 v. u. Z.).

Als im Jahre **282 v. u. Z.** die Stadt Thurii am Tarentinischen Golf von den Lukanern belagert wurde, rief Thurii Rom zur Hilfe. Ein römisches Heer unter dem Konsul C. Fabricius befreite die Stadt. Thurii erhielt eine römische Garnison. Ein Gleiches geschah, als die Städte Locri und Rhegium von den Bruttiern angegriffen wurden. Es ist sehr wahrscheinlich, daß diese Operationen den Konsul veranlaßten, die ihm unterstehende Küstenschutzflottille (die zweite Flottille unterstand dem zweiten Konsul), sei es zum Transport von Truppen oder zur Unterstützung des Heeres, durch die Straße von Messina über Rhegium (Reggio d. C.) und Locri an der Südküste Italiens nach Thurii in den Golf von Tarent zu beordern. Dabei war es für den kommandierenden Flottenherrn (duumvir navalis) unvermeidlich, mit seinen zehn Kriegsschiffen das Kap Lacinion zu runden und somit den gegen Ende des 4. Jahrhunderts v. u. Z. mit Tarent geschlossenen Vertrag zu brechen *(Appian, Samn. 7; Livius, perioch. 12)*. Als die römische Flottille in den tarentinischen Gewässern erschien, wurde sie von den Seestreitkräften der Stadt angegriffen. Vier Schiffe* wurden durch Rammstoß versenkt und eines gekapert. Die restlichen fünf römischen Kriegsschiffe entkamen. Diese erste Niederlage Roms in einem Seefecht löste den Krieg mit Tarent aus, der im Jahre 272 v. u. Z. mit der Übergabe der Stadt an das siegreiche Heer der Römer endete.

Die kleine römische Marine hatte in beiden Einsätzen (310 und 282 v. u. Z.) versagt. Es war daher geradezu lebensnotwendig für den Staat, mit der größten Seemacht ein gutes Einvernehmen aufrechtzuerhalten. Im Jahre **278 v. u. Z.** sandte Karthago mit einer Flotte von 120 bis 130 Einheiten Mago als Emissär nach Ostia. Rom schloß mit Karthago den sogenannten vierten Vertrag *(Livius, perioch. 13; Polybios 3,25; Diodor 22,7)*. Er beinhaltete eine militärische Allianz, dessen Spitze sich gegen Pyrrhos von Epeiros, König der Molosser, richtete, der sich seit 280 v. u. Z. mit beiden Mächten im Kriege befand. Rom wandte sich wieder ganz dem Landkrieg zu. Durch den Vertrag mit Karthago war u. a. eine Unterstützung durch die punische Flotte zugesichert worden, wo immer dies von den Römern verlangt wurde.

---

* Es werden hier die von antiken Autoren überlieferten Zahlen zugrunde gelegt. Andere Quellen sind ausdrücklich genannt.

Nachdem Roms Herrschaft alle Küsten Italiens erreicht hatte, besaß es eine ausreichend große Zahl von Bundesgenossen, die über Seestreitkräfte verfügten. Aufgrund des Bündnisvertrages war jeder socius navalis verpflichtet, den Römern im Bedarfsfalle Kriegsschiffe und Bemannung zu stellen. Die Seerüstung beanspruchte damals wie heute beträchtliche Mittel. Rom überließ nach seinem ersten mißlungenen Versuch mit den beiden Küstenschutzflottillen diese kostspielige Rüstung schon seit dem vierten Vertragsschluß mit Karthago (278 v. u. Z.) seinen Bundesgenossen, sorgte aber seit dem Jahre **267 v. u. Z.** durch die Einsetzung von vier Flottenquästoren dafür, daß die zur Stellung von Flottenkontingenten verpflichteten italischen Seestädte jeder römischen Anforderung nachkamen.

Die Flottenquästoren (quaestores classici) hatten ihren Sitz in Ostia, Cales (in Campanien), Ariminum (Rimini) und einer vierten, uns unbekannt gebliebenen Stadt. Als Verwaltungsbehörden waren die Flottenquästoren jeweils für bestimmte abgegrenzte Regionen zuständig.

Als zu Beginn des Ersten Punischen Krieges (264 bis 241 v. u. Z.) im Jahre **264 v. u. Z.** ein römisches Heer unter dem Konsul Appius Claudius Caudex zur Eroberung von Messana (Messina) bei Nacht *(Polybios 1,11)* nach Sizilien übersetzte – einen ersten Versuch bei Tage hatte die punische Flotte vereitelt –, konnten die Römer selbst, wie Polybios berichtet *(1,20)*, kein einsatzfähiges Kriegsschiff auslaufen lassen. Das konsularische Heer, etwa 16 000 Mann, wurde ausschließlich auf bundesgenössischen Schiffen, nach Polybios *(1,20)* auf Pentekonteren und Trieren, nach Thiel zusätzlich auf Transportern, nach Messana gebracht. Thiel schätzt die Gesamtzahl der den römischen Bundesgenossen im Jahre 264 v. u. Z. zur Verfügung stehenden Kriegsschiffe auf 40 bis 50 Einheiten, die ihren Gegnern sowohl der Zahl als auch dem Typ nach weit unterlegen waren, die aber trotz der punischen Blockade vier Jahre lang den Nachschub für die römische Sizilienarmee über die Messinastraße erfolgreich sicherten.

Mit der militärischen Intervention auf Sizilien brach Rom den im Jahre 306 v. u. Z. mit Karthago geschlossenen Vertrag; denn im Jahre 278 v. u. Z. war diesem Vertrag nur eine spezielle militärische Klausel hinzugefügt worden (sogenannter vierter Vertrag), die sich gegen König Pyrrhos richtete. Der im Jahre 264 v. u. Z. den Ersten Punischen Krieg auslösende Hilferuf der Mamertiner, ein räuberischer, ursprünglich campanischer Volksstamm, der sich in den Besitz von Messana gesetzt hatte und von den Puniern und den mit ihnen verbündeten Syrakusanern belagert wurde, änderte nichts an diesem Vertragsbruch.

Karthago unterhielt bereits seit dem Jahre 269 v. u. Z. eine Garnison in Messana. Diese war 264 v. u. Z. noch vor der Kriegserklärung mit Hilfe eines römischen Sonderkommandos unter dem Kriegstribunen C. Claudius *(Diodor 23,1)* von den Mamertinern vertrieben worden. Das von Rom geplante und durchge-

169

führte militärische Kommandounternehmen stellte die erste Angriffshandlung gegen Karthago dar.

Der Entschluß Roms, die Mamertiner als Föderaten anzuerkennen und ihnen auf Sizilien zur Hilfe zu eilen, war eine Entscheidung, die im vollen Bewußtsein der Tatsache getroffen wurde, daß dies den Krieg mit Karthago bedeuten konnte. Rom wollte sich in den Besitz beider Städte setzen, die die Meerenge von Messina beherrschen. Rhegium war römisch, und Messana sollte durch das willkommene Bündnis mit den Mamertinern römisch werden. Einen großen Krieg mit Karthago wollte man möglichst vermeiden. Das militärische Eingreifen Roms war zunächst auf die Vertreibung der Punier aus Messana beschränkt. Hierzu bedurften die Römer noch keiner Schlachtflotte, die der punischen entgegentreten konnte.

Im Frühjahr **263 v. u. Z.** gelang es den Römern erneut, die Blockade der Meerenge von Messina zu durchbrechen. Sie setzten zwei Heere unter Führung der beiden Konsuln Manius Otacilius und Manius Valerius nach Messana über und begannen die Belagerung von Syrakus. Für eine Blockade der Stadt verfügten sie noch nicht über ausreichend starke Seestreitkräfte, zumal die Flotte Karthagos zur Hilfe eilte. Doch König Hieron II. beendete vor dem Eingreifen der ungeliebten Punier den Kampf gegen die Römer und schloß mit ihnen ein Bündnis. Bis zu seinem Tode im Jahre 215 v. u. Z. blieb er mit seinen Land- und Seestreitkräften ein treuer Bundesgenosse Roms.

Im Frühjahr **262 v. u. Z.** griff die punische Flotte, wie schon im Vorjahr, von ihren Stützpunkten auf Sardinien auslaufend, die italischen Küsten an. Den Römern gelang es wiederum, zwei konsularische Heere nach Sizilien zu überführen. Nach diesem dritten großen Blockadebruch gab die Flotte Karthagos den Versuch auf, die Meerenge zu sperren. Sie verließ ihre Liegeplätze beim Promunturium Pelorum (Capo Peloro), von wo aus sie seit Beginn des Krieges operiert hatte *(Polybios 1,11)*.

Erst im vierten Kriegsjahr zeigte sich der Senat entschlossen, ganz Sizilien, das die römischen Heere bereits zum größten Teil erobert hatten, den Puniern zu entreißen. Seit dem Jahre 263 v. u. Z. hatte die Flotte Karthagos die Küsten Italiens angegriffen. Es waren Landungen durchgeführt und Küstenplätze besetzt und verwüstet worden. Aus Furcht vor der punischen Flotte waren viele Seestädte von Rom abgefallen. **261 v. u. Z.** wurde der nunmehr notwendige Bau einer eigenen Schlachtflotte beschlossen und im Jahre **260 v. u. Z.** begonnen und in zwei Monaten *(Plinius, NH 16,192)* vollendet. Der römische Staat ließ unter dem Konsulat von L. Valerius und T. Otacilius 100 Quinqueremen, die Standardschlachtschiffe der damaligen Zeit, nach dem Vorbild einer gestrandeten punischen Pentere, aber schwerer in der Ausführung, und 20 Triremen erbauen *(Polybios 1,20 und 22)*. Nach Thiel waren letztere, wie seinerzeit die 20 Triremen der Küstenschutzflottillen, von etruskisch-griechischer Bauart. In der Konstruktion von Quinqueremen besaßen die italischen Schiffbauer bis zu diesem Zeitpunkt noch keine Erfahrungen. Die Flottenbesatzungen hatten überwiegend die Verbündeten, vor allem die italischen socii navales, zu stellen, auf deren Kriegsschiffe man künftig nur noch zurückgriff, wenn römische Einheiten nicht oder nicht in ausreichender Zahl zur Verfügung standen. Jede verbündete Seestadt war verpflichtet, drei Triremen mit 600 Mann oder auf Anforderung 1 200 Mann nautisches und schiffstechnisches Personal für die römische Flotte zu stellen *(Appian, Sik. 2,6; Cicero, Verr. 2,5)*.

Wahrscheinlich Ende Mai oder Anfang Juni 260 v. u. Z. versegelte die inzwischen eingefahrene neuerbaute römische Schlachtflotte zusammen mit Kriegsschiffen des befreundeten Massalia (Marseille), wie Tarn und Thiel vermuten, von Ostia entlang der italischen Küste, wo nach Thiel Einheiten von verbündeten Seestädten aufgenommen wurden, mit Kurs auf Messana (Messina). An Bord befanden sich die beiden Konsuln des Jahres 260 v. u. Z., Cn. Cornelius Scipio und C. Duilius. Ersterer befehligte die Flotte, während letzterer die Führung des Heeres in Sizilien übernehmen sollte. Der Befehlshaber der Flotte war einige Tage zuvor dem Gros mit einem Geschwader von 17 Schiffen nach Messana vorausgesegelt. Dort erhielt der Konsul die Nachricht, daß Verräter die Stadt Lipara (Lipari), Hauptort der Liparischen Inseln und wichtiger punischer Flottenstützpunkt, den Römern übergeben wollten. Cn. Cornelius versegelte sofort von Messana dorthin *(Polybios 1,21)*. In der Nacht nach dem Einlaufen wurden seine Schiffe im Hafen von einem punischen Geschwader, 20 Einheiten stark, unter dem Seebefehlshaber Boodes eingeschlossen und zum Streichen der Flagge gezwungen. Der Konsul und Flottenbefehlshaber fiel mit seinen 17 Kriegsschiffen in die Hände der Sieger und trat den Marsch in die Gefangenschaft, zunächst nach Panormus (Palermo) und später nach Karthago, an.

Das sich auf dem Kriegsmarsch befindliche Gros der römischen Flotte traf an der Südspitze Italiens, wenige Tage nach der römischen Niederlage in Lipara, überraschend auf ein punisches Geschwader von 50 Einheiten, das unter dem Admiral Hannibal einen Aufklärungsvorstoß machte. Die Karthager verloren nach Polybios *(1,21)* die Mehrzahl ihrer Schiffe im Gefecht und liefen ab. Thiel vermutet, daß es den Römern gelang, etwa fünf punische Einheiten zu entern und in ihre Flotte einzureihen. Römische Verluste sind nicht bekanntgeworden. Nach diesem Treffen setzte die römische Flotte ihren Marsch nach Messana fort, wo sie bereits von weiteren verbündeten Kriegsschiffen erwartet wurde. Nach Tarn und Thiel zählte die Flotte nunmehr 143 Einheiten, während vor dem Verlust des Geschwaders in Lipara insgesamt 160 Schiffe zur Verfügung standen (120 römische Quinqueremen und Triremen, 35 befreundete und verbündete Triremen und Pentekonteren und fünf erbeutete punische Fahrzeuge). In Messana übergab der verbliebene Konsul C. Duilius das Heereskommando an die Kriegstribunen – später erhielt es der Prätor (praetor urbanus) – und übernahm selbst die Führung der Flotte. Er ließ die Schlachtschiffe mit dem neuersonnenen corvus, der Enterbrücke, ausrüsten und begann mit der Ausbildung seiner Marineinfanterie in der Handhabung und der Kommandanten im taktischen Einsatz der Waffe.

Etwa im August des Jahres 260 v. u. Z. oder etwas später ging die römische Flotte gefechtsklar in See. C. Duilius hatte erfahren, daß die gegnerische Flotte das Gebiet von Mylae (Milazzo) verheerte. Er rundete das Kap Pelorum und traf auf seinem Kriegsmarsch entlang der Nordküste Siziliens beim mylaeischen Vorgebirge (Capo di Milazzo) auf den Gegner. Die punische Flotte zählte 130 Einheiten. Sie stand unter dem Befehl des Admirals Hannibal. Das Verhältnis der Penteren (Schlachtschiffe) zu den leichteren Einheiten dürfte nach Thiel ähnlich gewesen sein wie in der römischen Flotte. Die Römer führten 143 Einheiten ins Gefecht. Die Geringschätzung römischer Seemannschaft und Seekriegführung veranlaßte die Karthager bei Sichtung der gegnerischen Schlachtflotte, sofort ungeordnet anzugreifen. Die ersten ins Gefecht gekommenen 30 Schiffe, unter denen sich das Flaggschiff Hannibals, eine von König Pyrrhos erbeutete griechische Heptere, befand, wurden von den Römern geentert. Der punische Admiral entkam mit knapper Not in einem Boot. Die Unterschätzung römischer Technik und Kampftaktik führte zum Verlust eines ganzen Geschwaders. Der römischen Enterbrücke, Konsul Duilius' Geheimwaffe, blieben auch die Schiffe des nunmehr im Flanken- und Rückenangriff zum Rammstoß anlaufenden Gros der Karthager schutzlos ausgeliefert. Die Niederlage der punischen Flotte war vollkommen. Sie lief fluchtartig ab. Der erste römische Seesieg erschütterte die bis dahin nicht umstrittene Seeherrschaft Karthagos nachhaltig. Rom machte auch auf dem Meer seinen Herrschaftsanspruch geltend.

Nach Polybios *(1,23)* verloren die Karthager 50 Schiffe. Doch diese Zahl dürfte eine Abrundung darstellen. Orosius *(4,7)* und Eutrop *(2,20)*, deren Zahlen auf der Inschrift der Siegessäule (columna rostrata) von Duilius basieren, geben 31 gekaperte und 13 bzw. 14 versenkte, also 44 oder 45 Einheiten, als Verluste an. 3 000 Punier sollen gefallen und 7 000 in Gefangenschaft geraten sein. Nach Tarn sollen die Römer zehn Schiffe, wahrscheinlich nur Triremen, die keinen corvus tragen konnten, verloren haben, doch diese Zahl ist in keiner antiken Quelle erwähnt, sie basiert auf Vermutungen.

Nach der Seeschlacht schiffte die römische Flotte, vermutlich nahe Mylae, die zusätzlich an Bord genommenen Legionäre (pro Quinquereme 80 und pro Trireme 60 Mann) aus, mit denen der Konsul das belagerte Segesta (nahe Calatafimi) entsetzte. Die römische Flotte lief vermutlich zurück nach Messana, während die nach der Schlacht verbliebenen 85 punischen Einheiten in Panormus Gefechtsschäden ausbesserten.

Im Frühjahr **259 v. u. Z.** versegelten nach Thiel etwa 55 punische Schiffe nach Karthago, während ein Geschwader von etwa 30 Einheiten in Panormus stationiert blieb. Auch die Römer beließen etwa 30 Einheiten in Messana. Ihre Schlachtflotte versegelte nach Ostia. Die Karthager führten ihrer Schlachtflotte neue Einheiten zu und glichen die Verluste von Mylae wieder aus *(Polybios 1,24)*.

Tarn weist nach, daß die Marine Karthagos seinerzeit maximal bis zu 200 Kriegsschiffe in Dienst halten konnte und diese Tatsache den Römern bekannt war. Sie achteten daher künftig darauf, daß die Flottenstärke Roms und seiner Bundesgenossen die der Punier möglichst mit 20 bis 40 Einheiten übertraf.

L. Cornelius Scipio, ein Bruder des in punische Gefangenschaft geratenen Konsuls und Flottenbefehlshabers, übernahm als Konsul des Jahres 259 v. u. Z. von C. Duilius das Flottenkommando. Unter seiner Führung unternahm die römische Schlachtflotte mit – nach Thiel – 120 bis 125 Einheiten einen erfolgreichen Angriff auf das von Karthago beherrschte Korsika. Stadt und Hafen Aleria an der Ostküste wurden besetzt.

Von Aleria versegelte die römische Schlachtflotte nach Sardinien. Der Konsul hatte die Absicht, die nördlichste Seefestung der Karthager, Olbia, zu belagern und zu nehmen. Auf dem Kriegsmarsch sichtete er ein kleines punisches Geschwader, das aber sofort ablief *(Zonaras 8,11)*. Vielleicht war es in Olbia stationiert, vielleicht aber auch, wie Thiel vermutet, ein Aufklärungsgeschwader der punischen Schlachtflotte. Diese war in Karthago nach Überstellung ausgesucht tüchtiger Kriegsschiffkommandanten durch den Zulauf neuer Einheiten *(Polybios 1,24)* wieder auf eine Stärke von – nach Thiel – 90 bis 100 Schiffen gebracht worden und unter dem Admiral Hannibal nach Sardinien in See gegangen. Kurz vor der Ankunft der Römer waren die Punier in Olbia eingelaufen. Obgleich numerisch überlegen, nahmen die Römer die Schlacht nicht an. Der Flottenbefehlshaber erwartete schweres Wetter und wollte überdies ohne einen Stützpunkt in erreichbarer Nähe das Risiko einer Seeschlacht meiden. Die römische Schlachtflotte lief zurück nach Ostia.

Im Jahre **258 v. u. Z.** operierten zwei konsularische Heere in Sizilien. Eines stand unter dem Kommando des Prokonsuls C. Aquillius Florus, und das andere wurde von A. Atilius Calatinus, einem Konsul des Jahres 258 v. u. Z., befehligt. Dieser unternahm mit dem um Sizilien operierenden Geschwader – nach Thiel etwa 30 Einheiten – einen Überraschungsvorstoß gegen die Liparischen Inseln und versuchte, Lipara zu nehmen. Ein punisches Geschwader unter Hamilkar – nach Thiel auch etwa 30 Kriegsschiffe stark – schlug die Römer unter Verlusten ab.

Das Flottenkommando hatte im Jahre 258 v. u. Z. der zweite Konsul C. Sulpicius Paterculus übernommen. Unter seinem Befehl lief die Schlachtflotte erneut von Ostia über Korsika nach Sardinien aus. Sie verwüstete Küstenplätze. Vielleicht gelang es den Römern, einen Hafen zu erobern und eine Zeitlang zu benutzen; die Quellen schweigen hierüber. Der Flottenbefehlshaber wich jedenfalls in diesem Jahr einer Gefechtsberührung mit der von Karthago nach Sardinien unter dem Admiral Hannibal in See gegangenen punischen Schlachtflotte nicht mehr aus. Weit im Süden der Insel, vor der karthagischen Seefestung Sulci (bei S. Antioco auf der vorgelagerten kleinen Insel gleichen Namens) trafen die Flotten aufeinander. Die Römer führten nach Thiel etwa 125, die Punier 90 bis 100 Schiffe ins Gefecht. Nach Tarn verlor Hannibal 40 Einheiten. Danach liefen etwa 50 bis 60 Schiffe in den Stützpunkt Sulci ein. Dort gelang es den Römern, noch eine Anzahl der inzwischen von den Besatzungen verlassenen Schlachtschiffe zu kapern. Polybios (1,24) berichtet lediglich, daß die Karthager zahlreiche Einheiten verloren. Die Seeschlacht endete mit einem zweiten Seesieg der römischen Schlachtflotte. Der unterlegene Admiral wurde von seinen eigenen Untergebenen gekreuzigt. C. Sulpicius, der Sieger, fuhr fort, mit der Flotte Sardinien zu verwüsten. Er erlitt zu Lande dabei eine kleinere Niederlage durch den punischen Feldherrn Hanno. Die römische Schlachtflotte kehrte offenbar ohne Verluste nach Ostia zurück.

Im Winter von 258 zu **257 v. u. Z.** muß nach Thiel in Rom die Entscheidung gefallen sein, den Krieg durch eine Invasion Afrikas zu beenden. Die römische Schlachtflotte sollte auf eine Stärke von 230 Quinqueremen gebracht werden. Doch auch Karthago rechnete bereits seit dem Jahre 258 v. u. Z. mit einem römischen Großangriff über See. Die Werften um das Rund des punischen Hauptkriegshafens waren dabei, die Kriegsflotte Karthagos auf 200 Schlachtschiffe, die Maximalstärke dieser Seemacht, auszubauen. Die Verwirklichung des römischen Flottenbauprogramms begann nach Thiel wahrscheinlich im Frühjahr 257 v. u. Z. Es waren zusätzlich etwa 130 neue Quinqueremen auf Stapel zu legen.

Im Jahre 257 v. u. Z. operierte die gesamte römische Flotte, einschließlich der Kontingente der Verbündeten, insgesamt 155 Segel, von den Stützpunkten Rhegium, Messana und Syracusae aus im Seeraum um Sizilien. Rom hatte in diesem Jahr nach Thiel ca. 100 Schlachtschiffe (Quinqueremen) im Einsatz. Auch die punische Flotte stationierte etwa 100 Kriegsschiffe in Sizilien (nach Thiel lagen 30 in Panormus, 60 kamen aus Sulci und zehn aus Karthago). C. Atilius Regulus, ein Konsul des Jahres, befehligte die römische Flotte. Diese landete auf Melita (Malta) und verheerte die in punischer Hand befindliche Insel. Auf eine Besetzung verzichtete der Konsul. Das zweite Unternehmen sollte sich gegen die Liparischen Inseln richten. Auf dem Marsch nach Lipara ankerte die römische Flotte im Schutze des Tyndarischen Vorgebirges nördlich der Stadt Tyndaris (nahe dem heutigen Falcone im Nordosten Siziliens), die noch in punischer Hand war. Vielleicht wollte er eine Landung durchführen. Der römische Flottenbefehlshaber sichtete die Flotte der Karthager mit Kurs auf Lipara. Die Punier segelten ohne jede Marschordnung. Ihr Befehlshaber Hamilkar war offenbar bestrebt, möglichst schnell nach Lipara zu gelangen, um den Platz in Verteidigungsbereitschaft zu setzen. Der Konsul griff mit nur zehn segelbereiten Schiffen die punische Flotte an. Als Hamilkar die Gegner sichtete und feststellte, daß das Gros der Römer noch nicht kampfbereit war, ließ er wenden und nahm das Gefecht an. Das kleine isoliert kämpfende Spitzengeschwader der Römer wurde schnell eingekreist und vernichtet. Neun Schiffe sanken. Nur das Flaggschiff des Konsuls entging mit knapper Not der Enterung. Doch zwischenzeitlich hatte das römische Gros die volle Gefechtsbereitschaft hergestellt und griff in den Kampf ein. Hamilkar erlitt eine Niederlage. Nach der Schlacht lief er jedoch weiter nach Lipara, seinem ursprünglichen Marschziel (Polybios 1,25). Die numerisch überlegenen Römer versenkten acht und kaperten zehn Schiffe. Abgesehen von den neun zu Beginn der Schlacht verlorenen Einheiten erlitt die römische Flotte keine weiteren Verluste. Für diesen dritten Seesieg der römischen Schlachtflotte erhielt Konsul C. Atilius Regulus als erster Seebefehlshaber im Jahre 257 v. u. Z. die corona navalis, die höchste bei der römischen Marine vergebene Auszeichnung, wenn man von der Zubilligung des Triumphes durch den Senat absieht. Doch sein Sieg war nur ein taktischer Seesieg wie der der Deutschen 1916 vor dem Skagerrak. Die Punier hatten mehr Schiffe verloren als die Römer. Doch diese verfolgten ihr strategisches Kampfziel, Lipara zu erobern, nicht weiter, sondern kehrten nach der Schlacht in ihre Stützpunkte zurück. Der Befehlshaber der Flotte wollte zu dieser Zeit jedes Risiko vermeiden. Für Rom besaß die Invasion des karthagischen Kernlandes absolute Priorität.

Den Flottenbefehl übernahmen im Jahre **256 v. u. Z.** beide Konsuln. Im Frühsommer lief die römische Invasionsflotte aus. Nach den Berechnungen von Tarn und Thiel bestand sie aus 230 Schlachtschiffen und etwa 100 bzw. 80 Transportern. Polybios (1,25) soll irrtümlich die Transporter als Kriegsschiffe mitgezählt haben und nennt daher eine Zahl von 330 schweren Einheiten. Von Ostia führte der Kriegsmarsch entlang der Küste Italiens nach Messana. Mit Südkurs folgte die Flotte alsdann der Küste Siziliens, rundete das Kap Pachynum (Südostspitze Siziliens) und ging auf Nordwestkurs. Es war die Absicht der Römer, an der schmalsten Stelle zwischen Lilybaeum (Marsala) und dem Promunturium Mercurii (Kap Bon, Tunesien) das Mittelmeer zu überqueren. Auch die punische Flotte hatte Karthago verlassen und versegelte über Lilybaeum zur Südküste Siziliens. Sie lag bereits in Erwartung der Römer vor Heraclea Minoa auf Sizilien zu Anker. Bei Ecnomus, einem Berg nahe der heutigen Stadt Licata an der Südküste Siziliens, schiffte die römische Flotte vermutlich auf der Reede von Phintias (Licata), da die Stadt keinen Hafen besaß (Polybios 1,53), ausgewählte Soldaten des Landheeres, pro Schlachtschiff zusätzlich 80 Mann, ein, um ihre Marineinfanterie auf die Kriegsstärke von 120 Mann pro Quinquereme zu bringen (Polybios 1,26). Die römische Schlachtflotte hatte somit insgesamt

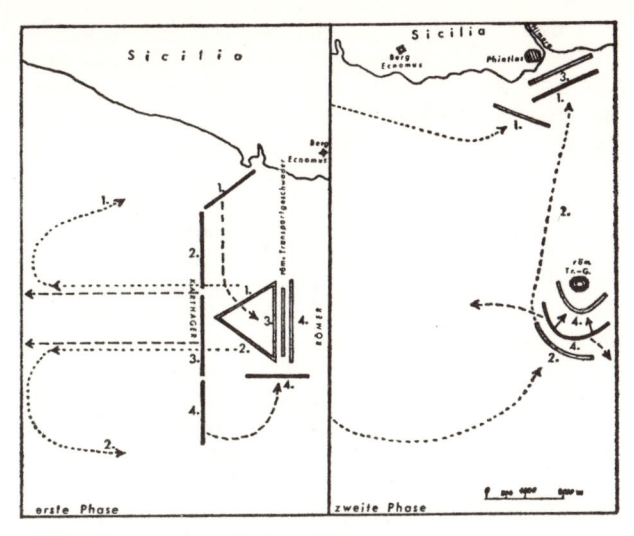

Skizze 153: Die Seeschlacht bei Ecnomus

27 600 Seesoldaten an Bord, als sie im Sommer des Jahres 256 v. u. Z. von Phintias in See ging.
In Erwartung des Sichtens der punischen Flotte führte der Kriegsmarsch mit Nordwestkurs entlang der Küste mit mäßiger Marschgeschwindigkeit, weil insbesondere die vom 3. Geschwader geschleppten Transporter, mit Pferden, ihren Reitern, Verpflegung, Waffen und Belagerungsgerät beladen, langsam liefen. Westlich vom Berge Ecnomus sichtete man das Gros des Gegners. Die karthagische Flotte führte nach Tarn und Thiel etwa 200 Schlachtschiffe (Penteren) heran. Auch hier soll die von Polybios *(1,25)* gegebene Zahl von 350 Kriegsschiffen nicht zutreffend sein, da Karthago nur eine Maximalzahl von 200 Kriegsschiffen in Dienst halten konnte.
Die gefechtsbereite römische Flotte war in vier Kampf- und ein Transportgeschwader unterteilt. Parallel zur Küste, mit westlichem Kurs steuernd, nahmen die beiden Konsuln und Admiräle L. Manlius Vulso und M. Atilius Regulus mit ihren Flaggschiffen, zwei Hexeren, die Spitze einer keilförmigen Schlachtordnung ein, um den Durchbruch zu erzwingen. Nicht die Seeschlacht, also die Vernichtung der gegnerischen Flotte, war bei dieser Operation das strategische Ziel, sondern die Landung in Afrika. Um dieses Ziel zu erreichen, war es nötig, sich sowohl für das Seegefecht als auch für die Landung vorzubereiten. »Die Römer stellten ihre Rüstung auf beide Ziele ab« *(Polybios 1,26)*. Wir dürfen daher in der Seeschlacht bei Ecnomus in erster Linie eine Geleitzugsschlacht sehen, aus der sich vielleicht auch die gewählte taktische Formation erklären läßt. Das 1., 2. und 3. Geschwader bildeten ein gleichschenkliges Dreieck, hinter dessen Basis das Transportgeschwader in Dwarslinie folgte. Hinter den Transportschiffen stand gleichfalls in Dwarslinie das 4. Geschwader, bestehend aus den kampfkräftigsten Einheiten der Römer. Die karthagische Flotte steuerte östlichen Kurs und stieß in gebrochener Dwarslinie, in gleichfalls vier Geschwader unterteilt, gegen die Römer vor. Auf dem linken Flügel kommandierte Hamilkar, auf dem rechten Hanno, dessen 4. Geschwader aus den besten und schnellsten Penteren bestand. Das 4. Geschwader lief als rechter Flügel der punischen Schlachtordnung weit südlich, um die Römer umfassen zu können. Zusammen mit den folgenden Geschwadern (3. und 2.) lief es in einer Schlachtlinie dwars. Das 1. Geschwader bildete den landseitigen Flügel und war eingeschwenkt. Die in Keilformation laufenden römischen Geschwader (1. und 2.) begannen den Kampf und stießen bald auf das 2. und 3. punische Geschwader. Die Karthager wichen befehlsgemäß, eine Flucht vortäuschend, zurück. Dadurch erreichten sie, daß die beiden in Staffellinie angreifenden römischen Geschwader die Verbindung zum 3. und 4., in Dwarslinie folgenden, verloren. Polybios *(1,28)* schildert den Fortgang der Schlacht wie folgt:
»Zur selben Zeit griff Hanno (4. Geschwader) mit dem rechten Flügel, der beim ersten Zusammentreffen in einiger Entfernung geblieben war, nach einer Umgehungsbewegung von der Seeseite her die Schiffe der Triarier (4. röm. Geschwader) an und brachte sie in nicht geringe Not und Bedrängnis. Die am Lande aufgestellten Karthager (1. Geschwader) aber schwenkten aus ihrer bisherigen Formation zur Linie ein, Front gegen den Feind, und eröffneten auf die, welche die Pferdetransporter im Schlepp hatten (3. röm. Geschwader), den Angriff. Diese ließen die Leinen fahren und nahmen den Kampf mit den Feinden auf.
So gab es drei Teile der gesamten Kampfhandlung, und drei räumlich weit voneinander getrennte Seeschlachten waren entbrannt. Dadurch, daß nach der ursprünglichen Anlage der Schlacht auf beiden Seiten die Teile nahezu gleich waren, stand der Kampf im Gleichgewicht. Eben deshalb aber nahm er an den einzelnen Punkten zwangsläufig einen Ausgang, wie er zu erwarten ist, wenn die Kämpfenden in jeder Beziehung einander gleich sind. Da, wo der Kampf zuerst begonnen hatte, kam es auch zuerst zur Entscheidung. Die Schiffe des Hamilkar (vermutlich ist nur sein 2. Geschwader gemeint) nämlich wurden am Ende überwältigt und wandten sich zur Flucht. Lucius (1. röm. Geschwader) nahm die erbeuteten Schiffe ins Schlepptau, Marcus (2. röm. Geschwader) aber, der den Kampf bei den Triariern (4. röm. Geschwader) und den Transportern sah, kam diesen mit den unbeschädigten Schiffen der zweiten Flotte eiligst zu Hilfe. Nachdem er auf Hanno (4. Geschwader) gestoßen und den Kampf mit ihm eröffnet hatte, faßten die Triarier rasch neuen Mut, und obgleich sie sich bereits in übler Lage befanden, nahmen sie den Kampf mit frischer Kraft wieder auf. Da nun die einen (4. röm. Geschwader) von vorn gegen die Karthager kämpften, die anderen (2. röm. Geschwader) sie vom Rücken anfielen, gerieten diese, wider Erwarten von den zu Hilfe Gekommenen umfaßt, ins Gedränge, wichen und zogen sich in Richtung auf die hohe See zurück. Zur selben Zeit sah Lucius (1. röm. Geschwader), schon auf der Rückfahrt begriffen, die dritte Flotte (= Geschwader) vom linken Flügel der Karthager (1. Ge-

schwader) am Lande eingeschlossen, Marcus (2. röm. Geschwader) aber konnte die Transportschiffe und die Triarier in gesicherter Lage zurücklassen: so eilten sie denn den Bedrohten zu Hilfe. Denn es hatte hier der Kampf fast schon das Aussehen einer Belagerung angenommen, und alle wären unzweifelhaft längst verloren gewesen, wenn nicht die Karthager aus Furcht vor dem corvus sie zwar am Lande eingeschlossen gehalten hätten, aber aus Vorsicht, wegen des Enterns, nicht zum Angriff geschritten wären. Nun griffen die Konsuln ein, umzingelten die Karthager, und so gelang es fünfzig Schiffe der Feinde mitsamt der Bemannung zu nehmen; nur einige wenige vermochten sich längs der Küste herauszuziehen und zu entkommen.«

Die Niederlage der karthagischen Flotten war vollkommen. Über 30 ihrer Schiffe waren versenkt und 64 von den Römern erbeutet worden. Dem standen 24 gesunkene römische Schiffe gegenüber.

Die taktische Ausgangsformation der Römer, die Formierung eines gleichschenkligen Dreiecks, war nicht ungefährlich, da eine gestaffelte Linie aus einem Geschwader von etwa 60 Schiffen nicht einfach herzustellen und zu fahren ist. Die römische Schlachtordnung zerriß so auch sehr bald, und die Fühlung zum 3. und 4., den Basisgeschwadern, ging verloren und brachte die Flotte in eine bedrohliche Lage. Doch zeigte sich gerade in dieser Seeschlacht, daß nicht nur die Tapferkeit der römischen Seesoldaten und die Enterbrücke (corvus) für den Ausgang des Treffens, wie bei Mylae, entscheidend waren, sondern im gleichen Maße die hervorragend ausgebildeten Rojer und die selbständigen taktischen Entschlüsse der Geschwaderführer, die stets dort eingriffen, wo es erforderlich wurde, sicherten der römischen Flotte den Sieg.

Die Invasion des feindlichen Kernlandes konnte nach Beseitigung der Gefechtsschäden *(Polybios 1,29)* ohne Behinderung durch punische Seestreitkräfte erfolgen. Nach Thiel war die römische Flotte vermutlich nach der Schlacht in Syrakus, einem Hafen mit guten Werften, eingelaufen. Die nächstgelegene Seestadt Phintias besaß keinen Hafen, geschweige denn Werften, sondern lediglich eine geschützte Reede *(Polybios 1,53)*. Von den 64 erbeuteten punischen Schlachtschiffen waren nach Thiel 44 Fahrzeuge wieder in Dienst gestellt worden, so daß die römische Schlachtflotte mit 250 Einheiten und ihren Transportschiffen wieder in See gehen konnte. Zunächst landete das Spitzengeschwader bei Kap Bon, erwartete dort das Gros der Invasionsflotte und segelte mit dieser entlang der Küste südwärts. Bei Clupea (b. Kelibia, Tunesien) erfolgte die Landung. Karthago hatte in der Seeschlacht bei Ecnomus die Hälfte seiner Flotte verloren. Die restlichen Seestreitkräfte deckten zusammen mit den verfügbaren Landstreitkräften die Hauptstadt, da man mit einer Landung in unmittelbarer Nähe Karthagos rechnete. Clupea mußte nach kurzer Belagerung kapitulieren. Auf Anweisung des Senats wurde das Gros des Expeditionsheeres von der Flotte und den Transportern zusammen mit 20 000 Gefangenen nach Ostia zurückgebracht. Die Flotte wurde von dem Konsul L. Manlius Vulso befehligt. Der Senat glaubte, daß ein so großes Heer und 250 Schlachtschiffe mit ihren Besatzungen in Afrika nicht überwintern konnten. Karthago vermochte mit seinen Seestreitkräften diese Operation nicht mehr zu stören. Der zweite Konsul M. Atilius Regulus sollte mit zwei Legionen, 15 000 Fußsoldaten und 500 Reiter stark, den afrikanischen Brückenkopf bis zur Frühjahrsoffensive im Jahre 255 v. u. Z. halten. 40 Schlachtschiffe verblieben zur Aufrechterhaltung der Verbindungen mit Rom und zum Schutze der Truppen gegen Angriffe über See in Clupea. Das römische Heer begann, ungeschützte punische Städte zu besetzen und geschützte zu belagern. Die Karthager holten ein Heer unter Hamilkar aus Sizilien zurück. In einer ersten Landschlacht siegten die Römer. Durch diesen Erfolg ermutigt, griffen sie Tunes (Tunis) in unmittelbarer Nähe Karthagos an und nahmen die Stadt im Herbst des Jahres 256 v. u. Z. Dort überwinterte die Invasionsarmee. Es kam zu Friedensverhandlungen. Da die Römer u. a. jedoch die Auslieferung der punischen Flotte verlangten, setzten die Karthager den Krieg fort. Das römische Expeditionsheer wurde bei Tunes im Frühjahr 255 v. u. Z. vernichtend geschlagen. Die punische Armee stand unter der Führung des spartanischen Söldners Xanthippos. Der römische Befehlshaber, Konsul M. Atilius Regulus, geriet in Gefangenschaft. Nur wenige Manipel, insgesamt etwa 2 000 Mann, erreichten Clupea *(Polybios 1,34)* und wurden dort von der Marineinfanterie, nach Thiel etwa 1 600 Soldaten, aufgenommen. Die nachrückende punische Armee belagerte den römischen Brückenkopf erfolglos, wagte aber vermutlich mit der Flotte von der Seeseite her keine Blockade, da ein römisches Schlachtgeschwader mit 40 Einheiten in Clupea lag. In Ostia wurde die römische Schlachtflotte in Kampfbereitschaft gesetzt und lief unter Führung der beiden Konsuln des Jahres **255 v. u. Z.**, Ser. Fulvius Nobilior und M. Aemilius Paullus, mit 210 Quinqueremen im Frühsommer des Jahres 255 v. u. Z. aus, um die Reste der Expeditionsarmee aus Afrika zurückzuholen. Die Punier hatten ihre Flotte durch Neubauten wieder auf 200 Einheiten gebracht. Auf die Nachricht vom Auslaufen der römischen Schlachtflotte ging auch die Flotte Karthagos in See. Da die Punier die Absichten der Römer nicht kannten, liefen sie in das Seegebiet beim Hermäischen Vorgebirge, dem Promunturium Mercurii (Kap Bon/Râss Moustafa). Dort konnten sie die Römer auch dann abfangen, wenn sie nicht Clupea anliefen, sondern die Absicht gehabt hätten, Karthago selbst anzugreifen. Die römische Flotte geriet auf dem Kriegsmarsch von Sizilien nach Afrika in einen Sturm, der sie nach Cossura (Pantelleria) verschlug. Die Insel wurde geplündert und besetzt *(Zonaras 8,14)*. Aufklärungseinheiten hatten die Anwesenheit der punischen Flotte gemeldet. Die römische Schlachtflotte lief von Cossura in das Seegebiet beim Hermäischen Vorgebirge. Durch einen Aviso wurde das Schlachtgeschwader aus Clupea zur Hauptflotte beordert. Als die beiden gegnerischen Flotten aufeinandertrafen, zählten die Punier 200 *(Polybios 1,36)* und die Römer 250 Schlachtschiffe *(Zonaras 8,14)*. Nach kurzem, hartem Kampf, unter letztmaligem Einsatz der Enterbrücke (corvus), schlugen Roms Seestreitkräfte die Flotte Karthagos im Sommer des Jahres 255 v. u. Z. vollständig. 114 punische Schlachtschiffe mit ihren Besatzungen wurden nach Polybios *(1,36)* gekapert und in die römische Flotte eingereiht, 16 weitere nach Tarn und Thiel wahrscheinlich vernichtet. Nach Orosius *(4,9)* verloren die Römer selbst nur wenige Einheiten. Karthago besaß nach der Seeschlacht nur noch 70 Schlachtschiffe.

Die siegreiche Flotte evakuierte ohne weitere Behinderung durch karthagische Seestreitkräfte die Überlebenden der Schlacht von Tunes und gab den Brückenkopf und Stützpunkt Clupea auf. Beim Rückmarsch im Juli des Jahres 255 v. u. Z. geriet die gewaltige Flotte, mit ihren Beuteschiffen 364 Kampfeinheiten stark *(Polybios 1,37)*, auf der Höhe von Camarina (heute S. Croce Camerina) an der Küste des südöstlichen Siziliens in einen Sturm und ging bis auf 80 Kriegsschiffe, die sich, wenn auch sehr mitgenommen, nach Messana (Messina) retten konnten, verloren. Vielleicht trugen die hoch aufragenden Enterbrücken zu dieser Katastrophe bei. Sie traten seit diesem Ereignis bei den römischen Seestreitkräften nicht mehr in Erscheinung. Beide Konsuln waren der Sturmkatastrophe entronnen. Sie überwinterten mit den Resten der Flotte in Messana und besserten dort die Gefechts- und Sturmschäden aus.

Bereits im Winter von 255 auf **254 v. u. Z.** wurden nach Tarn und Thiel 140 neue Schlachtschiffe auf Stapel gelegt. Nach einer Bauzeit von drei Monaten *(Polybios 1,38)* konnten die Römer die Neubauten in Dienst stellen und der Flotte in Messana zuführen, die im Frühjahr die Offensive in den nördlichen Gewässern Siziliens mit 220 Einheiten eröffnete. Das Flottenkommando führten die beiden Konsuln des Jahres 255 v. u. Z. als Prokonsuln fort, während die Konsuln des Jahres 254 v. u. Z. das Landheer befehligten. Die römische Überlegenheit zur See war im Jahre 254 v. u. Z. überwältigend. 220 römischen Schlachtschiffen standen nur 70 punische gegenüber. Nach Polybios *(1,38)* hatten die Punier zwar die römische Schwäche zur See nach der Sturmkatastrophe des Jahres 225 v. u. Z. genutzt und mit einer Transportflotte von 200 Schiffen *(Polybios 1,38)* eine neue Armee unter Hasdrubal nach Sizilien gebracht, doch nach Thiel ihre Kriegsflotte in Karthago belassen. Die römische Seeherrschaft in den Seeräumen um Sizilien wirkte sich auf den Landkrieg aus. An der Nordküste wurde Cephaloedium (Cefalu) und durch kombinierte Land- und Seeoperationen die wichtige punische Seefestung Panormus (Palermo) erobert. Ein Angriff auf Drepana (Trapani) schlug fehl. Einige Zeit nach der Einnahme und Plünderung von Panormus gelang es punischen Seestreitkräften, die vielleicht von Lipara oder Drepana aus operierten, zahlreiche mit Beute beladene römische Frachter aufzubringen *(Zonaras 8,14)*. Zu dieser Zeit war die römische Schlachtflotte bereits nach Ostia zurückgekehrt. Nach dem Fall von Panormus fielen zahlreiche Städte auf Sizilien, darunter auch Seestädte wie Tyndaris (bei Falcone) und Solus (bei Bagheria), von Karthago ab und unterwarfen sich Rom. Lediglich die im Vorjahr besetzte Insel Cossura (Pantelleria) konnte im Jahre 254 v. u. Z. von punischen Seestreitkräften zurückerobert werden.

Das bewährte Zusammenwirken von Heer und Flotte wurde im Jahre **253 v. u. Z.**, als der Konsul C. Sempronius Blaesus das Flottenkommando übernommen hatte, nicht fortgesetzt. Der Flottenbefehlshaber machte einen Vorstoß auf die punische Seefestung Lilybaeum (Marsala), der fehlschlug. Sodann versegelte er nach Afrika und griff Städte und Küstenplätze von Clupea bis hinunter zur Kleinen Syrte und auf der Insel Girba (Djerba) an. Seine Beute soll beträchtlich gewesen sein *(Eutrop 2,23 und Orosius 4,9)*. Die Seestreitkräfte Karthagos waren nicht mehr in der Lage, die Küsten Afrikas zu schützen. Die römische Schlachtflotte lief ohne Feindberührung entlang der West- und Nordküste Siziliens nach Panormus zurück. Auf dem Marsch von dort über die offene See nach Ostia verlor die Schlachtflotte erneut von ihren 220 Einheiten in einem Sturm etwa 150 Schiffe *(Polybios 1,39)*. Nach dieser zweiten Naturkatastrophe betrug die Flottenstärke Roms wie die Karthagos 70 Schlachtschiffe.

Die Römer faßten nach dieser Sturmkatastrophe den Entschluß, vom Bau einer neuen Flotte abzusehen und künftig das Schwergewicht auf den Landkrieg zu legen. Sie hielten nur 60 Kriegsschiffe in Dienst, um das nach Sizilien entsandte Heer mit Nachschub versorgen zu können und die Küsten Italiens zu schützen *(Orosius 4,9; Eutrop 2,23; Zonaras 8,14; Polybios 1,39)*. Doch auch die Punier dachten nicht daran, eine neue Flotte zu erbauen und zur See die Offensive zu eröffnen. Die Seestreitkräfte beider Mächte blieben bis zum Jahre 250 v. u. Z. gleich schwach. Karthago konnte unbehindert im Jahre **252 v. u. Z.** erneut ein Heer unter Hasdrubal von Karthago nach Lilybaeum bringen. Das römische Heer nahm die Seestadt Thermae (Termini) an der Nordküste Siziliens *(Polybios 1,39)*. Unter dem Befehl des Konsuls C. Aurelius Cotta stehenden römischen und verbündeten Seestreitkräften gelang es im gleichen Jahr, die zuvor dreimal (260, 258 und 257 v. u. Z.) vergeblich angegriffene Stadt Lipara (Lipari), den Hauptort der gleichnamigen Inselgruppe, zu erobern und damit die Inseln endgültig zu besetzen. Da Rom nicht genügend eigene Kriegsschiffe zur Verfügung hatte, trat man an König Hieron II. von Syrakus heran, der die benötigten Kontingente zur Verfügung stellte *(Zonaras 8,14)*.

Der Entschluß des römischen Senates, keine neue Flotte zu erbauen, blieb von kurzer Dauer. Ohne ausreichende Seestreitkräfte war es nicht möglich, das Kriegsziel Roms, Karthago aus Sizilien zu vertreiben, zu erreichen. Insbesondere die starken Seefestungen Drepana (Trapani) und Lilybaeum (Marsala) waren ohne Flotte nicht zu nehmen. Man bildete im Jahre **250 v. u. Z.** neue Rojer aus und legte 50 Neubauten auf Stapel *(Polybios 1,39)*. Nach der Indienststellung zählte die römische Flotte mit den nach der Sturmkatastrophe des Jahres 253 v. u. Z. verbliebenen 70 Schlachtschiffen wieder 120 Einheiten. (Die von den antiken Autoren genannten Zahlen beruhen, wie Thiel nachweist, auf Fehlrechnungen). Auch Karthago, das nach der Seeschlacht vor dem Hermäischen Vorgebirge im Jahre 255 v. u. Z. nur noch über 70 Schlachtschiffe verfügte, begann auf Drängen der Admiräle Adherbal und Karthalo ein Neubauprogramm zu verwirklichen, um die römische Seeherrschaft zu brechen. Die römische Schlachtflotte war mit zahlreichen Transportern *(Diodor 24,1)* zu Beginn des Sommers von Ostia zunächst nach Panormus in See gegangen. Sie eröffnete unter den Konsuln und Flottenführern C. Atilius Regulus und L. Manlius Vulso, beide erprobte Seebefehlshaber in den Schlachten von Tyndaris und Ecnomus, etwa im Juli 250 v. u. Z. die Blockade des größten karthagischen Flottenstützpunktes auf Sizilien, Lilybaeum (Marsala). Vier Legionen unter dem Prokonsul L. Caecilius Metellus schlossen die Stadt von der Landseite her ein, nachdem das Heer die Karthager vor Panormus geschlagen hatte. Die Seefestung lag auf einer rechtwinklig in das Meer vorspringenden Halbinsel. Sie war durch starke Mauern und ungewöhnlich tiefe Gräben an der Landseite geschützt. Klippen und Untiefen sicherten die Seeseite des nördlich der Stadt gelegenen Hafens.

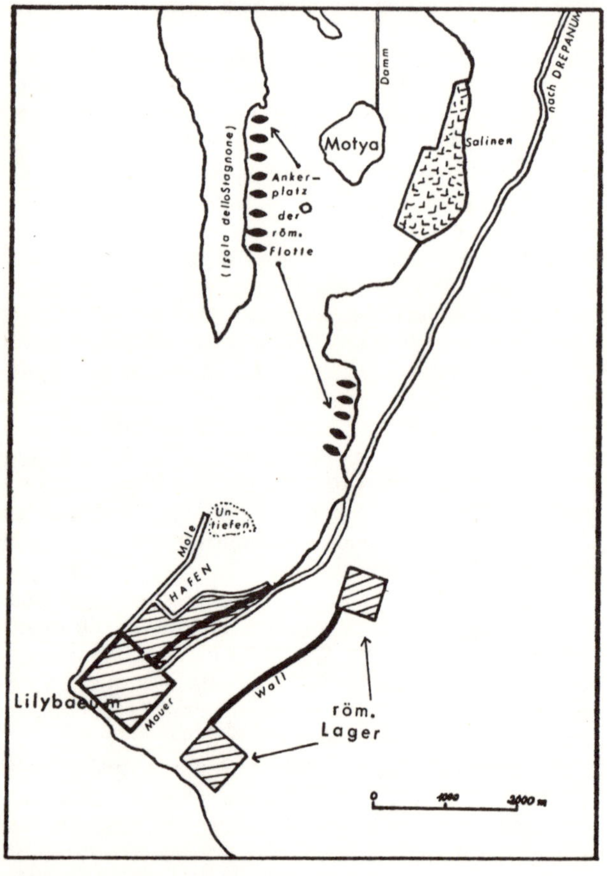

Die römische Blockade war wegen der schwierigen Fahrwasserverhältnisse und der günstigen Lage der Stadt nicht effektiv. Gleich zu Beginn der Belagerung und Blockierung gelang es einer punischen Flotte von – nach Thiel – 50 Kriegsschiffen unter dem Befehl von Admiral Adherbal, 4 000 Soldaten, Verpflegung und Geld von Karthago in die Stadt zu bringen und den Hafen wieder zu verlassen, um nach Drepanum zu versegeln *(Zonaras 8,15)*. Nach Thiel wird diese Flotte zusätzlich Transportschiffe mitgeführt haben, da Kriegsschiffe für den Verpflegungstransport keinen ausreichenden Laderaum besaßen. Wenig später gelang ein zweiter Blockadebruch. Admiral Hannibal, Sohn des punischen Heer- und Flottenführers Hamilkar, brachte mit weiteren 50 Schiffen – nach Thiel waren es Kriegsschiffe – 10 000 Soldaten in die belagerte Stadt *(Polybios 1,44)*. Auch ihm gelang es, bei Nacht wieder auszulaufen und sich mit Adherbal in Drepanum zu vereinen. Himilko, der Verteidiger von Lilybaeum, verfügte zu dieser Zeit über 21 000 Mann und 700 Reiter. Letztere waren in einer belagerten Stadt nur eine Belastung, aber nicht sinnvoll einzusetzen. Es glückte den Puniern, die gesamte Kavallerie auf Pferdetransportern durch die Blockade zu bringen und in Drepanum auszuschiffen *(Diodor 24,1; Zonaras 8,15)*. Einzelnen Blockadebrechern gelang es im ersten Jahr der Blockade, regelmäßig die Verbindung zwischen Lilybaeum und Karthago aufrechtzuerhalten. Durch Polybios *(1,46 bis 47)* ist uns der Name eines dieser verwegenen Kapitäne überliefert. Hannibal der Rhodier besaß ein so vortreffliches Kriegsschiff, daß die Römer, als sie es schließlich kapern konnten, nach dessen Vorbild neue Kriegsschiffe erbauten. Offensichtlich waren die Kriegsschifftypen, die im Jahre 250 v. u. Z. in der punischen Flotte gefahren wurden, den römischen Konstruktionen an Geschwindigkeit und Wendigkeit überlegen. Vermutlich stand die Wiege dieser Typen nicht in Karthago, sondern in Rhodos. Das überlegene Schiffsmaterial war jedenfalls maßgeblich daran beteiligt, die römische Blockade wirkungslos zu machen. Nach den Blockadebrüchen versuchten die Römer, den Hafen durch eine Dammschüttung zu schließen. Dies gelang wegen der starken Strömung und der Fahrwassertiefe nicht. Doch strandete eine punische Tetrere an dem unvollendeten Damm. Mit diesem erbeuteten Kriegsschiff gelang es, die rhodische Pentere des Hannibal zu kapern *(Polybios 1,47)*. Mit den zwei erbeuteten Schiffen einer überlegenen Konstruktion konnten die Römer ihre Blockade gegenüber Einzelfahrern effektiver machen. Doch ein Ausfall der Belagerten vernichtete die römischen Belagerungswerke. Unter großen Verlusten gaben die Römer ihre Angriffe gegen Lilybaeum auf und beschränkten sich darauf, die Stadt mit Wall und Graben einzuschließen. Die Flottenmannschaften hatten an den Landkämpfen teilgenommen und große Verluste erlitten. Rom war

Skizze 154 (nach Kromayer/Veith):
Die Blockade von Lilybaeum

gezwungen, 10 000 Matrosen für den Decks- und Rojerdienst nach Lilybaeum in Marsch zu setzen, um die Kampfbereitschaft der Flotte wieder herzustellen.

Heer und Flotte überwinterten vor Lilybaeum. Zu Beginn des Sommers **249 v. u. Z.** übernahm einer der Konsuln des Jahres, P. Claudius Pulcher, das Flottenkommando. Ihm war bekannt, daß die punische Flotte unter Admiral Adherbal mit 100 Einheiten in Drepanum lag. Der römische Geheimdienst hatte jedoch nicht rechtzeitig den Umfang des punischen Flottenausbaues gemeldet. Erst im Frühjahr 249 v. u. Z. erfuhr die römische Seekriegsleitung, daß die Indienststellung von 70 neuen Schlachtschiffen in Karthago unmittelbar bevorstand. In den römischen Werften wurden sofort 60 Neubauten auf Stapel gelegt, doch Karthago war es in diesem Kriege erstmalig gelungen, beim Flottenausbau einen Vorsprung zu gewinnen. Auch diese Tatsachen waren dem neuen Flottenchef bekannt. So beschloß P. Claudius Pulcher, sofort zu handeln, da er zu dieser Zeit mit seinen 120 Schlachtschiffen noch numerisch überlegen war. Die römische Flotte war durch die großen Menschenverluste bei den Belagerungskämpfen zu Lande, an denen Matrosen und Seesoldaten teilgenommen hatten, unverantwortlich stark geschwächt worden. Die neu eingetroffenen 10 000 Matrosen mußten an Bord gehen, ohne ausreichend ausgebildet und mit ihren Schiffen vertraut zu sein. Doch dem Flottenbefehlshaber blieb keine andere Wahl. Zu diesem Zeitpunkt konnte er die punische Flotte in Drepanum noch mit überlegenen Kräften angreifen. Waren erst die 70 neuen Schlachtschiffe aus Karthago eingetroffen, so hätte er sich mit 120 römischen 170 punischen Einheiten gegenüber gesehen *(Polybios 1,49; Diodor 24,1; Zonaras 8,15)*. Die römische Flotte lief um Mitternacht aus, nachdem freiwillig die besten Legionäre als Marineinfanterie an Bord gegangen waren. In Kiellinie, bei der das Flaggschiff entgegen jeder Regel nicht die Spitze, sondern den Schluß bildete *(Polybios 1,50)*, sich direkt unter der Küste haltend, näherte sie sich dem karthagischen Stützpunkt Drepanum, um die dort liegende Flotte zu überraschen, im Hafen einzuschließen und zu vernichten.

Der karthagische Admiral Adherbal verließ jedoch rechtzeitig den Hafen mit Nordkurs, änderte nach Umrundung der dem Hafen vorgelagerten Insel Lazzaretto den Kurs auf Süd und griff die römische Flotte an. Als der römische Admiral die karthagische Flotte mit Nordkurs aus dem Hafen auslaufen sah, gab er den Befehl zum Wenden. Er formierte viel zu langsam seine Schiffe, weiterhin unter der Küste bleibend, zur einfachen Dwarslinie. In diese Bewegung stieß die karthagische Flotte, von See kommend, hinein. Sie vernichtete die unter Land in der Bewegungsfreiheit behinderten römischen Schiffe, die erstmalig ohne den corvus kämpften, bis auf 27 Einheiten, die nach Lilybaeum entkamen.

Polybios *(1,51)* berichtet:

»Zuerst stand die Schlacht im Gleichgewicht, da beide Parteien für den Kampf zur See die besten Soldaten des Landheeres ausgesucht hatten. Mehr und mehr jedoch gewannen die Karthager das Übergewicht, da sie während des ganzen Kampfes in vieler Hinsicht weit im Vorteil waren. Denn wegen des vorzüglichen Baues ihrer Schiffe und der guten Schulung ihrer Rojermannschaften waren sie an Schnelligkeit beträchtlich überlegen. Außerdem kam ihnen ihre Position sehr zustatten, da sie auf der Seeseite Aufstellung genommen hatten. Denn wenn karthagische Schiffe von feindlichen bedrängt wurden, zogen sie sich dank ihrer Schnelligkeit ungefährdet in die offene See zurück, machten dann kehrt und griffen die Verfolger, die sich zu weit vorwagten, bald um sie herumfahrend, bald sie von der Seite anfallend, während jene umwandten – ein bei der Schwerfälligkeit der Schiffe und der Unerfahrenheit der Rojermannschaften äußerst schwieriges Manöver –, mit unaufhörlichen Rammstößen an und versenkten viele Fahrzeuge. Wenn aber ein anderes Schiff der eigenen Flotte in Gefahr geriet, konnten sie ihm mit Leichtig-

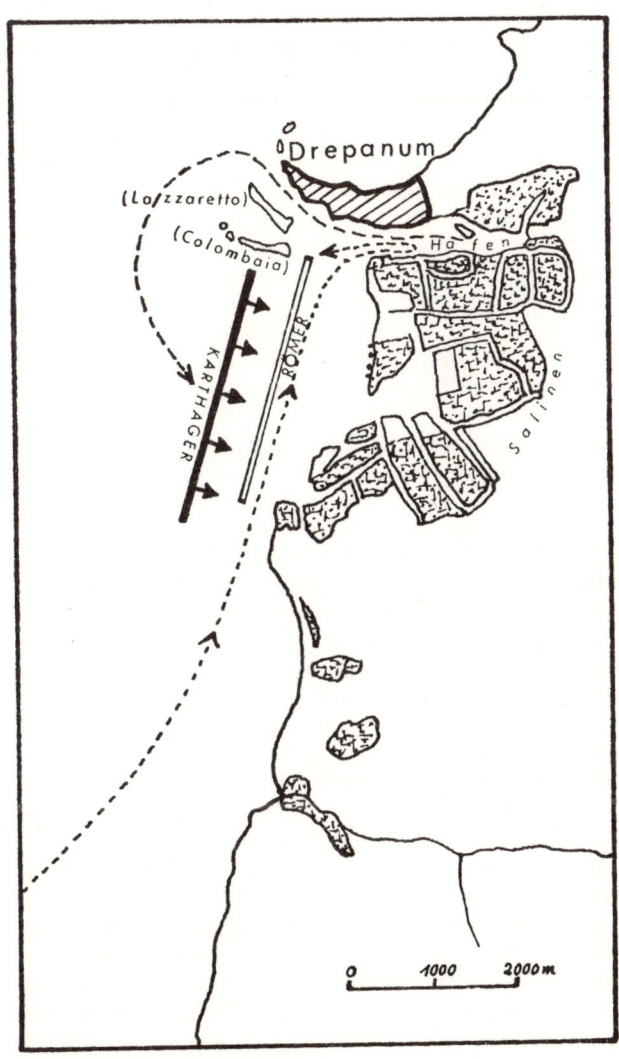

Skizze 155 (nach Kromayer/Veith):
Die Seeschlacht bei Drepanum

keit und in voller Sicherheit, außerhalb des Kampfbereiches hinten um die eigenen Schiffe und durch das Meer herumfahrend, Hilfe bringen.
Für die Römer dagegen lagen die Dinge gerade umgekehrt. Für die in Bedrängnis geratenen Schiffe bestand keine Möglichkeit, nach hinten auszuweichen, da sie dicht am Lande kämpften, sondern jedes Schiff, dem von vorn hart zugesetzt wurde, geriet entweder auf Untiefen und saß mit dem Heck fest oder wurde ans Land getrieben und scheiterte. Durchzufahren aber durch die Linie der feindlichen Schiffe und im Rücken derer zu erscheinen, die schon in einen Kampf mit anderen verwickelt waren – ein in der Seeschlacht besonders wirksames Manöver –, waren sie außerstande wegen der Schwerfälligkeit der Fahrzeuge sowie wegen der Unerfahrenheit der Bemannung. Ebensowenig konnten sie denen, die in Not waren, von hinten her zu Hilfe eilen, da sie dicht ans Land gedrängt standen und auch nicht der kleinste Raum übrigblieb, um den Gefährdeten zu helfen.
Angesichts dieser verzweifelten Kampflage, der Tatsache, daß die Schiffe teils auf den Untiefen festsaßen, teils ans Ufer geworfen wurden, wandte sich der römische Konsul zur Flucht, indem er sich vom linken Flügel her längs des Landes herauszog, und mit ihm etwa 30 Schiffe, die in seiner Nähe standen. Die übrigen Fahrzeuge, 93 an der Zahl, fielen den Karthagern in die Hände, mitsamt der Bemannung, soweit sie nicht die Schiffe auf den Strand gesetzt hatten, so daß sich die Leute hatten retten können.«
Die Persönlichkeit des römischen Flottenchefs, dessen Härte, seine subalterne Befehlsausübung und falschen taktischen Entschlüsse (er marschierte mit seinem Flaggschiff am Schluß der Kiellinie) waren eine Ursache der Niederlage. Hätte die römische Flotte nicht wegen der Sturmkatastrophen der Vorjahre die Enterbrücken auf ihren schweren Schlachtschiffen entfernt und geübte Rojer an Bord gehabt, so wäre eine weitere Ursache für den negativen Ausgang des Treffens entfallen.
Der Sieger, Admiral Adherbal, schickte die 93 erbeuteten römischen Schlachtschiffe mit den Gefangenen nach Karthago (*Polybios 1,53*). Nach der Seeschlacht waren die erwarteten 70 neuen punischen Schlachtschiffe mit einer Anzahl Verpflegungstransportern unter Admiral Karthalo in Drepanum eingetroffen. Unmittelbar nach der Schlacht ließ der Flottenchef Adherbal Admiral Hannibal mit seinem Geschwader (*Polybios 1,44; 1,46*) auslaufen, um einen gemeldeten römischen Versorgunskonvoi, der wahrscheinlich für das Belagerungsheer vor Lilybaeum bestimmt war, vor Panormus abzufangen. Der nicht oder nur schwach gesicherte Konvoi wurde von Hannibal aufgebracht und von seinem Geschwader in den Hafen der belagerten Stadt Lilybaeum geleitet (*Diodor 24,1*). Die römische Blockade war vollständig zusammengebrochen. Mit den 27 aus der Schlacht entkommenen Einheiten, die zudem noch Gefechtsschäden auszubessern hatten, war eine Blockade nicht aufrechtzuerhalten. Adherbal ließ nach diesem Erfolg Admiral Karthalo mit 100 Einheiten nach Lilybaeum auslaufen (*Polybios 1,53*), um die Reste der römischen Flotte dort zu vernichten. Es gelang den punischen Seestreitkräften, nur einige (nach Thiel neun) Fahrzeuge abzuschleppen und zu zerstören. Der erste Angriff wurde von den Puniern nicht erneuert, da Karthalo die Meldung von der Annäherung einer römischen Flotte erhielt. Er ging nach Heraclea Minoa in See und erwartete dort die Römer. Die Flottenüberlegenheit Karthagos war nach dem Seesieg von Drepanum überwältigend. Rom besaß 60 neue Schlachtschiffe und vielleicht noch 18 vor Lilybaeum, insgesamt also 78. Hinzuzurechnen sind nach Thiel etwa 60 Kriegsschiffe von Verbündeten, die aber keine Schlachtschiffe (Quinqueremen) besaßen, so daß Roms Seestreitkräfte nur noch über 138 Einheiten insgesamt verfügten. Karthagos Flotte bestand aus 70 neuen Einheiten des Admirals Karthalo, den 50 Schlachtschiffen des Flottenchefs Adherbal und 50 Penteren des Admirals Hannibal sowie den 93 erbeuteten römischen Schiffen, insgesamt also 263 schweren Einheiten.
Der zweite Konsul L. Iunius Pullus lief, unmittelbar nachdem die Meldung von der verlorenen Seeschlacht in Rom eingetroffen war oder kurze Zeit vorher, mit den inzwischen in Dienst gestellten 60 neuen Schlachtschiffen aus Ostia aus. Das Geschwader hatte den Auftrag, eine Transportflotte mit Versorgungsgütern zum Belagerungsheer vor Lilybaeum zu eskortieren, also Geleitsicherung zu fahren und nicht die Seeschlacht zu suchen. In Messana wurden 60 Kriegsschiffe der Verbündeten aufgenommen, so daß der Geleitzug seinen Marsch unter Sicherung durch 120 Kriegsschiffe fortsetzen konnte. Für eine Seeschlacht waren auch diese Kräfte zu schwach, da die Auxiliarverbände nicht aus Schlachtschiffen (Quinqueremen) bestanden. Das Geleit zählte fast 800 Transporter (*Polybios 1,52*), die ihren Marsch zunächst nach Syrakus fortsetzten. Von dort ließ der Konsul nur das halbe Geleit, etwa 400 Transporter mit einem Teil der Geleitsicherung, nach Thiel vielleicht 30 Kriegsschiffen, unter dem Befehl der Quästoren auslaufen, während er selbst mit 400 Transportern und dem größten Teil seiner Kriegsschiffe in Syrakus verblieb, um weitere Versorgungsgüter zu laden (*Polybios 1,52*).
Admiral Karthalo lief bei der Meldung des römischen Geleitzuges aus Heraclea Minoa aus. Zwischenzeitlich waren seine beiden Schlachtgeschwader von 100 Schiffen auf 120 Penteren verstärkt worden. Mit diesen überlegenen Seestreitkräften sichtete er die Römer etwa im Juli des Jahres 249 v. u. Z. auf der Höhe von Phintias (Licata). Die Römer drehten ab und suchten unter der Küste Schutz. Die Quästoren hatten keine Chance. Ein Teil der Römer ging an Land und besetzte die Verteidigungsanlagen der Stadt (*Polybios 1,53*). Auf der Reede von Phintias erwarteten die Schiffe den Angriff der Punier. 50 Transporter und 17 Kriegsschiffe der Römer wurden versenkt. Die restlichen 13 Kriegsschiffe waren so schwer beschädigt, daß sie auch als Totalverluste abgeschrieben werden konnten (*Diodor 24,1*).

Die punische Flotte segelte nach diesem Gefecht zurück nach Heraclea Minoa. Zwischenzeitlich war der Konsul mit der zweiten Hälfte seines Geleitzuges aus Syrakus auf der Reede von Phintias angekommen. Dort erfuhr er von dem verlustreichen Gefecht. Er konnte nicht wagen, mit seinen noch über 700 Transportern, aber nur noch 90 Kriegsschiffen, den Marsch fortzusetzen. Der punische Admiral hatte durch Fühlunghalter von der Ankunft der zweiten Hälfte des Geleitzuges erfahren und war sofort mit seinen 120 Schlachtschiffen in See gegangen. Nachdem römische Aufklärungseinheiten den Anmarsch der Flotte Karthalos gemeldet hatten, setzten die Römer ihre 13 irreparablen Kriegsschiffe in Brand und versuchten, mit dem Geleit zurück nach Syrakus zu laufen. Doch der langsam segelnde Geleitzug wurde von den Karthagern auf der Höhe von Camarina überholt. Die Römer suchten abermals unter der Küste Schutz, die dort hafenlos und felsig ist. Ein plötzlich aufkommender Sturm, dem sich die karthagische Flotte rechtzeitig entzog, indem sie Kap Pachynum umsegelte und dort in Lee Anker warf, vernichtete den römischen Geleitzug, da es diesem nicht gelang, die Anker schnell genug aufzunehmen und das offene Meer zu gewinnen. Fast alle römischen Schiffe gingen verloren. Nur zwei Kriegsschiffe, mit dem Konsul an Bord, erreichten den Bestimmungshafen *(Diodor 24,1 und 4)*.

Diese beiden Einheiten und die 18 noch bei Lilybaeum liegenden Quinqueremen waren alles, was den Römern an Seestreitkräften verblieb. Nach dieser dritten Naturkatastrophe gab es praktisch keine römische Flotte mehr. Nicht der Feind, sondern die Wellen hatten Roms Seemacht zerschlagen.

Doch Karthago machte von der errungenen Seeherrschaft keinen Gebrauch, sondern stellte nach Tarn den größten Teil seiner Flotte, die einschließlich der erbeuteten römischen Schiffe im Jahre 249 v. u. Z. über 260 Schlachtschiffe zählte, außer Dienst. Diese Tatsache allein beweist, daß das allseits besungene seehafte Denken der Punier, ihr überlegener Einsatz der Flotte, ihre Verbundenheit mit dem Meer und die Beherrschung des Seekrieges als Mittel der Politik mehr einem Wunschdenken entspricht als den historischen Tatsachen. Eine echte Seemacht hätte den Krieg sehr schnell siegreich beendet. Über 260 Schlachtschiffe gegen 20 römische, die zudem noch Gefechts- und Sturmschäden auszubessern hatten, glich dem »Kampf« eines Haifisches gegen einen Hering. Karthago besaß im Gegensatz zu Rom schon im Ersten Punischen Krieg kein seestrategisches Konzept. Es verzettelte seine Kräfte im Landkrieg. Einerseits waren in Afrika Numider, Libyer und Aufständische zu bekämpfen, andererseits wollte es unbedingt die letzten Bollwerke auf Sizilien, die Seefestungen Drepana und Lilybaeum, halten, statt mit der Flotte unbehindert in Italien eine Großlandung zu unternehmen. Die verpaßte Gelegenheit des Jahres 249 v. u. Z. war der Anfang vom Ende.

Admiral Karthalo versuchte zwar im Jahre **248 v. u. Z.**, mit offenbar schwachen Seestreitkräften, die Küsten Italiens zu verwüsten, doch der Erfolg war gering. Beim Nahen römischer Küstenschutzverbände, die ausschließlich den Landstreitkräften angehörten und unter dem Befehl des Prätors standen, versegelten die Punier wieder nach Sizilien *(Zonaras 8,16; Orosius 4,10)*. König Hieron II. von Syrakus erneuerte in diesem Jahr die Allianz mit Rom.

Im Jahre **247 v. u. Z.** übernahm Hamilkar Barkas das punische Oberkommando in Sizilien. Auch er griff mit seinen Seestreitkräften die südlichen Küsten Italiens ohne wesentliche Erfolge an *(Polybios 1,56; Zonaras 8,16)*. Auf Sizilien führte er eine Landung in der Nähe von Panormus durch, befestigte den Berg Heirkte (Monte Castellaccio), der, an der Küste gelegen, auch den Zugang zu einem Hafen beherrschte. Dieser günstig gelegene Platz war für ihn jedoch nur Ausgangspunkt für Kaperfahrten und Raids gegen italische Küstenplätze. Sein vornehmliches Ziel war, römische Landstreitkräfte bei Panormus zu binden, also Landkrieg zu führen.

Römische Kaperkapitäne unternahmen mit den wenigen noch verbliebenen Kriegsschiffen Angriffe auf Küstenplätze in Afrika. So wurde im Jahre 247 v. u. Z., vielleicht unter dem Kommando von C. Duilius, dem Sieger von Mylae, wie Thiel vermutet, der Hafen Hippo Diarrhytus (Bizerta/Binzert) oder Hippo Regius (Bône, Algerien), vermutlich aber ersterer, angegriffen. Die im Hafen befindlichen Schiffe und Teile der Landanlagen konnten in Brand gesetzt werden. Die Römer liefen ohne Verluste ab und konnten vor Panormus noch einige punische Kriegsschiffe in einem Seegefecht besiegen und kapern *(Zonaras 8,16)*.

Neue Angriffe der punischen Flotte unter Hamilkar Barkas richteten sich im Jahre **246 v. u. Z.** gegen Küstenplätze an der Westküste Italiens bis hinunter nach Cumae, nördlich des Golfes von Neapel *(Polybios 1,56)*. Diese Operationen richteten zwar Verwüstungen an, hatten aber keine strategische Bedeutung und konnten nicht einmal die römische Umklammerung von Drepanum und Lilybaeum lockern. Das System der römischen Küstenverteidigung, basierend auf den Seestadtkolonien (coloniae maritimae), wurde ausgebaut. Alsium, seit 247 v. u. Z., und Fregenae, seit **245 v. u. Z.**, westlich von Rom an der etruskischen Küste gelegen, dienten dem Schutze der Hauptstadt gegen Landungen. Eine Kolonie in Brundisium (Brindisi) war 247 v. u. Z. als Antwort auf die punischen Angriffe gegen die Südküsten Italiens gegründet worden.

Im Jahre **244 v. u. Z.** verlegte Hamilkar Barkas seinen Stützpunkt mit Hilfe der Flotte bei Nacht vom Berge Heirkte zum Berge Eryx (Monte San Giuliano), der gleichfalls am Meer, aber näher bei Drepanum lag *(Polybios 1,58)*.

Nach mehr als fünf Jahren, in denen Rom keine Flotte besaß, die diese Bezeichnung verdiente, begann man gegen Ende des Jahres **243 v. u. Z.**, die fünfte Schlachtflotte auf Stapel zu legen (260 die erste; 257/56 die zweite; 254 die dritte und 250/49 v. u. Z. die vierte Flotte). Sie wurde ausschließlich mit privaten Geldern finanziert. Die Finanzen des römischen Staates waren durch den langandauernden Krieg über Gebühr beansprucht worden. Der Senat wußte, daß ohne Flotte die punischen Bollwerke auf Sizilien nicht zu bezwingen und der Krieg nicht zu gewinnen war. Nach rhodischem Vorbild erbaute man mit großer Sorgfalt 200 Quinqueremen, die in der Konstruktion der 250 v. u. Z. vor Lilybaeum erbeuteten rhodischen Pentere glichen (Polybios 1,59). Die 20 noch vorhandenen Schlachtschiffe der alten Bauart stellten die Römer nach Thiel außer Dienst, da sie zu schwerfällig waren und im Verband der neuen Flotte bei Operationen nur hinderlich gewesen wären.

Etwa gegen Ende Mai des Jahres **242 v. u. Z.** lief die neue Schlachtflotte voll eingefahren mit ihren schnellen, äußerst seetüchtigen Quinqueremen unter dem Befehl des Konsuls C. Lutatius Catulus nach Sizilien aus. Nicht der zweite Konsul, sondern der Prätor Q. Valerius Falto, ein hervorragender Offizier, kommandierte unter dem Flottenchef als zweiter Seebefehlshaber. In Erwartung der entscheidenden Seeschlacht war man auf eine klare Kommandostruktur bedacht. Mit der modernen Schlachtflotte erreichten 700 Transporter mit Versorgungsgütern für die Belagerungsheere vor Drepanum und Lilybaeum die Insel (Diodor 24,11). Von der Flotte wurde nicht ein einziges punisches Kriegsschiff gesichtet. Die gesamte gegnerische Flotte befand sich aufgelegt in Karthago (Polybios 1,59). Ganz offensichtlich hatte dieses Mal der punische Geheimdienst versagt. Das Erscheinen einer neuen römischen Schlachtflotte vor Drepanum war für Karthago eine echte Überraschung (Polybios 1,60). Die römische Schlachtflotte erneuerte sofort die Blokkade von Drepanum und Lilybaeum, die im Jahre 249 v. u. Z. nach der verlorenen Seeschlacht zusammengebrochen war. Die Blockademaßnahmen waren effektiv. Die römische Flotte eroberte und besetzte vor Drepanum die Inseln Lazzaretto und Columbaia sowie vielleicht die südliche Küste des inneren Hafens. Eine Erstürmung der Stadt, bei der der Konsul verwundet wurde, scheiterte (Diodor 24,11; Zonaras 8,17; Polybios 1,59; Orosius 4,10). Die Soldaten der Flotte wurden jedoch nicht bei der Belagerung eingesetzt. »In Voraussicht des Erscheinens der karthagischen Flotte und getreu dem strategischen Grundgedanken seines Auftrages: nur durch einen Kampf zur See sei die Entscheidung zu erreichen, ließ er die Zeit nicht ungenutzt und tatenlos verstreichen, sondern veranstaltete jeden Tag Übungen und Manöver der Schiffsmannschaften, wie sie für den Ernstfall nötig waren, sorgte im übrigen unermüdlich für reichlich Verpflegung und einen guten Gesundheitszustand seiner Leute und machte dadurch in ganz kurzer Zeit aus den Seeleuten durchtrainierte Kämpfer für die bevorstehende Schlacht« (Polybios 1,59).

Erst im März des Jahres **241 v. u. Z.** war die punische Flotte seeklar. Vom Auslaufen der römischen Flotte Ende Mai des Jahres 242 bis zum Februar des Jahres 241 v. u .Z. verstrichen ca. neun Monate. Ein Zeichen dafür, daß Karthago weder über einsatzbereite Kriegsschiffe noch über ausgebildete Matrosen und Seesoldaten verfügte (Polybios 1,61). Nach Tarn und Thiel wurden lediglich die im Jahre 249 v. u .Z. vorhandenen 170 eigenen Schlachtschiffe wieder in Dienst gestellt. Für die Bemannung der 93 erbeuteten römischen Einheiten fehlten nach Tarn Rojer und Seesoldaten.

Die im März nach Sizilien entsandte punische Flotte war von Transportern mit Versorgungsgütern für die belagerten und blockierten Seefestungen begleitet (Diodor 24,11). Auch die Kriegsschiffe selbst hatten zusätzlich Getreide und andere Güter geladen, so daß sie nicht gefechtsbereit waren (Polybios 1,60–61; Zonaras 8,17; Eutrop 2,27). Der punische Seebefehlshaber Admiral Hanno hatte die Absicht, zunächst am Berge Eryx bei Drepanum seine Versorgungsgüter zu löschen, um alsdann die Schiffe in Gefechtsbereitschaft zu setzen (Polybios 1,60). Er ankerte vor Hiera (Isola Marettimo), der westlichsten der Ägatischen Inseln (Isole Egadi), und wartete auf Westwind. Als römische Aufklärungseinheiten den Ankerplatz des Gegners gemeldet hatten, nahm der Flottenchef die zusätzlichen Legionäre an Bord, alles ausgesuchte Mannschaften, und ging mit der Schlachtflotte zur Insel Aegusa (Isola Favignana) in See, um die Karthager abzufangen.

Als am 10. März 241 v. u. Z. C. Lutatius Catulus »gegen Morgen beim ersten Frühlicht sah, daß die Gegner einen frischen Fahrtwind im Rücken hatten, während für sie selbst die Ausfahrt gegen den Wind und bei heftigem Seegang schwierig war, war er anfangs unschlüssig, was bei dieser Lage zu tun sei, bedachte dann aber, wenn er die Schlacht im Sturm liefere, werde er nur gegen Hanno und die eigentlichen Schiffsbesatzungen und gegen noch beladende Schiffe zu kämpfen haben, wenn er dagegen ruhiges Wetter abwarte und durch sein Zaudern dem Feinde gestatte, hinüberzusegeln und sich mit dem Landheer zu vereinigen, werde er gegen bewegliche und der Last entledigte Schiffe, gegen die besten Männer der Landtruppen und, was das Entscheidende war, gegen die Kühnheit Hamilkars – und nichts fürchteten sie mehr als diese – kämpfen müssen. Daher entschloß er sich, die sich bietende Gelegenheit nicht vorübergehen zu lassen, und da er die Feinde mit vollen Segeln daherkommen sah, lief er in aller Eile aus. Die Besatzungen überwanden durch ihre Geschicklichkeit leicht die Brandung, und in kurzer Zeit hatte er seine Flotte in Frontlinie gegen den Feind aufgestellt.

Als die Karthager sahen, daß die Römer ihnen die Durchfahrt verlegt hatten, strichen sie die Segel, sprachen sich selbst untereinander auf den einzelnen Schiffen Mut zu und nahmen den Kampf mit dem Gegner auf. Da aber die beiderseitige Ausrüstung im umgekehrten Verhältnis stand wie bei der Schlacht von Drepana, mußte auch der Ausgang der beiden Schlachten ein entgegengesetzter sein. Die Römer nämlich hatten den Schiffsbau geändert, hatten sich aller Lasten mit Ausnahme des für die Seeschlacht Nötigen entledigt, hatten die Besatzungen zu vollkommener Fertigkeit im Rudern eingeübt und hatten schließlich als Seesoldaten Männer aus dem Landheer ausgewählt, die nicht zu weichen gewohnt waren. Bei den Karthagern stand es gerade umgekehrt. Die Schiffe waren schwer beladen und unbehilflich zum Kampf, die Besatzungen völlig ungeübt und in der Not des Augenblicks an Bord gebracht, die Seesoldaten neu geworben und sollten jetzt zum ersten Mal alle Drangsal und Gefahr des Kampfes kennenlernen« *(Polybios 1,60).*

Die Karthager erlitten eine vollständige Niederlage. Es gelang den Römern nach Polybios *(1,61),* 70 feindliche Schiffe zu entern und zu erbeuten und 50 zu versenken. Die römischen Verluste sind von Orosius *(4,10)* und Eutrop *(2,27)* mit 12 Schiffen angegeben worden. Die Seeschlacht bei den Ägatischen Inseln, in der 200 römische Einheiten gegen 170 punische Einheiten kämpften, brachte eine glänzende Rechtfertigung für die Erbauer der siegreichen römischen Flotte mit ihren neuen Schiffskonstruktionen. Dieser Seesieg entschied den Ersten Punischen Krieg und machte Rom zum Herrn Siziliens.

Der punische Admiral Hanno entkam mit seinen restlichen Schiffen – zumeist leichte und mittlere Einheiten – über Hiera (Isola Marettimo) nach Karthago. Dort wurde er zum Tode verurteilt und gekreuzigt *(Zonaras 8,17).* Die römische Flotte lief mit ihren 70 Prisen und etwa 10 000 Gefangenen *(Polybios 1,61; Diodor 24,11)* zurück nach Lilybaeum zum Belagerungsheer.

Ohne Flotte konnte Karthago nicht länger seine Positionen auf Sizilien halten. Lilybaeum, Drepanum und der Stützpunkt auf dem Berge Eryx kapitulierten. In dem anschließend abgeschlossenen Friedensvertrag wurde den Karthagern auferlegt, ganz Sizilien zu räumen, jede Kriegführung gegen das mit Rom verbündete Syrakus und andere Verbündete zu unterlassen und alle Inseln zwischen Sizilien und Italien zu räumen. Die Heimkehr der in Gefangenschaft geratenen Römer und die Zahlung einer Kriegsentschädigung wurden vertraglich festgelegt. Auf die Auslieferung der Reste der punischen Flotte verzichtete der römische Verhandlungsführer, Konsul C. Lutatius Catulus. Nach Polybios *(1,63)* soll die römische Flotte in diesem vierundzwanzigjährigen Ringen annähernd 700 Schlachtschiffe im Gefecht und durch Schiffbruch und die Flotte Karthagos etwa 500 Penteren verloren haben. Nach Thiels exakten Berechnungen beliefen sich die römischen Verluste auf etwa 600 Kriegsschiffe und die der Punier nach Tarn und Thiel auf etwa 450 Einheiten. Die Römer verloren drei Viertel ihrer Schiffe nicht in Kampfhandlungen, sondern durch Stürme; während Karthago alle Schiffe im Gefecht einbüßte. Die Punier hatten in diesem Ringen die besseren Seeleute und Kapitäne, die Römer die besseren Seesoldaten und Flottenführer.

Von der Niederlage bei den Ägatischen Inseln konnte sich die karthagische Flotte nicht mehr erholen. Praktisch sicherte diese Seeschlacht Roms Herrschaft über das westliche Mittelmeer.

Als Folge des gewonnenen Krieges konnte Rom im Jahre **238 v. u. Z.** Karthago zwingen, vertraglich Sardinien abzutreten *(Polybios 3,27–28).* Auch ganz Korsika wurde im gleichen Jahr von den Puniern geräumt und von den Römern besetzt. Roms Stärke zur See war zu dieser Zeit überwältigend. Es verfügte mit den erbeuteten punischen Schiffen über eine Schlachtflotte von über 250 modernen Einheiten, während die Punier noch etwa 50 Kriegsschiffe besaßen. Darunter befanden sich nach Thiel nur noch wenige Schlachtschiffe *(vergleiche auch Polybios 1,73).* 238 v. u. Z. fanden auch Operationen gegen die keltischen Ligurer statt, die als Seeräuber den Handel zwischen Italien und Massalia (Marseille) störten. Die alte Freundschaft zwischen dieser Griechenstadt und Rom wurde in der Zeit zwischen dem Ersten und Zweiten Punischen Krieg durch ein förmliches Bündnis gefestigt.

Für die römische Seemacht war nicht nur die Annexion Sardiniens und Korsikas von Bedeutung, sondern auch die Gewinnung des Gegenufers an der Adria, Illyriens. Die illyrischen Seeräuber, an der insel- und schlupfwinkelreichen Küste des heutigen Dalmatien beheimatet, waren schon damals hervorragende Seeleute und gute Taktiker im Seekampf. Ihre Schiffe hielten die Römer für so gut, daß sie später ihre Konstruktionen nachbauten.

Einen Gesandtenmord, den der Senat der Illyrerkönigin Teuta anlastete *(Polybios 2,8),* nahmen die Römer zum Anlaß, im Jahre **229 v. u. Z.** den Ersten Illyrischen Krieg zu beginnen. Im Mai war die Indienststellung von 200 Schlachtschiffen abgeschlossen. Der Konsul Cn. Fulvius Centumalus übernahm das Flottenkommando und ging mit der Schlachtflotte von Ostia in See *(Polybios 2,11).* Falls die Flotte bereits die Marineinfanterie in voller Gefechtsstärke an Bord hatte, lief sie mit 24 000 Seesoldaten und mindestens 50 000 Mann Besatzung aus. Der Flottenbefehlshaber versegelte durch die Straße von Messina nach Corcyra (Kerkyra/Korfu). Die Hauptstadt der Insel war von den Illyrern belagert und genommen worden *(Polybios 2,9).* Als die römische Schlachtflotte vor der Stadt erschien, kapitulierte die illyrische Garnison. Ihr Befehlshaber, Demetrios von der Insel Pharos (Hvar, Jugoslawien), schloß sich den Römern an. Von Corcyra segelte die Flotte nach Apollonia (nördlich der Aous/Vijosë-Mündung, Albanien). Die Stadt unterwarf sich freiwillig den Römern. Zwischenzeitlich war ein Heer unter dem zweiten Konsul von Rom nach Brundisium (Brindisi) marschiert, dort auf Transportern eingeschifft und gleichfalls nach Apollonia gebracht worden, wo sich Heer und Flotte trafen. Das Landheer zählte 20 000 Legionäre und etwa 2 000 Reiter *(Polybios 2,11).* Die römische Flotte versegelte nach Epidamnos, dem späteren Dyrrhachium (Durrës, Albanien). Auch diese Griechenstadt wurde von den Illyrern belagert. Bei der Nachricht vom Nahen der römischen Seestreitkräfte brachen sie die Belagerung ab und flüchteten. Heer und Flotte Roms eroberten mehrere Städte im Inneren des Landes und an der Küste. Auch Stadt und Insel Issa (Vis/Lissa) wurden von der Flotte entsetzt. Die Illyrer mußten auch dort die Belagerung aufgeben. Es gelang, 20 illyrische Lemben zu kapern, mit denen Beutegut nach Italien gesandt wurde *(Polybios 2,11)*. Die Flotte der Illyrer bestand nur aus leichten Einheiten, vornehmlich schnellen Lemben. Diese konnten es nicht wagen, sich in ein Gefecht mit den 200 Quinqueremen der römischen Schlachtflotte einzulassen. Nach der Niederkämpfung der Illyrer und der Einsetzung des Römerfreundes Demetrios von Pharos als Herrscher über das nördliche Illyrien, kehrten Heer und Flotte nach Epidamnos zurück. Der Flottenbefehlshaber versegelte von dort mit dem größten Teil der Seestreitkräfte und des Heeres nach Italien. Unter dem Oberbefehl des zweiten Konsuls L. Postumius Albinus überwinterten 40 Schlachtschiffe, ein Teil des Heeres und verbündete Truppen in Illyrien.

Im Frühjahr **228 v. u. Z.** bat die Illyrerkönigin Teuta um Frieden. Neben der Auferlegung von Tributzahlungen hatte sie den größten Teil Illyriens zu räumen. Der Friedensvertrag verbot den Illyrern, mit mehr als zwei Lemben, und diese hatten unbewaffnet zu sein, über die Höhe von Lissos (b. Lesh, Albanien) hinaus nach Süden zu segeln *(Polybios 2,12)*. Südlich von Lissos wurde mit den Griechenstädten Epidamnos, Apollonia und Orikos, dem späteren römischen Oricum, ein Protektorat in Illyrien mit 120 Meilen Küstenlinie errichtet. Die Inseln Issa und Corcyra wurden von Rom abhängig.

Im Jahre **220 v. u. Z.** versuchte Demetrios von Pharos, da er die Römer durch die Eroberung der Poebene und die Schwierigkeiten mit Karthago in Spanien (Belagerung von Sagunt) gebunden glaubte, seine Herrschaft aufs illyrische Protektorat Roms auszudehnen. Seine Landstreitkräfte besetzten Teile des Territoriums. Zur See begann die Agression, als Demetrios zusammen mit dem Illyrerhäuptling Skerdilaidas eine Lembenflotte von 90 Schiffen über die Höhe von Lissos hinaus nach Süden führte, um die Stadt Pylos auf der Peloponnes anzugreifen und Kykladeninseln zu plündern *(Polybios 3,16)*. Dieser Treue- und Vertragsbruch führte zum Zweiten Illyrischen Krieg.

Rom mobilisierte im Jahre **219 v. u. Z.** ein Heer und Seestreitkräfte, die unter dem Befehl der beiden Konsuln den Kampf gegen die Illyrer aufnahmen. In kombinierten und amphibischen Operationen wurden die wichtigsten Stützpunkte des Demetrios in kürzester Zeit genommen. Die Festung Dimale (Lage unbekannt) fiel nach sieben Tagen. Seine Heimatinsel Pharos wurde bei Nacht angegriffen. Das Gros der Seestreitkräfte landete unbemerkt an bewaldeter Küste Truppen. 20 Kriegsschiffe segelten bei Tagesanbruch provozierend offen in den bei der Stadt Pharos gelegenen Hafen. Als Demetrios mit seinen Truppen die Stadt verließ, um die Römer an der Landung zu hindern, schoben sich die in der Nacht herangeführten Landungsverbände, deren Existenz den Illyrern nicht bekannt war, zwischen die von Verteidigern entblößten Stadt und den am Hafen kämpfenden Illyrern, die, von zwei Seiten eingeschlossen, den Kampf aufgaben *(Polybios 3,18–19)*. Die Insel Pharos und andere Besitzungen des nach Makedonien geflüchteten Demetrios wurden in das römische Protektorat eingegliedert *(Polybios 7,9)*. Der schnelle Sieg in diesem ersten, nur wenige Wochen dauernden »Blitzkrieg« war der hervorragenden Zusammenarbeit zwischen Heer und Marine zu verdanken. Rom beherrschte nun auch die Adria.

Im Zweiten Punischen Krieg (218–201 v. u. Z.) spielte die karthagische Flotte schon der Zahl nach keine bedeutende Rolle mehr. Die numerische Überlegenheit der römischen Seestreitkräfte wurde für die ganze Dauer der Auseinandersetzung aufrechterhalten.

Während die Seekriegsleitung der Römer bei Kriegsbeginn **218 v. u. Z.** die noch immer intakte Flotte aus dem Jahre 241 v. u. Z. mit 220 Schlachtschiffen (Quinqueremen) und 20 leichten Fahrzeugen (Celoces) in den Kampf schicken konnte, zählte die karthagische Flotte nach Thiels Berechnungen während des ganzen Krieges zu keiner Zeit mehr als 150 Einheiten. Wahrscheinlich blieb sie sogar weit unter dieser Zahl. Gleich zu Beginn des Krieges entsandte Rom unter dem Befehl des Konsuls P. Scipio zwei auf Transportern eingeschiffte Legionen und 60 Schlachtschiffe (Quinqueremen) über Massilia (Marseille), wo sich ein verbündetes massilisches Geschwader von 20 Schiffen anschloß, nach Spanien und verlegte das Gros der Schlachtflotte (160 Quinqueremen) unter dem Konsul Ti. Sempronius mit einem für die Großlandung bei Karthago vorgesehenen Heer nach Lilybaeum (Marsala) auf Sizilien.

Noch im gleichen Jahr wurde nach Thiel Ti. Sempronius mit dem Heer und der Flotte nach Italien zurückbeordert. Ein Geschwader dieser Flotte in Stärke von 50 Schlachtschiffen (Quinqueremen) beließ man jedoch, seit Herbst d. J. unter dem Befehl von M. Aemilius, in Lilybaeum. 110 Schlachtschiffe liefen zurück nach Rom.

Von den 60 zu Beginn des Krieges nach Spanien bestimmten Schlachtschiffen gelangten nach Thiel nur 15 Einheiten dorthin. 45 Quinqueremen kehrten von Massilia mit P. Scipio nach Pisae (Pisa) zurück.

Den Karthagern standen in den spanischen Gewässern 57 schwere Einheiten (50 Penteren, zwei Tetreren und fünf Trieren) zur Verfügung, von denen jedoch lediglich 37 (32 Penteren und fünf Trieren) ausgerüstet und bemannt waren. Im weiteren operierten nach Thiel im Jahre 218 v. u. Z. lediglich 55 punische Kriegsschiffe in den italischen Gewässern. Diese Seestreitkräfte waren für Offensivoperationen zu schwach. Mit kleineren Geschwadern war Karthago nicht in der Lage, größere Seetreffen durchzustehen. Die Kriegsschiffe wurden vornehmlich für den Kaperkrieg verwendet und reichten nicht einmal aus, größere Geleite zu sichern. Karthago, die einstige Beherrscherin des Mittelmeeres, war zur Seemacht zweiten Ranges herabgesunken und mußte im Seekrieg entsprechend operieren.

Mit unzulänglichen Kräften führten die Karthager zur See ihre ersten Angriffe. Ein Geschwader von 20 Penteren sollte die Küste Italiens angreifen. Ein weiteres mit 35 Einheiten die nunmehr römische Seefestung

Lilybaeum. Beide Angriffe wurden von römischen Seestreitkräften rechtzeitig entdeckt und abgeschlagen. Das erste Geschwader verlor drei, das zweite sieben Schiffe.

Im gleichen Jahr waren die Römer auf Melita (Malta) gelandet, gewannen die Insel zurück und stationierten dort Seestreitkräfte.

Gegen Ende des Jahres 218 v. u. Z. verteilten sich nach Thiel die schweren römischen Seestreitkräfte wie folgt: 15 Schlachtschiffe befanden sich in Spanien, 155 in Rom und 50 in Lilybaeum. Die Gesamtstärke der Schlachtflotte belief sich auf 220 Einheiten.

In den ersten Monaten des Jahres **217 v. u. Z.** rüsteten die Römer 60 neue Schlachtschiffe (Quinqueremen) aus. Es handelte sich nach Thiel um Neubauten, die 60 überalterte und ausgesonderte Einheiten ersetzten.

Karthago versuchte, den Seekrieg mit kleineren Verbänden fortzuführen. Als das punische Heer unter Hasdrubal im Frühjahr des Jahres 217 v. u. Z. das Winterlager abbrach und von Nova Carthago (Cartagena) nordwärts marschierte, wurden die Landstreitkräfte von Admiral Himilko mit einem Verband von 40 Schlachtschiffen (Penteren), der entlang der Küste lief, begleitet. Der römische Befehlshaber Cn. Scipio, ein Bruder des Konsuls, hatte in Tarraco (Tarragona) überwintert. Er ließ sein Geschwader von 35 Schiffen (nach Thiel 15 römische und 20 des verbündeten Massilia) auslaufen und griff die Karthager vor der Ebromündung überraschend an. Das Seegefecht an der Mündung des Iberus (Ebro) endete mit einer völligen Niederlage der Karthager. Vier (nach *Polybios 1,96* nur zwei) punische Schiffe wurden versenkt und 25 von den Römern genommen.

Karthago entsandte nach dieser Niederlage 70 Kriegsschiffe in die italischen Gewässer, um den römischen Nachschub zu behindern, Kaperkrieg zu führen und Küstenplätze anzugreifen. Über Sardinien lief die punische Flotte zur etruskischen Küste bei Pisae. Es gelang den Karthagern, ein Nachschubgeleit, das für die römische Armee in Spanien bestimmt war, abzufangen und bei Cosa an der Via Aurelia, gegenüber dem heutigen Port' Ercole, zu kapern.

In Verfolgung der punischen Seestreitkräfte, die jedoch über Sardinien nach Karthago entkamen, ging der Konsul Cn. Servilius mit einer Flotte von 120 Schlachtschiffen (Quinqueremen) in See, lief über Korsika, Sardinien und Lilybaeum nach Afrika und landete auf der Insel Cercenna (Qerqena) in der Kleinen Syrte, trieb Tribute ein, besetzte die Insel Cossura (Pantelleria), errichtete dort einen Stützpunkt und lief sodann in Lilybaeum ein. Erst im Winter wurde die Schlachtflotte nach Rom zurückverlegt.

Als Ersatz für die nach Massilia oder Italien entlassenen 20 verbündeten Kriegsschiffe waren im Sommer des Jahres 217 v. u. Z. unter dem Kommando von P. Scipio 20 (nach Livius 30) römische Schlachtschiffe (Quinqueremen) von Italien nach Spanien verlegt worden. Sie eskortierten einen Geleitzug, der 8 000 Legionäre und Nachschub an Bord hatte.

Am Ende des Jahres 217 v. u. Z. bestand die römische Flotte nach Thiel aus 220 schweren Einheiten. 135 Kriegsschiffe lagen in Ostia und Rom, 50 in Lilybaeum und 35 in Spanien. Die gekaperten punischen Einheiten waren außer Dienst gestellt worden.

Das von den Heeren Hannibals verwüstete Italien benötigte dringend Getreide. Der Verbündete Roms Hieron II. von Syrakus konnte dank römischer Seeherrschaft im Frühjahr des Jahres **216 v. u. Z.** unbehindert eine Versorgungsflotte mit großen Getreidemengen nach Ostia senden. Getreidetransporte liefen während der gesamten Kriegsdauer nicht nur von Sizilien, sondern auch von Sardinien und Ägypten nach Rom. Nichts zeigt deutlicher die maritime Schwäche Karthagos im Zweiten Punischen Krieg.

Anzeichen für eine beabsichtigte Landung der Punier auf Sardinien und Sizilien veranlaßten die römische Seekriegsleitung, das in Lilybaeum unter dem Befehl des Proprätors T. Otacilius Crassus liegende Schlachtgeschwader um 25 Einheiten auf 75 Quinqueremen zu verstärken. T. Otacilius kommandierte das sizilianische Geschwader vom Jahre 217 v. u. Z. bis zu seinem Tode im Jahre 211 v. u. Z.

Der Verbündete Karthagos, König Philipp V. von Makedonien, versuchte kurz nach der Schlacht bei Cannae (2. 8. 216 v. u. Z.), in der die Landstreitkräfte Roms vernichtend geschlagen worden waren, Illyrien zu besetzen. Die Nachricht vom Nahen römischer Seestreitkräfte, deren Stärke nicht bekannt war, genügte, die Makedonier zur panikartigen Flucht zu bewegen. Tatsächlich war nach Thiel von T. Otacilius, dem Seebefehlshaber in Lilybaeum, nur eine Kampfgruppe von zehn Quinqueremen in die Adria beordert worden. Weitere Seestreitkräfte standen den Römern in diesem Seegebiet nicht zur Verfügung.

Philipp V. hatte im Winter von 217 auf 216 v. u. Z. 100 Lemben erbauen lassen. Es kam jedoch zu keiner Gefechtsberührung. Wahrscheinlich lief die römische Kampfgruppe nach Erfüllung ihrer Aufgabe wieder zurück nach Lilybaeum.

Nach Hannibals Sieg bei Cannae griff die punische Flotte mit gehobener Kampfmoral in zwei Verbänden Sizilien an und bedrohte Lilybaeum und Syracusae (Siracusa). Nach Thiel dürften die Angriffsverbände 70 Einheiten nicht überschritten haben. Der römische Seebefehlshaber in Lilybaeum griff mit seinem Schlachtgeschwader nicht ein, sondern wartete wahrscheinlich auf Verstärkung, da ihm die Anzahl der gegnerischen Schiffe nicht bekannt war und er ein Risiko vermeiden wollte.

Eine römische Kampfgruppe der in Ostia oder Rom stationierten Heimatflotte lief dann auch unter dem Befehl des Prätors P. Furius Philus nach Sizilien aus und unternahm als Antwort auf die punischen Angriffe Aktionen gegen das afrikanische Festland. Von diesem Einsatz, der offenbar ohne Gefechtsberührung mit punischen Seestreitkräften abgeschlossen wurde, kehrte P. Furius schwer verwundet nach Lilybaeum zurück.

Die römische Flotte führte im Jahre **215 v. u. Z.** Si-

183

cherungsdienst vor den italischen Küsten durch. Umfangreiche Flottenbewegungen dienten der Küstendeckung Italiens und der Unterbindung einer Versorgung des auf der Halbinsel operierenden punischen Heeres.

Der karthagische Feldherr Mago sollte über See dem Heer Hannibals in Italien 12 000 Fußsoldaten, 1 500 Reiter, 20 Elefanten und 1 000 Talente Silber zuführen. Man entschloß sich jedoch, wegen der römischen Seeherrschaft den von 60 Kriegsschiffen gedeckten Geleitzug nur bis Spanien laufen zu lassen und dort die Truppen auszuschiffen. Die Kriegsschiffe kehrten – so Thiel – nach Karthago zurück.

Das unter Hannibal auf der italischen Halbinsel operierende punische Heer erhielt während des ganzen Krieges über See nur ein einziges Mal Nachschub. Im Jahre 215 v. u. Z. erreichte ein kleiner Konvoi Locri an der Südküste Italiens. Dort löschte er geringe Lebensmittelmengen und Elefanten. Das Versorgungsgeleit hatte nur wenig Truppenersatz an Bord.

Die römische Flotte verteilte sich zu Beginn des Jahres 215 v. u. Z. wie folgt. Ein Geschwader von 35 Quinqueremen lag in Spanien, ein Schlachtgeschwader von 75 Quinqueremen in Lilybaeum und die Heimatflotte mit 110 schweren Einheiten in Ostia. Im Frühjahr wurden jedoch zwei unabhängige Geschwader aus der Heimatflotte ausgegliedert. Ein Geschwader unter dem Befehl des Prätors Q. Fulvius übernahm mit 25 Einheiten den Schutz der Küsten am Tyrrhenischen Meer. Das Geschwader stand bei Cumae in Campanien, da Hannibal bei seinen Versuchen, an der Westküste Italiens Häfen zu gewinnen, zunächst Neapolis, sodann Cumae vergeblich zu erobern trachtete. Ein weiteres, gleichfalls 25 Einheiten starkes Geschwader wurde in die Adria nach Brundisium und nach Tarentum zum Schutze der Süd- und Ostküsten verlegt. Diese Seestreitkräfte standen unter dem Befehl des Prätors M. Valerius Laevinus. Sie sollten vor allem die italischen und adriatischen Küsten gegen Überfälle der makedonischen Seestreitkräfte decken und Landungen der Truppen Philipp V. verhindern.

Philipp V. und Hannibal hatten im Frühjahr des Jahres 215 v. u. Z. einen Vertrag geschlossen. Es gelang den römischen Seestreitkräften, die Emissäre auf dem Rückweg abzufangen und fünf Schiffe mit dem Vertragstext nach Cumae und dann weiter nach Rom zu senden. Das Studium des Vertrages veranlaßte die römische Seekriegsleitung, ein weiteres Geschwader der Heimatflotte den Seesteitkräften des M. Valerius Laevinus zuzuteilen, so daß dieser nunmehr über 50 schwere Einheiten verfügte. Nach dieser Verstärkung des in der Adria und im Ionischen Meer operierenden römischen Geschwaders gab König Philipp V. endgültig seine Invasionsabsichten in Italien auf.

Karthagos Schwäche zur See erlaubte denn auch eine Reduzierung der römischen Heimatflotte auf zunächst 60, dann 35 schwere Einheiten, von denen vielleicht noch einige wenige Kriegsschiffe nach Sardinien zum Schutze der Insel verlegt wurden.

Im Frühjahr des Jahres 215 v. u. Z. stand eine punische Invasion Sardiniens unmittelbar bevor. Auf der Insel waren Aufstände ausgebrochen. Karthago hatte mit den Aufständischen Kontakt aufgenommen und ließ eine von nur wenigen Kriegsschiffen geleitete Invasionsarmee – nach Livius waren 12 000 Fußsoldaten und 1 500 Reiter eingeschifft – in See gehen. Durch einen Sturm wurde jedoch die Invasionsflotte nach den Balearen verschlagen, wo sie einige Zeit benötigte, um Schäden auszubessern. Rom nutzte diese Frist, um unter dem Befehl von T. Manlius Torquatus, geleitet von Einheiten der Heimatflotte, eine Legion nach Sardinien zu verlegen, um die dort stationierten römischen Truppen zu verstärken.

Die Römer versuchten, den Aufstand niederzuschlagen, bevor Hasdrubal mit der punischen Invasionsflotte landete. Die Landung wurde ermöglicht, weil der völlig terrestrisch orientierte römische Oberbefehlshaber der Insel die Kriegsschiffe seines Geleites außer Dienst stellen ließ und die Besatzungen in die Heeresverbände eingliederte. Die punische Invasionsflotte war von unzulänglichen Seestreitkräften eskortiert. Es wäre dem römischen Flottenverband – man schätzt ihn auf 20 Schlachtschiffe – leicht möglich gewesen, die Invasionsflotte in See zu vernichten. Es gelang den römischen Landstreitkräften jedoch, die punische Armee und die Aufständischen zu schlagen. Hasdrubal geriet in Gefangenschaft.

Das sizilische Geschwader der Römer hatte Angriffe auf die afrikanische Küste unternommen, lief aber nicht nach Lilybaeum zurück, sondern nahm Kurs auf Sardinien. Es gelang T. Otacilius, mit seinem Geschwader die auf dem Rückmarsch befindliche Transportflotte der Karthager aufzuspüren, anzugreifen und sieben Schiffe zu kapern. Die restlichen Transporter entkamen. Zu dieser Zeit gelang es Bomilkar, das bereits erwähnte punische Geleit nach Locri durchzubringen.

T. Manlius Torquatus kehrte mit dem wieder in Dienst gestellten Geschwader der Heimatflotte von Sardinien nach Rom zurück.

Die Ereignisse des Jahres 215 v. u. Z. zeigen, daß die römische Flotte, wie schon im vorhergehenden Jahr, die See beherrschte. Als Folge dieser Seeherrschaft konnte Hannibals Heer in Italien über See wesentlicher Nachschub nicht zugeführt werden, während das römische Heer in Spanien unbehindert Versorgungstransporte erhielt, die nicht einmal des Geleitschutzes bedurften.

Der römischen Flotte wurden nach Livius (24,11) 100 Neubauten zugeführt. Dies bedeutet jedoch nicht, daß die Gesamtflotte zu Beginn des Jahres **214 v. u. Z.** nunmehr aus 320 Einheiten bestand. Das Schiffsmaterial der Römer war überaltert. Das Gros der Schiffe stammte aus dem Ersten Punischen Krieg. Lediglich im Winter 218/217 v. u. Z. wurden 60 Einheiten ausgesondert und durch Neubauten ersetzt (Polybios 3,75). Nach Livius wollte der Senat im Jahre 214 v. u. Z. den Seekrieg mit 150 Einheiten führen. Dabei blieb nach **Thiel** das in Spanien stationierte Geschwader mit

35 Einheiten unberücksichtigt. Da die römische Flotte 215 v. u. Z. insgesamt 220 Einheiten zählte, wurden mehr Schiffe außer Dienst gestellt, als der Zulauf an Neubauten ausmachte. Für das Frühjahr 214 v. u. Z. errechnete Thiel einen Gesamtflottenbestand von 185 schweren Einheiten, von denen 35 in Spanien und 150 in Italien, einschließlich Sizilien, stationiert waren. Die Flottenstärke der Römer wurde somit gegenüber dem Vorjahr um 35 schwere Einheiten reduziert. War das Jahr 215 v. u. Z. von einer Dezentralisierung der Seestreitkräfte gekennzeichnet, so finden wir im Jahre 214 v. u. Z. eine Tendenz zur Konzentration auf drei Kriegsschauplätze. Das spanische Geschwader mit 35 Einheiten verblieb in den iberischen Gewässern. Laevinus' Geschwader mit 50 Einheiten blieb für Operationen gegen Makedonien in der Adria bereit. Das Gros aber, nach Thiel wahrscheinlich aus den 100 Neubauten bestehend, lief nach Sizilien aus, um die Blockade von Syrakus, das von Rom abgefallen war und sich mit Karthago verbündet hatte, aufzunehmen *(Polybios 8,1; Livius 24,27)*.

In der Adria operierten im Sommer des Jahres 214 v. u. Z. römische Seestreitkräfte unter M. Valerius Laevinus mit 50 Einheiten gegen König Philipp V. von Makedonien, der mit seiner Flotte von 120 Lemben, die in erster Linie dem Truppentransport dienten, die Küsten Illyriens angriff. Es gelang, die Flotte Philipps in der Aousmündung (Vijosëmündung, Albanien) so eng zu blockieren, daß er fürchten mußte, die Römer würden seine Flotte nehmen. Die Makedonier verbrannten ihre Schiffe. Die Tatsache, daß die makedonischen Seestreitkräfte nicht in der Lage waren, die eroberte illyrische Küstenstadt Orikon zu halten und Apollonia zu erobern, geschweige denn, in Italien zu landen, wie nach dem 215 v. u. Z. zwischen Hannibal und Philipp geschlossenen Vertrag vorgesehen, sie sich dagegen in einer Flußmündung einschließen ließen, zeigt, wie sehr sich auch die makedonische Marine im Niedergang befand.

Für die Belagerung und Blockade von Syrakus führten die Römer ein Heer heran und verstärkten die Blockadeflotte, die unter dem Befehl des Konsuls M. Claudius Marcellus stand, auf 130 schwere Einheiten *(Livius 24,36)*. 60 Schlachtschiffe (Quinqueremen) griffen von der Seeseite her unmittelbar, aber erfolglos in die Landkämpfe ein *(Polybios 8,6)*. Auch die Seeblockade war wenig wirksam. Nach Thiel gelang es dem Karthager Bomilkar zum ersten Mal im Sommer **213 v. u. Z.**, mit 55 Schiffen in den Hafen von Syrakus einzulaufen und wieder nach Karthago zurückzukehren.

Im Winter 213/212 v. u. Z. fiel Tarentum (Taranto/Tarent) von den Römern ab. Hannibal besetzte die Stadt. Nur die Inselburg wurde von der römischen Garnison erfolgreich verteidigt, über See versorgt und bis zur Wiedereinnahme der Stadt im Jahre 209 v. u. Z. gehalten. Die Inselburg blockierte den Hafen und machte so Tarent als Stützpunkt für die punische Flotte unbrauchbar.

Die Römer hatten zur Zeit des Verlustes von Tarent ihr von Laevinus befehligtes Geschwader aus den Gewässern um Calabrien und von Brindisium (Brindisi) in die östliche Adria verlegt, um gegen die Makedonier zu operieren.

Im Verlauf der Jahre 213/212 v. u. Z. wurde nach Thiel die punische Flotte auf 150, vielleicht sogar auf 185 Einheiten verstärkt.

Im Frühjahr des Jahres **212 v. u. Z.** gelang es der punischen Flotte unter dem Befehl Bomilkars erneut, mit 90 Schiffen nach Syrakus durchzubrechen. 55 Einheiten verblieben dort. 35 Kriegsschiffe kehrten nach Karthago zurück. Doch spielten bei diesem doppelten Blockadebruch ungünstige Witterungsverhältnisse eine Rolle, die es den römischen Blockadegeschwadern nicht gestatteten, vor den Häfen der Stadt zu Anker zu liegen *(Livius 25,25)*. Als Bomilkar wenige Tage später mit 100 Schiffen nach Syrakus zurückkehrte, war die Flotte der Karthager der römischen Blockadeflotte zahlenmäßig überlegen. Ein kombinierter Entsatzangriff der punischen Flotte unter Bomilkar und des Landheeres unter Himilko schlug fehl. Bomilkar kehrte mit seinen Seestreitkräften nach Karthago zurück. Einige Zeit später versuchte er erneut, einen großen Versorgungskonvoi durchzubringen. Der Geleitzug bestand aus 700 Frachtern, die von 130 Kriegsschiffen eskortiert wurden *(Livius 25,27)*. Mit günstigem Wind versegelte das Geleit von Karthago nach Heraclea Minoa an der Südküste Siziliens. Von dort setzten die Kriegsschiffe allein die Reise fort, um zunächst die römische Blockadeflotte niederzukämpfen. Die punische Flotte segelte mit Südwestwind bis zum Vorgebirge Pachynum an der Südostküste Siziliens, dem heutigen Kap I. d. Correnti. Als der Wind auf Ost umsprang, gingen die Karthager zu Anker. Mit dem nunmehr für die Römer günstigen Wind versegelte deren Flotte von Syrakus zum Kap, bereit zur Seeschlacht. Auch die Karthager waren gefechtsbereit, doch bei dem herrschenden Seegang lagen sich die Flotten einige Tage lang abwartend gegenüber. Als der Sturm sich gelegt hatte, ließ zuerst Bomilkar die Anker aufnehmen. Doch beim Herannahen der römischen Schlachtflotte nahm er den Kampf nicht an, sondern lief sofort mit Kurs auf Tarent ab. Die Transportflotte wurde von Heraclea nach Karthago zurückbeordert.

Die Römer schlossen im Jahre 212 v. u. Z. ein Bündnis mit Ätolien, um Makedonien in Griechenland zu binden. König Philipp V. zwang im Herbst des Jahres die Armee der Ätoler, die sich gegen Akarnanien gewendet hatte, zum Rückzug. Gegenüber der römischen Flotte blieb er zur See jedoch hilflos.

In den Jahren 212–211 v. u. Z. fanden Offensivoperationen der römischen Adriaflotte unter dem Befehl von M. Valerius Laevinus gegen Philipp V. statt. Die Römer eroberten 212 v. u. Z. Insel und Stadt Zakynthos. Nur die Zitadelle hielt stand. Oiniadai und Nasos in Akarnanien wurden genommen und den Ätolern übergeben.

Im Frühjahr des Jahres **211 v. u. Z.** eroberten die Römer Syrakus. Etwa um die gleiche Zeit verließ eine in

Lilybaeum stationierte römische Flotte von 80 Quinqueremen unter dem Befehl von T. Otacilius ihren Stützpunkt und griff Küstenplätze am Golf von Utica (jetzt Golf von Tunis) unmittelbar nördlich von Karthago mit Erfolg an.

Im Jahre 211 v. u. Z. führten die kombinierten Operationen der Ätoler mit der römischen Flotte in Akarnanien zur Eroberung von Antikyra. Laevinus gab im Spätsommer das Kommando über das Adria-Geschwader an P. Sulpicius Galba ab, um, nunmehr als Konsul, die Schlachtflotte in Sizilien zu übernehmen.

Der punische Seebefehlshaber Bomilkar versuchte vergeblich, mit einer Flotte von 130 Einheiten die von den Römern gehaltene Inselburg in Tarent zu nehmen. Die Flotte Karthagos zog sich gegen Ende des Sommers 211 v. u. Z. auf Sizilien zurück.

Nach dem Fall von Syrakus entließ die römische Schlachtflotte 30 Quinqueremen nach Ostia. 100 Schlachtschiffe verblieben in Sizilien. Gegen Ende des Jahres verstarb T. Otacilius, Befehlshaber der in Lilybaeum stationierten römischen Seestreitkräfte.

Auf dem spanischen Kriegsschauplatz verloren die Römer einen Großteil ihrer Armee und wurden auf das Ebrotal zurückgedrängt. Die römische Marine konnte 211 v. u. Z. nur mit wenigen alten Einheiten geringen Truppennachschub unter C. Claudius Nero nach Spanien senden.

Zu Beginn des Jahres **210 v. u. Z.** verteilte sich die Flotte Roms nach Thiel wie folgt: 100 schwere Einheiten lagen in Sizilien, 50 Kriegsschiffe operierten in den illyrischen und griechischen Gewässern, 35 Kriegsschiffe befanden sich in Spanien und 30 in Ostia. Den 215 Schlachtschiffen der römischen Marine – ein kleines Auxiliargeschwader in Rhegium (Reggio d. C.) und wenige alte Einheiten, die in Ostia und Lilybaeum seit 214 v. u. Z. aufgelegt waren, sind nach Thiel dabei unberücksichtigt geblieben – standen im Jahre 210 v. u. Z. mindestens 150 Kampfschiffe Karthagos gegenüber.

Das Auxiliargeschwader in Rhegium, nach Thiel etwa 20 Schiffe, davon acht römische und die restlichen solche von Verbündeten, hatte vor allem die Aufgabe, Versorgungsgeleite zur Inselburg von Tarent zu eskortieren. Bei einem solchen Versorgungsmarsch kam es im Jahre 210 v. u. Z. zum Gefecht mit den etwa gleich starken Seestreitkräften Tarents. Das römische Geleit wurde zersprengt, ein Teil des Geleitgeschwaders versenkt, und die restlichen Kriegsschiffe setzten sich auf Grund, wo sie von Land aus gekapert wurden. Der Geschwaderchef D. Quinctius fiel. Diese einzige Niederlage ihrer Seestreitkräfte während des Zweiten Punischen Krieges erlitten die Römer nicht durch die Flotte Karthagos, sondern durch das kleine Geschwader einer griechischen Pflanzstadt. Im Spätsommer gelang es der römischen Marine jedoch erneut, Nachschub zur Inselburg durchzubringen.

Nachdem der Konsul Laevinus im Jahre 210 v. u. Z. die Punier aus ganz Sizilien vertrieben hatte, fuhr er mit zehn Kriegsschiffen nach Rom, um dem Senat Bericht zu erstatten. Zur selben Zeit entsandte er ein Geschwader von 50 Schiffen unter dem Befehl von M. Valerius Messalla von Lilybaeum nach Afrika, um Küstenplätze anzugreifen und gegen die Karthager aufzuklären. Das Geschwader unternahm einen Nachtangriff gegen die punische Küste in der Nähe von Utica und kehrte mit Beute und zahlreichen Gefangenen nach Lilybaeum zurück. Die Gefangenen sagten aus, daß 5 000 Numider unter König Masinissa in Karthago in Bereitschaft ständen und eine große Flotte im Bau sei. Diese Nachricht alarmierte Rom. Laevinus wurde sogleich nach Sizilien zurückbeordert. Doch die Gefangenenaussagen waren falsch. Die punische Flotte griff im Spätsommer des Jahres 210 v. u. Z. lediglich mit einem Geschwader von 40 Schiffen Sardinien an und zog sich nach Plünderungen wieder zurück.

Scipio d. J. versegelte mit den 30 von Sizilien nach Ostia verlegten Schlachtschiffen (Quinqueremen) und einem Geleit, das eine Armee von 10 000 Legionären und 1 000 Reitern an Bord hatte, nach Spanien.

Das unter P. Sulpicius Galba in den griechischen Gewässern operierende Geschwader eroberte im Jahre 210 v. u. Z. die strategisch wichtige, nur wenige Seemeilen südwestlich von Athen und vor dem Isthmus von Korinth gelegene Stadt und Insel Aegina (Aigina). Die römischen Seestreitkräfte konnten aber nicht verhindern, daß Philipp V. die Städte Echinos und Phalara am Golf von Malia eroberte.

Sparta schloß sich im Jahre 210 v. u. Z. der römisch-ätolischen Koalition gegen Makedonien an.

Im Jahre **209 v. u. Z.** bestand die römische Gesamtflotte nach Thiel aus 215 Einheiten. 65 Schiffe lagen in Spanien. In der Adria und den griechischen Gewässern operierten 50 Kriegsschiffe, und 100 Schlachtschiffe schützten Sizilien. Von diesen war zeitweise ein Geschwader von 30 Schlachtschiffen in das Seegebiet bei Tarent verlegt worden, um nach der Vernichtung des Auxiliargeschwaders (210 v. u. Z.) den Nachschub für die römische Garnison in Tarent sicherzustellen und die calabrischen Küsten zu decken.

Nachdem Scipio d. J. von Nero das Kommando übernommen hatte, nutzte er den Winter von 210 auf 209 v. u. Z., um seine Streitkräfte in Spanien zu reorganisieren. Für den Angriff auf Nova Carthago (Cartagena) setzte er lediglich die 35 Schiffe des schon seit 217 v. u. Z. in den spanischen Gewässern stationierten Geschwaders in Bereitschaft. Die 210 v. u. Z. nach Spanien verlegten 30 Schlachtschiffe nahmen an der Operation nicht teil, sondern waren außer Dienst gestellt worden. Die Blockierung und Einnahme von Nova Carthago durch Land- und Seestreitkräfte erfolgte im Jahre 209 v. u. Z. 63 Frachter und 18 Kriegsschiffe wurden erbeutet. Damit verfügte die römische Marine in den spanischen Gewässern nunmehr über 53 aktive Kampfschiffe, die in Tarraco (Tarragona), wo Scipio überwinterte, stationiert wurden. Bei der Eroberung von Nova Carthago hatte sich C. Laelius als Befehlshaber der Seestreitkräfte besonders ausgezeichnet.

Der einzige Flottenvorstoß der Karthager im Jahre 209 v. u. Z. führte nach Tarent und weiter in die griechischen Gewässer. Der Kriegsmarsch dieses Geschwaders von 50 Einheiten blieb ohne Einfluß auf die dortigen Kampfhandlungen.

Tarent wurde von den Römern zurückerobert. Die römische Garnison hielt sich, über See versorgt, länger als drei Jahre in der Inselburg. Das römische Schlachtgeschwader unter dem Befehl von Q. Fabius kehrte mit seinen 30 Schiffen nach der Einnahme der Stadt gegen Ende des Jahres zur Hauptflotte nach Sizilien zurück.

Auf dem griechischen Kriegsschauplatz war das Jahr 209 v. u. Z. vom glücklosen Kampf der Verbündeten Roms gekennzeichnet. Das römische Geschwader unter Sulpicius reagierte auf die jeweiligen Kampfsituationen sehr mangelhaft und schwerfällig. Sulpicius kam lediglich in Naupaktos am Golf von Korinth den Ätolern mit 25 Schiffen zur Hilfe.

Im Jahre **208 v. u. Z.** erreichte die römische Flotte mit 281 Einheiten ihre größte Stärke während des Zweiten Punischen Krieges. In allen Jahren davor und danach besaß Rom nie mehr als 220 Kriegsschiffe. In der Zeit von 218 v. u. Z. bis 208 v. u. Z. hatten die Römer nach Thiel ihrer Flotte insgesamt 180 Neubauten zugeführt (218–217 v. u. Z. 60, 214 v. u. Z. 100 und 208 v. u. Z. 20 Schiffe). Die Hauptflotte mit 100 Schlachtschiffen lag 208 v. u. Z. in Sizilien. 50 Kriegsschiffe befanden sich in Sardinien, 31 in Spanien, 50 schützten die italischen Küsten, und 50 operierten in den griechischen Gewässern.

Das Jahr 208 v. u. Z. war auf dem griechischen Kriegsschauplatz von den vergeblichen Bemühungen der Römer und ihrer Verbündeten überschattet, Philipp V. zu schlagen und aus Griechenland zu vertreiben. In Verfolgung dieses Zieles lief im Frühjahr ein römisches Geschwader von 25 Schiffen unter Sulpicius zusammen mit einem 35 Einheiten starken Geschwader des verbündeten Pergamon aus Aegina (Aigina) aus. Die von den Römern eroberte Insel war im Jahre 208 v. u. Z. König Attalos von Pergamon übergeben worden. Die alliierten Seestreitkräfte operierten erfolglos gegen die zum makedonischen Königreich gehörenden Inseln Lemnos und Peparethos (Skopelos) sowie gegen die auf der Insel Euboia gelegenen Seefestungen Chalkis und Oreos (nahe dem heutigen Histiaia). Nur letztere fiel durch Verrat in die Hände der Verbündeten. In Lokris gelang es Attalos, die Stadt Opus zu nehmen. Beide Städte mußten jedoch bald wieder aufgegeben werden. Philipp V. behauptete sich in Griechenland und marschierte sogar mit seinen schwachen Seestreitkräften unter den Augen der Römer, von Korinth-Kenchreai kommend, durch den Saronischen Golf (Saronikos Kolpos) nach Chalkis und weiter nach Demetrias am Golf von Pagasai (Pagasetikos Kolpos). Attalos war mit seinen Seestreitkräften nach Pergamon zurückgekehrt, da er von Bithynien angegriffen wurde. Sulpicius lag allein mit seinem Geschwader in Aegina, ging aber nicht offensiv gegen die makedonischen Seestreitkräfte vor.

Ein punisches Geschwader, nach Thiel vielleicht 50 Schiffe stark, kreuzte im Jahre 208 v. u. Z. erneut in den griechischen Gewässern und lief in den Golf von Korinth ein, um sich in Aigion mit Philipp V. zu treffen. Da die Karthager nicht wußten, daß Attalos mit seinen 35 Kriegsschiffen nach Pergamon zurückgekehrt war, sie aber die Nachricht erhielten, daß das alliierte Geschwader mit 60 Schiffen (davon 25 römische) Oreos verlassen hatte, befürchteten sie eine Blockierung im Golf von Korinth. Die punischen Seestreitkräfte unter Bomilkar liefen unverzüglich nach Akarnanien und vermutlich bald von dort nach Karthago zurück. Die Flotte Karthagos trat seit dieser Zeit in den griechischen Gewässern nicht wieder auf. Da Philipp V. nach der Flucht der Karthager zur See mit keinerlei Hilfe mehr rechnete, beschloß er, selbst 100 Kriegsschiffe bauen zu lassen. Dieser Flottenbau wurde jedoch nicht mehr durchgeführt.

Roms Hauptflotte, von Laevinus befehligt, griff im Sommer 208 v. u. Z. mit 100 Schlachtschiffen die feindliche Küste bei Clupea (nahe Qelibia/Kelibia, Tunis) 70 km östlich von Karthago an. Der Gegner ließ von seiner nach Thiel etwa 100 Schiffe zählenden Hauptflotte 83 Einheiten auslaufen. Es kam zur Schlacht. Die karthagische Flotte mußte sich nach dem Verlust von 18 Einheiten, die von den Römern erobert wurden, nach Karthago zurückziehen. Die römische Flotte lief in Lilybaeum ein.

207 v. u. Z. griff Laevinus erneut mit der gleichen Flotte, etwa 100 Schiffen, wie im Vorjahr von Lilybaeum aus, Städte und Seeplätze am Golf von Utica, also im Kernland des Gegners, an. Die karthagische Flotte stellte sich mit 70 Schiffen zum Kampf. In dem Seetreffen versenkten die Römer vier und eroberten 17 feindliche Einheiten. Die Karthager brachen den Kampf ab und zogen sich in ihren mauergeschützten Kriegshafen zurück.

Sulpicius verließ mit seinem Geschwader Aegina. Der größte Teil der Schiffe kehrte, so Thiel, nach Italien, vermutlich zum Stützpunkt Brindisium, zurück. Sulpicius verblieb mit einem kleinen Wachgeschwader vor den Küsten Illyriens.

Laevinus, der die Hauptflotte in Sizilien seit dem Jahre 210 v. u. Z. ununterbrochen befehligte, verlegte im Jahre **206 v. u. Z.** mit dem Gros der Flotte nach Ostia. Von den 100 Kriegsschiffen verblieben lediglich 30 unter dem Prätor C. Servilius in Lilybaeum. Die römische Seekriegsleitung rechnete nicht mehr mit einer Offensive der punischen Flotte, so daß ein Schlachtschiffgeschwader als ausreichende Sicherung Siziliens betrachtet wurde *(Livius 28,4)*. Ein größeres Geschwader mit 50 Schiffen lag außerdem noch in Sardinien.

Die Römer hatten im Jahre 206 v. u. Z. die Eroberung Spaniens abgeschlossen. Lediglich der Stützpunkt Gadir (Cadiz) wurde noch von den Puniern gehalten. Römische Land- und Seestreitkräfte beabsichtigten, die Stadt anzugreifen. Bei Absetzbewegungen der Karthager kam es in der Straße von Gibraltar zu einem Gefecht. Der punische Admiral Adherbal war mit einer Pentere und acht Trieren aus Gadir ausgelaufen, um gefangengesetzte Verschwörer nach Afrika zu bringen. Römische Seestreitkräfte unter dem Kommando von C. Laelius, die nach Thiels Berechnungen aus einer Quinquereme und sieben erbeuteten Triremen bestanden, hatten auf dem Marsch nach Gadir Carteia (bei Gibraltar) erreicht, als sie auf die punischen Kriegsschiffe stießen. Nach kurzem Kampf wurden zwei punische Trieren versenkt und eine schwer beschädigt. Die restlichen Schiffe der Karthager entkamen nach Afrika. Laelius lief nach Carteia zurück, um Gefechtsschäden auszubessern. Der römische Angriff auf Gadir unterblieb, und Laelius kehrte mit seinen Schiffen nach Nova Carthago (Cartagena) zurück. Wenige Monate später wurde Gadir übergeben. Die römischen Seestreitkräfte gewannen so im früheren punischen Gadir, nunmehr Gades genannt, ihren ersten Flottenstützpunkt am Atlantik.

P. Cornelius Scipio kehrte von Tarraco (Tarragona) mit zehn Schlachtschiffen nach Rom zurück, um sich um das Konsulat zu bewerben.

Scipio wurde **205 v. u. Z.** Konsul und plante seinen Afrikafeldzug. Er versegelte im Frühjahr mit 30 neuerbauten Schlachtschiffen und 7 000 Mann auf Transportern nach Sizilien. Zur gleichen Zeit unternahm Laelius mit einem Geschwader von 30 Schiffen von Sizilien aus einen Beutezug nach Afrika. Er landete bei Hippo Regius (Bône, Algerien) und plünderte das Land. Die Karthager, in der irrigen Meinung, die Hauptinvasion habe begonnen, entsandten viel zu spät Seestreitkräfte, um das römische Geschwader noch abfangen zu können. Zu dieser Zeit hielt Karthago nach Thiels Berechnungen immerhin noch 100 Kriegsschiffe in Dienst. Doch war der Kampfgeist der punischen Flotte demoralisiert.

Im Frühjahr des Jahres sandte Rom zum Schutze der illyrischen Küsten den Prokonsul P. Sempronius mit einem Geschwader von 35 Schiffen, 10 000 Legionären und 1 000 Reitern nach Dyrrhachium (Durrës/Albanien). Nachdem der Versuch fehlgeschlagen war, die Ätoler erneut gegen Philipp V. in den Kampf zu schicken, schlossen Rom und Makedonien Frieden.

Die Karthager landeten im Frühjahr 205 v. u. Z. unter Mago mit 12 000 Mann Fußtruppen und 2 000 Reitern unbehindert bei Genua und nahmen die Stadt. Die Invasionsstreitkräfte hatten auf der Insel Menorca überwintert und wurden von nur 30 Kriegsschiffen geleitet. Der römische Küstenschutz versagte. Nach der Landung beorderte Mago in Erwartung der römischen Invasion 20 Kriegsschiffe nach Karthago zurück. Die restlichen zehn wurden in Savona stationiert. Rom hatte offenbar zu früh das im Jahre 208 v. u. Z. gebildete Küstenschutzgeschwader, das mit 50 Einheiten bis 207 v. u. Z. in Ostia lag, außer Dienst gestellt.

Einen letzten Versuch, römische Kräfte in Italien zu binden und damit die bevorstehende Invasion der Römer in Afrika zu behindern, unternahmen die Karthager durch die Entsendung weiterer Verstärkungen zur Armee Magos. 25 Kriegsschiffe eskortierten einen Geleitzug mit 6 000 Fußsoldaten, 800 Reitern und sieben Elefanten unbehindert nach Ligurien. Die Geleitsicherung kehrte – so Thiel – nach Karthago zurück. Mago erhielt den Befehl, sich mit Hannibals Armee im Süden Italiens zu vereinen. Zur Verstärkung dieser Armee ging ein Versorgungstransport auf 100 Frachtern ab, der jedoch ohne Geleitschutz marschierte. Es war dies der erste Versuch einer direkten Versorgung Hannibals über See seit dem Jahre 215 v. u. Z. Das Unternehmen stand unter einem schlechten Stern. Die Versorgungsflotte wurde durch einen Südoststurm in die Gewässer Sardiniens verschlagen und von den Römern gesichtet. Das dort stationierte 50 Einheiten starke Schlachtgeschwader lief unter Cn. Octavius aus, versenkte 20 Transporter und brachte 60 weitere auf. 20 Schiffe entkamen nach Karthago. Nicht ein einziges erreichte die Armee Hannibals. Dieser verlor 205 v. u. Z. überdies seinen einzigen Versorgungshafen in Italien. Locri wurde nach zehnjähriger Besetzung von den Römern zurückerobert.

Die Invasionsflotte der Römer unter dem Oberbefehl des Konsuls P. Cornelius Scipio lief im Frühjahr **204 v. u. Z.** aus der sizilianischen Flottenbasis Lilybaeum mit Kurs auf Karthago aus. Die Transportflotte, aus etwa 400 Schiffen bestehend, wurde lediglich von 40 Schlachtschiffen geleitet. Die Kriegsschiffe marschierten in zwei Geschwadern zu je 20 Einheiten. An Bord des einen Geschwaders befanden sich Scipio und sein Bruder Lucius, während sich der zweite Konsul, Cato, und der Befehlshaber der Flotte, C. Laelius, an Bord des zweiten Geschwaders befanden. Die Kampfmoral der karthagischen Flotte hielt man bereits für so schlecht, daß man ernsthafte Behinderungen bei der Überfahrt nicht mehr erwartete, obgleich den Puniern nach Thiel noch etwa 100 Kriegsschiffe zur Verfügung standen. In der Tat konnte die römische Großlandung in unmittelbarer Nähe Karthagos nördlich von Utica unbehindert von feindlichen Seestreitkräften durchgeführt werden. Man schätzt die gelandete Armee auf 30 000 Mann. Der Versuch, Utica zu erobern, schlug fehl. Den Winter von 204 auf **203 v. u. Z.** verbrachten die Römer in einem befestigten Lager (Castra Cornelia) auf einer Halbinsel bei Utica. Ihre Invasionsflotte zogen sie auf den Strand. Die Expeditionsflotte wurde erst im Frühjahr 203 v. u. Z. von überlegenen karthagischen Seestreitkräften angegriffen. Mit Hilfe einer aus Transportschiffen gebildeten Schiffssperre wurde der Angriff abgeschlagen. Die punischen Seestreitkräfte kaperten jedoch 60 Transporter. Vor dem Eingreifen eines römischen Geschwaders zogen sie sich nach Karthago zurück. Der Nachschub für die Invasionsarmee wurde ohne wesentliche Verluste aus Sardinien, Sizilien und Spanien über See herangebracht.

Die römische Flotte bestand im Jahre 203 v. u. Z. nach Thiels Berechnungen nur aus 160 schweren Einheiten. 40 Schlachtschiffe lagen bei Utica, 40 in Sardinien, 40 um Sizilien, und 40 schützten die Küsten Italiens.

Scipio errang zu Lande bedeutende Erfolge. Die Karthager lehnten seine Friedensbedingungen ab und riefen im Herbst 203 v. u. Z. ihre Feldherren Hannibal und Mago mit ihren Heeren zur Verteidigung der Hauptstadt aus Italien zurück. Mago verstarb auf der Rückfahrt an den Folgen einer schweren Verwundung.

Im Jahre **202 v. u. Z.** bestand die römische Schlachtflotte nach Thiel aus 200 Einheiten, von denen sich seit März 70 Schiffe bei den Invasionsstreitkräften in Afrika befanden. Unmittelbar nach der Schlacht von Zama erreichten weitere 50 Schlachtschiffe und 100 Transporter Afrika, so daß Scipio im Oktober 202 v. u. Z. seine Flottenüberlegenheit gegenüber Karthago mit 120 Schlachtschiffen demonstrieren konnte.

Die von dem gelandeten Expeditionskorps bei Zama geschlagene Entscheidungsschlacht war das Ende Karthagos als See- und Großmacht. Der Friedensschluß **201 v. u. Z.** brachte den Verzicht Karthagos auf Spanien sowie auf alle karthagischen Inseln im Mittelmeer. Rom gewann in Syrakus auf Sizilien einen weiteren Großhafen. Durch die Abtretung Numidiens an König Masinissa gelangte die gesamte nordwestliche Küste Afrikas unter Kontrolle eines römischen Bundesgenossen. Neben einer beträchtlichen Kriegskostenentschädigung verlangte und erhielt Rom die karthagische Flotte, die auf Befehl Scipios in Flammen aufging. Von der Auslieferung der Kriegsschiffe wurden lediglich zehn Trieren ausgenommen. Karthago durfte fortan nur mit Erlaubnis der Römer Krieg führen. Rom trat die Nachfolge der Karthager in der Beherrschung des westlichen Mittelmeeres an.

Die Schlachtflotte Roms wurde im Jahre 201 v. u. Z. durch Außerdienststellungen auf 100 Einheiten reduziert.

Im Zweiten Punischen Krieg hielt die römische Flotte nach Thiel an schweren Kampfschiffen folgende Einheiten in Dienst:

218 bis 215 v. u. Z.
220 Schiffe (und 20 Schiffe des verbündeten Massilia von 218 bis 217 v. u. Z.)

214 bis 209 v. u. Z.
215 Schiffe (und 20 Schiffe des von 211 bis 210 v. u. Z. um Calabrien und Tarent operierenden Auxiliargeschwaders, das wahrscheinlich zum größten Teil nicht aus schweren Einheiten bestand; und 18 in Nova Carthago erbeutete punische Schiffe im Jahre 209 v. u. Z.)

208 v. u. Z.   ± 280 Schiffe
207 v. u. Z.
± 240 Schiffe (das Gros des im Seeraum um Griechenland operierenden Geschwaders, vielleicht 40 Schiffe, war außer Dienst gestellt worden. Außerdem besteht die Möglichkeit, daß das italische Küstenschutzgeschwader schon 207 v. u. Z. außer Dienst gestellt worden war.)

206 v. u. Z.   ± 120 Schiffe
205 v. u. Z.
± 155 Schiffe (nach dem Frieden von Phoinike, der den Ersten Makedonischen Krieg 215 bis 205 v. u. Z. beendete, nur noch 110 Schiffe)

204 v. u. Z.   100 Schiffe
203 v. u. Z.   160 Schiffe
202 v. u. Z.   200 Schiffe
201 v. u. Z.   100 Schiffe

An Neubauten wurden der römischen Flotte während des Krieges folgende schwere Einheiten zugeführt:

218 bis 217 v. u. Z.   60 Neubauten (Quinqueremen)
214 v. u. Z.   100 Neubauten (Triremen und Quinqueremen)
208 v. u. Z.   20 Neubauten (Triremen und Quinqueremen)

180 insgesamt

Im Jahre 212 v. u. Z. hatte die römische Marine nach Thiel eine Stärke von 73 100 und 208 v. u. Z. von 95 200 Mann.

Die römische Eroberungs- und Seemachtpolitik wandte sich nunmehr dem östlichen Mittelmeerbecken zu. Philipp V. von Makedonien, weiterhin die Hegemonie im griechischen Raum anstrebend, begann mit dem kleinasiatischen Königreich Pergamon und dem seegewohnten Rhodos Krieg. In diesem Zweiten Makedonischen Krieg (200–197 v. u. Z.) griff Rom aber erst ein, als Makedonien ein Bündnis mit Syrien schloß, das gegen Ägypten gerichtet war. Römische Handelsinteressen konnten eine Bedrohung Ägyptens nicht dulden. Ein guter Vorwand, um die Kriegserklärung Roms zu rechtfertigen.

Schon im Herbst des Jahres **201 v. u. Z.** wurde ein römisches Geschwader von 38 Schiffen unter dem Befehl von M. Valerius Laevinus in den illyrischen Seeraum verlegt.

Philipp V., dessen Flotte aus etwa 53 schweren Einheiten (hauptsächlich Tetreren und Penteren sowie einigen noch schwereren Schiffen) und zahlreichen leichten Einheiten (150 Lemben und Pristen) bestand *(Polybios 16,2)*, hatte bereits im Jahre 201 v. u. Z. bei der Insel Chios eine schwere Niederlage gegen die verbündeten Flotten (insgesamt 65 Kriegsschiffe, jedoch überwiegend schwere Einheiten) von Pergamon und Rhodos erlitten (Verluste der Makedonier nach *Polybios 26,7*: eine Dekere, eine Ennere, eine Heptere, eine Hexere, zwei Tetreren, 20 weitere Schlachtschiffe, drei Triemiolien und etwa 72 Lemben. Verluste der Alliierten: ein Flaggschiff, vier Penteren, zwei Tetreren, eine Triere und eine Triemiolie).

Im Frühjahr des Jahres **200 v. u. Z.** versegelte die Flotte des Königs Attalos von Pergamon nach Aegina (Aigina) und von dort nach Piraeus (Peiraieus). Auch die rhodische Flotte lief Piraeus an. Attalos und die Rhodier gewannen Athen als Bundesgenossen gegen König Philipp V. Attalos kehrte mit seinen Seestreitkräften nach Aegina, die Rhodier zusammen mit einigen Kriegsschiffen Athens über Keos (Kea) nach Rhodos zurück. Auch der größte Teil der Kykladen-Inseln schloß sich dem Bündnis an. Nur Andros, Kythnos und Paros wurden noch von makedonischen Garnisonen gehalten.

Das Eingreifen Roms in den Krieg begann mit der Landung von zwei Legionen unter Konsul P. Sulpicius

Galba im Herbst des Jahres 200 v. u. Z. bei Apollonia (nahe Fier/Albanien) in Illyrien. Nach Thiel soll die Landungsflotte von etwa 37 Kriegsschiffen eskortiert worden sein, so daß sich gleich zu Beginn des Krieges mit dem bereits im Jahre 201 v. u. Z. entsandten Geschwader des Laevinus eine römische Flotte von etwa 75 Kriegsschiffen im Seeraum westlich von Griechenland mit Corcyra (Kerkyra/Korfu) als Stützpunkt befand. Von dieser Flotte lief ein Triremengeschwader von 20 Einheiten unter dem Befehl des Legaten C. Claudius Cento noch im Herbst in Piraeus, den Hafen des verbündeten Athen, ein *(Livius 31,14)*. Nach einem Vorstoß zur makedonischen Seefestung Chalkis auf der Insel Euboia überwinterte das Geschwader in Piraeus. Das Gros der römischen Flotte verbrachte den Winter in seinem Stützpunkt Corcyra.

Im Frühjahr **199 v. u. Z.** ging ein Geschwader der römischen Flotte unter dem Befehl von L. Apustius mit – nach Thiel – vielleicht 30 Schiffen von Corcyra aus in See und vereinigte sich mit Seestreitkräften von Pergamon, die – nach Thiel – vielleicht 24 Schiffe zählten, am Kap Skyllaion. In Piraeus wurde das römische Triremengeschwader unter dem Befehl von Cento aufgenommen, so daß die Operationen gegen die Insel Andros mit etwa 74 Kriegsschiffen begannen. Die makedonische Garnison kapitulierte nach wenigen Tagen. Die Insel wurde besetzt und König Attalos übergeben. Nach der Eroberung von Andros stieß ein rhodisches Geschwader von 20 Schiffen zur alliierten Flotte *(Livius 31,46)*, die sich mit nunmehr 94 Einheiten gegen Kythnos wandte. Die Insel wurde ohne Erfolg angegriffen. Die Flotte marschierte nordwärts. Auf der Höhe von Prasiai, an der Ostküste Attikas, stieß ein aus Issa *(Vis/Lissa)* kommendes Geschwader von 20 Lemben, das gerade Karystos auf Euboia geplündert hatte, zur Flotte *(Livius 31,45)*. Die vereinigte Flotte griff sodann Küstenplätze und Seefestungen der Makedonier auf Euboia an. Die Seefestung Oreos im Norden der Insel wurde erobert. Auch an der Ostküste der Halbinsel Chalkidike wurde die Stadt Akanthos genommen.

Von der römischen Flotte überwinterten 30 Einheiten in Piraeus und 45 Schiffe in Corcyra. 25 Kriegsschiffe waren im Jahre 199 v. u. Z. in den westgriechischen Gewässern verblieben. Apustius kehrte aus der Ägäis mit 20 Schiffen dorthin zurück. Die Verbündeten liefen ihre Heimathäfen an.

Der neue Seebefehlshaber, Legat L. Quinctius Flamininus, dessen Vorgänger, C. Livius Salinator, nur vom Herbst 199 v. u. Z. bis zum Frühjahr 198 v. u. Z. kommandiert hatte, eröffnete im Sommer **198 v. u. Z.** eine zweite Offensive gegen Euboia. Die römischen Seestreitkräfte – 20 Einheiten waren aus dem Stützpunkt Corcyra und 30 aus Piraeus ausgelaufen – vereinigten sich mit dem rhodischen Geschwader, nach Thiel 20 Schiffe, und dem von Pergamon, 24 Schiffe. Außerdem operierten im Jahre 198 v. u. Z. 30 Lemben aus Issa im Verband der römischen Flotte *(Livius 32,21)*. Die alliierten Seestreitkräfte entrissen König Philipp V. die ganze Insel Euboia. Nur die Seefestung Chalkis konnte gehalten werden. An der vergeblichen Belagerung von Korinthos (Korinth) und der Eroberung des Hafens Kenchreai am Saronischen Golf nahmen weitere 50 leichte Einheiten (leviores apertae) von griechischen Verbündeten teil.

Zum Winter 198 auf **197 v. u. Z.** kehrte die gesamte im griechischen Seeraum operierende römische Flotte in den Stützpunkt Corcyra zurück. Sie operierte das ganze Jahr 197 v. u. Z. nur in westgriechischen Gewässern, insbesondere gegen Akarnanien, und eroberte dort die Insel Leukas.

In der Ägäis überließ Rom wahrscheinlich dem Verbündeten, König Attalos, der mit seiner Flotte in Aegina überwintert hatte, während die Rhodier in den Heimathafen zurückgekehrt waren, die Seekriegführung. Doch die makedonische Flotte wagte nicht mehr auszulaufen. Die Landschlacht bei Kynoskephalae in Thessalien entschied den Krieg im Sommer des Jahres 197 v. u. Z. zugunsten Roms.

Nach dem Abschluß der Feindseligkeiten wartete im Jahre **196 v. u. Z.** auf König Philipp V. ein »karthagischer Friede«. Er verlor mit Ausnahme seines Stammlandes alle griechischen Besitzungen. Insbesondere die Seefestungen Demetrias in Thessalien und Chalkis auf der Insel Euboia sowie Akrokorinth, der stark befestigte Burgberg von Korinth, am strategisch wichtigen Isthmus zwischen Festland und Peloponnes erhielten römische Garnisonen. Die Römer verlangten eine beträchtliche Kriegsentschädigung und die Auslieferung aller Kriegsschiffe bis auf sechs Einheiten *(Polybios 18,44)*. Wieder war eine gegnerische Flotte, diesmal im östlichen Mittelmeer, aus den Annalen zu streichen.

Nabis, Tyrann von Sparta, führte ein Terrorregime in Griechenland. Er hatte zwar im letzten Kriegsjahr, 197 v. u. Z., mit den Römern gegen die Makedonier gekämpft, doch in den vorhergehenden Kriegsjahren zur See immer wieder versucht, römische Versorgungskonvois zu kapern. Lange Zeit unterhielt er enge Beziehungen zu den kretischen Seeräubern, die insbesondere Rhodos ihm nicht vergaß. Rom konnte sich nicht aus Griechenland zurückziehen, solange Nabis die Stadt Argos und damit eine Schlüsselstellung im Besitz hatte. Sowohl die Befriedung des Landes als auch die der See machte den Kampf gegen Nabis notwendig. Mit Ausnahme der Ätoler beteiligten sich alle griechischen Staaten, einschließlich Pergamon und Rhodos, als Verbündete der Römer an dem Krieg gegen Sparta. Ein Geschwader von 40 römischen Schlachtschiffen unter dem Befehl von L. Quinctius verlegte von Leucas nach Lakonien. Rhodos entsandte 18 und Pergamon 10 Schlachtschiffe. Zu diesen 68 schweren Einheiten der Alliierten stießen aus Pergamon noch 30 Lemben und andere leichte Seestreitkräfte *(Livius 34,26)*.

Die Flotte griff unter römischem Oberkommando Seeplätze in Lakonien und schließlich auch die Hauptbasis der spartanischen Seestreitkräfte, Gytheion am Lakonischen Golf (Lakonikos Kolpos), an *(Livius 34, 29)*. Der Stützpunkt wurde von der Flotte genommen und Sparta vom Meer abgeschnitten. Einige Zeit später fiel Sparta. Nabis hatte nach den Friedensbedingungen alle den Seestädten weggenommenen Schiffe zurückzugeben, seine Stützpunkte auf Kreta an Rom zu übergeben und durfte an Kriegsschiffen lediglich zwei Lemben mit nicht mehr als 16 Riemen pro Schiff unterhalten. Zum Staatsverband Spartas durften künftig weder in Lakonien noch auf Kreta Küstenstädte gehören. Der Kontakt mit den Kretern wurde ebenso untersagt wie das Recht zur Kriegführung.

Nach dem Abschluß des Zweiten Punischen Krieges machte die Konsolidierung der Verhältnisse in Spanien, in Ligurien mit seinen Seeraub treibenden Küstenstädten und in Gallia cisalpina große Schwierigkeiten. Es war dort ein Guerillakrieg ausgebrochen, der seiner Natur nach nur von Landstreitkräften geführt werden konnte. Doch im Jahre **195 v. u. Z.** standen die Dinge schlecht. Rom war gezwungen, unter dem Konsul Cato eine Armee und ein Geschwader von 25 Kriegsschiffen (20 römische und fünf Schiffe von italischen Verbündeten) von Ostia über Luna nach Spanien zu entsenden. Die Transporter versegelten von Luna (b. Lerici, Italien) nach Port Vendres am Ostausläufer der Pyrenäen und wurden dort von den Kriegsschiffen aufgenommen *(Livius 34,8; Cato, fr. 32)*. Die von Aufständischen besetzte Stadt Rhodae (Rosas) in Nordspanien wurde genommen, nachdem das Heer im Flottenstützpunkt Emporiae (Ampurias am Golf von Rosas) ausgeschifft worden war.

Der Friedensschluß mit Sparta im Jahre **194 v. u. Z.** erlaubte es Rom, seine letzten Garnisonen aus Griechenland abzuziehen. Die Inseln Aegina und Andros blieben jedoch als Flottenstützpunkte in der Hand des Königreiches Pergamon, eines zuverlässigen Verbündeten Roms.

Antiochos III., seleukidischer König von Syrien, der dem großen Gegner Roms, Hannibal, nach dem Zweiten Punischen Krieg Asyl gewährte, begann, seinen Machtbereich auf Kosten der freien Griechenstädte in Kleinasien seit 197 v. u. Z. und auch in Thrakien seit 196 v. u. Z. zu vergrößern. Die Römer hatten nach der Niederringung Philipps V. im Jahre 196 v. u. Z. eine Freiheitserklärung für alle bisher dem Makedonischen Reich untertänigen griechischen Staaten abgegeben. Die Anwendung dieser Freiheitserklärung auf die Griechenstädte an den Dardanellen führte zum Krieg mit dem Syrerreich, das seine Interessen in diesem Gebiet bedroht sah.

Auch der Syrische Krieg (192–188 v. u. Z.) war ohne Flotte nicht zu führen, da Antiochos III. über Seestreitkräfte mit ausgezeichneten Schiffen und guten Seeleuten verfügte. Die syrische Flotte landete im Frühjahr **192 v. u. Z.** mit zahlreichen Transportschiffen, geleitet von 40 schweren und 60 leichten Einheiten *(Livius 35,43)*, auf einen Hilferuf der Ätoler hin in Thessalien und auf der Insel Euboia starke Kräfte. Gegen Syrer und Ätoler standen in diesem Krieg neben Rom nicht nur die alten Verbündeten Pergamon und Rhodos, die rein rechtlich noch keine Verbündeten (socii), sondern nur Freunde (amici) des römischen Volkes waren, sondern auch Makedonien und die meisten griechischen Staaten, namentlich der Achäische Bund als Gegner der Ätoler.

Die römische Marine entsandte im Frühjahr 192 v. u. Z. ein Schlachtschiffgeschwader (Quinqueremen) unter dem Kommando des Prätors A. Atilius Serranus in die Ägäis gegen Nabis von Sparta, der erneut das Land mit Krieg überzogen hatte. Es war ihm gelungen, sich wieder in den Besitz von drei regulären Kriegsschiffen und einer Anzahl leichter Einheiten zu setzen, die er in den Küstenstädten Lakoniens erbeutet hatte. Mit diesen Schiffen blockierte er seinen früheren Flottenstützpunkt Gytheion. Die Achäer nahmen den Kampf gegen ihn auf, ohne auf das Eintreffen des römischen Geschwaders zu warten. Sie besaßen nur wenige Schiffe und unterlagen in einem Seegefecht, in dem sie ihr 80 Jahre altes Flaggschiff, eine Tetrere, verloren *(Livius 35,26)*. Nabis nahm Gytheion ein, wurde aber zu Lande geschlagen und in Sparta eingeschlossen. Das zu dieser Zeit 24 Einheiten starke römische Geschwader, inzwischen mit drei Kriegsschiffen der verbündeten Flotte von Pergamon vereint, befreite Gytheion und alle anderen Küstenstädte in Lakonien von den Spartanern. Nabis wurde ermordet.

Die Flottenbewegungen der Syrer im Frühjahr 192 v. u. Z. waren von der römischen Seekriegsleitung genau beobachtet worden, zumal man die Absichten von Antiochos III. nicht kannte. Man befürchtete ein Bündnis mit Karthago und Landungen in Sizilien und auf dem italischen Festland. In der ehemals makedonischen Seefestung Demetrias errichteten die Syrer ihr Hauptquartier. Die Römer konzentrierten starke Kräfte in Süditalien und auf Sizilien. Ein Geschwader von 20 Schiffen unter dem Kommando von L. Oppius Salinator wurde nach dort verlegt. Die Schiffe kehrten erst nach dem Ende des Krieges im Jahre 188 v. u. Z. nach Ostia zurück *(Livius 38,36)*. Zum Schutze Italiens stellte man aufgelegte Kriegsschiffe Anfang 192 v. u. Z. wieder in Dienst und ordnete den Neubau von zunächst 30, dann 50 Quinqueremen an, die aber nach Thiel in diesem Krieg nicht mehr fertiggestellt wurden.

Römische Seestreitkräfte, etwa 20 Schiffe, unter Atilius hatten noch im November 192 v. u. Z. die Syrer daran gehindert, die Seefestung Chalkis auf Euboia zu nehmen, doch war das römische Geschwader den syrischen Seestreitkräften, die in diesem Seegebiet mit 100 Schiffen operierten, aussichtslos unterlegen. Im Dezember fiel Chalkis. Damit befand sich ganz Euboia in der Hand von Antiochos III., der sein Hauptquartier von Demetrias nach Chalkis verlegte.

Im Frühjahr **191 v. u. Z.** landete die römische Marine ein konsularisches Heer in Epirus. Unter M. Acilius Glabrio marschierte es nach Thessalien und schlug zusammen mit den makedonischen Truppen im April 191 v. u. Z. die Syrer bei den Thermopylen. Antiochos III. mußte sich aus Griechenland zurückziehen.

Im Frühjahr des gleichen Jahres gelang es einem

kleinen, nach Thiel schon im Sommer des Vorjahres zur Insel Kephallenia entsandten römischen Flottenverband unter dem Legaten A. Postumius, Akarnanien auf der Seite Roms zu halten und eine vollständige Eroberung durch die Syrer zu verhindern. Die siegreiche Thermopylenschlacht erlaubte es der Flottille, die Insel zu verlassen und sich wieder mit Atilius' Geschwader in Korinth zu vereinigen.

Noch vor April des Jahres 191 v. u. Z. versegelte C. Livius Salinator als neuer Befehlshaber der Flotte von Ostia über süditalische Seestädte nach Piraeus. Der Hauptstützpunkt in Griechenland war von Korinth nach dort verlegt worden. Auf dem Kriegsmarsch bestrafte er im Juni die Insel Kephallenia, weil sie sich mit den Ätolern verbündet hatte, und nahm die Insel Zakynthos in Besitz. Seine Flotte bestand aus 50 schweren römischen, sechs schweren punischen und 24 leichten Einheiten der italischen Verbündeten. In Piraeus übergab Atilius mit dem Flottenkommando sein Schlachtschiffgeschwader von 25 Quinqueremen und kehrte nach Rom zurück. Von Piraeus, wo sich König Eumenes II. von Pergamon mit einigen Kriegsschiffen (vielleicht vier) der nunmehr 105 Einheiten zählenden römischen Flotte als Lotse für die asiatischen Gewässer angeschlossen hatte, ging diese nach Delos in See.

Der Hauptstützpunkt der syrischen Flotte, die unter dem Kommando von Polyxenidas, einem Exilrhodier, operierte, war Ephesos in Kleinasien. Als Antiochos III. von der Ankunft der römischen Flotte in Delos erfuhr, verlegte auch er sein Hauptquartier und die dortigen Seestreitkräfte von Lysimachia auf der Halbinsel Chersonesos (Galibolu/Gallipoli, Türkei) nach Ephesos (nahe Kusadasi, Türkei). Die Flotte der Syrer zählte nunmehr nach Thiel 70 schwere und 130 leichte Einheiten, also insgesamt 200 Kriegsschiffe, denen die Römer zu dieser Zeit zusammen mit den Schiffen des Königs Eumenes II. nur etwa 85 schwere und 24 leichte Einheiten entgegenstellen konnten.

Der syrische Admiral Polyxenidas verlegte seine Flotte nach Phokaia (nahe Foca, Türkei) und von dort wieder südwärts nach Kissus (nahe Alacati, Türkei). Livius versegelte von Delos über Chios nach dem eben von den Syrern evakuierten Phokaia, wo er sich mit der von Eumenes II. aus Elaia (nahe Zeytindag, Türkei) herangeholten Flotte von Pergamon, 24 schwere und 26 leichte Einheiten stark, vereinigte. Die alliierte Flotte konnte nunmehr über etwa 105 schwere, davon nach Thiel mindestens 75 Schlachtschiffe (Quinqueremen), und 50 leichte Einheiten verfügen. Die syrische Flotte besaß als schwere Einheiten lediglich 70 Trieren (Schlachtkreuzer). An leichten Kampfschiffen war sie mit 130 Einheiten zahlenmäßig überlegen.

Zwischen diesen Flotten, die alliierte befehligt von dem römischen Admiral C. Livius, die syrische von Polyxenidas, kam es im Jahre 191 v. u. Z. zwischen dem Kap Argennum (westlichster Punkt des Festlandes gegenüber der Insel Chios) und dem Kap Korykos (dem heutigen Koraka burnu in der Türkei) vor der Hafenstadt Cissus (Kissus) zur Schlacht. Livius, von Phokaia kommend, passierte die Straße von Chios noch unter Segel in Kiellinie, um die Rojer zu schonen. Erst angesichts des Feindes barg er die Segel, legte die Masten und benutzte die Riemen. Polyxenidas war aus Kissus ausgelaufen und erwartete den Gegner, mit dem rechten Flügel an die Küste gelehnt und mit dem linken zur offenen See in Dwarslinie, kampfbereit. Auch Livius bildete aus der Kiellinie die Dwarslinie. So begann die Schlacht. Das Seetreffen endete mit der Niederlage der syrischen Flotte. Polyxenidas verlor 23 Schiffe, zehn wurden versenkt und 13 genommen. Die römische Flotte verlor ein punisches Fahrzeug. Nach der Schlacht stießen von Samos kommend weitere 25 *(Livius 36,45)* oder 27 *(Appian 22,107)* Schlachtschiffe der rhodischen Flotte zu den alliierten Seestreitkräften, die der geschlagenen syrischen Flotte nach Ephesos folgten. Nach der Vereinigung mit dem rhodischen Geschwader unter Admiral Pausistratos zählte die alliierte Flotte nunmehr etwa 130 schwere und 50 leichte Einheiten. Sie blockierte Polyxenidas in seinem Stützpunkt. C. Livius entließ, vermutlich mit den erbeuteten Schiffen, zum Winter die Geschwader aus Pergamon und Rhodos in ihre Heimatstützpunkte. Mit 80 römischen Schlachtschiffen und 24 leichten Einheiten hielt er die Seeherrschaft in den asiatischen Gewässern aufrecht. Er versegelte über Chios nach Phokaia. Dort ließ er vier Quinqueremen zur Bewachung der Stadt zurück. Im Oktober 191 v. u. Z. überführte er seine restliche Flotte nach Kanai (nahe Dikili, Türkei) in das Winterquartier. Auch die vier in Phokaia zurückgelassenen Schlachtschiffe stießen wieder zur Hauptflotte *(Livius 37,9)*.

Im März **190 v. u. Z.** wurde eine römische Armee unter L. Cornelius Scipio, dem Bruder des Siegers von Zama, in Brindisium eingeschifft und auf dem Balkan gelandet.

Schon im Frühjahr 190 v. u. Z. war es dringend erforderlich geworden, Kriegsschiffe in den Seeraum westlich von Griechenland zu entsenden. Römische Versorgungsschiffe wurden wiederholt von Seeräubern gekapert, die vor allem von der Insel Kephallenia aus operierten. Wahrscheinlich war C. Livius gezwungen, von seinen vor Kleinasien stehenden Seestreitkräften einige Einheiten über Piraeus nach Kephallenia in Marsch zu setzen, da in der Adria keine römischen Kampfschiffe zur Verfügung standen.

Ende März 190 v. u. Z. lief ein römischer Flottenverband mit 30 Einheiten unter C. Livius, verstärkt durch sieben Tetreren der Flotte von Pergamon, in die Dardanellen ein, blockierte Abydos auf dem asiatischen Ufer mit zehn Kriegsschiffen und besetzte die Stadt Sestos am nördlichen Ufer. Die Operation diente dem Zweck, für das gerade an der Westküste Griechenlands gelandete Landheer der Römer – ein wenig verfrüht – Übergänge nach Asien vorzubereiten. Zur gleichen Zeit versegelte der rhodische Seebefehlshaber Pausistratos mit einem Flottenverband von 36 Schiffen nach der Ephesos vorgelagerten Insel Samos.

Die in Ephesos überwinternde syrische Flotte hatte durch Neubauten alle Verluste der Schlacht von Cissus wieder wettgemacht. Insbesondere ihr Bestand an schweren Einheiten war beträchtlich vergrößert worden. Polyxenidas verfügte Anfang 190 v. u. Z. über 70 schwere Kriegsschiffe (zwei Hepteren, drei Hexeren, 18 Penteren und Tetreren und 47 Trieren). Daneben besaß diese Flotte noch eine große Zahl von leichten Einheiten.

In Phönizien und Kilikien begann Hannibal, nunmehr Admiral Antiochos' III., eine zweite Flotte zusammenzuziehen und erbauen zu lassen und unter seinem Kommando in Dienst zu stellen. Sie bestand aus drei Hepteren, vier Hexeren, 30 Penteren und Tetreren und zehn Trieren nebst leichten Einheiten. Den beiden syrischen Flotten standen somit im Frühjahr 190 v. u. Z. 117 schwere Einheiten zur Verfügung, um den Seekrieg mit den Römern und ihren Alliierten zu forcieren.

Das rhodische Geschwader unter Pausistratos hatte den Hafen Panhormos auf Samos angelaufen, um hier die römische Flotte, deren Gros noch immer in Kanai lag, zu erwarten und um bei Eintritt günstiger Gefechtsvoraussetzungen gegen die syrische Flotte in Ephesos operieren zu können. Einige Kriegsschiffe waren nach Halikarnassos entsandt worden, um von dort Versorgungsgüter nach Samos zu holen, als ein Überraschungsangriff des Polyxenidas mit seiner gesamten Schlachtflotte das rhodische Geschwader im und vor dem Hafen vernichtete. Pausistratos fiel. Nur den sieben Kriegsschiffen seines Geschwaders, die mit den von ihm eingeführten »Feuerkörben« bewaffnet waren, gelang der Durchbruch. Die Masse der übrigen Schiffe, nach Appian *(24,120)* 20 Einheiten, wurde von den Syrern erbeutet und nach Thiel in ihre Flotte eingereiht. Da syrische Verluste nicht bekannt sind, verfügten die Syrer nach der Schlacht über 90 schwere Einheiten in Ephesos.

Unmittelbar nach dieser Niederlage rüsteten die Rhodier neue Schiffe aus *(Livius 37,12 und 16; Appian 25,121)* und führten 23 Einheiten der Flotte zu. Zur Zeit der Schlacht besaß die rhodische Marine nach Thiel insgesamt etwa 43 Kriegsschiffe, von denen weniger als 36 an der Schlacht teilnahmen und 20 verlorengingen.

Nachdem C. Livius vor Abydos von der Niederlage der Rhodier erfahren hatte, brach er die Belagerung ab und kehrte mit seinem Geschwader nach Kanai zurück. Von dort ging die gesamte römische Flotte *(Livius 37,12)* mit zwei Trieren des verbündeten Mytilene (auf Lesbos) zunächst nach Phokaia, das gleich nach dem Winter von Rom abgefallen war und sich den Syrern angeschlossen hatte, in See. Da die Stadt fest in der Hand der Syrer war, versegelte C. Livius nach Plünderung des Umlandes und der Vereinigung mit der Flotte von Pergamon nach Samos. Die syrische Flotte, mit 90 Schlachtschiffen aus Ephesos ausgelaufen, versuchte vergeblich, die Römer abzufangen. Diese hatten vor einem Nordsturm bereits Samos ohne Verluste erreicht, als sie von der in See stehenden syrischen Flotte erfuhren. Die alliierte Flotte suchte den Kampf nicht, obgleich sie mit mindestens 100 Schlachtschiffen zahlenmäßig den Syrern überlegen war, sondern lief bis Kap Korykos zurück. Als Polyxenidas mit seiner Flotte in Ephesos eingelaufen war, liefen die Alliierten erneut Samos an. Nach Thiel marschierten im Verband der alliierten Flotte 80 schwere römische und 20 pergamenische Schiffe. Die Insel blieb das ganze Jahr über Hauptstützpunkt der alliierten Flotte. Dorthin hatten die Rhodier unter ihrem neuen Admiral Eudamos ein Geschwader von 20 schweren Schiffen entsandt, so daß die Flotte unter C. Livius nunmehr über mindestens 120 schwere Kampfschiffe im Hafen der Stadt Samos verfügte.

C. Livius wurde von dem Prätor L. Aemilius Regillus im Flottenkommando abgelöst. Dieser segelte mit einem Geschwader von 20 Schiffen von Italien ab. Er ließ jedoch in den Gewässern um Kephallenia 18 dort dringend benötigte Kriegsschiffe zurück, um römische Versorgungskonvois zu sichern und Piraten zu bekämpfen.

Mit seinen beiden Schlachtschiffen und vier weiteren von Livius nach Piraeus entsandten Kriegsschiffen, die ursprünglich als Geleitschutz nach Kephallenia verlegt werden sollten, versegelte er nach Samos zur Hauptflotte.

Nach einer Flottendemonstration vor Ephesos und Verwüstung der Umgebung der Stadt zog sich die alliierte Flotte wieder nach Samos zurück und beschränkte sich auf eine weite Blockade der syrischen Flotte, die nunmehr eine Seeschlacht mit den überlegenen Gegnern vermied.

Als L. Aemilius Regillus mit 20 alten Einheiten Italien verlassen hatte, wurde vom Senat der Bau von 30 Quinqueremen und 20 Triremen angeordnet, die nach Thiel jedoch niemals vom Stapel liefen. Zu dieser Zeit hielt die römische Marine insgesamt 115 schwere Kampfschiffe in Dienst. Sie verteilten sich nach Thiels Berechnungen wie folgt: 77 Schiffe in den Gewässern vor Kleinasien, 18 im Seeraum um Kephallenia und 20 in den sizilianischen Gewässern.

Mehrere erfolglose Flottenvorstöße entlang der kleinasiatischen Küste nach Süden, mit dem Versuch, in syrischer Hand befindliche Seeplätze anzugreifen und zu erobern, kennzeichneten die ersten von dem neuen Flottenbefehlshaber L. Aemilius Regillus getroffenen Maßnahmen. Er war nicht in der Lage, ein operatives Konzept zu entwickeln. Als die Hauptstadt des Königs Eumenes II., Pergamon, von den Syrern zu Lande angegriffen wurde, verlegte die alliierte Flotte gen Norden nach Elaia und weiter nach Adramyttion (b. Burhaniye, Türkei), um an der Verteidigung teilzunehmen. Von dort wandte sich die Flotte wieder südwärts, versuchte abermals vergeblich, Phokaia zu nehmen, entließ das Geschwader von Pergamon in seinen Heimatstützpunkt und versegelte schließlich wieder nach Samos. Dort erhielt das Flottenkommando die Nachricht vom Inseegehen der zweiten syrischen Flotte unter Hannibal. Er hatte den Hauptkriegshafen des Syrerreiches, Seleukia (Samandag, Türkei), verlassen.

Der römische Admiral beschloß, mit seiner Flotte von 81 Einheiten und drei rhodischen Schiffen von Samos aus die Blockade gegen Polyxenidas fortzuführen, der zu dieser Zeit über 89 schwere Einheiten in Ephesos verfügte. Gegen Hannibal setzte er die rhodische Flotte in Marsch. Ihr Befehlshaber, Eumenes, versegelte zunächst mit 15 Schiffen nach Rhodos. Von dort war bereits ein Geschwader von 13 Schiffen, zu denen später weitere vier Fahrzeuge stießen, unter Vizeadmiral Pamphilidas ausgelaufen. Eumenes folgte ihm sofort mit seinen 15 schweren Schiffen (13 rhodischen und je einer Pentere von Kos und Knidos) und sechs leichten Einheiten. Nach der Vereinigung zählte die rhodische Flotte somit 38 Segel. Sie setzte sich nach Livius (37,22 und 23) aus 32 Tetreren und vier Trieren und den beiden Penteren aus Kos und Knidos zusammen. Die vier Trieren und zwei Tetreren konnte man jedoch nicht als schwere Einheiten ansprechen, da sie unüblicherweise offen, d. h. ohne durchgehendes Kampfdeck, erbaut waren.

In der Bucht von Antalya auf der Höhe von Side (b. Serik, Türkei) stieß Hannibal mit seiner Flotte von 47 schweren Einheiten im August des Jahres 190 v. u. Z. auf die Rhodier. Die syrische Flotte bestand aus drei Hepteren, vier Hexeren, 30 Penteren und Tetreren und zehn Trieren. Zugeteilt war eine Anzahl leichter Einheiten.

Die zahlenmäßig unterlegenen Rhodier siegten nach heftigem Kampf dank besserer Seemannschaft und überlegener Seekriegstaktik. Sie verstanden es, ihre gegenüber den syrischen Schiffen leichteren Einheiten optimal einzusetzen. Während sich Hannibal mit seinem Schiffsmaterial auf einen Einsatz nach römischer Taktik, also den Enterkampf, vorbereitet hatte, liefen die rhodischen Schiffe einen Angriff nach dem anderen, indem sie nach dem Manöver des Diekplus und Periplus, also nach Durchfahrt und Umfahrt, zum Rammstoß ansetzten. Nur etwa 20 Kriegsschiffe Hannibals blieben unbeschädigt. Versenken oder entern konnten die Rhodier jedoch keines der schweren syrischen Schlachtschiffe. Doch Hannibals Flotte mußte sich demoralisiert in ihre Stützpunkte zurückziehen. Eine Vereinigung mit der Flotte des Polyxenidas in Ephesos war verhindert worden.

Der siegreiche rhodische Admiral Eudamos trat mit der Flotte nach der Seeschlacht, in der er kein Schiff verloren hatte, über Phaselis (am Westufer der Bucht von Antalya) den Rückmarsch nach Rhodos an. Mit sieben Tetreren kehrte er sodann nach Samos zur römischen Flotte zurück. 20 rhodische Kriegsschiffe wurden in die Gewässer um Rhodos zum Schutze der Heimatinsel und zur Beobachtung von Hannibals Flotte, die zwar geschlagen, aber nicht vernichtet worden war, entsandt. Später wurde dieses Geschwader noch durch vier weitere rhodische Schiffe verstärkt, die man von Samos abkommandierte. In Rhodos lagen nach Thiel etwa zehn Kriegsschiffe, die Gefechtsschäden ausbesserten.

Nach Thiel wurden im September 190 v. u. Z. 23 römische Schlachtschiffe und vielleicht auch die leichten Einheiten der italischen Verbündeten zum Hellespont (Dardanellen) in Marsch gesetzt, um den Übergang des aus Makedonien anmarschierenden Landheeres zu sichern.

Die in Ephesos blockierte syrische Flotte war durch Neubauten wieder auf 89 Einheiten angewachsen und fühlte sich stark genug, die alliierte Flotte, aus 58 römischen und 22 rhodischen Schlachtschiffen (Livius 37,30), also 80 Einheiten, bestehend, anzugreifen. Die römische Flotte hatte Samos verlassen, um Lebensmittel und andere Versorgungsgüter aus Chios zu holen. Sie erhielt auf dem Wege dorthin die Nachricht, daß die Stadt Teos die syrische Flotte versorgt hatte. Da ohnehin die Weintransporter noch nicht in Chios eingetroffen waren, beschloß man, zunächst Teos (nahe Sigacik, Türkei) anzulaufen und die Stadt zu zwingen, auch die römische Flotte zu versorgen.

Zur gleichen Zeit war die syrische Flotte aus Ephesos ausgelaufen und über Notion nach Makris, einer kleinen Insel am Kap Myonnesos, gesegelt. Polyxenidas wußte, daß die römische Flotte in einem Hafen, genannt Geraesticus, nördlich von Teos lag. Da die Hafenverhältnisse denen von Panhormos ähnelten, beabsichtigte er, den Römern das gleiche Schicksal zu bereiten wie den Rhodiern zu Beginn des Jahres. Doch die Römer verlegten die Flotte in den Stadthafen von Teos und liefen sofort aus, als sie von der Anwesenheit der syrischen Flotte erfuhren. So kam es im September 190 v. u. Z. zur Schlacht. Auf römischer Seite fochten 58 Quinqueremen und 22 rhodische Schiffe, wahrscheinlich Tetreren. Die syrische Flotte führte zwei Hepteren, drei Hexeren, 18 Penteren und Tetreren, 47 Trieren und 20 in Panhormos erbeutete rhodische Kriegsschiffe, wahrscheinlich Tetreren, sowie leichte Einheiten ins Gefecht. Nach Livius (37,30) insgesamt 89 Kriegsschiffe, denen die alliierte Flotte nur 80 Einheiten entgegenstellen konnte.

Der römische Seebefehlshaber L. Aemilius Regillus verdankte den Sieg vor allem dem unter Admiral Eudamos mit größter Tapferkeit kämpfenden und mit »Feuerkörben« ausgerüsteten rhodischen Geschwader. Die Besatzungen, karische Matrosen und Seesoldaten, setzten ihr ganzes seemännisches und kämpferisches Können ein. Die syrische Flotte wurde vernichtend geschlagen und verlor 42 Schiffe (29 gesunken und 13 gekapert). Der Verlust der alliierten Flotte belief sich auf drei Kriegsschiffe (zwei römische und ein rhodisches). Die syrische Flotte war nach dieser Seeschlacht nicht mehr in der Lage, Flottenoperationen der Römer und ihrer Verbündeten zu behindern.

Die vernichtende Niederlage am Kap Myonnesos, in der das Syrerreich die halbe Hauptflotte einbüßte, veranlaßte Antiochos III., seine Außenposten Lysimachia und Abydos am Hellespont zu räumen und seine Landstreitkräfte im Inneren Kleinasiens zu konzentrieren. Der Rückzug war eine unmittelbare Folge der römischen Seeherrschaft in den asiatischen Gewässern.

Die römische Flotte war den nach Ephesos zurückgewichenen restlichen Seestreitkräften der Syrer gefolgt. Polyxenidas, wieder im Hafen eingeschlossen, erlebte erneut eine römische Flottendemonstration vor seinem Stützpunkt. Die Römer versegelten sodann nach Chios, besserten Gefechtsschäden aus und versorgten ihre Schiffe mit Proviant.

Das rhodische Geschwader und 30 römische Schlachtschiffe liefen zum Hellespont aus, um zusammen mit den dort bereits liegenden römischen Schiffen (nach Thiel wahrscheinlich 23 Schlachtschiffe und eine Anzahl leichter Einheiten) und der Flotte von Pergamon das römische Landheer nach Kleinasien überzusetzen. Nach Erfüllung dieser Aufgabe im Oktober 190 v. u. Z. wurden die Rhodier in ihre Heimat entlassen. Römische Seestreitkräfte in Stärke von 28 Schlachtschiffen eroberten unter dem Flottenbefehlshaber L. Aemilius Regillus Phokaia, wo sie auch überwinterten.

Im Januar des Jahres **189 v. u. Z.** hatte die Landschlacht bei Magnesia (Manisa, Türkei) den Krieg zugunsten Roms entschieden. Doch waren es auch hier »die vorausgegangenen Flottenoperationen, die den Weg für diese Entscheidung geebnet hatten" *(Thiel)*.

Nach der Entscheidungsschlacht verließ Polyxenidas mit 47 Kriegsschiffen Ephesos, das unmittelbar darauf von den Römern besetzt wurde, und versegelte nach Patara in Lykien. Dort stellte er seine Schiffe außer Dienst und marschierte zu Fuß nach Syrien.

Der Flottenbefehlshaber des Jahres 189 v. u. Z., Prätor Q. Fabius Labeo, unternahm von Ephesos aus eine Flottenexpedition zur Insel Kreta, um römische Gefangene zu befreien, die wahrscheinlich den kretischen Seeräubern im Verlaufe des Syrischen Krieges auf gekaperten Transportern in die Hände gefallen waren.

Der **188 v. u. Z.** geschlossene Friede von Apamea brachte Rom die Seeherrschaft im östlichen Mittelmeer. Neben Gebietsabtretungen und einer beträchtlichen Kriegsentschädigung hatte Antiochos III. seine gesamte Flotte bis auf zehn Kriegsschiffe auszuliefern. Die Kriegsschiffe wurden in Patara und anderen Übergabeplätzen verbrannt. Die Friedensbedingungen verboten dem Syrerreich den Besitz von Lemben mit mehr als 30 Riemen generell, den anderer Moneren für einen Angriffskrieg. Das Operationsgebiet syrischer Kriegsschiffe wurde räumlich eingeschränkt. Rom annektierte lediglich die den Ätolern abgenommene Insel Zakynthos und die 189/188 v. u. Z. von Konsul M. Fulvius Nobilior mit einer Armee und dem dort stehenden Geschwader von 18 Kriegsschiffen eroberte Insel Kephallenia, die zusammen mit der in römischer Hand befindlichen Insel Korkyra den Seeweg in die Adria beherrschte. Die römische Flotte verließ die asiatischen Gewässer und kehrte nach Italien zurück.

Hannibal, der große Gegner Roms, floh nach Bithynien, wo ihm König Prusias Asyl gewährte. Als im Jahre **183 v. u. Z.** eine römische Gesandtschaft unter T. Quinctius Flamininus beharrlich seine Auslieferung verlangte, wagte Prusias nicht, ihn zu schützen. Hannibal wurde von den Römern in seiner bithynischen Zuflucht umstellt und nahm in dieser ausweglosen Lage Gift.

Schon während des Krieges war die Seeräuberplage zu einem Problem für die römische Seekriegsleitung geworden. Kaperkapitäne und Piraten hatten ständig den römischen Nachschub über See behindert. Nach Beendigung der Feindseligkeiten wurde es erforderlich, gegen ligurische und illyrische Seeräuber vorzugehen. Für diese Aufgabe griff man auf die alte Institution der beiden Flottenherren (duumviri navales) aus dem Jahre 311 v. u. Z. zurück. Zwei Flottillen mit je zehn Schiffen wurden unter je einem Duumvir in Dienst gestellt. Ihnen oblag der Küstenschutz und die Bekämpfung der Piraten. Es wurden zwei Küstenschutzkommandos eingerichtet. Ein Duumvir befehligte im Küstenabschnitt vom Promunturium Minervae (P. Campanella gegenüber von Capri) bis Massilia (Marseille), der andere im Abschnitt vom Prom. Minervae bis Barium (Bari) an der Adria.

Die Häfen des ligurischen Stammes der Ingauner, Albingaunum (Albenga), Albintimilium (Ventimiglia) und Vado (b. Savona), dienten noch gegen Ende des Zweiten Punischen Krieges in den Jahren 205 bis 203 v. u. Z. als Flottenstützpunkte für Mago, den Bruder Hannibals. Am Ende dieses Krieges (201 v. u. Z.) schlossen die Ingauner ein Bündnis mit Rom. Der Föderatenstatus war jedoch von kurzer Dauer, da die Ingauner ihre alte Gewohnheit, sich durch Seeraub zu bereichern, wieder aufnahmen. Rom war entschlossen, den Land- und Seeweg nach Spanien zu sichern. Landoperationen zur Unterwerfung der Seealpenliguren (Ligures Alpini) mit ihrer Hauptstadt Albium Ingaunum, dem späteren römischen Albingaunum (Albenga, Italien), fanden bereits seit 185 v. u. Z. statt. Im Frühjahr **181 v. u. Z.** liefen kombinierte Land- und Seeoperationen an. Eine Küstenschutz-Flottille von zehn Kriegsschiffen unter dem Befehl des Duumvirs C. Matienus und Landstreitkräfte unter Prokonsul L. Aemilius Paullus (dem späteren Sieger von Pydna) unterwarfen die ligurischen Ingauner. Nach Livius *(40,28)* sollen 32 Fahrzeuge der Ligurer gekapert worden sein. Sie hatten alle Schiffe mit mehr als drei Rojerduchten auszuliefern. Rom sicherte damit endgültig den Landweg nach Spanien. 180 v. u. Z. wurde Albingaunum verbündete Hauptstadt (municipium foederatum), doch der Gebrauch großer Schiffe wurde den Ingaunern untersagt. Die romanisierten Ligurer dienten künftig bei den Hilfstruppen und in der Flotte. Sie erhielten im Jahre 45 v. u. Z. das römische Bürgerrecht.

In der Adria eröffnete die zweite Küstenschutz-Flottille mit zehn Kriegsschiffen unter dem Kommando des Duumvirs C. Lucretius im Frühjahr 181 v. u. Z. die Operationen gegen illyrische Seeräuber. Die Schiffe verließen den Stützpunkt Brindisium (Brindisi). An Bord befand sich der Prätor L. Duronius als Oberbefehlshaber. Es gelang ihm jedoch lediglich, die vom Illyrerkönig Genthius auf der Insel Corcyra Nigra

(Korcula, Jugoslawien) gefangengehaltenen Römer durch Verhandlungen zu befreien.

Die hier erwähnten beiden Küstenschutz-Flottillen blieben bis zum Jahre 176 v. u. Z. als römische »Seepolizei« in Dienst. **180 v. u. Z.** unternahm die Westflottille mit Konsul A. Postumius Inspektionsfahrten entlang der ligurischen Küste. Die Ostflottille des Prätors L. Duronius bewachte unter dem Kommando des Duumvirs L. Cornelius Dolabella die Ostküste Italiens.

Im Jahre **178 v. u. Z.** wurde die Westflottille in die Adria verlegt, da Ligurien als befriedet galt. Das Seegebiet vor der italischen Ostküste unterteilte man in einen Nord- und Südabschnitt. Von Aquileia bis Ancona kommandierte Duumvir C. Furius den Nordabschnitt mit einer Flottille. Von Ancona bis Tarentum erstreckte sich der Südabschnitt unter L. Cornelius Dolabella mit der zweiten Flottille *(Livius 41,1)*. Letztere beschränkte sich auf das Niederhalten der illyrischen Seeräuber, während erstere darüber hinaus den Kampf des Landheeres in Histria (Istrien) durch Sicherung der über See laufenden Versorgungstransporte unterstützte.

Nachdem Istrien von dem Konsul A. Manlius im Jahre **177 v. u. Z.** unterworfen worden war, wurden beide Küstenschutz-Flottillen mit zusammen 20 Kriegsschiffen im Jahre **176 v. u. Z.** von der Adria in das Ligurische Meer verlegt. Eine in Ligurien ausgebrochene Revolte wurde von römischen Truppen niedergeschlagen. Die beiden »Polizeiflottillen« demonstrierten vor der Küste der Riviera und riegelten diese von den Seeverbindungen nach Korsika und Sardinien ab. 177 v. u. Z. hatten auch auf diesen Inseln Aufstände stattgefunden.

Der Sohn Philipps V. von Makedonien, Perseus, hatte im Jahre 179 v. u. Z. die Führung des Königreiches übernommen und strebte erneut, wie einst sein Vater, die Vorherrschaft in Griechenland an. Ein Bündnis mit Rhodos und Syrien und die Sympathien der freien Griechenstädte weckten das Mißtrauen Roms. Das Prinzip der römischen Außenpolitik »divide ut imperes« machte es erforderlich, eine bevorstehende Machtkonzentration zu verhindern und sich auf eine Intervention einzustellen.

Als vorbereitende Maßnahme für den erwarteten Kriegsausbruch rüstete die römische Marine im Jahre **172 v. u. Z.** 50 aufgelegte Schlachtschiffe (Quinqueremen) aus und stellte sie in Dienst *(Livius 42,27)*. Diese Kriegsschiffe stammten nach Thiel noch aus dem Zweiten Punischen Krieg, hatten also ein durchschnittliches Alter von 40 Jahren.

Ein Konflikt zwischen König Perseus und dem alten Freund Roms, König Eumenes II. von Pergamon, war willkommener Anlaß für den Ausbruch der Feindseligkeiten. Zu Beginn des Dritten Makedonischen Krieges (171–168 v. u. Z.) befand sich bereits ein römisches Heer auf der Balkanhalbinsel, das schon im Herbst 172 v. u. Z. die Adria überquert und in Illyrien überwintert hatte. Es marschierte im Frühjahr **171 v. u. Z.** nach Thessalien. Zur gleichen Zeit war die Flotte mit 39 Schlachtschiffen (Quinqueremen) von Ostia nach Griechenland in See gegangen. Zehn Kriegsschiffe verblieben als Reserve in der Heimat. Später wurden nach Thiels Berechnungen von diesen Schiffen noch zwei Quinqueremen mit Befehlshabern im Jahre 171 v. u. Z. und 168 v. u. Z. drei Quinqueremen mit Abgesandten nach Ägypten in Marsch gesetzt. Diese Schiffe kehrten aber nach Erfüllung ihrer Missionen zur Reserveflotte zurück. Im Frühjahr 171 v. u. Z. war eine Quinquereme unter dem Flottenpräfekten M. Lucretius vorausgesandt worden, um die von Verbündeten zu stellenden Kriegsschiffe zu sammeln. Rhegium stellte eine, Locri zwei und Thurii vier Triremen. Der Verband kreuzte die Adria. In Dyrrhachium stießen zehn Lemben der Stadt, 12 Lemben aus Issa und 54 illyrische Lemben zu M. Lucretius, der von dort über Corcyra zum Stützpunkt Cephallenia versegelte. Sein Bruder, der Prätor C. Lucretius, war als Befehlshaber der Flotte in Neapel an Bord gegangen und mit dem Flottengros durch die Straße von Messina gesegelt. In fünf Tagen versegelte er von dort über das Ionische Meer nach Cephallenia. Nach Thiel hatte er mit seinem Flottenverband eine Transportflotte nach dort eskortiert. In Cephallenia erwartete man die rhodische Flotte, der zu dieser Zeit 40 Einheiten zur Verfügung standen. Rhodos entsandte jedoch nur fünf Tetreren nach Chalkis auf Euboia und eine nach Tenedos (Bozca ada, Türkei), einer Insel, die die Einfahrt zu den Dardanellen beherrscht. Der Flottenbefehlshaber ging mit einer Trireme der italischen Verbündeten durch den Golf von Korinth nach Kreusis in Boiotien in See, wo sich mehrere Städte Makedonien angeschlossen hatten. Den Oberbefehl übergab er für diese Zeit seinem Bruder M. Lucretius, der als Flottenpräfekt den Verband um die Peloponnes herum nach Chalkis führte. Dort trafen wenig später auch ein Geschwader aus Pergamon, nach Thiels Berechnungen etwa 20 Einheiten, und Kriegsschiffe anderer Verbündeter ein (zwei punische Quinqueremen, zwei Triremen aus Herakleia Pontica, vier aus Chalkedon und vier aus Samos).

Die römischen Marinetruppen, etwa 10 000 Mann, und die pergamenischen, nach Livius *(42,55)* etwa 2 000 Mann, griffen in die Landkämpfe ein und übernahmen die Belagerung und Eroberung der mit Perseus verbündeten Städte Haliartos, Thisbe und Koroneia in Boiotien.

Da die schwache makedonische Flotte nach Meinung der Römer nicht wagen würde, ihre Stützpunkte zu verlassen, entließ der römische Flottenbefehlshaber C. Lucretius, der zwischenzeitlich auch in Chalkis eingetroffen war, die Kriegsschiffe der Verbündeten, bis auf das Geschwader aus Pergamon und die Lemben, in ihre Heimathäfen. Die römische Seekriegsleitung verfügte zu diesem Zeitpunkt nur noch über 62 schwere Einheiten in der Ägäis (42 römische und 20 pergamenische Schlachtschiffe).

Die Fehleinschätzung der gegnerischen Absichten und Möglichkeiten, die später zu einer Bestrafung des römischen Seebefehlshabers führte *(Livius 43,4 und 8)*, hatte schwerwiegende Folgen. Gegen Ende des Jahres 171 v. u. Z. gelang es makedonischen Seestreitkräften, die wahrscheinlich aus Demetrias, das seit dem Ende des Syrischen Krieges wieder zu Makedonien gehörte, ausgelaufen waren, einen von Quinqueremen gesicherten römischen Geleitzug vor Oreos überraschend anzugreifen. Vier Schlachtschiffe der Geleitsicherung wurden versenkt, 20 Getreidetransporter gekapert und alle anderen vernichtet.

Dem Flottenbefehlshaber des Jahres **170 v. u. Z.**, Prätor L. Hortensius, standen nach dieser Niederlage nur noch 56 Schlachtschiffe zur Verfügung. Er operierte wenig erfolgreich, weil die Zusammenarbeit zwischen Heer und Marine, wie schon im Vorjahr, sehr schlecht verlief. Für mögliche operative Landungen war die Stärke der Flotte, wie die Eroberung von drei binnenländischen Städten im Vorjahr gezeigt hatte, durchaus ausreichend. Eine Landung bei Pydna am Thermäischen Golf (Thermaikos Kolpos) hätte das Ende des Krieges beschleunigt. Doch sie unterblieb auch im Jahre 170 v. u. Z. Die Flottenoperationen von Hortensius beschränkten sich auf Expeditionen zu unabhängigen Griechenstädten in Thrakien, an denen auch König Eumenes II. von Pergamon mit seinen Seestreitkräften teilnahm. Amphipolis, Maroneia und Ainos versuchte man vergeblich zur Übergabe zu zwingen. Nur Abdera wurde erobert. Die Plünderung dieser Stadt und Übergriffe in Chalkis, wohin die Flotte zurückgekehrt war, führten zur Maßregelung des Prätors und Flottenbefehlshabers durch den Senat.

Ein neu in Dienst gestelltes Geschwader von – nach Thiels Berechnungen – 18 Kriegsschiffen wurde mit 2 000 Legionären zur verbündeten Insel Issa (Vis/Lissa) entsandt. Dem römischen Befehlshaber auf der Insel, C. Furius, standen lediglich zwei einheimische Kriegsschiffe zur Verfügung. Man befürchtete im Jahre 170 v. u. Z. ein Bündnis zwischen dem Illyrerkönig Genthius und König Perseus. Zumal die Molosser im Frühjahr von Rom abgefallen und mit Perseus ein Bündnis geschlossen hatten. Durch Molossis führte die römische Nachschubverbindung von Apollonia in Epirus nach Thessalien. Die Nachschubtransporte mußten nunmehr über Ambrakia (Arta, Griechenland) umgeleitet werden.

Nach zwei Kriegsjahren, die weder zu Lande noch zur See Erfolge zeitigten, entsandte Rom im Frühjahr **169 v. u. Z.** den Konsul Q. Marcius Philippus als Landbefehlshaber und den Prätor C. Marcius Figulus als Befehlshaber der Flotte von Brundisium mit neuen Streitkräften nach Griechenland. Der Konsul landete in Ambrakia und marschierte zum Heer nach Thessalien, der Seebefehlshaber lief Kreusis am Golf von Korinth an und erreichte von dort auf dem Landweg Chalkis. Für kombinierte Operationen zwischen Heer und Flotte wurden die Planungen abgeschlossen. Das Heer marschierte entlang der Westküste des Thermäischen Golfes. Es wurde von der Flotte begleitet und über See versorgt. Perseus mußte überall mit überholenden strategischen Landungen rechnen. So wirkte nunmehr die römische Flotte allein durch ihre Präsenz maßgeblich auf den Landkrieg ein. Bei der Eroberung von Herakleion griff sie aktiv ein. Von dort unternahm sie Angriffe gegen verschiedene Küstenstädte auf der Halbinsel Chalkidike. Nach dem Rückmarsch zur Küste Thessaliens versuchte der Flottenprätor vergeblich, die Seefestung Demetrias und die Stadt Meliboia zu nehmen. Auf der Insel Skiathos und in der Seefestung Oreos auf Euboia überwinterten die römischen Seestreitkräfte. Im Jahre 169 v. u. Z. hatten auch fünf Kriegsschiffe des Königs Prusias II. von Bithynien im Verband der römischen Flotte operiert, die somit in diesem Jahr über 61 schwere Einheiten verfügen konnte.

Zu Beginn des Jahres **168 v. u. Z.** schlossen König Perseus von Makedonien und König Genthius von Illyrien das von den Römern seit langem erwartete Bündnis. Unter dem Prätor L. Anicius wurde ein Heer gegen Genthius nach Illyrien entsandt und das in Issa seit 170 v. u. Z. liegende römische Geschwader dem Prätor unterstellt.

Im Frühjahr 168 v. u. Z. erschienen überraschend leichte makedonische Seestreitkräfte unter dem Kommando der Admiräle Antenor und Kallippos in der Ägäis. Die makedonische Flotte, bestehend aus 40 Lemben und fünf Pristen, hatte ihren Stützpunkt Kassandreia auf der Halbinsel Chalkidike verlassen, um eine von wenigen pergamenischen Kriegsschiffen vor der Insel Tenedos blockierte Getreideflotte von 50 nach Makedonien bestimmten Frachtern freizukämpfen und die Versorgung der römischen Armee mit Getreide aus Kleinasien zu erschweren. Beim Erscheinen der makedonischen Flotte liefen die pergamenischen Kriegsschiffe ab. Geleitet von zehn Lemben, erreichte die Getreideflotte unbehelligt Makedonien. Die Lemben kehrten zur makedonischen Flotte zurück, die im festländischen Sigeion (nahe Kumkale, Türkei) nördlich von Tenedos lag. Von dort versegelten die Makedonier über Antissa auf Lesbos, wo Proviant und Wasser an Bord genommen werden konnten, zu einer Insel, die Sybota genannt wurde. Sie muß zwischen Elaia und Chios liegen, kann aber nicht lokalisiert werden. Zwischen Chios und dem Festland überraschte die makedonische Flotte ein von Elaia nach Griechenland laufendes ungesichertes Transportgeschwader mit mehr als 1 000 keltischen Reitern und ihren Pferden. Sie waren auf 35 Pferdetransportern verladen und für die römische Armee in Thessalien bestimmt. Eine Sicherung des Geschwaders durch Kriegsschiffe hielt man in diesem Seeraum, in dem nicht mit dem Auftreten makedonischer Seestreitkräfte gerechnet wurde, für überflüssig. Das Transportgeschwader wurde vernichtet. Nur wenigen Schiffen gelang es, in Häfen des Festlandes zu entkommen. 800 Reiter wurden getötet. 200 Gefangene und eine Anzahl Pferde brachte man auf zehn Lemben nach Makedonien *(Livius 44,28)*.

Die zehn Lemben kehrten nach Erfüllung ihres Auftrages zur makedonischen Flotte, die in Phanai auf Chios lag, zurück. Die Makedonier versegelten von dort nach Delos. Von dieser neutralen Basis aus griffen sie römische Versorgungskonvois in der Ägäis an und kaperten, häufig nachts, zahlreiche Schiffe, während die römische Schlachtflotte untätig in Oreos lag. Im Hafen von Delos befanden sich beim Erscheinen der makedonischen Seestreitkräfte neben einigen Einheiten des mit Rom verbündeten Athen drei römische Quinqueremen, die mit drei Gesandten auf dem Wege nach Alexandria waren, und fünf Penteren aus Pergamon. Sie versuchten, sich den Makedoniern entgegenzustellen, wagten es jedoch letztlich nicht, sie in neutralen Gewässern zu bekämpfen. So trafen sich auf Delos in den heiligen Bezirken und im Hafengebiet mitten im Kriege feindliche Marinesoldaten. Zu dieser Zeit verfügte die römische Seekriegsleitung nur über 44 schwere Einheiten in der Ägäis.

Auf dem illyrischen Kriegsschauplatz gelang es dem Prätor Anicius, mit dem Heer und dem in Issa stationierten Geschwader König Genthius in einem Monat zur Kapitulation zu zwingen. 80 Einheiten seiner aus 220 Lemben bestehenden Flotte, mit der er die Küsten bei Dyrrhachium und Apollonia geplündert hatte, wurden von den römischen Seestreitkräften erbeutet.

Der Landbefehlshaber des Jahres 168 v. u. Z., Konsul L. Aemilius Paullus, und sein Seebefehlshaber, Prätor Cn. Octavius, waren im Frühjahr in Thessalien eingetroffen. Auf diese Nachricht hin verließ die makedonische Flotte Delos und versegelte nach Phanai auf Chios. Doch Octavius ließ die in Oreos liegende, zwischenzeitlich verstärkte Flotte nicht nach Süden oder Osten auslaufen, sondern ging mit Nordkurs nach Herakleion am Thermäischen Golf in See, um in kombinierten Operationen mit dem Heer die feindliche Verteidigungslinie aufzubrechen. Rom zeigte seinen Feinden erneut, daß seine Stärke darin bestand, Prioritäten richtig zu setzen. Die Landschlacht bei Pydna am 22. 6. 168 v. u. Z. entschied den Dritten Makedonischen Krieg zugunsten Roms. Die Flotte hatte maßgeblich durch die Versorgung des Heeres und Täuschung des Gegners zu diesem Erfolg beigetragen. Während der Schlacht lag sie vor der Küste und vernichtete die an das Meer fliehenden Teile der makedonischen Armee *(Livius 44,42)*. Den auf die Insel Samothrake geflüchteten König Perseus nahm sie gefangen. Seine Flotte war nach der Entscheidungsschlacht in ihren Stützpunkt Kassandreia zurückgekehrt. Sie fiel ohne einen Streich in die Hand der Römer.

Weder Illyrien noch Makedonien wurden von Rom annektiert. Ihre Gebiete teilte man lediglich in mehrere voneinander unabhängige Republiken auf. Das Königtum erlosch. Die Flotte der Illyrer, 220 Lemben, erhielten die Griechenstädte Corcyra, Dyrrhachium und Apollonia *(Livius 45,43)* als Verbündete Roms. Das Flaggschiff der Makedonier, eine mehr als 120 Jahre alte Hekkaidekere, wurde von dem siegreichen Konsul im Triumph nach Rom gebracht. Die makedonische Flotte, überwiegend aus leichten Einheiten, Lemben und Pristen bestehend, erhielt wahrscheinlich nicht der **verbündete König Prusias II. von Bithynien**, sondern

sie wurde nach Thiels Feststellungen von den Römern zerstört. Die Insel Delos fiel an Athen. Sie wurde zum Freihafen erklärt; eine Maßnahme, die sich gegen den rhodischen Handel richtete und von Rhodos auch so verstanden wurde.

Der römische Senat kündigte im Jahre **164 v. u. Z.** das Bündnis mit Rhodos.

Der Dritte Punische Krieg (149–146 v. u. Z.), veranlaßt durch die ohne römische Erlaubnis erfolgte Bekämpfung des Königs von Numidien, Masinissa, der den Karthagern seit 161 v. u. Z. ein Stück ihres Restgebietes nach dem anderen wegnahm, begann **149 v. u. Z.** mit einer Großlandung bei Utica. 50 Quinqueremen der römischen Schlachtflotte und eine große Zahl von leichten Einheiten liefen mit einem Transportgeschwader, das zwei konsularische Heere mit 30 000 Legionären und 4 000 Reitern an Bord hatte, zur endgültigen Vernichtung Karthagos aus. Catos Forderung: »Carthaginem esse delendam« wurde vom Senat stattgegeben.

In dieser aussichtslosen Lage unterwarfen sich die Karthager und lieferten Waffen und Kriegsschiffe aus. Als die Römer aber forderten, die Stadt zu verlassen und zwei Meilen landeinwärts Dörfer zu gründen, um dort, vom Meer getrennt, ohne Seehandel zu leben, leistete Karthago verzweifelten Widerstand, der die römischen Streitkräfte zeitweise in Bedrängnis brachte. Insbesondere die Branderangriffe der Karthager stellten für die römische Schlachtflotte eine ernstzunehmende Gefährdung dar.

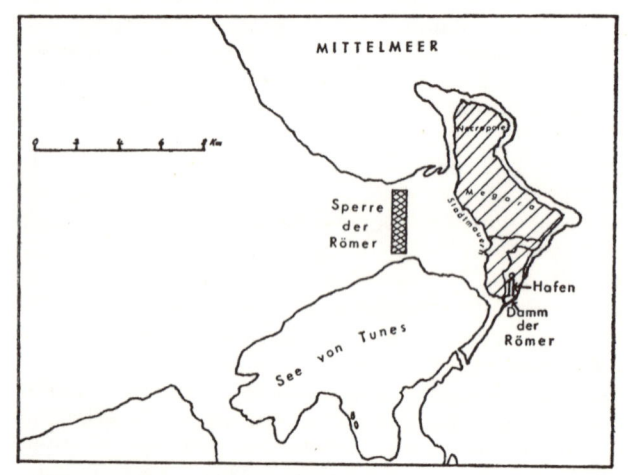

Skizze 156 (nach Kromayer/Veith):
Das belagerte Karthago

Im Jahre **147 v. u. Z.** übernahm P. Cornelius Scipio Aemilianus, Sohn des Siegers von Pydna und Adoptivenkel des Siegers von Zama, den Oberbefehl. Die römischen Seestreitkräfte schlossen die Stadt von der Seeseite, die Legionen von der Landseite her ein. Da es jedoch bei Nacht karthagischen Frachtern wiederholt gelang, die römische Blockade zu durchbrechen, ließ Scipio vor der Hafeneinfahrt einen Damm schütten. Der Sperrdamm wurde von den Karthagern durch eine neu ausgehobene Ausfahrt umgangen.

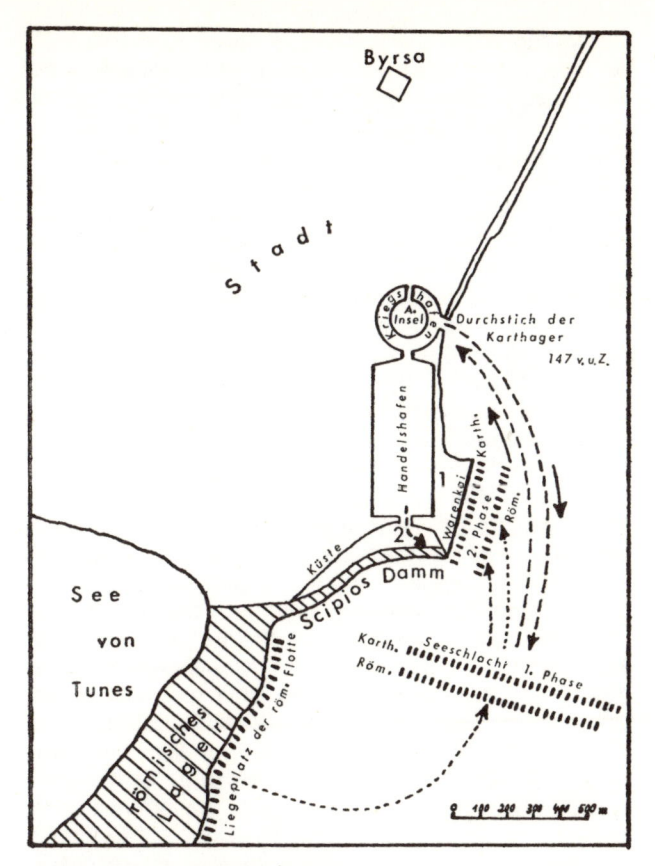

Skizze 157 (nach Kromayer/Veith):
Blockade und Seegefecht vor Karthago
1 = Warenkai der Karthager, der später von den Römern besetzt wurde.
2 = Angriff der Karthager auf den römischen Sperrdamm.

146 v. u. Z. versuchte das letzte Aufgebot der karthagischen Fotte mit 50 Trieren, etlichen Handelsschiffen und Kleinfahrzeugen, die Blockade zu durchbrechen. Die römische Schlachtflotte vereitelte alle Versuche. Die Karthager zogen sich unter schweren Verlusten zurück. Ihre Stadt wurde nach sechstägigen Straßenkämpfen genommen und völlig zerstört. Das Kerngebiet Karthagos mit Utica als Hauptstadt wurde zur römischen Provinz Africa *(Appian, Lib. 93–133; Zonaras 9,26–30; Livius, perioch. 49–51)*.

In Gades (Cadiz) besaß die römische Flotte seit dem Jahre 206 v. u. Z. ihren ersten Stützpunkt am Atlantischen Ozean. Aus diesem heraus unternahm der Seebefehlshaber D. Iunius Brutus in den Jahren **138 bis 136 v. u. Z.** Operationen zur Unterwerfung der lusitanischen Küste, der heutigen portugiesischen Atlantikküste. In Olisipo (Lisboa/Lissabon) wurden Seestreitkräfte stationiert.

133 v. u. Z. vermachte König Attalos III. von Pergamon sein Reich durch Testament den Römern. Gute Häfen und vor allem die kampferprobte Marine dieses Staates gingen in den Machtbereich Roms über. Pergamon wurde zur neuen römischen Provinz Asia.

Im Friedensschluß, der den Zweiten Punischen Krieg beendete, hatte Karthago auf Spanien und alle Inseln des Mittelmeeres verzichtet. Doch erst im Jahre **123 v. u. Z.** bemächtigte sich Rom der Balearen. Die römische Marine landete Truppen, die unter dem Befehl des Prokonsuls L. Caecilius Metellus standen. Dieser unterwarf die Baleares Insulae (Mallorca und Menorca) und die Pityusae Insulae (Ibiza und Formentera). Mit den Hauptorten der Inseln, Palma auf Mallorca, Magona (Mahon) auf Menorca und Ebusus (Ibiza) auf der gleichnamigen Insel, gewannen die Römer neue Seeplätze. Beide Inselgruppen wurden im Jahre 122 v. u. Z. der Provinz Hispania citerior angegliedert.

Seit dem Jahre 168 v. u. Z. war Rom der Schiedsrichter des Mittelmeerraumes und das Meer selbst strategisch zum mare nostrum geworden. Wie so häufig in Zeiten trügerischer Ruhe, begannen auch die Römer, die Flottenrüstung zu vernachlässigen, da sie Geld kostete, und sich in der Seefahrt ganz dem friedlichen Handelsverkehr zu widmen, der Geld einbrachte. Die Folge war ein Aufblühen der Seeräuberei. Auf der Insel Kreta, an der Gebirgsküste Pamphyliens und Rauh-Kilikiens, an der Südküste Kleinasiens gelegen, fand das Seeräuberunwesen seine Hauptstützpunkte. Das im Jahre **102 v. u. Z.** errichtete römische Kommando unter dem Prätor M. Antonius zur Bekämpfung der Piraten erhielt die Bezeichnung Cilicia. Seine Operationen verliefen zwar erfolgreich, doch da es an Seestreitkräften mangelte, war der Erfolg nicht von Dauer.

Auch bei Ausbruch des Ersten Mithradatischen Krieges (88–84 v. u. Z.) lag nach Appian *(Mithr. 17)* nur ein kleiner römisch-griechischer Sperrverband unter zwei römischen Seebefehlshabern bei Byzanz und bewachte den Bosporus. Der Verband mußte nach Appian *(Mithr. 19)* vor den überlegenen Seestreitkräften, die der König von Pontos, Mithradates VI. Eupator, aus dem Schwarzen Meer im Jahre **88 v. u. Z.** heranführte, kampflos die Flagge streichen. Bosporus und Hellespont waren für die feindliche Flotte, die nach Kromayer mit etwa 150 größeren Einheiten angriff, geöffnet.

Anlaß für diesen Krieg gaben die Unterwerfung der Griechenstädte auf der Krim und in der Landschaft Kolchis (Westteil Georgiens, UdSSR) sowie die Vertreibung der Könige von Kappadokien und Bithynien durch Mithradates VI.; doch gleichermaßen die rücksichtslose Ausbeutung der Provinz Asia durch die Römer. Die Bevölkerung erhob sich auf Geheiß des Königs von Pontos und tötete 80 000 Italiker in der sogenannten Vesper von Ephesos.

In Rom und Italien tobte gleichzeitig der Bürgerkrieg zwischen Marius und Sulla (88–84 v. u. Z.). Der König von Pontos hatte den Zeitpunkt für seinen Angriff günstig gewählt. Die Schwächung Roms durch den vorangegangenen Bundesgenossenkrieg (90–88 v. u. Z.) ließ in Mithradates VI. den Entschluß reifen, die römischen Positionen in Kleinasien und Griechenland anzugreifen. Er hatte sich durch den Bau einer Flotte die zur Erreichung dieses Zieles unerläßliche Voraussetzung zielstrebig geschaffen.

So wirkte sich in diesem Zeitpunkt die innere Schwäche des Staates unmittelbar auf die römische Seekriegführung aus. Es gelang den Römern nicht, eine Flotte in Dienst zu stellen und in die Ägäis zu entsenden. Im ersten Kriegsjahr zeigte sich Rom sogar außerstande, ein Heer über die Adria nach Griechenland zu bringen. Die Last des Seekrieges trug in den ersten drei Kriegsjahren allein Rhodos. Die kleine Marine der Inselrepublik, nach Kromayer etwa 33 Einheiten zählend, nahm mit großer Kühnheit den aufgezwungenen Kampf an. Mithradates VI. hatte sein Hauptquartier in das besetzte Pergamon verlegt. In den asiatischen Gewässern operierte er nach Kromayer mit etwa 70 bis 80 größeren Kriegsschiffen. Er belagerte und blockierte Rhodos ohne Erfolg. Die rhodische Marine konnte, nach Appian *(Mithr. 25)*, die benötigte Zufuhr über See sicherstellen. Pontische Seestreitkräfte plünderten jedoch zusammen mit den Seeräuberflotten *(Appian, Mithr. 63)* mehrere griechische Inseln. Es gelang Mithradates' Heer- und Flottenführer Archelaos, mit Land- und Seestreitkräften, letztere nach Kromayer gleichfalls 70 bis 80 Einheiten stark, bedeutende Teile von Griechenland zu erobern. Römischen Legionen unter dem Prokonsul L. Cornelius Sulla, die auf Transportern im Jahre **87 v. u. Z.** nach Epirus übersetzten *(Plutarch, Sull. 11)*, blieb es vorbehalten, Athen 86 v. u. Z. zurückzuerobern und in zwei Landschlachten das pontische Heer in Griechenland zu schlagen. In diesem Feldzug standen Sulla nach Plutarch *(Luc. 2)* keine römischen Kriegsschiffe zur Verfügung. Dieser Mangel machte sich besonders bei der Belagerung Athens bemerkbar. Der pontischen Flotte gelang es ohne Schwierigkeiten, ihre Garnison in Athen zu versorgen und später ohne Verluste auf dem Seewege zu evakuieren.

Das Fehlen einer stehenden Flotte brachte für Rom schmerzliche Gebietsverluste und die zeitweise Einbuße der Seeherrschaft in den Meerengen und der Ägäis. Rom glaubte, diesen Krieg, den es nach Kromayer als lokale Auseinandersetzung ansah, »mit bundesgenössischer Seemacht« führen zu können.

Erst im Jahre **85 v. u. Z.** gelang es L. Licinius Lucullus, genügend Kriegsschiffe der verbündeten und befreundeten Staaten aus Syrien und Kleinasien zusammenzuziehen, deren Stärke immerhin ausreichte, nicht nur kleineren gegnerischen Verbänden, wie bei Lektos *(Plutarch, Luc. 3)*, sondern auch der pontischen Hauptflotte, die unter dem Befehl von Neoptolemos, einem Bruder von Archelaos, operierte, vor der Insel Tenedos eine Niederlage zuzufügen *(Appian, Mithr. 56)*. Die unter römischem Oberbefehl operierenden Seestreitkräfte blockierten und eroberten Kos, Knidos, Samos, Chios und Kolophon *(Plutarch, Luc. 3)* und sicherten schließlich im Jahre **84 v. u. Z.** zusammen mit von Sulla im Winter in Thessalien erbauten Schiffen *(Appian, Mithr. 51)* den Übergang des römischen Heeres über den Hellespont nach Kleinasien. In Ermangelung von ausreichenden eigenen Flottenverbänden war Rom in diesem Krieg wieder gezwungen, auf verbündete und befreundete Seestreitkräfte zurückzugreifen. Sie hatten die ganze Last des Seekrieges gegen einen überlegen gerüsteten Gegner erfolgreich getragen. Mithradates VI. wurde besiegt. In dem im Jahre 84 v. u. Z. geschlossenen Frieden von Dardanos am Hellespont verlangte Sulla neben der Zahlung einer Kriegsentschädigung die Räumung von Asia, Bithynien und Paphlagonien. Daneben hatte König Mithradates VI. 70 oder 80 Kriegsschiffe auszuliefern *(Plutarch, Sull. 22 und Luc. 3; Memnon, frag. 35)*. Es handelte sich nach Kromayer um die von Archelaos befehligte Flotte, die bereits im Präliminarfrieden von Delion erwähnt wurde *(Plutarch, Sull. 22 und 24; Appian, Mithr. 55 und 58)*. Sulla führte sein 40 000-Mann-Heer auf 1 200 Transportern *(Plutarch, Sull. 27)*, vermutlich den gleichen Schiffen, mit denen er im Jahre 87 v. u. Z. nach Epirus versegelte, von Dyrrhachium nach Brundisium zurück.

Erst im Jahre **81 v. u. Z.** stand wieder eine in der Zusammensetzung nicht bekannte Flotte zur Verfügung, deren Notwendigkeit durch den Ersten Mithradatischen Krieg und die immer umfangreicher in Erscheinung tretenden Seeräuberflotten, die sich bis Syrakus, Lipara, ja Ostia vorwagten, erwiesen war. Sulla befahl Cn. Pompeius im Jahre 81 v. u. Z. gemäß einem Senatsbeschluß, Africa zurückzuerobern. Dort hatte im Bürgerkrieg ein noch junger Mann der Nobilität, Cn. Domitius Ahenobarbus, die Macht ergriffen. Dieser war als Schwiegersohn Cinnas von Sulla auf die Proskriptionsliste gesetzt worden. Der Numider Hiarbas hatte sich mit ihm verbündet, um selbst an Stelle des vom Senat anerkannten Hiempsal Numiderkönig zu werden. Diese für Rom gefährliche Sezessionsbewegung wollte man zerschlagen. Es gelang Pompeius, eine Flotte von 120 Kriegsschiffen und 800 Transportern bereitzustellen. Mit sechs Legionen landete er unbehelligt bei Utica und Carthago. Er schlug in einer Landschlacht das Heer der Sezessionisten. Cn. Domitius Ahenobarbus und Hiarbas wurden hingerichtet. Der Feldzug war in 40 Tagen entschieden worden. Pompeius blieb mit seinem Heer bis in das Jahr 80 v. u. Z. in Afrika und ordnete dort die Verhältnisse. Sodann schiffte er seine Truppen ein und kehrte nach Ostia zurück.

In den Jahren **78 bis 76 v. u. Z.** operierte der Prokonsul P. Servilius Vatia erfolgreich, aber mit unzulänglichen Land- und Seestreitkräften gegen die Piratenstützpunkte an der Südküste Kleinasiens und im Landesinneren gegen ihre Felsennester. Er fügte den Seeräubern zu Lande und auf dem Meer Verluste zu, konnte aber ihre Stützpunkte in Lykien, Pamphylien, Kilikien und Isaurien nicht nachhaltig ausschalten. Er erhielt den Beinamen Isauricus für seine energisch durchgeführten, aber nur von temporärem Erfolg begleiteten Maßnahmen.

Bereits im Jahr **74 v. u. Z.** mußten erneut Land- und Seestreitkräfte gegen die Piraten eingesetzt werden *(Florus 1,42)*. Der Prätor M. Antonius, der Vater des späteren Triumvirs, erhielt vom Senat einen umfassenden Operationsauftrag mit entsprechender Vollmacht (imperium infinitum). Danach konnte er an allen Küsten des römischen Herrschaftsbereiches bis 50 Meilen (75 km) landeinwärts mit den gleichen Vollmachten befehligen wie der jeweils zuständige Prokonsul *(Sallust, Hist. 3,2; Velleius 2,31)*. Zunächst operierte er an den spanischen und ligurischen Küsten *(Sallust, Hist. 3,5)*. Sodann wandte er sich gegen die Seeräuber auf Kreta, von denen seine unzulänglichen Verbände im Seegefecht besiegt wurden *(Florus 1,42)*. Er verlor nicht nur die meisten seiner Schiffe, sondern seine Seesoldaten und Matrosen wurden nach der Gefangennahme mit den Ketten an den Rahen aufgehängt, die sie für die Seeräuber mitgebracht hatten. Im Jahre 71 v. u. Z. stellten seine Streitkräfte die erfolglosen Operationen ein. Der Prätor schloß mit den kretischen Piraten Frieden, erhielt trotz seiner schmählichen Niederlage den Beinamen Creticus und verschied im gleichen Jahr *(Livius, perloch. 97; Diodor 40,1; Florus 3,7)*.

Im Jahre 74 v. u. Z. verstarb der König von Bithynien, Nikomedes IV., und vererbte sein Königreich an Rom. Sein Tod führte in ganz Kleinasien zum Aufstand. Der pontische König, Mithradates VI., stieß mit seinen Seestreitkräften bis Chalkedon und Kyzikos, wo er einige Schiffe verlor *(Memnon, frag. 40)*, siegreich vor. In diesem Dritten Mithradatischen Krieg (74–64 v. u. Z.) – im Zweiten (83–81 v. u. Z.) erfolgte kein Einsatz der Flotte – war die Schwäche der römischen Seestreitkräfte noch nicht überwunden. Wieder gelang es der pontischen Flotte, die gleich nach dem Friedensschluß des Jahres 84 v. u. Z. durch Neubauten die an die Römer ausgelieferten Einheiten ersetzt hatte *(Appian, Mithr. 64 und 69)*, aus dem Schwarzen Meer auszubrechen. Der in Chalkedon gegenüber von Byzanz liegende römisch-griechische Sperrverband von etwa 60 bis 64 Einheiten wurde gekapert *(Plutarch, Luc. 6 und 8–9; Appian, Mithr. 71; Memnon, frag. 37)*. Die Flotte König Mithradates' VI. hatte sich erneut den Weg in die Ägäis freigekämpft. Ein pontisches Geschwader von 50 Einheiten wurde nach Appian *(Mithr. 76)* in diesen Seeraum verlegt. In dieser bedrohlichen Lage bewilligte der Senat 3 000 Talente für einen Flottenbau. Doch der römische Oberbefehlshaber, Konsul L. Licinius Lucullus, ließ den Senat wissen, daß ein Flottenbau nicht notwendig sei, da er, wie bereits im Ersten Mithradatischen Krieg, die pontische Flotte mit den Seestreitkräften der Verbündeten zu besiegen gedächte *(Plutarch, Luc. 13)*. Danach kann die pontische Flotte weder quantitativ noch qualitativ einen hohen Gefechtswert besessen haben. So errechnet denn auch Kromayer eine Gesamtstärke von höchstens 300 Segeln, bei denen auch die leichtesten Einheiten mitzuzählen sind. Von seiner Flotte entsandte Mithradates VI. gleich zu Beginn des Krieges 40 Kriegsschiffe nach Spanien, um den Proprätor Q. Sertorius, der sich im Aufstand gegen Rom im Jahre 75 v. u. Z. mit dem König von Pontos und den Seeräubern verbündet hatte, zu unterstützen *(Plutarch, Sert. 24)*. Ein weiteres Geschwader von etwa 40 Einheiten ging nach Kreta in See, um von dort zusammen mit den Seeräubern zu operieren *(Memnon, frag. 48)*. Welchen Machtfaktor zu dieser Zeit die Seeräuberflotten im gesamten Mittelmeer darstellten, zeigen wenige Beispiele. Es gelang ihnen, fast die gesamte über See laufende Versorgung des in Spanien unter Cn. Pompeius gegen Sertorius kämpfenden Heeres seit 75 v. u. Z. zu unterbinden *(Plutarch, Sert. 21)*. Im Jahre 75 v. u. Z. wurde Caesar auf seiner Reise nach Rhodos von Seeräubern gefangengenommen. Sie unterstützten den Sklavenaufstand des Spartacus seit 73 v. u. Z. wirkungsvoll. Selbst nach Misenum wagten sich ihre Kaperschiffe. Die Tochter des Prokonsuls M. Antonius, der als Prätor im Jahre 102 v. u. Z. die Piraten in Kilikien bekämpft hatte, und Schwester des Prätors gleichen Namens, der in den Jahren 74 bis 71 v. u. Z. erfolglos gegen kretische Piraten operierte, holten sie dort aus ihrer Villa *(Plutarch, Pomp. 24)*. Nach Gelzer machten es die Bürgerkriege unmöglich, eine dringend notwendige Flottenrüstung zu betreiben.

Erst im Jahre **73 v. u. Z.** waren die von L. Licinius Lucullus zusammengezogenen Seestreitkräfte der Bundesgenossen ausreichend stark, um gegen die in der Ägäis operierende pontische Flotte offensiv vorzugehen. Es gelang ihnen, das gegnerische Ägäis-Geschwader bei den Inseln Lemnos und Tenedos zu vernichten. Die pontische Flotte verlor 50 Einheiten *(Appian, Mithr. 77; Orosius 6,2; Cicero, pro Arch. 9)*. Nach dieser Niederlage beschloß Mithradates VI., sich aus der Ägäis zurückzuziehen und seine restlichen Seestreitkräfte in das Schwarze Meer zu verlegen *(Memnon, frag. 42)*. In einem Sturm verlor die pontische Flotte nahe der Stadt Parion in der Propontis (Marmara-Meer) nach Kromayers Berechnungen fünf Schiffe. Lucullus beabsichtigte, die pontische Flotte in der Bucht von Nikomedia (Izmid, Türkei), wohin sie sich zurückgezogen hatte, abzufangen und zu vernichten *(Plutarch, Luc. 13)*. Er fühlte sich nach seinem Seesieg den Seestreitkräften des pontischen Königs nicht nur gewachsen, sondern überlegen.

Kromayer schätzt die bundesgenössische Flotte der Römer, die aus den Kontingenten der griechisch-asiatischen Städte bestand, auf nicht viel mehr als 70 Segel (erwähnt wurden von den antiken Autoren 20 aus Rhodos, 10 aus Kyzikos, 5 bzw. 2 aus Heraklea Pontika, 20 aus Bithynien und vielleicht 10 aus Milet). Mithradates VI. konnte sich der von Lucullus beabsichtigten Vernichtung entziehen und durch den Bosporus in den Pontus Euxinus (Schwarzes Meer) entkommen *(Plutarch, Luc. 13)*. Auf dem Rückmarsch in die Heimathäfen fiel die Flotte, die nach Florus *(1,39)* aus etwas über 100 Einheiten bestand, einem Sturm zum Opfer. Nach Appian *(Mithr. 78)* verlor sie 60, nach Orosius *(6,2)* 80 Einheiten. Seit dieser Naturkatastrophe trat die pontische Seemacht in diesem Kriege nicht mehr in Erscheinung, da auch die nach Spanien und Kreta entsandten Geschwader auf dem Rückmarsch vernichtet worden waren *(Memnon, frag. 48)*.

Der Freihafen von Delos und die heiligen Bezirke wurden **69 v. u. Z.** von Seeräubern geplündert. Gegen kretische Seeräuber operierten römische See- und Landstreitkräfte, die unter dem Oberbefehl des Konsuls Q. Caecilius Metellus standen, erneut im Jahre 69 v. u. Z. Bis zur Unterwerfung der Insel dauerte es zwei Jahre *(Dio 36,19)*. Die Kreter hatten alle Schiffe mit vier und mehr Riemen, bis hinunter zum Fischerkahn, auszuliefern *(Diodor, frag. 40)*. Erst im Jahre 64 v. u. Z. wurde die Insel römische Provinz.

Das Seeräuberunwesen stellte bereits in den Kämpfen zwischen Rom und Antiochos III. von Syrien für die römischen Seestreitkräfte ein Problem dar, das zu lösen nicht gelang. Anfang des 2. Jahrhunderts v. u. Z. hatten lakedaimonische und kephallenische Piraten so häufig römische Versorgungsschiffe aufgebracht, daß der Nachschub für die kämpfende Truppe ernstlich gefährdet wurde. Offenbar waren die römischen Seestreitkräfte damals so unzureichend mit Kampfeinheiten versehen, daß sie für den Geleitschutz keine Kriegsschiffe erübrigen konnten. Man stellte daher keine Geleitzüge zusammen, mit denen man im Ersten und Zweiten Punischen Krieg gute Erfahrungen gemacht hatte, sondern ließ die Handelsschiffe als Einzelfahrer versuchen, ihren Bestimmungshafen zu erreichen. Im östlichen Mittelmeer ging man **67 v. u. Z.** mit starken Flottenverbänden gegen die Seeräuber und ihre Schlupfwinkel vor. Prokonsul Cn. Pompeius, auf dessen Betreiben der Flottenbau verstärkt wurde, erhielt für drei Jahre den umfassendsten Oberbefehl, der je zur republikanischen Zeit einem Römer erteilt wurde. Sein prokonsulares Imperium erfaßte alle Seestreitkräfte Roms im Mittelmeer und die Landstreitkräfte an allen Küsten bis 50 röm. Meilen (75 km) landeinwärts *(Appian, Mithr. 94; Plutarch, Pomp. 25)*.

Die römische Bürgerschaft hatte Pompeius für die Erfüllung seiner Aufgabe 24 Legaten mit prätorischer Befehlsgewalt bewilligt. Er benötigte schließlich nur 13. Das gesamte Mittelmeergebiet wurde in neun Kommandobereiche unterteilt *(Appian, Mithr. 434–436; Florus 1,41)*, um sicherzustellen, daß den Seeräubern keine Küste offen blieb, wohin sie sich zurückziehen konnten. Zwei Legaten befehligten die Land- und Seestreitkräfte an der spanischen Ostküste von Gibraltar bis zu den Pyrenäen. Dort schloß der Befehlsbereich eines weiteren Legaten an, der an der gallischen Mittelmeerküste kommandierte. Die afrikanische Küste, Sardinien und Korsika unterstanden zwei weiteren Legaten. Das Tyrrhenische und Adriatische Meer bildeten einen weiteren Befehlsbereich unter zwei Legaten. Ebenfalls zwei Legaten befehligten die Streitkräfte in Sizilien, dem Ionischen Meer und der Peloponnes bis hin zur Insel Delos. Von der Insel Euboia bis Makedonien kommandierte ein Legat, ein weiterer in der Ägäis und dem Hellespont. Der anschließende Befehlsbereich unter einem Legaten umfaßte das Marmarameer und den Bosporus. Abschließend bildete die gesamte Südküste Kleinasiens, die phönizische Küste und die Insel Zypern den neunten Kommandobereich unter einem Legaten.

Eine besondere, 60 Einheiten starke Kampfgruppe *(Plutarch, Pomp. 26)* befehligte Pompeius selbst. Der Oberbefehlshaber säuberte damit zunächst die sizilischen Küsten, lief hinüber nach Afrika, von dort nach Sardinien und kehrte dann in einen Hafen an der etruskischen Küste zurück. Nicht zufällig hatte Pompeius in seinem Operationsplan dieser Aktion Priorität eingeräumt, handelte es sich doch bei den drei gesäuberten Provinzen um die für die Getreideversorgung Roms wichtigsten. Der erfolgreiche Abschluß dieser Teiloperation ließ sofort die Getreidepreise in Rom sinken *(Plutarch, Pomp. 26 und 27)*.

In allen neun Befehlsbereichen hatten zur gleichen Zeit die Operationen gegen die Seeräuber begonnen. Die strategische Planung umfaßte den gesamten Mittelmeerraum, und Pompeius führte sie nach einer Vorbereitungszeit von wenigen Wochen zeitlich und räumlich mit einer Präzision durch, die in der antiken Welt ohne Beispiel war. Mit seinen nicht vom Senat, sondern durch Plebiszit erteilten umfassenden Vollmachten und einer entsprechenden Flotte gelang es Pompeius im Jahre 67 v. u. Z., das gesamte Mittelmeerbecken von Seeräubern zu säubern. Ihm wurden für diese Aufgabe bis zu 120 000 Mann Fußtruppen, 5 000 Reiter und 500 Kriegsschiffe zugebilligt. 270 Einheiten standen Pompeius unter Einrechnung der bundesgenössischen Kontingente schließlich zur Verfügung. Nach Appian *(Mithr. 94)* sind in dieser Zahl auch alle leichten Einheiten bis hinunter zu den Hemiolien enthalten. Plutarch *(Pomp. 25)* nennt die Zahl 200. Nach Kromayer soll sich diese Angabe nur auf die Schlachtschiffe der Flotte beziehen. In 40 Tagen war das westliche *(Appian, Mithr. 438; Livius, perioch. 99; Plutarch, Pomp. 26, schreibt 14, meint aber 40 Tage, vergleiche Pomp. 28)*, in weiteren 49 Tagen das östliche Mittelmeer von der Seeräuberplage befreit *(Plutarch, Pomp. 28; Cicero, imp. 35)*. Die letzten Kampfhandlungen spielten sich in Kilikien ab. Korakesion (Alaja, Türkei) war der Hauptstützpunkt der Seeräuber. Vor dem Hafen stellten sie sich zum letzten Gefecht *(Plutarch, Pomp. 28; Strabo 14,668)*. Nach seinem Seesieg landete Pompeius Truppen und eroberte nach kurzer Belagerung ein Felsennest nach dem anderen. Insgesamt ließ er 120 Felsenburgen schleifen *(Appian, Mithr. 445; Strabo 14, 669 und 665)*, 846 Piratenfahrzeuge – die des Dritten Mithradatischen Krieges (74–64 v. u. Z.) in den Jahren von 66 bis 64 v. u. Z. mitgerechnet – sollen vernichtet oder erbeutet worden sein *(Plinius, NH 7,97)*. Davon besaßen 90 einen Rammsporn, waren also ausgesprochene Kriegsschiffe *(Plutarch, Pomp. 28)*. Diese von Pompeius selbst auf einer Weihinschrift des Minervatempels überlieferte erste Zahl weicht von Strabos Bericht *(14,665)*, der von 1 300 erbeuteten Schiffen spricht, beträchtlich ab. Gelzer vermutet, daß die letztgenannte Zahl die in Bau befindlichen Piratenfahrzeuge mitumfaßte. Besonders in Kilikien fielen zahlreiche unfertige Schiffe in die Hände der Römer, die sie auf Stapel mitsamt dem vorgefundenen Schiffbauholz verbrannten. Kromayer vermutet, daß Pompeius bei der angegebenen Zahl von 846 Piratenschiffen auch die kleinsten Einheiten mitzählte. Er hält die von Appian *(Mithr. 445)* genannten Zahlen von 71 im Gefecht erbeuteten und 306 ausgelieferten Schiffen für wahrscheinlicher. Bei diesen 377 Fahrzeugen dürfte es sich um die Hochseeschiffe der Seeräuber gehandelt haben. 10 000 Piraten sollen gefallen sein *(Appian, Mithr. 445)*.

Die Gefangenen, es waren über 20 000, wurden weder hingerichtet noch als Sklaven verkauft *(Plutarch, Pomp. 28)*. Pompeius sah in ihnen keine Verbrecher, wie er erklärte, »sondern bedauernswerte Menschen, die ihr Gewerbe aus Not betrieben. So kam es darauf an, ihnen bessere Lebensbedingungen zu schaffen« *(Gelzer)*. Sie wurden in mehreren Städten im sogenannten »ebenen« Kilikien, in der Stadt Dyme in Achaia am südlichen Ufer des Golfes von Patras und bei Tarent in Unteritalien angesiedelt *(Plutarch, Pomp. 28; Appian, Mithr. 444; Strabo 14,665 und 671; Dio 36,37)*.

Pompeius erhielt noch im Jahre 67 v. u. Z. neue Vollmachten (Lex Manilia), die eine Erweiterung seines bisherigen Imperiums (Lex Gabinia) darstellten und dem Zwecke dienten, nach der Ausschaltung der Seeräuber König Mithradates VI. zu besiegen. Man übertrug ihm die Provinzen Bithynien und Kilikien und dazu den Oberbefehl über alle Land- und Seestreitkräfte östlich der Adria. Letztere setzte er sofort ein, um die Küsten von Phönizien bis zum Bosporus zu sichern. Mit seinen in Kilikien stehenden Landungsverbänden marschierte er im Frühjahr **66 v. u. Z.** durch Kappadokien nach Ostgalatien. Dort übernahm er den Oberbefehl über das römische Heer, das bislang unter dem Kommando von Lucullus gestanden hatte. Mithradates VI. wurde zu Lande besiegt und floh nach Dioskurias in Kolchis, wo er den Winter von 66 auf 65 v. u. Z. verbrachte.

Da der König von Pontos die Reste seiner Flotte im Jahre 73 v. u. Z. durch Schiffbruch verloren hatte und in der Zwischenzeit keine neue Flotte erbaute, konnten römische Seestreitkräfte **65 v. u. Z.** unbehindert in das Schwarze Meer einlaufen und die Operationen des Landheeres wirksam unterstützen. Einer der Flottenlegaten des Pompeius, Q. Servilius Caepio, stieß mit einem Geschwader bis in den östlichsten Teil des Schwarzen Meeres vor und erwartete das Landheer an der Phasismündung (Rioni, UdSSR) *(Strabo 11,498; Florus 1,41)*. Nach einer römischen Siegesinschrift unterwarfen sich dort dem Pompeius alle von Kolchis bis zur Maeotis (Asowsches Meer) ansässigen Völkerschaften. Mithradates VI. hatte sich auf dem Seeweg zur Krim zurückgezogen. Das Geschwader des Servilius erhielt den Befehl, die Halbinsel zu blockieren. Im Frühjahr **64 v. u. Z.** verschärfte Pompeius die Blokkade und bedrohte jeden Kaufmann, der die Krim anlief, mit der Todesstrafe *(Plutarch, Pomp. 38)*. König Mithradates VI. ließ sich im Jahre 63 v. u. Z. töten, da er seine Lage für aussichtslos hielt. Ein 25jähriges Ringen mit Rom fand sein Ende.

M. Porcius Cato d. J. wurde auf Betreiben von C. Iulius Caesar, Konsul des Jahres 59 v. u. Z., im Jahre **58 v. u. Z.** nach Cyprus (Zypern) entsandt. Die römische Marine landete Truppen, die die damals zu Ägypten gehörende Insel besetzten und sie im Jahre 57 v. u. Z. in die Provinz Cilicia eingliederten.

Bei der Eroberung Galliens (58–51 v. u. Z.) durch den Prokonsul C. Iulius Caesar traten erstmalig reine Segelkriegsschiffe römischen Seestreitkräften entgegen. Die Veneter, an der westlichen Küste Galliens, der heutigen südlichen Bretagne, beheimatet, besaßen große, hochbordig und stark gebaute Schiffe mit emporgezogenen Steven, die nur durch Segel fortbewegt wurden. Sie beherrschten mit ihren Flotten bis zum Erscheinen der Römer unangefochten den Ozean in den Gewässern um Gallien und Britannien. Caesar schreibt über sie *(Bell. Gall. 3,8)*:

»Der Stamm der Veneter genießt das weitaus größte Ansehen unter der gesamten Küstenbevölkerung. Zunächst verfügen sie nämlich über die meisten Schiffe, mit denen sie regelmäßig Fahrten nach Britannien unternehmen. Sodann sind sie allen anderen an Kenntnis und Erfahrung im Seewesen überlegen, und schließlich müssen ihnen bei den wenigen Häfen, die vor dem gewaltigen und ungehemmten Anprall des Meeres Schutz bieten und in den Händen der Veneter sind, fast alle, die dort das Meer befahren, Zölle entrichten.«

Die Römer ließen an der Mündung der Loire von römischen Schiffbauern Riemenkriegsschiffe auf Stapel legen, wie sie im Mittelmeer gebräuchlich waren, warben Rojer in der Provinz Narbonensis (der heutigen Provence), Matrosen und Steuerleute an und rüsteten die neu erbaute Flotte mit Kampftürmen und Geschützen aus. Als es dann bei ruhiger See und leichter Brise, die sich bald legte, im Spätsommer des Jahres **56 v. u. Z.** zur Schlacht kam, stellte der Legat D. Brutus, der die Flotte kommandierte, mit Bestürzung fest, daß die etwa 220 Fahrzeuge der Veneter mit ihren Achterschiffen sogar die Kampftürme der römischen Kriegsschiffe überragten.

Doch zeigte sich die römische Flotte durch Schnelligkeit und Riemenkraft überlegen. Letzteres war für den Ausgang der Schlacht, die in der Bucht von Quiberon an der Südküste der Bretagne stattfand, entscheidend. Die schweren Segelschiffe der Veneter blieben bei Windstille hilflos den Angriffen der äußerst beweglichen und leicht gebauten Riemenschiffe ausgeliefert. Die römischen Seesoldaten zerschnitten im Vorüberpullen mit einer neuersonnenen Waffe, vorn zugespitzten Sicheln, die in lange Stangen eingelassen und daran befestigt waren, dem Gegner Segel und Takelage, so daß die Schiffe der Veneter den Rudern nicht mehr gehorchten und von der Strömung fortgetrieben wurden oder geentert werden konnten.

Die Windstille und nur diese brachte den Römern den Sieg. Caesar gibt selbst zu, daß bei Brise und Seegang seine Schiffe von den Venetern überlaufen worden wären. Unter Berücksichtigung der im Ozean herrschenden See- und Wetterverhältnisse waren die Schwerwetterschiffe überlegen. Caesar schreibt *(Bell. Gall. 3,13)*:

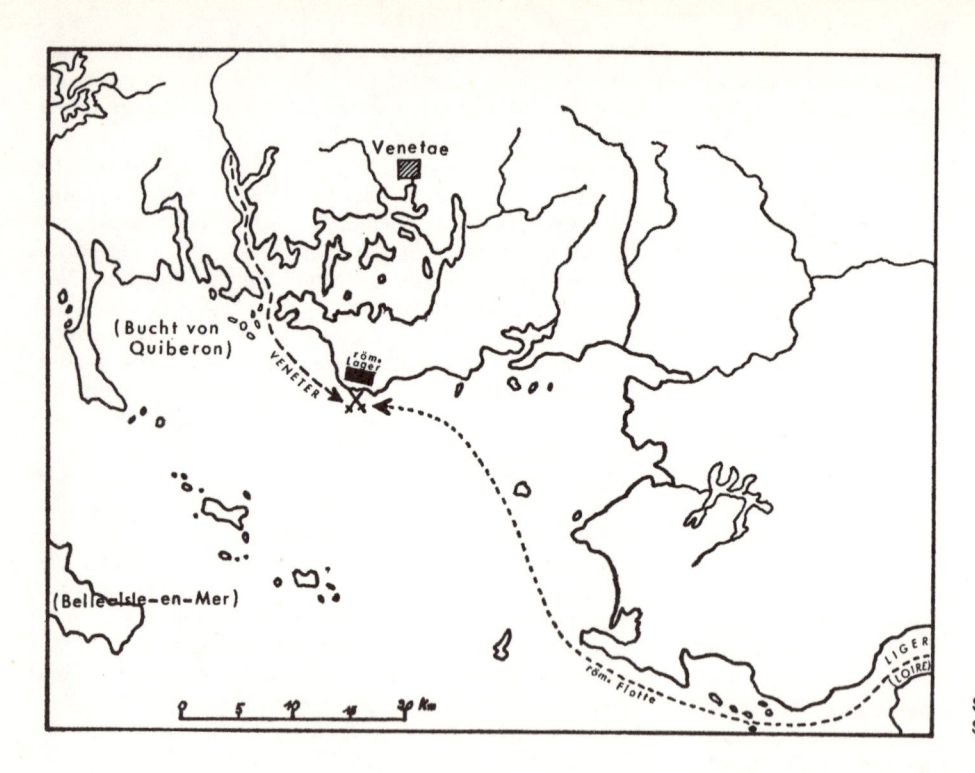

Skizze 158 (nach Kromayer/Veith): Seeschlacht gegen die Veneter

»In Anbetracht der Örtlichkeit und Gewalt der Stürme jedoch waren die Schiffe der Veneter geeigneter und brauchbarer. Denn weder konnten ihnen unsere Schiffe mit dem Rammsporn etwas anhaben, weil sie viel zu fest gebaut waren, noch waren sie wegen ihrer Höhe leicht zu beschießen, und aus demselben Grunde konnte man sie auch nur schwer entern. Außerdem hielten sie, wenn sie vor dem Winde segelten, dem Wüten des Sturmes leichter stand, liefen mit geringerer Gefahr auf Untiefen auf und brauchten bei Ebbe nichts von Klippen und Riffen zu befürchten, während wir mit unseren Schiffen vor alledem sehr auf der Hut sein mußten.«

Doch Wind und See hatten die römische Flotte begünstigt, und der Sieg war ein vollkommener. Die Veneter ergaben sich auf Gnade und Ungnade. Mit ihrer gesamten restlichen Flotte fiel den Römern auch die Seeherrschaft in diesem Teil des Atlantischen Ozeans zu.

Die erste römische Invasion Britanniens erfolgte im Jahre 55 v. u. Z. mit zwei Legionen unter dem unmittelbaren Befehl Caesars. Er ließ die für den Veneterkrieg erbaute Kriegsflotte vermutlich aus dem späteren Venetae (Vannes/Frankreich) und Condivincum (Nantes/Frankreich) nach Portus Itius (Boulogne/Frankreich) überführen. Für den Transport der Heerestruppen requirierte er an der gallischen Küste 98 Handelsschiffe *(Bell. Gall. 4,21 und 22)*. Eine erste Landungsflotte, geleitet von den Kriegsschiffen, lief in der Nacht vom 25. zum 26. August mit 80 Transportern von Boulogne aus und segelte entlang der Küste von Cantium, der jetzigen Grafschaft Kent, in die Bucht von Dover. Da dort eine Landung vor der Steilküste, auf der das Heer der Britannier die Römer erwartete, nicht möglich war, weil man von den Klippen herab den Strand beschießen konnte, ließen die Römer ihre Invasionsflotte bis 15.00 Uhr dort zu Anker liegen. Als dann endlich die Flut einsetzte und günstiger Wind aufkam, segelte die Flotte mit Südwestwind und einer Strömung, die im Kanal nach Osten umgeschlagen war, in nordöstlicher Richtung etwa zweieinhalb Stunden weiter, lief um die Landspitze Southforeland nördlich von Dover und landete an dem flachen Ufer zwischen Walmer und Deal, der Ostküste von Kent. Das britannische Heer war den Römern an der Küste entlang gefolgt und griff sofort die Landungstruppen mit Reiterei und Streitwagen an. In dieser kritischen Situation setzte Caesar die Fernwaffen seiner Kriegsschiffe, die einen wesentlich geringeren Tiefgang als die Transporter aufwiesen, zur Unterstützung der Landungstruppen ein. Die Seestreitkräfte beschossen die rechte Flanke des Gegners mit Schleudern, Pfeilen und Bordgeschützen. Caesar ließ auch die Boote der Kriegsschiffe und die Aufklärungseinheiten bemannen und überall dort Verstärkungen landen, wo der Angriff zu stocken drohte. Als endlich ein Brückenkopf gebildet war und der Feind sich zur Flucht wandte, waren es die Seestreitkräfte, denen Caesar das Gelingen der Landung zu verdanken hatte. Die Britannier verfügten, wie der Ablauf der Kämpfe zeigte, damals über keine Kriegsschiffe. Obgleich ihnen die Landungsvorbereitungen nicht verborgen geblieben waren, erwarteten sie die Eindringlinge auf ihrer Insel. Nach der gelungenen Invasion unterwarfen sie sich. Die zweite Landungsflotte, 18 Transporter mit der Reiterei an Bord, hatte wegen widriger Winde den Portus Ulterior (Ambleteuse/Frankreich), 12 km nördlich Boulogne, erst vier Tage nach der römischen Landung verlassen können. Als sich die Transporter bei mäßigem Wind der Küste Britanniens näherten, brach plötzlich ein Sturm los. Caesar schreibt (Bell. Gall. 4,28):

»Keins der Schiffe konnte die Fahrtrichtung einhalten; die einen wurden in ihren Ausgangshafen zurückgetrieben, die anderen nach dem unteren, weiter westlich liegenden Teil der Insel unter großer Gefahr verschlagen. Als diese dann trotz des Unwetters Anker warfen, wurden sie von den Fluten überspült, so daß sie sich gezwungen sahen, der Nacht entgegen auf die hohe See hinauszufahren und dann das Festland wieder anzusteuern. In derselben Nacht trat Vollmond ein, der im Ozean gewöhnlich Springfluten hervorruft; diese waren den Unsrigen etwas Neues. So standen denn die Kriegsschiffe, auf denen Caesar die Fußtruppen übergesetzt hatte und die er dann auf den Strand hatte ziehen lassen, voll Wasser. Gleichzeitig wurden die vor Anker liegenden Transportschiffe vom Sturm übel zugerichtet, und unsere Leute waren nicht imstande, auf den Schiffen Dienst zu tun oder vom Lande aus zu helfen. Mehrere Schiffe scheiterten, und die übrigen wurden infolge des Verlustes des Tauwerkes, der Anker und der sonstigen Ausrüstung seeuntüchtig.«

Es gelang den Römern bei einem Verlust von 12 Schiffen, den Rest wieder seetüchtig zu machen. Obgleich die Britannier den Kampf gegen die Römer erneut aufnahmen, wurden sie zu Lande abermals geschlagen. Caesar, der nicht die Absicht hatte, in Britannien zu überwintern, führte die Truppen und alle Schiffe unbehindert über den Kanal nach Gallien zurück.

Im Laufe des Winters wurden die römischen Kriegsschiffe in Gallien überholt und Neubauten eines variierten Transportertyps in Auftrag gegeben. Es waren actuariae (Bell. Gall. 5,1), d. h. mit Riemen und Segel versehene Transportschiffe der Kriegsmarine. Die Schiffsausrüstung für die neuen Einheiten kam aus Spanien: Segel, eiserne Beschläge und Tauwerk aus Pfrimengras. Dieses wurde seit 218 v. u. Z. von den Römern verwendet. Um die Schiffe besonders auch für den Pferdetransport schnell be- und entladen zu können, wurde der Freibord niedriger gehalten, als es bei Schiffen gleichen Typs im Mittelmeer üblich war. Der Breite nach wurden sie größer ausgelegt. Die bei der ersten Invasion verwendeten requirierten gallischen Transportschiffe hatten sich bei der Landung nicht bewährt, da ihr Tiefgang beladen zu groß und der Freibord zu hoch waren. Die eingeschifften Truppen mußten bei einer Wassertiefe, die es ihnen nicht gestattete, unmittelbar nach der Landung die Kampfbereitschaft herzustellen, die Schiffe verlassen. Der hohe Freibord erschwerte das Löschen der Ladung am offenen Strand. Vermutlich waren die verwendeten Fahrzeuge Schwerwetterschiffe, für das Festmachen in Häfen konstruiert.

Im Frühjahr **54 v. u. Z.** schiffte Caesar fünf Legionen und 2 000 Reiter auf 540 neuerbauten Marinetransportern (actuariae) in Portus Itius (Boulogne) ein und lief bei leichtem Südwestwind, geleitet von 28 neuerbauten Kriegsschiffen sowie dem Geschwader, das ihm schon bei der ersten Invasion zur Verfügung gestanden hatte, aus. Die Landungsflotte bestand insgesamt aus über 800 Schiffen, darunter auch gallische Transportschiffe aus dem Vorjahr (Bell. Gall. 5,8).

Die Invasionsflotte landete an dem gleichen Strandabschnitt wie im Vorjahr, ohne auf Widerstand zu stoßen. Diese Tatsache zeigt erneut, daß die Britannier offenbar weder über Seestreitkräfte verfügten noch in der Lage waren, Kriegsschiffe zu bauen. Sie ließen einen Winter ungenutzt verstreichen, in dem die Römer 28 Kriegsschiffneubauten und 600 Flottentransporter zu Wasser brachten (Bell. Gall. 5,2). 60 neue Transporter erreichten nicht rechtzeitig den Ausgangshafen der Invasionsflotte und blieben in Gallien zurück (Bell. Gall. 5,5). Die unter der Küste zu Anker liegende Invasionsflotte hatte einen schweren Sturm abzuwettern, bei dem etwa 40 Schiffe verlorengingen. Caesar ließ daraufhin sämtliche Fahrzeuge auf den Strand ziehen und die beschädigten Schiffe ausbessern. Die Verluste wurden durch 60 in Gallien auf Stapel gelegte Neubauten ausgeglichen (Bell. Gall. 5,11 und 23). Bei seinem Vorstoß in Britannien überschritt er die Themse, kehrte jedoch gegen Ende des Sommers mit dem Heer an die Küste zurück. In zwei Transporten brachten die römischen Seestreitkräfte alle Legionen mit zahlreichen Gefangenen nach Gallien zurück.

Caesar gewann durch seine Feldzüge ein kampferprobtes und ihm ergebenes Heer. Als der römische Senat nach geltendem Recht die Entlassung des Heeres und die Übergabe der verwalteten Provinzen verlangte, überschritt Caesar in der Nacht vom 11. auf den 12. Januar **49 v. u. Z.** mit fünf Kohorten den Grenzfluß Rubico, der nördlich von Ariminum (Rimini) in die Adria mündet, und begann mit der Besetzung der Stadt den zweiten Bürgerkrieg. Sein Ausspruch »iacta alea esto!« (»der Würfel sei geworfen!«) erfolgte bei diesem Anlaß.

Die Optimaten repräsentierten als Widersacher Caesars die legale Staatsmacht. Dieser standen jedoch in Italien zu dieser Zeit nur 15 Kohorten zur Verfügung. Durch eine große loyale Flotte beherrschten sie aber die See unangefochten. Caesar besaß zu dieser Zeit keine Seestreitkräfte von nennenswertem Umfang. Cn. Pompeius, die beiden Konsuln und ein Teil des Senats flohen nach Brundisium (Brindisi). Pompeius hatte dort die gesamte verfügbare Schiffstonnage der apulischen Küsten zusammengezogen. Am 4. März schifften sich die Konsuln, viele Senatoren und 30 Kohorten nach Dyrrhachium ein. Pompeius selbst blieb mit 20 Kohorten in Brundisium zurück, da der Seetransportraum nicht ausreiche. Als Caesar am 9. März mit sechs Legionen die Stadt einschloß, wußte er nicht, wie aus seinem Kriegsbericht zu entnehmen, ob Pompeius blieb, um auf dem westlichen Ufer der Adria einen Brückenkopf zu halten, oder ob der zur Verfügung stehende Seetransportraum nicht ausreiche, zur östlichen Küste überzusetzen. Caesar versuchte sofort, die Einfahrt des mit der Adria durch

205

einen Kanal verbundenen Hafens zu sperren. Die Kanalbreite betrug an der schmalsten Stelle 350 m. Hier ließ er im flachen Wasser auf beiden Seiten Dämme aufschütten und wollte das Fahrwasser mit befestigten und armierten 30 Fuß langen und breiten Doppelflößen schließen lassen. Pompeius versah etliche im Hafen liegende Frachter mit Geschütztürmen, die bis zu drei Stockwerken hoch aufragten, und ließ die Flöße erfolgreich angreifen. Caesars Blockade wurde gebrochen. Es gelang Pompeius, nachdem neun Transporter aus Dyrrhachium zurückgekehrt waren, nach einem hervorragend organisierten Einschiffungsmanöver unter den Augen seiner Feinde am 17. März die Überfahrt. Nur zwei seiner Transportschiffe strandeten an dem von den Caesarianern aufgeschütteten Damm und wurden dann gekapert *(Caesar, Bell. Civ. 1,25–28; Plutarch, Pomp. 62–63; Dio 41,12).*

Caesar war nunmehr zwar Herr der italischen Halbinsel, doch Pompeius keineswegs auf der Flucht oder gar geschlagen. Sein strategischer Plan zielte auf die Rückeroberung Italiens von den Provinzen her, wie es einst Sulla praktiziert hatte. Die senatstreuen, starken Seestreitkräfte spielten in den Überlegungen des Pompeius eine große Rolle. Er hoffte, eingedenk der Schwäche Caesars zur See, diesen durch eine Blockade von der Getreidezufuhr abschneiden zu können. »Sein ganzer Plan ist themistokleisch, er glaubt nämlich, daß, wer die See beherrscht, den Krieg gewinnt. Daher ging es ihm nie darum, daß die spanischen Provinzen um ihrer selbst willen gehalten würden, die Flottenrüstung war stets seine vornehmste Sorge. Er wird also zur gegebenen Zeit mit gewaltigen Flotten in See stechen und in Italien landen« *(so Cicero, Att. 10,8 am 2. Mai).* Pompeius standen die Seestreitkräfte des gesamten östlichen Reiches, der verbündeten Städte und Königreiche zur Verfügung *(Caesar, Bell. Civ. 3,3; Appian, Bell. Civ. 2,48; Plutarch, Pomp. 62; Cicero, Att. 9,9).* Zudem war Spanien fest in der Hand der legitimen Regierung.

Als sich Caesar nach der Besetzung Italiens im April 49 v. u. Z. der Eroberung von Spanien zuwandte, wollte sich ihm die alte Griechenstadt Massilia (Marseille) nicht anschließen. Sie blieb dem Senat treu. Er ließ die Stadt von drei Legionen belagern und zog selbst weiter nach Spanien. Die Seeblockade erfolgte durch eine Flottille von 12 Kriegsschiffen, die Caesar in nur 30 Tagen in Arelate (Arles) an der Rhône erbauen ließ *(Caesar, Bell. Civ. 1,36).* Die Flottille stand unter dem Befehl des bereits in der Seeschlacht mit den Venetern und bei der Invasion Britanniens bewährten Flottenlegaten D. Brutus. Die eingeschlossene Stadt versuchte, mit 17 neuerbauten Kriegsschiffen und zahlreichen Kleinfahrzeugen *(Caesar, Bell. Civ. 1,56)* die Blockade zu sprengen. Das erste Gefecht am 27. Juni, in dem die Blockadeflotte vor allem durch den Einsatz des Enterhakens (manus ferrea) und des Kettenenterhakens (harpago) *(Caesar, Bell. Civ. 1,57)* siegte, endete für die Massilier mit dem Verlust der Hälfte ihrer Kriegsschiffe. Caesar berichtet *(Bell. Civ. 1,58):*

»Die Massilier machten sich, auf die Schnelligkeit ihrer Schiffe und die Seetüchtigkeit ihrer Kapitäne bauend, über meine Leute lustig, begegneten ihrem Angriff und versuchten, solange auf weiterem Raum die Möglichkeit bestand, durch Auseinanderziehung ihres Geschwaders weiter auszuschwärmen, uns einzuschließen oder mit mehreren Schiffen je ein feindliches anzugreifen oder im Vorbeifahren die Riemenreihen womöglich zu knicken. Als man unausweichlich in Berührung kam, setzten sie ihre Hoffnung nicht mehr auf die Erfahrung und Seetüchtigkeit der Kapitäne, sondern auf die Tapferkeit der Bergbewohner. Unsere Schiffe hatten einerseits nicht so geübte Rojer und erfahrene Kapitäne zur Verfügung, die, plötzlich von Frachtschiffen übernommen, noch nicht einmal die Fachausdrücke der Takelage kannten, und waren ganz besonders infolge der Langsamkeit und Schwerfälligkeit im Nachteil. Überhastet nämlich aus noch nicht ausgetrocknetem Holz gebaut, entwickelten sie nicht die gleiche Schnelligkeit. Und so fuhren unsere Männer, bis die Möglichkeit zum Nahkampf sich bot, in aller Ruhe mit je einem Schiff zwei feindlichen entgegen, legten die Enterhaken aus, hielten beide Schiffe fest, kämpften nach zwei Seiten und gingen an Bord der Feindschiffe. So hieben sie eine große Zahl der Albiker und Hirten nieder, bohrten einen Teil der Schiffe in den Grund, kaperten einige samt der Bemannung und jagten die übrigen in den Hafen. An diesem Tage gingen den Massiliern neun Schiffe, die gekaperten eingerechnet, verloren.«

Von den neun Schiffen waren sechs geentert worden. Von Brutus in seine Flottille eingereiht, hielt er die Blockade mit nunmehr 18 Schiffen aufrecht *(Caesar, Bell. Civ. 2,5).*

Pompeius hatte bereits gleich zu Beginn der Auseinandersetzung den Prokonsul L. Domitius Ahenobarbus mit sieben requirierten actuariae nach Massilia entsandt, um die Verteidigung der Stadt gegen Caesar zu leiten *(Caesar, Bell. Civ. 1,34–36).* Nach dem ersten verlorenen Seegefecht, an dem Domitius Ahenobarbus mit seinen Leuten teilgenommen hatte, brachten die Massilier ihre eigenen Seestreitkräfte durch neun wieder in Dienst gestellte alte Kriegsschiffe erneut auf die Stärke von etwa 17 Fahrzeugen. Hinzu kamen umgebaute, mit Geschützen versehene Fischereifahrzeuge als Hilfskriegsschiffe. Auch Cn. Pompeius und der römische Senat veranlaßten nun endlich Hilfsmaßnahmen. L. Nasidius lief mit 16 Kriegsschiffen, unter denen sich auch erzgepanzerte, also schwere Einheiten befanden, durch die Messinastraße zur belagerten und blockierten Stadt aus. In Messana gelang es Nasidius, noch ein weiteres Kriegsschiff zu erbeuten, so daß die regierungstreuen Seestreitkräfte mit 17 Einheiten die Seefestung Taurois (Bandol) östlich von Massilia erreichten *(Caesar, Bell. Civ. 2,3–4).*

Am 31. Juli kam es zu einem zweiten Seegefecht. Die Blockade-Flottille Caesars, weiterhin befehligt von

D. Brutus, hatte ihren Liegeplatz bei der Insel Râtonneau *(Caesar, Bell. Civ. 1,56)*. Von dort beobachtete er das Auslaufen der gegnerischen Seestreitkräfte. In ihrer Schlachtordnung übernahmen Nasidius den linken, die Massilier den rechten Flügel. Brutus ließ auch seine Flottille auslaufen. Seine Kommandanten erhielten den Befehl, im Gefecht selbständig zu handeln und die jeweils nach der Gefechtsentwicklung gebotenen taktischen Maßnahmen zu treffen. Bereits im ersten Seegefecht hatten die Massilier die Schwärmtaktik angewandt. Diese erforderte auf der Gegenseite selbständige Entschlüsse der Kriegsschiffskommandanten. Dank der getroffenen Maßnahmen siegte D. Brutus. Nasidius versagte völlig und lief mit seinen Seestreitkräften mit Kurs auf Nordostspanien ab. Die Massilier verloren trotz tapferer Gegenwehr abermals neun Schiffe. Fünf wurden versenkt und vier geentert. Massilia ergab sich dem Sieger, nachdem die Lebensmittelvorräte erschöpft waren *(Caesar, Bell. Civ. 2,4 bis 7 und 22)*.

Caesar hatte im April des Jahres 49 v. u. Z. eine Legion unter dem Legaten Q. Valerius nach Sardinien und drei Legionen unter dem Legaten C. Scribonius Curio nach Sizilien entsandt, um zwei Getreideprovinzen in die Hand zu bekommen. Obgleich in Sizilien alte Kriegsschiffe wieder in Dienst gestellt und neue gebaut worden waren, verhinderte das in Messana liegende regierungstreue Geschwader den Übergang der drei Legionen nicht. Beide Inseln wurden von den Truppen Caesars besetzt *(Caesar, Bell. Civ. 1,30–31)*. Curio hatte Anweisung, unverzüglich nach Africa zu versegeln, um eine dritte Getreideprovinz in den Machtbereich Caesars zu bringen und damit die Getreideversorgung Roms sicherzustellen. Im Sommer standen in Sizilien vier caesarianische Legionen zur Verfügung. Curio schiffte am 8. August zwei Legionen und 500 Reiter auf Transportern ein und landete unter dem Geleitschutz von zwölf Kriegsschiffen nach einem Kriegsmarsch von zwei Tagen und Nächten in Anquillaria am Sinus Uticensis (Golf von Tunis), 22 Meilen (33 km) nördlich von Clupea (Qelibia/Kelibia). Die senatstreue, in Utica stationierte Flottille war zwar unter dem Kommando von L. Iulius Caesar nach Clupea ausgelaufen, doch wagte sie mit ihren zehn Kriegsschiffen nicht, das aufkommende Geleit anzugreifen. Die Flottille zog sich nach Hadrumetum (Sousse, Tunesien) zurück, wohin sich ihr Befehlshaber auf seinem Flaggschiff, einer Trireme, geflüchtet hatte. Curios Seebefehlshaber, der Quästor Marcius Rufus, verfolgte die fliehenden Gegner mit den Seestreitkräften der Geleitsicherung. Er konnte aber nur das am Strand aufgefundene Flaggschiff seines Gegners erbeuten und abschleppen. Die Seestreitkräfte versegelten sodann nach Utica, um dort das auf dem Landwege eintreffende Heer zu erwarten. Dieses errichtete sein Lager auf der aus den Punischen Kriegen bekannten Landzunge, dem Castra Cornelia, etwa 1,5 km östlich von Utica. Auf der Reede von Utica lagen 200 vollbeladene Frachter. Curio zwang sie, nach Castra Cornelia zu versegeln und dort zu löschen *(Caesar, Bell. Civ. 2,23–25)*. In einer Landschlacht mit Juba, dem König von Numidien, wurde das gesamte Heer Curios am 20. August vernichtet. Nur wenigen Überlebenden gelang es, mit den Seestreitkräften nach Sizilien zu entkommen. C. Scribonius Curio fiel *(Caesar, Bell. Civ. 2,42–44)*.

Zur Verteidigung der Provinz Africa hätten nicht nur die hier erwähnten Seestreitkräfte aus Utica, sondern auch aus Gades (Cadiz) zur Verfügung gestanden. Man hatte jedoch verabsäumt, sie rechtzeitig zur Verstärkung nach Africa zu verlegen. In der Provinz Hispania ulterior, zu der Gades gehörte, hatte der große Gelehrte und Schriftsteller M. Terentius Varro als Legat des Pompeius zehn Kriegsschiffe in Gades am Atlantik und weitere in Hispalis (Sevilla) erbauen lassen *(Caesar, Bell. Civ. 2,18)*. Als Caesar im September dort erschien, übergab man ihm ohne Kampf das spanische Geschwader. Caesar selbst versegelte mit den erbeuteten Kriegsschiffen von Gades nach Tarraco (Tarragona). Auf dem Landwege erreichte er von dort am 25. Oktober 49 v. u. Z. Massilia *(Caesar, Bell. Civ. 2,21)*.

Pompeius betrieb nicht nur mit gewohnter Zielstrebigkeit die Landrüstung, sondern bereitete gleichzeitig energisch den Seekrieg gegen Caesar vor *(Caesar, Bell. Civ. 3,3)*. Zahlreiche Neubauten stießen zur Flotte. Unter dem Oberbefehl des Prokonsuls M. Calpurnius Bibulus waren die Seestreitkräfte in fünf Geschwader gegliedert worden. Das ägyptische, aus 50 Schlachtschiffen und zehn leichteren Einheiten bestehend, befehligte der Sohn des Cn. Pompeius gleichen Namens. Das asiatische mit 50 Schiffen stand unter dem Kommando der Legaten D. Laelius und C. Valerius Triarius. Das 70 Segel umfassende syrisch-kilikische Kontingent führte der Legat C. Cassius Longinus, der spätere Caesarmörder. An der Spitze des 20 Kriegsschiffe starken rhodischen Geschwaders standen ein Konsul des Jahres 49 v. u. Z., C. Claudius Marcellus, und der Prätor C. Coponius. Das aus 100 Einheiten bestehende griechisch-liburnische Geschwader kommandierten die Legaten L. Scribonius Libo und M. Octavius *(Caesar, Bell. Civ. 3,5; Schiffszahlen nach Kromayer)*. Die gesamte Flotte wurde in die Adria verlegt. Dort übernahm sie den Schutz der Westküste Illyriens und Griechenlands, ging aber nicht offensiv gegen Italien vor.

Das unter dem Kommando des Legaten P. Cornelius Dolabella stehende neu erbaute Adriageschwader Caesars *(Appian, Bell. Civ. 2,41 und 49)*, das den Schutz Oberitaliens übernommen hatte, wurde im Sommer des Jahres 49 v. u. Z. vom senatstreuen griechisch-liburnischen Geschwader unter L. Scribonius Libo und M. Octavius niedergekämpft. Alle 40 Kriegsschiffe des Geschwaders fielen in die Hände des Gegners *(Dio 41,40)*. Caesar war durch diese Niederlage gezwungen, sein am Thyrrenischen Meer erbautes Geschwader *(Appian, Bell. Civ. 2,41)* von 75 Einheiten unter dem Legaten Q. Hortensius in die Adria zu verlegen. Diese Seestreitkräfte übernahmen nunmehr den Schutz Oberitaliens *(Orosius 6,15)*. Insbesondere versuchten sie den auf der Insel Curicta (Krk/Veglia, Jugoslawien) belagerten Legaten Caesars, C. Antonius, den Bruder des Marcus Antonius, zu entsetzen. Es gelang zwar, einige größere Flöße mit Truppen und Versorgungsgütern hinüberzubringen, doch beim Rückmarsch verfingen sich die meisten Flöße in der von senatstreuen Streitkräften nach kilikischem Vorbild verlegten Unterwassernetzsperre und wurden genommen *(Florus 2,13)*. Das griechisch-liburnische Geschwader zwang das Geschwader des Hortensius und das Entsatzheer zum Rückzug. C. Antonius mußte sich mit seiner restlichen Inselbesatzung, 15 Kohorten stark, ergeben. L. Scribonius Libo überführte die Gefangenen auf das Festland, wo Pompeius sie sofort auf seine Streitkräfte verteilte. M. Octavius lief mit dem Rest des Geschwaders nach Salonae (bei Split/Spalato, Jugoslawien) und blockierte und belagerte die Stadt. Während es Octavius gelang, die Insel Issa (Vis/Lissa) zu besetzen, mußte er die Blockade und Belagerung von Salonae ergebnislos abbrechen, da die Bürger der auf seiten Caesars stehenden Stadt mit ihren Liburen *(Appian, Bell. Civ. 2,39)* den Blockadering sprengten und durch einen Ausfall den Abbruch der Belagerung erzwangen *(Caesar, Bell. Civ. 3,9)*. Octavius versegelte mit seinem Teilgeschwader nach Dyrrhachium, wo ihn Pompeius zu Beginn des Winters mit dem Heer erwartete. Mit Ausnahme der Stadt Salonae waren Caesars Truppen und Seestreitkräfte aus ganz Illyricum (Illyrien) vertrieben worden.

Erstaunlicherweise setzten die Konsuln (Pompeius erhielt erst im Januar 48 v. u. Z. den Oberbefehl), von den hier geschilderten Ausnahmen abgesehen, im Jahre 49 v. u. Z. gegen Caesar die weit überlegene senatstreue Flotte nicht ein und verzichteten insbesondere auf Großlandungen in Italien. In den Jahren 49 und 48 v. u. Z. soll der Schiffsbestand der römischen Flotten beider Bürgerkriegsparteien nach Kromayer etwa 500 Einheiten betragen haben.

Nach Caesars Erfolgen zu Lande bestand der größte Mangel seiner Streitkräfte in dem Fehlen einer Flotte. So ließ er bereits im Frühjahr 49 v. u. Z. an der Rhône zwölf Kriegsschiffe bauen, die bald durch zehn erbeutete Fahrzeuge ein Geschwader von 22 Schiffen unter D. Brutus bildeten. In Sizilien standen im Sommer Curio zwölf Fahrzeuge zur Verfügung. Dolabella hatte an der Adria 40 Kriegsschiffe und Hortensius am Tyrrhenischen Meer 75 Einheiten erbauen lassen. In Brundisium standen zwölf Kriegsschiffe als Geleitsicherung, so daß er über 160 Kriegsschiffe zur Verfügung hatte. Der größte Teil der Flotte, nach Kromayer über 350 Fahrzeuge, gehörte zu den senatstreuen Seestreitkräften und stand für Operationen gegen Caesar zur Verfügung. Neben den in der Adria operierenden, bereits erwähnten Geschwadern mit etwa 300 Einheiten verfügte Pompeius in Africa noch über zehn, in Massilia über 17 bundesgenössische und 17 eigene Schiffe der Nasidiusflottille und in Spanien noch über mehr als zehn Kriegsschiffe. Doch verstand das römische Oberkommando auch im Verlaufe der weiteren Kämpfe nicht, die Flotte energisch und mit umfassendem strategischen Auftrag einzusetzen. Man tat alles nur mit halbem Herzen. Die Unentschlossenheit ließ das maritime Schwert rosten, während Caesar im Winter von 49 auf 48 v. u. Z. ein Flottenbauprogramm durchführte *(Caesar, Bell. Civ. 3,42)*.

Im Januar des Jahres **48 v. u. Z.** hatte Caesar in Brundisium zwölf Legionen und seine gesamte Reiterei versammelt. Große Versorgungsdepots waren angelegt worden. Da es an Schiffsraum mangelte, reichte die Transportkapazität nur für 15 000 Mann und 500 Reiter. Auf die vorhandenen Schiffe wurden jedoch sieben Legionen, die zwar ihre Sollstärke nicht erreichten, aber immerhin 20 000 Mann und 600 Reiter zählten, am 4. Januar eingeschifft *(Caesar, Bell. Civ. 3,2 und 6; Appian, Bell. Civ. 2,221–223)*. Es gelang Caesar, seine Transportflotte, von nur 12 Kriegsschiffen geleitet *(Caesar, Bell. Civ. 3,7)*, in Epirus bei Palaeste (Paljasa, Albanien), südlich der Bucht von Valona (Gji i Vlonës) an der albanischen Steilküste zu landen *(Caesar, Bell Civ. 3,6)*, obgleich eine Flotte seiner Gegner in Corcyra (Korfu) mit 110 Einheiten, die allerdings nicht gefechtsklar waren, und in Oricum, im Innern der genannten Bucht, eine dorthin entsandte Flottille des asiatischen Geschwaders mit 18 Fahrzeugen lagen *(Caesar, Bell. Civ. 3,7; Dio 41,44)*. Erst die leeren Transportschiffe wurden auf dem Rückmarsch von dem Flottenbefehlshaber Bibulus mit den in Corcyra stationierten Seestreitkräften angegriffen. Es gelang, 30 Frachter mitsamt ihrer Besatzung in Brand zu setzen und zu versenken *(Caesar, Bell. Civ. 3,8)*. Die Verluste stellten nach Rodgers vielleicht ein Viertel bis ein Fünftel seiner Transportflotte dar. Nach dieser Niederlage beorderte Caesar seine bereits eingeschifften und auf See befindlichen restlichen Truppen nach Brundisium zurück, da die Adria von den gegnerischen Geschwadern vollkommen kontrolliert wurde. Nur ein Transporter ohne Truppen wurde nach Oricum verschlagen und dort von gegnerischen Seestreitkräften aufgebracht *(Caesar, Bell. Civ. 3,14)*.

Die verstärkt aufgenommene und wirksame Blockade erstreckte sich auf die italische Ostküste und die Überwachung des Schiffsverkehrs entlang der dalmatinischen Küste, von der Insel Sasonae (Sazan/Sasano, Albanien) vor der Bucht von Valona bis zur Insel Curicta südöstlich der istrischen Halbinsel. Caesars Truppen litten außerordentlich unter Lebensmittelmangel *(Caesar, Bell. Civ. 3,25)*. Nach dem baldigen Tod des Admirals Bibulus ließ die Koordination der Seekriegsmaßnahmen zu wünschen übrig, da man die Stelle des Flottenchefs nicht neu besetzte *(Caesar, Bell. Civ. 3,18; Orosius 6,15)*. Zwar ging ein Flottenverband von 50 Schiffen unter dem Befehl von L. Scribonius Libo, von dem Dio *(41,48)* behauptet, er sei Flottenchef geworden, nach Brundisium in See, um diesen Hafen eng zu blockieren. Auch gelang die Einnahme der die Hafeneinfahrt beherrschenden kleinen Insel Barra im Handstreich ebenso wie die Landung einer Abteilung auf dem Festland. Doch gab Libo nach einem kleinen Gefecht im Hafenkanal, das unglücklich für ihn verlief, er verlor eine Quadrireme, und weil gegnerische Kavallerie die Blockadeflotte beständig daran hinderte, sich vom Festland mit Trinkwasser zu versorgen, die enge Blockade wieder auf (Caesar, Bell. Civ. 3,23—24; Dio 41,48).

M. Antonius setzte Anfang April 48 v. u. Z. mit den in Brundisium verbliebenen Heeresverbänden Caesars, vier Legionen mit 20 000 Mann und 800 Reitern, nach Dalmatien über. Ein in Dyrrhachium liegendes, zum rhodischen Geschwader gehörendes Kontingent versuchte, die Landung zu verhindern, doch konnte die nach Apollonia bestimmte Transportflotte bis auf zwei Schiffe, von einem starken Südwind nach Norden getrieben, den gegnerischen Kriegsschiffen entkommen und ohne Feindberührung etwa 5 km nördlich von Lissus (Lesh, Albanien) in Nymphaeum landen, während in einem plötzlich aufkommenden Sturm 16 Einheiten des rhodischen Geschwaders scheiterten. Das Gros der Transportflotte verließ bald wieder Lissus, wohin es verlegt hatte, um neue Truppen aus Italien zu holen (Caesar, Bell. Civ. 3,26—29).

Unverzüglich nach der Landung in Epirus hatte Caesar Stadt und Hafen von Oricum (Eriko) kampflos besetzt und dort Seestreitkräfte stationiert, die er aus Italien in die neue Flottenbasis überführen ließ (Caesar, Bell. Civ. 3,11 und 39). Im April des gleichen Jahres wurde sein Geschwader im Hafen von dem ägyptischen Flottengeschwader unter Führung von Cn. Pompeius d. J. angegriffen und teils genommen, teils vernichtet. Die Niederlage bei Oricum hatte große strategische Bedeutung, da die Operation darauf abzielte, Caesars Flotte, die in Oricum und Lissus lag, zu vernichten. Diese Flotte sollte gegebenenfalls eine Landung des pompeianischen Heeres in Italien verhindern und die Legionen Caesars nach dort zurückbringen (Caesar, Bell. Civ. 3,39 und 40).

Zwei seetaktische Maßnahmen bedürfen der Erwähnung. Caesars Legat, M'. Acilius Caninus, verteidigte den Hafen mit nur drei Kohorten. Die Hafeneinfahrt wurde durch einen versenkten, mit Steinen beladenen und einen weiteren, über diesem verankerten Frachter gesperrt. Auf dem verankerten Blockschiff ließ Acilius einen Verteidigungsturm errichten und besetzen. Das caesarianische Flottengeschwader hatte in den inneren Hafen verlegt und dort mit starken Leinen festgemacht, vermutlich um Matrosen und Seesoldaten bei der Hafen- und Stadtverteidigung einzusetzen. Cn. Pompeius griff von zwei Seiten zugleich an. Es gelang ihm, das versenkte Blockschiff, nachdem Taucher die Steine herausgeholt hatten, abzuschleppen und das verankerte zu nehmen. Zur gleichen Zeit ließ er vier Biremen über die östlich der Stadt gelegene Landzunge mittels unterlegten Walzen in den inneren Hafen schleppen.

Von den dort unbemannt liegenden Kriegsschiffen Caesars wurden am 8. April 48 v. u. Z. vier als Beute genommen und die restlichen verbrannt.

Während D. Laelius die Einschließung Oricums übernahm, versegelte Cn. Pompeius d. J. nach Lissus

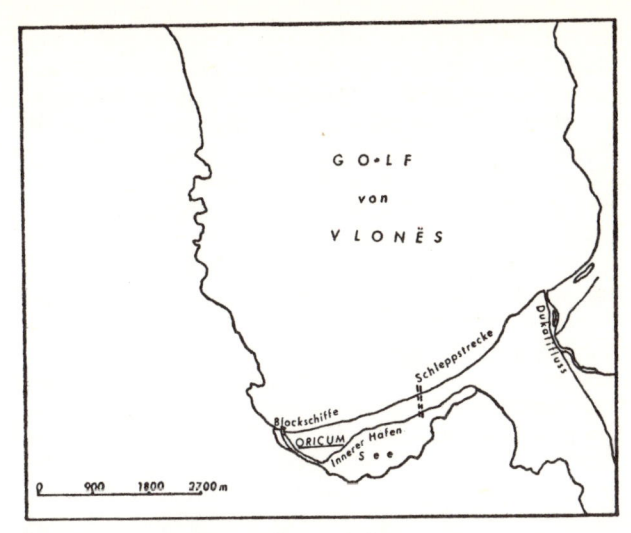

Skizze 159: Gefechte im Hafen von Oricum

(Lesh), überraschte dort im Hafen die von M. Antonius zurückgelassenen Transporter gallischer Bauart und setzte alle 30 Frachter in Brand. Die Einnahme der Stadt gelang nicht (Caesar, Bell. Civ. 3,40; Dio 42,12). Nach Abschluß dieser Operationen besaß Pompeius d. Ä. die vollständige und unbestrittene Seeherrschaft in der Adria. Er hätte sein Heer ohne Behinderung in Italien landen können. Doch wollte er den Krieg im Osten gewinnen, um der Heimat zu ersparen, nochmals zum Kriegsschauplatz zu werden.

Durch eine von der Flotte durchgeführte und kampftaktisch unterstützte Landung großer Truppenverbände an der Seeflanke und im Rücken Caesars gelang es Pompeius, seinen Gegner zu zwingen, die Belagerung bei Dyrrhachium am 6. Juli 48 v. u. Z. aufzuheben (Caesar, Bell. Civ. 3,62 und 63).

Etwa einen Monat nach dieser Niederlage Caesars nahm D. Laelius, Befehlshaber des kleinasiatischen Geschwaders, das nach Kromayer etwa 50 Schiffe stark war, erneut die enge Blockade von Brundisium auf. Er setzte sich, wie schon Libo vor ihm, auf die die Einfahrt beherrschenden Insel Barra fest. Caesars Legat P. Vatinius, der den Hafen verteidigte, konnte eine Quinquereme und zwei kleinere Fahrzeuge in der Hafeneinfahrt kapern. Auch schnitt er Laelius von jeder Landverbindung in Italien ab. Doch dieser versorgte sich mit Wasser und Proviant über See aus Corcyra und Dyrrhachium und hielt die Blockade bis zur Niederlage Pompeius' bei Pharsalus am 9. August 48 v. u. Z. aufrecht (Caesar, Bell. Civ. 3,100).

Etwa zur gleichen Zeit hatte das unter dem Kommando von C. Cassius Longinus stehende syrisch-kilikische Geschwader einen Vorstoß nach Sizilien unternommen. Es überraschte das dort bei Messana unter dem Befehl des Legaten M. Pomponius liegende Geschwader Caesars völlig. Pomponius hatte keine Vorposten- und Sicherungsfahrzeuge in See. Ein Branderangriff des Cassius vernichtete das gesamte Geschwader von 35 Kriegsschiffen. Cassius landete Truppen. Doch konnte sich die Stadt mit Mühe halten, da dort eine ganze Legion lag. Zu dieser Zeit trafen Nachrichten vom Siege Caesars bei Pharsalus ein. Daraufhin versegelte Cassius nach Calabrien in die Bucht von Vibo (Vibo Valentia). Dort lag ein zweites Geschwader Caesars ungesichert im Golf von Sant' Eufemia. Es stand unter dem Kommando des Prätors P. Sulpicius Rufus. Auch hier griff Cassius mit etwa 40 Brandern an und vernichtete fünf Kriegsschiffe. Es kam zum Seegefecht. Cassius verlor zwei Triremen und zwei Quinqueremen, die geentert wurden. Darunter befand sich sein Flaggschiff. Er selbst entkam in einem Schiffsboot *(Caesar, Bell. Civ. 3,101)* und segelte mit dem Geschwader zurück in seinen Stützpunkt.

Nach Pompeius' Niederlage bei Pharsalus verlegte das in Dyrrhachium liegende Flottengros, nach Appian *(Bell. Civ. 2,87)* etwa 300 Einheiten stark, nach Corcyra, da der Hafen auf der gleichnahmigen Insel sicherer war. Dort übernahm der Proprätor M. Porcius Cato das Kommando. Die republikanische Flotte versegelte zunächst nach Patrae (Patrai/Patras) und sodann mit den Resten des Heeres nach Apollonia, dem Hafen von Cyrene in der Cyrenaica *(Plutarch, Cato 56)*. Auf dem Kriegsmarsch nach dort verlor die Flotte durch ungünstiges Wetter einen großen Teil ihrer Kriegsschiffe. Die rhodischen und ägyptischen Kontingente waren bereits von Corcyra aus in ihre Heimatstützpunkte zurückgekehrt *(Caesar, Bell. Civ. 3,111; Dio 42,10 und 12)*.

Cn. Pompeius Magnus floh zu Schiff über Amphipolis in Makedonien, Mytilene auf Lesbos, Attalia in Pamphylien, Syedra nördlich von Zypern an der kleinasiatischen Küste in Kilikien und Paphos auf Zypern nach Ägypten. Dort wurde er bei der Landung in Pelusium am 28. September 48 v. u. Z. von dem in ägyptischen Diensten stehenden Kriegstribunen L. Septimius ermordet.

Caesar hatte nach der Entscheidungsschlacht unverzüglich zu Pferde die Verfolgung seines Widersachers aufgenommen und traf nur acht Tage nach der Abfahrt von Pompeius in Amphipolis ein. Dort erwartete er die ihm in Eilmärschen folgende Legion, mit der er nach Sestus auf dem europäischen Ufer des Hellespontes marschierte. Der dort liegende Sperrverband unter dem Befehl von L. Cassius ging mit seinen zehn Kriegsschiffen zu Caesar über. Die Übersetzbewegung nach Asien konnte ohne Behinderung kampflos erfolgen *(Caesar, Bell. Civ. 3,102–104; Dio 42,62; Sueton, Caes. 63)*.

Schon nach wenigen Tagen verließ Caesar die Provinz Asia mit einem Geschwader von 35 Kriegsschiffen. Alle Einheiten, darunter zehn rhodische, acht pontische, fünf lykische und zwölf aus der Provinz Asia, waren zu ihm übergegangen. Er hatte eine weitere Legion aus Achaia nach Rhodos beordert, doch beide Legionen zählten zusammen nur 3 200 Legionäre. Mit diesen Truppen und 800 Reitern versegelte er nach Alexandria, wo er am 4. Oktober 48 v. u. Z. landete und erfuhr, daß Cn. Pompeius ermordet worden war *(Caesar, Bell. Civ. 3,106; Bell. Alex. 13)*.

Da Caesar die Absicht hatte, als Konsul des Jahres 48 v. u. Z. die ägyptischen Wirren im Sinne Roms zu ordnen, d. h. Tributzahlungen und Getreidelieferungen sicherzustellen, setzte er sich in Alexandria fest und beorderte zwei weitere Legionen aus Kleinasien nach dort. Die Streitmacht seiner Gegner bestand aus 20 000 Mann Fußtruppen und 2 000 Reitern, die unter dem Kommando des Feldherrn Achillas standen, der eine Woche vor der Ankunft Caesars zusammen mit dem königlichen Erzieher Pothinus die Ermordung von Pompeius veranlaßte. Caesars ausgeschiffte Truppen hatten sich in der Königsburg eingeigelt. Täglich fanden Straßenkämpfe mit der ägyptischen Armee und den in diese integrierten ehemals römisch-republikanischen Truppen statt. Im Hafen von Alexandria lagen nicht nur die 35 Kriegsschiffe Caesars, sondern das gesamte ägyptische Geschwader, 50 Schlachtschiffe (Tetreren und Penteren) stark, daß von Corcyra aus in die Heimat gesegelt war, als Cato die republikanische Flotte nach Patrae und weiter nach Africa führte. Außerdem lag in Alexandria ein ägyptisches Flottendienstgeschwader von 22 Einheiten, die alle ein Deck besaßen, also vermutlich die Größe von Trieren erreichten. Wäre es Caesars Gegnern gelungen, die ägyptische Flotte gegen ihn einzusetzen, so hätten sie die See beherrscht und seine gelandeten Truppen von allen Zufuhren abschneiden können. Es gelang den Streitkräften Caesars am 11. November, alle ägyptischen Schiffe, einschließlich der noch auf den Werften liegenden, zu verbrennen *(Caesar, Bell. Civ. 3,107–111; Bell. Alex. 12)*.

Durch einen Handstreich von der Seeseite her nahm Caesar den östlichen Teil der Insel Pharos mit dem stark befestigten Leuchtturm. Er beherrschte dadurch die Einfahrt zum Haupthafen *(Caesar, Bell. Civ. 3,112)*. Caesar hatte zwar die gesamte dort liegende ägyptische Flotte von 72 Einheiten vernichtet, doch im Eunostoshafen besaßen seine Gegner bald wieder eine neu erbaute Flotte, die jedoch die Landung einer der angeforderten Legionen, die aus Kleinasien über See herangeführt wurde, nicht verhindern konnte. Die Legion war mit Waffennachschub und Geschützen wenige Meilen westlich von Alexandria infolge ungünstiger Winde gelandet. Da der Wind nicht umschlug, lagen die Transporter dort einige Tage fest. Caesar lief mit seiner Flotte aus, desgleichen die Ägypter. Es kam zu einem Gefecht, in dem eine ägyptische Tetrere versenkt und eine zweite geentert wurde. Zwei weitere gegnerische Kriegsschiffe büßten ihre Seesoldaten ein. Der Eintritt der Dunkelheit beendete das Gefecht. Caesar kehrte mit seinen Seestreitkräften, die die Transporter ins Schlepp nahmen, nach Alexandria zurück *(Bell. Alex. 12)*.

Der Befehlshaber der ägyptischen Seestreitkräfte Ganymedes betrieb mit Nachdruck die Flottenrüstung. Beschädigte Schiffe wurden instandgesetzt, alte Schiffe in den Arsenalen neu ausgerüstet und wieder in Dienst gestellt und zahlreiche Wachschiffe aus dem Nildelta nach Alexandria beordert. Die ägyptische Flotte verfügte bald wieder über fünf Penteren, 22 Tetre-

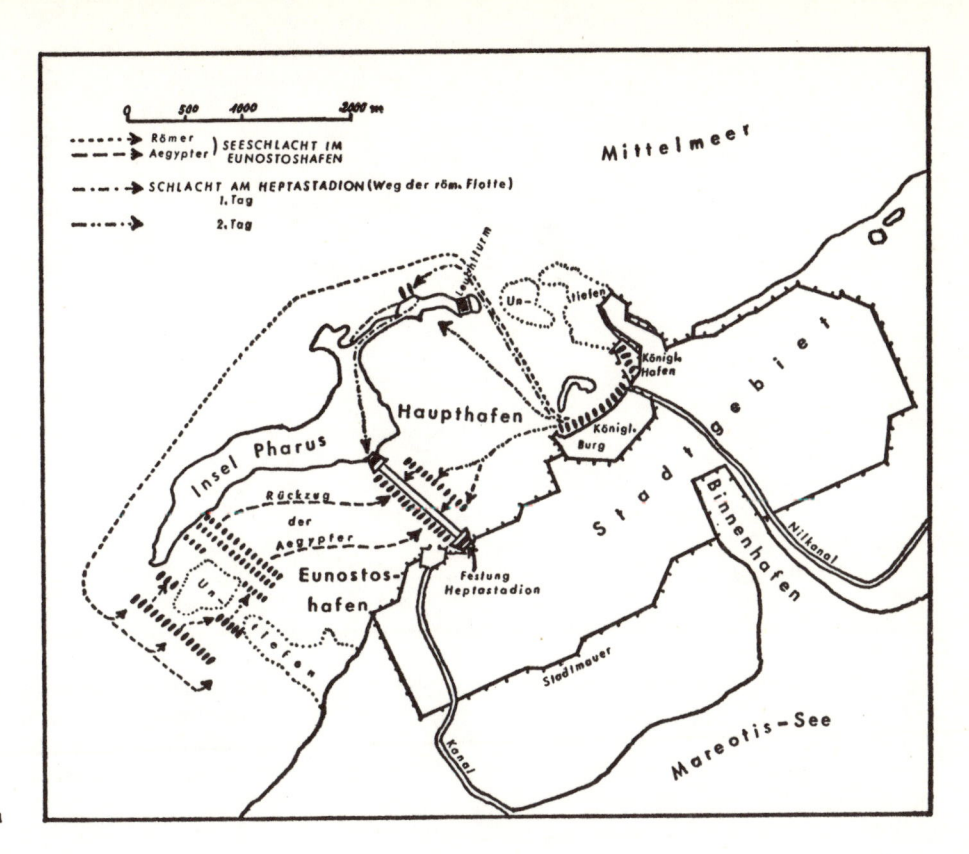

Skizze 160 (nach Kromayer/Veith):
Seegefechte im Hafen von Alexandria

ren und etliche (nach Kromayer 17) kleinere Einheiten im Eunostoshafen von Alexandria *(Bell. Alex. 13)*. Caesar griff mit seinen Seestreitkräften, unter denen sich 15 Schlachtschiffe (fünf Quinqueremen und zehn Quadriremen) befanden, diesen Verband an. Er hatte seine 34 Schiffe (ein rhodisches Fahrzeug war verlorengegangen) in zwei Geschwader formiert. Unter Berücksichtigung der durch Untiefen auf zwei enge Fahrwasser beschränkten Hafeneinfahrt, bestand das erste Geschwader aus 17 Einheiten, unter denen sich alle 15 Schlachtschiffe befanden. Neun rhodische Einheiten liefen auf das südliche, acht pontische Einheiten auf das nördliche Fahrwasser zu. Der ägyptische Flottenverband erwartete, mit seinen besten Seesoldaten an Bord, im Hafen den Angriff. Zwei Geschwader waren mit vorgeschobenen leichten Seestreitkräften hintereinander in Dwarslinie aufgefahren. Vier rhodische Schiffe erzwangen die Einfahrt in den Hafen durch das südliche Fahrwasser und wurden sofort in schwere Kämpfe verwickelt. Das kühne Manöver dieser unter dem Kommando von Euphranor, Caesars rhodischem Seebefehlshaber, stehenden Einheiten verwirrte die Ägypter, so daß auch den übrigen Schiffen Caesars das Einlaufen in den Hafen gelang. In den engen Gewässern kam es zu erbitterten Enterkämpfen, in denen die Ägypter fünf Schiffe verloren. Eine ägyptische Pentere und eine Diere wurden geentert und drei weitere Schiffe versenkt. Caesars Seestreitkräfte erlitten keine Verluste. Die ägyptischen Geschwader wichen zurück und begaben sich unter den Schutz der schweren Geschütze des Heptastadions *(Bell. Alex. 13)*.

Caesar beschloß, zunächst die ganze Insel Pharos und dann das Heptastadion zu nehmen. Die Insel wurde von zehn Kohorten leichter Infanterie und gallischer Kavallerie, die auf Kleinfahrzeugen eingeschifft waren, aus dem Inneren des Haupthafens und durch Einheiten der Schlachtflotte von der Seeseite her angegriffen und genommen. Auf dem inselseitigen Teil des Heptastadions konnte ein Brückenkopf gewonnen werden. Aus diesem heraus erfolgte der weitere Angriff, der aus dem Haupthafen von Seestreitkräften, die drei weitere Kohorten landeten, unterstützt wurde. Ein Gegenangriff der Ägypter war jedoch erfolgreich. Caesar wurde zur Räumung des Heptastadions gezwungen. Er selbst konnte sich nur schwimmend retten. Die Römer verloren 400 Legionäre sowie 400 Matrosen und Rojer. Der im Seegefecht errungene Vorteil war durch den unglücklichen Ausgang der Landungs- und Landkämpfe wieder verlorengegangen. Danach scheint in Alexandria eine mehrere Wochen andauernde Kampfpause eingetreten zu sein, während der eine heransegelnde Transportflotte mit einer weiteren Legion an Bord von den Ägyptern an der westlichsten Nilmündung durch Lichtsignale zur vorzeitigen Landung veranlaßt und bei Canopus in Kämpfe verwickelt wurde. Der zur Aufnahme dieser Legion von Caesar nach dort entsandte Flottenverband unter dem Legaten Tiberius Nero, dem Vater des späteren Kaisers Tiberius, wur-

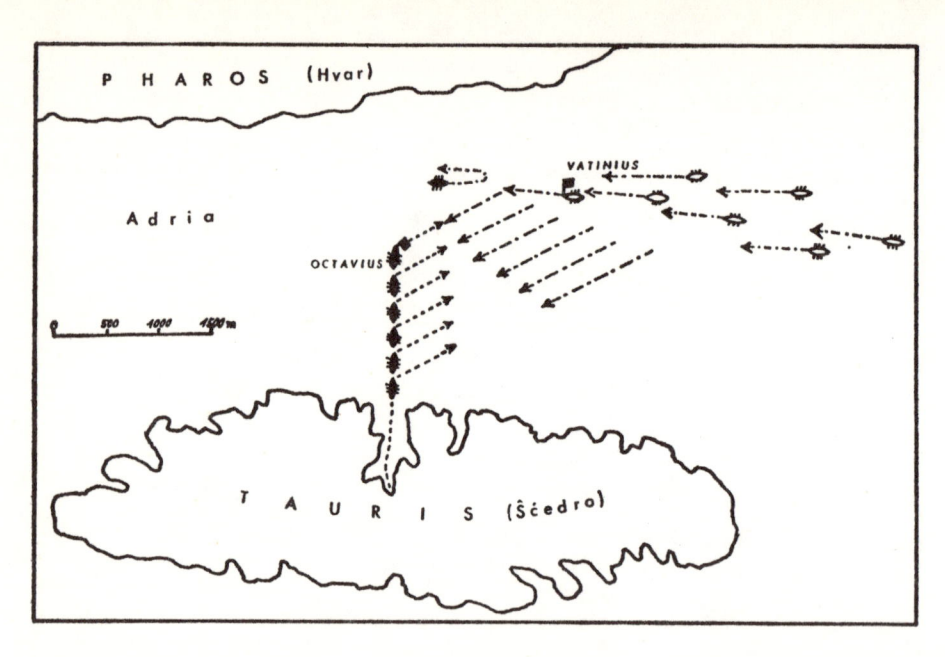

Skizze 161: Seegefecht bei Tauris
(nach Kromayer/Veith)

de abgetrieben und verfehlte die Landungsstelle. Die Legion erreichte dann aber doch Alexandria. Erst Entsatztruppen, die auf dem Land- und Seeweg eintrafen, brachten die Entscheidung zugunsten Caesars. Die ägyptische Flotte hatte ihren Hauptstützpunkt aufgegeben und war nach Canopus an der Mündung des westlichsten Nilarmes ausgewichen. Verfolgt von den caesarianischen Seestreitkräfte kam es dort zu Beginn des Jahres **47 v. u. Z.** zum Gefecht, das die endgültige Niederlage für die ägyptische Flotte brachte. Caesars Seebefehlshaber, Euphranor, von dem man sagte, er sei ein Grieche mit dem Mute eines Römers, verlor in den Kämpfen sein Flaggschiff und fiel *(Bell. Alex. 25).*

Nicht alle Seestreitkräfte der republikanischen Partei hatten nach der Schlacht von Pharsalus die Adria verlassen. Der pompeianische Seebefehlshaber, M. Octavius, war mit einem Geschwader in Illyrien verblieben, um Insurgenten zu unterstützen und die Verbindungen zwischen Italien und dem Osten des Reiches zu stören. Sein Stützpunkt war Issa (Vis/Lissa). Eine schnell aus illyrischen Einheiten zusammengestellte Flottille unter Cornificius konnte eine Zeitlang die Operationen des Octavius stören, aber nicht nachhaltig behindern *(Bell. Alex. 42).* Erst im Frühjahr 47 v. u. Z. kam es bei der Insel Tauris (Šćedro/Torcola, Jugoslawien) zu einem Seegefecht, das Caesar die endgültige Herrschaft über Illyrien sicherte.

Im Frühjahr 47 v. u. Z. gelang es dem Legaten und Seebefehlshaber Caesars, P. Vatinius, mit einem Geschwader aus Brundisium (Brindisi) auszulaufen und das von M. Octavius blockierte und belagerte Epidaurum (b. Dubrovnik, Jugoslawien) zu entsetzen. Der Gegner zog sich mit seinen Seestreitkräften kampflos auf Tauris zurück, jede Fühlung mit dem feindlichen Geschwader meidend, und lief unbeobachtet in den Haupthafen der Insel ein. Dort erwartete er das nachstoßende caesarianische Geschwader. Dieses stellte alles andere als eine eindrucksvolle Seestreitmacht dar. Vatinius hatte in Brundisium für die Erfüllung seiner Aufgabe nicht genügend Kriegsschiffe vorgefunden. Die aus Griechenland angeforderten Einheiten ließen auf sich warten. Da die Zeit drängte, ließ er Flottentransporter (actuariae) mit einem Rammsporn versehen, also als Hilfskriegsschiffe ausrüsten. An Bord dieses Geschwaders befanden sich jedoch ausgezeichnete Seesoldaten *(Bell. Alex. 44).* Vatinius konnte seinen Flottenverband wegen des herrschenden hohen Seeganges nur unvollkommen zusammenhalten und marschierte in aufgelockerter Formation. Octavius ließ ein einzelnes Kriegsschiff, ein Wachschiff vortäuschend, aus dem Hafen auslaufen. Das Geschwader des Vatinius, die Anwesenheit eines gegnerischen Flottenverbandes nicht ahnend, nahm sofort Kurs auf das gesichtete Schiff, um es zu kapern. Die Formation seines Geschwaders zog sich noch weiter auseinander. In diesem Moment lief das Geschwader des Octavius mit äußerster Kraft gefechtsklar aus dem Hafen aus und griff unverzüglich an. Octavius war mit seinen Einheiten zahlenmäßig und an Gefechtsstärke überlegen. Vatinius nahm den Kampf an, ohne auf die Herstellung der Gefechtsformation zu warten, und suchte sofort den Enterkampf, in dem er sich überlegen glaubte. Mit seinem Flaggschiff, einer Quinquereme, gelang es ihm, Octavius' Flaggschiff, eine Quadrireme, zu rammen. Beide Schiffe verbohrten sich ineinander. Octavius' Quadrireme verlor ihren Rammsporn und sank. Er selbst konnte, verwundet, zunächst in ein Boot, das gleichfalls sank, und sodann auf seinen Aviso, ein myoparo *(Bell. Alex. 46),* übersteigen, mit dem er entkam. Auch die übrigen Einheiten des gegnerischen Geschwaders wurden in Enterkämpfe verwickelt, die bis zum Einbruch der Dunkelheit andauerten. Dem Geschwader des Octavius gelang es, sich vom Gegner zu lösen und auf Issa zurückzuweichen. Elf seiner Einheiten, eine Quinquereme, zwei Triremen und acht Biremen *(Bell. Alex. 47)*, waren vom Feind genommen worden. Vatinius war Sieger geblieben, obgleich seine taktische Ausgangsposition und sein Schiffsmaterial an Nachteilen nichts zu wünschen übrigließen. Den Sieg verdankte er nur der Tapferkeit und Kampferfahrung seiner Seesoldaten. Vatinius lief zunächst den Hafen von Tauris an und besserte Gefechtsschäden aus. Sodann ging er nach Issa in See. Stadt und Insel kapitulierten kampflos, während Octavius mit wenigen kleinen Fahrzeugen nach Africa flüchtete *(Bell. Alex. 47)*. Vatinius' Seesieg hatte das letzte feindliche Geschwader aus der Adria vertrieben und die Befriedung der Provinz Illyria ermöglicht.

Caesar war im Sommer des Jahres 47 v. u. Z. aus dem siegreich beendeten Krieg mit Pharnakes III., dem Sohn des Königs Mithradates VI., nach Rom zurückgekehrt. Nach dem Ordnen innenpolitischer Angelegenheiten bereitete Caesar den afrikanischen Feldzug vor. Das letzte Bollwerk seiner Gegner wurde von diesen nicht als Ausgangspunkt für die Rückeroberung Italiens genutzt. Obgleich den Republikanern dort zehn kriegsstarke Legionen mit etwa 35 000 Mann, Hilfstruppen und 10 000 Reiter neben einer Flotte zur Verfügung standen, die als Geleitsicherung mehr als ausgereicht hätte. Die Optimatenrepublik ging an ihrer eigenen Unfähigkeit zugrunde. Abgesehen von einigen Raids an den Küsten Siziliens und Sardiniens, entwickelte die in Africa stationierte Flotte von vielleicht 55 bis 60 Schlachtschiffen seit der Niederlage von Pharsalus im August 48 v. u. Z. keinerlei Aktivitäten.

Als die Schiffahrtssaison des Jahres 47 v. u. Z. bereits vorüber war, schiffte Caesar in Lilybaeum sechs Legionen in Stärke von etwa 25 000 Mann und 2 000 Reiter auf Transportern ein. Die Geleitsicherung übernahmen nach Rodgers etwa 40 bis 60 Kriegsschiffe, auf denen zusätzlich sieben Kohorten transportiert wurden. Die Landung erfolgte nach drei Seetagen, von der gegnerischen Flotte unbehindert, bei Hadrumetum (Sousse, Tunesien). Da die Schiffahrtssaison vorüber war, hatte die in Utica liegende Flotte der Republikaner vermutlich nicht mehr mit einer Invasion im Jahre 47 v. u. Z. gerechnet. Die Gegner Caesars verfügten in ihrem Hauptquartier in Utica neben der Flotte über acht und in der stark befestigten Hafenstadt Hadrumetum über zwei weitere Legionen neben einer kleinen Garnison in Thapsus, einem Hafen südöstlich von Hadrumetum. Da der größte Teil der Expeditionsflotte vom Kurs abgekommen war, konnte Caesar zunächst nur 3 000 Legionäre und 150 Reiter landen. Seine Aufforderung an den Kommandanten von Hadrumetum, C. Considius Longus, zu kapitulieren, wurde abgelehnt. Mit den schwachen gelandeten Streitkräften konnte Caesar die Stadt weder belagern noch nehmen. Er war gezwungen, sich einen anderen Stützpunkt zu suchen. Sein Marsch entlang der Küste führte nach Südosten über Ruspina, wo er landeinwärts ein festes Lager bei der heutigen Stadt El Monastir errichtete, nach Leptis Minor (b. El Moknin, Tunesien). Diese Hafenstadt kapitulierte. Dort erreichten ihn weitere Schiffe der Transportflotte mit Kavallerie. Er ließ zehn Kriegsschiffe einen Suchfächer bilden, um die restlichen Transporter aufzuspüren. Ein weiterer Verband wurde zu den Cercennae Insulae (Qerqena-Inseln, Tunesien) in Marsch gesetzt, um Versorgungsdepots der Republikaner auszuheben. Dieser Verband lief nach einigen Tagen mit großer Beute wieder in Leptis Minor ein. Wenige Tage später erreichten auch die vermißten Transporter diesen Hafen. Sie waren zunächst am Promunturium Mercurii (Rass Addar/Kap Bon) gelandet. Caesar beließ in Leptis Minor eine Garnison und kehrte in sein Lager bei Ruspina zurück. Das weitere Kriegsgeschehen spielte sich zu Lande ab. Die republikanische Flotte trat nicht in Erscheinung. Caesar verfügte über die Seeherrschaft. Seine Flotte organisierte einen fast perfekten Geleitdienst und brachte neben Nachschubgütern weitere zwei Legionen, leichte Infanterie und Kavallerie nach Africa.

Zu Beginn des Jahres **46 v. u. Z.** wurden erneut, wenn auch mit einer kleinen Verzögerung, zwei weitere Legionen und Versorgungsgüter von Sizilien nach Ruspina verschifft. Heer und Flotte belagerten und blockierten die Hafenstadt Thapsus. Erst nachdem Caesar in Africa ein Heer von 40 000 Legionären, 4 000 Reitern und starken Kontingenten leichter Infanterie zur Verfügung stand, machte die Flotte der Republikaner unter dem Kommando des Legaten M. Terentius Varro einen letzten Vorstoß *(Bell. Afr. 62)*. Mit 55 Kriegsschiffen lief sie aus Utica aus. Das Ziel war Hadrumetum. Da zu dieser Zeit die Flotte Caesars gerade ein Geschwader von 27 Einheiten zu einem Vorstoß nach Thapsus und einen weiteren Verband mit 13 Einheiten in das Seegebiet vor Hadrumetum entsandt hatte, nutzte Varro die Gelegenheit für einen nächtlichen Überraschungsangriff gegen die in Leptis Minor liegende Flotte Caesars und die dort ankernden Transporter, die er dann in Brand setzte. Zwei ohne Seesoldaten dort liegende Triremen konnte er erbeuten. Der Überfall dauerte nur etwa ein bis zwei Stunden, in denen Caesar aus dem etwa 10 km entfernten Hauptlager herbeieilte, mit den inzwischen alarmierten Flottensoldaten die Kriegsschiffe bemannte und sofort die Verfolgung des ablaufenden Gegners aufnahm. Seine Seestreitkräfte konnten eine der erbeuteten Triremen zurückerobern und 130 Mann der Prisenbesatzung gefangennehmen. Wegen starken Gegenwindes ankerte Caesar während der Nacht und setzte erst am nächsten Tag seinen Marsch nach Hadrumetum, wo er die Versorger der gegnerischen Flotte in Brand setzte, fort. Sein Gegner Terentius Varro hatte den Hafen noch am Vortage erreicht, unternahm jedoch gegen Caesars Angriff nichts. Obgleich Caesar 40 Schiffe seiner Seestreitkräfte zu Aufklärungsvorstößen delegiert hatte, soll die restliche Flotte nach Rodgers stärker gewesen sein als die gesamte Streitmacht Varros. Caesar soll im afrikanischen Feldzug nach Kromayer etwa 100 Kriegsschiffe eingesetzt haben. Unter dem Schutz dieser Flotte konnte er seinem Heer beständig und unbehindert Menschen und Material zuführen. Bei der Belagerung und Blockierung von Thapsus durch die Streitkräfte Caesars kam es zur Entscheidungsschlacht, in der Caesar siegte. Die Stadt kapitulierte. Auf seinem Wege nach Utica fiel auch Hadrumetum kampflos. In Utica mußte jedoch Caesar feststellen, daß die republikanische Flotte entkommen war. Caesar versegelte mit dem Flottengros nach Sardinien und von dort ohne Flotte nach Ostia, wo er zu Beginn des Sommers 46 v. u. Z. eintraf. Im afrikanischen Feldzug finden wir den für antike Verhältnisse bemerkenswerten Einsatz von Flotten im Winter. Dieser Bruch Caesars mit der antiken Marinetradition wird für seine Gegner einen nicht zu unterschätzenden Überraschungseffekt gehabt haben. Allem Anschein nach hatte Caesar diese Wirkung bei seiner strategischen Gesamtplanung berücksichtigt. In diesem Feldzug besaß er erstmalig eine klare Flottenüberlegenheit gegenüber seinen Gegnern.

Schon während der Kämpfe um Thapsus hatten die Republikaner einen Flottenverband unter Cn. Pompeius, dem ältesten Sohn des ermordeten großen Römers, über Mauretanien zu den Balearen entsandt. Er konnte die Inseln besetzen. Von dort versegelte er nach Spanien, wo sich meuternde Legionen gegen die Verwaltung Caesars im Aufstand befanden. Pompeius konnte in dieser Situation etliche Städte für sich gewinnen. Nova Carthago (Cartagena) wollte sich jedoch den Republikanern nicht anschließen. Pompeius blockierte und belagerte die Stadt. Auch das aus Utica ausgelaufene Gros der republikanischen Flotte, das nunmehr unter dem Befehl von L. Varus stand und nur 55 Einheiten zählte *(Bell. Afr. 62)*, wich nach Spanien aus *(Dio 43,30)*. Caesar beorderte daher einige Truppen und seine Flotte, mit der er in Sardinien lag, unter dem Befehl von Q. Didius nach Spanien, während er selber mit dem Heer nach Rom weitersegelte. Varus war mit seiner Flotte von Utica nach Südspanien marschiert. Nahe Carteia an der Südspitze der Iberischen Halbinsel kam es zu einem für beide Seiten verlustreichen Gefecht *(Florus 2,13)*, das für Didius siegreich endete. Varus zog sich in den Hafen von Carteia zurück, wo auch das Geschwader von Cn. Pompeius lag. Dieses bestand aus 30 leichten Einheiten, von denen die meisten keinen Rammsporn besaßen *(Bell. Afr. 23)*. Die republikanische Flotte wurde dort von Didius blockiert *(Dio 43,31)*. Bis zum Ende der Feindseligkeiten blieb die Restflotte der Republikaner in Carteia eingeschlossen. Caesar konnte seine in Spanien kämpfende Armee unbehindert über See mit allem Notwendigen versorgen. Im Dezember des Jahres 46 v. u. Z. traf Caesar selbst in Spanien ein, um die Landoperationen zu einem Abschluß zu bringen. Er siegte am 17. März **45 v. u. Z.** bei Munda, südwestlich von Corduba (Cordoba). Cn. Pompeius konnte zu seinem Geschwader nach Carteia entkommen. Er war bei Munda verwundet worden und versuchte nun, mit einem Geschwader von 30 Schiffen die Blockade zu brechen. Caesars Flottenchef Didius lag zu dieser Zeit mit seinem Gros bei Gades (Cadiz) und blockierte die Mündung des Flusses Baetis (Guadalquivir), um die Republikaner von jeder Seeversorgung abzuschneiden. Der Fluß war bis Corduba schiffbar. So gelang es Cn. Pompeius, aus Carteia auszulaufen. Jedoch war er übereilt in See gegangen. Sein Geschwader hatte kein Wasser mehr übernehmen können. Didius nahm sofort die Verfolgung mit seiner Flotte auf. Kavallerie und Infanterie wurden an die Küsten entsandt, um diese zu bewachen. Am vierten Tag nach dem Auslaufen war Pompeius gezwungen, Wasser zu übernehmen. Hierbei überraschte ihn Didius mit seiner Flotte. Durch einen Brander verlor Pompeius 20 Schiffe. Weitere wurden gekapert. Pompeius selbst entkam mit wenigen Leuten zu einem festen Platz, wurde dort aber überwältigt und getötet. Auch Didius starb nach seiner Landung von Hand lusitanischer Flüchtlinge.

Am 15. März 44 v. u. Z. wurde Caesar ermordet. Obgleich in den ersten Jahren des Bürgerkrieges maritim unterlegen, hatte er es verstanden, seine geringen Seestreitkräfte schwerpunktmäßig so einzusetzen, daß er entscheidende Niederlagen bei der Versorgung seiner Truppen, der Sicherung von Geleiten und in Seegefechten nicht hinnehmen mußte. Für kriegsentscheidende Seeschlachten war seine Flotte viel zu schwach gewesen. Seine Gegner besaßen bis zur Schlacht von Pharsalus die Seeherrschaft, wußten sie aber nicht zu nutzen. Die Gesamtflotte der Römer verfügte nach Kromayer im Jahre **44 v. u. Z.** über etwa 450 bis 500 Kriegsschiffe.

In der allgemeinen Verwirrung nach dem Tode des Alleinherrschers übernahm der Senat wieder die Staatsführung. Die Caesarmörder eilten in die ihnen noch von Caesar zugewiesenen Provinzen. D. Iunius Brutus nach Gallia cisalpina, M. Iunius Brutus nach Macedonia und C. Cassius Longinus nach Syria. M. Antonius, der die Testamentsvollstreckung an sich gerissen hatte, beanspruchte die Provinz des D. Iunius Brutus und eröffnete dort den Kampf. Caesar hatte testamentarisch seinen Neffen C. Octavius zum Erben eingesetzt und adoptiert. Dieser nahm nunmehr den Namen Caius Iulius Caesar Octavianus an. Der kurz Octavianus/Octavian genannte, in der Folge vom Senat mit dem Ehrennamen Agustus ausgezeichnete spätere Kaiser stellte sich mit einem selbst angeworbenen Heer dem Senat zur Verfügung. Er erzwang durch einen Marsch auf Rom die Verurteilung der Caesarmörder und für sich das Konsulat. Am 11. November 43 v. u. Z. stellte er sich gegen den Senat und verband sich mit M. Antonius und M. Aemilius Lepidus zum zweiten Triumvirat.

Bereits im Juni des Jahres **43 v. u. Z.** hatte der Senat Sextus Pompeius, dem jüngsten Sohn des ermordeten Cn. Pompeius Magnus, das Flottenoberkommando übertragen. Sex. Pompeius, der nach Nordspanien entkommen war, hatte bereits zu Lebzeiten Caesars in Spanien zahlreiche Legionen und ein Geschwader aufgestellt und seinen Privatkrieg gegen Caesar fortgesetzt. Zur Zeit des Todes Caesars beherrschte er die Iberische Halbinsel. Im Zeitpunkt der Übernahme des Flottenkommandos befand er sich mit seinem Geschwader und eingeschifften Truppen in Massilia, um die Ereignisse zu beobachten *(Appian, Bell. Civ. 4,84)*. Als dann das Triumvirat errichtet wurde, übernahm er auf Anweisung des Senats auch das Geschwader in Massilia und versegelte mit diesem und seinen eigenen Seestreitkräften zur Getreideprovinz Sizilien, die er in seinen Einflußbereich einbezog. Vom Senat mit einem Seeimperium ausgestattet, wie einst sein Vater zur Zeit des Seeräuberkrieges, hatte er alle römischen Seestreitkräfte des westlichen Mittelmeeres zusammengezogen und zahlreiche Neubauten auf Stapel legen lassen *(Appian, Bell. Civ. 4,84 und 85; Dio 48,17)*.

Im Krieg gegen die Caesarmörder (43—42 v. u. Z.) und den mit ihnen verbündeten Sex. Pompeius wandte sich M. Antonius zunächst allein gegen M. Iunius Brutus. Im Frühjahr **42 v. u. Z.** schiffte er von seinen nach Brundisium beorderten Legionen acht nach Epirus ein, um von dort nach Makedonien zu marschieren. Brutus befand sich jedoch nicht in seiner Provinz, sondern bei Cassius in Syrien. Nachdem Sex. Pompeius seine Herrschaft über Sizilien gefestigt hatte, begann er mit seinen Seestreitkräften die Küsten des italischen Festlandes zu verwüsten und die Getreidezufuhr zu unterbinden. Ein Versuch Octavians, mit einem Heer Sizilien zurückzugewinnen, scheiterte. Ein in die Messinastraße entsandtes Geschwader unter Q. Salvidienus Rufus, das den Übergang des Heeres sichern sollte, wurde in ein Gefecht mit den Seestreitkräften von Sex. Pompeius verwickelt, das unentschieden ausging. Rufus bezog eine Position, aus der heraus er den Gegner in Messana beobachten und bewachen konnte. Doch als Octavian mit dem Heer in Rhegium ankam, wurde er von Antonius nach Brundisium gerufen. Er verzichtete auf den sizilianischen Feldzug und wandte sich dem Osten zu *(Appian, Bell. Civ. 4,85; Dio 48,18; 47,36)*.

Brutus und Cassius waren nur mit geringen Seestreitkräften in ihren Provinzen angekommen *(Cicero, Att. 16,1 und 4)*. Sie hatten jedoch im Osten eine starke Rüstung betrieben. So ließ Brutus in Bithynien und in der Provinz Asia in Cyzicus eine Flotte erbauen und ausrüsten *(Plutarch, Brut. 28)*. Sie waren entschlossen, den Senat und damit die Republik zu unterstützen. Die Herrschaft des Triumvirates in Italien betrachteten sie als illegitim. Brutus hatte die römischen und verbündeten Seestreitkräfte aus dem Schwarzen Meer in das Mittelmeer beordert. Er führte Operationen in Lykien mit dem Ziele durch, die dortigen Seestreitkräfte für sich zu gewinnen. Seine gesamte Flotte konzentrierte er dann in Abydus am Hellespont auf dem asiatischen Ufer gegenüber von Sestus, wohin auch die in Lykien erbeuteten Kriegsschiffe beordert wurden. Brutus und Cassius beabsichtigten, mit einem Heer nach Europa überzusetzen *(Appian, Bell. Civ. 4,82)*. Zur gleichen Zeit forderte Cassius Rhodos auf, ihn mit der Flotte zu unterstützen und ihm Kriegsschiffe zuzuführen. Die Rhodier lehnten ab. Es kam zum Kampf. Cn. Cornelius Dolabella hatte im Auftrage des Triumvirates und mit Unterstützung von Rhodos *(Appian, Bell. Civ. 4,60)* in der Provinz Asia Seestreitkräfte zusammengezogen und wandte sich damit gegen Cassius in Syrien. Diese Flotte war durch ägyptische Einheiten verstärkt worden *(Dio 47,30)*. Bei Laodicea (Lattakie/El Ladhaqiye, Syrien) kam es im Jahre 42 v. u. Z. zu einem ersten Gefecht, in dem Cassius eine Niederlage erlitt. Mehrere Schiffe seiner Flotte wurden versenkt, fünf weitere mit ihren Besatzungen von Dolabella erbeutet *(Appian, Bell. Civ. 4,61)*. Nachdem Cassius seine Flotte durch Einheiten aus phönizischen und zyprischen Häfen ergänzt hatte, kam es zu einer zweiten Schlacht, in der Cassius durch den Einsatz von Brandern den größten Teil von Dolabellas Flotte vernichtete *(Frontin, Strat. 4,7)*.

Nach diesem Seegefecht lief die rhodische Flotte mit 33 Einheiten aus Cnidus aus und griff Cassius' Flotte, die etwa 80 Einheiten zählte, vor Myndus an *(Appian, Bell. Civ. 4,71 und 72)*. Der ungleiche Kampf endete mit einem Sieg der Römer. Die Rhodier verloren fünf Schiffe. Drei wurden von Cassius erbeutet, zwei versenkt. Die restlichen rhodischen Schiffe zogen sich nach Rhodos zurück *(Appian, Bell. Civ. 4,71)*. Nachdem Cassius in Myndus Gefechtsschäden ausgebessert hatte, versammelte er auf dem Festland gegenüber von Rhodos ein Heer und überführte es auf Transportern zur Insel. Seine Flotte blockierte Rhodos, während das Heer die Stadt belagerte. Die rhodische Flotte lief zu einem letzten Gefecht aus, in dem sie unterlag *(Appian, Bell. Civ. 4,72)*. Rhodos öffnete durch Verrat die Tore. Cassius bemächtigte sich des Staatsschatzes, ließ aber, vermutlich aus Mangel an Rojern, die noch im Hafen und in den Schiffshäusern liegenden nicht in Dienst befindlichen Einheiten, es waren über 30 Kriegsschiffe *(Appian 5,2)*, zusammen mit den Resten der aktiven Flotte verbrennen.

Es gelang Cassius nicht, Kleopatra, die Königin von Ägypten, mit ihrer Flotte für sich zu gewinnen. Kleopatra entschloß sich, das Triumvirat zu unterstützen. Sie hatte einen ägyptischen Flottenverband, nach Kromayer ewa 50 bis 60 neuerbaute Einheiten, über Libyen und Kreta nach Brundisium beordert, um dort Geleitsicherung zu fahren. Auf dem Anmarsch geriet der Verband jedoch vor der libyschen Küste in einen Sturm und mußte nach Ägypten zurückkehren. Um die ägyptischen Seestreitkräfte abzufangen, hatte Cassius seinerseits eine Kampfgruppe von 60 Kriegsschiffen mit einer Legion an Bord unter dem Kommando seines Seebefehlshabers L. Statius Murcus zum Promunturium Taenarum (Kap Tainaron), dem südlichsten Punkt der Halbinsel Peloponnesos, in Marsch gesetzt *(Appian, Bell. Civ. 4,74)*. Murcus erhielt dort die Nachricht von den großen Sturmschäden, die der ägyptische Verband erlitten hatte, und erfuhr, daß dieser nach Ägypten zurückgekehrt war. Daraufhin versegelte Murcus mit seinen Seestreitkräften nach Brundisium, besetzte die den Hafenkanal beherrschende Insel Barra und verhängte die Blockade *(Appian, Bell. Civ. 4,82)*. Diese enge Blockade war sofort wirksam und um so bedrohlicher, weil Brutus und Cassius alle Vorbereitungen abgeschlossen hatten, um mit dem Heer von Asien nach Europa überzusetzen.

Octavian hatte mit seinem an der Messinastraße liegenden Geschwader, die Meerenge meidend, Sizilien umschifft und war vor Brundisium erschienen *(Appian, Bell. Civ. 4,86)*. Auch waren auf dem Landwege mehrere Legionen aus Calabrien eingetroffen. Aufgrund dieser veränderten Lage war Murcus gezwungen, die Insel Barra zu räumen und seine Blockadeflotte weiter von der Hafeneinfahrt abzusetzen *(Appian, Bell. Civ. 4,82)*. Octavian konnte sein Geschwader mit den in Brundisium liegenden Kriegsschiffen des Antonius vereinen. Doch selbst die vereinigten Seestreitkräfte waren zu schwach, um Murcus in offener Seeschlacht schlagen zu können. Da jedoch die enge Blokkade nicht wieder aufgenommen wurde, gelang es manchem Blockadebrecher, die Adria zu kreuzen und Versorgungsgüter für die Streitkräfte von Antonius nach Makedonien zu bringen. Auch muß der Durchbruch bei günstigem Wind ganzen Transportflotten gelungen sein, denn schließlich hatten Antonius und Octavian statt der ursprünglichen acht weitere zwölf Legionen, also insgesamt 20 Legionen, in Makedonien stehen. Zur Verstärkung der Blockadeflotte wurde L. Domitius Ahenobarbus mit einem Geschwader von 50 Einheiten und einer Legion nach Brundisium entsandt. Weitere Verstärkungen trafen ein. Schließlich lag eine Flotte von 110 Schlachtschiffen und 20 leichteren Einheiten vor Brundisium, um den Nachschub für die Makedonienarmee zu unterbinden. Der Landkrieg strebte nunmehr einer Entscheidung zu. Antonius und Octavian befanden sich beim Heer in Makedonien, das dem gegnerischen Heer unter Cassius und Brutus entgegenmarschierte. Letzteres hatte den Hellespont überquert und bewegte sich, an der Küste von einer von Kriegsschiffen gesicherten Versorgungsflotte begleitet, mit 20 000 Reitern und 19 Legionen nach Westen. Da Cassius und Brutus nach Appian *(Bell. Civ. 4,133)* etwas über 200 Kriegsschiffe zur Verfügung hatten und davon 130 vor Brundisium operierten *(Appian, Bell. Civ. 4,115)*, standen in der Ägäis noch etwa 70 Einheiten zur Verfügung. Kromayer nimmt 50 bis 60 Kriegsschiffe in diesem Seeraum an, da kleinere Verbände in Kreta, Kleinasien und Syrien zurückgeblieben waren. Die Insel Thasus (Thasos) diente dem Heer als Umschlagplatz für Versorgungsgüter. Seestreitkräfte des Triumvirates erschienen in der Ägäis nicht, da man sie in Brundisium wirkungsvoll blockierte. Unter Cn. Domitius Calvinus wurde ein neuer Blockadebruch versucht. Er hatte mehr als zwei Legionen und Kavallerie auf Transportern eingeschifft, die nur von Triremen eskortiert waren. Die Blockadeflotte unter Murcus und Ahenobarbus sichtete das Geleit und griff mit ihren schweren Einheiten an. Die schwachen Sicherungskräfte waren schnell ausgeschaltet. 17 Triremen wurden geentert und erbeutet. Die Transporter nahmen eine taktisch interessante Defensivformation ein. Sie laschten partieweise Schiff an Schiff, so daß das ganze Geschwader mehrere Verteidigungsplattformen bildete, auf der die eingeschifften Legionäre zum Kampf antraten. Als Gegenmaßnahme verschossen nun jedoch die gegnerischen Kriegsschiffe Brandpfeile, so daß die Transporter gezwungen waren, die Leinen loszuwerfen, weil ausbrechende Brände sonst das ganze Geschwader vernichtet hätten. Die nunmehr wieder einzeln kämpfenden Transportschiffe wurden schnell von den angreifenden Kriegsschiffen geentert. Mangels ausreichend starkem Wind gelang es nur wenigen Transportern zu entkommen. Zahlreiche Schiffe fielen den Bränden zum Opfer. Die meisten jedoch kapitulierten. Calvinus selbst konnte entkommen und erreichte nach fünf Tagen Brundisium. Dieser schwere Schlag gegen die Truppenzuführung und Versorgung der bei Neapolis in Makedonien stehenden Armee des Triumvirates dürfte die Entschlossenheit zur Entscheidungsschlacht bei Antonius und Octavian verstärkt haben. Ihre Gegner Cassius und Brutus standen mit ihrer Armee in Neapolis nur 20 Meilen (30 km) von ihren Versorgungsdepots auf Thasos entfernt. Auch hier erfolgte bei den Landkämpfen erneut, wie zuletzt bei Dyrrhachium im Jahre 48 v. u. Z., der Einsatz der Flotte für die Durchführung einer überholenden Landung. Ein Legat Octavians hatte durch die Sperrung des Korpillischen Passes dem republikanischen Heer den Weg nach Philippi verlegt. Cassius und Brutus ließen eine Legion und Bogenschützen von ihren Seestreitkräften im Rücken des Gegners landen und zwangen ihn so, sich von dem Paß zurückzuziehen *(Appian, Bell. Civ. 4,102–104)*. Die Schlacht bei Philippi im Oktober/November des Jahres 42 v. u. Z. brachte nicht nur für Cassius und Brutus die Niederlage, sondern beide beendeten ihr Leben durch Selbstmord.

Doch die Flotte der Republikaner blieb intakt. Nach Kromayer soll sie nach der Schlacht von Philippi noch 300 bis 400 Einheiten gezählt haben. Die Freude über den Landsieg wurde durch die fast völlige Vernichtung der Seestreitkräfte in Brundisium überschattet. Nach der Schlacht bei Philippi griff L. Domitius Ahenobarbus mit einer Flotte von 70 Einheiten und Brandern den Hafen Brundisium an und vernichtete alle dort liegenden Kriegsschiffe der Triumvirn *(Appian 5,26)*. Nach Kromayer sollen es etwa 60 Einheiten gewesen sein. Ahenobarbus verblieb mit seiner Flotte, die durch einen Teil der 17 erbeuteten Triremen verstärkt worden sein dürfte, und zwei Legionen in der Adria. Er verwüstete die Küsten Italiens. Murcus war nach der Schlacht von Philippi mit 80 Kriegsschiffen *(Appian, Bell. Civ. 4,86)*, denen später weitere folgten *(Appian 5,25)*, und zwei Legionen nach Sizilien gegangen und hatte sich Sex. Pompeius angeschlossen. Desgleichen versegelte der Befehlshaber des republikanischen Ägäisgeschwaders, Cassius Parmensis, mit 30 Einheiten und einigen Truppen nach Sizilien zu Sex. Pompeius *(Appian 5,2)*. Weitere republikanische Flüchtlinge trafen bei ihm ein, so Clodius mit 13 Schiffen *(Appian 5,2)*, Turulius mit einer unbekann-

216

ten Zahl von Schiffen, Cicero und andere Flüchtlinge *(Appian, Bell. Civ. 4,102 und 136; Dio 48,19).* Nach Velleius *(2,77)* soll sich die Flottenstärke des Pompeius im Jahre 42 v. u. Z. verdoppelt haben. Kromayer gibt die Schiffszahl mit 250 Segeln an.

Mit der Schlacht von Philippi endete die republikanische Senatsherrschaft. Im Jahre **40 v. u. Z.** erschien Antonius mit einer Flotte von 200 Schiffen aus Ägypten in Italien *(Plutarch, Ant. 30).* Das Triumvirat verteilte unter sich die Verwaltungsbereiche neu. Lepidus behielt Africa, Antonius erhielt den Osten und Octavian den Westen. Das Seeimperium des Sex. Pompeius im Tyrrhenischen Meer wurde ausdrücklich im Jahre **39 v. u. Z.** durch den Vertrag von Misenum anerkannt. Sein Herrschaftsbereich umfaßte die Inseln Sizilien, Sardinien und Korsika und die griechische Landschaft Achaia. Er übernahm die Verpflichtung, Rom mit Getreide zu versorgen und die Seeräuberei einzustellen *(Dio 48,38; Appian 5,73).* Octavian hatte in den Jahren von 39 bis 38 v. u. Z. die Flottenrüstung an der Adria und am Tyrrhenischen Meer *(Appian 5,78 und 80)* nachdrücklich betrieben und nach Kromayer etwa 150 bis 200 Kampfeinheiten neu erbauen lassen. Nach Rodgers soll die Flotte des Sex. Pompeius im Jahre 39 v. u. Z. etwa 200 Einheiten gezählt haben.

Der Unterfeldherr und Seebefehlshaber Menodoros, der für Sex. Pompeius Sardinien und Korsika verwaltete und drei Legionen und ein Geschwader von 60 Kriegsschiffen befehligte, war nach Abschluß des Vertrages von Misenum zu Octavian übergegangen *(Orosius 6,18).* In diesem Übertritt sah Sex. Pompeius eine Kriegshandlung gegen seinen Herrschaftsbereich, griff mit der Flotte die Küsten Italiens an und stellte die Getreideversorgung ein. Der italische Seehandel wurde durch Kaperschiffe geschädigt, wo immer dies möglich war. Auch das Triumvirat betrachtete den Vertrag von Misenum als gegenstandslos. Octavian bat Antonius, nach Brundisium zu kommen, und sandte einen Hilferuf an Lepidus nach Africa. Die in Ravenna liegende Flotte erhielt Befehl, nach Brundisium in See zu gehen. Menodoros erhielt Anweisung, mit seinem Geschwader einen Hafen der etruskischen Küste anzulaufen und sich dort mit Seestreitkräften Octavians zu vereinigen. Schiffsneubauten wurden in Ostia und Ravenna auf Stapel gelegt und Truppen aus Gallien und Illyrien nach Italien in Marsch gesetzt. Octavian beabsichtigte, mit Billigung des Antonius seine Kräfte in Brundisium und am Golf von Neapel zu konzentrieren, um aus diesen beiden Basen heraus den Krieg gegen Sex. Pompeius zu führen.

Im Juli des Jahres **38 v. u. Z.** begann Octavian seinen Feldzug zur Eroberung von Sizilien. Unter L. Cornificius hatte er seine Adria-Flotte von Ravenna nach Brundisium verlegt. Er ließ sie sodann über Tarentum nach Rhegium auslaufen. Die in Ostia versammelte Flotte war unter dem Befehl von C. Calvisius Sabinus und Menodoros nach Neapel beordert worden. Seine Flotten sollten die Seeherrschaft des Sex. Pompeius brechen, damit er selbst mit seinem in Rhegium versammelten Heer die Messinastraße überqueren konnte. Sex. Pompeius entsandte eine Flotte von – nach Rodgers – 100 Einheiten unter seinem Seebefehlshaber Menekrates nordwärts, um die gegnerische Flotte vor Neapel anzugreifen. Er selbst blieb mit einem Geschwader von nur 40 Schiffen vor Rhegium liegen, um weiterhin die Straße von Messina zu sperren. Als Calvisius die von Süden heransegelnde gegnerische Flotte sichtete, verließ er mit seiner Flotte den Golf von Neapel und zog sich nordwärts um das Kap Misenum herum bis vor die campanische Küste bei Cumae zurück. Menekrates ankerte während der Nacht im Schutze der Insel Aenaria (Ischia). Bei Tagesanbruch hatte Calvisius seine gefechtsbereite Flotte, mit einem Flügel unter Menodoros an die Küste angelehnt, um einen Durchbruch zu verhindern, in Dwarslinie formiert. Menekrates, der am rechten Flügel kommandierte, griff an. Der landseitige Flügel, auf dem Menodoros befehligte, wurde von Menekrates gegen die Küste gedrückt, wo die meisten Schiffe kaum noch manövrieren konnten. Schiffe, deren Mannschaften abgekämpft waren, zog Menekrates aus der Linie zurück und ersetzte sie durch neu ins Gefecht geführte Einheiten. Menodoros hatte jedoch höher gebaute Schiffe und konnte so aus seiner überhöhten Stellung viele Angriffe abwehren. Beim Kampf der beiden Flaggschiffe verlor das des Menodoros den Rammsporn und das des Menekrates die Riemen. Beide Admiräle wurden verwundet. Schließlich konnte Menodoros das Schiff seines Gegners entern und das Flaggschiff erbeuten. Da Menekrates einen Speer mit Widerhaken durch das Bein bekommen hatte, den man nicht im Gefecht entfernen konnte, ertrank er nach dem Überbordspringen. Auf dem linken Flügel der Pompeianer kommandierte der Vizeadmiral Demochares. Ihm gegenüber, auf dem rechten Flügel der Flotte Octavians, befehligte Calvisius. Er konnte einige gegnerische Schiffe vom Gros abschneiden und sie in Richtung See abdrängen. Demochares andererseits schlug die verbliebenen Schiffe von Calvisius' rechtem Flügel in die Flucht. Einige liefen auf, andere wurden in Brand gesetzt. Das Gefecht verlief unentschieden. Die pompeianische Flotte trug zwar nur geringe Gefechtsschäden davon, doch der Tod ihres Admirals traf sie schwer. Sie lief nach Sizilien ab *(Appian 5,81 bis 84; Dio 48,46).* Calvisius blieb mit seiner Flotte zunächst vor Cumae auf Position, bis er von dem Eintreffen seiner Gegner in Sizilien erfuhr. Er besserte Gefechtsschäden aus und ging sodann nach Rhegium in See.

In Tarentum hatte Octavian selbst den Oberbefehl über die Flotte des Cornificius übernommen. Er marschierte nach Rhegium, wo sein Heer lag, um sich dort mit der Flotte des Calvisius zu vereinigen. Doch zögerte er, das mit 40 Einheiten in Messana liegende Geschwader des Sex. Pompeius anzugreifen *(Appian 5,84).* Doch bevor Calvisius eintraf, erschien die nach dem Seetreffen bei Cumae auf Sizilien zurückweichende, voll kampfbereite gegnerische Flotte. Nach

Rodgers verfügte Sex. Pompeius zu dieser Zeit vielleicht über 130 Kriegsschiffe. Octavian, der mit seiner Flotte ausgelaufen war, um sich mit Calvisius zu vereinen, sichtete statt seiner die gegnerische Flotte. Auch Sex. Pompeius war ihm mit seinem Geschwader von Messana aus gefolgt. Der Gesamtflotte von Pompeius war Octavian mit seiner Teilflotte unterlegen. Pompeius konnte etwa die doppelte Zahl von Einheiten ins Gefecht führen *(Appian 5,85; Dio 48,47)*. Kromayer gibt die Gesamtseestreitkräfte beider Parteien zu diesem Zeitpunkt mit je 200 bis 250 Einheiten an. Als Octavian sah, daß eine Schlacht unvermeidlich war, ging er vor Scylletium (Scilla) gegenüber von Messana zu Anker. Den Bug seiner schwerfälligen und langsamen Schiffe drehte er in Richtung See, nahm also eine Schlachtordnung ein, die der von Drepanum im Jahre 249 v. u. Z. nicht unähnlich war und mit der in der letzten Phase der Schlacht schon P. Claudius Pulcher so schlechte Erfahrungen gemacht hatte. Demochares ließ seine Flotte angreifen und befahl, jedes Schiff auf Octavians Flügel – den anderen befehligte Cornificius – mit zweien seiner eigenen Flotte von Back- und Steuerbord anzugreifen und zu entern. Diese Taktik war erfolgreich. Die Schiffe Octavians wurden gegen die Felsen und gegeneinander geworfen und schlugen leck. Cornificius dagegen änderte sein taktisches Konzept, ließ die Ankerkabel kappen und griff mit seinem Flügel Demochares an. Er konnte dessen Flaggschiff kapern. Doch Octavians Flotte war einer Niederlage nahe. Nur das Aufkommen der Flotte des Calvisius verhinderte den vollständigen Sieg der Pompeianer *(Appian 5,86 ff.; Dio 48,47)*. Am nächsten Tag verlor Octavian mehr als die Hälfte seiner von der Schlacht sehr mitgenommenen Einheiten in einem Sturm *(Appian 5,84–87 und 90 und 92; Dio 48, 46–48)*, dem sich Pompeius rechtzeitig durch das Einlaufen in Messana entziehen konnte *(Sueton, Aug. 16)*. Die Reste der Flotte Octavians suchten in Hipponium am Golf von Vibo (Vibo Valentia) Schutz.

Der erste Versuch, die Getreideprovinz Sizilien zu erobern, war fehlgeschlagen. Sex. Pompeius, der »Seekönig«, hatte seinem Beinamen Ehre gemacht. Octavian forderte nunmehr Antonius auf, ihm mit den Seestreitkräften des Ostens zur Hilfe zu eilen. Antonius verfügte über mindestens 200 Kriegsschiffe. Mit einer solchen Flotte war er schon im Jahre 40 v. u. Z. in Italien erschienen *(Plutarch, Ant. 30)*. Das Jahr 38 v. u. Z. neigte sich überdies dem Ende zu, und das Triumvirat verlor im Jahre 37 v. u. Z. seine vertragliche Grundlage. So wurde dann gegen Ende des Jahres das Triumvirat auf fünf Jahre erneuert. Antonius verpflichtete sich, Seestreitkräfte an Octavian zu überstellen, und Octavian zeigte sich bereit, dafür Legionen an Antonius abzugeben, damit dieser seinen Krieg gegen die Parther fortsetzen konnte. Im Jahre 38 v. u. Z. sollen die Gesamtflotten der Römer nach Kromayer über 700 bis 800 Kriegsschiffe verfügt haben. Von der Flotte Octavians ging jedoch mehr als die Hälfte in diesem Jahr durch Schiffbruch verloren *(Appian 5,84–87 und 90; Dio 48,46–48)*.

Das Jahr **37 v. u. Z.** stellte die Wende im Seekrieg zwischen Octavian und Sex. Pompeius dar. Octavian begann, ein großes Flottenbauprogramm zu verwirklichen *(Dio 48,49)*. Das Schicksal stellte einen Mann an seine Seite, der nicht nur militärische Begabung besaß, sondern darüber hinaus die Eigenart der Seekriegführung genial erfaßt hatte und seehaft denken konnte. Zugleich war er ein hervorragender Organisator, Stratege und Taktiker. Marcus Vipsanius Agrippa (Bild 1) hatte die Bedeutung der Seemacht erkannt und handelte entsprechend. Zunächst als Bau- und Exerziermeister begann er sein Werk. Im Lucriner- und Avernersee, zwischen Cumae und Puteoli am Golf von Neapel, baute er einen speziellen Kriegshafen für die römische Flotte, Portus Iulius genannt, mit Werften und Arsenalen. Im Jahre 37 v. u. Z. ließ Agrippa insbesondere einen Großkampfschiffstyp auf Stapel legen; hochbordig, durch einen hölzernen Gürtelpanzer gegen Rammspornstöße der Gegner geschützt, mit Kampftürmen und Schleudergeschützen versehen. Der Avernersee war sein Exerzierplatz. Dort bildete er in unermüdlicher Kleinarbeit Offiziere und Mannschaften aus und ließ die Schiffe einfahren. Um den außerordentlich hohen Personalbedarf zu decken, gab Octavian 20 000 Sklaven die Freiheit unter der Bedingung, Flottendienst zu leisten.

Die Römer besaßen im gesamten Mittelmeer im Frühjahr **36 v. u. Z.** nach Kromayer etwa 1 100 Kriegsschiffe. Beide Bürgerkriegsparteien hatten ein umfangreiches Bauprogramm durchgeführt. Octavian brachte seine eigene Flotte durch Neubauten in ganz Italien *(Dio 48,49)* in etwa zwei Jahren nach Kromayer wieder auf einen Schiffsbestand von 350 bis 400 Einheiten, nachdem durch Stürme im Jahre 38 v. u. Z. seine Seestreitkräfte um mehr als die Hälfte reduziert worden waren. Nachdem L. Domitius Ahenobarbus mit seiner Flotte von mehr als 70 Schiffen *(Appian 5,26 und 50)* zu Antonius übergegangen war, zählte allein die in Ägypten stationierte Flotte über 300 Kriegsschiffe, mit denen Antonius auch im Mai des Jahres 37 v. u. Z. in Tarentum erschienen war *(Plutarch, Ant. 35; Appian 5,93)*. Von diesen Seestreitkräften hatte er im Jahre 36 v. u. Z. eine Flotte von 130 Einheiten unter T. Statilius Taurus *(Appian 5,98)* nach Tarentum entsandt und Octavian gemäß den getroffenen Vereinbarungen zur Verfügung gestellt. M. Aemilius Lepidus, der als Triumvir in der Provinz Africa regierte, standen 70 Einheiten zur Verfügung *(Appian 5,98)*.

Octavians Gegner, Sex. Pompeius, war zahlenmäßig weit unterlegen. Selbst wenn er, wie Kromayer annimmt, etwa 100 Neubauten von 38 bis 36 v. u. Z. fertigstellen konnte, kam er nach Florus *(2,18)* auf nur 350 Kampfeinheiten. Danach hatten beide Parteien im Jahre 38 v. u. Z. um Sizilien etwa 900 bis 950 Kriegsschiffe versammelt. Pompeius konzentrierte jedoch seine Seestreitkräfte nicht auf einen Stützpunkt, sondern verteilte sie nach Appian *(5,92)* an den Küsten ganz Siziliens, auf die Liparischen Inseln und die Insel Cossura (Pantelleria), die er auch besetzt hielt. Seine Hauptflotte mit den kampfkräftigsten Einheiten lag in

Messana mit – nach Kromayer – etwa 300 Einheiten in Bereitschaft *(Folgerung aus Appian 5,105–106 und 109 bis 110).*

Am 1. Juli des Jahres 36 v. u. Z. begannen die Operationen. Die Flotte Octavians war gezwungen, zunächst die Seeherrschaft zu erkämpfen, bevor das Herr die Messinastraße überqueren konnte. Sex. Pompeius konzentrierte neben seinem Flottengros auch sein Heer von insgesamt acht Legionen, bis auf eine Legion, die Lilybaeum besetzt hielt, in Messana. Zunächst konnte Lepidus an einem Tage von Utica nach Sizilien versegeln. Seine Flotte von 70 Einheiten erreichte die Insel mit zwölf auf einer Transportflotte eingeschifften Legionen mit nur geringen Ausfällen *(Appian 5,98).* Er konnte zwar Lilybaeum nicht nehmen, doch, ohne auf Widerstand zu stoßen bei der Seefestung, die in den Punischen Kriegen eine so große Rolle gespielt hatte und nach wie vor für die Beherrschung des westlichen Mittelmeeres strategische Bedeutung besaß, landen. Mehrere benachbarte Städte wurden von den Legionen des Lepidus besetzt.

Das ägyptische Flottenkontingent unter Statilius Taurus konnte nur mit 102 Einheiten aus Tarentum auslaufen. Eine Seuche hatte den Mannschaftsbestand so stark dezimiert, daß er nicht in der Lage war, die restlichen voll gefechtsbereiten Schiffe zu bemannen *(Appian 5,98).*

Vom Norden nahte die aus Portus Iulius mit 350 bis 400 Einheiten ausgelaufene Flotte Octavians. Sein Heer bestand aus 21 Legionen, so daß er mit den zwölf des Lepidus über insgesamt 33 Legionen verfügte, denen Sex. Pompeius nur acht entgegenstellen konnte, die zudem, wie auch ein großer Teil seiner Marinemannschaften, aus entlaufenen Sklaven bestanden. Pompeius' strategische Planung sah vor, unter allen Umständen eine Landung des feindlichen Hauptheeres auf Sizilien durch den Einsatz seiner Flotte zu verhindern.

Der Beginn der Offensive Octavians stand unter einem ungünstigen Stern. Ein orkanartiger Südsturm erhob sich, unter dem die mit Südostkurs marschierende Flotte schwer zu leiden hatte. Mit dem Verlust nur eines Schiffes konnte jedoch das Spitzengeschwader Velia (bei Ascea, Italien) als Nothafen anlaufen. Doch während der Nacht drehte der Wind, und es gingen weitere Schiffe verloren. Die Nachhut der Flotte hatte das südliche Kap am Golf von Neapel, das Promunturium Minervae (Punta Campanella), noch nicht gerundet und litt schwer unter dem Sturm. Die Seestreitkräfte verloren sechs Schlachtschiffe und 26 leichtere Einheiten neben etlichen Liburnen. Die Ausbesserung der Sturmschäden dauerte einen Monat. Erst dann war die Flotte in der Lage, ihren Kriegsmarsch nach Strongyle (Insel Stromboli) fortzusetzen, wo Agrippa das Kommando übernahm. Die aus Tarentum ausgelaufene Flotte konnte den gleichen Sturm ohne Verluste abwettern, kehrte aber wieder in ihren Stützpunkt zurück, als sie Meldung von der Unterbrechung des Kriegsmarsches der Hauptflotte erhielt. Agrippa setzte die Mannschaften der im Sturm verlorengegangenen Einheiten auf dem Landwege nach Tarentum in Marsch *(Appian 5,99; Dio 49,1).* Dort bemannten sie die außer Dienst gestellten 28 Einheiten, so daß Statilius Taurus mit seiner gesamten Flotte von 130 Schiffen erneut in See gehen konnte. Zwischenzeitlich ließ Sex. Pompeius ein Geschwader unter Papias in den Seeraum zwischen Sizilien und Afrika vorstoßen. Diesem Geschwader gelang es, einen Truppentransport abzufangen. Auf Transportern waren vier weitere Legionen des Lepidus auf dem Wege nach Sizilien. Es gelang, den Geleitzug zu zersprengen, da die Geleitsicherung völlig versagte *(Appian 5,106 ff.).* Das halbe Geleit, mit zwei Legionen und Nachschub an Bord, wurde versenkt. Die restlichen Transporter kehrten nach Afrika zurück. Nach diesem eindrucksvollen Erfolg seiner Seestreitkräfte entsandte Pompeius Menodoros, der ein zweites Mal die Seiten gewechselt hatte, mit sieben Schiffen zu einem Aufklärungsvorstoß in den Golf von Neapel *(Appian 5,100; Orosius 6,18).* Menodoros, ein Ephialtes der See, hatte jedoch die Absicht, ein drittes Mal die Seiten zu wechseln und Octavian seine Dienste erneut anzubieten. Er erreichte, aus Messana auslaufend, den Golf von Neapel in drei Tagen. Es gelang ihm, einige Vorposten- und Wachboote zu kapern und zahlreiche Handelsschiffe zu zerstören. Sodann nahm er Verbindung mit Kommandostellen an Land auf und bot seinen Übertritt an. Dieser wurde akzeptiert. Er durfte mit seinen sieben Schiffen unter Agrippa dienen, doch bekam kein Kommando wieder, sondern wurde geheim überwacht. Etwa im August verließ Octavian Neapel und begab sich nach Vibo (Vibo Valentia). M. Valerius Messala erhielt Befehl, mit zwei Legionen in Sizilien zu landen. Zur gleichen Zeit verließ Statilius Taurus mit seiner Flotte und einem Heer Tarentum. Agrippa erhielt den Auftrag, ein Aufklärungsgeschwader zu den Liparischen Inseln und entlang der Nordostküste Siziliens zu entsenden. Octavian hatte erfahren, daß sowohl die Inseln als auch alle Städte der Nordküste von Pompeius besetzt waren. In der Bucht von Vibo lag Octavians Flottengros. Er selbst schiffte sich dort Anfang August ein. Etwa ein Drittel seiner Flotte ging unter dem Kommando von Agrippa in See, um die Liparischen Inseln zu besetzen und die Nordostküste Siziliens zu bedrohen. Vor Tyndaris (b. Falcone) lagen Seestreitkräfte seines Gegners unter dem Kommando von Demochares. Auch Truppenansammlungen wurden dort festgestellt. Octavian kehrte zum Festland zurück, um seinem Heer den Befehl zu geben, bei Tauromenium (Taormina), gedeckt durch den Flottenverband des Statilius Taurus, zu landen. Agrippa besetzte mit seinem Flottenverband Hiera (Isola Vulcano), die südlichste Insel der liparischen Inselgruppe. Da seine Spähschiffe nur das Geschwader von Demochares, das 40 Einheiten zählte, vor Mylae (Milazzo) entdeckt hatten, lief er am Morgen des 12. August 36 v. u. Z. aus und griff an. Zu seiner Überraschung stellte sich ihm nicht nur das Geschwader von Demochares entgegen, sondern in der Nacht war ein weiteres Geschwader unter Apollophanes mit 45 Einheiten aus Messana eingetroffen, und Sex. Pompeius selbst hatte weitere 70 Einheiten herangeführt. 155 Kriegsschiffe *(Appian 5,105)*, vielleicht etwa die Hälfte seiner in Messana verfügbaren Seestreitkräfte *(Appian 5,106)*, stellten sich der Flotte Agrippas entgegen. Diese zählte nach Rodgers nur 115 bis 120 Einheiten, da etliche Schiffe in dem vorhergehenden Sturm gesunken waren und andere die Gefechtsbereitschaft noch nicht wieder herstellen konnten und zur Reparatur in den Häfen Süditaliens lagen. Außerdem hatte Agrippa einige Einheiten in Hiera zurückgelassen. Er entschloß sich, mit dem Eingreifen weiterer in Messana liegender Verbände des Pompeius rechnend, das Risiko des Verlustes seiner Flotte einzugehen und den Kampf mit – nach Rodgers – weniger als 100 Einheiten aufzunehmen, um Octavian ein bis zwei Tage Zeit zu geben, von der feindlichen Flotte unbehelligt bei Tauromenium das Heer zu landen. Agrippa entsandte am frühen Morgen einen Aviso zu Octavian, um diesen von seiner strategischen Planung in Kenntnis zu setzen *(Appian 5,106)*. Ein anderer Aviso ging nach Hiera ab, um die dort noch liegenden Kriegsschiffe heranzuholen. Agrippa setzte seine schwersten Einheiten, es waren Großkampfschiffe, in der Mitte seiner Schlachtordnung ein und begann die zweite Seeschlacht bei Mylae mit dem Einsatz der Fernwaffen, seiner auf den Türmen und an Deck plazierten Artillerie. Die Pompeianer zeichneten sich durch großes nautisches Können aus. Ihre Schiffe waren zwar kleiner und leichter gebaut als die des Agrippa, dafür aber umso schneller und manövrierfähiger. Den schweren, hochgebauten, mit Gürtelpanzer versehenen Kriegsschiffen Agrippas war durch Rammen kein Schaden zuzufügen, während die Besatzungen des Pompeius durch die Geschosse des Gegners schwere Verluste hinnehmen mußten und schutzlos den Rammstößen der Schlachtschiffe Agrippas ausgeliefert waren. Zunächst konnte keine Seite nennenswerte Vorteile erringen. Erst als das Flaggschiff der Pompeianer, mit ihrem Seebefehlshaber Demochares an Bord, der entkommen konnte, gerammt wurde und sank und die aus Hiera herangeführten Einheiten Agrippas aufkamen, gab Pompeius den Befehl, die Schlacht abzubrechen. Er selbst befand sich nicht an Bord, sondern auf einem Hügel an Land(!). Seine Flotte verlor 30 Einheiten. Sie zog sich an den Mündungen kleiner Flüsse hinter Untiefen zurück, wohin die Schlacht- und Großkampfschiffe nicht zu folgen wagten. Die Seestreitkräfte Agrippas blieben jedoch bis zum Abend auf Warteposition *(Appian 5,107 und 108; Orosius 6,19)*. Agrippa hatte dem Gegner bei nur fünf eigenen Schiffsverlusten eine bedeutende Niederlage zugefügt *(Appian 5,105 ff.; Dio 49,2 ff.; Velleius 2,79)*. Der Sieger verzichtete auf die Fortsetzung der Schlacht, die er ursprünglich für den nächsten Tag geplant hatte. Er zog sich mit seinem Verband bei Einbruch der Dunkelheit auf Hiera zurück.

Octavian hatte das Heer von Vibo und den unter Statilius Taurus operierenden Flottenverband von Scylletium (Scilla) zum südlich von Rhegium liegenden Promunturium Leucopetra (Punta di Pellaro) beordert. Er wähnte die gesamte Flotte des Pompeius vor Mylae. Doch dieser war noch in der Nacht mit vermutlich wenigen aber schnellen Kampfeinheiten nach Messana versegelt *(Appian 5,109)*. Mit diesen und den in Messana liegenden starken Verbänden, vermutlich über 150 Einheiten mit ausgeruhten Besatzungen, segelte er sofort nach Tauromenium *(Dio 49,5)* ab. Octavian begann bei Tagesanbruch, sein Heer unter dem Schutz der 130 Einheiten des Taurus nach Tauromenium überzusetzen. Da die Stadt sich weigerte zu kapitulieren, mußte er seine Truppen auf der Reede südlich der Stadt ausschiffen. Die Landungsverbände wurden von feindlicher Kavallerie und Infanterie angegriffen. Als Octavian drei Legionen, Kavallerie und Leichtbewaffnete gelandet hatte, erschien überraschend die Flotte von Sex. Pompeius *(Appian 5,110)* auf der Reede. Nach Rodgers war es am 15. August 36 v. u. Z. Einzelheiten der dann folgenden Seeschlacht, die erst in der Nacht endete, sind nicht überliefert. Es gelang Pompeius, 30 Kriegsschiffe Octavians zu versenken und einen vollständigen Sieg zu erringen. Wahrscheinlich wurden 30 weitere Schiffe gekapert oder nach der Schlacht verbrannt *(Dio 49,6)*, da von der ursprünglich 130 Schiffe zählenden Flotte 35 v. u. Z. nur 70 zu Antonius nach Ägypten zurückkehrten *(Appian 5,111 ff. und 139; Dio 49,5 und 34; Velleius 2,79; Sueton, Aug. 16)*. Die Verluste von Pompeius sind nicht bekannt.

Zwischenzeitlich hatte Octavian drei Legionen einschiffen und nach Lipara senden können. Agrippa stieß mit seiner Flotte von den Liparischen Inseln zur Nordküste Siziliens vor, nahm Tyndaris und andere Städte und begann, die drei Legionen nach dort zu überführen. Die bei Tauromenium gelandeten drei Legionen marschierten unter Cornificius quer durch Sizilien zur Nordküste und konnten sich schließlich mit den Landungsverbänden Agrippas bei Mylae vereinigen. Zu diesem Zeitpunkt verfügte Octavian nur über sechs Legionen auf der Insel. Doch nunmehr wurden weitere Legionen, Kavallerie und Leichtbewaffnete über See nach Tyndaris transportiert. Am 22. August 36 v. u. Z. hatte Octavian insgesamt 21 Legionen, 5 000 Leichtbewaffnete und zahlreiche Reiter in Sizilien gelandet. Sex. Pompeius hielt immer noch Mylae und den Nordosten der Insel. Nun endlich setzte sich auch Lepidus in Marsch, der seit Beginn der Invasion bei Lilybaeum untätig geblieben war. Er marschierte, vermutlich von seiner Flotte begleitet, entlang der Nordküste nach Tyndaris. Dort standen nach der Vereinigung mit Octavian nunmehr neben dem Heer fast die gesamten Seestreitkräfte zur Verfügung. Da Pompeius befürchtete, daß Agrippa zwischen Mylae und Messana Truppen landen würde, gab er Mylae auf und zog sein Heer auf Messana zurück. Auch seine Truppen aus Lilybaeum und von der Ostküste beorderte er in diese Stadt. Agrippa besetzte an der Nordküste und Taurus mit seinen Seestreitkräften an der

Ostküste sofort alle geräumten Positionen. Pompeius wußte, daß der Landkrieg keine Entscheidung zu seinen Gunsten mehr bringen konnte. Er verabredete mit seinem Gegner einen Tag, an dem eine Seeschlacht, gleich einem Duell, den Krieg entscheiden sollte. Nach Appian *(5,118 und 120)* durften auf jeder Seite 300 Schiffe ins Gefecht geführt werden.

Am 29. oder 30. August 36 v. u. Z. kam es erneut zur Seeschlacht, die nicht nur den Kampf um Sizilien, sondern um die Seeherrschaft entschied. An der Nordspitze Siziliens, vor dem östlich von Mylae gelegenen Naulochus stellten sich die gegnerischen Flotten mit je 300 Kriegsschiffen, wie verabredet, zum Kampf. Die Schlacht begann mit einem Artilleriegefecht. Auf beiden Seiten eröffneten die schweren, mit Türmen versehenen und mit Geschützen bestückten Schlachtschiffe das Gefecht. Pompeius hatte vor der Schlacht noch seine Türme erhöhen lassen, da er als größte Einheit lediglich Hexeren besaß *(Plutarch, Ant. 32)*, während Agrippa über hochbordige Großkampfschiffe verfügte. Beide Flotten fuhren aus Erkennungsgründen unterschiedlich gestrichene Kampftürme. Wir finden hier erstmalig eine farbliche Freund-Feind-Kennung im Seekrieg. Die Schlachtschiffe Agrippas hatten eine besondere, neu konstruierte Waffe an Bord, den Schleuderenterhaken (harpax). Dieser wurde mit einem schweren Schleudergeschütz verschossen, bohrte sich in das Holz des gegnerischen Schiffes, und vermittels starker Leinen, die am harpax befestigt waren, konnte so der Gegner zum Entern an das eigene Schiff verholt werden. Die neue Waffe entschied den Kampf. In der Entscheidungsschlacht bei Naulochus verlor Sex. Pompeius endgültig die Seeherrschaft und ein Jahr später sein Leben. Nur 17 Einheiten seiner großen Flotte konnten mit Pompeius über Messana nach Kleinasien entkommen, sein Admiral Demochares tötete sich selbst. Apollophanes, sein zweiter Admiral, ging zum Sieger über. 28 Schiffe wurden versenkt, 163 geentert. Die übrigen Einheiten verbrannten oder strandeten. Agrippa verlor nur drei Fahrzeuge und wurde mit der corona navalis (Bild 76) ausgezeichnet *(Appian 5,118 ff.; Dio 49,9 ff.; Orosius 6,18)*. Octavian konnte nach Kromayers Berechnungen und Appians Angaben *(5,127)* auch nach der Schlacht von Naulochus noch über etwa 600 Kriegsschiffe verfügen.

Bei der Kapitulation von Messana kam es im September zwischen Octavian und Lepidus zum Zerwürfnis. Lepidus kehrte in das Privatleben zurück, er behielt nur das Amt des obersten Priesters (pontifex maximus) und übergab Octavian Heer, Flotte und die Provinz Africa.

Antonius ließ im Jahre **35 v. u. Z.** Sextus Pompeius durch seinen Feldherrn M. Titius töten. Octavian unternahm in den Jahren 35 bis 33 v. u. Z. einen Feldzug zur Unterwerfung der Dalmater und Pannonier, die ihre Wohnsitze im heutigen Jugoslawien und Ungarn hatten. Bei der Eroberung des Savelandes wurde im Jahre 35 v. u. Z. eine Saveflottille aufgestellt, deren Aufgabe es war, den Nachschub für die Legionen von Nauportus (Vrhnika/Oberlaibach, Jugoslawien) aus sicherzustellen.

Nachdem Octavian sich, veranlaßt durch die Abtretung römischer Provinzen an die Kinder der ägyptischen Königin Kleopatra, mit Antonius entzweit hatte, erklärte Rom Kleopatra im Jahre **32 v. u. Z.** den Krieg. Dieser Kampf, als Fortsetzung des Bürgerkrieges um die Alleinherrschaft zu verstehen, fand nach dem Ausscheiden Lepidus' aus dem politischen Leben und dem Tode Sex. Pompeius' zwischen Octavian und Antonius in den Jahren 31 bis 30 v. u. Z. statt, in dem die Ägypter unter Kleopatra zwar ihre eigenen Interessen zu wahren suchten, der jedoch von Antonius, als Führer einer Gegenpartei im Bürgerkrieg, bestimmend gelenkt wurde. Auch dieser letzte Zusammenstoß römischer Teilmacht wurde wieder durch eine Seeschlacht entschieden.

Der Admiral Octavians hatte in dem Seetreffen bei Naulochus den Sieg seinen schwersten Einheiten zu verdanken. Trotzdem wurden Großkampfschiffe nicht mehr auf Stapel gelegt. Agrippa hatte offenbar rechtzeitig auch die Nachteile der schwerfälligen »Dinosaurier« gegenüber beweglicheren Schiffen erkannt und ließ als neuen Haupttyp der römischen Flotte Liburnen erbauen. Dieser Kriegsschifftyp unterschied sich vermutlich vor allem durch seine Riemenanordnung und die leichtere Bauart von den bisher gebräuchlichen Typen. Liburnerschiffe konnten bereits im Jahre 49 v. u. Z. bei der Blockade der Stadt Salonae Aufsehen erregende Erfolge verzeichnen. Die Bürger der Stadt vertrieben mit ihren Liburnen das nach Größe und Kampfkraft bedeutende römische Blockadegeschwader.

Gegen Ende des Jahres 32 v. u. Z. verteilte Antonius seine Streitkräfte zur Vorbereitung des Feldzuges für das Jahr 31 v. u. Z. Er beabsichtigte, den Krieg auf Italien auszudehnen. Kleinasien, Syrien, Ägypten und die Cyrenaica standen Antonius mit ihren Hilfsquellen zur Verfügung. Für die Sicherstellung seiner Versorgung beließ er starke Besatzungstruppen in diesen Gebieten. Vier Legionen standen in Cyrene in der Cyrenaica, vier weitere in Ägypten und drei in Syrien. Sein Hauptheer von 19 Legionen versammelte er in Griechenland. Nach Plutarch zählten die Landtruppen 100 000 Mann schwere und leichte Infanterie und 12 000 Reiter. 65 000 Legionäre sollen nach den Berechnungen von Tarn als schwere Infanterie zur Verfügung gestanden haben. Seine Flotte bestand aus 500 Kriegsschiffen, unter denen sich viele acht- und zehnrangige Einheiten, also Großkampfschiffe, befanden *(Plutarch, Ant. 61)*. Das Hauptquartier verlegte Antonius nach Patrae (Patrai/Patras) in Achaia an den Kalydonischen Golf (Golf von Patras), als Ausfalltor für eine Offensive gegen Italien. Auch Kleopatra befand sich dort. Ein Geschwader wurde nach Corcyra verlegt, da diese Insel große strategische Bedeutung für die beabsichtigte Großlandung besaß. Außer den in Patrae versammelten Streitkräften verfügten Kleopatra und Antonius noch über 300 Transporter *(Plutarch, Ant. 56 in Verbindung mit Kap. 66)*, die im Vorjahr schon zusammen mit der Kriegsflotte nach Ephesus (Ephesos) beordert worden waren *(Plutarch, Ant. 56)* und sicherlich mit dieser zusammen im Jahre 31 v. u. Z. nach Patrae versegelten. Zu Beginn des Jahres 36 v. u. Z. zählte die Flotte des Antonius 300 Einheiten. Von diesen hatte er 130 Kriegsschiffe an Octavian für den Feldzug in Sizilien abgegeben, so daß ihm im Jahre 35 v. u. Z. nur 170 Schiffe zur Verfügung standen. Dies erklärt auch, warum Antonius nur 120 Einheiten nach Kleinasien entsenden konnte, als dort nach der Schlacht von Naulochus Sex. Pompeius auftauchte und Unruhe stiftete *(Appian 5,139; Dio 49,18)*. Doch Octavian hatte Antonius im Frühjahr 35 v. u. Z. 70 Kriegsschiffe von den überstellten 130 Einheiten zurückgegeben *(Appian 5,139)*, so daß Antonius im Sommer des Jahres 35 v. u. Z. über eine Flotte von 240 Segeln verfügte. Als sich das Verhältnis zwischen ihm und Octavian verschlechterte, begann Antonius, etwa im Sommer dieses Jahres, mit dem Flottenbau. Eingedenk der guten Erfahrungen, die Agrippa vor Mylae und Naulochus mit Großkampfschiffen gemacht hatte, legte Antonius nicht nur Schlachtschiffe von der Quadrireme bis zur Hexere, sondern insbesondere auch Großkampfschiffe auf Stapel, unter denen die Octeren und Decemremen besonders zahlreich vertreten waren *(Dio 50,23; Florus 2,21; Plutarch, Ant. 61)*. In der Zeit vom Sommer des Jahres 35 v. u. Z. bis zum Herbst 31 v. u. Z. erbaute Antonius etwa 260 neue Kriegsschiffe, so daß er mit den vorhandenen 240 in der Tat gegen Ende des Jahres über 500 Einheiten verfügen konnte. Von dieser Flotte gehörten 200 Schiffe zum ägyptischen Kontingent *(Plutarch, Ant. 56)*.

Octavian besaß nach dem Sieg über Sex. Pompeius im Jahre 36 v. u. Z. etwa 600 Kriegsschiffe. Als er im Jahre 35 v. u. Z. 70 Schiffe zu Antonius zurückgesandt hatte, belief sich seine Flottenstärke auf etwa 530 Einheiten. Demgegenüber gibt Plutarch *(Ant. 61)* für das Jahr 31 v. u. Z. Octavians Flotte mit nur 250 Kriegsschiffen an. Hier ist zunächst darauf hinzuweisen, daß Octavian nach Beendigung seines Krieges mit Sex. Pompeius mit großer Wahrscheinlichkeit zahlreiche Einheiten außer Dienst stellte. Wir wissen durch Orosius *(6,18)* von Maßnahmen Octavians, die diesen Schluß nahelegen. Er entfernte aus den Streitkräften 36 000 ehemalige Sklaven, die unter Sex. Pompeius gedient hatten.

Auch wissen wir durch Plutarch *(Ant. 61)*, daß das ganze Heer Octavians im Jahre 31 v. u. Z. nur 80 000 Mann Fußtruppen und etwa 12 000 Reiter zählte, also dem Heer des Antonius zahlenmäßig unterlegen war, während im Jahre 36 v. u. Z. auf seiten Octavians noch 45 Legionen auf Sizilien unter Waffen standen *(Appian 5,127)*. Vielleicht hielt Agrippa seine Kriegsschiffneukonstruktionen liburnischer Bauart für so überlegen, daß er nur diese ins Gefecht schicken wollte und auf das veraltete Schiffsmaterial als nur belastend verzichtete. Es ist aber auch möglich, die von Plutarch gegebene Zahl von 250 Kriegsschiffen für den Beginn der Feindseligkeiten im Frühjahr 31 v. u. Z. einzusetzen; denn er schreibt wörtlich *(Ant. 61)*: »Als jetzt der Krieg seinen Anfang nahm ... hatte (Octavian) 250 Kriegsschiffe ...« Sollte diese Auslegung zutreffen, so könnten durchaus bis zur Seeschlacht von Actium noch weitere Einheiten der Reserveflotte reaktiviert worden sein, da Florus *(2,21)* uns berichtet, daß über 400 Kriegsschiffe auf seiten Octavians an der Schlacht teilnahmen.

Während des Winters von 32 auf 31 v. u. Z. hatte Octavian sein Heer in Brundisium zusammengezogen. Dort und in Tarentum konzentrierte er auch seine Flotte unter dem Kommando von Agrippa. Dieser hatte völlig auf Großkampfschiffe verzichtet. Seine größten Einheiten waren Hexeren.

Seestreitkräfte Octavians gingen mit 230 Einheiten *(Orosius 6,19)* unter dem Befehl Agrippas im März **31 v. u. Z.** von Brundisium nach Griechenland in See, um die Versorgungslinien von Antonius anzugreifen. Nach Corinthus (Korinthos), beim Promunturium Taenarum (Kap Tainaron), nach Methone an der Westküste der Peloponnes und anderen Plätzen hatte er Garnisonen gelegt, um diese Linien zu sichern. Agrippa griff Methone an, besetzte die Stadt und stationierte dort ein Geschwader, um Einzelfahrer und schwach gesicherte Konvois zu kapern. Weitere Seeplätze wurden angegriffen. Dann kehrte Agrippa mit seinen Seestreitkräften nach Italien zurück. Bald darauf, im Frühjahr, eskortierte die Flotte das auf Transportern eingeschiffte Heer von Brundisium nach Epirus; Antonius hatte seine Flotte in den Golf von Ambrakia (Abrakikos Kolpos) verlegt. Nach der Landung ging Agrippa erneut in See, griff Corcyra an und besetzte nach einem kurzen Gefecht mit den Seestreitkräften des Antonius die Insel als Ausgangsbasis für weitere Operationen. Zwischenzeitlich setzte Antonius zum Schutze der Flotte sein Heer, das auf der Peloponnes überwintert hatte, zum Golf von Ambrakia in Marsch. Auch Octavian näherte sich mit seinem Heer von Norden. Agrippa blockierte mit seiner Flotte den Golf. Bei Seeunternehmen mit dem Gros hielt ein Geschwader unter dem Befehl von Arruntius die Blockade aufrecht. Als Antonius mit seinem Heer dort eintraf, errichtete er sein erstes Lager südlich der Einfahrt zum Meerbusen. Seine Flotte hatte bereits an der schmalsten Stelle, die nur wenig über drei Kabellängen, also kaum 600 m, breit war, Küstenbefestigungen angelegt und mit Geschützen armiert (vergleiche Skizze 163). Seine Hauptflotte lag innerhalb des Golfes auf zwei Stationen verteilt. In den Hafen von Actium, der durch zwei lange Befestigungswälle mit dem Hauptlager verbunden wurde, verlegte er ein Geschwader. Octavian hatte sein Lager auf der Halbinsel nördlich der Golfeinfahrt errichtet und dieses gleichfalls mit dem Liegeplatz seiner Seestreitkräfte durch zwei lange Befestigungswälle verbunden. Da die Versorgung des großen Heeres immer schwieriger wurde, suchte Antonius die Landschlacht. Er überführte seine Landstreitkräfte auf die nördliche Halbinsel und bot die Schlacht an, die jedoch abgelehnt wurde. Agrippa setzte auf seine Seeblockade und wollte den

Feind zermürben. Als der Sommer nahte und Antonius immer noch keinen Versuch gemacht hatte, die Blockade zu brechen, versegelte Agrippa mit einem Teil seiner Seestreitkräfte zur nahe gelegenen Insel Leucas, die er nach kurzem Kampf eroberte und besetzte *(Dio 50,13; Velleius 2,84).*

Skizze 162 (nach Kromayer/Veith):
Flottenaufmarsch und Operationen vor der Seeschlacht von Actium

Da der Hauptnachschub für das Heer Antonius' nach der Besetzung von Methone und der Stationierung von Seestreitkräften Agrippas in diesem Hafen über den Saronischen Golf, die Landenge von Korinth und durch den Golf von Korinth nach Akarnanien transportiert wurde, behinderte die Einnahme der Insel Leucas den Versorgungsweg wesentlich. Die Transporter waren gezwungen, ihre Ladung weiter südlich zu löschen. Der Nachschub mußte in beschwerlichen Landmärschen über das Gebirge nach Actium gebracht werden. Um auch diese Versorgungslinie zu unterbrechen, versegelte Agrippa im Sommer mit einer Kampfgruppe in den Golf von Patras auf dem Wege nach Korinth. Vor dem Golf von Korinth schlug er ein Geschwader unter Q. Nasidius, das zu Antonius stoßen wollte. Sodann segelte er weiter in den Golf von Korinth, zerstörte an verschiedenen Plätzen Versorgungseinrichtungen, kaperte Nachschubtransporte und landete schließlich bei Korinth und besetzte die Stadt *(Orosius 6,19).* Auf dem Rückwege nahm er Patrae. Der Nachschub über See konnte das Heer des Antonius nach diesen Erfolgen Agrippas nur noch über die Ägäis und den langen Landweg durch Thessalien erreichen. Octavian entsandte überdies Emissäre nach Makedonien und Thessalien, um die Bevölkerung gegen Antonius aufzubringen. Dessen Versorgungslage wurde kritisch. Desertionen, auch solche von Römern der Nobilität und orientalischen Kleinkönigen, häuften sich. In dieser Lage unternahm Antonius einen Versuch, die Blockade zu brechen. Er ließ ein Geschwader unter dem Befehl von Sosius im Morgennebel eines Spätsommertages auslaufen. Agrippas Blockadegeschwader unter Arruntius nahm den Kampf auf. Glücklicherweise kehrte gerade das Flottengros unter Agrippa zurück. Sosius' Geschwader wurde geschlagen, er selbst fiel *(Dio 50,14).* Antonius war nunmehr gezwungen, die Landschlacht zu suchen oder sich mit seiner gesamten Flotte zur Entscheidungsschlacht zu stellen. Er verließ sein Lager auf der nördlichen Halbinsel und kehrte in sein erstes Lager bei Actium zurück (vergleiche Skizze 163). Sein Entschluß für die Seeschlacht war gefallen, wie Kleopatra ihm riet *(Plutarch, Ant. 63).*

Die in Actium liegende Flotte des Antonius zählte unter Einschluß des ägyptischen Kontingentes von Kleopatra nach fast übereinstimmenden Aussagen der beiden Quellen vor der Seeschlacht etwa 170 Kriegsschiffe *(Orosius 6,19); Florus (2,21)* berichtet von unter 200 Einheiten. Antonius war vor der Schlacht gezwungen, etwa 80 bis 90 Schiffe zu verbrennen, da er sie nicht bemannen konnte *(Dio 50,15; Velleius 2,84; Orosius 6,19; Plutarch, Ant. 64).* Massendesertionen und Krankheiten hatten seine Flottenmannschaften extrem reduziert *(Plutarch, Ant. 62; Dio 50,12).* Schon in kleineren Seegefechten vor Actium und bei der Einnahme von Corcyra, Leucas, Methone, Patrae und Corinthus durch die Seestreitkräfte Octavians waren kleinere, aber sich summierende Verluste bei den Seestreitkräften des Antonius eingetreten. Kromayer schätzt diese auf 60 bis 80 Fahrzeuge. Seine ursprünglich im westlichen Seegebiet um Griechenland operierende Flotte dürfte danach maximal 340 Einheiten gezählt haben. Es ist somit sehr wahrscheinlich, daß die von Octavian nach dort entsandten Seestreitkräfte nicht, wie Orosius *(6,19)* überliefert, aus 260 Einheiten bestanden, sondern aus 400 Kriegsschiffen *(Florus 2,21),* da Agrippa als Seebefehlshaber die Flottenstärke seines Gegners kannte und nach alter römischer Strategie sicherlich Wert darauf legte, daß die von ihm geführte Flotte die des Antonius um ein Geschwader übertraf.

Als Agrippa bei Actium den Kampf mit der Schlachtflotte des Antonius erzwang, bestand der wesentlichste Teil seiner Seestreitkräfte aus den neuerbauten schnellen und manövrierfähigen Schiffen liburnischer Bauart. Vielleicht waren dies die 260 Einheiten, von denen Orosius berichtet. Es ist möglich, daß Agrippa bei Actium 400 Einheiten zur Verfügung standen, er aber nur die 260 Schiffe liburnischer Bauart zur Seeschlacht auslaufen ließ, nachdem er festgestellt hatte, daß Antonius lediglich mit 170 Einheiten gefechtsbereit war. Die zahlenmäßige Überlegenheit

Agrippas war ohnehin groß genug. Vielleicht betrachtete er das ältere Schiffsmaterial nur als belastend im Gefecht. Octavians Flotte hatte achteinhalb Legionen als Seesoldaten an Bord genommen.

Die Flotte Antonius' verfügte an Bord über 20 000 Seesoldaten und 2 000 Bogenschützen neben den Rojern und der seemännischen Besatzung, die Rodgers auf 40 000 bis 45 000 Mann schätzt. Antonius »befahl den Steuerleuten, welche die Segel an Land lassen wollten, sie mit auf die Schiffe zu nehmen, unter dem Vorwand, daß niemand von den Feinden durch die Flucht entkommen dürfe« *(Plutarch, Ant. 64)*. Er gab also die Schlacht schon verloren, bevor sie begonnen hatte. Seine schweren Schiffe hätten auch mit voller Besegelung bei einem Sieg kaum eine Chance gehabt, die nur mit dem Dolonsegel ablaufenden octavianischen Kriegsschiffe liburnischer Bauart einzuholen. Antonius wird gewußt haben, daß die Hauptbesegelung während des Gefechts nur störte und die Brandgefahr erhöhte. Beließ er sie trotzdem ohne Notwendigkeit an Bord, so hatte er hierfür gute Gründe, wie der Ausgang des Treffens zeigte. Octavians Flotte gab vor der Schlacht die Hauptbesegelung von Bord.

Antonius ließ als Ausgangsposition durch die Flotte einen Sperriegel vor der Einfahrt in den Golf bilden *(Dio 50,31)*. Im Zentrum, wo Octavius und Insteius befehligten, befanden sich seine schwersten Einheiten, von der Septireme bis zur Decemreme. Die Flügel, beiderseits an die den Ufern vorgelagerten Untiefen angelehnt, bildeten die leichteren Einheiten. Am rechten Flügel kommandierte Antonius. Unter ihm befehligte Publicola das Geschwader. Auf dem linken Flügel führte Caelius das Kommando. Ein Umfassen der Flotte durch den Gegner war so nicht möglich. Hinter dem Zentrum lag das ägyptische Geschwader mit 60 Schiffen unter Kleopatra, deren Flaggschiff den Namen »Antonias« trug *(Plutarch, Ant. 60)*.

Seit dem 29. August lagen sich die Flotten in Dwarslinie gegenüber. Stürmische See machte den Beginn der Schlacht unmöglich. Erst am fünften Tage legte sich der Wind, und die See war völlig ruhig. Die Flotte Octavians lag, in drei Kampfverbände unterteilt, vor der gegnerischen Flotte klar zum Gefecht. Am rechten Flügel befehligte Octavian; den Verband führte Lurius. Das Zentrum kommandierte Arruntius und den Verband auf dem linken Flügel Agrippa *(Plutarch, Ant. 65 und 66)*.

Der Kampf begann am 2. September 31 v. u. Z. um 12.00 Uhr. Octavian und Agrippa erkannten die günstige Position Antonius', der in leicht konkaver Linie, in etwa einer Seemeile Entfernung vor seinen Gegnern lag, deshalb vermieden sie einen Frontalangriff. Durch auffrischenden, ablandigen Wind wurde nun jedoch die Flotte des Antonius weiter auf das Meer hinausgetrieben. Die Flotte Octavians wich mit dem rechten Flügel unter Einsatz der Riemen auf die See zurück, das Geschwader des Caelius auf sich ziehend. Als sich nunmehr der linke Flügel seiner Gegner immer weiter in die offene See hinauslocken ließ und

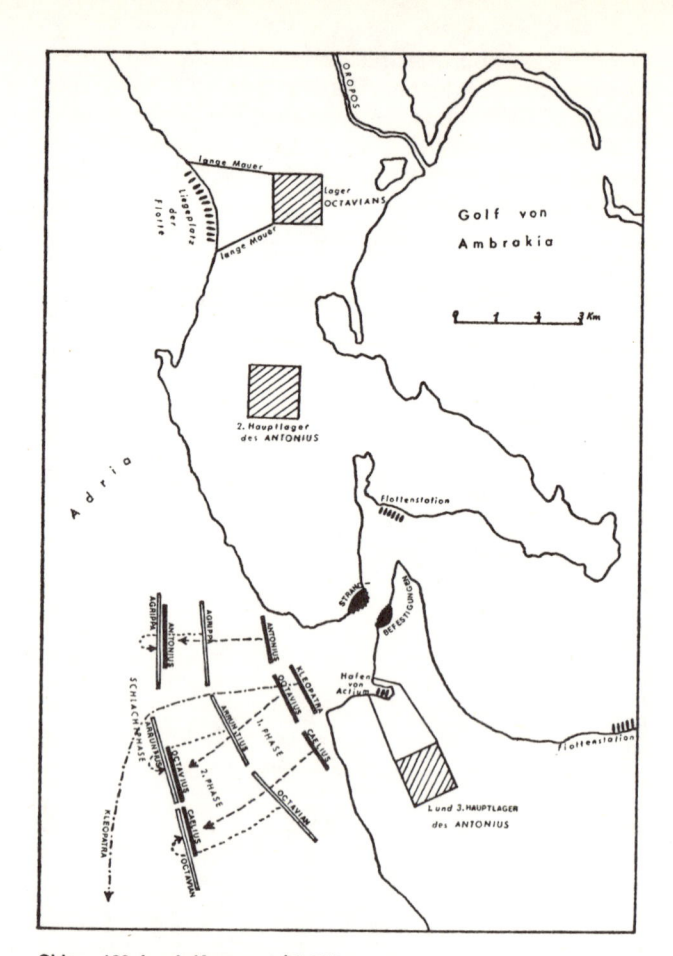

Skizze 163 (nach Kromayer/Veith):
Seeschlacht bei Actium
kurze Striche: Gefechtsbewegungen der Flotte Octavians
lange Striche: Gefechtsbewegungen der Flotte des Antonius
Strich-Punkt: Gefechtsbewegungen des ägyptischen Geschwaders

Octavians Flotte den Scheinrückzug fortsetzte, folgte auch Antonius mit seinem rechten Flügel. So löste sich die Verbindung der Flügel zum Zentrum, und Antonius' Schlachtlinie zerriß. In diesem Moment konnte die Flotte Octavians ihre numerische und nautische Überlegenheit zur Geltung bringen. Plutarch *(Ant. 66)* schreibt:

»So begann denn endlich der Kampf, aber ohne daß die Schiffe gegeneinander anrannten oder sich gegenseitig in den Grund zu bohren suchten.

Denn die des Antonius konnten ihrer Schwere wegen keinen Anlauf nehmen, der den Stößen der Sporne den größten Nachdruck gibt, und die Caesars (Octavians) hüteten sich nicht nur, gegen das Vorderteil von Antonius' Schiffen, das mit einem starken und scharfen Erzsporn versehen war, anzurennen, sondern getrauten sich nicht einmal, ihre Stöße an den Seiten anzubringen, weil die Sporne leicht zerbrachen, wenn sie gegen den Rumpf stießen, der aus starken, mit eisernen Klammern verbundenen Balken gebaut war. Daher sah dieser Kampf einer Schlacht zu Lande, oder richtiger: der Bestürmung einer Mauer, völlig gleich. Denn drei oder vier von Caesars (Octavians) Schiffen lagen immer zugleich um eins von Antonius' Schiffen, und ihre Mannschaften bedienten sich im Kampf der Schilde, Speere, Enterhaken und Brandpfeile; die Soldaten des Antonius hingegen schossen mit Geschützen von hölzernen Türmen herab. Als jetzt Agrippa den linken Flügel immer weiter ausdehnte, um die Feinde einzuschließen, sah Publicola sich genötigt, ebenfalls gegen ihn auszurücken, trennte sich aber darüber vom Mittelpunkt der Schlachtordnung, welcher nun in Verwirrung geriet und zugleich auch von Arruntius angegriffen wurde. Indes dauerte der Kampf noch auf beiden Seiten ohne die geringste Entscheidung fort, als man plötzlich die 60 Schiffe Kleopatras die Segel heißen und mitten durch die Kämpfenden fliehen sah. Denn sie standen hinter den großen Schiffen und verursachten, als sie zwischen diesen durchfuhren, einige Unordnung. Auch die Feinde befremdete es nicht wenig, wie sie diese Schiffe mit vollen Segeln nach der Peloponnes zusteuern sahen.

Hier zeigte nun Antonius auf das deutlichste, daß er sich weder durch die Überlegung eines Feldherrn noch die eines Mannes, ja nicht einmal durch seinen eigenen Verstand regieren und leiten ließ; sondern wie jemand scherzweise gesagt hat, daß die Seele des Verliebten in einem fremden Körper lebe, wurde er von jenem Weib fortgezogen, nicht anders, als wenn er mit ihr zusammengewachsen wäre und ihr in allen Bewegungen folgen müßte. Kaum sah er das Schiff Kleopatras davonsegeln, als er alles vergaß und selbst diejenigen, welche für ihn kämpften und starben, verriet und im Stiche ließ; ... und eilte jener Frau nach, die ihn schon ins Verderben gestürzt hatte und nun seinen Untergang vollkommen machen sollte.«

Antonius' Flotte kämpfte zwar noch weiter, doch um 16,30 Uhr war die Schlacht entschieden *(Dio 50,31–35; Plutarch, Ant. 64–68; Orosius 6,19; Florus 2,21)*. Nach Kromayers Berechnungen sanken von Antonius' Flotte etwa 40 bis 50 Einheiten. Durch Brandgeschosse verursachte Brände brachten auch die Großkampfschiffe zum Sinken *(Dio 50,34 und 35; Vergil, Aeneis 8. Gesang:* »Aus der Hand fliegt flammendes Werg, vom Bogen geflügelt«*)*. Die restlichen Schiffe, denen die Flucht nicht gelang, ergaben sich dem Sieger bei Actium, wohin sie zurückgewichen waren.

Während des Krieges gegen Antonius gelang es Octavians Flotte, 300 feindliche Kriegsschiffe zu erbeuten *(Plutarch, Ant. 68)*. (Nach Kromayers Berechnungen bezieht sich diese Zahl nicht auf die Schlacht von Actium allein, sondern auf den ganzen Krieg.) Wieviel Einheiten es in der Seeschlacht bei Actium waren, ist nicht überliefert. Wir wissen nur, daß Antonius 5 000 Mann verlor *(Plutarch, Ant. 68)*.

Antonius und Kleopatra landeten nach einem kurzen Zwischenaufenthalt am Kap Taenarum in Paraetonium (Marsa Matruh) und trafen sowohl Flucht- als auch Verteidigungsvorbereitungen in Ägypten. Ihre Armee kapitulierte bei Actium. Teile flohen nach Kleinasien und Ägypten. Octavian besetzte kampflos Griechenland, Kleinasien und Syrien. Kleopatra nahm mit ihm Verhandlungen auf, die zu keinem Ergebnis führten.

Zu Beginn des Jahres **30 v. u. Z.**, im Winter, kehrte Octavian nach Rom zurück. Im Frühjahr brach er mit Heer und Flotte nach Kleinasien auf und erreichte über Syrien Ägypten. Als Octavian vor Alexandria erschien, gingen am 1. August 30 v. u. Z. Flotte und Kavallerie des Antonius zu ihm über *(Plutarch, Ant. 76)*. Kleopatra und Antonius begingen Selbstmord. Ägypten wurde römische Provinz und Octavian Alleinherrscher des Römischen Reiches. Alle Seestreitkräfte des Mittelmeeres waren in der Hand Roms vereint. M. Vipsanius Agrippa, der eigentliche Sieger von Actium, verzichtete zum dritten Mal auf den angebotenen Triumph. Er nahm als einzige Auszeichnung eine meerblaue Flagge an, die weder vor noch nach ihm ein römischer Admiral führen durfte. Sodann begann er mit dem Aufbau stehender Flotten und der erforderlichen Flottenbasen.

Nach Abschluß des Bürgerkrieges verfügte Octavian, der im Jahre 27 v. u. Z. den Titel Augustus annahm, trotz aller Kriegsverluste über eine Flotte von über 800 Kriegsschiffen, eine Zahl, die nie zuvor unter einem römischen Befehl vereinigt war. Eine Übersicht zeigt die römische Flottenentwicklung in den Jahren 49 bis 30 v. u. Z.

Jahr	Anfangsbestand	Neubauten	Verluste	Endbestand
vor 49	300	–	–	
49/48		200	200	
42		etwa 200	über 100	
bis 38		300–400	etwa 100	
bis 36		400–500	300–350	
bis 30		300	200	
		etwa 1 500	etwa 1 000	über 800

(nach J. Kromayer)

Die im Feldzug gegen Antonius erbeuteten Großkampfschiffe wurden im Flottenstützpunkt Forum Iulii (Fréjus, Frankreich) außer Dienst gestellt *(Tacitus, Ann. 4,5)*. Die überschweren Kriegsschifftypen, von der Septireme (Heptere) bis zur Decemreme (Decere) waren technisch überholt und wurden nicht wieder in Dienst gestellt. Der schwerfällige »Artillerieträger« mit seinen Wurf- und Schleudergeschützen war dem Angriff kleinerer, aber schnellerer Einheiten nicht gewachsen. Mit Aussicht auf Erfolg konnte er von leichteren Schiffen nicht gerammt werden – Antonius verlor bei Actium kein Schiff durch Rammstoß –, aber die Bekämpfung durch Brandgeschosse war erfolgreich.

Die neuerrichteten stehenden Flotten in Misenum und Ravenna *(Tacitus, Ann. 4,5; Sueton, Aug. 49; Vegetius 4,31)* bestanden überwiegend aus Triremen und Liburnen. Doch hielten die Römer auch weiterhin als Rückgrat der Seestreitkräfte schwere Kampfschiffe bis zur Hexere in Dienst. Agrippa ging den Weg der

ausgewogenen Flotte. Die uns aus der Kaiserzeit durch Inschriften überlieferten Schiffsnamen mit Angaben über den Typ beweisen dies deutlich (siehe: »Einzelflotten – Flottenstützpunkte – Schiffsnamen«).
Hauptaufgabe der beiden strategischen Hauptflotten war die Sicherung der erreichten militärisch-politischen Positionen und der römischen Friedensordnung (Pax Romana) im Mittelmeerraum. Der Einsatz- und Sicherungsbereich der in Misenum am Golf von Neapel stationierten Hauptflotte war das westliche Mittelmeer, der Bereich der Ravennatischen Hauptflotte das östliche Mittelmeerbecken. Diese Einteilung schloß jedoch nicht aus, daß für bestimmte Operationsaufträge Schiffe der einen Flotte in den Bereich der anderen beordert wurden. Kriegsschiffe der Misenischen Flotte waren z. B. vor Galatien und Pamphylien im Einsatz *(Tacitus, Historien 2,9)*. Der Aufgabenbereich dieser beiden strategischen Flotten und der später ausgegründeten Provinzialflotten erstreckte sich neben der Erfüllung echter Kampfaufträge auf das Niederhalten der Seeräuber, die Bereitstellung des benötigten Materialtransportraumes, die Schaffung von Verschiffungsmöglichkeiten für das Landheer und die Sicherung von Nachschubgeleiten zu den Kriegsschauplätzen.
In den Randzonen setzten sich nach Befriedung des Mittelmeerraumes die römischen Eroberungskriege fort. Die Marine unterstützte die kämpfenden Legionen an der Seeflanke und auf Flüssen. Die im Folgenden hier nur skizzierten Kampfaufträge der Seestreitkräfte verlagerten sich nunmehr an die Pheripherie des Imperiums.
Seit im Jahre 30 v. u. Z. Ägypten römische Provinz geworden war, wandten sich römische Kaufleute verstärkt dem Seehandel im Indischen Ozean zu. Hier trafen sie auf die Konkurrenz der Araber, die diesen Handel traditionell betrieben. Kaiser Augustus versuchte, durch einen Feldzug den arabischen Seeverkehr zum Erliegen zu bringen. Sein Befehlshaber Aelius Gallus ließ im Jahre **25 v. u. Z.** eine Flotte von 130 Transportern am Roten Meer erbauen *(Strabo 16,780)* und landete mit einem eingeschifften Heer **24 v. u. Z.** bei Leucecome (nahe Al Wajh) an der Küste Nordwestarabiens. Der Fußmarsch durch die Wüste dezimierte die 10 000 Mann starke Armee so sehr, daß es nicht gelang, den Südosten der Arabischen Halbinsel zu erreichen. Die Eroberung des Sabäerreiches und damit die Kontrolle der südarabischen Küste mußte aufgegeben werden *(Monum. Ancyrarum 5,18; Dio 53,29; Strabo 16,776 und 17,819)*.
Im Norden erhielt die Flotte im Zusammenhang mit dem Versuch, die Rhein-Donau-Grenze bis zu der kürzeren Elblinie vorzuschieben, die Aufgabe, die Seeflanke der Legionen abzusichern und Landungsoperationen durchzuführen. Agrippa, der im Jahre **19 v. u. Z.** am Rhein war, hat vermutlich selbst das strategische Konzept entworfen. Er war in diesem Jahr, wie schon zuvor im Jahre 38 v. u. Z., Statthalter der gallisch-germanischen Region.
Bei der Eroberung Vindeliciens (in etwa Schwaben und Oberbayern) durch Augustus' Stiefsöhne Tiberius und Drusus d. Ä. operierte im Jahre **15 v. u. Z.** eine neuerbaute Seeflottille in einem für die Römer siegreichen Seegefecht *(Dio 54,22)* erstmals auf dem Lacus Venetus (Bodensee).
Drusus d. Ä. (38 v. u. Z. bis 9) ließ im Jahre **12 v. u. Z.**, um Friesen und Chauken anzugreifen, 1 000 Schiffe auf Stapel legen und einen Kanal (Fossa Drusiana) bauen *(Florus 2,30)*. Es soll der heute noch existierende Wasserweg zwischen Niederrhein und Ijssel zwischen den Städten Westervoort und Doesburg (Niederlande) sein. Andere Forscher sind der Meinung, daß dieser Kanal vom Alten Rhein oder der Vecht bei Traiectum, dem heutigen Utrecht, beginnend, direkt in den damals noch fast geschlossenen Lacus Flevo (Ijsselmeer/Zuidersee) mündete. Da die Quellen (z. B. Sueton, Claud. 1) auch von den Drusus-Kanälen (Fossae Drusianae) sprechen, ist es möglich, daß Drusus zwei Kanalprojekte verwirklichte. Die Zuidersee bestand damals aus mehreren ineinander übergehenden Gewässern. Drusus führte auf diesem Wasserweg die Rheinflotte in die Nordsee *(Dio 54,32)*. Er unterwarf mit seinen überlegenen Seestreitkräften Friesen und Teile der Chauken, die nur über Einbäume verfügten, und lief in die Wesermündung ein. Da Germanien bis unmittelbar an das Meer dicht bewaldet war, blieb es von großer Bedeutung, daß die Flotte in die Flußmündungen der Amasia (Ems), Visurgis (Weser) und Albis (Elbe) einlaufen, Landungen unternehmen und die Legionen auf dem Wasserweg ständig mit Nachschub versorgen konnte.
Die Germanen an der Nord- und Ostsee besaßen nach dem jetzigen Stand der Forschung zu dieser Zeit nur leichte und kleine Kriegsfahrzeuge ohne Besegelung. Ihre Boote wurden mit Paddeln fortbewegt *(Tacitus, Germania 44)*. Sie benutzten aus wenigen breiten zusammengelaschten Planken bestehende offene Fahrzeuge ohne Kiel, wie das auf Alsen in Nordschleswig gefundene 16 m lange und etwa 2 m breite Hjortspringboot aus der Zeit zwischen 350 und 300 v. u. Z., und an der Nordsee Einbäume und Doppeleinbäume, die eine Länge von 12 m selten überschritten. Mit Booten dieser Größe griffen die Friesen im Jahre 12 v. u. Z. die an Burcana (Borkum) vorbei in die Ems einlaufende römische Flotte an und wurden sehr schnell zurückgeschlagen. Die Friesen, damals zwischen Zuidersee und Ems ansässig, mußten sich unterwerfen *(Strabo 7,290, der fälschlicherweise von Brukterern spricht)*. Die Römer betrachteten berechtigterweise die Fahrzeuge ihrer Gegner als nicht ernstzunehmend und stellten fest, daß die Germanen zu dieser Zeit auf der Nordsee keine Kriegsflotte besaßen *(vergleiche Tacitus, Ann. 2,5 und 15)*.
Der Vorstoß des Tiberius bis zur Elbe im Jahre **5** wurde durch kombinierte Operationen ermöglicht. Die Flotte lief nach Zechlin »die Elbe bis in die Gegend von Lauenburg« hinauf und vereinigte sich dort mit den Landstreitkräften, »denen sie reiche Beute und damit den benötigten Nachschub zuführte«. Im gleichen Jahr erfolgte ein Flottenvorstoß »bis zum Volk

der Kimbern« *(Monum. Ancyranum 5,14),* entlang der germanischen Küste, vorbei an Helgoland, von Tacitus Herculis columnae (Säulen des Herkules) im Norden genannt, wahrscheinlich bis Kap Skagen. Jedenfalls berichtet Plinius *(NH 2,167 und 4,95 ff.),* daß der Vorstoß zum Kimbernkap führte, das man umsegelte. Die Kimbern aber waren zu dieser Zeit nördlich des Limfjordes in Nordjütland ansässig. Nach der Rundung des Kaps fanden die Römer ein unermeßliches Meer, das man »teils erblickte, teils vom Hörensagen kennenlernte« *(Velleius 2,106).* Die nautischen Leistungen der römischen Flotte bleiben für jeden, der die Gewässer der Nordsee kennt, bemerkenswert. Es ist sehr wahrscheinlich, daß allein die Furcht vor der Flotte Roms die germanischen Küstenstämme davon abhielt, sich Armin dem Cherusker nach der Varusschlacht im Jahre 9 anzuschließen.

Im Jahre **6** überschritt Tiberius bei Carnuntum (Petronell/Österreich) in seinem Feldzug gegen die Markomannen die Donau. Die Donauflotte sicherte den Übergang und versorgte das Heer mit Nachschub.

Das Auftreten von sardischen und dalmatischen Piraten im Jahre **6** *(Dio 55,28–29)* zeigte, daß auch im Mittelmeer selbst Seestreitkräfte zum Niederhalten der Seeräuber, die im Verlaufe der Jahrhunderte immer wieder versuchten, der Handelsschiffahrt zu schaden, notwendig blieben.

Im Jahre **15** unternahm Germanicus, Sohn des Drusus und Adoptivsohn des Kaisers Tiberius, einen Feldzug gegen die Brukterer, die an der oberen Ems ihre Wohnsitze hatten. Vier Legionen waren auf der Rheinflotte eingeschifft worden. Durch den Drusus-Kanal und die Zuidersee lief die Flotte entlang der friesischen Küste in die Emsmündung ein, landete die Truppen bei dem heutigen Rheine a. d. Ems, wo sie sich mit 40 dorthin zu Lande entsandten Kohorten und der gleichfalls auf dem Landweg eingetroffenen Reiterei vereinigten.

Das Heer stieß bis zur Örtlichkeit der Varusschlacht vor und bestattete die sechs Jahre zuvor dort gefallenen Römer. Die Kämpfe mit den Germanen, die erneut unter der Führung von Armin dem Cherusker standen, führten zu keiner Entscheidung. Das römische Heer zog sich unter schweren Verlusten an die Ems zurück. Zunächst zwei, dann vier Legionen wurden von der Flotte aufgenommen, die sie wieder in die rheinischen Garnisionen zurückbrachte. Die Reiterei und die restlichen Fußtruppen erreichten auf dem Landwege den Rhein *(Tacitus, Ann. 1,60–70).*

Im Frühjahr des Jahres **16** brachte eine im Winter am Rhein neu erbaute, überwiegend aus Marinetransportern (actuariae) bestehende Flotte von 1 000 Schiffen erneut ein Heer von acht Legionen mit Reiterei und Hilfstruppen von der Insula Batavorum (Beveland und Walcheren) bis in die Emsmündung und schiffte es dort, vermutlich beim heutigen Jemgum, aus. Die Flotte blieb am westlichen Flußufer zurück, während das Heer die Ems auf Brücken überschritt *(Tacitus, Ann. 2,5–8).* Nach der Schlacht auf der Ebene Idistaviso, vermutlich auf dem rechten Weserufer, nahe der Porta Westfalica gelegen, und am Agrivarierwall (zwischen der Weser und dem Steinhuder Meer), in der Germanicus im Hochsommer des Jahres 16 die Brukterer, Cherusker und Agrivarier besiegte, sollten die Seestreitkräfte den größten Teil des Heeres von der Emsmündung auf dem Seeweg zum Rhein zurückführen. Fast die gesamte Flotte mit den eingeschifften Truppen fiel einem Herbststurm zum Opfer. Germanicus selbst konnte mit seiner Trireme im Gebiet der Chauken sicher landen *(Tacitus, Ann. 2,9–24).*

Roms Seestreitkräfte verzichteten nach dieser Sturmkatastrophe im friesischen Wattenmeer auf weitere Vorstöße nach Norden. Bei Tacitus *(Germania 34)* heißt es: »An Wagemut hat es einem Drusus oder Germanicus wahrlich nicht gefehlt; doch hat sich der Ozean (die Nordsee) dagegen gewehrt, daß man ihn mitsamt den Säulen des Herkules (Hegoland) erkundete. Danach hat niemand mehr den Versuch gewagt ...«, zumal die Römer nach dem Friesenaufstand im Jahre **28** die Kontrolle über die kontinentalgermanische Nordseeküste bis zur Rheinmündung verloren. Die Rheinflotte war im Jahre 28 eingesetzt worden, um ein Heer rheinabwärts in das Aufstandsgebiet zu transportieren. Auch das belagerte Kastell Flevum an der Nordseeküste sollte entsetzt werden *(Tacitus, Ann. 4,73–74).* Die Lage dieses Kastells ist unbekannt. Vermutlich lag es im heutigen Wattenmeer, da der Name Flevum in der dem Ijsselmeer vorgelagerten Insel Vlieland und dem nördlich von ihr laufenden Vliestrom erhalten ist. Auch die römische Rheinflotte konnte den Abfall der Friesen nicht verhindern.

Im Jahre **43** begann Kaiser Claudius die Hauptinvasion Britanniens, nachdem Cunobelinus bereits in den Jahren 37 bis 41 große Teile der südöstlichen Region dieser Insel besetzt hatte. A. Plautius Silvanus landete mit der römischen Flotte vier Legionen in Kent und stieß nach Norden vor. Bei der Eroberung Britanniens (43–85) spielten Seestreitkräfte eine wichtige Rolle. Amphibische Flankenoperationen unterstützten die zu Lande vorstoßenden Legionen.

Im Feldzug gegen Mithridates II., den im Jahre 41 von den Römern eingesetzten König des Bosporanischen Reiches auf der Krim, unternahm Didius Gallus, vermutlich mit Schiffen der Moesischen Provinzialflotte, eine Expedition zur Halbinsel. Das dort gelandete römische Heer vertrieb Mithridates II. und setzte dessen Bruder Kotys als König ein. Einige Kohorten und Kriegsschiffe unter Iulius Aquila wurden auf der Krim zum Schutze des neuen Königs stationiert. Nach einem abgeschlagenen Angriff des Mithridates erfolgte ein Vorstoß römischer Seestreitkräfte unter Iulius Aquila im Jahre **46**. Durch die Straße von Kertsch, Bosporus Cimmerius genannt, liefen die Flottenverbände in das Asowsche Meer, die Maeotis, ein und stießen bis in die Tanais-Mündung (Don) vor. Dort wurden Truppen ausgeschifft, die drei Tagesmärsche weit in die Steppe vorstießen. Nach dem Rückmarsch wieder eingeschifft, gelang es den römischen Verbänden, unter geringen Schiffsverlusten, die durch Strandungen in dem unbekannten Fahrwasser verursacht wurden, zur Krim zurückzukehren *(Tacitus, Ann. 12,15–21)*.

Von 46 bis 47 wurden die Friesen noch einmal für kurze Zeit unterworfen, doch konnte sich die römische Herrschaft über diesen germanischen Volksstamm trotz Einsatzes der Flotte nicht halten.

In der Regierungszeit des Kaisers Claudius (41–54) baute der Legat Cn. Domitius Corbulo, vermutlich im Jahre **48** mit den Arbeiten beginnend, einen 27 km langen Nordseeseitenkanal im heutigen Südholland zwischen der Mündung der Alten Maas (Oude Maas) und dem Alten Rhein (Oude Rijn). Truppen- und Versorgungstransporte konnten auf diesem Wasserweg, Fossa Corbulonis genannt, das offene Meer eine größere Strecke meiden.

Im Jahre **50** rettete sich der von den Römern über Volksteile der germanischen Sueben eingesetzte quadische König Vannius bei der Vertreibung aus seinem Herrschaftsbereich mit Hilfe von Kriegsschiffen der Pannonischen Provinzialflotte über die Donau in römisches Gebiet *(Tacitus, Ann. 2,63 und 12,30)*.

Unter Kaiser Nero **(54–68)** gelang es, nach Zechlin, den Ausgangshafen für die Indienfahrt, Adana (Aden), und die Insel Dioscorides (Socotra) nordöstlich der Nordspitze Somalias in Besitz zu nehmen. Über eine stehende römische Flotte im Roten Meer oder Indischen Ozean wird nichts berichtet. Es ist jedoch möglich, daß an diesen strategisch wichtigen Punkten auch römische Seestreitkräfte der Alexandrinischen Flotte stationiert wurden.

Unter dem Befehl von Plautius Silvanus stehende Expeditionstruppen wurden im Jahre **57** auf dem Seewege nach Chersonesus (Sevástopol) verlegt. Wahrscheinlich wurden sie auf Schiffen der Moesischen Provinzialflotte zur Krim befördert.

Im Jahre **58** scheiterte nach Tacitus ein wichtiges römisches Kanalprojekt an dem Einspruch des Legaten der Provinz Belgica, der als Militärbefehlshaber zugleich Stellvertreter des Statthalters war. L. Antistius Vetus, Legat der Provinz Obergermanien, hatte den Bau eines Mosel-Saône-Kanals, der heute existiert, schon damals geplant. Durch diesen Kanal sollten Rhein und Rhône verbunden, »die Schwierigkeiten des Landweges beseitigt und die westlichen und nördlichen Küstengebiete durch Schiffsverkehr miteinander verbunden werden« *(Ann. 13,53)*.

Zahlreiche Einheiten der Misenischen Hauptflotte fielen im Jahre **64** einem Sturm zum Opfer. Auf Befehl Kaiser Neros sollten die Kriegsschiffe von einem Flottenbesuch in Formiae (Formia) ohne Rücksicht auf die Wetterlage an einem bestimmten Tage nach Misenum zurückkehren. Bei starkem Südsturm verließen die Seestreitkräfte Formiae. Sie wurden bei dem Versuch, das Promunturium Misenum (Capo Miseno) zu runden, gegen die campanische Küste bei Cumae geworfen und verloren zahlreiche Triremen und kleinere Fahrzeuge *(Tacitus, Ann. 15,46)*. Nero faßte, vermutlich unter dem Eindruck dieser Sturmkatastrophe, den Plan, einen Küstenseitenkanal vom Avernersee nach Ostia, über eine Länge von 160 röm. Meilen (ca. 240 km), anzulegen, dessen Breite so bemessen war, »daß sich begegnende Quinqueremen« *(Sueton, Nero 31)* passieren konnten. Der gefahrlosen Verlegung von Flotteneinheiten aus Misenum nach Ostia und Rom zur Stärkung der innenpolitischen Position Neros sollte vor allem dieses Kanalprojekt, mit dessen Bau auch begonnen wurde *(Tacitus, Ann. 15,42)*, dienen.

Da in den syrischen Gewässern nur wenige Kriegsschiffe zur Verfügung standen, gelang es im Ersten Jüdischen Krieg (66–70) nicht, die Küsten von Syrien und Phönizien gegen die seit **66** von Joppa (Tel Aviv, Israel) aus operierenden jüdischen Kaperschiffe zu schützen. Ein Sturm vernichtete schließlich die jüdische Kaperflotte. Joppa wurde von römischen Truppen genommen und vollständig zerstört *(Josephus, Bell. Jud. 3,9)*. In einem Gefecht zwischen jüdischen Booten und rasch erbauten römischen Kähnen oder Flößen auf dem See Genezareth bei der Stadt Taricheae blieben die Römer siegreich *(Josephus, Bell. Jud. 3,10)*. Sex. Cornelius Dexter, später Präfekt der nach diesem Krieg von Kaiser Vespasian gegründeten Syrischen Provinzialflotte, zeichnete sich bei diesem Gefecht aus.

Kaiser Nero, der sich auch innenpolitisch sehr auf die Flotte stützte, ließ auf die Nachricht von der Erhebung Galbas im April des Jahres **68** aus Matrosen der Misenischen Hauptflotte eine neue Legion (legio classica) aufstellen *(Tacitus, Hist. 1,6; Plutarch, Galba 15; Sueton, Galba 12)*, die jedoch Neros Schicksal nicht mehr wenden konnte. Kaiser Nero endete durch Selbstmord und mit ihm das iulisch-claudische Kaiserhaus. S. Sulpicius Galba, der bisherige Statthalter der Provinz Hispania citerior, ließ sich von seinen Truppen zum Kaiser ausrufen. In den nun folgenden Kämpfen zwischen den ersten Soldatenkaisern spielte die Flotte eine wichtige Rolle. Als Galba von den Prätorianern, die ihn zum Kaiser erhoben hatten, auch wieder gestürzt wurde und statt seiner M. Salvius Otho, Legat der Provinz Lusitania, auf den Thron hoben, waren die Matrosen der legio classica mit unter den ersten, die dem neuen Kaiser Otho den Treueid leisteten.

Die italischen Flotten standen auf seiten Othos, als am 1. Januar **69** die Soldaten der Rheinarmee ihren Befehlshaber Aulus Vitellius zum Gegenkaiser ausriefen. Die Flotte erhielt die Aufgabe, die Küsten der Provinz Gallia Narbonnensis anzugreifen und ein Expeditionskorps zu landen *(Tacitus, Hist. 1,87)*. Insbesondere wollte man die durch die Provence führenden Nachschublinien des Vitellius unterbrechen und versuchen, die in Forum Iulii (Fréjus) liegenden Seestreitkräfte zum Treueid auf Otho zu bewegen. Streitigkeiten zwischen den beteiligten Truppen führten bereits vor dem Einschiffen der Landstreitkräfte zu blutigen Auseinandersetzungen. Nach dem Auslaufen der Expeditionsflotte kam es zu Übergriffen entlang der italischen und ligurischen Küsten *(Tacitus, Hist. 2,12–15)*.

Die undisziplinierten Streitkräfte Othos begingen Raubüberfälle und Plünderungen. So war es ihnen nicht möglich, ihr Operationsziel trotz zweier siegreicher Treffen zu erreichen. Die Provinz Gallia Narbonnensis mit dem Flottenstützpunkt Forum Iulii konnte nicht genommen werden. Die Flotte verhinderte lediglich, daß sich Korsika Vitellius anschloß *(Tacitus, Hist. 2,16)*. Letztlich siegte er über Otho, der am 16. April 69 durch Selbstmord endete. Der neue Kaiser schob die legio classica nach Spanien ab und besetzte die Flottenpräfektur in Misenum mit dem Ritter Claudius Iulianus *(Tacitus, Hist. 3,52)*. Zur Zeit Neros und Othos befehligten ergebene kaiserliche Freigelassene als Präfekten die Misenische Hauptflotte. Ein Aufstand der Donauarmeen unter M. Antonius Primus und der See- und Landstreitkräfte des Orientes unter T. Flavius Vespasianus führte zu neuen Kämpfen. In dieser kritischen Situation unterstellte Kaiser Vitellius beide Hauptflotten des Reiches einem Kommando. Sex. Lucilius Bassus war der einzige Flottenpräfekt, der gleichzeitig in Misenum und Ravenna kommandierte *(Tacitus, Hist. 2,100)*. Auch Kaiser Vitellius ließ kurz vor seinem Ende aus den Matrosen der Misenischen Flotte erneut eine legio classica aufstellen, während bereits Mannschaften der Ravennatischen Flotte auf seiten seiner Gegner kämpften *(Tacitus, Hist. 3,55)*. Nach dem Abfall beider Hauptflotten *(Tacitus, Hist. 3,12 und 57)* und einem Sieg seiner Gegner bei Cremona erhob sich ganz Italien gegen Vitellius, der am 20. Dezember 69 in Rom den Tod fand. Bereits am 1. Juli 69 war Vespasian als Befehlshaber der Orientarmee in Alexandria zum Gegenkaiser ausgerufen worden. Sein siegreiches Heer führte ihn nach Rom, wo es den ersten Kaiser bäuerlicher Herkunft auf den Thron hob.

Der Bürgerkrieg der Jahre 68/69 führte zu Wirren, die im Jahre 69 der im römischen Heer ausgebildete Bataverhäuptling Iulius Civilis ausnutzte, um einen Germanenaufstand unter seiner Führung zu entfachen. Der germanische Volksstamm der Bataver hatte seine Hauptwohnsitze auf der Insula Batavorum, war jedoch auch im Rheindelta, an Maas und Waal ansässig. Seit dem Ende des 1. Jahrhunderts v. u. Z. zum Römischen Reich gehörend, genossen die Bataver Steuerfreiheit und stellten Söldnertruppen. Die Erhebung begann bei den germanischen Hilfstruppen der Römer und weitete sich zum Aufstand aller Rheingermanen aus. Friesen, Brukterer und Chauken von der Nordseeküste sandten Hilfstruppen zu Civilis. Alle römischen Stützpunkte nördlich von Moguntiacum (Mainz) wurden überrannt und Mainz selbst eingeschlossen. Die Germanische Flotte der Römer war schlecht geführt und unterstützte die Legionen kaum *(Tacitus, Hist. 4,14 ff.)*.

Ein Geschwader der Rheinflotte, aus 24 Kriegsschiffen bestehend, fiel durch Verrat im Jahre 70 in die Hände der Germanen und wurde von ihnen gegen die Römer eingesetzt *(Tacitus, Hist. 4,16–17)*. Auch Geschwader der Britannischen Flotte griffen in die Kämpfe ein und versuchten an der Westseite der batavischen Insel, dem heutigen Walcheren, im Jahre 70 zu landen. Dieser Teil der Insel wurde von den Canninefaten, einem germanischen Volksstamm, bewohnt, der nach Abstammung und Sprache zu den Batavern gehörte. Der Angriff mißlang. Der größte Teil des Flottenverbandes wurde versenkt oder erbeutet *(Tacitus, Hist. 4,79)*.

Die Rheinflotte ließ weiterhin die kämpfenden Legionen ohne Unterstützung *(Tacitus, Hist. 5,18–19 und 21)*. Ein Geschwader konnte von den Germanen am Liegeplatz angegriffen werden. Neben anderen Einheiten erbeuteten sie das Flaggschiff, die Trireme des Befehlshabers Q. Petilius Cerialis *(Tacitus, Hist. 5,22)*.

Aus erbeuteten und nachgebauten römischen Schiffen hatten die Bataver inzwischen eine Flotte zusammengebracht, mit der sie an der Rhein-, Schelde- und Maasmündung versuchten, über See laufende Versorgungstransporte aus Gallien aufzubringen. Im Mündungsgebiet der Mosa (Maas) traf die zahlenmäßig zwar unterlegene, aber qualitativ überlegene römische Rheinflotte auf die Geschwader der Bataver. Es kam zu einem kurzen Ferngefecht, dann trennten sich beide Flotten wieder. Civilis zog sich mit seinen Streitkräften in das Gebiet nördlich des Rheines zurück. Die römischen Seestreitkräfte verwüsteten die Insel der Bataver *(Tacitus, Hist. 5,23)*.

Weder der Britannischen noch der Rheinflotte gelang es, entscheidende Erfolge bei der Niederschlagung des Aufstandes zu erringen. Dieser endete im Jahre **71** mit der Unterwerfung Civilis', der letztlich vor der Macht römischer Legionen kapitulierte. Er wurde von Petilius Cerialis bei Trier und Xanten geschlagen.

Cn. Iulius Agricola, Statthalter der Provinz Britannia in den Jahren 77 bis 85, begann im Jahre **78** seinen Feldzug im Norden des Landes gegen die im heutigen Nordschottland ansässigen Caledonier.

Der als Schriftsteller bekannte C. Plinius Secundus d. Ä. war Präfekt der Misenischen Flotte. Er setzte beim Vesuvausbruch im Jahre **79** schwere Einheiten seiner Seestreitkräfte zur Rettung der Bewohner des betroffenen Gebietes um Stabiae und Pompeji ein und fand dabei selbst den Tod *(Plinius d. J., ad Tacitus 6,16)*.

In den Jahren **82 bis 84** fanden zusammen mit dem Landheer erfolgreiche Flottenvorstöße bis hinauf zu den Seeplätzen an der Ostküste Schottlands statt. Im Verlaufe einer Flankenschutzoperation umsegelte Cn. Iulius Agricola mit seiner Flotte das Promunturium Calidonia (Duncansby Head), die Nordspitze Schottlands, und entdeckte und unterwarf die in Sichtweite liegenden Orkney-Inseln im Jahre **84**. Von den Orkneys aus konnten die Römer die Shetland-Inseln, die sie Thule nannten, sehen. Sie verzichteten jedoch darauf, auch auf dieser Inselgruppe zu landen *(Tacitus, Agric. 10)*. Ob vor den Römern diese Inselgruppen schon von Pytheas aus Massalia (Marseille) um das Jahr 330 v. u. Z. erreicht worden sind, bleibt umstritten. Bei den Kämpfen versorgte die Britannische Flotte der Römer die an der Ostküste vorstoßenden Legionen mit Nachschub, führte amphibische Operationen aus und umsegelte die gesamte Insel. Agricola setzte die Flotte an der West- und Nordküste zur Aufklärung ein. Seestreitkräfte erkundeten Hibernia (Irland), die Hebriden und wahrscheinlich auch die Shetland-Inseln. Der Feldzug endete im Jahre **85** mit der Niederlage der Caledonier an einem Bergzug, von den Römern Graupius Mons genannt, in den heutigen Grampian Mountains/Schottland *(Tacitus, Agric. 10 und 24–25 und 29 und 38)*.

Kaiser Domitian ließ im Jahre **92** den versandeten »Suezkanal« des Perserkönigs Dareios I. wiederherstellen, so daß Verbände der Alexandrinischen Flotte auf dem Wasserweg in das Rote Meer und den Indischen Ozean gelangen konnten.

Vermutlich wurde bereits während der Regierungszeit von Pharao Sesostris III. (1878–1841 v. u. Z.) ein erster Kanal gegraben, der jedoch wieder verfiel. Pharao Ramses II. machte um 1280 v. u. Z. erneut den Versuch, vom Mittelmeer aus auf einem Wasserweg das Rote Meer zu erreichen. Pharao Necho II. (609 bis 594 v. u. Z.) begann mit der Anlegung eines Kanals vom östlichsten Nilarm zum Roten Meer, den, wie Herodot *(Historien 2,158)* schreibt, »dann der persische König Dareios I. (521–486 v. u. Z.) weiterführte. Der Kanal ist vier Tagesfahrten lang und wurde so breit gegraben, daß zwei Trieren ihn nebeneinander befahren können. Er geht etwas oberhalb der Stadt Bubastis (Bilbeis/Ägypten) vom Nil aus, fließt an der arabischen Stadt Patumos (Tell el Maskutah, westlich von Ismâiliya, Ägypten) vorüber und mündet ins Rote Meer. Zunächst durchschneidet er die nach Arabien zu gelegene Seite der ägyptischen Ebene. Südlich von dieser ebenen Strecke liegt das in der Nähe von Memphis sich hinziehende Gebirge, in dem sich die Steinbrüche befinden. Am Fuße dieses Gebirges läuft der Kanal eine weite Strecke in west-östlicher Richtung entlang (Wadi Tumilat?), wendet sich dann nach Süden in eine durch das Gebirge führende Schlucht und mündet in den arabischen Meerbusen. Die geradeste und kürzeste Strecke vom nördlichen Meer zum südlichen, dem sogenannten Roten Meer, also vom kasischen Grenzgebirge zwischen Ägypten und Syrien bis zum arabischen Meerbusen, ist gerade tausend Stadien lang. Der Kanal ist aber weit länger als diese gerade Entfernung, weil er viele Krümmungen macht."

Nach Herodot starben beim Kanalbau 120 000 Ägypter, und ein Orakelspruch beendete die Arbeiten. Dareios I. vollendete nach der Eroberung Ägyptens um 500 v. u. Z. das Werk und lief mit seinen Kriegsschiffen vom Mittelmeer den Nil aufwärts durch den Süßwasserkanal zum heutigen großen Bittersee. Dieser war damals zusammen mit dem kleinen Bittersee eine Bucht des Roten Meeres.

Auch Ptolemaios II. Philadelphos (285–247 v. u. Z.), hellenistischer König von Ägypten, ließ den alten Nilkanal aus der Pharaonenzeit in den Jahren 280 bis 279 v. u. Z. wiederherstellen, um die von ihm am Roten Meer gegründeten Faktoreien für Schiffe aus dem Mittelmeer erreichbar zu machen.

Im Ersten Dakischen Krieg, **101 bis 102**, ebenso wie im Zweiten, **105 bis 106**, unterstützte die Pannonische Flotte die jenseits der Donau kämpfenden Legionen Kaiser Trajans mit Truppen- und Versorgungstransporten.

Für den Krieg gegen die Parther in den Jahren **114 bis 117** ließ Kaiser Trajan eine Flotte von 50 Kriegsschiffen bauen, mit der er auf dem Euphrat und Tigris operierte. Trajan ließ einen westlich von Bagdad, Euphrat und Tigris verbindenden Kanal wieder instandsetzen. Er konnte seine Flotte auf diesem Wasserweg zum Tigris überführen. Ctesiphon am Tigris wurde von Fluß- und Landstreitkräften erobert. Die Flotte erreichte den Persischen Golf im Jahre 116. Unter Kaiser Trajan (98–117) erlangte das Römische Reich seine größte Ausdehnung.

Kaiser Hadrian (117–138) begann mit dem Bau von Grenzsicherungen mit Wall- und Kastellanlagen, in Germanien, an der Donau, in Dacien, in Syrien, in Arabien und in Britannien. An dem Limes im Norden Britanniens zwischen Pons Aelius (Newcastle) und Luguvallium (Carlisle) arbeiteten Soldaten der Britannischen Flotte mit. Sie waren im Castra Exploratorum (Netherby) und Camboglanna (Birdoswald) stationiert.

Im Zweiten Jüdischen Krieg, **132 bis 135**, konnte die Syrische Flotte Angriffe jüdischer Seestreitkräfte auf Küstenplätze verhindern und den Nachschub für die Legionen sichern.

Nach dem Angriff der Markomannen, Quaden und ihrer Verbündeten im Jahre **166** scheint auch die Pannonische Flotte von ihnen vernichtet oder erobert worden zu sein. Der Ansturm dieser Völkerschaften wurde von den Römern erst bei Aquileia am Golf von Triest zum Stehen gebracht. Noricum und beide pannonischen Provinzen wurden von den Angreifern überrannt. Kaiser Marc Aurel warf im Ersten Markomannenkrieg, **167 bis 175**, die Eindringlinge zurück. Im Zweiten Markomannenkrieg, **178 bis 180**, stieß er über die Donau in das Gebiet seiner Feinde vor. Die Pannonische Flotte, durch Neubauten wiedererrichtet, spielte in beiden Kriegen eine bedeutende Rolle. Die Kampfeinheiten operierten von Carnuntum (Petronell, Österreich) aus auf der Donau aufwärts bis Castra Regina (Regensburg), auf der March, Naab und Theiß. Die Operationen für das Theißgebiet wurden von Aquincum (Alt-Ofen, Ungarn) aus unternommen. Der Friedensvertrag verbot den Markomannen und Quaden den Besitz von Schiffen und das Betreten der Donauinseln. Jenseits des Stromes wurde eine Sicherheitszone in einer Breite von 7 bis 14 km geschaffen, innerhalb der jede Ansiedlung untersagt war.

Gegen Angriffe der über See einfallenden Sachsen und Friesen wurden in den Jahren **187 bis 196** an der britannischen Nordsee- und Kanalküste Küstenbefestigungen erbaut. Eine dieser gegenwärtig noch gut erhaltenen Anlagen ist Burg Castle in Suffolk, das römische Garianonum. Durch seine Lage auf einer Klippenspitze über dem Tal des Waveney beherrschte der Stützpunkt das Flußmündungsgebiet.

Für einen zweiten Krieg gegen die Parther ließ Kaiser L. Septimius Severus (193–211) am Euphrat zahlreiche Flußkampfschiffe bauen. Auch er überführte auf dem erneut instandgesetzten Verbindungskanal seine Flotte vom Euphrat zum Tigris. Im Verlauf der Kampfhandlungen, bei denen die Flußflotte zur Unterstützung der Legionen auf Euphrat und Tigris eingriff und den Nachschub sicherte, gelangte die Flotte im Jahre **197** erneut bis in den Persischen Golf.

Gegen die Einfälle der nordschottischen Caledonier unternahm der Kaiser **208 bis 210** in Britannien einen Feldzug, der bis zur Nordspitze der Insel führte. Die Britannische Flotte übernahm die Sicherung der Seeflanke und Versorgungstransporte. Seegefechte fanden nicht statt.

Den ersten Ansturm der Goten, Karpen und Boraner gegen den römischen Stützpunkt Pityus (Pitsunda, UdSSR) am Südhang des Kaukasus' konnte der Befehlshaber des Platzes, Successianus, im Jahre **256** erfolgreich abschlagen. Ein Jahr später fiel jedoch der Land- und Seestützpunkt in die Hände der Angreifer. Es gelang den Germanen, zahlreiche Schiffe, darunter auch römische Kriegsschiffe, zu erbeuten, mit denen sie ihren Zug fortsetzten *(Zosimos 1,32–33)*. Durch einen Überraschungsangriff gelang es wenig später, sogar den Hauptstützpunkt der Pontischen Flotte, Trapezus (Trabzon, Türkei), zu überrennen. Auch dort erbeuteten die Germanen erneut zahlreiche Kriegsschiffe.

Die Moesische, Pontische, Trakische und Syrische Flotte konnten im Jahre **267** Seeunternehmungen der Goten, Heruler und Bastarner, die bis in die Ägäis führten, nicht mehr wirksam abwehren. Mit 500 zumeist auf der von römischen Truppen entblößten Krim erbeuteten und neu erbauten Schiffen liefen sie in die Propontis ein und nahmen Byzanz. Athen, Korinth und Sparta teilten das Schicksal dieser Stadt. Als die Germanen im Binnenland plünderten, zerstörte man ihre Schiffe. An der makedonisch-thrakischen Grenze wurden sie auf dem Rückzug von römischen Heeresverbänden geschlagen.

Im Jahre **268** griffen Ost- und Westgoten, Heruler, Poikiden und Gepiden erneut mit 2000 Schiffen, auf denen sich 300 000 bis 320 000 Krieger befunden haben sollen, von Tyras (Akkerman, UdSSR) aus die Küsten Kleinasiens, Thrakiens und Griechenlands an. Die römische Seeverteidigung war völlig zusammengebrochen. Eingreifverbände der beiden strategischen Hauptflotten in Misenum und Ravenna waren offenbar nicht seeklar und wurden auch später nicht herangeführt. Nach dem Passieren der Meerengen hatte sich die Flotte der Germanen am Athos-Vorgebirge geteilt. Ein Flottenverband griff Rhodos, Kreta und Zypern, der andere Thessalonice, Cassandreia und Athen an. Erst durch den Einsatz des römischen Heeres gelang es Kaiser Claudius II. (268–270), die aus der Ägäis in das Binnenland eingedrungenen Germanen *(Zosimos 1,43)* in der Landschlacht bei Naissus (Niš/Nisch, Jugoslawien) zu besiegen.

Seit dem Jahre **275** befand sich die Britannische Flotte im Einsatz gegen sächsische Seeräuber, die in überfallartigen Angriffen Seeplätze an der britannischen Kanal- und Ostküste heimsuchten. Die Kämpfe mit den Seeräuberflotten dauerten bis zum Jahre **287** an.

Gegen äußere Feinde wurde die Germanische Flotte erstmals wieder im Jahre **280** auf dem Rhein eingesetzt. Den angreifenden Germanen gelang es, mehrere naves lusoriae, also Flußkampfschiffe, in Brand zu setzen *(Hist. Aug. Bonos. 15)*.

Der Befehlshaber der durch Neubauten verstärkten Britannischen Flotte, M. Aurelius Musaeus Carausius, aus dem im heutigen Nordbrabant und Ostflandern ansässigen keltischen Stamm der Menapier gebürtig, erhielt **286** den Auftrag, die über die römische Reichsgrenze vorstoßenden Friesen, Franken und Sachsen zu bekämpfen. Wegen der Verteilung von Kriegsbeute kam es 286 zwischen Carausius und dem Mitregenten Kaiser Diocletians, Kaiser Maximian (285–305), zu Spannungen. Carausius, entschlossen zur Erhebung, ließ sich von seinen Streitkräften zum Oberherrn von Britannien ausrufen und sagte sich von Rom los. Da er allein im Besitz von Seestreitkräften war, kontrollierte er bald ganz Britannien und die gallischen Küsten. Der Hauptstützpunkt der Britannischen Flotte, Gesoriacum (Boulogne), war fest in seiner Hand. Auf die Britannische Flotte gestützt, trotzte Carausius der kaiserlichen Gewalt. Um die Sezession bekämpfen zu können, war der Bau einer neuen Flotte zwingend geboten. Die Schiffe wurden im Inneren Galliens an den großen Flüssen auf Stapel gelegt, da die Seeplätze von Carausius' Flotte beherrscht oder kontrolliert wurden.

Kaiser Maximian mangelte es bei der Bemannung seiner neuerbauten Flotte an see-erfahrenen Besatzungen. Die Flottenmannschaften, aus Binnenländern bestehend, konnten auch keine See-Erfahrung erwerben, da Carausius mit seinen Kriegsschiffen das offene Meer beherrschte. Unmittelbar nach dem Auslaufen der neuen römischen Flotte fiel sie im Kanal einem Sturm zum Opfer.

Wenn auch die Operationen der Britannischen Flotte unter Carausius sehr erfolgreich gegen Friesen, Franken und Sachsen verlaufen waren, so gelang es doch den Franken, **288** das Batavergebiet mit den Inseln vor Rhein- und Scheldemündung zu besetzen. Die Friesen eroberten die Wohnsitze der Canninefaten auf der heutigen Insel Walcheren. Bataver und Canninefaten dienten seit dem 1. Jahrhundert v. u. Z. als germanische Söldner im römischen Heer. Ihre Wohngebiete gehörten zum Römischen Reich.

Erst Constantius Clorus gelang es im Jahre **293** von der Landseite her, den Hauptkriegshafen Gesoriacum zu nehmen und dann mit einer neuerbauten Flotte das britannische Sonderreich niederzukämpfen.

Im Jahre **294** hatte Allectus seinen Gebieter Carausius ermordet und sich selbst zum Herrscher über Britannien gemacht. Gegen diesen richtete sich nunmehr die kaiserlich-römische Flottenrüstung.

Die innerrömischen Kämpfe wurden von den Germanen weidlich zu räuberischen Kriegszügen ausgenutzt. Franken und Sachsen, letztere aus den Chauken hervorgegangen, trieben **295** ausgedehnten Seeraub an den Küsten Galliens und Britanniens auch mit Riemenkriegsschiffen eigener Konstruktion, von denen auf uns ein Fahrzeug überkommen ist, das, nach seinem Fundort benannt, als Nydamschiff jetzt in Schloß Gottorp bei Schleswig liegt.

Im Frühjahr **296** waren die Seestreitkräfte für die britannische Expedition einsatzbereit. Eine Flottenabteilung schiffte die Legionen der Expeditionsarmee an der Seinemündung ein und ging unter dem Befehl des Präfekten Asclepiodotus in See. Sie landete, begünstigt durch unsichtiges Wetter, unbehelligt von einem Flottengeschwader des Allectus, das bei der Vectis Insula (Isle of Wight) in Abfangstellung bereit lag, an der gegenüberliegenden britannischen Küste. Nach der Landung ließ Asclepiodotus seine Schiffe verbrennen und marschierte auf Londinium (London). Die Selbstvernichtung der kaiserlichen Flotte zeigte, daß Allectus mit seiner seegewohnten Britannischen Flotte nach wie vor die Seeherrschaft besaß und Asclepiodotus weder in der Lage war noch die Absicht hatte, sie zu erringen. Allectus griff nunmehr mit seinen Truppen und einem Teil seiner Seestreitkräfte, mit denen er einen Hafen an der Küste Kents besetzt hatte, die Invasionsarmee an. Die zweite Flottenabteilung, mit dem restlichen Expeditionskorps an Bord, war unter dem Befehl von Constantius von Gesoriacum (Boulogne) aus in See gegangen. Sie deckte die Überfahrt der ersten Flottenabteilung und sollte anschließend die eingeschifften Truppen an der Küste von Kent landen. Durch Nebel vom Kurs abgekommen, liefen die Seestreitkräfte in die Themsemündung ein. Die Ausschiffung der Truppen erfolgte in der Nähe von Londinium. In der Stadt wurden fränkische Seeräuber beim Plündern überrascht und niedergemacht.

Zwischen den Landstreitkräften des Asclepiodotus und denen des Allectus war es schon zuvor zur Schlacht gekommen, in der Allectus besiegt wurde und fiel.

Constantius konnte ohne weitere Kämpfe im Jahre **297** in Londinium einziehen und die Sezession beenden. Die Kanalüberquerung war von Constantius bewußt bei nebligem und regnerischem Wetter, also bei schlechten Sichtverhältnissen, befohlen worden. Ohne dieses ihn begünstigende Wetter wäre eine Landung mit seinen schlecht ausgebildeten und nautisch unerfahrenen Besatzungen gegen den Widerstand der überlegenen britannischen Geschwader kaum möglich gewesen. (Zum Aufstand des Carausius und den folgenden Ereignissen: *Eutrop 9,21–22; Aurelius Victor, Caes. 39,20; Orosius 7,25; Panegyrici Latini 6,5; 8,6–7; 8,11–19; 10,12*).

Constantius hatte im Jahre **298** die Rheinflotte gegen Germanen mit Erfolg eingesetzt. Er zwang die sich auf einer Rheininsel festgesetzten Alamannen zur Übergabe *(Paneg. 6,6)*. Nach der Abdankung Kaiser Diocletians übernahm Constantius im Jahre **305** als Constantius I. die Herrschaft im Westen, verstarb aber im Jahre darauf.

Der Sohn von Constantius I., Constantin, seit **306** Kaiser der westlichen Reichsteile mit Sitz im britannischen Eburacum (York) und später Alleinherrscher (324 bis 337), hatte durch die Separation Britanniens und den damit verbundenen Abfall der Britannischen Flotte mit großer Deutlichkeit eine Situation studieren können, in der Rom an einem wichtigen Punkt des Reiches ohne Seestreitkräfte war. Aus dem Britannienfeldzug seines Vaters und dessen Erfahrungen zog er die richtige Lehre, daß intakte Kriegsflotten von großer strategischer Bedeutung sind. Constantin verstärkte den Rheinlimes und modernisierte die Germanische Flotte. Seit ihrer Gründung bestand sie zumeist aus Liburnen und Flottentransportern (actuariae). Gegen Ende des 3. Jahrhunderts war man dazu übergegangen, für die Flußflotten einen Typ des leichten Flußkampfschiffes zu entwickeln, der die Flußliburnen zu Beginn des 4. Jahrhunderts ganz ersetzte und sich noch besser für die gestellten Aufgaben eignete. Es war die navis lusoria. Im Jahre **306** ließ Constantin Truppen über den Rhein setzen und die Wohngebiete der Brukterer verheeren. Bei Köln errichtete er eine hölzerne Rheinbrücke, die auf Steinpfeilern ruhte *(Paneg. 6,13)*.

Seit **310** war Constantin in Kämpfe mit Maximian und Maxentius, Mitregenten in der herrschenden Tetrarchie, verwickelt. Maximian hatte sich nach Massilia (Marseille) begeben. Constantin ließ eine Flotte zur Sperrung der südgallischen Küste heranführen und Massilia blockieren, um ein Entkommen Maximians zu verhindern und Entsatzangriffe seines in Rom residierenden Sohnes Maxentius zu zerschlagen. In Caballodunum (Châlon-sur-Saône, Frankreich) schiffte sich Constantin auf der Saône-Flotte ein und marschierte mit ihr die Saône und Rhône abwärts. Zwischenzeitlich hatten seine Legionen Massilia genommen. Maximian wurde bald darauf im Jahre 311 zum Selbstmord gezwungen *(Paneg. 6,18–20)*.

312 ließ Constantin von Südgallien aus mit starken Seestreitkräften die Häfen Italiens, der vorgelagerten Inseln und Afrikas besetzen. Diese großangelegten Flottenoperationen lassen auf eine beträchtliche Stärke seiner Seestreitkräfte schließen *(Paneg. 12,25)*.

313 stieß die Rheinflotte erneut in germanisches Gebiet vor. Die Flotte war offensichtlich wieder so stark, daß sie eine offensive Grenzsicherung vornehmen konnte *(Paneg. 12,22)*.

Constantins Bestreben, das ältere Schiffsmaterial durch Neukonstruktionen zu ersetzen, beschränkte sich nicht nur auf die Germanische Provinzialflotte. Auch seine Hauptflotte bestand schon bald nicht mehr aus Polyeren, wie die seines Gegners, sondern er ließ seit etwa dem Jahre **321** 200 Moneren, zumeist Triakontoren, doch auch etliche Pentekontoren, auf Stapel legen *(vergleiche zum folgenden Zosimos 2,22 ff.; Anonymus Valesianus 7,23 ff.; Eusebios, Vita Constantini 1–2)*. Die neuen Schiffstypen besaßen nur eine Riemenreihe. Die Triakontore hatte insgesamt 30, die Pentekontore 50 Rojer. Kienast vermutet, daß diese neuartigen Moneren bereits von Carausius gegen Franken und Sachsen im ausgehenden 3. Jahrhundert eingesetzt worden sind. Es sprechen vor allem seetaktische Gründe für diese Vermutung, da die schwerfälligeren Polyeren den germanischen Schiffen des ausgehenden 3. Jahrhunderts in der Geschwindigkeit und den Besonderheiten der damaligen Kriegsführung (Raids) unterlegen waren. Germanische Kriegsschiffe eigener Konstruktion waren ausschließlich Moneren, mit 30 bis 36 Mann an den Riemen.

Für die Auseinandersetzung im Osten mit Licinius, seinem Mitregenten, ließ Constantin Thessalonice (Thessalonike, Griechenland) im Jahre **322** zum Kriegshafen ausbauen. Die im Jahre **323** einsatzbereiten 200 Kriegsschiffe gehörten zu den modernsten Typen. Es waren Pentekontoren und Triakontoren. In der Flottenbasis Piraeus (Peiraieus, Griechenland) zog er 2 000 Transporter zusammen. Sein Gegner besaß eine Flotte von 350 Kriegsschiffen, vorwiegend Triremen, die in Häfen und Buchten am Hellespont (Dardanellen) kampfbereit lagen.

Im Jahre **324** beabsichtigte Constantin, ermutigt durch erfolgreiche Operationen seiner Flotte, im Rücken des Gegners zu landen. Licinius erkannte und vereitelte zunächst diese Absicht. Es gelang Constantin nicht, in Asien Fuß zu fassen. Seine Flotte wurde nach Thessalonice zurückbeordert. Das Heer schlug dann, den Hebros (Ebros) überschreitend, die Legionen des Licinius. Dieser wich auf Byzantium (Istanbul) zurück und wurde eingeschlossen.

Die Flotte des Licinius unter dem Oberbefehl von Amandus war jedoch intakt geblieben und sperrte nach wie vor den Hellespont. Die Einnahme von Byzanz war, solange die Seeseite offen blieb, nicht möglich. Auch hatte Amandus mit seiner Flotte den Übergang des gegnerischen Heeres nach Asien verhindern können. Constantin ließ nunmehr die gesamten Seestreitkräfte mit der Transportflotte unter dem Oberbefehl seines ältesten Sohnes Flavius Valerius Crispus (geb. um 305) auslaufen und Kurs auf den Hellespont nehmen. Die Landungsflotte gelangte unbehelligt bis vor die Meerenge. Crispus, die Transporter gesichert durch mehrere Geschwader zurücklassend, suchte, die engen Gewässer berücksichtigend, mit einem Flottenverband von nur 80 Triakontoren die Seeschlacht. Am Südausgang der Meerenge stellte sich Amandus mit 200 Einheiten, zumeist wohl Triremen, zum Kampf. Crispus manövrierte so geschickt, daß es an der engsten Stelle des Hellespontes zur Schlacht kam. In dem engen Fahrwasser behinderten sich die zahlreichen Triremen gegenseitig sehr. Sie konnten sich weder entfalten noch ihre zahlenmäßige Überlegenheit nutzen. Crispus gelang es, den Triremengeschwadern mit seinen schnellen und wendigen Triakontoren beträchtliche Verluste zuzufügen. Der entscheidende Durchbruch gelang jedoch nicht. Er zog sich daher auf das Flottengros, das mit den Transportern in Elaius (Seddülbahir, Türkei) an der Westeinfahrt zum Hellespont lag, zurück, während Amandus sich mit seiner Flotte in den Schutz des Aiantiushafens (Bucht von Kum Kali) begab. Amandus hatte sich mit seiner Flotte am folgenden Tage erneut in Schlachtordnung formiert, als er erkannte, daß Crispus seine Seestreitkräfte zwischenzeitlich durch Pentekontoren verstärkt hatte. So zögerte Amandus, den Kampf zu beginnen. Die Flotten lagen sich bis zum Mittag in Schlachtordnung gegenüber, als der Wind drehte und ein plötzlich aufkommender Sturm die Geschwader des Amandus gegen die Klippen des asiatischen Ufers warf. 130 Kriegsschiffe gingen mit ihren Besatzungen und eingeschifften Truppen, die zur Verteidigung Asiens bestimmt waren, verloren. Der Rest der Flotte zog sich zurück und gab den Weg durch die Meerenge frei. Crispus hatte keine Verluste erlitten, da seine Flotte den Schutz des Hafens von Elaius erreichte. Nunmehr konnte Constantin Byzanz auch von der Seeseite einschließen und die Versorgung des Belagerungsheeres auf dem Seewege sicherstellen.

Trotz der Blockade durch die gesamte Flotte unter Crispus gelang es Licinius, mit bedeutenden Teilen seines Heeres nach Calchedon am gegenüberliegenden asiatischen Ufer überzusetzen und, gestützt auf seine Kerntruppen, eine neue Armee von 130 000 Mann aufzustellen. Constantin hatte jedoch zwischenzeitlich alle Vorbereitungen für die Landung in Asien abgeschlossen. Diese erfolgte mit Hilfe und unter dem Schutz seiner Flotte überraschend bei dem Vorgebirge Hieron Akron (Anatolia Kavak, Türkei) südöstlich von Calchedon, wo man nach der Geländebeschaffenheit mit einer Landung nicht rechnete. Die Landung gelang. Bei Chrysopolis kam es bald darauf zur Schlacht, in der Licinius unterlag. Seine Flucht und der Krieg fanden in Nicomedia (Izmid, Türkei) mit der bedingungslosen Kapitulation seiner Streitkräfte ihr Ende. Damit war Constantin, den man den Großen nennt, Alleinherrscher des Römischen Reiches geworden.

Er gründete im Jahre **326** an der strategisch so wichtigen Meerenge, auf der Landbrücke zwischen Europa und Asien in Byzantium, das nunmehr als neue Hauptstadt des Reiches den Namen Constantinopolis erhielt, seine Metropole, »ein zweites Rom«. Mit dem Ausbau der Stadt wurde gleichzeitig der Bau eines großen Kriegshafens an der Propontis (Marmarameer), dem Eleutherioshafen, begonnen, der **330** die Hauptflotte aufnahm und bald die alten Hauptflottenstützpunkte Misenum und Ravenna in Italien an Bedeutung übertraf. Constantin erwies sich als ein Herrscher, der die strategische Bedeutung der Seemacht in ihrer ganzen Tragweite erkannt hatte und eine zielstrebige Flottenpolitik betrieb, solange er lebte. Auch seine Söhne folgten ihm auf diesem Weg.

Der jüngste Sohn Constans, Herrscher des Westens von 340 bis 350, brach zu Beginn des Jahres **343** von Bononia, wie nunmehr das alte Gesoriacum (Boulogne) genannt wurde, zum Britannienfeldzug auf. Die Überfahrt des Kaisers mit der Britannischen Flotte sollte eine eindrucksvolle Demonstration darstellen. Die Entfaltung römischer Flottenmacht verfehlte ihren Eindruck nicht. Im Kampf gegen die Franken blieb Constans erfolgreich *(Codex Theodosianus 11,16; Ammian 20,1).*

Auch Kaiser Constantius II. (337–361) führte als Herrscher des Ostreiches die Flottenpolitik von Constantin, seinem Vater, fort. In Seleucia Pieriae (Samandag, Türkei), dem alten Hauptstützpunkt der Syrischen Provinzialflotte, legte er einen neuen Hafen an.

351 hatte Constantius II. mit dem Neubau einer bedeutenden Flotte begonnen, die er bereits zehn Monate nach der Stapellegung in Dienst stellte *(vergleiche Julian, or. 1 auch zum Folgenden).*

In einer Landschlacht bei Mursa an der Drau (Osijek an der Drave) gelang es 351 Constantius II., den Franken Magnentius zu besiegen. Dieser zog sich nach Italien zurück. Im Jahre 352 stieß die Flotte des Constantius II. nach Sizilien und Unteritalien vor und unternahm Landungen, wodurch bedeutende Teile des gegnerischen Heeres gebunden wurden. Als sich eine der italischen Hauptflotten, vermutlich die Ravennatische, von Magnentius lossagte und zu Constantius II. überging, konnte dieser unbehindert an der Pomündung, im Rücken der gegnerischen Hauptstreitkräfte, die sich in den Alpen befanden, landen und diese von ihren Verbindungen nach Mittel- und Süditalien abschneiden. Dieses Lehrbeispiel einer umfassenden strategischen Landung zwang Magnentius, Italien aufzugeben und sich nach Gallien zurückzuziehen.

Im gleichen Jahr konnte Constantius II. durch ein weiteres kombiniertes Flottenunternehmen die Provinz Africa mit dem wichtigen Hafen Carthago erobern.

353 eröffnete er in Gallien mit einer Landung am Fuße der Pyrenäen die Offensive gegen Magnentius, ihn durch die Wahl des Landeplatzes von Spanien abschneidend und ihm in den Rücken fallend. Die Reichseinheit wurde unter Constantius II. wiederhergestellt. Bei den Flotten- und Landungsunternehmen dieser Jahre, über beträchtliche Entfernungen in weit auseinanderliegenden Seegebieten, sieht man besonders deutlich und erneut den Einsatz einer römischen Flotte in strategischer Absicht mit kriegsentscheidendem Erfolg.

Im Jahre 355 betraute Constantius II. seinen Vetter Julian mit der Sicherung der Rheingrenze gegen die anhaltenden Einfälle der Franken und Alamannen. Die Germanische Flotte der Römer auf dem Rhein wurde von Julian wiederholt eingesetzt; so in den Jahren 356 und 357 für Rheinübergänge und Kämpfe am Main *(Ammian 16,11–12 und 17,1).*

Im Winter des Jahres 357 auf 358 fanden Kämpfe mit den Franken, die in die Provinz Niedergermanien eingefallen waren, statt. Julian schloß die Eindringlinge auf einer Maasinsel mit seinen Kriegsschiffen ein. Naves lusoriae, Flußkampfschiffe, die im 4. Jahrhundert ganz die Flußliburnen ersetzten, verhinderten durch Patrouillenfahrten die Bildung einer festen Eisdecke. Die Franken konnten nach zwei Monaten zur Kapitulation gezwungen werden *(Ammian 17,2).*

Auch im Jahre 359 war ein Geschwader von 40 Flußkampfschiffen entscheidend an der Bekämpfung der Alamannen beteiligt *(Ammian 18,2).*

Innerhalb von zehn Monaten ließ Julian im gleichen Jahr 400 Frachtschiffe bauen und erhöhte so die Stärke der britannischen Transportflotte auf 600 Schiffe. Diese setzte man in der Getreidefahrt von Britannien zum Rhein ein. Dort wurde die Fracht umgeschlagen und mit Flußschiffen in Gebiete gebracht, die unter den Germaneneinfällen besonders gelitten hatten. Die Seetransporte verliefen ohne Zwischenfälle. Ein Beweis dafür, daß die Britannische Flotte auch zu dieser Zeit die Seeherrschaft im Kanal und den angrenzenden Seegebieten der Nordsee gegen die sich immer mehr verstärkende Aktivität der Seegermanen aufrechterhalten konnte *(Julian, Brief an Athen.).*

Lupicinus brachte unter dem Schutz der Britannischen Flotte im Jahre 360 Hilfstruppen von Bononia (Boulogne) nach Rutupiae (Richborough), um die in römisches Reichsgebiet eingebrochenen Scoten und Picten in Nordbritannien zurückzuwerfen *(Ammian 20,1 und 27,8).*

Kaiser Julian (361–363) ließ in Constantinopolis unmittelbar nach seinem Einzug einen weiteren Kriegshafen, den nach ihm benannten Julianshafen, bauen *(Zosimos 3,11),* der nachweislich noch im 7. Jahrhundert von Flottenverbänden benutzt wurde. Auch er wußte den Wert kriegsbereiter Seestreitkräfte für die Verteidigung des Reiches zu schätzen. Hatte er doch bereits bei seinem Marsch nach Osten auf der Pannonischen Flotte im Jahre 361 3 000 Mann in Raetien eingeschifft und auf der Donau bis zur Savemündung gebracht *(Zosimos 3,10).*

Im Jahre 363 stieß Julian erfolgreich gegen die Perser bis Ctesiphon am Tigris (nahe Salman Pak, Irak), das diesmal aber nicht genommen wurde, vor. Der Kaiser hatte eine Euphratflotte von 50 Kriegs- und 1 100 Transportschiffen bauen lassen. Ferner gehörten 50 Pontonboote zu diesem Flottenverband. Die Flußstreitkräfte unter dem Befehl von Constantianus und Lucilianus marschierten zusammen mit dem Heer von Samosata (nahe Calgan, Türkei) den Euphrat abwärts. Die Flotte hatte einen Teil der Legionen an Bord und blieb mit dem am Flußufer vorrückenden Heer auf gleicher Höhe. Die an Bord befindlichen ausgeruhten Kampftruppen bildeten die Eingreifreserve. Das Zusammenwirken von Armee und Flotte war gut. Flußstreitkräfte bewährten sich bei der Eroberung persischer Befestigungen, die auf den Euphratinseln niederzukämpfen waren. Die große Zahl der Transportschiffe, mit Verpflegung und anderen Nachschubgütern an Bord, sicherte die Versorgung des Landheeres. Völlig unverständlich ist es daher, daß der Kaiser die Flotte verbrennen ließ, als er beschloß, sich den Tigris aufwärts zu wenden, um die Verbindung mit seinem zweiten Landheer herzustellen. Julian starb auf diesem Feldzug an den Folgen einer Verwundung *(Ammian 23,3–24,7; Zosimos 3,12–14 u. 26).*

Für den Westen wurde Flavius Valentinianus von seinen Truppen zum Kaiser Valentinianus I. (364–375) ausgerufen. Die Nachfolge in der östlichen Reichshälfte trat sein Bruder als Kaiser Valens (364–378) an. Die Britannische Flotte war sei dem Jahre **364** mit wechselndem Erfolg ständig gegen die nun auch über See angreifenden Picten und Scoten im Einsatz. Die Angriffe verstärkten sich bis zum Jahre **367** bedrohlich. Nectarides, Befehlshaber des Küstenschutzes, fiel. Im 4. Jahrhundert war wiederum das britannische Gebiet zwischen The Wash an der Ostküste und The Solent an der Südküste verstärkten Angriffen sächsischer Geschwader ausgesetzt, während die Franken die Küsten Galliens verheerten. In Britannien wurde das sich von Norfolk bis zur Isle of Wight, an der sogenannten »sächsischen Küste«, erstreckende Befestigungssystem aus Kastellen mit kleineren Flotten- und Signalstationen unter einem Oberbefehlshaber, mit dem Titel Comes Litoris Saxonici, vollendet, mit dessen Bau bereits Carausius 286 begonnen hatte.

Die anhaltenden Angriffe der Scoten und Picten gegen römische Grenzbefestigungen im Norden Britanniens machten einen Feldzug gegen sie notwendig. Theodosius, Heermeister des Reiches, brachte auf der Britannischen Flotte **368** von Bononia nach Rutupiae Legionen über den Kanal. Die Flotte blieb in Seegefechten mit den Sachsen siegreich *(Ammian 27,8; 28,3 und 30,7 ff.; Paneg. 2,5).*

Zur Niederwerfung der aufständischen Kabylen in Westmauretanien wurden im Jahre **373** Truppen in Arelate (Arles, Frankreich) eingeschifft und über das Mittelmeer gebracht *(Ammian 29,5).*

374 drangen Quaden und Jazygen von Osten her nach Pannonien ein. Der Einbruch erfolgte über die Donau. Die Pannonische Flotte war mit ihren Operationen gegen die Eindringlinge wenig erfolgreich. Die Donauflotten wurden reorganisiert.

Nachdem Kaiser Valens im Jahre 378 bei Adrianopel gegen die Westgoten gefallen war, bestieg Kaiser Theodosius I., ein Sohn des Heermeisters, 379 den Thron der östlichen Reichshälfte.

Von den britannischen Befehlshabern der weströmischen Streitkräfte war Maximus im Jahre 383 zum Gegenkaiser ausgerufen worden. Damals herrschte in der westlichen Reichshäfte Gratianus, ein Sohn des Kaisers Valentinianus I. Kaiser Gratianus war auf der Flucht vor den Truppen des Maximus, die mit Hilfe der Britannischen Flotte den Kanal überquert hatten, im Jahre **383** in Gallien getötet worden. Sein Nachfolger wurde Kaiser Valentinianus II. (383–392).

Im Jahre **386** konnte die Moesische Flotte unter dem Oberbefehl des Heermeisters Promotus auf der unteren Donau angreifenden Greutungen eine vernichtende Niederlage beibringen. Die Greutungen versuchten, mit 3 000 Einbäumen den Fluß zu überqueren *(Zosimos 4,35 und 38 ff.).*

Als Theodosius I. (379–395) im Jahre **388** gegen Maximus auf dem Balkan Krieg führte, sandte er im gleichen Jahr eine Flotte unter dem Westkaiser Valentinianus II. nach Rom, um den Usurpator in Italien anzugreifen. Seestreitkräfte des Maximus unter dem Befehl von Andragathius versuchten, die Flotte vor der Landung abzufangen. Der Versuch mißlang und schwächte nur die Positionen in den Alpen, da von dort Truppen für die Seestreitkräfte abgezogen worden waren. Andragathius tötete sich selbst. Valentinianus II. konnte in Italien landen und die Halbinsel ohne größere Kämpfe, solche fanden nur noch auf Sizilien statt, besetzen. Maximus wurde 388 in Aquileia gefangengenommen und getötet. Diese Ereignisse zeigen, daß man gegen Ende des 4. Jahrhunderts im Weströmischen Reich begann, die Flotte zu vernachlässigen. Dies sollte sich bitter rächen *(Zosimos 4,43 und 45–47; Orosius 7,35).*

Im Jahre **395** erfolgte die Teilung des Römischen Reiches. Seit Kaiser Honorius (395–423), einem Sohn des Kaisers Theodosius I., wurden die Geschicke des Weströmischen Reiches von dem Germanen Stilicho gelenkt. Es gelang zwar dem Oströmischen Reich, ihn 408 zu stürzen und hinzurichten, doch **410** nahmen die Goten unter Alarich Rom. Die weströmische Flotte sank zur Bedeutungslosigkeit herab. Dies führte zum Erstarken des Wandalischen Reiches.

Obgleich die aus Nordjütland stammenden Wandalen, ursprünglich Bauern, in ihrer neuen Heimat Schlesien, Westpolen und Ungarn ein Reitervolk geworden waren, lernten sie sehr schnell, während ihres Aufenthaltes in Spanien auf eroberten römischen Schiffen von einheimischen Seeleuten unterwiesen, Seekrieg zu führen. Schon um **425** trieben sie Seeraub an den Küsten der Balearen und Mauretaniens. **428** nahmen sie »vermutlich durch kombinierte Land- und Seeoperationen Nova Carthago (Cartagena) und Hispalis (Sevilla), die letzten Bollwerke, ein, mit denen die Römer den Zugang zum Mittelmeer zu schützen suchten« *(Zechlin).*

Im Mai **429** überquerten die Wandalen unter König Geiserich von Julia Traducta (bei Algeciras) mit 80 000 Menschen die Meerenge von Gibraltar und landeten ohne Behinderung in Afrika. Die Mauretanische Flotte in Caesarea (Cherchell, Algerien), die noch 415 gegen die Westgoten operiert hatte, war offenbar zu schwach, um die Invasion Mauretaniens zu verhindern.

Nach einem kurzen Zwischenspiel als Föderat der Römer griff Geiserich **439** in einer erneuten Land- und See-Operation das unverteidigte Carthago an und setzte sich in den Besitz dieses Platzes, der ihm die erstrebte »seestrategische Schlüsselposition« *(Zechlin)* im westlichen Mittelmeer brachte. Mit eigenen und in Carthago eroberten Schiffen griff er Sizilien an, um in den Besitz des wichtigen Kriegshafens Lilybaeum (Marsala) zu kommen und damit durch eine Seesperre das westliche Mittelmeer abzuriegeln. In richtiger Erkenntnis der Gefährlichkeit der Lage leistete nunmehr das Oströmische dem Weströmischen Reich Hilfe und landete mit der voll intakten oströmischen Flotte bedeutende Kampfverbände auf Sizilien, die die Wandalen zum Rückzug zwangen. Da die oströmischen Truppen gegen die Hunnen eingesetzt werden mußten, unterblieb eine Invasion Afrikas. Der im Jahre **442** geschlossene Friedensvertrag sicherte die wandalischen Eroberungen in Afrika mit Carthago als Hauptstadt. Dieser Platz wurde nun erneut Metropole eines Seereiches. Die Wandalen beherrschten unangefochten das westliche Mittelmeer. Wandalische Flotten verheerten die Küstenstädte Siziliens, Unteritaliens, Sardiniens und Korsikas. Geiserich setzte seine Seemacht rücksichtslos ein und plünderte **455** die Hauptstadt des Weströmischen Reiches, Rom. Kaiser Maiorianus versuchte im Jahre **460**, durch den Einsatz der Misenischen und Ravennatischen Flotte, die Seeherrschaft zurückzugewinnen. Beide Flotten wurden in der Bucht von Ilici (Elche/Spanien) zusammengezogen. Ein Invasionsheer marschierte von Gallien über die Pyrenäen, um für die Invasion Afrikas eingeschifft zu werden. Geiserich ließ bereits in Mauretanien nach dem Prinzip der verbrannten Erde Verwüstungen anrichten und Brunnen vergiften, da gelang es seiner Flotte, durch einen Überraschungsangriff die Invasionsflotte auf der Reede von Ilici teils zu vernichten, teils zu kapern. Die vereinigten römischen Flotten bestanden aus 300 Kriegs- und Transportschiffen. Ohne Flotte, die, wenn auch nur zeitweise, die Seeherrschaft errang, war eine Invasion unmöglich geworden.

Nach diesem Sieg beherrschen die Wandalen fast das ganze Mittelmeer. Immer kühner wurden ihre Angriffe. Selbst die Küsten Illyriens und Griechenlands wurden gebrandschatzt und geplündert. In dieser bedrohlichen Situation fanden sich West- und Ostrom erneut unter Zurückstellung ihrer Zwistigkeiten zu gemeinsamer Tat. Die weströmischen Seestreitkräfte waren größtenteils durch die Wandalen vernichtet worden, doch die der Oströmer voll intakt. Die Flotte Ostroms besaß zu dieser Zeit zwischen 1 100 bis 1 300 Schiffe aller Typen, einschließlich der Transporter, und war nach Überlieferung zeitgenössischer Beobachter in der Lage, eine Expeditionsarmee von annähernd 100 000 Mann einzuschiffen *(Prokop, Bell. Vand. 1,6; Zonaras 14,1)*. Mit dieser Streitmacht griff Byzanz den Kernsiedlungsraum der Wandalen bei Carthago direkt an, um die Wandalen in ihrer Basis zu treffen. Gleichzeitig besetzte eine neu erbaute weströmische Flotte die wichtigsten wandalischen Stützpunkte auf Sizilien, Sardinien und Korsika, um die Flanke der oströmischen Invasionsflotte abzusichern. Diese formierte sich im Jahre **468** zusammen mit Teilstreitkräften der weströmischen Flotte vor dem Promunturium Mercurii (Kap Bon/Rāss Addâr) zur Offensive gegen Carthago, die gleichzeitig vom Lande her durch ein aus Ägypten heranmarschierendes Heer vorgetragen werden sollte. Die wandalische Flotte griff mit nur 200 Schiffen überraschend in der Nacht unter Einsatz von Brandern an und vernichtete im ersten Ansturm die halbe Invasionsflotte. Diese Tat Geiserichs war einer der entscheidenden Seesiege der Weltgeschichte. Das Wandalenreich hatte die Seeherrschaft im westlichen Mittelmeer behauptet. Das Meer blieb wandalisch. Ostrom zog sich zurück.

Der »König des Landes und des Meeres«, wie Geiserich sich nannte, erzwang **474** die vertragliche Anerkennung eines wandalischen Seereiches, das Westnordafrika, Sizilien, Sardinien, Korsika und die Balearen umfaßte. Zwei Jahre später war auch das Weströmische Reich fest in der Hand der Germanen. Odwakar, Sohn eines Skirenfürsten, wurde von seinen zumeist germanischen Soldaten zum Herrscher in Rom ausgerufen.

Der imperiale Aufstieg Roms begann, als in der Seeschlacht bei Mylae ein Entscheidungssieg gegen die punische Seemacht errungen wurde. Rom fiel in die Hände der Germanen, nachdem seine Flotte in der Schlacht am Promunturium Mercurii die letzte Seeniederlage erlitt. Doch Rom steht hier für das Weströmische Reich. Dieses besaß im 6. Jahrhundert keine Flotte mehr *(Cassiodor, Varia 5,16)*. Erst Theoderich der Große begann **526** mit dem Wiederaufbau von Seestreitkräften, die jedoch nicht unter römischem, sondern unter germanischem Befehl standen.

Die oströmische Marine verfügte in ihrem Hauptflottenstützpunkt Constantinopel über genügend Reserven, um die erlittenen Verluste wieder auszugleichen. Die »von griechischer Kultur und römischem Staatsdenken« *(Zechlin)* geprägte Herrschergestalt Kaiser Justinians I. (527–565) schickte sich an, die Grenzen des alten Imperiums wieder herzustellen. Doch erst im Juni des Jahres **533** gelang es der oströmischen Flotte, mit 92 Dromonen die zeitweise Seeherrschaft zu erringen und eine auf 500 Transportern eingeschiffte Invasionsarmee beim Kap Vada (Râss Kaboûdia), 200 km südöstlich von Carthago, zu landen. Zu dieser Zeit besaßen die Wandalen 120 Kriegsschiffe. Kombinierte Land- und Seeoperationen und zwei von den Expeditionsstreitkräften gewonnene Landschlachten ermöglichten es Ostroms Feldherrn Belisar, **535** Carthago einzunehmen und das Wandalenreich zu vernichten. Afrika wurde oströmische Provinz.

Auch bei den Kämpfen mit den Ostgoten spielte die byzantinische Flotte eine nicht geringe Rolle. Oströmische Seestreitkräfte, 50 Einheiten stark, blieben in einer für den Kriegsverlauf bedeutsamen Seeschlacht bei Ancona in der Adria im Jahre **551** gegen die Ostgoten, die 47 Einheiten in das Gefecht geführt hatten, siegreich. Entscheidend war in diesem Treffen der taktisch überlegt eingesetzte Rammsporn.

In den letzten Kriegsjahren verfügte die Flotte der Ostgoten über einen Kriegsschiffbestand von 400 Dromonen. Das Ostgotenreich in Italien wurde in zwanzigjährigen Kämpfen von den Byzantinern **552** niedergeworfen. In Spanien blieb das Westgotenreich zwar bestehen, doch gelang es der Flotte Ostroms, fast die ganze afrikanische Küste, alle Inseln des Mittelmeeres, Südostspanien und die Kontrolle über die Straße von Gibraltar zurückzugewinnen. Damit war das Mittelmeer in der Spätzeit römischer Machtentfaltung letztmalig ein mare nostrum. Bis zum Ansturm der Araber und Normannen behielt die Flotte Ostroms die Seeherrschaft.

Dienstgrade und Dienstzweige der Flotte

Die römische Flotte stellte sich in ihren Dienstgraden und Dienstzweigen als Wehrmachtsteil des römischen Imperiums dar, dessen Aufbau nicht weniger differenziert war als der der Legionen.

Eine vollständige Rangordnung der römischen Reichsflotte ist nicht überliefert. Von den Dienstgraden und Dienstzweigen wüßten wir wenig, wenn uns nicht die Quellen über die griechischen Flotten, die als Vorbild für den Aufbau der römischen Seestreitkräfte dienten, das Zeugnis der römischen Inschriften und die Rangordnung des römischen Heeres mit Material versorgt hätten. Die Verhältnisse des Heeres wurden vielfach analog auf die Flotte übertragen, die nautischen Dienstzweige von den Griechen übernommen. Die Dienstgrade beziehen sich auf die Kaiserzeit (30 v. u. Z. bis 476), reichen aber bis in die Anfänge der römischen Flotte zurück.

Ein Vergleich mit heutigen Flottendienstgraden und Laufbahngruppen ist nur bedingt möglich. Wenn hier versucht wird, Ränge und Dienstzweige modern zu bezeichnen, so kann dies nur nach den Tätigkeitsmerkmalen und Befehlsbereichen geschehen. Weitere Kriterien stehen uns nicht zur Verfügung oder würden nur zu einer Verzerrung des wirklichen Bildes führen. Ränge, die nach dem Befehlsbereich heute Offizieren vorbehalten sind, wurden in der römischen Flotte von Gefreiten und Unteroffizieren bekleidet. Alle Offiziersränge bis einschließlich Oberleutnant, bei nautischen Dienstgraden bis zum Ersten Schiffsoffizier, gehörten in der römischen Flotte zu der großen Gruppe der principales, die man als Unteroffiziere oder besser als untere Befehlshaber kennzeichnen kann. Man verstand darunter alle Soldaten, die vom schweren Dienst befreit waren und Befehlsgebungsbefugnisse besaßen.

Im Schiffsdienst gut ausgebildete Mannschaften und in der Personal- und Schiffsführung erfahrene Vorgesetzte waren Voraussetzung für die volle Kampfbereitschaft der Flotte. Die nautische Besatzung war schon damals entsprechend spezialisiert. Die Vielfältigkeit in allen Abwandlungen genau aufzuzeigen ist bei der bruchstückhaften Überlieferung nicht möglich. Hier können nur die wesentlichsten Funktionen und Ränge festgehalten werden. Der unternommene Versuch, einen Überblick zu geben, erhebt weder Anspruch auf allgemeine Gültigkeit noch auf Vollständigkeit, da die Forschung jederzeit neue Erkenntnisse gewinnen kann.

Entgegen weitverbreiteter Ansicht waren, wie vor allem Starr und Kienast zuletzt gezeigt haben, die römischen Kriegsflotten der Kaiserzeit nicht mit Sklaven, sondern mit freien Männern bemannt. Nur in wenigen Ausnahmesituationen rekrutierte man in republikanischer Zeit Kriegsgefangene *(Livius 26,47)* und Sklaven als Rojer, die jedoch freigelassen wurden, bevor sie die Planken eines Kriegsschiffes betraten *(z. B. Livius 24,11 und 26,35)*, oder denen man als Kriegsgefangene nach der Ableistung ihres Dienstes die Freiheit versprach *(Polybios 10,17)*. An Bord gab es auch zur Zeit der römischen Republik in der Regel nur freie Männer. Diese Übung behielt die byzantinische Marine als Nachfolgerin der imperialen römischen Flotte bei. Auch die Seestreitkräfte von Byzanz kannten keine Sklaven an den Riemen, sondern nur freie besoldete Rojer. Erstmalig findet man im 15. Jahrhundert Sklaven und Verbrecher an den Kriegsschiffriemen des christlichen Abendlandes.

Chantraine hält es für möglich, daß in Rom, Forum Julii (Fréjus), Brundisium (Brindisi) und vielleicht in Misenum spezielle Einheiten, die nicht zur Einsatzflotte gehörten, lagen. Diese Schiffe wurden vom Kaiser und seinen Angehörigen bei ihren Seereisen benutzt. Auf ihnen führten möglicherweise nicht nur Freigelassene der kaiserlichen familia, sondern auch Kommandanten mit Sklavenstatus den Befehl.

Roms Flotte stand nicht, wie gelegentlich behauptet wird, im Privateigentum des Kaisers, sondern sie bildete nach Starr und Kienast seit ihrer Gründung ununterbrochen eine Teilstreitkraft des Reiches.

Die Flottenmannschaften wurden vor allem in der seefahrenden Bevölkerung des Imperiums und seines Einflußgebietes, in den Großfluß- und Küstenprovinzen, angeworben. Neben kaiserlichen Freigelassenen stellten Peregrine, d. h. Fremde, die nicht das römische Bürgerrecht besaßen, das Hauptkontingent. Illyrer, Ägypter, Karer und Ägäer waren schon in frühgeschichtlicher Zeit große Seefahrer. Die Errichtung des kretischen Seereiches und die ägyptischen Flottenexpeditionen bis in das Land Punt (in Somalia oder gar an der Mündung des Sambesi?) sind eindrucksvolle Beweise hierfür. Die Römer warben neben Griechen vorzugsweise Flottenbesatzungen aus den obengenannten Völkern an. In der Misenischen Flotte dienten vorzugsweise Thraker, Kleinasiaten, Syrer, Ägypter, Sarder und Korsen, in der Ravennatischen Flotte Dalmatier und Pannonier.

Die Dienstzeit der classiarii oder classici, wie man die Flottensoldaten nannte, betrug 26 Jahre. Im 3. Jahrhundert wurde sie auf 28 Jahre ausgedehnt. Vereinzelt sind auch noch längere Dienstzeiten überliefert. Demgegenüber diente der Legionär des Heeres in der Regel nur 20 bis 25 Jahre. Nach ehrenvoller Entlassung (honesta missio) erhielten auch die Angehörigen der Seestreitkräfte eine einmalige Abfindung durch Zuteilung von Land oder, in späterer Zeit, eine Geldabfindung. Ihnen wurde das römische Bürgerrecht verliehen, sofern sie es noch nicht besaßen. Auch durften sie heiraten. Während der aktiven Dienstzeit war ihnen bis zu Beginn des 3. Jahrhunderts die Eheschließung versagt.

Die Flottendienstgrade und Dienstzweige unterteilten sich in zwei große Gruppen; die Dienstgrade und Dienstzweige des nautischen Personals und die der Marineinfanterie.

Für den Matrosen standen wiederum zwei verschiedene Dienstzweige zur Wahl. Der seemännische Dienst umfaßte Decksdienst, Bedienen der Besegelung, Signaldienst, Ausguckdienst, Lecksicherungsdienst, Brandbekämpfung u.a.m. Die speziell zur Bedienung der Besegelung abkommandierten Matrosen wurden velarii (von velum = Segel) genannt. Das Wetterzeug des eigentlichen Seemannes bestand aus einem Wollmantel mit Kapuze (cucullus), ähnlich dem Dufflecoat der britischen Marine.

Den anderen Dienstzweig der Matrosenlaufbahn bildete der schiffstechnische Dienst, wenn man diese moderne Laufbahngruppe auf den antiken Rojer, den remex, übertragen darf. Die remiges, die Rojer, waren schließlich für den Schiffsantrieb auf dem Kriegsmarsch und im Kampf verantwortlich, wie die heutigen Matrosen des schiffstechnischen Dienstes auch. Der römische Jurist Ulpian stellte ausdrücklich fest *(Dig. 37,13,1,1)*, daß die Angehörigen beider Dienstzweige als vollwertige Soldaten galten (»in classibus omnes remiges et nautae milites sunt«). Die Rojer (Bild 73) wurden sehr sorgfältig ausgebildet, da gut eingespielte Mannschaften des schiffstechnischen Dienstes eine wesentliche Voraussetzung für die volle Kampfbereitschaft der Flotte darstellten.

Bei der Ausbildung am Riemen unterrichtete man den Rojer zunächst einzeln im Sitz, Auslegen, Griff und Durchzug. Nach Abschluß der Einzelausbildung stellte man eine Rojermannschaft zusammen und unterwies sie in den verschiedenen Rojerrängen. Die Einzel- und Mannschaftsausbildung erfolgte zum Teil an Land. Besondere Trainingseinrichtungen, die den Bordverhältnissen nachgebildet waren, wurden schon zu Beginn des Ersten Punischen Krieges geschaffen *(Polybios 1,21)*. Erst nach dem erfolgreichen Abschluß des Trockenpullehrganges erfolgte die Kommandierung an Bord eines Kriegsschiffes. Entsprechend der Konstitution und Leistungsfähigkeit des einzelnen Rojers wurde er im Bordkommando zu den Thraniten, Zygiten oder Thalamiten eingeteilt.

Von einer gut einexerzierten Rojermannschaft hing die Geschwindigkeit und Beweglichkeit des Schiffes, besonders bei schwerer See und im Kampf, ab. Hier zeigte sich, welchen Ausbildungsstand der schiffstechnische Dienst erreicht hatte. Bei einer Trireme war eine vollendete Pulltechnik, die nur durch langanhaltende Übung auf den Rojerbänken (transtra) zu erwerben war, nötig, um alle angeordneten Manöver der Schiffsführung schnell und präzise ausführen zu können. Klappte das Streichen oder Einziehen der Riemen nicht, gelang eine Wendung des Schiffes zu spät, so war häufig sein Schicksal entschieden. Die Rojer mußten ständig exerzieren, um geübt zu bleiben. Ausdauernd die Riemen zu handhaben und Schlag zu halten war oberstes Ausbildungsziel. Für Sieg oder Niederlage, für den Erfolg größerer Unternehmungen war häufig die Geschicklichkeit und Ausdauer der Rojer entscheidend. Römische Seestreitkräfte unternahmen Kriegsmärsche, auf denen oft mehrere Tage gepullt und beträchtliche Entfernungen zurückgelegt werden mußten. Bei bewegter See, wenn zunehmender Seegang sich einstellte, war es nicht einfach, Schlag zu halten und den Riemen im Takt auszuheben. Im Gefecht war zu verhindern, daß der Riemen unterschnitt. Kam die Fahrt aus dem Schiff, so gehorchte es den beiden Rudern, deren jedes von einem Steuerer, dem Rudergänger, bedient wurde, nicht mehr. Stand eine kabbelige See, oder versetzte eine Strömung das Schiff in eine unerwünschte Richtung, so konnte das Versagen der Rojermannschaft schwerwiegende Folgen haben.

Die Matrosen des seemännischen und die remiges des schiffstechnischen Dienstes nahmen in der Regel nicht aktiv am Kampf teil. Die Bedienung der Enterbrücken, Geschütze, Feuerkampfmittel und die Führung des Enterkampfes war Aufgabe der eingeschifften Marineinfanterie.

Zur großen Gruppe der principales gehörte der Rojermeister, celeusta oder pausarius, poetisch auch hortator genannt. Der Rojermeister, zu den oberen principales zählend, übte an Bord die Funktion eines schiffstechnischen Offiziers aus. Seine Befehlsgewalt über die Besatzung an den Riemen entsprach der eines Leitenden Ingenieurs, da er im Gefecht, wenn nicht gesegelt wurde, für den Schiffsantrieb verantwortlich war. Er wählte die Rojer aus, und ihm oblag auch die Ausbildung und der Einsatz derselben. Vom Achterschiff her gab sein Gehilfe, der symphoniacus, mit der Flöte den Pulltakt an. Die Flötentöne waren durchdringend und konnten auch gehört werden, wenn das Schiff hohe Fahrt lief. Der symphoniacus gehörte dem Mannschaftsstande an. Auf Schlachtschiffen übernahm offenbar der pitulus die Aufgabe des Pfeifers als Riementaktgeber. Es ist jedoch möglich, daß sehr große Kriegsschiffe sowohl einen symphoniacus als auch einen pitulus an Bord hatten. Die Bezeichnung pitulus ist zweimal auf Grabsteinen überliefert. Sowohl auf der Quadrireme »Dacicus« als auch auf der Quadrireme »Vesta« dienten pituli. Der pitulus gab vermutlich den Riementakt durch Schläge auf einer Trommel, einem Tympanon, an. Auf Hilfskriegsschiffen und Flottentransportern, die neben der Besegelung Riemen führten, gab der portisculus, sofern es sich nicht um eine rein literarische Bezeichnung handelt, mit einem Schlagholz den Pulltakt an. Auf dem Mosaik von Althiburus sehen wir auf der actuaria einen ausdrücklich so bezeichneten Taktgeber in Aktion (Bild 49, Abb. 13). Auf sehr kleinen Fahrzeugen, z. B. der lusoria navis, übernahm der Schlagmann, praeco genannt, diese Aufgabe. Seine Bezeichnung, die auch Ausrufer bedeutet, erhielt er, weil es ihm oblag, den Pulltakt auszusingen.

Ein weiterer Unteroffiziersdienstgrad an Bord, der velarius duplicarius, der Segelmeister, war im Range eines Bootsmannes für die Besegelung zuständig, die auf Kriegsschiffen allerdings nur eine geringe Rolle

238

spielte. Auch der faber navalis, der Schiffszimmermann, gehörte zu den duplicarii, den Unteroffizieren (duplum = das Doppelte, d. h., sie erhielten doppelten Sold).

Zur Unterstützung des Kommandanten gab es auf Schiffen von der Liburne aufwärts den beneficiarius trierarchi. Ihm oblag die Erledigung der Verwaltungsaufgaben. Beneficiarii waren in Heer und Flotte für besondere Aufgaben abkommandierte Soldaten, die deshalb vom üblichen täglichen Militärdienst befreit blieben (beneficium = Wohltat). Der secutor trierarchi war Assistent des beneficiarius, und der scriba trierarchi fungierte als Schiffsschrift- oder Rechnungsführer und Zahlmeister. Ihm zur Seite standen der adiutor als Oberbeamter, der exceptor als Bordschreiber und der librarius als Verwahrer der Schiffspapiere und Aufzeichnungen. Der subunctor verteilte an die Besatzung Olivenöl zum Einreiben des Körpers gegen Sonnenbrand.

Das Marinesanitätswesen wird im Prinzip ähnlich organisiert gewesen sein wie das des Heeres. Wir wissen wenig darüber. Die Existenz von Sanitätsunteroffizieren der Flotte ist uns durch zehn Grabinschriften überliefert. Der medicus duplicarius, inschriftlich auf neun Grabsteinen nachgewiesen, war ein spezieller Flottendienstgrad, der für das Heer nicht nachzuweisen ist. Auch diese ganz praxisbezogen ausgebildeten Marineärzte besaßen in der römischen Flotte keinen Offiziersrang, sondern zählten zu den principales, also den Unteroffizieren.

Symphoniacus, pitulus und portisculus gehörten als Pulltaktgeber zur eigentlichen Schiffsbesatzung. Anders verhielt es sich mit drei Militärmusikern (aeneatores), die Blechinstrumente führten. Diese gehörten zur Marineinfanterie. Da ihre Signale teils für die Seesoldaten, teils für das nautische Personal und teils für die gesamte Schiffsbesatzung von Bedeutung waren, werden sie bereits hier, dem Range nach in absteigender Linie, erwähnt.

Der tubicen blies die tuba, ein etwa 1,5 m langes, gerade geformtes Metallblasinstrument. Der Tubabläser trat nur bei genau vorherbestimmten Situationen in Aktion. So bedeutete ein Tubasignal, die Gefechtsbereitschaft herzustellen, also: »Klar Schiff zum Gefecht.« Das Angriffssignal und andere Signale im Gefecht wurden von der Tuba und dem Horn gemeinsam gegeben. Letzteres blies der cornicen, der Hornist, auf seinem fast kreisförmig gekrümmten, durch einen Querstab versteiften Metallinstrument, cornu genannt. Die Hornisten trugen bei den Streitkräften auf dem Kopf ein über die Schultern herabhängendes Löwen-, Panther- oder sonstiges Raubtierfell.

Auf dem Flottenflaggschiff, dies konnte bei den Provinzialflotten auch eine Trireme sein, gab es einen dritten Musiker. Es war der bucinator. Er gab mit seiner Trompete, der bucina, ein kurzposaunenartig gekrümmtes Instrument, Signale von Bord des Flaggschiffes im Hafen, auf Reede oder im Flottenlager. Mit der bucina wurden z. B. die Schiffskommandanten auf das Flaggschiff gerufen. Bucinatores waren im Landheer als Militärmusiker nur dem Legionskommando zugeteilt und gaben die Signale für den inneren Lagerdienst. Da auch bucinatores bei der Flotte nachgewiesen sind, so für die Trireme »Virtus«, dürften sich diese in Analogie zur Legion lediglich auf dem Flottenflaggschiff im Stabe des Flottenbefehlshabers befunden haben. Das Loswerfen der Leinen beim Ablegen eines Schiffes und die Ausführung anderer seemännischer Manöver, wie Verholen, Belegen, Warpen, Ausscheren und Beidrehen, ordnete ein Hornist durch Signale an. Auch das Aufbacken und Ausscheiden wurde ebenso wie die Wachablösung ausgeblasen. Hierbei spielte die römische Zeiteinteilung, die von der heutigen extrem abwich, eine große Rolle. Die römische Stunde war nicht der 24. Teil von Tag und Nacht, sondern man teilte zunächst den Tag, der bei Sonnenaufgang begann und mit dem Sonnenuntergang endete, in zwölf gleiche Teile. In gleicher Weise wurde die Nacht unterteilt. Die römischen Stunden waren also je nach der Jahreszeit und nach der geographischen Breite sehr verschieden lang. Eine Stunde in Rom dauerte Ende Dezember 45 und Ende Juni 75 heutige Minuten. Orte, die auf verschiedenen Breitengraden lagen, hatten an ein und demselben Tag als längste Stunde einmal 72 heutige Minuten, z. B. Rhodus (Rhodos), und zum anderen 76 heutige Minuten, z. B. Massilia (Marseille). Die römischen Stunden waren also auf verschiedenen Breiten und je nach der Jahreszeit verschieden lang. Nur am 21. März und am 23. September, bei Tagundnachtgleiche, entsprach die römische Stunde der unsrigen und umfaßte den 24. Teil von Tag und Nacht. Die Nachtwache war bei den Römern in vier Zeitabschnitte eingeteilt, die, wie gezeigt, je nach Jahreszeit und geographischem Ort verschieden lang sein konnten. Im Winter oder in nördlichen Gegenden begann die Nachtwache beispielsweise um 18.00 Uhr und endete um 6.00 Uhr morgens jetziger Zeit. Eine Wache auf römischen Schiffen dauerte in diesem Fall, genau wie heute, vier Stunden. Befand sich das Kriegsschiff jedoch im Sommer auf einer Position zwischen Kreta und Alexandria, so konnte die Nachtwache durchaus den Zeitraum von 20.00 bis 4.00 Uhr morgens einnehmen. Eine Wache wurde dann zwei Stunden nach unserer Zeit gegangen. In der römischen Flotte »glaste« man nicht, wie heute, halbstündlich, sondern nur nach Ablauf einer Wache. Das »Glasen« erfolgte immer durch ein Hornsignal, da römische Schiffe in Ermangelung einer Schiffsglocke diese nicht schlagen konnten.

Von den rein nautischen Offizieren soll hier zunächst der proreta genannt werden. Er übte die Funktion eines Untersteuermannes aus (Bild 77). Dienstgradmäßig etwa dem heutigen Oberbootsmann entsprechend und zu den oberen principales zählend, nahm er an Bord die Dienststellung eines Zweiten Offiziers ein. Als ständiger Backsgast war er für das Vorschiff (prora) verantwortlich. Von seinem Platz auf der Back unterstützte er die Schiffsnavigation, indem er seine Beobachtungen an die Achtergäste durch Zuruf weitergab. Dies war wegen der relativ geringen Prei-

239

distanz auf den meisten römischen Kriegsschiffen möglich. Wenn Einsätze im Verband gefahren wurden und während des Gefechtes trug er eine besondere Verantwortung. Die Matrosen des seemännischen Dienstes unterstanden ihm unmittelbar. Er hatte mit dem seemännischen Personal das stehende und laufende Gut instandzuhalten. Auch für die Einsatzbereitschaft der scaphae, der Schiffsboote, war er verantwortlich.

Der wichtigste nautische Offizier auf römischen Kriegsschiffen war der gubernator. Seiner Funktion nach Steuermann, entsprach sein Dienstgrad etwa dem eines heutigen Oberstabsbootsmannes und seine Dienststellung der des Ersten Offiziers. Wachhabender war er jedoch nie. Nur der proreta, nicht aber der gubernator, ging in der römischen Flotte die Wache. Die Matrosen wurden als Wachgänger in einer Nachtwache viermal abgelöst. Der proreta hatte als Wachhabender, wie auch heute die »Silo-Sitters«, die Offiziere in einem US-Geschwader für strategische Flugkörper, eine Wache von zwölf Stunden zu gehen. Unmittelbar dem Schiffsführer unterstehend, lag die gesamte Navigation eines Fahrzeuges in den Händen des Steuermannes. Als Dienstvorgesetzter des Rojermeisters (celeusta) und des Oberbootsmannes (proreta) befand sich sein Platz auf dem Achterschiff, damals die Kommandobrücke. Während des Gefechtes war sie vom Schiffskommandanten und dem Steuermann besetzt. War das Schiff zugleich Flaggschiff eines Geschwaders oder einer Flotte, so befand sich auch dort der Admiral mit seinem Stab. Sie alle gehörten zu den Achtergästen, wie man bis zum Ende des Segelschiffzeitalters die Schiffs- und Verbandsführung bezeichnete. Auch der gubernator, in der römischen Flotte zu den oberen principales zählend, war kein Offizier dem Range nach. Keinesfalls bediente der Steuermann, wie oft fälschlich behauptet, die Ruder des Schiffes. An jedem der beiden Ruder eines Kriegs- oder Transportschiffes stand oder saß ein Rudergänger (Bild 74). Doch konnte bei Schiffen mit geringer Breite auch ein Mann beide Steuerruder zugleich bedienen, wenn Seegang und Wind dies zuließen (Bild 5, 18 und 19).

Die Rudergänger wurden gewöhnlich aus den besten Rojern ausgewählt. Von Sulla stammt der im Jahre 82 v. u. Z. getane Ausspruch: »Man muß zuerst Rojer werden, bevor man nach dem Steuer greift.« Nicht die Matrosen des seemännischen Dienstes, wie in den heutigen Flotten, sondern zwei remiges des schiffstechnischen Dienstes führten als Rudergänger die Ruderkommandos unmittelbar aus.

Der Kommandant eines Kriegsschiffes, ganz gleich welcher Größe, also nicht nur einer Trireme, hieß trierarchus. Die griechische Bezeichnung des Trierarchen wurde latinisiert und übernommen. Er besaß, wie auch die Kapitäne der nachfolgenden Jahrhunderte, bis in die Neuzeit, unumschränkte Gewalt an Bord seines Schiffes. Als Kommandant eines Einsatzschiffes war der trierarchus ranggleich mit dem centurio classicus, dem Befehlshaber der eingeschifften Seesoldaten. Der Trierarch hatte aber nicht nur das Kommando über die gesamte nautische Schiffsmannschaft (milites classici), sondern auch Befehlsgewalt über die an Bord befindliche Marineinfanterie, sofern es sich um den seemännischen Bereich oder Entscheidungen handelte, die das Kriegsschiff als Ganzes betrafen. Doch nicht nur als Schiffskommandanten finden wir Trierarchen, sondern auch als Befehlshaber kleinerer Flottenstationen. In der zweiten Hälfte des 2. Jahrhunderts erfuhr der trierarchus eine Rangerhöhung. Er war nunmehr mit dem Legionszenturio ranggleich. Als Kommandant eines Kriegsschiffes, auch in der römischen Marine Offizier, entsprach sein Dienstgrad auf leichten Einheiten etwa dem eines heutigen Leutnants oder Oberleutnants zur See, auf mittleren dem eines Kapitänleutnants, Korvetten- oder Fregattenkapitäns und auf schweren Einheiten dem eines Kapitäns zur See. Auch die Trierarchen dürften, analog zum Beförderungssystem der Legion, Beförderungsstaffeln gebildet haben. Die Legion hatte damals zehn Kohorten. Der Zenturio der zehnten Kohorte rückte nun im Laufe seiner Dienstzeit bis zum Zenturio der ersten Kohorte auf, wurde also jeweils im Dienstgrad befördert, da jede Kohorte ranghöher als die nächst niedrigere war. Die Beförderungsstaffeln (ordines) der Legion müssen auch in der Flotte vorhanden gewesen sein, da der Trierarch einer Liburne im Range etwa einem heutigen Leutnant zur See und der einer Decemreme im Dienstgrad einem heutigen Kapitän zur See entsprach. Auch die nachfolgend behandelten nauarchi dürften derartige Beförderungsstaffeln gebildet haben, über die uns aber Einzelheiten nicht überliefert sind.

Der Trierarch war dem Flottillenführer oder Geschwaderchef für die Ausführung aller erteilten Befehle verantwortlich. Mit der Zuerkennung der Eignung, ein Einsatzschiff zu befehligen, waren bestimmte taktisch-militärische Forderungen verbunden, die der Trierarch, wie auch heute der Seeoffizier, zu erfüllen hatte, bevor er als befähigter Führer eines Kriegsschiffes ein officium, also eine Befehlshaberstellung, erhielt.

Ein Kriegsschiff mit seiner gesamten Besatzung und der eingeschifften Marineinfanterie entsprach der Zenturie des Landheeres und wurde centuria classica genannt. Im 3. Jahrhundert gab es Titel und Dienstgrad des Trierarchen nicht mehr. Seine Dienststellung als Kriegsschiffskommandant übernahm der nauarchus. Doch die Jahrhunderte davor war ein Nauarch der ranghöhere Seeoffizier. Sein Titel ist, wie der des Trierarchen, griechischen Ursprungs und latinisiert. Die Römer verzichteten darauf, die alten, traditionsreichen Bezeichnungen der griechischen Flotten durch neue lateinische zu ersetzen. Sie zeigten dadurch deutlich, wie sehr sie den Einrichtungen des griechischen Seewesens verpflichtet waren.

Der nauarchus war zunächst Befehlshaber einer Flottille oder Kampfgruppe, zuweilen als ranghöchster Kapitän Kommandant des Flottenflaggschiffes, und entsprach in der Dienststellung etwa einem Kommodore, im Dienstgrad einem Kapitän zur See oder Flottillenadmiral. Seit Mitte des 2. Jahrhunderts war er ranggleich mit den Legionszenturionen, stand jedoch nach seinem Befehlsbereich über diesen, da er immer ein officium hatte, also einen größeren Befehlsbereich. Nach Wegfall des Dienstgrades des Trierarchen war der Nauarch im 3. Jahrhundert lediglich Kommandant eines Kriegsschiffes, wurde also in seiner Dienststellung und seinem Befehlsbereich zurückgestuft. Den Dienstgrad des Trierarchen und Nauarchen bekleideten neben römischen Vollbürgern peregrini, d. h. Fremde, die nicht das römische Bürgerrecht besaßen, sondern es erst nach Ablauf ihrer Dienstzeit erhielten. In der Kaiserzeit fand man, durch Inschriften belegt, auch viele kaiserliche Freigelassene unter den Trierarchen und Nauarchen. Seit Kaiser Vespasian (69–79) wurden jedoch die Kapitänsstellen der Flotte nur noch mit römischen Bürgern besetzt.

Geschwaderchef war in der Regel ein nauarchus princeps, der auch nauarchus archigybernes oder einfach archigubernus genannt wurde. Dienstgrad und Dienststellung entsprachen der eines heutigen Konteradmirals. Nachdem der Titel des Trierarchen fortgefallen war, befehligte der nauarchus princeps eine Flottille oder Kampfgruppe. Dem Range nach stand er seit der ersten Hälfte des 2. Jahrhunderts den Legionszenturionen gleich.

Im 3. Jahrhundert wurde der Rang des Flottentribunen, tribunus classis genannt, neu geschaffen. Nach Wegfall des Trierarchen übernahm der Nauarch dessen Funktion, und der nauarchus princeps trat an die Stelle des Nauarchen. Die Dienststellung des Ersten Nauarchen übernahm der Flottentribun. Dieser war nunmehr Geschwaderchef. Später nannte man ihn auch tribunus liburnarum, da man dazu überging, nach dem Schiffstyp Liburne und den mit der liburnischen Riemenanordnung versehenen Schlachtschiffen (Bild 24) mit Liburne ganz allgemein das Kriegsschiff zu bezeichnen. Sprach man in den Texten von der Liburne, so konnte damit der spezielle Typ, jedoch auch schlechthin ein Kriegsschiff gemeint sein. Die Bezeichnung des Flottentribunen als tribunus liburnarum bedeutet jedoch in jedem Fall: Tribun der Kriegsschiffe, Schiffstribun, und nicht etwa Befehlshaber eines Geschwaders, das nur aus Liburnen bestand. Auch handelte es sich nicht um einen neuen Dienstgrad, sondern tribunus classis und tribunus liburnarum sind synonyme Bezeichnungen. Der Flottentribun entsprach dem heutigen Dienstgrad des Konter- oder Vizeadmirals. Er war von den eigentlichen Marineoffizieren der ranghöchste taktische Befehlshaber. In der Regel römischer Bürger, gehörte er zumeist dem Ritterstande an.

Seit Bestehen der Republik waren die beiden jährlich wechselnden Konsuln zugleich Kriegsbefehlshaber. Ihr Kommando umfaßte Land- und Seestreitkräfte gleichermaßen. Als Inhaber des Generalkommandos konnten sie jedoch seit den frühesten Zeiten die Befehlsgewalt für den taktischen Einsatz sowohl zu Lande als auch zur See auf ihnen untergeordnete Befehlshaber delegieren. Von dieser Möglichkeit wurde wahrscheinlich schon bei der kleinen römischen Marine, die im 5. und 4. Jahrhundert nur einige Kriegsschiffe besaß, Gebrauch gemacht.

Eine Institutionalisierung und maritime Aktivierung trat im Jahre 311 v. u. Z. ein, als zwei Flottenherren (duumviri navales) eingesetzt wurden. Für die Einrichtung der ersten römischen Marinebehörde als temporären und subordinierten Magistrat kann vermutlich der große Zensor Appius Claudius Caecus die geistige Urheberschaft beanspruchen. Von ihm stammt auch der zukunftsweisende Ausspruch, daß Rom nicht unterhandle, solange auswärtige Truppen auf dem Boden Italiens stünden. Die durch das Flottenduumvirat geschaffene neue Kommandostruktur berührte den Oberbefehl der Konsuln nicht. Lediglich ein Teil der Aufgaben wurde auf die beiden Flottenherren, wie wahrscheinlich schon in früheren Zeiten, delegiert. Jeder von ihnen fand sich einem Konsul unterstellt, unter dessen Präsidium er auch bei einem bevorstehenden Einsatz der Seestreitkräfte vom Volke gewählt worden war. Stehende Marineverbände gab es bis zur Kaiserzeit nicht. Die Kriegsschiffe wurden bei Bedarf jeweils in und außer Dienst gestellt. Da der römischen Marine gegen Ende des 4. Jahrhunderts v. u. Z. nur zwei Küstenschutzflottillen mit je zehn Triremen zur Verfügung standen, hatte jeder duumvir navalis unter dem Oberbefehl eines Konsuls seine Flottille im Einsatzfall auszurüsten, in Dienst zu stellen und taktisch zu führen. Die beiden Flottenherren waren somit zugleich Administratoren und Befehlshaber einer delegierten Teilstreitmacht, deren Aufgaben bis zur Neuorganisation des römischen Marinewesens in der ersten Hälfte des 3. Jahrhunderts v. u. Z. denen des heutigen deutschen Bundesgrenzschutzes See mehr entsprachen als dem Aufgabenbereich einer kleinen Flotte. Für den seit Mitte des 3. Jahrhunderts v. u. Z. erforderlichen Bau echter Flotten und ihre Führung im Gefecht war die Behörde der duumviri navales ungeeignet. Schon seit dem vierten Vertrag mit Karthago im Jahre 278 v. u. Z. hörte man von den Küstenschutzflottillen nichts mehr. Erst hundert Jahre später, in der Zeit von 181 bis 172 v. u. Z., trat das Flottenduumvirat wieder in Erscheinung, als es galt, durch »Polizeiaktionen« ligurische und illyrische Piraten zu bekämpfen. Dies zeigt deutlich, wo der Einsatz dieser Flottillen seine Grenzen fand. Wir sehen aber auch, daß die Römer einmal eingeführte Institutionen nicht wieder abschafften, sondern nur ruhen ließen.

Rom verließ sich von 278 bis 264 v. u. Z. auf die Seestreitkräfte seiner italischen Verbündeten, für deren Einsatzbereitschaft, aber nicht deren Führung, die im Jahre 267 v. u. Z. eingesetzten vier Flottenquästoren (quaestores classici) verantwortlich waren, und insbesondere auf die große Flotte Karthagos, das seit dem Jahre 508 v. u. Z. ununterbrochen in freundschaftlichen und vertraglichen Beziehungen zu Rom stand. Diese wohl am längsten währende Vernunftehe zwischen See- und Landmacht endete erst im Jahre

264 v. u. Z. Sie schlug bei der Scheidung in Todfeindschaft um.

Während der großen Kriege von 264 bis 189 v. u. Z. wurden die römischen Flotten von den Konsuln und Prokonsuln oder den Prätoren und Proprätoren geführt. Dabei galt als Regel, daß ein Konsul das Heer, der andere die Flotte befehligte. Es gab jedoch Ausnahmen. Im Jahre 256 v. u. Z., bei der Invasion Afrikas, hatten sowohl der Konsul L. Manlius Vulso als auch der Konsul M. Atilius Regulus ein Flottenkommando. Nach der Landung befehligte jedoch ersterer die Flotte und letzterer die Invasionsarmee. Um die als Heer- oder Flottenführer gewonnenen Erfahrungen länger als nur ein Jahr nutzen zu können, übertrug man konsulare Kommandos auch auf den Prokonsul, d. h. einen gewesenen Konsul. So führten z. B. die beiden Konsuln des Jahres 255 v. u. Z. im Jahre 254 v. u. Z. als Prokonsuln ihre Marinekommandos weiter. Der Sieger in der Seeschlacht bei den Ägatischen Inseln, die den Ersten Punischen Krieg entschied, Konsul C. Lutatius Catulus, befehligte die Flotte im Jahre 242 und 241 v. u. Z. als Prokonsul weiter. Für diese verlängerten Kommandos (prorogationes imperii) bietet die römische Geschichte, auch speziell bei der Flotte, zahlreiche Beispiele. Im weiteren versuchte man, durch eine Wiederwahl die Kontinuität der Führung zu wahren. So wurde, um nur ein Beispiel zu nennen, der oben erwähnte L. Manlius Vulso erneut im Jahre 250 v. u. Z. mit dem Konsulat betraut.

Während des Ersten Punischen Krieges gab es bis zum Jahre 242 v. u. Z. nur eine Prätor (praetor urbanus). Er blieb zumeist in Rom, während die beiden Konsuln den Krieg führten. Wir finden lediglich während dieser Auseinandersetzung zwei Prätoren als Heerführer und einen Prätor als Flottenführer. Letzterer trat an die Stelle eines Konsuls, der gezwungen war, in Rom zu bleiben. Der Prätor des Jahres 242 v. u. Z., Q. Valerius Falto, befehligte als collega minor zusammen mit dem Konsul C. Lutatius Catulus die römische Flotte in der Entscheidungsschlacht bei den Ägatischen Inseln. Er führte, wie der Konsul, im Jahre 241 v. u. Z. als Proprätor sein Kommando weiter. Im Jahre 242 v. u. Z. führte man das Amt eines zweiten Prätors (praetor peregrinus) ein. Auf diesen treffen wir in späterer Zeit sehr häufig als Marinebefehlshaber.

Im Zweiten Punischen Krieg (218–201 v. u. Z.) finden wir bei Weiterbestehen des konsularen Primats Prokonsuln, Prätoren und Proprätoren oft jahrelang mit einem unabhängigen Flottenkommando betraut. Das in der Regel im Ersten Punischen Krieg noch jährlich wechselnde Kommando wurde in ein ständiges Marinekommando umgewandelt. Hinzu kam die Delegierung der Befehlsgewalt auf einen Präfekten (praefectus classis). Letzterer befehligte auch oft über Jahre Einzelflotten oder selbständig operierende Geschwader in bestimmten Seegebieten. Im Jahre 218 v. u. Z. führte noch jeder der beiden Konsuln eine Flotte. Der eine ging nach Spanien, der andere nach Sizilien in See. Doch schon im ersten Kriegsjahr übertrug man das Kommando für mehrere Jahre auf ausgewählte Seebefehlshaber als taktische Chefs von Flotten oder Geschwadern. So kommandierte z. B. von 218 v. u. Z. bis zum Kriegsende kein Konsul das spanische Geschwader. Die in Lilybaeum stationierte Einsatzflotte befehligte von 217 bis 211 v. u. Z. T. Otacilius Crassus als Prätor (217 v. u. Z.) bzw. als Proprätor (von 216 bis 211 v. u. Z.). Das um Calabrien und in den illyrisch-griechischen Seeräumen operierende Geschwader stand von 215 bis 211 v. u. Z. unter dem Kommando des (Pro)prätors M. Valerius Laevinus und ab 210 v. u. Z. unter dem Befehl des (Pro)konsuls P. Sulpicius Galba. Ein (Pro)konsul konnte ebenso wie ein (Pro)prätor den Flottenbefehl auf Präfekten (praefecti) delegieren. So befehligte z. B. die Flotte unter dem Konsul P. Cornelius Scipio als Flottenpräfekt C. Laelius. Unter Laevinus befehligten die Präfekten P. Valerius Flaccus im Jahre 215 v. u. Z. und M. Valerius Messalla im Jahre 210 v. u. Z.

Im Zweiten Makedonischen Krieg (200–197 v. u. Z.), als das Zusammenwirken von Heer und Marine in den Operationen von entscheidender Bedeutung war, delegierte der für die Gesamtstreitkräfte das Generalkommando führende Konsul das Flottenkommando auf einen vom Senat bestimmten Flottenführer (*Livius 31,3*). Dieser trug die Bezeichnung Legat (legatus pro praetore). So befehligte L. Apustius als Flottenlegat unter dem Konsul P. Sulpicius Galba vom Herbst 200 bis zum Herbst 199 v. u. Z., der Legat C. Livius Salinator unter dem Konsul P. Villius vom Herbst 199 bis zum Frühjahr 198 v. u. Z. und Legat L. Quinctius Flamininus unter seinem Bruder Titus von 198 bis 194 v. u. Z.

Im Syrischen Krieg (192–188 v. u. Z.) und im Dritten Makedonischen Krieg (171–168 v. u. Z.) fiel das vom Konsul jetzt unabhängige Marinekommando durch das Los an einen der beiden jährlich vom Volke neu zu wählenden Prätoren, der das Flottenkommando nach Bedarf ganz oder teilweise auf einen Flottenpräfekten delegieren konnte (so delegierte z. B. Prätor C. Lucretius im Jahre 171 v. u. Z. das Kommando auf seinen Bruder, den Präfekten M. Lucretius). Rom kehrte in diesen Kriegen zur Praxis des Zweiten Punischen Krieges zurück, in dem es zeitweilig erstmals unabhängige prätoriale Flottenkommandos gab. Der Flottenprätor leitete sein Kommando nicht von der Befehlsgewalt des Konsuls ab, wie der Legat, sondern erhielt es originär vom Volke. Er unterstand dem Oberbefehl (imperium maius) des Konsuls nur insoweit, wie es für die Gesamtkriegführung notwendig war. Demgegenüber finden wir im Syrischen und Dritten Makedonischen Krieg nicht die im Zweiten Punischen Krieg üblichen Verlängerungen der Kommandos (prorogationes imperii). So befehligten die Prätoren A. Atilius Serranus die Flotte nur im Jahre 192 v. u. Z., C. Livius Salinator nur 191 v. u. Z. und L. Aemilius Regillus nur 190 v. u. Z. Lediglich der Prätor Q. Fabius Labeo kommandierte 189 und 188

v. u. Z. Doch im zweiten Jahr seines Kommandos waren die Kampfhandlungen bereits beendet. Im Dritten Makedonischen Krieg befehligten die Flottenprätoren C. Lucretius 171 v. u. Z., L. Hortensius 170 v. u. Z., C. Marcius Figulus 169 v. u. Z. und Cn. Octavius 168 v. u. Z.

Ein Flottenprätor (der ursprüngliche praetor urbanus) war ausschließlich Marinebefehlshaber, während der zweite Prätor (praetor peregrinus) vom Senat mit einem Land- und Seebefehlsbereich zur gleichen Zeit betraut werden konnte (z. B. L. Anicius im Jahre 168 v. u. Z. in Illyrien).

Im 1. Jahrhundert v. u. Z. finden wir wieder die auf einen Legaten (legatus classis) delegierten Flottenkommandos. Die Flotte Caesars wurde z. B. von den Legaten Tiberius Nero, Publius Vatinius und Decimus Brutus kommandiert. Auch Marcus Vipsanius Agrippa besaß als Seebefehlshaber den Rang eines Legaten. Der Legat als Flottenchef entsprach in republikanischer Zeit dem heutigen Admiral. Sein Kriegsmantel (paludamentum) war purpurfarbig und goldbestickt.

Ein Flottenführer war in der Antike für die Bergung der im Meer treibenden Toten und Verwundeten persönlich verantwortlich. Ließ er »die Seelen mit den Körpern im Meer zurück«, so galt dies als »unheiliger als Grabfrevel«. In Athen wurden im Jahre 406 v. u. Z. nach der siegreichen Seeschlacht bei den Arginusen alle sechs Admirale, darunter der Sohn des Perikles, hingerichtet, »weil sie nicht die Schiffbrüchigen geborgen hatten«. Gewichtige taktische Gesichtspunkte und einen nach der Schlacht aufgekommenen starken Sturm ließ man trotz des Sieges als Entschuldigungsgründe nicht gelten. Diese für Menschen unserer Zeit unverständlichen Urteile finden ihre Erklärung in der antiken Religion und in den Bestattungsbräuchen des Altertums. Wachsmuth, dem wir auch die Schilderung dieses erstaunlichen Ereignisses verdanken, hat ausführlich über diesen Themenkreis geschrieben. »Das Ertrinken galt eben damals als furchtbarste Todesart überhaupt, weil die Bestattung in der heimatlichen Erde fehlte.«

Das Flottenflaggschiff und die Führerschiffe der einzelnen Geschwader setzten auch damals schon Flaggen, Wimpel und Stander (Bild 12, 19, 21 und 33), die sie im Gefecht und auf dem Kriegsmarsch als solche kenntlich machten. Auch kannte man bereits die National- oder Kriegsflagge. Von einem Kriegsschiff, das an der Seeschlacht bei Salamis (480 v. u. Z.) teilnahm, wird berichtet, daß es sowohl die persische als auch die griechische Flagge zur Täuschung des Gegners im gegebenen Fall an Bord mitführte *(Polyaen 8,53)*.

Das Flaggensignalisieren, als Verständigung von Schiff zu Schiff oder vom Schiff zum Land und umgekehrt, war nicht nur für die Befehlsgebung, sondern auch für die Navigation wichtig und ausgebildet. Eine Flaggensprache war bekannt, wenn auch nicht in der Perfektion von heute. Das Flaggschiff des Verbandsführers zeigte einen purpurroten Stander, wenn die Schlacht unmittelbar bevorstand *(Diodor 13,46)*. Das Schiff mit dem Admiralszeichen (Bild 75), dem purpurroten vexillum *(Tacitus, Historien, 5,22)*, signalisierte den Befehl zum Angriff oder Rückzug. Um andere Befehle zu übermitteln, kannte man verschiedenfarbige, ja sogar zweifarbige Flaggen und Wimpel. Aufklärungseinheiten (naves speculatoriae) teilten die Ergebnisse ihrer Beobachtungen durch Flaggensignale mit. Der oströmische Kaiser Leon VI. (886–912) gab taktische Anweisungen, aus denen wir das Signalsystem der römischen Flotte, wie es auch bereits in älterer Zeit vorhanden war, ersehen können *(peri thal. 46)*:

»Zum Signalisieren bedient man sich eines Wimpels oder einer Flagge. Sei es nun, um anzugreifen oder sich zurückzuziehen, den Feind zur Seite zu drängen, oder ihm eine Falle zu stellen, einer in Gefahr befindlichen Abteilung zu Hilfe zu eilen, schneller zu pullen oder langsamer zu laufen ... Jeder Befehl muß durch ein besonderes Signal gegeben werden, das im voraus bestimmt worden ist. Entweder hält man die Flagge gerade, oder man senkt sie nach rechts oder links, man bewegt sie, hebt sie in die Höhe, oder läßt sie herunter; man entfernt sie oder ersetzt sie durch eine andere von verschiedener Form, oder man wechselt nur die Farbe. Ihr müßt also die Kenntnis der verschiedenen Signale einüben, ebenso wie die Kommandanten, damit sich niemand irre, und die Befehle, die ihr gebt, recht versteht, was von größter Wichtigkeit ist.«

Eine Signalstag führten die Schiffe damals nicht, da die Masten im Gefecht niedergelegt wurden. Die Signalflaggen und -wimpel wurden an einem Stock gesetzt.

In diesem Zusammenhang ist auch erwähnenswert, daß die Römer eine optische Telegraphie besaßen, die höchst vollkommen entwickelt war. Die Griechen kannten seit spätestens dem 5. Jahrhundert v. u. Z., wahrscheinlich schon früher, die Nachrichtenübermittlung durch Feuerzeichen. Die Karthager besaßen eine optische Telegraphenlinie entlang des westlichen Teiles der nordafrikanischen Küste bis nach Spanien hinein, und die Römer errichteten Telegraphenlinien mit Feuertürmen an der gesamten südkleinasiatischen Küste, der Küste Afrikas und der Ostküste Spaniens. Die Telegraphie wurde für die Übermittlung wichtiger Nachrichten, insbesondere aber auch für Zwecke des Marinenachrichtenwesens eingesetzt. So wurden Landungen und Überfälle von Piraten sofort telegraphisch der nächstgelegenen Flottenstation gemeldet, die dann gebotene Gegenmaßnahmen traf. Die Durchgabe von Nachrichten mittels der Feuertelegraphie erfolgte außerordentlich schnell. Durch Polybios *(10,45 bis 47)* wurde diese Telegraphie bereits so sehr vervollkommnet, daß man auch Worte übermitteln konnte.

Die zweite große Gruppe der Flottendienstgrade und Dienstzweige war die der Marineinfanterie. Während der römische Matrose in seinen beiden Laufbahngruppen als Seemann und Rojer rein nautische Aufgaben erfüllte, bildeten die Soldaten der eingeschifften Marineinfanterie die eigentliche Kampfmannschaft. Der Seesoldat hieß manipularius. In der Anfangszeit der römischen Flotte wurden auch die römischen Seesoldaten mit dem latinisierten griechischen Wort als epibatae bezeichnet. Doch hatten griechische Kriegsschiffe nur wenige Epibaten an Bord, die dem Trierarchen unterstanden. Die Vermehrung ihrer Zahl, die Bedeutung ihres Einsatzes im Seegefecht und die veränderten Befehlsverhältnisse führten dazu, eine spezifisch römische Bezeichnung einzuführen. Aus dem epibata, von Caesar auch propugnator genannt, wurde ein manipularius. Er bediente die Schiffswaffen und führte den Enterkampf nach den Regeln des Landkrieges.

Die römisch disziplinierte Marineinfanterie verstand zu Lande ebensogut zu kämpfen wie an Bord ihrer Kriegsschiffe. Die manipularii, die Seesoldaten, wurden bei jedem Flottenunternehmen eingeschifft und nach Abschluß desselben wieder an Land kaserniert oder bei Landoperationen eingesetzt.

Flavius Josephus (37/38 bis ca. 100) beschreibt in seinem »Jüdischen Krieg« *(3,5)* als zeitgenössischer Historiker Aktion und Organisation römischer Streitkräfte zu Lande *(nach Michel/Bauernfeind):*

»Schon darin kann man die vorausschauende Klugheit der Römer bewundern, daß sie ihren Troß nicht nur für die Dienstleistungen des täglichen Lebens ausbildeten, sondern auch zur Verwendung im Krieg. Betrachtet man aber darüber hinaus ihren ganzen Heeresaufbau, so wird man erkennen, daß sie dieses gewaltige Reich ihrer Tatkraft zu verdanken haben, nicht aber einem Geschenk des Schicksals. Denn bei ihnen beginnt die Waffenausbildung nicht erst mit dem Krieg, und sie rühren ihre Hände nicht allein dann, wenn die Not drängt, nachdem sie in der Friedenszeit untätig gewesen waren; vielmehr lassen sie bei ihrer Waffenübung, gerade so, als ob sie mit den Waffen aufgewachsen seien, weder eine Unterbrechung eintreten, noch warten sie dabei erst bedrohliche Zeiten ab. Ihre militärischen Übungen zeigen eine Schlagkraft, die in keiner Weise hinter dem Ernstfall zurücksteht, sondern der einzelne Soldat übt sich jeden Tag mit ganzem Eifer, als sei er im Krieg. Darum können sie die Schlachten so erstaunlich leicht durchstehen, vermag doch weder eine Verwirrung ihre gewohnte Schlachtreihe aufzulösen, noch bringt sie Furcht aus der Fassung, auch den Anstrengungen erliegen sie nicht. Das hat zur Folge, daß sie stets mit Sicherheit über einen Gegner, der ihnen darin nicht gleichkommt, siegen. Nicht zu Unrecht könnte man sagen, ihre Übungen seien Schlachten ohne Blutvergießen, und ihre Schlachten blutige Übungen. Denn auch durch einen plötzlichen Überfall vermag sie ein Gegner nicht leicht zu überwinden; denn wo sie auch immer in feindliches Gebiet einmarschiert sind, nehmen sie keine Schlacht an, bevor sie nicht ein befestigtes Lager aufgeschlagen haben. Sie legen dieses nicht beliebig und in ungleichmäßiger Gestalt an, auch arbeiten daran nicht alle planlos durcheinander, sondern der Boden wird, falls er uneben sein sollte, eingeebnet und ein viereckiges Lager abgemessen. Es folgt dem Heer auch eine Menge von Handwerkern mit den nötigen Bauwerkzeugen.

Die Innenfläche des Lagers wird nach Zeltreihen eingeteilt, die äußere Umwallung macht den Eindruck einer Mauer und ist in regelmäßigen Abständen mit Türmen versehen. Auf die Wälle zwischen den Türmen stellen sie die Schnellwurfmaschinen, Flachschleudermaschinen und schwere Steinwerfer, überhaupt Wurfgeräte jeder Art, alle schon schußbereit. Sie errichten vier Tore, auf jeder Seite des Lagerwalles eines, diese gewähren den Lasttieren einen leichten Zugang und sind auch für Ausfälle, falls solche nötig werden, groß genug. Gleichmäßige Straßenzüge durchschneiden das Innere des Lagers, und der Mitte zu schlägt man die Zelte der höchsten Offiziere auf; wieder genau mitten zwischen diesen befindet sich das Feldherrenzelt, einem Tempel vergleichbar. Es bietet sich ein Anblick, als wäre eine Stadt wie aus dem Nichts entstanden mit einem Marktplatz, einem Viertel für Handwerker und mit Gerichtsstühlen für Hauptleute und Obersten, wo sie bei etwa entstehenden Streitigkeiten Recht sprechen können. Dank der Zahl und dem Können der schanzenden Soldaten wächst der Wall und alles, was er umschließt, ehe man es gedacht, aus dem Boden. Im Notfall wird auch auf der Außenseite ein Graben gezogen, der vier Ellen tief und ebenso breit ist.

Hat man die Verschanzungen fertiggestellt, so nehmen die Soldaten abteilungsweise in Ruhe und Ordnung ihre Lagerplätze ein. Auch alles andere geschieht bei ihnen in straffer Zucht und mit Genauigkeit. Das Holztragen, die Versorgung mit Lebensmitteln und das Wasserholen werden, so oft es nötig ist, nach einer festen Einteilung von den dazu bestimmten Leuten ausgeführt. Es ist auch dem einzelnen nicht freigestellt, Hauptmahlzeit oder Frühstück dann einzunehmen, wenn es ihm gefällt; Schlafenszeit, Nachtwachen und Wecken zeigen Trompetensignale an, nichts geschieht ohne Befehl. An jedem Morgen versammeln sich die Soldaten vor ihren Hauptleuten, um sie zu begrüßen, ebenso diese vor ihren Obersten, welche sich ihrerseits mit allen höheren Offizieren zum Oberbefehlshaber begeben. Dieser gibt ihnen, wie immer, die Losung und dazu weitere Befehle, die sie ihren Untergebenen übermitteln. Auch in der Schlacht folgen sie derselben Ordnung, sie führen rasch Wendungen durch, um dort, wo immer es auch nötig sei, anzugreifen, auch ziehen sie sich auf Rückzugssignale hin in geschlossener Ordnung zurück.

Wenn das Lager verlassen werden soll, gibt die Trompete das Signal dazu. Keiner bleibt dann untätig, unmittelbar auf das Zeichen hin brechen sie die Zelte ab, und alles wird für den Abmarsch vorbereitet. Ein zweites Trompetensignal befiehlt allen, sich fertigzumachen. Die Soldaten beladen eilig die Maulesel und die übrigen Lasttiere mit dem Gepäck, dann stellen sie sich wie Wettläufer vor den Schranken auf, zum Abmarsch bereit. Schon wird das Lager in Brand gesteckt, da die Römer es am gleichen Ort leicht wie-

der anlegen können, es aber niemals den Feinden von Nutzen sein darf. Ähnlich kündigt ein drittes Trompetensignal den Abmarsch an und fordert alle, die aus irgendeinem Grunde noch nicht bereit sind, auf, sich zu beeilen; denn keiner darf in Reih und Glied fehlen. Der Herold, der zur Rechten des Heerführers seinen Platz hat, fragt die Soldaten dreimal in ihrer Muttersprache, ob sie kampfbereit seien. Diese antworten ebenso oft mit kräftigen und begeisterten Rufen, sie seien bereit; manchmal kommen sie sogar der Frage zuvor und erheben, von kriegerischem Geist erfüllt, mit lauten Zurufen die Rechte.
Nun rücken die Soldaten aus und marschieren alle wortlos und in Ordnung dahin, jeder behält seinen Platz in Reih und Glied genau wie im Kampfe selbst. Die Fußtruppen sind durch Brustpanzer und Helm geschützt, jeder trägt auf beiden Seiten eine Hieb- und Stichwaffe: das Schwert an der Linken ist wesentlich länger, der Dolch an der rechten Seite ist nämlich nur spannenlang. (Anm.: Nach *Polybios 6,23* und den Bildwerken wurde das Schwert rechts, der Dolch links getragen). Die ausgewählten Fußsoldaten, die den Schutz des Feldherrn bilden, tragen Lanze und Rundschild, die gewöhnlichen Linientruppen Speer und Langschild, dazu eine Säge und einen Korb, Spaten und Axt, Riemen, Krummesser und Fesseln sowie schließlich für drei Tage Proviant. So fehlt nicht viel daran, daß der Fußsoldat ebenso bepackt ist wie die Maultiere. Die Reiter dagegen haben ein großes Schwert auf der rechten Seite und in der Hand einen langen Spieß, der Schild hängt schräg an der Seite des Pferdes und in einem Köcher stecken drei oder noch mehr Speere wurfbereit, mit breiter Spitze, aber auch nicht kürzer als eine Stoßlanze. Helm und Brustpanzer haben alle in gleicher Weise wie die Fußsoldaten. Die ausgewählten Reiter um den Feldherrn schließlich unterscheiden sich in ihrer Bewaffnung durch nichts von den Reitern in den gewöhnlichen Abteilungen. An der Spitze marschiert immer die durch das Los bestimmte Legion.
Das ist die Marsch- und Lagerordnung der Römer sowie das Wesen der verschiedenen Waffengattungen. Im Kampf geschieht nichts ohne vorherige Beratung oder aus dem Stegreif, stets geht die Überlegung der Tat voraus; was aber einmal für richtig befunden wurde, bringt man auch zur Ausführung. Darum begehen sie auch selten Fehler; wenn sie aber einmal einen Rückschlag erleiden, können sie ihn leicht wieder gutmachen. Sie schätzen daher das Mißlingen vorbedachter Unternehmungen höher ein als Erfolge, die das trügerische Glück schenkt, da ein unverdienter Vorteil zur Unvorsichtigkeit verführe, während die Berechnung – wenn sie auch einmal fehlgehen sollte – doch eine heilsame Vorsicht erwecke, solche Mißgeschicke künftig zu vermeiden. Bei den Erfolgen, die von selbst eintreten, sei ja der Empfänger überhaupt nicht beteiligt, während bei Unglücksfällen, die trotz aller Berechnung eintreten, doch der Trost bleibe, daß man zuvor sachgemäß überlegt habe.
Sie stärken so durch ihre Waffenübungen nicht nur ihre Körper, sondern auch ihre seelische Verfassung. Ebenso dient die Furcht ihrer militärischen Erziehung, denn ihre Gesetze bestrafen nicht nur die Fahnenflucht, sondern selbst geringe Nachlässigkeiten mit dem Tode. Noch mehr aber sind ihre Feldherren zu fürchten; nur durch die Ehrungen für verdiente Soldaten können sie den Anschein der Grausamkeit gegen die Opfer von Bestrafungen vermeiden. Dieser so strenge Gehorsam gegenüber den Feldherren hat zur Folge, daß das ganze Heer in Friedenszeiten eine glänzende Ordnung besitzt und in der Schlacht einen einzigen geschlossenen Truppenkörper bildet – so fest sind ihre Schlachtreihen, ihre Schwenkungen exakt, ihre Aufmerksamkeit scharf auf die Befehle und ihr Blick auf die Feldzeichen gerichtet, die Hände aber bereit zur Tat. Daher sind sie stets rasch im Handeln, kommen aber nicht so schnell in die Lage, selbst leiden zu müssen. Wo sie einmal standen, sind sie weder der Übermacht noch Kriegslisten, noch dem schwierigen Gelände erlegen, ja, nicht einmal der Macht des Schicksals, denn die Gewißheit, zu siegen, ist bei ihnen stärker als das Schicksal selbst. Ist es noch ein Wunder, wenn bei einem Volk, wo die Überlegung so den Kampf beherrscht, und ein so schlagfertiges Heer die vorgefaßten Beschlüsse ausführt, die Grenzen seiner Herrschaft bis zum Euphrat im Osten, zum Ozean im Westen, im Süden bis zu dem fruchtbarsten Teil Libyens, im Norden bis zu Donau und Rhein reichen? Man muß doch wohl sagen, daß dieser Besitz für seine Herren noch zu gering ist.
Dies alles habe ich nicht in der Absicht erzählt, um die Römer zu loben, vielmehr um die Besiegten zu trösten und zur Warnung für die Empörungslustigen. Vielleicht könnte die Kenntnis der römischen Kriegführung auch denen unter den Freunden alles Edlen, die sie bisher noch nicht kannten, von Nutzen sein.«
Der Seesoldat begann seine Laufbahn, wie der Legionär, als tiro, als Rekrut. Nach Abschluß seiner Ausbildung wurde er gemeiner Soldat, manipularius, genannt. Als Rekrut bereits auf einen der vier Dienstzweige der Marineinfanterie spezialisiert, war er entweder hoplites, Schwerbewaffneter, oder als artifex für den Waffendienst an den Geschützen ausgebildet. Auch konnte er als Leichtbewaffneter ein funditor, ein Schleuderer, oder sagittarius, ein Bogenschütze, sein. Die Hopliten stellten das größte Kontingent der Seesoldaten. Sie bedienten und benutzten die Enterbrücke, den corvus, für den Angriff auf das feindliche Schiff. Wie im Heer, so gab es auch bei der Marineinfanterie zwischen dem einfachen Soldaten und dem Kompanieführer eine Anzahl von Dienstgraden, die zu den principales zählten. Nach dem Befehlsbereich auf heutige Verhältnisse übertragen, waren es Gefreite (immunes), Unteroffiziere (duplicarii), die doppelten Sold erhielten, und untere Offiziersdienstgrade. Zur Gruppe der immunes oder duplicarii zählte auch der dolator, dessen Aufgabe es war, feindliche Enterhaken, die das eigene Schiff erfaßt hatten, mit einer Axt zu kappen (dolare). Die dolatores gehörten vermutlich nicht zur nautischen Besatzung, son-

dern zur Marineinfanterie. Auf einem bei Ravenna gefundenen Grabstein aus dem 1. Jahrhundert ist der Dienstgrad inschriftlich überliefert. Sein Träger diente auf der Liburne »Satura«.

Der discens epibeta, später auch der circitor, führte eine Gruppe von acht bis zehn Seesoldaten, manipulus genannt. Diese Bezeichnung wich von der im Heer gebräuchlichen ab. In den römischen Legionen nannte man die Gruppe schon in republikanischer Zeit contubernium. Ein Heeresmanipel bestand dagegen im marianischen Heer aus 200 Mann und war in zwei Zenturien gegliedert. Der Flottenmanipel, als kleinste taktische Einheit, und der manipulus der Legion verbargen unter der gleichen Bezeichnung zwei sehr unterschiedliche Verbände.

Bei der Marine war eben schon damals »alles anders«. Auch heute ist z. B. die Division beim Heer ein Großverband mit 10 000 bis 15 000 Soldaten. An Bord eines Kriegsschiffes versteht man unter einer Division nur einen Besatzungsteil, der Marinesoldaten eines Hauptabschnittes truppendienstlich zusammenfaßt. So hat z. B. der als Schulschiff eingesetzte Tender »Ruhr« der Bundesmarine folgende vier Divisionen an Bord: 1. eine seemännische Stammdivision, 2. eine technische Stammdivision, 3. eine Funktionspersonal-Stammdivision und 4. eine Kadettendivision. Stärkenmäßig entspricht eine Borddivision etwa einer Kompanie des Landheeres.

Der discens epibeta oder circitor ist als Gruppenführer am besten mit einem heutigen Hauptgefreiten oder Unteroffizier zu vergleichen. Unteroffiziere übten damals wie heute in verschiedenen Dienstzweigen Funktionen aus. Der custos armorum z. B. war ein Waffenwart. Auf jedem größeren Kriegsschiff gab es deren zwei. Über diesen Dienstgraden stand der suboptio navaliorum, zu den principales der oberen Laufbahn zählend. Der tesserarius, im Heer ein Unterleutnant, wurde bei der Marineinfanterie suboptio genannt. Auch bei diesem Dienstgrad finden wir in der Bezeichnung eine deutliche Abweichung von der Rangordnung der Legion. Entsprechend dem heutigen Leutnant kannte die Marineinfanterie der römischen Flotte den optio navaliorum. Er wurde als Zugführer der Seesoldaten oder als optio ballistariorum, als Geschützmeister oder Schiffswaffenoffizier, eingesetzt. Jedes mit Geschützen versehene Kriegsschiff wird einen Schiffswaffenoffizier an Bord gehabt haben, da bei jeder Kohorte des Landheeres drei ballistae, also Geschützmeister, dienten. Der Oberleutnant, optio spei genannt, stand an der Spitze der principales. Er konnte unmittelbar zum centurio der Flotte, aber auch zum Trierarchen bzw. Nauarchen befördert werden. Mit dem optio spei gehörten auch der vexillarius und diesem ranggleich der signifer zur höchsten Gruppe der oberen principales. Der vexillarius führte nicht nur kleinere taktische Verbände, sondern hatte entsprechend seiner Bezeichnung an Bord des Flaggschiffes die purpurrote Kommandostandarte, das vexillum, zu setzen (Bild 75). Jedes Kriegsschiff, von der Liburne aufwärts, trug ein besonderes Zeichen, das signum. Der signifer war für dieses Zeichen an Bord verantwortlich und hatte es mit der Waffe zu verteidigen. Auch jedes Geschwader wird, da es einer Kohorte des Landheeres entsprach, ein besonderes signum geführt haben. Der signifer trug häufig, wie die Hornisten, ein über Helm und Panzer gezogenes Raubtierfell, das sich der Schulter anschmiegte, und dessen Tatzen auf der Brust gekreuzt befestigt waren. Auch ein Flottenflaggschiff trug in Entsprechung zur Legion schon vor der Kaiserzeit einen Adler (aquila), der wie der Legionsadler auf einem Stock thronte (vergleiche Bild 23). Somit wird sich auch auf jedem Prätorialschiff ein aquilifer als Träger und Schützer dieses Zeichens befunden haben.

Signifer, vexillarius und aquilifer kann man also im Dienstrang nicht, wie häufig geschehen, mit heutigen Fähnrichen vergleichen, die im Rang unter dem Leutnant stehen, sondern diese Zeichen-, Fahnen- oder Standartenträger standen in der römischen Flotte unmittelbar unter dem centurio der Seesoldaten und gehörten zu den oberen principales, im Range eines Oberleutnants (optio spei). Die optiones unterstützten den Hauptmann der Seesoldaten in der administrativen und taktischen Leitung der Truppe.

Das römische Kriegsschiff mit seiner gesamten Besatzung, centuria classica genannt, entsprach als taktische Einheit der Zenturie des Landheeres. Die Erhöhung der Zahl der eingeschifften Marineinfanteristen, bedingt durch die römische Seekriegführung, hatte zur Folge, daß in der römischen Marine neben den nautischen Dienstgraden in Analogie zum Landheer weitere Dienstgrade und Dienstzweige für die Seesoldaten übernommen werden mußten.

Dem Befehlshaber der Seesoldaten, centurio classicus genannt, unterstanden auf jedem Kampfschiff, gleich welcher Größe, die manipularii, da nachgewiesen ist, daß selbst eine Liburne, als leichte Einheit, das Zenturienzeichen führte. Die Zenturie war die größte taktische Einheit der Marineinfanterie. Einen höheren Verband, etwa die Kohorte, gab es bei den Seesoldaten nicht. Der Flottenzenturio hatte den höchsten Dienstgrad bei der Marineinfanterie inne. Die Legionszenturionen, mit denen später die Trierarchen und Nauarchen im Range gleich waren, erhielten höheren Sold als der Flottenzenturio. Der centurio classicus, zumeist aus dem Mannschaftsstand hervorgegangen, gehörte, wie der entsprechende Dienstgrad beim Landheer, zu den Offizieren. Als äußeres Ehrenabzeichen trug er neben einem Goldring einen Rebstock, die vitis. Sein kurzer viereckiger wollener Kriegsmantel, sagum genannt, war auf der Brust mit einer Spange zusammengehalten. Sein Wettermantel, die paenula, unterschied sich durch ihre den Oberkörper rund umschließende Form und durch eine Kapuze (cucullus) von dem Kriegsmantel (sagum). Die Angehörigen der Flotte trugen nicht, wie andere Truppenteile, eine weiße tunica, sondern eine kurze, mit dem cingulum, dem Wehrgehenk, gegürtete tunica von bläulicher Farbe. Die tunica war ein anfangs ärmelloses, später kurzärmeliges wollenes Unterkleid. Höhere Offiziere trugen, wie beim Heer, eine rote tunica, die tunica militaris.

Der Flottenzenturio stand im Range unter dem Kohortenzenturio. Letzterer konnte zum centurio legionis, dem Legionszenturio, befördert werden, während ersterem diese Möglichkeit verschlossen blieb. Der Trierarch bzw. Nauarch war jedoch im 2. Jahrhundert ranggleich mit dem centurio legionis. Hieraus ergibt sich, daß der Flottenzenturio, zunächst im Dienstgrad zwar gleich, doch hinsichtlich der Befehlsgewalt hinter dem Trierarchen bzw. dem Nauarchen rangierte, wenn es sich um das Kriegsschiff als Ganzes handelte. Das Kommando in toto führte der Kommandant des Einsatzschiffes. Er trug die Verantwortung für Schiff und Besatzung. Hinsichtlich des Befehlsumfanges stand somit der centurio classicus zwischen dem Schiffsführer und dem gubernator (Steuermann) als erstem nautischen Offizier. In der Befehlserteilung war zwischen diesem und dem Flottenzenturio eine klare Kompetenzabgrenzung durch die Dienstzweige, denen sie angehörten, gewährleistet. Der gubernator befehligte die Matrosen, der centurio classicus die Seesoldaten. Dem trierarchus bzw. dem nauarchus oblag die Koordination beider Bereiche, wenn nautische oder taktische Notwendigkeiten vorlagen.

Jede Haupt- und Provinzialflotte unterstand einem Admiral, dem praefectus classis. Der Flottenpräfekt gehörte – von Ausnahmen abgesehen – dem Ritterstand an. Die Ritter trugen als Abzeichen einen purpurgestreiften Umwurf, einen schmalen Purpurstreifen an der Tunika und einen goldenen Fingerring. Die Präfekten der beiden Hauptflotten in Misenum und Ravenna befehligten ein dem Kaiser unmittelbar unterstelltes Flottenkommando und waren ranghöher als die Präfekten der Provinzialflotten, die dem jeweiligen procurator, dem Statthalter einer Provinz, unterstanden. Lediglich die Alexandrinische Flottenpräfektur wurde in die Reihe der kaiserlichen Prokuraturen eingegliedert. Die Rangerhöhung des Hauptflottenpräfekten erfolgte unter Kaiser Claudius (41–54) und Kaiser Nero (54–68). Sie war auch aus dem Titel ersichtlich, der nunmehr procurator et praefectus classis lautete. Die Misenische rangierte zumeist vor der Ravennatischen Flotte.

Ein Präfekt war jedoch zu keiner Zeit Oberbefehlshaber der gesamten römischen Kriegsmarine. Der Oberbefehl lag beim Kaiser, konnte aber von Fall zu Fall von diesem auf einen Oberbefehlshaber delegiert werden. Auch kennen wir, von einer Ausnahme abgesehen, keinen Flottenpräfekten, der zugleich beide Hauptflotten kommandierte. Lediglich Sex. Lucilius Bassus war in der 2. Hälfte des 1. Jahrhunderts zugleich Präfekt der Misenischen und Ravennatischen Flotte. Die taktische Führung der Marine oblag den Flottenpräfekten im allgemeinen nicht. Die Präfekten waren Marineinspekteure oder Stabsbefehlshaber mit überwiegend administrativen Aufgaben. Unter den Provinzialflotten rangierten die Britannische und die Germanische Flotte vor allen anderen. Ihre Präfekten hatten in der Mehrzahl bereits die Stellung eines Prokurators bekleidet, bevor sie ein Flottenkommando übernahmen. Hieraus ist der hervorgehobene Rang dieser Flotten ersichtlich. Im Ersten Dakerkrieg (101 bis 102) waren die Germanische und die Pannonische Flotte einem einheitlichen Flottenkommando unterstellt worden. Diese Zusammenfassung zweier Nebenflotten unter einem Präfekten war kriegsbedingt, um den Nachschub für die kämpfenden Legionen sicherzustellen. Ein weiteres Flottensonderkommando wurde von Kaiser Marc Aurel im Jahre 178 bei der Wiederaufnahme des Markomannenkrieges gebildet. Es umfaßte die Britannische, die Germanische, die Pannonische und die Moesische Provinzialflotte, also alle an der Nordgrenze des Imperiums stationierten See- und Flußstreitkräfte, von der Nordsee über Rhein und Donau bis in das Schwarze Meer.

Dem Flottenpräfekten stand als eine Art Chef des Stabes und Stellvertreter ein Unterpräfekt, subpraefectus classis genannt, zur Seite, dessen Dienstgrad etwa dem eines Vizeadmirals entsprach. Dieser Dienstgrad ist auch für die Präfekten der Provinzialflotten anzunehmen, da ihre Flottenbefehlshaber ranggleich mit dem Subpräfekten einer Hauptflotte waren. Taktische Führungsaufgaben hatte auch dieser im allgemeinen nicht. Unter dem Subpräfekten, mit ebenfalls vorwiegend stabsadministrativen Aufgaben, rangierte im Flottenstab der praepositus classis. Zu jeder Flotte gehörten zumeist zwei dieser Offiziere. Im Dienstgrad etwa einem Konteradmiral entsprechend, als Admiralstabsoffizier eingesetzt, übernahm der praepositus classis aber auch selbständige Flottenkommandos. Als im Jahre 117 zur Niederschlagung von Aufständen in Mauretanien aus Verbänden der Syrischen und Alexandrinischen Flotte ein selbständiges Kommando für Mauretanien gebildet wurde, aus dem später die Mauretanische Flotte hervorging, kommandierte diesen besonderen Flottenverband zunächst ein praepositus classis. Dieser konnte, den Rang eines Subpräfekten überspringend, direkt zum Flottenpräfekten befördert werden. Ritterliche Offiziere bekleideten in der Regel einen Dienstgrad vier bis fünf Jahre. Doch sind auch höhere Offiziere nachgewiesen, die 16 Jahre auf eine Beförderung warten mußten.

Der praepositus classis, der subpraefectus classis und der praefectus classis waren als höhere Offiziere mit einem Stab umgeben. Sie alle hatten mehrere Adjutanten in verschiedenen Dienststellungen und mit unterschiedlicher Benennung. Der ranghöchste Adjutant war der cornicularius. Im Stab eines Flottenkommandos, dem officium, dienten außerdem noch zahlreiche Schreiber, Buchführer, Rechnungsführer für Material und Verpflegung, Registratoren und Ordonnanzen. Letztere stellten zumeist auch die Stabswache. Alle diese mit Sonderaufgaben betrauten Soldaten wurden unter der Bezeichnung beneficiarii zusammengefaßt. Techniker und Bautechniker sowie Verwaltungsbeamte des Marinearsenals und der Werkstätten für Waffenherstellung und Geschützbau

247

vervollständigten den Flottenstab. Alle Angehörigen dieses Stabes wurden unabhängig von ihrem Rang als officiales bezeichnet.

Für die regelmäßig wiederkehrenden Sakralhandlungen gab es in der römischen Flotte spezielle Chargen. Der victimarius assistierte bei den Opferhandlungen. Ihm oblag die Schlachtung der Opfertiere. Der coronarius hatte vor einer Opferhandlung für die Bekränzung des Schiffes und der Schiffsgottheit (tutela navis) Sorge zu tragen. Beide wurden aus der seemännischen Besatzung ausgewählt. Sie traten nur an den Opfertagen als Flottenkultpersonen auf, machten aber ansonsten ihren normalen Borddienst.

Von den mit der Seefahrt im unmittelbaren Zusammenhang stehenden Kulthandlungen sei an dieser Stelle nur die regelmäßig stattfindende feierliche Reinigungszeremonie der römischen Flotte (lustratio classis) erwähnt, da sie uns von Appian im Detail überliefert ist. Nach der Beschreibung von Wachsmuth verlief die lustratio classis folgendermaßen:

Unmittelbar am Ufer waren Altäre so aufgestellt, daß sie »das Meer berührten«. Die formierte Flotte lag vor der Küste, mit den angetretenen Besatzungen an Deck, die »in tiefstem Stillschweigen verharrten«. Mit den Eingeweiden geschlachteter Opfertiere umrundeten nunmehr die Admirale und Priester in Schiffsbooten dreimal die Kriegsschiffe, wobei die Befehlshaber »beteten, daß das Übel sich statt auf die Schiffe auf die Eingeweide hinwenden möge«. Ein Teil der Eingeweide wurde anschließend dem Meer übergeben, die restlichen auf den Opferaltären verbrannt. Es ist bemerkenswert, daß bei dieser Zeremonie nicht die Priester, sondern die Admirale das Flottengebet sprachen.

Neben den zahlreichen Auszeichnungen, die in den römischen Streitkräften dem einzelnen Soldaten für besondere Tapferkeit und dem siegreichen Feldherrn verliehen wurden, gab es für die Marine eine Besonderheit. Den vorn und an den Seiten mit Rammspornen geschmückten goldenen Ehrenkranz, corona navalis, rostrata oder classica genannt (Bild 76), konnte sich nur der Flottenangehörige erwerben. Der Seesoldat, dem es im Enterkampf gelang, als erster die Planken eines feindlichen Schiffes zu betreten, hatte ebenso Anspruch auf diese Auszeichnung wie der siegreiche Admiral. Die corona navalis wurde in republikanischer Zeit erstmalig dem Konsul und Flottenführer C. Atilius Regulus nach der siegreichen Seeschlacht bei Tyndaris im Jahre 257 v. u. Z. und letztmalig dem größten Flottenführer der Römer, M. Vipsanius Agrippa, nach seinem Seesieg bei Naulochus 36 v. u. Z. verliehen. Agrippa wurde dazu als einzigem noch das Recht zuerkannt, eine meerblaue Flagge zu führen. Auch in der Kaiserzeit finden wir unter den verliehenen Ehrenzeichen noch in der zweiten Hälfte des 4. Jahrhunderts die corona navalis. Unter Kaiser Julian gelangte im Jahre 363 nach der siegreichen Schlacht von Ctesiphon, an der die römische Euphratflotte durch das Niederkämpfen von persischen Uferbefestigungen maßgeblichen Anteil hatte, neben anderen Auszeichnungen auch die corona navalis zur Verteilung *(Ammian 24,6)*.

Gliederung der Seestreitkräfte

Nautische Mannschaften und Marineinfanterie einer Hauptflotte stellten zu einem nicht fixierbaren Zeitpunkt in der Kaiserzeit eine Einheit dar, die einer Legion des Landheeres entsprach.

Ende des 2. Jahrhunderts v. u. Z. bildete der fünfmal zum Konsul gewählte C. Marius (156–86 v. u. Z.) das Bürgerheer zum Berufsheer um. An die Stelle des oft mit unterschiedlichen Waffen kämpfenden römischen Bürgers trat der gleichmäßig bewaffnete Berufssoldat. Die Heeresreform brachte die Sollstärke der Legion auf 6 000 Mann und führte als neue taktische Einheit die Kohorte ein. Die Legion war in republikanischer Zeit kein taktischer Truppenkörper. Vor der Heeresreform bildete der Manipel die größte taktische Formation. War vor Marius die Legion das einfache Aufgebot der Bewaffneten, so erhielt sie nach der Reform ein eigenes Feldzeichen, den Adler, der sie auch äußerlich als Truppenkörper kenntlich machte. Eine marianische Legion war in zehn cohortes zu je 600 Mann eingeteilt. Eine Kohorte bestand aus drei manipuli und ein Manipel aus zwei centuriae. Der Manipel umfaßte 200 Mann, die Zenturie 100 Mann.

Zur Zeit Caesars wurde die Stärke der Legion von dem jeweiligen Feldherrn bestimmt. Das Heer Caesars bestand zum größten Teil aus angeworbenen, besitzlosen römischen Bürgern proletarischer Herkunft, die als langdienende Soldaten Beute und nach Ablauf ihrer 16jährigen Dienstzeit von ihrem Oberbefehlshaber eine angemessene Versorgung durch Landzuweisung erwarteten. Eine caesarianische Legion bestand aus 3 600 bis 4 200 Mann.

Zu Beginn der Kaiserzeit blieb die Grundeinteilung der Legion in Kohorten, Manipel und Zenturien bestehen. Ihre durchschnittliche Stärke stieg erneut; sie betrug 5 600 Mann. Die zehn Kohorten waren jedoch in ungleich starke Zenturien unterteilt. Die erste Kohorte bestand aus fünf Zenturien. Von diesen war die erste Zenturie 400 Mann, die zweite 200 Mann, die dritte 150 Mann, die vierte 150 Mann und die fünfte 100 Mann stark. Die restlichen neun Kohorten, mit etwa 510 Mann in der cohors, waren in je drei Manipel zu je zwei Zenturien unterteilt. Ein manipulus war 170 Mann, eine centuria 85 Kämpfer stark. Eine Zenturie der zweiten bis neunten Kohorte bildete also eine wesentlich schwächere Einheit als die verschiedenen Zenturien der ersten Kohorte. Die Legionsreiterei sank auf die Bedeutung einer Stabswache herab. Im Kampf eingesetzte taktische Kavallerieverbände bildeten selbständige Auxiliareinheiten (Hilfstruppen.)

Im 1. Jahrhundert gliederte sich die Legion, 4 800 Fußsoldaten stark, in zehn Kohorten Infanterie. Zugeteilt waren, wie auch in früherer Zeit, Reiter und Geschütze. Die Kohorte, 480 Mann stark, war in drei Manipel zu je 160 Mann unterteilt. Der Manipel wiederum bestand aus zwei Zenturien mit je 80 Mann. 120 Reiter bildeten die Legionskavallerie.

Gegen Ende des 3. Jahrhunderts betrug die Stärke einer Legion 6 100 Soldaten. Von den zehn Kohorten umfaßte die erste 1 105 Mann. Sie war in zehn Zenturien unterteilt. Die übrigen neun Kohorten bestanden aus je 555 Mann in fünf Zenturien. Alle centuriae dieser Kohorten hatten somit bei etwa 111 Mann die gleiche Stärke. Der Manipel als taktische Einheit existierte nicht mehr. Manipuli finden wir nur noch in der Bedeutung von Zeltgemeinschaften. Demgegenüber spielte die Legionskavallerie wieder eine größere Rolle. Sogar jeder Kohorte waren 66 Reiter zugeteilt. Die erste Kohorte jeder Legion verfügte über eine Kohortenkavallerie von 132 Reitern. Insgesamt zählte die Legion also 6 100 Fußsoldaten und 726 Reiter.

Die Legion des 4. Jahrhunderts, unter die Stärke einer früheren ersten Kohorte herabgesunken, bestand aus 1 000 Mann. Ihr Kampfwert war entsprechend. Während die frühere Legion zusätzliche Verbände, Auxiliarkohorten, Kavallerie und Artillerie besaß, stand die kleine Legion des 4. Jahrhunderts für sich allein. Unter Kaiser Constantin (325–337) wurden statt der früheren Legionsverbände Gruppen gebildet. Diese bestanden aus 5 500 Legionären und 2 000 Reitern. Das Verhältnis der Fußtruppen zur Reiterei verschob sich in diesen Gruppen so sehr, daß man schon hieraus auf die Einführung einer neuen Kampftaktik oder den sinkenden Gefechtswert der Infanterie schließen kann. Die Römer hatten im 4. Jahrhundert die schwere Panzerreiterei, von den Parthern auf die Perser überkommen, übernommen und zur Hauptwaffe ihrer Landkriege gemacht.

Aus der kurz skizzierten Entwicklung des Legionsverbandes und seiner Gliederung ersehen wir, daß im Verlaufe der römischen Geschichte weder die Legion noch ihre taktischen Verbände, die Kohorte, der Manipel und die Zenturie, eine feststehende und gleichbleibende Größe darstellten.

Wenn wir die Gliederung einer Hauptflotte analog der der Legion vornehmen, so kann die Legionsgliederung der frührepublikanischen Zeit für die Flottengliederung nicht herangezogen werden, da es stehende Flotten erst zu Beginn der Kaiserzeit gab. Die beiden Hauptflotten in Misenum und Ravenna wurden zwischen den Jahren 27 und 15 v. u. Z. aufgebaut. Es liegt nahe, für die Gliederung einer Hauptflotte die Legionsgliederung unmittelbar vor Beginn der Kaiserzeit heranzuziehen. Die gesamte Flottenmannschaft einer Hauptflotte entsprach einem Legionsverband. Die beiden Hauptflotten waren, wie die marianische Legion, vermutlich seit ihrer Errichtung in je zehn cohortes classicae unterteilt. Für das 3. Jahrhundert ist diese Gliederung nachgewiesen. Da die von Marius geschaffenen Kohorten als größte taktische Einheiten der Legion gleich stark waren, haben wir somit in den zehn Flottenkohorten einer Hauptflotte zehn Geschwader zu sehen, die selbständig oder zusammen unter je einem Nauarchen, später einem Flottentribunen, als Geschwaderchef operierten. Wenn wir ferner die Sollstärke einer Hauptflotte mit 250 Einheiten annehmen dürfen, da die Kriegshäfen Misenum und Ravenna zur Aufnahme von je 250 Kriegsschiffen erbaut waren, können wir das Geschwader einer Hauptflotte mit maximal 25 Fahrzeugen fixieren. Ein Geschwader wird im allgemeinen in der römischen Marine, anders als heute, ein gemischter Verband aus leichten, mittleren und schweren Einheiten gewesen sein und in der taktischen Aufgabenstellung und Zusammensetzung einer modernen Kampfgruppe entsprochen haben, die als gemischter Verband nach dem beabsichtigten Kampfeinsatz zusammengestellt wird. Diese Annahme findet im Einsatz der Flotte bei Actium (31 v. u. Z.) ihre Bestätigung. In dieser Seeschlacht operierten unter Agrippa gemischte Verbände, von der Liburne bis zur Hexere, erfolgreich.

Da Agrippa auch die stehenden Hauptflotten in Misenum und Ravenna aufbaute, wird er bei der Zusammenstellung der Geschwader Erfahrungen berücksichtigt haben, die er bei Actium gewann. Die dort von ihm angewandte Flotten- und Geschwadertaktik setzte gemischte Verbände voraus. Eine Unterteilung der Geschwader etwa in Divisionen, heute ein Schiffsverband von drei bis fünf Fahrzeugen, gab es nicht, da sich die taktische Gliederung der Flotte auf die Flottenkohorte = Geschwader und die Flottenzenturie = Kriegsschiff beschränkte. Nach Wickert waren »in der Soldatensprache ... Zenturie und Schiff geradezu miteinander identisch«. Der Manipel des Landheeres als Formation zwischen Kohorte und Zenturie fand in der Flotte keine Entsprechung. Der Flottenmanipel war, wie gezeigt, eine taktische Einheit der Seesoldaten von acht bis zehn Mann, einer heutigen Gruppe entsprechend.

Die Gliederung der Neben- oder Provinzialflotten ist weitgehend unbekannt. Die Aufgaben dieser Flotten bestanden vornehmlich im unmittelbaren Schutz der Stationierungsprovinzen und in der Sicherung der Seewege. Bei der Errichtung des Imperiums hatten die Römer ihre Landmacht eingesetzt, um die Herrschaft über die Küsten des Mittelmeeres zu erringen. Seit dem Ende des 1. Jahrhunderts v. u. Z. war es Aufgabe der Seestreitkräfte, die Eroberungen abzusichern, das Landheer bei den Grenzkämpfen zu unterstützen, für den Nachschub der Legionen Sorge zu tragen und Meerengen und Flüsse offenzuhalten. Von der Pontischen Flotte wissen wir, daß sie im Jahre 70 aus 40 Einheiten bestand. Der Einsatzauftrag dieser Nebenflotte war der Schutz der kleinasiatischen Schwarzmeerküste und der nördlichen Bosporuseinfahrt gegen Angriffe über See. Der Sicherungsauftrag dieser leichten Seestreitkräfte war nur zu erfüllen, wenn sich ein Teil ihrer Einsatzschiffe ständig in See befand und vor den Küsten und Meerengen auf und ab stand oder auslaufbereit in den Häfen lag. Vergil (Aen. 11,326) ist zu entnehmen, daß die römische Flotte auch zur Kaiserzeit in Verbänden von zehn Schiffen operierte. Die Gliederung der Pontischen Provinzialflotte könnte für das Jahr 70 mit vier Flottillen zu je zehn leichten Einheiten angenommen werden (Josephus, Bell. Jud. 2,16).

An dieser Stelle ist es von Interesse, einen Blick auf die Anfänge der römischen Marine zu werfen. Als im Jahre 311 v. u. Z. die Behörde der beiden Flottenherren (duumviri navales) als vom Volke gewählte Magistrate unter den beiden Konsuln geschaffen wurde, unterstand je ein duumvir navalis einem Konsul, der zu dieser Zeit zugleich Land- und Seestreitkräfte befehligte. Jeder Flottenherr war für den Bau, die Ausrüstung und Instandhaltung einer Flottille von zehn Kriegsschiffen verantwortlich. Ein Verband mit zehn Einheiten stellt somit die älteste Gliederung der römischen Marine dar. Da zu dieser Zeit an eine imperiale Expansion über See noch niemand dachte, waren die Kriegsschiffe nicht für seestrategische Aufgaben vorgesehen, sondern dienten vornehmlich seepolizeilichen Zwecken im Sinne des deutschen Bundesgrenzschutzes See oder der US Coast Guard. Die beiden Flottillen stellten in der Zeit von 311 bis 264 v. u. Z. das gesamte maritime Potential der römischen Staatsmacht dar. Seit 264 v. u. Z. standen Seestreitkräfte der Verbündeten, seit 260 v. u. Z. die erste eigene Flotte zur Verfügung. Während der großen Kriege zur Zeit der Republik wurden Flotten erbaut, die in Geschwadern von ganz unterschiedlicher Größe operierten. Lediglich in der Zeit zwischen dem Syrischen Krieg und dem Dritten Makedonischen Krieg waren erneut zwei Flottillen mit je zehn Kriegsschiffen für den Küstenschutz und die Bekämpfung von Piraten in Dienst (Livius 40,18). Die alte Institution trat wieder auf den Plan. Je ein Duumvir befehligte unter einem Konsul oder Prätor eine der beiden Flottillen.

Das Bauprogramm der Skythischen Nebenflotte wurde im Jahre 412 auf 125 Flußkampf- und weitere Spezialschiffe festgelegt. Die Zahl der naves lusoriae, der Flußkampfschiffe, läßt darauf schließen, daß hier eine den Hauptflotten entsprechende Geschwadereinteilung von je 25 Kriegsschiffen in fünf Geschwadern vorgesehen war. Da die navis lusoria als leichteste und kleinste Einheit der römischen Flotte nur eine Besatzung in Stärke eines Flottenmanipels trug, mußte ein Verband dieses Schiffstyps entsprechend zahlreich mit Kampfschiffen ausgestattet werden.

Jeder Hauptflotte waren neben den eigentlichen Kampfschiffen Aufklärungseinheiten (naves speculatoriae) und Avisos als Befehlsübermittler, Marinetransporter (actuariae) und Pferdetransporter (hippagogoe naves) sowie nach Bedarf normale Transportschiffe (onerariae), aus denen besondere Versorgungsgeschwader gebildet werden konnten, für Sonderaufgaben zugeteilt.

Ob die römische Marine selbständige Aufklärungsgeschwader kannte oder nur Spähschiffe (naves speculatoriae) den einzelnen Flotten oder Geschwadern zugeteilt waren, wissen wir nicht.

Über die Zahl der eingeschifften Marineinfanterie sind wir für die wichtigsten Kriegsschifftypen der römischen Marine verhältnismäßig gut unterrichtet.

Bei den griechischen Flotten nahm die Zahl der Epibaten im Verlaufe der Jahrhunderte ständig ab. Je mehr sich die Manövrierfähigkeit der Kriegsschiffe entwickelte, desto kleiner wurde die Zahl der Seesoldaten. Waren um 550 v. u. Z. 40 Epibaten auf einer griechischen Triere eingeschifft, so befanden sich in der Seeschlacht bei Salamis 480 v. u. Z. nach einem Dekret des Themistokles zehn Schwer- und vier Leichtbewaffnete (Bogenschützen) auf dem Kampfdeck und im Peloponnesischen Krieg (431–404 v. u. Z.) nur noch durchschnittlich zehn Hopliten an Bord.

Das umfassende Eingreifen der Römer in den Seekrieg brachte seit 260 v. u. Z. eine völlige Umwälzung in der Seekriegstaktik. Statt durch Manövrieren der Schiffe und Geschwader, durch geschickten Gebrauch der Rammsporne wurden die Seetreffen letztlich durch die eingeschifften Seesoldaten entschieden. Ihre Zahl stieg in der Flotte wieder beträchtlich, da die Enterung und Erstürmung der feindlichen Schiffe bevorzugtes Ziel römischer Kampftaktik war. Eine Quinquereme hatte nach Polybios *(1,26)* in der Seeschlacht bei Ecnomus im Jahre 256 v. u. Z. 120 Seesoldaten an Bord. Die Stammbesatzung bestand nach Tarn und Thiel aus 40 Seesoldaten. Vor dem Antritt eines Kriegsmarsches wurden zusätzlich 80 Legionäre eingeschifft. Eine Quadrireme trug vermutlich eine Kampfbesatzung von 90 bis 100 Mann. Bei einer Trireme befanden sich nach Kromayer 80 bis 90 Epibaten an Deck. Die Stammbesatzung betrug vermutlich 20 bis 30 Seesoldaten. Nach Tarn und Thiel wurden im Jahre 260 v. u. Z. auf einer Trireme zusätzlich 60 Legionäre für die Herstellung der vollen Gefechtsbereitschaft eingeschifft. Die Kampfbesatzung einer Liburne dürfte von der leichten bis zur schweren aus 30 bis 75 manipularii bestanden haben (letztere Zahl nach Kromayer). Die navis lusoria hatte als leichtes Flußkampfschiff nur sieben bis acht Kämpfer an Bord. Über die Kampfbesatzungen der Großkampfschiffe, von der Septireme aufwärts, besitzen wir keine zuverlässigen Nachrichten. Diese Schiffstypen waren auch nicht sehr zahlreich in der römischen Flotte vertreten.

Unsere Kenntnisse über die Gliederung der römischen Flotte sind gering. Die gesicherten Fakten lassen jedoch den Schluß zu, daß die Flottengliederung der Römer nicht weniger zweckmäßig war als die moderner Seestreitkräfte.

Einzelflotten – Flottenstützpunkte – Schiffsnamen

Vor der Augusteischen Zeit hielten die Römer keine stehenden Flotten mit bestimmten Hauptflottenstützpunkten in Dienst. Sie setzten ihre Kriegsschiffgeschwader von den Häfen aus ein, die für die Ausrüstung und Versorgung der Seestreitkräfte günstig zu den jeweiligen Operationsgebieten lagen.

Erst seit der Kaiserzeit gab es stehende Flotten. So wurden von Augustus die beiden Hauptflotten des Reiches, die Misenische (classis Misenensis) und Ravennatische (classis Ravennas) geschaffen. Erstere lag in dem neu ausgebauten Kriegshafen Misenum, am Golf von Neapel, der an die Stelle von Portus Julius getreten war, da dieser sich wegen der geringen Tiefe und fortschreitenden Versandung des Lucrinersees auf die Dauer als Flottenbasis nicht eignete. Misenum bildete dagegen einen natürlichen, gut zugänglichen, geräumigen und doch geschützten Hafen (Portus Misenus) unmittelbar am offenen Meer und in mäßiger Entfernung von Rom. Misenum wurde vermutlich zwischen den Jahren 27 und 15 v. u. Z. gegründet. Die dort liegende Hauptflotte diente dem Schutz Italiens. Ihr Zuständigkeitsbereich war das westliche Mittelmeer. Doch wurde sie auch für Operationen im östlichen Mittelmeerbecken, im Schwarzen Meer und im Atlantischen Ozean eingesetzt, wenn eine strategische Notwendigkeit vorlag. Die Kornkammern Roms lagen in Südspanien und Afrika. Getreidetransporte über See liefen hauptsächlich nach Ostia und Puteoli. Der Schutz dieser Transporte oblag nicht nur der Alexandrinischen Provinzialflotte, sondern auch der Misenischen Hauptflotte. Die Bürgerkriegserfahrungen hatten Kaiser Augustus gezeigt, daß eine Blockade der italischen Halbinsel die lebensnotwendige Getreidezufuhr unterbinden und insbesondere die hauptstädtische Bevölkerung Roms in eine schwierige Lage bringen konnte, die Aufstände und Unruhen nicht ausschloß. Die Sicherung der Getreideversorgung über See war ein wesentlicher Gesichtspunkt bei der Errichtung stehender Flotten.

Der zweiten Hauptflotte, in Ravenna (Portus Augusti) stationiert, oblag gleichfalls der Schutz Italiens. Der Hauptstützpunkt der Ravennatischen Flotte, inmitten von Sümpfen gelegen, erhielt durch den Augustuskanal (Fossa Augusta), welcher den südlichen Poarm Padusa nach Ravenna leitete, einen guten, künstlich erweiterten Hafen. Ravenna hatte schon seit 38 v. u. Z. eine Flottenstation (navalia). Zuständigkeitsbereich dieser Flotte war das östliche Mittelmeer. Doch galt auch für sie das zur Misenischen Flotte Gesagte.

Beide Hauptflotten bestanden zumeist aus Triremen. Selbstverständlich besaßen sie auch schwere Einheiten und ausreichend leichte Seestreitkräfte, insbesondere Liburnen. Es waren ausgewogene Flotten, wie wir sie auch heute bei den großen Seemächten finden. Sie operierten im gesamten Mittelmeer und benutzten nachweislich auch Stützpunkte der späteren Provinzialflotten, die bei diesen aufgeführt sind. Die Provinzialflotten, als Nebenflotten zumeist aus leichten Seestreitkräften bestehend, verdankten ihre Entstehung nicht einem festen Plan, sondern kriegsbedingten Notwendigkeiten, die sich konkret im Laufe der Entwicklung in den einzelnen Provinzen ergaben. Zumeist entstanden sie mit der Errichtung einer neuen Provinz. Ihre Aufgaben umfaßten den Küstenschutz, das Niederhalten der Seeräuber, die Versorgung der Legionen und die Unterdrückung von Aufständen. Die Provinzialflotten besaßen somit im Verhältnis zu den Hauptflotten nur eine vergleichsmäßig schwache Kampfpotenz und waren in schwierigen Lagen auf Unterstützung durch stärkere Flottenverbände angewiesen. Bei ihrer Errichtung dachte man ja auch keineswegs daran, ihnen Aufgaben zu übertragen, die aufgrund der Zusammensetzung den Hauptflotten vorbehalten bleiben mußten. Die Nebenflotten sollten diese lediglich für den oben skizzierten Bereich entlasten. Hauptflotten griffen im Mittelmeer und den angrenzenden Seegebieten überall dort mit ihren ausgewogenen Verbänden ein, wo dies für die verfolgten strategischen Absichten erforderlich wurde.

Die Flottengründungen des 4. Jahrhunderts waren zumeist eine Folge jener katastrophalen Entwicklungen, die in Gestalt andauernder Invasionen im Norden, Westen, Osten und sogar in Italien selbst das Imperium erschütterten. Im Verlaufe der militärischen Erholung des Reiches wurde eine regenerierte starke Abwehr auch auf dem maritimen Sektor durch Flottenneugründungen aufgebaut.

Obgleich die Provinzialflotten lokal begrenzte Aufgaben hatten, war auch ihr Hauptkriegshafen der Sitz eines Flottenkommandos unter einem Flottenpräfekten (praefectus classis), wie bei der Misenischen und Ravennatischen Flotte, einem Flottenunterpräfekten (subpraefectus classis) oder, falls sich die Flotte im Aufbau befand, unter einem höheren Admiralstabsoffizier (praepositus classis).

Es folgt hier eine Übersicht der einzelnen Haupt- und Provinzialflotten mit ihren Stützpunkten. Dabei sind Flottenbasen, die bereits vor der Errichtung stehender Flotten bestanden, so mit eingeordnet, wie sie später räumlich in die verschiedenen Zuständigkeitsbereiche fielen. Man darf mit gutem Grund annehmen, daß diese Häfen von Fall zu Fall als Nebenstützpunkte weiter benutzt wurden.

Die hier ohne Anspruch auf Vollständigkeit aufgeführten Stützpunkte haben ohnehin im Verlaufe der Jahrhunderte eine sehr unterschiedliche Bedeutung besessen. Teilweise waren dort ständig Flottenabteilungen, Flottenverbände, Geschwader oder Flottillen in voll ausgebauten Kriegshäfen stationiert, zum Teil lagen in den überwiegend Handelszwecken dienenden Häfen Magazine, Arsenale und Reparaturwerften der Kriegsmarine zur gelegentlichen Inanspruchnahme. In anderen Häfen fehlten solche Anlagen. Sie waren jedoch zeitweise Liegeplätze größerer Flottenverbände, Ausgangshäfen für Landungsunternehmen oder Basen für den Küstenschutz und auf Flüssen Stationen für Wachschiffe.

Strategische Hauptflotten

1. Misenische Flotte
(classis Misenensis)
seit etwa 27 bis 15 v. u. Z.

Alle Schiffstypen waren vertreten, jedoch bestand die Flotte hauptsächlich aus Triremen. Für das Jahr 68 schätzt Starr die Zahl der Triremen dieser Flotte auf 50 Einheiten und die Gesamtmannschaftsstärke auf 10 000 Mann.
Die Stärke dieser Hauptflotte belief sich maximal auf etwa 250 Schiffe.

Flottenstützpunkte

Misenum (Golf von Neapel, nahe Bacoli, Italien), Hauptstützpunkt
Aenaria (Insel Ischia, Italien)
Aleria (Aleria auf Korsika, Frankreich)
Antium (Anzio, Italien)
Baiae (vor Baia auf dem Meeresgrund nahe Bacoli, Italien)
Brigantium (La Coruña, Spanien)
Capreae (Insel Capri, Italien)
Caralis (Cagliari auf Sardinien, Italien)
Carteia (zwischen Gibraltar und Algeciras, Spanien)
Carthago (Quartâg, Tunesien)
Centumcellae (Civitavecchia, Italien), Stützpunkt beider Hauptflotten im Westen
Chephaloedium (Cefalu auf Sizilien, Italien)
Clupea (bei Qelibia/Kelibia, Tunesien)
Cyzicus (nahe Erdek, Türkei)
Drepanum (Trapani, Italien)
Emporiae (Ampurias am Golf von Rosas, Spanien)
Ephesus (nahe Kusadasi, Türkei)
Forum Julii (Fréjus, Frankreich)
Gades (Cadiz, Spanien)
Hadrumetum (Soussa/Sousse, Tunesien)
Julia Traducta (Algeciras, Spanien)
Leptis Minor (bei El Moknin, Tunesien)
Lilybaeum (Marsala auf Sizilien, Italien)
Luna (bei Lerici, Italien)
Mariana (südlich Bastia auf Korsika, Frankreich)
Massilia (Marseille, Frankreich)
Melita (Malta)
Messana (Messina, Italien)
Narbo Martius (Narbonne, Frankreich)
Neapolis (Neapoli, Italien)
Nova Carthago (Cartagena, Spanien)
Olbia (Olbia auf Sardinien, Italien)
Olisipo (Lisboa/Lissabon, Portugal)
Ostia (Ostia Scavi, Italien)
Panormus (Palermo, Italien)
Piraeus (Peiraieus, Griechenland), Stützpunkt beider Hauptflotten im Osten;
    Der Stützpunkt hatte drei Häfen:
    1. Zea (Pasalimani), reiner Kriegshafen
    2. Munichia (Tourkolimano), reiner Kriegshafen
    3. Kantharos (jetziger Hafen von Piraeus), Kriegs- und Handelshafen
Portus Iulius (Averner- und Lucrinersee, durch Kanal verbunden, nahe Pozzuoli, Italien)
Portus Pisanus (nahe Livorno, Italien)
Portus Romae (nahe Fiumicino, Italien)
Puteoli (Pozzuoli, Italien), war nicht nur Handelshafen, sondern auch eine der ältesten Flottenstationen
Rhegium (Reggio di Calabria, Italien)
Roma navalia (Rom)
Ruspina (bei El Monastir, Tunesien)
Salernum (Salerno, Italien)
Seleucia Pieriae (Samandag, Türkei), Stützpunkt beider Hauptflotten in Asien seit dem 1. Jahrhundert
Stabiae (Castellammare, Italien)
Surrentum (Sorrento, Italien)
Syracusae (Siracusa, Italien)
Tarracina (Terracina, Italien)
Tarraco (Tarragona, Spanien)
Tharrus (nahe Cap S. Marco auf Sardinien, Italien)
Utica (nahe Zahâna, Tunesien)
Velia (nahe Ascea, Italien)

2. Ravennatische Flotte
(classis Ravennas)
seit etwa 27 bis 15 v. u. Z.

Alle Schiffstypen waren vertreten, jedoch bestand die Flotte hauptsächlich aus Triremen.
Die Stärke dieser Hauptflotte belief sich maximal auf etwa 250 Schiffe.

Flottenstützpunkte

Ravenna (Ravenna, Italien), Hauptstützpunkt
Actium (Aktion, Griechenland)
Aegina (Aigina, Griechenland)
Altinum (an der Piave, nahe dem heutigen Eraclea, Italien)
Ancona (Ancona, Italien)
Aquileia (Aquileia, Italien)
Ariminum (Rimini, Italien)
Brundisium (Brindisi, Italien)
Byzantium (Istanbul, Türkei)
Calchedon (nahe Üsküdar, Türkei)
Centumcellae (Civitavecchia, Italien), Stützpunkt beider Hauptflotten im Westen
Chalcis (Chalkis, Griechenland)
Chersonesus (Chersonesos auf Kreta, Griechenland)
Chius (Chios, Griechenland)
Corcyra (Kerkyra/Korfu, Griechenland)
Corinthus (Korinthos, Griechenland);
    der Stützpunkt hatte zwei Häfen:
    1. Kenchreai (am Saronischen Golf)
    2. Lechaion (am Golf von Korinth)
Demetrias (nahe Bolos, Griechenland)
Dyrrhachium (Durrës, Albanien)
Ephesus (nahe Kusadasi, Türkei)
Issa (Vis/Lissa, Jugoslawien)
Leucas (Insel Leucas, Griechenland)
Lissus (Lesh, Albanien)
Neapolis (Kabala, Griechenland)
Nicomedia (Izmid, Türkei)
Oricum (am südlichsten Ufer der Bucht Gji i Vlonës, Albanien)
Parentium (Poreč, Jugoslawien)
Patrae (Patrai, Griechenland)
Phocaea (nahe Foca, Türkei)

Piraeus (Peiraieus, Griechenland), Stützpunkt beider Hauptflotten im Osten
Salonae (in der Nähe von Split, Jugoslawien)
Samus (auf der Insel Samos, Griechenland)
Seleucia Pieriae (Samandag, Türkei), Stützpunkt beider Hauptflotten in Asien seit dem 1. Jahrhundert
Tarentum (Taranto, Italien)
Tergeste (Trieste, Italien)
Tessalonice (Tessalonike, Griechenland)

Unter Kaiser Diocletian (284–305) hatte die römische Marine eine Gesamtstärke von über 45 000 Mann.
Seit 330 war Constantinopolis/Byzantium (Istanbul, Türkei) Hauptstützpunkt der Hauptflotten.
Die Misenische und Ravennatische Flotte verloren im 4. Jahrhundert (wahrscheinlich seit dem Jahre 305) ihre Sonderstellung als Hauptflotten des Reiches. Die Flotte in Ravenna wurde Provinzialflotte der Provinz Flaminia.
Im 5. Jahrhundert war Constantinopolis alleiniger Hauptflottenstützpunkt, in dem alle damals gefahrenen Schiffstypen vertreten waren.

Provinzialflotten

Die Britannische und Germanische Flotte rangierten vor den übrigen Provinzialflotten.

1. Britannische Flotte
(classis Britannica)
seit etwa 43

Als Vorläufer existierte bereits die von Caesar 56 v. u. Z. im Krieg gegen die Veneter verwendete Flotte in Gallien. Diese wurde auch in den Jahren 55 bis 54 v. u. Z. bei den Landungen in Britannien eingesetzt.
Hauptsächlich vertretene Schiffstypen:
zumeist Liburnen, mit einer Trireme als Flaggschiff

Flottenstützpunkte

Portus Itius, später Gesoriacum, später Bononia genannt (Boulogne, Frankreich), Hauptstützpunkt
Rutupiae oder Portus Ritupis (Richborough, G.B.), Hauptstützpunkt seit 296
Alauna (Maryport, G.B.)
Anderida (Pevensey bei Eastbourne, G.B.)
Branodunum (Brancaster, G.B.)
Clanoventa (Ravenglass, G.B.)
Clausentum (Bitterne bei Southampton, G.B.)
Condivincum, später Portus Namnetum genannt (Nantes, Frankreich)
Cramond (bei Edinburgh am Firth of Forth, G.B.)
Deva (Chester, G.B.)
Dubrae oder Portus Dubris (Dover, G.B.)
Gariannonum (Burgh Castle bei Great Yarmouth, G.B.)
Glevum (Gloucester, G.B.)
Isca Silurum (Caerleon bei Newport, G.B.)
Lemanae oder Portus Lemanis (Lympne, G.B.)
Londinium (London, G.B.)
Petuaria oder Pretorio (Brough-on-Humber, G.B.), vermutlich der Vorhafen von Eburacum (York)
Pons Aelius (Newcastle, G.B.), das Hafenfort an der Mündung des Tyne, beim heutigen South Shields
Portus Adurni? (Portchester bei Portsmouth, G.B.)
Portus Magnus (Portsmouth, G.B)
Portus Ulterior (Ambleteuse, Frankreich)
Regulbium (Reculver, G.B.)
Segontium (Caernarvon, G.B.)
Truculum (ein nicht näher bestimmbarer Hafen am Firth of Tay oder Firth of Forth, G.B.)
Vectis Insula (Isle of Wight, G.B.)
Venetae, später Dariorigum genannt (Vannes, Frankreich)

Weitere kleine Flottenstationen (durch Quadrate auf der Karte gekennzeichnet), deren römische Namen nicht überliefert sind:
N.N. (Bradwell, Essex, G.B.)
N.N. (Cardiff, Glamorgan, G.B.)
N.N. (bei Dumbarton, am Firth of Clyde, G.B.)
N.N. (Holyhead, Anglesey, G.B.)
N.N. (Lydney, Gloucestershire, G.B.)
N.N. (Topsham bei Exeter, Devonshire, G.B.)
N.N. (Walton Castle bei Felixstowe, Suffolk, G.B.)
N.N. (am Firth of Tay, G.B.)
N.N. (Stour, Essex, G.B.)
N.N. (Orwell, Essex, G.B.)

Marinestandorte ohne Häfen:
Camboglanna (Birdoswald, Cumberland, G.B.)
Castra Exploratorum (Netherby, G.B.)

Die Flotte hatte die Verbindung zwischen Britannien und dem Festland zu sichern, beim Vormarsch in Britannien die Legionen zu unterstützen und später die Küsten Britanniens und Galliens gegen friesische, fränkische und sächsische Seeräuber zu schützen. Auch der Geleitschutz für die von Britannien an den Rhein segelnden Getreidetransporter oblag diesen Seestreitkräften. Die britannische Getreidetransportflotte wurde im Jahre 359 innerhalb von zehn Monaten von 200 Frachtern auf 600 Schiffseinheiten gebracht.

2. Germanische Flotte
(classis Germanica)

Im Jahre 12 v. u. Z. ließ Drusus d. Ä. die erste Flotte am Rhein erbauen. Diese Rheinflotte operierte jedoch sofort nach ihrer Indienststellung nicht nur auf dem Strom und den benachbarten Binnengewässern, sondern auch auf der Nordsee. 12 v. u. Z. waren 1 000 Schiffe vorhanden. Im Jahre 16 ließ Germanicus erneut 1 000 Fahrzeuge bauen.
Hauptsächlich vertretene Schiffstypen:
Triremen, Liburnen und naves actuariae (Flottentransporter; im 4. Jahrhundert naves lusoriae (leichte Flußkampfschiffe)
Operationsgebiet:
Rhein und Nebenflüsse, Schelde und Nebenflüsse, Maas und Nebenflüsse, Ijssel, Ijsselmeer/Zuidersee, Nordsee.

Flottenstützpunkte

Vetera Castra (Birten bei Xanten), Hauptstützpunkt (von 12 v. u. Z. bis etwa zum Jahre 50)
Colonia Claudia Ara Agrippinensium (Köln-Alteburg), Hauptstützpunkt (seit etwa 50)
Aliso (Haltern a. d. Lippe)
Antunnacum (Andernach)
Argentorate (Straßburg)
Bingium (Bingen)
Bonna (Bonn)
Confluentes (Koblenz)
Lugdunum Batavorum (a. d. Rheinmündung bei Schloß Britten, Niederlande)
Moguntiacum (Mainz)
Nigrum Pullum (bei Zwammerdam, Niederlande)

N.N. (Rumpst a. d. Rupel, Belgien)
N.N. (a. d. Rur nahe Jülich)
N.N. (bei Jemgum a. d. Ems)
Novaesium (Neuß)
Noviomagus Batavorum (Nimwegen, Niederlande)
Noviomagus Nemetum (Speyer)
Praetorium Agrippinae (Katwijk oder Voorburg, Niederlande)
Traiectum (Utrecht, Holland)

Die Flotte war eine Gründung des älteren Drusus. Ihre Seestreitkräfte wurden von 12 v. u. Z. bis zum Jahre 16 für Offensivoperationen gegen das rechtsrheinische freie Germanien eingesetzt. Nach dem Scheitern aller Offensiven, deren Ziel es war, die Grenze des Römischen Reiches vom Rhein zur Elbe zu verlegen, und seit dem Friesenaufstand im Jahre 28 diente die Flotte dem Schutze des linksrheinischen römischen Gebietes, seit Kaiser Domitian (81–96) der Provinzen Ober- und Niedergermanien (Germania superior und Germania inferior).

3. Alexandrinische Flotte
(classis Alexandrina)
seit etwa 30 v. u. Z.

Hauptsächlich vertretene Schiffstypen:
Liburnen, mit einer Trireme als Flaggschiff

Flottenstützpunkte

Alexandria (El-Iskandariya, Ägypten), Hauptstützpunkt
Adana? (Aden, Südarabien)
Aela? (bei El Aqabah/Akaba, Jordanien)
Berenice? (am Golf von Umm el Ketef, Rotes Meer, Ägypten)
Caesarea Mauretaniae (Cherchell, Algerien)
Canopus (an der Mündung des westlichsten Nilarmes, Ägypten)
Coptus (nahe Qenâ, Ägypten) (nur Station des Flußgrenzschutzes mit Polizeiaufgaben)
Dioscoridis Insula? (Insel Socotra, nordöstlich vor Somalia)
Elephantine (bei Aswân/Assuan, Ägypten) (nur Stützpunkt des Flußgrenzschutzes mit Polizeiaufgaben)
Hierasykaminus (bei Maharaka, Oberägypten) (war vielleicht schon Stützpunkt des Flußgrenzschutzes auf dem Nil, später byzantinische Festung)
Leptis Magna (nahe Zliten, Libyen)
Myus Hormus? (am Roten Meer zwischen Gemsa und El-Ghurdaqa, Ägypten)
Paraetonium (Marsa Matruh, Ägypten)
Pelusium (nahe Rumana, Ägypten)

Siehe auch Syrische und Mauretanische Flotte.

Die ägyptische Flotte, aus der ptolemäischen hervorgegangen und nach ihrer Hauptbasis benannt, war für die Sicherung der Getreidetransporte nach Italien und den Schutz des Indienhandels, der Nilmündung und der ägyptischen und libyschen Küsten gegen Seeräuber zuständig. Auch wurde sie im Jüdischen Aufstand unter Kaiser Trajan eingesetzt.

4. Moesische Flotte
(classis Moesica)
seit 15 v. u. Z., vielleicht schon seit 29 v. u. Z., am Schwarzen Meer seit etwa 41

Das Bauprogramm für diese Flotte wurde im Jahre 412 auf 100 naves lusoriae und jährlich 10 naves agrarienses und 4 naves iudiciariae festgelegt.

Hauptsächlich vertretene Schiffstypen:
Liburnen, mit einer Trireme als Flaggschiff; im 4. Jahrhundert naves lusoriae, naves agrarienses, naves iudiciariae
Operationsgebiet:
Donau und Nebenflüsse von Singidunum (Belgrad) bis zur Mündung, Schwarzes und Asowsches Meer (Pontus Euxinus und Maeotis)

Flottenstützpunkte

Hauptstützpunkt war vermutlich Tomi/Tomis Constantiana (Constanta, Rumänien), vielleicht auch Novae (Svistov, Bulgarien) oder Oescus (an der Mündung der Iskur in die Donau, nahe Gigen, Bulgarien)
Chersonesus (Sevastopol, UdSSR)
Durostorum (Silistra, Bulgarien)
Egeta (Brza Palanka, Jugoslawien)
Istrus (an einer Lagune südlich des jetzigen Donaudeltas, Rumänien)
Margum (Smederevo, Jugoslawien)
Noviodunum (nahe Niculitel, Rumänien)
Odessus (Varna, Bulgarien)
Olbia (an der Mündung des Bug, UdSSR)
Panticapaeum (Kerč/Kertsch, UdSSR)
Phanagoria Agrippeia (nahe Sennaja, UdSSR)
Plateypegiae (Lage nicht bekannt)
Ratiaria (Arčar, Bulgarien)
Transmarisca (Tutrakan, Bulgarien)
Tyras (Akkerman, nahe Zatoka an der Mündung des Dnestr, UdSSR)
Viminacium (Kostolac, Jugoslawien)

Die Flotte diente dem Schutz der Provinzen Ober- und Niedermoesien (Moesia superior und Moesia inferior). Sie wurde auch zur militärischen Kontrolle des Bosporanischen Reiches auf der Krim und beiderseits der Straße von Kertsch herangezogen. Seit dem Jahre 46 waren bereits römische Seestreitkräfte auf der Krim, die von den Römern Chersonesus Taurica genannt wurde, stationiert.

5. Pannonische Flotte
(classis Pannonica)
seit 9 oder 10, doch bereits 35 v. u. Z. Flottille auf der Save

Hauptsächlich vertretene Schiffstypen:
Liburnen, mit einer Trireme als Flaggschiff; im 4. Jahrhundert naves lusoriae, naves agrarienses, naves iudiciariae
Operationsgebiet:
Donau und Nebenflüsse, von Castra Regina (Regensburg) bis Singidunum (Belgrad, Jugoslawien)

Flottenstützpunkte

Aquincum (Alt-Ofen, Ungarn), Hauptstützpunkt
Acumincum (an der Mündung der Theiß)
Altina (Mohács a. d. Donau, Ungarn)
Arelapa (Pöchlarn a. d. Donau, Österreich)
Brigetio (Komorn/Komarom, Ungarn)
Carnuntum (bei Petronell a. d. Donau, Österreich)
Castra Batava (Passau)
Castra Regina (Regensburg)
Comagenae (Tulln a. d. Donau, Österreich)
Favianae (Mautern a. d. Donau, Österreich)
Graium (Sremska Raca a. d. Save, Jugoslawien)
Joviacum (Schlögen a. d. Donau, Österreich)
Lauriacum (Lorch a. d. Donau, Österreich)
Mursa (Osijek a. d. Drau, Jugoslawien)
Servitium (Stara-Gradiska a. d. Save, Jugoslawien)

Singidunum (Beograd/Belgrad, Jugoslawien)
Sirmium (Sremska Mitrovica a. d. Save, Jugoslawien)
Siscia (Sisak a. d. Save, Jugoslawien)
Taurunum (Beograd-Zemun, Jugoslawien)
Vindobona (Wien, Österreich)

Die Flotte diente dem Schutz der Provinzen Ober- und Niederpannonien (Pannonia superior und Pannonia inferior), Noricum und Raetia. Die Donau blieb in der mehr als 400-jährigen römischen Herrschaft über die Provinzen Noricum, Raetia, Pannonien und Moesia, wenn auch der römische Machtbereich zeitweilig über den Fluß nach Norden vorgeschoben wurde, als Grenzstrom das Rückgrat der Grenzverteidigungszone.

Neben einer Kette von Kastellen bildeten die Donauflotten, classis Moesica und classis Pannonica, einen wesentlichen Teil des Grenz- und Handelsschutzes. Führte doch die alte Bernsteinstraße von der Ostsee zum Adriatischen Meer bei Carnuntum (Petronell/Österreich) über die Donau. Überdies war der Handelsverkehr von West nach Ost auf dem Strom beträchtlich und das nördliche Ufer zumeist nicht befriedet. Nach dem Verzicht Roms, die Reichsgrenze bis zur Elbe vorzuschieben, hatten die Donauflotten überwiegend defensive Aufgaben. Sie kontrollierten die 2 379 Flußkilometer von Regensburg bis zum Schwarzen Meer.

Zur Zeit Kaiser Trajans (98–117) sollen beide Flotten auf der Donau 125 größere und 100 kleinere Einheiten sowie zusätzlich auf den Nebenflüssen 100 kleine Fahrzeuge in Dienst gehabt haben.

6. Thrakische Flotte

(classis Perinthia)
seit 46

Hauptsächlich vertretene Schiffstypen:
Liburnen, mit einer Trireme als Flaggschiff

Flottenstützpunkte

Perinthus (nahe Marmaraereglisi, Türkei), Hauptstützpunkt
Anchialus (Pomorie, Bulgarien)
Apollonia (Sozopol, Bulgarien)
Coela (an der Kilia-Bucht auf der Halbinsel Gallipoli nahe Eceabat, Türkei)
Hadrianopolis (Edirne, Türkei)
Philippopolis (Plovdiv, Bulgarien)
Sestus (nahe der schmalsten Stelle der Dardanellen auf der europäischen Seite der Türkei)
Thasus (Thasos, Griechenland)

Der Flotte oblag vornehmlich der Schutz der Meerengen zwischen Europa und Asien, Hellespontus (Dardanellen), Propontis (Marmarameer), Bosporus Thracius (Bosporus) und der Thrakischen Schwarzmeerküste.

7. Pontische Flotte

(classis Pontica)
Die Gründung erfolgte zwischen den Jahren 54 bis 60

Sinope war mit Sicherheit bereits 14 v. u. Z. Flottenbasis.
Im Jahre 70 zählte die Flotte 40 Kriegsschiffe.
Hauptsächlich vertretene Schiffstypen:
Liburnen, mit einer Trireme als Flaggschiff

Flottenstützpunkte

Trapezus (Trabzon, Türkei), Hauptstützpunkt
Amastris (Amasra, Türkei)
Amisus (Samsun, Türkei)
Apamea (nahe Mudanya, Türkei)
Byzantium (Istanbul, Türkei)
Calchedon (nahe Üsküdar, Türkei)
Cerasus (Giresun, Türkei)
Cyzicus (nahe Erdek, Türkei)
Dioscurias (auf dem Grund der Bucht von Suchumi, UdSSR)
Heraclea Pontica (Eregli, Türkei)
Nicomedia (Izmit, Türkei)
Phasis (nahe Micha Cchakaja, UdSSR)
Pityus (Pitsunda, UdSSR)
Sinope (Sinop, Türkei)

Operationsgebiet dieser Flotte war das Schwarze Meer (Pontus Euxinus); ihre Aufgabe: der Schutz der römischen Küsten der Provinzen Cappadocia, Bithynia und Pontus gegen Einfälle aus dem Norden und Osten sowie im Zusammenwirken mit der Thrakischen Flotte der Schutz der Meerengen. Der Thrakische, der Mithradatische und die Armenischen Kriege der Römer bildeten den Anlaß für die Errichtung und Unterhaltung dieser Flotte. Seit 62 wurde sie vermutlich auch zur militärischen Kontrolle des Bosporanischen Reiches auf der Krim und beiderseits der Straße von Kertsch mit herangezogen. Auch die Sicherung der über Trapezus laufenden Versorgungstransporte der römischen Orientarmeen oblag dieser Flotte.

8. Syrische Flotte

(classis Syriaca) (später auch nach ihrem Hauptstützpunkt classis Seleucena genannt)
seit etwa 70

Erste Flottenstationen seit 63 v. u. Z. als asiatische Flotten.
Hauptsächlich vertretene Schiffstypen:
Triremen und Liburnen
In der zweiten Hälfte des 3. Jahrhunderts wurden aus der Syrischen noch die Flotten von Asia und Cyprus ausgegliedert und unter Diocletian die Karische Flotte. Die Stützpunkte der ausgegliederten Flotten sind hier mit erfaßt. Ihr Schiffsmaterial bestand jedoch überwiegend aus Triremen und nicht aus Liburnen.

Flottenstützpunkte

Seleucia Pieriae (Samandag, Türkei), Hauptstützpunkt
Abydus (gegenüber von Eceabat an den Dardanellen, Türkei)
Aegaeae (Stadt am Issischen Golf nahe Jumurtalik, Türkei)
Aiantius (Hafen an der Bucht von Kum Kali, Türkei)
Alexandria Troas (gegenüber der Insel Bozcaada, Türkei)
Bargylia (Güllük, Türkei)
Caesarea Palaestinae (nahe Hadera, Israel)
Corycus (südlich Erdemli, Türkei)
Dora (südlich Haifa, Israel)
Elaia (nahe Zeytindag, Türkei)
Elaius (Seddülbahir, Türkei)
Elaiussa, später Sebaste genannt (Stadt in Kilikien nahe Corycus, heute Ajasch, Türkei)
Ephesus (nahe Kusadasi, Türkei)
Halicarnassus (Bodrum, Türkei)
Iasus (Asin, Türkei)
Lampsacus (Lapseki, Türkei)
Laodicea (Ladhaqiye, Syrien)
Miletus (bei Akköy, Türkei)
Mytilene (auf Lesbos, Griechenland)
Pompeiupolis (nahe Mersin, Türkei)
Rhodus (Rhodos, Griechenland)
Salamis (Zypern)
Side (nahe Serik, Türkei)

Sidon (Saida, Libanon)
Smyrna (Izmir, Türkei)
Teus (nahe Sigacik, Türkei)
Tripolis (Trâblous, Libanon)
Tyrus (Soûr, Libanon)

Neben der Seeräuberbekämpfung an den syrischen und kleinasiatischen Küsten sowie in der griechischen Inselwelt, hatte sie den Nachschub der gegen die Perser kämpfenden Legionen sicherzustellen und zu schützen. Kaiser Vespasian dürfte nach den Erfahrungen des Ersten Jüdischen Krieges (67–70) diese Provinzialflotte gegründet haben, da jüdische Seestreitkräfte unbehindert von Joppa (Jaffa/Tel Aviv, Israel) aus gegen Küstenplätze in Phönikien und Syrien, ja sogar in Ägypten operierten.

9. Mauretanische Flotte
(classis Mauretanica)

Ihre ersten Anfänge reichen in die Zeit der Maurenunruhen gegen Ende der Regierungszeit Kaiser Caligulas (37–41) und den Beginn der Herrschaft Kaiser Claudius' (41–54) zurück. Sie war zunächst nur ein Flottensonderkommando der Alexandrinischen (seit etwa 40–42) und Syrischen Flotte (seit etwa 98–117).
Seit dem Ende des 2. Jahrhunderts bestand eine selbständige Provinzialflotte. Deren Gründung wurde durch die maurische Invasion Spaniens (um 170) veranlaßt. Die detachierten Geschwader der Alexandrinischen und Syrischen Flotte hatten sich als zu schwach erwiesen, den Übergang der Mauren nach Spanien zu verhindern. Vermutlich erfolgte die Flottenneugründung nach dem Jahre 176, in den letzten Regierungsjahren Kaiser Marc Aurels (169–180).
Hauptsächlich vertretene Schiffstypen:
Liburnen, mit einer Trireme als Flaggschiff

Flottenstützpunkte

Caesarea Mauretaniae (Cherchell, Algerien), Hauptstützpunkt
Cartennae (Ténès, Algerien)
Icosium (Algier, Algerien)
Portus Magnus (Arzew, Algerien)
Saldae (Bougie, Algerien)
Tipasa (Tipasa, Algerien)

Die Flotte hatte die nordwestafrikanischen und spanischen Gebiete, insbesondere die Provinz Baetica, zu schützen. Auch die Sperrung der Meerenge von Gibraltar gegen Seeräuber und die Sicherung des Truppen- und Versorgungsnachschubs von Europa über die Straße von Gibraltar nach Afrika gehörte zu ihren Aufgaben.

10. Libysche Flotte
(classis nova Libyca)
seit dem Ende des 2. Jahrhunderts

Unmittelbarer Anlaß für die Gründung einer selbständigen Libyschen Provinzialflotte war wohl der Kostobokeneinfall in die Ägäis. Die Kostoboken verwüsteten als Seeräuber im Jahre 170 nicht nur die Küsten Griechenlands und Kretas, sondern drangen bis nach Afrika, insbesondere zu den Küsten der Cyrenaica, vor.
Die Flotte wird erstmals 180 erwähnt. Die Ausgründung dieser Flotte dürfte in die letzten Herrscherjahre Kaiser Marc Aurels (169–180) fallen.
Hauptsächlich vertretene Schiffstypen:
Liburnen, mit einer Trireme als Flaggschiff

Flottenstützpunkte

Ptolemais (Toqra, Libyen), Hauptstützpunkt
Apollonia (Marsa Susa, Libyen)
Leptis Magna (nahe Zliten, Libyen)

Diese Flotte übernahm einen Teil der Aufgaben der Alexandrinischen Flotte; den Schutz der libyschen Gebiete.

11. Venetische Flotte
(classis Venetum)
im 4. Jahrhundert

Hauptsächlich vertretene Schiffstypen:
Moneren
Operationsgebiet:
Adria

Flottenstützpunkte

Aquileia (Aquileia, Italien), Hauptstützpunkt
Parentium (Poreč, Jugoslawien)
Pola (Pula, Jugoslawien)

12. Skythische Flotte
(classis Scythiae)
im 4. Jahrhundert aus der Moesischen Flotte ausgegründet

Das Bauprogramm für diese Flotte wurde im Jahre 412 auf 125 naves lusoriae und 12 naves agrarienses und 5 naves iudiciariae festgelegt.
Hauptsächlich vertretene Schiffstypen:
Moneren, naves lusoriae, naves agrarienses, naves iudiciariae
Operationsgebiet:
Untere Donau und Nebenflüsse, nördlicher Teil des Schwarzen Meeres

Flottenstützpunkte

An der unteren Donau und am Schwarzen Meer die bisherigen Stützpunkte der Moesischen Flotte

13. Saône-Flotte
(classis Ararica)
um 310

Hauptsächlich vertretener Schiffstyp:
Navis lusoria
Operationsgebiet:
Saône und Nebenflüsse

Flottenstützpunkt

Caballodunum oder Cabillonum genannt (Châlon-sur-Saône, Frankreich), Hauptstützpunkt

14. Rhône-Flotte
(classis fluminis Rhodani)
im 4. Jahrhundert

Hauptsächlich vertretener Schiffstyp:
Navis lusoria
Operationsgebiet:
Rhône und Nebenflüsse

Flottenstützpunkte

Arelate (Arles, Frankreich), Hauptstützpunkt
Vienna (Vienne, Frankreich)

15. Seine-Flotte
(classis Anderetianorum)
im 4. Jahrhundert

Hauptsächlich vertretener Schiffstyp:
Navis lusoria
Operationsgebiet:
Seine und Oise

Flottenstützpunkt

Lutetia (Paris, Frankreich), Hauptstützpunkt (der Hafen lag an der Mündung der Oise)

16. Somme-Flotte
(classis Sambrica)
im 4. Jahrhundert

Hauptsächlich vertretener Schiffstyp:
Navis lusoria
Operationsgebiet:
Somme

Flottenstützpunkte

Locus Quartensis oder Vicus ad Quantiam genannt (Port d'Etaples, Frankreich, nördlich der Somme-Mündung), Hauptstützpunkt
Locus Hornensis (Cap Hornez, Frankreich)

17. Flotte von Karpathos
(classis Carpathia)
aus der Syrischen Flotte ausgegliedert um 400

Flottenstützpunkt

Insel Carpathus (Karpathos, Griechenland), Hauptstützpunkt

Bei den Provinzialflotten, die überwiegend aus Liburnen bestanden, fand wohl seit dem Ende des 3. Jahrhunderts eine Umrüstung auf Triremen und im 4. Jahrhundert auf Triakontoren als Haupttyp statt.

Selbständige Flottillen

1. Bodensee-Flottille
(numerus Barcariorum)
seit 15 v. u. Z.

Hauptsächlich vertretener Schiffstyp:
im 4. Jahrhundert navis lusoria

Flottenstützpunkt

Brecantiae oder Brigantium genannt (Bregenz, Österreich), Hauptstützpunkt

2. Neuenburgersee-Flottille
(classis Barcariorum)
im 4. Jahrhundert

Hauptsächlich vertretener Schiffstyp:
Navis lusoria

Flottenstützpunkt

Eburodunum (Yverdon, Schweiz), Hauptstützpunkt

3. Comersee-Flottille
(classis Comensis)
im 4. Jahrhundert

Hauptsächlich vertretener Schiffstyp:
Navis lusoria

Flottenstützpunkt

Comum (Como, Italien), Hauptstützpunkt

4. Hafenschutz-Flottille Marseille
(numerus Muscularorium)
im 5. Jahrhundert

Vertretener Schiffstyp:
Musculus

Flottenstützpunkt

Massilia (Marseille, Frankreich), Hauptstützpunkt

Die Flottille bestand nur aus musculi. Dieses waren einheimische Fracht- und Fischereifahrzeuge, die als Hilfskriegsschiffe vornehmlich den Sicherungsdienst im Hafen- und Küstenschutz versahen. Sie entsprachen im Kampfwert den heutigen Vorpostenbooten. Ein selbständiges Flottenkommando für einen Verband dieser Größenordnung und Aufgabenstellung deutet auf den Verfall der für dieses Seegebiet zuständigen Misenischen Flotte hin, da Massilia jahrhundertelang Nebenstützpunkt dieser Hauptflotte war.

Euphrat-Flotte
erstmals 114

Eine stehende Euphratflotte ist nicht nachzuweisen. Verschiedene Herrscher haben jedoch für ihre Feldzüge zeitweise auf dem Euphrat und Tigris Flußstreitkräfte unterhalten.
Kaiser Trajan (98–117) setzte 114 bis 117 eine Flotte von 50 Kriegsschiffen auf Euphrat und Tigris ein. Sie gelangte über Ctesiphon am Tigris im Jahre 116 bis in den Persischen Golf.
Im Jahre 197 erreichte eine neu erbaute Euphratflotte des Kaisers L. Septimius Severus (193–211) in seinem Krieg gegen die Parther erneut Ctesiphon und den Persischen Golf.
Die größte Euphratflotte erbaute Kaiser Julian (361–363) im Jahre 363 für seinen Feldzug gegen die Perser. Sie bestand aus 50 Kriegs- und 1 100 Transportschiffen sowie 50 Pontonbooten.
Hauptsächlich vertretene Schiffstypen:
Liburnen, naves lusoriae
Operationsgebiet:
Euphrat und Tigris mit ihren Nebenflüssen und westlicher Teil des Persischen Golfes

Zeitweilige Flottenstützpunkte

Samosata (am Euphrat, nahe Calgan, Türkei), Hauptstützpunkt
Cefa (Hasaköy am Tigris, Türkei)
Circesium (El Besiré am Aborras, Syrien)
Ctesiphon (am Tigris, nahe Salman Pak, Irak)
Dura-Europus (am Euphrat, nahe El Ghâtá, Syrien)
Maogamalcha (nahe Habbaniya am Euphrat, Irak)
Perisabora (nahe Ar-Ramadi am Euphrat, Irak)
Sura (am Euphrat, nahe Hammâm, Syrien)
Zeugma (am Euphrat, nahe Nizip, Türkei) (nur Zoll- und Flußgrenzschutzstation)

Schiffsnamen

Misenische Flotte

Aesculapius (Liburne)
Annona (Quadrireme)
Apollo (Trireme)
Aquila (Trireme)
Aquila (Liburne)
Armata (Liburne)
Asclepius (Trireme)
Athenonice (Trireme)
Augustus (Trireme)
Capricornus (Trireme)
Castor (Trireme)
Ceres (Trireme)
Clementia (Liburne)
Concordia (Trireme)
Cupido (Trireme)
Dacicus (Quadrireme)
Danae (?)
Danuvius (Trireme)
Diana (Trireme)
Euphrates (Trireme)
Fides (Quadrireme)
Fides (Trireme)
Fides (Liburne)
Fortuna (Quadrireme)
Fortuna (Trireme)
Hept . . . (Liburne)
Hercules (Trireme)
Hercules (?)
Isis (Trireme)
Iuno (Trireme)
Iupiter (?)
Iuppiter (Trireme)
Iustitia (Liburne)
Iuventus (Trireme)
Liber Pater (Trireme)
Libera (Trireme)
Libertas (Quadrireme)
Libertas (Trireme)
Libertas (Liburne)
Lucifer (Trireme)
Mars (Trireme)
Marte (Trireme)
Mercurius (Quadrireme)
Mercurius (Trireme)
Minerva (Quadrireme)
Minerva (Trireme)
Minerva (Liburne)
Minerva (?)
Minervia Rate (?)
Neptunus (Trireme)
Neptunus (Liburne)
Nereis (Liburne)
Nilus (Trireme)
Oceanus (Trireme)
Ops (Hexere)
Ops (?)
Parthicus (Trireme)
Pax (Trireme)
Perseus (Trireme)
Pietas (Trireme)
Pollux (Trireme)
Providentia (Trireme)
Rhenus (Trireme)

Salamina (Trireme)
Salus (Trireme)
Salvia (Trireme)
Satyra (Trireme)
Silvanus (Trireme)
Sol (Trireme)
Spes (Trireme)
Taurus (Trireme)
Taurus Ruber (Liburne)
Tiberis (Trireme)
Tigris (Trireme)
Triumphus (Trireme)
Venus (Quadrireme)
Venus (Trireme)
Venus (?)
Vesta (Quadrireme)
Vesta (Trireme)
Vesta (?)
Victoria (Quinquereme)
Victoria (Quadrireme)
Victoria (Trireme)
Victoria (?)
Virtus (Trireme)
Virtus (Liburne)

Ravennatische Flotte

Aesculapius (Trireme)
Ammon (Liburne)
Apollo (Trireme)
Aquila (Trireme)
Arcina (Trireme)
Augustus (Quinquereme)
Augustus (Trireme)
Castor (Trireme)
Constantia (Trireme)
Danae (Trireme)
Danuvius (?)
Diana (Trireme)
Diana (Liburne)
Fortuna (Quadrireme)
Hercules (?)
Mars (Trireme)
Mercurius (Quadrireme)
Mercurius (Trireme)
Minerva (Trireme)
Neptunus (Quadrireme)
Neptunus (Trireme)
Padus (Quadrireme)
Pax (Trireme)
Pietas (Trireme)
Pinnata (Trireme)
Providentia (Trireme)
Satura (Liburne)
Triumphus (Trireme)
Vesta (Quadrireme)
Victoria (Quinquereme)
Victoria (Quadrireme)
Victoria (Trireme)
Virtus (Trireme)

Britannische Flotte

Ammilla Augusta Felix (?)
Pacatrix Augusta (?)
Radians (Trireme)

Alexandrinische Flotte

Draco (Liburne)
Fides (Liburne)
Lupa (Liburne)
Mercurius (Liburne)
Neptunus (Liburne)
Sol (Liburne)
Taurus (?)

Moesische Flotte

Armata (Liburne)
Sagi(t)ta (Liburne)

Pannonische Flotte

Itala Felix (Navis agrariensis)

Syrische Flotte

Capricornus (Liburne)
Grypus (richtig Gryps) (Liburne)

Mauretanische Flotte

Nilus (Liburne)

Flottenstation unbekannt für:

Aesculapius (Trireme)
Amilla Augusta Felix (?)
Apollo (Trireme)
Aquila (Trireme)
Armata (Liburne)
Augustus (Trireme)
Augustus (Liburne)
Capricornus (Trireme)
Clementia (?)
Clupeus (Liburne)
Corcodilus (Trireme)
Diana (Trireme)
Diomedes (Trireme)
Fortuna (Quadrireme)
Iuppiter (Trireme)
Libertas (Trireme)
Mars (?)
Murena (Liburne)
Neptunus (Trireme)
Ops (Hexere)
Ops (Quadrireme)
Ops (Trireme)
Padus (Quadrireme)
Perseus (Trireme)
Phryx (Trireme)
Providentia (Trireme)
Quadriga (Trireme)
Sol (Trireme)
Sphinx (Liburne)
Triptolemus (?)
Triton (Liburne)
Varvarina (Liburne)
Venus (Trireme)
Victoria (?)

Hafenanlagen

Die älteste bisher archäologisch untersuchte künstliche Hafenanlage befindet sich außerhalb des Mittelmeerraumes. Sie wurde in Lothal auf dem indischen Subkontinent nicht weit vom Indusflußtal entfernt entdeckt. Der annähernd rechteckig, aus Ziegeln erbaute Hafen stammt aus dem 3. Jahrtausend v. u. Z. Er besaß bereits ein Schleusentor, das den Wasserstand im Hafenbecken regulierte.

Am Mittelmeer finden wir erste frühe, nicht datierbare Hafenanlagen an der Küste Palästinas, auf Kreta und anderen Inseln des östlichen Teiles. In Sidon, Tyros und vielleicht Alexandria stammen die ersten Anlagen vermutlich aus dem 8. bis 7. Jahrhundert v. u. Z. Im griechischen Raum entwickelte man seit etwa dem 6. bis 5. Jahrhundert v. u. Z. eine entsprechend hochstehende Hafenbautechnik. Diese wurde von den Römern weiter vervollkommnet.

Für die Bauarbeiten unter Wasser hatte man einen hydraulischen Mörtel entwickelt, der, wie die heutigen modernen Spezialzemente, unter Wasser erhärtete. Bei archäologischen Untersuchungen alter Hafenanlagen fand man noch Abdrücke der Verschalung, in die man den Mörtel schüttete. Auch der Molenbau wurde von den Römern nicht anders betrieben als bis zu Beginn unseres Jahrhunderts, nämlich durch Vorbau glatter, aus Quadern aufgebauter Außenmauern und Hinterfüllung des Molenkörpers mit eingeschütteten Bruchsteinen. Der römische Architekt und Ingenieur Vitruv beschrieb bereits um 25 v. u. Z. die Technik des Bauens mit »Fertigbauelementen«, die erst heute wieder bei der Baurationalisierung angewendet wird. Bei dem von den Römern praktizierten Verfahren wurden Bauteile nach Maß vorgefertigt und in Formen gegossen. Das Material bestand aus einer Mischung von erhärtendem Traßmörtel oder Pozzuolanerde und losen Füllsteinen. Die fertig gegossenen Teile versenkte man sodann an der vorgesehenen Stelle.

Die Pozzuolanerde, benannt nach ihrem Hauptverschiffungshafen Puteoli (Pozzuoli), ist ein vulkanischer Sand, der in etwa dieselben Qualitäten wie der heutige industriell hergestellte Portlandzement besitzt. Das Mineral verleiht dem Kalkmörtel eine Jahrtausende überdauernde, auch im Salzwasser nicht lösliche Bindekraft. Die Vorkommen erstreckten sich nach Vitruv in römischer Zeit von Cumae (Cuma) bis zum Promunturium Minervae (Cap Campanella) an der Südecke der Bucht von Neapel.

Mehrere bedeutende, von römischen Hafenbauingenieuren in der Kaiserzeit errichtete Anlagen sollen hier, soweit die Forschung sie rekonstruierte, gezeigt werden.

Bevor Rom bei Ostia einen eigenen Hafen (Portus Romae) erhielt, war Puteoli (Pozzuoli) am Golf von Neapel hauptstädtischer Seeplatz, Kriegs- und Großhandelshafen. Ostia selbst war zu dieser Zeit nur ein

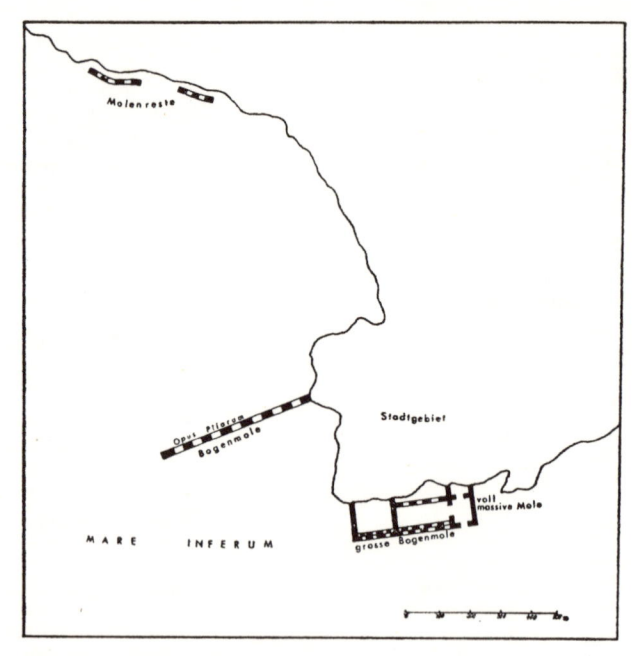

Skizze 164 (nach Lehmann-Hartleben)

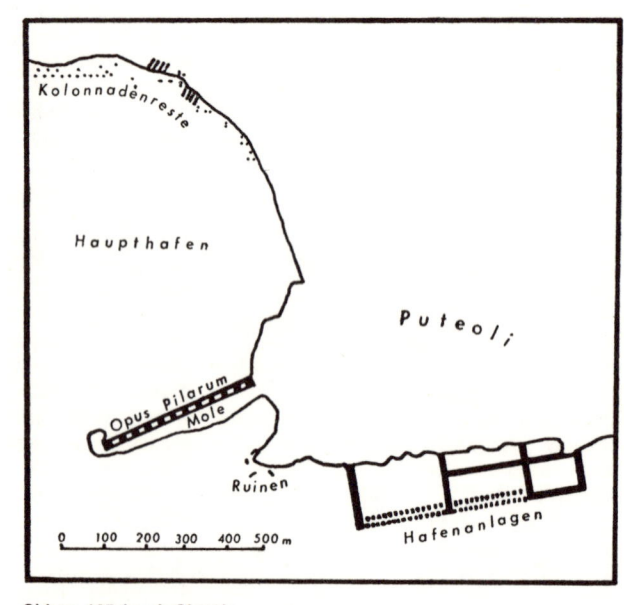

Skizze 165 (nach Shaw):
Hafen Puteoli (Pozzuoli, Italien)
Zeichenerklärung zu den Skizzen:
unterbrochene Linien = Bogenmolen
durchlaufende Linien = voll ausgefüllte Steinmolen

einfacher Flußmündungshafen ohne Umschlagbauten (vergleiche Skizze 172). Selbst nach der Fertigstellung von Portus Romae behielt Puteoli als Handelshafen eine außerordentliche Bedeutung. Der Bau der Via Domitia, die bei Sinuessa von der Via Appia abzweigte und eine direkte Verbindung zwischen Rom und dem Golf von Neapel herstellte, unterstreicht diese Tatsache. Die Straße wurde im Jahre 95 von Kaiser Domitian angelegt.

Die Molenpfeiler des Haupthafens Puteoli bestanden unter Wasser aus einem Gußwerk von Tuffstein und Pozzuolanerde, das nur in Senkkästen (!) hergestellt werden konnte. Die große Mole hatte eine Länge von 372 m und eine Breite von 15 bis 16 m. Sie bestand aus 15 Pfeilern, deren Abstand etwa 10 m betrug. Verbunden waren sie durch Bogen (Bogenmole). Der gesamte Oberbau erhob sich etwa 6 m über der Wasserfläche. Die Schiffe konnten somit an der Mole direkt nicht anlegen, sondern nur an den Pfeilern festmachen. Zu diesem Zweck befanden sich außen und innen je zwei Kragsteine mit horizontaler Durchlochung. Der Eckpfeiler besaß sogar sechs Kragsteine, zwei an jeder der drei nach außen gerichteten Seiten. In der Durchfahrt fehlten diese. Sie maß 10 m und war in der Lage, auch größeren Fahrzeugen das Einlaufen in den Hafen zu ermöglichen. Die Schiffe wurden an Kragsteine oder an kleine zylindrische Steinpoller angebunden. Die durchlöcherten Kragsteine erforderten vor dem Belegen ein Durchziehen der Tampen (Bild 65). Die Molen in den Skizzen 164 und 165 besaßen Schiffahrtsöffnungen, die Schiffen mit niederlegbaren Masten das Einlaufen in den inneren Hafen gestatteten.

Die in der Kaiserzeit erbauten Häfen Portus Romae (Skizze 173), Caesarea Palaestinae (Skizze 175), Centumcellae (Skizze 179) und Tarracina (Skizze 180) waren hervorragende Beispiele der römischen Hafenbaukunst. Die Häfen bildeten oft regelmäßige Vielecke, Rund- oder Ovalformen. Der Unterschied zwischen den Bedingungen antiker und moderner Schifffahrt wird durch die Tatsache deutlich, daß nicht etwa das Goldene Horn bei Istanbul, einer der bekanntesten Naturhäfen, als solcher für Konstantinopel dienstbar gemacht wurde, sondern kleinere Buchten (Skizze 166). Die drei antiken Häfen (A) dieses Platzes lagen, von den Stadtmauern eingefaßt, am Marmarameer (Propontis). Das Goldene Horn bot den Schiffen der damaligen Zeit nicht genügend Schutz. Die Bucht war für sie zu tief und zu groß.

Schon in republikanischer Zeit (vielleicht schon seit 42 v. u. Z.) war Forum Iulii (Fréjus, Frankreich) ein wichtiger Flottenstützpunkt, in den die in der Schlacht bei Actium (31 v. u. Z.) erbeuteten Kriegsschiffe verbracht wurden. Das Hafengebiet der Stadt lag nach Lehmann-Hartleben zwischen zwei Festungshügeln (A und B) eingebettet. Der nördliche Festungshügel (A) soll natürlichen Ursprungs und durch Terrassen ausgebaut, der südliche (B) künstlich aufgeschüttet und durch Stützmauern befestigt worden sein. Die Südmole (C) soll eine Länge von fast 550 m und eine Breite von über 5 m besessen haben. Sie ist aus Gußwerk ausgeführt und mit Steinen verkleidet. An der Südseite befand sich eine 1,20 m dicke Befestigungsmauer, so daß der eigentliche Kai nicht ganz 4 m breit war. Von diesem führte eine Rampe auf die Südfestung (B). Wo diese erreicht wurde, stand in der Umfassungsmauer der Hafenfestung ein Turm (nach Lehmann-Hartleben ein Leuchtturm) (E), der einst als Landmarke von weither sichtbar war. Ein großer Leuchtturm an dieser Stelle läßt nach Lehmann-Hartleben darauf schließen, daß sich südlich der Stadt eine Lagune befand. Wäre der Hafen, wie einige Archäologen behaupten, nur durch einen Kanal mit dem Sinus Ligusticus (Ligurisches Meer) verbunden gewesen, so wäre ein Leuchtturm an dieser Stelle ohne Sinn. Das offene Meer selbst reichte ohne Zweifel nicht bis zum Hafen, da man südlich von ihm antike Ruinen fand. Diese Tatsache ließe den Schluß zu, daß sich ähnlich wie in Narbo Martius (Narbonne) zur Zeit

Skizze 166 (nach Westermann):
Übersicht von Constantinopolis (Istanbul, Türkei)

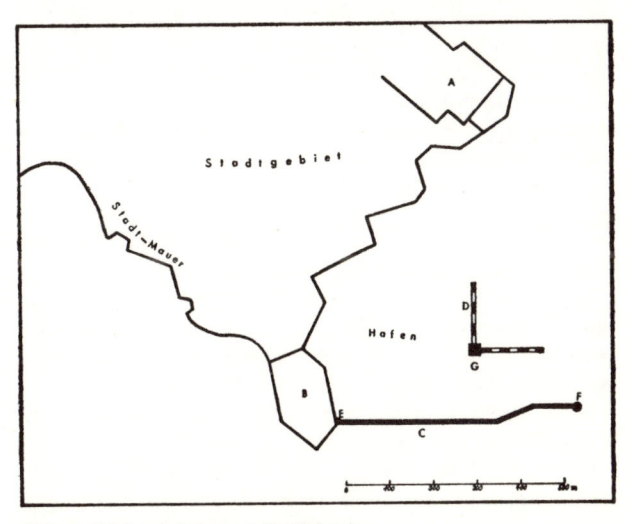

Skizze 167 (nach Lehmann-Hartleben):
Hafen Forum Iulii (Fréjus, Frankreich)

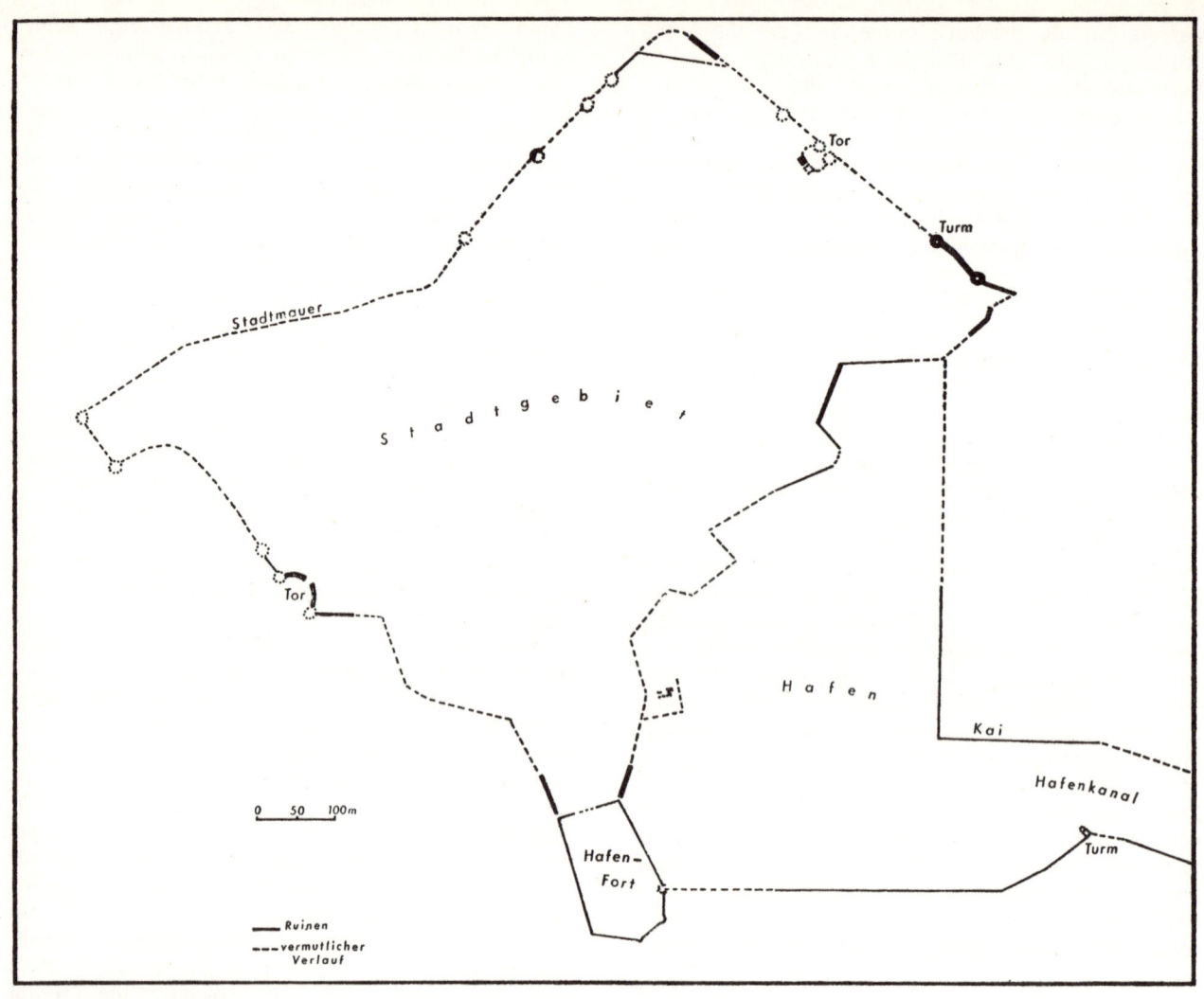

Skizze 168 (nach Février):
Hafen Forum Iulii (Fréjus, Frankreich)

der Gründung der Hafenstadt an der Argenteusmündung (L'Argens) eine Lagune befunden habe. Am Ende der Südmole (C) von Forum Iulii steht ein massiv gebauter 10,50 m hoher Turm (F) auf einem runden Postament mit sechseckigem Oberbau und pyramidenförmigem Steindach. Er kennzeichnete die 83 m breite Hafeneinfahrt. Parallel zur Südmole befand sich nördlich eine 166 m lange Bogenmole, die bei einer quadratischen Plattform (G) von 8 m Seitenlänge rechtwinklig auf die Stadt zu umbog und sich in einer Länge von 150 m mit einem 3 m breiten Kai nach Norden erstreckte (D). Auf der Plattform (G) befanden sich mehrstöckige Gewölbe, deren Fenster sich zur Südmole (C) öffneten.

Französische Archäologen kommen zu einer von Lehmann-Hartleben abweichenden Rekonstruktion. Février (vergleiche Skizze 168) ist der wohl richtigen Meinung, daß der Hafen selbst nicht künstlicher Natur war, sondern ursprünglich eine Lagune darstellte. Noch im Jahre 1774 soll die Wassertiefe 24 Fuß = ca. 7,20 m betragen haben. Die gesamte Hafenanlage sei ringsum von Land umschlossen und lediglich durch einen Kanal mit dem Meer verbunden gewesen. Der Hafen soll in republikanischer Zeit, vielleicht um das Jahr 37 v. u. Z., erbaut worden sein. Der vom Hafenfort zur Kanaleinfahrt führende Kai ist über 500 m lang, seine ihn nach Süden begrenzende Mauer in 1 bis 2 m Höhe erhalten. Er endet an seinem östlichsten Punkt in zwei halbkreisförmigen Vorbauten. Von einem Vorbau ragen die Grundmauern noch etwa 2 m hoch empor. Auf dem Fundament des zweiten Vorbaues wurde die 10 m hohe sogenannte »Laterne des Augustus« in der Neuzeit errichtet. Dieser vollmassive Turm hat also nichts mit der römischen Hafenanlage zu tun. Unmittelbar östlich von diesem Turm beginnt die südliche, 4 m hohe und 0,80 m breite Umschließungsmauer des 2,70 m breiten Kanalkais. Sie verläuft noch heute etwa 100 m geradlinig und biegt dann nach Süden ab. Der Kanal soll 50 bis 80 m breit gewesen sein. Die nordwestlich von der Kanaleinfahrt gefundenen, zunächst in Ost-West-Richtung verlaufenden, dann rechtwinklig nach Norden abbiegenden Molenreste werden von Février als eine Nordostbegrenzung des Hafens gezeigt.

Der Verfasser hält nach Besichtigung des Platzes die bei Février gezeigte Rekonstruktion und nicht die von Lehmann-Hartleben für wahrscheinlich. In einem allerdings wichtigen Detail scheint jedoch die Rekonstruktionsskizze von Lehmann-Hartleben eine größere Wahrscheinlichkeit für sich beanspruchen zu können. Nach der Auswertung einer Luftaufnahme setzte sich der Hafen über die rechtwinkligen Molenreste (D) nach Norden fort. Er besaß nach dieser Aufnahme eine unregelmäßige Form (ein weiteres Argument für die Lagunentheorie), und die rechtwinklige Mole war frei, ohne Verbindung zum Land, in den Hafen hineingebaut worden. Den Sinn dieser Anlage könnte man darin sehen, aufgelegten Kriegsschiffen und zum Leichtern festgemachten Transportern Windschutz zu gewähren.

Das Augusteische Zeitalter hielt durch Lagunen vom Meer abgetrennte Plätze für besonders geeignete Kriegshäfen. Man legte häufig den Hafen selbst in einer Lagune an und grub sodann Kanäle zum Meer oder zu benachbarten Flüssen. Einer der bedeutendsten römischen Häfen im westlichen Mittelmeer am Sinus Gallicus (Golf von Lion) war Narbo Martius (Narbonne); am Innenrand einer Lagune gelegen, führte ein mit Quadern eingefaßter 30 bis 40 m breiter Seekanal durch die Lagune zur Stadt. Auch in der Lagune selbst, außerhalb des eigentlichen Hafens, befanden sich gewaltige Säulen, die an ihrem ganzen Rund mit Eisenringen zum Festmachen der Schiffe versehen waren.

Neben Forum Iulii und Narbo Martius ist insbesondere auf die Hauptkriegshäfen Portus Iulius im Lucriner- und Avernersee sowie auf Misenum in der Lagune Mare Morto hinzuweisen (Skizze 169 und 170).

Die Seerüstung Octavians (Augustus) gegen Sextus Pompeius im Jahre 37 v. u. Z. erforderte die Anlage eines Kriegshafens, der auch zur Einübung der Flotte geeignet war. Admiral M. Vipsanius Agrippa wählte hierfür den Komplex des Lacus Avernus (Avernersee), heute Lago d'Averno, und Lacus Lucrinus (Lucrinersee), heute Maricello, nahe dem bestehenden Hafen Puteoli (Pozzuoli), aus. Beide Seen waren durch einen Kanal miteinander verbunden. Der Avernersee von mehr als 1 km Durchmesser, rundum von stark bewaldeten Bergen umgeben, bildete ein geräumiges Becken von erheblicher Tiefe, das reichlich Raum für alle Manöverzwecke bot. Die umgebenden Wälder wurden damals für den Schiffbau völlig abgeholzt. Der Lucrinersee, eine flache Nordbucht des Campanischen Golfes, war von diesem durch einen bereits zu Caesars Zeiten vorhandenen Damm mit Durchfahrt abgetrennt. Der Damm mit einer Fahrstraße hieß zunächst Via Herculanea (Herculesdamm) und wurde nach seiner Ausbesserung und Verbreiterung durch Caesar in Opus Iulium umbenannt. Die Via Herculanea bildete weiterhin den seeseitigen Abschluß. Vermutlich übertrug Agrippa von diesem Bauwerk den Namen auf den neuen Kriegshafen Portus Iulius. Drei Einfahrten, durch Brückenbogen überspannt, führten durch die Via Herculanea in den Lucrinersee. Dieser war so flach, daß die Erbauung eines Seekanals unerläßlich wurde, um durch den Landkanal in den Avernersee zu gelangen. Im Norden des Avernersees trieb man einen gewaltigen Felsentunnel durch den Monte Grillo, die heutige Grotta di Pietro la Pare, bis Cumae, um eine nordwestliche Ausfahrt zum Meer zu schaffen. Es stellte sich jedoch bald heraus, daß es schwierig war, mit den Mitteln der damaligen Zeit den Seekanal im Lucrinersee offenzuhalten. Er versandete zu schnell. So entstand der größte westliche Flottenstützpunkt der Kaiserzeit nicht hier, sondern weiter südlich in Misenum.

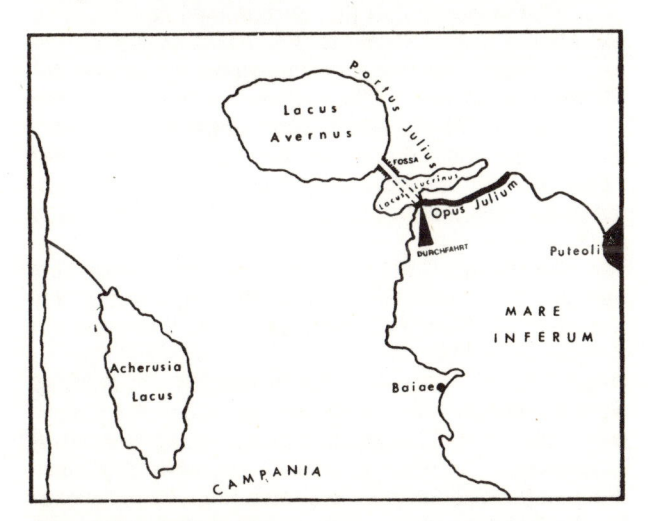

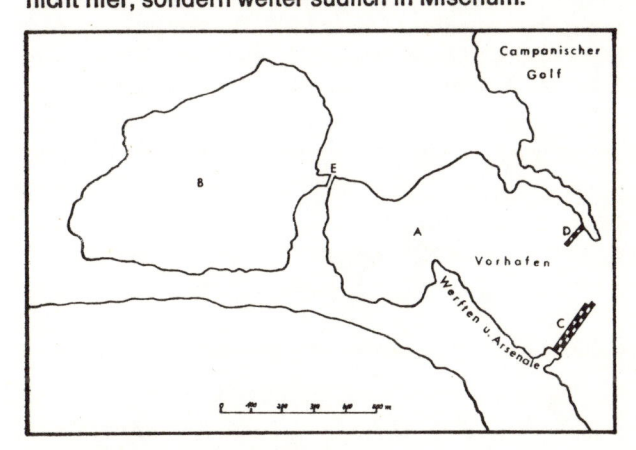

Skizze 169 (nach Kromayer):
Übersicht über Portus Iulius (am Campanischen Golf, Italien)

Skizze 170 (nach Lehmann-Hartleben):
Hafen Misenum (am Campanischen Golf, Italien)

Der Kriegshafen Misenum, benannt nach der gleichnamigen Halbinsel, die gegenüber Puteoli (Pozzuoli) den Campanischen Golf im Südosten begrenzt, wurde nur wenige Kilometer südöstlich, in den ganzen Grundzügen eng an Portus Iulius angelehnt und diesem benachbart, erbaut. Auch der Portus Misenus bestand, wie der Portus Iulius, aus zwei Hafenbecken. Die schmale, 2 km lange Halbinsel Miniscola läuft nach Südosten im Promunturium Misenum (Capo Miseno) aus. Sie begrenzt von Süden her zwei miteinander verbundene Hafenbecken (A und B). Das östliche Becken (A) ist eine Meeresbucht, das westliche, heute Mare Morto (B) genannt, eine Lagune. Zwischen beiden Hafenteilen befindet sich eine schmale Durchfahrt, die von einer Holzbrücke überspannt war. Das westliche Becken (B) war der eigentliche Hafen, das östliche (A) ein Vorhafen. Gegen das Meer war dieser Hafen durch zwei Molen (C und D) geschützt. Die Südmole (C) war eine doppelte Bogenmole. Zwei Reihen durch Bogen verbundene Pfeiler schützten den Vorhafen gegen Oststürme. Man hatte hier wie in Puteoli (Skizze 164 und 165) die inneren Pfeiler gegen die Bogenöffnungen der Außenmole versetzt, so daß ein stärkerer Windschutz gegeben war. Die Länge der Mole betrug 180 m. Auf der anderen Seite der Einfahrt befand sich, nach Westen versetzt, eine kürzere Bogenmole aus einer einfachen Pfeilerreihe (D). Dieser Teil des Vorhafens war ohnehin durch die gegebene geographische Gestalt besser gegen Nordostwinde geschützt. Über die Brücke (E), welche die Durchfahrt zwischen beiden Hafenteilen überspannte, führte die Straße nach Baiae (Bacoli). Die Länge des Gesamthafens betrug etwa 2 km, die größte Breite 500 m und die größte Tiefe etwa 14 m. Wann der Hafen erbaut wurde, ist nicht überliefert. Man vermutet, zwischen den Jahren 27 bis 15 v. u. Z. Am flachen Südufer des Vorhafens befanden sich die Werften und Arsenale. Der Flottenstützpunkt wurde losgelöst von einer städtischen Siedlung geschaffen. Ähnlich wie beim preußischen Kriegshafen Wilhelmshaven bildete sich dann später ein städtisches Gemeinwesen. Erst unter Claudius (41–54) erhielt Misenum das Stadtrecht.

Der zweite Hauptflottenstützpunkt des Römischen Reiches, Ravenna, im Osten der italischen Halbinsel, anscheinend zur gleichen Zeit erbaut wie Misenum, lag als Lagunenstadt südlich der Pomündung zwischen Sumpf und Adria, als ein »antikes Venedig«, auf Pfählen erbaut und vom Meer durchflossen. Vom Westen her war die Stadt nur über eine schmale Straße, die durch Sümpfe führte, zugänglich, also militärisch leicht zu sichern. Ein Angriff zu Lande konnte nur über die Lidostraße vorgetragen werden. Von praktischer Bedeutung war diese für einen Kriegshafen günstige Lage zur Zeit der Erbauung nicht, da das Reich befriedet war. Doch dürfte die gewählte Örtlichkeit für die Erbauer des Hafens nicht so gleichgültig gewesen sein, wie viele Autoren meinen, lag doch der Einfall der Kimbern, Teutonen und Ambronen (113–101 v. u. Z.) noch nicht so lange zurück, daß man ihn völlig vergessen hätte. Man geht sicherlich nicht fehl in der Annahme, daß Ravenna ausgewählt wurde, weil der Platz zu den Kriegsschauplätzen in den Alpen, im Alpenvorland und nördlichen Balkan für Truppen und Materialtransporte günstig lag. Die großen oberitalischen Wälder, aus denen das Holz für den Schiffsbau kam, befanden sich zudem in der Nähe. Dies war ein wichtiger Vorzug für einen Hauptflottenstützpunkt mit seinen zahlreichen Werften für Neubau und Reparatur.

Schon Octavian (Augustus) ließ dort im Jahre 38 v. u. Z. Schiffe bauen, um im Bürgerkrieg den »Seekönig« Sextus Pompeius zu bekämpfen. Besonders dieser Gesichtspunkt wurde bislang zu wenig gewürdigt. Eine Stadt mit Schiffbautradition, vorhandenen Werften, Schiffbaumeistern und Werftarbeitern war sicherlich für eine zu errichtende Flottenbasis besonders geeignet. Dieser Gesichtspunkt galt im gleichen Maße für Misenum. Dort konnte man sich die benötigten Fachkräfte vom gegenüberliegenden Ufer, aus der alten Hafenstadt Puteoli, und das Holz von den Ufern des Avernersees holen.

Der Hauptkriegshafen Ravenna wurde südlich des vorhandenen Handelshafens, als neuer selbständiger Stadtteil Classis (Flotte) benannt, erbaut. Nach dem aus byzantinischer Zeit (6. Jahrhundert) stammenden Mosaikbild in der Kirche S. Apollinare in Classe besaß der Hafen zwei Leuchttürme zu beiden Seiten der Einfahrt. Augustus ließ von dem neuen Kriegshafen einen Kanal zum Po, Fossa Augusta benannt, graben, um Kriegs- und Versorgungsschiffe bei stürmischer Adria ungefährdet den Po und seine Nebenflüsse hinaufführen zu können.

Auch Arelate (Arles) war durch einen langen Rhôneseitenkanal, wie heute wieder, mit dem Meer verbunden. Nahe der heutigen Stadt Fos, bei der der Kanal in das Meer mündete, befand sich damals ein Großhandelshafen.

Ostia war neben den Anlagen in Rom (Roma navalia) wohl der älteste römische Kriegshafen und Ausgangspunkt zahlreicher Seekriegsunternehmungen in republikanischer Zeit. Der Gedanke, den alten Flußmündungshafen Ostia zum Haupthandelshafen auszubauen, ist vermutlich nie erwogen worden. Der Hafen war für diesen Zweck völlig unzulänglich und konn-

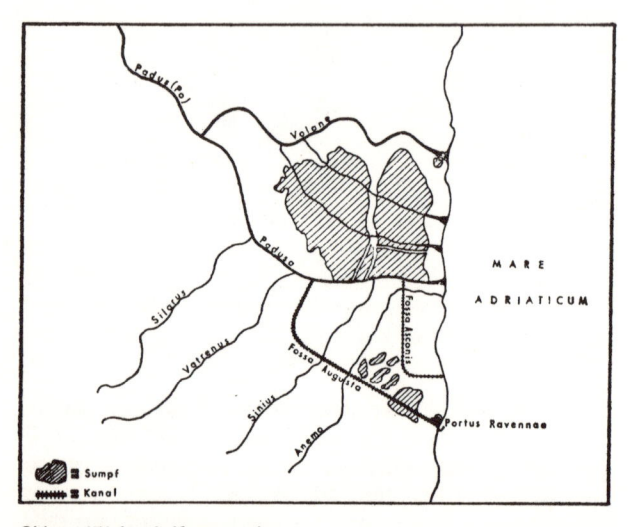

Skizze 171 (nach Kromayer):
Übersicht von Ravenna (Ravenna, Italien)

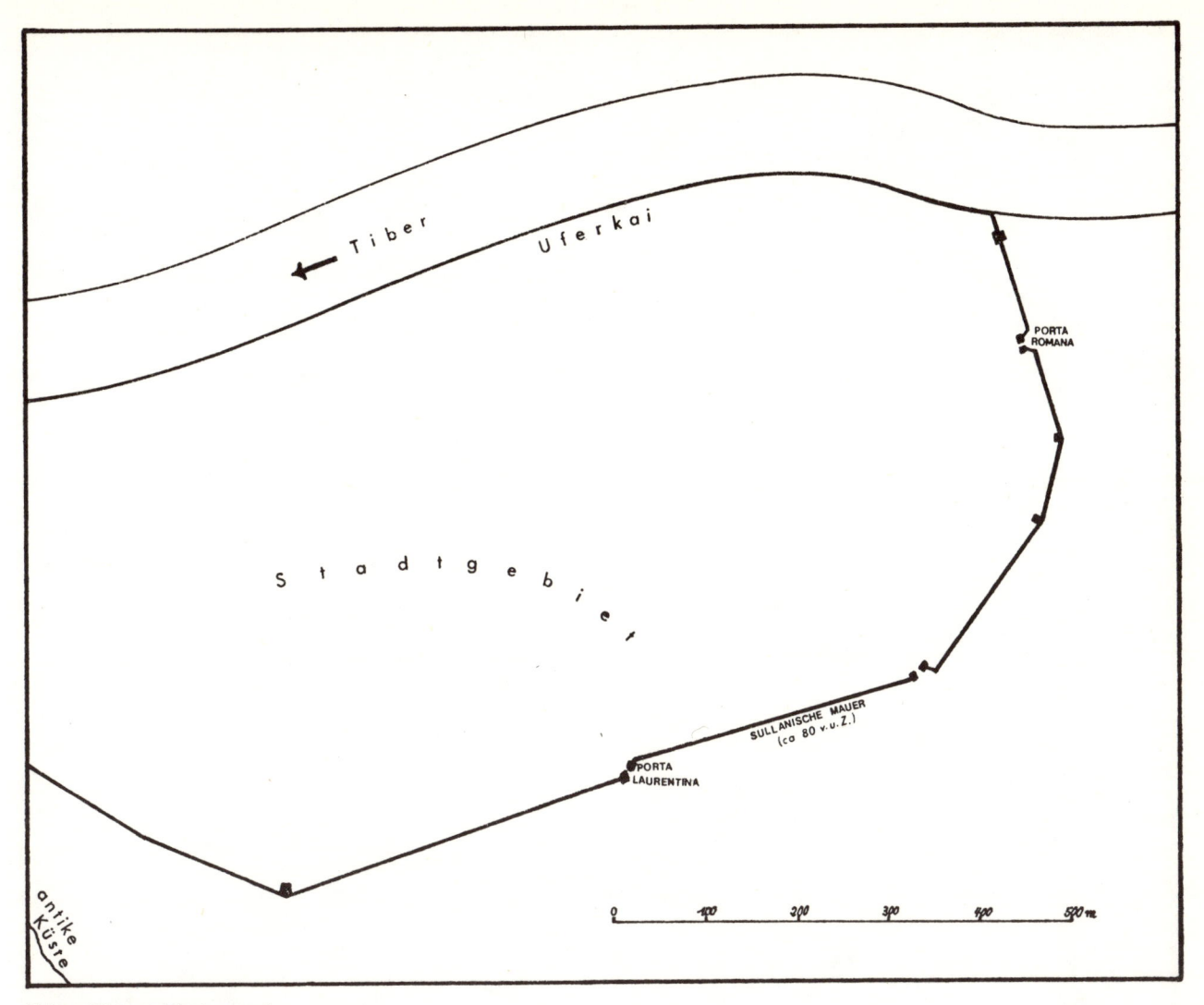

Skizze 172 (nach Westermann):
Übersicht von Ostia (Ostia Antica, Italien)

te nicht einmal den für die Metropole bestimmten Handelsverkehr abwickeln. In republikanischer Zeit wurde daher, ungeachtet der Entfernung zum Golf von Neapel, Puteoli (Pozzuoli) und nicht Ostia Haupthandelshafen Roms. In Augusteischer Zeit aber verlagerte sich der Handel zunehmend auf den Hafen von Ostia, der bald den Anforderungen nicht mehr entsprach. Die eigentliche Tibermündung blieb wegen des starken Gefälles des Flusses zwar von Schwemmassen frei, in ältester Zeit konnten sogar größere Schiffe bis nach Rom flußaufwärts segeln, doch setzten sich Geröll und Sand weiter draußen in der ursprünglich vorhandenen weiten Bucht ab und bildeten dort eine dauernd anwachsende Barre, die die Schiffahrt erheblich behinderte. Mittlere und große Frachter mußten auf der Reede geleichtert werden. Sturm und Seegang machten das Umschlagen der Ladung unmöglich oder zu einem risikoreichen Unternehmen. Daher begann Kaiser Claudius (41–54), im Jahre 42 einen neuen Hafen nördlich der Tibermündung zu bauen.

Portus Romae (Skizze 173) war im Jahre 54 fertiggestellt und bildete nunmehr mit dem alten Hafen in Ostia eine Einheit. Der neue Hafen war nördlich des Tibers gelegen und etwa 4 km von dem alten Hafen entfernt. Zum Tiber wurde eine neue Kanalverbindung hergestellt. Diese sollte dem neuen Hafen Tiberwasser zuführen, um eine Versandung zu verhindern. Das Gegenteil trat ein. Die Schwächung des Tiberlaufes beschleunigte die Versandung an seiner Mündung und damit die Untiefenbildung vor dem neuen Hafen, weil die herrschende Strömung an der Küste die Schwemmstoffe nach Norden führte. Heute liegen die Überreste von Portus Romae weit von der Küste entfernt.

Der Hafen des Kaisers Claudius hatte gewaltige Ausmaße. Er war eine Drittel engl. Quadratmeile groß. Die Hafeneinfahrt öffnete sich 206 m von Mole zu Mole. Claudius selbst erlebte die Einweihung nicht mehr, sondern sein Nachfolger Nero (54–68) übergab das Wasserbauwerk dem Verkehr. In Portus Romae wur-

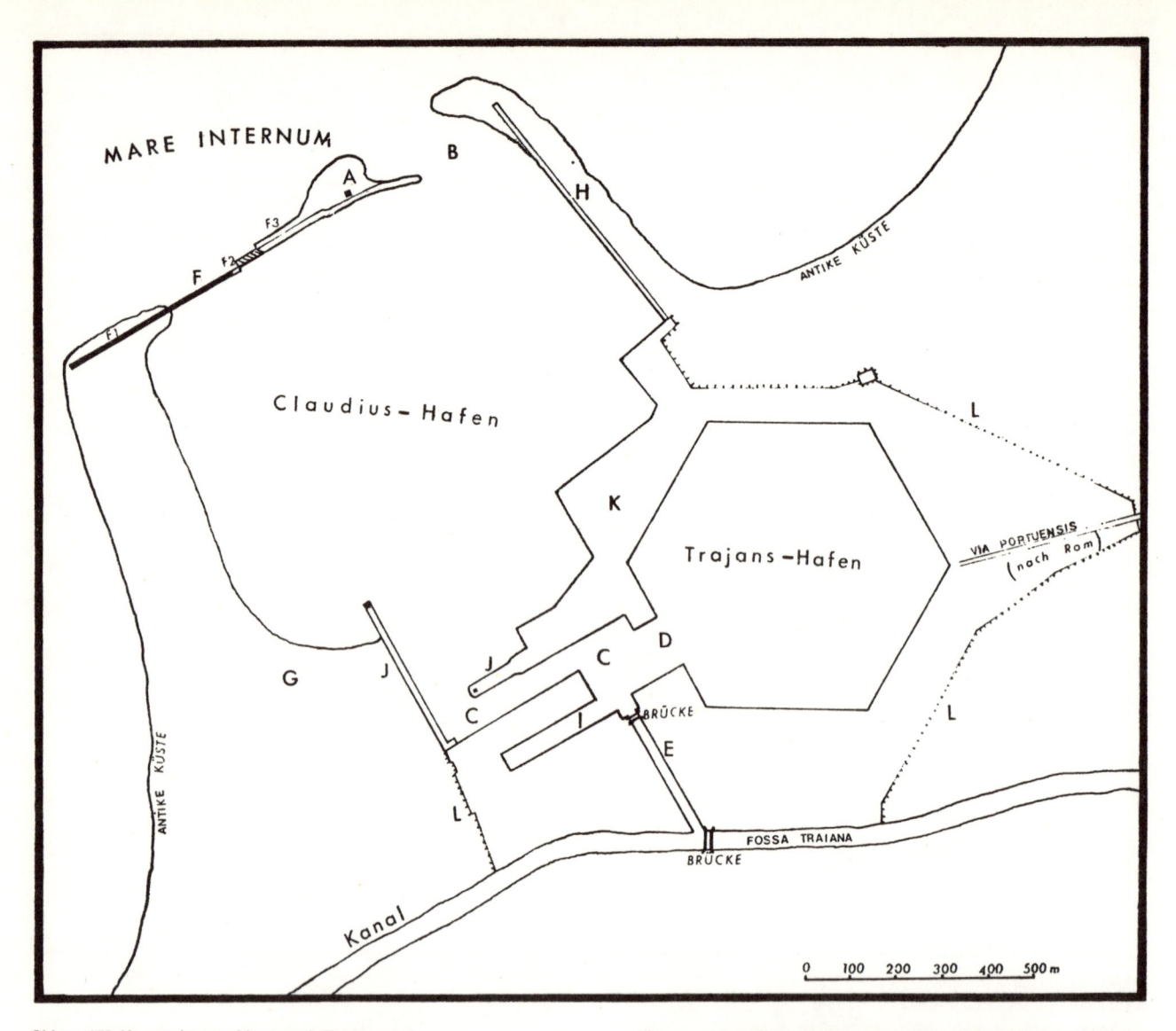

Skizze 173 (Ausgrabungsskizze nach Testaguzza):
Portus Romae (nahe Fiumicino, Italien)

- A Leuchtturm
- B Haupthafeneinfahrt
- C Vorhafen und Zugang zum Trajanshafen
- D Hafeneinfahrt zum Trajanshafen
- E Verbindungskanal (Ausfahrt) zum Trajanskanal
- F Seeseitige Mole, aus drei verschiedenen Sektionen bestehend. Diese Nordmole, deren Fundamente erhalten sind, wies eine Länge von 758 m und im ersten Abschnitt (F 1) eine Breite von 3,30 m und eine Höhe von 2,50 m auf. Im ersten Abschnitt war die Mole über eine Länge von 172 m auf festem Land gegründet worden. Sie war aus großen Travertinblöcken gefügt. Ursprünglich lief die Mole nicht ganz durch, sondern ließ zwischen dem ersten und dem zweiten Abschnitt (F 2) eine 21 m breite Öffnung frei, um die Meeresströmung in den Hafen einzulassen und so einer Versandung vorzubeugen. Auch dieser Teil war aus Travertinblöcken erbaut, aber mit Pozzuolanerde verfüllt worden. Der Molenteil F 2 hatte eine Breite von 5 m und Teil F 3 von 17 m. Beide Teile wiesen eine Gesamtlänge von 425 m auf. Stellenweise war die Mole mit Tuffsteinblöcken gepflastert und die Seeseite mit Tuffsteinplatten verblendet. Die Ausgrabungen haben gezeigt, daß der natürliche Beton für die Molenfundamente in Holzverschalungen geschüttet oder versenkte Schiffe als Caissons für die Aufnahme des Betons verwendet wurden
- G Vermutete zweite Seeverbindung zum Claudiushafen, die ursprünglich mit Hilfe der Küstenströmung den Haupthafen vor der Versandung schützen sollte
- H Nordostmole, in der Antike auch rechte Mole genannt (Länge 600 m, Minimalbreite 12 m)
- I Rechteckiges Hafenbecken von 235 mal 45 m, das vermutlich zu einer Schiffswerft gehörte
- J Molen mit Leuchtfeuern
- K Kaiserpalast
- L Constantinische landseitige Hafenmauer. Zur Zeit Kaiser Constantins (325–337) trug der Hafen den Namen Civitas Constantiniana. Er wurde aber landläufig auch weiterhin mit Portus Urbis Romae bezeichnet

den zur Zeit Kaiser Neros jährlich annähernd eine halbe Million Tonnen Getreide umgeschlagen. Durch die Größe der von den Molen umschlossenen Wasserfläche konnte der Hafen für die Schiffe der damaligen Zeit bei einem Unwetter keinen wirksamen Schutz bieten. So sind im Jahre 62 durch einen Sturm 200 dort liegende Schiffe mit Ladung gesunken.

Kaiser Trajan (98–117) ließ daher in den Jahren 100 bis 112 den Portus Romae durch einen weiter landeinwärts gelegenen kleineren Hafen, Portus Traiani genannt, erweitern. Der in einem regelmäßigen Sechseck ausgeführte Hafenbau, bei dem jede Seite des Hexagons etwa 377 m lang war, umschloß eine Wasserfläche von einer Achtel engl. Quadratmeile. Das Hafenbecken war ganz von massiven, 12 m breiten Kais eingefaßt. Die Einfahrt hatte eine Breite von 118 m. Die Wassertiefe betrug 4 bis 5 m. Der Boden des Beckens soll aus Gußwerk mit Pozzuolanmörtel hergestellt worden sein. Zweistöckige Lagerhäuser, Verwaltungsgebäude, Tempel, Magazine, Säulenhallen, Bäder und Märkte umgaben den Hafen. Gleichzeitig mit dem Trajanshafen wurde ein Kanal zum Tiber gegraben, Fossa Traiana genannt, der heute noch als schiffbarer Wasserweg existiert und zur Stadt Fiumicino führt. In römischer Zeit wurden für die Hauptstadt bestimmte Frachter im Trajanshafen auf Flußschiffe umgeladen und über diesen Kanal und den Tiber nach Rom verschifft.

Portus Urbis Romae wurde bis in das 6. Jahrhundert hinein voll genutzt. In den Gotischen Kriegen (535 bis 553) wechselte der Hafen mehrmals den Besitz zwischen der oströmischen Flotte unter Belisar und den gotischen Seestreitkräften unter den Königen Witichis und Totila. Nach dieser Zeit scheint der Hafen mit dem Niedergang des römischen Seehandels langsam verfallen zu sein.

Das von Alexander d. Gr. im Hafen von Alexandria (Skizze 174) erbaute etwa 1 km lange Heptastadion besaß zwei Schiffahrtsöffnungen.

Der vom Kibotos-Hafen zum am Mareotis-See gelegenen Binnenhafen führende Kanal verband das Mittelmeer über einen weiteren Kanal mit dem westlichsten Nilarm. Über die Verzweigungen des Nildeltas und den Kanal vom östlichsten Nilarm zum Roten Meer konnten seit dem Ende des 1. Jahrhunderts Kriegs- und Handelsschiffe in den Indischen Ozean gelangen.

Der Hafen von Alexandria (Ägypten) besaß einen Leuchtturm, über den wir durch Münzbilder und schriftliche Überlieferung ausführlich unterrichtet sind. Dieses nautische Feuer war zugleich das berühmteste und bedeutendste des Altertums. Der Turm zählte zu den sieben Weltwundern der Antike. Die flache Küste bei Alexandria bietet, wie jeder weiß, der diesen Hafen in unserer Zeit einmal angelaufen hat, keine natürlichen Ansteuerungsmarken. Die Befeuerung war daher schon in antiker Zeit eine Notwendigkeit. Die Insel Pharos wurde 299 v. u. Z. ausersehen, den Leuchtturm zu tragen. 279 v. u. Z. war der gewaltige Bau vollendet. Zunächst vermutlich nur als Tagzeichen gedacht, wurde er jedoch später mit einem Leuchtfeuer versehen. Der früheste Beleg über die Befeuerung des Turmes stammt aus dem 1. Jahrh.

Der Leuchtturm (pharus) wurde nach der Insel, die ihn trug, Pharos von Alexandria genannt. Er bestand aus einem quadratischen Turm mit drei großdimensionierten Stockwerken. Das erste Stockwerk, aus massivem Mauerwerk bestehend, hatte nach den Maßen, die der Araber Jusuf Ibn as Saih im Jahre 1165

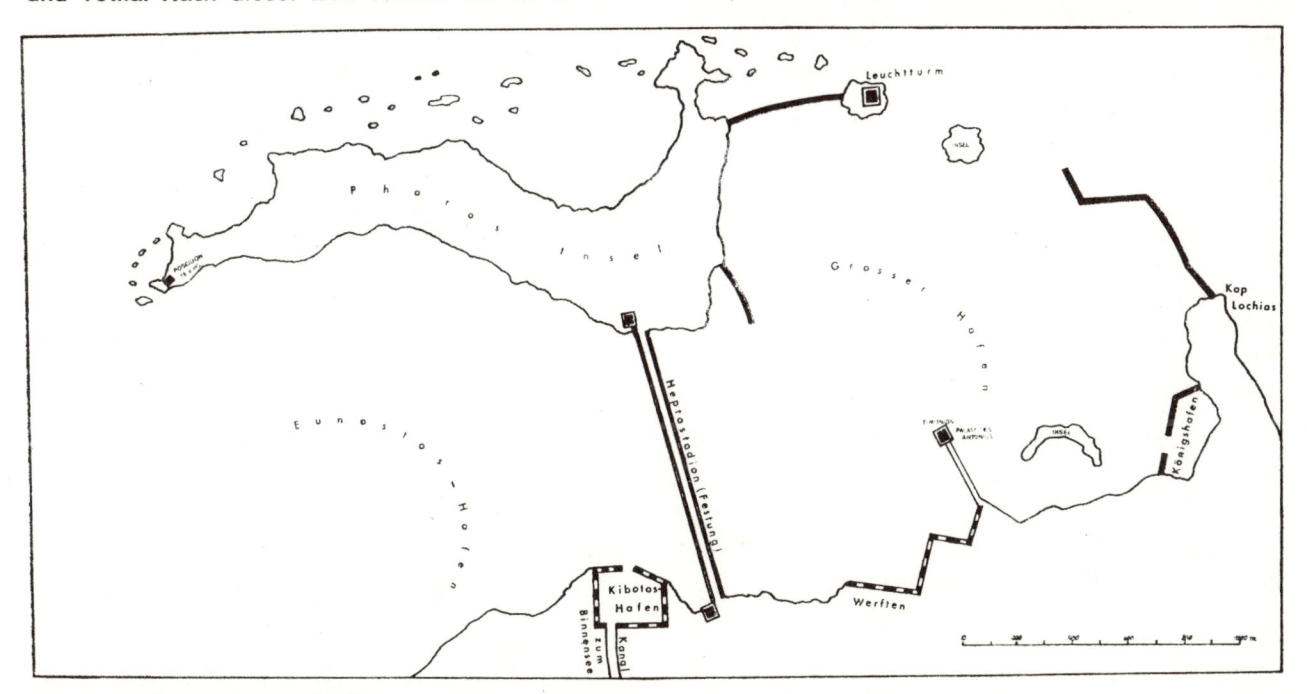

Skizze 174 (nach Lehmann-Hartleben):
Hafen Alexandria (Ägypten), Hauptstützpunkt der Alexandrinischen Provinzialflotte

267

gab, eine Höhe von 71,3 m. Das zweite Stockwerk besaß einen achteckigen Grundriß. Das dritte war zylinderförmig ausgebildet und trug die Laterne. Die Gesamthöhe des Turmes betrug nach Jusuf Ibn as Saih 135,7 m. Der Eingang zum Turm lag auf der dem Lande zugewandten Seite 15 m über dem Wasserspiegel und war über eine Rampe zugänglich. Die Rampe zog sich innerhalb des Turmes in sanften Windungen durch zwei Stockwerke empor und soll infolge ihrer geringen Steigung auch für Lasttiere benutzbar gewesen sein. Die Feuerstelle war überdacht und dadurch witterungsgeschützt. Die Sichtbarkeit des Feuers betrug 20 Seemeilen. Es muß also eine Laterne vorhanden gewesen sein, die in sich einen sehr fortgeschrittenen Beleuchtungsapparat darstellte. Ein offenes Pech-, Öl- oder Holzfeuer wäre auch bei Berücksichtigung der günstigen Sichtverhältnisse im östlichen Mittelmeer bestenfalls auf 6 bis 7 Seemeilen erkennbar gewesen. Der Leuchtturm, nach Erdbeben wiederholt ausgebessert, erfüllte seine Aufgabe bis zum Jahre 1300. Bald danach stürzte er plötzlich ein.

Ein Leuchtturm, dessen ursprüngliche Form noch recht gut erhalten ist, steht in Dover Castle/G. B. Er dürfte wohl das älteste Bauwerk Großbritanniens aus dieser Epoche sein.

Das Feuer wies des Nachts den römischen Schiffen, die von Gallien nach Portus Dubris (Dover) versegelten, den Weg. Der Turm besaß einen oktagonalen Grundriß mit viereckigem Innenausbau. In acht Stufen, die jeweils um ca. 30 cm eingerückt waren, erhob er sich bis zu einer Höhe von 24 m über dem Kreidefelsen von Dover. Ursprünglich bestand das Baumaterial aus durch Ziegellagen gefestigtem Feuersteinbruch. Die senkrechte Fassade war einstmals mit Kalktuffquadern verkleidet. Seine Mauerstärke erreichte 3,65 m. Der Leuchtturm wurde vermutlich kurz nach der römischen Hauptinvasion des Jahres 43 erbaut. In späterer Zeit erneuerte und ergänzte man den oberen Teil des Turmes. Auch auf dem gegenüberliegenden Ufer des Kanals stand noch im 16. Jahrhundert das römische Leuchtfeuer der Hauptbasis der Britannischen Flotte am Hafen des alten Gesoriacum (Boulogne/Frankreich). Der von Caligula (37–41) errichtete Leuchtturm erhob sich mehr als 100 m über dem Erdboden.

Wenn hier beispielhaft nur zwei Leuchtfeuer vorgestellt werden, so bedarf es doch des Hinweises, daß alle römischen Häfen von einiger Bedeutung einen pharus besaßen (vergleiche auch Bild 23, 56 rechts, 60, 62, 65 und 68 links).

Caesarea Palaestinae (nahe Hadera, Israel) war ein wichtiger Stützpunkt der Syrischen Flotte. Die Molen waren aus riesigen Felsblöcken geschüttet. Die Breite betrug ca. 60 m, wovon die äußere Hälfte als Wellenbrecher diente. Auf der inneren Hälfte war eine Festungsmauer mit Türmen errichtet. Unter den Türmen ragte der Drususturm durch Größe und Schönheit seiner Architektur hervor. Vermutlich diente er als Leuchtturm. Sein Standort ist unbekannt. Die nörd-

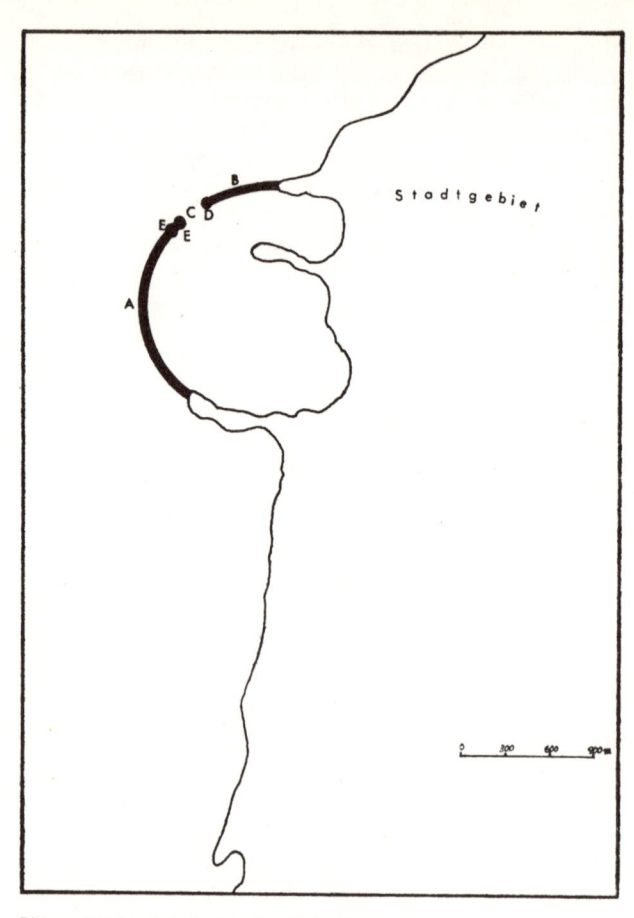

Skizze 175 (nach Lehmann-Hartleben):
Hafen Caesarea Palaestinae (nahe Hadera, Israel)

liche Mole (B) besaß als Abschluß zur Hafeneinfahrt (C) einen großen Turm (D), die Südmole (A) zur Hafeneinfahrt zwei Türme (E). Alle drei Türme waren mit Kolossalstatuen von vermutlich 15 m Höhe geschmückt. Auf den Molen zur Innenseite befanden sich gewölbte Bauwerke. Die äußerste Innenseite war als Kai ausgebildet.

Seit dem 1. Jahrhundert v. u. Z. war Trapezus Ausgangspunkt der römischen Heerstraße nach Armenien, seit etwa dem Jahre 54 Hauptstützpunkt der Pontischen Flotte. Der Hafen (Skizze 176) war eine Schöpfung Kaiser Hadrians (117–138). Er nahm die ganze Breite vor dem trapezförmigen Hügel ein, dem die Stadt ihren Namen verdankt. Die Uferstrecke des Hafens betrug etwa 300 m (A). Der Hafen hatte vom Ufer bis zur Außenmole einen Durchmesser von 150 m. Die gefährlichsten Stürme an dieser Küste kamen von Nordwest und Nordnordwest. Daher befand sich die 70 m breite Hafeneinfahrt (B) im Nordosten. Die Gesamtanlage ähnelt sehr der von Caesarea Palaestinae.

Antium (Anzio) war ein Nebenstützpunkt der Misenischen Flotte. Am Tyrrhenischen Meer gelegen, schon in volkischer Zeit eine alte Seestadt, besaß sie damals keinen eigentlichen Hafen. Es gab jedoch bereits im

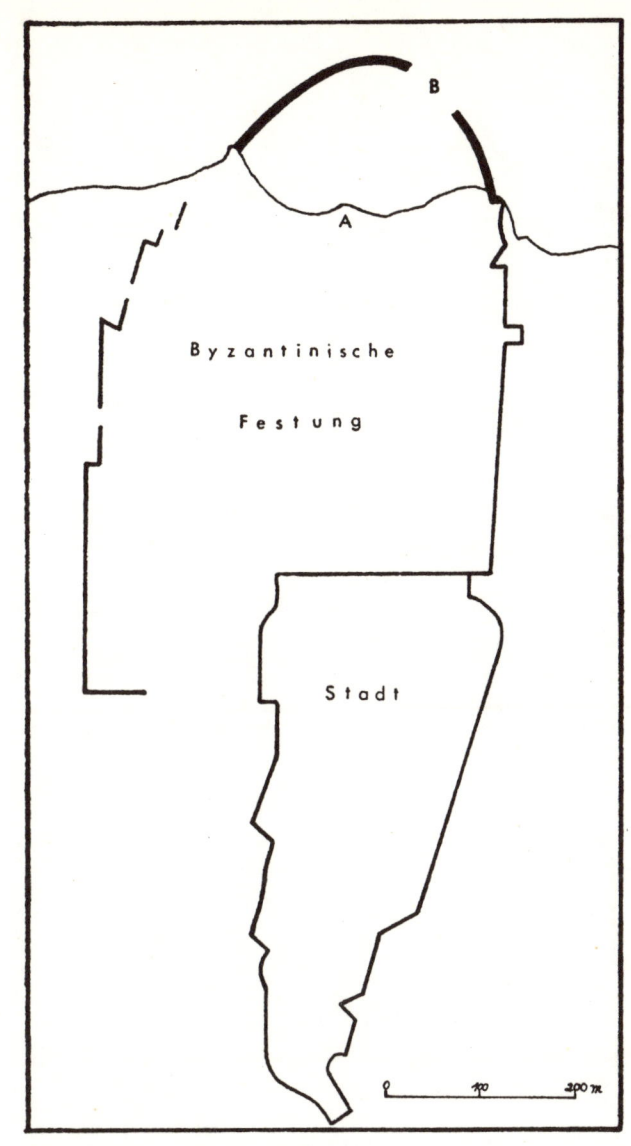

Skizze 176 (nach Lehmann-Hartleben):
Hafen Trapezus (Trabzon, Türkei)

Pius (138–161) war auch dieser Platz ein Nebenstützpunkt der Misenischen Flotte am Golf von Gaeta. Schon als die Via Appia, eine der berühmtesten Straßen des römischen Imperiums, von Rom in gerader Linie ohne Rücksicht auf Geländeschwierigkeiten, selbst durch die malariaverseuchten Pontinischen Sümpfe, im Jahre 312 v. u. Z. fertiggestellt wurde, führte sie nach Tarracina. Damit war dieser Seeplatz auf 90 km Entfernung an die Metropole herangerückt. Die Militärstraße erhöhte die Bedeutung der Stadt beträchtlich. Die Molen (B und C) hatten eine Gesamtlänge von fast 1200 m (siehe Skizzen 180 und 181). Am Ende der Nordmole (C) befand sich ein Leuchtturm (F). Molen und Kais umschlossen ein geräumiges Hafenbecken. Die im Osten gelegene Haupteinfahrt (D) hatte eine Breite von etwa 100 m. Die Molen waren auf einer Schüttung von Felsblöcken fundiert und bestanden darüber aus Tuffsteinen. Sie waren 19 bis 20 m breit. Die als Kurve gebaute Südmole (B) hatte gegen das Meer eine Böschung von 45°. Am Ansatz der Südmole befand sich ein 1,10 m breiter überbrückter Kanal (E). Der Hafenkai (A) war 4,15 m breit. Sein Pflaster bestand aus zum Hafenbecken hin leicht geneigten Kalksteinplatten.

Mit 6 m Abstand waren in den Kai (a) kleine, unter dem Kainiveau liegende Anlegestellen (b) eingeschnitten, zu denen von beiden Seiten Rampen (c) hinabführten. Zwischen den Rampen befanden sich 80 cm hohe und 60 cm breite Festmachersteine (d)

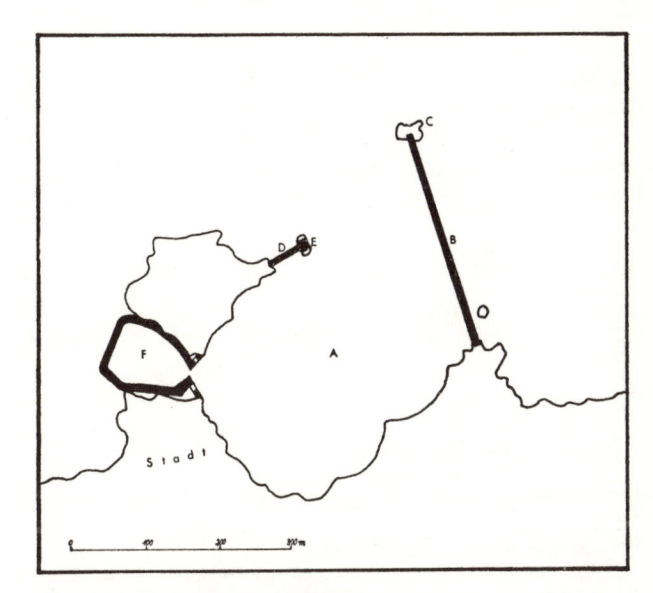

3. Jahrhundert v. u. Z. einen besonderen Anlegeplatz mit Schiffshäusern. Man slipte die Schiffe wegen der starken Brandung an diesem Teil der Küste auf. Unter Kaiser Nero (54–68) wurde westlich des Kaps ein Hafen erbaut, der etwa 60 Hektar groß war und somit dem Claudiushafen im Portus Romae an Größe nur wenig nachstand. Allerdings wurde die Hafenanlage, abweichend vom Portus Romae, in einer unregelmäßigen Form gebaut, die ausschließlich von technischen Überlegungen bestimmt war (siehe Skizze 178).

Ein weiterer Nebenstützpunkt der Misenischen und Ravennatischen Flotte war Centumcellae (Civitavecchia) am Tyrrhenischen Meer (siehe Skizze 179). Der Hafen wurde von Kaiser Trajan (98–117) erbaut.

Nach Wiederherstellung und Ausbau der alten, von Kaiser Trajan (98–117) erbauten Hafenanlagen der Stadt Tarracina (Terracina) durch Kaiser Antonius

Skizze 177 (nach Lehmann-Hartleben):
Hafen Caesarea Mauretaniae (Cherchell, Algerien)
Hauptstützpunkt der Mauretanischen Flotte

A Handelshafen
B Lange Mole, Länge 300 m
C Natürliche Insel
D Kurze Mole, auf einem Riff endend
E Hafenfort
F Kriegshafen, Einfahrt 15 m breit, sonst ganz von Molen mit Kais umschlossen

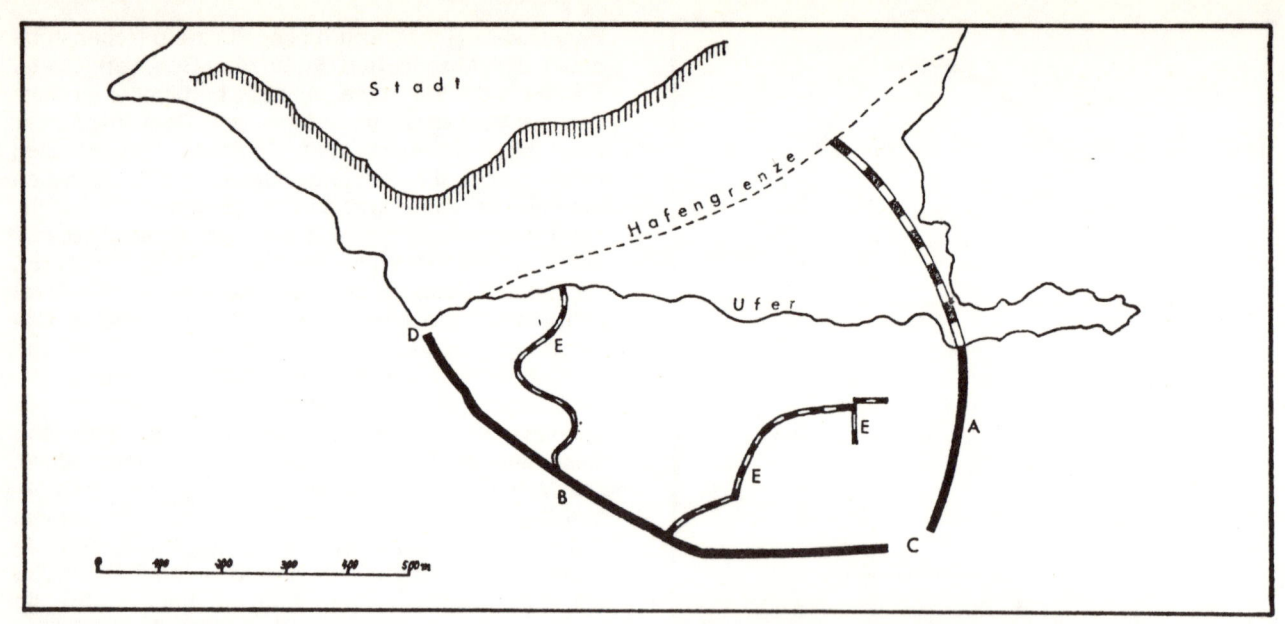

Skizze 178 (nach Lehmann-Hartleben):
Hafen Antium (Anzio, Italien)

A Ostmole, nördlicher Teil als Bogenmole auf dem Lande verlaufend, südlicher Teil als Vollgußmole hergestellt, Länge etwa 750 m, Breite etwa 10 m

B Die Südmole war voll gegossen, etwa 850 m lang und 10 m breit. Sie hatte mehrere Durchlässe für kleine Fahrzeuge
C Östliche Hafeneinfahrt, Breite etwa 60 m
D Westliche Hafeneinfahrt, Breite etwa 13 m
E Bogenmolen, die verschiedene Hafenabschnitte unterteilten und den Windschutz verstärken sollten

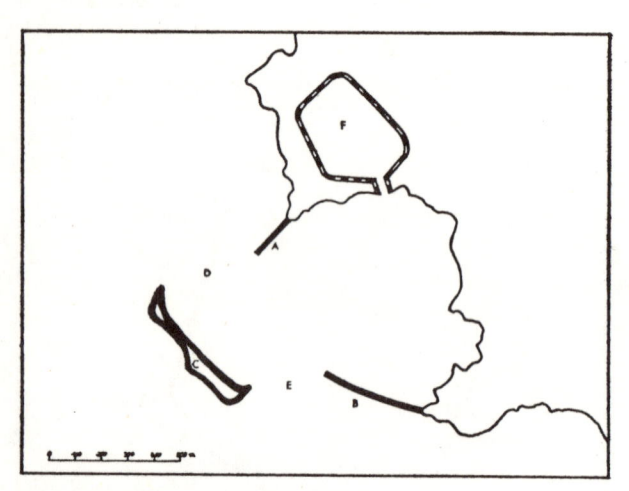

Skizze 179 (nach Lehmann-Hartleben):
Hafen Centumcellae (Civitavecchia, Italien)

A Nordmole
B Südmole von etwa 400 m Länge
C Künstliche Insel als Wellenbrecher, aus Felsblöcken geschüttet, mit einem Oberbau aus Pozzuolangußwerk
D Nördliche Hafeneinfahrt
E Südliche Hafeneinfahrt
F Kriegshafen

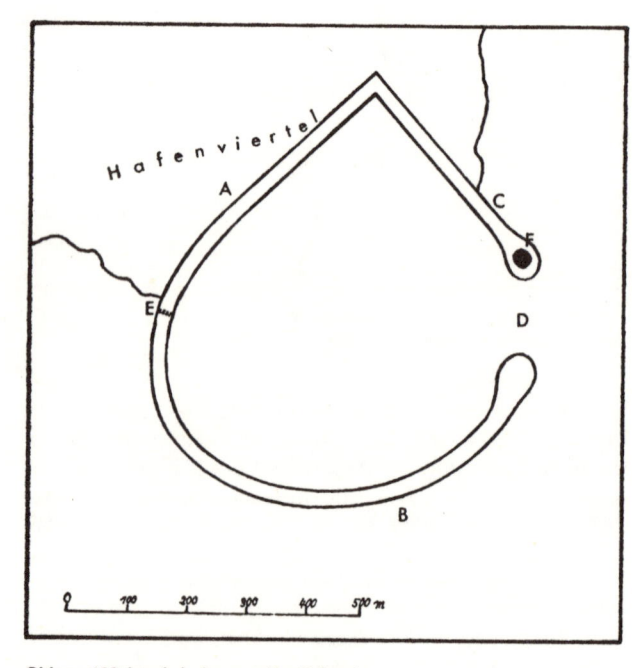

Skizze 180 (nach Lehmann-Hartleben):
Hafen Tarracina (Terracina, Italien)

Skizze 181 (nach Lehmann-Hartleben):
Hafenkai in Tarracina

als Poller, in deren Mitte sich eine horizontale Bohrung (e) von 20 cm Durchmesser zum Festbinden der Schiffe befand. Die Plattformen, auf denen sie standen, lagen etwa 1,60 m über dem Wasserspiegel. Die Anlegestellen unter Einschluß der Rampen hatten jeweils eine Länge von 16 m. Der obere Kai (a) lag etwa 2,70 m über dem Meer. Hinter dem Kai befand sich ein Säulengang (f), der sich auf der Nordmole (C) und der Südmole (B) (Skizze 180) bis zu deren südlichsten Punkten fortsetzte. Dort befand sich ein nach Osten geöffneter zweistöckiger Torbau, aus dessen Innerem man durch eine Treppe auf den Säulengang gelangen konnte. Hinter dem Säulengang befanden sich Lager- und Büroräume.

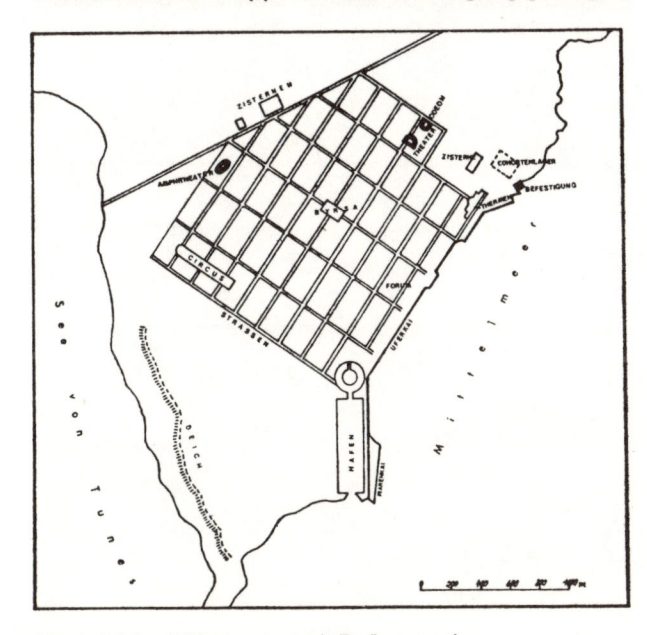

Nach dem römischen Wiederaufbau Carthagos unter Caesar 44 v. u. Z. und dem weiteren Ausbau unter Octavian (Augustus) 44 bis 29 v. u. Z. wurde dieser strategisch so exponierte Platz aufgrund seiner geographischen Lage ein Nebenstützpunkt der Misenischen Hauptflotte. Auf der mitten im Kriegshafen (B), der für etwa 200 Schiffe gebaut war, durch einen Damm oder eine Brücke (F) mit dem Festland verbundenen Insel (D) befanden sich Verwaltungsgebäude; in punischer Zeit die karthagische Admiralität. Um das Rund des Kriegshafens, dessen Durchmesser etwa 325 m betrug, gruppierten sich vor der Zerstörung Karthagos die von den Römern nicht wieder errichteten 200 Schiffshäuser (C), in denen nach Appian einstmals punische Kriegsschiffe zur Überholung und

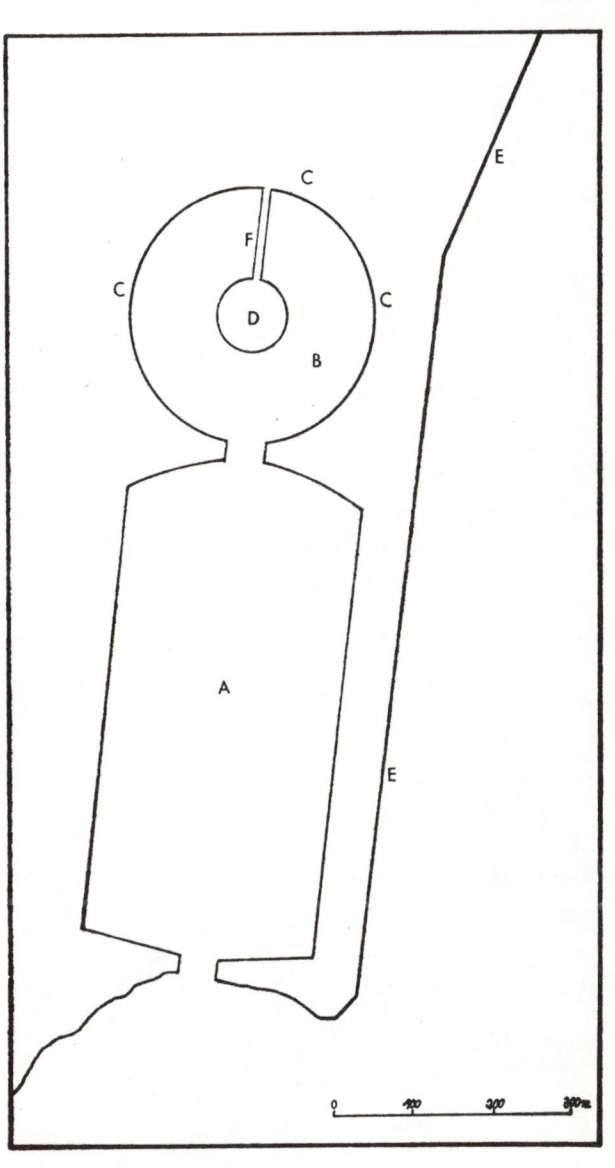

Skizze 182 (nach Westermann mit Ergänzungen):
Übersicht von Carthago im Jahre 160

Skizze 183 (nach Lehmann-Hartleben):
Hafen Karthago (Quârtag, Tunesien) um 200 v. u. Z.

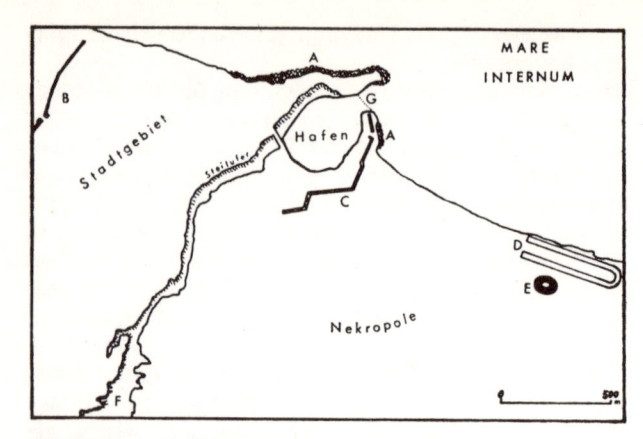

Skizze 184 (nach Sichtermann):
Ausgrabungsübersicht von Leptis Magna (Libyen)

A Steinblöcke als Wellenbrecher
B Römische Stadtmauern
C Byzantinische Mauern
D Zirkus
E Amphitheater
F Wadi Lebda
G Heutige Küstenlinie

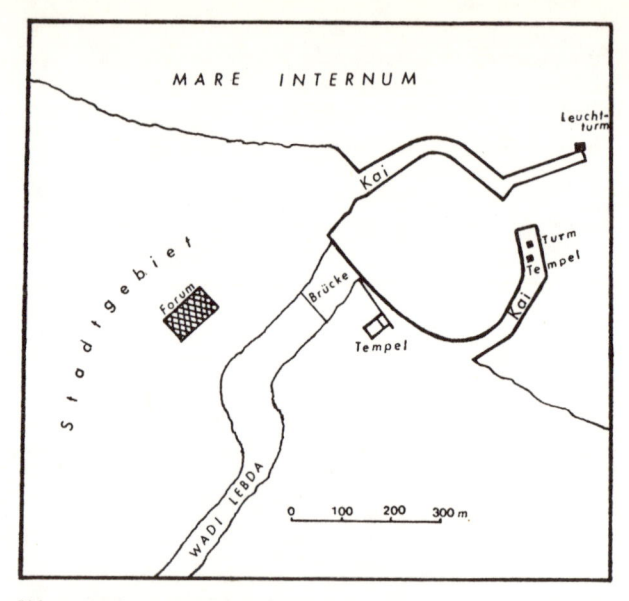

Skizze 185 (nach Ward-Perkins):
Detailskizze der Hafenanlage von Leptis Magna

Rekonstruktionszeichnung des römischen Hafens Leptis Magna in Afrika (Aussehen gegen Ende des 2. Jahrhunderts) von A. Carpiceci nach Bartoccini   Reproduktion: H. Sichtermann, Rom

Konservierung aufgeslipt lagen. Vor dem Kriegshafen lag der etwa 500 m lange und 300 m breite Handelshafen (A), durch seine nahezu rechteckige Form betont abgehoben. Die Kaimauer (E), direkt am Mittelmeer, erstreckte sich über mehrere Kilometer am Fuße der Stadt. Auch auf dem hohen Felsenhügel, dem früheren Burgfelsen, punisch Byrsa, heute Boschra genannt, der sich nordwestlich hinter dem Kriegshafen erhebt, befanden sich in römischer Zeit Waffen und Vorratslager der Flotte (Skizzen 182 und 183).

Leptis Magna war wie Carthago Nebenstützpunkt der Misenischen Hauptflotte. Der Hafen (siehe S. 272) diente jedoch überwiegend Handelszwecken. Die wesentlichsten Teile wurden erst im 2. und 3. Jahrhundert erbaut.

Das Hafenbecken nahm eine Fläche von 102 000 qm ein. Die Länge der steinernen Hafenkaje betrug 1 200 m, die Öffnung der Hafeneinfahrt 80 m.

Eine der architektonisch schönsten Hafenanlagen der römischen Kaiserzeit befand sich in Pompeiupolis in Cilicia (Kilikien) gegenüber der Insel Zypern in der heutigen Türkei. Als Nebenstützpunkt der Syrischen Flotte, in der Hauptsache jedoch Handelszwecken dienend, war der Hafen Teil einer einheitlichen Stadtgestaltung. Von Nord nach Süd führte quer durch die Stadt eine monumentale Säulenstraße (A) direkt auf den Hafen zu. Die Straße entsprach mit ihrer Länge von 450 m fast genau der Nord-Süd-Länge des Hafens, dessen Breite etwa 178 m betrug. Der nördliche Teil des Hafens war aus dem Land herausgegraben worden. Eine Hafentreppe (B) führte hinab zum Wasser. Die übrige Anlage war in Form von Molen (C) und Bogenmolen (D) frei in das Meer hinausgebaut. Die Haupthafeneinfahrt (E) lag genau im Süden. Einlaufenden Schiffen bot sich so ein prächtiges Bild der Stadt mit Forum (F), Hafentreppe (B) und der gewaltigen Säulenstraße (A). Die Molen waren zugleich Kai und Fortsetzung der Stadtmauer. Ihre Breite betrug

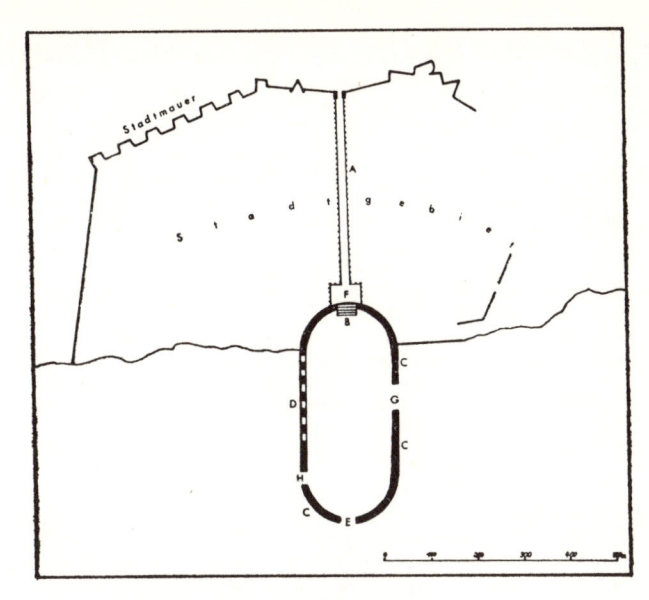

Skizze 186 (nach Lehmann-Hartleben):
Hafen Pompeiupolis (nahe Mersin, Türkei)

16 m bei einer Höhe von 2 m über dem Wasserspiegel. Alle gegossenen Molen waren mit Kalksteinquadern abgefüttert und öffneten sich nach Westen und Osten für Nebeneinfahrten (G und H).

Die Hafenanlagen der römischen Kaiserzeit stellten sich als architektonische Willensäußerung ebenbürtig neben Brückenbauten und Wasserleitungen. Die absolute Beherrschung der Konstruktion erlaubte den Römern, monumental wirkende Bauten zu errichten. Steinerne Molen, auch in Form der Bogenmole, künstliche Inseln und Wellenbrecher wurden ohne Rücksicht auf die natürliche Beschaffenheit des Platzes dort und so in das Meer gebaut, wie es der Zweck der Anlage erforderte.

Erklärung der seemännischen Ausdrücke

abbringen: Ein Schiff von einer Untiefe wegschleppen oder seine Befreiung durch eigene Kraft.

abfahren: Hinunterführen, abwärts führen. Z. B., eine Leine fährt von der Rah zum Heck ab.

ablegen: Ein Schiff verläßt seinen Liegeplatz am Kai.

abstagen: Der Mast wird durch ein starkes Tau nach vorn und hinten abgestützt = abgestagt

abwettern: Einen Sturm mit seinen Sturmseen durchstehen.

Achterdeck n.: Der hintere Teil des Decks vom Großmast an. Auf dem Achterdeck war bei antiken Schiffen die Kommandobrücke. Es war der vornehmste Teil des Schiffes.

achtern: Hinten bei allen Teilen eines Schiffes.

Achterschiff n.: Hinterer Teil des Schiffes vom Großmast an. Mit dem Achterschiff wurde grundsätzlich angelegt (auch heute noch im Mittelmeer häufig zu beobachten). Landete man am offenen Strand, so konnten die beiden Ruder mit Sorgleinen angehievt werden. Die Schiffe wurden achterlich mit besonders starken Leinen festgemacht. Am Bug hielten die ausgeworfenen Anker und die Ankerkabel das Schiff fest.

Achtersteven m.: Der hintere Steven eines Schiffes, ein Bauteil, der das Fahrzeug nach hinten abschließt.

Akrostolion n.: Die Vorstevenzier antiker Schiffe.

anhieven: Hochheben, anheben, hochziehen, auch aufhieven genannt.

Anker m.: Hakenartiges Ausrüstungsstück des Schiffes zum Eingreifen in den Grund, um das Schiff gegen Strom, Wind oder See festzuhalten. Man unterscheidet am Anker den losen oder festen Stock, den Schaft, die Arme oder Flunken, welche quer zum Stock stehen, und die an den Enden der Arme befindlichen Ankerhände oder Klauen zum Eingreifen in den Grund. Außerdem besaßen antike Anker z. T. noch einen Ring oberhalb des Stockes zum Einbinden des Ankerkabels und einen Ring in der Mitte der Ankerarme zum Einbinden des Bojereeps. Bei hölzernen Ankern befand sich zwischen den Ankerarmen ein bleiernes Verbindungsstück.

Ankerboje f.: Ein zumeist aus Kork bestehender, weiß oder rot eingefärbter Markierungsschwimmkörper, der bei den Römern die Lage des geworfenen Ankers kennzeichnete. Die Ankerboje war durch das Bojereep mit dem unteren Teil des Ankers verbunden.

Ankerkabel n.: Landläufig das Ankertau oder die Ankertrosse.

Ankerspill n.: Eine zumeist auf der Back befindliche Winde, mit der die Anker an ihren Kabeln eingehievt wurden. Die Römer kannten keine Ankerketten. Die Spillachse steht beim Gangspill senkrecht und liegt waagerecht beim Bratspill.

Ankerstock m.: Bei den Römern aus Eisen oder zumeist aus Blei bestehender oberer Ankerteil, der stets quer zu den Ankerarmen mit dem Ankerschaft fest verbunden oder lose in diesen eingesteckt und befestigt werden konnte. Seine Aufgabe war, den Anker zu kanten, damit die Ankerarme mit den Klauen in den Meeresboden eingriffen.

Anlegestelle f.: Für Schiffe vorgesehener Platz an einem Kai, einer Mole oder Brücke. Die Anlegestelle besitzt Einrichtungen zum Festmachen der Schiffe, zum Beispiel Kragsteine und Poller.

anpickern: Annageln, anbolzen.

anschlagen: Anhängen, festmachen, festbinden, befestigen. Z. B., ein Segel wird an der Rah, dem Mast oder einem Baum befestigt = angeschlagen.

anstecken: Festmachen, festbinden, einbinden, befestigen (z. B. einer Leine oder eines Kabels).

anstroppen: Einen Block oder etwas anderes mit einem Ring oder einer Schlinge aus Tauwerk versehen.

Aphlaston n.: Heckzier antiker Schiffe, die sich zumeist nach vorn überwirft und mit Verzierungen gekrönt ist. Es ist nach Wachsmuth (a.a.O. S. 83 ff.) »in der späteren ›klassischen‹ Form schiffbautechnisch nichts anderes als das fächerartig ausstrahlende und zum Bootsinneren gebogene Ende der Barghölzer am Heck«.

aphraktes Schiff: An den Seiten offenes Schiff. Das seitlich offene Schiff hatte teilweise offene, unverschanzte Bordwände.

Artemon n.: Das Vorsegel antiker Schiffe. Es wurde an einem Spierenmast gefahren.

aufbacken: Das Essen auf den Tisch bringen. Das Eßgeschirr zum Gebrauch fertig machen.

auffrischen: Der Wind wird stärker.

aufgeien: Ein Segel mit besonderen Tauen, den Geitauen, zur Rah aufholen, also hochziehen.

aufschießen: Hier ist das Aufrollen des Tauwerks zu einer Scheibe gemeint.

aufslippen: In der Antike das Auflandziehen eines Schiffes auf einer schiefen Ebene mittels Slip durch Rutschen oder Unterlegen von Rollen und Rundhölzern. In den Schiffshäusern waren die schräg in das Wasser führenden Bahnen aus Stein.

auf Stapel legen: Mit dem Bau eines Schiffes beginnen.

auf und ab stehen: In einem begrenzten Seeraum hin und her fahren.

ausgillen: Ausgeschnitten (z. B., ein Segel ist stark ausgegillt).

ausheben: Ein Riemen wurde beim Pullen aus dem Wasser nach dem Durchzug herausgehoben. Sprach man vom Mast, so wurde dieser aus seinem Lager gelöst und an Deck gestaut.

ausscheiden: Schluß machen, aufhören mit dem Dienst.

ausscheren: Eine andere Richtung nehmen als der weiterlaufende Verband. Die Formation verlassen.

ausschiffen: Nach Beendigung einer Seereise oder eines Seeunternehmens das Schiff verlassen und an Land gehen (z. B. Truppen und Passagiere).

Außenhaut f.: Umkleidung der Spanten; die »Außenwand« des Schiffes.

auslaufen: Ein Schiff verläßt den Hafen, um in See zu gehen.

auslegen: Die Riemen werden an den Dollen, außenbords gesteckt.

aussingen: Befehle, Nachrichten oder Riementakt an Bord ausrufen.

Back f.: Aufbau auf dem vorderen Teil des Oberdecks oder auch einfach der vordere Teil des Oberdecks oder, in einem erweiterten Sinne.

Backbord m.: Die linke Seite des Schiffes, nach vorn gesehen.

Backschaft f.: Eßgemeinschaft.

Backstag n.: Masthaltetau, nach achtern laufend. Gehört zum stehenden Gut. Bei leichten römischen Einheiten war die achtere Mastabstützung jedoch ein Teil des laufenden Gutes, da das Backstag auch zum Heißen der Rah benutzt werden konnte.

Bargholz n.: Siehe Bergholz.

Bauchdielung f.: Die innere Beplankung des Schiffsbodens über den Bodenspanten oder Bodenwrangen.

Baum m.: Hier die Unterrah ägyptischer Schiffe oder das schräg vom Mast abstehende Rundholz der Schiffe mit Sprietsegel. Bei einem Schratsegel wird daran die Segelunterkante befestigt.

beidrehen: Das Schiff so gegen Wind oder Seegang legen, daß es geringe oder keine Fahrt mehr macht und möglichst wenig Wasser übernimmt.

Beiholer m.: Ein Tau, das beim Aufrichten des Mastes das seitliche Ausbrechen verhindern soll und von den Decksleuten gehalten wird.

belegen: Das Festmachen einer Leine oder eines Kabels, damit sie bzw. es sich durch eigenen Zug hält.

Beplankung f.: Alle Planken der Außenhaut und des Oberdecks eines Schiffes. Die Beplankung bestand aus zahlreichen Plankengängen.

Bergholz n.: Den Schiffskörper horizontal umspannender starker Plankengang. Dieses Gürtelholz legte sich parallel der Decksline um die Außenhaut herum.

beschlagen: Die Segel festmachen, indem man sie an der Rah zusammenschnürt.

Besegelung f.: Alle Segel eines Schiffes bilden die Besegelung.

Beting f.: Eine hölzerne Konstruktion, die aus den Betingstützen und den Betingbalken bestand. Die Beting diente zum Belegen der Ankerkabel.

Bilge f.: Der unterste Raum eines Schiffes über dem Kiel, in dem sich das Schweiß- und Leckwasser sammelt. Es wurde bei antiken Schiffen ausgeschöpft oder mit Lenzpumpen herausgepumpt.

Block m.: Ein bei der römischen Marine hölzernes, vorn und/oder hinten offenes Gehäuse mit z. T. eisernen Beschlägen für die eine oder mehrere Rollen, den Scheiben, im Inneren. Er dient zum Umleiten von Tauwerk des laufenden Gutes. Der Block kann eine oder mehrere Durchbohrungen, Gaten oder Augen genannt, besitzen. Mit zwei Blöcken kann ein Flaschenzug oder eine Talje bzw. ein Takel hergestellt werden. Es gab im Altertum zahlreiche Abarten von Blöcken.

Bodengang m.: Einzelne Planken im Schiffsboden auf den Bodenwrangen.

Bodenwrange f.: Der auf dem Schiffsboden liegende Teil eines Spants. Außerdem jedes zum Kiel querlaufende Inholz am Boden eines Schiffes, das die Querfestigkeit des Schiffsverbandes erhöhte.

Bogenmole f.: Eine mit Rundbogen gemauerte Mole (siehe dort), die Durchlässe für die Schiffahrt offenließ.

Boje f.: Ein verankerter Schwimmkörper.

Bootsbarring f.: Auch Bootsklampen genannte Holzlager, die der unteren Form der Schiffsboote entsprechend ausgeschnitten waren. Diese Balken wurden auf Deck zum Einsetzen der Boote angebracht.

Bootsklampe f.: Siehe Bootsbarring.

Bord m.: Eigentlich der oberste Rand des Schiffsrumpfes. Als pars pro toto können auch die Schiffsseiten oder das ganze Schiff gemeint sein (z. B., ich gehe an Bord = ich betrete das Schiff).

Bordkommando n.: Ein Marinesoldat wird von seiner Dienststelle auf ein Kriegsschiff abkommandiert, um dort Dienst zu tun. Er erhält ein Bordkommando im Gegensatz zum Landkommando.

Brasse f.: Von den Rahnocken zumeist nach achtern fahrende Leine, die zur Regulierung der Segelstellung dient. Sie ermöglicht die waagerechte seitliche Drehung der Rah und hält sie in der gewünschten Stellung fest. Die Brassen gehören zum laufenden Gut.

Bratspill n.: Auch Ankerwinsch genannt. Es handelt sich um ein Spill mit waagerecht liegender Achse. Die Winde wurde mit Handspaken in Bewegung gesetzt. Sie diente in der römischen Flotte zum Einhieven des Ankers, zum Auftoppen des Mastes und zum Verholen.

Bucht f.: Ein aufgegeites Segel hängt, obgleich an der Rah beschlagen, also zusammengeschnürt, partweise noch halbkreisförmig nach unten. Diese Teile des Segels nennt man Buchten.

Bug m.: Vorderteil oder Spitze des Schiffes.

Buggording f.: Alle laufenden Taue auf der Vorderseite eines Segels, die dazu dienen, das Segel zur Rah hin aufzuholen (vergleiche auch Gording).

Bugzier f.: Auf den Vorsteven aufgesetzte Verzierung in vielfältiger Form. Bei den Römern zumeist als Schild oder Volutenzier ausgebildet.

Bulien f.: Die von den Seitenlieken des Rahsegels ausgehenden Leinen, die ein besseres Vollstellen des Segels bewirken. Wir können sie in der Antike nur bei ägyptischen Schiffen feststellen. Die Römer kannten sie nicht. Erst im 13. Jahrhundert wurden sie erneut verwendet.

Containerschiff n.: Behälterschiff. Der Behälterfrachter transportiert seine Ladung in genormten Metallbehältern, die beim Absender beladen und beim Empfänger entladen werden. Der Inhalt der Behälter = Container wird weder umgeladen noch berührt. Auf dem Schiff werden also nur die Behälter selbst gestaut.

Dechsel m.: Eine Schiffszimmermannsaxt, bei der die Schneide quer zum Stiel angebracht ist. Die Schreibweise Dexel ist auch gebräuchlich.

Deck n.: Plattformartiger Abschluß des Schiffsraumes oder von Schiffsräumen nach oben. Wir kennen das Oberdeck = Wetterdeck = Kampfdeck und das Zwischendeck im Inneren des Schiffes. Im weiteren unterscheidet man das den ganzen Schiffsinnenraum schützende, durchlaufende Deck und das Halbdeck. Letzteres ist zumeist achtern und vorn eingebaut, während das Schiff mittschiffs offenbleibt.

Decksbalken m.: Quer zur Schiffsrichtung laufende Balken, welche die Beplankung des Decks tragen. Sie sind mittels der Decksknie mit den Spanten verbunden.

Decksdienst m.: Hier im Gegensatz zum Rojer- und Marineinfanteriedienst als ausgesprochen seemännischer Dienst verstanden.

Decksknie n.: Das hölzerne Verbindungsstück zwischen Decksbalken und Spant.

Decksstringer m.: Plankengang auf den Enden der Decksbalken. Er ist mit den Spanten und den Decksbalken verbunden.

Dock n.: Eine Anlage, um Schiffe trockenzusetzen. Im Altertum kannte man nur das Trockendock. Dieses besteht aus einem ausgemauerten Becken, in das ein Schiff hineinfährt. Alsdann wird das Docktor geschlossen und das Wasser herausgepumpt, so daß am Unterwasserteil des eingedockten Schiffes gearbeitet werden kann.

Dollbord m.: Eine über die Spantenköpfe gelegte Längsplanke oder ein Längsbalken, auf dem die Riemen auflagen. Auf diesem Auflager befanden sich die Dollen, an denen die Riemen, mit dem Stropp befestigt, lagen.

Dolle f.: Das Widerlager für einen Riemen beim Rojen (siehe auch Dollpflock).

Dollpflock m.: Ein Pflock, an dem der Riemen mit einer losen Tau- oder Lederschlinge, dem Riemenstropp, befestigt war. Ein Dollpflock für jeden Riemen war im Altertum gebräuchlich. Auch heute kann man diese Befestigungsart noch im Mittelmeergebiet beobachten.

Dolon m.: Ein zweiter, kürzerer Hauptmast, der eine Hilfsbesegelung für Verfolgung und Flucht trug. Der Dolonmast, im 5. Jahrhundert v. u. Z. von den Griechen Akateionmast, seit dem 4. Jahrhundert v. u. Z. Dolon genannt, befand sich bis in das 6. Jahrhundert neben dem Großmast an Bord griechischer, karthagischer, römischer und byzantinischer Kriegsschiffe. Er besaß eine besondere Rah mit angeschlagenem leichtem Segel. Er selbst oder seine Rah wurden von besonderen hölzernen Stützen, den parastatae, abgestützt. Der Dolonmast war nach vorn geneigt und mit dem Großmast auswechselbar.

Doodshoft n.: Ein schwerer scheibenloser Block zum Ansetzen eines Stags.

Doppelstander m.: Eine Flagge, die einen dreieckigen Ausschnitt hat und dadurch in zwei Spitzen ausläuft.

Draggen m.: Ein kleiner Anker mit vier über Kreuz stehenden Armen oder Flunken. Diese Ankerform war bereits bei den Römern in Gebrauch. Auf den Nemiseeschiffen wurden kleine Exemplare gefunden.

Dübel m.: Ein Holzbolzen, der auf beiden Seiten verkeilt wird. Der Holzbolzen dient zum Verbinden zweier Holzteile (z. B. der Plankengänge). Der Dübel kann u. a. Keil-, Schwalbenschwanz- oder Pflockform besitzen.

Ducht f.: Eine Sitzbank für den Rojer. Heute eine Sitzbank in einem offenen Boot.

durchholen: Eine schlaff hängende Trosse oder Leine straffziehen.

dwars: Querab, rechtwinklig zur Kielrichtung.

Dwarslinie f.: Eine besondere Verbandsordnung. Ein Kriegsschiff fährt neben dem anderen.

Ebbe f.: Das Fallen des Wassers vom Hochwasser zum Niedrigwasser.

eindocken: Ein Schiff fährt in ein Dock oder wird hineinbugsiert, also geschleppt, um Reparaturen oder Konservierungsarbeiten am Unterwasserschiff vornehm zu lassen.

einfahren: Die Mannschaft mit dem Schiff auf See vertraut machen.

einhieven: Etwas Schweres hochziehen oder hochheben und an Bord bringen (z. B., den Anker einhieven).

einklinschen: Auf besondere Art einbinden.

einlaufen: Ein Schiff fährt von See kommend in den Hafen ein.

einscheren: sich in eine Formation einordnen.

einschiffen: An Bord eines Schiffes gehen, um zu einem Seetörn, einer Seeunternehmung, auszulaufen.

275

Embolon n.: Die griechische Bezeichnung für den Rammsporn (siehe Sporn).

entern: Ein feindliches Schiff erstürmen oder erklettern, um sich seiner zu bemächtigen. Dagegen bedeutet »aufentern«, lediglich in die Takelage des eigenen Schiffes zu steigen.

Epotis f.: Die griechische Bezeichnung für einen Parierbalken, der quer durch das Schiff vorn und teilweise auch achtern vor bzw. hinter dem Riemenkasten bei antiken Kriegsschiffen zum Schutz des Riemenwerkes eingezogen wurde. Man kannte nicht nur den quer eingezogenen Balken (Querepotis), sondern auch einen längs eingezogenen Balken (siehe unter Langepotis).

Etmal n.: Die von einem Schiff in 24 Stunden, von 12.00 Uhr mittags bis 12.00 Uhr mittags des nächsten Tages, zurückgelegte Entfernung.

Faden m.: Ein englisches Längenmaß zur Wassertiefenvermessung. 1 Faden = 1,829 m. Es ist ca. der tausendste Teil einer Seemeile.

fahren: Durchlaufen, durchführen, entlanglaufen von Trossen, Leinen und Tauen.

Fall n.: Ein Tau zum Heißen und Fieren eines Segels oder einer Rah. Es gibt einfach und doppelt fahrende Taue. Das Fall gehört zum laufenden Gut.

Fallblock m.: Ein Block am Topp eines Mastes, einer Stänge oder an der Nock einer Rah usw., durch den ein Fall geschoren ist.

Fallreep n.: Leiterartige Treppe außenbords zum Besteigen des Schiffes. Ursprünglich nur ein Tau zum Ersteigen des Schiffes.

Fender m.: Bei den Römern aus Tauwerk, Kork oder Korbgeflecht hergestellter Puffer, der zwischen zwei Schiffen, die Bordwand an Bordwand lagen, oder zwischen Schiff und Kai ausgebracht wurde, um Stöße aufzufangen und das Schiff vor Beschädigungen zu schützen.

festlaschen: Festbinden, festmachen, verbinden.

festmachen: Anlegen und ein Schiff an Land vertäuen. Römische Kriegsschiffe wurden mit dem Heck zum Land oder zum Kai festgemacht, um schneller wieder auslaufen zu können.

festzurren: Siehe zurren.

fieren: Herunterlassen, loslassen, lockerlassen, lose davongeben (bei Trossen, Leinen, Schooten, Ketten und Tauen). Auch Absenken der Ladung oder einer Enterbrücke.

Flagge f.: Sie ist im Gegensatz zur Fahne kein einmaliges heraldisches Symbol, sondern kann jederzeit ersetzt werden. Schiffe führen keine Fahnen, sondern nur Flaggen an einer Flaggleine. Bei den Römern wurde die Flagge an einem Flaggstock geheißt, während das vexillum, das Feldherrenzeichen mit seinem Träger, achtern im Flaggschiff stand. Das vexillum wurde wie eine Fahne verteidigt. Sein Verlust war gleichbedeutend mit dem Ehrverlust der gesamten Schiffsbesatzung.

Floß n.: Zumeist schwimmende Plattform, aus Schwimmkörpern beliebiger Art zusammengesetzt. Diese flachgehenden Wasserfahrzeuge besaßen bei den Römern keinen Eigenantrieb, sondern wurden geschleppt.

Flottenflaggschiff n.: Kommandoschiff einer oder der Flotte mit dem Flottenführer und seinem Stab an Bord. Es wird auch Prätorialschiff genannt.

Flottille f.: Hier ein aus kleineren Kriegsschiffen bestehender selbständiger Verband oder ein ausgegliederter kleiner Verband für besondere Aufgaben.

Flußkilometer m.: Auf Flüssen gibt man die Entfernung für Schiffe nicht in Seemeilen, sondern in Kilometern an.

Flut f.: Das Steigen des Wassers vom Niedrigwasser zum Hochwasser.

Fockmast m.: Der vorderste gerade oder nur wenig geneigte Mast eines Schiffes. Er wird auch Vortopp genannt. Römische Schiffe besaßen entweder einen Fockmast oder einen Spierenmast für das Artemonsegel.

Focksegel n.: Auch einfach als Fock bezeichnet. Römische Schiffe besaßen, sofern sie überhaupt mit einem Fockmast ausgerüstet waren, nur ein Focksegel an ihrem vordersten Mast. Fuhren sie ein Focksegel, so führten sie kein Artemonsegel.

Frachtschiff n.: Ein Schiff zur Beförderung von Gütern aller Art. Es wird auch einfach Frachter oder, bei den Kriegsflotten, Transporter genannt. Letzterer transportierte jedoch Material, Soldaten und Pferde.

Freibord m.: Der Abstand zwischen Wasserlinie und dem tiefsten Punkt des obersten durchlaufenden Decks. Bei offenen Schiffen die Höhe der Bordwand über dem Wasserspiegel.

Galerie f.: Die umlaufende hölzerne Abgrenzung eines Überbaues außerhalb des eigentlichen Schiffskörpers.

Galion n.: Der Vorbau am Bug eines Schiffes. Bei den Römern zumeist nur aus einer Tierfigur bestehend.

Gangspill n.: Schwere Winde zum Einhieven der Anker oder zum Auftoppen, also Aufrichten, des Großmastes. Das Gangspill hatte eine senkrechte Achse mit Sperrad und Sperrklinken. In den Kopf oder Kranz des Spills wurden Spillspaken eingesteckt, um das Spill vielhändig drehen zu können. Bei Kriegsschiffen befand sich das Spill zumeist im Vorschiff, bei kleineren Handelsschiffen z. T. auch im Achterschiff. Große Segler besaßen nicht nur ein Spill, sondern mehrere, die z. T. an den Seiten eingebaut waren.

Gangway f.: Landungssteg, Laufsteg, der von einem Schiff zum Land führt.

Gast m. (pl. Gasten): Mitglied der nautischen Besatzung. Meist mit Zusatzbezeichnung in Gebrauch, z. B. Backsgast, Signalgast.

Gat n. (pl. Gaten): Ein Loch, eine Öffnung.

Geleitzug m.: Zusammenfassung von Handels- oder Transportschiffen mit wichtiger Ladung oder Truppen an Bord, die auf der Reise von Kriegsschiffen begleitet und gegen feindliche Seestreitkräfte gesichert werden.

geschäftet: Aus zwei Teilen zusammengefügt.

Geschwader n.: Hier die Zusammenfassung einer Anzahl größerer und kleinerer Kriegsschiffe als selbständige taktische Einheit und Bestandteil der Gliederung einer Flotte.

getoppt: Aufgerichtet (z. B., ein Mast wird getoppt).

Gezeiten f.: Tide; Ebbe und Flut. Die infolge Massenwirkung durch Mond und Sonne verursachten rhythmischen Schwankungen des Meeresspiegels.

Giß m.: Schätzung, Mutmaßung (niederdeutsches Wort).

gissen: Schätzen, mutmaßen.

glasen: Halbstündliches Anschlagen der Schiffsglocke.

Gording f.: Schnürleine oder Refftau. Man versteht unter Gordings alle laufenden Leinen *auf der Vorderseite* eines Segels, die dazu dienen, das Segel zur Rah aufzuholen und sodann zusammenzuschnüren. Man unterscheidet Nockgordings und Bauch- oder Buggordings. Letztere waren bei der römischen Marine in Gebrauch. In der Neuzeit wurden die Gordings von Geitauen, die *hinter* dem Segel liefen, abgelöst. Letztere dienten zwar auch zum Aufholen der Segel, doch faßten sie an den Schoothörnern an und geiten das Segel zur Rahmitte hin oder, in neuester Zeit, nach den Rahnocken hin auf.

Gräting f.: Ein Holzrost, der eine Luke oder einen Niedergang überdeckt.

Großkampfschiff n.: Hier als Bezeichnung für die größten und kampfkräftigsten Einheiten einer Flotte benutzt.

Großmast m.: Der zweite Mast von vorne. Dabei ist der spierenartig ausgebildete Vormast bei antiken Schiffen immer zu berücksichtigen. Der Großmast wird auch Großtopp genannt.

Gurtbalken m.: Siehe Gürtelholz.

Gürtelholz n.: Das Wort wird zumeist im Plural gebraucht. Die Gürtelhölzer waren umlaufende starke Planken, die den Schiffslängsverband verstärkten.

Gürtelpanzer m.: Hier eine rings um das Schiff in Höhe der Wasserlinie laufende Balkenpanzerung, die durch Metallbeschläge verstärkt sein konnte.

Gut n.: Das Tauwerk der Takelage. Man unterscheidet »stehendes Gut«, das sind die Taue, die festbleiben, und »laufendes Gut«, das sind die Taue, die beweglich sein müssen, um die Segel bedienen zu können.

Hakenakrostolion n.: Eine Vorstevenzier in Hakenform. Sie war bei den Griechen gebräuchlich.

Halbdeck n.: Zumeist ein im Vorder- und Achterschiff eingezogenes kleines Teildeck in einem sonst offenen Schiff oder Boot. Das Halbdeck trägt wesentlich zur Versteifung des Schiffsverbandes bei.

Hals m.: Eine Leine oder Talje, die an den Schoothörnern anfaßt. Die untere luvwärtige Ecke eines Segels kann damit in die gewünschte Lage gebracht werden. Der Hals (pl. Halsen) ist der Gegenspieler der Schoot. Demgegenüber ist »Halsen« ein Segelmanöver, bei dem das Heck des Schiffes in den Wind gedreht wird.

Handspake f.: Ein einsteckbarer hölzerner Dreh- oder Hebebaum, der von einem Mann oder mehreren Besatzungsmitgliedern zu handhaben ist.

Harpune f.: Der an eine oder mehrere Leinen gefesselte Wurfspieß oder ein Wurfgeschoß mit Widerhaken.

Hauptmast m.: Siehe Großmast. Bei antiken Kriegsschiffen war jedoch nach dem Ausheben des Großmastes auch der an seiner Stelle eingesetzte Dolonmast ein Hauptmast.

Hauptspant n.: Das größte Spant eines Schiffes. Maßgebend ist der größte Querabstand in der Wasserlinie.

Heck n.: Der Hinterteil des Schiffes, sein Ende über den Heckbalken.

heißen oder vorheißen: Flaggen oder Wimpel setzen, auch ganz allgemein hochziehen, aufziehen (z. B. ein Segel).

hieven: Hochheben, hochziehen, heben, anhoben.

Hochdeck n.: Das erhöhte achtere und/oder vordere Wetterdeck eines Schiffes.

Hütte f.: Ein Aufbau auf dem Achterdeck zum Schutz gegen Wind und Wetter. Besitzt die Hütte eine ausreichende Größe, so enthält sie Kajüten und andere Räume.

Hypozom n.: Verband-, Gurt- oder Sprengtau, von achtern nach vorn laufend, zur Verstärkung des Längsverbandes eines Schiffes.

Inholz oder Innenholz n.: Alle Spant- und spantähnlichen Hölzer werden so bezeichnet. Doch auch die Gesamtheit der inneren Verbände eines Schiffes.

in See stehen: Ein Kriegsschiff oder ein Flottenverband befindet sich auf dem Meer.

Interferenzsee f.: Drei unmittelbar aufeinanderfolgende Seen oder ein Wellenberg, in dem diese drei Seen zu einer einzigen großen See kulminieren.

Interscalmium n.: Der Abstand der Rojersitze voneinander, zwischen Vorder- und Hintermann. Genauer: der Abstand von einem Dollpflock zum anderen.

Jungfer f.: Eine blockähnliche, scheibenlose, gerundete, starke Holzscheibe mit ausgekehltem Umfang zur Aufnahme eines starken Taues. Die Jungfer hat zwei bis drei Löcher zum Durchscheren eines Taljereeps.

kabbelige See oder Kabbelung f.: Die Wellenbewegung bei durcheinanderlaufenden Meeresströmungen oder unregelmäßige See mit durcheinanderlaufenden Wellen.

Kabelgatt n.: Der vorderste Innenraum eines Schiffes unter der Back. Dort wurden Anker, Kabel, Leinen, seemännische Ausrüstungsgegenstände und Handwerkszeuge gestaut.

Kai m. oder Kaje f.: Es ist das zumeist mit Steinen befestigte Ufer eines Hafens, an dem Schiffe liegen und unmittelbar löschen oder laden können. Der römische Kai war mit Kragsteinen (Lochsteinen), Schiffshalteringen oder Pollern für die Trossen und Leinen der Schiffe versehen.

Kajüte f.: Ein abgeschlossener Schlaf- und Wohnraum, der auf antiken Schiffen nur den Schiffsoffizieren und Passagieren vorbehalten war.

Kalfater m.: Ein Werfthandwerker, dessen Aufgabe es war, die Fugen zwischen den Plankengängen und überhaupt der Schiffsaußenhaut mit Werg und Pech oder Harzen abzudichten. Das Schiff wurde kalfatert.

Kampfdeck n.: Das Ober- oder Wetterdeck eines Kriegsschiffes.

kapern: Ein feindliches Schiff wegnehmen oder aufbringen.

kappen: Abhauen, abschlagen (z. B. eine Leine, Trosse oder das Ankerkabel).

Karweelbeplankung f. (auch karvel geschrieben): Der Begriff karweelbeplankt ist im weiteren und engeren Sinne in Gebrauch. Im weiteren Sinne versteht man darunter ein Schiff mit einer glatten Außenhaut, bei dem die einzelnen Planken auf Stutz gesetzt durch Nut und Zapfen miteinander verbunden werden. Demgegenüber kannte der germanische Schiffbau seit spätestens dem 3. Jahrhundert bis um das 15. Jahrhundert, als man in Nordeuropa zur karweelen Bauweise überging, nur die Klinkerbeplankung. Die Planken liegen dabei dachziegelartig übereinander. Die oberen Plankengänge überlappen die unteren so weit, daß ein Vernieten ermöglicht wird.

Im engeren Sinne spricht man von der Karweelbauweise als Fortentwicklung der Schalenbauweise. Im Mittelmeerraum wurde im Altertum zunächst der Kiel gestreckt, Vor- und Achtersteven eingebaut und sodann schalenförmig die glatte Schiffsaußenhaut gezimmert, indem man Planke auf Planke setzte und diese durch Nut und Zapfen verband (bei den Römern mit den typischen Schwalbenschwanzverbindungen). Erst nach Abschluß dieser Arbeiten wurden die Spanten zur Erhöhung der Querfestigkeit eingebaut. (Auch bei der germanischen Klinkerbauweise zimmerte man zuerst die Außenhaut und setzte erst dann die Spanten ein. In der späteren Antike ging man im mittelmeerischen Bereich dazu über, zunächst an den Kiel die Spanten zu setzen und sodann um dieses Schiffsskelett die Plankengänge anzubringen. Diese noch heute geübte Praxis stellt die Karweelbeplankung im engeren Sinne dar. Für den keltischen Schiffbau (Veneterschiffe) ist die karweele Beplankung im engeren Sinne bereits seit dem 1. Jahrhundert v. u. Z. nachgewiesen.

kataphrakt: Verschanzt; bei einem durch ein Deck und geschlossene oder verschließbare Bordwände geschützten Schiffsinneren spricht man von einem kataphrakten Schiff.

Keilformation f.: Eine besondere Verbandsordnung. Die Schiffe fahren in einer keilförmig auseinandergezogenen Dwarslinie. Von oben betrachtet bietet sich das Bild eines seitlich gestaffelten Keiles.

Kiel m.: Der Grundbalken und unterste Teil eines Schiffes. Er ist das Rückgrat der Spantenkonstruktion. Auf dem Kiel sitzen die Bodenwrangen und vorn und achtern die Steven. Bei römischen Schiffen haben wir immer noch den runden, geschwungenen Übergang des Kiels in den Achtersteven, den wir bereits bei den kretisch-mykenischen Schiffen im 2. Jahrtausend v. u. Z. sehen können.

Kielgang m.: Die Plankenreihe der Schiffsaußenhaut, die unmittelbar am Kiel liegt.

Kiellinie f.: Hier eine besondere Verbandsordnung. Ein Schiff fährt hinter dem anderen in dessen Kielwasser.

Kielschwein n.: Eine im Schiffsinneren über dem Kiel liegende Holzverstärkung. Es ist ein dem Kiel aufgesetzter zweiter Kiel.

Kimm f.: Hier der runde Übergang vom Schiffsboden zur Schiffswand oder -seite.

Kimmstringer m.: Teil des Schiffslängsverbandes, der am Übergang vom Schiffsboden zur Schiffswand (Kimm), innenbords von vorn nach achtern laufend, eingebaut ist.

klarschiff: Herstellung der Gefechtsbereitschaft eines Kriegsschiffes.

Kleid n.: Die einzelne Tuchbahn eines Segels. Aus mehreren Tuchbahnen (Kleidern) wird das Segel zusammengenäht.

Knoten m.: Maßeinheit für die Geschwindigkeit eines Schiffes durchs Wasser; nicht für die zurückgelegte Strecke über den Grund. Ein Knoten bedeutet eine Seemeile pro Stunde. Die Bezeichnung stammt von der Markierung der Logleine mit kleinen Knoten. Die Logleine war den Römern noch nicht bekannt.

Kombüse f.: Schiffsküche, Kochstelle.

Kommandobrücke f.: Befehlsstand eines Schiffes. In der Antike war das Achterschiff die Kommandobrücke.

Kompositmast m.: Aus mehreren Teilen vertikal zusammengesetzter Mast.

Konvoi m.: Siehe Geleitzug.

krängen: Überlegen eines Schiffes nach einer Seite. Ein Schiff wird künstlich gekrängt, um Reparaturen am Schiffsboden auszuführen. Eine unfreiwillige Krängung kann durch Seegang, verrutschte Ladung und bei antiken Kriegsschiffen durch die Massierung der Marineinfanterie auf einer Seite eintreten. Das Schiff bekommt dann Schlagseite.

Kreuzmast m.: Der hinterste Mast eines Vollschiffes.

Kriegsflagge f.: Das Erkennungs- und Hoheitszeichen für Kriegsschiffe. Sie wird als Kennzeichen der Partei in einem Bürgerkrieg oder des Staates, dem das Schiff angehört, gezeigt.

Kriegsflotte f.: Die Gesamtheit der See- und Flußstreitkräfte eines Staates, die nicht ausschließlich polizeiliche Aufgaben

277

erfüllt. Zur Kriegsflotte gehören auch alle Flottenhilfsschiffe (z. B. Transporter, Schlepper etc.).

Kriegsmarsch m.: Der Seetörn eines Kriegs- oder Flottenhilfsschiffes, bei dem mit Feindberührung gerechnet werden muß.

Kurs m.: Die navigatorisch festgelegte Fahrroute eines Schiffes.

Ladebaum m.: Eine schwenkbar am Mast hängende Spiere, mit der die Ladung übernommen oder gelöscht wird.

Lafette f.: Das Gerüst oder die Standunterlage für ein Geschütz. Die Lafette ist mit Vorrichtungen versehen, die das Richten des Geschützes ermöglichen.

Landmarke f.: Ein markanter Punkt an Land, z. B. Vorgebirge (lat. promunturium), Berg, Gebäude, Baumgruppe etc., der für die Navigation von Bedeutung ist.

Länge über Alles f.: Die Länge eines Kriegsschiffes vom Rammsporn bis zum Heck oder eines Handelsschiffes von der vorderen Galerie bzw. dem Vorsteven bis zum Achtersteven bzw. der achteren Galerie.

Langepotis m.: Ein Parierbalken, der bei römischen Kriegsschiffen zwischen der vorderen Epotis und der achteren Epotis an der äußeren Seite des Riemenkastens eingebaut war.

Längsgürtungstau n.: Eine starke Trosse, die außen (seltener innen) um das Schiff gelegt wurde. Das oder die Taue sollten den Längsverband des Schiffes verstärken.

Längsstringer m.: Ein Planken- oder Balkenzug, der zur Erhöhung der Längssteifigkeit und Längsstabilität von achtern nach vorn im Inneren des Schiffes verläuft.

Längsverband m.: Die bei antiken Schiffen hölzernen oder aus Trossen bestehenden Verbände, welche der Durchbiegung des Schiffes in der Längsrichtung entgegenwirken.

laschen: Mit Tauen etwas zusammenbinden oder einbinden bzw. festbinden. Auch Teilstücke zusammenfügen.

Last f.: Aufbewahrungsraum für Material und Vorräte an Bord von Kriegsschiffen. Bei Handelsschiffen die Ladung.

laufen: Landläufig fahren.

laufendes Gut n.: Die Gesamtheit des beweglichen, zum Bedienen der Segel erforderlichen Tauwerks.

Leck n.: Undichte Stelle im Schiffsrumpf, auch Leckstelle oder Leckage genannt.

leckschlagen: Ein Schiff bekommt ein Leck.

Lee oder Leeseite f.: Die dem Wind abgewandte Schiffsseite.

Leine f.: Allgemeine Bezeichnung für Taue und Trossen an Bord.

lenzen: Leeren, trockenmachen.

Lenzpumpe f.: Schiffspumpe, mit der man eingesickertes oder eingedrungenes Wasser nach außenbords pumpt.

Lenzraum m.: Siehe Bilge.

Liek n.: Das einsäumende Tauwerk rund um ein Segel.

Log n.: Ein Instrument, mit dem die Schiffsgeschwindigkeit gemessen wird. Das Handlog bestand aus einem Stück Holz und einer Leine, in die in einem Abstand von 6,84 m Knoten geknüpft waren. Wenn das ausgeworfene Holz im Wasser schwamm, lief das Schiff weiter. Die Zahl der in einer bestimmten Zeit abgelaufenen Knoten ergab die zurückgelegte Strecke und damit die Geschwindigkeit des Schiffes. Das Log war dem Altertum wahrscheinlich unbekannt.

Logis n.: Wohn-, Schlaf- und Aufenthaltsraum oder Deck für die wachfreie Schiffsmannschaft.

Loskiel m.: Ein unter dem eigentlichen Kielbalken aufgebolztes plankenartiges Kielbrett.

Lot n.: Ein Senkblei an einer bis 200 m langen Leine, das unten eine Aussparung besitzt, die, mit Talg gefüllt, Bodenproben des Meeresgrundes heraufholt. Sand, kleine Steine und Schlick bleiben haften. Aus der Beschaffenheit des Meeresgrundes kann man auf seine Position schließen. Auch benutzt man das Lot, um die Wassertiefe zu messen. Schon von Herodot (2,5) erwähnt. Das antike Lot war glockenförmig ausgebildet, wie wir von Unterwasserfunden her wissen.

Lotse m.: Ein Führer durch See-, Fluß- und Hafengebiete. Er ist nautischer Berater der Schiffsführung in schwierigen oder unbekannten Fahrwassern.

Luv oder Luvseite f.: Die dem Wind zugewandte Schiffsseite, die Windseite.

Mars m.: Ein korbartiger Ausbau am Topp eines Mastes, auch Mastkorb, Auslug oder Krähennest genannt, für Ausguck und Kampf. Zumeist bestand der Mars bei den Phöniziern und Ägyptern aus Korbgeflecht. Römische Kriegsschiffe besaßen keinen Mastkorb.

marschieren: Kriegsschiffverbände fahren nicht, sondern laufen oder marschieren.

Mast m.: Es ist der Träger des Takel- und Segelwerkes eines Schiffes. Der oder die Masten stehen in der Mittellinie eines Schiffes mehr oder weniger senkrecht.

Mast ausheben: Der oder die Masten der antiken Kriegsschiffe konnten grundsätzlich aus der Mastspur herausgehoben und an Deck niedergelegt werden. Dies geschah immer vor einem Gefecht. Lediglich die Großkampfschiffe ohne Hauptsporn legten ihren Mast nicht.

Mastbock m.: Eine Vorrichtung (z. B. Schere, Gabel, Klotz), um den niedergelegten Mast zu lagern und von dort wieder einzusetzen und aufzurichten. Nach dem Toppen des Mastes wurde der Mastbock unter Deck verstaut.

Mastkoker m.: Ein starkes Gehäuse oder Gestell zum Festhalten eines stehenden Mastes, der umgelegt oder ausgehoben werden kann.

Mastschere f.: Eine scherenförmig ausgebildete Holzkonstruktion zur sicheren Lagerung eines niedergelegten Mastes an Deck.

Mastspur f.: Bei antiken Kriegsschiffen auf den Binnenkiel aufgezimmertes, nach oben und hinten offenes Gehäuse. Mastkoker genannt, für den Fuß des Mastes, welches vom Kiel zur Segelducht aufstieg. Die Mastspur wird auch Mastschuh genannt. Auch eine Ausnehmung oder ein Zapfenloch im Kiel kann als Mastspur dienen.

Masttopp m.: Das oberste Ende des Mastes.

Mole f.: Ein von Land aus vorgebauter Damm, zumeist aus Steinen oder Mauerwerk. Die Mole begrenzt einen Hafen oder eine Hafeneinfahrt und schützt bei Sturm die im Hafen liegenden Schiffe gegen die Gewalt des Meeres.

Molenkopf m.: Das äußerste Ende einer Hafenmole.

Molenpfeiler m.: In der Antike verstand man darunter zumeist die Pfeiler einer Bogenmole.

Nagel m.: Im antiken Schiffbau kannte man Holz- und Metallnägel. Der Holznagel wurde lat. palus genannt.

Naturhafen m.: Es ist zumeist eine Meeresbucht, die tief in das Land einschneidet oder durch ein Vorgebirge oder Inseln geschützt wird.

Niedergang m.: Die Leiter oder Treppe in einem Schiff.

Nock f.: Das Ende eines Rundholzes mit Ausnahme von Masten und Stängen. Bei letzteren wird das Ende Topp genannt. Auch für andere äußere Enden eines Schiffes ist die Bezeichnung Nock gebräuchlich (z. B. Brückennock).

Nute f.: Eine Holzeinkerbung, ein Ausschnitt.

Oberdeck n.: Das Wetterdeck, das oberste Deck eines Schiffes.

Oberliek n.: Das einsäumende Tauwerk an der oberen Kante eines Segels.

Obersporn m.: Eine über dem Rammsporn angebrachte, meist stumpf endende zweite Ramme. Proembolion (n.) war die griechische Bezeichnung. Der Obersporn richtete sich gegen das Oberwerk des gegnerischen Schiffes. Er sollte zugleich ein zu tiefes Eindringen des Hauptsporns verhindern.

Oberwerk n.: Der obere über der Wasserlinie liegende Teil eines Schiffes.

Ösfaß n.: Ein schaufelförmiges Schöpfgerät mit Handgriff; eine Schöpfkelle für eingedrungenes Seewasser.

Paddel f. oder n.: Ein frei gehandhabter Stechriemen.

Parierbalken m.: Ein von vorn und achtern quer durch das antike Kriegsschiff gezogener Balken zum Schutze des Riemenwerkes. Von den Griechen epotis genannt.

Periplus m.: Rundfahrt oder Segelanweisung.

Persenning f.: Ein Bezug aus Segeltuch für die Ladeluken, Schiffsboote, Decksaufbauten etc.

Pfahlmast m.: Ein aus einem Stück gearbeiteter Mast. In der Antike kannte man auch schon zusammengesetzte Masten. Diese nennt man Kompositmasten.

Pier f.: Ein festes Bollwerk in einem Hafen, das zum Anlegen von Schiffen erbaut ist (siehe auch Kai).

Pinne f.: Siehe Ruderpinne.

Pinnenausleger m.: Verlängerung der Pinne durch ein beiklappbares Holz.

Pirat m.: Ein Freibeuter oder Seeräuber. Lateinisch: pirata; von

278

griech. peirates, griechisch: peiran = »sein Glück versuchen«. Im klass. Latein auch praedo = Beutemacher, Plünderer.

Planke f.: Ein Teil der Außenhaut eines Schiffes. Planken befinden sich im Unterteil, an den Seiten und an Deck.

Plankengang m.: Die durchlaufenden oder mit den Stirnflächen aneinandergesetzten Schiffsplanken über die Länge des Schiffsrumpfes. Aus mehreren vom Vorsteven zum Achtersteven laufenden Plankengängen besteht die Außenhaut eines Holzschiffes.

Poller m.: In römischen Häfen aus Steinen bestehende Pfosten zur Befestigung der Halteleinen eines Schiffes. Die ebenso genannten Pfosten auf Deck bestanden aus Holz.

Prätorialschiff n.: Siehe Flottenflaggschiff.

Preidistanz f.: Die Rufentfernung.

preien oder anpreien: Anrufen, rufen, ein Schiff anrufen.

Proembolion n.: Der Obersporn (siehe dort). Griechisch: proem|bolion.

pullen: Heißt landläufig rudern.

Pulltakt m.: Landläufig der Rudertakt.

Querepotis f.: Siehe Epotis.

Querverband m.: Die bei antiken Schiffen hölzernen Verbände, welche den Querbeanspruchungen entgegenwirken. Diese Aufgabe haben in erster Linie die Spanten und die Decksbalken.

Rack n.: Eine Vorrichtung (bei den Römern eine Tauschlinge) in der Mitte einer Rah, die diese mit dem Mast und um denselben schwenkbar verbindet.

Rackklotje f.: Eine hölzerne Kugel, die bei einem Klotjen- oder Klotenrack über das Tauwerk gestreift ist. Um ein zu schnelles Aufarbeiten der Klotjen zu vermeiden, liegen senkrecht zwischen denselben hölzerne Bretter, die sogenannten Schleten. Beim Aufkommen des Klotjenracks wurde zunächst eine Kugelreihe, später bis zu vier Reihen übereinander gefahren. Rackklotjen waren in der Antike unbekannt.

Rah f.: Ein waagerecht quer vor einem Mast oder einer Stänge hängendes schwenkbares Rundholz. Bei römischen Schiffen war sie zumeist aus zwei Teilen zusammengesetzt. Die Rah nimmt gegen die Nocken zu an Stärke ab. Sie dient zur Befestigung und Ausspreizung des Rahsegels. An den Rahen waren die viereckigen, aus mehreren Kleidern bestehenden Segel der römischen Schiffen mit den Rahbändseln angeschlagen. Bei kleineren Schiffen der Römer bestand die Rah aus einem Stück.

Rahfall n.: Es war bei den Römern ein einfach oder doppelt fahrendes Tau zum Heißen oder Fieren einer Rah (siehe auch Fall). Teilweise diente das Rahfall gleichzeitig als Aufhängevorrichtung für die Rah, an der diese, nach allen Seiten hin drehbar, beweglich hing. An Deck wurde häufig das Rahfall so festgesetzt, daß es zugleich den Mast stützte, also bei Dwarswind immer an der Luvseite des Bordes.

Rahnock f.: Das Ende einer Rah.

Rahsegel n.: Ein viereckiges, quer vor dem Mast an einer Rah angeschlagenes Segel.

Rammsporn m.: Siehe Sporn.

rank: Ein Schiff, das leicht schlingert, nennt man rank.

Raumstütze f.: Ein Stützbalken, der senkrecht zwischen den Decks eingebaut ist.

Reede f.: Ein Ankerplatz vor der Einfahrt eines Hafens oder einer Flußmündung.

Reff n.: Ein zur Verkleinerung eingerichteter Teil eines Segels. Das zusammengeholte Stück Segel.

reffen: Die Verminderung der Segelfläche durch Verkleinerung des Segels. Bei den Römern wurde das Segel wie eine Jalousie aufgeschürzt.

Reibholz n.: Bei römischen Frachtern gelegentlich zu beobachtende starke Aufholzung, die quer zur Plankenrichtung zwischen zwei Gürtelhölzern eingefügt war. Die Reibhölzer sollten im Hafen eine Beschädigung der Bordwände verhindern.

Reise f.: Die Fahrt eines Schiffes über das Meer.

Reling f.: Ein Geländer um ein freies Deck auf dem oberen Rand der Schiffswand. Bei den Römern häufig aus einem x-förmig verstrebten hölzernen Gitter bestehend. Die Reling wird auch Reeling geschrieben.

Riemen m.: Landläufig Ruder genannt. Es ist eine zum Fortbewegen eines Wasserfahrzeuges unten blattförmig verbreiterte, oben zum Handgriff verjüngte, hebelartige Vorrichtung zum Rojen (Rudern), die sich um einen festen Punkt drehen läßt.

Riemenblatt n.: Der untere sich blattförmig ausbreitende Teil eines Riemens. Bei den Römern lief das Riemenblatt sehr häufig spitz wie der Lorbeer aus.

Riemenkasten m.: Ein allseits geschlossener Riemenausleger. Bei römischen Kriegsschiffen war der Ausleger in der Regel ein Riemenkasten.

Riemenpforte f.: Ein zumeist runder oder länglichrunder Ausschnitt in der Planke zum Durchstecken des Riemens.

Riemenwerk n.: Der gesamte Antrieb eines antiken Kriegsschiffes, wenn nicht gesegelt wurde.

Rigg n.: Takelungsart eines Schiffes oder auch seine gesamte Takelage.

Rojepforte f.: Siehe Riemenpforte.

Rojer m.: Landläufig Ruderer.

Rojerbank f.: Landläufig Rudererbank.

Rojerdienst m.: Landläufig Rudererdienst. Der Dienst an den Riemen im Gegensatz zum Decks- und Segeldienst.

Rojersektion f.: Der Abschnitt des Riemenwerkes eines Kriegsschiffes, der vertikal vom obersten Riemen bis zum untersten Riemen reicht. Die Rojersektion ist also ein Teilausschnitt, in dem man die Zahl der Riemen oder die Zahl der tätigen Rojer beschreibt. Für die Rangigkeit eines Schiffes ist die in einer Sektion tätige Zahl der Rojer maßgebend. Sitzen z.B. von oben nach unten an drei Riemen drei Rojer, so haben wir ein dreirangiges Schiff vor uns. Sitzen an den drei Riemen jedoch fünf Rojer, so handelt es sich um ein fünfrangiges Schiff.

rollen: Das gleichzeitige Schlingern und Stampfen eines Schiffes.

Ruder n.: Landläufig das Steuer eines Schiffes. Das Ruder dient nur dazu, dem Fahrzeug eine bestimmte Fahrtrichtung zu geben. Römische Schiffe besaßen zwei oder vier Steuerruder, die grundsätzlich seitlich angebracht waren.

Ruder festsetzen: Landläufig das Steuer festmachen, da man keine weiteren Kursänderungen für kürzere oder längere Zeit beabsichtigt.

Ruderblatt n.: Der breite untere Teil eines Steuerruders.

Rudergänger m.: Ein Mann der Schiffsbesatzung, der das Steuerruder bedient.

Ruderkommando n.: Die beiden Rudergänger führten folgende »Anweisungen« aus und wiederholten sie laut vor der Ausführung: Mittschiffs, Steuerbord, Backbord, Hart Steuerbord oder Backbord (dies ist die äußerste Ruderlage), Komm auf (die Drehung soll langsam aufhören), Stütz (die Drehung soll durch Gegenruder aufgefangen werden) und Recht so (der im Augenblick des Kommandos anliegende Kurs soll weitergesteuert werden).
Nach der Ausführung der Kommandos meldeten dies die beiden Rudergänger auf römischen Schiffen vermutlich genauso wie heute.

Ruderkopf m.: Der obere Teil des Ruders.

Ruderpinne f.: Der radial im Ruderschaft sitzende Arm, mit dem das Ruder gelegt wird. Die Pinne wird auch Helmstock genannt.

Ruderschaft m.: Der Träger des Ruderblattes, des Helmstockes bzw. der Pinne. Der Ruderschaft wird auch Ruderstange oder Ruderpfosten genannt.

Rumpf m.: Der Schiffskörper ohne Takelung, Bemastung und Einrichtung.

Rundholz n.: Alle zur Befestigung der Segel dienenden »Stangen« werden Rundhölzer genannt.

Rundsel n.: Eine runde Öffnung in der Bordwand zum Durchstecken der Riemen.

Rute f.: Die meist aus zwei Teilen zusammengelaschte Rah eines Lateinersegels.

schamfielen: Abscheuern, aufreiben.

Schandeckel m.: Die Abdeckung der letzten Planke nach oben. Es ist eine über die Spantenköpfe gelegte Längsplanke. Auf dem Schandeckel erhebt sich die Reling oder das Schanzkleid. Bildet der Schandeckel die Riemenauflage, so nennt man ihn Dollbord.

Schanz f.: Ein Aufbau auf dem Achterdeck. Bei antiken Kriegsschiffen auch eine Verschanzung (propugnaculum).

Schanzkleid n.: Eine feste, voll ausgefüllte »Reling« um das ganze oder einen Teil des Wetterdecks. Bei römischen Schiffen bestand das Schanzkleid aus Planken; bei Kriegsschiffen auch aus Metallplatten. Das Schanzkleid reicht vom Schandeckel bis zum Relingsbalken.

Schauermann m.: Ein Hafenarbeiter, der das Laden und Löschen (Entladen) der Schiffsladung ausführt. Die Schauerleute werden von einem Stauer, der das sachgemäße Stauen überwacht, beaufsichtigt.

scheren: Ein Tau durch einen Block ziehen.

Schiffsgerippe n.: Siehe Spanten.

Schiffshaus n.: Ein besonderes Gebäude, das im Altertum für die Überwinterung der aufgeslipten Kriegsschiffe erbaut war. In den Schiffshäusern wurden auch die Konservierungsarbeiten durchgeführt.

Schiffshaut f.: Die auf den Spanten befestigten Plankenzüge bilden die Schiffswand oder Schiffshaut. Es ist der das Schiffsinnere gegen das Wasser abgrenzende Teil des Schiffes, die Außenhaut.

Schiffsschnabel m.: Der Rammsporn, lat.: rostrum = das Nagende.

Schiffswrack n.: Ein zerstörtes Schiff.

Schlachtflotte f.: Die im Kern aus den stärksten Kriegsschiffen bestehende Flotte eines Staates mit den dazugehörenden mittleren und leichten Einheiten.

Schlag m.: Beim Kreuzen eines Segelschiffes der einzelne Zickzackabschnitt; beim Pullen das Durchziehen des Riemens.

Schlag halten: Beim Pullen das gleichmäßige Durchziehen des Riemens im angegebenen Takt.

Schlagmann m.: Er gibt beim Pullen den »Rudertakt« an. Auf ihn müssen sich alle Rojer ausrichten.

Schlepptrosse f.: Ein starkes Tau, mit dem ein Schiff ein anderes abschleppt.

Schoot f.: Eine Leine zum Anholen des Schoothorns eines Segels.

Schoothorn n.: Die beiden losen unteren Eckzipfel eines Rahsegels werden Schoothörner genannt. Bei Schrat- oder Gaffelsegeln ist es die untere hintere Ecke.

Schrägrah f.: Siehe Rute.

Schratsegel n.: Ein Sammelname für jedes nicht an einer Rah geführte feste Segel (z. B. Gaffelsegel, Rutensegel, Klüver und sonstige Stagsegel). Schratsegel stehen parallel zur Mittellängsebene des Schiffes, sie können den Wind von beiden Seiten nehmen. Zu den Schratsegeln als Oberbegriff gehört auch das Sprietsegel (siehe dort).

See f.: Eine größere Welle oder Seegang.

Seegeltung f.: Ein im Inhalt sehr verschieden ausgedeuteter Begriff, der schwer abzugrenzen ist. Hier als Gesamtheit aller maritimen Erscheinungen und Bestrebungen eines Staates in militärischer, wirtschaftlicher und politischer Hinsicht verstanden. Er wird auch im Sinne des englischen Begriffs »seagoing nation« gebraucht.

Seeherrschaft f.: Wer die Seewege »für eigene wirtschaftliche und militärische Transporte nutzen und die Gegenseite an gleicher Nutzung hindern kann, führt einen machtpolitischen Zustand zur See herbei, den man Seeherrschaft bezeichnet« (Wegener). Den gleichen Grundgedanken vertrat schon Mahan und darauf fußend Corbett.

seeklar: Ein Schiff ist zum Auslaufen bereit.

Seemeile f.: Ein nautisches Längenmaß. Eine Seemeile = 1,852 km.

Seetörn m.: Eine Seereise oder die Zahl der Reisetage. Törn = Reiseabschnitt. Bei Kriegsschiffen im Kriege auch der Kriegsmarsch.

Segelanweisung f. (oder Periplus): Man würde sie heute Segelhandbuch oder Seehandbuch nennen. Ebenso wie dieses beschrieb die antike Segelanweisung die Hafenverhältnisse, Kennzeichnungen der Fahrwasser, das Wetter und die Stromverhältnisse, Ankerplätze, Lotsenstationen, Ansteuerungspunkte, Landmarken und Leuchtfeuer.

Segelducht f.: Ein starker, zwischen den Köpfen eines Spantenpaares eingezogener Querbalken, der unmittelbar vor dem Mast liegt und gegen den sich dieser stützt. Dieser Segelbalken hat den ganzen Druck des Segels aufzunehmen.

Segel streichen: Das Segel niederholen.

Seilscheibe f.: Eine Rolle zum Umleiten von Tauwerk.

Setzbord m.: Eine bei offenen Schiffen oder Booten auf den Schandeckel gesetzte Planke zur Erhöhung des Freibordes. Diese feste Verkleidung dient dem Schutz der Besatzung.

sichtig: Gute Sicht.

Signalstag n.: Eine Leine zum Setzen von Signalflaggen.

Skylight n.: Ein Oberlicht, das in Form eines Deckfensters von oben Licht in den Schiffsraum wirft.

Slipbahn f.: Eine schräg ins Wasser führende Bahn zum Heraufziehen der Schiffe an Land. In der Antike waren Slipbahnen aus Stein gebräuchlich.

Smutje m.: Der Schiffskoch.

Sorgleine f.: Bei römischen Schiffen am Ruderblatt angebrachtes Tau zum Hochziehen des Ruders (z. B. beim Landen am offenen Strand).

Spake f.: Ein Hebel oder Hebebaum zum Einsetzen in dafür vorgesehene Öffnungen.

Spant n.: Der Hauptquerverband eines Schiffes. Die Spanten bilden mit Kiel und Steven, als Längsverbände, das »Gerippe« des Schiffes. Kiel und Spanten gehören zu den inneren Verbänden, den Inhölzern.

Spiere f.: Ein Rundholz, eine Stange, als allgemeiner Begriff.

Spill n.: Eine schwere Winde von verschiedener Ausführung. Die Römer kannten das Spill in Form des Gang- und Bratspills.

Spillkopf m.: Siehe Spillkranz.

Spillkranz m.: Das Gangspill hat als senkrecht stehende schwere Winde oben einen Kranz oder Kopf zum Einstecken der Spillspaken.

Spillspake f.: Ein hölzerner Baum zum Einsetzen in den Spillkopf und zum Bewegen des Spills.

Sporn m.: Ein konstruktiv häufig als Verlängerung des Kiels erfolgter Ausbau zum Rammen feindlicher Schiffe. Daher wird der Sporn auch als Rammsporn bezeichnet. Der Sporn, lat. rostrum, griech. embolon, war zumeist mit einer Metallkappe oder Metallbeschlägen versehen.

Spreelatte f.: Ein unten zwischen den Wanten eingezogenes Holz.

Sprengtau n.: Eine zusätzliche Tau- oder Trossenkonstruktion zur Verstärkung des Längsverbandes eines antiken Schiffes. Dieses Verbandstau nannte man Hypozom.

Sprengwerk n.: Mehrere Längsbalken zur Verstärkung des Schiffslängsverbandes. Die gleiche Aufgabe erfüllten die Sprengtaue.

Sprengwerksbalken m.: Siehe Sprengwerk.

Sprietsegel n.: Ein in Schiffslängsrichtung, sehr weit vorn, gefahrenes Segel. Das rechteckige Tuch wird nach achtern von einem diagonal anfassenden Baum (das Spriet) gespreizt. Bei einem doppelten Sprietsegel wird das zweite Segel an einem nach vorn zeigenden Baum gefahren.
Das deutsche Wort Sprietsegel ist niederdeutschen Ursprungs. Es heißt eigentlich Spreizsegel. Das Segel wird durch den diagonalen Baum gespreizt.

Springflut f.: Stehen Mond und Sonne mit der Erde in einer Richtung, so verstärken sich ihre Anziehungskräfte. Sie bewirken eine besonders hohe Flut, die man Nipp- oder Springflut nennt.

Sprung m.: Der aufsteigende Verlauf der Schiffsbordlinie nach Bug und Heck; also ein leicht konkaver Anstieg des Decks nach achtern und vorn.

Stag n.: Ein Masthaltetau, das den Mast nach vorn und achtern in Längsschiffsrichtung abstützt.

Staken m.: Eine Bootsstange zum Abhalten oder Abstoßen vom Grund in sehr flachen Gewässern. Im letzteren Fall dient der Staken zur Fortbewegung eines Bootes.

stampfen: Die Bewegungen eines Schiffes um seine Querachse im Seegang.

Stander m.: Eine Kommandoflagge oder ein Hilfszeichen im Signalverkehr. Heute ist ein Stander zumeist ein kurzer dreieckiger Wimpel. Bei der römischen Flotte war auch der Doppelstander in Gebrauch. Dies ist eine Flagge mit einem dreieckigen Ausschnitt, die dadurch in zwei Spitzen ausläuft.

Stänge f.: Siehe Stenge.

Stapel m.: Die Unterlage, auf der ein Schiff erbaut wird.

Stapelkeil m.: Ein Keil, mit dem das Schiff vor dem Stapellauf auf dem Stapel, der Unterlage, auf welcher es erbaut wird, in der richtigen Lage festgehalten wird.

stauen: Das seefeste, raumsparende Wegpacken von Ladung oder Vorräten im Schiffsinneren.

stehendes Gut: Die Gesamtheit des zum Abstützen der Masten dienenden Tauwerks, sofern es nicht, wie bei den antiken Kriegsschiffen und z. T. bei den Handelsschiffen, losgemacht werden konnte.

steifsetzen: Eine Leine oder Trosse, ein Tau oder Segel straffen durch festes Durchziehen.

Stenge f.: Ein Rundholz zur Verlängerung eines Mastes. Diese Spiere wird auch »Stänge« geschrieben.

Steuerbord m.: Die rechte Schiffsseite, nach vorn gesehen.

Steuerer m.: Siehe Rudergänger.

Steven m.: Ein Hauptkonstruktionsteil an beiden Enden eines Schiffes, vorn Vorsteven, hinten Achtersteven genannt. Der Steven ist mit beiden Enden des Kieles fest verbunden und dient der Aufnahme der Plankenenden. Er schließt das Schiff nach vorn und hinten ab.

Stevenendigung f.: Das obere Ende, der Stevenkopf, des Vor- oder Achterstevens. Bei römischen Schiffen war die Ausbildung des Vor- und Achterstevens grundsätzlich verschieden.

Stevenzier f.: Eine Verzierung am Vor- oder Achtersteven eines Schiffes.

Stockanker m.: Ein Anker, der bei den Römern einen bleiernen oder eisernen beweglichen oder unbeweglichen Stock quer zur Richtung der Ankerarme, der Flunken, besaß.

streichen: Ein Segel oder eine Rah herunterlassen.

Stringer m.: Eine Längsverbandsverstärkung, die im Inneren des Schiffes verläuft. Diese Längsverbindung läuft innen an den Spanten, an der Außenhaut und auch als Unterzug unter den Decksbalken.

Stropp m.: Eine Tauschleife oder Schlinge, die als Befestigungsleine in der Antike das Steuerruder oder einen Riemen hielt. Der Riemenstropp bestand zumeist aus Leder. Mit Stroppen waren die Riemen an Dollpflöcken oder Dollen beweglich befestigt.

Stylis f.: Der Flaggstock antiker Schiffe. Es ist jedoch nach Wachsmuth (a.a.O. S. 86 ff.) zwischen der Stylis als Verstrebungsstütze des Aphlastons und der hinter der Heckzier freistehenden Stange mit Querleiste zu unterscheiden. Letztere geht auf ägyptische Vorbilder und die Fischstandarten der Kykladenschiffe zurück. Es ist eine Kultstandarte. Sie trat an die Stelle eines Götterbildnisses und trug das Zeichen oder den Namen der Schutzgottheit des Schiffes (tutela navis).

Takel n.: Ein starker Flaschenzug aus Tauwerk und Blöcken.

Takelage f.: Das gesamte Takelwerk, alles was zum Segeln Notwendige auf einem Schiff. Es gehören zum Takelwerk alle Masten, Rundhölzer, Segel, Wanten, Stage usw.

Takeler m.: Ein Schiffbauhandwerker, der ein Schiff auftakelt.

Talje f.: Ein Flaschenzug, der zumeist kleiner als ein Takel ist (vergleiche auch Takel).

Taljereep n.: Ein Tau, welches durch die Doodshoften oder Jungfern geschoren ist, um stehendes Gut steifzusetzen.

Tampen m.: Ein Tauende. Ungenau auch die Bezeichnung für ein ganzes Tau.

Taurack n.: Ein aus Tauwerk bestehendes Rack (siehe Rack).

Tide f.: Der Zeitraum von einem Niedrigwasser bis zum nächsten (siehe auch Ebbe und Flut). An den meisten Küsten umfaßt die Tide einen Zeitraum von 12 Stunden und 25 Minuten.

Tidenhub m.: Der Unterschied zwischen Hoch- und Niedrigwasser, der Wasserstandsunterschied bei den Gezeiten.

Topp m.: Das oberste Ende eines Mastes, Pfahles oder einer Stenge. Topp gilt auch als Begriff für die Gesamtheit eines getakelten Mastes.

topplastig: Ein zum Kentern neigendes Schiff mit zu hohem Überwasserteil.

Toppnant f.: Ein Tau zum seitlichen Abstützen einer Rah, an dem die Rah hängt und das diese in ihrer waagerechten Lage hält. Bei römischen Schiffen fuhren zwei Toppnanten zu den Rahnocken oder mehrere Toppnanten vom Topp des Mastes zur Rah.

Toppsegel n.: Ein oberes Segel.

totes Werk n.: Siehe Oberwerk.

Transportschiff n.: Es gehört als Versorgungs- oder Truppentransportschiff zu den Troßschiffen der Kriegsmarine. Die Troßschiffe befördern Truppen- und Materialnachschub für die Streitkräfte eines Staates.

trockenfallen: Bei Ebbe oder ablandigem Sturm sinkt der Wasserspiegel. Verankerte oder festgemachte Schiffe bleiben auf dem Meeresboden liegen. Auch kommen Gegenstände zum Vorschein, die bei Flut vom Wasser bedeckt sind.

Trosse f.: Ein besonders starkes Tau, eine Schiffsleine, die bei den Römern aus Hanf (cannabis) oder Pfriemengras (spartum), eine in Spanien besonders häufige Pflanze, hergestellt wurde.

überholen: Starkes seitliches Neigen eines Schiffes.

unterschneiden: Unter der Wasseroberfläche verschwinden.

Verbandstau n.: Siehe Hypozom.

verdübeln: Beidseitiges Verkeilen.

verholen: Ein Schiff an einen anderen Liege- oder Ankerplatz bringen.

Versorgungsschiff n.: Hier ein Troßschiff der Kriegsmarine, das einen Stützpunkt, Landstreitkräfte oder eine Flotte in See oder an ihrem Liegeplatz mit allem Notwendigen versorgt.

vollgetakelt: Ein Mast mit Rahsegel oder Rahsegeln.

Vollschiff n.: Ein Segelschiff mit drei vollgetakelten Masten.

Volute f.: Eine spiralförmig eingerollte Windung. Die Volute finden wir auf römischen Schiffsdarstellungen vornehmlich als Bug-, seltener als Heckzier.

vorheißen: Hochziehen, aufhieven (siehe auch heißen).

Vormast m.: Bei römischen Schiffen der vor dem Hauptmast stehende Mast. Dies kann sowohl ein echter Fockmast als auch ein Spierenmast mit dem Artemonsegel sein.

Vorschiff n.: Der vor dem Großmast gelegene Teil des Schiffes.

Vorstag n.: Ein nach vorn laufendes Masthaltetau (siehe auch Stag), zum Absteifen des Fock- oder Hauptmastes.

Vorsteven m.: Die Vorderkante eines Schiffes (siehe auch Steven).

vorüberpullen: Landläufig vorüberrudern.

Wachhabender m.: Der die Wache Führende. Er ist in dieser Zeit für die Führung des Schiffes und den Dienst an Bord verantwortlich. Auch das Schiffstagebuch oder Bordjournal ist von ihm zu führen.

Want n.: Ein Haltetau zum seitlichen Abstützen des Mastes oder einer Stenge.

warpen: Segelschiffe besaßen schon in der Antike einen kleinen Warpanker. Dieser wurde mit dem Schiffsboot ausgebracht und fallengelassen. An der Trosse des Warpankers zog man bei Windstille oder wenn das Schiff festsaß das eigene Fahrzeug aus dem Hafen oder in tiefes Wasser.

Wegerung f.: Innenhaut eines Schiffes.

wegfieren: Siehe fieren.

Wetterdeck n.: Das oberste, dem Wetter ausgesetzte Deck eines Schiffes. Es war in der Antike zugleich das Kampfdeck der Kriegsschiffe und wird auch Oberdeck genannt.

Winsch f.: Eine Winde zum Heben von Lasten oder zum Anziehen von Tauen (z. B. die Ankerwinsch).

zu Anker liegen: Ein Schiff hat geankert. Man sagt auch vor Anker liegen.

zurren: Etwas festmachen, festbinden oder festlaschen.

Zurring f.: Eine Kabelschlinge, ein Taugürtel oder einfach Tauwerk zum Befestigen (z. B. der Ladung).

zusammenlaschen: Siehe laschen.

Literatur

Abkürzungen:

Atti II: Atti del II. Congresso Internazionale di Archeologia Sottomarina. Albenga 1958, Instituto Internazionale di Studi Liguri 1961
Atti III: Atti del III. Congresso Internazionale di Archeologia Sottomarina. Barcelona 1961, Instituto Internazionale di Studi Liguri 1971
Atti IV: Atti del IV. Congresso Internazionale di Archeologia Sottomarina. Nizza 1970, Instituto Internazionale di Studi Liguri (Druck in Vorbereitung)
JDI: Jahrbuch des (kaiserlich) deutschen archäologischen Instituts
JHS: Journal of Hellenic Studies
JRS: Journal of Roman Studies
MM: The Mariner's Mirror
RE: Paulys Real-Encyclopädie der classischen Altertumswissenschaft
RSL: Rivista di Studi Liguri
TAPA: Transactions and Proceedings of the American Philological Association

Ahrweiler, H.: Byzance et la mer. Paris 1966
Alexanderson: Den Grekiska Trieren. Lund 1914
Alföldi, A.: Commandants de la flotte romaine stationnée à Cyrène sous Pompée, César et Octavien. Mélanges d'archéologie, d'épigraphie et d'histoire offerts à J. Carcopino. Paris 1966
Anderson, R. C.: Triremes and other Ancient Galleys. MM 27 (1941)
Anderson, R. C.: Oared Fighting Ships. London 1962
Assmann, E.: Seewesen. Baumeisters Denkmäler des Klassischen Altertums zur Erläuterung des Lebens der Griechen und Römer in Religion, Kunst und Sitte, 3, München und Leipzig 1889
Assmann, E.: Die Schiffsbilder von Althiburus und Alexandria. JDI, 21 (1906)
Assmann, E.: Zur Kenntnis der antiken Schiffe. JDI, 4 (1889)
Assmann, E.: Nautisch-archäologische Untersuchungen. JDI, 7 (1892)
Assmann, E.: Das Schiff von Delphi. JDI, 20 (1905)
Assmann, E.: Segel. RE (1921)
Assmann, E.: Zu den Schiffsbildern der Dipylonvasen. JDI, 1 (1886)
Baatz, D.: Zur Geschützbewaffnung römischer Auxiliartruppen in der frühen und mittleren Kaiserzeit. Sonderdruck aus Bonner Jahrb. 166, Bonn 1966
Babelon, E.: Traité des monnaies grecques et romaines. Paris 1910
Bahrfeldt, M.: Die Münzen des Flottenpräfekten des Marcus Antonius. Numismatische Zeitschrift, Wien, 37 (1906), Tafel I und II
Baker, W.: Ricerche subacquee nel Porto Grande di Siracusa. Atti II, Albenga 1958 (1961)
Bartoccini, R.: Il porto romano di Leptis Magna. Bollettino del Centro Studi per la Storia dell' Architettura, 13 supplemento al 1958 (ma 1960)
Basch, L.: Phoenician Oared Ships. MM 55 (1969)
Basch, L.: Archéologie navale et archéologie sous-marine. Brüssel 1968
Basch, L.: Ancient wrecks and the Archaeology of ships. The International Journal of Nautical Archaeology and Underwater Exploration 1, 1972
Bass, G. F.: A history of Seafaring based on underwater archaeology. London 1972
Bass, G. F.: Cape Gelidonya: A Bronze Age Shipwreck. Transactions of the American Philosophical Society (1967)
Bass, G. F.: Archäologie unter Wasser. Bergisch Gladbach 1966
Bass, G. F.: Underwater Excavations at Yassi Ada: A Byzantine Shipwreck. Archäologischer Anzeiger (1962)

Bauer, A.: Seewesen. Die griechischen Altertümer, Müllers Handbuch der classischen Altertumswissenschaft 4, 1, 2, München 1893
la Baume, P.: Die Römer am Rhein. Bonn 1964
Becatti, G.: Scavi di Ostia. 4, Mosaici e pavimenti marmorei, Rom 1961
Beck, Th.: Der altgriechische und altrömische Geschützbau nach Heron dem Älteren, Philon, Vitruv und Ammianus Marcellinus. Beiträge zur Geschichte der Technik und Industrie, Jahrbuch des Vereins deutscher Ingenieure, 3 (1911)
Belamy: Catalogue raisonné du musée de marine. Paris 1909
Benoît, F.: L'archéologie sous-marine en Provence. Rivista di Studi Liguri 18 (1952)
Benoît, F.: l'Epave du Grand Congloué à Marseille. Gallia, suppl. 14, Paris 1961
Benoît, F.: Amphores et céramiques de l'épave de Marseille (Grand Congloué). Gallia 12 (1954)
Benoît, F.: Premiers résultats du foilles sous-marines: Architecture navale et tonnage des navires à l'époque hellénistique et romaine. Atti II, Albenga 1958 (1961)
Bieß, H.: Rekonstruktionen ägyptischer Schiffe des neuen Reiches und Terminologie der Schiffsteile. (Diss.) Göttingen 1963
Blinkenberg, C.: Triemiolia. Det Kgl. Danske Videnskabernes Selskab, Archaeologisk-kunsthistoriske Meddelser, 2, 3, København 1938
Boeckh, A.: Die Staatshaushaltung der Athener. 3, Urkunden über das Seewesen des attischen Staates, Berlin 1840
Bonacasa, N.: Tafel LXXI. 2, Archeologia Classica, 11, Roma 1959
Bréhier, L.: La marine de Byzance du VIII et au XI siècle. Byzantion XIX, (1949)
Breusing, A.: Die Nautik der Alten. Bremen 1886
Breusing, A.: Die Lösung des Trierenrätsels. Bremen 1889
Buecheler, F.: Neptunia Prata. Rheinisches Museum für Philologie, 59 (1904)
Busch, H.: Rom als Seemacht. MOV-Nachrichten, 44 (1969)
Busley, C.: Die Entwicklung des Segelschiffes. Berlin 1920
Busley, C: Schiffe des Altertums. 20. Hauptversammlung der Schiffbautechnischen Gesellschaft, Zeitschrift des Vereins dt. Ingenieure, 63 (1919)
Caddeo, R.: Storia Marittima dell' Italia. Mailand 1942
Callies, H.: Zur Stellung der medici im römischen Heer. Medizin historisches Journal, 3 (1968), Hildesheim
Cartault, A.: La Trière Athénienne. Paris 1881
Caspari, F.: Das Nilschiff Ptolemaios IV. JDI 31 (1916)
Casson, L.: Ancient Shipbuilding. TAPA 94 (1963)
Casson, L.: The Ancient Mariners. London 1960
Casson, L.: Sailing. The Muses at Work, Arts, Crafts and Professions in Ancient Greece and Rome (1969)
Casson, L.: New Light on Ancient Rigging and Boatbuilding. The American Neptune, 24 (1964)
Casson, L.: The Isis and her Voyage. TAPA 81 (1950)
Casson, L.: Studies in Ancient Sails and Rigging. Essays in Honor of C. Bradford Welles, American Studies in Papyrology 1, New Haven 1966
Casson, L.: Illustrated History of Ships and Boats. New York 1964
Casson, L.: Harbour and River Boats of Ancient Rome. JRS 55 (1965)
Casson, L.: Ships and Seamanship in the Ancient World. Princeton 1971
Casson, L.: The Super-Galleys of the Hellenistic Age. MM 55 (1969)
Casson, L.: Speed Under Sail of Ancient Ships. TAPA 82 (1951)
Casson, L.: The Size of Ancient Merchant Ships. Studi in onore di A. Calderini – R. Paribeni 1, (1956)
Casson, L.: Fore and Aft Sails in the Ancient World. MM 42 (1956)

Casson, L.: Travel in the Ancient World. London 1974
Cavenaile, R.: Corpus papyrorum latinarum. Wiesbaden 1956 bis 1958
Chantraine, H.: Kaiserliche Sklaven im römischen Flottendienst. Chiron 1 (1971)
Chevalier, Y.: La cavité d'emplanture avec monnaie de l'épave antique de l'Anse Gerbal à Port-Vendres (sondage 1963). Revue archéologique de Narbonnaise, 1 (1968)
Cichorius, C.: Aus dem Kreise des Augustus. Marineoffiziere Octavians, Römische Studien, Stuttgart 1961
Cichorius, C.: Die Reliefs der Trajanssäule. Tafel 5, 26, 34, 35, 58, 59, 61 und 63, Berlin 1896/1900
Corazzini. F.: Storia della Marina italiana. Livorno 1882
Cousteau, J.: Das lebende Meer. Köln 1964
Craemer, H.: 5000 Jahre Segelschiffe. München–Berlin 1938
Creston, R.-Y.: Les navires des Vénètes. Atti II, Albenga 1958 (1961)
Dain, A.: Naumachica. Paris 1943
Dolley, R. H.: The Warships of the Later Roman Empire. JRS 38 (1948)
Dolley, R. H.: Naval Tactics in the Heydays of the Byzantine Thalassocracy. Atti dell' VIII congresso di studi byzantini, 1, Roma 1953
Domaszewski, A v.: Die Rangordnung des römischen Heeres, 2. durchges. Auflage von Brian Dobson, Köln-Graz 1967
Doorninck, F. van: The Byzantine Shipwreck at Yassi Ada. (Diss.) University of Pennsylvania (1967)
Dupuy de Lôme: Le musée de marine du Louvre. Paris 1883
Duval, P.: La forme des navires romains. École française de Rome, Mélanges d'archéologie et d'histoire 61 (1949)
Eickhoff, E.: Seekrieg und Seepolitik zwischen Islam und Abendland. Das Mittelmeer unter byzantinischer und arabischer Hegemonie. (1966)
Ensslin, W.: Theoderich der Große. München 1947
Février, P.-A.: Forum Julii (Fréjus). Itinéraires Ligures, 13. 1963
Fiebiger, O.: De classium Italicarum historia et institutis. Leipziger Studien zur classischen Philologie, 15 (1894)
Fiebiger, O: Classis. RE 3 (1899)
Foucher, L.: Quelques remarques sur la navigation antique: interprétation de documents figurés provenant de la région de Sousse (Tunisie). Atti II, Albenga 1958 (1961)
Foucher, L.: Navires et barques figurés sur des mosaiques découvertes à Sousse et aux environs. Institut National d' Archéologie et Arts. Musée Alaoui, Notes et Documents 15, Tunis 1957
Frisk, H.: Le périple de la Mer Érythrée (Periplus maris erythraei). Göteborgs Högskolas Arsskrift, 33, I, Göteborg 1927
Fröhlich, F.: Das Kriegswesen Cäsars. 1–3, Zürich 1889
Frost, H.: Under the Mediterranean. London 1963
Fuchs, W.: Der Schiffsfund von Mahdia. Bilderhefte des deutschen archäologischen Instituts Rom, 2 (1963)
Furttenbach, J.: Architectura Navalis. Ulm 1629
Gargallo, P.: Anchors of Antiquity. Archaeology 14 (1961)
Gelzer, M.: Pompeius. München 1959
Gille, P.: Les navires à rames de l'antiquité. Paris 1965
Gnirs, A.: Die christliche Kultanlage aus konstantinischer Zeit am Platze des Domes in Aquileia. Jahrbuch des kunsthistorischen Institutes der k. k. Zentralkommission für Denkmalpflege, 9 (1915)
Göttlicher, A., und Werner, W.: Schiffsmodelle im alten Aegypten. Wiesbaden 1971
Graefe, F.: Kleine Studien zur Marinegeschichte des Altertums. Hermes, 57 (1922)
Graser, B.: Die ältesten Schiffsdarstellungen auf antiken Münzen. Berlin 1870
Graser, B.: De veterum re navali. Berlin 1864
Graser, B.: Die Gemmen des Kgl. Museums zu Berlin mit Darstellungen antiker Schiffe. Berlin 1867
Gray, D.: Seewesen. Archaeologia Homerica, Bd. 1, Kapitel G, Göttingen 1974
Grosse, R.: Römische Militärgeschichte von Gallienus bis zum Beginn der byzantinischen Themenverfassung. Berlin 1920
Guasch, R. P.: La nave romana de El Golfet (Gerona). Ampurias 28 (1966)
Guthmann, O.: Bad Kreuznach und Umgebung in römischer Zeit. Meeresmosaik von Victorinos (sog. Okeanosmosaik). Bad Kreuznach 1969
Haack: Über attische Trieren. Zeitschrift des Vereins deutscher Ingenieure (1895)
Haberling, W.: Die altrömischen Militärärzte. Veröffentl. des Mil.-Sanitäts-Wesens, 42 (1910)
Hagedorn, B.: Die Entwicklung der wichtigsten Schiffstypen bis ins 19. Jahrhundert. Berlin 1914
Haltaus, K.: Geschichte Roms. I, Beilage über die Enterbrücken der Römer, Leipzig 1846
Hanfmann, G. M. A.: A Roman Victory. Opus Nobile, Festschrift zum 60. Geburtstag von Ulf Jantzen, Wiesbaden 1969
Heidenreich, R.: Ein Schiffsschnabel in der Leipziger Archäologischen Sammlung. Festgabe zur Winkelmannfeier, Leipzig 1931
Heurgon, J.: La Vie quotidienne chez les Étrusques, Paris 1961
Heuss, Th.: Rom und Karthago. Leipzig 1943
Heydendorff, W.: Die römische Flotte auf der norischen und oberpannonischen Donau. Unsere Heimat, Monatsblatt des Vereins für Landeskunde von Niederösterreich und Wien, 23 (1952)
Heydenreich, T.: Tadel und Lob der Seefahrt. Studien zum Fortwirken der Antike, 5 (1970)
Hornell, J.: Water Transport. Origins and Early Evolution, Cambridge 1946
Höver, O.: Das Lateinsegel. Anthropos, 52 (1957)
Jal, A.: Archéologie navale. Paris 1840
Jal, A.: La flotte de César. Paris 1861
Jal, A.: Glossaire nautique. Paris 1848/50
Jantzen, E.: Perspektiven aus der Vorzeit, Die Welt, Nr. 147 (1973)
Jordan, B.: The Meaning of the Technical Term Hyperesia in Naval Contexts of the Fifth and Fourth Centuries B. C. California Studies in Classical Antiquity, 2 (1969)
Judeich, W.: Topographie von Athen. Müllers Handbuch der klassischen Altertumswissenschaft, 3 (1905), Abb. 48a u. 48b
Kapitän, G.: Neue archäologische Unterwasserforschungen vor den Küsten Ostsiziliens. Delphin, 12 (1962), 1 (1963), 3 (1963)
Kapitän, G.: Rinvenimento di un'ancora antica a ceppo smontabile all'isola Lunga (Marsala). Atti IV, Nizza 1970
Kapitän, G.: Schiffsfrachten antiker Baugesteine und Architekturteile vor den Küsten Ostsiziliens. Klio, 39 (1961)
Kienast, D.: Untersuchungen zu den Kriegsflotten der römischen Kaiserzeit. Antiquitas, 13 (1966)
Kirk, G. S.: Ships on Geometric Vases. Annual of the British School of Archaeology at Athens, 44 (1949)
Klingelhöfer, H.: Römische Technik. Zürich und Stuttgart 1961
Köster, A.: Das antike Seewesen. Berlin 1923
Köster, A.: Studien zur Geschichte des antiken Seewesens. Aalen 1963
Kopecky, J.: Die attischen Trieren. Leipzig 1890
Kromayer, J.: Die Entwicklung der römischen Flotte vom Seeräuberkriege des Pompeius bis zur Schlacht von Actium. Philologus, 56 (1897)
Kromayer, J., und Veith, G.: Heerwesen der Griechen und Römer. Walter Otto's Handbuch der Altertumswissenschaft, 4, 3, 2, München 1928
Kromayer, J., und Veith, G.: Schlachten-Atlas zur antiken Kriegsgeschichte. Römische Abteilung, Blatt 1, 11, 16, 19, 21 und 24, Leipzig 1922
Kruska, E., und Rössler, E.: Walter-U-Boote. Wehrwissenschaftliche Berichte, 8, München 1969
Lamboglia, N.: La nave romana di Albenga. RSL, 18 (1952)
Lamboglia, N.: Rilievi e ricuperi archeologici intorno all'isola Gallinaria. Atti II, Albenga 1958 (1961)
Lamboglia, N.: Il rilevamento totale della nave romana di Albenga. RSL 27 (1967)
Lamboglia, N.: Albenga romana. Itinerari Liguri 1, Bordighera/Albenga 1961
Lamboglia, N.: La campagna 1963 sul relitto di Punta Scaletta all'isola di Giannutri. RSL 30 (1964)
Lamboglia, N.: La Nave Romana di Spargi (La Maddalena) Campagna di scavo 1958. Atti II, Albenga 1958 (1961)
Landström, B.: Das Schiff. Gütersloh 1961
Landström, B.: Segelschiffe. Gütersloh 1970

Landström, B.: Die Schiffe der Pharaonen. Gütersloh 1974

Laviosa, Cl.: La Marina Micenia. Annuario della Scuola archeologia di Atene e delle missioni italiane in oriente 47/48/1969

Lehmann-Hartleben, K.: Die antiken Hafenanlagen des Mittelmeeres. Klio Beiheft 14, Beiträge zur Geschichte des Städtebaues im Altertum, Leipzig 1923

Lemaitre, R.: De la disposition des rameurs sur la trière antique. Revue Archéologique, Paris 1883

Liddel, H., Scott, R., und Jones, H.: A Greek-English Lexicon. Oxford 1940

Liebenam: Nautae. RE 11 (1907)

Lindenschmit, L.: Tracht und Bewaffnung des römischen Heeres während der Kaiserzeit. Braunschweig 1882

Liversidge, J.: Britain in the Roman Empire. London 1968

Lloyd, A. B.: Triremes and the Saïte Navy. Journal of Egyptian Archaeology 58, London 1972

Luebeck, E.: Das Seewesen der Griechen und Römer. Hamburg 1890

Mahan, A.: Der Einfluß der Seemacht auf die Geschichte. Herford 1967

Marinatos, Sp.: Das Schiffsfresko von Akrotiri, Thera. Archaeologia Homerica, Bd. 1, Kapitel G, Göttingen 1974

Marsden, P.: A Roman Ship from Blackfriars. Guildhall Museum Publication, London 1967

Marsden, P.: A Boat of the Roman Period Discovered on the Side of New Guy's House. Bermondsey, 1958, Transactions of the London and Middlesex Archaeological Society 21 (1965)

Masson, P.: Les galères de France 1481–1781. Annales de la Faculté des Lettres d'Aix, 20 (1937), fasc. 1–2, Aix-en-Provence 1938

Mc Caan, A. M.: A Fourth Century Shipwreck near Taranto. Archaeology 25 (1972)

Meirat, J.: Marines antiques de la Méditerranée. Paris 1964

Miltner, F.: Ethnische Elemente antiker Schiffsformen. Gymnasium, 62 (1955)

Miltner, F.: Das praenestinische Biremenrelief. Jahreshefte des österreichischen archäologischen Instituts, 24 (1929)

Miltner, F.: Seekrieg – Seewesen der Römer. RE Suppl. 5 (1931)

Moll, F.: Das Schiff in der bildenden Kunst. Bonn 1929

Montesquieu, C.-L.: Betrachtungen über die Ursache von Größe und Niedergang der Römer. Bremen 1957

Morrison, J. S.: The Greek Trireme. MM 27 (1941)

Morrison, J. S., und Williams, R. T.: Greek Oared Ships 900–322 B.C. Cambridge 1968

Müller, A.: Waffen. Baumeisters Denkmäler des Klassischen Altertums zur Erläuterung des Lebens der Griechen und Römer in Religion, Kunst und Sitte, 3 (1889)

Neumann, C.: Die byzantinische Marine. Ihre Verfassung und ihr Verfall, Historische Zeitschrift, 45 (1898)

Nour, M. Z.: The Cheops-Boats 1. Cairo 1960

Nutton, V.: The doctors of the Roman navy. Epigraphica 32 (1970)

Owen, D. I.: Ausgrabung eines Schiffswracks aus dem 5. Jahrhundert v. Chr. in der Straße von Messina. Antike Welt, 1 (April 1973)

Paglieri, S.: Origine e diffusione delle navi etrusco-italiche. Studi Etruschi, 28 (1960)

Panciera, S.: Liburna. Epigraphica, 18 (1956)

Pantera, P.: L'armata navale. Roma 1614

Pâris, E.: Souvenirs de Marine. Paris 1882–1908

Pederzini, A.: Primi rilievi e fotografie della Nave Romana di Albenga. Atti II, Albenga 1958 (1961)

Pederzini, A.: Rinvenimenti e ricuperi all'isola d'Elba. Centro Italiano Ricercatori Subacquei, Bolletino e Atti (Genova 1958)

Persson, A. W.: Die hellenistische Schiffbaukunst und die Nemischiffe. Opuscula Archaeologica, 1 (1935)

Prat, M. O.: Estado actual de la arqueologia submarina en la Costa Brava (Gerona, España). Atti II, Albenga 1958 (1961)

Rackl, H.-W.: Jahrtausende steigen aus der Tiefe. Stuttgart 1969

Rackl, H.-W.: Tauchfahrt in die Vergangenheit. Wien-Heidelberg 1964

Rehm, A.: Bremens Schiffahrt in alten Tagen. Schiffahrt international, 3 (1971)

Rodgers, W. L.: Greek and Roman Naval Warfare. Annapolis 1964

Rost, G. A.: Vom Seewesen und Seehandel in der Antike. Amsterdam 1968

Rostovtzeff, M.: The Social and Economic History of the Roman Empire. Oxford 1957

Rougé, J.: Recherches sur l'organisation du commerce maritime. en Méditerranée sous l'Empire Romain. École pratique des hautes études, VIe Section, Centre de recherches historiques, Ports-Routes-Trafics, 21 (1966)

Ruge, F.: Seemacht und Sicherheit. Frankfurt a. M. 1968

Saint-Denis, E. de: Le rôle de la mer dans la poésie latine. Paris 1935

Saint-Denis, E. de: Le vocabulaire des manoeuvres nautiques en Latin. Macon 1935

Sander, E: Zur Rangordnung des römischen Heeres: Die Flotten. Historia, 6 (1957)

Santamaria, C.: Travaux et découvertes sur l'épave »A« du Cap Drammont à Saint Raphael (Var). Atti II, Albenga 1958 (1961)

Schiff, A.: Alexandrinische Dipinti. (Diss.) Leipzig 1905

Schmidt, L.: Geschichte der Wandalen. München 1942

Schneider, R.: Das rhodische Feuerschiff. Berliner philologische Wochenschrift, 27 (1907)

Schramm, E.: Die antiken Geschütze der Saalburg. Berlin 1918

Schramm, E.: Griechisch-römische Geschütze. Metz 1910

Schultze, E.: Meeresscheue und seetüchtige Völker. Rom 1937

Seel, O.: Antike Entdeckerfahrten. Zürich 1961

Sichtermann, H.: Archäologische Funde und Forschungen in Libyen. Archäologischer Anzeiger, 3 (1962)

Smith, J.: The Voyage and Shipwreck of St. Paul. London 1848

Stark, F.: Rom am Euphrat. Stuttgart 1969

Starr, Ch. G.: The ancient warship. Classical Philology, 35 (1940)

Starr, Ch. G.: Coastal defense in the Roman world. American Journal of Philology, 64 (1943)

Starr, Ch. G.: The Roman Imperial Navy 31 B. C. – A. D. 324. Corneil Studies in Classical Philology, 26 (1960)

Stein, E.: Geschichte des spätrömischen Reiches. Wien 1928

Stella, L.A.: Italia antica sul mare. 1928

Stenzel, A.: Seekriegsgeschichte. Hannover und Leipzig 1907 und 1909

Stichtenoth, D.: Pytheas von Marseille: Über das Weltmeer. Köln/Graz 1959

Tailliez, Ph.: Travaux de l'été 1958 sur l'épave du »Titan« à l'ile du Lévant (Toulon). Atti II, Albenga 1958 (1961)

Tarn, W.: The fleets of the first Punic war. JHS 27 (1907)

Tarn, W.: The Dedicated Ship of Antigonus Gonatas. JHS 30 (1910)

Tarn, W.: Roman Navy. Sandys' Companion to Latin studies. Cambridge 1921

Tarn, W.: Hellenistic Military and Naval Developments. Cambridge 1930

Taylor, J. du Plat: Marine Archaeology. London 1965

Tenne, A.: Kriegsschiffe zu den Zeiten der alten Griechen und Römer. Oldenburg 1915

Testaguzza, O.: Portus. Illustrazione dei porti di Claudio e Traiano e della città di Porto a Fiumicino, Roma 1970

Thiel, J. H.: A History of Roman Sea-Power before the Second Punic War. Amsterdam 1954

Thiel, J. H.: Studies on the History of Roman Sea-Power in Republican Times. Amsterdam 1946

Thiersch, H.: Pharos. Leipzig/Berlin 1909

Throckmorton, P.: The Antikythera Ship. Transactions of the American Philosophical Society, 55 (1965)

Throckmorton, P.: The Lost Ships. Boston–Toronto 1964

Throckmorton, P., und Kapitän, G.: An Ancient Shipwreck at Pantano Longarini. Archaeology, 21 (1968)

Throckmorton, P., und Wignall, S.: Surveying in Archaeology Underwater. London 1969

Throckmorton, P.: Roman Shipwrecks and Modern Aegean Ships. MM 50 (3)

Tilley-Fernwick: Rowing in the Ancient Mediterranean. A New Aspect. MM 59, 1973

Torr, C.: Ancient Ships. Cambridge 1894

Tusa, V.: Ricerche archeologiche sottomarine sulla costa nordoccidentale della Sicilia, Atti II, Albenga 1958 (1961)

Ucelli, G.: Le Navi di Nemi. Roma 1950

Vogt, J.: Constantin der Große und sein Jahrhundert. München 1960

Wachsmuth, D.: Untersuchung zu den antiken Sakralhandlungen bei Seereisen. (Diss.) Berlin 1960/1967

Wachsmuth, D.: Ploiaphesia. Seekrieg. Seeraub. Seewesen. Triere. Tutela navis. Der Kleine Pauly, Lexikon der Antike, München 1972–1975

Wallinga, H. T.: The Boarding-Bridge of the Romans. (Diss.) Groningen 1956

Ward-Perkins, J. B.: Severan Art and Architecture at Leptis Magna. JRS, 38 (1948) Fig. 5

Weber, L.: Die Lösung des Trierenrätsels. Danzig 1896

Wegener, E.: Moskaus Offensive zur See. Bonn–Bad Godesberg 1972

Wheeler, R. E. M.: The Roman Light-houses at Dover. Arch. Journal, 86 (1930)

Wickert, L.: Die Flotte der römischen Kaiserzeit. Würzburger Jahrbücher für die Altertumswissenschaft, 4 (1949/50)

Zechlin, E.: Maritime Weltgeschichte. Hamburg 1947

ohne Verfasserangabe:

National Maritim Museum: The Development of the Boat. A Select Bibliography, Greenwich o. J.

Von den antiken Schriften wurden diejenigen ausgewertet, die einen seemännischen oder historischen Bezug zum Thema des Buches enthalten. Im übrigen wird auf die hier angeführte Literatur und die dort gebrachten Quellenhinweise verwiesen.

Die antiken Ortsnamen und Bezeichnungen folgen »Westermanns Atlas zur Weltgeschichte«, Braunschweig 1963.

Die heutigen geographischen Namen und Bezeichnungen sind aus »Der große Bertelsmann Weltatlas«, Gütersloh 1961, entnommen.

Erklärung der Bildwerke mit Fotonachweis

Bild 1: Siehe Seite 8

Bild 2 und 3: Frühe Biremen mit zwei Rojerreihen übereinander
Attische Vasenscherben von der Akropolis, Athen, aus der Zeit des geometrischen Stils der Jahre 735–710 v. u. Z.
Entnommen bei: M. Ebert, »Reallexikon der Vorgeschichte«, Berlin 1924–1932, XI (1927), 245

Bild 4: Etruskische Bireme
(um 500 v. u. Z.)
Gezeichnet nach einer etruskischen schwarzfigurigen Hydria im Britischen Museum, London
Reproduktion aus: H. B. Walters Katalog der griechischen und etruskischen Vasen im Britischen Museum, Band II, schwarzfigurige Vasen (London 1893)

Bild 5: Zwei römische Biremen mit Seesoldaten an Deck
Die Sporne sind abgebrochen. Die Schiffe besitzen keine Riemenkästen. Außen laufende Hypozomtrossen umfassen in Deckshöhe beide Schiffsrümpfe (2. Jahrhundert v. u. Z.).
Fries im Museo Nazionale, Napoli
Foto: Deutsches Archäologisches Institut, Rom

Bild 6: Vorschiff einer Bireme mit Artemonsegel
(um das Jahr 100)
Römisches Grabsteinrelief im Britischen Museum, London
Foto: Britisches Museum, London

Bild 7: Steuerbordriemenkasten der Prora von Samothrake
Die vordere Querepotis ist ebenso detailliert herausgearbeitet wie die Rojepforten der ersten Sektion. Dollpflöcke unterteilen jede Pforte, deren genaue Abmessungen 36,1 x 9,4 cm betragen (200–180 v. u. Z.)
jetzt: Louvre, Paris
Foto: Service de Documentation Photographique de la Réunion des Musées Nationaux, Paris

Bild 8: Nilszene
Vorn vermutlich eine Liburne griechischer oder römischer Bauart, dahinter ein Fischerkahn, dahinter ein Flußfrachter mit Hütte, bei dem deutlich an der Vorderseite des Rahsegels die Buggordings mit Kauschen sichtbar sind. Am oberen Bildrand neben einem altägyptischen Tempel ein Last- oder Lustfahrzeug mit kastenförmigem, hochgezogenem, typisch ägyptischem Vorschiff (1. Jahrhundert v. u. Z.)
Mosaikbild aus Praeneste (Palestrina, Italien)
jetzt: Palazzo Barberini, Rom
Foto: Deutsches Archäologisches Institut, Rom

Bild 9: Römische Kriegsschiffe einander passierend
Das links im Bild auf den Betrachter zulaufende Fahrzeug zeigt einen in der Wasserlinie liegenden Hauptrammsporn, keinen Obersporn aber einen Spierenmast. Ein Dolonsegel ist an einem stark nach vorn geneigten Dolonmast gesetzt, dessen Rah von zwei Toppnanten und zwei Gabelstützen (parastatae) gehalten wird. Nicht nur das Vorstag (oder handelt es sich um eine dritte Stütze des Dolonmastes?), sondern auch die Backbordbrasse und Schot sind erkennbar. Als Heckzier schwingen sich zwei Hörner weit in das Schiff hinein. Zwei Flaggstöcke sind ebenso deutlich zu erkennen wie der achtere Galerieausbau.
Das rechts im Bild sichtbare ablaufende Kriegsschiff zeigt als Bugzier eine weit nach vorn ausladende Volute und eine fast griechische Heckzier (vergleiche Skizze 26) mit ebenfalls zwei Flaggstöcken. Beide Steuerruder sind in Gebrauch. Nach der dargestellten Kampfbesatzung beider Schiffe und dem Fundort des Gemäldes dürfte es sich um Liburnen der Misenischen Flotte handeln (1. Jahrhundert)
Wandgemälde des Isis-Tempels in Pompeji
Foto: Ucelli, Fig. 287

Bild 10: Zwei römische Kriegsschiffe
Nach der Anzahl der Seesoldaten handelt es sich vermutlich um große Liburnen. Obersporne und Kampftürme fehlen. Im Hintergrund sind Hafenanlagen mit Bauwerken sichtbar (1. Jahrhundert)
Wandgemälde, Casa dei Vettii, Pompeji
jetzt: Museo Nazionale, Napoli
Foto: Alinari, Rom

Bild 11:
Oben eine Flußliburne mit an der Rah beschlagenem Segel auf Gabelstützen
In der Mitte die Flußtireme Kaiser Trajans mit Artemonsegel
Ganz unten eine Flußliburne mit Obersporn
Die Schiffe laufen in einen Seehafen an der Adria oder am Schwarzen Meer ein (um das Jahr 106)
Relief der Trajanssäule (Ausschnitt)
Foto: Deutsches Archäologisches Institut, Rom

Bild 12: Flußliburnen der Donauflotten
Das Schiff im Vordergrund zeigt eine Hypozomtrosse um das Vorschiff und achtern eine doppelte Heckzier. Der über das Schiff hereingeschwungene vordere Teil läuft dreiteilig aus. Die Heckzier setzt an einem Flaggstock mit Wimpeln an und zeigt gleich nach dem Ansatz einen nach achtern geschwungenen Gänsehals mit Kopf. Beide Liburnen besitzen keine Obersporne (aus den Jahren 105–106)
Relief der Trajanssäule, Rom (Ausschnitt)
Foto: Deutsches Archäologisches Institut, Rom

Bild 13: Flußliburne der Donauflotten mit Hypozomtrosse um das Vorschiff und 11 Riemen an jeder Seite
(Zweiter Dakerkrieg, 105–106)
Relief der Trajanssäule (Ausschnitt)
Foto: Deutsches Archäologisches Institut, Rom

Bild 14: Römisches Kriegsschiff mit dreiteiligem Sporn, Obersporn, Volutenakrostolion und typisch römischem aplustre (Heckzier)
An Deck befinden sich über den Häuptern der Rojer zwei Galgen mit dreieckigen Giebelfeldern, durch die bei schwerem Wetter vermutlich Hypozomtrossen, die vorn und achtern in Zurrings, die Steven umfassend, zur Verstärkung des Schiffslängsverbandes gezogen werden konnten
Römischer Denar der gens Fonteja aus der Zeit um 109 v. u. Z.
Im Besitz des Verfassers
Foto: Verfasser

Bild 15: Kriegsschiffprora
Das Vorschiff zeigt deutlich einen dreiteiligen Hauptsporn, einen Obersporn mit Wolfskopf, das Volutenakrostolion, das apotropäische Auge (oculus) und *hölzernes* Sprengwerk als Längsverband. Der Sprung im Schanzkleid ist nicht gerundet, sondern deutlich eckig ausgebildet (2. Jahrhundert v. u. Z.)
Relief auf einem römischen Grabstein
jetzt: Palazzo Barberini, Rom
Foto: Deutsches Archäologisches Institut, Rom

Bild 16: Steuerruderschaft in seiner Halterung
Detail vom versinkenden »Schiff des Odysseus« (1. Jahrhundert v. u. Z. oder 1. Jahrhundert)
Römisches Marmorstandbild aus den Grotten des Faustinus (röm. Dichter des 1. Jahrhunderts) bei Sperlonga, Italien
jetzt: Museo Sperlonga
Foto: Deutsches Archäologisches Institut, Rom (Vergrößerung und Ausschnitt)

Bild 17: Römische Triremen ohne Obersporn mit einer Hypozomtrosse um das Vorschiff und zwei Zurrings um das Achterschiff
Deutlich sichtbar sind bei allen Schiffsdarstellungen die oculi und der dreigeteilte Hauptrammsporn. Auf einem Fahrzeug wird der Mast mit Hilfe eines im Vorschiff befindlichen *Bratspills* gelegt oder aufgerichtet. An den Heckzierden (aplustriae) sind Flaggstöcke mit Wimpeln (taeniae) sichtbar (spätes 2. Jahrhundert v. u. Z)
Calenische Tonschale mit Darstellungen der Abenteuer des Odysseus
jetzt: Staatliche Museen zu Berlin, Antiken-Sammlung
Foto: Staatliche Museen

Bild 18: Römische Trireme mit stumpfem Hauptrammsporn, dreigeteilter Heckzier, Quer- und Längsepotides
(1. Jahrhundert v. u. Z. oder 1. Jahrhundert)
Flachrelief aus Puteoli (Pozzuoli)
jetzt: Museo Nazionale, Napoli
Foto: Deutsches Archäologisches Institut, Rom

Bild 19: Römische Trireme mit Stylis und Tänien
(1. Jahrhundert v. u. Z. oder 1. Jahrhundert)
Flachrelief aus Puteoli (Pozzuoli)
jetzt: Museo Nazionale, Napoli
Foto: Deutsches Archäologisches Institut, Rom

Bild 20: Römisches Kriegsschiff schräg von vorn
(zwischen den Jahren 54 und 68)
Detail eines Wandgemäldes aus dem Hause des Priesters Amandus in Pompeji
Foto: Deutsches Archäologisches Institut, Rom (Vergrößerung)

Bild 21: Ein römisches Kriegsschiff mit Volutenvorsteven- und fünfteiliger Heckzier
Obersporn, Hauptsporn und Kampfturm auf dem Vorschiff mit Flaggstock und Tänien sind deutlich sichtbar. Im Achterschiff erkennt man die Hütte des Kommandanten, an der Steuerbordseite die Riemen und ein Steuerruder
Denar des Marcus Antonius (Vorderseite) aus den Jahren 32 bis 31 v. u. Z. Die Umschrift lautet: ANT · AUG/III · VIR · R · P · C
Im Besitze des Verfassers
Foto: Verfasser

Bild 22: Teilansicht eines römischen Schlachtschiffes
Vermutlich handelt es sich um eine Quadrireme mit vier Riemen in der Sektion. Vor dem vorderen Kampfturm der Spierenmast für das Artemonsegel. Der Rammsporn eines zweiten Schiffes ist rechts unten auf dem Relief noch sichtbar (zweite Hälfte des 1. Jahrhunderts v. u. Z.)
Relief aus dem Fortunatempel zu Praeneste (Palestrina, Italien)
jetzt: Musei Lateranensi, Rom
Foto: Alinari, Rom

Bild 23: Der Leuchtturm von Messana (Messina) mit der Statue des Neptun auf einer Schiffspora
Davor ein römisches Kriegsschiff mit Sporn und Obersporn, einem Kampfturm auf der Back und zahlreichen, übereinander liegenden Riemen, die in den oberen Reihen aus einem Riemenkasten ragen. Das auf dem Kampfturm angebrachte Legionsfeldzeichen (aquila) weist dieses Fahrzeug als Prätorialschiff aus. Durch die fünfgeteilte Heckzier hindurch oder daneben befindet sich die Stylis mit Querbrett und Wimpeln. Achtern ragt aus dem Aphlaston der Dreizack Neptuns als Zeichen der Schiffsgottheit (tutela navis). Mit großer Wahrscheinlichkeit stellt das abgebildete Schiff eine hexeris navis trierischer Bauart, die größte Einheit des Sex. Pompeius, dar
Denar des Sextus Pompeius Magnus Pius (Vorderseite) aus den Jahren 38 bis 36 v. u. Z. Die auf dieser Münze nicht lesbare Umschrift lautet: MAG · PIUS – IMP · ITER
Im Besitze des Verfassers
Foto: Verfasser

Bild 24: Römisches Schlachtschiff
Das Heck eines offenbar großen Kriegsschiffes mit festem achteren Deckshaus, großem Kampfturm, der nochmals in einer Verschanzung steht, und einer den Turm überragenden fünfteilig auslaufenden Heckzier, die von zwei Flaggstöcken abgestützt wird. An achteren Flaggstock befindet sich ein Querschild, an der Heckzier eine ovale Laterne. Das Schiff dürfte ein Schlachtschiff des damals größten Typs darstellen. Es ist vermutlich eine hexeris navis, die von zwei zueinander leicht versetzten Riemenreihen angetrieben wurde. Zwei übereinander gelegte Gangways überragen das Heck. Das Backbordsteuerruder ist angehievt
(2. Jahrhundert)
Römisches Basrelief
jetzt: Palazzo Spada, Rom
Foto: Alinari, Rom (Ausschnitt)

Bild 25: Römisches Großkampfschiff
Auf der Back ein schwerer, auf der Poop zwei mittlere verbundene und mittschiffs drei kleinere Kampftürme mit Kuppeln weisen das Fahrzeug als Großkampfschiff aus. Ein siebenter Kampfturm muß sich wegen der Trimmlage mittschiffs auf der Backbordseite befunden haben.
In der Darstellung mit Graser einen bewaffneten Handelsfahrer zu sehen ist nach der Stärke der Armierung unmöglich.
Vom nicht niedergelegten Mast hängen die aufgegeiten Segel in Buchten herab. Die Vorstevenzier zeigt die typisch römische Volute. Das Schiff besitzt keinen Hauptrammsporn (aus der Zeit der späten Republik)
Die Gemme (Karneol) befindet sich in der Antiken-Sammlung der Staatlichen Museen zu Berlin (Furtwängler F 7095)
Gemmenabdruck: Staatliche Museen, Berlin
Foto (Vergrößerung): Verfasser

Bild 26: Römisches Großkampfschiff
Die Nachzeichnung von Graser zeigt ein römisches Kriegsschiff ohne Rammsporn mit einem Pferd als Galion. Der schwere Mast ist nicht niederlegbar. Die Segel, mittels Gordings aufgegeit, hängen in Buchten herab. Das Schiff ist gefechtsklar. Es fährt, wie auch das Großkampfschiff auf Bild 25, sieben Kampftürme an Deck (frühe Kaiserzeit)
Die Gemme (gelbe antike Paste) befindet sich in der Antiken-Sammlung der Staatlichen Museen zu Berlin (Furtwängler F 3401)
Gemmenabdruck: Staatliche Museen, Berlin
Kupferstich: E. Graser, 99 (X)
Foto (Vergrößerung): Verfasser

Bild 27: Münzbild eines römischen Kriegsschiffes mit Sporn, Obersporn, Kommandantenhütte und einer achtern umlaufenden Galerie. Die Reling zeigt die typisch römische Kreuzverstrebung. Das Artemonsegel ist aufgegeit und hängt in Buchten herab. Der zweigeteilte Hauptrammsporn ist leicht aufgebogen
As Kaiser Hadrians (aus den Jahren 117–138)
Im Besitze des Verfassers
Foto: Verfasser

Bild 28: Das Nemisee-Schiff ohne Rammsporn (Wrack II) von achtern
(aus den Jahren 37–41)
Ucelli, Fig. 100

Bild 29: Bleibeschlag des Unterwasserteils eines Nemisee-Schiffes. Gut erkennbar sind Haupt- und Nebenkiel
Ucelli, Fig. 78

Bild 30: Das Nemisee-Schiff mit Rammsporn (Wrack I) bei der Bergung
(aus den Jahren 37–41)
Ucelli, Fig. 75

Bild 31 und Umschlagbild: Römische Kriegsschiffe (Moneren) im Kampf
Basrelief aus der Kaiserzeit, Madrid
Foto: Deutsches Archäologisches Institut, Rom
(Bild 31 ist ein Ausschnitt des Umschlagbildes)

Bild 32: Kriegsschiff mit Victoria
Die Victoria mit zwei Kränzen steht auf einem Kriegsschiff, dessen Vor- und Achtersteven denen der Schiffe auf Bild 31 gleichen
Follis des Kaisers Constantin (Rückseite) aus dem Jahre 327. Die Münze wurde zur Gründung der neuen Hauptstadt Constantinopolis geprägt und versprach ihr Freiheit und Privilegien nach dem Vorbilde Roms
Foto: F. Sternberg, Zürich

Bild 33: Dromone mit einem Lateinersegel und schildbewehrtem Schanzkleid
Die Heckzier zeigt noch den römischen Rundschild mit Flaggstock und Wimpel. Im Achterschiff befindet sich die Hütte des Kommandanten und auf der Back ein flacher Kampfturm. Wanten und Backstag sind deutlich sichtbar. Der Topp des nach vorn geneigten Mastes wird von einer Kugel gekrönt. Das große Backbordsteuerruder ist ebenso deutlich herausgearbeitet wie der weit über der Wasserlinie liegende pfahlartige Rammsporn (vielleicht 6. Jahrhundert)
Graffito aus Malaga, Spanien
jetzt: Museo Naval, Madrid
Foto: Museo Naval

Bild 34: Heckzier eines rhodischen Kriegsschiffes
Dieses sogenannte Hagesandrosschiff wurde auf der Insel Rhodos bei Lindos als Relief aus dem natürlichen Felsen gehauen. Deutlich sichtbar ist der Flaggstock, der Riemenkasten mit achterer Querepotis, das Backbordruder und darunter zwei Zurrings der Hypozomtrossen. Das Relief ist heute stark verwittert (um 200 v. u. Z.)
Ucelli, Fig. 290

Bild 35: Hemiolia verfolgt ein Handelsschiff vom Typ holkas
(ca. 510 v. u. Z.)
Auf einer attischen schwarzfigurigen Schale im Britischen Museum
Foto: Britisches Museum, London

Bild 36: Kriegsschiff der Etrusker
Das dargestellte Vorschiff zeigt uns einen dreigeteilten stumpfen Hauptrammsporn und einen Obersporn in Form eines Widderkopfes. Dem Vorsteven sind als Abschlußornament zwei Rundschilde aufgesetzt, zwischen denen vermutlich das Vorstag belegt war. Ein Steuerruder mit Hakenpinne an der Backbordseite des Vorschiffes setzt ein gleichartiges Ruder am Achterschiff auf der Steuerbordseite voraus. Beide Ruder konnten durch eine Aufklotzung hochgezogen werden (6. Jahrhundert v. u. Z.)
Zeichnung eines Reliefs auf einer etruskischen Aschenurne nach Fr. Behn
Entnommen bei: Miltner, »Ethnische Elemente antiker Schiffsformen«, Fig. 1 a.a.O.

Bild 37: Schiffssteven, vermutlich vom Typ der camara, auf einem in Rom gefundenen römischen Sarkophagrelief, genannt »Der Kampf bei den Schiffen«
(2. Jahrhundert v. u. Z.)
jetzt: Museo Archeologico, Venezia
Foto des Museums

Bild 38: Einmastiges Segelschiff mit Legionären an Bord
Nach den stark hochgezogenen Steven und den angedeuteten Rojepforten könnte es sich um eine camara handeln
Zeichnung eines heute zerstörten Reliefs von der Theodosiussäule aus dem Jahre 386
Entnommen bei: Miltner, »Ethnische Elemente antiker Schiffsformen«, Tafel V, Abb. 2 a.a.O.

Bild 39: Flußkampfschiff
Eine in Bernstein gearbeitete römische Schiffsdarstellung mit Besegelung (auf dem Ausschnitt nicht sichtbar), Rammsporn, Hütte und Riemen. Es handelt sich wahrscheinlich um einen unmittelbaren Vorläufer der navis lusoria oder um eine Darstellung dieses Typs selbst. In dem Schiff sitzen drei musizierende Eroten (wahrscheinlich 3. Jahrhundert)
Foto: Römisch-Germanisches Museum, Köln (Ausschnitt)

Bild 40: Admiralitätsyacht (?)
Das schnittig gebaute Fahrzeug war in der Lage, hohe Fahrt zu laufen. Es weist wesentliche Merkmale einer Einheit der römischen Flotte auf. An beiden Seiten des Vorschiffes ist ein Keilerkopf mit starken Hauern, ein typisches und oft wiederkehrendes römisches Kriegsschiffornament, ausgearbeitet. Auf starken Querbalken ruhen die Riemenauslejer. Die achtere und jetzt abgebrochene vordere Querepotis ist durch Langepotides verbunden. Bei einem Passagier- oder Handelsschiff wären diese Konstruktionsmerkmale überflüssig gewesen. Die in einem Überbau endende Poop besitzt ein abgestuftes Deck. Von der Back aus ragt ein sich verjüngender, vermutlich einstmals spitz auslaufender, jetzt z. T. abgebrochener Vorbau, der gleichzeitig die Funktionen eines Sporns und einer Enterbrücke in sich vereinigte, weit vor.
Die Brunnenplastik ließ Papst Leo X. (Medici) (1513–1521) nach einem römischen Votivmodellschiff aus der Zeit des Beginns unserer Zeitrechnung anfertigen. Das Votivschiff stand einstmals im Tempel des Iuppiter Redux in Rom und wurde auch dort gefunden. Die Renaissancebrunnenplastik aus Marmor steht jetzt vor der Kirche S. Maria in Dominica, Rom
Foto: Anderson, Rom

Bild 41: Rekonstruierter Grund- und Aufriß der Schiffshäuser des attischen Kriegshafens Zea
(4. Jahrhundert v. u. Z.)

Die Pläne wurden bei W. Judeich, »Topographie von Athen«, a.a.O. Abb. 48 a und 48 b, entnommen

Bild 42: Schiffsbrückenfahrzeuge
Legionäre überschreiten eine Schiffsbrücke im Zweiten Dakerkrieg (105–106)
Relief der Trajanssäule (Ausschnitt)
Foto: Deutsches Archäologisches Institut, Rom

Bild 43: Römisches Brückenkopfkastell
Rekonstruktionsgemälde des Brückenkopfkastells Divitia (Deutz) (erbaut im Jahre 310) mit Rheinbrücke und naves lusoriae auf dem Strom
Foto: Römisch-Germanisches Museum, Köln

Bild 44: Römischer Legionssoldat in voller Bewaffnung
(1. Jahrhundert)
Rekonstruktion und Nachbildungen der Waffen im Römisch-Germanischen Zentralmuseum, Mainz
Foto: Römisch-Germanisches Zentralmuseum, Mainz

Bild 45: Catapulta von Ampurias (Spanien)
Rekonstruktion eines römischen Pfeilgeschützes im Museum Saalburg-Kastell
Foto: Quant, Fotostudio FIFO, Bad Homburg

Bild 46: Palintonon nach Heron, Philon und Vitruv
Rekonstruktion eines Steilfeuerwurfgeschützes für Steinkugeln
Ehemals Museum Saalburg-Kastell (durch Kriegseinwirkung zerstört)
Foto: Saalburgmuseum

Bild 47: Kriegsschiffprora mit zwei Kampftürmen, dreigeteiltem Hauptsporn und einem Wolfskopf als Obersporn. Vor dem Schiffssteven ein Steuerruder
(vermutlich 1. Jahrhundert v. u. Z.)
Friesbruchstück im Museo Capitolino, Rom
Foto: Deutsches Archäologisches Institut, Rom

Bild 48: columna rostrata
Die mit Kriegsschiffproren und Ankern geschmückte Säule des Caius Duilius. Dem Sieger von Mylae wurde dieses Monument nach der Seeschlacht auf dem Forum Romanum errichtet. Die Vorschiffe stellen vermutlich Quinqueremen dar. Die Inschrift stammt wahrscheinlich aus jüngerer Zeit (260 v. u. Z.)
Die Säule wurde 1565 ausgegraben und befindet sich jetzt im Museo Capitolino, Rom
Foto: Anderson, Rom

Bild 49: Fünfundzwanzig Schiffsdarstellungen nach dem Mosaik aus Althiburus (Tunesien)
(3. oder 4. Jahrhundert)
Das Mosaik befindet sich jetzt im Bardo-Museum, Tunis
Die Darstellung wurde bei Duval, a.a.O., Tafel 1, entnommen

Bild 50: Hafen- und Flußfahrzeug
(1. Jahrhundert)
Das in der Skizze von O. Testaguzza wiedergegebene römische Schiff aus der Kaiserzeit wurde bei Ausgrabungen auf dem Gelände des früheren Claudius-Hafens von Portus Romae gefunden. Das Fahrzeug hatte eine Länge von ca. 16,6 m und eine Breite von 6,4 m. Es war sehr flach gebaut und besaß enggesetzte Spanten. Die Rekonstruktionsskizze gibt das Schiff im Seitenriß, im Querschnitt mittschiffs und in der Draufsicht wieder
Entnommen aus: »Archaeology«, Band 17, Nr. 3, September 1964, Seite 178, Abb. 5, O. Testaguzza, »The Port of Rome«

Bild 51: Küstenfrachter
Der Mast, mit zwei Reihen dreieckiger Holzklötze (Klampen), ist ausgehoben und ruht auf einem Mastbock. Achtern sieht man ein Gangspill mit vier Löchern für die Handspaken. Beide Ruderpinnen besitzen beiklappbare Pinnenausleger. Das Fahrzeug ist ohne Deckshaus. Dies dürfen wir als Indiz dafür werten, daß es sich um einen kleinen Küstenfahrer gehandelt hat. Die Ladung wird über eine Gangway gelöscht
(3. oder 4. Jahrhundert)
Relief in der Kathedrale von Salerno
Foto: Deutsches Archäologisches Institut, Rom

Bild 2 ▲

Bild 3 ▲

Bild 4 ▲

Bild 5 ▼

289

Bild 6 ▼

Bild 7 ▶

Bild 9 ▶

Bild 8 ▼

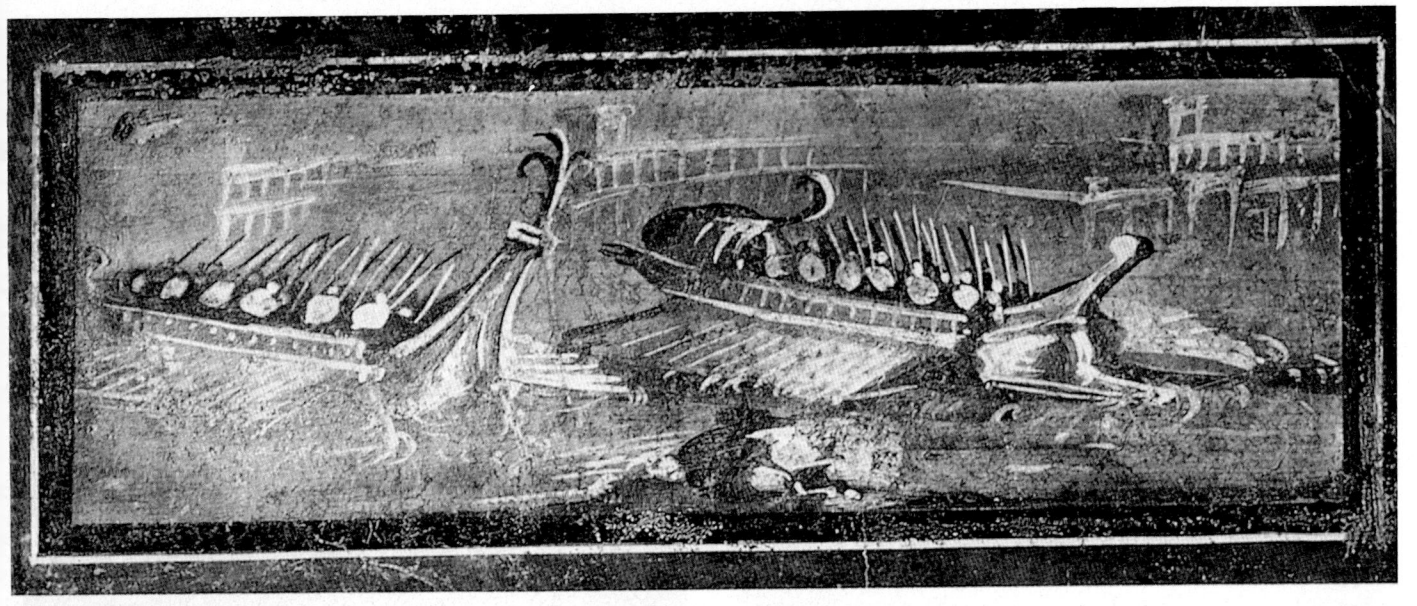

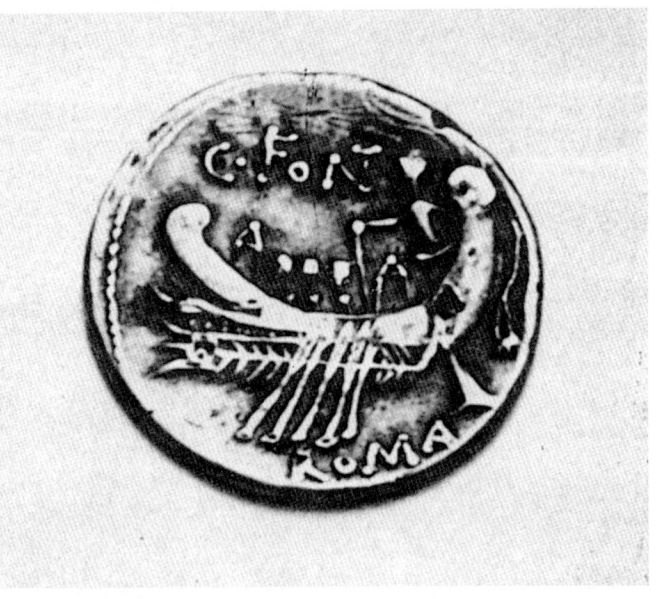

Oben: Bild 10
Mitte links: Bild 11
Mitte rechts: Bild 12

Links unten: Bild 13
Unten: Bild 14

291

Bild 15 ▲

Bild 16 ▲

Bild 21 ▼

Bild 17 ▲

Bild 18 und 19 siehe Seite 293

Bild 20 ▶

292

Bild 18 ▲   Bild 19 ▲   Bild 22 ▼

293

Links: Bild 23

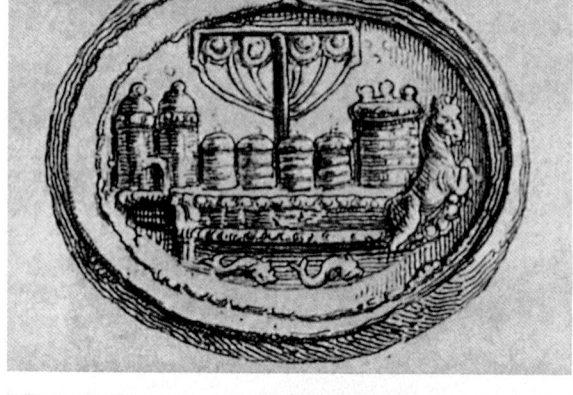

Rechts: Bild 25
Rechts Mitte: Bild 26
Rechts unten: Bild 29

Bild 24 ▼

Bild 28 siehe Seite 295

Bild 27 ▼

294

Links: Bild 28
Mitte links: Bild 30
Ganz unten: Bild 31

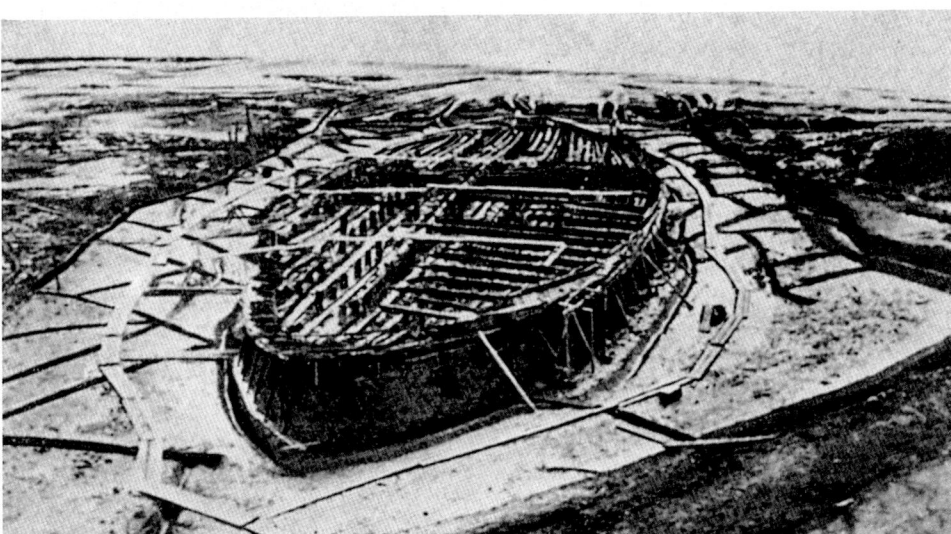

Bild 32 ▼

295

◀ Bild 33

◀ Bild 34

Bild 36 ▶

Bild 37
siehe Seite 297

Bild 35 ▼   Bild 38 ▶

296

◀ Bild 37

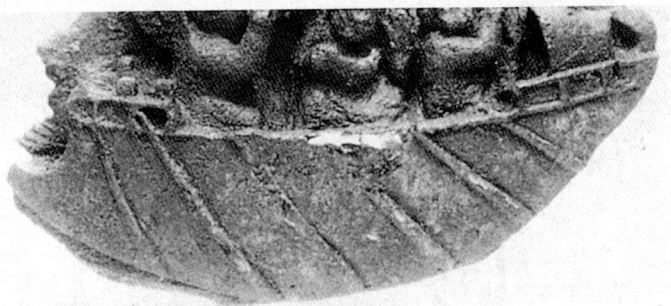

◀ Bild 39

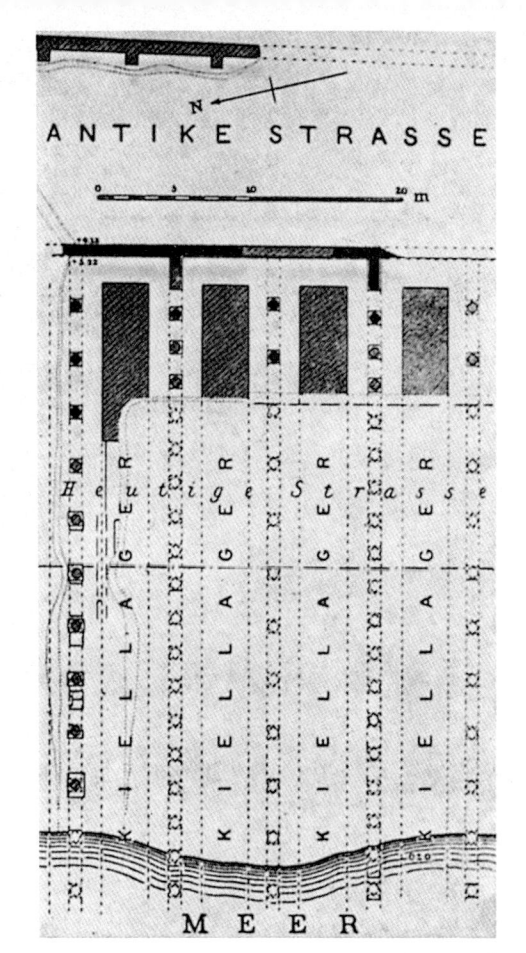

Bild 41 Grundriß ▲

◀ Bild 42

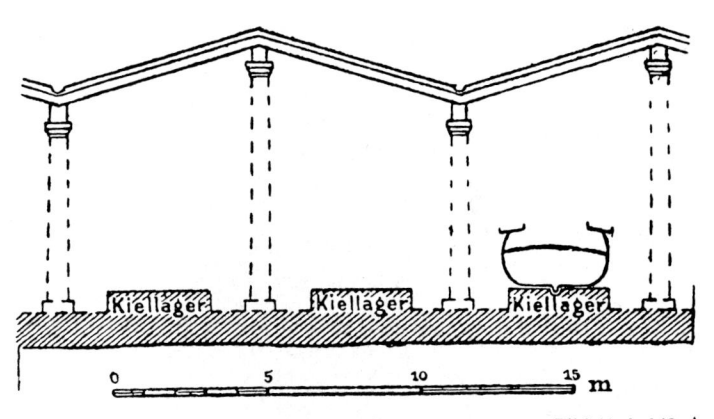

Bild 41 Aufriß ▲

Bild 40 ▼

297

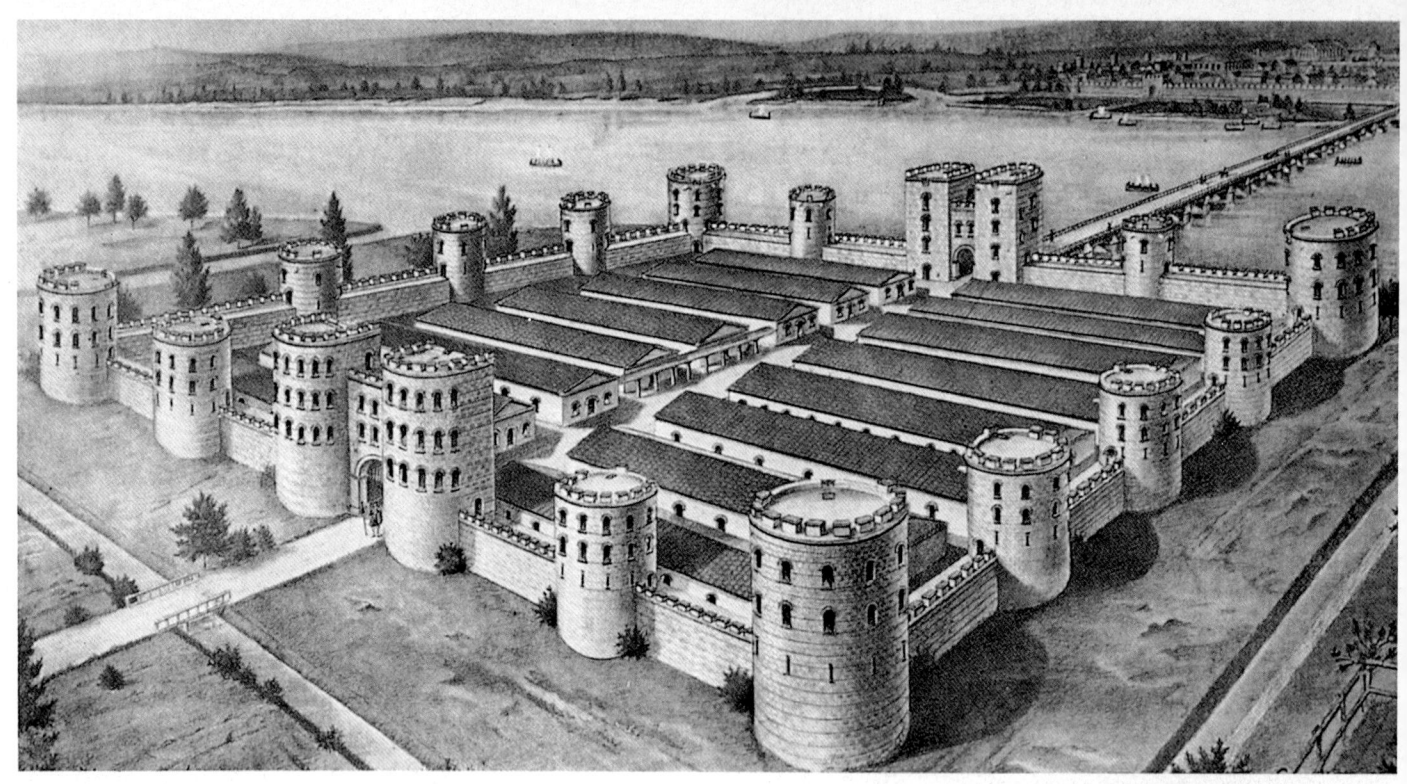

Bild 43 ▲

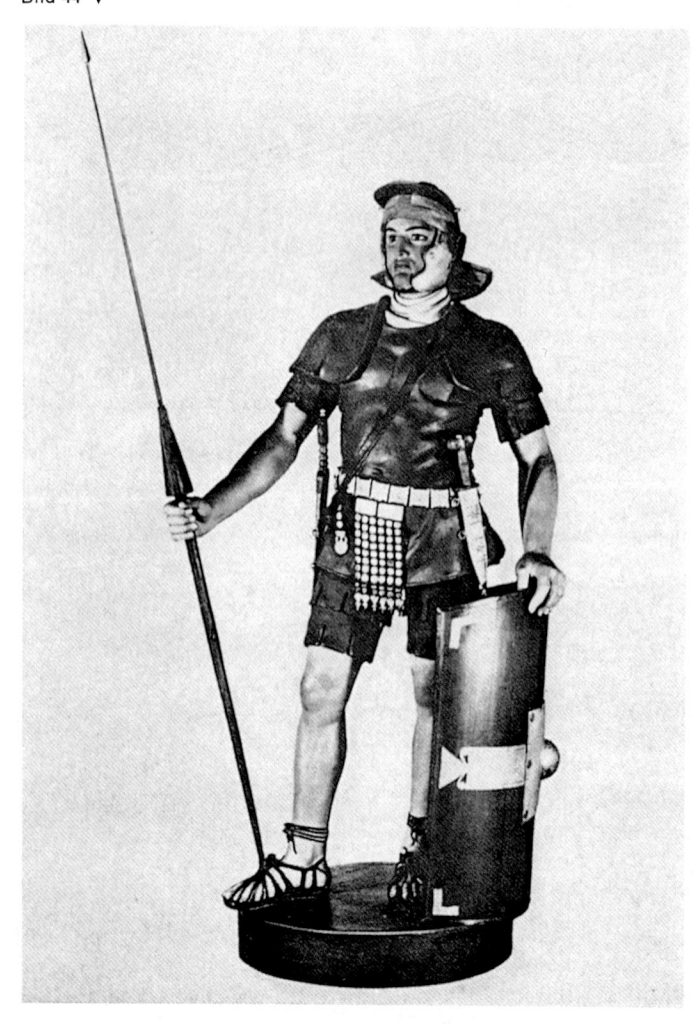

Bild 45 ▶

Bild 44 ▼

Bild 46 ▶

298

Bild 47 ▲ Bild 49 und 50 siehe Seite 300

Bild 48 ▼

Bild 51 ▲

Bild 52 ▲

◀ Bild 54

299

Bild 49 ▲

Bild 50 ▲

Bild 55 ▼

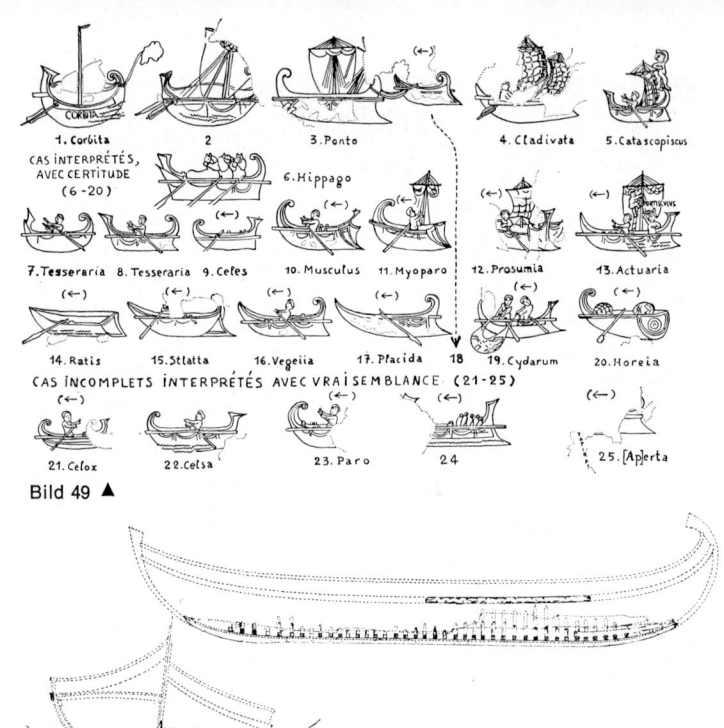

Bild 56 und 57 siehe Seite 301

Bild 53 ▲

Bild 58 ▼

◀ Bild 56

Bild 57 ▼

◀ Bild 59

◀ Bild 60

301

Links oben: Bild 61 Bild 62 ▲
Links: Bild 63 Bild 64 ▼

Bild 65 ▼

302

Bild 66 ▲　　　　　　　　　　　Bild 67 ▲　　　　　　　　　　　　　　　　　　　　Bild 68 ▲

Bild 69 ▲　　　　　　　　　　　　　　　　Bild 70 ▲　　　　　　　　　　　　　　Bild 71 ▼

303

Bild 72 ▲   Bild 73 ▶

Bild 74 ▲

Bild 75 ▶
Bild 76 ▶

◀ Bild 77

304

Bild 52: Küstenfrachter
Das Mosaikbild zeigt einen kleinen Frachter vom gleichen Typ wie Bild 51. Hinter dem aufgerichteten Klampen-Mast sind die eingesteckten Handspaken des Gangspills achtern im Schiff deutlich sichtbar. Das Schiff wird über eine Gangway mit Amphoren beladen
(2. oder 3. Jahrhundert)
Mosaikfußboden vom Piazzale delle Corporazioni (Platz der Schifferkorporationen), Ostia
Foto: Verfasser

Bild 53: Küstenfahrer mit Sprietsegel
(2. Jahrhundert v. u. Z.)
Das Relief befindet sich im Archäologischen Museum von Thasos
Foto: École Francaise d'Athènes

Bild 54: Küstenfahrer mit Sprietsegel
Das Relief befindet sich auf einem Grabstein aus der römischen Kaiserzeit
Die Stele wird im Archäologischen Museum von Thessaloniki, Griechenland, aufbewahrt
Foto: Dr. Ch. J. Makaronas, Saloniki

Bild 55: Küstenfahrer mit Sprietsegel
Das Fahrzeug zeigt deutlich ein besonderes Konstruktionsmerkmal der kleineren und mittleren Frachtsegler. Von einem Mann werden beide Steuerruder gehandhabt. Sie besitzen vertikal und horizontal bewegliche Pinnen mit Pinnenauslegern (2. oder 3. Jahrhundert)
Grabstele des Demetrius aus Lampsacus (Lapseki, Türkei)
jetzt: Archäologisches Museum, Istanbul
Foto: Deutsches Archäologisches Institut, Istanbul

Bild 56: Römische Fahrzeuge der Handelsflotte in der Einfahrt zum Portus Romae
Das mittlere Schiff läuft unter einem Sprietsegel (3. Jahrhundert)
Sarkophagrelief aus Ostia (Abguß) im Römisch-Germanischen Zentralmuseum, Mainz
Das Original befindet sich in der Ny Carlsberg Glyptotek, Kopenhagen
Foto: Römisch-Germanisches Zentralmuseum, Mainz

Bild 57: Handelsschiff mit doppeltem Sprietsegel, beide Bäume abgefiert
Im Schlepp befindet sich das Schiffsboot (scapha) mit einem eigenen Rahsegel (1. oder 2. Jahrhundert)
Relief auf dem Grabstein des Peison aus Cratea
jetzt: Archäologisches Museum, Istanbul
Foto: Deutsches Archäologisches Institut, Istanbul (Ausschnitt)

Bild 58: Schiff mit Lateinersegel
Ein offensichtlich kleiner Frachter mit nach achtern gebogener Heckzier trägt an seinem leicht nach vorn geneigten Mast an einer gebogenen Rute ein Dreiecksegel (Lateinersegel) (2. Jahrhundert)
Griechische Grabstele des Alexandros, Sohn des Alexandros, aus Milet
jetzt: Nationalmuseum, Athen
Foto: Alinari, Rom

Bild 59: Genreszene mit Fischerbooten und Küstenfahrern; darunter ein Fahrzeug mit Lateinerbesegelung
(wahrscheinlich 4. Jahrhundert)
Mosaico di arte alessandrina (vielleicht eine Kopie)
jetzt: Museo Correr, Venezia
Foto: Cacco, Venezia-Castello

Bild 60: Zwei Frachter mit Haupt- und Artemonsegel passieren einen Leuchtturm (Portus Pisanus?)
(3. oder 4. Jahrhundert)
Nautisches Weihrelief im Dom zu Pisa aus dem 11. Jahrhundert nach einer älteren römischen Darstellung
Foto und Vergrößerung: Deutsches Archäologisches Institut, Rom

Bild 61: Ein Schiffbauer bei der Arbeit
Marmorgrabstele der Familie des Publius Longidienus, faber navalis aus Classis, dem Hafen von Ravenna (spätes 2. oder frühes 3. Jahrhundert)
Er bearbeitet auf seinem Grabstein mit der Dechsel ein Spantholz.
Die Außenhaut des Schiffes ist bereits fertiggestellt und liegt auf Stapel. Bei der älteren Schiffbauweise des Altertums wurden die Spanten erst nach der Fertigstellung des karweelgebauten Rumpfes eingebracht. Diese Bauweise konnte in Schweden bei geklinkerten Booten bis in die dreißiger Jahre unseres Jahrhunderts beobachtet werden
jetzt: Museo Nazionale, Ravenna
Foto: Alinari, Rom

Bild 62: Das antike Vollschiff
Ein Dreimaster mit »Kinn« vom Typ ponto. Im Hintergrund ein Leuchtturm (Ende des 2. Jahrhunderts)
Fußbodenmosaik (Ausschnitt) auf dem Foro delle Corporazioni vor dem Haus der Schiffer aus Syllectum, auch Sullectum genannt, einer römischen Stadt an der afrikanischen Küste im heutigen Tunesien
Foto: Verfasser

Bild 63: Frachter unter Segel
Die Besegelung besteht aus Haupt-, zwei Topp- und einem Artemonsegel. An beiden Nocken der Hauptrah und am Masttopp wehen Wimpel. Auf der Back sehen wir ein erhöhtes Schanzkleid, auf der Poop den cheniscus (3. Jahrhundert)
Das Relief wurde in Portus gefunden und befindet sich jetzt im Museo Torlonia, Rom
Foto: Alinari, Rom

Bild 64: Ein Frachter geit sein Hauptsegel auf
Deutlich sichtbar sind die nach achtern laufenden Buggordings. Die Rah ist aus zwei Teilen zusammengelascht. Hinter dem cheniscus als Heckzier befindet sich ein Ausbau mit der Latrine. Ein weiterer Ausbau am Vorschiff und der starke Kranbalken kennzeichnen ein relativ großes Schiff. Das Fahrzeug führt keine Toppsegel. Auf dem Masttopp und über der Heckzier erkennt man standartenförmig ausgebildete Flaggen mit gefransten Kordeln. Es ist ein Frachter aus der Zeit um das Jahr 50
Das Relief befindet sich auf einem Grabstein aus Pompeji. Naevoleia Tyche ließ das Grabdenkmal für sich, ihren Ehemann Munacius Faustus und die Freigelassenen der familia errichten
Foto: Deutsches Archäologisches Institut, Rom

Bild 65: Weintransporter in Portus Romae
Beide Schiffe weisen in der Rumpfkonstruktion große Ähnlichkeit auf.
Das rechte Schiff hat bereits festgemacht und liegt am Kal. Durch einen Kragstein ist eine starke Leine gezogen und belegt worden. Die Amphorenladung wird über eine Gangway gelöscht. Die Segel werden gerade geborgen. Drei Matrosen arbeiten in der Takelage, ein weiterer entert auf. Acht Toppnanten, Rahfall, Vorstag und Wanten sind gut zu erkennen. Am Fallblock des Vormastes ist anstelle der geborgenen Rah des Artemonsegels eine Gangway angeschlagen worden. Ein Kranbalken am Vorschiff ist deutlich herausgearbeitet. Dahinter, zum Mittschiff hin, erkennt man vier Betinge. Das Schanzkleid ist völlig geschlossen. Decksbalken sind durch die Außenhaut geführt und Berghölzer seitlich erkennbar. Vor dem Schiff steht Neptunus, der Gott des Meeres, mit seinem Dreizack. Hinter dem Masttopp befindet sich das Standbild einer Elefantenquadriga. Ein riesiges apotropäisches Auge beherrscht die rechte Bildseite.
Das linke, vermutlich größere Schiff passiert soeben den Leuchtturm. Das Artemonsegel ist bereits abgeschlagen, und am Fallblock hängt eine Gangway, die von einem Matrosen langsam weggefiert wird. Mittels der Buggordings, die deutlich sichtbar durch Kauschen laufen, wird gerade das Großsegel, dessen Brassen und Schoten bereits losgeworfen sind, jalousieartig aufgegeit, während alle vier Toppsegel noch voll stehen. Der Masttopp endet in einer Kugel, auf der die Siegesgöttin Victoria den Lorbeerkranz erhebt. Ein starkes Vorstag läuft zum Artemonmast. Auch dieses Fahrzeug besitzt am Vorschiff einen Kranbalken. Vier Betinge überragen das auch hier völlig geschlossene Schanzkleid. Der Schiffszimmermann (faber navalis) bearbeitet im Vorschiff ein Werkstück, während ihm ein Matrose dabei zusieht. Ein weiterer Matrose lugt über einer Spreelatte durch die mit Jungfern und Taljereeps steifgesetzten Wanten. Das verhältnismäßig große Deckshaus besitzt eine Türöffnung mit Vorsetzbrett und Fensteröffnungen. Vom relingslosen Dach führt ein Niedergang zum Wetterdeck. Das Heck wird von einer zweiten Victoria gekrönt. Der Achtersteven ist

305

ebenso wie der Vorsteven mit figürlichem Schnitzwerk geschmückt. Berghölzer umfassen den Schiffskörper horizontal und das Heck in Form von zwei Zurrings. Unter dem Heck steht ein Matrose im Schiffsboot (scapha), der eine Leine zurrt. Unmittelbar vor dem Steuerruderschaft und ein wenig achterlicher erkennen wir zwei Poller zum Belegen der Leinen.
Das Relief zeigt auf dem Dach der Deckskajüte eine Opferszene. (Wir bringen hier in wesentlichen Passagen die ausgezeichnete Beschreibung von D. Wachsmuth, a.a.O.). Der transportable Schiffsaltar ist aus der Kajüte, seinem üblichen Platz, über den Niedergang nach oben geholt worden. Von der Focus-Fläche des Tischaltars lodern bereits die Flammen. Der Reeder (navicularius) und seine Frau zelebrieren ein Weihrauchopfer, um den Göttern für die glückhafte Reise zu danken. Die Frau, barhäuptig wie die Männer, trägt ihr Haar nach der Mode der severischen Epoche. Ein rechteckiges, aufgeklapptes Deckelkästchen, eine acerra, hält sie in beiden Händen. Der Schiffseigner hat diesem Kästchen Weihrauchkörner entnommen und streut sie mit der rechten Hand in die Altarflamme. Leicht gebückt trägt die zweite männliche Gestalt, vermutlich der Kapitän (magister navis), die Schale (patera) und vermutlich die Kanne (guttus) für das anschließende Weinopfer herbei. Vor dem cheniscus hält ein Sitzender den Steuerbord-Pinnenausleger in seinen Händen.
Der Schiffseigner ist zugleich Weingroßhändler vom Forum Vinarium in Ostia. Hierauf weist das Relief unmittelbar hin. Ganz rechts unten im Bild sehen wir drei Nymphen aus einer Amphore Wein ausschütten. Darüber ist die Statue des Weingottes Liber herausgemeißelt. Das Bildnis des Weingottes als Schutzgottheit (tutela navis) schmückt zudem die Akrostolien beider Schiffe. Es handelt sich somit um Weintransporter (naves vinariae). Auch die Buchstaben V und L unter den säugenden Wölfinnen mit Romulus und Remus stehen für V(OTUM) L(IBERO). Hieraus wird deutlich, daß nicht nur das dargestellte Opfer, sondern das ganze Relief eine Votivgabe für den Weingott darstellt; nach glückhafter Reise in Auftrag gegeben und im Tempel des Gottes an der Nordseite des Hafens aufgestellt. Das zweimal auf dem Schiffsrelief wiederkehrende Standbild der Victoria soll den Sieg des Menschen über das Meer symbolisieren. Das sicher heimgekehrte Schiff erscheint als Sieger über die Gewalten der See (aus den Jahren 193–211)
Marmoradorationsrelief aus Portus Romae
jetzt: Museo Torlonia, Rom
Foto: Deutsches Archäologisches Institut, Rom

Bild 66: Achterschiff eines römischen Truppentransporters mit einem Anker außenbords und aufgegeitem Segel in einem Seehafen
(aus den Jahren 98–113)
Relief der Trajanssäule, Rom (Ausschnitt)
Foto: Deutsches Archäologisches Institut, Rom

Bild 67: Ursprüngliche Amphorenstauung des bei Albenga gefundenen römischen Wracks im Schiffsquerschnitt gesehen. Die Last besteht aus den Originalamphoren. Der Schiffsrumpf wurde dem des Wracks nachgebildet
(1. Hälfte des 1. Jahrhunderts v. u. Z.)
jetzt: Museo Navale Romano, Albenga
Foto: Verfasser

Bild 68: Großer Handelssegler läuft in Portus Romae ein. Im Vordergrund eine Bogenmole, am linken Bildrand ein Leuchtturm. Der Segler führt achtern zwei weiße Standarten mit Wimpeln. Auf einem Ausbau hinter dem cheniscus befindet sich die Latrine. Ein Schiffsboot (scapha) wird geschleppt
(3. Jahrhundert)
Mosaikbild (2,10 x 1,90 m) aus einem römischen Haus
jetzt: Musei Capitolini, Antiquarium, Rom
Kopie im Museo Navale Romano, Albenga
Foto: Verfasser

Bild 69: Großer römischer Frachter mit vollem Zeug vor dem Wind segelnd
(2. Jahrhundert)
Sarkophagrelief, gefunden 1914 südlich von Sidon
jetzt: Nationalmuseum Beirut, Libanon
Ausschnittfoto von einem Abguß: Alinari, Rom

Bild 70: Römische Binnenseelastschiffe
Auf dem heute trockengelegten Fucinus Lacus (jetzt Conca del Fucino) sehen wir zwei mit Riemen fortbewegte Binnenseelastschiffe. Während von dem ersten Fahrzeug nur noch das Achterschiff erhalten geblieben ist, zeigt uns das zweite Schiff eine bei Hochseefrachtern häufig zu beobachtende Vorstevenausformung. Der sehr hoch aufragende cheniscus scheint ein Merkmal des Fluß- und Binnenseeschiffes zu sein. An beiden Seiten der Hütte sehen wir Flaggstöcke mit Wimpeln. An jeder Schiffsseite werden 13 Riemen gehandhabt. Rechts oben auf der Darstellung ein Gangspill, mit dem offenbar an Land ein Mast aufgerichtet wird
(1. Jahrhundert)
Relief aus Alba Fucens (Avezzano, Italien)
Foto: Deutsches Archäologisches Institut, Rom

Bild 71: Riemengetriebenes Schiff mit Fässern als Deckslast Rammsporn, oculus und Heckzier, die in einem Wolfskopf endet, deuten auf eine Einheit der römischen Rheinflotte hin. Die Vorstevenzier ist in Form eines Untierkopfes ergänzt worden. Ein geschlossener Riemenkasten, aus dem an der Backbordseite 22 Riemen ragen, und der relativ hohe Freibord erlaubten diesem Schiff, den Rhein und seine Nebenflüsse zu verlassen und in die Nordsee auszulaufen. Das Ruderblatt ist abgebrochen. Die Deckslast besteht aus Fässern, deren Stauung von der Decksmannschaft überwacht wird. Alle Rojer sitzen unter Deck im völlig geschlossenen Schiffskörper
Dieses sogenannte Moselschiff aus Neumagen schmückte einstmals ein Grabdenkmal (um das Jahr 220)
jetzt: Rheinisches Landesmuseum, Trier
Foto: Rheinisches Landesmuseum, Trier

Bild 72: Hafenschlepper mit weit vorn stehendem Mast, der vermutlich ein Sprietsegel tragen konnte. Deutlich sichtbar ist die Schlepptrosse (remulcum) über dem als Ruder achtern eingelegten Riemen
(3. Jahrhundert)
Grabsteinrelief von der Isola Sacra zwischen Portus Romae und Ostia
Foto: Deutsches Archäologisches Institut, Rom

Bild 73: Rojer (remiges) einer Flußliburne
(aus den Jahren 105–106)
Relief der Trajanssäule, Rom (Ausschnitt)
Foto und Vergrößerung: Deutsches Archäologisches Institut, Rom

Bild 74: Die beiden Rudergänger auf einer Flußliburne
(aus den Jahren 105–106)
Relief der Trajanssäule (Ausschnitt)
Foto und Vergrößerung: Deutsches Archäologisches Institut, Rom

Bild 75: Vorn eine Flußliburne, dahinter das Flaggschiff, eine Flußtrireme
Letztere führt an der Heckzier eine Laterne und im Achterschiff das kaiserliche Feldzeichen. Auch die Liburne im Vordergrund führt ein Feldherrenzeichen (vexillum) und dazu drei Kohortenfeldzeichen (signa) auf der Poop (aus den Jahren 98–113)
Relief der Trajanssäule (Ausschnitt)
Foto: Deutsches Archäologisches Institut, Rom

Bild 76: M. Vipsanius Agrippa mit der corona navalis (Schiffskrone) oder corona rostrata (Schiffsschnabelkrone) oder corona classica (Flottenkrone) benannten höchsten Auszeichnung der römischen Marine, die aus purem Gold gefertigt war
Der von dem Münzmeister Cossus Cn. F. Lentulus gestaltete Denar wurde im Jahre 12 v. u. Z. in Rom geprägt und trägt auf der hier gezeigten Rückseite die Umschrift M(arcus) AGRIPPA CO(n)S(ul) TER(tium) – COSSUS LENTULUS. Die hier nicht wiedergegebene Vorderseite zeigt den Kopf des Kaisers Augustus mit einem Eichenkranz
Im Besitze des Verfassers
Foto: F. Sternberg, Zürich

Bild 77: Vorschiff (prora) eines römischen Kriegsschiffes der Germanischen Flotte
Das in Köln gefundene Kalksteingrabdenkmal eines Flottensoldaten zeigt im unteren Teil das Relief einer Kriegsschiffprora. Ein starker, verzierter, einteiliger Rammsporn und ein aus zwei Berg-

hölzern gebildeter Obersporn deuten zusammen mit dem vorderen Kampfturm auf eine schwere Einheit, vermutlich eine Trireme der Rheinflotte, hin.
Es hat den Anschein, daß der ganz nach vorn auf die Back gesetzte Turm hier erstmalig in die Schiffskonstruktion mit einbezogen, also fest mit dem Schiffskörper verbunden wurde. Daß es sich nicht einfach um eine erhöhte, kastellartig ausgebildete Back handelt, beweisen die niveaugleich mit der in der herkömmlichen Volute endenden Vorstevenzier, die im unteren Teil durch den Turm verdeckt wird, abschließenden Zinnen.

Der Grabstein weist keine Beschriftung auf. Im oberen Teil befindet sich in einer Nische lediglich das Bildnis des Verstorbenen in Bürgertracht, mit dem römischen Bürgerbrief in der linken Hand. Wir kennen daher weder Dienstgrad noch Dienststellung des Marinesoldaten. Die Toga trug jeder römische Bürger. Da ein Vorschiff (prora) auf dem quadratischen Pfeiler wiedergegeben ist, nimmt man an, daß es sich hier um das Grabdenkmal eines Untersteuermannes (proreta) handelt, der vom Vorschiff aus seine Navigationshilfen zu geben hatte (Mitte des 1. Jahrhunderts)
Foto: Römisch-Germanisches Museum, Köln

Bild 1
Marcus Vipsanius Agrippa
Einer der hervorragendsten Organisatoren
und Flottenführer der römischen Welt
(geb. 63 v. u. Z.; gest. 12 v. u. Z.)

Er war Jugendfreund, Feldherr, Admiral und Mitregent des Kaisers Augustus. Agrippa ist als Priester bei feierlichem Opfer dargestellt. Für diese Kulthandlung zog man den Saum der Toga über den Kopf.

Südwand-Relief des Friedensaltares (ara pacis) in Rom aus den Jahren 13 bis 9 v. u. Z.
Foto: Deutsches Archäologisches Institut, Rom
(Ausschnitt und Vergrößerung)

Danksagung

Für die Unterstützung meiner Bemühungen möchte ich an dieser Stelle den Herren
Dr. D. Baatz (Saalburg Kastell),
Dr. P. la Baume (Köln),
Stud. Dir. A. Clasen (Lübeck),
Dr. Hassel (Mainz),
G. Kapitän (Syrakus),
Dr. J. Menzel (Mainz),
Admiral A. Schumann (Bonn-Bad Godesberg) und
Dr. H. Sichtermann (Rom)
meinen Dank sagen.

Herrn Prof. Dr. D. Wachsmuth (Berlin) bin ich für die außerordentliche Unterstützung meiner Arbeit und für viele Anregungen besonders dankbar.
Dem Verleger, Herrn G. Bollmann, gebührt Dank für seinen unternehmerischen Wagemut.
Allen Museen und Instituten, den Herren Anderson, Alinari, Cacco, Makaronas und Sternberg sowie besonders auch der Libreria dello Stato, Rom, dankt der Verfasser für die erteilten Genehmigungen zur Veröffentlichung von hier reproduzierten Fotos.

Vence (Alpes-Maritimes), im September 1975
H. D. L. Viereck

SEZIONE LONGITUDINALE

SEZIONE FRA LE ORDINATE 46 - 47

TAV. VI

Tafel 1: Skizze 49
(s. Seite 59)

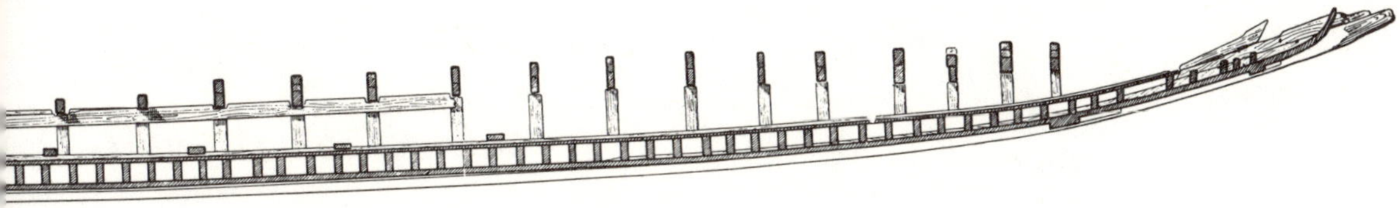

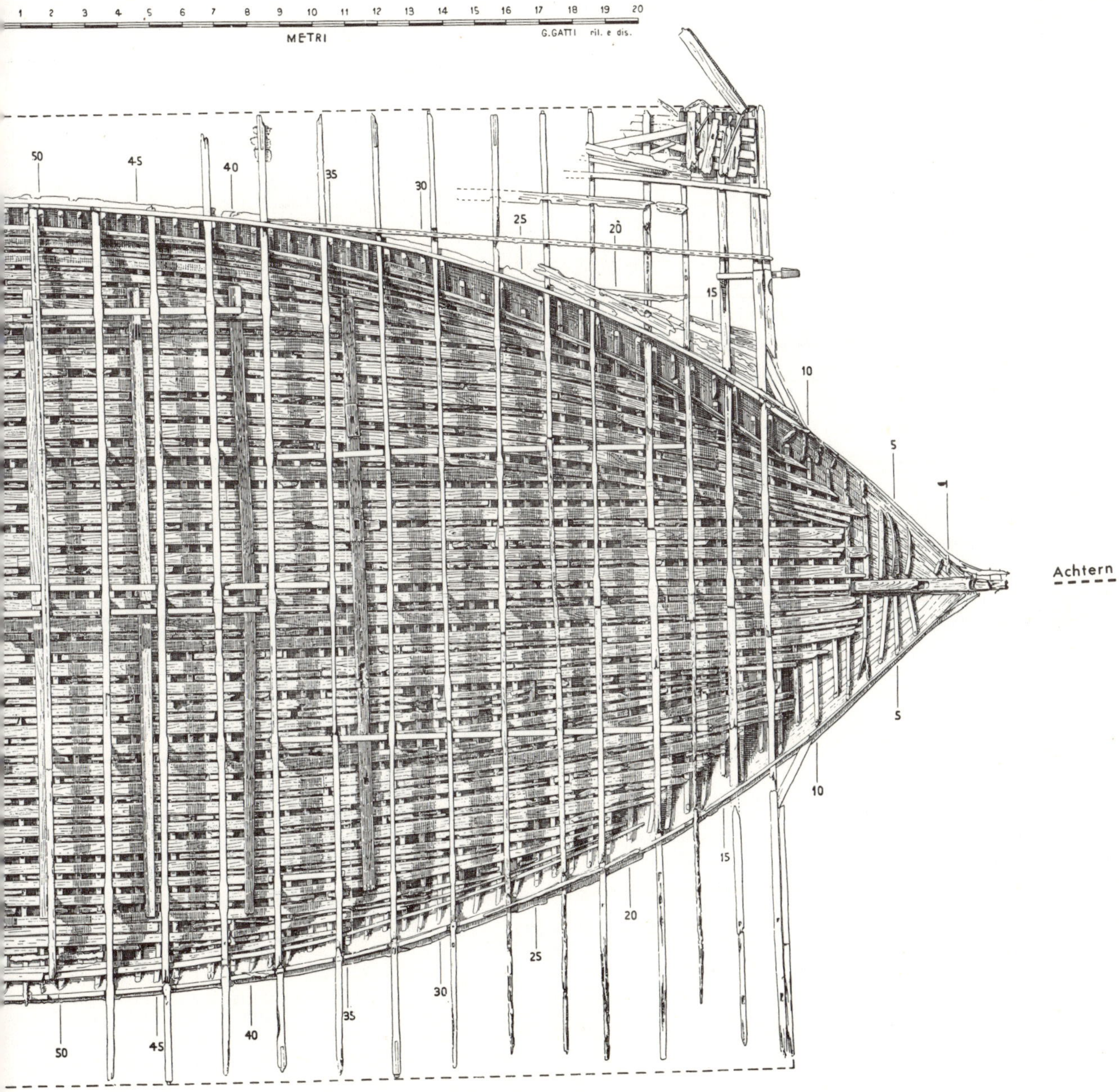

SECONDA NAVE – SEZIONE LONGITUDINALE, SEZIONE MAESTRA E PIANTA DELLO SCAFO RILEVATE E DISEGNATE DA GUGLIELMO GATTI

SECONDA NAVE DEL LAGO DI NEMI

Tafel 2: Skizze 50
(s. Seite 59)

Sezione Trasversale

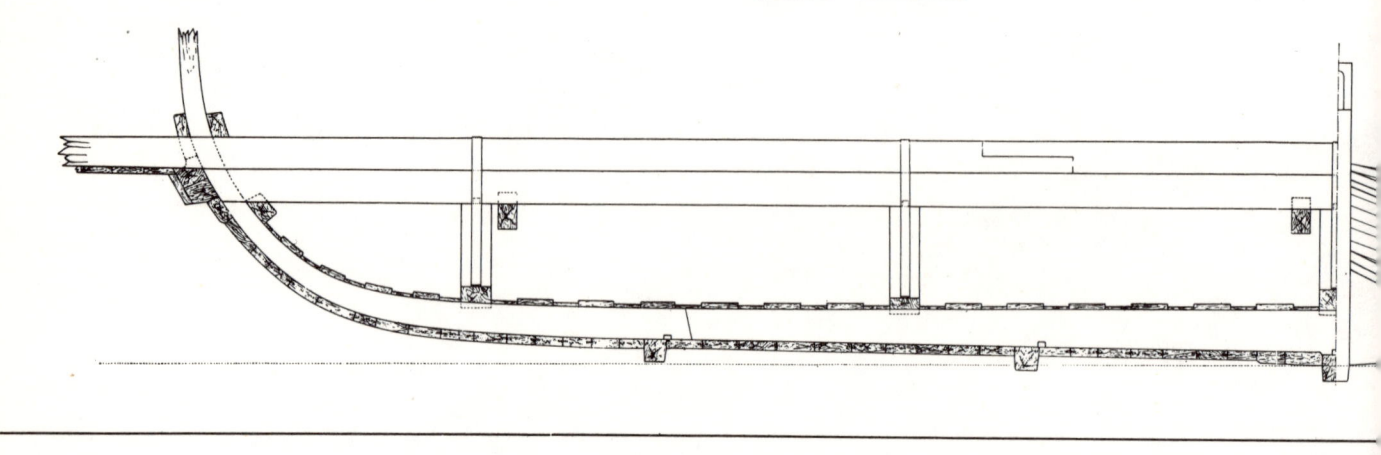

Sezione Longitudinale

Sul Fasciam

TAV. VIII

VISTA TRASVERSALE

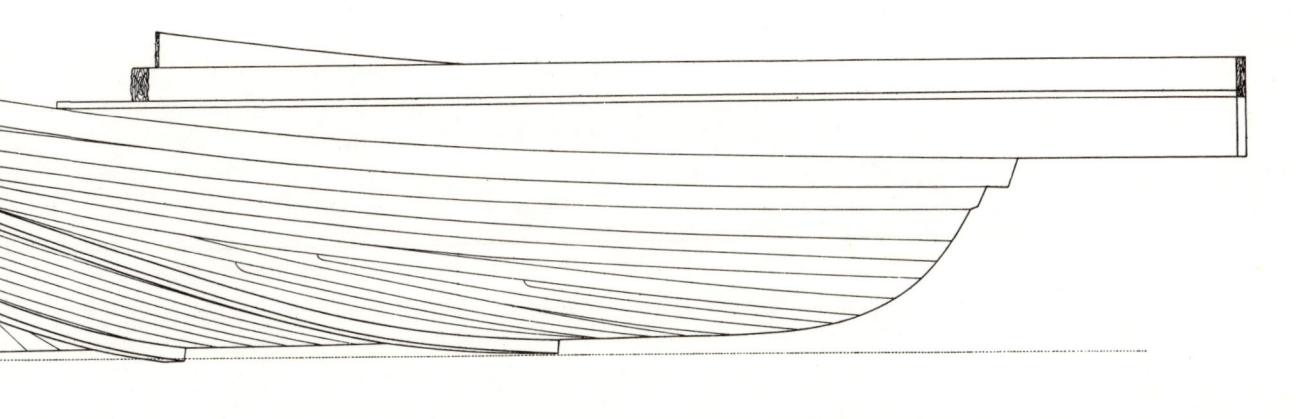

VISTA LONGITUDINALE

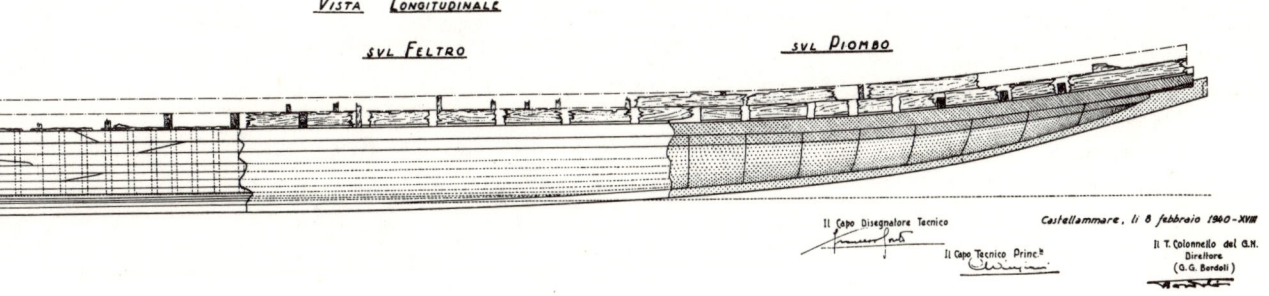

SUL FELTRO   SUL PIOMBO

Il Capo Disegnatore Tecnico   Castellammare, li 8 febbraio 1940-XVIII

Il Capo Tecnico Princ.e

Il T. Colonnello del G.N.
Direttore
(G. G. Bordoli)

SEZIONE LONGITUDINALE

SEZIONE MAESTRA

SEZIONE MAESTRA (RICOSTRUITA DA G. GATTI)

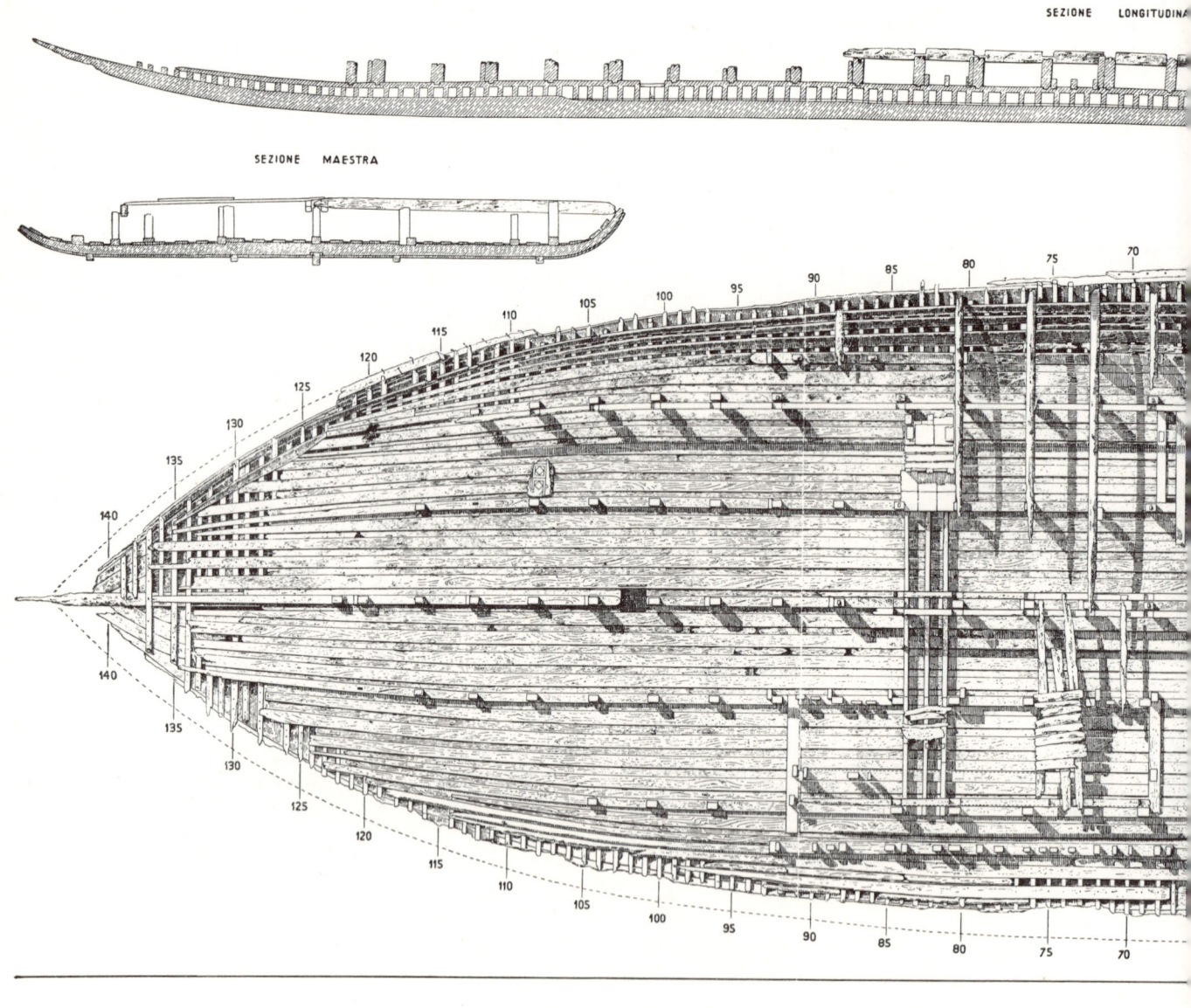

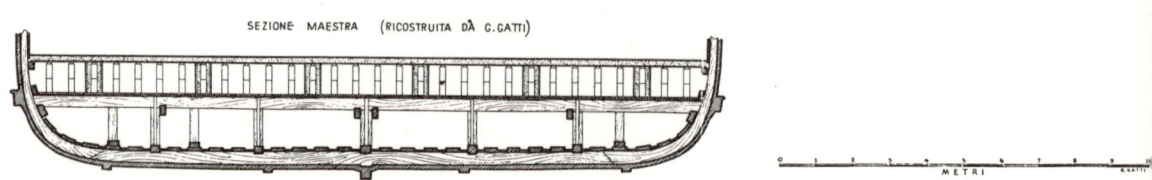

PRIMA NAVE – SEZIONE LONGITUDINALE, SEZIONE MAESTRA E PIANTA DELLO SCAFO RILEVATE E DISEGNA

TAV. II

Tafel 3: Skizze 58
(s. Seite 61)

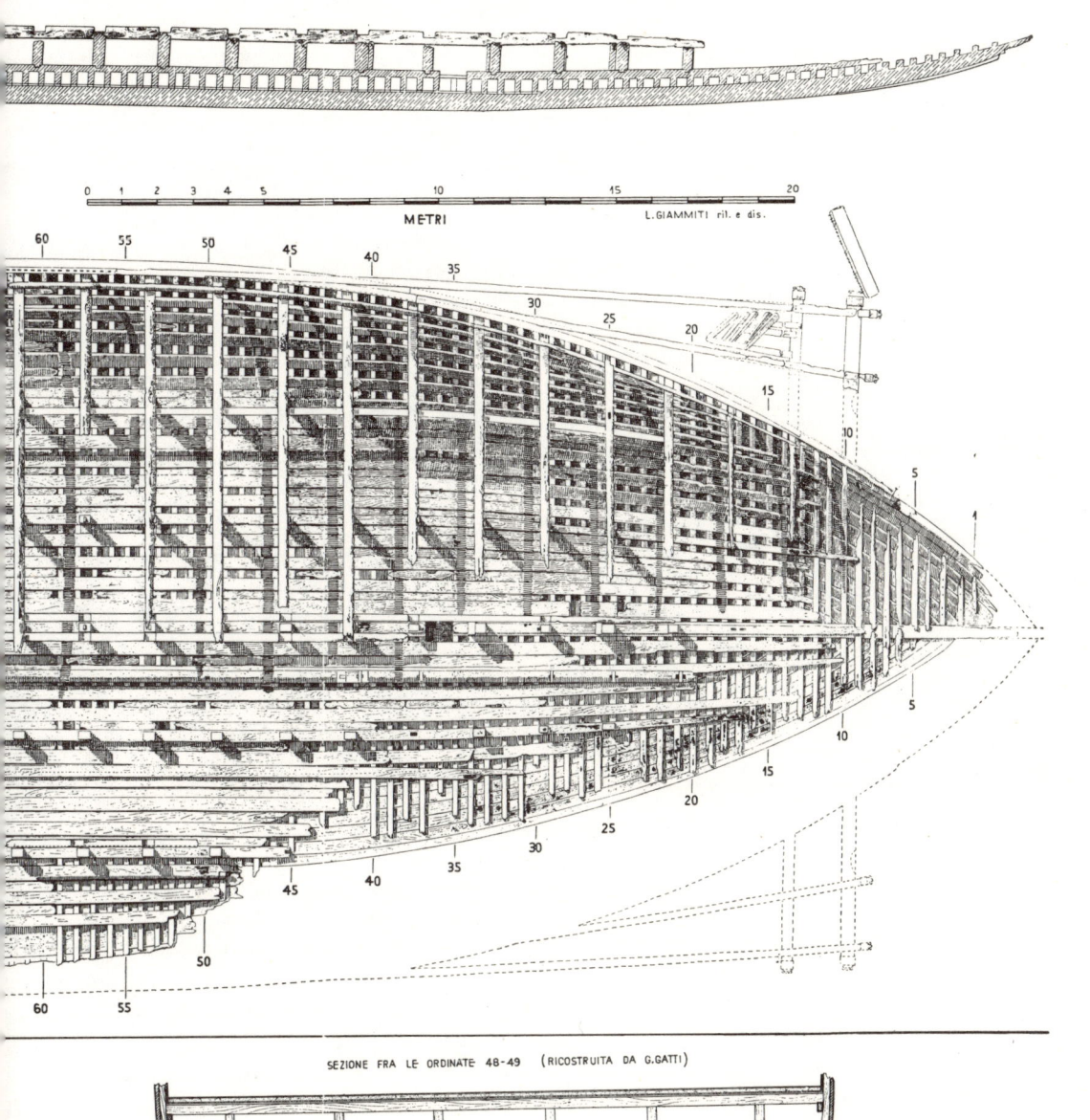

DA LUIGI GIAMMITI – SEZIONI TRASVERSALI RICOSTRUITE DA GUGLIEMO GATTI

Tafel 4: Skizze 59
  (s. Seite 61)

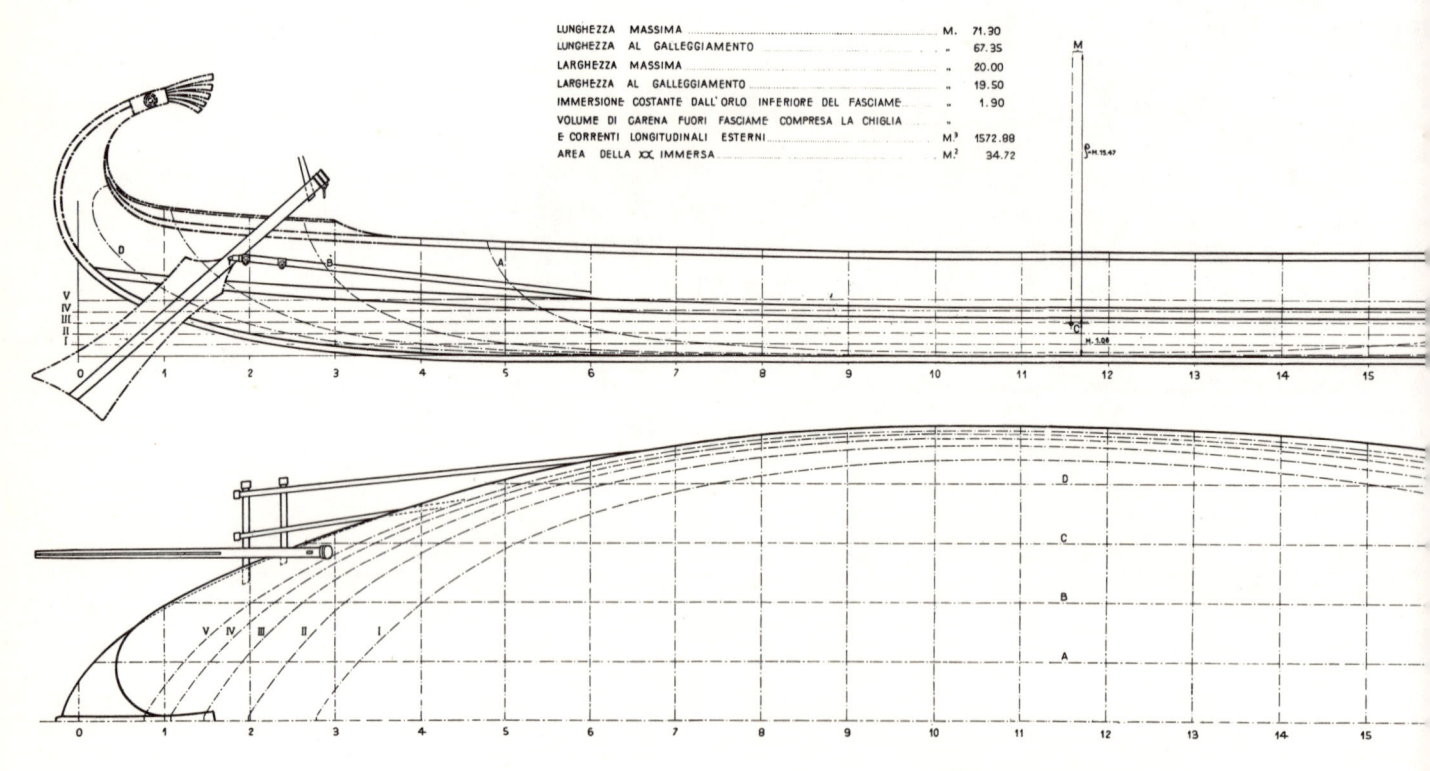

LUNGHEZZA MASSIMA	M.	71.90
LUNGHEZZA AL GALLEGGIAMENTO	"	67.35
LARGHEZZA MASSIMA	"	20.00
LARGHEZZA AL GALLEGGIAMENTO	"	19.50
IMMERSIONE COSTANTE DALL'ORLO INFERIORE DEL FASCIAME	"	1.90
VOLUME DI CARENA FUORI FASCIAME COMPRESA LA CHIGLIA E CORRENTI LONGITUDINALI ESTERNI	M.³	1572.98
AREA DELLA XX IMMERSA	M.²	34.72

RICOSTRUZIONE DELLA PRIMA NAVE
(in base allo studio eseguito dal Ministero della Marina per la Relazione Rabbeno–Speziale, Schiffbautechnische Gesellschaft, Berlino 1931)

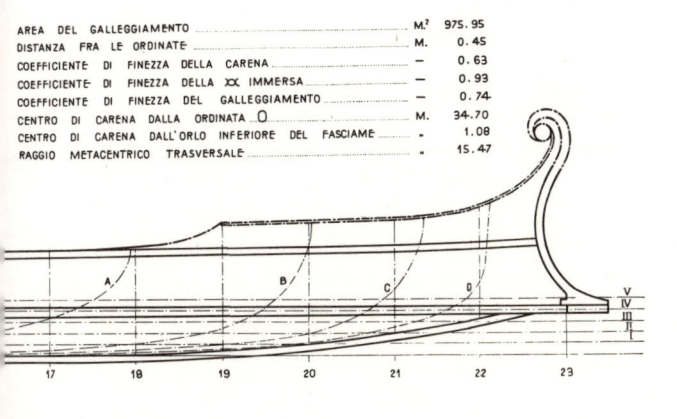

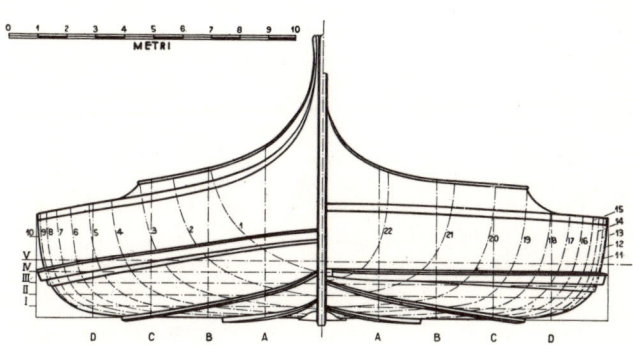

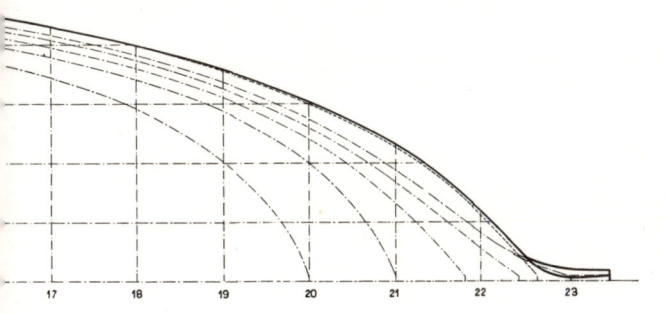

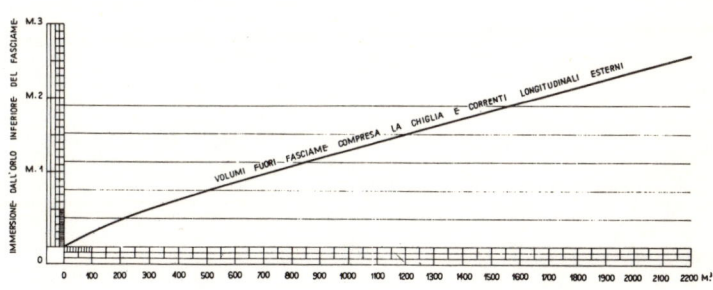

AREA DEL GALLEGGIAMENTO	M.²	975.95
DISTANZA FRA LE ORDINATE	M.	0.45
COEFFICIENTE DI FINEZZA DELLA CARENA	—	0.63
COEFFICIENTE DI FINEZZA DELLA XX IMMERSA	—	0.93
COEFFICIENTE DI FINEZZA DEL GALLEGGIAMENTO	—	0.74
CENTRO DI CARENA DALLA ORDINATA O	M.	34.70
CENTRO DI CARENA DALL'ORLO INFERIORE DEL FASCIAME	"	1.08
RAGGIO METACENTRICO TRASVERSALE	"	15.47

TAV. V

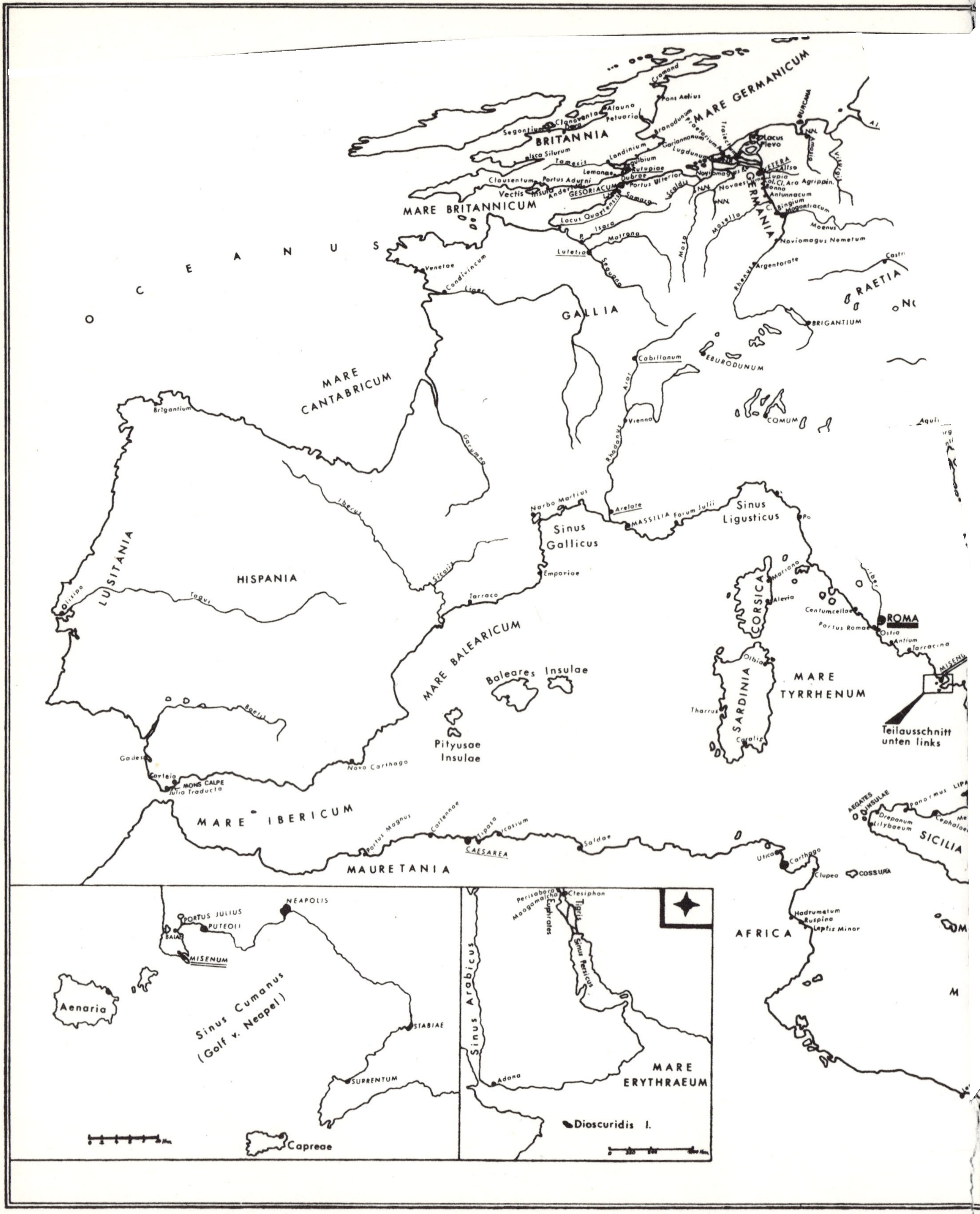

MARE GERMANICUM
BRITANNIA
Segontium
Clanoventa
Alauna
Petuaria
Pons Aelius
Cramond
Isca Silurum
Tamesis
Londinium
Clausentum
Portus Adurni
Vectis insula
Lemonae
Rutupiae
Dubrae
Portus Ulterior
GESORIACUM
Samara
Scaldis
Noviomagus
Lugdunum
Locus Flevo
VETERA
Alisa
GERMANIA
Ara Agrippin.
Bonna
Antunnacum
Bingium
Mogontiacum
Moenus
Noviomagus Nemetum
Argentorate
Rhenus
Mosella
Mosa
MARE BRITANNICUM
Locus Quartensis
Isara
Matrona
Lutetia
Sequana
O C E A N U S
Venetae
Condivincum
Liger
GALLIA
RAETIA
BRIGANTIUM
EBURODUNUM
Cabillonum
Arar
Vienna
Rhodanus
COMUM
MARE CANTABRICUM
Brigantium
Garumna
Iberus
Narbo Martius
Arelate
MASSILIA
Forum Julii
Sinus Ligusticus
Sinus Gallicus
Emporiae
Sicoris
Tarraco
LUSITANIA
HISPANIA
Tagus
Olisipo
MARE BALEARICUM
Baleares Insulae
Pityusae Insulae
Baetis
Gades
Carteia
MONS CALPE
Julia Traducta
Novo Carthago
CORSICA
Mariana
Aleria
Centumcellae
ROMA
Portus Romae
Ostia
Antium
Tarracina
MISENUM
SARDINIA
Olbia
Tharrus
Caralis
MARE TYRRHENUM
Teilausschnitt unten links
MARE IBERICUM
Portus Magnus
Cartennae
Tipasa
Icosium
CAESAREA
Saldae
MAURETANIA
Utica
Carthago
Clupea
COSSURA
AEGATES INSULAE
Drepanum
Lilybaeum
Panormus
SICILIA
Hadrumetum
Ruspina
Leptis Minor
AFRICA
NEAPOLIS
PORTUS JULIUS
PUTEOLI
BAIAE
MISENUM
Aenaria
Sinus Cumanus (Golf v. Neapel)
STABIAE
SURRENTUM
Capreae
Ctesiphon
Euphrates
Tigris
Sinus Persicus
Sinus Arabicus
Adana
MARE ERYTHRAEUM
Dioscuridis I.